Friedrich Chopin Als Mensch Und Als Musiker V1-2

Frederick Niecks

Friedrich Chopin

als Mensch und als Musiker

von

Friedrich Niecks.

Vom Verfasser vermehrt und aus dem Englischen übertragen

von

Dr. W. Langhans.

Erster Band.

Leipzig, Verlag von F. E. C. Leuckart

(Constantin Sander)

1890.

Friedrich Chopin

als Mensch und als Musiker

von

Friedrich Niecks.

Ce beau génie est moins un musicien
qu'une âme qui se rend sensible.

H. de Balzac.

Vorwort des Verfassers.

Während der Romanschriftsteller volle Freiheit hat, seinem künstlerischem Empfinden zu folgen, sieht sich der Biograph durch den Stoff, dessen Bearbeitung er unternommen, streng gebunden. Jener braucht seinem Idealismus keine Zügel anzulegen, dieser dagegen muss sich mit einem Compromiss zwischen dem Wünschenswerthen und dem Nothwendigen begnügen. Wohl kann er sich den Stoff ganz zu eigen machen und demselben dann eine vollkommene, anmuthige Form geben; doch wird es dabei nicht ohne einen empfindlichen Verlust, nicht ohne ein schweres Verzichten auf Wahrheit und Zuverlässigkeit abgehen. Bei meiner Arbeit bin ich dem Princip gefolgt, dem Leser sowohl die von mir gesammelten Thatsachen als auch die Resultate, welche sich mir aus denselben ergaben, vorzulegen. Dies wird es ihm ermöglichen, den Gegenstand von seinen verschiedenen Seiten zu betrachten, das Für und Wider zu erwägen und sich ein eigenes Urtheil zu bilden, falls er mit dem meinigen nicht übereinstimmt. Wenn ein Autor nicht in der Weise verfährt, weiss der Leser niemals, wie weit er ihm trauen darf und ob das Urtheil durch Thatsachen begründet ist. Denn — ohne hier von Phantasten oder systematischen Schönfärbern zu reden —

auch der bestunterrichtete Biograph kommt leicht in die Lage,
Behauptungen aufzustellen, welche durch die Thatsachen nur
ungenügend gestützt sind, und auch der Gewissenhafteste kann
nicht immer die Gefahr vermeiden, die Dinge durch die gefärbte
Brille seiner Individualität zu erblicken. So viel zur Erklärung
meiner Methode, womit ich jedoch keineswegs beabsichtigte,
schriftstellerische Nachlässigkeit zu bemänteln. Was auch immer
die Mängel meiner Arbeit sein mögen — und ich bezweifle nicht,
dass sie gross und zahlreich sind — so darf ich doch behaupten,
dass ich nach Kräften bemüht gewesen bin, meinen Stoff über-
sichtlich zu gruppiren und darzustellen, wie auch namentlich
Weitschweifigkeit und Schönrednerei, diese Erbsünden der Musikschriftsteller, möglichst zu vermeiden.

Die erste ausführliche Arbeit über Chopin, Liszt's „Frédéric
Chopin", erschien 1851 in der Pariser Musikzeitung „La France
musicale" und ein Jahr darauf, ebenfalls französisch in Buchform
bei Breitkopf und Härtel in Leipzig (Deutsche Ausgabe von
La Mara bei denselben Verlegern, 1880; englische Ausgabe von
M. W. Cook bei William Reeves, London 1877). George Sand
charakterisirt Liszt's Schrift als „un peu exubérant de style,
mais rempli de bonnes choses et de très-belles pages." Mit
diesen Worten indessen wird sie dem Buche keineswegs gerecht,
denn einerseits ist der Stil nicht „ein wenig" sondern in hohem
Grade überschwänglich und andererseits bestehen die „guten
Sachen" und „sehr schönen Stellen" in einer psychologischen
Studie Chopin's und einer ästhetischen seiner Werke, welche
beide nicht hoch genug geschätzt werden können. Gleichwohl
darf das Buch nicht als Biographie gelten, denn es enthält nur
wenig Daten und Ereignisse, und auch diese wenigen sind meist incorrect. Als 1878 die zweite Auflage im Druck begriffen war, sagte
mir Liszt: „Man theilt mir mit, dass mein Buch unrichtige Daten
und andere Irrthümer enthalte und dass dieselben in Karasowski's
Chopin-Biographie — (welche inzwischen erschienen war) —

berichtigt seien; diese aber habe ich, obwohl ich mehrmals die Absicht hatte, noch nicht gelesen. Meine Informationen stammen von Pariser Freunden her, auf die ich mich verlassen zu können glaubte. Die Fürstin Wittgenstein [welche damals in Rom lebte, 1850 jedoch in Weimar gewohnt hat und an der Abfassung des Liszt'schen Buches einen Antheil haben soll] wünschte, dass ich mit der neuen Ausgabe einige Veränderungen vornähme; ich versuchte, ihr zu willfahren; als sie jedoch auch dann noch nicht befriedigt war, bat ich sie, hinzuzufügen und zu ändern, was ihr beliebte." Daraus geht wohl hervor, dass Liszt zum Biographen nicht das Zeug hatte; und welchen Werth wir auch immer den Zuthaten und Veränderungen der Fürstin Wittgenstein beilegen mögen, sie konnten die inneren Mängel eines Werkes nicht berühren, welches, nach den Worten eines französischen Kritikers, eher eine *Symphonie funèbre* als eine Biographie genannt zu werden verdient.

Die nächste Schrift, welche wir zu registriren haben, M. A. Szulc's „Fryderyk Chopin i Utwory jego Muzyczne" (Posen 1873), ist wenig mehr als eine chaotische, unsystematische Zusammenstellung von Notizen, Kritiken, Anekdoten etc. aus polnischen, deutschen und französischen Büchern und Zeitschriften. Im Jahre 1877 veröffentlichte Moritz Karasowski, ein geborener Warschauer und seit 1864 Mitglied der Dresdener Hofkapelle, sein Buch „Friedrich Chopin. Sein Leben, seine Werke und seine Briefe" (Dresden, F. Ries. Zwei Bände. Englisch von E. Hill, unter dem Titel „Frederick Chopin: His life, Letters, and Work", London, William Reeves, 1879). Dies war der erste ernstliche Versuch einer Chopin-Biographie. Der Autor reproducirt alles, was über Chopin's Leben in polnischen Zeitschriften und andern Publicationen von den Landsleuten des Künstlers — unter ihnen einer der ersten Karasowski selbst — mitgetheilt ist; den werthvollsten Bestandtheil seiner Arbeit aber bilden ohne Zweifel die Briefe Chopin's, welche dessen Familie dem Autor zur Verfügung gestellt hatte. Den Vorzügen dieses Werks, welche ich dankbar anerkenne, sind als Mängel gegenüber zu stellen: die maasslose Bewunderung und blinde Partheinahme des Autors für seinen Helden; die kritiklose Annahme und phantastische Ausschmückung mancher auf Hörensagen beruhender anekdotischer Mittheilungen; endlich die Dürftigkeit der Nachrichten aus der wichtigen Lebensperiode Chopin's, welche mit seiner Uebersiedelung nach Paris beginnt. Eine zweite 1878 erschienene Ausgabe des Werkes in einem Bande unterscheidet sich von der ersten durch einige Vermehrungen und zahlreiche wohlbegründete Streichungen. Wichtiger aber als diese Ausgabe ist die erste polnische „Fryderyk Chopin: Życie, Listy, Dzieła". (Warschau, Gebethner und Wolff, 1882, zwei Bände) mit einer Sammlung bis dahin unveröffentlicht gebliebener Briefe Chopin's an Fontana. Ueber Madame A. Audley's kurzes und fliessend geschriebenes Buch „Frédéric Chopin, sa vie et ses oeuvres" (Paris, E. Plon u. Co., 1880) bemerke ich nur, dass es sich meist an Karasowski anschliesst, und, wo dies nicht der Fall, vielfach unzuverlässig ist. Das Buch des Grafen Wodziński „Les trois Romans de Frédéric Chopin" (Paris, Calmann Levy, 1886) welches, dem Titel entsprechend, nur von des Künstlers Liebesverhältnissen zu Constantia Gładkowska, Maria Wodzińska und George Sand handelt, thatsächlich aber weiter greift, darf nicht unerwähnt bleiben, obwohl es mehr Novelle als Biographie ist. Joseph Bennet, der mit seinem „Frederic Chopin" (eines der bei Novello in London erschienenen „Primers of Musical Biography") auf Liszt und Karasowski fusst, hatte, was den Aufenthalt des Künstlers in Grossbritanien anlangt, den Vortheil, die Notizen von A. J. Hipkins benutzen zu können, welche auch bis zu einem gewissen Grade den Hueffer'schen Essay „Chopin" (*Fortnightly Review*, September 1877, abgedruckt in den *Musical Studies*, Edinburgh, A. und C. Black, 1880) inspirirt haben. Damit endet das Verzeichniss der Biographien, welche mehr oder minder Anspruch auf Selbständigkeit machen; daneben aber findet sich in den verschiedenartigsten Werken eine Fülle interessanter Beiträge zu einer Chopin-Biographie. Diese werde ich im Verlauf meiner Darstellung namhaft machen; hier seien nur die beiden wichtigsten erwähnt: George Sand's „Histoire de ma vie", zuerst erschienen in der Pariser Zeitung *La Presse* (1854) und später als Buch, sowie ihre in sechs Bänden erschienene „Correspondance" 1812—1876 (Paris, Calmann Levy, 1882—1884).

Den Gegenstand meiner Forschungen bildete der ganze Lebenslauf Chopin's sowie die ihn beeinflussenden historischen, politischen, künstlerischen, socialen und Personal-Verhältnisse; im Besonderen aber waren sie auf die am wenigsten bekannte und doch interessanteste Periode seines Lebens gerichtet: sein Aufenthalt in Frankreich und seine Reisen in Deutschland und Grossbritannien. Meine Quellen waren zweifacher Art: die eine begreift die aus Zeitungen, Broschüren, Briefen und Büchern, die andern die aus der Unterhaltung oder Correspondenz mit Chopin's Schülern, Freunden und Bekannten geschöpften Nachrichten. Von seinen Schülern gebührt mein wärmster Dank der Frau Dubois, geb. Camille O'Meara, der Frau Rubio, geb. Vera de Kologrivof, dem Fräulein Gavard, der Frau Friederike Streicher geb. Müller, den Herren Adolph Gutmann, Georges Matthias, Brinley Richards und Lindsay Sloper; von seinen Freunden und Bekannten Liszt, Ferdinand Hiller, Franchomme, Charles Valentin Alkan, Stephen Heller, Eduard Wolff, Charles Hallé, G. A. Osborne, T. Kwiatkowski, Professor A. Chodzko, Leonard Niedzwiecki (Nedvetsky), Frau Jenny Lind-Goldschmidt, A. J. Hipkins, Dr. Lyschinski und Frau. Ferner schulde ich aufrichtigen Dank den Herren Breitkopf und Härtel, dem jüngst verstorbenen Besitzer der Firma Fr. Kistner: Karl Gurckhaus, Julius Schuberth, Friedrich Hofmeister, Edwin Ashdown, Richault u. Comp. und andern, für ihre Mittheilungen bezüglich der Veröffentlichung

Chopin'scher Werke. Die Namen Aller, welche meine Arbeit
gefördert, hier zu nennen, wäre unmöglich; viele von ihnen
werden an den betreffenden Stellen des Buches namhaft gemacht
werden, viele aber auch, und unter ihnen solche, die mich auf's
Wirksamste unterstützten, ungenannt bleiben. Ihrer Aller gedenke ich mit grösster Dankbarkeit. Nicht wenige meiner gütigen Helfer sind bereits aus dem Leben geschieden: sind doch
seit dem Beginn meiner Arbeit mehr als zehn Jahre verflossen,
während welcher der Tod leider eine reiche Ernte halten konnte.

Die hier veröffentlichten Briefe Chopin's bilden einen wesentlichen Zug des Charakters der vorliegenden Biographie; sie
dürfen zahlreich genannt werden, wenn wir die Abneigung des
Meisters gegen das Briefeschreiben in Rechnung bringen. Ferdinand Hiller, dessen in ihrer Art einzige Sammlung von Briefen
seiner zahlreichen Freunde in der Kunst- und Literatur-Welt
gegenwärtig in den städtischen Archiven zu Cöln unter Schloss
und Riegel ist und noch für Jahre hinaus bleiben wird — Hiller
gestattete mir, zwei seiner Briefe von Chopin, der eine gemeinsam mit Liszt geschrieben, zu copiren. Franchomme stellte mir
ebenfalls die brieflichen Mittheilungen seines Freundes zur Verfügung. Ausser einer weiteren Anzahl hier und da schon ver-
öffentlichter Briefe gebe ich noch eine Uebersetzung der Chopin-
schen Briefe an Fontana, welche in Karasowski's Buch (d. h.
in der polnischen Ausgabe) viel von ihrem Werth verlieren, da
ihre Entstehungszeit nicht einmal annähernd zu bestimmen versucht worden ist.

Der verhältnissmässig grosse Raum, den George Sand in
meiner Darstellung einnimmt, ist, wie ich meine, durch die bedeutende Rolle gerechtfertigt, welche die Schriftstellerin in Chopin's Leben gespielt hat. Um den etwaigen Vorwurf, ich habe
sie zu hart beurtheilt, zu entkräften, will ich bekennen, dass ich
mein Studium ihres Charakters unter dem Eindrucke begann,
sie sei vielfach unverdienterweise angegriffen und der Chopin-

Biograph habe die Pflicht, sie gegen seine Vorgänger und gegen
die Freunde des Künstlers in Schutz zu nehmen. Wie gründlich ich von dieser Anschauung zurückgekommen bin, wird sich
in der Folge zeigen.

Zum Schluss noch einige Andeutungen bezüglich der Aussprache des Polnischen, für die mit dieser wenig verbreiteten
Sprache unbekannten Leser. In Kürze und Allgemeinheit könnte
man die Aussprache der Vocale folgendermaassen präcisiren:
a wie „arm", ą wie das französische nasale *on*, *c* wie „schnell",
ć dem französischen *é*, auch dem „ü" und „ö" sich nähernd,
ę wie das französische „fin", *i* wie „Schritt", *o* wie „Gott", *ó* an
„u" anklingend, *u* wie Butter, *y* zwischen „i" und „ü" schwankend. Die Consonanten *b, d, f, g* (immer hart), *h, k, l, m, n,*
p, r, s (scharf), *t* und *w* werden wie im Deutschen ausgesprochen,
von den folgenden einfachen und Doppel-Consonanten dagegen
c wie das deutsche „z", *ć* sanfter als „c", ł wie „ll" (die Zunge
gegen die Oberzähne gepresst), *ń* wie „nj", ś wie ein weiches
deutsches „ſ", ź weicher als z, ż und *rz* wie das französische
j, ch wie der Kehllaut in „lachen", *cz* wie „tsch" und *sz* wie
„sch". W. R. Morfill („A simplified grammar of the Polish
language") giebt für die Aussprache der häufig vorkommenden
Combination *szcz* das englische Beispiel „smasht china". Fami-
liennamen endlich, welche mit *i* endigen, erhalten statt dessen,
auf das weibliche Geschlecht angewandt, ein *a*.

Inhalt.

Band I.

X

Einleitung.

Polen und seine Bewohner.

ein Meister von Chopin's Bedeutung hat den Charakter seiner Nation in seinen Werken so entschieden zum Ausdruck gebracht, wie er. Es würde jedoch ein Irrthum sein, dies lediglich auf Rechnung der Vaterlandsliebe zu schreiben; das gleiche Maass des Patriotismus würde bei einem Italiener, Franzosen, Deutschen oder Engländer wohl kaum eine derartige Wirkung hervorgebracht haben. Nationale Züge, wie sie Chopin's Musik aufweist, setzen eine so besonders geartete Nation wie die polnische voraus, mit einer Geschichte, so glänzend wie dunkel, so anziehend wie abstossend, so romantisch wie tragisch. Die Eigenart der Völker des westlichen Europa ist durch den jahrhundertelangen Verkehr mit anderen Nationen wesentlich modificirt, wenn nicht gänzlich verwischt worden; die Völker des östlichen Theiles unsers Continents dagegen haben die ihrige fast unverfälscht erhalten, weil die Einflüsse des Auslandes nicht in die Tiefe drangen, sondern nur die höheren Kreise und auch diese nur oberflächlich berührten. Keinenfalls ist die slavische Race durch die germanische und lateinische in ihrer Entwickelung derart beeinflusst worden, wie diese letzteren im Verkehr unter einander. Osten und Westen stehen sich noch immer fremd, beinahe feindlich

gegenüber. Berücksichtigen wir nun, wie tief Chopin's Musik im Boden seines Volkes wurzelt, und ferner, wie wenig im Allgemeinen über Polen bekannt ist, so ergiebt sich die Nothwendigkeit, in diesem Falle mehr Aufmerksamkeit auf das Geburtsland des Künstlers zu wenden, als es sonst bei Künstlerbiographieen üblich ist. Gleichwohl dürfen wir bei unserem Forschen nach dem nationalen Ursprung der Chopin'schen Musik die Bedeutung desselben nicht überschätzen; denn man übersieht häufig die Thatsache, dass Chopin's persönliche Eigenart ebenso scharf ausgeprägt ist, wie die seines Volkes. Hiermit glaube ich, die Berechtigung dieser Einleitung nachgewiesen zu haben, und gehe ohne weiteres zur Sache.

Die sonnigen Tage Polens waren zu Ende, bald nach dem Erlöschen der Dynastie der Jagellonen im Jahre 1572. Schon 1661 musste König Johann Kasimir den Adel warnen, dessen Unbotmässigkeit und Unbeständigkeit, dessen Neigung zu geräuschvollen Kundgebungen und äusserem Glanze ihn überzeugt hatten, dass das Königreich die Beute anderer Nationen werden müsse, wenn die herrschenden Uebelstände, namentlich die sogenannten freien Wahlen sowie die Adels-Privilegien, nicht beseitigt würden. Und dies war nicht einmal die erste Warnung. Der Jesuit Peter Skarga (1536—1612), ein unermüdlicher Eiferer gegen die Laster der in Polen herrschenden Klasse, sagte 1605 voraus, dass die Zwistigkeiten der Adligen sie unter das Joch ihrer Feinde bringen, sie ihres Königs und ihres Landes berauben, sie in die Verbannung treiben und sie denen verächtlich machen würden, von welchen sie zuvor gefürchtet und geehrt gewesen seien. Aber diese Warnungen blieben ungehört und die Prophezeiungen erfüllten sich wörtlich. Wahlkönigthum, *pacta conventa*[1]), *liberum veto*[2]), Erniedrigung des Bürgerstandes, Leibeigenschaft der Bauern und andere Einrichtungen eines rücksichtslos egoistischen Adels verwandelten den einstigen blühenden Staat in ein hülfloses Wesen „welches mit gebrochenem Rückgrat an der Heer-

---

[1]) Bedingungen, welche der Throncandidat bei seiner Wahl zu unterschreiben hatte und welche natürlicherweise von den Wählern dictirt waren, d. h. von einer selbstsüchtigen Klasse, der *sslachta* (Adel) oder vielmehr von den Mächtigsten derselben.

[2]) Das Recht jedes Reichstags-Mitgliedes, durch die Worte „Nie pozwalam" („Ich erlaube nicht") oder ähnliches die Verhandlungen zu unterbrechen.

strasse liegend, von den Füssen und Hufen der Vorüberziehenden zertreten wird."[1]) In der Fäulniss des gesellschaftlichen Organismus fanden Käuflichkeit, massloser Ehrgeiz und religiöse Unduldsamkeit einen nur zu wohl bereiteten Boden und brachten, durch die Intriguen des Auslandes genährt, die ver derblichsten Früchte — Conföderationen, Bürgerkrieg, Occupation des Landes durch die Russen nebst Bevormundung des Königs, der Räthe sowie des Reichstages, und als Anfang vom Ende: die erste Theilung (1772), bei welcher Polen ein Drittel seines Territoriums und 5 Millionen Einwohner verlor. Bald aber kam es noch schlimmer, denn die theilenden Mächte, Russland, Preussen und Oesterreich, wussten durch Lockungen und Drohungen den Reichstag zu veranlassen, nicht nur die Beraubung zu sanctioniren, sondern auch die Verfassung derart zu ändern, dass ihnen eine permanente Einwirkung auf die inneren Angelegenheiten des Staates gesichert war. Der Pole Franz Grzymala bemerkt sehr richtig, dass, wenn das Volk frei gewesen wäre und folglich fähig, zu fühlen und zu denken, anstatt in Dunkelheit und Unwissenheit gehalten zu werden, wenn ferner die Bevölkerung gleiches Recht genossen hätte, statt von wenigen Tausenden vergewaltigt zu werden, die Nation durch diejenigen hätte gerettet werden können, welche nun ihrem Untergange gleichgültig zuschauten. Jene „wenigen Tausend" aber waren eben die Adligen, welche sich alle politische Macht sowie fast das ganze Nationalvermögen angeeignet hatten und, ohne zu übertreiben, mit Ludwig XIV. sagen konnten: „L'État c'est nous." Was den König und das Volk anlangt, so war jener fast aller seiner Hoheitsrechte beraubt und dieses bildete einen rechtlosen Haufen von elenden Bauern, verarmten Bürgern und schachernden Juden. Rousseau sagt in seinen „Considérations sur le gouvernement de Pologne" sehr treffend, die drei Klassen der polnischen Republik seien nicht, wie oft und unberechtigterweise behauptet worden, der Ritterstand, der Senat und der König, sondern der Adel, welcher alles, der Bürgerstand, welcher nichts, und der Bauernstand, welcher weniger als nichts bedeute. Der polnische Adel zeichnete sich von dem anderer Länder nicht nur durch seine überlegene politische und gesellschaftliche

---

[1]) Thomas Carlyle, *Frederick the Great*, VIII, 105.

1*

Stellung, sondern auch durch seine Mitgliederzahl[1]), seinen
Charakter und seine innere Verfassung aus. Alle Adligen waren
gleichen Ranges, und wie man von jedem französischen Soldaten
sagt, er trage einen Marschallsstab im Tornister, so hielt sich
jeder polnische Adlige für einen gebornen Throncandidaten.
Diese Gleichheit indessen war mehr eine formale als eine that-
sächliche; gesetzliche Bestimmungen konnten die Kluft nicht
ausfüllen, welche die durch Reichthum und Ruhm hervorragenden Familien, wie die Sapieha's, Radziwiłł's, Czartoryski's, Zamoyski's, Potocki's und Branicki's, von den obscuren Edelleuten
trennte, deren ganzes Besitzthum „in einigen Hektaren Landes,
einem Schwert und einem von einem Ohr zum andern reichenden Schnurrbart" bestand, vielleicht sogar nur in den beiden
letztgenannten Objecten. Mit wenigen Ausnahmen war das nicht
dem Staat oder der Kirche gehörige Land in den Händen der
Adligen, deren einige über Besitzungen im Umfang von Fürsten-
thümern verfügten. Viele der ärmeren Adligen schlossen sich
an ihre besser situirten Standesgenossen an, um deren Clienten
und willfährige Werkzeuge zu werden. Das Verhältniss des
Adels zum Bauernstande ist von Mickiewicz in seinem Epos
Pan Tadeusz treffend charakterisirt, wo ein Bauer auf seine bescheidene Bemerkung, dass der Adel weniger als seine Standesgenossen unter der Fremdherrschaft zu leiden habe, von einem
anderen belehrt wird, dies sei eine thörichte Behauptung, weil ·
die Bauern daran gewöhnt seien, dass man ihnen, wie den
Aalen, die Haut abzöge, die Hochgebornen aber, in Freiheit
zu leben.

Nichts kennzeichnet besser die Zustände eines Volkes, als
die Art und Weise der Gerechtigkeitspflege. In Polen war
der Edelmann auf seinem Besitzthum gleichzeitig Ankläger und
Richter, und konnte nur nach vorhergegangenem Process verhaftet werden, oder bei Hochverrath, Mord und Räuberei, wenn

---

[1]) Aeltere polnische Statistiker widersprechen sich in diesem Punkte in
auffallender Weise. An einer Stelle wird die Zahl des Adels auf 120000 Familien angegeben oder ein Vierzehntel der Bevölkerung (welche vor der ersten
Theilung bald auf fünfzehn, bald auf zwanzig Millionen geschätzt wird); an
einer anderen Stelle nur auf 100000 Familien, während ein dritter Statistiker
behauptet, dass es zwischen 1788 und 1792 (d. h. nach der ersten Theilung)
38 314 Adelsfamilien in Polen gegeben habe.

er auf frischer That ertappt wurde. Und während der Edelmann solcher Privilegien genoss, war dem Bauern die *facultas standi in judicio*, wie die juristische Form lautet, versagt, sein Zeugniss galt vor dem Gerichtshof nichts. Mehr als hundert Paragraphen im polnischen Strafgesetzbuch waren ersonnen, um diese Unglücklichen zu drücken — kurz, der Bauer war völlig auf die Gnade der privilegirten Klasse angewiesen und sein Herr konnte, so zu sagen, alles mit ihm anfangen, was ihm beliebte, auspeitschen und verkaufen nicht ausgenommen; selbst ein Todtschlag war durch eine Busse von wenigen Gulden zu sühnen. Etwas besser waren die Bauern daran, welche auf den Besitzthümern des Staates und der Kirche lebten; ebenso genoss der Bürgerstand mit grösserer oder geringerer Sicherheit gewisser Ueberbleibsel seiner früheren Rechte. Suchen wir nach einem treffenden Bilde des Verhältnisses der Hauptklassen der polnischen Bevölkerung, so finden wir es in den Worten eines Schriftstellers des achtzehnten Jahrhunderts: „Polonia coelum nobilium, paradisus clericorum, infernus rusticorum".

Die weite Ebene Polens ist, wenn auch hier und da sumpfig und sandig, doch im Ganzen fruchtbar, namentlich in den flachen Flussthälern und im Osten, an den Quellen des Dniepr, derart, dass man diese Gegenden die Kornkammer von Europa genannt hat. Da jedoch den Besitzern ihre nobeln Passionen weit mehr am Herzen lagen als die Landwirthschaft, und die elenden Bauern, von denen die Rede ging, dass sie kein anderes Eigenthum besässen, als was sie im Laufe des Tages für Branntwein verwendeten, nur die nöthigste Arbeit zu verrichten geneigt waren, so wurde der Ackerbau mehr und mehr vernachlässigt. Mit Industrie und Handel stand es nicht um ein Haar besser; das wenige, was davon vorhanden, befand sich in den Händen der Juden und der Fremden, weil der Adel durch seine Standesehre verhindert war, sich mit so niedrigen Dingen zu befassen, und die verkommenen Sprossen des früher blühenden Bürgerstandes weder die Mittel noch den Unternehmungsgeist hatten, sich auf diesen Gebieten zu bethätigen. So erklärt sich der scharfe Gegensatz zwischen Reichthum und Armuth, Luxus und Mangel, welcher überall in Polen, in den Städten, wie auf dem Lande, den fremden Reisenden so peinlich berührte. Von den 1773 unter preussische Herrschaft gelangten polnischen Provinzen lesen wir „dass das Landvolk kaum etwas wie Brod kannte und viele niemals in ihrem Leben einen solchen Leckerbissen gekostet hatten; nur in wenigen Dörfern gab es einen Backofen. Ein Webstuhl war selten; das Spinnrad unbekannt. Den wichtigsten Theil des Hausrathes inmitten allen Schmutzes bildete das Crucifix und der darunter befindliche Weihwasserbehälter . . . Es war ein trostloses Land ohne Zucht, ohne Gesetz, ohne einen Herrn. Auf 9000 englischen Quadratmeilen lebten 500000 Seelen: nicht einmal 55 auf die Quadratmeile. [1]

Und diese Armuth, dieser Schmutz waren nicht nur in einem Theile Polens zu finden, sie scheinen allgemein gewesen zu sein. Der Abbé de Mably glaubte sich im Jahre 1771 beim Anblick des Elends auf dem flachen Lande und des Zustandes der Wege in die Tartarei versetzt. William Coxe, der englische Historiker und Reiseschriftsteller, welcher Polen nach der ersten Theilung besuchte, erzählt im Hinblick auf Podlachien, dass er zwischen Bjelsk und Woytszi (?) Dörfer gesehen mit nichts als leeren Mauern, und dass man ihm mitgetheilt habe, der Gebrauch der Messer, Gabeln und Löffel sei dem Bauern unbekannt. „Niemals“ berichtet er „ist mir eine so reizlose Gegend vorgekommen als die zwischen Krakau und Warschau, fast ausnahmslos eben, meist dicht bewaldet oder doch am Horizont von Wald begrenzt (hauptsächlich Fichten und Kiefern, daneben vereinzelte Birken, Buchen und kleine Eichen). Die gelegentlichen Rodungen bildeten Weidegrund, hier und da von mageren Kornfeldern unterbrochen. Die Bewohner erschienen ärmer und verkommener als irgend ein Volk, welches wir auf unserer Reise beobachtet hatten; so oft wir anhielten, sammelten sie sich schaarenweise um uns und bettelten uns unter den demüthigsten Geberden an . . . Die polnischen Bauern, kriechend und servil im Verkehr mit Höhergestellten, bückten sich bis zum Boden und behielten ihre Kopfbedeckung in der Hand, bis wir ausser Sicht waren; sie hielten ihre Fuhrwerke beim ersten Anblick unserer Wagen an, kurz, ihr ganzes Verhalten deutete auf die Knechtschaft, unter welcher sie seufzten.“ [2]

---

[1] Carlyle: *Frederick the Great*, X, 40.

[2] William Coxe, *Travels in Poland, Russia, Sweden and Denmark* (1784—90).

Die Juden, von denen bereits mehrfach die Rede gewesen ist, sind ein zu wichtiger Bestandtheil der Bevölkerung Polens, um nicht besonders erwähnt zu werden. Sie sind eine Nation in der Nation, sich absondernd sowohl durch Kleidung wie durch ihre Sprache, ein deutsch-hebräischer Jargon. Ihre Anzahl vor der ersten Theilung ist verschieden geschätzt worden, sie schwankte damals zwischen zwei und zwei und ein halb Millionen auf eine Bevölkerung von fünfzehn zu zwanzig Millionen, und 1860 wohnten in Russisch-Polen unter einer Bevölkerung von 4 867 124 Einwohnern 612 098 Juden.[1]) Sie besitzen das Monopol des Handels auf dem Lande, halten Gasthäuser und Schänken, dienen den Adligen als Verwalter und scheinen solchen Einfluss zu haben, dass kein Kauf oder Verkauf ohne ihre Vermittlung möglich ist. Unser Gewährsmann war namentlich überrascht durch die Zahl und Nützlichkeit der Juden in Litthauen, welchen Theil der polnischen Republik er 1781 besuchte. „Verlangt man nach einem Dolmetscher, so erscheint ein Jude; braucht man Postpferde, so schafft ein Jude sie herbei und fungirt als Kutscher; will man etwas kaufen, so ist ein Jude der Vermittler. Auch ist dies vielleicht das einzige Land in Europa, wo Juden Ackerbau treiben; auf unserer Reise durch Litthauen sahen wir sie häufig mit Säen, Mähen und anderen ländlichen Arbeiten beschäftigt."

Wenden wir uns nun von den niederen Klassen zum Adel. Die sehr ungleiche Vertheilung des Besitzes unter seine Mitglieder wurde bereits hervorgehoben. Ein Bild ihrer Lebensweise gewinnt man aus dem Berichte über den Haushalt des Starosten[2]) Krasiński, in dem Tagebuch (1759) seiner Tochter Franziska Krasińska. Die Beschreibung desselben scheint ihre

---

[1]) Nach Charles Forster (*Pologne*, ein Band der „L'univers pittoresque" betitelten, bei Firmin Didot frères in Paris erschienenen geschichtlichen Abhandlungen), welcher sich an Stanislaus Plater anschliesst, belief sich die Bevölkerung Polens innerhalb der Grenzen von 1772 auf 20,220 000 Einwohner und setzte sich zusammen aus 6,770 000 Polen, 7,520 000 Russen (d. h. Weiss- und Roth-Russen), 2,110 000 Juden, 1,900 000 Litthauer, 1,640 000 Deutsche, 180 000 Gross-Russen und 100 000 Wallachen.

[2]) Ein Starost (*starosta*) ist der Besitzer einer Starostei (*starostwo*) d. h. ein Schloss mit Landbesitz, welches die Krone einem Edelmann für Lebenszeit verliehen hat.

Meinung zu rechtfertigen, dass nur wenige Schlösser in Polen das ihrige an Pracht übertreffen. Indem ich den Leser mit dem Zubehör eines Magnatenhofes bekannt mache, erwähne ich zunächst, um dem schönen Geschlecht den Vortritt zu lassen, dass sich daselbst sechs junge Damen aus adligen Familien befanden, welche unter Oberaufsicht einer französischen Erzieherin ihre Ausbildung erhielten. Ferner gehörte zum Hause eine grosse Zahl ärmerer Edelleute, die in drei Klassen zerfielen: die erste Klasse bildeten Söhne wohlhabender oder doch gutsituirter Familien, denen der Dienst Ehrensache war und die den Aufenthalt benutzten, um sich höfische Manieren anzueignen und sich zur militärischen oder Beamtenlaufbahn vorzubereiten. Der Starost übernahm die Verpflegung ihrer Pferde und zahlte überdies wöchentlich zwei Gulden Lohn an ihre Reitknechte. Jeder dieser Edelleute hatte ausser seinem Reitknecht noch einen Diener, welcher ihm bei Tische aufwartete und nachher das verspeiste, was er selbst übrig gelassen hatte. Die zweite Klasse bestand aus verarmten Edelleuten, welche bestimmte Dienste zu leisten hatten und dafür bezahlt wurden. Ihr Gehalt belief sich auf jährlich 300—1000 Gulden (ein Gulden etwa = 50 Pfennig) nebst häufigen Gratificationen und Geschenken. Mit Ausnahme des Caplans, des Arztes und des Secretärs hatten sie nicht, wie die der ersten Klasse, die Ehre, mit dem Herrn des Hauses an derselben Tafel zu speisen. Was übrigens dies Privilegium betrifft, so ist zu bemerken, dass diejenigen, welche es genossen, nur geringen Vortheil daraus zogen, denn an Wochentagen gab es Wein nur für die Familie und ihre Gäste, und die Fleischgerichte waren derart in Pyramidenform aufgeschichtet, dass Wild und Geflügel den am oberen Ende der Tafel Sitzenden zu gute kam, während die weiter unten Sitzenden sich mit den minder kostbaren Fleischsorten, wie Rindfleisch, Schweinefleisch etc. begnügen mussten. Die Pflichten der dritten Klasse der Clienten, eines Dutzend junger Leute im Alter von fünfzehn bis zwanzig Jahren, bestanden darin, die Familie zu Fuss oder zu Pferde zu begleiten und Aufträge auszurichten, Geschenke und Einladungsschreiben auszutragen etc. Die zweite und dritte Klasse standen unter der Aufsicht des Hausverwalters, welcher den jungen Leuten gegenüber mit der Anwendung der Knute unter Umständen nicht sparsam war. Alle waren streng gehalten, gut gekleidet zu erscheinen. Die übrige Dienerschaft des Schlosses anlangend, hält die Schreiberin es für schwierig, dieselbe zu specificiren; sie wisse in der That nicht einmal die Zahl der dazugehörigen Musiker, Heiducken, Kosacken und sonstigen männlichen und weiblichen Diener anzugeben. Soviel sei indess sicher, dass jeden Tag fünf Tische bedient werden und dass von früh bis abends zwei Personen beschäftigt seien, um die Küche mit dem Nöthigen zu versehen. Noch bezeichnender sind die folgenden Angaben: Der Palatin Stanislaus Jablonowski hatte in seinem Gefolge 2300 Soldaten und 4000 Höflinge, Diener, Bewaffnete, Jäger, Falkoniere, Fischer, Musiker und Schauspieler, und Janusz, Fürst von Ostrog, hinterliess bei seinem Tode ein Majorat von 80 Städten und Flecken nebst 2760 Dörfern, die Städte und Dörfer seiner Starosteien nicht mitgerechnet. Die Magnaten, welche während der Regierung Stanislaus August's (1764—1795) durch Glanz und Grossartigkeit ihres Hofhalts hervorragten, waren die Fürsten Czartoryski und Radziwiłł, der Graf Potocki und der Bischof Sołtyk von Krakau. Der vorhin citirte englische Reisende berichtet, dass die jährlichen Einkünfte des Fürsten Czartoryski nahezu zwei Millionen Mark betragen, und dass seine Lebensweise mit diesem Einkommen übereingestimmt habe. Der Fürst hielt stets offene Tafel, an welcher selten weniger als zwanzig bis dreissig Personen theilnahmen.[1]) Derselbe Autor ist voll von der Eleganz und dem Luxus der Häuser und Villen des polnischen Adels, in deren Ausschmückung er den französischen und englischen Stil mit Glück verschmolzen fand. Er giebt eine farbenreiche Schilderung der Feste, denen er beigewohnt, und rühmt den feinen Geschmack und die Freigebigkeit der Veranstalter.

Welche Veränderungen auch mit dem polnischen Nationalcharakter im Laufe der Zeiten vorgegangen sind, so haben sich doch gewisse Züge erhalten und unter diesen vor Allem die Ritterlichkeit. Die Tapferkeit der Polen wird so allgemein anerkannt und bewundert, dass es überflüssig ist, sie hervorzuheben. Wer hätte nicht von der siegreichen Schlacht bei Czotzim gehört, von der Befreiung Wiens, von den nicht minder ruhmvollen

---

[1]) Nach einer anderen Quelle sollen die Czartoryski's bei feierlichen Gelegenheiten mehr als zwanzig tausend Personen an ihrer Tafel empfangen haben.

Niederlagen bei Maciejowice und Ostrolenka, von den glänzenden
Waffenthaten der polnischen Legion unter Napoleon I.? Und
haben nicht die Namen der volksthümlichen Helden Polens
Sobieski und Kościuszko in der ganzen Welt einen vortrefflichen
Klang? Uebrigens bewährten die Polen ihre Ritterlichkeit nicht
allein durch Bravour auf dem Schlachtfelde, sondern auch durch
ihre Galanterie gegen das schöne Geschlecht. Bei den Banketten
der guten, alten Zeit war es nicht ungewöhnlich, dass ein Pole
vor seiner Dame niederkniete, ihr einen Schuh auszog und daraus
trank. Allerdings scheinen auch die polnischen Frauen eine besondere Macht auszuüben. Ihre Schönheit, Anmuth und bezaubernden Manieren entzünden die Herzen und Gemüther Aller,
welche mit ihnen in nähere Berührung kommen. Wie oft sind
nicht die Besieger des Landes von ihnen besiegt worden?[1]
Heine vergleicht sie mit den zartesten, lieblichsten Blumen an
den Ufern des Ganges, und er möchte den Pinsel Rafael's, die
Musik Mozart's, die Sprache Calderon's zu Hülfe nehmen, um
dem Leser das richtige Bild einer jener Weichsel-Aphroditen
zu geben. Franz Liszt, kühner als Heine, versucht in der
That, sie zu portraitiren, und spricht von ihnen mit dichterischer Begeisterung. Kein Pole kann von diesem Gegenstande
reden, ohne in einen Enthusiasmus zu gerathen, welcher seine
Züge verklärt und ihn zu glühender, nach seiner Meinung gleichwohl unzulänglicher Beredsamkeit hinreisst.

Die Franzosen des Nordens, wie man die Polen genannt
hat, sind ungemein erregbar, rasch erzürnt, aber auch ebenso
rasch besänftigt; rasch zur Begeisterung entflammt, aber ebenso
rasch wieder erschlaffend. Sie fühlen sich am glücklichsten in
der Unruhe des gesellschaftlichen Lebens. Zurückgezogenheit
und Vertiefung in ein Studium sind wenig nach ihrem Geschmack;
da sie jedoch den bescheidenen Vorrath ihrer Kenntnisse glücklich zu verwerthen wissen, so bleiben sie in der Unterhaltung
nichts schuldig. Bei ihrer natürlichen Anlage zum gesellschaftlichen Verkehr bewegen sie sich in allen Kreisen mit grosser
Leichtigkeit und Eleganz. Die fast orientalische Süsslichkeit,
Ueberschwänglichkeit und unterthänige Höflichkeit ihrer Rede

---

[1] Kaiser Nicolaus soll gesagt haben: „Je pourrais en finir des Polonais,
si je venais à bout des Polonaises."

sind ebenso gut wie der asiatische Charakter ihrer Gesichtszüge und Kleidung allen Reisenden aufgefallen. Eine zweite hervorstechende Charaktereigenschaft der Polen ist ihre Prunkliebe. Diese zeigt sich bei den Armen im Keime, äussert sich beim Mittelstande in einem curiosen Gemisch von Glanz und Schäbigkeit und veranlasst die Reichen zu masslosen Extravaganzen. Darf man den Chronisten und Dichtern glauben, so müssen die Feste der polnischen Magnaten denen des kaiserlichen Rom kaum etwas nachgegeben haben. Von der Grossartigkeit des Hauswesens des polnischen *grand seigneur* war schon die Rede. Die günstigste Veranlassung zur Prunkentfaltung bildete die Ausstattung des Reiters und seines Rosses. Der feierliche Aufzug eines polnischen Gesandten mit seinem zahlreichen Gefolge hat selbst die Pariser, welche doch an Schauspiele solcher Art von jeher gewöhnt sind, mehr als ein Mal in Erstaunen gesetzt. Die stolzen Rosse, die Zügel und Steigbügel von massivem Silber, Sattel und Zaum mit goldenen Blumen geschmückt; die nicht minder stolzen Reiter in ihren reichen Gewändern von Seide oder Goldbrokat, mit seltenem Pelzwerk besetzt, ihre von hellen Federn überragten Mützen, ihre mit künstlerischem Geschmack verfertigten Waffen, die silbernen Säbelscheiden mit Rubinen geziert — alles dies bildete ein blendendes Ensemble. Wir lesen auch von Gesandten, deren Pferde mit Hufen von Gold oder Silber beschlagen waren und zwar so lose, dass die Hufe unterwegs liegen blieben, um von dem Reichthum der Besitzer zu zeugen. Folgende Stelle aus einem polnischen Gedichte schildert das Costüm eines reichen Edelmannes im Beginn unseres Jahrhunderts: „Er war in der Uniform des Palatinats: ein goldverbrämtes Wams, ein Ueberwurf aus Seide von Tours mit Franzen verziert, ein Gürtel von Brokat, in welchem ein Schwert mit einem Marokkogriff stak. An seinem Hals glänzte eine diamantenbesetzte Spange. Seine viereckige, weisse Mütze war von einem prachtvollen Reiherfederbusch überragt. Ein solcher Federbusch, von welchem jede einzelne Feder einen Dukaten kostet, wird nur bei grossen Festen angelegt.“

Der erwähnte Gürtel war ein wesentlicher Theil und eine hauptsächliche Zierde des älteren polnischen Nationalcostüms. Für die Fabrikation dieser Gürtel war die Stadt Sluck berühmt. Die Beschreibung eines solchen Gürtels „mit dicken Franzen

gleich Büscheln" findet man an einer anderen Stelle des oben
erwähnten Gedichts: „Die eine Seite desselben ist aus Gold mit
purpurnen Blumen gewebt, die andere aus schwarzer Seide mit
silbernen Würfeln; er kann auf beiden Seiten getragen werden;
der mit Gold gewebte Theil an Festtagen; die Rückseite in
Trauerzeiten."

Ein lebensvolles Bild des polnischen Charakters findet man
in Mickiewicz's epischem Gedicht, *Pan Tadeusz*[1]), welchem die
obigen Einzelheiten entnommen sind. Die Liebe führt seine
Feder; mit gerechtem Stolze verkündet er die Tugenden seiner
Landsleute, und mit gütigem Lächeln enthüllt er ihre Schwächen.
In dieser vielleicht treuesten aller Schilderungen des polnischen
Nationalcharakters sehen wir alle guten und schlechten Eigenschaften desselben hervortreten: Tapferkeit und Selbstverleugnung, Grossmuth und Gastfreiheit, Anmuth und Lebhaftigkeit im
geselligen Verkehr; aber ebenso Reizbarkeit und Wankelmuth,
schnell aufflammende Begeisterung und plötzliche Abkühlung,
Ruhelosigkeit und Neigung zum Aufruhr, Vorliebe für äusseren
Glanz und gesellschaftliche Vergnügungen, Prahlsucht und andere
kleine Eitelkeiten. Heinrich Heine, nicht immer ein glaubwürdiger Zeuge, in diesem Falle jedoch mit sicherem Blicke das
Richtige treffend, charakterisirt den polnischen Adel durch folgende Mosaik von Eigenschaften: „gastfrei, stolz, muthig, geschmeidig, falsch (dieses gelbe Steinchen darf nicht fehlen), reizbar, enthusiastisch, spiel- und vergnügungssüchtig, edelmüthig
und übermüthig." Ob Heine nicht irrte mit der Einfügung des
kleinen gelben Steines, ist eine Frage, die in einem anderen
Theile dieses Werkes erörtert werden soll. Der Beobachter,
welcher bei der Aufzählung der hervorstechenden Eigenschaften
des polnischen Charakters noch folgende hinzufügt: „Misstrauen
und Argwohn, erzeugt durch viele Unglücksfälle und so oft
getäuschte Hoffnungen", kommt wahrscheinlich der Wahrheit
noch näher. Dabei dürfen wir einen für derartige Völker-

---

[1]) Ich will hier noch ein anderes Werk erwähnen, dessen Schilderung des
polnischen Lebens, besonders in der zweiten Hälfte des achtzehnten Jahrhunderts,
für mich von grossem Nutzen gewesen ist, nämlich Graf Heinrich Rzewuski's
„Memoiren des Pan Severin Soplica", deutsch, mit einem erläuternden Vorwort
von Philipp Löbenstein.

Porträts wesentlichen Umstand nicht ausser Acht lassen, nämlich die Zeit, aus welcher sie stammen. Dies kommt namentlich bei einer Nation in Betracht, deren Charakter sich, wie der der Polen, in den verschiedenen Epochen ihres Daseins von ebenso vielen verschiedenen Seiten gezeigt hat. Eine erste wesentliche Veränderung des Nationalcharakters bewirkte die Einführung des erblichen Königthums; diese war, wenigstens was den Adel betraf, eine Verschlimmerung, sofern Stolz, Luxus und Selbstsucht an Stelle der früheren Einfachheit, Mässigkeit und Vaterlandsliebe traten. Eine weitere einschneidende Veränderung erfolgte nach den Unglücksfällen, welche die Nation in der zweiten Hälfte des letzten Jahrhunderts trafen; diese führten im Ganzen zum Besseren; sie wirkten reinigend und veredelnd, indem sie Eigenschaften hervorriefen, die bis dahin geschlummert hatten. Eben zu der Zeit, wo unsere biographische Wanderung uns nach Polen führt, war die Nation in dieser letzten Metamorphose begriffen. Bis zu welchem Grade die schlechten Eigenschaften die guten überwuchert hatten, kann man den Zeugnissen von Zeitgenossen entnehmen. Georg Forster, welcher im Jahre 1784 als Professor der Naturgeschichte nach Wilna berufen wurde und in dieser Stellung mehrere Jahre verblieb, sagt, dass er in Polen „einen Mischmasch von fanatischer und fast neuseeländischer Rohheit und französischer Superfeinheit, ein ganz geschmackloses, unwissendes und dennoch in Luxus, Spielsucht, Moden und äusseres Clinquant versunkenes Volk" gefunden habe.

Friedrich der Grosse geht noch strenger mit den Polen in's Gericht. Er nennt sie eitel im Glück, kriechend im Unglück, für Geld zu Allem fähig, verschwenderisch, leichtfertig, urtheilslos, immer bereit, sich ohne genügenden Grund einer Partei anzuschliessen oder sie zu verlassen. Zweifellos ist diese Schilderung übertrieben, dass sie jedoch im Ganzen richtig ist, beweisen die Aussprüche vieler einheimischer und fremder Schriftsteller, die keines Vorurtheils gegen Polen angeklagt werden können, wie Rulhière und andere mehr oder weniger voluminöse Berichterstatter. Um aber die Geduld des Lesers nicht auf eine zu harte Probe zu stellen, will ich mich begnügen, nur noch eine treffende Bemerkung eines polnischen Edelsmanns anzuführen, welcher dem vorhin citirten englischen Reisenden mittheilte, dass, wenn auch der Name Polen sich erhalten habe, die Nation doch nicht mehr

existire. „Eine allgemeine Verderbtheit und Bestechlichkeit durchdringt alle Klassen des Volkes. Viele vom höchsten Adel schämen
sich nicht, von fremden Höfen regelmässige Geldunterstützungen
zu empfangen; der eine nennt sich öffentlich einen Oesterreicher,
der zweite einen Preussen, der dritte einen Franzosen und der
vierte einen Russen."

Erstes Capitel.

Friedrich Chopin's Vorfahren. — Seines Vaters Nicolaus' Geburt, Jugend, Ankunft und erste Erlebnisse in Polen und Heirath. — Geburt und Kinderjahre Friedrich Chopin's. — Seine Eltern und Geschwister.

oethe behauptet einmal scherzend, an seiner Natur und seinen Neigungen sei nichts original zu nennen: vom Vater habe er „die Natur und des Lebens ernstes Führen"; von der Mutter „die Frohnatur und Lust zu fabuliren"; vom Grossvater die Verehrung für das schöne Geschlecht; von der Grossmutter endlich die Vorliebe für Schmuck und Putz. Schopenhauer führt das Gesetz der Vererbung auf die einfache Formel zurück, dass der Mensch seine sittliche Natur, seinen Charakter, seine Neigungen und sein Herz vom Vater, die Beschaffenheit und Richtung seiner Verstandeskräfte dagegen von der Mutter habe. Buckle andrerseits bezweifelt die erbliche Uebertragung geistiger Kräfte überhaupt. So wenig wir auch geneigt sind, dem englischen Geschichtsschreiber hierin beizustimmen, so zögern wir doch, die Behauptung des deutschen Philosophen zu unterschreiben; eine Lehre, welche den Process der Ausgleichung, der Neutralisirung und der individuellen Entwickelung methodisch darstellte, würde uns zweifellos der Wahrheit näher bringen. Aber wie complicirt auch immer das Gesetz der Vererbung wirken mag, so lohnt es sich doch jedenfalls, den Stammbaum eines hervorragenden Mannes näher zu betrachten. Freilich gewährt eine solche Betrachtung, was Chopin

anlangt, nur einen engbegrenzten Ausblick, und dies ist um
so mehr zu bedauern, als gerade hier die Umstände unsere Neugierde besonders reizen. Das *Journal de Rouen* vom .1. December 1849 enthält einen Artikel, wahrscheinlich von Amédée
de Méreaux, welcher berichtet, dass Friedrich Chopin von der
französischen Familie Chopin d'Arnouville abstamme, von der
ein Mitglied, als Opfer der Aufhebung des Edicts von Nantes,
in Polen eine Zuflucht gefunden habe.[1] Obwohl diese bestimmt
geäusserte Behauptung durch die Inschrift auf des Componisten
Grabstein auf dem Pariser Kirchhof *Père Lachaise* gestützt ist,
welche den Vater als französischen Refugié bezeichnet, so veranlasst uns doch des Letzteren katholisches Bekenntniss sowie
die widersprechenden Nachrichten über seine Abkunft, jene Behauptung mit Vorsicht aufzunehmen. A. Sculz, der Verfasser
einer polnischen Schrift über Chopin und seine Werke, will
wissen, dass Nicolaus Chopin, Friedrich's Vater, der natürliche
Sohn eines polnischen Edelmannes gewesen, der mit König
Stanislaus Leszczyński nach Lothringen gekommen sei und dort
den Namen Chopin angenommen habe. Von Karasowski erfahren
wir nichts über Nicolaus Chopin's Abkunft; da er indessen mit
Chopin's Familie befreundet gewesen ist und von ihr mancherlei
Nachrichten erhielt, so kann sein Schweigen mit gleichem Rechte
als Bejahung und Verneinung der, übrigens an sich nicht unwahr-
scheinlichen, Sculz'schen Angabe aufgefasst werden. Das einzige
Befremdliche ist der Namenswechsel. Vielleicht könnte der Tod
des polnischen Herrschers, infolgedessen Lothringen an Frankreich fiel, das Aufgeben eines schwer auszusprechenden, fremden
Namens einigermassen erklären. Auch ist nicht zu übersehen,
dass jene Mittheilung auf Hörensagen beruht und in einer

---

[1] Beim Durchblättern des *Moniteur* von 1835 stiess ich auf verschiedene
prefects und *sous-prefects* des Namens Choppin d'Arnouville. (Es giebt zwei Ge-
meinden Arnouville, beide im Departement *Seine et Oise*, die eine im Arrondissement *Mantes*, die andere im Arrondissement *Pontoise*. Das letztere heisst Arnou-
ville-les-Gonesse.) Ich fand auch mehrfache Andeutungen, auf Chopin's und
Choppin's bezüglich, welche ihrem Lande als *maires* und als Officiere gedient
haben. Uebrigens ist der Name Chopin in Frankreich durchaus nicht selten,
und mehr als einer seiner Träger hat ihm zu Ehren verholfen, so der Rechts-
gelehrte René Chopin oder Choppin (1537—1606), der Schriftsteller Chopin
(geboren um 1800), der Dichter Charles-Auguste Chopin (1811—1844).

bescheidenen Anmerkung ohne Quellenangabe figurirt.[1]) So wird
es rathsam sein, diese mehr oder minder fantastischen Berichte
bis auf weiteres unbeachtet zu lassen und mit der ersten, wohl-
beglaubigten Thatsache zu beginnen, nämlich mit Nicolaus
Chopin's Geburt zu Nancy in Lothringen am 17. August 1770.
Von seiner Jugend ist nichts bekannt, als dass er, wie andere
seiner jüngeren Landsleute, den Wunsch hatte, Polen kennen zu
lernen. Eine polnische Abstammung würde seine um diese Zeit
und später bewiesene Theilnahme für Polen genügend erklären,
doch erscheint dieselbe auch ohne jene gewagte Annahme hinreichend begründet.

Im Jahre 1735 wurde Stanislaus Leszczyński, der von
1704—1709 König von Polen gewesen war, Herzog von Lothringen und Bar, und herrschte hier, bis ein Unglücksfall — seine
Kleider hatten Feuer gefangen — im Jahre 1766 seinen Tod
herbeiführte. Als ein weiser, wohlwollender und freigiebiger
Fürst wurde er von seinen Unterthanen nicht allein zu Lebzeiten, sondern auch nach seinem Tode, nachdem die Herzog-
thümer mit Frankreich vereinigt waren, innig geliebt. Das
jüngere Geschlecht wird zweifellos häufig von den guten alten
Zeiten des Herzogs Stanislaus, vom Herzog selbst (dem *philo-
sophe bienfaisant*), sowie von dem fremden Lande und Volke,
dem er entstammte, erzählen gehört haben. Zudem war Stanislaus nicht nur ein vortrefflicher Fürst, sondern auch ein liebenswürdiger, grossherziger Mensch, und bei aller Sorge um
das Wohl seiner neuen Unterthanen blieb er bis zum Ende
seiner Tage ein echter Pole. Daraus erklärt es sich, dass sein
Hof eine grosse Anziehungskraft auf seine Landsleute ausübte
und dass Nancy für polnische Reisende eine Hauptstation auf
ihrem Wege von und nach Paris wurde. Selbstverständlich
verliessen nicht alle Polen, welche sich während der Regierungs-
zeit Stanislaus' in den Herzogthümern niedergelassen hatten,
nach seinem Tode das Land, noch hörten ihre Freunde in Polen
auf, sie in ihrer neuen Heimath zu besuchen. So konnten sich

---

[1]) Graf Wodziński, welcher die Frage nach Nicolaus Chopin's Abkunft
offen lässt, erwähnt eine Variante des Sculz'schen Berichts, des Inhalts, dass
Nicolaus Chopin von einem gewissen Szop abstamme, einem Soldaten, Kammer-
diener oder Heiducken (*rêtre, valet, ou heiduque*) im Dienste Stanislaus Leszczyński's, dem er nach Lothringen gefolgt war.

die Beziehungen zwischen den beiden Ländern erhalten, und die Theilnahme des westlichen Volkes für die Geschicke des östlichen blieb unvermindert. War nicht endlich die vom Herzog begründete *Académie de Stanislas*, das ihm errichtete Denkmal und der nach ihm benannte Schmuckplatz für die Bewohner von Nancy, sowie für die Durchreisenden eine beständige Erinnerung an seine Person?

Nicolaus Chopin kam um 1787 nach Warschau. Karasowski erzählt, dass die Starościna Łączyńska seine Bekanntschaft gemacht und ihm die Erziehung ihrer Kinder übergeben habe; in der späteren polnischen Ausgabe jedoch widerruft er diese Mittheilung zu Gunsten einer andern vom Graf Friedrich Skarbek in seinem *Pamiętniki* (Memoiren) gemachten. Nach Angabe dieses glaubwürdigsten aller anzuführenden Zeugen (warum er der glaubwürdigste ist, wird man später sehen) hatte die Uebersiedelung Nicolaus Chopin's nach Polen folgenden Grund. Ein Franzose hatte in Warschau eine Tabaksfabrik errichtet, welche, da das Schnupfen damals mehr und mehr Mode wurde, in so hohem Grade emporblühte, dass er sich nach einer Hülfskraft umsehen musste. Er schlug daher seinem Landsmann, Nicolaus Chopin, vor, zu ihm zu kommen und die Buchführung zu übernehmen, ein Anerbieten, das dieser bereitwillig annahm.

Der erste Eindruck, den der junge Lothringer beim Eintritt in das Land seiner Träume empfing, kann im Ganzen kein angenehmer gewesen sein; denn noch im Sommer 1812, als die Lage des Volkes schon durch die preussische und russische Regierung wesentlich verbessert war, fand Herr von Pradt, der Gesandte Napoleon's, die Nation in einem Zustand halber Barbarei, den Ackerbau völlig unentwickelt, den Erdboden gleich einer Wüste ausgedörrt, die Thiere verkrüppelt, das Volk körperlich wohlgebildet aber in äusserster Armuth, die Städte aus Holz gebaut, die Häuser voller Ungeziefer, die Nahrung ekelerregend. Diese Schilderung könnte man übertrieben finden; aber auch der nichts weniger als zarte, an Reiseungemach aller Art gewöhnte J. G. Seume versichert, indem er von Polen im Jahre 1805 spricht, dass, Warschau und einige andere Orte ausgenommen, in den meisten Häusern der Düngerhaufen buchstäblich und ohne Uebertreibung der reinlichste Ort sei, der einzige, wo man ohne Abscheu verweilen könne. Wie viel in-

dessen auch die allgemeine Physiognomie des Landes, vom
Standpunkt des Nützlichen aus betrachtet, zu wünschen übrig
liess, so konnte doch das Fremdartige und Malerische einem
mit Phantasie begabten Jüngling den Mangel an Ordnung und
Behaglichkeit reichlich ersetzen. Der scharfe Contrast von
Reichthum und Armuth, Luxus und Elend, welche dem ganzen
Lande einen so melancholischen Anstrich gaben, fanden ihren
Brennpunkt in seiner Hauptstadt. Der Reisende Coxe, welcher
Warschau kurz vor Nicolaus Chopin's Ankunft dort besuchte,
sagt: „Die Strassen sind breit, aber schlecht gepflastert, die
Kirchen und öffentlichen Gebäude gross und prächtig, die Paläste
der Edelleute zahlreich und glänzend, aber der grösste Theil
der Häuser, besonders die Vorstädte, sind niedrige, schlecht-
gebaute, hölzerne Hütten."

Was indessen dem Fremden am meisten in's Auge fiel,
war die Buntheit des Menschengewimmels, welches die Strassen
und Plätze Warschaus belebte, der Hauptstadt einer aus Polen,
Litthauern, rothen und weissen Russen, Deutschen, Moscovitern,
Juden und Wallachen zusammengesetzten Nation, zugleich der
Aufenthaltsort einer zahlreichen wechselnden oder ständigen Bevölkerung von Ausländern. Welche Augen muss unser Freund
gemacht haben, als er aus dem stillen Nancy — welches längst
aufgehört hatte, Residenz und gelegentlicher Sammelplatz literarischer Grössen, wie Voltaire, Madame du Châtelet, Saint
Lambert u. a. zu sein — in dies weltstädtische Treiben gerieth.
„Die Strassen von stattlicher Breite, gebildet aus Palästen im
schönsten italienischen Geschmack, und aus Holzhütten, die ihren
Einwohnern jeden Augenblick über dem Kopfe zusammenzu-
stürzen drohen; in diesen Gebäuden asiatischer Prunk mit grön-
landischem Schmutz im seltsamsten Verein; ein immer bewegtes
Publicum, die schneidendsten Contraste bildend, wie in einem
Maskenzuge; langbärtige Juden, und Mönche in allen Ordens-
trachten, ganz verschleierte, tief in sich gekehrte Nonnen von
der strengsten Regel, und über weite Märkte hinüber conver-
sirende Schaaren junger Polinnen in den hellfarbigsten seidenen
Staubmänteln; ehrwürdige alte polnische Herren mit Schnurr-
bärten, Kaftan, Pas (Gürtel), Säbel und gelben, rothen Stiefeln,
und das neue Geschlecht in den incroyablesten Pariser Moden,
Türken und Griechen, Russen, Italiener und Franzosen, in immer

2*

wechselnder Menge; dazu eine über allen Begriff tolerante Polizei,
die keiner Volkslust störend in den Weg trat, so dass sich
kleine Pulcinellen-Theater, Tanzbäre, Kameele und Affen, unaufhörlich auf Plätzen und in Gassen bewegten, vor denen die
elegantesten Equipagen wie der Packträger gaffend stillstanden.'"
So zeichnet J. E. Hitzig, der Biograph E. Th. A. Hoffmanns,
aus eigener Anschauung das Leben der polnischen Hauptstadt
im Jahre 1807. Als Nicolaus Chopin sie zum ersten Male sah,
war das Treiben in den Strassen noch unruhiger, mannigfaltiger
und glänzender, denn damals war Warschau noch die Hauptstadt eines unabhängigen Staates, und die schwebenden politischen Angelegenheiten führten die Grossen aller Höfe Europas
hierher, welche in der Pracht ihrer Wagen und Pferde, sowie
in der Anzahl und Ausstattung ihrer Dienerschaft mit einander
wetteiferten.

In der Einleitung war von den Unglücksfällen die Rede,
welche Polen betroffen haben und deren Höhepunkt die erste
Theilung des Reiches bildet; bei ihrer Leichtlebigkeit konnte
sich indessen die Nation schneller von diesem schweren Schlage
erholen, als man hätte erwarten sollen. Bald darauf begannen
die Patrioten zu hoffen, dass dieses nationale Unglück sich in
Segen verwandeln werde. Verschiedene Umstände begünstigten
die Verwirklichung dieser Hoffnungen. Preussen, welches entdeckte, dass seine Interessen nicht mehr mit denen seiner Ver-
bündeten vom Jahre 1772 übereinstimmten, änderte sein Verhalten und gelangte nach und nach dahin, ein Schutz- und
Trutzbündniss mit der polnischen Republik zu schliessen. Im
Verein mit England und anderen Regierungen wurde Preussen
für Polen eine Stütze gegen Russland und Oesterreich. Russland seinerseits hatte die Aufmerksamkeit auf andere Dinge zu
richten. So träumte Polen zu der Zeit, wo Nicolaus Chopin in
Warschau anlangte, von der Wiederkehr seiner früheren Grösse,
und jeder sah mit Ungeduld der Versammlung des Reichstages
entgegen, die im folgenden Jahre stattfinden sollte. Durch Sympathie geleitet, wurde er bald in den Strom der Aufregung und
Begeisterung, der um ihn her wogte, hineingezogen. Welche
junge, von edlen Gefühlen erfüllte Seele könnte auch gleichgültig auf ein Volk blicken, das nach Freiheit und Unabhängigkeit ringt? Bei seinem grossen Interesse an den Verhandlungen

und Debatten des Reichstages wurde er mehr und mehr mit der Geschichte, dem Charakter, den Vorzügen und Mängeln des Volkes bekannt, und dies spornte ihn an, sich emsig mit dem Studium der Landessprache zu beschäftigen, um mittels dieses treuen Spiegels und Dolmetschers der Herzen der Völker den Kreis seiner Beobachtungen zu erweitern. Und nun muss ich den Leser bitten, sich einen kurzen historischen Rückblick gefallen zu lassen, welchen ich ihm gern ersparen würde, hielten mich nicht zwei wichtige Gründe davon zurück: Erstens sind die frühesten Erlebnisse Nicolaus Chopin's in Polen so eng mit der politischen Bewegung verbunden, oder richtiger gesagt, durch sie bedingt, dass eine Betrachtung der letzteren nöthig ist, um jene im richtigen Lichte zu erblicken, und zweitens bilden eben jene politischen Vorgänge so wichtige Factoren bei der Gestaltung des National-Charakters, dass zum Verständniss desselben ihre Vergegenwärtigung unerlässlich ist.

Der Reichstag, welcher sich am Ende des Jahres 1788 versammelte, um den Gebrauch, oder besser gesagt Missbrauch des *liberum veto* zu verhindern, gestaltete sich bald zu einer Conföderation, hob 1789 den verderblichen „Ständigen Rath" auf und erliess 1791 nach vielem patriotischen Reden und unpatriotischen Widerstand die berühmte Constitution vom 3. Mai, welche von den Polen bis zum heutigen Tage mit Liebe und Stolz bewundert wird, und damals von Herrschern und Staatsmännern verschiedener Nationen, unter ihnen Fox und Burke, gepriesen wurde. Obgleich die Constitution die meisten Vorrechte des Adels bestätigte, so trug sie doch nichtsdestoweniger in sich vielversprechende Keime. So sollte z. B. die Krone nach dem Tode des regierenden Königs auf den Kurfürsten von Sachsen übergehen und hinfort erblich werden; dem Könige und den Ministern wurde grössere Macht gegeben, Confederationen sowie das *liberum veto* wurden für ungültig erklärt, die Justiz verbessert und den Rechten des dritten Standes sowie der Bauern mehr Aufmerksamkeit geschenkt. Aber die Patrioten, welche schon jubelten bei der Aussicht auf Erneuerung der Grösse und Wohlfahrt Polens, hatten ohne die Selbstsucht der Aristokratie gerechnet, ohne Russland, welches stets bereit war, Zwietracht zu säen und zu nähren. Dazu neue Verlegenheiten — die Conföderation von Targowica, Russlands Verlangen nach

Aufhebung der Constitution und unbedingter Unterwerfung unter
die Kaiserin Katharina II., der Abfall Preussens, Einrücken des
Feindes, Krieg, Abfall des eignen Königs von der nationalen
Sache und seine Vereinigung mit den Verschwörern von Targowica, endlich die zweite Theilung Polens am 14. October 1793,
die einen weiteren Verlust von Land und Bevölkerung mit sich
brachte. Von nun an überstürzten sich die Ereignisse, um das
Ende des Dramas, das *finis poloniae* herbeizuführen. Nach
zahlreichen Schein-Verhandlungen und grausamem Zwange durch
Russland und Preussen, namentlich durch das erstere, erhob
sich die beleidigte Nation, um sich von dem harten Joch zu
befreien und focht unter dem edlen Kościuszko und anderen
braven Feldherren mit einer Tapferkeit, die ewig im Gedächtniss
der Menschen fortleben wird. Aber wie ruhmvoll der Versuch
auch war, er blieb erfolglos. Drei solchen Mächten gegenüber,
wie Russland, Preussen und Oesterreich, der Bundesgenossen
ermangelnd und durch Hindernisse aller Art in seiner freien
Bewegung beschränkt, war Polen zu schwach, um sich zu behaupten. Ohne den Ursachen, den Fehlern der Anführer nach-
zuforschen, ohne bei den Wechselfällen des Kampfes zu verweilen oder dieselben aufzuzählen, will ich nur noch die schreckliche
Schlussscene des Dramas, die Belagerung und den Fall Pragas,
der Vorstadt Warschaus, und das darauf folgende Gemetzel
erwähnen. Die dritte Theilung am 24. October 1795, bei
welcher jede der drei Mächte ihren Antheil nahm, war die
natürliche Folge der letzten entscheidenden Niederlage, und damit hörte Polen auf, als unabhängiger Staat zu existiren. Allerdings noch nicht definitiv; denn als Napoleon zu Tilsit im
Jahre 1807, nachdem er Preussen zermalmt und Russland über-
wunden, die politische Gestaltung Europas von Grund aus veränderte, König Friedrich Wilhelm III. brüskirend und dem Kaiser
Alexander schmeichelnd, schuf er das Grossherzogthum Warschau und ernannte den König von Sachsen zum Regenten
desselben.

Sehen wir nun, wie es Nicolaus Chopin erging, während
diese Stürme über Polen hinwegtobten. Die drohende politische
Lage und die daraus folgende allgemeine Unsicherheit machten
sich sofort im Handel bemerkbar und lähmten denselben bald
gänzlich. Für das Handelsgeschäft, in welchem der junge

Lothringer angestellt war, wurde besonders verhängnissvoll der Abfall des Königs von der nationalen Sache, in Folge dessen sich die Grossen und Reichen veranlasst sahen, Warschau zu verlassen und in den sichereren und abgelegeneren Orten Schutz zu suchen — die Wirkung dieses Ereignisses war so verderblich für die französische Tabaksfabrik, dass dieselbe geschlossen werden musste. Unter diesen Umständen dachte Nicolaus Chopin natürlich daran, in seine Heimath zurückzukehren, wurde aber durch Krankheit verhindert. Als er wieder hergestellt war, erhob sich Polen unter Kościuszko. Er trat in die Nationalgarde ein, in welcher er bald zu dem Range eines Hauptmanns aufrückte. Am 5. November 1794 hatte er Dienst in Praga, und wäre seine Compagnie nicht wenige Stunden vor dem Falle der Vorstadt abgelöst worden, so hätte er dort jedenfalls seinen Tod gefunden. Ueberzeugt, dass alles verloren sei, richtete er seine Blicke wiederum auf die Heimath, wurde aber auch dieses Mal durch Krankheit gehindert, sein Vorhaben auszuführen. Für einige Zeit versuchte er, sich durch Privat-Unterricht im Französischen fortzuhelfen, bald darauf aber nahm er eine Stelle als Hauslehrer in der damals auf dem Lande lebenden Familie der Starościna Łączyńska an, welche bei einem zufälligen Zusammentreffen mit ihm von seinen Manieren und Fähigkeiten einen vortheilhaften Eindruck erhalten hatte.

Beiläufig sei bemerkt, dass unter seinen vier Zöglingen (zwei Mädchen und zwei Knaben) eine war, Namens Marie, bekannt durch ihr späteres Verhältniss mit Napoleon I., dem sie einen Sohn gebar, den Grafen Walewski, Minister Napoleons III. Beim Beginn dieses Jahrhunderts finden wir Nicolaus Chopin in Żelazowa Wola bei Sochaczew, im Hause der Gräfin Skarbek, als Erzieher ihres Sohnes Friedrich. Hier machte er die Bekanntschaft von Justina Krzyżanowska, einer jungen Dame aus adliger aber armer Familie, die er im Jahre 1806 heirathete, und mit der er vier Kinder zeugte, drei Töchter und einen Sohn, den Helden dieser Biographie. Die Stellung Nicolaus Chopin's im Hause der Gräfin muss eine sehr angenehme gewesen sein, denn die freundlichen Beziehungen zwischen den beiden Familien scheinen ununterbrochen fortgedauert zu haben. Sein Schüler, Graf Friedrich Skarbek, welcher seine Studien in Warschau und Paris fortsetzte, zeichnete sich später als Dichter,

Gelehrter, Professor an der Universität Warschau, Staatsbeamter, Philantrop und vielseitiger Schriftsteller, besonders auf nationalökonomischem Gebiete, aus. Wenn der Graf in seinen Memoiren sich seiner Jugend erinnert, so gedenkt er dankbar und mit Achtung seines Lehrers, von dem er nur in Ausdrücken höchster Anerkennung spricht. Beim Unterricht war Nicolaus Chopin's Hauptziel, seine Schüler zu nützlichen, patriotischen Bürgern zu bilden; nichts lag ihm ferner als die Absicht oder das unbewusste Streben, Franzosen aus ihnen zu machen.

Nun aber ist der Zeitpunkt gekommen, wo die Hauptperson dieser Darstellung auf dem Schauplatz erscheint. Friedrich Chopin, der einzige Sohn und das dritte der vier Kinder von Nicolaus und Justina Chopin, wurde am 1. März 1809[1]) geboren, in einem kleinen, dürftigen Hause zu Żelazowa Wola, einem ungefähr sechs Meilen von Warschau entfernten, der Gräfin Skarbek gehörigen Dorfe.[2]) Der Sohn der letzteren, Graf Friedrich

---

[1]) Dies ist das von Karasowski in allen Ausgaben seines Werkes (1877, 1878 und 1882) und schon vor ihm von J. Fontana (Vorwort zu Chopin's hinterlassenen Werken, 1855), C. Sowiński („Les musiciens polonais et slaves", 1857) und dem Verfasser des Artikels über Chopin in Mendel's „Musikalischem Conversations-Lexicon" (1872) mitgetheilte Datum. Nach M. A. Szulc („Fryderyk Chopin", 1873) und der Inschrift auf dem, dem Künstler im Jahre 1880 errichteten Denkmal in der Heiligen Kreuzkirche zu Warschau wurde Chopin am 2. März 1809 geboren. Das Denkmal auf dem Kirchhof Père Lachaise in Paris trägt nur den Tag von Chopin's Tod, aber nicht den seiner Geburt. Fétis weicht in seiner „Biographie universelle des musiciens" stark von den obigen Angaben ab. Die erste Ausgabe (1835—1844) nennt nur das Geburtsjahr 1810; in der zweiten (1861—1865) ist auch der Geburtstag, 8. Februar, genannt.

[2]) Graf Wodziński schildert die Gesammt-Physiognomie eines polnischen Dorfes — das *dwór* (Herrenhaus) von Bäumen umfasst; die Scheunen und Ställe ein Viereck bildend, mit einem Ziehbrunnen in der Mitte; die Wege mit Pappeln bepflanzt und von strohbedeckten Hütten besäumt; draussen die Roggen-, Weizen-, Rübsen- und Kleefelder u. s. w. — und beschreibt dann den Geburtsort Chopin's folgendermassen: „Ich fand dort dasselbe von Bäumen beschattete *dwór*, dieselben Nebengebäude, dieselben Hütten, dieselben hier und da von einem wilden Birnbaum unterbrochenen Ebenen. Einige Schritte vom Wohnhaus eine kleine, schiefergedeckte Hütte mit einem hölzernen Vorsprung. Nichts schien daran, seit fast einem Jahrhundert, geändert. Zur Linken eines dunklen Ganges ein Raum, erleuchtet durch die röthliche Flamme von langsam brennenden Holzscheiten oder dem unsicheren Schein zweier am äussersten Ende eines langen Tisches aufgestellter Lichter, wo die Mägde wie in alten Zeiten spinnen und sich Gespenstergeschichten erzählen. Zur Rechten, in einer Wohnung von

Skarbek, Nicolaus Chopin's Schüler, ein junger, siebzehnjähriger Mann, war Pathe und gab dem neugebornen Sprössling seines Lehrers seinen Vornamen.

Des kleinen Friedrich's Aufenthalt in dem Dorfe kann nicht von langer Dauer gewesen sein. Die Errichtung des Grossherzogthums Warschau im Jahre 1807 eröffnete eine Zeit voll guter Aussichten für fähige Männer, und es ist anzunehmen, dass ein junger Gatte und Vater, der zweifellos schon nach einer einträglicheren und unabhängigeren Thätigkeit ausgeschaut hatte, entschlossen war, sich die Gelegenheit dazu nicht entgehen zu lassen. Selten wohl hat eine friedliche Umwälzung durchgreifendere Verbesserungen mit sich gebracht, als die eben erwähnte. Ein neuer Herrscher bestieg den Thron, zwei stellvertretende Körperschaften verschiedener Functionen ersetzten den alten Senat und Reichstag, das französische Gesetzbuch wurde eingeführt, der Armee- und der Civildienst wurden gründlich reorganisirt, dem öffentlichen Unterricht wurde endlich die Pflege zu Theil, die ihm so lange gemangelt hatte, und ähnliches mehr. Um die Reform des Erziehungswesens ihrem Umfange nach zu charakterisiren, genügt es zu erwähnen, dass sich die Zahl der Schulen von 140 auf 634 steigerte, und dass eine Commission für Veröffentlichung passender Bücher zur Erlernung der polnischen Sprache gebildet wurde. Nicolaus Chopin's Hoffnungen waren nicht vergeblich; denn am 1. October 1810 wurde er zum Professor der französischen Sprache an das neugegründete Lyceum zu Warschau, und nur wenig über ein Jahr später, am 1. Januar 1812, zu einem ähnlichen Posten an die Artillerie- und Ingenieurschule berufen.

Das genaue Datum der Uebersiedelung Nicolaus Chopin's und seiner Familie nach Warschau ist nicht bekannt und auch von keiner Bedeutung. Wir können indessen mit Sicherheit annehmen, dass um diese Zeit der kleine Friedrich bereits ein

---

drei Zimmern, so niedrig, dass man die Decke berühren kann, ein Mann von einigen dreissig Jahren, brünett, mit lebhaften Augen, das Gesicht glatt rasirt" — kein anderer als Nicolaus Chopin. Die novellistische Ausschmückung dieser Beschreibung des Grafen Wodziński's springt in die Augen. Seine Genauigkeit kann man nach der Thatsache beurtheilen, dass er kurz nach der erwähnten Stelle von den farblosen Ziegeln auf dem Dache spricht, während er vorher berichtet, dass dasselbe mit Schiefer gedeckt sei.

Einwohner der polnischen Hauptstadt war. Während der ersten
Jahre seines Daseins mögen seine Eltern in beschränkten Verhältnissen gelebt haben. Das Gehalt eines Professors, auch wenn
es regelmässig gezahlt wurde, genügte wohl kaum zu einem behaglichen Leben für die Familie, und die Zeitverhältnisse ge-
statteten schwerlich einen nennenswerthen Nebenverdienst durch
Privatunterricht. De Pradt schildert den Zustand Polens im
Jahre 1812 folgendermassen: „Das Elend aller Klassen spottete
aller Beschreibung. Die Armee erhielt keinen Sold, die Officiere waren in Lumpen, die besten Häuser Ruinen, die vornehmsten Edelleute sahen sich gezwungen, Warschau zu verlassen,
um für ihre Lebensbedürfnisse zu sorgen. Keine Vergnügungen,
keine Gesellschaft, keine Einladungen, wie in Paris und London.
Ich kenne Fürstinnen, welche, von allen Mitteln entblösst, Warschau verlassen mussten. Die Fürstin Radziwiłł hatte zwei Dienerinnen aus England und Frankreich mitgebracht; sie wünschte
sie zurückzuschicken, musste aber darauf verzichten, weil sie
ihnen weder Gehalt noch Reisekosten vergüten konnte. Zwei
in Warschau ansässige französische Aerzte theilten mir mit, dass
selbst die höchsten Herrschaften nicht in der Lage seien, ihnen
ihr Honorar zu bezahlen.“ Wie knapp es aber auch bei den
Eltern hergegangen sein mag, das schwache, hilflose Kind litt
gewiss keinerlei Mangel an den nothwendigsten Lebensbedürf-
nissen und erfreute sich jeder seinem Alter entsprechenden Pflege.

Als im Jahre 1815 der Friede hergestellt war und eine
Zeit der Ruhe folgte, muss die Familie in guten Verhältnissen
gelebt haben; denn neben seiner dauernden Stellung als Pro-
fessor an mehreren öffentlichen Schulen (unter der russischen
Regierung auch an der militärischen Vorbereitungsschule), hatte
Nicolaus Chopin eine Reihe von Jahren ein Pensionat, das
von den besten Familien des Landes begünstigt wurde. Die
Vermuthung, Chopin's Eltern seien in bedürftiger Lage gewesen,
hat zu den verschiedensten Missverständnissen Anlass gegeben.
Ein Mitarbeiter des Larousse'schen „Grand dictionnaire universel
du XIXe siècle“ will sogar den Charakter Chopin's und seiner
Musik daraus erklären: „Sa famille d'origine française“ schreibt
er „jouissait d'une médiocre fortune; de là, peut-être, certains
froissements dans l'organisation nerveuse et la vive sensibilité
de l'enfant, sentiments qui devaient plus tard se refléter dans

ses oeuvres, empreintes généralement d'une profonde mélancolie." Wenn der Verfasser des in Frage stehenden Artikels ein wenig weiter geforscht hätte, so würde er einen sicheren Grund für seine Angaben in der ausserordentlich zarten Constitution Chopin's gefunden haben, dessen Nervensystem so empfindlich war, dass er beispielsweise in seiner frühen Kindheit keine Musik hören konnte, ohne zu weinen, und alle Versuche, ihn zu beruhigen, zurückwies.

Diese schon an sich bemerkenswerthe Gemüthsäusserung des Kindes verdient noch besondere Beachtung, als die einzige, aus jener Lebensperiode Chopin's uns übermittelte. Ueber den Mangel weiterer Nachrichten aber dürfen wir uns trösten. Während der ersten Lebensjahre eines Menschen hat es der Biograph hauptsächlich mit seiner Umgebung zu thun, mit den Factoren, welche zur Entwickelung seiner Fähigkeiten und seines Charakters mitwirken. Die Theilnahme für die Thaten und Meinungen eines Menschen wächst in dem Grade, wie seine Individualität zur Geltung gelangt. Glücklicherweise ist unser Material so reichhaltig, dass wir im Stande sind, die Verhältnisse, in denen Chopin geboren wurde und aufwuchs, ziemlich vollständig zu reconstruiren. Um mit dem ersten Kreise, der das Kind umgiebt, anzufangen, mit seiner Familie, so sind die negativen Vortheile, die Friedrich dort genoss — das Nichtvorhandensein von Entbehrungen und Mühseligkeiten der Armuth, mit ihren niederdrückenden und häufig demoralisirenden Einflüssen — schon berührt worden; es erübrigt noch, über die positiven einige Worte zu sagen, welche, wie hier gleich hervorzuheben ist, nicht hoch genug taxirt werden können. Friedrich erfreute sich des grössten Segens, der einem sterblichen Menschen zu Theil werden kann, nämlich, einer tugendhaften, gebildeten, durch die Bande der Liebe umschlossenen Familie anzugehören. Ich nenne es den grössten Segen, weil weder Katechismus noch Predigten, weder Schule noch Universität den Mangel einer Erziehung ersetzen können, die nicht bei der Aussenseite stehen bleibt, sondern in sorgfältiger, unausgesetzter Wirksamkeit das innerste Geistes- und Gemüthsleben durchdringt.

Die Umgebung, in welcher der Knabe aufwuchs, war nicht nur sittlich und gesellig, sondern auch geistig eine vornehme. Der Vater scheint ein Mann von innerem Werth und Bildung gewesen zu sein, voll redlicher Absichten, milde im Urtheil, pflichttreu und mit einem guten Theil Klugheit und Mutterwitz begabt. Zur Bethätigung dieser Charakteristik sei hervorgehoben, dass er unter seinen Freunden viele bedeutende Vertreter der Literatur, Wissenschaft und Kunst zählte; dass zwischen ihm und den Eltern seiner Schüler sowohl als diesen selbst ein freundliches Verhältniss bestand; dass er mit mehreren seiner Collegen auf intimem Fusse war, und dass seine Kinder ihn nicht nur liebten, sondern auch verehrten. Keiner, der des Sohnes Briefe liest, wird über letzteren Punkt in Zweifel sein. Bei einer Gelegenheit, wo Friedrich berichtet, dass er bei einem Mittagsmahl zwei Stunden zu spät gekommen sei, sieht er im Voraus seines Vaters Unwillen über diese Vernachlässigung der Rücksichten, welche man Anderen und besonders älteren Menschen schuldet; bei einer anderen Gelegenheit entschuldigt er sich wegen seiner Gleichgültigkeit in nicht-musikalischen Dingen, welche, wie er fürchtet, sein Vater tadeln wird. Man beachte, dass diese Briefe geschrieben sind, als Chopin schon das Mannesalter erreicht hatte. Als ein Beweis von Nicolaus Chopin's Lehrbefähigung und seiner Festigkeit als Mann darf das unerschütterliche Vertrauen gelten, dessen er sich seitens der Regierung zu erfreuen hatte: er verblieb in seiner Stellung am Lyceum bis nach der Revolution des Jahres 1831, wo diese Anstalt, wie viele andere, geschlossen wurde; er wurde dann Mitglied der Prüfungscommission für Schulamtscandidaten, und etwas später Professor der französischen Sprache an der Academie der römisch-katholischen Geistlichkeit.

Schwieriger, ja fast unmöglich ist es, ein einigermassen klares Bild seiner Frau, Justina Chopin, zu entwerfen. Keiner der noch vorhandenen Briefe ihres Sohnes ist an sie gerichtet, und in den an alle Familienglieder gemeinsam, oder an Freunde gerichteten kommt nichts vor, was sie uns näher brächte, oder einen Rückschluss auf ihren Charakter gestattete. George Sand sagt von ihr, sie sei Chopin's einzige Liebe gewesen. Karasowski schildert sie als „besonders weichherzig und reich an allen weiblichen Tugenden . . . Für sie waren Ruhe und Häuslichkeit das grösste Glück." K. W. Wójcicki spricht sich in seinem „Cmentarz Powązkowski" („Der Friedhof von Powązki") in ähnlicher Weise über sie aus. Eine schottische Dame, welche

Justina Chopin im hohen Alter gesehen und gesprochen hat,
beschrieb sie mir als „eine nette [neat], ruhige, intelligente Dame,
deren Lebendigkeit einen scharfen Contrast bildete zu der Mattigkeit ihres Sohnes, der nicht eine Spur von Energie besass."
In Bezug auf letzteren Punkt darf ich nicht unerwähnt lassen,
dass meine Berichterstatterin Chopin nur in seinem letzten Lebensjahre gekannt hat, als sein Körper und Geist schon in einem
sehr leidenden Zustand waren. Dies ist alles, was ich über
Chopin's Mutter in Erfahrung bringen konnte. Was Karasowski
anlangt, so kann er mir nicht als unbedingt glaubwürdig gelten,
weil er als Freund der Familie Chopin in allen ihren Mitgliedern Muster von geistiger und moralischer Vollkommenheit
erblickt. Er folgt dem Grundsatz *de mortuis nil nisi bene*,
welchen ich für einen sehr bedenklichen halte. Erweisen wir
diese liebevolle Zärtlichkeit unsern Mitmenschen, so lange sie
lebend unter uns weilen, beurtheilen wir dagegen die Todten
nach ihren Verdiensten: so werden die Lebenden doppelten
Vortheil haben, und den Todten wird kein Unrecht geschehen.
Gleichwohl mag ein Zeugniss jener Ausruf über seine „Beste
der Mütter" in einem von Chopin's Briefen, datirt aus Wien
bald nach Beginn der polnischen Insurrection im Jahre 1830,
„Wie glücklich wird meine Mutter sein, dass ich nicht zurückgekommen bin!" — die Folgerung rechtfertigen, dass Justina
Chopin eine Frau der liebenswürdigsten Art war, für welche
den Mittelpunkt des Daseins das Gefühl der Mutterliebe bildete,
dieser glänzende, in den verschiedensten und lieblichsten Farben
spielende Lichtstrahl. Dass diese Grundkraft, wiewohl häufig
alles andere absorbirend, den höheren geselligen und geistigen
Interessen dennoch weiten Spielraum lässt, bedarf keines Beweises. Aber wer vermöchte das dem weiblichen Charakter
eigene wunderbare Gemisch von liebender Stärke und liebenswürdiger Schwachheit mit Worten zu schildern? Man fühlt seine
Schönheit und Erhabenheit, wenn man aber versucht, diesen
Gefühlen Ausdruck zu geben, so wird man nur eine Caricatur
hervorbringen.

Die drei Schwestern Chopin's offenbarten sämmtlich mehr
oder weniger Neigung zur Literatur. Die beiden älteren, Luise
(welche einen Professor Jędrzejewicz heirathete und 1855 starb)
und Isabella (vermählt mit Anton Barciński, der zuerst Schul-

inspector war, später Director der Weichsel-Dampfschifffahrt
wurde und 1881 starb) bethätigten sich gemeinsam schriftstelle-
risch im Interesse der arbeitenden Klassen. Die erstere lieferte
dann und wann, auch nach ihrer Verheirathung, Artikel päda-
gogischen Inhalts für Zeitschriften. Emilie, die jüngste Schwester,
welche bereits im vierzehnten Jahre (1827) starb, übersetzte zusammen mit ihrer Schwester Isabella die Salzmann'schen Schriften
für die Jugend, und ihre poetischen Versuche berechtigten zu
den besten Hoffnungen.

Zweites Capitel.

Erster musikalischer Unterricht von Adalbert Zywny. — Erstes erfolgreiches Auftreten als Pianist. — Einführung in die aristokratische Gesellschaft und fort-
dauernder Verkehr in derselben. — Erste Compositionen. — Harmonie-, Contra-
punkt- und Compositionsstudiüm unter Leitung von Joseph Elsner.

nser kleiner Freund, der, wie wir gesehen haben, der
Musik gegenüber anfangs eine feindliche Stellung
einnahm — denn seine wenn auch leidenschaftlichen,
doch unklaren Aeusserungen dürfen wohl kaum als
der Ausdruck der Befriedigung und des Beifalls gelten — unterlag
bald ihrem mächtigen Einfluss. Das Clavier übte einen Zauber
auf ihn aus und zog ihn so unwiderstehlich an, dass seine
Eltern sich veranlasst fühlten, ihm, trotz seines zarten Alters,
Unterricht geben zu lassen. Um den Ernst dieses Schrittes zu
mildern, beschlossen sie, eine seiner Schwestern an den Unterrichtsstunden theilnehmen zu lassen. Der erste und einzige
Clavierlehrer eines Künstlers, der sich im Laufe der Zeit zu
einem der grössten und originellsten Meister seines Instruments
entwickeln sollte, verdient jedenfalls unsere besondere Beachtung.
Adalbert Zywny[1], ein Böhme von Geburt (geb. im Jahre 1756),
kam, so schreibt Albert Sowiński („Les musiciens polonais et
slaves"), unter der Regierung Stanislaus Augustus Poniatowski's

---

[1] Dies die gewöhnliche Orthographie. Er selbst schrieb sich, wie man
weiterhin sehen wird, Ziwny. Liszt nennt ihn Zywna.

(1764—1795) nach Polen, und liess sich, nachdem er eine Zeit
lang als Pianist am Hofe des Fürsten Sapieha verweilt hatte, in
Warschau als Clavierlehrer nieder, wo er bald eine gute Praxis
fand „und sich trotz des mässigen Preises von Mk. 1.50 für
seine Unterrichtsstunden ein hübsches Vermögen erwarb." So
führte er, lehrend und componirend (er soll viel für Clavier geschrieben haben, wovon jedoch nichts veröffentlicht ist) ein langes,
thätiges Leben, und starb im Jahre 1842, im Alter von 86 Jahren
(nach Karasowsky im Jahre 1840). Der pünktliche, gewiss auch
etwas pedantische Musiklehrer, welcher sich der Achtung und
des Wohlwollens seiner Gönner, der besten Familien Warschaus
erfreut, und sich zugleich ein Vermögen erwirbt, ist jedenfalls eine
recht freundliche Erscheinung. Das Bild der Ordnung, der würde-
vollen Ruhe seines Lebens, ist in unserer Zeit der Hast und
des Treibens ein durchaus wohlthuendes. Nachdem ich einen
seiner Briefe im Original gesehen, kann ich mir die Stösse seiner,
mit klarer, fester Hand geschriebenen Manuscripte vergegenwärtigen, wie sie sorgfältig geordnet in geräumigen Schubladen,
oder auf staubfreien Regalen aufgehäuft liegen. Ueber Zywny,
in seiner Eigenschaft als Mensch sowohl als in seinen Beziehungen
zu der Familie Chopin, erhalten wir aus Friedrich's Correspondenz einigen Aufschluss. In einem der an seinen Freund Titus
Woyciechowski gerichteten Briefe vom Jahre 1828 schreibt er:
„Bei uns ist Alles beim Alten; der biedere Zywny ist die Seele
unserer Vergnügungen." Sowiński berichtet ferner, dass Zywny
seinen Schüler nach der klassischen deutschen Methode — was
er darunter versteht, muss dahin gestellt bleiben — wie sie damals in Polen gebräuchlich gewesen, unterrichtet habe. Liszt,
der ihn auch als einen enthusiastischen Bach-Verehrer bezeichnet,
spricht gleichfalls von „les errements d'une école entièrement
classique." Nun stelle man sich mein Erstaunen vor, als ich
auf meine Anfrage, was Zywny wohl für ein Clavierspieler gewesen sein möge, von dem wohlbekannten Claviervirtuosen und
Componisten Eduard Wolff, einem geborenen Warschauer[1], die
Antwort erhielt, Zywny sei Geiger und nicht Pianist gewesen.
Dass Wolff und Zywny einander kannten, wird durch den obenerwähnten Brief Zywny's ausser allen Zweifel gestellt, durch

---

[1] Er starb zu Paris am 16. October 1880.

welchen er Ersteren dem damals in Paris lebenden Chopin
empfiehlt. Die Lösung des Räthsels ist wahrscheinlich diese:
Zywny, mag er nun Geiger oder Clavierspieler gewesen sein,
war jedenfalls kein Claviervirtuos, er trat wenigstens in seinem
späteren Alter nicht mehr öffentlich auf. Die Erwähnung eines
einzigen Namens, Wenzel W. Würfel, genügt als Beweis, dass er
nicht der beste Clavierspieler Warschaus gewesen ist. Dieser
negativen Charakteristik können wir Chopin's hohe Meinung von
Zywny's Befähigung als Lehrer entgegenstellen. Zywny's bereits erwähnter Brief ist werth, citirt zu werden, auch deshalb,
weil er das Verhältniss des Lehrers zum Schüler beleuchtet und
uns über den Charakter des Schreibers aufklärt. Auffallenderweise, in Anbetracht der Nationalität der betheiligten Personen,
ist er in deutscher Sprache abgefasst. Nur ein Facsimile des
Originals mit seiner klaren, bestimmten, wenngleich (in Folge
des hohen Alters des Verfassers) etwas zitternden Handschrift,
seiner wunderlichen Orthographie und höchst zwangloser Anwendung grosser und kleiner Anfangsbuchstaben, könnte das
eigenartige Document vollständig wiedergeben.

Der etwas altmodisch-förmliche, übrigens eine schlichte und
wohlwollende Natur bekundende Brief, dessen auf der Aussenseite befindliche Buchstaben wohl zu deuten sind: „Von dem
alten Musiklehrer Adalbert Ziwny", lautet folgendermassen:

V . . d . . A . . . . . M, ... L . . . . . A . . . . Z . . . .

     An meinen besten Freund
       Herrn Friedrich Chopin
        auss Gütte zuzustellen
          in Paris.

     Liebster Herr F. Chopin!

Bey anerwünschung einer Vollkommenen Gesundheit,
habe ich die Ehre durch Herrn Eduard Wolf an Sie zu
schreiben. Ich empfehle denselben Ihrer werthen Freundschaft. Ihre ganze Familie und ich hatten dass Vergnügen
in seinem Concerte, auch auss Ihrem Concerte dass Adagio
und Rondo zu hören, welches uns die angenehmste Erinnerung an Sie machte. Gott gebe Ihnen alles Wohlergehen. Wir sind Alle gesund, und wünschen Sie doch ein-
mahl wiederzusehen, indessen schicke ich Ihnen durch Herrn

Eduard Wolf meinen hertzlichen Kuss, und empfehle mich Ihrer werthen Freundschaft, verbleibe Ihr treuer Freund

Adalbert Ziwny.

Warschau den 12ten Juny 1835.

N. B. Herr Kaufmann Kirkow und sein Sohn Georg, der bey Herrn Reinschmid zu Ihrem Abschiedsfeste war, machen ihre Empfehlung, und wünschen gutte Gesundheit.

Adieu.

Chopin's Freund, Julius Fontana, berichtet in seiner Vorrede zu Chopin's nachgelassenen Werken, dass derselbe nie einen anderen Clavierlehrer als Zywny gehabt, und fügt er hinzu, dieser habe ihn nur die Anfangsgründe gelehrt. „Die Fortschritte des Kindes waren so ausserordentlich, dass seine Eltern so wie sein Lehrer der Meinung waren, nichts Besseres thun zu können, als ihn im zwölften Lebensjahre seinem Genius zu überlassen, und ihm zu folgen anstatt ihn zu leiten." In der That müssen Friedrich's Fortschritte ausserordentliche gewesen sein, denn in Clementina Hofmanowa's „Pamiątka po dobréj matce" („Denkschrift einer guten Mutter")[1] lesen wir, dass die Verfasserin in einer Soirée bei Gr—'s, wo eine zahlreiche Gesellschaft versammelt gewesen, im Laufe des Abends den kleinen Chopin Clavier spielen gehört habe — „ein Kind von noch nicht acht Jahren, das nach der Meinung der Kunstkenner ein zweiter Mozart zu werden verspricht". Ehe noch der Knabe sein neuntes Jahr vollendet hatte, war sein Talent bereits so anerkannt, dass er aufgefordert wurde, in einem von mehreren hochgestellten Persönlichkeiten zum Besten der Armen veranstalteten Concert mitzuwirken. Der Ueberbringer der Einladung war niemand Geringeres als Ursin Niemcewicz, der Journalist, Dichter, Dramatiker und Staatsmann, einer der bedeutendsten und einflussreichsten Männer des damaligen Polen. In diesem Concerte, welches am 24. Februar 1818 stattfand, spielte der jugendliche Virtuos ein Concert von Adalbert Gyrowetz, dem einstmals berühmten, jetzt völlig vergessenen Componisten — *sic transit gloria mundi* — einer von Riehl's „göttlichen Philistern". Eine Anekdote mag beweisen, dass Friedrich zu jener Zeit nichts vom

---

[1] Erschienen im Jahre 1819.

verzogenen Wunderkind an sich hatte, sondern ein bescheidenes, naives Kind war, das ebenso unbewusst kunstvoll Clavier spielte, wie die Vögel singen: als ihn nach dem Concert, für welches er zu seiner grossen Befriedigung möglichst elegant gekleidet worden war, die Mutter fragte: „Nun, Fritz, was gefiel denn dem Publicum am besten?" antwortete er „Oh, Mama, sie haben Alle nach meinem Kragen gesehen."

Das Début hatte durchschlagenden Erfolg, und Friedrich „Chopinek" (Diminutiv für Chopin), wie er allgemein genannt wurde, war bald der Liebling der Warschauer vornehmen Welt. Er erhielt Einladungen von den Fürsten Czartoryski, Sapieha, Czetvertyński, Lubecki, Radziwiłł, von den Grafen Skarbeck, Wolicki, Pruszak, Hussarzewski, Łempicki und Andern. Durch die Fürstin Czetvertyńska, welche, wie uns Liszt berichtet, die Musik mit tiefem Verständniss pflegte und deren Salon einer der glänzendsten und auserlesensten in Warschau war, wurde Friedrich der Fürstin Łowicka, der schönen polnischen Gemahlin des Grossfürsten Constantin, vorgestellt, die als Gräfin Johanna Antonia Grudzińska den Letzteren so zu bezaubern gewusst, dass er um die Zustimmung des Kaisers zu seiner Vermählung mit ihr zu erlangen auf die Thronfolge verzichtet hatte. Durch die Art und Weise, wie sie ihren Einfluss auf den brutalen, excentrischen, um nicht zu sagen, irrsinnigen Gatten geltend machte, der die Polen zugleich liebte und misshandelte, erwarb sie sich den Namen eines Schutzengels der Polen. In ihrem Salon kam Friedrich natürlich auch mit dem gefürchteten Grossfürsten, dem „Napoleon des Belvedere" (diesen Spottnamen hatte ihm Niemcewicz, nach dem von ihm in Warschau bewohnten Palaste gegeben) in Berührung, der den Knaben, als er einstmals mit zur Decke erhobenen Augen (wie es seine Art war) improvisirte, fragte, weshalb er immer dort hinaufblicke, ob er dort oben Noten sehe. Mit den hohen Bewohnern des Belvedere verkehrte Friedrich häufig; denn der kleine Paul, ein in gleichem Alter mit ihm stehender Knabe, ein Sohn oder Adoptivsohn des Grossfürsten, liebte seine Gesellschaft und kam zuweilen mit seinem Erzieher, dem Grafen de Moriolles, in das Chopin'sche Haus, um Friedrich zu einer Spazierfahrt abzuholen. Bei solchen Gelegenheiten waren die Nachbarn der Familie Chopin nicht wenig neugierig, was wohl der grossfürstliche Wagen mit den vier

3 *

prächtigen, nach russischer Art (d. h. nebeneinander) angeschirrten
Pferden in ihrer Gegend zu bedeuten habe.

Chopin's frühzeitige Einführung in aristokratische Kreise
und sein späterer ununterbrochener Verkehr mit der vornehmen
Welt ist ein Factor in seiner Erziehung, dem man keine geringe
Wichtigkeit beimessen darf. Mehr als aller Unterricht trug dieser
Verkehr dazu bei, seinen Geschmack zu bilden oder doch gewisse angeborene Gaben bei ihm zu entwickeln und beeinflusste
so seinen ganzen menschlichen und künstlerischen Charakter.
In der Einleitung habe ich der Lobeserhebungen eines englischen
Reisenden auf die Eleganz der Häuser und die feinen Gesell-
schaftsformen des polnischen Adels im letzten Viertel des vorigen Jahrhunderts gedacht. Wir dürfen versichert sein, dass das
neunzehnte Jahrhundert hinter seinem Vorgänger nicht zurück-
stand, wenigstens nicht in dem dritten Jahrzehnt, wo die Warschauer Salons in ihrem hellsten Glanze strahlten.

Der Einfluss französischer Sitte und Denkungsart, um deren
Verbreitung in Polen König Stanislaus Leszczyński so eifrig bemüht war, dass er zahlreiche junge Edelleute auf seine Kosten
in Paris erziehen liess, wurde nachmals durch die literarische
Geschmacksrichtung, die nationalen Sympathien und die politischen Beziehungen während des ersten Kaiserreiches noch
verstärkt. Wenn nun in Folge dessen die alte barbarische Prunksucht, mit ihr aber auch viel von der alten, naiven Einfachheit
verschwand, so vermochten doch die vom Ausland importirten
Gebräuche und Anschauungen die Eigenart der durch sie be-
einflussten Gesellschaftsklassen keineswegs zu vernichten; dem
slavischen Geiste mit seiner halb-orientalischen Färbung beigemischt, fand die fremdländische Cultur hier ihre besonderen
Erscheinungsformen. Liszt, der nicht bloss von Hörensagen
spricht, giebt seiner Bewunderung für die eleganten und
feinen Manieren der polnischen Aristokratie Ausdruck und lobt
namentlich die Abwesenheit alles Formenzwanges und steifer
Unnatur. „In den polnischen Salons" so schreibt er „waren die
streng beobachteten Anstandsregeln durchaus keine Art kunstvoll construirter Corsets, welche dazu dienten, verknöcherte
Herzen zu verbergen; sie bedingten nur die Vergeistigung aller
Berührungen, die Veredlung aller Beziehungen, die Verfeinerung
aller Eindrücke."

Doch genug hiervon. Weit entscheidender für Friedrich's Befähigung als der Beifall und die Gunst der vornehmen Welt war der Eindruck, den er auf die berühmte Catalani machte, die im Januar 1826 vier Concerte in Warschau gab, beiläufig bemerkt, für einen Eintrittspreis von nicht weniger als dreissig polnische Gulden (Mk. 15). Da sie viel von dem musikalisch begabten Knaben gehört hatte, wünschte sie ihn kennen zu lernen, und als er ihr vorgestellt wurde, war sie so von ihm und seinem Spiele entzückt, dass sie ihm eine Uhr schenkte, auf welcher die Worte gravirt waren: „Donné par Madame Catalani à Frédéric Chopin, âgé de dix ans."

Von den ersten Compositionsversuchen des Knaben ist noch nicht die Rede gewesen. Bald nach Anfang seiner Clavierstunden und noch ehe er eine Feder zu halten vermochte, begann er zu componiren. Sein Lehrer musste niederschreiben, was der Schüler spielte, worauf der jugendliche Maestro, mit dem ersten Entwurf meist unzufrieden, die kritische Feile ansetzte und zu bessern versuchte. Zunächst erfand er Mazurken, Polonaisen, Walzer etc. Im Alter von zehn Jahren widmete er dem Grossfürsten Constantin einen Marsch, den derselbe für eine Militärcapelle instrumentiren und bei Paraden spielen liess (dieser Marsch wurde später auch veröffentlicht, jedoch ohne Nennung des Componisten). Diese Leistungen gaben einen so deutlichen Beweis seines Talentes, dass der Vater seinen Freund Elsner bat, dem Knaben Unterricht in Harmonielehre und Contrapunkt zu geben. Zu dieser Zeit hatte man indessen die Möglichkeit noch nicht in's Auge gefasst, dass Friedrich sich der Musik berufsmässig widmen könnte; im Gegentheil, man machte ihm begreiflich, dass seine musikalischen Studien die wissenschaftlichen nicht beeinträchtigen dürften, da er gerade im Begriff war, in das Warschauer Lyceum einzutreten. Wir wissen, dass dieser Eintritt im Jahre 1824 erfolgte und können deshalb auch ungefähr den Zeitpunkt bestimmen, wo der Elsner'sche Unterricht begann. Fontana sagt, Chopin habe denselben begonnen, als er bereits ein bedeutender Clavierspieler gewesen sei. Da über die Art und den Umfang von Chopin's Compositionsstudium wenig bekannt ist, so dürfte es angezeigt sein, dies Thema gleich hier zu absolviren. Zuvor aber muss ich den Leser mit dem Musiker bekannt machen, der, wie Zywny, der einzige

Clavierlehrer, so auch der einzige Compositionslehrer unseres
Meisters gewesen ist.

Joseph Elsner, der Sohn eines Tischlers und Instrumenten-
machers zu Grotkau in Schlesien, wurde am 1. Juni 1769 geboren. Da ihn sein Vater für das Studium der Medicin bestimmt
hatte, bezog er 1781 das Gymnasium zu Breslau und einige
Jahre später die Universität Wien. Schon in Grotkau hatte man
ihm gerathen, seine schöne Stimme auszubilden; in Breslau trat
er dann in einen der Kirchenchöre als Sänger ein und wurde
nach kurzer Zeit auch im Theater als Geiger und Sänger beschäftigt. Hier, wo er zwar keinen regelmässigen Unterricht,
so doch gelegentliche Winke bezüglich der Harmonielehre und
verwandter Gegenstände erhielt (die Zeugnisse über diesen und
manchen andern Punkt gehen hoffnungslos auseinander), machte
er seine ersten Compositionsversuche; er schrieb Tänze, Lieder,
Duette, Trios, ja er wagte sich sogar an grössere Chor- und
Orchesterwerke. Die in Breslau begonnenen Studien wurden in
Wien fortgesetzt; die Partituren wurden den medicinischen Lehr-
büchern, die Gespräche mit Musikern den Vorlesungen der Professoren vorgezogen, und so kam es, dass er bald das Studium
der Heilkunst vernachlässigte und endlich ganz aufgab. A. Bo-
gusławski, der Verfasser von Elsner's Biographie, erzählt die
Geschichte anders und poetischer: „Als Elsner während seines
Aufenthaltes in Breslau nach einer langwierigen Krankheit am
Dreifaltigkeitsfeste des Jahres 1789 zum ersten Male wieder die
Kirche besuchte, wurde er von dem Orgelklang so tief erschüttert, dass er in Ohnmacht fiel. Als er wieder zu sich kam,
fühlte er sich von so unsäglicher Wonne und Glückseligkeit erfüllt,
dass er in diesem Zufall die Hand des Schicksals erblicken zu
müssen glaubte. Er begab sich daher nach Wien, um dort die
Grundgesetze seiner Kunst so zu sagen an der Quelle zu studiren." Wie dem auch sei, 1791 finden wir Elsner als Geiger
in Brünn und 1792 als Capellmeister am Theater zu Lemberg
wieder, eifrig mit der Composition dramatischer und anderer
Werke beschäftigt, gegen Ende des vorigen Jahrhunderts aber
in derselben Stellung am Nationaltheater in Warschau, das seine
zweite Heimath werden sollte. Warschau wurde auch das Haupt-
feld seiner künstlerischen Thätigkeit, und hier starb er nach einem
zweiundsechzigjährigen Aufenthalte in Polen am 18. April 1854

mit Hinterlassung eines Namens vom besten Klange in der Geschichte seines Adoptivvaterlandes. Von seinen Reisen war die
1805 nach Paris unternommene ohne Zweifel die wichtigste.
Während seines dortigen Aufenthaltes kamen auch einige seiner
Compositionen zur Ausführung, und als Chopin fünfundzwanzig
Jahre später dort ankam, erinnerte sich Lesueur noch Elsner's
und fragte: „Et que fait notre bon Elsner? Racontez-moi de ses
nouvelles." Elsner war ein sehr fruchtbarer Componist: ausser
Symphonien, Quartetten, Cantaten, Messen, einem Oratorium etc.
hat er 27 polnische Opern geschrieben. Viele dieser Werke
wurden veröffentlicht, theils in Warschau, theils in Deutschland,
einige sogar in Paris.

Seine Thätigkeit als Lehrer, Capellmeister und Organisator
war aber für die Entwickelung der Musik in Polen vielleicht von
noch grösserem Nutzen als seine schöpferische. Nachdem er
mehrere Musikvereine gegründet und geleitet, wurde er 1821
Director des damals eröffneten Conservatoriums der Musik, an
dessen Spitze er bis zum Jahre 1830 blieb, wo es aufgelöst
wurde. Um das Bild dieses Mannes zu vervollständigen, dürfen
wir seine Abhandlung „In wie weit eignet sich die polnische
Sprache für musikalische Zwecke?" nicht vergessen. Da von
seinen Compositionen nur wenige ausserhalb Polens, und diese
wenigen nur selten und vor langer Zeit gehört worden sind, so
ist es schwer, sich eine richtige Meinung über seinen Charakter
als Componist zu bilden. Die meisten Berichte stimmen indessen
darin überein, dass er im neueren italienischen Stil geschrieben
hat, d. h. in dem Stil, den man Ende des vorigen und Anfang
des jetzigen Jahrhunderts den italienischen nannte. Er hat sich,
wie schon erwähnt, in allen Gattungen versucht, vom Oratorium,
der Oper und der Symphonie bis zu Claviervariationen, Rondos
und Tänzen, und überall bleibt er angenehm und verständlich,
auch da, wo er, wie namentlich in seiner geistlichen Musik, den
strengen contrapunktischen Stil zur Anwendung bringt.

Der natürliche Fluss und die Wirksamkeit sowohl seiner
Vocal- wie auch seiner Instrumentalcompositionen beweisen, dass
er mit der Behandlung der menschlichen Stimme und der Instrumente gründlich vertraut war. Es wird daher keine blosse
Redensart gewesen sein, wenn man ihn als fähig bezeichnet hat
„d'initier ses élèves à la science du contre-point et aux effets

d'une savante instrumentation."[1] Für die Schüler des Conservatoriums schrieb er fünf- bis zehnstimmige Gesangsstücke, er
componirte auch vier- und fünfstimmige Canons, was dafür zu
sprechen scheint, dass er gegen die strengen Formen keine Abneigung hatte. Und hier will ich noch einen anscheinend wohl-
unterrichteten Autor citiren[2] (dem ich ausserdem für diese Skizze
zu Dank verpflichtet bin), welcher Elsner wegen gewisser, auch
an Chopin häufig in einer wenig milden Weise gerügten Schwächen tadelt:

„Man verzeiht ihm gern die hie und da vorkommenden Verstösse gegen das Gesetz der harmonischen Verbindung und die Leichtfertigkeit, mit welcher er sich
über alle bestimmte Regeln des reinen Satzes bisweilen
hinwegsetzt, was besonders in den dramatischen Werken der
Fall ist, wo er den äusseren Effect augenscheinlich zum letzten
Ziele seines unermüdeten Bestrebens gemacht hat."

In Anbetracht des Melodienreichthums und der Formvollendung der „Passion unseres Herren Jesu Christi" ist Karasowski
geneigt, dieselbe für des Componisten bestes Werk zu halten.
Als man in Breslau Elsner's „Echo-Variationen" für Orchester
rühmte, rief Chopin: „Ihr müsst seine Krönungsmesse hören;
erst dann könnt Ihr über ihn als Componisten urtheilen." Um
Elsner mit einem Worte zu charakterisiren: er war ein Mann
von bedeutender musikalischer Begabung und Fähigkeit, voll
edelsten Strebens, Wissens, Fleisses und grösster Beharrlichkeit,
kurz, er war ein Talent, aber kein Genie.

Ein im Jahre 1841 in Polen reisender Musiker schickte der
„Neuen Zeitschrift für Musik" eine Reihe von „Reiseblättern",
welche Elsner's Persönlichkeit so anmuthig und lebendig schildern, dass ich der Versuchung nicht widerstehen kann, sie hier
beinahe vollständig wiederzugeben. Zwei Bemerkungen desselben

---

[1] „Elsner's Compositionen" sagt Fétis in seiner *Biographie universelle des
musiciens* „sind im Stil Paër's und Simon Mayer's gehalten. In seiner Kirchenmusik ist die moderne Dramatik zu sehr vorherrschend; sie zeigt eine gewandte
Schreibweise, eine effectvolle Behandlung der Singstimmen, aber wenig Originalität und Erfindung. Elsner's Stimmführung ist eine reine, wiewohl seine Fugen
verrathen, dass er den strengen Satz nicht völlig beherrscht."

[2] Der Verfasser des Artikels „Elsner" in Schilling's „Universal-Lexicon
der Tonkunst".

Schriftstellers mögen indessen diesem Citat vorangeschickt werden — nämlich, dass Elsner mit Leib und Seele Pole war, ein besserer Patriot als Tausende geborener Polen, und dass er, wie Haydn, desto besser componirte, je älter er wurde.

„Die erste musikalische Person der Stadt Warschau ist noch immer der alte, jünglingsmuntere Joseph Elsner, ein ebenso liebens- als wahrhaft verehrungswürdiger Altmeister unserer Kunst. Man trifft schwerlich heutzutage auf einen namhaften polnischen Tonkünstler, der nicht bei Pan [Herrn] Elsner Composition studirt hätte, und er liebt alle seine Schüler, und alle sprechen mit Begeisterung von ihm, und küssen dem alten Meister nach polnischer Sitte die Schulter, worauf er nie vergisst, sie herzlich auf beide Backen zu küssen. Sogar Karol Kurpinski, der pensionirte Capellmeister des polnischen Nationaltheaters, dessen Haar schon ergraut, ist, wenn ich nicht sehr falsch unterrichtet bin, auch ein Schüler von Joseph Elsner. Man täuscht sich oft in der äusseren Persönlichkeit eines berühmten Mannes, ich will sagen, man macht sich oft ein falsches Bild von ihm, bevor man ihn gesehen und bevor man ein Portrait von ihm kennt. Ich fand Elsner beinahe ganz so, wie ich mir ihn vorgestellt. Wisocki, der Pianist, auch sein Schüler, führte mich zu ihm. Pan Elsner wohnt in dem Dom Pyarow [Haus der Piaristen], man muss sich früh aufmachen, um ihn zu Hause zu treffen, denn bald nach dem Frühstück geht er aus, und kommt selten vor Abend wieder in seine Zelle. Er bewohnt nämlich, wie ein echter Kirchencomponist, zwei Zellen des alten Pyaren-Klosters in der Jesuitenstrasse, und auf den dunklen Gängen, durch die man zu ihm gelangt, sieht man hier und da verwitterte, ausrangirte Heiligenbilder umherliegen und alte Kirchenfahnen hangen. Der alte Herr war noch im Bett, als wir kamen, und liess durch seinen Diener bitten, ein wenig im Vorzimmer zu warten, er werde gleich bei uns sein. Alle Wände dieses Zimmers, oder Zelle vielmehr, waren bis an die Decke mit Musikerportraits behängt, worunter manche sehr seltene Namen und Gesichter. Herr Elsner hat diese Sammlung bis auf die neueste Zeit fortgesetzt, und auch die Portraits von Liszt, Thalberg, Chopin und Clara Wieck scheinen hier von den alten Klosterwänden herab. Ich hatte mich kaum ein Paar Minuten in dieser grossen Gesellschaft umgesehen, als die Thür des Nebenzimmers sich öffnete und ein mittelgrosser (um nicht zu sagen kleiner), etwas untersetzter Mann, mit rundem, freundlichem Gesichte, grauen Haaren, aber sehr lebhaften Augen, in einem warmen Morgenpelz gehüllt, gemüthlich aber rasch auf uns zutrat und uns willkommen hiess. Wisocki küsste ihn nach polnischer Sitte zum Zeichen der Verehrung auf die rechte Schulter und stellte mich ihm vor, worauf mir der alte freundliche Herr mit herzlichen Worten die Hand schüttelte.

Das war also Pan Joseph Elsner, der Stammvater der neueren polnischen Musik, der Lehrer Chopin's, der feine Erkenner und vorsichtige Lenker origineller Talente. Denn er macht es nicht, wie nur zu oft andere Lehrer in den Künsten, die durchaus den Schüler auf dieselbe Drehbank schrauben wollen, auf der sie selbst gebildet wurden, die immer ihr eigenes Ich mit aller Gewalt in den Schüler hineinpfropfen möchten, damit er ganz so ein ausgezeichneter Mann werde, wie selbst einer zu sein sie sich dünken. Joseph Elsner macht es nicht so. Als noch alle Leute in Warschau meinten, Friedrich Chopin schlüge einen fal-

schen Weg ein, es sei gar keine Musik, was er mache, er müsse sich an Himmel
und Hummel halten, sonst werde sein Lebtage nichts Gescheites aus ihm werden,
— hatte der kluge Pan Joseph bereits sehr gut erkannt, welch' ein poetischer
Kern in dem bleichen, jungen Träumer steckte, hatte längst sehr gut herausge-
fühlt, dass er den Begründer einer neuen Epoche des Clavierspiels vor sich habe,
und war weit entfernt, ihm einen Kappzaum anzulegen, wohl wissend, dass solch'
edles Vollblut zwar vorsichtig geleitet, aber nicht auf gewöhnliche Weise trainirt
und gefesselt werden darf, wenn es siegen soll."

Von Chopin's Studien unter Elsner wissen wir nicht viel
mehr als von denen unter Zywny. Sowohl Fontana als Sowiński
berichten, dass er einen vollständigen Cursus in Contrapunkt
und Compositionslehre durchgemacht habe. In einem 1834 an
Chopin gerichteten Briefe nennt sich Elsner seinen „weniger
verdienstvollen, als vom Glück begünstigten Lehrer der Harmonie und des Contrapunktes." Liszt schreibt: „Joseph Elsner
lehrte Chopin gerade die Dinge, welche am schwierigsten zu
erlernen sind und am wenigsten gelernt werden: streng gegen
sich selbst zu sein und die Vortheile zu schätzen, welche nur
durch Geduld und Fleiss zu erlangen sind." Was ich sonst aus
Büchern und mündlicher Mittheilung über diesen Gegenstand in
Erfahrung gebracht, ist so allgemeiner und bestimmter Art, dass
ich den Leser nicht damit ermüden will. Elsner's Ansichten über
die Methode des Unterrichts lernen wir aus einem Briefe an
seinen Schüler kennen; der Schwerpunkt derselben liegt in folgendem Satze: „Das, wodurch der Künstler (der unausgesetzt von
seiner Umgebung lernt) seine Zeitgenossen in Erstaunen setzt,
kann er nur selbst und durch sich selbst erringen."

Elsner besass genug Einsicht und Selbstverleugnung (eine
bei Lehrern seltene Eigenschaft), um seiner Theorie gemäss
zu handeln und den natürlichen Anlagen des Schülers freien
Spielraum zu gewähren. Dass dies wirklich der Fall war, ersieht man aus der Antwort, welche er gab, als Jemand Friedrich's
Missachtung der Regeln rügte: „Lassen Sie ihn nur in Frieden,"
entgegnete er „er geht seinen besonderen Weg, weil seine Begabung eine besondere ist. Er hält sich nicht streng an die
übliche Methode, er hat aber eine ihm eigene und wird in
seinen Werken eine Originalität an den Tag legen, wie sie in
solchem Grade noch bei keinem Menschen vorhanden gewesen ist."

Die Correspondenz zwischen dem Lehrer und dem Schüler
giebt Zeugniss von ihrem ununterbrochenen Achtungs- und

Freundschaftsverhältniss. Aus den Briefen Elsner's spricht väterliche Zuneigung, aus denen Chopin's kindliche Liebe und Verehrung, Grüsse an Elsner, sowie auf diesen bezügliche Stellen
finden sich vielfach in anderen Briefen Chopin's. Es scheint
ihm immer am Herzen zu liegen, dass sein alter Lehrer von
seinem Wohlergehen und besonders von seinen Erfolgen Kenntniss habe. Seine Gefühle in Bezug auf Elsner kommen vielleicht
nirgends deutlicher zum Ausdruck, als durch die beiläufige Bemerkung in einem Briefe an seinen Freund Woyciechowski, dem
er von einer neuen Bekanntschaft berichtet: „Es ist ein sehr
guter Freund Elsner's, und das gilt in meinen Augen viel."
Zweifellos blickte Chopin mit mehr Achtung zu Elsner empor
als zu Zywny, und hielt sich ihm zu grösserem Danke verpflichtet; dass er aber von beiden eine gute Meinung hatte, ergiebt sich aus seiner schneidigen Entgegnung auf die Bemerkung
eines Wiener Musikfreundes, der seine Verwunderung darüber
aussprach, dass er in Warschau Gelegenheit gehabt habe, so
viel zu lernen: „Von den Herren Zywny und Elsner muss selbst
der grösste Esel etwas lernen."

Drittes Capitel.

achdem Friedrich bis zu seinem fünfzehnten Jahre im elterlichen Hause in Gemeinschaft mit den Pensionären desselben unterrichtet worden war, trat er 1824 in das Warschauer Lyceum ein, eine Art Gymnasium, dessen Lehrplan Lateinisch, Griechisch, neuere Sprachen, Mathematik, Geschichte etc. umfasste. Seine Erziehung war so weit vorgeschritten, dass er alsbald in die vierte Klasse aufgenommen werden konnte, und bei der Lebhaftigkeit seines Geistes sowie einem beharrlichen Fleisse wurde es ihm möglich, sich während der folgenden Jahre durch Fortschritte auszuzeichnen. auch zweimal einen Preis zu gewinnen. Das Studium der Geschichte und der Literatur Polens soll ihn damals besonders angezogen haben.

Liszt erzählt, dass Chopin in frühem Alter einer der ersten Schulen Warschaus übergeben sei, Dank der grossherzigen Protection, welche der Fürst Anton Radziwiłł der Kunst und ihren Jüngern stets hat angedeihen lassen. . Dieser Behauptung ist jedoch von Seiten der Familie Chopin's direct widersprochen und sie dürfte folglich auf einem Irrthum beruhen; aber auch

ohne jenen Widerspruch müsste sie unhaltbar erscheinen, und
zwar im Hinblick auf Nicolaus Chopin's Verhältnisse, die ihm
zweifellos erlaubten, die Kosten für den Schulunterricht seines
Sohnes selbst zu bestreiten. Ueberdies könnte man vermuthen,
dass ihm, als Professor des Lyceums, diese Kosten ganz er-
lassen worden sind. Was den musikalischen Unterricht anlangt,
den Friedrich in Warschau erhielt, so kann derselbe nicht besonders kostspielig gewesen sein. Und ferner, was wäre un-
wahrscheinlicher, als dass der Fürst den verhältnissmässig geringen Betrag des Schulgeldes bezahlt und später, als sein
Schützling auf Reisen ging, den Eltern die Versorgung desselben
überlassen hätte? In den Briefen aus Wien (1831) wendet sich
Chopin wiederholt an seinen Vater um Geld und drückt dabei
sein Bedauern aus, ihm zur Last zu fallen. Sodann enthält
Chopin's Correspondenz, welche mancherlei Aufschluss über seine
Beziehungen zum Fürsten Radziwiłł giebt, durchaus nichts, was
auf eine derartige Verpflichtung schliessen liesse, wie sie Liszt
erwähnt. Um aber dem Leser das ganze Material und damit
die Möglichkeit zu geben, selbst zu urtheilen, lasse ich Liszt's
Bemerkung wörtlich folgen: „Der Fürst verlieh ihm die unschätzbare Gabe einer vorzüglichen, vielseitigen Erziehung. Durch
seine edele Denkweise befähigt, die Bedingungen einer Künstlerlaufbahn zu erkennen, bezahlte er, von dem Eintritte seines
Schützlings in das Gymnasium bis zum Abschluss seiner Studien,
die Kosten für dieselben durch Vermittlung eines Freundes, des
Herrn Anton Korzuchowski[1]), der mit Chopin in steten herzlichen Beziehungen blieb und ihm eine treue Freundschaft bewahrte."

Liszt's Gewährsmann war zweifellos Chopin's Pariser Freund,
Albert Grzymała[2]), der zu der Familie Chopin in Polen in keiner-
lei Beziehungen gestanden zu haben scheint. Nach Karasowski's
Meinung ist die einzige Grundlage für diese Behauptung ein
Brief nebst Geschenk vom Fürsten Radziwiłł, als Dank für die
Widmung des Trio, Op. 8, welches Chopin im Jahre 1833 von
Adam Kożuchowski überbracht wurde. [3])

---

[1]) Genauer: Adam Kożuchowski.

[2]) Karasowski nennt ihn irrthümlich Franz mit Vornamen. Weiteres über
ihn findet sich in einem späteren Capitel.

[3]) Vgl. Karasowski „Fryderyk Chopin I, 65.

Bei seinen Schulgenossen erfreute sich Friedrich einer ausserordentlichen Beliebtheit, was uns bei seinem ganzen, für Knaben höchst anziehenden, sympathischen Wesen durchaus nicht verwundern darf. Einer der Hauptzüge seines Charakters war die Heiterkeit, der sprudelnde Uebermuth, der sich in allerlei Scherzen und Streichen äusserte. Er wurde nicht müde, seinen Schwestern, seinen Kameraden, ja selbst älteren Leuten Possen zu spielen, und liess in bildlicher wie persönlicher Nachahmung seiner Lust am Carriciren den freiesten Lauf. Während einer Vorlesung ertappte ihn der würdige Rector des Lyceums gerade in dem Augenblick, als er sich mit nichts Geringerem als der Carricatur seiner eigenen hochwürdigen Person beschäftigte. Trotzdem kam der Missethäter leichten Kaufs davon, denn der Rector war liberal und klug genug, ihm nicht nur keine Strafe zu dictiren, sondern sogar durch seine eigene, der Carricatur beigefügte Unterschrift das Werk zu loben. Ein deutscher, protestantischer Pfarrer in Warschau, der die polnische Sprache, in welcher er Sonntags predigen musste, arg zu misshandeln pflegte, musste ebenfalls zu einer von Friedrich's Freunden mit grossem Beifall aufgenommenen Carricatur herhalten. Unseres Helden Talent zur Veränderung seines Gesichtsausdruckes, von der George Sand, Liszt, Balzac, Hiller, Moscheles und andere persönliche Bekannte mit Bewunderung sprechen, scheint bereits zu jener Zeit stark entwickelt gewesen zu sein. Bei den theatralischen Vorstellungen, welche die jungen Leute im väterlichen Hause, besonders an den Namenstagen der Eltern und guten Freunde zu geben pflegten, war Friedrich die Seele und Hauptstütze. Mit einem gewandten Spiel verband er eine Geistesgegenwart, welche ihm gestattete, jederzeit eine Improvisation bereit zu halten, wenn einer der Mitspielenden stecken blieb. Ein begabter polnischer Schauspieler, welcher bei solchen Gelegenheiten die Regie übernahm, sprach die Ueberzeugung aus, dass der Knabe Anlage zu einem vorzüglichen Schauspieler habe. In späteren Jahren äusserten sich zwei hervorragende Mitglieder der französischen Bühne, Bocage und Madame Dorval, in ähnlicher Weise. Für den Namenstag des Vaters im Jahre 1824 verfasste Friedrich gemeinschaftlich mit seiner Schwester Emilie ein einactiges Lustspiel in Versen, „Der Irrthum oder der angebliche Spitzbube", welches von der jugendlichen Gesellschaft aufgeführt wurde. Nach Karasowski verrieth das Stück eine ungewöhnliche Beherrschung der Sprache; im Uebrigen war es nichts weniger als ein Meisterwerk, worüber sich in Anbetracht des Alters der Verfasser — fünfzehn beziehentlich elf Jahre — Niemand wundern wird.

Diese häuslichen Vergnügungen legen die Frage nahe, wer wohl die Gäste waren, welche in dem Hause verkehrten. Unter ihnen befand sich Dr. Samuel Bogumil Linde, Rector des Lyceum und erster Bibliothekar der Nationalbibliothek, hervorragender Philologe und Autor eines werthvollen „Lexicon der polnischen Sprache", sowie verschiedener anderer Werke über slavische Sprachen. Nächst diesem ältesten der Freunde Nicolaus Chopin's erwähne ich Wacław Alexander Maciejowski, der, ebenso wie Linde, seine Universitätsbildung in Deutschland erworben, hierauf kurze Zeit am Warschauer Lyceum unterrichtet hatte, und 1819 Professor an der Universität Warschau geworden war. Seine Beiträge zu den verschiedenen Zweigen slavischer Geschichte (Gesetzgebung, Literatur etc.) sind sehr zahlreich. Gelegentlich verkehrte auch im Chopin'schen Hause der als Dichter, Kritiker und Vertreter der romantischen Schule berühmte Casimir Brodzynski, eine hervorragende Erscheinung in der polnischen Literaturgeschichte, der von 1815—1822 in Warschau lebte, und dann eine Berufung als Professor der Literatur an die Universität Krakau annahm. Nicolaus Chopin's Schüler, Graf Friedrich Skarbeck, darf hier nicht vergessen werden; als Professor der Nationalöconomie an der Universität und Verfasser verschiedener, diese Wissenschaft betreffender Werke war er inzwischen ein Mann von Stellung geworden. Ausser Elsner und Zywny, deren bereits eingehend gedacht worden, zählte noch ein dritter Musiker zu den Freunden der Chopin'schen Familie: Joseph Javůrek, ein verdienstvoller Componist und Lehrer am Conservatorium; ferner gehörten zum Kreise Anton Barciński, Professor an der polytechnischen Schule, Lehrer an Nicolaus Chopin's Institut und nachmaliger Schwiegersohn; Dr. Jarocki, Zoologe, Julius Kolberg, Ingenieur, und Brodowski, Maler. Diese und Andere, wenn auch für uns blosse Namen, sind doch insofern nicht bedeutungslos, als sie, wie die stummen Personen im Schauspiel, für die Hauptpersonen des Chopin'schen Familienkreises die nöthige Staffage bilden.

Die durch eine sorgfältige Erziehung eingepflanzte, durch

den Geschmack, die Liebhabereien und die Anregung des Vaters
genährte Neigung zur Literatur, welche wir bei den Chopin'schen
Kindern, namentlich bei den Schwestern bemerkt haben, erhielt
durch einen Familienverkehr solcher Art selbstverständlich einen
neuen bedeutenden Impuls. Auch übersehe man nicht, dass es
eine Zeit der geistigen Wiedergeburt Polens war, eine Zeit, in
welcher der Einfluss des Menschen auf den Menschen grösser
ist als sonst, wo jeder Einzelne gleichsam eine belebende elektrische Kraft ausströmt. Das Unglück hatte die Nation geläutert
und gestärkt, — ihr ein neues, gesünderes Leben eingehaucht.
Der Wechsel von der Mitte des achtzehnten bis zu Anfang des
neunzehnten Jahrhunderts war in der That ein gewaltiger. Zeigte
sich Polen damals, um mich der drastischen Redeweise Carlyle's
zu bedienen, als ein „glänzend phosphorescirender Kehricht-
haufen", so erfreute es sich jetzt, Dank seiner verbesserten Landwirthschaft, seiner Fortschritte auf den Gebieten des Handels
und der Industrie, eines grösseren Wohlstandes als seit Jahr-
hunderten. Was die geistigen Interessen anlangt, so fällt der
Vergleich des Sonst mit dem Jetzt noch günstiger für das letztere
aus. Die Regierung, welche 1815 das Steuer ergriff, folgte der
von ihren Vorgängerinnen eingeschlagenen Richtung; Schulen
wie Universitäten blühten, und, was die Aussichten besonders
hoffnungsreich machte: der nationale Sinn, der, wie Mikiewicz
bemerkt, während der Zeit Stanislaus Augustus' stark in den
Hintergrund getreten war, begann nunmehr die ganze geistige
Atmosphäre zu durchdringen und spornte auf allen Gebieten
der Kunst und Wissenschaft zu ungewöhnlichen Anstrengungen an.
Einen besonders kräftigen Impuls erhielt, um nur einen Punkt
hervorzuheben, das Studium der Geschichte und der Literatur
Polens: man fing an, Volkslieder zu sammeln und eine neue
Dichterschule, die romantische, erhob sich siegreich aus dem verblichenen Glanz einer altersschwach gewordenen Klassicität. War
die Literatur der Zeit Stanislaus' eine unter dem Einflusse Frankreichs und des alten Rom stehende Hof- und Salonliteratur, so
erscheint die um 1815 aufgekommene und in den vorangegangenen
revolutionären Bewegungen wurzelnde vielmehr als eine Volks-
literatur, beeinflusst von Deutschland, England und Russland.
Jene war eine Treibhauspflanze, diese dagegen eine Gartenblume,
ja, sogar eine wildwachsende Blume. Die Klassiker hatten auf

Horaz und Boileau geschworen, einem Shakespeare dagegen jede Befähigung zur Tragödie abgesprochen, während die Romantiker durch ihre Werke und Kritiken ihre Sympathien für Schiller, Goethe, Bürger, Byron, Schukowski u. a. rückhaltlos kundgaben. Wilna war der eigentliche Ausgangspunkt dieser Bewegung und Brodziński einer der muthigsten Vorkämpfer, der neuen Richtung die Bahn ebnend für Mickiewicz, dessen Balladen und Romanzen „Dziady" und „Grażyna" (1822) der Romantik zu entscheidendem Siege verhalfen. Neben diesem waren noch Anton Malczewski, Bogdan Zaleski, Severyn Goszczyński und Andere zu nennen, als Vertreter des volksthümlichen Elementes in der polnischen Dichtung, die übrigens deswegen noch keineswegs als demokratische Dichtung zu betrachten ist. „Die polnischen Dichter" sagt C. Courrière in seiner werthvollen Schrift „Histoire de la littérature chez les Slaves" „durchforschten eifrig die Vergangenheit ihres Vaterlandes, welche ihnen um so glänzender erschien, als sie ein einziges Schauspiel in der Geschichte der Völker darbietet. Anstatt mit den historischen Ueberlieferungen zu brechen, verliehen sie ihnen neuen Glanz, neues Leben, indem sie sie unter einer schöneren, lebendigeren und fesselnden Gestalt zur Erscheinung brachten. Kurz, wenn die polnische Romantik ein Fortschritt der Poesie nach nationaler Seite war, so entfernte sie sich doch nicht eigentlich von den Wegen ihrer älteren Schwester, sofern auch sie in der Vergangenheit nur den Adel berücksichtigte; sie war und blieb, einige wenige Fälle ausgenommen, aristokratisch."

Nun dürfen wir nicht vergessen, dass dieser Kampf zwischen Klassicität und Romantik, diese Wendung von einem todten Formalismus zu lebenswarmen Idealen, für Chopin mit den Jahren zusammenfiel, in welchen das Gemüth für neue Eindrücke am empfänglichsten ist und zugleich am geneigtesten, kühne und edle Gedanken zu fassen. Ferner dürfen wir den Umstand nicht unterschätzen, dass er mit einem der an dieser unblutigen Revolution hauptsächlich Betheiligten in nahe persönliche Berührung gekommen sein muss.

Seine ersten Schulferien verlebte Friedrich auf Szafarnia in Masowien, dem Gute der Familie Dziewanowski. In einem, am 19. August 1824 geschriebenen Briefe berichtet er seinem Freunde und Schulgenossen Wilhelm Kolberg von seinen dortigen Erlebnissen, seinen Spaziergängen im Park, seinen Ausflügen und

Spazierfahrten in den Wäldern, vor allem von seinen Reitübungen.
Er erzählt seinem lieben Willy, dass er sich zwar im Sattel behauptet habe, dass er aber selbst nicht wisse, wie. Ja, er ge-
steht, dass seine Reitkünste nicht weiter reichen, als das Ross
langsam seinen Weg gehen zu lassen und unter tausend Aengsten,
wie ein Aeffchen, darauf zu sitzen. Wenn ihm noch kein Unglück zugestossen sei, so, meint er, komme das nur daher,
dass das Pferd bisher keine Lust gehabt habe, ihn abzuwerfen.
Bezüglich seiner Ausfahrten im Wagen und in der Britzka versäumt er nicht hervorzuheben, dass ihm stets die Ehre zu Theil
geworden, den Rücksitz einzunehmen. Freilich war das Leben
in Szafarnia kein völlig ungetrübtes, wenn auch unser Held die
Leiden mit bewunderungswürdigem Stoicismus ertrug: „Sehr oft"
schreibt er „sitzen die Fliegen auf meiner vorstehenden Nase —
das schadet aber nichts, es ist einmal so Brauch bei diesen
Thierchen. Die Mücken stechen mich, es schadet aber auch
nichts, denn sie stechen mich nicht in die Nase." In diesem
Tone ist der ganze Brief gehalten; Stil wie Inhalt lassen eine
echt knabenhafte Ungezwungenheit erkennen. Meist gab er den
Mittheilungen an die Seinen die Form einer Zeitung, welche er,
nach dem *Kuryer Warszawski* (Warschauer Curier) *Kuryer Sza-
farski* (Szafarniaer Curier) nannte, und bei strenger Beobachtung
des damals bestehenden Pressgesetzes nicht eher abzusenden
pflegte, als bis sie die Genehmigung des Censors, Frl. Dziewa-
nowska, erhalten hatte. Eine dieser Zeitungsnummern berichtet
u. a. über eine musikalische Zusammenkunft „einiger ganzen und
halben Personen" am 15. Juli 1824, wo Herr Pichon (Anagramm
von „Chopin") ein Concert von Kalkbrenner und ein kleines Lied
vorgetragen hatte, welch' letzteres von dem jugendlichen Audi-
torium mit mehr Beifall aufgenommen worden war, als das erstere.

Zur Bestätigung dessen, was wir von Friedrich's Hang zu
ausgelassenen Spässen gehört haben, mögen noch zwei kleine
Episoden aus den Tagen in Szafarnia dienen. Als er auf einem
Spaziergange nach dem Dorfe Oberów mehreren Juden begegnete, welche gekommen waren um Korn zu kaufen, nahm
er sie mit sich auf sein Zimmer, wo er sich an's Clavier setzte
und ihnen Majufes[1]) vorspielte. Seine Gäste waren entzückt,

---

[1]) Nach Karasowski bedeutet „Majufes" einen jüdischen Hochzeitsmarsch;
nach Ph. Löbenstein: „Die Schöne, Angenehme". Mit diesen Worten beginnt

fingen an zu tanzen, versicherten ihm, er spiele wie ein geborener Jude, und baten ihn dringend, ihnen bei der nächsten jüdischen Hochzeit aufzuspielen. Der andere Fall würde bedenklich klingen ohne seinen versöhnlichen Schluss. Wiederum handelt es sich um ein Mitglied der in Polen so zahlreich vertretenen Paria-Rasse. Friedrich hatte gehört, dass ein Jude Herrn Romecki, dem Besitzer von Oberów, Getreide abgekauft hatte, und machte sich den boshaften Scherz, diesem Herrn einen scheinbar von bewusstem Getreidehändler geschriebenen Brief zu senden, in welchem derselbe ihm mittheilte, er habe sich überlegt, dass er das Getreide nicht nehmen werde. Der jüdischpolnische Jargon war in diesem Brief so vorzüglich nachgeahmt, Schrift und Orthographie so schlecht, dass Herr Romecki die Täuschung nicht merkte; er gerieth so in Wuth, dass er den Juden holen liess, um ihm eine gehörige körperliche Züchtigung zu ertheilen, und nur Friedrich's rechtzeitiges Geständniss bewahrte den armen Kerl vor der unverdienten Strafe. Doch genug von Szafarnia, wo der jugendliche Tollkopf einen beträchtlich langen Ferienbesuch abstattete (in seinem Briefe an Wilhelm Kolberg lesen wir, dass er vor Ablauf von vier Wochen seinen Freund nicht wiederzusehen erwarte) und wo er sich nach dem bereits Gesagten, und nach einer Bemerkung in demselben Briefe zu urtheilen, „vortrefflich amüsirt hat".

Wenden wir uns nun wieder nach Warschau, zu Nicolaus Chopin's Pensionat zurück, so ist noch eines Vorfalls zu erwähnen, der geeignet ist, den schlimmen Eindruck des zuletzt Berichteten zu verwischen und sogar die Ehre hatte, den Stoff zu einem Bilde abzugeben. Kasimir Wodziński, ein Pensionär bei Nicolaus Chopin, hat ihn, wie Karasowski sagt, öfter erzählt. Eines Tages, als Nicolaus Chopin ausgegangen war, konnte Barciński, einer seiner Hilfslehrer, mit dem lärmenden Knaben nicht fertig werden. Friedrich, der zufällig in's Zimmer kam und die Situation erkannte, versprach ihnen eine hübsche Geschichte zu erzählen, wenn sie sich hinsetzten und ruhig blieben. Nachdem Alles still geworden, liess er die Lichter auslöschen,

---

ein von den spanischen Juden stammendes hebräisches Lied, welches von den polnischen Juden am Sabbath nach dem Mahle gesungen wird und dessen wohlbekannte Melodie von den Polen vorzugsweise benutzt wird, um den jüdischen Gesang zu parodiren.

4*

setzte sich an's Clavier und begann zu einer improvisirten Musik folgende Erzählung: „Räuber machen sich auf den Weg um ein Haus auszuplündern. Sie kommen näher und näher. Sie halten, sie legen die mitgebrachten Leitern an. In dem Augenblicke jedoch, wo sie durch die Fenster eindringen wollen, hören sie drinnen Geräusch. Sie erschrecken und laufen in den Wald zurück. Dort, inmitten der tiefen nächtlichen Stille und Finsterniss, legen sie sich nieder und sinken bald in tiefen Schlummer." Bei dieser Stelle wurde die Musik leiser und leiser, bis die Zuhörer, wie die Räuber, fest eingeschlafen waren. Als Friedrich dies bemerkte, schlich er verstohlen aus dem Zimmer, um die andern Hausbewohner zu holen, und sobald diese mit Lichtern herbeigekommen waren, weckte er die kleinen Missethäter mit einem mächtig dröhnenden Accord aus ihrem süssen Schlummer auf.

Hier haben wir ein Beispiel jener Improvisationskraft, durch welche Chopin, wie Fontana erzählt, von frühester Jugend an Alle in Staunen setzte, die so glücklich waren, ihn zu hören. Diejenigen, welche der Ansicht sind, dass man ausserhalb der Zaunpfähle der absoluten Musik nicht selig werden kann, werden zweifellos entsetzt sein über die ketzerische Richtung des übrigens so vielversprechenden Musikers. Ja, selbst die weniger orthodoxen, welche die Berechtigung der Programmmusik unter gewissen Bedingungen zugestehen, werden bedenklich den Kopf schütteln. Ein für seinen Helden enthusiasmirter Biograph würde sich nun verpflichtet fühlen, ihn zu rechtfertigen oder wenigstens zu entschuldigen, wenn auch nur mit seiner Jugend und Unerfahrenheit. Dass ich den armen Verketzerten im Stich lasse, wird mir vielleicht als Pflichtvergessenheit zur Last gelegt werden; da aber, wie ich meine, zunächst Wichtigeres zu erledigen ist, so dürfen mich Bedenken solcher Art nicht abhalten, in meiner Darstellung fortzufahren.

Das Jahr 1825 war in vielen Beziehungen ein denkwürdiges in Chopin's Leben. Am 27. Mai und am 10. Juni gab Joseph Javûrek, der als Freund des Chopin'schen Hauses bereits genannt wurde, zwei Wohlthätigkeitsconcerte im grossen Saale des Conservatoriums. In einem derselben trat Friedrich wieder öffentlich auf. Der Warschauer Correspondent der Leipziger „Allgemeinen musikalischen Zeitung" sagt in einem seiner Briefe:

„Der Academist Chopin liess sich mit dem ersten Allegro des Pianoforteconcerts aus *F.* [*G*?] moll von Moscheles und mit freier Fantasie auf dem Aeolopantalon hören. Dieses Instrument, verfertigt von dem hiesigen Tischler Długosz, verbindet das Aeolomelodikon[1]) mit dem Pianoforte . . . . unter den Händen des talentvollen jungen Chopin, der sich durch einen Reichthum musikalischer Ideen in seinen freien Phantasien auszeichnet und ganz Herr dieses Instrumentes ist, machte es grossen Eindruck."

Leider erfahren wir hier nichts über Chopin's Vortrag des Moscheles'schen Concertsatzes. Dennoch ist diese karge, von einer unmittelbar nach der Aufführung geschriebene Notiz werthvoll, jedenfalls werthvoller, als Alles was man fünfzig Jahre später darüber sagen könnte. Ich kann nicht umhin, anzunehmen, dass Karasowski etwas übertreibt, wenn er sagt, dass Chopin's Clavierspiel die Zuhörer auf's Höchste begeistert habe, und dass kein Concert erfolgreich gewesen sei, bei dem er nicht mitgewirkt; er scheint sich entweder zu sehr auf die phantastisch gefärbten Berichte seiner Gewährsmänner verlassen zu haben, oder in der eigenen Begeisterung für seinen Helden über das Ziel hinaus gegangen zu sein. Gegen ihn spricht, dass Chopin's Name in keiner späteren Warschauer Correspondenz der genannten Zeitung erscheint. Dass aber Chopin sowohl als Clavierspieler wie als Musiker eine weit über seine Jahre hinausreichende Meisterschaft besass, ist an seinen Compositionen aus jener Zeit ersichtlich, die uns sogleich beschäftigen werden; und dass er bereits einen gewissen Grad von Berühmtheit erlangt hatte, kann nach dem Gesagten nicht zweifelhaft sein. Bedürfte es noch eines weiteren Beweises, so wäre ein solcher in dem Umstand zu finden, dass Chopin ausersehen wurde, dem Kaiser Alexander I. die Vorzüge des Aeolomelodikons vorzuführen, als derselbe während seines Aufenthalts in Warschau, im Jahre 1825[2]), den Wunsch aussprach, dies Instrument kennen zu lernen. Dass Chopin's Vortrag den hohen Zuhörer befriedigt hat, ist daraus zu folgern, dass er ihm später einen Diamantring überreichen liess.

---

[1]) Ein orgelartiges, von Professor Hoffmann erfundenes und vom Warschauer Mechaniker Brunner verfertigtes Instrument.

[2]) Kaiser Alexander eröffnete den Reichstag in Warschau am 13. Mai 1825 und schloss ihn am 13. Juni desselben Jahres.

· Wichtiger als das Concert oder sein Auftreten vor dem
Kaiser, ja, das Hauptereigniss des Jahres 1825 war die Veröffentlichung von Chopin's Op. 1. Nur derjenige, der das Hoch-
gefühl kennen gelernt hat, sich zum ersten Male gedruckt zu
sehen, kann sich vergegenwärtigen, was unser Autor bei dieser
Gelegenheit empfunden hat. Ehe wir aber dies Werk näher
betrachten, wollen wir im Vorübergehen einen Blick auf einige
frühere, weniger wichtige Compositionen des Meisters werfen,
welche nach seinem Tode veröffentlicht wurden.

Da ist zunächst eine Polonaise in Gis-moll, angeblich aus
dem Jahr 1822[1]); aber sowohl die Mache wie die Erfindung
lassen keinen Zweifel, dass sie aus einer beträchtlich späteren
Zeit stammt. Ein Schreibfehler des Manuscripts oder ein Druckfehler mag, wie so manchem andern, auch diesem Irrthum zu
Grunde liegen. Die Gedanken sowie der Ausdruck derselben
sind natürlich und anmuthig, der Stempel des Genius ist nicht
zu verkennen, wiewohl Individualität und Stil noch mangeln,
es sei denn, dass wir die Elemente des letzteren in den leichtbeschwingten Passagen finden wollen. Von zwei Mazurken in
G- und B-dur aus dem Jahre 1825 ist die erste, besonders
gegen den Schluss hin, ziemlich gewöhnlich. Die zweite ist
interessanter, weil sie vielversprechende Keime enthält, was man
von der ersteren nicht wohl behaupten kann; wir begegnen in
ihr bereits jenen harmonischen Pikanterien, welche die späteren
Mazurken so reizvoll machen. Den Fachleuten werden die Octaven zwischen Discant und Bass im zweiten Takte des zweiten
Theiles der Nr. 1 nicht entgangen sein. Eine Polonaise in
B-moll, „Lebewohl an Wilhelm Kolberg" überschrieben, vom
Jahre 1826, ist nicht weniger graziös und natürlich, als die Polonaise in Gis-moll; ausser diesen Eigenschaften aber enthält sie
wenigstens einen Gedanken (Theil I), welcher die schwärmerisch
süsse Weise des späteren Chopin verräth. Das Trio der Polonaise trägt die Ueberschrift: „Au revoir! nach einer Arie aus
der Gazza ladra." Zwei Anmerkungen begleiten diese Composition in der Breitkopf und Härtel'schen Ausgabe (Nr. 16 der
nachgelassenen Werke). Die erste besagt, dass die Polonaise

---

[1]) Nr. 15 der nachgelassenen Werke in der Breitkopf und Härtel'schen
Ausgabe.

„bei Chopin's Abreise von (sollte heissen „nach") Reinerz" geschrieben wurde; die zweite, auf das Trio bezügliche, dass
„wenige Tage vor Chopin's Abreise beide Freunde einer Aufführung von Rossini's Oper beigewohnt hatten." Ein weiteres
nach Chopin's Tode veröffentlichtes Jugendwerk unterscheidet
sich von den obengenannten dadurch, dass es dem Anschein
nach vom Componisten für die Oeffentlichkeit bestimmt gewesen
ist: die „Variations sur un air allemand".

Szulc sagt, dass Oscar Kolberg erzählt habe, er sei noch im
Besitz des Manuscripts dieser Variationen, welche Chopin zwischen
seinem elften und siebzehnten Jahre im Hause der Gattin des Generals Sowiński binnen „wenigen Viertelstunden" componirt habe.
Sie erschienen nach des Meisters Tode zusammen mit der Sonate
Opus 4 in Wien bei Haslinger im Jahre 1851. Sie sind zweifellos identisch mit der Composition, von welcher Chopin in einem
Briefe aus Wien (1. December 1830) schreibt: „Haslinger empfing
mich sehr freundlich; wollte aber weder die Sonate noch die
zweiten Variationen veröffentlichen." (Die ersten Variationen
waren die über *Là ci darem la mano*, Opus 2, diese auch die
erste seiner Compositionen, welche in Deutschland veröffentlicht
wurde.) Indem ich die Fragen offen lasse nach dem genauen
Zeitpunkt ihrer Entstehung, nach der strengen Bedeutung der
„wenigen Viertelstunden", und ob der Componist den ersten
Entwurf der Variationen vor ihrer Absendung nach Wien revidirt hat, bin ich geneigt, dies ohne Opuszahl erschienene (beiläufig bemerkt, in der Breitkopf und Härtel'schen Ausgabe von
1824 datirte) Werk in Anbetracht seiner grösseren Einfachheit
und seines untergeordneten Werthes für eine frühere Composition zu halten, als das *Premier Rondeau* (C-moll) Opus 1, der
Frau von Linde gewidmet, der Gattin des Freundes und Collegen
von Nicolaus Chopin, des Rectors Dr. Linde, mit welcher Friedrich häufig musicirt hat. Auffallenderweise findet sich in diesen
beiden Werken kaum eine Spur von Ungeschicklichkeit, fast
niemals erfährt der leichte Fluss der Gedanken irgend welche
Störung. Ebenso fern von affectirter Tiefe wie von kindischer
Leichtfertigkeit, verrathen sie eine so beträchtliche Erfahrung
in der Behandlung des Instrumentes, dass sie mit Ehren in der
Gattung der leichteren Salonmusik figuriren können. Als schwache
Seiten erscheinen: die Einleitung zu den Variationen mit ihrer

endlosen Folge von Dominante und Tonica zu einer nichtssagenden
Passage; ferner das Unzusammenhängende des Rondo, dessen
Motive zu lose aneinander gereiht sind. So können diese beiden
Werke zwar einen angenehmen Eindruck hinterlassen, auf Originalität jedoch kaum Anspruch machen; höchstens lassen das *tempo
di valse* gegen das Ende der Variationen und im Rondo die
Keime der später bei Chopin so üppig blühenden Chromatik eine
solche erkennen. Wenn wir aber auf der einen Seite zugeben
müssen, dass die Individualität des Componisten eine noch schwache
ist, können wir ihn andrerseits doch nicht beschuldigen, er habe
irgend einen Meister copirt; der Einfluss eines solchen ist thatsächlich nicht bemerkbar.[1]

Bedeutend gereifter tritt uns Chopin in einer anderen Composition entgegen, dem der Comtesse Alexandrine Moriolles,
Tochter des im zweiten Capitel erwähnten Comte de Moriolles
gewidmeten *Rondeau à la Mazur*, Opus 5, welches, ebenso wie
das Rondo Opus 1, zuerst in Warschau und einige Jahre später
in Deutschland erschien. Ich kenne den genauen Zeitpunkt
seiner Entstehung nicht, nehme aber an, dass es ein oder zwei
Jahre nach den obenerwähnten Werken geschrieben ist. Schumann, der es 1836 besprach, meint, es könne im achtzehnten
Lebensjahre des Componisten entstanden sein; doch fand er
darin, einige unklare Stellen ausgenommen, keinerlei Anzeichen
der Jugendlichkeit des Autors. In diesem *Rondeau à la Mazur*
treten Chopin's Eigenart und Nationalität zum ersten Mal deutlich hervor. Wer würde ihn nicht wiedererkennen an dem unbeschreiblich süssen, einschmeichelnden Fluss der Töne, den
schlangenartigen Windungen der melodischen Linie, den breit
auseinander gelegten Accorden, den chromatischen Fortschreitungen, an der Art, wie er die Harmonieen in ihre Bestand-
theile zerlegt und diese miteinander verkettet! Bei ihrem

---

[1] Schumann, welcher im Jahre 1831 mit Chopin's Opus 2 bekannt und
alsbald ein enthusiastischer Bewunderer des Componisten wurde, wünschte selbstverständlich auch sein Opus 1 kennen zu lernen. Er schreibt darüber am
11. Januar 1832 an Friedrich Wieck: „Chopin's erstes Werk (ich glaube sicherlich, dass es das zehnte ist) ist in meinen Händen: eine Dame würde sagen:
dass es recht hübsch, recht pikant sei, fast moschelesisch. Doch glaub' ich,
Sie werden's Clara'n einstudiren lassen; denn Geist ist die Fülle darinnen und
wenig Schwierigkeiten. Dass aber zwischen diesem und Opus 2 wenigstens zwei
Jahre und zwanzig Werke liegen, behaupt' ich bescheiden."

Reichthum harmonischer Neuheiten, bei der Einheitlichkeit ihres Inhalts ist diese Composition mit jenen Erstlingswerken nicht mehr zu vergleichen.

Systematischen Clavierunterricht hatte Chopin, wie wir sahen, nur bis zu seinem zwölften Jahre, von da an blieb er sich selbst überlassen. „Die Schule jener Zeit" bemerkt Fontana „konnte ihm nicht länger genügen; er strebte einem höheren Ziele zu, einem anfangs unklar, bald immer deutlicher erschauten Ideale. Damals war es, wo er, seine Kräfte versuchend, sich jenen, von seinen Vorgängern so grundverschiedenen Anschlag und Stil aneignete, wo es ihm gelang, jene Vortragsweise zu finden, welche ein Gegenstand der Bewunderung für die musikalische Welt geworden ist." Die ersten Stadien der Entwickelung von Chopin's Stil können wir in den soeben besprochenen Compositionen verfolgen. Die Variationen und das erste Rondo aus seinem fünfzehnten Jahre oder aus einer noch früheren Zeit lassen erkennen, nicht nur, dass er auf dem Clavier in seinem Elemente ist, wie der Fisch im Wasser, sondern dass er sich auch seiner idealen Aufgabe bewusst zu werden beginnt. Karasowski hörte von einem Ohrenzeugen der Clavierstudien des Knaben, dass Friedrich, als er einmal von der schönen Wirkung eines Accordes in weiter Lage überrascht, und durch die Kleinheit seiner Hände gehindert, die Töne gleichzeitig anzuschlagen, darüber nachgesonnen habe, wie dieses physische Hinderniss zu überwinden sei. Das Ergebniss war die Erfindung eines Instrumentes, welches er zwischen die Finger klemmte und sogar des Nachts nicht ablegte, um auf diese Weise seine Hände gelenkiger zu machen. Wer dächte bei diesem Vorfall nicht an Schumann und seinen Versuch, seine Finger zu kräftigen, — ein Versuch, der bekanntlich für seine Zukunft als Claviervirtuos so unglücklich ausfiel! Und wem drängte sich nicht die — allerdings überflüssige — Frage auf, ob Chopin, wenn er minder glücklich gewesen wäre und, vor Ausbildung seines Clavierstils, wie Schumann, den Gebrauch einer seiner Hände verloren hätte, eine höhere oder niedrigere Stufe als Componist erreicht haben würde, als er sie thatsächlich erreicht hat?

Nach der Fassung der Karasowski'schen Erzählung kann man vermuthen, Chopin habe dies Experiment im Alter von ungefähr zehn Jahren gemacht. Von grösserem Interesse als diese Frage ist die Thatsache selbst. Ich bemerke dabei, dass Chopin's Vorliebe für weitgriffige Accorde und Sprünge in den Variationen über ein deutsches Lied und dem ersten Rondo nur wenig hervortritt, es sei denn im *Tempo di valse* des ersteren und in den Takten 38—43 des *Più lento* des letzteren Werkes. Deutlicher zeigt sie sich in dem *Rondeau à la Mazur*, dem nächsten Werk in chronologischer Reihenfolge, und noch deutlicher in den folgenden Werken. Der Leser verzeihe, wenn ich ihn mit meiner mikroskopischen Kritik ermüdet habe, ich glaubte jedoch die ersten Kundgebungen von Chopin's Individualität nicht nebensächlich behandeln zu dürfen; in einem der folgenden Capitel soll sein Stil, sowie die Keime, aus denen er emporblühte, ausführlich besprochen werden.

Viertes Capitel.

1826—1828.

ie Kunst, welche schon das Kind angezogen hatte,
übte auf den Jüngling einen immer wachsenden Ein-
fluss aus. Friedrich war nicht stets in der heiteren
Laune, in welcher wir ihn wiederholt gefunden haben.
Häufig pflegte er einsam, in musikalisches Nachsinnen vertieft,
umherzuwandern, oder er blieb auch, mit seiner geliebten Kunst
beschäftigt, bis spät in die Nacht auf, verliess auch wohl, nachdem er sich bereits niedergelegt, wieder das Bett, um noch
einige Accorde anzuschlagen, oder eine kurze Phrase zu probiren — zum Entsetzen der Dienerschaft, die zunächst an Gespenster glaubte, dann aber sich überzeugt hielt, dass es bei
ihrem lieben jungen Herren nicht ganz richtig im Oberstübchen
sei. Ueberhaupt strengte er sich theils mit den Schularbeiten,
theils mit den musikalischen Studien mehr an, als seiner Gesundheit zuträglich war. Deshalb wünschten seine Eltern, als
in den Ferien 1826 seine jüngste Schwester Emilie von den
Aerzten nach dem schlesischen Curort Reinerz geschickt wurde,
dass Friedrich sie begleitete, um dort eine Molkencur zu gebrauchen. Die Reisegesellschaft bestand aus der Mutter, zwei

Schwestern und ihm selbst. Ein Brief vom 28. August 1826
an seinen Freund Wilhelm Kolberg giebt einigen Aufschluss
über sein dortiges Leben. In der Hauptsache enthält derselbe,
wie andere Briefe aus Curorten, Bemerkungen über die Gesellschaft, Berichte über Ausflüge, Essen, frühes Aufstehen und
frühes Zubettgehen etc. Etwas mehr interessirt uns seine Mittheilung, dass er nach vierzehntägiger Cur (Molke und Mineral-
wasser) etwas stämmiger und zugleich träge geworden sei, und
dass man behaupte, er fange an, besser auszusehen. Es war
ihm ein Genuss, von den Reinerz umgebenden Bergen in's Thal
hinab zu schauen. Doch ermüdete ihn das Steigen und er
musste sich zuweilen auf allen Vieren hinunter schleppen. Die
Heuscheuer zu besteigen war ihm wie anderen zarteren Bade-
gästen verboten, da der Arzt die scharfe Luft des Gipfels für
ihn fürchtete. Natürlich machte sich Friedrich über Alles und
über Jeden lustig, besonders über die erbärmliche, aus einem
Dutzend blasender „Caricaturen" bestehende Curcapelle, unter
denen ein hagerer Fagottbläser mit einer gekrümmten Schnupf-
tabaksnase die bemerkenswertheste war. An die Sitten des
Landes, die ihm zuerst wenig gefallen zu haben scheinen, gewöhnte er sich allmählig. „Anfangs war ich erstaunt" schreibt
er „die Frauen in Schlesien im Allgemeinen mehr arbeiten zu
sehen als die Männer, da ich aber augenblicklich selbst nichts
thue, wird es mir nicht schwer, mich mit dieser Einrichtung zu
befreunden." Während seines Aufenthalts in Reinerz gab er
auch ein Concert und zwar zum Besten zweier Waisen, welche
mit ihrer kranken Mutter nach Reinerz gekommen und nach
deren Tode so in Noth gerathen waren, dass sie nicht einmal
die Beerdigungskosten und das zu ihrer Heimreise nöthige Geld
aufbringen konnten.

Von Reinerz ging Friedrich nach Strzyżewo, dem Gute der
Frau Wiesiołowska, seiner Pathin und Schwester seines Pathen,
des Grafen Friedrich Skarbek. Während er dort den Rest der
Ferien verlebte, folgte er einer Einladung des Fürsten Radziwiłł
(Statthalter des Grossherzogthums Posen und durch seine Gemahlin, eine Tochter des Prinzen Ferdinand, mit dem preussischen Herrscherhause verwandt), ihn auf seinem unweit Strzyżewo gelegenen Landsitze Antonin zu besuchen. Der Fürst,
welcher viele Verwandte in Polen hatte und häufig dorthin kam,

wird sicherlich um diese Zeit von dem musikalischen Wunder-
knaben und Liebling der dortigen Aristokratie mancherlei gehört haben, ihm auch schon begegnet sein. Beglaubigt ist, dass
er 1825 in Warschau dem Concert beigewohnt hat, in welchem
Friedrich auftrat. Liszt's Behauptung, der Fürst habe die Kosten
für Friedrich's Erziehung getragen, ist bereits zur Sprache gekommen. Als Kunstdilettant nahm der Fürst Radziwill eine
nicht minder hohe Stellung ein, wie als Staatsbürger und als
politische Notabilität. Um uns auf die Musik zu beschränken,
sei nur hervorgehoben, dass er sowohl als Sänger und Violoncellist wie auch als Componist Ausgezeichnetes leistete, und in
der Composition blieb er nicht etwa bei Liedern, Duetten und
Chören stehen, sondern er unternahm die gewaltige Aufgabe,
die Musik zu Goethe's Faust (erster Theil) zu schreiben. Auf
Wunsch des Hofes brachte die Berliner Singakademie dieses
Werk jährlich zur Aufführung; noch 1879 fand eine solche statt.
Ein begeisterter Kritiker erklärte diese Musik für das Werk
eines Genies, die *vox populi* hat jedoch dies Urteil nicht bestätigt, denn ausserhalb Berlins ist Radziwill's Faustmusik nur
selten aufgeführt worden. Ein dortiger Musiker schrieb nach der
Aufführung von 1879 über sie: „Ich hörte gestern Radziwill's
‚Faust' zum ersten Mal, und ich darf sagen, mit grosser Be-
friedigung; denn das mancherlei Altmodische, z. B. die Verwendung des Thema der Streichquartett-Fuge (C-Moll) von
Mozart zur Ouverture, die streng polyphone Behandlung der
Chöre und anderes, werden reichlich aufgewogen durch zahlreiche wahrhaft geniale Züge, durch die Gründlichkeit und den
Ernst, mit denen das Werk concipirt und ausgeführt ist. Der
Componist wagt unglaubliche Dinge im Combiniren des gesprochenen und gesungenen Wortes, aber die Wirkung, die er
damit erreicht, ist eine ausserordentliche." Demnächst werden
wir Chopin wiederum und zu einem längeren Besuche beim
Fürsten finden und dann auch hören, wie er über die Faust-
Musik dachte und wie es ihm in der Häuslichkeit des Componisten gefallen hat.

Chopin's Studien im Lyceum erreichten im Jahre 1827 ihr
Ende. Das letzte Examen bestand er indessen nicht so glänzend wie die früheren, und er erhielt keinen Preis. Die Ursache
dieses Rückschrittes liegt nahe genug: Friedrich's Neigung zur

Musik, seine Erfolge als Clavierspieler und Componist, endlich
das Zureden Elsner's und anderer musikalischer Freunde hatten
die früheren Zweifel der Eltern hinsichts der künstlerischen
Zukunft ihres Sohnes völlig beseitigt, und wie sie demzufolge
in Bezug auf seine Schularbeiten nachsichtiger wurden, liess
auch er seinem natürlichen Hange zur Kunst mehr und mehr
die Zügel schiessen.   Das letzte Examen war zweifellos für ihn
eine Art Erlösung; fortan konnte er unbehindert seine ganze
Zeit und Kraft der Pflege seiner geliebten Kunst widmen.   Zunächst aber brachte er, wie im vorhergehenden Jahre, einige
Wochen bei seinen Freunden in Strzyżewo zu, und reiste darauf
nach Danzig, wo er den Superintendenten von Linde, einen
Bruder des Rectors des Warschauer Lyceums besuchte.

Häufig und gern hörte Chopin dem Gesang und Geigenspiel
des Landvolkes zu; wer die Nationalmusik der Polen einigermassen
kennt, weiss, dass einige der hervorstechendsten rhythmischen, melodischen, sogar harmonischen Züge seines Stils auf jene Volksweisen
zurückzuführen sind.   Diese kennen und lieben zu lernen, boten
ihm die längeren Besuche auf dem Lande noch weit bessere
Gelegenheit, als die kurzen Ausflüge, welche er dann und wann
mit seinem Vater in die Umgegend von Warschau unternahm.
Er zerbrach sich dann den Kopf, wer wohl diese bizarren aber
hinreissenden Mazurkas, Polonaisen und Krakowiaks erfunden,
wer wohl diese einfachen Leute gelehrt habe, sie so rein vorzutragen.   Der damalige Zustand Polens war vorzugsweise geeignet, das Studium des Volksgeistes in seinen verschiedenen
Aeusserungsformen zu begünstigen.   Die Kunstmusik hatte die
Volksmusik noch nicht corrumpirt; ja man darf behaupten, dass
die Civilisation die niederen Schichten der Gesellschaft überhaupt
noch nicht berührt hatte.   Trotz der Emancipirung des Bauern-
standes im Jahre 1807, und der Bestätigung des betreffenden
Gesetzes im Jahre 1815 — ein Gesetz, welches noch für längere
Zeit ein todter Buchstabe geblieben zu sein scheint — fand der
Verfasser eines anonymen, 1834 in Boston erschienenen Buches,
dass die Freiheit der russisch-polnischen Leibeigenen kaum anderer Art war, als die des Viehs in seiner Heimath, da sie
wie diese aller menschlichen Cultur entbehrten; er nennt den
polnischen Bauern ohne Unterschied das elendeste aller lebenden
Geschöpfe, die er aus eigener Erfahrung oder aus Büchern kennen

gelernt. In einer andern Schrift lesen wir, dass die für die höheren Klassen so wohlthätige Verbesserung des öffentlichen Unterrichts den niederen in keiner Weise zu gute kamen; die städtischen Schulen waren mangelhaft eingerichtet, die Dorfschulen nicht zahlreich genug. Dennoch hatten sich die Bauern, trotz Unwissenheit und Aberglaubens, trotz des Branntweintrinkens und seiner Folgen — Streitsucht und Rachsucht — die freundlicheren Züge ihres ursprünglichen Charakters, Gastfreundlichkeit, Vaterlandsliebe, Gutmüthigkeit, vor Allem Liebe zu Gesang und Tanz zu bewahren gewusst. Es ist behauptet worden, dass man einen einfachen slawischen Bauern durch seine Nationallieder bis an's Ende der Welt locken könne; die Freude, welche die slawischen Nationen am Tanze finden, scheint nicht minder lebhaft zu sein — bei keiner Nation der Welt wird diese Kunst eifriger gepflegt. Hierbei sei bemerkt, dass in Polen Gesang und Tanz, wie ursprünglich überall, vereint waren. Heine's geistvolle Charakteristik des polnischen Bauern möge das Obige für diejenigen vervollständigen, welche darin mit mir übereinstimmen, dass das Studium der menschlichen Natur zum Verständniss ihres Abbildes, der nationalen Kunst, unentbehrlich ist: „Leugnen lässt es sich nicht" sagt Heine „dass der polnische Bauer oft mehr Verstand und Gefühl hat, als der deutsche Bauer in manchen Ländern. Nicht selten fand ich bei den geringsten Polen jenen originellen Witz (nicht Gemüthswitz, Humor), der bei jedem Anlass mit wunderlichem Farbenspiel hervorsprudelt, sowie jenen schwärmerisch-sentimentalen Zug, jenes brillante Aufleuchten eines Ossianischen Naturgefühls, dessen plötzliches Hervorbrechen bei leidenschaftlichen Anlässen eben so unwillkürlich ist, wie das Insgesichtsteigen des Blutes."

Wir dürfen annehmen, dass Chopin nach seiner Rückkehr nach Warschau und während des folgenden Winters, sowie im Frühjahr und Sommer 1828, seine Studien mit unvermindertem, ja, wenn möglich, mit verdoppeltem Eifer fortgesetzt hat. Einige seiner damals entstandenen Compositionen sind nach seinem Tode von seinem Freunde Julius Fontana (ein täglicher Gast im Chopin'schen Hause) veröffentlicht: eine Polonaise, D-moll, und ein Notturno, E-moll, vom Jahre 1827, eine zweite Polonaise, B-dur, und das Rondo für zwei Claviere vom Jahre 1828. Die Sonate Op. 4 und die Variationen über *Là ci darem la mano* mit Orchesterbegleitung gehören ebenfalls in diese Zeit. Das *Trio* Op. 8, obwohl erst 1829 vollendet, wurde 1828 begonnen und ziemlich weit gefördert. Auf mehrere der erwähnten Compositionen bezieht sich Chopin in einem Briefe vom 9. September 1828 an Titus Woyciechowski, seinen intimsten Freund. Das Rondo in C hatte ursprünglich eine andere Form und wurde von ihm in Strzyżewo, wo er den ganzen Sommer 1828 verlebte, für zwei Claviere bearbeitet. Er probirte es mit dem in Warschau lebenden Pianisten Moritz Ernemann bei dem Clavierfabrikanten Buchholtz, und war von seiner Arbeit ziemlich befriedigt. „Wir beabsichtigen" schreibt er „es einmal in der Ressource zu spielen. Was meine neuen Compositionen betrifft, so habe ich nichts aufzuweisen, als das noch unvollendete Trio (G-moll), welches ich nach Deiner Abreise begonnen habe. Das erste Allegro habe ich schon mit Begleitung probirt. Es scheint mir, als werde dieses Trio dasselbe Schicksal haben wie meine Sonate und die Variationen. Beide Werke befinden sich in Wien; das erstere habe ich als Schüler Elsner's ihm gewidmet, und auf das zweite habe ich (vielleicht allzu kühn) Deinen Namen gesetzt. Ich folgte dabei dem Drange meines Herzens und Du wirst es nicht ungütig aufnehmen."

Da sich in Warschau nicht die genügenden Hülfsmittel zu Friedrich's weiterer Ausbildung boten, so berieth man sich, welche Wege er zu diesem Behufe wählen solle, und man entschied sich für einen Ausflug nach Berlin und Wien. Da sich dieser Plan indessen erst im Herbst 1828 verwirklichte und aus der dazwischen liegenden Zeit nichts zu berichten ist, so will ich diese Pause zu einem Intermezzo benutzen, zu einem Rückblick auf die *Terra incognita* des Polnischen, insbesondere des Warschauer Musiklebens kurz vor und zu Chopin's Zeit. Eine Uebersicht dessen zu erlangen, was auf Chopin während seines Warschauer Aufenthaltes musikalisch bildend und anregend wirkte, scheint mir zum Verständniss seiner künstlerischen Entwickelung nothwendig und wichtig genug, um diesem Thema ein besonderes Capitel zu widmen. Ich schliesse daher dieses ab, indem ich noch einige nebensächliche Fragen erörtere.

Zunächst diese: wie war Chopin's äussere Erscheinung während seiner Jünglingsjahre? Auf einem mir bekannten Daguerreotyp eines in seinem siebzehnten Jahre gemalten Bildes

erscheint sein Gesicht fein und scharf geschnitten, besonders
die Nase mit ihren weiten Flügeln; die Stirn hoch, die Augen-
brauen zart, die Lippen dünn, die untere etwas vorstehend.
Für die, welche A. Bovy's Medaillon kennen, füge ich hinzu,
dass es jenem Jugendbilde sehr ähnlich ist; nur ist auf letzterem
die durch die untere Kinnlade gebildete, vom Kinn zum Ohr
führende Linie gerundeter, wie denn das Ganze ein jugend-
licheres Aussehen hat. Was den Ausdruck anlangt, so ist derselbe nicht nur nachdenklich, sondern sogar melancholisch. Dies
führt uns zu einer weiteren Frage. Chopin's zarter Körperbau,
sein früher Tod nach jahrelanger Krankheit, auch der Charakter
seiner Musik haben zur Vermuthung Anlass gegeben, er sei
von Kindheit auf körperlich leidend und zur Melancholie geneigt gewesen; diese Vermuthung indessen erweist sich bei
näherer Betrachtung eben so hinfällig wie jene früher erwähnte,
die Armuth der Eltern betreffende, womit jedoch keineswegs
behauptet werden soll, er sei kerngesund gewesen. Dies betreffend geht Karasowski, in seinem Eifer, Liszt zu widerlegen,
über das Ziel hinaus. Auch verschweigt er, dass die bezügliche,
von ihm als unrichtig bezeichnete Aeusserung in Liszt's Buch
ein Citat aus G. Sand's Roman „Lucrezia Floriani" ist (auf
welchen wir später noch zurückkommen werden), von dem man
behauptet, dass die Verfasserin, wiewohl sie dies in Abrede gestellt hat, Chopin darin portraitirt habe. Liszt ist weit weniger
Chronist als Dichter, und als solcher sollte er genommen werden. Selbst Karasowski muss bei seiner ihm selbst vielleicht
unbewussten Sorge jeden Zweifel an der Kraft und Gesundheit
seines Helden zu beseitigen, doch zugeben, dass Chopin „zart"
gewesen ist, obwohl er sich beeilt hinzuzufügen „dabei aber doch
gesund und ziemlich kräftig". Mir scheint, als habe Karasowski
der Mittheilung eines Freundes von Chopin zu viel Gewicht
beigelegt, nach welcher der Letztere bis zum Mannesalter nur
einmal krank und auch dann nur erkältet gewesen ist. Uebrigens
finden wir bei Karasowski mehr als einmal angedeutet, dass
Chopin nichts weniger als von kräftiger Constitution war; dass
er z. B an längeren Fusswanderungen wenig Geschmack fand
und es vorzog, im Schatten schöner Bäume liegend zu träumen;
ferner, dass ihn seine Eltern nach Reinerz und einige Jahre
später nach Wien schickten, weil sie glaubten, das Studium habe

seine Gesundheit angegriffen, und sie sich vom Luftwechsel
Besserung versprachen. Endlich lesen wir, dass seine Mutter
und Schwestern nie müde wurden, ihn zu ermahnen, sich bei
kaltem und nassem Wetter sorgfältig einzuhüllen, welchen Rath
er, als guter Sohn und Bruder, gewissenhaft befolgte, und dass
Tabaksqualm ihm unangenehm war. Von grösserer Bedeutung als
diese nur in ihrer Gesammtheit in's Gewicht fallenden Indicien
sind die folgenden: Chopin's Schwester Emilie wurde im vierzehnten Jahre von einem Lungenleiden hingerafft, und sein Vater
starb, wie mir ein Arzt mittheilte, an einem Herz- und Brustleiden. Stephen Heller, der Chopin 1830 in Warschau gesehen
hat, erzählte mir, dass derselbe damals sehr zart gewesen sei,
mager und mit eingefallenen Wangen, so dass man allgemein
der Ansicht war, er werde, wie so manches andere Genie, jung
sterben. Der wahre Sachverhalt scheint dieser zu sein: wenn
auch Chopin in seiner Jugend niemals ernstlich krank gewesen
ist, so war doch seine Gesundheit eine schwankende, und wenn
sein Körper die Keime des Leidens, welchem er erlegen ist,
damals noch nicht in sich trug, so bot er doch einen günstigen
Boden für deren Aufnahme. Wie leicht wird nicht ein so zart
angelegter Organismus überreizt und gestört. Lebhaft, thätig
und arbeitsam wie er war, zehrte Chopin von seinem Capital;
das jugendliche Feuer überwand vieles, jedoch nur auf Kosten
eines verhängnissvollen Kräfteaufwandes, dessen beklagenswerthe
Folgen wir bald genug erkennen werden. Diese Auffassung
wird, wie ich meine, durch Chopin's Correspondenz bestätigt;
der aus Reinerz datirte Brief ist in dieser Beziehung beachtenswerth.

Fünftes Capitel.

D as goldene Zeitalter der polnischen Musik, wie auch der polnischen Literatur, war das 16. Jahrhundert, das Jahrhundert der Sigismunde. Freilich ist es noch nicht möglich, von den Anfängen der polnischen Musik ein einigermassen bestimmtes Bild zu entwerfen, da die grösseren Musikgeschichtswerke wenig oder gar nichts darüber berichten, und ein sie behandelndes Specialwerk weder in polnischer noch in irgend einer andern Sprache veröffentlicht ist. Der Abbé Joseph Surzyński, dessen Bestreben es ist, durch seine Arbeiten den seine Landsleute treffenden Vorwurf der Gleichgültigkeit zu entkräften, schreibt:[1] „Die Werke unserer alten Meister sind in den Archiven und Bibliotheken vergraben; sie an's Licht der Oeffentlichkeit zu bringen, fällt Niemandem ein. Die Mehrzahl der polnischen Musiker hat keine Ahnung von der Existenz dieser Compositionen und noch weniger davon, dass ihre Schöpfer zu den namhaftesten Vertretern der katholischen Kirchenmusik gehören. In der That treffen wir im Jahrhundert Palestrina's und Vittoria's auf Componisten wie Martin von Lemberg (poln. Marcin ze Lwowa, lateinisch Martinus Leopolita), Christoph Borek, Thomas Szadek,

---

[1] Vgl. die Vorrede zu dessen *Monumenta Musices sacrae in Polonia*, ausgewählte Werke der klassischen Kirchenmusik Polens, von denen bis jetzt zwei Lieferungen erschienen sind (1885 und 1887), enthaltend Compositionen von Thomas Szadek, Nicolaus Zieleński, G. G. Gorczycki, Wenzel Szamatulski und Sebastian von Felsztyn.

5*

Wenzel Szamotulski (polnisch Wacław Szamotulski, lateinisch
Venceslaus Schamotulinus), namentlich Zieleński und Gomołka,
sämmtlich hervorragende Meister, deren Werke nicht nur ihres
Gedankenreichthums und ihrer Formvollendung, sondern auch
ihres nationalen Gepräges wegen bekannt zu werden verdienen."
Einer der ersten berühmten Namen der polnischen Musikgeschichte ist der des Deutschen Heinrich Fink, Capellmeisters
unter den Königen Johann Albert (1492 — 1501) und Alexander
(1501 — 1506).

Aus der Thatsache, dass dieser Meister „von reckenhafter
Tüchtigkeit" seine musikalische Ausbildung in Polen erhalten hat
— und das ist nicht die einzige dahin deutende Thatsache — dürfen
wir schliessen, dass es dort während des fünfzehnten Jahrhunderts an guten Contrapunktisten nicht gefehlt hat. Surzyński
hält Nicolaus Zieleński für den bedeutendsten Componisten der
älteren Schule, sowohl wegen der tief-religiösen Empfindungsweise wie der formalen Abrundung seiner Werke. Von Gomołka,
dem „polnischen Palestrina" (wie man auch Sebastian von
Felsztyn den polnischen Goudimel genannt hat), sagt er: „Neben
den grossartigen Compositionen der Martin von Lemberg, Szadek,
Zieleński erscheinen die des Gomołka als Miniatur-Aquarelle,
die aber nichtsdestoweniger in jeder Linie, in jedem Farben-
strich den genialen Maler verrathen. Seine Arbeiten zeigen ein
durchaus nationales Gepräge und sind von grösster Einfachheit;
kunstvolle Stimmencombinationen finden sich in ihnen so selten,
dass man sie homophon nennen könnte. Dabei aber welcher
Reichthum der Gedanken, welche Reinheit der Harmonie, welche
Tiefe der Empfindung! Diese natürlichen, einfach harmonisirten
Melodien von echt religiösem Charakter sind, wie Gomołka selbst
behauptet, nicht für italienische, sondern für polnische Ohren
geschrieben, und können als die besten Proben eines nationalen
Stils gelten."

Als wichtig für die erste Entwickelung der polnischen Kirchenmusik ist hier noch das mit der Krakauer Kathedrale verbundene Roratisten-Collegium[1] zu nennen, die Sixtinische Capelle

---

[1] Die Functionen dieser Sänger-Körperschaft bestanden im Vortrag von
Rorate- und Requiem-Messen für die königliche Familie. Ihren Namen hatte sie
von den Anfangsworten des Introitus: „Rorate coeli desuper et nubes pluant justum."

Polens. Es wurde 1543 begründet und erhielt sich bis 1760. Mit dem fünfzehnten seiner siebzehn Vorsteher, G r e g o r Gorczycki, welcher 1734 starb, verschwindet der letzte Vertreter der klassischen Kirchenmusik in Polen. Auch im siebzehnten Jahrhundert erfreute sich die Tonkunst in Polen eifriger Pflege, besonders unter der Herrschaft Sigismund's III. (1587—1632) und Wladislaw's IV. (1632—1648), doch sind aus dieser Periode keine berühmten Namen zu verzeichnen, es seien denn die dreier italienischer Meister, welche längere oder kürzere Zeit in Polen gewirkt haben: Luca Marenzio, Asprilli Pacelli und Marco Scacchi.

Unter den Königen der sächsischen Dynastie soll die Instrumentalmusik in Polen gute Fortschritte gemacht haben; jedenfalls fehlte es nicht an günstiger Gelegenheit dazu. August der Starke (I. als Kurfürst von Sachsen, II. als König von Polen) errichtete ein besonderes Orchester für Polen, zum Unterschied von der in Dresden wirkenden „Grossen Kammermusik" „Kleine Kammermusik" genannt, welches den Zweck hatte, dem Monarchen zur Verfügung zu stehen, wenn er, wie meist alljährlich von August bis December, in Polen verweilte. Unter seinen Mitgliedern, vier Violinisten, ein Oboist, zwei Hornisten, drei Fagottisten und ein Contrabassist nebst dem Dirigenten, finden wir die wohlbekannten Namen Johann Joachim Quantz und Franz Benda. Der Dirigent, Alberto Ristori, war zugleich als Componist für eine italienische Truppe thätig, die neben Schauspielen auch kleinere Opern, Serenaden, Intermezzi etc. zur Aufführung brachte. In dem üblichen Gefolge des Königs auf seiner Reise nach Polen war auch ein Theil des französischen Ballets und Schauspiels . mit inbegriffen. Diese Künstlerfahrten müssen reich an ernsten, heitern und tragikomischen Zwischenfällen gewesen sein, jedenfalls sehr geeignet, die Phantasie eines Romanschriftstellers anzuregen; und dennoch war eine solche Reise von Dresden nach Warschau, welche acht Tage in Anspruch nahm und 3000 — 3500 Thaler kostete, noch eine Kleinigkeit gegen die einer im Mai 1700 von Paris nach der polnischen Hauptstadt berufenen Operngesellschaft. Die dreiundneunzig Mitglieder derselben fuhren per Achse über Strassburg nach Ulm und von dort zu Schiff nach Krakau, von wo aus die Reise auf Flössen fortgesetzt

wurde.[1]) August's des Starken Nachfolger (1733 – 1763) machte
den Reisen des polnischen Orchesters ein Ende, indem er
demselben eine feste Wirksamkeit in Polen anwies. Es bestand
1753 aus einem Organisten, zwei Sängern, zwanzig (fast ausschliesslich deutschen) Instrumentalisten und einem Orchester-
diener, welche zusammen einen Jahresgehalt von 5383 Thalern
10 Groschen bezogen, Gleichwohl musste das grosse Dresdener
Orchester auch fernerhin dem König gelegentlich nach Warschau
folgen, oder doch mindestens diejenigen Künstler, deren man zu
Solovorträgen in den Kammerconcerten und in der Oper bedurfte. Auch die vom Hofe bevorzugten Sänger und Sängerinnen mussten sich nach wie vor zur Reise nach Polen bequemen; Hasse und seine Gattin Faustina sind mehr als einmal
in Warschau gewesen. Dass die Dresdener Hofmusik sowohl
nach vocaler wie instrumentaler Seite auf's Glänzendste ausgestattet war, beweisen die Namen, denen wir dort um 1719 begegnen: Lotti, Heinichen, Veracini, Volumier, Senesino, Tesi,
Santa Stella Lotti, Durastanti etc. J. J. Rousseau erklärte im
Jahre 1754 das Dresdener Orchester für das beste in Europa,
und Burney schrieb 1772, dass die dortigen Instrumentalisten
kurz zuvor ersten Ranges gewesen seien; kein Wunder also,
dass unter solchen Einflüssen auch in Polen die Instrumentalmusik bedeutende Fortschritte machte.

Aus Sowiński's „Les musiciens polonais" erfahren wir, dass
bei feierlichen Gelegenheiten das königliche Orchester durch die
Orchester des Fürsten Czartoryski und des Grafen Wielhorski
auf hundert Personen verstärkt wurde; aus dieser Notiz ist zu
schliessen, dass es auch ausserhalb der königlichen Capelle tüchtige Musiker in Polen gab, und in der That war es eine alte,
noch im Anfang unseres Jahrhunderts nicht verschwundene Sitte
der polnischen Magnaten, eingeborene und fremde Sänger und
Instrumentalisten in ihren Diensten zu haben. Es mag unentschieden bleiben, ob sich jene reichen Edelleute dabei von reiner
Kunstliebe leiten liessen, oder von jener Prunksucht, die wir
bereits in der Einleitung aus dem Tagebuch einer adligen Dame
kennen lernten, jener Sucht es einander zuvor zu thun und wenn

---

[1]) Vgl. M. Fürstenau „Zur Geschichte der Musik und des Theaters am
Hofe zu Dresden."

möglich mit souveränen Fürsten zu wetteifern. Um Mitte des vorigen Jahrhunderts hatte der in Dubno (Wolhynien) residirende Fürst Sanguszko sogar zwei Orchester in seinem Dienste, mit denen ein drittes, dem Fürsten Lubomirski gehöriges, gelegentlich zusammenwirkte. Welcher Art aber war die Musik, welche man ausführte? Ein Memoirenschreiber aus der Zeit August's III. berichtet, dass nach polnischer Sitte während der Mahlzeiten nationale Weisen, Polonaisen, Mazurken etc. für Streich- und Blasinstrumente, oder für letztere allein arrangirt, gespielt wurden; dass bei besonderen Gelegenheiten eine neue, damals viel beliebte Musik zu Gehör kam, nämlich die der Gebirgsbewohner für Trommeln und Pfeifen; dass bei einem Bankett die Gäste mit Fanfaren von Hörnern, Trompeten und Querpfeifen unterhalten wurden. Neben seinen verschiedenen Orchestern hielt der obengenannte hohe Herr noch einen Trommler, welcher auf seinem Instrumente Solostücke auszuführen hatte; zu seiner künstlerischen Ehrenrettung aber sei nicht verschwiegen, dass er, wenn er allein oder in gewählter Gesellschaft war, die grösste Freude daran hatte, sich Trios für zwei Violinen und Bass (eine damals allgemein beliebte Form der Kammermusik) vorspielen zu lassen. Der Graf Iliński, Vater des Componisten Johann Stanislaus Iliński, engagirte für sein Privattheater zwei Gesellschaften, eine deutsche und eine italienische; die Zahl der zu seinem Hause gehörigen Musiker betrug 124. Das Haupt-Orchester wurde von dem vortrefflichen Violinisten und Dirigenten Dobrzyński (Vater) geleitet und bestand aus vier Violinen, Viola, Violoncell, Contrabass, Oboe, Clarinette und Fagott; von diesen Künstlern wurden Landleute angeleitet, um gelegentlich mitwirken zu können. Ein zweites Orchester für Blasinstrumente stand unter Leitung von Karelli, einem Schüler des russischen Componisten Bartnianski.[1] Der vierundzwanzig Köpfe starke Chor rekrutirte sich aus den jungen Leuten von den Gütern des Grafen. In vielen Fällen war, wie schon erwähnt, der Kunstgeschmack dieser Mäcene ein zweifelhafter; bei einigen aber war er hoch entwickelt. Als die besten Orchester sind zu nennen die der Fürsten D. Radziwiłł, Adam Czartoryski,

---

[1] Der russische Palestrina, dessen Name häufig Bortnianski und Bortniansky geschrieben wird.

F. Sułkowski, Michael Lubomirski, der Grafen Iliński, Ogiński und Wielhorski.

Um aber zu dem auf unserer historischen Wanderung erreichten Punkt zurückzukehren, haben wir uns daran zu erinnern, dass die Anarchie sowie die inneren und äusseren Kriege, welche Polen um Mitte des vorigen Jahrhunderts zu bedrohen anfingen, dem musikalischen Fortschritt Halt geboten. König Stanislaus Poniatowski (1764—1795) soll einen bedeutenden Einfluss auf die Musik ausgeübt haben, wie er überhaupt Kunst und Wissenschaft in wahrhaft königlicher Weise beschützte. Die italienische Oper in Warschau kann nicht von niederem Range gewesen sein, wenn sie Künstler zu ihren Mitgliedern zählte wie die Componisten Paisiello und Cimarosa, wie den als Geigenvirtuos und Componist wie auch als Dirigent ausgezeichneten Pugnani nebst seinem an der zweiten Violine angestellten Schüler Viotti. Die aus fremden und einheimischen Musikern bestehende königliche Capelle ist als die beste in Europa bezeichnet worden. Freilich hatte diese Kunstblüthe etwas von der Treibhauspflanze; um eine Ernte heimischen Gewächses zur Reife zu bringen, dazu bedurfte es noch eines andern Factors, als der blossen Protection von oben her, und dieser Factor war das nationale Unglück, welches, indem es die Nation bis in's Mark erschütterte, ihre edleren Triebe wach rief. Wie in der Literatur, so trat auch in der Musik das nationale Element von nun an mehr und mehr in den Vordergrund.

Bis 1778 hatte man in Polen nur italienische und französische Opern gehört; in diesem Jahre erschien zum ersten Mal eine polnische Oper auf der Bühne. Die Erstlingsversuche waren allerdings bescheidenster Art; man begnügte sich mit wenigen Ensemble-Nummern, auf Chöre und complicirte Finales aber verzichtete man ganz und gar; wann aber wäre je eine Kunst fertig dem Volksgeiste entsprungen, wie Minerva dem Haupte Jupiter's? Auch die Thatsache, dass die drei ersten Componisten polnischer Opern (Kamienski, Weynert und Kajetani) gar keine geborene Polen waren, verringert nicht die Bedeutung dieser ersten, auf Ausbildung eines polnischen Musikstils gerichteten Bestrebungen. Die folgenden Angaben werden den Leser nicht wenig überraschen: von der Begründung der nationalen Oper im Jahre 1778 bis zum 20. April 1859 haben in Polen

5917 Aufführungen von 285 verschiedenen Opern mit polnischem Text stattgefunden; unter diesen waren 92 polnischen, die übrigen italienischen, französischen und deutschen Ursprungs; von den Texten der 92 polnischen Opern waren 41 Originale, die anderen Uebersetzungen; die 16 Componisten endlich, welche sie in Musik gesetzt, waren der Mehrzahl nach keine Polen, sondern Tschechen, Ungarn und Deutsche.[1])

Ein ebenso wichtiger Fortschritt wie die Begründung der nationalen Oper war die Bildung einer musikalischen Gesellschaft, nicht nur zur Unterhaltung, sondern auch zur künstlerischen Fortbildung ihrer Mitglieder. Die Idee dazu war von einem der damals in Warschau functionirenden preussischen Beamten ausgegangen, und da sie Zustimmung fand, es auch an Geldmitteln zu ihrer Ausführung nicht fehlte, so wurde der Ogiński'sche Palast gemiethet und zweckentsprechend eingerichtet; man engagirte zwei Lehrer für Solo- und Chorgesang und konnte bald eine Reihe erfolgreicher Concerte veranstalten. Die eifrigsten Förderer des Unternehmens scheinen der Graf Krasiński sowie die preussischen Beamten Mosqua und E. Th. A. Hoffmann gewesen zu sein, der Autor so mancher phantastischen Novelle und nicht minder phantastischen musikalischen Kritik, Dirigent, Opern-Componist u. s. w. Nach seinem Biographen J. E. Hitzig zeigte Hoffmann wenig Interesse für die „Musikalische Ressource", wie sich die Gesellschaft nannte, bis sie den Mniszech'schen Palast kaufte, ein weitläufiges Gebäude, welches, nachdem es durch einen Brand beschädigt war, einer umfassenden Reparatur bedurfte. Nun ging Hoffmann mit aller Energie an's Werk, entwarf den Plan zur Vertheilung und Ausstattung der Räume, zeichnete und malte sogar theilweise die Ornamentirung — wobei er seiner Neigung zur Caricatur freien Lauf liess, — und leitete, als alles fertig war, am 3. August 1806 (am Geburtstag des Königs von Preussen) das erste in dem glänzenden neuen Saal veranstaltete Concert. Die Thätigkeit der Gesellschaft war eine ausserordentliche und muss eine für die Kunst sehr erspriessliche gewesen sein; wir lesen, dass jeden Sonntag Streichquartette und andere Kammermusikwerke aufgeführt wurden, dass sich Damen häufig mit Claviersonaten

---

[1]) Ladislaus von Trocki „Die Entwickelung der Oper in Polen" (Leipzig 1867).

hören liessen, und dass der berühmte Berliner Violinist Möser
bei seiner Anwesenheit in Warschau die Mitglieder der Gesellschaft mit den schönsten Quartetten von Haydn und Mozart
bekannt machte. Gleichwohl würde ich mich nicht so lange
bei der „musikalischen Ressource" aufgehalten haben, wenn sie
nicht als der Keim verschiedener, später in's Leben gerufener
und noch einflussreicher gewordener Anstalten zur Pflege der
polnischen Musik unsere besondere Aufmerksamkeit verdiente.
Als bald nach der Schlacht von Jena die Franzosen in Warschau erschienen und dem preussischen Regiment sowie selbstverständlich auch der Thätigkeit der preussischen Beamten ein
Ende machten, verlor die „Ressource" viele ihrer Mitglieder,
unter ihnen Hoffmann und Mosqua. Durch nationale Elemente
neugestärkt, hielt sie sich noch eine Weile; unter der Regierung
Friedrich August's von Sachsen soll sie in eine Gesangschule
verwandelt worden sein.

Das Jahr 1815 sah zwei musikalische Anstalten entstehen,
welche Beachtung verdienen: eine Gesellschaft zur Pflege der
Kirchenmusik, mit dem Grafen Zabiełło an ihrer Spitze und von
Elsner dirigirt, welche sich im Piaristen-Collegium versammelte,
und ein von Elsner begründeter, unter dem Schutz der Fürstin
Sophia Zamoyska stehender Verein zur Hebung der Musik in
Polen, speciell zur Ausbildung von Schulgesanglehrern, Organisten und Bühnensängern. Was wir über die Thätigkeit dieser
Gesellschaften aus Zeitungen und Musiklexiken erfahren, ist leider ungenügend und unzuverlässig, und auch Sowiński's mehrfach erwähntes Werk erinnert nur zu oft an Voltaire's Definition
des Begriffes „Wörterbuch": „Immenses archives de mensonges
et d'un peu de vérité." Glücklich der Schriftsteller, der ihrer
nicht bedarf! — Im Jahre 1816 wurde Elsner vom Minister
Staszyc mit der Leitung einer Schule für dramatischen Gesang
und Declamation betraut, und 1821 wurden alle bisherigen Anstrengungen durch Eröffnung eines Conservatoriums der Musik
gekrönt, dessen Lehrplan selbst einen Berlioz befriedigt haben
würde. Der Unterricht im Instrumentenspiel umfasste nicht nur
die gebräuchlichen Tasten-, Saiten- und Blasinstrumente, sondern
sogar die Schlaginstrumente; Solo- und Chorgesang wurden mit
besonderer Berücksichtigung des dramatischen Ausdrucks gelehrt;
Theorie der Musik, Tanzkunst sowie polnische, französische und

italienische Literatur vervollständigten das Unterrichtsprogramm, welches, wie man sieht, wesentlich auf Ausbildung von dramatischen Künstlern berechnet war. Elsner, den man mit der Oberleitung betraut hatte, sorgte für die nöthigen Lehrkräfte, den ersten Gesanglehrer ausgenommen, für welchen ·Posten die Regierung den Componisten Carlo Evasio Soliva, einen Schüler Asioli's und Frederici, engagirte.

Von dem musikalischen Geschmack und der Musikpflege in Polen um das Jahr 1819 erfahren wir Näheres durch den Krakauer Correspondenten eines deutschen Blattes. Hatte das musikalische Polen bis dahin keinen Anspruch auf die Theilnahme des übrigen Europa machen können, so änderte sich dies in dem Maasse, wie die zunehmende Bildung und die im Auslande gemachten Erfahrungen Früchte zu tragen begannen. Zunächst freilich fuhr der grössere Theil des Publicums fort, das Triviale dem Gediegenen vorzuziehen; Krakau wenigstens stand, trotz seiner vielen tüchtigen Musiker und gebildeten Dilettanten, in musikalischer Beziehung hinter einer deutschen Kleinstadt zurück. In Warschau, wo die musikalischen Hülfsmittel reichlicher vorhanden waren, lagen die Dinge etwas günstiger; doch begegnen wir bis 1815 den Klagen, dass in den Concerten das Virtuosenthum herrsche, ernste Musik dagegen vernachlässigt werde und man eine Symphonie selten vollständig zu hören bekomme. Um diesen Uebelständen abzuhelfen, bildete sich 1818 eine aus 150 Mitgliedern bestehende Concertgesellschaft, welche jede Woche ein Concert veranstaltete, dessen Programm eine neue (unverkürzt gespielte) Symphonie, eine Ouvertüre, ein Concert, eine Arie und ein Finale enthielt, und Namen wie Beethoven, Haydn, Mozart, Cherubini, Spohr, Méhul, Romberg u. a. aufwies. Sonderbarer Weise theilten sich in die Leitung dieser Concerte nicht weniger als sieben Dirigenten: Lessel, Lentz, Würfel, Haase, Javůrek, Stolpe und Peschke, sämmtlich tüchtige Musiker. Das Orchester bestand theilweise aus Dilettanten, von denen die meisten an den Streichinstrumenten thätig waren. An guten Solisten scheint es nicht gemangelt zu haben. Um nur ein Instrument zu erwähnen, so konnte man sich des Besitzes von vier vortrefflichen Pianistinnen rühmen, deren eine die schwierigsten Compositionen von Beethoven, Field, Ries und Dussek mit staunenswerther Leichtigkeit bewältigte.

Ein weiteres Symptom der Hebung des Musikgeschmackes war die Veranstaltung eines Cyklus von vierundzwanzig am Sonntag von 12 — 2 Uhr stattfindenden Matinéen im Winter 1818 — 1819 durch Carl Arnold, für welche sich der höhere Adel lebhaft interessirte. Der Concertgeber, der sich zu seiner Zeit als Clavierspieler und Componist in Deutschland, Russland und Polen eines guten Rufes erfreute, spielte in jeder Matinée ein neues Clavierconcert eines anerkannten Meisters, gelegentlich auch seiner Composition, unter Mitwirkung eines von dem Concertmeister und Lehrer am Conservatorium Bielawski geleiteten Streichquartetts. Auch dann, als Arnold nach einiger Zeit Warschau verliess, fehlte es dort keineswegs an guten Clavierspielern. Von den noch in Chopin's Zeit reichenden Warschauer Musikern ist zunächst Wenzel W. Würfel[1]) zu erwähnen, einer der Lehrer am Conservatorium, von 1815 — 1824 in Warschau wirkend, später als Dirigent des Kärnthnerthor-Theaters in in Wien, welcher als Virtuos und Componist häufig mit Ehren in der Oeffentlichkeit erschien. Unter den Lehrern des Conservatoriums finden wir übrigens noch andere, deren Namen über die Mauern Warschaus, ja über die Grenzen Polens hinaus bekannt waren; so den Clavierspieler und Componisten Franz Lessel, den Lieblingsschüler Haydn's; ferner den durch sein bewegtes Leben merkwürdigen Heinrich Gerhard Lentz, der, in Cöln geboren und aufgewachsen, 1784 nach Paris kam, im dortigen *Concert spirituel* mit Erfolg ein Concert seiner Composition spielte, sich eine Stellung als Componist und Lehrer machte; 1791 nach London ging, wo er zu Clementi und Haydn in freundschaftlichen Beziehungen stand und in Salomon's Concerten seine Compositionen zur Aufführung brachte; 1795 nach Deutschland zurückkehrte und in der Umgebung des Prinzen Louis Ferdinand von Preussen verweilte, bis Dussek an seine Stelle trat, und endlich sein Wanderleben in Warschau beschloss, wo er Unterricht gab, eine Clavierfabrik errichtete, Lehrer des

---

[1]) Wenzel Wilhelm Würfel, in den meisten Wörterbüchern Wilhelm Würfel genannt (Ausnahmen: E. Bernsdorf und Dr. Hugo Riemann's „Opernhandbuch"). Der Warschauer Correspondent einer deutschen Musikzeitung nennt ihn Wacław (d. h. Wenceslaus oder Wenzel) Würfel. In Whistling's „Handbuch der musikalischen Literatur" sind seine Vornamen nur durch die Anfangsbuchstaben W. W. angedeutet.

Orgelspiels am Conservatorium wurde, sich zweimal verheirathete und 1839 starb.

Von den übrigen Lehrern des Conservatoriums ist nur der bereits genannte C. E. Soliva bemerkenswerth. Von seinen Werken ist die Oper „La testa di bronzo" das bekannteste, richtiger gesagt, war es, denn heute kennt sie wohl Keiner mehr. Der vorlaute, seichte Schwätzer Stendhal, *rectius* Marie Henri Beyle, hörte sie 1816 in Mailand bei ihrer ersten Aufführung, und war anfangs ungewiss, ob sich der Componist hier als Nachahmer Mozart's oder als selbständig schaffend zeige; schliesslich aber gelangte er zur Ueberzeugung „dass die Oper warmes dramatisches Leben und Krafteffecte enthalte, die dem Stil Mozart's nicht eigen sind, wenn sich auch Soliva, als jugendlicher und für Mozart begeisterter Künstler, die Tonfarbengebung des Meisters bis zu einem gewissen Grade angeeignet habe." Beyle's weitere Bemerkungen sind zu albern, um citirt zu werden. Wie es sich auch mit seinen rein literarischen Verdiensten und seiner Erfindungskunst verhalten möge, so stimme ich doch jedenfalls mit Berlioz überein, der bezüglich Beyle's „Vie de Rossini" bemerkt, das Buch enthalte „les plus irritantes stupidités sur la musique, dont il croyait avoir le secret." Nicht minder vernichtend lautet das Urtheil des Musikschriftstellers Lavoix fils, der Beyle zwar einen „écrivain d'esprit" nennt, aber einen „fanfaron d'ignorance en musique". Ich gehe noch einen Schritt weiter und nenne ihn einen unwissenden Prahler, möge er von Musik oder von der Kunst überhaupt sprechen, und diejenige Art *esprit*, die sich in seinen Kunstkritiken breit macht, würde noch allgemeiner sein, als sie unglücklicherweise schon ist, wenn sich noch mehr Leute fänden, die ihn an Dünkel und Anmaassung erreichten. Der Leser möge diese Abschweifung entschuldigen, welche nur den Zweck hatte, einen Faselhans an den Pranger zu stellen, und zu zeigen, auf welch armselige Hülfsmittel der Biograph nicht selten angewiesen ist. Zuverlässiger erscheint ein anderer Zeuge, der über Soliva's Wirksamkeit in Warschau berichtet; dieser tadelt des italienischen Meisters Drill-Methode beim Gesangunterricht und behauptet, als Componist zeige er mehr Kunst im Combiniren als im Erfinden; ferner, dass er mit den Partituren der besten Componisten aller Zeiten vertraut, und als Begleiter am Clavier sehr gewandt sei.

Da Elsner, Zywny und der Pianist Javûrek dem Leser schon bekannt sind, so will ich nur noch auf einen der älteren Warschauer Musiker hinweisen: Carl Kurpiński, den begabtesten und einflussreichsten der polnischen Componisten jener Zeit. Kurpiński kam 1810 nach Warschau, wurde als zweiter Capellmeister an der nationalen Oper angestellt, rückte später zur Stelle des ersten Capellmeisters auf, und erhielt schliesslich den Titel „Maître de chapelle de la cour de Varsovie", den Stanislaus-Orden etc. Er hatte sich durch eifriges Studium Mozart's gebildet, und fing 1811 an, für das Theater zu schreiben. Ausser einer Anzahl Messen, Symphonien etc. hat er vierundzwanzig Opern geschrieben, auch mehrere theoretische Werke und eine historische Skizze der polnischen Oper veröffentlicht. Er war von Natur hochbegabt; neben künstlerischer Feinfühligkeit und Energie besass er eine ungemeine Leichtigkeit im Produciren. Chopin hat seinem hervorragenden Landsmanne eine Huldigung erwiesen, indem er in seiner *Grande Fantaisie sur des airs polonais*, Opus 13 ein Thema von Kurpiński verwendete.

Die Namen zweier jüngerer Künstler, beide im Jahre 1800 geboren, mögen das Bild des Warschauer Musiklebens vervollständigen: Moritz Ernemann, ein Schüler von L. Berger, dem Clavierlehrer Mendelssohn's, ist in Polen und Deutschland mit Erfolg aufgetreten, und galt für einen, wenn nicht glänzenden, so doch technisch fertigen und verständnissvollen Clavierspieler. Von einem völlig andern Stoffe war Joseph Christoph Kessler. Nachdem dieser in Wien Philosophie studirt, und im Hause des Grafen Potocki zu Lemberg seine berühmten Etüden Opus 20 geschrieben hatte — sie erschienen in Wien und später in Paris, wurden von Kalkbrenner in seiner Clavierschule sowie von Fétis und Moscheles in ihrer „Méthode des Méthodes" citirt, theilweise auch von Liszt in seinen Concerten vorgetragen — versuchte er 1829 sein Glück in Warschau. Schumann meinte (1835), dass Kessler das Zeug dazu habe, etwas Grosses zu vollbringen, und war immer in Erwartung dessen, was er noch vollenden werde; seine Etüden mögen hier und da trocken klingen, aber er sei doch sicherlich „ein Mann von Geist und sogar poetischem Geist". Kessler hat seine vierundzwanzig Praeludien Opus 31 Chopin gewidmet, und dieser ihm seine vierundzwanzig Praeludien Opus 28 (deutsche Ausgabe).

Aus alle diesem geht hervor, dass Warschau zu Chopin's Zeit nichts weniger als eine musikalische Wüstenei war, wenn auch weder die Orchestermusik noch die Oper den höchsten Ansprüchen genügen konnte. Von der letzteren wurde sogar 1822 behauptet, sie gehe zurück; nachdem aber die Früchte der Studien des Conservatoriums Zeit gehabt hatten, zu reifen, eröffneten sich nach dieser Seite hin freundlichere Aussichten. Die stark in Verfall gekommene Kirchenmusik erhielt ihren Antheil an der Sorgfalt, mit welcher man seit Beginn des Jahrhunderts die Kunst zu pflegen begonnen hatte. Den besten Gesang hörte man in der Piaristen- und in der Universitätskirche. In der ersteren wurden vorzugsweise Haydn's Messen gesungen und zwar von einem aus Dilettanten bestehenden, durch Mitglieder der Oper verstärkten Chor. In der Universitätskirche bestand der Chor aus Studenten und Professoren; der Dirigent war Elsner. Rechnen wir zu diesen beiden noch eine Anzahl kleinerer, in verschiedenen Kirchen Warschaus thätiger Gesangvereine, so kann nicht zweifelhaft sein, dass die dortige Musik während der ersten dreissig Jahre dieses Jahrhunderts bedeutend fortgeschritten ist, und dass Polen, ohne die unglückliche Insurrection des Jahres 1830, durch nationale Schöpfungen zu einer geachteten Stellung unter den Musikmächten Europas gelangt sein würde, während es sich jetzt nur einzelner Künstler von grösserer oder geringerer Fähigkeit und Originalität rühmen kann. Die musikalischen Feierlichkeiten, zu denen der Tod des Kaisers Alexander I. im Jahre 1826 Anlass gab, lassen mit einiger Sicherheit auf die musikalische Leistungsfähigkeit Warschaus schliessen. An einem Tage kam in der Kathedrale ein Requiem von Kozłowski, einem damals in Petersburg lebenden polnischen Componisten (geboren 1757, gestorben 1831) mit Einlagen von anderen Componisten unter Mitwirkung von zweihundert Sängern und Instrumentisten und unter Leitung Soliva's zur Aufführung. An einem andern Tage wurde in derselben Kirche von zweihundertfünfzig Ausführenden, ebenfalls unter Soliva's Leitung, Mozart's Requiem aufgeführt, mit Instrumentation von Kurpiński (Piccolos, Flöten, Oboen, Clarinetten und Hörner zum *Dies irae* und *Sanctus*; Harfen zum *Hostias* und *Benedictus*, und die Blechinstrumente einer Militärcapelle zum Schlusschor!!!). In der Lutherischen Kirche endlich fand eine Aufführung von Elsner's Requiem für Männerchor, Violoncelle, Fagotte, Hörner, Trompeten, Posaunen und Pauken statt.

Hiermit glaube ich den Leser mit den musikalischen Verhältnissen, in denen sich Chopin bewegte, hinlänglich bekannt gemacht zu haben, und nehme den Faden der Erzählung dort wieder auf, wo ich ihn hatte fallen lassen, um sie von nun an, wenigstens auf längere Zeit, ohne Unterbrechung weiter zu führen.

Sechstes Capitel.

1828—1829.

Vierzehn Tage in Berlin (vom 14. bis 28. September 1828). — Rückkehr über
Züllichau und Posen (Fürst Radziwiłł) nach Warschau. — Dortige Thätigkeit
während des folgenden Winters und Frühlings. — Häusliches Leben, Gesellschaft, Vorbereitungen zu einer Reise nach Wien.

hopin war jetzt zu dem wichtigen Zeitpunkt gelangt,
wo auf die Lehrjahre die Wanderjahre zu folgen
pflegen. Damit verändert sich aber auch der Standpunkt des Biographen; denn wenn uns bisher die
zur Entwickelung unseres Helden mitwirkenden Factoren vorwiegend beschäftigten, so werden es von nun an seine eigenen
Erfahrungen, Handlungen und Aeusserungen thun. Auch steht
uns von nun an reicheres und zuverlässigeres biographisches
Material zur Verfügung, darunter als das wichtigste, bis zu
Chopin's Ankunft in Paris, seine von Karasowski veröffentlichten
Briefe. Da indessen diese, zwar als chronistischer Spiegel der
Handlungen und Empfindungen des Schreibers, nicht aber, wie
die Briefe Mendelssohn's und Berlioz', als literarische Produkte
werthvoll sind, so werde ich mich darauf beschränken, nur das
Charakteristische aus ihnen wiederzugeben.

Chopin's lang geplante und ersehnte Reise nach Berlin kam
so zu Stande: im Jahre 1828 forderte Friedrich Wilhelm III.
die Mitglieder der Berliner Universität auf, die bedeutendsten
auswärtigen Naturforscher zu einer unter dem Vorsitz Alexander
von Humboldt's abzuhaltenden Versammlung einzuladen. Zu

den eingeladenen Gelehrten gehörte auch Nicolaus Chopin's
Freund, Dr. Jarocki, Professor der Zoologie an der Warschauer
Universität, der in Berlin studirt und promovirt hatte. Die für
einen jungen Künstler vortheilhafte Gelegenheit, in angenehmer
Gesellschaft eines der wichtigsten Bildungs-Centren Europas zu
besuchen — denn der Professor hatte die Einladung angenommen und sich bereit erklärt, den Sohn des Freundes unter
seinen Schutz zu nehmen — diese Gelegenheit durfte man mit
nichten vorüber gehen lassen. Mit welchen Empfindungen, mit
welcher Fülle jugendlicher Hoffnungen und Erwartungen Chopin
dieser Reise entgegensah, geht aus einem seiner Briefe an Titus
Woyciechowski (9. September 1828) hervor, wo er u. a. schreibt,
er sei wie verrückt, und dies mit den Worten erklärt „denn ich
werde noch heute nach Berlin abreisen". Ein öffentliches Auftreten als Clavierspieler oder Componist lag nicht in seinem
Plan; sein Hauptwunsch war, die musikalischen Notabilitäten
Berlins kennen zu lernen und einmal wirklich gute Musik zu
hören; mit besonderer Spannung sah er einer in Aussicht gestellten Aufführung des „Ferdinand Cortez" von Spontini entgegen.

Professor Jarocki und Chopin verliessen Warschau am 9. September 1828 und kamen nach einer fünftägigen Postfahrt in
Berlin an, wo sie im Gasthaus „zum Kronprinzen" abstiegen.
Hier hatte unser Freund die angenehme Ueberraschung, ein
gutes Clavier vorzufinden, welches er während seines Aufenthalts täglich benutzte, zu seiner eigenen, wie zur grossen Befriedigung des von seinem Spiel entzückten Wirthes. Er machte
sich Hoffnung, durch den Lehrer und Freund seines Reisegefährten, M. H. K. Lichtenstein, Professor der Zoologie und Director des zoologischen Museums, welcher Mitglied der Singakademie und mit deren Director Zelter befreundet war, mit
den hervorragenden Musikern der preussischen Hauptstadt bekannt zu werden, und erwartete vom Fürsten Radziwill eine
Empfehlung an den musikalischen Alleinherrscher Spontini, mit
welchem Lichtenstein nicht auf gutem Fusse stand. In diesen
Erwartungen sah sich Chopin jedoch getäuscht, und er musste
sich begnügen, die „Sterne" von weitem zu betrachten. Bezüglich einer Aufführung der Singakademie, der er beiwohnte,
berichtet er: „Spontini, Zelter und Felix Mendelssohn-Bartholdy

waren auch dort; ich habe aber keinen dieser Herren gesprochen, da ich es nicht für schicklich hielt, mich ihnen selber vorzustellen." Die Ursachen, dass die Dinge so wenig nach Chopin's Wunsch ausfielen, liegen nahe genug: Fürst Radziwill war bei Chopin's Ankunft nicht in Berlin, und wenn er, wie man erwartete, später eintraf, so kam er doch jedenfalls zu spät, um seinem jungen Landsmanne von Nutzen zu sein. Was Lichtenstein betrifft, so nahmen seine Pflichten als Secretär der Naturforscher-Versammlung alle seine Zeit in Anspruch; andernfalls wäre er in der Lage gewesen, seinen Reisegenossen mit vielen Musik-Celebritäten der Residenz in persönliche Berührung zu bringen, ihm auch mancherlei von seinem intimen Freunde Carl Maria von Weber zu berichten, welcher kaum zwei Jahre zuvor gestorben war. Diese Beziehungen zu Weber sind wahrscheinlich die Ursache des von Chopin angedeuteten Missverhältnisses zwischen Lichtenstein und Spontini gewesen. Endlich erzählt Chopin noch nebenbei, dass er dem Redacteur der „Berliner Musikzeitung" vorgestellt worden sei und ein Paar Worte mit ihm gewechselt habe; dass dies A. B. Marx gewesen, erwähnt er nicht — der später so berühmt gewordene Theoretiker stand eben damals noch im Anfang seiner Laufbahn.

Auffallenderweise suchen wir in Chopin's Berliner Briefen vergebens den Namen Ludwig Berger; wohl mag er auch diesen, sowie Bernhard Klein, Rungenhagen, die Brüder Ganz u. a. gemeint haben, wenn er von den „hervorragenden Musikern" Berlins spricht, doch sollte man denken, dass der Schüler Clementi's, der Genosse A. Klengel's, der Freund Steibelt's, Field's und Crotch's, der Lehrer Mendelssohn's und W. Taubert's einen jungen Pianisten besonders interessirt haben müsste. Berger's Compositionen können Chopin nicht unbekannt gewesen sein, überdies muss er von seinem Warschauer Collegen Ernemann mancherlei über ihn gehört haben. Sei dem, wie ihm wolle, gewiss ist, dass sich die Hoffnung unseres Reisenden, gute Musik zu hören, besser erfüllte als die auf persönliche Bekanntschaft mit musikalischen Berühmtheiten, für enthusiastische Naturen nur zu häufig eine Quelle der Enttäuschung. Vor seiner Abreise von Warschau hatte Chopin geschrieben: „Es bedeutet viel, eine wirklich gute Oper zu hören, wäre es auch nur ein einziges Mal; man bekommt dadurch einen Begriff von einer vollkommenen

6*

Darstellung." Obwohl die berühmtesten Mitglieder der Berliner
Oper beurlaubt waren, gewährten ihm doch Spontini's „Ferdinand
Cortez", Cimarosa's „Heimliche Ehe", Onslow's „Hausirer" und
Winter's „Unterbrochenes Opferfest" einen grossen Genuss. Frei-
lich waren einige „aber" dabei, welche, wie er meint, erst Paris
ganz zum Schweigen bringen würde; ja, die eine seiner beiden
Lieblings-Sängerinnen, Fräulein von Schätzel, (die andere war
Signora Tibaldi) erinnerte ihn mit ihren mangelhaften chromatischen Scalen sogar an Warschau. Mehr als alles Andere entzückte ihn übrigens Händel's „Cäcilien-Ode", die er in der
Singakademie hörte, und von der er sagt, sie komme seinem
Ideal erhabener Musik so nahe als möglich. Weiter schreibt
er: „Morgen wird der ‚Freischütz' aufgeführt und damit einer
meiner heissesten Wünsche erfüllt; ich werde dann in der Lage
sein, einen Vergleich zwischen den hiesigen und unsern heimischen Sängern anzustellen." Der „Freischütz" war 1826 zum
ersten Mal in Warschau aufgeführt worden, mithin kannte ihn
Chopin schon; die übrigen Opern, welche er in Berlin hörte,
sind ihm entweder neu gewesen oder er hat sie nicht als die
richtigen Prüfsteine betrachtet.

Die Musik und was mit ihr zusammenhängt, namentlich
Musikalienhandlungen und Clavierfabriken, fesselten Chopin's Aufmerksamkeit fast ausschliesslich. Eine Einladung, den Sitzungen
der Naturforscher-Versammlung beizuwohnen, lehnt er dankend
ab: „Ich würde wenig oder gar nichts von diesen Verhandlungen
profitiren, weil ich zu wenig vom Gelehrten an mir habe, und
überdies könnten die Herren Fachmänner von mir, dem Laien,
denken: „Wie kommt Saul unter die Propheten?" Von der
königlichen Bibliothek, wohin ihn Professor Jarocki führte, weiss
er nichts weiter zu sagen, als „dass sie sehr gross sei, aber
wenig musikalische Werke enthalte, und bei einem Besuche des
zoologischen Museums empfindet er nur Langeweile und Sehnsucht nach der Schlesinger'schen Musikalienhandlung, damals
das best-assortirte und in Verlags-Angelegenheiten regsamste
Geschäft der Stadt. Er fühlt dabei selbst, wie Manches er vernachlässigt, was ein Mann von Bildung schätzen sollte, und
spricht die Besorgniss aus, sein Vater werde ihm wegen seiner
Einseitigkeit Vorwürfe machen. Zu seiner Entschuldigung sagt
er: „Ich bin zu meiner musikalischen Ausbildung nach Berlin

gekommen, und folglich muss mich die Schlesinger'sche Handlung mit ihrem reichen Vorrath der bedeutendsten Werke von Componisten der verschiedensten Länder und Zeiten mehr interessiren, als alle anderen Sammlungen." Die Kraft dieses Arguments wird durch das von ihm Hinzugefügte nicht verstärkt: „Der Gedanke, dass auch ich einmal bei Schlesinger zu finden sein werde, ist mir sehr erfreulich; auch ist es für einen jungen Mann stets nützlich, Vieles zu kennen, da von Allem etwas zu lernen ist."

Nach Karasowski, der ohne Zweifel getreulich berichtet, was er gehört hat, war Chopin in allen Wissenschaften, mit denen er sich am Lyceum beschäftigt hatte, so wohl bewandert, dass Jeder von seinen Kenntnissen erstaunt war und ihm eine glänzende Zukunft voraussagte. Ich fürchte, dass die einzigen, diese Behauptung stützenden Autoritäten Chopin's Eltern, Schwestern und in diesem Falle ebenso urtheilslos bewundernde Freunde gewesen sind, welche den Genius bereits spüren, wo er der kalten, gefühllosen Welt ausserhalb dieses sympathischen Kreises verborgen ist. Damit will ich jene liebenswürdige Schwäche nicht tadeln, ohne welche Liebe, Freundschaft, mit einem Worte alle Glückseligkeit beinahe unmöglich wären; nur ist sie bedenklich für einen Biographen, der seinen Helden darstellen soll, wie er ist, und nicht, wie er Diesem oder Jenem scheint. Es sei von vornherein zugegeben, dass Chopin im Lyceum zu den besseren Schülern gehört hat, wie es bei einem scharfsinnigen Knaben, der noch überdies in der Häuslichkeit Hülfe und Anregung fand (diese wesentliche Bedingung eines erfolgreichen Unterrichts) kaum anders sein konnte; aber von da bis zu einem Alles umfassenden Geiste ist noch ein gewaltiger Schritt. Wo Genie ist, da ist auch Neigung. Obschon nun Chopin als Schüler die ihm gestellten Aufgaben befriedigend löste — wir haben gesehen, dass auch dies mit dem Wegfallen einer äusseren Pression aufhörte — so hat er doch später den Wissenschaften gleichgültig gegenüber gestanden. Die ihm zu Theil gewordene Anleitung zu einer vielseitigen Geistesbildung zeigte sich gänzlich unvermögend, den Gelehrten oder Denker in ihm zu wecken. Dafür war seine Natur, wie es scheint, ein besonders ungünstiger Boden, auf dem übrigens bereits eine Saat aufgeschossen war, welche in ihrer Ueppigkeit alles Uebrige

ausschloss oder nur zu zwergenhafter Entwickelung kommen liess.
Dies ist sowohl durch Chopin's Briefe bewiesen, wie auch durch
das, was seine Freunde von seinen Liebhabereien und seiner
Unterhaltung berichten. Auch der folgende Passus aus einem
kurz vor seiner Abreise nach Berlin geschriebenen Briefe kann als
Beleg dienen. Jędrzejewicz, späterer Schwager Chopin's, damals
in Paris, machte dort die Bekanntschaft des polnischen Musikers
Sowiński. Sobald dieser von seinem begabten Kunstgenossen
in Warschau hörte, ersuchte er ihn, in seiner Eigenschaft als
Mitredacteur (neben Fétis) der *Revue musicale* (als solcher wird
Sowiński in dem erwähnten Briefe bezeichnet, doch ist er wahrscheinlich nur ein gewöhnlicher Mitarbeiter des Blattes gewesen),
um einen Bericht über den Zustand der Musik in Polen sowie
um biographische Notizen über die bedeutendsten dortigen Virtuosen und Componisten. Darauf bezüglich sagt Chopin in
seiner Antwort: „Alles dieses sind Dinge, mit denen ich nichts
zu thun zu haben wünsche. Ich werde ihm von Berlin aus
schreiben, dass dies nicht meine Sache ist, und dass ich namentlich auch nicht zu beurtheilen vermag, was sich für ein Pariser
Blatt, welches nur gereifte und competente Meinungsäusserungen
veröffentlichen darf, eignen könnte." Wie viel hiervon auf Rechnung der Selbsterkenntniss, der Bescheidenheit oder der Abneigung kommt, möge der Leser entscheiden, welcher übrigens
ohne Zweifel lächeln wird über die Unschuld des Jünglings, der
sich einbildete, dass die Pariser Blätter, oder die Zeitungen
überhaupt sich durch Reife und Competenz des Urtheils auszeichneten.

Zur Zeit seines Besuches in Berlin war Chopin ein lebhafter Jüngling von guter Erziehung und feinen Manieren, sich
des Lebens und seiner buntscheckigen Aussenseite erfreuend,
aber noch völlig unkundig der tieferen Wahrheiten, der unermesslichen Fülle der Freude und der Trauer, der Liebe und
des Hasses, welche seinen Untergrund bildet. Obschon der
jugendliche, ja knabenhafte Ton seiner damaligen und auch noch
späteren Briefe ihn jünger erscheinen lassen als er war, so zeigen
doch seine kritischen und witzigen Betrachtungen über das, was
um ihn herum vorging, deutlich genug, dass er eine mehr als
gewöhnliche Beobachtungsgabe besessen hat; diese war jedoch
bei ihm mehr auf Kleidung, Manieren und äussere Eigenthüm-

lichkeiten, als auf die hinter diesen Dingen verborgenen wesentlichen Eigenschaften des Objects gerichtet. Sein Witz neigte entschieden zur Satire und zum Carikiren. Er beachtet bei seiner Ankunft die wohlthuende Ordnung und Reinlichkeit der von der Natur so wenig begünstigten Umgebung Berlins, findet die Stadt selbst zu gross für die Zahl ihrer Einwohner, deren sie das Doppelte enthalten könnte, erfreut sich an dem schönen, grossartigen Schloss, an den breiten, wohlgebauten Strassen, an den malerischen Brücken, und beglückwünscht sich und seinen Reisegefährten, dass sie nicht in der breiten aber menschenleeren französischen Strasse wohnen, denn er liebt das Leben und die Gesellschaft. Ob er mit Pope das Studium des Menschen für das der Menschheit angemessenste hielt oder nicht, jedenfalls hielt er es für das anziehendste. Die Passagiere im Postwagen waren für ihn eben so viele Personen einer Komödie. Ein Advocat, der sich durch derbe Scherze hervorzuthun suchte, ein Landwirth, dem seine Reisen einen Firniss von Bildung gegeben hatten, eine deutsche Sappho, welche durch einen Strom prätenziöser und zugleich lächerlicher Klagen die Luft erschütterte — was diese unbezahlten Schauspieler ihm unbewusst vorführten, genoss er mit aller der Würze, welche das Gefühl der Ueberlegenheit mit sich bringt. Welch tragikomische Einrichtung ist es doch, dass in dieser Welt Jeder über Jeden zu lachen geneigt ist! Die Mitglieder der Naturforscher-Versammlung waren für Chopin eine beständige Zielscheibe seines Witzes; unter ihnen fand er so curiose und verschieden geartete Exemplare, dass er der Lust nicht widerstehen konnte, sie zu portraitiren und zu klassificiren. Bezüglich der von ihm schon nach Hause gesandten Zeichnungen schliesst er einen seiner Briefe mit den Worten: „Die Zahl der Caricaturen ist im Zunehmen begriffen." Nur einer scheint unter diesen gelehrten Herren gewesen zu sein, der ihm ein Gefühl der Achtung und Bewunderung einflösste: Alexander von Humboldt, den er bei Lichtenstein traf. Seine Bemerkung über den berühmten Gelehrten, das Werthvollste aus seinen drei Berliner Briefen, lautet: „Er ist von mittlerer Grösse, seine Züge können nicht schön genannt werden; aber die etwas vortretende, breite und wohlgewölbte Stirn, sowie das tiefe, forschende Auge kündigen den allumfassenden Geist an, welcher diesen so menschen-

freundlichen wie vielgereisten Gelehrten bewegt. Humboldt sprach
französisch und dies so geläufig wie seine Muttersprache."

Ein Hauptereigniss während Chopin's Anwesenheit in Berlin
war nach seiner eigenen Aussage sein zweites Festmahl mit den
Naturforschern, kurz vor dem Schluss der Versammlung, bei
dem es sehr lebhaft und heiter herging: „Man sang eine Menge
Gelegenheitslieder" berichtet er „in welche Jeder mehr oder
minder eifrig einstimmte. Zelter dirigirte; er hatte als Zeichen
seiner musikalischen Würde einen grossen vergoldeten Pokal
auf rothem Untergestell vor sich, der ihm besonderes Vergnügen
zu machen schien. An diesem Tage war das Essen bedeutend
besser als sonst: die Leute behaupten, die Naturforscher hätten
sich in ihren Sitzungen speciell mit der Veredelung des Roast-
beef, der Saucen, Suppen etc. beschäftigt." Goethe sagt einmal
von den Berlinern: „Es lebt, wie ich an Allem merke, in Berlin
ein so verwegener Menschenschlag beisammen, dass man mit
Delicatesse nicht weit reicht, sondern dass man Haare auf den
Zähnen haben und mitunter etwas grob sein muss, um sich
über Wasser zu halten." Ein solches Urtheil bereitet uns auf
Mancherlei vor, jedoch nicht auf das, was Chopin auszusprechen
wagt: „Marylski [einer seiner Warschauer Freunde] hat nicht
den leisesten Schatten von Geschmack, wenn er behauptet, die
Berliner Damen wüssten sich zu kleiden; sie staffiren sich aus,
das ist wahr, aber es ist schade um die kostbaren Stoffe, die
für solche Puppen zugeschnitten sind." O, Blasphemie!

Nach einem vierzehntägigen Aufenthalt in der preussischen
Hauptstadt reisten Professor Jarocki und Chopin am 28. September 1828 heimwärts; sie gingen jedoch nicht direct nach
Warschau, sondern unterbrachen ihre Reise in Posen, wo sie
auf Einladung des Erzbischof Wolicki zwei Tage verweilten.
Einen grossen Theil dieser Zeit verbrachte Chopin beim Fürsten
Radziwiłł, wo er improvisirte und Sonaten von Mozart, Beethoven und Hummel vortrug, theils allein, theils mit dem Capellmeister Klingohr. Am 6. October langten die Reisenden in
Warschau an, wohin sich Chopin so sehr gesehnt hatte, dass
er dem Professor keine Ruhe gelassen, bis derselbe auf der
letzten Station Extrapost genommen hatte.

Zuvor war ihnen noch ein kleines Abenteuer begegnet.
Auf der Station Züllichau zwischen Frankfurt an der Oder und

Posen hörten sie vom Postmeister, dass sie eine Stunde auf frische Pferde zu warten hätten — eine nichts weniger als erfreuliche Aussicht. Das Beste, was unsere beiden Reisenden unter diesen Umständen thun konnten, war, einen Gang durch das Städtchen zu machen, wenn auch dasselbe nichts Reizvolles an sich hatte, und die Erinnerung an eine 1759 dort geschlagene Schlacht zwischen Russen und Preussen nicht genügend war, dem Orte in ihren Augen Bedeutung zu verleihen. Noch misslicher wurde die Lage, als bei der Rückkehr zum Posthause von den Pferden noch keine Spur zu entdecken war. Professor Jarocki suchte sich durch Speise und Trank zu trösten, Chopin aber spähte ängstlich nach einem wirksameren Schutz gegen die Langeweile aus. Schliesslich entdeckte er in einem Nebenzimmer ein altes Clavier von wenig versprechendem Aeusseren, dessen Klang jedoch besser war als sein Ansehen und das sogar in leidlicher Stimmung stand. Natürlich besann er sich nicht lange, setzte sich an das Instrument, um sofort eine Improvisation über polnische Volkslieder loszulassen. Einer der Mitreisenden, ein Deutscher und eingefleischter Raucher, folgte ihm, durch die Klänge angelockt, in das Musikzimmer und war bald so gefesselt, dass er sogar seine Pfeife vergass. Nach und nach stellten sich auch die übrigen Passagiere, der Postmeister, sein stattliches Weib und seine niedlichen Töchter ein, und Alles lauschte athemlos, bis plötzlich eine Stentorstimme an der Thür erschallte: „Die Pferde sind angespannt!" Der Postmeister, über die unzeitige Mahnung verdrossen, bat Chopin, weiter zu spielen, dieser aber meinte, man habe schon zu lange auf die Abfahrt warten müssen; darauf hin allgemeine Aufregung: die Herrin des Hauses bat und schmeichelte, die jungen Damen unterstützten sie dabei durch verschämte aber ausdrucksvolle Blicke; alle übrigen Zuhörer bedrängten den jungen Künstler mit Bitten und der Postmeister erklärte sich sogar erbötig, Extra-Postpferde zu stellen, wenn er noch weiter musiciren wolle. Wer hätte einem solchen Ansturm widerstehen können? Chopin setzte sich wieder an's Clavier und phantasirte weiter. Als er geendet hatte, erschien ein Diener mit Wein, der Postmeister brachte ein Hoch aus auf den „Liebling der Polyhymnia" und einer der Zuhörer, ein älterer Musiker, machte seinen Gefühlen durch die Worte Luft: „Wenn Mozart Sie gehört hätte, würde er Ihnen

die Hand gedrückt und Bravo gesagt haben; ein so unbedeuten-
der Mann, wie ich, darf sich dies nicht erlauben." Nachdem
Chopin als Kehraus noch eine Mazurka gespielt hatte, nahm
ihn der lange Postmeister in seine Arme, trug ihn bis zum
·Wagen — dessen Taschen inzwischen von den Damen mit Wein
und Esswaaren gefüllt waren — und sagte ihm beim Abschied, er
werde sein Lebelang mit Begeisterung an Friedrich Chopin denken.

Chopin selbst wird sich später ebenfalls mit Vergnügen
des Züllichauer Posthauses erinnert haben und der Beifall der
dortigen Naturkinder mag ihn mehr erfreut haben als mancher
glänzende Erfolg in der grossen Welt. Die Frage, ob sich
Alles genau so zugetragen habe, wie es oben erzählt worden,
darf uns hier nicht weiter beschäftigen. Der Leser wird wissen,
was man unter Mythen- und Legenden-Bilden versteht — nun,
das Anekdoten-Bilden ist ein Process ähnlicher Art, ein Ver-
mehrungs- und Erweiterungs-Process, von jenen nur darin verschieden, dass dort ein ganzes Volk, hier einzelne Individuen
thätig sind. Ein Samenkorn von Thatsachen fällt auf den
fruchtbaren Boden der dichterischen Einbildungskraft, und beginnt alsbald sich zu entfalten, zu spriessen, zur Blume, zum
Strauch, zum Baume heran zu wachsen. Indessen giebt es wohl-
gebildete Pflanzen und Missbildungen — die obige Anekdote
darf zur ersteren Art gerechnet werden. Als ein Specimen der
letzteren könnte folgende von Sikorski und Anderen erzählte
Anekdote angeführt werden, wiederum ein Beleg für Chopin's
Anlage und Liebe zum Improvisiren. In diesem Falle ist das
Samenkorn von Thatsache, dass Chopin, als er eines Sonntags
in der Wizytek-Kirche die Orgel spielte und einige Themata
aus der soeben gesungenen Messe verarbeitete, sich so in seine
Gedanken vertiefte, dass er seine Umgebung völlig vergass und
nicht einmal den Geistlichen hörte, der schon zum zweiten Mal
sein „Per omnia saecula saeculorum" gesungen hatte. Diese
charakteristische und amusante Künstler-Anekdote ist nach meinem Geschmacke abgeschwächt durch die Zuthat eines Chores,
der sich um den Organisten sammelt und, wie dieser, Zeit und
Ort vergisst, bis die Superiorin den Sakristan sendet, um die
Musik-Enthusiasten an der Orgel daran zu erinnern, dass der
Priester und Ministrant mit Ungeduld den Schluss der Musik
erwarten etc. Die Verbreiter derartiger Anekdoten werden ihr

Publicum finden, so lange das „Mundus vult decipi" gültig bleibt;
doch sollten sie nicht zu sicher auf die Gläubigkeit ihrer Zuhörer
rechnen und des Wortes gedenken: „Man merkt die Absicht
und ist verstimmt."

Am 6. October kehrte Chopin, wie schon erwähnt, nach
Warschau zurück. Nach einem seiner Briefe an Titus Woyciechowski vom 27. December 1828 war er um diese Zeit mit
Componiren beschäftigt und ging viel in Gesellschaft. Das
Rondeau à la Krakowiak, Opus 14 war ganz, und das Trio
Opus 8 nahezu vollendet. Ein Tag, an dem er nichts geschaffen,
galt ihm als ein verlorener; ein Leidensgenosse des Kaisers
Titus, klagt er: „Während der letzten Woche habe ich nichts
componirt, was vor Gott oder vor den Menschen bestehen
könnte" und fährt fort: „Ich renne von Ananias zu Kaiphas;
heute Abend soll ich bei Frau Wizegorod sein, und von dort
fahre ich zu einer musikalischen Soirée bei Fräulein Kicka.
Du weisst, was es für ein Vergnügen ist, improvisiren zu müssen,
wenn man sich ermüdet fühlt. Ich habe nicht oft so glückliche
Gedanken, wie sie mir in die Finger kommen, wenn du dabei
bist. Und dann noch die miserabeln Instrumente!" Von dem
Arbeitszimmer, welches ihm die Eltern eingerichtet haben, schreibt
er in demselben Briefe: „Von der Hausthür führt eine Treppe
direct zu mir; oben werde ich in Gesellschaft eines alten Schreibtisches für mich hausen können" — und an dasselbe Zimmer
scheint er zu denken, wenn er zwei Jahre später aus Wien seinem Freunde Johann Matuszyński schreibt: „Wenn sich Deine
früheren Collegen, z. B. Rostkowski, Schuch, Freyer, Kyjewski,
Hube etc. zu fröhlicher Unterhaltung in meinem Zimmer versammeln, so stellt Euch vor, ich lachte und scherzte mit Euch."
Ein anmuthiges Genrebild von Chopin's häuslichem Leben finden
wir in einem seiner Wiener Briefe (1. December 1830), wo er
bezüglich soeben eingetroffener Nachrichten aus der Heimath
schreibt: „Die Freude war allgemein, denn auch Titus hatte
Briefe von zu Hause erhalten. Ich danke Celiński für die Ein-
lage, welche mir die lebhafteste Erinnerung an die Zeit erweckte,
wo ich noch bei euch war. Ich glaubte mich am Clavier zu
sehen, und mir gegenüber Celiński, auf Zywny schauend, der
gerade Linowski mit einer Prise Tabak regalirte. Nur Matuszyński fehlte, um die Gruppe zu vervollständigen.

Die hier erwähnten Namen veranlassen uns, dem Kreise der
jüngeren Freunde Chopin's etwas näher zu treten. Viele der
Genannten waren zweifellos seine Freunde im engeren Sinne
des Wortes, so Celiński, Hube, Eustachius Marylski und Franz
Maciejowski (ein Neffe des früher erwähnten Professors Wacław
Maciejowski), die alle wiederholt in Chopin's Correspondenz genannt sind, von denen ich übrigens aber nichts zu berichten
wüsste. Auch von Dziewanowski, der in einem von Karasowski
citirten Briefe als Chopin's Freund figurirt, habe ich nichts
Näheres in Erfahrung gebracht. Von zwei anderen seiner Freunde,
Stanislaus Koźmian und Wilhelm Kolberg, wissen wir wenigstens,
dass der erstere noch vor einigen Jahren in Posen lebte, wo er
Präsident des wissenschaftlichen Vereins war, und dass der letztere, an den die frühesten uns bekannten Briefe Chopin's adressirt
sind, im Besitz verschiedener Aemter und Titel (darunter der
eines Staatsrathes) am 4. Juni 1877 gestorben ist. Welcher Art
die Einwirkung dieser Freunde auf den Menschen Chopin auch
gewesen sein mag, jedenfalls darf man annehmen, dass sie geringer gewesen, als die Stephen Witwicki's und Dominic Magnuszewski's auf den Künstler; denn diese beiden, an der polnischen
Literatur-Entwickelung stark betheiligten Dichter brachten den
jugendlichen Musiker in engste Beziehung zu den Bestrebungen
der romantischen Dichtung jener Tage. Von Witwicki's Dichtungen hat Chopin später mehrere in Musik gesetzt; Witwicki
sowohl wie Magnuszewski blieben auch in Paris, nachdem auch
sie dorthin übergesiedelt waren, mit Chopin in Verbindung.
Unter den musikalischen Bekanntschaften steht in erster Reihe
Julius Fontana, der sich selbst als einen täglichen Gast im
Chopin'schen Hause bezeichnet. Von ihm sagt Chopin in dem
oben erwähnten Brief an Woyciechowski: „Das Rondo für zwei
Claviere, diese arme Waise, hat einen Pflegevater in Fontana
gefunden (den du wohl bei uns gesehen hast und der jetzt die
Universität besucht); er hat es länger als einen Monat studirt,
dann aber konnte er es, und vor Kurzem konnten wir bei Buch-
holtz probiren, wie es klinge." Namhaftere Musiker als Fontana,
wenn auch im Auslande weniger bekannt, waren Joseph Nowakowski und Thomas Nidecki, mit denen Chopin, obgleich einige
Jahre jünger als sie, sowohl in Warschau als später auswärts in
Verbindung stand; auch Alexander Rembieliński, der im Rufe

eines tüchtigen Pianisten stand und im Stile Fesca's componirt haben soll (er kehrte nach seinen in Paris absolvirten Studien nach Warschau zurück und starb dort in noch jugendlichem Alter), wird unter den Freunden Chopin's genannt. Es scheint übrigens nicht, als habe Chopin unter den jüngeren polnischen Musikern eigentlich intime Freunde gehabt. Eine Ausnahme bildet, wenn wir Sowiński's „Dictionnaire" glauben dürfen, Ignaz Felix Dobrzyński, ein Studiengenosse Chopin's, indem auch er Elsner's Schüler war. Dobrzyński kam 1825 nach Warschau und machte bei Elsner einen dreissigstündigen Cursus durch, bei welcher Gelegenheit er und Chopin, „durch die Gemeinsamkeit der Anschauungen und Bestrebungen zusammengeführt, enge Freundschaft schlossen. Die Anstrengungen beider waren auf das gleiche Ziel gerichtet: das Eindringen in unbekannte Gebiete. Sie tauschten miteinander ihre Ansichten und Eindrücke aus und gelangten, wenn auch auf verschiedenen Wegen, doch zu demselben Zielpunkte". Man könnte nur wünschen, dass dieser so schöne Zusammenklang gleichgestimmter Seelen thatsächlich bestanden hätte; doch darf ich nicht verschweigen, dass weder Liszt noch Karasowski den Namen Dobrzyński unter denen der Freunde Chopin's erwähnen und, was noch schwerer wiegt, dass dieser selbst ihn in seinen Briefen nur zweimal *en passant* nennt. Immerhin ist Sowiński's Mittheilung dadurch noch nicht endgültig widerlegt, und wir dürfen uns bis auf Weiteres den tröstlichen Glauben an jenes Freundschaftsverhältniss bewahren.

Noch sind Chopin's intimste Jugendfreunde zu nennen, wohl die einzigen, welche als seine Busenfreunde zu betrachten sind: Titus Woyciechowski und Johann Matuszyński. An sie hat Chopin seine interessantesten und die Persönlichkeit am getreuesten wiederspiegelnden Briefe gerichtet. Wir werden ihnen im weiteren Verlaufe meiner Darstellung noch häufig begegnen, da ihre Freundschaft mit dem Künstler erst durch den Tod gelöst wurde. Für jetzt daher nur so viel über sie, dass Woyciechowski, Chopin's Schulkamerad, zu der Zeit, wo wir den letzteren verlassen haben, auf seinem Familiengute lebte, während Matuszyński in Warschau Medicin studirte.

In einem Briefe vom 27. December 1828 macht Chopin verschiedene Bemerkungen über die Warschauer Theater; eine

französische Gesellschaft hatte den „Rataplan", das Nationaltheater eine Komödie von Fredo, Weber's „Preciosa" und Auber's
„Maurer und Schlosser" zur Aufführung gebracht. Weit interessanter war für Chopin ein in die erste Hälfte des Jahres 1829
fallendes Kunstereigniss: das Auftreten Hummel's in Warschau,
dessen Compositionen nebst denen Field's auf Chopin's Entwickelung ohne Zweifel am stärksten gewirkt haben. Dieser
hat Hummel's Werke stets geliebt und bewundert, und deshalb
ist es besonders zu bedauern, dass er in seinen Briefen von
dem Eindruck schweigt, den ihm Hummel, als einer der vier
Clavier-Grössen jener Zeit — die andern waren Field, Kalkbrenner und Moscheles — hinterlassen hat. Alles was wir
von diesem Besuche Hummel's in Warschau hören, ist, dass er
und sein junger polnischer Kunstgenosse angenehme Beziehungen
zu einander gehabt haben. Den letzteren betreffend, könnte
dies zweifelhaft sein, da Chopin in seinen Briefen häufig von
Hummel spricht, jedoch seiner Gefühle für ihn mit keiner
Silbe erwähnt; was dagegen den älteren Meister anlangt, so
hat er durch häufige Erkundigungen nach Chopin, sowie durch
seine Besuche eine aufrichtige Theilnahme und Neigung für ihn
bewiesen.

Ebenso ist es zu bedauern, dass Chopin's Briefe nichts über
das Auftreten Paganini's in Warschau enthalten. Der merkwürdige Geiger, welcher auf Liszt einen so tiefen Eindruck gemacht
und seine Entwickelung so stark beeinflusst hat, muss auch auf
Chopin nachhaltig gewirkt haben. Dass dieser eine grosse Meinung
von Paganini hatte, geht aus späteren Aeusserungen hervor,
doch wünschte, man etwas über die ersten Eindrücke zu erfahren, die er von seinem Spiel gehabt. Paganini kam 1829,
nachdem er in Berlin gewesen war, nach Warschau, wurde hier
nicht weniger gefeiert als anderswo und empfing auch den üblichen Tribut an Beifall, Gold und Geschenken. Aus Oreste
Bruni's „Niccolò Paganini, celebre violinista Genovese" erfahren
wir, dass dem Künstler von seinen Warschauer Verehrern eine
goldene Schnupftabaksdose überreicht worden, mit der Inschrift „Al Cav. Niccolò Paganini. Gli ammiratori del suo talento.
Varsovia 19 Luglio 1829."

Einige Monate nach dieser Unterbrechung des von Chopin
ohne Zweifel als einförmig empfundenen Warschauer Lebens

machte er einen abermaligen Ausflug, welcher für ihn noch weit wichtiger werden sollte als der Berliner. Schon lange hatte ihn Wien als mächtiger Magnet angezogen; die Hindernisse einer Reise dorthin waren nun beseitigt und er sollte endlich die Musik-berühmte Stadt kennen lernen, in welcher Gluck, Haydn, Mozart, Beethoven, Schubert und so manche geringere, dennoch aber namhafte Künstler gelebt und gewirkt haben.

Siebentes Capitel.

1829.

Reise über Krakau und Ojców nach Wien. — Dortiger mehrwöchentlicher Aufenthalt und zweimaliges öffentliches Auftreten. — Rückkehr nach Warschau über Prag, Dresden und Breslau.

s war um die Mitte des Juli 1829, als Chopin in Begleitung seiner Freunde Celiński, Hube und Franz Maciejowski die Reise nach Wien antrat. Sie hielten sich eine Woche in der alten Hauptstadt der Republik Polen auf, in dem vielthürmigen, malerisch gelegenen Krakau. Die Stadt und ihre Umgebung, beide reich an profanen und kirchlichen Bauten von historischem wie architektonischem Werth, nahmen ihre ganze Aufmerksamkeit in Anspruch. Wiewohl über diesen Aufenthalt keine näheren Nachrichten vorliegen, so dürfen wir doch mit Sicherheit annehmen, dass Chopin's Vaterlandsliebe ihn antrieb, den Spuren der einstigen Macht und Grösse seiner Nation mit Eifer nachzuforschen. Vor allem fesselten seine Aufmerksamkeit das stolze, leider zu einer Kaserne für die österreichischen Soldaten herabgewürdigte Königsschloss; der gewaltige, ernste Dom mit seinen, ein Gesammtbild der polnischen Geschichte darstellenden Königsgräben; das im vierzehnten Jahrhundert errichtete Rathhaus; das mit Thürmen verzierte St. Floriansthor; endlich der auf dem Berge Bronisława zur Erinnerung an Kościuszko von seinen dankbaren Landsleuten errichtete Gedächtnisshügel, von welchem

ein Franzose gesagt hat: „Voici une éloquence toute nouvelle:
un peuple qui ne peut s'exprimer par la parole ou par les livres,
et qui parle par des montagnes." An einem Sonntag Nachmittag, wahrscheinlich am 24. Juli, verliess die Gesellschaft
Krakau und erreichte nach rascher Fahrt auf einem ländlichen
Fuhrwerk Ojzów. Man stieg nicht im Orte selbst ab, sondern
in einem, eine Meile abseits von der Landstrasse gelegenen,
in der Touristenwelt wohl renommirten Gasthause. Dies führte
zu einem kleinen Abenteuer, denn bei der Unbekanntschaft des
Fuhrmanns mit den Nebenwegen gelangte man in ein Gewässer,
„so silberklar wie im Feenmärchen" und rechts und links von
Felsen umgeben, so dass es unmöglich schien, aus diesem Labyrinth den · Ausweg zu finden. Erst um neun Uhr Abends und
unter Führung zweier Landleute erreichten die Reisenden ihr
Nachtquartier, das Indyk'sche Gasthaus, in welchem die polnische Schriftstellerin Clementina Tańska, die in einem ihrer
Werke diese Gegend beschrieben hat, einst gewohnt hatte —
eine von Chopin seiner Schwester Isabella und seinem Freunde
Titus pflichtschuldigst berichtete Thatsache. Müde und bis zu
den Knieen durchnässt, war es seine erste Sorge, einer Erkäl-
tung vorzubeugen, zu welchem Zwecke er eine doppelt-gestrickte,
wollene Krakauer Nachtmütze kaufte, sie in zwei Stücke schnitt,
und seine Füsse darin einwickelte. Dann setzte er sich an's
Feuer, trank ein Glas Rothwein, und schlief, nachdem er seine
Lagerstätte aufgesucht, den Schlaf des Gerechten. So endete
dies Abenteuer, allem Anschein nach ohne nachtheilige Folgen
für seine Gesundheit. Die landschaftlichen Schönheiten der
Gegend, in welcher sich Chopin jetzt befand, haben ihr den
Beinamen der polnischen Schweiz verschafft. Ihre Hauptsehens-
würdigkeiten sind die schwarze Grotte, in welcher sich während
der blutigen Kriege gegen die Türken und Tartaren Weiber
und Kinder zu verstecken pflegten; die Königsgrotte, in welcher
um das Jahr 1300 König Władisław Łokietek auf seiner Flucht
vor dem Usurpator Wenceslaus von Böhmen Schutz suchte;
endlich die malerisch gelegene, einst von dickem Walde um-
gebene Ruine des Schlosses Ojzów. Nachdem die Schönheiten
der polnischen Schweiz reichlich genossen waren, setzte Chopin
seine Reise fort und erreichte nach genussreicher Fahrt durch
Galizien, Oberschlesien und Mähren am 31. Juli Wien.

Chopin's Briefe melden wenig von den Sehenswürdigkeiten der österreichischen Hauptstadt, enthalten aber dafür eine Fülle von Mittheilungen, welche uns weit mehr interessiren. Von den selbstverständlich zahlreichen Empfehlungsschreiben, die er mit sich führte, war der von Elsner an den Verleger Haslinger der erste, welchen er abgab. Haslinger, dem Chopin schon vor geraumer Zeit einige seiner Compositionen gesandt hatte, die indessen noch nicht veröffentlicht waren, nahm den Schüler Elsner's mit einer ihn fast in Verlegenheit setzenden Höflichkeit auf, und, sich der erwähnten Manuscripte sofort erinnernd, theilte er seinem Gaste mit, dass eines derselben, die Variationen über *Là ci darem la mano*, binnen Kurzem in der Sammlung „Odeon" erscheinen würde. „Eine grosse Ehre für mich, nicht wahr!" schreibt der glückliche Componist seinem Freunde Titus. Als indessen der liebenswürdige Verleger die Meinung äusserte, dass Chopin gut thun werde, dem Wiener Publicum zu zeigen, wie seine keineswegs leichtverständliche Composition auszuführen sei, wollte der Componist darauf zunächst nicht eingehen; einmal schreckte ihn der Gedanke, in einer Stadt als Virtuose aufzutreten, wo man Mozart und Beethoven hatte spielen hören, und dann hatte er volle vierzehn Tage lang kein Clavier berührt. Selbst das vermochte den jungen Virtuosen nicht aufzurütteln, dass Haslinger ihn dem gerade anwesenden Grafen Gallenberg als einen Feigling vorstellte, der nicht den Muth habe, vor das Wiener Publicum zu treten. Chopin lehnte sogar dankend ab, als der Graf, in welchem der Leser ohne Zweifel den einst berühmten Balletcomponisten und den Gatten der von Beethoven leidenschaftlich geliebten Gräfin Giulia Guicciardi erkannt haben wird, ihm das unter seiner Leitung stehende Kärnthnerthor-Theater zu einem Concert zur Verfügung stellte. Uebrigens waren Haslinger und Gallenberg nicht die Einzigen, welche ihn drängten, sich in Wien öffentlich hören zu lassen. Bei einem Mittagsmahl im Hause des polnischen Grafen Hussarzewski, einem würdigen alten Herrn, der das Spiel seines jungen Landsmannes sehr bewunderte, wurde Chopin von allen, sämmtlich den vornehmsten Kreisen Wiens angehörenden Gästen aufgefordert, ein Concert zu geben. Der Journalist Blahetka, bekannt als Vater seiner durch ihr Clavierspiel berühmt gewordenen Tochter, liess es an ermuthigendem Zureden nicht fehlen; und Capellmeister

Würfel, der sich schon in Warschau für Chopin lebhaft interessirt
hätte, behauptete kurz und gut, er sei sich selbst, seinen Eltern
und seinen Lehrern schuldig, öffentlich aufzutreten, wobei, wie
er hinzufügte, noch ein äusserer Grund in Betracht komme, der
nämlich, dass kein Componist von seinen Werken reden machen
könne, wenn er sie nicht selbst vortrage. Alle, mit welchen er
in der Folge bekannt wurde, theilten diese Meinung und versicherten ihm, dass die musikalische Kritik sich nur vortheilhaft
über ihn äussern werde.

Endlich liess sich Chopin überreden, Würfel übernahm das
Arrangement des Concertes und schon am nächsten Morgen kün-
digten die Anschlagszettel dem Wiener Publicum das bevorstehende
Ereigniss an. Im Postscript eines langen, unzusammenhängenden
Briefes an die Seinen schreibt Chopin: „Ich habe es mir überlegt.
Blahetka versichert mich, dass ich Furore machen werde, und
nennt mich einen Künstler ersten Ranges, würdig neben Moscheles,
Herz und Kalkbrenner genannt zu werden." Die Richtigkeit dieser
Behauptung in Frage zu stellen, scheint unserm Freunde nicht in
den Sinn gekommen zu sein; wir werden sehen, dass, wenn er
auch gelegentlich seinen Fähigkeiten misstraute, er sich doch im
Grunde seines Werthes wohl bewusst war — womit jedoch keineswegs ein Tadel ausgesprochen sein soll, denn ein gewisses Maass
von Selbstachtung und Selbstvertrauen ist nicht nur nicht tadelns-
werth, sondern sogar nothwendig, um in der Welt etwas zu erreichen. Dass unser Freund seine kleinen Schwächen hatte, soll
nicht geleugnet werden — es dürfte kaum gelingen, ihn von
dem Verdacht der Eitelkeit, freilich einer sehr harmlosen, zu
reinigen. „Alle Journalisten" schreibt er an die Seinen „machen
grosse Augen, wenn ich erscheine, und die Orchestermusiker
grüssen mich respectvoll, weil sie mich mit dem Director der italienischen Oper Arm in Arm gehen sehen." Zwei Clavierfabrikanten — drei, sagt Chopin an anderer Stelle — · boten ihm ein
Instrument an; er lehnte indessen ihr Anerbieten ab, theils weil er
zu beschränkt wohnte, theils weil ihm die Zeit (nur zwei Tage)
bis zum Concert zu kurz schien, um noch technische Studien zu
beginnen. Sowohl Stein wie Graff waren sehr zuvorkommend
gegen ihn; da ihm aber die Instrumente des Letzteren besonders
zusagten, so wählte er ein solches für sein Concert, und suchte
den Ersteren durch einige verbindliche Worte zu beschwichtigen.

7*

Chopin's erstes Auftreten in Wien fand am 11. August 1829 im Kärnthnerthor-Theater statt. Das Programm des Abends enthielt Beethoven's Ouvertüre zu „Prometheus", Arien von Rossini und Vaccai, vorgetragen von der königlich sächsischen Kammersängerin Fräulein Veltheim; Chopin's Variationen über „Là ci darem la mano" und *Krakowiak, rondeau de concert* (beide mit Orchester-Begleitung), statt welches letzteren Stückes er eine Improvisation gab; endlich ein kurzes Ballet. Chopin berichtet darüber am 12. August 1829 an seine Familie: „Gestern, also Dienstag um 7 Uhr Abends debütirte ich im kaiserlichen Opernhause vor dem Wiener Publicum. Solche Abend-Concerte im Theater heissen hier ‚musikalische Academien'. Da ich kein Honorar beansprucht habe, so sorgte Graf Gallenberg dafür, dass sich mein Auftreten nicht verzögerte." Und in einem Briefe an Titus Woyciechowski vom 12. September 1829 sagt er: „Der Anblick des Wiener Publicums brachte mich durchaus nicht aus der Fassung, und ich setzte mich, vielleicht etwas bleich aussehend, an ein wundervolles Graff'sches Instrument, augenblicklich wohl das beste in ganz Wien. Neben mir hatte ich einen geschminkten jungen Mann, der mir bei den Variationen die Blätter umwandte und sich rühmte, einen ähnlichen Dienst an Moscheles, Hummel und Herz erwiesen zu haben. Glaube mir, wenn ich Dir sage, dass ich beim Spielen in einem Zustand von Desperation war; gleichwohl hatten die Variationen solchen Erfolg, dass ich mehrmals gerufen wurde. Fräulein Veltheim sang sehr schön. Von meiner Improvisation weiss ich nur, dass sie von stürmischem Beifall und zahlreichen Hervorrufen gefolgt war."

Auf sein bleiches Aussehen und den „Zustand der Desperation" werden wir noch zurückkommen. Zunächst sehen wir, dass Chopin über seinen Erfolg erfreut, ja entzückt war; man hatte ihn bei seinem ersten Erscheinen mit einem freundlichen „Bravo" bewillkommnet, und dies süsse Wort wurde nach jeder Variation so eindringlich wiederholt, dass die Zwischenspiele des Orchesters für ihn selbst kaum zu hören waren. Am Schlusse dieser Nummer wurde er zweimal gerufen. Die Improvisation über ein Thema aus der „Weissen Dame" und das polnische Volkslied „Chmiel", welche er an Stelle des *Krakowiak* vorgetragen, befriedigte ihn selbst zwar wenig, hatte jedoch den Zuhörern gefallen, ja, wie Chopin sagt, sie elektrisirt. Graf Gallen-

berg lobte und empfahl seine Compositionen, und Graf Dietrichstein, der dem Kaiser nahe stand, ging zu ihm auf die Bühne,
unterhielt sich längere Zeit mit ihm in französischer Sprache,
machte ihm wegen seines Spieles Complimente und forderte ihn
auf, seinen Aufenthalt in Wien zu verlängern. Die einzige abfällige Kritik, welche seine an verschiedenen Stellen des Theaters
postirten Freunde vernommen hatten, war die Bemerkung einer
Dame: „Schade, dass der junge Mensch nicht eine bessere Tour-
nüre hat." Im Uebrigen ging die Sache doch nicht so ganz
glatt ab. „Die Orchester-Mitglieder" schreibt Chopin an Titus
Woyciechowski „machten in der Probe saure Gesichter; was sie
am Meisten verdross, war, dass ich mit einer neuen Composition zu debütiren wünschte. Ich begann mit den Dir gewidmeten Variationen und wollte dann das *Rondo Krakowiak* probiren. Durch die ersteren schlugen wir uns leidlich durch; das
Rondo dagegen ging so schlecht, dass wir zweimal wieder von
vorn anfangen mussten, wofür die mangelhaft geschriebenen
Orchesterstimmen verantwortlich gemacht wurden; ich hatte die
Zahlen unter die Pausen geschrieben, während die Wiener
Musiker gewöhnt sind, sie oben zu sehen. Kurz, diese Herren
machten Gesichter, dass ich nicht übel Lust hatte, mich für
den Abend krank zu melden. Demar, der Theaterdirector,
merkte bald, dass die Orchestermitglieder, die übrigens auch
Würfel nicht lieben, schlecht aufgelegt waren. Dieser wollte
selbst dirigiren, aber das Orchester weigerte sich (aus einer mir
unbekannten Thatsache), unter ihm zu spielen. Demar rieth
mir, zu improvisiren, welcher Rath das Orchester sichtlich überraschte. Ich war durch diese Vorgänge so irritirt, dass ich aus
purem Aerger darauf einging; und wer weiss, ob nicht der
grosse Erfolg meines Spiels auf Rechnung meiner Verstimmung
und abnormen Verfassung zu schreiben ist."

Wenn Chopin kurzhin die schlecht geschriebenen Stimmen
als den Grund für das Murren des Orchesters angiebt, so scheint
dasselbe thatsächlich noch ernstere Ursachen zum Missvergnügen
gehabt zu haben. Er selbst berichtet, dass sein Landsmann
Nidecki, der ihm sehr freundlich gesinnt war und an seinem
Erfolg herzlichen Antheil nahm, die Orchesterstimmen des Rondo
nach der Probe nachgesehen und corrigirt habe. Das Corri-
giren seiner Manuscripte ist niemals Chopin's starke Seite ge-

wesen. Noch eine andere seiner Aeusserungen über diese Angelegenheit lässt schliessen, dass ihm das Orchester nicht von
Hause aus feindselig gesinnt war: „Die Orchester-Mitglieder
fluchten über meine schlecht geschriebenen Noten und waren
nichts weniger als günstig für mich disponirt, bis ich zu improvisiren begann; als ich geendet, stimmten sie in den Beifall des
Publicums mit ein, woraus ich schliessen durfte, dass sie mir
wohlgesinnt seien. Ob dies auch bei den übrigen Mitwirkenden
der Fall gewesen, kann ich noch nicht wissen; was aber sollten
sie gegen mich haben? Sie mussten doch sehen, dass ich nicht
um materiellen Vortheils willen spiele.“

Nach einem solchen Erfolg liess sich Chopin natürlich leicht
zu einem zweiten Auftreten überreden — *ce n'est que le premier
pas qui coûte* — von einem dritten wollte er nichts wissen.
Demnach trat er am 18. August noch einmal im Kärnthnerthor-
Theater auf, und zwar spielte er auch diesmal ohne Honorar,
nur um den Grafen Gallenberg zu verpflichten, mit dessen Finanz-
Verhältnissen es in der That misslich stand. Bei dieser Gelegenheit gelang es Chopin, den Krakowiak heraus zu bringen,
ausserdem spielte er, auf den Wunsch verschiedener Damen,
noch einmal die Variationen. Zwei weitere Nummern des Programms waren Lindpaintner's Ouvertüre zum „Bergkönig“ und
eine Polonaise von Mayseder, vorgetragen von Joseph Khayl,
einem sehr jugendlichen Schüler Jansa's. „Das Rondo“ schreibt
Chopin „machte mir besondere Freude, weil Gyrowetz, Lachner
und andere Meister, ja sogar das Orchester, derart entzückt
waren — verzeihe das kühne Wort! — dass sie mich zweimal
hervorriefen.“ Noch gesprächiger lässt er sich in einem andern
Briefe über diesen Abend aus: „Wenn mich das Publicum schon
bei meinem ersten Auftreten freundlich empfing, so war dies in
noch höherem Grade gestern der Fall. Als ich die Bühne betrat, wurde ich mit einem zweimal wiederholten, langdauernden
Bravo begrüsst. Das Publicum war zahlreicher erschienen als
zum ersten Concert. Der *Financier* des Theaters, Baron . . .
(ich habe seinen Namen vergessen), dankte mir für die *Recette*
und behauptete, der gute Besuch des Theaters komme nicht auf
Rechnung des Ballets, welches schon häufig aufgeführt sei. Mit
meinem Rondo habe ich mir die Gunst aller Musiker erworben —
vom Capellmeister Lachner bis zum Clavierstimmer loben es alle.“

Die Presse äusserte sich nicht weniger wohlwollend als das Publicum. Den ausführlichsten Bericht über Chopin's Spiel und Compositionen, sowie über den Eindruck, den sie bei dieser Gelegenheit hinterlassen, fand ich beim Durchblättern der „Wiener Theaterzeitung". Chopin erwähnt diesen Bericht ankündigungsweise in einem Brief an seine Eltern vom 19. August, nachdem er dem Redacteur Bäuerle einen Besuch gemacht und von ihm die Versicherung erhalten hatte, dass eine Besprechung des Concerts baldigst in seinem Blatte erscheinen werde. Theils aus Neugier, theils um den Seinigen zu beweisen, dass er seinen Erfolg nicht übertrieben habe, abonnirte er sich auf das genannte Blatt und liess es nach Warschau gehen. Die Besprechung ist ziemlich lang ausgefallen; da es sich aber um ein so hochwichtiges Ereigniss in Chopin's Leben handelt, wie sein erster Schritt in die grosse musikalische Welt es war, so möge sie *in extenso* folgen. In ihrer Nummer vom 20. August 1829 schreibt die „Wiener Theaterzeitung":

„[Chopin] überraschte, da man nicht bloss ein schönes, sondern wirklich ein sehr ausgezeichnetes Talent in ihm entdeckte, dem man sowohl wegen der Eigenthumlichkeit seines Spieles, als seiner Composition, fast schon ein wenig Genialität beilegen dürfte, wenigstens in dem Sinne abweichender Formen, und hervorspringender Individualität.

„Sein Spiel hat, wie seine Composition, von der man in dieser Production freilich nur Variationen hörte, einen gewissen Charakter von Bescheidenheit, vermöge welcher dieser junge Mann es gar nicht darauf anzulegen scheint, brilliren zu wollen, obwohl sein Spiel Schwierigkeiten besiegte, deren Ueberwindung selbst hier, in der Heimath der Claviervirtuosen, auffallen musste, sondern der mit fast ironischer Naivetät sich einfallen lässt, ein grösseres Publicum mit Musik, als Musik unterhalten zu wollen. Und siehe da! es gelang ihm; das unbefangene Publicum lohnte mit reichem Beifalle.

„Sein Anschlag, obwohl nett und sicher, hat wenig von dem Glanze, durch den sich unsere Virtuosen sogleich mit den ersten Takten als solche ankündigen, er markirt nur schwach, wie ein Conversirender in einer Gesellschaft gescheidter Leute, nicht mit jenem rhetorischen *aplomb*, der bei den Virtuosen für unerlässlich gehalten wird. Er spielt ganz ruhig weg, ohne den kühnen Aufschwung, der den Künstler sonst sogleich von dem Dilettanten unterscheidet, und dennoch erkannte unser zartfühlendes und feinsinniges Publicum in dem fremden, noch unberühmten Jünglinge sogleich den wahren Künstler, und dieser Abend gab dem unbefangenen Beobachter das angenehme Schauspiel eines Publicums, das als moralische Person betrachtet, sich als Virtuose im Auffassen und Würdigen einer keineswegs pomphaften und dennoch höchst edlen und erfreulichen Kunstleistung, sich als ein wahrer Kenner zeigte.

„Der junge Mann hat in seinem Spiel Fehler bemerken lassen, worunter

vielleicht vorzüglich die Nichtbeachtung der Ankündigung beginnender musikalischer Constructionen durch den Accent herauszuheben wäre, und dennoch wurde
er als ein Künstler erkannt, von dem man sich das Vorzüglichste versprechen
kann, wenn er erst mehr und vielerlei gehört haben wird . . . So wie er im
Spiele als ein frei dastehender, schöner, junger Baum voll duftiger Blüthen und
reifender Früchte sich zeigte, so entwickelte er eben so viele würdige Eigenthümlichkeit in seiner Composition, in der neue Figuren, neue Passagen, neue
Formen, in der Introduction, in der ersten, zweiten und vierten Variation, und
in der Gestaltung des Mozart'schen Thema's zur schliessenden Polacca sich entwickelten. In seiner Unbefangenheit liess der junge Virtuos es sich eingehen,
zum Schlusse des Concertes mit einer freien Phantasie vor unserem Publicum
aufzutreten, vor dem ausser Beethoven und Hummel noch wenig Improvisatoren
Gnade gefunden haben. Wenn der junge Mann durch mehrfachen Wechsel der
Themata es vorzüglich auf Amüsement angelegt hatte, so war der ruhige Fluss
der Gedanken, die sichere Verbindung derselben, und die reine Durchführung
dennoch genügender Beweis von seiner Fähigkeit für diese seltene Gabe. Herr
Chopin machte heute einem kleinen Publicum so viel Vergnügen, dass man
wirklich wünschen muss, er möchte vielleicht bei einem nochmaligen Auftreten
vor einem grösseren sich hören lassen . . ."

Der Bericht der „Wiener Theaterzeitung" über das zweite Concert (vom 1. September 1829) ist weniger ausführlich, aber nicht
weniger schmeichelhaft für Chopin. Dort heisst es u. a.: „Er ist
ein junger Mann, der auf eigenthümlichem Wege geht, auf diesem
Weg zu gefallen weiss, obwohl seine Art und Weise in Spiel wie in
Schreibart von der gewöhnlichen Concertisten-Form bedeutend abweicht, und zwar zumal hierin, dass das Streben: Musik zu machen,
dem Streben: zu gefallen bei ihm auf eine merkliche Weise vor-
herrscht. Herr Chopin gefiel auch heute allgemein." Bei dem enthusiastischen Ton dieser Kritik könnte man ihre Zuverlässigkeit
anzweifeln, hätten sich nicht andere Wiener Blätter in ähnlicher
Weise ausgesprochen. So schreibt z. B. „Der Sammler": „Wir lernten in Herrn Chopin einen der ausgezeichnetsten Clavierspieler
kennen, voll Zartheit und tiefster Empfindung." Die Wiener
„Zeitschrift für Kunst, Literatur, Theater und Mode" schreibt am
22. August 1829 bezüglich des ersten Concerts über Chopin: „Er
executirt die grössten Schwierigkeiten mit Accuratesse und Prä-
cision, und führt alle Passagen mit Reinheit aus. Der Beifall, den
man diesem geschickten Künstler zollte, war sehr gross; besonders
aber sprach das Concertstück mit Orchesterbegleitung [die Varia-
tionen] an." In ihrem Bericht über das zweite Concert (vom
29. August) aber lesen wir: „Herr Friedrich Chopin trug ein
neues Rondeau für das Fortepiano mit Orchesterbegleitung von

seiner Composition vor. Dies Tonstück ist durchaus im chromatischen Style gehalten, erhebt sich wenig zu Freundlichkeit, hat aber Momente, die sich durch Tiefe und gedankenvolle Verwebung auszeichnen. Im Ganzen scheint ihm etwas mehr Mannigfaltigkeit zu fehlen. Der Meister zeigte seine Gewandtheit als Clavierspieler darin vollkommen, und besiegte die grössten Schwierigkeiten mit Glück. Eine längere Anwesenheit in Wien dürfte seinem Anschlage sowohl, als auch seinem Zusammenspielen mit dem Orchester von Nutzen sein. Er erhielt reichlichen Beifall und wurde wiederholt gerufen . . . Zum Schlusse spielte Herr Chopin heute noch die Variationen über ein Thema Mozart's, welche er schon in seinem ersten Concerte mit so viel Bravour und Glück vorgetragen hatte. Die freundliche und doch gehaltvolle Mannigfaltigkeit dieses Tonstückes, so wie das schöne, gelungene Spiel erwarben dem Clavierspieler auch heute wieder lauten Beifall. Kenner und Liebhaber gaben ihm ihre Anerkennung seines kunstfertigen Spiels froh und laut zu erkennen. Dieser junge Mann . . . . . zeigt ein ernstes Streben in seiner Composition, das Orchester durch interessante Verbindung mit dem Fortepiano zu verweben." Zum Schlusse sei noch ein Fachblatt citirt, die „Allgemeine musikalische Zeitung" (No. 46, vom 18. November 1829), deren Bericht, wahrscheinlich aus der Feder jenes verkommenen Genies, F. A. Kanne, lautet: „Herr Chopin, Pianist aus Warschau, dem Vernehmen nach Würfel's Schüler [ein unbegründetes Gerücht], führte sich als Meister vom ersten Range ein. Die ausgezeichnete Zartheit seines Anschlags, eine unbeschreibliche mechanische Fertigkeit, sein vollendetes, der tiefsten Empfindung abgelauschtes Nuanciren, Tragen und Schwellen der Töne, des Vortrags so seltene Klarheit und seine durch hohe Genialität gestempelten Erzeugnisse — Bravour-Variationen, Rondeau, freie Phantasie — geben den von der Natur so freigebig bedachten, selbstkräftigen Virtuosen zu erkennen, der, ohne vorher gegangenes Ausposaunen, als eines der leuchtendsten Meteore am musikalischen Horizonte erscheint."

Freilich fehlte nicht der Wermuthstropfen in dem Freudenkelche des Erfolges, wie aus der nachstehenden Bemerkung Chopin's zu ersehen ist: „Ich weiss, dass ich den Damen und den Musikern gefallen habe. Gyrowetz, der neben Celiński sass, machte einen gewaltigen Lärm und rief ‚Bravo' so laut er konnte. Nur die

Stock-Deutschen scheinen nicht ganz zufrieden gewesen zu sein."
Und was veranlasste ihn zu diesem Ausfall gegen die Deutschen,
von denen er noch kurz zuvor behauptet hatte, sie hätten seine
Improvisation zu würdigen gewusst und ihm den meisten Beifall
gezollt? Einfach dies: ein Herr, der nach dem zweiten Concert
in das Gastzimmer von Chopin's Hotel gekommen war, hatte
auf die Frage, wie es ihm gefallen habe, die lakonische Antwort
gegeben: „Das Ballet war sehr hübsch", weitere Fragen aber
unbeantwortet gelassen, da er wahrscheinlich inzwischen die Anwesenheit des Concertgebers bemerkt hatte. *Hinc ille lacrimae.*
Der empfindliche Künstler fühlte sich in der That durch diesen
Zwischenfall so unangenehm berührt, dass er das Zimmer verliess und schlafen ging, damit, wie er behauptete, jener Herr
nicht gehindert sei, sein Herz auszuschütten. Was man hauptsächlich gegen sein Spiel einzuwenden hatte, war, dass es zu
sanft, zu delicat sei. Chopin selbst bestätigt, dass das Urtheil
in diesem Punkte einstimmig gewesen ist, aber er fügt in echt
künstlerischer, oder vielleicht richtiger gesagt, in echt mensch-
licher Reizbarkeit, hinzu: „Man ist an das Trommeln der hiesigen Claviervirtuosen gewöhnt. Ich fürchte, die Zeitungen werden mir denselben Vorwurf machen, zumal die Tochter eines
der Redacteure entsetzlich trommeln soll. Dies übrigens kann
mich nicht anfechten; da die Sache nicht zu ändern ist, so will
ich immer noch lieber wegen Zartheit als wegen Rohheit getadelt werden."

Als Graf Moritz Lichnowski, welchem Chopin von Würfel
vorgestellt war, nach dem ersten Concert hörte, dass er noch
einmal auftreten werde, bot er ihm für diese Gelegenheit sein
Clavier an, in der Meinung, das früher von ihm benutzte Instrument sei Schuld gewesen an der Schwäche seines Tones.
Chopin belehrte ihn eines Bessern: „Das ist meine Art zu spielen, welche den Damen so sehr gefällt." Er war eben schon
damals und wurde mit der Zeit noch mehr und mehr der Damen-
Pianist *par excellence,* womit indessen nicht gesagt sein soll, dass
er den Männern nicht auch gefallen habe, sondern nur, dass er,
wie kein anderer Pianist, die Fähigkeit besessen, die zartesten
Saiten des weiblichen Gemüths in Schwingung zu versetzen.
Eine hochgradige Verfeinerung des musikalischen Denkens und
Empfindens, vereint mit dichterischer Anlage, sind in der That

wesentliche Bedingungen, um Chopin's Compositionen und Spielart zu würdigen; deshalb ist seine Bemerkung, dass er die gebildeten und poetischen Naturen zu fesseln gewusst habe, bezüglich seines Wiener Erfolges ohne Zweifel richtig, zugleich
aber ist sie bezeichnend für seine ganze spätere Künstlerlaufbahn.

Während der zwanzig Tage, die Chopin in Wien zubrachte,
entfaltete er eine ungemeine Thätigkeit; stets war er beschäftigt,
jeden Moment benutzte er. Seine eigenen Concertleistungen
machten ihn keineswegs gleichgiltig gegen die seiner Collegen:
er hörte zweimal den Violinisten Mayseder, sowie im Theater
Boieldieu's „Weisse Dame“, Rossini's „Cenerentola“, Meyerbeer's
„Kreuzfahrer in Egypten“, und andere Opern. Er besuchte
ferner die Gemäldegallerie sowie das Museum für Alterthümer,
gab seine Empfehlungsbriefe ab, machte Bekanntschaften, folgte
den Einladungen von Grafen und Gräfinnen etc. Wohin Chopin
geht, wir finden ihn immer in aristokratischen und in polnischen
Kreisen. „Jedermann behauptet“ schreibt er „dass ich dem hiesigen Adel ausserordentlich gefallen habe. Die Schwarzenberg's,
Wobna's etc. äusserten sich ganz entzückt über die Zartheit
und Eleganz meines Spieles. Als weiteren Beweis betrachte ich
den Besuch, den mir Graf Dietrichstein auf der Bühne gemacht
hat.“ Wiederholt suchte Chopin den „würdigen alten Herrn“
Grafen Hussarzewski und seine „würdige Gattin“ auf; einmal
speiste er auch bei ihnen, und bei seinem Abschiedsbesuch
luden sie ihn wieder zum Mittagessen ein. Bei der Gräfin
Lichnowska und ihrer Tochter war er zwei Tage nach seinem
ersten Concert zum Thee; beide Damen waren ungemein erfreut
zu hören, dass er ein zweites Concert geben wolle, baten ihn,
sie auf seiner Reise von Wien nach Paris zu besuchen, und
versprachen ihm einen Empfehlungsbrief an eine Schwester des
Grafen. Dies war der Graf Moritz Lichnowski, der Freund
Beethoven's, welcher ihm seine Variationen Opus 35 und die
Sonate Opus 90 gewidmet hat, letzere ein Spiegel der freud-
und leidvollen Liebe des Grafen zu der Sängerin Fräulein
Strammer, die später seine Gattin wurde und als Gräfin Lichnowska Chopin bei sich empfing[1]). Unter Chopin's Empfehlungs-

---

[1]) Graf Moritz Lichnowski ist nicht zu verwechseln mit seinem älteren
Bruder, Fürst Carl Lichnowski (gestorben 1814), dem Schüler und Freund Mozart's,
dem Beschützer Beethoven's, der ihm sein Op. 1 gewidmet hat.

briefen war auch einer an Schuppanzigh, dessen Name in der
Musikgeschichte von denen Beethoven's und Lichnowski's unzertrennlich ist. Die berühmten Streichquartett-Abende dieses Geigers waren zwar für diese Saison schon beschlossen, doch versprach er Chopin, wenn irgend möglich, noch vor dessen Abreise
von Wien für ihn eine Extra-Sitzung zu veranstalten.

Niemandem aber von allen seinen Wiener Bekannten fühlte
sich Chopin mehr verpflichtet, als seinem alten, stets dienst-
fertigen Freunde Würfel, der ihn überall leitete und nach jeder
Richtung hin förderte, ihn namentlich auch mit dem ganzen
Kreise seiner einflussreichen Bekannten, unter ihnen die Grafen
Gallenberg und Lichnowski sowie der Capellmeister Seyfried,
in persönliche Berührung brachte. Besonders angenehme Bekanntschaften waren für Chopin: Gyrowetz, der Autor des Cla-
vierconcerts, mit welchem er als neunjähriger Knabe in Warschau debütirt hatte, ein achtbarer Künstler, der, wie schon
erwähnt, das Missgeschick gehabt, sich selbst überlebt zu haben;
ferner Seyfried, ein sehr fruchtbarer aber wenig origineller Componist, heute fast nur noch bekannt als Herausgeber der Albrechts-
berger'schen Compositions-Lehrbücher und der Studien Beethoven's; Conradin Kreutzer, der sich schon damals als Clarinetten-
und Claviervirtuose sowie als Dirigent und Componist einen
Namen gemacht, sein „Nachtlager in Granada" aber noch nicht geschrieben hatte; Franz Lachner, einst der Freund Franz Schubert's,
zu jener Zeit ein junger, thatkräftiger Dirigent und angehender
Componist, heute einer der verehrtesten Kunstveteranen Deutschlands. Mit Schuppanzigh's Schüler Mayseder, wegen seines
saubern, höchst graziösen und und eleganten, freilich auch etwas
kühlen Spiels der beliebteste unter allen damaligen Violinisten
Wien's, hatte Chopin eine lange Unterhaltung. Die einzige, in
Chopin's Briefen enthaltene kritische Bemerkung über die Musiker, mit denen er in Wien in Berührung gekommen, bezieht
sich auf Czerny, zu dem er in ein freundschaftliches Verhältniss
trat und mit dem er mehrmals Duos für zwei Claviere spielte.
Von ihm schreibt Chopin: „Er ist ein guter Kerl, weiter aber
auch nichts", und, nachdem er ihm seinen Abschiedsbesuch gemacht, schreibt er: „Czerny war wärmer als alle seine Compositionen." Uebrigens rekrutirten sich Chopin's musikalische
Bekanntschaften nicht allein aus dem starken Geschlecht; eine

derselben wenigstens gehörte der schöneren und besseren Hälfte
der Menschheit an, eine gescheidte, niedliche, noch nicht zwan-
zigjährige Pianistin und Componistin, welche sein Interesse für
sie erwiederte (nach Chopin's etwas selbstgefälliger Darstellung
wäre er es gewesen, der ihr Interesse erwiederte) — dies war
Leopoldine Blahetka.

Im Ganzen verbrachte Chopin seine Zeit in Wien auf ebenso
angenehme wie nützliche Weise; dies bestätigt seine Aeusserung am Tage vor der Abreise: „Mit meiner hiesigen Popularität geht es *crescendo*, und das macht mir grosse Freude."
Den Tag zuvor hatte Schuppanzigh ihm gesagt, da er nur so
kurze Zeit in Wien gewesen sei, müsse er bald wiederkommen;
und auf Chopin's Antwort, er wünsche zurückzukehren, um sich
in Wien künstlerisch weiter zu bilden, hatten die Umstehenden
gemeint, zu diesem Zwecke brauche er nicht wiederzukommen,
da er nichts mehr zu lernen habe. Wiewohl Chopin die Oberflächlichkeit dieses Compliments empfand, so macht er doch
kein Hehl daraus, dass es ihn erfreut habe, mithin scheint es
doch für ihn etwas mehr gewesen zu sein, als eine blosse Luft-
erschütterung. „Niemand" schreibt er triumphirend „betrachtet
mich hier als einen Schüler." Wirklich hatte ihn die Aufnahme,
die er in Wien gefunden, völlig überrascht: „Die Leute bewundern mich" schreibt er kurz nach seiner Ankunft „und ich bewundere sie, dass sie mich bewundern." Es war ihm unbegreif-
lich, dass in einer so musikalisch-berühmten Stadt irgend Jemand
es bedauern könne, wenn er ohne ein Concert zu geben abreiste. Die von allen Seiten auf ihn einstürmenden Complimente
und Beifallsbezeugungen, vereint mit den massenhaften Erlebnissen, Erfahrungen und neuen Ideen, hätten so manchen andern
jungen Künstler schwindlich machen und bethören können;
Chopin machten sie Freude- und Aufregungs-trunken. Am Tage
nach seinem zweiten Concert meldet er den Seinen: „Ich hatte
wirklich die Absicht, über was Anderes zu schreiben, aber ich
kann die Erinnerung an den gestrigen Abend nicht los werden."
Sein Herz und Hirn waren eben bis zum Ueberlaufen voll von
wirren Gedanken und Erwartungen, die er nun *pêle-mêle* in seine
Berichterstattung an die Eltern ausschüttete. Der klare und
bündige Reisebericht, den er nach seiner Rückkehr nach Warschau seinem Freunde Woyciechowski abstattet, contrastirt auf-

fallend mit dem confusen und endlosen Flickwerk der Wiener
Briefe. Allerdings haben auch diese ihren besonderen Werth,
sofern sie seinen damaligen Gemüthszustand treffend schildern,
und man kann sie als eine Zusammenfassung von Anmerkungen
zu Chopin's Briefen an seine Eltern und an den genannten
Freund betrachten.

Endlich war der Tag der Abreise gekommen, der 19. August.
Den Vormittag verbrachte Chopin mit Abschiedsbesuchen; nachmittags sprach er, nachdem er eingepackt und verschiedene
Briefe geschrieben hatte, noch einmal bei Haslinger vor, der
ihm Aussicht machte, dass in etwa fünf Wochen die Variationen
erscheinen würden, und dann ging er in das dem Theater gegenüber liegende Caffeehaus, um Gyrowetz, Lachner, Kreutzer und
Andere zu treffen. Hier möge er selbst das Wort nehmen:
„Nach einem rührenden Abschied — und es war in der That
rührend, wie mir Fräulein Blahetka eine von ihr verfasste und
unterzeichnete Composition zum Andenken überreichte, und ihr
Vater mir Grüsse an Dich [Chopin's Vater] und die liebe Mutter
auftrugen nebst Glückwünschen, einen solchen Sohn zu haben;
wie der junge Stein [ein Mitglied der bekannten Clavierfabrikanten-
und Musiker-Familie] weinte, wie Schuppanzigh, Gyrowetz und
alle übrigen Collegen bewegt waren — nach diesem rührenden
Abschied also, und nachdem ich das Versprechen gegeben,
bald wiederzukommen, stieg ich in den Postwagen."

Es war um neun Uhr Abends, als Chopin und seine drei,
am Anfang des Capitels genannten Freunde, eine halbe Stunde
weit von Nidecki und einigen andern Polen begleitet, Wien verliessen und den Weg nach Böhmen einschlugen. Am 21. August
erreichten sie Prag, für dessen landschaftliche Schönheit und
historische Bedeutung sich Chopin in hohem Grade empfänglich
zeigte; er schreibt mit Bewunderung von der herrlichen Aussicht vom Hradschin, von der Burg und „dem majestätischen
Dom mit der Silber-Statue des heiligen Johannes und der mit
Amethysten und anderen kostbaren Steinen ausgelegten Wenzels-
capelle", von denen er noch eine genauere mündliche Beschreibung
zu geben verspricht. Sein Freund Maciejowski hatte einen
Empfehlungsbrief an den berühmten Philologen und Bibliothekar
des Nationalmuseums Wenzel Hanka, dem sich auch Chopin als
Pathe des Grafen Skarbek vorstellte. Beim Besuche des Museums

wurden sie, als persönliche Bekannte des Bibliothekars, aufgefordert, sich in's Fremdenbuch einzuschreiben; Maciejowski fügte seinem Namen noch vier, auf Hanka's Verdienste um die Wissenschaft bezügliche Verse im Mazurka-Rhythmus hinzu, die Chopin dann in Musik setzte. Dieser hatte aus Wien sechs Empfehlungsbriefe mitgebracht — einen von Blahetka und fünf von Würfel — an Pixis, an den Theaterdirector und andere Musiknotabilitäten der Stadt. Friedrich Pixis (1786—1842), der berühmte Violin-Virtuose, Lehrer am Conservatorium und Capellmeister am Theater, nahm Chopin auf's Freundlichste auf, setzte einige Lectionen aus, um länger mit ihm plaudern zu können, und lud ihn ein, am Nachmittag wiederzukommen, wo er August Alexander Klengel aus Dresden treffen werde, dessen Visitenkarte Chopin auf dem Tische hatte liegen sehen. An diesen bedeutenden Pianisten und berühmten Contrapunktisten hatte er auch ein Empfehlungsschreiben und war doppelt froh, ihm in Prag zu begegnen, weil er ihn, da Kessler im Begriff war nach Wien und Italien zu gehen, in Dresden verfehlt haben würde.

Die Begegnung der beiden Künstler fand auf der Treppe zu Pixis' Wohnung statt. „Ich hörte ihn zwei Stunden lang Fugen spielen;" schreibt Chopin „ich spielte nicht, da er mich nicht dazu aufforderte. Sein Spiel gefiel mir, aber ich gestehe, dass ich mehr erwartet hatte (dies, bitte, ganz unter uns)." An anderer Stelle schreibt er: „Von allen Musikern, die ich kennen gelernt habe, gefällt mir Klengel am Besten. Er spielte mir seine Fugen vor (die man eine Fortsetzung der Bach'schen nennen kann; es sind achtundvierzig und ebensoviele Canons). Welcher Unterschied zwischen ihm und Czerny!" Klengel's Hauptwerk, die „Canons et Fugues dans tous les tons majeurs et mineurs pour le piano, en deux parties" erschien erst 1854, zwei Jahre nach seinem Tode, obwohl er es schon Jahrzehnte zuvor vollendet hatte. Er führte das Manuscript auf allen seinen Reisen mit sich, hörte nicht auf, daran zu feilen und zu bessern, und hat so, man darf sagen, die Hälfte seines Lebens daran gearbeitet. Bei aller Ungleichheit der Charaktere und der Ziele vertrugen er und Chopin sich gut. Dieser besuchte Klengel bevor derselbe Prag verliess und blieb zwei Stunden bei ihm, während derer es ihnen keinen Augenblick an Unterhaltungsstoff mangelte. Klengel gab Chopin einen Empfehlungsbrief an

Morlacchi in Dresden, dessen Adresse lautete: *Al ornatissimo Signore Cavaliere Morlacchi, primo maestro della capella Reale*, und in welchem er bat, den Empfänger in das Dresdener Musikleben einzuführen. Welch einen günstigen Eindruck Klengel bei seinem jüngeren Kunstgenossen hinterlassen, ist noch aus folgenden Worten Chopin's zu schliessen: „Die Bekanntschaft mit ihm war mir sehr angenehm und ich schätze ihn weit höher als Czerny [1]); aber auch davon redet mit Niemandem, ihr Lieben." Wie hier, so zeigt sich Chopin's vorsichtige Natur auch darin, dass er sich weigerte, in Prag ein Concert zu geben, da er sich erinnerte, dass sogar Paganini dort kritisirt worden sei. Hier ist auch noch eine seiner Schwächen zu erwähnen, die er übrigens mit manchem andern Genie theilte: in einem Briefe, der von seinen Prager Erlebnissen handelt, erzählt er, dass er in ein falsches Schlafzimmer hineingerathen sei, und setzt hinzu: „Ihr wisst, ich bin manchmal etwas geistesabwesend."

Nach drei angenehm in Prag verbrachten Tagen machte sich das vierfache Freundes-Kleeblatt wieder auf den Weg, und zwar nach Teplitz, wo sie am selben Abend anlangten und den folgenden Tag blieben. Hier begegneten sie vielen Landsleuten, von deren einem, Louis Łempicki, Chopin in die Familie des Fürsten Clary eingeführt wurde, in dessen Schloss er einen Abend in hocharistokratischer Gesellschaft verbrachte. Unter den Gästen befand sich ein österreichischer Fürst, ein österreichischer und ein sächsischer General, ein Capitän der englischen Marine und verschiedene *Elégants*, welche Chopin für österreichische Prinzen oder Grafen hielt. Nach dem Thee wurde er von der Mutter der Fürstin, der Gräfin Chotek gebeten, etwas vorzutragen; er setzte sich sofort an's Clavier und forderte die Anwesenden auf, ihm ein Thema zur Improvisation zu geben. „Darauf hörte ich" erzählt er „die um den Tisch sitzenden Damen untereinander zischeln: ‚Un thème, un thème.' Drei

---

[1]) Die Verschiedenheit der Charaktere würde in einer für beide Theile unerfreulichen Art zu Tage getreten sein, wenn der vornehme und verwöhnte Chopin, wie Moritz Hauptmann, den bis zur Knickerigkeit sparsamen Klengel zum Reisegefährten gehabt hätte, der, um im Hotel das Trinkgeld zu sparen, seine Stiefeln für drei Bajocchi auf der Strasse putzen liess, und was ihm gefiel nach Scudi herrechnete. (Vgl. M. Hauptmann's Bericht über seinen „canonischen Reisegefährten" in seinen „Briefen an Franz Hauser" I. 64 ff.)

junge Fürstinnen beriethen sich und wendeten sich zuletzt an Herrn Fritsche, den Erzieher des einzigen Sohnes des Fürsten Clary, der mir mit Zustimmung aller Anwesenden sagte: ‚Das Hauptthema aus Rossini's Moses'. Ich improvisirte darüber und hatte, wie es schien, guten Erfolg, denn General Leiser [der sächsische General] unterhielt sich nachher längere Zeit mit mir, und als er gehört hatte, dass ich nach Dresden zu gehen beabsichtigte, schrieb er sofort an den Baron Friesen folgende Worte: *Monsieur Frédéric Chopin est recommandé de la part du Général Leiser à Monsieur le Baron de Friesen, Maître de Cérémonie de S. M. le Roi de Saxe, pour lui être utile pendant son séjour à Dresde et de lui procurer la connaissance de plusieurs de nos artistes.*" Und in deutscher Sprache fügte er hinzu: „Herr Chopin ist selbst einer der vortrefflichsten Pianisten, die ich kenne." — Mit einem Wort, Chopin war hier Hahn im Korbe; er musste an diesem Abend viermal spielen, wurde für den folgenden Tag zum Diner eingeladen etc. etc. Dass er trotz aller dieser verlockenden Aussichten, drei reizende Fürstinnen und wer weiss was noch für aristokratische Beziehungen hinter sich lassend, schon am nächsten Morgen um fünf Uhr abfuhr (in einem Miethswagen zu dem mässigen Preise von zwei Thalern), kann, je nach dem Belieben des Lesers, als übermenschlicher Heroismus oder als barbarenhafte Gleichgültigkeit ausgelegt werden. Der Abstecher nach Teplitz hatte nicht in seinem Reiseplan gelegen, doch waren seine Finanzen in so gutem Stande, dass er sich wohl eine kleine Extravaganz erlauben durfte. Mit dem Erfolg derselben konnte er durchaus zufrieden sein, um so mehr, als er, trotz der Kürze seines Aufenthaltes, auch die Haupt-Sehenswürdigkeiten der Gegend, darunter Dux, das Schloss der Waldstein oder Wallenstein mit seinen Erinnerungen an ihren Ahnen, den berühmten Friedländer, nicht versäumt hatte.

Am Abend desselben Tages (26. August) langte Chopin gesund und heiter in Dresden an. Ueber seinen dortigen Aufenthalt ist wenig zu sagen; er hatte nicht die Absicht, öffentlich aufzutreten und begnügte sich damit, sich umzusehen, in der sächsischen Schweiz Natur, und in der „prachtvollen" Gemälde-Gallerie Kunst zu geniessen. Im Theater wohnte er der ersten Vorstellung von Goethe's „Faust" (erster Theil) in Tieck'scher

Bühnenbearbeitung bei, mit Carl Devrient in der Titelrolle.
„Eine erschütternde aber grossartige Dichtung! In den Zwischenacten wurden Stücke aus Spohr's Oper ‚Faust‘ gespielt. Man
feierte Goethe's achtzigsten Geburtag.“ Chopin's Betrachtung
über Goethe's Meisterwerk ist ziemlich lakonisch ausgefallen,
aber man muss sich erinnern, dass langathmige ästhetische
Discussionen niemals seine Sache gewesen sind. Am folgenden
Sonnabend sollte in der italienischen Oper — damals gab es
noch eine solche in Dresden — eine Aufführung von Meyerbeer's
Oper „Crociato“ stattfinden; Chopin aber wartete sie nicht ab,
da er das Werk schon in Wien kennen gelernt hatte. Baron
Friesen nahm unsern Reisenden äusserst höflich auf, scheint ihm
jedoch nicht weiter von Nutzen gewesen zu sein. Besser ging
es Chopin mit seiner Empfehlung an Morlacchi, der seinen
Besuch erwiederte und sich ihm dienstfertig zeigte. Hier kommt
nun wieder einmal ein Zug naiver Eitelkeit bei Chopin zum
Vorschein: „Morgen früh“ schreibt er „erwarte ich Morlacchi,
um mit ihm zu Fräulein Pechwell zu gehen; das will sagen, ich
gehe nicht zu ihm, sondern er kommt zu mir. Ja, ja, ja!“
Fräulein Pechwell war eine Schülerin von Klengel, welcher
Morlacchi gebeten hatte, Chopin ihr vorzustellen. Sie scheint
nicht nur eine technisch gewandte, feinfühlige und verständnissvolle Musikerin, sondern auch vielseitig gebildet gewesen zu sein.
Klengel nannte sie die beste Pianistin in Dresden. Sie starb
bereits im Alter von 35 Jahren, nachdem sie einige Jahre zuvor
Frau Pesadori geworden war. Wir werden ihr im Verlaufe
dieser Biographie noch begegnen.

Weiter wissen wir von Chopin's Reise nur, dass sie über
Breslau ging; wie lange er dort gewesen und was er unternommen, sind offene und für uns gleichgültige Fragen. So
viel aber ist sicher und durch einen Brief dieses Datums erwiesen, dass er am 12. September 1829 wieder zu Hause in
Warschau war.

Achtes Capitel.

Die einzigen von uns betrachteten Werke Chopin's sind — abgesehen von denjenigen, die er weder selbst veröffentlicht hat, noch von irgend Jemandem veröffentlicht zu sehen wünschte — das *Premier Rondeau* Opus 1, das *Rondeau à la Mazur* Opus 5 und die *Variations sur un air allemand* (s. 3. Capitel). Wir müssen nun zum Jahre 1827 zurückkehren und die Fortschritte des Componisten bis zum Frühjahr 1829 in Kürze überblicken, um welche Zeit eine neue bewegende Kraft in sein Leben eintritt und seine künstlerische Thätigkeit beeinflusst. Eine chronologische Uebersicht der im besagten Zeitraum entstandenen oder beendigten Compositionen Chopin's ergiebt für das Jahr 1827: eine Mazurka (Opus 68, Nr. 2), eine Polonaise (Opus 71, Nr. 1) und ein Nocturne (Opus 72); für 1828: *Là ci darem la mano*, Variationen für Clavier mit Orchesterbegleitung (Opus 2), eine Polonaise (Opus 71, Nr. 2), ein Rondo für zwei Claviere (Opus 73), eine Sonate (Opus 4), eine Phantasie über polnische Weisen für Clavier mit Orchester (Opus 13), ein *Krakowiak, Grand Rondeau de Concert*, ebenfalls für Clavier mit Orchester (Opus 14) und ein Trio für Clavier, Violine und Violoncell (Opus 8); für 1829: eine Polonaise (Opus 71, Nr. 3), ein Walzer (Opus 69, Nr. 2), ein anderer Walzer (E-dur, ohne Opuszahl) und ein Trauermarsch (Opus 72b). Ich will nicht zu bestimmt behaupten, dass jedes der letztge-

nannten vier Werke im Frühling oder Frühsommer 1829 geschrieben ist; doch können sie füglich den obenerwähnten Werken
aus den Jahren 1827 und 1828 angereiht werden. Diejenigen
Compositionen, welche eine höhere Opuszahl als 65 tragen, sind
nach dem Tode des Componisten durch Fontana veröffentlicht
worden. Der Walzer ohne Opuszahl und die Sonate Opus 4
sind ebenfalls posthume Veröffentlichungen.

Die hier verzeichneten Werke können in drei Gruppen vertheilt werden, deren erste die Sonate, das Trio und das Rondo
für zwei Claviere umfasst.

Die Sonate (C-moll, Opus 4) von der Chopin schon am
9. September 1828 schreibt, dass sie seit einiger Zeit in den
Händen des Wiener Verlegers Haslinger sei, wurde von diesem
als Manuscript bewahrt und erschien erst nach dem Tode des
Componisten im Juli 1851. „Als Schüler Elsner's habe ich sie
ihm gewidmet" sagt Chopin; und in der That ist sie eine
Schüler-Arbeit, eine Art Vorübung und nicht gerade eine gelungene. Der Kampf mit den formalen Schwierigkeiten hat den
Componisten so erschöpft, dass seine Individualität dabei vernichtet wurde. Nirgends ist Chopin so wenig er selbst, ja, man
kann sagen, sich selbst so unähnlich. Die Wahl der Tonarten
sowie der Charakter der Themen zeigen, dass er von der Bedeutung des Contrastes beim Aufbau grösserer Werke noch
keine Ahnung hatte. Die beiden mittleren Sätze, Menuett und
Larghetto sind erfreulicher als die übrigen, wiewohl im letzteren
der selbstgewählte Zwang des Fünf-Vierteltaktes den Componisten hindert, sich behaglich zu fühlen. Ist in den genannten
Sätzen bereits ein Hauch von künstlerischer Freiheit und individuellem Leben zu spüren, so findet man im ersten und letzten
Satz nur mühselige Arbeit und trübe Einförmigkeit. Auffallend
ist übrigens an diesem Werke das schwerfällige Passagenwesen des uns bekannten, so graziösen, leicht beschwingten
Chopin.

Der Sonate unvergleichlich überlegen ist das Trio Opus 8,
dem Fürsten Anton Radziwiłł gewidmet und im März 1833
veröffentlicht. Es wurde anfangs 1828 begonnen und war am
9. September „noch nicht beendet", auch am 27. December
desselben Jahres „noch nicht völlig beendet". Chopin probirte
den ersten Satz im Sommer 1828 und wir dürfen annehmen,

dass das ganze Werk, von etwaigen unwesentlichen Aenderungen abgesehen, anfangs 1829 vollendet gewesen ist. Immerhin verging noch längere Zeit, bis der Componist es für druckfertig erklärte. Am 31. August 1830 schreibt er: „Ich probirte das Trio am letzten Sonntag und war mit ihm zufrieden, vielleicht weil ich es lange nicht gehört hatte. Ich glaube Du wirst sagen ‚Welch' ein glücklicher Mann!‘ Beim Hören kam mir der Gedanke, ob es nicht besser sei, anstatt der Violine eine Bratsche zu verwenden, da bei jener die E-Saite dominirt, welche in meinem Trio nur äusserst selten benutzt wird. Die Bratsche würde in einem besseren Verhältniss zum Violoncell stehen, dann wird das Trio druckfertig sein." Die beabsichtigte Aenderung wurde nicht ausgeführt und Chopin hat recht daran gethan; seine Bemerkungen zeugen von geringer künstlerischer Einsicht, und nur in Anbetracht der Spärlichkeit ähnlicher, das Componisten-Handwerk betreffender Erörterungen in seinen Briefen sind sie schätzenswerth. Aus den obigen Daten ist ersichtlich, dass der Componist viel Zeit, Mühe und Nachdenken auf sein Werk verwendet hat. Wollten wir es als eine Vorübung betrachten, so müssten wir dieselbe als durchaus gelungen bezeichnen; der Gedankeninhalt indessen, durchweg interessant, nicht selten aber auch wahrhaft schön und originell, erhebt es weit über den Rang einer solchen. Der Grundfehler des Trios liegt darin, dass der Componist versucht hat, eine gegebene Form mit einem Gedankeninhalt zu erfüllen, was ihm nur in beschränktem Maasse gelungen ist — die Durchführungs-Partien namentlich sind derart, um diese Behauptung zu stützen. Die Verwerflichkeit des Grundsatzes, die Form sei ein blosses Gefäss für den Inhalt — ein Grundsatz, der häufiger befolgt als offen bekannt wird — wird kaum geleugnet werden, und würde Jemand sie leugnen, so wäre hier nicht der Ort zur Discussion der so schwer zu erörternden Frage „Was ist Form?" — Endlich wäre dem Componisten noch vorzuwerfen, dass er es nicht verstanden hat, die Streichinstrumente wirkungsvoll zu behandeln.

Trotz aller dieser Mängel wurde das Werk von der Kritik, auch von der ausgesprochen conservativen, freundlich aufgenommen. Dass die letztere es günstiger beurtheilte als die früher erschienenen Compositionen Chopin's, ist bezeichnend und erklärt sich aus der weniger ausgeprägten Individualität

des Trios, welches, wenn auch in dieser Hinsicht der Sonate
Opus 4 überlegen, doch an kraftvoller Originalität hinter den
Arbeiten kleinerer Form zurücksteht. Selbst der feindseligste
unter Chopin's Kritikern, Rellstab, Redacteur der Berliner Musikzeitung „Iris", giebt zu — nachdem er die Originalitäts-Sucht
des Componisten sowie das unnöthig schwierige Passagenwesen
mit seinen der Hand und dem Ohr gleichmässig widerstreben-
den Intervall-Fortschreitungen getadelt hat — dass das Trio im
Ganzen „ein anerkennenswerthes Werk ist, welches trotz einiger
Abschweifungen auf ungangbare Wege doch einer besseren Richtung folgt als die gewöhnlichen Arbeiten der modernen Componisten (1833, Nr. 21). Der Redacteur der Leipziger „Allgemeinen musikalischen Zeitung", ein Blatt, welches Schumann
als einen „einschläfernden Ort" charakterisirt, äussert sich so
lobend, wie es der passionirteste Chopin-Bewunderer nur wünschen könnte. Nachdem er an dem „talentvollen jungen Mann"
hervorgehoben, er habe sich einerseits an Field, andererseits
an Beethoven gebildet, fährt er fort: „Es ist in dem Trio alles
neu: die Schule, sie ist die neuromantische; die Kunst des Piano-
fortespiels; das Individuelle, das Eigenthümliche, oder auch
Geniale, das in einer Leidenschaft, sich so seltsam treibend, mit
seiner liebenswürdigen Innigkeit zusammenhält, mischt, wechselt,
dass ihr bewegliches Bild dem Zeichner kaum Zeit lässt, es
sicher und treu zu fassen, wie er gern möchte; selbst die Stellung
der Phrasen ist ungewöhnlich. — Das alles aber wäre nur ein
zweideutiger Ruhm, wenn nicht der Geist, der gleich alte und
neue, die neue Form durchhauchte und sinnig machte."
Ich unterbreite dem Leser diese Kritiken als historische
Curiosa, nicht etwa als endgültige Urtheile oder Proben kritischen Scharfsinnes. Was mich betrifft, so kann ich weder die
Beschränkungen der einen noch die Verhimmelung der andern
unterschreiben, wenn auch der selbstbewusste Ton der ersteren
ebenso wie die mystische Verschwommenheit der letzteren, wie
üblich, das Gewicht der Autorität haben sollten. Schumann,
Chopin's eigentlicher „Ritter", war minder kurzsichtig, indem er
drei Jahre später (1836) schrieb, das Trio gehöre Chopin's
früherer Periode an, in welcher der Componist dem Virtuosen
noch gewisse Zugeständnisse machte. Obgleich ich nicht so
weit gehe, wie dieser, zum Uebermaass bewundernde und nach-

sichtige Beurtheiler, der das Werk „so edel als möglich" nennt,
„so schwärmerisch wie noch kein Dichter gesungen, eigenthümlich im Kleinsten wie im Ganzen, jede Note Musik und Leben",
so bin ich doch der Meinung, dass es an Adel der Empfindung,
Eigenartigkeit, Musik und Leben reich genug ist, um mehr Beachtung zu verdienen als es bisher gefunden hat.

Classificationen können nur selten den höchstmöglichen Grad
bequemer Uebersicht — die Existenzberechtigung aller Classi-
fication — und zugleich strenge Genauigkeit beanspruchen. Die
dritte Nummer meiner ersten Gruppe z. B. könnte richtigerweise
zwischen diese und die zweite Gruppe gestellt werden, da sie an
der Natur beider Antheil hat. Das Rondo Opus 73 ist ursprünglich nicht für zwei Claviere geschrieben; Chopin schreibt am
8. September 1828, dass er es während eines Aufenthaltes in
Strzyżewo im Sommer desselben Jahres umgearbeitet habe.
Damals war er mit dem Stücke leidlich zufrieden, und einen
Monat später sprach er davon, es mit seinem Freunde Fontana
in der Ressource vorzutragen. Später muss er anderer Meinung
gewesen sein, denn das Rondo ist der musikalischen Welt nicht
eher bekannt geworden als bei der posthumen Veröffentlichung.
Gewisse Zierlichkeiten, eine nicht gewöhnliche Kühnheit und
Kraft, sowie vereinzelte interessante Züge in der Durchführung
zugestanden, bleibt die Thatsache, dass der thematische Inhalt
wenig, und das über-üppige Passagenwerk noch weniger bedeutet,
da beide jenes Reizes ermangeln, der ihnen in den späteren
Werken des Componisten eigen ist. Das Individuelle dieser
Arbeit ist auf das Passagenwesen beschränkt und tritt noch
nicht aus dem Elementaren hinaus. Deshalb mag das Rondo
nicht unwürdig sein, gelegentlich auf dem Programm eines musikalischen Salons oder selbst eines nicht allzu classischen Concertes
zu figuriren, es wird jedoch Diejenigen enttäuschen, welche ihm
mit den Erwartungen entgegentreten, zu denen Chopin's spätere
so poesievolle wie stilvollendete Werke berechtigen.

Die zweite Gruppe umfasst Chopin's Concertstücke, sämmtlich mit Orchesterbegleitung. Es sind dies 1) *Là ci darem la
mano, varié pour le piano*, Opus 2; 2) *Grande Fantaisie sur
des airs polonais*, Opus 13; 3) *Krakowiak, Grand Rondeau de
Concert*, Opus 14. Von diesen drei Werken ist das erste, Titus
Woyciechowski gewidmet, das bekannteste, weniger wegen seines

künstlerischen Werthes als deshalb, weil es gut auch ohne
Orchester auszuführen ist und noch mehr, weil es Schumann
durch eine — wie soll ich sagen? — Rhapsodie in poetischer
Prosa unsterblich gemacht hat. Wie früher erwähnt wurde, ist
das Werk schon im September 1828 einige Zeit in den Händen
des Wiener Verlegers Haslinger gewesen; es ist wahrscheinlich
schon 1827 begonnen, aber erst 1830 im Druck erschienen.[1]
Am 10. April desselben Jahres schreibt Chopin, dass er es mit
Ungeduld erwartet. Das Erscheinen dieser Variationen, des
ersten Werkes, welches Chopin ausserhalb seines Heimathlandes
veröffentlichte, erregte Sensation. Von dem Eindruck, welchen
es 1829 auf die Wiener machte, ist im vorigen Capitel ausführlich die Rede gewesen. Die „allgemeine musikalische Zeitung"
erhielt nicht weniger als drei Berichte über dies Werk, von denen
zwei — der von Schumann und einer eines „alten Musikers" —
in derselben Nummer des genannten Blattes (1831, Band 33,
No. 49) erschienen; der dritte, von Friedrich Wieck, welcher
nicht angenommen wurde, fand im folgenden Jahre seinen Weg
in die Musikzeitung „Cäcilia". Schumann's enthusiastischer Erguss ist mehr eine Prophezeihung als eine Kritik. Wenn es
uns aber auch nicht gelingt, in Chopin's Composition die Liebe-
leien Don Juan's mit Zerlina, die Flüche des betrogenen Liebhabers Masetto und die albernen Scherze Leporello's zu unterscheiden, welche Schumann darin herauszuhören glaubte, so
werden wir doch alle bereitwilligst und ehrfurchtsvoll seiner Aufforderung Folge leisten: „Hut ab, ihr Herren, ein Genie!" In
diesen Worten liegt thatsächlich das kritische Verdienst des
Schumann'schen Berichtes. Wieck fühlt und sagt beinahe dasselbe, nur fühlt er weniger leidenschaftlich und drückt sich im
üblichen Kritiker-Stil aus. Der „alte Musiker" andererseits ist
pedantisch krittelnd, und der gefürchtete Rellstab (in der „Iris")
erbarmungslos verurtheilend. Gleichwohl bemerkten diese beiden
conservativen Kritiker, wenn auch durch die Macht der Gewohnheit blind für die Bedeutung des aufgehenden Sternes, was ihre
fortschrittlichen Kunstbrüder in der Wärme ihrer Bewunderung
übersehen hatten, nämlich das Uebermass der Ornamente und

---

[1] Es erschien in einer periodischen Publication „Odeon" benannt, mit
der Titel-Bezeichnung „Ausgewählte grosse Concertstücke für verschiedene Instrumente."

Figurationen. Es ist ein Korn Wahrheit in dem harten Worte Rellstab's, dass der Componist „das Thema beinahe mit Läufern überläuft und in der Trillerkette erdrosselt aufhängt". Was übrigens Rellstab und der „alte Musiker" — denn auch dieser klagt: „nichts als Bravour und Figurenwerk!" — nicht bemerkten, was aber jedem klaren und vorurtheilsfreien Beobachter auffallen muss, das ist die Originalität, Pikanterie und Grazie dieser Fiorituren, Rouladen etc., welche thatsächlich Allem ungleich sind, was je vor Chopin's Zeit gehört oder gesehen war. Ich sage „gesehen", denn die Notenbilder in diesem Stück sind so verschieden von denen in den Werken irgend eines andern Componisten, dass selbst ein Unmusikalischer sie vom Früheren unterscheiden könnte; auch ist hier nichts von dem schüchternen Tasten, dem unbeholfenen Stolpern des Schülers. Im Gegentheil, der Componist tritt mit einer Leichtigkeit und Kühnheit auf, welche Bewunderung verdient. Der Leser wird sich dessen erinnern, was ein Wiener Kritiker über Chopin's „Ziel" sagte: dass er nicht darauf ausgehe, durch oberflächliche Virtuosenmittel zu verblüffen, sondern durch die edleren des echten Musikers Eindruck zu machen. Dies ist wahr, wenn wir den Chopin jener Tage mit seinen Virtuosen-Genossen Kalkbrenner, Herz etc. vergleichen; vergleichen wir ihn aber mit dem späteren Chopin oder mit Mozart, Beethoven, Mendelssohn, Schumann etc., so ist der Fall ein anderer. Allerdings kann es nicht zweifelhaft sein, dass in diesem und den übrigen Werken dieser Gruppe Chopin's Ziel das des Virtuosen war; nur war seine Natur zu reich, zu edel, um in die Nichtigkeit einer faden conventionellen Tonspielerei zu versinken. Uebrigens halte ich aufrecht, dass in den erwähnten Werken die Tonsprache in jugendlicher Ueberschwänglichkeit den Gedanken- und Gefühlsinhalt hinter sich zurücklässt, beeile mich jedoch, hinzuzufügen, dass sie Mancherlei von dem andeutet — z. B. im Opus 2, namentlich in der Introduction, der fünften Variation und im Finale — was in des Meisters schöpferischer Kraft noch latent war.

Die *grande Fantaisie sur des airs polonais* (A-Dur) für Clavier und Orchester, Opus 13, J. P. Pixis gewidmet und im April 1834 erschienen, sowie das *Krakowiak, grand Rondeau de Concert* (F-Dur) für Clavier und Orchester, Opus 14, der Fürstin Adam Czartoryska gewidmet und im Juni 1834 erschienen,

sind die ausgeprägtest polnischen Werke Chopin's. Ueber die
Composition des Ersteren, welches nach Karasowski 1828
skizzirt wurde, geben des Meisters Briefe keine Auskunft; bezüglich des zweiten dagegen erfahren wir aus ihnen, dass die
Partitur am 27. December 1828 beendigt war, und von der
Introduction schreibt Chopin „Sie nimmt sich beinahe ebenso
drollig aus, wie ich in meinem Flausch."[1] In der „Phantasie"
variirt der Componist ein polnisches Volkslied (Już miesiąc
zaszedł), sowie eine Melodie des polnischen Componisten Kurpinski
und schliesst mit einem *Kujawiak*, ein Tanz nach Art der Mazurka,
im Dreivierteltakt, so genannt nach der Landschaft Kujawia.
Bezüglich dieser Composition ist hervorzuheben, dass die erste
Variation über das polnische Volkslied den Keim der reizenden
Berceuse Opus 57 enthält.   Das Rondo Opus 14 hat den
Charakter eines *Krakowiak*, eines Tanzes im Zweivierteltakt,
Krakauer Ursprunges.   In keiner anderen Composition des
Meisters erscheint das nationale Element im gleichen Grade un-
verfälscht; niemals später hat er Nationalmelodien verwendet,
oder die Volkstänze so treu nachgeahmt. Zwar ist Chopin bis
zum Ende seiner Tage ein guter Pole geblieben, seine Liebe
und Anhänglichkeit an alles Polnische wuchs mit der Zeit seiner
Abwesenheit vom Heimathlande; aber in dem Maasse, wie er als
Componist reift, unterwirft er das Rohmaterial einem mehr und
mehr gründlichen Reinigungs-Process, bevor er es für künstlerische Zwecke verwendet: die Volkstänze sind vergeistigt, die
nationalen Züge und die ihnen entsprechende Tonsprache ver-
feinert und individualisirt.   Ich stimme nicht mit den Kritikern
überein, welche dem scharf markirten, exclusiv polnischen
Charakter dieser zwei Stücke Schuld geben, dass sie so wenig
Sympathie in der musikalischen Welt gefunden haben; es liegen
vielmehr künstlerische Ursachen für diese Vernachlässigung vor,
welche allerdings so gross ist, dass nur wenige Virtuosen (Edward
Dannreuther, der die Phantasie 1866 im Krystall-Palast, und
Chopin's begabte Landmännin, Fräulein Janotha, welche sie
später vorgetragen hat, bilden Ausnahmen) es gewagt haben,
sie wieder zu beleben und diese wenigen, trotz ihrer vortreff-

---

[1] So *Karasowski*, welcher erzählt: „Das war ein von Boy gefertigter,
sehr langer Winterrock, in welchem Chopin nach Aussage seiner Freunde eine
höchst komische Figur spielte."

lichen Leistungen mit nur geringem Erfolge. Als Ganzes genommen, sind diese Werke in der Form wenig gelungen und
erscheinen einigermassen verschwommen, besonders die Phantasie, in welcher die Verbindung der Theile ziemlich schüler-
haft ausgefallen ist. Ferner prädominirt die Arabeske in un-
zulässiger Weise. Rellstab bespricht die Phantasie mit seiner
gewöhnlichen Hartnäckigkeit, bemerkt aber sehr richtig, dass
Chopin statt einer ausgeführten Melodie nur wenige Takte einer
solchen bringt. Die besten Theile des Werkes, welche am
meisten Musik enthalten, sind zweifellos die höchst geistvollen
Tänze *Kujawiak* und *Krakowiak*. Die ungezügelte Heiterkeit,
welche in letzterem herrscht, rechtfertigt manchen Mangel des
Werkes oder lässt ihn wenigstens übersehen. In der That über-
fliesst das Rondo von Freudigkeit; bald laufen die Noten hier
und dorthin, bald purzeln sie über einander, in kühnen Arpeggios
steigen sie auf, tanzen von Octave zu Octave, trippeln chromatisch
einher und machen ihrer Spielfreudigkeit in den ausgelassensten
Capriolen Luft.

Die Orchester-Begleitung, welche in den Variationen Opus 2
wenig bedeutet, zeigt in jedem der drei Werke dieser Gruppe
eine Unfähigkeit, für andere Instrumente als das Clavier zu
schreiben, welche bei Chopin's sonstiger grosser Begabung überraschen muss. Ich will bei diesem Gegenstand jetzt nicht verweilen, da ich bei den Concerten des Meisters wieder darauf
zurückkommen werde.

Die Grundeigenschaften von Chopin's Stil — die lose verbundenen, weit-maschigen Accorde und Arpeggios, die Schlangen-
windungen, die kühnen Sprünge — sind in den Werken dieser
Gruppe übertrieben und werden dadurch grotesk, häufig auch
unwirksam. Diese Werke zeigen uns den Stil des Componisten
im Zustande der Gährung; er hat noch einen Klärungsprocess
durchzumachen, in welchem einige seiner Elemente ausgeschie-
den und andere einer grösseren oder geringeren Wandelung
unterworfen werden. Wir, die Chopin nach seinen besten Werken
beurtheilen, sind leicht bereit, die tadelnden Kritiker seiner
früheren Compositionen zu verurtheilen; indessen dürfte uns die
Ueppigkeit und Uebertreibung des Passagenwesens, welche sie
von des Meisters reiferen Schöpfungen unterscheiden, zur Vorsicht ermahnen. Ja, wir müssen anerkennen, wenn auch wider-

strebend, dass in Rellstab's Schelten mancherlei Aeusserungen
vorkommen, die keineswegs des Sinnes und der Berechtigung
entbehren. So z. B. diese — ich erinnere mich nicht gerade
auf welche Composition bezügliche, aber auf die in Rede stehenden wohl anwendbar —: „Das ganze Streben des Componisten
erscheint als ein Abweg, begründet auf ein ausgesprochenes
Talent, wie wir gern zugeben, gleichwohl aber ein Abweg."
Also der feindlichste unter Chopin's Kritikern leugnet nicht sein
Talent; zuweilen gar spricht Rellstab, namentlich in späterer
Zeit, förmlich im Protector-Tone von ihm. Ich benutze die
Gelegenheit, der landläufigen Meinung entgegen zu treten, dass
Chopin Ursache gehabt habe, sich zu beklagen, man habe mit
der Anerkennung seines Genius gezögert, oder seinen beginnen-
den Ruhm boshaft angefeindet. Die Unrichtigkeit dieser Meinung
wird in der Folge noch bestimmter hervortreten.

Die Werke, welche ich in die dritte Gruppe gestellt habe,
zeigen uns den Componisten frei von den Fesseln des Ehrgeizes
und anderer äusserer Rücksichten. Abgesehen von Chopin's
persönlicher Schreibweise finden wir in ihnen auch mehr persön-
liches Empfinden. Wenn die Werke der ersten Gruppe die Bestrebungen des angehenden Componisten, die der zweiten Gruppe
den Fortschritt 'des Virtuosen und beide die Entwickelung seiner
Compositions-Technik zur Anschauung brachten, so bilden die
Werke der dritten Gruppe die werthvollsten Documente für die
Geschichte des Menschen und des Tondichters. Die wichtigsten
der Werke dieser Gruppe sind zweifellos die drei 1827, 1828
und 1829 geschriebenen Polonaisen. Auch hier ist der Charakter
der Bravour unverkennbar, aber, anstatt in erster Reihe zu stehen,
ordnet sie sich mehr und mehr dem Gedanken und der Empfindung unter. Diese Polonaisen, wenn auch durchaus Chopin'sch,
unterscheiden sich doch sehr von seinen späteren, von ihm selbst
veröffentlichten, welche im allgemeinen gedrungener und poesie-
reicher sind. Auch scheint mir in einigen Passagen der Einfluss
Weber's ersichtlich, dessen Polonaise in Es-Moll, Polacca in
E-Dur, Sonate in As-Dur und „Aufforderung zum Tanz" (um
nur einige Beispiele zu erwähnen), 1810, 1819, 1816 und 1821
erschienen, Chopin gewiss bekannt waren. Derartige Reminiscenzen thun der Originalität der Compositionen nicht ernstlich
Abbruch; immerhin bleibt es bewunderungswürdig, bei einem

Achtzehnjährigen eine so ausgeprägte Individualität zu finden, wie sie die D-Moll-Polonaise bekundete.

Das Nocturne aus dem Jahre 1827 (Opus 72, Nr. 1, E-moll), ist wohl die unbedeutendste der früheren Compositionen Chopin's, verdient jedoch Beachtung als das erste Specimen der Gattung des unvergleichlichen Nocturne-Componisten. Ich möchte nicht missverstanden werden, als wollte ich Chopin auf Kosten eines anderen grossen Musikers erhöhen. Field gebührt die Ehre, das Genre nicht nur geschaffen, sondern auch Beispiele desselben gegeben zu haben, welche an Lebensfähigkeit bis heute wenig oder nichts eingebüsst haben. Seine Nocturnen sind in der That ein reicher Schatz, der, wenn auch vom heutigen Geschlecht unverdienterweise vernachlässigt, durch die seines berühmten und jetzt mehr begünstigten Nachfolgers doch keineswegs entwerthet ist. Andererseits muss zugegeben werden, dass, wenn Field Einfluss auf Chopin ausgeübt hat, der Letztere nicht etwa als Nachahmer anzusehen ist. Selbst wo, wie z. B. in Opus 9, Nr. 1 und 2, die Melodie oder die Form der Begleitung entfernte Anklänge an Field bemerken lassen, ist dies nur für wenige Noten der Fall, und schon im nächsten Moment ist Chopin, was Niemand anders sein könnte. Es hat einen eigenen Reiz, eines grossen Mannes Entwickelung zu beobachten, die Ausbildung des Meisters von ihren bescheidenen Anfängen an zu verfolgen; ich fürchte daher nicht, den Leser zu ermüden, wenn ich seine Aufmerksamkeit auf gewisse hier in Betracht kommende Punkte richte, in diesem Falle auf die weitmaschigen Accorde und leichtbeschwingten Notengruppen, sowie die Vorahnung der Coda von Opus 9.

Aus dem Jahre 1827 stammt auch eine Mazurka in A-moll Opus 68, Nr. 2, ein einfaches und ländliches, zugleich anmuthiges Stück. Das Trio *(poco più mosso)*, der originellere Theil der Mazurka, erscheint leicht verändert in späteren Mazurken wieder. Auch hier die Andeutung zukünftiger Schönheit, welche diese früheren Werke so interessant macht. Die oben erwähnten drei Polonaisen sind voll von melodischen Zügen, harmonischen Fortschreitungen etc., welche später in einer reineren, ausdrucksvolleren, mehr epigrammatischen oder anderweitig vervollkommeten Form verwerthet sind.

Dasselbe bemerken wir an den Walzern, welche hier noch

zu besprechen sind. Ob diese Walzer (in B-moll, Opus 69, Nr. 2, und in E-dur, ohne Opuszahl) wirklich im Frühjahr 1829 geschrieben sind, oder später im Verlauf desselben Jahres, ist unwichtig. Ich habe schon erwähnt, dass sie zweifellos zur Gruppe der oben besprochenen gehören. Der erste ist der bedeutendere. In beiden begegnen wir Stellen, welche auf vollendetere Beispiele der Gattung hinweisen; so gewisse rhythmische Motive, melodische Wendungen und harmonische Fortschreitungen auf die bekannten Walzer Es-dur Opus 18 und As-dur Opus 34 Nr. 1; ferner der D-dur-Theil des Walzers in B-moll auf den C-dur-Theil des Walzers in A-moll (Opus 34 Nr. 2). Hiermit schliesst unsere Uebersicht der Compositionen aus Chopin's erster Periode.

In der Erbschaft eines weniger reichen Mannes würde der Trauermarsch in C-moll Opus 72 b, nach Fontana 1829 geschrieben[1]), ein bedeutendes Stück sein; in der Chopin's zählt er kaum mit. Bei allen Mängeln dieser Composition hat indessen die ruhige Einfachheit und liebliche Melancholie etwas Rührendes. Freilich steht sich der Meister hier selbt im Licht: der berühmte Trauermarsch in B-moll aus der B-moll-Sonate Opus 35, welcher zehn Jahre später entstanden ist, hat den bescheideneren in C-moll völlig verdunkelt. Neben des ersteren hoher Kraft, Leidenschaft und meistervoller Verwendung aller Kunstmittel sinkt der Letztere zu schwächlicher Unbedeutendheit herab und erscheint fast knabenhaft. In ihm wäre noch die Anticipation (Takt 12) eines Motivs des späteren Marsches (Takt 7), sowie Reminiscenzen des Trauermarsches aus Beethoven's As-dur-Sonate Opus 26 zu erwähnen.

---

[1]) In Breitkopf und Härtel's Gesammtausgabe von Chopin's Werken ist irrthümlicherweise die Jahreszahl 1826 angegeben.

Neuntes Capitel.

1829—1830.

Erste Liebe. — Freundschaftsbündniss mit Titus Woyciechowski. — Leben in Warschau nach der Rückkehr aus Wien. — Besuch beim Fürsten Radziwiłł in Antonin (October 1829). — Neue Compositionen. — Veranstaltung zweier Concerte.

m vorigen Capitel habe ich von einem neuen Element gesprochen, welches in Chopin's Leben eintritt und seine künstlerische Wirksamkeit beeinflusst. Die folgenden, am 3. October 1829 an seinen Freund Titus Woyciechowski gerichteten Worte belehren uns, welcher Art dieses Element war und wann es anfing, sich geltend zu machen: „Bilde Dir nicht ein [wenn ich von den Vortheilen und Annehmlichkeiten des Aufenthaltes in Wien spreche] dass ich an Fräulein Blahetka denke, von der ich Dir geschrieben habe; ich habe — vielleicht zu meinem Unglück — schon mein Ideal gefunden, welches ich treu und aufrichtig verehre. Sechs Monate sind verflossen und noch habe ich keine Silbe mit ihr gesprochen, von der ich jede Nacht träume. Während meine Gedanken bei ihr weilten, schrieb ich das Adagio meines Concerts, und heute Morgen früh gab sie mir den Walzer ein, den ich Dir hierbei schicke." Der Einfluss einer leidenschaftlichen Neigung auf Herz und Geist kann nicht hoch genug veranschlagt werden; er ist es, in neun von zehn, wenn nicht in neunundneunzig von hundert Fällen, welche den Reimenschmied in einen Dichter, den Handwerker in einen Künstler verwandelt.

Chopin bekennt sich in dieser Hinsicht als Schuldner seiner Constantia, Schumann als der seiner Clara. Wer aber könnte alle die glücklichen und unglücklichen Neigungen aufzählen, durch welche dichterische Naturen gereift sind? Unendlich ist ihre Anzahl in der Geschichte, in Biographien und Anekdoten; noch grösser aber die Zahl der in Literatur und Kunst begrabenen Liebes-Leiden und -Freuden, welche als Blumen von fleckenloser Schönheit unverwelklich und von süssestem Dufte aus diesen Gräbern erstehen. Die Liebe ist in der That die Sonne, welche die zahllosen, meist unerkannterweise in den Tiefen der menschlichen Seele schlummernden Möglichkeits-Keime zur Wirklichkeit entfaltet. Es war nach Chopin's Aussage ungefähr im April 1829, als diese mächtige Kraft sich in ihm zu rühren begann, und die Correspondenz der folgenden zwei Jahre zeigt uns auf's Deutlichste, wie sie mit immer wachsender Gewalt von ihm Besitz nimmt und seinen zarten Organismus mit besorgnisserregender Heftigkeit erschüttert. Der Gegenstand der Leidenschaft Chopin's, das Wesen, welches er verehrte und in welchem er die Verwirklichung des Ideals der Weiblichkeit sah, war Constantia Gładkowska, eine Schülerin des Warschauer Conservatoriums, von welcher der Leser im Weiteren noch mehr erfahren wird.

Nirgends vielleicht erscheint Chopin's persönliche Eigenthümlichkeit auffälliger als in seiner Freundschaft für Titus Woyciechowski. Es ist nicht übertrieben wenn ich behaupte, dass die richtige Einsicht in die Natur der beiden Leidenschaften Chopin's, seine Liebe und seine Freundschaft — denn auch diese war bei ihm eine Leidenschaft — uns den Schlüssel zum Verständniss aller Geheimnisse seines Charakters, seines Lebens, sowie dessen Ergebnisses, seiner Kunstschöpfungen, in die Hand giebt. Ja, noch mehr, ein volles Verständniss dieser Leidenschaften befähigt uns, die Trübsal und die Täuschungen voraus zu sehen, welche ihm im Leben beschieden gewesen sind. Chopin's Freundschaft war keine gewöhnliche; sie war eine im höchsten Grade romantische. Dem praktischen Engländer und dem leichtlebigen Franzosen muss sie unverständlich sein; auch in Deutschland würde man sie vor etlichen Menschenaltern besser verstanden haben als es heute möglich ist. Suchen wir in der Literatur nach Beispielen derartiger Freundschaft, so finden wir nirgends einen ausgeprägteren Typus derselben als bei Jean Paul. Wirklich klingen manche Stellen in Chopin's Briefen wie Auszüge aus den Werken des Genannten: sie erinnern uns an die sentimentalen und transcendentalen Ergüsse eines Siebenkäs, Leibgeber, Walt, Vult u. a. Es war etwas in Chopin's warmer, zarter, überschwänglicher Freundschaft, was am besten durch das Prädikat „weiblich" zu bezeichnen ist. Ausserdem war sie so anspruchsvoll, so voller Ungeduld und mit Eifersucht gemischt, dass er häufig Veranlassung nimmt, mit dem weniger zärtlichen und enthusiastischen Titus zu schmollen.

Hier einige Beispiele: „27. December 1828. Wenn ich heute so viel Unsinn kritzle, so ist es nur deshalb, um Dich zu erinnern, dass Du so fest wie je in meinem Herzen sitzest, und dass ich derselbe Fritz geblieben bin. Du magst nicht, dass man Dich küsst, heute aber musst Du mir es erlauben." Die Kuss-Frage wird häufig erörtert. „12. September 1829. Ich umarme Dich herzlich und küsse Dich auf den Mund, wenn Du es mir erlaubst." „20. October 1829. Ich umarme Dich herzlich — Mancher schreibt dies am Ende seines Briefes, die Meisten denken sich aber wenig dabei, wenn sie es schreiben. Du indessen, mein liebster Freund, musst glauben, dass ich es aufrichtig meine, so wahr ich Fritz heisse." „4. September 1830. Die Zeit vergeht, ich muss mich waschen . . . . küsse mich jetzt nicht . . . . aber Du würdest mich ja überhaupt nicht küssen, wenn ich mich auch mit byzantinischem Oel salbte, es sei denn, dass ich Dich mit magnetischen Mitteln dazu zwänge."

Kennten wir nicht den Schreiber und den Adressaten, so könnten wir glauben, dass die beiden folgenden Stellen von einer Liebenden an den Geliebten geschrieben sind: „14. November 1829. Du mein Liebster, bedarfst nicht meines Portraits. Glaube mir, dass ich stets um Dich bin und Dich zeitlebens nicht vergessen werde." „15. Mai 1830. Du hast keinen Begriff, wie ich Dich liebe! Könnte ich es Dir nur beweisen! Was gäbe ich nicht darum, wenn ich Dich noch einmal recht herzlich umarmen könnte!" Einmal spricht er den Wunsch aus, mit seinem Freunde zu reisen; aber dies Verlangen scheint ihm zu gewöhnlich, und er bedient sich folgender überschwänglicher Ausdrucksweise: „18. September 1830. Ich möchte nicht mit Dir reisen, denn ich sehe mit dem grössten Entzücken dem Moment

entgegen, wo wir in der Ferne einander begegnen und uns umarmen; dass wird mehr werth sein, als tausend langweilige
Reisetage in Deiner Gesellschaft." Eine andere Stelle aus diesen
Briefen giebt uns einen Begriff von dem Einfluss Woyciechowski's
auf seinen Freund: „10. April 1830. Dein Rath ist gut. Ich
habe bereits einige Einladungen zum Abend ausgeschlagen, als
hätte ich eine Ahnung davon gehabt, denn ich denke an Dich
fast bei Allem, was ich unternehme. Ich weiss nicht, ob es daher kommt, weil ich von Dir zu Fühlen und zu Erkennen gelernt
habe; aber wenn ich irgend etwas componire, so wünsche ich
stets zu wissen, ob es Dir gefällt; und ich glaube, dass mein
zweites Concert (E-moll) nicht eher Werth für mich haben wird,
als bis Du es gehört und gebilligt hast." Wie diese Worte
zeigen, dass Chopin in seinem Freunde eine Art Erzieher verehrt, so ist er stets ungeduldig, seinen Titus mit Allem bekannt
zu machen, was er Neues geschrieben hat. Aber sie enthalten
noch einen weiteren charakteristischen Zug, welcher Beachtung
verdient: ich meine das, was Chopin von seiner „Ahnung" sagt.
Im Aberglauben ist er ein richtiges Kind seines Heimathlandes,
und alle Aufklärung Frankreichs vermochte seinen Glauben an
Träume, Vorahnungen, günstige und ungünstige Tage, glück-
und unglückbringende Zahlen etc. nicht zu erschüttern. Dies ist
ein weiterer romantischer Zug im Charakter des Componisten,
ein gefährlicher für wissenschaftliche Bestrebungen, für die künstlerischen dagegen nicht ungünstig. Ich werde später wieder noch
auf diesen Gegenstand kommen und einige Beläge dafür geben;
hier folge nur noch eine kurze Stelle aus einem der früheren Briefe
Chopin's: „17. April 1830. Wenn Du während der Reichstags-
sitzungen in Warschau bist, so wirst Du in mein Concert kommen — ich habe etwas wie eine Vorahnung, und wenn ich dann
auch noch davon träume, so glaube ich bestimmt daran."

Nehmen wir nach diesen einleitenden Worten den Faden
der Erzählung wieder auf. Nach Warschau zurückgekehrt, wurde
Chopin durch die in deutschen Blättern erschienenen Kritiken
seiner Wiener Concerte in einem Zustande geistiger Erregung
erhalten. Er wird nicht müde, seinem Freunde von ihnen zu
erzählen, schreibt Stellen daraus ab und beklagt sich über
die polnischen Zeitungen, welche sie in unrichtiger Uebersetzung reproducirt haben. Man kann sich freilich über die

Incorrectheit der polnischen Berichte nicht wundern, denn einige dieser Kritiken sind in dem denkbar unbeholfensten und confusesten Deutsch geschrieben. Nach dem, was Chopin über diesen Gegenstand sagt, scheint es, als habe er den Aeusserungen der Presse viel zu viel Wichtigkeit beigelegt, und sei er gegen tadelnde Worte, auch gegen die schonendsten, übermässig empfindlich gewesen. Dass sich der junge Meister indessen bald mit neuen Arbeiten beschäftigte, erhellt aus der bereits citirten Stelle seines Briefes vom 3. October 1829, wo er von dem Adagio eines Concertes spricht, sowie von einem durch sein „Ideal" inspirirten Walzer. Diese Compositionen waren der zweite Satz des F-moll-Concertes, und der Walzer Opus 70 Nr. 3, von welchen bei Besprechung der Werke aus den Jahren 1829 und 1830 noch weiter die Rede sein wird.

Eine der wichtigsten Episoden im damaligen Musikleben Chopin's waren die wöchentlichen Musikabende im Hause des Claviercomponisten Kessler, von welchem der Leser im folgenden Capitel Näheres erfahren wird. Dort versammelten sich die tüchtigsten Tonkünstler Warschau's, und jeder musste vom Blatt spielen, was ihm vorgelegt wurde. Unter den an zweien dieser Freitagabenden ausgeführten Werken finden wir Spohr's Octett, welches Chopin als „wunderbares Werk" bezeichnet; Ries' Cismoll-Concert (mit Streichquartettbegleitung vorgetragen), Hummel's E-dur-Trio, das Clavier-Quartett vom Prinzen Louis Ferdinand von Preussen und Beethoven's letztes Trio, von welchem Chopin sagt, er könne seine Pracht und Grösse nur bewundern. In Brzezina's Musikalienhandlung sprach er jeden Tag vor, ohne freilich dort Neues zu finden, ausgenommen ein Concert von Pixis, welches keinen grossen Eindruck auf ihn machte. Dass Chopin mit seiner Lage wenig zufrieden war, ergiebt sich aus seinen folgenden Worten: „Du glaubst nicht, wie traurig mir Warschau ist; fühlte ich mich nicht im häuslichen Kreise glücklich, so würde ich hier nicht leben mögen. O, wie bitter ist es, Niemanden zu haben, mit dem man Freude und Leid theilen kann; wie schrecklich ist das Gefühl eines bedrückten Herzens, wenn man seine Leiden keiner menschlichen Seele klagen kann! Du weisst genau, was ich empfinde. Wie oft erzähle ich meinem Clavier alles das, was ich Dir mittheilen möchte!" Gewiss erräth der Leser, so gut wie es Titus errieth, an welchen

9*

dieser Brief gerichtet ist, dass Chopin auf seine Liebe anspielt.
Bemerkenswerth sind auch die auf die Unterhaltung mit seinem
Clavier bezüglichen Schlussworte.

Um diese Zeit war Chopin unausgesetzt mit Reiseplänen
beschäftigt. Im October 1829 schreibt er, dass, wohin auch
das Schicksal ihn führen möge, er entschlossen ist, den Winter
nicht in Warschau zuzubringen. Nichtsdestoweniger verfloss
länger als ein Jahr, bevor er seiner Heimathstadt Lebewohl sagte.
Er selbst wünschte nach Wien zu gehen, sein Vater aber scheint
mehr für Berlin gewesen zu sein. Fürst Radziwill und seine
Gattin hatten ihn freundlich eingeladen, nach der preussischen
Hauptstadt zu kommen und ihm Wohnung in ihrem Palais
angeboten. Chopin indessen vermochte nicht einzusehen, welchen Vortheil ein Aufenthalt in Berlin ihm bringen könne.
Ueberdies glaubte er, im Gegensatz zu seinem Vater, dass diese
Einladung nichts weiter sei als „de belles paroles". Beiläufig
gesagt, können diese Worte Chopin's beweisen, dass der Fürst
nicht sein Beschützer und Wohlthäter gewesen ist, wie Liszt
und Andere behauptet haben. Während Chopin von seiner Absicht spricht, irgend wohin zu reisen und von des Fürsten Einladung, ruft er plötzlich mit echt Chopin'scher Unentschlossenheit und Unberechenbarkeit aus: „Wozu aber alles dieses? In
Anbetracht, dass ich so manche neue Arbeit begonnen habe,
wäre es wohl das Weiseste, hier zu bleiben."

Ohne diese Angelegenheit entschieden zu haben, bricht er am
20. October 1829 nach Posen auf. Eine Einladung des Fürsten
Radziwill war für ihn die Veranlassung, das väterliche Dach so
bald nach seiner Rückkehr wieder zu verlassen. Seine Absicht war, nur vierzehn Tage fern zu bleiben, und auf dem
Wege nach Antonin, der Residenz des Fürsten, seine Freunde,
die Wiesiołowski's zu besuchen. Chopin gefiel sich in Antonin
ausserordentlich. Die Fürstin, eine freundliche und gütige Dame,
welche das Verdienst des Menschen nicht etwa nur nach seiner
Abstammung schätzte, gewann das Herz des Künstlers, indem sie
den Wunsch aussprach, dessen F-moll-Polonaise (Opus 71 Nr. 3'
jeden Tag zu hören und so bald als möglich zu besitzen. Die
jungen Prinzessinnen, ihre Töchter, hatten, abgesehen von ihrer
Schönheit, mancherlei Reize für ihn; eine von ihnen spielte fertig und verständnissvoll Clavier. „Ich habe während meines

Besuches beim Fürsten Radziwiłł" berichtet Chopin seinem
Freunde Titus am 14. November 1829 „eine *Alla Polacca* mit
Violoncell geschrieben. Es ist nichts weiter als ein brillantes
Salon-Stück, wie es den Damen gefällt. Ich wünschte, die Prinzessin Wanda übte es ein, so dass es den Anschein hätte, als habe
ich ihr Unterricht gegeben. Sie ist erst siebzehn Jahre alt und
sehr hübsch; es müsste entzückend sein, das Recht zu haben, ihre
niedlichen Finger auf die Tasten zu setzen — aber, Spass bei Seite,
ihre Seele ist mit wahrem musikalischen Empfinden erfüllt und
man hat nicht nöthig, ihr zu sagen, wo sie *crescendo, piano* oder
pianissimo spielen soll." Nach Liszt hat sich Chopin seiner Besuche in Antonin gern erinnert und manches kleine damit ver-
knüpfte Erlebniss erzählt. Die Prinzessin Elisa z. B., eine der
Radziwiłł'schen Töchter, welche in der Blüthe ihrer Jahre starb,
hatte ihm das süsse Bild eines für kurze Zeit auf diese Erde
verbannten Engels hinterlassen. Eine andere Stelle des Briefes,
aus welchem ich zuletzt citirte, wirft einiges Licht auf Chopin's
Beziehungen zu ihr. „Du wünschest ein Portrait von mir; könnte
ich nur der Prinzessin Elisa eines entwenden, so solltest Du
es gewiss haben; denn sie hat zwei Portrait-Zeichnungen von
mir in ihrem Album, und man sagt, dieselben seien sehr
ähnlich."

Der musikalisch hochbegabte Fürst fühlte sich selbstverständlich durch das erblühende Genie angezogen. Was Chopin
von den Compositionen seines hohen Freundes hielt, berichtet
er ausführlich an Titus Woyciechowski. Ich will hier ein für
allemal bemerken, dass die in diesem Capitel citirten Briefe
sämmtlich an diesen gerichtet sind. „Du weisst, wie sehr der
Fürst die Musik liebt; er zeigte mir seinen ‚Faust‘, und ich fand
darin manches wahrhaft Schöne, zum Theil sogar Grossartige.
Unter uns, ich hätte dem *Namiestnik* [Statthalter] solche Musik
niemals zugetraut! Unter Anderm war ich durch eine Scene
überrascht, in welchem Mephistopheles mit Gesang und Guitarrenspiel Gretchen an's Fenster lockt, während gleichzeitig
aus der nahen Kirche ein Choral erklingt. Dies muss auf der
Bühne eine grosse Wirkung machen. Ich erwähne dies nur, um
Dir ein Bild seines musikalischen Schaffens zu geben. Er ist
ein grosser Bewunderer Gluck's. Die Bühnenmusik hat nach
seiner Meinung nur so weit Bedeutung, als sie die Situationen

und die Handlung illustrirt; deshalb schliesst auch seine Ouvertüre nicht ab, sondern geht sofort in die Introduction über. Das
Orchester ist hinter den Coulissen aufgestellt und stets unsichtbar, damit die Aufmerksamkeit der Zuschauer durch Aeusserlichkeiten, wie die Bewegungen des Dirigenten und der Spieler
nicht abgelenkt werde.“

Chopin gefiel sich so gut in Antonin, dass, hätte es sich
nur um sein Vergnügen gehandelt, er dort geblieben wäre, bis
man ihn fortgewiesen hätte. Dennoch, und obwohl man ihn
bat, länger zu bleiben, verliess er dies „Paradies“ mit seinen
„zwei Even“ nach einem Aufenthalt von acht Tagen. Es waren
seine Arbeiten, besonders das „ungeduldig auf sein Finale war-
tende“ F-moll-Concert, welche ihn zu dieser Selbstverleugnung
veranlassten. Sobald Chopin von seinem Arbeitszimmer wieder
Besitz genommen, war es zweifellos seine erste Aufgabe, oder
doch eine der ersten, den fehlenden Satz, das Rondo seines
Concertes zu schreiben; doch hören wir, da von hier an seine
Briefe eine Lücke von mehr als vier Monaten zeigen, nichts
weiter darüber, bis er es öffentlich spielte. Vor seinem Besuche
in Antonin schreibt er dem Freunde (20. October 1829), dass
er „eine Etüde nach seiner Manier“ componirt habe, und nach
dem Besuche berichtet er, „mehrere Etüden“ geschrieben zu
haben.

Wie es scheint, hat sich Chopin gelegentlich in der Ressource hören lassen. Der Leser wird sich seiner Absicht erinnern, dort mit Fontana das Rondo mit zwei Clavieren vorzutragen. Am 14. November 1829 theilt Chopin seinem Freunde
Titus mit, dass am Sonnabend zuvor Kessler das E-dur-Con-
cert von Hummel in der Ressource gespielt habe, und dass er
selbst, wahrscheinlich am folgenden Sonnabend dort spielen
werde, für welchen Fall er seine Variationen, Opus 2, gewählt
habe. So, mit Componiren und Clavierspielen beschäftigt, zugleich unter einer gewissen Vereinsamung leidend — „Du kannst
Dir nicht vorstellen“ schreibt er „wie mir jetzt überall in Warschau etwas fehlt! Ich habe Niemanden, mit dem ich reden
kann, wären es auch nur zwei Worte, Niemanden, dem ich mich
anvertrauen kann“ — so sieht er dem Tag des ersten Concerts in seiner Vaterstadt entgegen. Dies wichtige Ereigniss
fand am 17. März 1830 statt, mit folgendem Programm:

Erster Theil.

1) Ouvertüre zur Oper *Lessek Biały* von Elsner.
2) Clavierconcert in F-moll (erster Satz), componirt und vorgetragen von F. Chopin.
3) Divertissement für Horn, componirt und vorgetragen von Görner.
4) Clavierconcert in F-moll (Adagio und Rondo) componirt und vorgetragen von Chopin.

Zweiter Theil.

1) Ouvertüre zur Oper *Cecylja Piasecsyńska* von Kurpiński.
2) Gesangs-Variationen von Paër, vorgetragen von Frau Meier.
3) Potpourri über Volksweisen, componirt und vorgetragen von Chopin.

Drei Tage vor dem Concert, welches im Theater stattfand, waren weder Logen noch Sperrsitze zu haben. Uebrigens beklagt sich Chopin, dass es im Ganzen nicht den von ihm erwarteten Eindruck gemacht habe. Nur das Adagio und Rondo seines Concerts hatten durchschlagenden Erfolg. Lassen wir den Concertgeber jedoch darüber selbst reden: „Das erste Allegro des F-moll-Concerts (nicht Allen verständlich) wurde gleichwohl mit einem ‚Bravo‘ belohnt, doch glaube ich, das Publicum wünschte damit zu beweisen, dass es ernste Musik verstehe und zu schätzen wisse. Es giebt Leute genug in allen Ländern, welche es lieben, sich das Ansehen von Kennern zu geben. Das Adagio und Rondo brachten eine sehr grosse Wirkung hervor. Der Applaus und die ‚Bravos‘ nach diesen Sätzen kamen wirklich vom Herzen; das Potpourri über polnische Volkslieder verfehlte seinen Zweck vollständig. Man applaudirte zwar, augenscheinlich jedoch nur, um dem Spieler zu beweisen, dass man sich nicht gelangweilt habe."

Wieder hören wir bei dieser Gelegenheit den Vorwurf, dass Chopin's Spiel zu zart gewesen sei; namentlich seitens derer, welche entfernt gesessen, während die näher Sitzenden befriedigt gewesen zu sein scheinen. In einer Recension, welche voll des Lobes war, wurde ihm gerathen, in Zukunft mehr Energie und Kraft zu entfalten; Chopin aber glaubte zu wissen, wo er diese Kraft finden könne, und bediente sich im nächsten Concert eines Wiener Instruments an Stelle seines eigenen Warschauer Flügels. Elsner schrieb die Undeutlichkeit der Bässe und die allgemeine Schwäche des Tones ebenfalls dem Instrument zu. Der Beifall einiger Musiker entschädigte Chopin bis zu einem gewissen Grade

für den Mangel an Beifall und Verständniss seitens des grossen
Publicums. „Kurpiński meinte, er habe an diesem Abend neue
Schönheiten in meinem Concert entdeckt, und Ernemann war
völlig befriedigt." Eduard Wolff sagte mir, dass man in Warschau von Chopin's eigentlicher Bedeutung keinen Begriff gehabt habe; wie konnte man auch? war er doch zu eigenartig,
um sofort verstanden zu werden. Es giebt Leute, welche glauben, die Schwierigkeiten in Chopin's Musik haben ihren Ursprung im polnisch-nationalen Charakter derselben, und den
Polen müsse sie so leicht-verständlich sein, wie ihre Muttersprache. Dies ist ein Irrthum; thatsächlich sind es andere Länder gewesen, welche Polen gelehrt haben, was man Chopin
schuldig ist. Dass die Pariser aristokratische Gesellschaft, Polnische wie Einheimische, bei aller Bewunderung für Chopin's
Anmuth, Eleganz und Feinheit, ihn doch keineswegs völlig verstanden hat, ist schon von Liszt bemerkt worden, der als
Augen- und Ohrenzeuge gewiss competent ist. Uebrigens ist
sein Zeugniss kaum nöthig, um die Thatsache zu bestätigen.
Ein wahrer Dichter, sei er noch so national, weicht mit seinen
Gedanken und dem Ausdruck derselben von den Pfaden der
gewöhnlichen Menschen ab, die sich ja in den höheren so gut
wie in den niederen Ständen finden. Chopin, wiewohl von
nationalem Geiste erfüllt, offenbarte denselben gleichwohl nicht
in einer allgemein verständlichen Form, weil er ihn zuvor einem
Process der Idealisirung und Individualisirung unterwarf. Es ist
häufig ausgesprochen worden, dass in Chopin's Musik der nationale Charakter über dem universalen herrscht; es ist aber nicht
minder wahr, dass bei ihm das Individuelle über dem Nationalen prädominirt. Es giebt Künstlernaturen, deren Tendenz es
ist, sich auszubreiten und zu absorbiren, während andere sich
zu concentriren und sich abzuschliessen streben. Chopin ist
ein Typus der letzteren Gattung; kein Wunder daher, dass er
nicht auf einem Schlage von seinen Landsleuten verstanden
wurde. Der grosse Erfolg der späteren Warschauer Concerte
Chopin's kann E. Wolff's Behauptung nicht widerlegen, welche
übrigens durch des Componisten eigene Bemerkungen über den
Geschmack des Publicums und dessen Aufnahme seiner Compositionen bekräftigt wird. Ueberdies werden wir sehen, dass
diejenigen seiner Werke am meisten gefielen, in welchen, wie in

der „Phantasie" und im „Krakowiak", das Rohmaterial nur
mehr oder minder künstlerisch aufgeputzt ist, noch nicht aber
geistig verarbeitet und assimilirt; wenn die „Phantasie" im ersten
Concert die Hörer kalt liess, so war daran ohne Zweifel das
Ungenügende des Vortrages schuld.

Kaum war das erste Concert vorüber, und Chopin noch
völlig unter dem Eindrucke desselben, als er bereits die Vorbereitungen zu einem zweiten begann, welches eine Woche später
stattfand. Das Programm war folgendes:

Erster Theil.

1) Symphonie von Nowakowski.
2) Clavierconcert in F-moll (erster Satz), componirt und vorgetragen von
Chopin.
3) Violin-Variationen von De Bériot, vorgetragen von Bielawski.
4) Clavierconcert in F-moll (Adagio und Rondo) componirt und vorgetragen von Chopin.

Zweiter Theil.

1) Rondo Krakowiak, componirt und vorgetragen von Chopin.
2) Arie aus „Elena e Malvina" von Soliva, gesungen von Frau Meier.
3) Improvisation über Volksweisen.

Diesmal war die Zuhörerschaft zahlreicher, wie Chopin sagt,
als in irgend einem früheren Concert, und auch in hohem Grade
befriedigt. Der Beifall nahm kein Ende, und mit dem Hervorrufen vermischte sich das Verlangen nach einem „weiteren Concert". Das Krakowiak brachte eine ungeheure Wirkung hervor
und war von vier Applaus-Stürmen gefolgt. Die Improvisation
über die polnische Volksweise *W mieście dziwne obyczaje* gefiel
nur den Leuten im ersten Rang, obwohl Chopin nicht in der Art
improvisirte, wie er es beabsichtigt hatte, was für das gerade anwesende Publicum ungeeignet gewesen wäre. Nach dieser und
einer weiteren Bemerkung Chopin's, „dass Wenige von der *haute
volée* ihn bisher gehört haben", scheint es, als wären die meist
auf ihren Gütern lebenden aristokratischen Kreise bei diesem
Concerte nicht zahlreich vertreten gewesen. Wie er vom Publicum dachte, musste er überrascht sein, dass das Adagio allgemein gefiel, und er von allen Seiten schmeichelhafte Worte darüber zu hören bekam. Man sagte ihm auch, „dass jede Note
wie eine Glocke geklungen habe" und „dass er weit besser auf
dem zweiten als auf dem ersten Instrument gespielt habe". Aber

obwohl Elsner dafür hielt, dass Chopin nur nach dem zweiten
Concert beurtheilt werden könne, und Kurpiński, sowie Andere
es bedauerten, dass er nicht auch im ersten Concert den Wiener Flügel gehabt habe, so bekennt er doch selbst, dass ihm
sein eigenes Instrument lieber gewesen sei. Der Erfolg der
Concerte kann nach folgenden Thatsachen gemessen werden:
ein reisender Virtuose und früherer Schüler des Pariser Conservatoriums Namens Dunst erbot sich in seiner Begeisterung,
Chopin mit Champagner zu traktiren; am Tage nach dem
zweiten Concert wurde ihm ein Blumenstrauss mit einem Gedicht zugesandt; sein Studiengenosse Orłowski schrieb Mazurken
und Walzer über das Hauptthema des Concerts, und veröffentlichte sie ungeachtet des Einspruches des entsetzten Componisten; der Musikalienhändler Brzezina bat ihn um sein Portrait,
aber Chopin, in der Furcht, „sein Conterfei könne zum Ein-
wickeln von Butter und Käse benutzt werden", verweigerte es;
der Redacteur des „Courier" veröffentlichte in seinem Blatte ein
an Chopin gerichtetes Sonett. Auch finanziell waren die Concerte erfolgreich, obwohl der Concertgeber dies nicht zugeben
wollte. In diesem Falle scheint er von Concerteinnahmen den
Begriff einer Prima-Donna zu haben, denn er schreibt ganz kühl:
„Von den beiden Concerten hatte ich, nach Abzug aller Kosten,
kaum fünftausend Gulden [ungefähr 2500 Mark]." Uebrigens behandelt er diesen Theil des Geschäftes sehr obenhin und erklärt,
dass Geld für ihn keine Bedeutung habe. Zu den Zeitungsstimmen,
welche selbstverständlich laut wurden, giebt Chopin einige empfind-
same und bescheidene Commentare: „Nach meinen Concerten sind
viele Kritiken erschienen; wenn mir in denselben (namentlich in dem
Kuryer Polski) reichliches Lob zu Theil wurde, so war dasselbe
doch nicht übertrieben. Das officielle Journal brachte ebenfalls
einige Spalten zu meinem Preise; eine seiner Nummern enthielt
unter anderem solche — gewiss wohlgemeinte — Einfältigkeiten,
dass ich ganz wüthend war, bis ich die Antwort in der *Gaseta
Polska* gelesen hatte, welche mir gerechterweise abzieht, was
die anderen Blätter mir in ihrer Uebertreibung zugelegt hatten.
In diesem Artikel heisst es, dass die Polen eines Tages so stolz
auf mich sein werden, wie die Deutschen auf Mozart, was offen-
barer Unsinn ist. Aber das ist nicht Alles: der Kritiker sagt
weiter, wenn ich in die Hände eines Pedanten oder eines Rossi-

nisten (welch alberner Ausdruck!) gefallen wäre, so hätte ich nicht werden können, was ich bin. Nun, obwohl ich auch jetzt noch nichts bin, so hat er darin Recht, dass meine Leistungen geringer sein würden, als sie es sind, hätte ich nicht unter Elsner studirt."

So angenehm ihm das Lob der Presse auch war, so legte Chopin demselben doch geringeres Gewicht bei, wenn er des sympathischen Beifalls seines Freundes gedachte. „Ein Blick von Dir nach dem Concert wäre mir mehr werth gewesen, als alle Lobeserhebungen der hiesigen Kritiker." Uebrigens brachten die Concerte ebensoviel Unbehagliches als Erfreuliches mit sich. Während eine Zeitung auf Chopin's stark markirte Originalität hinwies, rieth ihm eine andere, Rossini zu studiren, ihn aber nicht nachzuahmen. Dobrzyński, welcher erwartet hatte, dass seine Symphonie auf einem der Programme Platz finden würde, war böse auf Chopin, weil es nicht der Fall gewesen; eine Dame seiner Bekanntschaft nahm es übel, dass er ihr keine Loge reservirt hatte u. s. w. Was unsern Künstler am meisten ärgerte und ihn vollständig aus der Fassung brachte, war die Veröffentlichung des Sonetts und der Mazurken; er fürchtete, dass seine Feinde die Gelegenheit nicht würden vorübergehen lassen, ihn anzugreifen und lächerlich zu machen. „Ich will nicht länger lesen, was die Leute nun noch über mich schreiben werden" ruft er in einem Anfall von weinerlichem Aerger aus. Obwohl von vielen Seiten gedrängt, ein drittes Concert zu geben, beschloss er, dasselbe bis zu seiner Abreise aufzuschieben, welche übrigens weit ferner war, als er sich einbildete. Nichtsdestoweniger war er sich bereits darüber einig, was er spielen werde, nämlich das neue Concert (von welchem einige Partien noch zu vollenden waren) und, auf Wunsch, die „Phantasie" und die Variationen.

Zehntes Capitel.

1829 — 1830.

ach den Mühen und Aufregungen der Concerte kehrte
Chopin wieder zu dem ebenen Gange seines War-
schauer Lebens zurück, d. h. er spielte, componirte
und ging in Gesellschaften. Von den letzteren erfahren wir einiges aus seinen Briefen und schöpfen dabei Verdacht, dass die Warschauer Salons in der Pflege der Klassiker
nicht gerade übereifrig waren. Zunächst haben wir eine grosse
musikalische Soirée im Hause des Generals Filipeus (oder Phi-
lippeus), Intendanten des Grossfürsten Constantin. Dort stand
der „Schwan von Pesaro" augenscheinlich in hohem Ansehen;
wenigstens waren ein Duett aus „Semiramis" und ein Buffo-Duett
aus „Il Turco in Italia" (in welchem Soliva mitsang und Chopin
begleitete) die einzigen Punkte des musikalischen *Menu*, welche
der Berichterstatter der Erwähnung für werth hielt. Eine Soirée
bei Lewicki's bietet mehr Interesse. Chopin, der das Programm
aufgestellt hatte, spielte Hummel's „La Sentinelle" und sein
Opus 3, die in Antonin componirte Polonaise für Clavier und
Violoncell mit einer später hinzugefügten Introduction. Fürst
Galitzin war einer der Ausführenden bei einem Streichquartett
von Rode. Gelegentlich kamen auch noch grössere Werke zur

Aufführung; einige Monate später z. B. wurde zur Feier des
Namenstages eines Bekannten Spohr's Quintett für Clavier, Flöte,
Clarinette, Horn und Fagott gespielt. Chopin's Urtheil über
dies Werk ist wie immer kurz gefasst: „Wunderbar schön, aber
nicht recht claviermässig. Alles, was Spohr für das Clavier
geschrieben hat, ist sehr schwierig; manchmal ist es sogar unmöglich, für seine Passagen einen passenden Fingersatz zu finden."

Am Ostersonntag, den man in Polen mit Gastmählern zu feiern
pflegt, war Chopin von dem Dichter Minasowicz zum Frühstück
eingeladen. Bei dieser Gelegenheit erwartete er Kurpiński zu begegnen; und da man in den bezüglich seines Concerts erschienenen
Zeitungsartikeln den Letzteren gegen Elsner ausgespielt hatte, so
war Chopin neugierig, wie sich sein älterer Landsmann und Kunstgenosse gegen Elsner verhalten werde. Erinnern wir uns, wie
Chopin die Eltern wiederholt gebeten, seine Bemerkungen über
Musiker nicht gegen Andere laut werden zu lassen, so können
wir sicher sein, dass er auch in diesem Falle bedächtig vorging. Hier noch ein Beispiel dieser für ihn charakteristischen
und hochentwickelten Vorsicht. Nachdem er den jungen Pianisten Leśkiewicz in einem Concert gehört, schreibt er: „Es
scheint mir, dass er ein besserer Spieler werden wird als Kro-
gulski; ich habe aber noch nicht gewagt, diese Meinung auszusprechen, obwohl ich oft darnach gefragt worden bin."

In der ersten Hälfte des April 1830 war Chopin so darauf
erpicht, die von ihm begonnenen Compositionen zu beenden,
dass er seinen Lieblingswunsch, seinen Freund Titus auf dessen
Landsitz Poturzyn zu besuchen, aufgab und bei seiner Arbeit
blieb. Der Reichstag, welcher fünf Jahre nicht einberufen war,
sollte am 28. Mai zusammentreten. Selbstverständlich war damit
ein bedeutender Zusammenfluss grosser und kleiner Herren nebst
ihren Familien verbunden — eine vortreffliche Gelegenheit, ein
Concert zu veranstalten, dies um so mehr, als Chopin sich wohl
erinnerte, dass die *haute volée* ihn noch nicht gehört hatte. Indessen, sei es, dass er sein Clavierconcert nicht rechtzeitig beendigt hatte, sei es, dass die äusseren Umstände weniger günstig
waren, als er erwartet, seine Concertpläne blieben unausgeführt.
Wahrscheinlich war um diese Zeit Ueberfluss an Virtuosen; das
Zeitalter des künstlerischen Nomadisirens war eben noch nicht
zu Ende, und die Virtuosen-Concerte standen in voller Blüthe.

Auch Blahetka aus Wien hatte die Absicht, mit seiner Tochter nach Warschau zu kommen und dort während der Reichstagsperiode einige Concerte zu geben. Er schrieb deshalb an Chopin und verlangte seinen Rath. Dieser antwortete, dass viele Musiker und Musikfreunde schon oft den Wunsch ausgesprochen hätten, Fräulein Blahetka zu hören, dass aber die Kosten eines Concerts, sowie die Concurrenz vieler tüchtiger, bereits anwesender oder noch zu erwartender Künstler den Erfolg des Unternehmens in Frage stellten. Chopin, der stets Vorsichtige, schreibt darüber seinem Freunde: „Nun kann er [Blahetka] nicht sagen, ich habe ihn von den hiesigen Zuständen ungenügend unterrichtet! Es ist nicht unmöglich, dass er kommen wird. Ich würde mich freuen, sie zu sehen, und mein Möglichstes thun, der Tochter ein volles Haus zu verschaffen. Sehr gern wäre ich bereit, mit ihr auf zwei Clavieren zu spielen, denn Du glaubst nicht, welche freundliche Theilnahme dieser Deutsche mir in Wien bewiesen hat."

Unter den damals in Warschau anwesenden Künstlern befanden sich der junge Worlitzer, der, obwohl erst sechzehn Jahre alt, schon preussischer Hofpianist war; die ausgezeichnete Pianistin Fräulein De Belleville spätere Frau Oury; der grosse Geiger Lipiński (der polnische Paganini) und die berühmte Henriette Sontag, einer der hellsten Sterne der damaligen Kunstwelt. Chopin's Beziehungen zu diesen Künstlern und seine Bemerkungen über sie sind der Beachtung werth, indem sie seinen eigenen Charakter als Musiker sowie auch den ihrigen beleuchten. Er erzählt, dass Worlitzer, ein Jüngling jüdischer Abkunft, mithin von der Natur reich begabt, ihn besucht und ihm Verschiedenes, namentlich Moscheles' Alexandermarsch-Variationen vortrefflich vorgespielt habe. Er fügt aber hinzu — selbstverständlich nicht ohne sein gewöhnliches „Dies bleibt unter uns" — dass ihm noch Manches fehle, um den Titel eines „Kammervirtuosen" zu verdienen. Weit höher dachte er von Fräulein De Belleville, von der er sagt: „Sie spielt herrlich Clavier; sehr ätherisch, sehr elegant und zehn Mal besser als Worlitzer." Ohne Zweifel hatte es seiner guten Meinung von dieser Dame nicht Abbruch gethan, dass sie in Wien seine Variationen gespielt hatte und eine derselben auswendig wusste. Um diesen Gegenstand künstlerischer Bewunderung Chopin's noch etwas deutlicher zu schildern, will ich den Leser an Schumann's Charakteristik von Fräulein De Belleville und Clara Wieck erinnern: „Sie lassen sich nicht vergleichen; sie sind verschiedene Meisterinnen verschiedener Schulen. Das Spiel der Belleville ist bei weitem technisch-schöner; das der Clara aber leidenschaftlicher. Der Ton der Belleville schmeichelt, dringt aber nur bis in's Ohr; der der Clara bis an's Herz. Jene ist Dichterin, diese Dichtung."

Chopin's wärmste Bewunderung und die ausführlichsten Aeusserungen derselben gelten dem Fräulein Sontag. Diese befand sich, nachdem sie sich etwa ein Jahr zuvor mit dem Grafen Rossi heimlich verheirathet hatte, auf ihrer letzten Kunstreise, um sich dann, im Zenith ihres Ruhmes stehend, in's Privatleben zurückzuziehen. Sie glaubte wenigstens damals, es sei ihre letzte Kunstreise; spätere Vermögensverluste und verlockende Anerbietungen veranlassten sie 1849 wiederum öffentlich aufzutreten. In Warschau gab sie einen ersten Cyclus von fünf oder sechs Concerten im Laufe einer Woche, folgte dann einer Einladung des Königs von Preussen nach Fischbach und kehrte von dort wieder nach Warschau zurück. Ihre Concerte waren merkwürdig durch die Kürze der Programme. Sie sang gewöhnlich vier Nummern und zwischen ihren Vorträgen spielte das Orchester einige Stücke. Von der Mitwirkung anderer Virtuosen sah sie vollständig ab; auch war der Eindruck, den sie als Sängerin wie als Künstlerin hervorbrachte, mächtig genug, dass man, wie Chopin sagt, nach ihren Vorträgen der Ruhe bedürftig war. Folgendes schreibt er über sie am 5. Juni 1830 seinem Freunde:

„Es ist mir unmöglich, Dir die Freude zu beschreiben, welche mir die Bekanntschaft mit dieser „Gottgesandten" (wie einige Enthusiasten sie ganz richtig nennen) bereitet hat. Fürst Radziwill stellte mich ihr vor, wofür ich ihm sehr dankbar bin. Leider profitirte ich wenig von ihrem hiesigen achttägigen Aufenthalt, und musste erleben, wie sie durch langweilige Visiten von Senatoren, Woiwoden, Schlossherren, Ministern, Generälen und Adjutanten belästigt wurde, welche nur vor ihr sassen und sie anstarrten, und dabei von den gleichgültigsten Dingen sprachen. Sie nimmt Alle sehr gütig auf, denn sie ist so wohlwollend, dass sie gegen Niemanden unliebenswürdig sein kann. Gestern, als sie gerade ihren Hut aufsetzte, um zur Probe zu gehen, war sie gezwungen, ihre Stubenthür zu verschliessen, weil der Diener im Vorzimmer die Menge der Besucher nicht zurückhalten konnte. Ich wäre nicht

zu ihr gegangen, hätte sie nicht nach mir geschickt, da Radziwiłł
mich gebeten hatte, ein Gesangstück auszusetzen, welches er für
sie arrangirt hat, ein Ukrainisches Volkslied *(Dumka)* mit Variationen. Das Thema und das Finale sind schön, aber der mittlere
Theil gefällt mir nicht (und gefällt Fräulein Sontag noch weniger
als mir). Ich habe Einiges daran geändert, aber er taugt noch
immer nichts. Ich bin froh, dass sie nach dem heutigen Concert
abreist, damit ich diese Arbeit los bin; wenn Radziwiłł nach dem
Schlusse des Reichstages kommt, so wird er wohl seine Variationen
aufgegeben haben.

Fräulein Sontag ist nicht schön, aber im höchsten Grade fesselnd;
sie bezaubert Alles mit ihrer Stimme, welche zwar nicht sehr stark,
aber herrlich ausgebildet ist. Ihr *Diminuendo* ist das *non plus ultra*
von dem was man hören kann; ihr *Portamento* von wunderbarer
Schönheit; ihre chromatischen Scalen, namentlich in der Höhe, unübertrefflich. Sie sang eine Arie von Mercadante vollendet; die
Rode'schen Variationen, besonders die letzten Passagen, mehr als
vortrefflich. Die Variationen über ein Schweizerlied gefielen so,
dass sie sie nach vielen Hervorrufen *da capo* singen musste. Dasselbe war gestern mit der letzten der Rode'schen Variationen der
Fall. Ausserdem hat sie die Cavatine aus dem „Barbier" sowie
mehrere Arien aus „La Gazza ladra" und dem „Freischütz" gesungen. Nun, Du wirst Dich selbst überzeugen, wie sehr sich ihr
Gesang von Allem unterscheidet, was wir bisher gehört haben.
Einmal war ich bei ihr, als Soliva mit den Damen Gładkowska
[das „Ideal"] und Wołków kam, welche ihr sein mit den Worten
„barbara sorte" abschliessendes Duett vorsingen sollten — Du wirst
Dich desselben erinnern. Fräulein Sontag bemerkte zu mir im Vertrauen, dass beide Stimmen wahrhaft schön seien, jedoch schon
etwas angegriffen, und dass die Damen ihre Gesangs-Methoden
völlig ändern müssten, wenn sie nicht riskiren wollten, ihre Stimmen
in zwei Jahren zu verlieren. Sie sagte in meiner Gegenwart zu
Fräulein Wołków, sie besitze grosse Leichtigkeit und Geschmack,
habe jedoch „une voix trop aigue". Sie lud beide Damen auf's
Freundlichste ein, sie häufiger zu besuchen, und versprach ihr Möglichstes zu thun, um sie mit ihrer eigenen Singweise bekannt zu
machen. Ist das nicht eine ganz ungewöhnliche Liebenswürdigkeit?
Fast möchte ich glauben, es sei eine Koketterie, so ausgebildet,
dass sie den Eindruck der Natürlichkeit und Naivetät hervorbringt;
denn man kann kaum annehmen, dass ein menschliches Wesen so
natürlich sein kann, wenn es nicht über alle Hülfsmittel der
Koketterie gebietet. Fräulein Sontag ist in ihrem Négligé hundertmal schöner und reizender als in glänzender Toilette; gleichwohl
sind Die, welche sie nicht des Morgens gesehen haben, von ihrer
Erscheinung im Concert entzückt. Nach ihrer Rückkehr wird sie
bis zum 22. dieses Monats Concerte geben und dann, wie sie mir

sagt, nach St. Petersburg gehen. Beeile Dich also, theurer Freund, und komme gleich, damit Du nicht mehr versäumst als die fünf Concerte, die sie schon gegeben hat.“

Nach den Schlussworten könnte es scheinen, als habe Chopin diesen Gegenstand erledigt; indessen kommt er, nach Mittheilung einiger anderer Nachrichten, noch einmal darauf zurück:

„Ich habe Dir aber noch nicht Alles über Fräulein Sontag gesagt. Sie verwendet einige völlig neue Verzierungen, mit denen sie grosse Wirkung hervorbringt, doch nicht in der Weise wie Paganini. Die Ursache davon ist vielleicht, dass ihr Genre ein kleineres ist. Sie scheint den Duft eines frischen Blumenstrausses im Zuhörerraum zu verbreiten, mit ihrer Stimme bald liebkosend, bald spielend; selten jedoch rührt sie bis zu Thränen. Radziwiłł freilich meint, sie singe und spiele die letzte Scene der Desdemona im „Othello“ derart, dass Niemand die Thränen zurückhalten könne. Heute fragte ich sie, ob sie uns wohl einmal diese Scene im Costüm vorsingen werde (sie soll eine ausgezeichnete Schauspielerin sein), worauf sie mir antwortete, sie habe in der That oft Thränen in den Augen der Zuhörer gesehen, doch rege sie sich beim Darstellen so auf, dass sie beschlossen habe, so selten als möglich auf der Bühne zu erscheinen. Du brauchst nur herzukommen, wenn Du Dich von Deinen Landmanns-Sorgen zu erholen wünschest: Fräulein Sontag wird Dir etwas vorsingen und Du wirst dabei zu einem neuen Leben erwachen, auch neue Kraft zu Deiner Arbeit schöpfen.“

Henriette Sontag war in der That ein künstlerisches Unicum. An Macht und Fülle der Stimme, an Leidenschaft des Ausdruckes, an blendender Virtuosität und an Grösse des Stils mochten die Malibran, die Catalani, die Pasta ihr überlegen sein; an Klarheit und Lieblichkeit der Stimme dagegen, an Reinheit der Intonation, an Duftigkeit, Zierlichkeit, Eleganz der Ausführung und an Feinheit des Geschmacks war sie unübertroffen. Was nun Chopin als congenial bei ihr empfand, waren gerade diese Eigenschaften; er bewunderte sie enthusiastisch bei der grossen Sängerin, und schätzte sie nicht minder bei der anmuthigen Pianistin De Belleville. Wir werden auch später sehen, dass Chopin für Künstler, welche diese Eigenschaften nicht besassen, niemals besonderes Interesse gehabt hat. Dabei indessen entdeckte er bald bei diesen hervorragenden Künstlerinnen eine Schwäche da, wo er selbst besonders stark war, nämlich in der Feinheit und Innigkeit des Empfindens. Chopin's Meinung von Henriette Sontag trifft im Ganzen mit der anderer

Zeitgenossen zusammen; nichtsdestoweniger enthält sein Urtheil gewisse Einzelheiten, welche ihre Biographie, gewisse Züge, welche ihr Portrait vervollständigen. Es ist zu bedauern, dass Chopin's Correspondenz mit Titus Woyciechowski durch dessen Ankunft in Warschau für einige Zeit unterbrochen wurde, andernfalls würden wir ohne Zweifel noch weitere Nachrichten über die Sontag und andere Künstler von ihm besitzen.

Das Leuchten so vieler heller Sterne scheint Chopin's Licht ein wenig verdunkelt zu haben. Er gab nicht nur kein Concert, sondern er wurde auch übergangen bei Gelegenheit einer *soirée musicale* bei Hofe, zu welcher alle damals in Warschau anwesenden Künstler von Bedeutung — Fräulein Sontag, Fräulein De Belleville, Worlitzer, Kurpiński etc. — eingeladen waren. „Viele waren erstaunt" schreibt Chopin „dass ich nicht zum Spielen aufgefordert worden bin, aber ich war nicht erstaunt." Nachdem der Reichstag geschlossen war und die mit ihm verbundenen Vergnügungen ihr Ende erreicht hatten, besuchte Chopin seinen Freund Titus in Poturzyn, und nach seiner Rückkehr ging er mit seinen Eltern nach Żelazowa Wola, um einige Zeit bei dem Grafen Skarbek zu verweilen. Nachdem er Poturzyn verlassen, beschäftigte die Erinnerung an des Freundes ländlich ruhiges Leben beständig seinen Geist. Eine auf diesen Aufenthalt bezügliche Stelle seiner Briefe scheint mir charakteristisch, als stimmungsverwandt mit seinen Nocturnen und mancher Cantilene aus andern seiner Werke: „Ich muss gestehen, dass ich mit grossem Vergnügen darauf zurückblicke; ich fühle stets eine gewisse Sehnsucht nach Deinem schönen Landsitz. Die Trauerweide steht mir beständig vor Augen; jene Arbaleta! O, ich gedenke ihrer so gern! Nun, Du hast mich so viel damit geneckt, dass ich dabei alle meine Sünden losgeworden bin."

Und hat er sein „Ideal" inzwischen vergessen? O nein, im Gegentheil, seine Leidenschaft wuchs mit jedem Tage. Dies beweisen seine häufigen Anspielungen auf die, deren Namen er niemals nennt, sowie die Ausdrücke rastlosen Sehnens und herzbrechender Verzweiflung, welche man nicht ohne tiefes Mitgefühl lesen kann. Da wir bald besser mit der jungen Dame bekannt werden — sie war auf dem Punkt, das verhältnissmässig private Leben des Conservatoriums mit den Brettern zu vertauschen, welche die Welt bedeuten — so wollen wir zunächst die Symptome der interessanten Krankheit unseres Freundes betrachten.

Die erste Erwähnung des Ideals finden wir in einem Briefe vom 3. October 1829, in welchem er sagt, dass er seit sechs Monaten jede Nacht von ihr träumt und doch noch kein Wort mit ihr gesprochen hat. Unter diesen Umständen bedurfte er einer verwandten Seele, der er seine Freuden und Leiden hätte vertrauen können, und da kein Freund in Fleisch und Blut zur Hand war, so wandte er sich häufig an sein Clavier. Aus Folgendem lernen wir seinen Zustand näher kennen: „27. März 1830. Zu keiner Zeit habe ich Dich mehr vermisst als jetzt; ich habe Niemanden, dem ich mein Herz eröffnen kann" . . . „17. April 1830. In meinem unerträglichen Sehnen fühle ich mich beruhigt, wenn ich einen Brief von Dir erhalte. Heute war dieser Trost nöthiger als jemals. Manchmal möchte ich die Gedanken verjagen, welche meine Heiterkeit trüben; dann aber scheint es mir ergötzlich, mit ihnen zu spielen. Ich weiss selbst nicht recht, was mir fehlt; vielleicht werde ich ruhiger sein, nachdem ich diesen Brief beendet habe." Weiterhin heisst es in demselben Briefe: „Wie oft mache ich die Nacht zum Tage und den Tag zur Nacht! Wie manche Stunde bringe ich während des Tages träumend und schlafend zu, schlimmer als wenn ich schliefe, denn mein Befinden bleibt unverändert; anstatt mich in diesem Zustande der Erstarrung zu erfrischen, wie durch den Schlaf, ärgere und quäle ich mich, so dass ich nicht zu Kräften kommen kann.

Man kann sich leicht vorstellen, mit welcher Spannung der bereits so weit vorgeschrittene Liebende dem ersten Auftreten des Fräulein Gładkowska (als Agnese in Paër's gleichnamiger Oper) entgegensah. Selbstverständlich schickt er seinem Freunde einen ausführlichen Bericht über dies Ereigniss: sie sehe besser auf der Bühne aus als im Salon; lasse als tragische Darstellerin nichts zu wünschen; verwerthe ihre Stimme ausgezeichnet bis zum hohen Fis und G; nuancire wundervoll und bezaubere ihren Sclaven durch eine Arie mit Harfen-Begleitung. Uebrigens bestand der Erfolg der Künstlerin nicht allein in der Phantasie des Liebhabers, sondern auch in Wirklichkeit, denn das Publicum überschüttete sie am Schluss der Oper mit endlosem Beifall. Eine andere Schülerin des Conservatoriums, das bereits genannte Fräulein Wołków, debütirte um dieselbe Zeit, und Discussionen über die Verdienste der beiden Künstlerinnen, über die Wahl der Rollen, in denen sie demnächst auftreten würden, über die für oder gegen sie gesponnenen Intriguen etc. waren an der Tagesordnung. Chopin erörtert alles dieses mit grossem Eifer und ungewöhnlicher Ausführlichkeit; und während er mit dem Lobe des Fräulein Wołków durchaus nicht geizt, sorgt er doch dafür, dass auch Fräulein Gładkowska nicht zu kurz kommt: „Ernemann ist unserer Meinung" schreibt er „dass so leicht keine Sängerin mit Fräulein Gładkowska verglichen werden kann, namentlich in Betreff der Reinheit der Intonation und jener Ge- fühlswärme, die sich nur auf der Bühne voll offenbart und den Zuhörer mit sich fortreisst. Fräulein Wołków machte verschiedene kleine Fehler, wogegen Fräulein Gładkowska, obwohl sie erst zweimal (in ‚Agnese') öffentlich aufgetreten ist, auch nicht die mindest zweifelhafte Note ihre Lippen passiren liess." Der wärmere Applaus, der dem Fräulein Wołków zu Theil geworden. konnte einen so entschiedenen Anhänger nicht beirren: Chopin schrieb ihn auf Rechnung der Musik Rossini's, welche sie vor- getragen hatte.

Zum Schlusse seines Berichtes über das Debut der Gład- kowska gelangt, fragt Chopin ganz unvermittelt: „Und was soll ich nun thun?" und antwortet darauf: „Ich werde im nächsten Monat abreisen; zuvor aber muss ich mein Concert probiren. denn das Rondo ist nun fertig." Dieser Entschluss ist indessen nur ein Aufblitzen der Energie, und es dauert nicht lange, so hören wir Aeusserungen, die mit der obigen in auffallendem Widerspruch stehen. Chopin hatte schon lange vom Fort- gehen gesprochen, besonders seit seiner Rückkehr von Wien, und sollte doch noch geraume Zeit weiter davon sprechen. Zu- erst beabsichtigt er, Warschau im Winter 1829—1830 zu ver- lassen; dann beschliesst er, im Sommer 1830 abzureisen, und es ist nur noch die Frage, ob nach Berlin oder nach Wien; darauf. im Mai 1830, wird Berlin aufgegeben, aber der Zeitpunkt der Abreise ist immer noch nicht festgesetzt. Er entschliesst sich nun, in Anbetracht, dass die Spielzeit der italienischen Oper in Wien erst im September beginnt, die Sommermonate noch in Warschau zuzubringen; und wir werden sehen, wie er fortfährt, die schwere Stunde des Abschieds von der Heimath und den

Freunden weiter und weiter hinauszuschieben. Ich sprach oben von einem „Aufblitzen der Energie" bei Chopin — folgendes schrieb er eine Woche später (31. August 1830): „Ich bin noch immer hier — habe wirklich keine Lust, zu reisen. Nächsten Monat reise ich bestimmt, indem ich selbstverständlich nur der Stimme der künstlerischen Pflicht und der Vernunft folge, welche letztere in einem bedenklichen Zustande sein würde, wäre sie nicht stark genug, um alles Uebrige in meinem Kopfe zu beherrschen." Dass seine Vernunft dennoch in einem solchen Zustande war, sehen wir aus einem Briefe vom 4. September 1830, der auch deshalb bemerkenswerth ist, weil die darin ausgesprochenen Bekenntnisse die Grundtöne der Sätze erklingen lassen, aus denen die Symphonie seines Charakters besteht.

„Ich muss Dir sagen, dass meine Gedanken täglich toller und toller werden. Ich sitze noch immer hier und kann mich nicht entschliessen, den Tag meiner Abreise zu bestimmen. Ich habe eine Ahnung, dass ich Warschau verlassen werde, um nie wieder zurückzukehren; ich bin überzeugt, dass ich meiner Heimath für immer Lebewohl sagen muss. O, wie traurig muss es sein, an irgend einer andern Stelle zu sterben, als da, wo man geboren ist! Welche Prüfung wäre es für mich, an meinem Sterbebette einen gleichgültigen Arzt und bezahlte Diener zu sehen, statt der lieben Gesichter meiner Verwandten! Glaube mir, Titus, oft genug möchte ich zu Dir eilen, um Erleichterung für mein schweres Herz zu suchen, aber da dies nicht möglich ist, so stürze ich oft, nicht wissend warum, auf die Strasse hinaus — freilich, ohne meine Sehnsucht stillen zu können. Ich kehre heim, wozu? — hierzu, mich auf's Neue unbeschreiblich zu sehnen ... Mein Concert habe ich noch nicht probirt; in jedem Falle werde ich alle meine Schätze zu Michaelis hinter mir lassen. In Wien werde ich verdammt sein, zu seufzen und zu ächzen! Das ist die Folge einer Herzens-Gefangenschaft! Du, der diese unbeschreibliche Macht so genau kennt, erkläre mir den fremdartigen Zustand, in welchem der Mensch immer vom nächsten Tage etwas Besseres erwartet, als ihm der vorige gebracht hat? ,Sei nicht so thöricht' — das ist Alles, was ich mir selber antworten kann; weisst Du eine bessere Antwort, so sage sie mir, bitte, bitte . . .‟

Nachdem er im Weiteren von seinem Plan gesprochen, zwei Wintermonate in Wien zu bleiben und den Rest der Saison in Mailand zuzubringen, „wenn es nicht anders sein kann", macht er noch einige nebensächliche Bemerkungen und kommt dann wieder auf dies alte und doch ewig neue Thema zurück, die

harte Speise. an welcher die Menschheit seit Adam's und Eva's
Zeiten kaut, und an welcher sie bis zum Ende aller Tage kauen
wird, mag nun der Pessimismus oder der Optimismus trium-
phiren. „Seit meiner Rückkehr habe ich sie noch nicht besucht.
und ich muss Dir offen bekennen, dass ich die Ursache meines
Kummers häufig ihr zuschreibe. Es scheint mir, als ob die
Leute diese Ansicht theilten und dies gewährt mir eine gewisse
Befriedigung. Mein Vater lächelt über mich, wüsste er aber
Alles, so würde er vielleicht weinen. Uebrigens bin ich anscheinend leidlich zufrieden, während in meinem Innern . . ."
Dies eine der in Chopin's Briefen so häufigen Stellen, wo er in
seinem Gefühlsergusse plötzlich abbricht und in ein bedeutungs-
volles Schweigen verfällt; bei solchen Gelegenheiten möchte
man wünschen, dass er sich an's Clavier setzte und dort seinen
Satz vollendete. „Alles, was ich Dir jetzt schreiben kann, ist
wirklich albernes Zeug; der Gedanke allein, Warschau zu verlassen . . ." Wieder eine Gelegenheit zur musikalischen Ergänzung: wo Worte den Dienst versagen, da stellt sich die Tonsprache ein. „Aber warte nur, der Tag wird kommen, wo auch
Du nicht besser dran sein wirst. Der Mensch ist nicht immer
glücklich; manchem sind nur wenige Augenblicke der Glückseligkeit in diesem Leben beschieden, warum sollten wir also
die so kurz bemessene Wonne meiden?" Weiterhin hellen sich die
dunkeln Schatten allmählig etwas auf: „Wenn ich den Verkehr
mit der Aussenwelt im Grunde als eine heilige Pflicht betrachte.
so erscheint er mir, von anderer Seite betrachtet, wie eine Erfindung des Teufels, und es wäre besser, wenn die Menschen . . .
aber ich habe genug gesagt! . . ." Der Leser kennt schon
den Rest des Briefes; es ist die Stelle, in welcher bei Chopin
die Liebe zum Scherz über die Melancholie, seine Heiterkeit
über die Schwermuth siegt, und wo er, unter Thränen lächelnd,
seinen Freund warnt, ihn nicht zu küssen, da er sich zuvor
waschen müsse. Dieser Scherz über des Freundes Abneigung
gegen derartige Liebesbeweise hat übrigens eine Beimischung
von Ernst: er ist thatsächlich ein Vorwurf, wenn auch in zar-
tester, fast weiblich koketter Form.

    Am 18. September 1830 ist Chopin noch in Warschau;
warum, dies weiss er selbst nicht, aber er fühlt sich unaussprechlich glücklich da, wo er ist, und seine Eltern haben

gegen die Vertagung seiner Reisepläne nichts einzuwenden. „Morgen werde ich eine Probe [des E-moll-Concerts] mit Streichquartett halten und dann abfahren — wohin? Ich habe keine Lust zu irgend einem Orte, aber in Warschau werde ich keinenfalls bleiben. Hast Du etwa den Verdacht, dass irgend etwas Liebes mich hier zurückhalte, so bist Du im Irrthum, wie viele Andere. Ich versichere Dich, dass ich bereit wäre, jedes Opfer zu bringen, wenn mein Ich allein im Spiele wäre, und wenn ich — obwohl verliebt — mein Leid dennoch für die nächsten Jahre in meiner Brust verschliessen müsste." Kann wohl die Haltlosigkeit und Selbsttäuschung einen höheren Grad erreichen, als in diesen Phantasien unseres Künstlers? Im Verlaufe dieser ungewöhnlich ausgedehnten Epistel kommen wir zunächst wieder auf die brennende Frage:

„Ich sollte schon heute über acht Tage mit der Krakauer Post nach Wien abreisen, habe aber schliesslich diesen Plan aufgegeben — Du wirst verstehen, warum. Du kannst versichert sein, dass ich kein Egoist bin; aber, so gut wie ich Dich liebe, bin ich auch gewillt, für Andere jedes Opfer zu bringen — für Andere, wiederhole ich, nicht aber um des äusseren Scheins willen. Denn die öffentliche Meinnng, welche bei uns in hoher Achtung steht, mich jedoch, dessen sei versichert, nicht beeinflusst, geht selbst so weit, es ein Unglück zu nennen, wenn Jemand einen zerrissenen Rock, einen abgetragenen Hut etc. trägt. Sollte ich meine Laufbahn verfehlen und eines Tages nichts mehr zu essen haben, so musst Du mich in Poturzyn als Schreiber anstellen. Dort, in einem Zimmer über den Ställen, werde ich so glücklich sein, wie vorigen Sommer in Deinem Schlosse. So lange ich kräftig und gesund bin, werde ich nicht aufhören, freudig zu schaffen. Ich habe mir öfters die Frage gestellt, ob ich wirklich faul bin, ob ich mehr arbeiten könnte, ohne eine Ueberanstrengung meiner Kräfte zu riskiren. Spass beiseite, ich halte mich überzeugt, dass ich noch nicht der schlimmste Faullenzer bin, und dass ich nöthigenfalls doppelt so viel arbeiten könnte, als jetzt.

Es kommt öfters vor, dass wenn Jemand die Meinung, die Andere von ihm haben, zu verbessern wünscht, er sie vielmehr verschlechtert; was aber die Deinige von mir betrifft, so glaube ich sie weder verbessern noch verschlechtern zu können, selbst wenn ich mich gelegentlich selbst lobe. Meine Sympathie für Dich zwingt Dein Herz, die gleiche Sympathie für mich zu empfinden. Du bist nicht Herr Deiner Gedanken, aber ich beherrsche die meinigen; wenn ich mir einmal einen in den Kopf gesetzt habe, so lasse ich ihn mir nicht wieder nehmen, ebenso wie der Baum sich seines grünen Kleides nicht berauben lässt, welches ihm den Reiz der

Jugend verleiht. Bei mir wird es auch im Winter grünen, d. h. nur
im Kopfe, aber — Gott helfe mir — im Herzen brennt die
heisseste Gluth, weshalb sich auch Niemand über die Ueppigkeit
der Vegetation wundern darf. Genug . . . Dein für immer! . . .
Erst jetzt bemerke ich, dass ich zu viel Unsinn rede. Du siehst,
der Eindruck des gestrigen Tages [die bereits erwähnte Namenstags-
Feier] ist noch nicht ganz verflogen, ich bin noch schläfrig und
matt, weil ich zu viel Mazurka getanzt habe.

Deine Briefe binde ich mit einem Bändchen zusammen,
welches mir mein Ideal einst gegeben. Ich freue mich, dass die
beiden leblosen Dinge, die Briefe und das Band, sich so gut
vertragen, vielleicht deshalb, weil sie, obwohl sie einander nicht
kennen, doch fühlen, dass sie beide von mir lieben Händen
kommen."

Auch der höflichste unter allen Sterblichen wird, sofern er
noch nicht aller Wahrheitsliebe entsagt hat, dem Bekenntnisse
Chopin's, Unsinn geredet zu haben, nicht widersprechen wollen.
Doch ist, abgesehen vom Mangel an Klarheit und Logik, der
obige Gefühlserguss als ein Ganzes merkwürdig: die Gedanken
quillen, man weiss nicht woher, wie oder warum, ihre Sprünge
sind unberechenbar; und wenn sie sich auch im Geiste des Schrei-
benden zusammenhängend folgten, so deutet er doch diesen Zusammenhang auch nicht in der leisesten Weise an. Trotzdem sind
Chopin's philosophische Betrachtungen, seine dichterischen Medi-
tationen in rhapsodischer Form, so wenig sie uns auch erleuch-
ten, erbauen oder erfreuen können, doch wohl geeignet, uns
das Verständniss seines Charakters und namentlich seiner zeitweiligen Stimmungen zu erleichtern.

Die magnetische Macht, welche Chopin's „Ideal" auf ihn
ausübte, und seine eigene Unentschlossenheit waren, wiewohl
hochgradig, doch nicht die einzigen Ursachen der langen Verzögerung seiner Abreise; der unruhige Zustand Europas nach
dem Ausbruch der Pariser Juli-Revolution trug ebenfalls dazu bei.
Pässe konnte man nur nach Preussen und Oesterreich erhalten und
auch für diese Länder wurden sie nicht Jedem ausgestellt. In
Frankreich hatte sich die Aufregung noch nicht gelegt, in Italien
war sie nahe dem Siedepunkt. Selbst Wien, wohin Chopin zunächst
zu reisen gedachte, und Tirol, welches er auf seinem Wege
nach Mailand passiren musste, waren keineswegs ganz ruhig.
Chopin's Vater wünschte daher selbst einen Aufschub der Reise.
Nichtsdestoweniger schreibt unser Künstler am 22. September,

dass er in einigen Wochen aufbrechen werde, und nennt als nächstes Ziel Wien, wo, wie er sagt, man sich seiner erinnere, und er das Eisen schmieden werde, so lange es heiss ist. Vorläufig ist seine Liebeskrankheit im Zunehmen. „Ich bedauere sehr" schreibt er am 22. September 1830 „dass ich Dir schreiben muss, wenn ich, wie heute, unfähig bin, meine Gedanken zusammenzuhalten. Indem ich über mich nachdenke, werde ich trübe gestimmt und laufe Gefahr, den Verstand zu verlieren. In meine Gedanken versunken, wie ich es häufig bin, könnten Pferde auf mir herumtreten — gestern wäre dies auf der Strasse beinahe der Fall gewesen, ohne dass ich mich dessen versehen hätte. In der Kirche von einem Blicke meines Ideals getroffen, eilte ich in einem Zustande seliger Geistesabwesenheit durch die Strassen und kam erst nach einer Viertelstunde wieder zu voller Besinnung. Manchmal bin ich so toll, dass ich über mich selbst erschrecke."

Der melancholische Grundzug der in diesem Capitel citirten Briefe darf uns nicht zur Annahme verleiten, der Zustand der Niedergeschlagenheit sei bei Chopin permanent gewesen; es ist vielmehr wahrscheinlich, dass er sich nur in besonders trüben Stimmungen gedrängt fühlte, dem Freunde sein Leid zu klagen und sein Herz zu erleichtern. An der Pflege seiner Kunst liess er sich durch die Liebesaufregungen in keiner Weise hindern, denn selbst aus der Zeit, in welcher die Tyrannei der Leidenschaft am Schwersten auf ihm lastete, berichtet er, er habe einige „unbedeutende Stücke" componirt, wie er sich bescheidentlich ausdrückt, indem er wahrscheinlich „kurze Stücke" meint. Inzwischen hatte er auch ein Werk beendet, welches wahrlich nicht in die Kategorie der „unbedeutenden Stücke" gehört, nämlich das Clavierconcert in E-moll, dessen Vollendung er am 21. August 1830 ankündigt. Eine kritische Betrachtung dieses Concerts und anderer Arbeiten des Meisters spare ich mir für ein besonderes Capitel auf, und verweile für jetzt bei der Aufführung des genannten Concerts und den dieselbe begleitenden Umständen.

Am 18. September 1830 schreibt Chopin, dass er das Concert einige Tage zuvor mit Streichquartett-Begleitung probirt habe, dass er aber nicht recht befriedigt gewesen sei: „Diejenigen, welche der Probe beiwohnten, behaupten, das Finale sei der wirksamste Satz (wahrscheinlich weil er leicht verständlich ist). Wie es mit Orchester klingen wird, kann ich Dir erst nächsten Mittwoch sagen, wo ich es zum ersten Mal in dieser Gestalt spielen werde. Morgen werde ich eine zweite Probe mit Streichquartett halten." Zu einer Probe mit Orchester (aber ohne Trompeten und Pauken) am 22. September 1830 lud er Kurpiński, Soliva und die Elite der Warschauer Musikfreunde ein, wiewohl er auf deren Urtheil wenig zu geben bekennt. Gleichwohl ist er neugierig zu erfahren, „wie der ‚Capellmeister' [Kurpiński] mit dem Italiener [Soliva], Czapek mit Kessler, Filipeus mit Dobrzyński, Molsdorf mit Kaczyński, Ledoux mit dem Grafen Sołtyk und Herr P. mit uns Allen Blicke wechseln werden. Es ist noch nie vorgekommen, dass alle diese auf einer Stelle versammelt gewesen sind; ich allein werde dies fertig bringen, und thue es nur aus Neugier!" Der Musikerkreis dieser Gesellschaft, aus Polen, Tschechen, Deutschen, Italienern etc. bestehend, giebt uns ein richtiges Bild des Misch-Charakters der Warschauer Musikwelt, welche man in dieser Hinsicht mit der heutigen Londoner vergleichen könnte. Aus der obigen Bemerkung Chopin's sehen wir, dass er seine Collegen weder besonders achtete noch besonders liebte; auch in seinen Briefen findet sich nicht die leiseste Andeutung eines intimen Verhältnisses zu einem derselben. Das Probiren des Concerts giebt Chopin mancherlei zu thun, und sein Kopf ist voll von der Composition. In dem vorhin citirten Briefe finden wir noch folgende Stelle:

„Ich bitte Dich herzlich um Verzeihung wegen meines heutigen eiligen Briefes; ich muss noch schnell zu Elsner laufen, um mich seiner für die Probe zu versichern. Dann habe ich noch für die Pulte und Dämpfer zu sorgen, die ich gestern total vergessen hatte: ohne die letzteren würde das Adagio völlig unbedeutend und sein Erfolg zweifelhaft sein. Das Rondo ist wirksam, der erste Satz kraftvoll. Verfluchtes Selbstlob! Und wenn Jemand Schuld hat, dass ich eingebildet bin, so bist Du Egoist es; wer sich mit so Einem einlässt, der wird ihm ähnlich. In einem Punkte aber bin ich Dir doch unähnlich: ich kann niemals schnell zum Entschluss kommen. Ich habe indessen den festen Willen und den geheimen Plan, am Sonnabend über acht Tage bestimmt abzureisen, ohne Gnade, trotz aller Klagen, Thränen und Lamentos. Meine Noten im Koffer, ein gewisses Bändchen auf meinem Herzen, die Seele voll Unruhe: so in den Postwagen. Gewiss werden in der ganzen

Stadt die Thränen in Strömen fliessen, vom Copernicus bis zum Springbrunnen, von der Bank bis zur König-Sigismund-Säule; aber ich werde kalt sein und gefühllos wie ein Stein, und über alle die lachen, welche mir ein solch herzbrechendes Lebewohl sagen möchten!"

Nach der Orchesterprobe des Concerts, welche bei der von Chopin so gering geschätzten Musikwelt Warschau's einen guten Eindruck hinterlassen, beschloss er, oder liess sich vielmehr von seinen Freunden bestimmen, am 11. October 1830 noch ein Concert im Theater zu geben. Obwohl er gespannt ist, welche Wirkung sein Concert auf das Publicum machen werde, so ist er doch wenig geneigt, öffentlich zu spielen, was man im Hinblick auf seine Gemüthsfassung begreiflich finden wird. „Du kannst Dir kaum vorstellen" schreibt er „wie mich hier, bei der inneren Erregung, die ich nicht bemeistern kann, Alles ungeduldig macht und langweilt." — Das letzte und dritte seiner Warschauer Concerte sollte einen gewählteren Charakter haben, als die beiden vorhergehenden; es sollte eines sein „ohne jene unglücklichen Clarinetten- und Fagott-Soli", welche damals noch so beliebt waren. Um diesen quantitativen Verlust zu ersetzen, bat Chopin die Damen Gładkowska und Wołków, einige Arien zu singen, und erlangte nicht ohne Mühe die nöthige Erlaubniss für sie von ihrem Lehrer Soliva sowie vom Minister des öffentlichen Unterrichts, Mostowski. Die Zustimmung des letzteren war nöthig, weil die beiden jungen Damen ihre Ausbildung auf Staatskosten erhalten hatten. Das Programm des Concerts war folgendes:

Erster Theil.

1) Symphonie von Görner.
2) Clavierconcert in E-moll (erster Satz), componirt und vorgetragen von Chopin.
3) Arie mit Chor von Soliva, gesungen von Fräul. Wołków.
4) Clavierconcert in E-moll (Adagio und Rondo), componirt und vorgetragen von Chopin.

Zweiter Theil.

1) Ouvertüre zu „Tell" von Rossini.
2) Cavatine aus „La donna del lago" von Rossini, gesungen von Fräulein Gładkowska.
3) Phantasie über polnische Weisen, componirt und vorgetragen von Chopin.

Der Erfolg des Concerts liess Chopin seine Sorgen vergessen. Der Brief, in welchem er darüber berichtet, enthält
keine einzige Klage; seine Stimmung scheint während dieser
Tage eine kindlich ungetrübte gewesen zu sein. Er hatte ein
volles Haus, fühlte sich jedoch am Clavier so unbefangen, als
spiele er bei sich in seinem Zimmer. Der erste Satz des Concerts ging sehr glatt und die Zuhörerschaft lohnte ihm mit
donnerndem Beifall. Ueber die Aufnahme des Adagio und
Rondo erfahren wir nichts, ausgenommen, dass in der Pause
zwischen dem ersten und zweiten Theil des Concerts eine Anzahl von Musik-Kennern und Liebhabern auf die Bühne kamen
und dem Concertgeber die schmeichelhaftesten Dinge über sein
Spiel sagten. Den Haupterfolg des Abends jedoch hatte die
„Phantasie über polnische Weisen". „Diesmal" schreibt Chopin
„verstand ich mich selbst, das Orchester verstand mich, und
die Zuhörer verstanden uns beide" — eine Art Sieges-Bulletin
im Stil des *veni, vidi, vici*. Besonders grosse Wirkung machte
die Mazurka am Schlusse, nach welcher Chopin viermal enthusiastisch hervorgerufen wurde. Von seinen Verbeugungen sagt
er: „Ich glaube, sie waren gestern von einiger Grazie, denn
Brandt hatte sie mir eingeübt." Kurz, der Concertgeber war
in der denkbar besten Stimmung, in jener Stimmung, welcher
das Dichterwort entspricht „Seid umschlungen, Millionen, diesen
Kuss der ganzen Welt!" Er ist mit sich selbst zufrieden und
nicht minder mit dem von ihm gespielten Streicher'schen Flügel;
mit Soliva, der das Orchester mit dem Solisten vortrefflich zusammengehalten hatte; mit dem Eindruck, den die Ouvertüre
gemacht; mit dem in Blau gekleideten, feenhaften Fräulein
Wołków, vor Allem aber mit Fräulein Głładkowska, „welche
eine weisse Robe und Rosen im Haar trug und bezaubernd
schön war." Er erzählt dem Freunde: „Sie hat niemals so gut
gesungen, wie an diesem Abend (ausgenommen die Arie in
‚Agnese'). Du kennst das ‚O quante lagrime per te versai!'
Das ‚tutto detesto' mit dem tiefen H kam so herrlich heraus,
dass Zieliński erklärte, dies H allein sei tausend Dukaten werth."

In Wien hatte es sich ergeben, dass die Partitur und die
Stimmen des Krakowiak von Fehlern wimmelten, und dasselbe
war beim Warschauer Concert der Fall. Chopin selbst sagt,
dass er nicht wisse, was am Abend des Concerts aus dem Werke

geworden sei, wenn nicht Soliva die Partitur mit nach Hause genommen und corrigirt hätte. Chopin's Schüler, Carl Mikuli, der wie sein Mitschüler Tellefsen viele Manuscripte des Meisters copirt hat, berichtet, dass sie voller Schreibfehler gewesen seien, unrichtiger Noten und Bezeichnungen, fehlender Versetzungs- zeichen, Punkte und Intervalle sowie incorrecter Angabe der Bogen und Octaven-Versetzungszeichen.

Obwohl Chopin am 5. October 1830 geschrieben hatte, dass er acht Tage nach dem Concert bestimmt nicht mehr in Warschau sein werde, dass sein Koffer gekauft, seine ganze Ausstattung bereit sei, dass die Partituren corrigirt, die Taschen- tücher gesäumt, die neuen Beinkleider und der neue Frack an- probirt seien etc., dass thatsächlich nichts mehr zu thun sei, als das Schlimmste von Allem, das Abschiednehmen, so währte es doch noch bis zum 1. November 1830, dass er wirklich abreiste. Elsner und eine Anzahl von Freunden begleiteten ihn bis Wola, dem ersten Dorfe hinter Warschau. Dort wurden sie von den Schülern des Conservatoriums erwartet, welche eine von Elsner für diese Gelegenheit componirte Cantate sangen. Dann setzten sich die Freunde zu einem für sie bereiteten Abschiedsmahle, bei welchem ein silberner, mit polnischer Erde gefüllter Pokal im Namen aller Anwesenden dem Scheidenden überreicht wurde. „Mögest Du nie Dein Heimathland vergessen!" so lauteten, nach Karasowski, die dabei gesprochenen Worte „Wo Du auch wan- derst oder weilst, mögest Du nie aufhören, es warm und treu zu lieben! Gedenke Polens, gedenke Deiner Freunde, die Dich mit Stolz ihren Landsmann nennen, die Grosses von Dir er- warten, deren Wünsche und Gebete Dich begleiten!" In wie reichem Maasse Chopin die Wünsche und Erwartungen seiner Freunde verwirklicht hat, wird sich aus dem Weiteren ergeben; wie sehr ihn ihre Liebesworte gerührt haben müssen, kann sich der Leser nach dem Inhalte dieses Capitels unschwer vorstellen. Nun aber nahte erbarmungslos die gefürchtete Stunde der Trennung — ein letztes Lebewohl und der Wagen rollt davon; der Reisende hat alles hinter sich gelassen, was ihm das Liebste ist, Eltern, Geschwister, die Geliebte, die Freunde. „Ich habe eine bestimmte Ahnung, dass ich nicht nach Warschau zurück- kehren werde; ich bin überzeugt, meinem Heimathlande für immer Lebewohl zu sagen" — so hatte er gesprochen und so sollte

es sich erfüllen. Nie sollte Chopin wieder die geliebte polnische
Erde betreten, nie sollte sein Auge wieder Warschau erblicken,
das Conservatorium, die gegenüberstehende König-Sigismund-
Säule, die benachbarte Bernhardinerkirche (in welcher Constantia
ihre Andacht zu verrichten pflegte) und alle die übrigen Gegenstände und Oertlichkeiten, an welche sich die süssen Erinnerungen
seiner Kindheit und Jünglingszeit knüpften.

Elftes Capitel.

1830.

Zusammentreffen mit Titus Woyciechowski in Kalisch. — Vier Tage in Breslau: Besuch des Theaters Capellmeister Schnabel. Mitwirkung in einem Concert. Adolph Hesse. — Zum zweiten Mal in Dresden: Musik in Theater und Kirche. Deutsche und polnische Kreise. Morlacchi, Signora Palazzesi, Rastrelli, Rolla, Dotzauer, Kummer, Klengel und andere Musiker. Concertpläne, welche sich jedoch nicht verwirklichen. Sehenswürdigkeiten. — Nach Ablauf einer Woche Abreise über Prag nach Wien. — Ankunft in Wien gegen Ende November 1830.

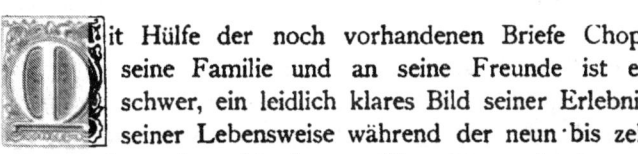

it Hülfe der noch vorhandenen Briefe Chopin's an seine Familie und an seine Freunde ist es nicht schwer, ein leidlich klares Bild seiner Erlebnisse wie seiner Lebensweise während der neun bis zehn Monate zwischen seiner Abreise von Warschau und seiner Ankunft in Paris zu gewinnen. Ohne jene Briefe würde dies unmöglich sein, einmal weil Chopin, wenn auch in musikalischen Kreisen bekannt, doch noch keine Berühmtheit war, sodann weil Diejenigen, mit denen er damals verkehrte, ihm bereits in's Jenseits vorangegangen oder gefolgt sind.

Chopin, der, wie sich der Leser erinnert, Warschau am 1. November 1830 verliess, traf in Kalisch mit Titus Woyciechowski zusammen, worauf die beiden Freunde den Weg nach Wien einschlugen. Den ersten Aufenthalt nahmen sie in Breslau, wo sie am 6. November anlangten. Kaum hatte sich Chopin im Hotel „zur goldenen Gans" umgekleidet und erfrischt, als er auch schon in's Theater eilte. Die drei Vorstellungen, denen

er während seines Breslauer Aufenthaltes beiwohnte, waren
Raimund's Zauber-Komödie „Der Alpenkönig und der Menschenfeind", Auber's „Maurer und Schlosser" und Winter's damals
noch populäre Oper „Das unterbrochene Opferfest". Wie es
zu erwarten war, gelang es den Schauspielern besser als den
Sängern, bei einem so wählerischen Zuhörer Beifall zu finden.
Da sowohl Chopin wie Woyciechowski mit Empfehlungsbriefen
versehen waren, und die Empfänger derselben Alles aufboten,
um ihren Gästen den Aufenthalt angenehm zu machen, so konnten die Freunde vier glückliche Tage in Breslau zubringen. Es
ist charakteristisch für das damalige deutsche Musikleben, dass
in der Ressource, einer Privatgesellschaft Breslaus, dreimal in
der Woche Concerte stattfinden konnten, bei denen die Mitwirkenden grösstentheils Liebhaber waren. Capellmeister Josef
Schnabel, schon von früher her mit Chopin bekannt, hatte diesen zu einer Vormittags-Probe eingeladen. Während Chopin
in den Saal eintrat, schickte sich ein Dilettant, ein junger Jurist,
gerade an, Moscheles' Clavierconcert in Es-dur zu probiren. Als
aber Schnabel seines Gastes ansichtig wurde, bat er ihn, das
Clavier zu versuchen, worauf sich Chopin hinsetzte und einige
Variationen spielte, welche den Capellmeister, der ihn seit vier
Jahren nicht gehört hatte, so überraschten und entzückten, dass
er ihn mit Ausdrücken der Bewunderung überhäufte.

Einen Eindruck anderer Art hatte Chopin's Spiel auf den
jungen Juristen hervorgebracht; diesem war aller Muth be-
nommen, sich noch weiter hören zu lassen, und so wurde Chopin
einstimmig gebeten, für den Abend seinen Platz einzunehmen.
Unser Künstler willigte ein, obwohl er mehrere Wochen nicht
geübt hatte, fuhr zu seinem Hotel, um die erforderlichen Noten
zu holen, probirte und spielte am Abend die Romanza und das
Rondo seines E-moll-Concerts sowie eine Improvisation über ein
Thema aus Auber's „Stumme von Portici". In der Probe bewunderten die „Deutschen" sein Spiel; einige hörte er flüstern:
„Welch zarten Anschlag hat er!" aber von der Composition wurde
kein Wort gesprochen. — Die Dilettanten schienen nicht zu
wissen, ob sie gut oder schlecht sei. Titus hörte Jemanden
sagen: „Spielen kann er wahrlich, componiren aber nicht."
Einer indessen fand sich, der die Neuheit der Form lobte —
Chopin erklärt in naiver Weise, dieser habe ihn am Besten ver-

standen. Bezüglich der Fachmusiker bemerkt Chopin, dass die „Deutschen", mit Ausnahme Schnabel's, nicht gewusst haben, was sie von ihm denken sollten. Die polnischen Bauern gebrauchen das Wort „Deutscher" als Schimpfwort; sie glauben, der Teufel spreche deutsch und kleide sich nach deutscher Art; auch weigern sie sich, Arznei zu nehmen, weil sie sie für eine deutsche Erfindung, mithin für Christen ungeeignet halten. Wenn nun Chopin auch nicht soweit geht, so ist er doch keineswegs ganz frei von diesem nationalen Vorurtheil; ist seine Empfindlichkeit einmal durch einen Deutschen erregt worden, so kann man sicher sein, dass er dessen Nationalität dafür verantwortlich macht. Ausser dem alten Schnabel war unter den von Chopin in Breslau gemachten Bekanntschaften nur eine, welche uns interessiren kann, und zwar noch mehr als jener respectable Kirchencomponist, nämlich der Organist und Componist Adolph Friedrich Hesse, damals ein junger Mann von Chopin's Alter. Dieser wurde später noch besser mit ihm bekannt; in den Berichten über seinen Aufenthalt in Breslau sagt Chopin nichts weiter von ihm, als dass „die zweite lokale Autorität, Hesse", der in ganz Deutschland umhergereist sei, ihm ebenfalls Complimente gemacht habe.

Am 10. November setzte Chopin seine Reise fort und am 12. hatte er sich bereits in das Dresdener Leben hineingestürzt. Zwei Seiten desselben mussten für ihn besonders anziehend sein: Die polnische Colonie und die italienische Oper. Die erstere hat ihren Ursprung in dem Verhältniss des sächsischen Herrscherhauses zur polnischen Krone; die letztere war von Kurfürsten und Königen Jahrhunderte lang gepflegt worden und wurde erst 1832 aufgelöst. Allerdings hatte Weber schon 1817 in höherem Auftrage eine deutsche Oper in Dresden in's Leben gerufen, doch erhielt sich die italienische Oper in der Gunst des Hofes und eines grossen Theils des Publicums, eine Art von verzogenem Kinde, welches auf die jüngere Schwester, das arme Aschenbrödel, mitleidig hinabsah. Sogar ein Weber hatte Mühe, sich in seiner Stellung zu behaupten und musste nicht selten den Kürzeren ziehen im Kampfe gegen den *ornatissimo Signore Cavaliere Morlacchi, primo maestro della capella Reale.*

Chopin's erster Besuch galt dem Fräulein Pechwell, durch die er Eintritt zu einer Soirée im Hause des Dr. Kreyssig erhielt, wo sie spielen und die Primadonna der italienischen Oper singen sollte. Nachdem er sich festlich angekleidet hatte, liess er sich in einer Portechaise zum Dr. Kreyssig tragen. Mit dieser Art der Beförderung unbekannt, hatte er nicht übel Lust, den Boden des „kuriosen aber behaglichen Kastens" herauszustossen, welcher Versuchung er jedoch — zu seiner Ehre sei es gesagt — widerstand. Bei seinem Eintritt in den Salon fand er eine grosse Anzahl von Damen um acht grosse Tische herum sitzend. „Kein Diamanten-Gefunkel traf mein Auge," berichtet er „sondern der bescheidenere Glanz eines Schwarmes von stählernen Stricknadeln, welche sich in den geschäftigen Händen dieser Damen unaufhörlich bewegten. Die Zahl der Damen und der Stricknadeln war so gross, dass wenn die ersteren einen Angriff auf die anwesenden Herren gemacht hätten, diese in eine arge Klemme gekommen wären. Ihnen wäre nichts übrig geblieben, als sich ihrer Brillen als Waffe zu bedienen, denn an solchen sowie an kahlen Köpfen fehlte es ihnen nicht." Das Geräusch der Stricknadeln und der Theetassen wurde plötzlich unterbrochen durch die Ouverture zur Oper „Fra Diavolo", die in einem angrenzenden Zimmer gespielt wurde. Dann sang Signora Palazzesi „mit einer glockenreinen, herrlichen Stimme und grosser Bravour". Chopin liess sich ihr vorstellen und machte auch die Bekanntschaft des alten Componisten und Dirigenten Vincent Rastrelli, der ihn wieder mit einem Bruder des berühmten Tenoristen Rubini bekannt machte.

In der katholischen Kirche, der Hofkirche, traf Chopin mit Morlacchi zusammen und hörte eine Messe dieses vorzüglichen Componisten, in welcher die neapolitanischen Sopranisten Sassaroli und Tarquinio sangen und der „unvergleichliche Rolla" die Solo-Violine spielte. Ein anderes Mal hörte er dort eine geschickt gearbeitete aber trockene Messe vom Baron von Miltitz unter Leitung Morlacchi's und Mitwirkung der berühmten Violoncellisten Dotzauer und Kummer, die ihre Soli auf's Schönste vortrugen, wie auch die Sänger Sassaroli, Muschetti, Babnigg und Zezi sich hier von ihrer besten Seite zeigten. Das Theater wurde von Chopin, wie immer, eifrig besucht. Nach der erwähnten Soirée beeilte er sich, wenigstens den letzten Act der „Stummen von Portici" zu hören. An der Vorstellung von Rossini's „Tancred", der er an einem andern Abend beiwohnte, fand er blos das wundervolle Violinspiel Rolla's und den Gesang des Fräulein Hähnel vom Wiener Hoftheater zu loben. Rossini's „Donna del lago" erwähnt er als bevorstehend. Welch auffallender Widerspruch, dass sich in Dresden, einem Centralpunkte der deutschen Musik, noch bis zum Jahre 1830 Zustände erhalten konnten, wie sie durch die erwähnten Namen und Thatsachen gekennzeichnet sind! Hier stehen wir wahrlich vor einem geschichtlichen Curiosum.

Der italienische Violinist Rolla, dem Chopin ein Empfehlungsschreiben von Soliva überbrachte, nahm den jungen Collegen auf's Freundlichste auf. Auch von allen andern Seiten wurde Chopin mit Güte überhäuft. Rubini versprach ihm einen Empfehlungsbrief an seinen Bruder in Mailand, Rolla einen solchen an den dortigen Operndirector, und die Prinzessin Augusta, Tochter des verstorbenen Königs, sowie die Prinzessin Maximiliane, Schwägerin des regierenden Königs, versahen ihn mit Briefen an die Königin von Neapel, die Herzogin von Lucca. die „Vice-Königin von Mailand" und die Fürstin Ulasino in Rom. Die genannten Prinzessinnen hatte er im Hause der Gräfin Dobrzycka, Oberhofmeisterin der Prinzessin Augusta, getroffen und ihnen dort vorgespielt. Der Name der Oberhofmeisterin führt uns zur polnischen Colonie Dresdens hinüber, in welche Chopin, wie es scheint, alsbald Eintritt fand. Schon zwei Tage nach seiner Ankunft schreibt er von einem Mittagsmahl in Gesellschaft seiner Landsleute. Im Hause der Frau Pruszak lernte er keinen Geringeren kennen, als den General Kniaziewicz, welcher an der Vertheidigung Warschau's theilgenommen, bei der Schlacht von Maciejowice (1794) den linken Flügel befehligt und sich 1796 mit Napoleon's polnischer Legion vereinigt hatte. Chopin schreibt von ihm an die Seinen: „Ich habe ihm sehr gefallen; er sagte, noch kein Pianist habe ihm einen solchen Eindruck gemacht."

Nach dem Tone der Chopin'schen Briefe zu urtheilen, hat von Allen, mit denen er in Dresden in Berührung kam, Keiner in gleichem Maasse sein Herz gewonnen, wie Klengel, den er „mein lieber Klengel" nennt und von dem er sagt, er schätze ihn sehr hoch, er liebe ihn, als habe er ihn seit frühester Jugend gekannt. „Ich unterhalte mich gern mit ihm, denn es ist etwas von ihm zu lernen." Der berühmte Contrapunktist scheint diese

11*

Neigung erwiedert zu haben; jedenfalls liess er es dem jungen
Freunde gegenüber an Theilnahme nicht fehlen; er verlangte
die Partituren seiner Concerte zu sehen, ging ohne Chopin's
Wissen zu Morlacchi und zum Theater-Intendanten, um zu versuchen, ob nicht im Zeitraum von vier Tagen ein Concert für
ihn arrangirt werden könne, sagte ihm, dass sein Spiel ihn an
Field erinnere, dass sein Anschlag einzig in seiner Art sei, und
dass er nicht erwartet habe, einen solchen Virtuosen in ihm zu
finden.   Obwohl Chopin bei der Kürze seines Dresdener Aufenthalts auf Klengel's Concert-Vorschläge nicht eingehen mochte,
und er überdies weder Ruhm noch Gold mit einem öffentlichen
Auftreten zu ernten glaubte, so erfreute es ihn doch nicht wenig,
dass ein so bedeutender Künstler sich bemüht hatte, ihm die
Concertgeber-Wege zu ebenen — war er doch überhaupt keineswegs unempfindlich für schmeichelhafte Worte.   Klengel nahm
ihn auch mit zu einer Soirée bei einer polnischen Dame, Frau
Niesioławska, und brachte dort seine Gesundheit in Champagner aus.

Hier möge noch eine Briefstelle folgen, die seinen Kunstgeschmack, abgesehen von dem musikalischen, kennzeichnet:
„Das grüne Gewölbe sah ich bei meinem letzten Besuche in
Dresden, und es einmal gesehen zu haben, genügt mir; dagegen
habe ich die Gemäldegallerie mit grossem Interesse ein zweites
Mal gesehen.   Lebte ich hier, so würde ich jede Woche hin-
gehen, denn es finden sich dort Bilder, bei deren Anblick ich
Musik zu hören glaube." — So verbrachte unser Freund eine
durchaus angenehme, aber auch nicht unnütz verwendete Woche
im sächsischen Athen, und indem er früh morgens sein Hotel
verliess und spät abends erst zurückkehrte, vergingen ihm mit
Besuchen, Diners, Soiréen, Opern und anderen Vergnügungen die
Tage wie im Fluge.

Nach einem kurzen Aufenthalt in Prag, von dem wir aber
keine Nachricht haben, kam Chopin Ende November 1830 in
Wien an.   Seine Absicht war, einige Concerte zu geben und
einen oder zwei Monate später nach Italien zu gehen — wir
werden sogleich sehen, wie die Ausführung dieses Planes durch
verschiedene Umstände verhindert wurde.   Chopin hatte sich
eingebildet, dass Directoren, Verleger, Musiker und auch das
grosse Publicum seine Ankunft mit Ungeduld erwarteten und

ihn mit offenen Armen empfangen würden; dies aber war eine Selbsttäuschung gewesen: er hatte seinen Erfolg zu hoch taxirt. Sein Auftreten in den zwei „Akademien" während der todten Saison war von Vielen gar nicht bemerkt worden, und von denen, die es bemerkt, mochten nicht Wenige es vergessen haben. So beruhte denn Chopin's Wunsch „das Eisen zu schmieden so lange es heiss" auf einem Missverstehen der wirklichen Verhältnisse. Wohl hatten sein Spiel und seine Compositionen einen Eindruck hinterlassen, namentlich auf die Musiker, die ihn gehört; doch sind die Fachmusiker, auch ohne dass Eifersucht oder Brodneid im Spiele wäre, viel zu sehr mit ihren eigenen Interessen beschäftigt, um einem jüngeren Collegen hülfreich zur Hand zu sein. Was aber die Verleger und Directoren betrifft, so ist ihnen nur an Artikeln von bestimmtem Marktwerth gelegen, und dieser ist überaus gering, so lange der Artikel vom Publicum nicht begehrt wird. Von Tausend unter dem Publicum urtheilen neunhundert neunundneunzig nur nach dem Namen und nicht nach dem inneren Werth einer Sache. Angenommen, man entdeckte eine unbekannte Statue von Phidias, ein Gemälde von Rafael, eine Symphonie von Beethoven, und führte sie dem Publicum als Arbeiten unbekannter noch lebender Künstler vor, würden sie wohl so allgemein bewundert werden, wie die bekannten Werke jener Meister? Ganz gewiss nicht. Die grosse Mehrzahl der wirklichen und vorgeblichen Kenner würde sie kritisiren, verkleinern oder ignoriren. Erführe man dagegen ihren wirklichen Ursprung, so würde die ganze Welt alsbald in Ekstase gerathen und noch mehr Schönheiten an ihnen entdecken, als sie thatsächlich besitzen. Nun, die erste Aufgabe eines Künstlers ist demnach, sich einen Namen zu machen; ein solcher ist aber nicht durch einen oder zwei Erfolge zu erwerben. Ein erster Erfolg, sei er noch so gross und unter noch so günstigen Umständen errungen, ist im besten Falle nur das scharfe Ende des Keils, welcher mit grosser Kraft und Beharrlichkeit eingetrieben werden muss, um seinen Zweck zu erreichen. „Das Leben des Künstlers ist ein Feldzug und keine Vergnügungsreise" hat der französische Maler Millet, einer von Denen, welche die strenge Schule der Erfahrung durchgemacht, sehr richtig behauptet. Zu seinem Unglück war aber Chopin zum Kämpfen völlig ungeeignet; bei der ersten unsanften Be-

rührung zog er sich zusammen, wie eine sensitive Pflanze,
und nur im Sonnenschein des Glückes konnte er gedeihen, nur
bewahrt vor allen jenen feindseligen Einflüssen und Hindernissen,
welche robusten Naturen vielmehr dazu dienen, ihre Kräfte
anzuspannen und ihnen zur vollen Entfaltung ihrer Anlagen
nöthig sind.

Chopin und Titus Woyciechowski stiegen im Gasthaus „Stadt
London" ab, fanden hier aber die Preise zu hoch und nahmen
Zimmer im „Goldenen Lamm", bis die von ihnen gemiethete
Privatwohnung von ihrem früheren Miether, einem englischen
Admiral, geräumt war. Aus Chopin's erstem, in der österreichischen Hauptstadt geschriebenen Briefe konnten seine Eltern zu
ihrer Befriedigung entnehmen, dass sich ihr Sohn in vortrefflicher Stimmung befinde, und dass sein Appetit, besonders wenn
derselbe durch gute Nachrichten aus der Heimath geschärft
war, nichts zu wünschen lasse. Bei seinen Wanderungen durch
die Stadt bemerkte er hauptsächlich die Reize der Wiener Jung-
frauen, und im „Wilden Mann", wo er zu speisen pflegte, gewährte ihm ein Gericht Strudeln den höchsten Genuss. Das
einzige Wölkchen, welches die Heiterkeit seiner Seele trübte, war
eine geschwollene Nase, eine Folge des Klima-Wechsels und
ihm einigermaassen hinderlich an der Ausführung seiner Besuchs-
pläne. Im Allgemeinen wurde er beim Abgeben seiner Empfehlungsbriefe freundlich aufgenommen; in zwei entgegengesetzten
Fällen liess er das eine Mal merken, dass er als Besitzer eines
Empfehlungsschreibens des Grossfürsten Constantin an den russischen Gesandten wohl keine so unbedeutende Persönlichkeit sei,
um der Protection eines Banquiers zu bedürfen; das andere Mal
tröstete er sich mit dem Gedanken, dass früher oder später
eine Zeit mit veränderten Verhältnissen für ihn kommen werde.

Im oben erwähnten Briefe (vom 1. December 1830) spricht
Chopin von einem der geplanten Concerte als nahe bevorstehend; d. h. er meint vertrauensvoll, dass dies der natürliche
Gang der Dinge sein werde, sobald es ihm gefalle. Der ihm
von Warschau her bekannte Orłowski, derselbe, welcher einst
an seinen Concert-Themen als Mazurken-Componist gefrevelt
hatte, war als Begleiter des Violinisten Lafont auf einer Concertreise in Wien anwesend. Chopin beneidet ihn nicht um
diese Ehre. „Sollte wohl einmal die Zeit kommen" schreibt er

„wo Lafont mich begleiten wird? Klingt diese Frage anmaassend? Aber wenn Gott will, kann es wohl eines Tages passiren." Mit Würfel hat er Unterredungen über das Arrangement eines Concerts, und der Clavierfabrikant Graff räth ihm, es im „Landständischen Saale" zu geben, dem schönsten und geeignetsten in ganz Wien. Chopin beräth sogar mit seinen Bekannten, welches von seinen Concerten er spielen solle, das in F-moll oder das in E-moll. Bald aber stellten sich Enttäuschungen ein. Einer seiner ersten Besuche galt Haslinger, dem Verleger der Variationen über *Là ci darem la mano*, dem er auch eine Sonate und ein zweites Variationenwerk zugesandt hatte. Dieser empfing ihn sehr freundlich, erklärte aber, weder das eine noch das andere Werk verlegen zu wollen. Natürlich glaubte Chopin, der schlaue Verleger wolle ihn durch höfliche List bestimmen, ihm seine Compositionen gratis zu überlassen — hatte er doch von Würfel gehört, dass sein F-moll-Concert bedeutender sei, als das eben jetzt von Haslinger veröffentlichte A-moll-Concert von Hummel, und war doch Klengel in Dresden überrascht gewesen zu erfahren, dass er für seine Variationen kein Honorar erhalten habe. Aber Haslinger, so meint Chopin, soll es bereuen. „Er glaubt vielleicht, dass, wenn er meine Compositionen *en bagatelle* behandelt, ich froh sein werde, wenn er sie überhaupt druckt; von jetzt an aber wird von mir nichts mehr gratis gegeben; mein Wahlspruch wird sein ‚Zahle, Bestie!'" Die „Bestie" aber wollte augenscheinlich nicht zahlen und druckte die Compositionen in der That nicht eher als nach Chopin's Tode, so dass wir fürchten müssen, der Verleger habe sie dennoch gratis gehabt, es sei denn, dass die Firma Haslinger & Comp. das Honorar auf spiritistischem Wege ins Jenseits spedirt habe. Uebrigens war Haslinger nicht um ein Haar schlimmer, als die übrigen Mitglieder seiner Zunft, welche nicht als Beschützer der Kunst, sondern als Geschäftsleute beurtheilt sein wollen; und wenn er in diesem Falle Tadel verdient, so ist es dafür, dass er die lange vernachlässigten Manuscripte überhaupt veröffentlicht hat.

Wenn Chopin diesmal eine Menge neuer Bekanntschaften machte, so musste er dafür einige der alten vermissen und andere verändert finden. Blahetka's, Eltern und Tochter, waren nach Stuttgart gegangen und es war kaum zu erwarten, dass sie in diesem Winter nach Wien zurückkehren werden. Mit Schuppanzigh war es ein für alle Male zu Ende; von einem Schlaganfall getroffen, während er im Hause des Dr. Vivenot, mit dem er scheinbar im besten Wohlsein gespeist hatte, eine Tasse Kaffee schlürfte, starb er kurz darauf (2. März 1830) ohne den Gebrauch der Sprache und das Bewusstsein wieder erlangt zu haben. Würfel war zwar nicht todt, vielmehr noch voller Lebenskraft, aber er befand sich schlecht, hatte Hausarrest und spuckte Blut. Lachner muss zu eifrig mit Componiren und Dirigiren beschäftigt gewesen sein, um von seinem polnischen Kunstgenossen viel Notiz zu nehmen, denn nachdem Chopin erwähnt hat, dass er ihn besuchen werde, sobald er selbst ein zum Empfang von Gegenbesuchen geeignetes Zimmer habe, kommt Lachner's Name nicht mehr in seiner Correspondenz vor.

In der Leitung des Kärnthnerthor-Theaters war am 1. September 1830 Duport an die Stelle des Grafen Gallenberg getreten, der durch schwere Verluste gezwungen gewesen war, seinen zehnjährigen Contract schon nach Ablauf zweier Jahre aufzulösen. Chopin wurde dem neuen Director von Hummel vorgestellt. „Er [Duport]" schreibt Chopin am 21. December an seine Eltern „war früher ein berühmter Tänzer und hat den Ruf, sehr knickerig zu sein; indessen empfing er mich in äusserst höflicher Weise, vielleicht weil er dachte, dass ich gratis für ihn spielen werde. Darin irrt er sich aber sehr! Wir begannen eine Art von Verhandlung, doch wurde nichts endgültig abgemacht. Wenn er mir zu wenig bietet, so werde ich mein Concert im grossen Redoutensaale geben." Nun, der knickerige Director bot ihm überhaupt nichts, und Chopin gab kein Concert, weder im Redoutensaal noch sonst wo, mindestens nicht in der nächsten Zeit. Seine zuletzt citirte Bemerkung ist schwer mit dem in Uebereinstimmung zu bringen, was er vier Tage später seinem Freunde Matuszyński mittheilt: „Ich denke nicht mehr daran, ein Concert zu geben." In einem Brief an Elsner vom 26. Januar 1831 schreibt er: „Ich treffe jetzt auf Hindernisse an allen Seiten. Theils hat eine Reihe höchst miserabler Clavier-Concertgeber alle wahre Musik ruinirt und das Publicum misstrauisch gemacht, theils haben die Ereignisse in Polen auf meine Stellung ungünstig gewirkt. Nichtsdestoweniger hoffe ich, im Carneval eine Aufführung meines ersten Concerts durchzusetzen, welches

Würfel's vollen Beifall gefunden hat." Es würde übrigens ein grosser Irrthum sein, wollte man das Misslingen von Chopin's Plänen lediglich den von ihm erwähnten Hindernissen zuschreiben. Das Haupt-Hinderniss lag vielmehr in ihm selbst: es war sein Mangel an Energie und Entschlossenheit, Charakterfehler, die natürlicher Weise noch verstärkt wurden, als er Gleichgültigkeit und Widerstreben fand, wo er Begeisterung und Förderung erwartet hatte; ferner auch durch den Ausbruch der polnischen Revolution, welche ihn um die Sicherheit seiner Lieben und die Zukunft seines Heimathlandes zittern machte. In dem zuletzt erwähnten Briefe sagt er, er habe mit Schreiben gewartet, bis er im Stande sei, Definitives mitzutheilen, und fährt dann fort: „Aber seit dem Tage, wo ich von den schrecklichen Vorgängen in unserm Vaterlande gehört, sind meine Gedanken nur noch voll der sehnsüchtigsten Sorge um Polen und um meine Lieben. Malfatti giebt sich unnütze Mühe, indem er mich zu überzeugen sucht, dass der Künstler Kosmopolit sei oder sein sollte. Und angenommen, dies wäre wirklich der Fall, so bin ich doch als Künstler noch in der Wiege, während ich als Pole schon ein Mann bin. Ich hoffe daher, dass Ihr mir nicht zürnen werdet, wenn ich noch nicht ernstlich an die Veranstaltung eines Concerts gedacht habe."

Was Chopin seine Vereinsamung besonders schmerzlich empfinden liess, war die Abreise seines Freundes Woyciechowski, der bei der ersten Nachricht von der Insurrection nach Polen zurückkehrte, um sich den Insurgenten anzuschliessen. Chopin wollte dies gleichfalls thun, aber seine Eltern riethen ihm, in Wien zu bleiben, da er nicht kräftig genug sei, um die Strapazen eines Feldzugs zu ertragen. Nichtsdestoweniger erfasste ihn, sobald Woyciechowski fort war, ein unwiderstehliches Heimweh, so dass er sich auf die Post setzte, um den Freund einzuholen; als dies aber auf einigen Stationen nicht gelungen war, gab er entmuthigt seinen Plan auf und kehrte nach Wien zurück. Die für Chopin charakteristische Unentschlossenheit tritt um diese Zeit besonders hervor; auch zahlreiche Stellen seiner Briefe deuten darauf und zeigen, dass er sich dieses Fehlers wohl bewusst war. „Ich weiss nicht," schreibt er am 21. December 1830 an seine Eltern „ob ich so bald nach Italien gehen oder noch etwas warten soll. Bitte, liebster Papa, lass mich Deine und

der besten Mutter Ansichten darüber erfahren." Vier Tage
später schreibt er an Matuszyński: „Du weisst gewiss schon,
dass ich Empfehlungsbriefe vom sächsischen Hofe an die Vice-
königin in Mailand habe, was soll ich aber thun? Meine Eltern
lassen mir die Wahl; ich wollte lieber, sie übernähmen die Entscheidung.   Soll ich nach Paris gehen? Meine hiesigen Bekannten rathen mir, noch etwas zu warten. Soll ich nach Hause
zurückkehren? Soll ich hier bleiben? Soll ich mir das Leben
nehmen? Soll ich Dir nie wieder schreiben?" Chopin's Lieblingswunsch war, wieder heimzukehren.   „Wie gern wäre ich in
Warschau!" schreibt er; aber die Erfüllung dieses Wunsches war
ausser Frage, da die Eltern dagegen waren; namentlich scheint
die Mutter froh gewesen zu sein, dass dieser Plan ihres Sohnes
nicht zur Ausführung kam.   „Ich möchte meinem Vater nicht
zur Last fallen," schreibt Chopin „sonst würde ich sofort heim-
kehren. Ich bin häufig in der Stimmung, den Moment zu verfluchen, wo ich meine theure Heimath verlassen habe. Du wirst
meine Lage verstehen und begreifen, dass seit Titus' Abreise zu
viel auf mich eingestürmt ist."

Die Frage, ob er nach Italien oder Frankreich gehen solle,
war für ihn bald entschieden, denn die unterdrückte, aber
stets wachsende Aufregung, welche seit der Juli-Revolution im
ersteren Lande herrschte, begann sich in einer Reihe von Insur-
rectionen Luft zu machen. Modena that den ersten Schritt am 3. Februar 1831, Bologna, Ancona, Parma und Rom folgten. Während die Frage „wohin?" damit erledigt war, blieb das „wann?"
noch für mehrere Monate unentschieden. Inzwischen wollen wir
uns Chopin's inneres und äusseres Leben in Wien noch etwas
näher ansehen.

Die biographischen Einzelheiten dieser Lebensperiode Chopin's müssen fast ausschliesslich aus seinen Briefen entnommen
werden; diese jedoch sind vorsichtig zu benutzen. Die an seine
Eltern gerichteten sind, wenn auch wichtig, doch nur für sein
äusseres Leben von Bedeutung, und auch in dieser Beziehung
sind sie nicht völlig zuverlässig, weil Chopin stets bestrebt ist,
seine Eltern glauben zu machen, er befinde sich wohl und in
heiterer Stimmung. So schreibt er z. B. seinem Freunde Matuszyński, nachdem er eine Klage auf die andere gehäuft: „Sage
meinen Eltern, dass ich sehr glücklich sei, dass mir nichts

mangle, dass ich mich vortrefllich amüsire und mich niemals einsam fühle." Die Meinung, dass der innere Zustand eines Menschen sich nirgends deutlicher offenbare, als in seinen Briefen, bedarf fürwahr einer erheblichen Einschränkung; Johnson's Ansicht über diesen Gegenstand könnte ihr als Correctiv dienen. Ueberzeugt, dass nichts so sehr zur Täuschung und sophistischen Auslegung verleite, als der briefliche Verkehr, schreibt Johnson: „Im Eifer der mündlichen Unterhaltung kommen die Seelenbewegungen zum Ausdruck, bevor sie noch gesichtet sind; im Lärm der Geschäftigkeit zeigen die Interessen und Leidenschaften ihre wahre Physiognomie. Ein freundschaftlicher Brief dagegen ist die Frucht ruhiger Ueberlegung in kühler Mussestunde, in der Stille der Einsamkeit. und gewiss setzt sich Niemand an den Schreibtisch, um absichtlich den eigenen Charakter zu verkleinern. Freundschaft bietet noch keine Garantie für Wahrheit; denn wen möchte Jemand lieber überzeugen, er sei besser als er ist, als gerade den, dessen Freundschaft er zu gewinnen oder sich zu erhalten wünscht?"

Einseitige Urtheile dieser Art fordern die Kritik heraus und könnten als ein vortreffliches Thema zu einer längeren Abhandlung dienen. Wir indessen wollen uns mit der Wahrnehmung begnügen, dass Briefe keineswegs durchweg ein Ergebniss ruhiger Ueberlegung sind, vielmehr häufig den Eifer der mündlichen Unterhaltung und die Unmittelbarkeit der leidenschaftlichen Bewegung wiederspiegeln. In Chopin's Correspondenz finden wir dies nicht selten bestätigt; freilich nicht in den Briefen an seine Eltern, seinen Lehrer und an entfernter Stehende, wo man nur wenig von dem wirklichen Menschen und seinen tieferen Gefühlen entdecken wird, wohl aber in den an seine Busenfreunde gerichteten; und hier wiederum zeigt er sich nie offener, als in zwei Briefen an Johann Matuszyński vom 25. December 1830 und 1. Januar 1831. In ihnen offenbart sich der Charakter des Schreibers in so überraschender Weise, dass ich es als Biograph für meine Pflicht halte, Ausführliches daraus mitzutheilen, im Besondern alle die Stellen, welche das innere Getriebe des grossen Künstlers zu beleuchten geeignet sind.

„25. December 1830. Ich sehnte mich unbeschreiblich nach einem Briefe von Dir; Du weisst warum. Wie mich Nachrichten von meinem Friedensengel stets glücklich machen! Wie sehr wünschte

ich, alle die Saiten zu berühren, welche nicht nur stürmische Gefühle wach rufen, sondern auch die Gesänge, deren halberstorbenes
Echo noch an den Ufern der Donau nachklingt — die Gesänge
der Krieger des Königs Johann Sobieski!

Du riethest mir, einen Dichter zu wählen; allein Du weisst,
dass ich ein unschlüssiges Wesen bin und dass es mir nur einmal
im Leben gelungen ist, eine gute Wahl zu treffen.

Die vielen Diners, Soiréen, Concerte und Bälle, die ich mit-
machen muss, schaffen mir nur Langeweile. Ich bin traurig und
fühle mich hier so einsam und vergessen. Aber ich kann nicht
leben wie ich möchte! Ich muss mich ankleiden und mit fröh-
lichem Gesicht in den Salons erscheinen; wenn ich aber wieder
in meinem Zimmer bin, so mache ich meinen Gefühlen am Clavier
Luft, welchem ich, als meinem besten Freunde in Wien, alle meine
Leiden anvertraue. Ich habe nicht eine Seele, der ich mein Herz
ausschütten könnte, und doch muss ich Jedermann als Freund begegnen. Wohl giebt es Leute hier, welche mir gut zu sein scheinen, sich mein Portrait ausbitten, meine Gesellschaft suchen; aber
sie können mir Euch [seine Freunde und Verwandte] niemals ersetzen. Mir fehlt der innere Friede, und ich bin nur ruhig, wenn
ich Eure Briefe lese, oder mir die Bildsäule des Königs Sigismund
vorstelle, oder den Ring [Constantia's] anstarre, das theure Juwel.
Vergieb mir, liebes Hänschen, dass ich Dir soviel vorklage, aber
ich erleichtere mein Herz, indem ich so mit Dir rede; Dir habe
ich ja immer alles erzählt, was mich näher berührte. Hast Du
vorgestern meinen kleinen Zettel erhalten? Vielleicht machst Du
Dir wenig aus meinem Gekritzel, denn Du bist in der Heimath;
aber ich lese und lese Deine Briefe wieder und wieder.

Dr. Freyer ist mehrere Male bei mir gewesen; er hat von
Schuch gehört, dass ich in Wien sei. Er erzählte mir viele interessante Neuigkeiten und freute sich sehr an Deinem Briefe, den
ich ihm bis zu einer gewissen Stelle vorlas. Diese Stelle hat mich
sehr traurig gemacht. Ist sie wirklich in ihrem Aeusseren so sehr
verändert? Ist sie vielleicht krank gewesen? Ich könnte es mir
wohl vorstellen, da sie sehr zart ist. Aber vielleicht schien sie
Dir nur so, oder war sie um irgend etwas besorgt? Gott verhüte,
dass sie in irgend einer Weise durch mich zu leiden hätte! Beruhige sie deswegen und sage ihr, so lange mein Herz schlägt,
werde ich nicht aufhören, sie anzubeten. Sage ihr, dass nach
meinem Tode meine Asche unter ihre Füsse gestreut werden soll.
Aber alles dies ist noch zu wenig, und Du kannst ihr noch viel
mehr sagen.

Ich werde ihr selbst schreiben; ich hätte es wahrlich schon
längst gethan, um mich von meinen Qualen zu befreien; doch
wenn mein Brief in fremde Hände fiele, könnte dies nicht ihrem
Rufe schaden? Deshalb, theurer Freund, sei Du der Dolmetscher

meiner Gefühle; sprich für mich ‚et j'en conviendrai'. Diese Deine Worte berührten mich blitzartig. Ein Wiener Herr, der auf der Strasse neben mir ging, während ich Deinen Brief las, ergriff mich beim Arm und konnte mich kaum halten. Er wusste nicht, was mit mir vorgefallen war. Ich hätte alle Vorübergehenden umarmen und küssen mögen, und ich fühlte mich glücklicher als seit langer Zeit, da ich den ersten Brief von Dir erhalten hatte. Vielleicht ermüde ich Dich, liebes Hänschen, mit meiner Leidenschaftlichkeit; aber es wird mir schwer, irgend etwas, was mein Herz bewegt, vor Dir zu verbergen.

Vorgestern speiste ich bei Frau Beyer, die auch Constantia heisst. Ich bin gern in ihrer Gesellschaft, ihr unbeschreiblich süsser Vorname genügt, um ihr meine Sympathie zu gewinnen; es macht mir sogar Freude, wenn eines ihrer mit „Constantia" gezeichneten Taschentücher in meine Hände geräth.

Ich ging allein und langsam zur Stephanskirche. Die Kirche war noch leer. Um den edlen, prächtigen Bau in wahrhaft andächtiger Stimmung zu betrachten, lehnte ich mich an einen Pfeiler im dunkelsten Winkel des Gotteshauses. Die Grösse der Wölbung lässt sich nicht beschreiben, man muss die Stephanskirche mit eigenen Augen sehen. Um mich her herrschte tiefste Stille, unterbrochen nur durch die wiederhallenden Schritte des Sakristans, der die Lichter anzündete. Hinter mir ein Grabmal, vor mir ein Grabmal, nur über mir sah ich keines. In diesem Momente fühlte ich so recht meine Einsamkeit, meine Isolirtheit. Als die Lichter brannten, und die Kathedrale sich zu füllen begann, wickelte ich mich fester in meinen Mantel ein (Du erinnerst Dich, wie ich durch die Krakauer Vorstadt zu gehen pflegte) und beeilte mich, die Messe in der kaiserlichen Hof-Capelle zu hören. Später übrigens war ich nicht mehr allein, sondern ich wanderte in heiterer Gesellschaft durch die schönen Strassen Wiens zur Hofburg, wo ich drei Sätze einer Messe hörte, von schläfrigen Musikern vorgetragen. Um ein Uhr Nachts kam ich nach Hause; ich träumte von Dir, von ihr und von meinen lieben Kindern [seinen Schwestern].

Das erste, was ich heute that, war, mich in melancholischen Phantasien auf meinem Clavier zu ergehen.

Rathe mir, was ich thun soll. Bitte, frage die Person, welche in Warschau stets einen so mächtigen Einfluss auf mich ausgeübt hat, und lass mich ihre Meinung wissen: demgemäss werde ich handeln.

Lass mich noch einmal von Dir hören, bevor Du in's Feld ziehst. Wien, *poste restante*. Besuche meine Eltern und Constantia. Besuche meine Schwestern oft, so lange Du noch in Warschau bist, so dass sie glauben, Du kämest zu mir und ich sei im Nebenzimmer. Setze Dich zu ihnen, so dass sie sich einbilden, ich sei auch dabei; mit einem Worte, sei mein Ersatzmann im elterlichen Hause.

Ich schliesse, liebes Hänschen, denn es ist wahrlich Zeit. Umarme an meiner Stelle alle die lieben Collegen, und sei versichert,
dass ich nicht aufhören werde, Dich zu lieben, so lange ich nicht
aufhöre, die ich am höchsten schätze, meine Eltern und sie zu lieben.

Mein theuerster Freund, schreibe mir bald einige Zeilen. Du
kannst ihr auch diesen Brief zeigen, wenn Du es für richtig hältst.

Meine Eltern wissen nicht, dass ich Dir schreibe. Du kannst
es ihnen sagen, darfst ihnen aber in keinem Falle den Brief zeigen.
Ich kann mich noch nicht von meinem Hänschen trennen; gleich
aber verlasse ich Dich, Du Böser! Wenn W . . . Dich so herzlich
liebt, wie ich Dich liebe, dann würde Con . . . . . nein, ich kann
den Namen nicht zu Ende schreiben, meine Hand ist zu unwürdig.
Ach, ich möchte mir die Haare ausraufen bei dem Gedanken, ich
könnte von ihr vergessen werden!

Mein Portrait, von welchem nur wir beide, Du und ich, wissen,
ist sehr ähnlich; meinst Du, dass es ihr Vergnügen machen könne,
so werde ich es ihr durch Schuch senden."

„1. Januar 1831. Da hast Du, was Du verlangtest! Hast Du
den Brief erhalten? Hast Du irgend welche von den Aufträgen,
die er enthielt, ausgerichtet? Noch heute bedauere ich, was ich gethan habe. Ich war voll süsser Hoffnungen und werde nun von
Angst und Zweifeln gequält. Vielleicht macht sie sich über mich
lustig — lacht über mich? Vielleicht — ach! — liebt sie mich?
Das ist es, was mein leidenschaftliches Herz fragt, Du böser
Aesculap, warst im Theater und betrachtetest sie beständig durch's
Opernglas; wenn dies der Fall ist, so soll ein Donnerwetter . . . .
Verscherze nicht mein Vertrauen; wenn ich Dir schreibe, so thue
ich es nur meinetwegen, denn Du verdienst es nicht.

Eben jetzt, wo ich schreibe, bin ich in einer sonderbaren Verfassung; es ist mir, als wäre ich bei Euch und träumte nur, was
ich hier sehe und höre. Die Stimmen um mich her, an welche
mein Ohr nicht gewöhnt ist, machen mir meist nur den Eindruck
wie Wagengerassel oder ein anderes gleichgültiges Geräusch. Nur
Deine oder Titus' Stimme könnte mich heute aus meiner Erstarrung
erwecken. Leben und Tod sind mir völlig gleichgültig. Meinen
Eltern aber musst Du sagen, ich sei sehr glücklich, mir fehle
nichts, ich amüsire mich vortrefflich und fühle mich niemals ver-
einsamt.

Falls sie sich über mich lustig macht, sage ihr dasselbe; aber
wenn sie theilnehmend nach mir fragt, einige Rücksicht für mich
zeigt, dann flüstere ihr zu, sie möge sich beruhigen; aber füge auch
hinzu, dass ich, fern von ihr, mich überall einsam und unglücklich
fühle. Ich bin unwohl, das schreibe ich aber nicht meinen Eltern.
Alle fragen mich, was mit mir ist; ich möchte antworten, dass
ich den Humor verloren habe. Nun, Du weisst am besten, was
mich beunruhigt! Obwohl es hier an Unterhaltung und Zer-

streuung nicht fehlt, bin ich doch selten in der Stimmung, mich zu amüsiren.

Heute ist der erste Januar. Ach, wie traurig beginnt dies Jahr für mich! Ich liebe Euch über Alles. Schreibe sobald als möglich. Ist sie in Radom? Habt Ihr Schanzen aufgeworfen? Meine armen Eltern! Was machen meine Freunde?

Ich könnte für Euch sterben, für Euch Alle! Warum bin ich verdammt, hier so einsam und vergessen zu sein? Ihr könnt Euch wenigstens gegenseitig die Herzen eröffnen und einander trösten. Deine Flöte wird genug zu klagen haben! Wie viel mehr muss mein Clavier weinen!

Du schreibst, dass Du mit Deinem Regiment in's Feld ziehst; wie wirst Du das Briefchen befördern? Lasse es keinenfalls durch einen Boten überbringen; sei vorsichtig! Die Eltern könnten — sie würden die Dinge vielleicht in einem falschen Lichte erblicken.

Ich umarme Dich noch einmal. Du ziehst in den Krieg — kehre als Oberst zurück. Möchte Alles gut abgehen! Warum kann ich nicht wenigstens Euer Trommelschläger sein?

Verzeihe die Unordnung in diesem Briefe, ich schreibe, als wäre ich berauscht."

Die Unordnung dieser Briefe ist in der That sehr auffallend; schon in dem vorstehenden Auszug und noch zehnmal mehr mit den dazwischen verstreuten Beschreibungen, Neuigkeitsbrocken und kritischen Bemerkungen über Musik und Musiker. Ich glaubte die fundamentalen und immer wiederkehrenden Gedanken. die vorherrschenden, alles absorbirenden Gefühle von den mehr oberflächlichen Empfindungen und den für den Schreiber verhältnissmässig gleichgültigen Dingen trennen zu sollen, um dem Leser einen klareren Blick in den inneren Menschen zu eröffnen und ihm die Möglichkeit zu gewähren, die Handlungen und das Wirken des Künstlers auch dann mit einiger Sicherheit beurtheilen zu können, wenn wir auf seine eigenen Berichte sowie auf die zuverlässiger Zeugen verzichten müssen. Den Psychologen brauche ich nicht auf die Unordnung und die Länge dieser beiden Briefe aufmerksam zu machen (sie wurden in weniger als einer Woche an dieselbe Person geschrieben und nehmen in Karasowski's Buch fast zwölf Seiten ein); er wird gerade diese Züge, als wichtige Symptome des Charakters und der zeitweiligen Stimmung des Schreibers, nicht unbemerkt lassen.

Um nun einen Blick auf Chopin's äusseres Leben in Wien zu werfen, so wissen wir bereits, dass er mit Woyciechowski

zusammen eine Wohnung genommen hatte; dieselbe lag im
dritten Stockwerk eines Hauses am Kohlmarkt und bestand aus
drei eleganten Zimmern, für welche sie der Vermietherin, einer
Baronin, fünfzig Gulden monatlich zu zahlen hatten. Nachdem
sein Freund ihn verlassen hatte, fand Chopin dies zu theuer,
und da eine englische Familie bereit war, die Wohnung für
achtzig Gulden zu miethen, so überliess er sie derselben und
zog in den vierten Stock, wo er in der Baronin von Lach-
manowicz eine angenehme junge Wirthin fand, sowie geräumige
Zimmer, die ihm wohl gefielen und nur zwanzig Gulden kosteten.
Die Lage des Hauses war günstig: die Musikalienverleger Mechetti und Artaria, der eine zur rechten, der andere zur linken
Hand, dahinter die Oper; und da sich die Leute durch die
vielen Treppen nicht davon abschrecken liessen, ihn zu besuchen, nicht einmal der alte Graf Hussarzewski, und er mit
den achtzig Gulden der englischen Familie einen guten Profit
machte, so konnte er bei dem Gedanken lachen, dass seine be-
sorgten Freunde sich ihn als „einen armen Teufel in einem
Dachstübchen" vorstellten, und um so herzlicher lachen, als in
Wirklichkeit noch ein Stockwerk über ihm lag. Dem Freunde
beschreibt er seine Wohnung und Lebensweise in Folgendem:

„Ich wohne im vierten Stock in einer schönen Strasse; aber
ich muss meine Augen anstrengen, um durch's Fenster zu sehen,
was unten vorgeht. Du wirst mein Zimmer in meinem neuen
Album finden, wenn ich wieder zu Hause bin; der junge Hummel
[ein Sohn des Componisten] ist so gütig, es für mich zu zeichnen.
Es ist gross und hat fünf Fenster; ihnen gegenüber steht das Bett.
Mein wundervolles Clavier steht auf der rechten, das Sopha auf
der linken Seite; zwischen den Fenstern befindet sich ein Spiegel,
in der Mitte des Zimmers ein schöner, grosser, runder Mahagoni-
Tisch; der Fussboden ist gebohnt. Horch! ,der Herr empfängt
Nachmittags keine Besuche' — also kann ich mit meinen Gedanken
bei Euch bleiben. Früh morgens werde ich von dem unerträglich
stupiden Diener geweckt; ich stehe auf, bekomme meinen Kaffee
und trinke ihn häufig kalt, weil ich über dem Clavierspielen das
Frühstücken vergesse. Punkt neun Uhr erscheint mein deutscher
Sprachlehrer; später schreibe ich meist; dann kommt Hummel, um
an meinem Portrait zu arbeiten, während Nidecki mein Concert
studirt. Dabei bleibe ich immer in meinem behaglichen Schlaf-
rock, bis zwölf Uhr, wo ein sehr würdiger deutscher Herr erscheint,
Herr Leibenfrost, der hier am Gerichtshof arbeitet. Wenn das
Wetter schön ist, gehe ich mit ihm auf dem Glacis spaziren und

darauf speisen wir zusammen in einem Restaurant ‚Zur böhmischen Köchin‘, wo alle Studenten verkehren; schliesslich aber gehen wir, wie es hier Sitte, in eines der besten Kaffeehäuser. Später mache ich einige Besuche, komme in der Dämmerung nach Hause, werfe mich in meinen Gesellschaftsanzug und gehe in irgend eine Soirée, heute hierhin, morgen dorthin. Um elf oder zwölf Uhr (aber niemals später) bin ich wieder zu Hause, spiele Clavier, lache, lese, lege mich zu Bett, lösche das Licht aus, schlafe und träume von Euch, meine Lieben."

Es ist klar, dass hier kein Anlass zur Befürchtung war, Chopin könnte sich zu Tode arbeiten. In der That liessen ihm die zahlreichen Freunde, oder, um diesen geheiligten Namen nicht zu missbrauchen, Bekannten nur wenig Zeit zu Clavierübungen und zum Componiren. In seinen Briefen aus Wien sind mehr als vierzig Namen von Familien und einzelnen Personen erwähnt, mit denen er persönlich verkehrt hat; darunter selbstverständlich ein beträchtlicher Bruchtheil Polen, ja, die Mehrzahl der Häuser, in denen er am häufigsten gesehen wurde und sich am wohlsten fühlte, waren die seiner Landsleute, oder doch solche, in denen er Mitglieder der polnischen Colonie anzutreffen pflegte. Schon am 1. December 1830 schreibt er an die Seinen, dass er mehrere Male beim Grafen Hussarzewski gewesen sei, und vorhabe, der Gräfin Rosalie Rzewuska einen Besuch zu machen, wo er Frau Cibbini zu treffen hoffe, eine Tochter Leopold Kozeluch's und Schülerin Clementi's, bekannte Pianistin und Componistin, welcher Moscheles eine vierhändige Sonate gewidmet hat, zu jener Zeit erste Kammerfrau der Kaiserin von Oesterreich. Chopin war auch zweimal bei Frau Weyberheim gewesen. Diese Dame, eine Schwester der Frau Wolf und Gattin eines reichen Banquiers, lud ihn zu einer Soirée ein „en petit cercle des amateurs", sowie einige Wochen später zu einer *Soirée dansante*, bei welcher Gelegenheit er „viel junges Volk sah, hübsch, und gar nicht antik [alt-testamentarisch]", wo er sich weigerte zu spielen, obwohl die Dame des Hauses und ihre anmuthigen Töchter eine grosse Zahl musikalischer Personen eingeladen hatten, wo er ferner gezwungen wurde, einen Cotillon mitzumachen, einige Touren tanzte und dann nach Hause ging.

Im Hause der Familie Beyer (deren männliches Haupt ein Pole aus Odessa war, während die Frau, ebenfalls aus Polen, dem Leser als Trägerin des bezaubernden Vornamens Constantia bereits bekannt ist) fühlte sich Chopin bald behaglich. Dort liebte er seine Mahlzeiten einzunehmen, zu plaudern, zu spielen, Mazurka zu tanzen etc. Er traf dort oft mit dem Violinisten Slavik zusammen, mit dem er am Tage vor Weihnacht den ganzen Morgen und den ganzen Abend musicirte, an einem anderen Tage sogar bis zwei Uhr Nachts dort blieb. Wir hören auch von Mittagsgesellschaften bei seiner Landsmännin, Frau Elkan, und bei Frau Schaschek, wo er (so berichtet er im Juli 1831) gewöhnlich mehrere polnische Damen traf, die ihn durch ihre herzlich hoffnungsvollen Worte jedesmal aufheiterten, und wo er einmal, statt, wie festgesetzt, um zwei Uhr, erst um vier Uhr zum Mittagsmahl erschien. Einer seiner besten Freunde aber war der berühmte Arzt Dr. Malfatti, Leibarzt des Kaisers, dem musikalischen Leser wohlbekannt als der Freund Beethoven's, den er während seiner letzten Krankheit behandelte, ohne sich zu erinnern, dass der reizbare Meister ihm so manchen Verdruss bereitet hatte. Nun, dieser selbe Dr. Malfatti empfing Chopin, von dem er bereits durch Władysław Ostrowski Näheres erfahren hatte, „so herzlich, als sei ich ein Verwandter" (Chopin bedient sich hier eines etwas gewagten Vergleichs), eilte auf ihn zu und umarmte ihn, sobald er seine Visitenkarte gelesen hatte. Bald war Chopin ein häufiger Gast des Doctors, wie die in seinen Briefen oft wiederkehrenden Bemerkungen beweisen, dass er an diesem oder jenem Tage bei Malfatti gespeist habe oder speisen werde:

„1. December 1830. Im Ganzen geht es mir gut und ich hoffe, mit Hülfe Gottes, der mir Malfatti als Beistand gesandt hat — O, vortrefflicher Malfatti! — wird es noch besser gehen.

25. December 1830. Ich ging zu Malfatti speisen. Dieser vortreffliche Mann denkt an Alles; er hat sogar die Güte, uns nach polnischer Art bereitete Gerichte vorzusetzen.

14. Mai 1831. Ich bin sehr munter und frisch, und fühle, dass eine gute Gesundheit der beste Trost im Unglück ist. Vielleicht haben mich Malfatti's Suppen so gekräftigt, dass ich mich gesünder fühle, als jemals zuvor. Sollte sich dies wirklich so verhalten, so müsste ich doppelt bedauern, dass Malfatti mit seiner Familie aufs Land gezogen ist. Du hast keinen Begriff von der Schönheit seiner Villa; heute vor acht Tagen war ich mit Hummel dort. Nachdem der liebenswürdige Doctor uns ins Haus genommen, zeigte er uns auch seinen Garten. Als wir auf der Spitze des

Hügels waren, von wo aus eine prachtvolle Aussicht, mochten wir gar nicht wieder hinunter. Der Hof beehrt Malfatti jedes Jahr mit einem Besuche. Er hat die Herzogin von Anhalt-Cöthen zur Nachbarin; ich würde mich nicht wundern, wenn sie ihn um seinen Garten beneidete. Auf der einen Seite sieht man Wien zu seinen Füssen liegen, und so, dass es scheint, als wäre es mit Schönbrunn verwachsen; auf der andern Seite erblickt man hohe Berge, von Klöstern und Dörfern malerisch gekrönt. Beim Anblick dieses romantischen Panoramas vergisst man gänzlich das geräuschvolle Treiben und die Nähe der Hauptstadt."

Dies ist eine der wenigen in Chopin's Briefen vorkommenden Naturschilderungen — die Menschen und ihr Thun interessirten ihn eben mehr, als die schönsten Gegenden. Um aber von der Villa zu ihrem Eigenthümer zurückzukehren, so kennzeichnet Chopin seine Beziehungen zu ihm unzweideutig durch folgende Worte: „Malfatti liebt mich wirklich, und darauf bin ich nicht wenig stolz." Der Doctor scheint ihm in der That ein treuer Freund gewesen zu sein, zu Rath und That stets bereit. Er förderte Chopin durch seinen Einfluss nach den verschiedensten Richtungen; so z. B. lesen wir, dass er ihm versprochen, ihn bei Frau Tatyszczew, der Gattin des russischen Gesandten, sowie beim Baron Dunoi, Präsidenten der Gesellschaft der Musikfreunde, einzuführen, zwei Persönlichkeiten, von deren Bekanntschaft Chopin Vortheil für sich erwartete. Bei Malfatti machte er auch die Bekanntschaft einiger Künstler, denen er anderswo vielleicht nicht begegnet wäre. Einer von diesen war der berühmte Tenorist Wild, welcher am Nachmittag des Weihnachtstages zu Malfatti kam, worüber Chopin, der dort zu Mittag gespeist hatte, schreibt: „Ich begleitete auswendig die Arie aus Othello, die er meisterhaft stilvoll vortrug. Wild und Fräulein Heinefetter sind die Zierden der Hof-Oper."

Ein Fest am Namenstage Malfatti's beschreibt Chopin in folgendem, vom 25. Juni 1831 datirten Brief an seine Eltern: „Mechetti, der ihn (Malfatti) zu überraschen gedachte, hatte die Damen Emmering und Lutzer sowie die Herren Wild, Cicimara und meine Wenigkeit überredet, im Hause des Gefeierten etwas zu musiciren, und die Leistungen liessen vom Anfang bis zum Ende kaum etwas zu wünschen übrig. Ich habe das Quartett aus „Moses" nie besser singen hören; doch hat Fräulein Gladkowska das „O quante lagrime" bei meinem Abschiedsconcert in War-

schau weit ausdrucksvoller gesungen. Wild war vortrefflich bei
Stimme, und ich fungirte als Capellmeister." Diesem fügt er
noch die Notiz hinzu: „Cicimara sagte, es sei Niemand in Wien,
der besser begleite, als ich; wobei ich dachte ‚davon war ich
längst überzeugt'. Zahlreiche Menschen standen auf dem Platz
vor dem Hause und hörten unser Concert mit an. Der Mond
leuchtete in wunderbarer Schönheit, die Fontänen stiegen auf,
wie Säulen von Perlen, die Luft war erfüllt vom Dufte der
Orangerie — kurz, es war eine zauberhafte Nacht in prachtvoll-
ster Umgebung. Und nun will ich Euch das Wohnzimmer beschreiben, in dem wir uns aufhielten. Hohe Fenster, von oben
bis unten geöffnet, blicken auf die Terrasse, von wo aus man
eine herrliche Aussicht auf ganz Wien geniesst; an den Wänden
grosse Spiegel; die Beleuchtung gedämpft, wodurch die Wirkung
des durch die Fenster hereinströmenden Mondlichtes noch erhöht wurde. Der links an den Salon anstossende Raum giebt
mit seinen bedeutenden Dimensionen der ganzen Wohnung
etwas Imposantes. Der geistreiche Humor und die Höflichkeit
des Wirths, die elegante und geniale Gesellschaft, die allgemein
herrschende Heiterkeit, endlich das vortreffliche Abendessen be-
wirkten, dass wir lange beisammen blieben."

Hier zeigt sich Chopin als Briefschreiber von seiner besten
Seite; Stellen von gleicher stilistischer Vollendung wird man
kaum in seinen Briefen finden. Denn, wiewohl wir in ihnen
häufig genug vereinzelte Schönheiten antreffen, so finden wir
doch in keinem die Formvollendung und den Reiz, welche z. B.
den Briefen Mendelssohn's vom Anfang bis zum Ende, als
Ganzem wie im Einzelnen eigen sind.

Zwölftes Capitel.

1830—1831.

ie vorstehenden Bemerkungen Chopin's über Musik und Musiker veranlassen uns, seine musikalischen Erlebnisse in Wien weiter zu verfolgen. „Hätte ich nicht" schreibt er am 26. Januar 1831 „die hochinteressante Bekanntschaft der meisten bedeutenden Künstler dieser Stadt gemacht, wie Slavik, Merk, Bocklet und so weiter [dies „und so weiter" spannt uns auf die Folter!] so würde ich von meinem hiesigen Aufenthalt sehr wenig befriedigt sein. Die Oper ist allerdings gut: Wild und Fräulein Heinefetter fesseln die Wiener; es ist nur schade, dass Duport so wenig neue Opern zur Aufführung bringt und mehr an seine Tasche als an die Kunst denkt." Was Chopin hier und anderswo über Duport's Filzigkeit sagt, stimmt mit den Berichten damaliger Zeitungen überein. Kaum hatte der neue Director von seinem Posten Besitz genommen, als er in einer Weise zu sparen begann, dass Männer wie Conradin Kreutzer, Weigl und Mayseder sich von ihm zu-

rückziehen mussten. Im Anfang seines Wiener Aufenthaltes bemerkte Chopin, dass, Wild und Fräulein Heinefetter ausgenommen, die Sänger nicht so vortrefflich waren, als er sie sich an
der kaiserlichen Oper gedacht hatte. Später scheint er seine
Sympathie etwas erweitert zu haben, denn im Juli 1831 schreibt
er: „Rossini's ‚Belagerung von Corinth' wurde neulich hier sehr
gut aufgeführt, und ich bin froh, diese Oper kennen gelernt zu
haben. Fräulein Heinefetter, sowie die Herren Wild, Binder und
Forti, kurz alle guten Sänger Wien's, traten darin auf und gaben
ihr Bestes."

Chopin's bedeutendste kritische Leistung dieser Zeit betrifft
Fräulein Heinefetter und findet sich in einem Briefe vom 25. December 1830; sie kann als Pendant dienen zu seiner im vorigen
Capitel citirten Kritik der Sontag: „Fräulein Heinefetter hat eine
Stimme, wie sie man selten hört; sie singt stets rein; ihre *Colo-
ratura* gleicht einer Perlenschnur; kurz, alles ist tadellos. Sie
sieht ·besonders gut aus in Männerkleidern. ·Aber sie ist kalt:
Ich habe mir im Parquet beinahe die Nase erfroren. Im ‚Othello'
entzückte sie mich mehr als im ‚Barbier von Sevilla', wo sie
eine vollendete Kokette anstatt eines lebendigen witzigen Mädchens giebt. Als Sextus im ‚Titus' sieht sie wirklich prachtvoll aus. In einigen Tagen wird sie in der ‚Diebischen Elster'
auftreten. Ich bin gespannt, die Oper zu hören. Fräulein
Wołków gefiel mir als Rosine im „Barbier" besser; aber jedenfalls hat sie nicht eine so köstliche Stimme wie die Heinefetter.
Ich wollte, ich hätte die Pasta gehört!"

Die Oper des Kärnthnerthor-Theaters war mit allen ihren
Mängeln doch die wichtigste und befriedigendste ·musikalische
Anstalt der Stadt. Was hätte auch Wien dem ernsten Musiker
anderweitig bieten können? Lanner und Strauss waren die
Helden des Tages, und die Mehrzahl der nicht von ihnen gegebenen Concerte waren Virtuosen-Productionen. Man stelle
sich vor, auf welchen Punkt die Wiener musikalische Welt gekommen sein musste, wenn Männer, wie Stadler, Kiesewetter,
Mosel und Seyfried, von Chopin als ihre „Elite" bezeichnet
werden konnten. Abbé Stadler hatte dem polnischen Gaste mit
Recht sagen können, dass Wien nicht mehr sei, was es einst gewesen; Haydn, Mozart, Beethoven und Schubert hatten ihre
sterbliche Hülle abgestreift, und mit diesen Sonnen verglichen,

waren ihre noch lebenden Zeitgenossen und Nachfolger — Gyrowetz, Weigl, Stadler, Conradin Kreutzer, Lachner etc. — nur trübe und schwächliche Lichter.

Seiner Chor- und Orchesterleistungen im Concertsaal konnte sich Wien bis in die neuere Zeit nicht rühmen. Im Winter 1830—1831 bestanden noch die *Concerts spirituels* unter der Leitung von Lannoy; aber seit 1824 war ihre Zahl von achtzehn auf vier herabgegangen. Die Programme bestanden aus einer Symphonie und einigen geistlichen Chören. Die Symphonien waren meist von Beethoven, Mozart und Haydn; für die Chöre wurde die österreichische Schule der Kirchenmusik bevorzugt, aber auch Cherubini war sehr beliebt, und Chöre aus Händel's Oratorien, mit der von Mosel hinzugefügten Begleitung, kamen häufig zur Aufführung. Der Name Beethoven fehlte fast nie auf den Programmen. Dass das Orchester hauptsächlich aus Liebhabern bestand, und dass die Concerte ohne vorherige Proben stattfanden (nur schwierige neue Werke wurden, jedoch nur einmal, probirt), sind Thatsachen, die keines Commentars bedürfen. Hanslick hat von Franz Lachner gehört, dass die Ausführung neuer und einigermaassen schwieriger Compositionen so schlecht gewesen sei, dass Schubert einmal inmitten eines seiner Werke den Saal verlassen habe, und er selbst (Lachner) mehr als einmal Lust gehabt habe, dasselbe zu thun. Dieses waren die Concerte, welche Beethoven als „Winkelmusik" bezeichnete und deren Eintrittskarten er mit einem Ehrentitel belegte, welcher hier nicht gut wiederzugeben ist. Seit dieser vernichtenden Kritik waren die Zustände nicht nur nicht besser geworden, sondern sie hatten sich sogar noch verschlechtert.

Eine andere namhafte Musik-Gesellschaft war die noch heute bestehende und blühende „Gesellschaft der Musikfreunde". Auch diese gab vier, manchmal fünf jährliche Concerte, in deren jedem eine Symphonie, eine Ouvertüre, eine Arie oder ein Duett, ein Instrumental-Solo und ein Chor zur Aufführung kamen. Diese Gesellschaft litt damals an demselben Uebel, wie die vorhergenannte. Es war ein erfreulicher Anblick, lesen wir, Grafen neben Gewerbsmännern, Amtsvorsteher neben Unterbeamten. Doctoren neben Studenten und in den Sopran- und Altchören vornehme Damen neben Bürgermädchen ihren Platz nehmen und in harmonischem Vereine die Kunst pflegen zu sehen. So weit

es den Chorgesang betrifft, verdient dies Beispiel nachgeahmt
zu werden; anders jedoch verhält es sich mit der Instrumentalmusik, welche nicht nur einer längeren und sorgfältigeren, sondern
auch beständigen Schulung bedarf. Obschon die ältere Sitte,
darum zu losen, wer die Soli singen solle, welche Plätze die Or-
chesterspieler einzunehmen haben, und welcher von den vier Dirigenten den Taktstock schwingen werde, schon vor 1831 verschwunden war, so war doch noch im Jahre 1841 die Ausführung
der Symphonien „so wenig im Geiste der Componisten" (ein zarter
Ausdruck für eine bedenkliche Sache), dass ein Kritiker der Gesellschaft den Rath gab, wie die Conservatorien des Auslandes,
ihr Orchester durch die besten Musiker der Hauptstadt zu verstärken, welche, bei beständiger Ausübung ihrer Kunst und mit
den Werken der grossen Meister vertraut, ihnen besser gerecht
zu werden im Stande seien als Dilettanten, welche nur viermal
im Jahre zusammenkämen. Welches Glück für die Menschheit
würde es sein, wenn die Dilettanten, die ebenso wahren wie
weisen Worte George Eliot's beherzigen wollten: „Eine private
Nachahmung des Guten ist gleichsam eine ihm erwiesene Ehr-
furchtsbezeugung, und wir Alle sollten die Kunst nur als Pri-
vatstudium betreiben, nur als Vorbereitung zum Verständniss
und Genuss dessen, was einige Wenige für uns leisten." Zur
Ergänzung des Obigen ist noch eine dritte Gesellschaft zu erwähnen, die Tonkünstler-Societät, wie der Name besagt, eine Vereinigung von Fachmusikern. Ihr Zweck war die Errichtung und
Förderung eines Pensionsfonds, und ihre künstlerische Thätigkeit
bestand in vier jährlichen Concerten. Die „Schöpfung" und die
„Jahreszeiten" von Haydn bildeten den festen Repertoire-Bestand
dieser Concerte, doch wurden 1830 und 1831 auch Händel's
„Messias" und „Salomo" sowie Lachner's „Die vier Menschen-
alter" aufgeführt.

Diese geschichtlichen Notizen geben uns einen Begriff, was
Chopin auf dem Gebiete der Chor- und Orchestermusik gehört
haben mag. Ich sage, „gehört haben mag", weil in seinen
Briefen nicht ein Wort über die Concerte dieser Gesellschaften
zu finden ist. Wir dürfen übrigens, ohne uns der Voreiligkeit
schuldig zu machen, annehmen, dass er bei dem Concert der
Gesellschaft der Musikfreunde am 20. März 1831, wo unter Anderem Beethoven's Pastoral-Symphonie aufgeführt wurde, und

Thalberg den ersten Satz eines seiner Concerte spielte, beigewohnt hat. Beim Anblick des Namens eines der berühmtesten Pianisten aus Chopin's Zeit wird der Leser den Grund gefunden haben für meine Annahme, dass der Letztere dem Concert beigewohnt habe. Diese beiden merkwürdigen, in ihrem Charakter und ihren Kunstzielen so unähnlichen Männer verkehrten in Wien einige Male freundschaftlich miteinander. Chopin erwähnt Thalberg zweimal in seinen Briefen am 25. December 1830 und am 28. Mai 1831. Bei letzterer Gelegenheit berichtet er, dass er mit ihm zu einem Orgelconcert Hesse's gegangen sei, des früher erwähnten Adolph Hesse aus Breslau, von welchem Chopin jetzt bemerkte, dass er Talent habe und sein Instrument zu behandeln verstehe. Hesse und Chopin müssen einigen Verkehr miteinander gehabt haben, denn wir erfahren, dass der Erstere dem Letzteren ein Albumblatt zurückliess. Bei dieser Gelegenheit bekennt Chopin in einem Brief an die Seinen, dass er in Verlegenheit sei, was zu schreiben, da ihm der schlagfertige Witz mangele.

Kehren wir jedoch zurück zu dem glänzenden Pianisten, der für Chopin selbstverständlich eine interessantere Bekanntschaft war, als der grosse Organist. Geboren 1812, mithin drei Jahre jünger als Chopin, hatte Sigismund Thalberg schon im fünfzehnten Jahre mit Erfolg öffentlich gespielt und schon mit sechzehn Jahren seine Op. 1, 2 und 3 publicirt. Als Chopin seine Bekanntschaft machte, hatte er jedoch noch nicht angefangen, nur seine eigenen Compositionen zu spielen (um diese Zeit spielte er z. B. Beethoven's C-moll-Concert in einem der *Concerts spirituels*, wo von 1830 an gelegentlich Instrumentalsoli zum Vortrag kamen), auch hatte er noch nicht jene in ihrer Art einzige Vollendung des Tones und Eleganz der Technik erlangt, welche ihn später auszeichneten. Die eigentlichen Ruhmestage seiner Laufbahn können nicht weiter zurückdatirt werden, als bis zum Jahre 1835, wo er und Chopin in Paris wieder zusammentrafen; dann aber war sein Erfolg ein so enormer, dass er in kurzer Zeit zu einem Weltruf gelangte und ihm, als Virtuosen, nur ein Nebenbuhler blieb — Franz Liszt, der nie Besiegte. Dass Chopin und Thalberg eine besonders hohe Meinung von einander hatten, kann man nicht behaupten; der Leser möge selbst darüber urtheilen, auf Grund dessen, was Chopin in einem Briefe vom 25. December 1830 schreibt: „Thalberg spielt famos, aber

er ist nicht mein Mann. Er ist jünger als ich, gefällt den
Damen sehr, schreibt Potpourris über die Stumme von Portici,
spielt *forte* und *piano* mit dem Pedal, aber nicht mit der Hand,
spannt Decimen so leicht, wie ich Octaven, und trägt diamantene
Hemdknöpfe, Moscheles imponirt ihm ganz und gar nicht;
kein Wunder daher, dass ihm in meinem Concert nur die Tuttis
gefallen haben. Er schreibt ebenfalls Concerte." Chopin besass
eine beträchtliche Dosis Sarkasmus und machte gern davon
Gebrauch. Diese Portraitirung seines Kunstbruders ist kein übles
Specimen der Gattung, doch werden wir bald noch besseren
begegnen.

Eine andere, aber noch nicht flügge gewordene Celebrität
befand sich zu dieser Zeit in Wien, um sich unter Czerny's Leitung auszubilden: Theodor Döhler. Chopin, der ihn einige Compositionen seines Lehrers im Theater vortragen hörte, kommt
nach dem Concert nicht wieder auf ihn zurück. Hätte er vorher-
sehen können, welche Stellung als Clavierspieler und Componist
er selbst einst einnehmen werde, so wäre ihm doch kaum der
Argwohn gekommen, dass dies siebzehnjährige Bürschchen eines
Tages durch eine ihm feindselige Clique dem Pariser Publicum
als ein ihm ebenbürtiger, ja überlegener Rival vorgestellt werden
würde. Beiläufig gesagt, muss der Gedanke, dass Jemand
Czerny'sche Compositionen öffentlich spielt, den Musiker, welcher den Vorzug hat, in der zweiten Hälfte des 19. Jahrhunderts
zu leben, höchst fremdartig berühren.

Wie zu jüngeren Pianisten mit einer grossen Zukunft, hatte
Chopin auch Beziehungen zu gealterten mit einer grossen Vergangenheit. Hummel, begleitet von seinem Sohne, besuchte ihn
gegen Ende December 1830 und war ausserordentlich höflich
gegen ihn. Im April 1831 trafen sich beide Künstler, der auf-
und der untergehende Stern, in der Villa des Dr. Malfatti.
Chopin benachrichtigt um diese Zeit seinen Lehrer Elsner, für
dessen Messen er einen Verleger suchte, dass Haslinger im Begriff sei, die neueste Messe von Hummel zu publiciren, und fügt
hinzu: „denn er lebt jetzt nur durch und für Hummel. Es geht
das Gerücht, dass Hummel's letzte Compositionen sich nicht gut
verkaufen, und doch soll Haslinger ein hohes Honorar für sie
bezahlt haben. Deshalb legt er jetzt alle Manuscripte bei Seite
und druckt nur noch Strauss'sche Walzer." Leider verräth Chopin

nicht mit einem Worte seine Meinung von Hummel's Spiel und Compositionen. Glücklicher sind wir daran in Bezug auf eine andere Celebrität, freilich weit niedrigeren Ranges. In einem lichten Moment der Prosa, beim Abfassen jener sentimentalen Rhapsodie vom 25. December 1830, macht er folgende Bemerkung: „Der Pianist Aloys Schmitt aus Frankfurt a. M., berühmt durch seine vortrefflichen Etüden, ist augenblicklich hier. Er ist ein Mann von über vierzig Jahren; ich habe seine Bekanntschaft gemacht, und er versprach, mich zu besuchen. Er beabsichtigt hier ein Concert zu geben — man muss ihm lassen, dass er ein geschickter Musiker ist. Ich denke, wir werden einander in musikalischen Dingen verstehen." Und hier ein anderes, einen Monat später in einem Briefe an Elsner skizzirtes Portrait: „Der Pianist Aloys Schmitt hat von der Kritik Nasenstüber erhalten, obwohl er schon über vierzig Jahre alt ist und achtzigjährige Musik schreibt." Aus den Blättern jener Zeit erfahren wir, dass Schmitt in dem von Chopin erwähnten Concerte dem Wiener Publicum eine Anzahl von Werken seiner Composition, und zwar nicht etwa kurze Salonstücke, sondern eine Symphonie, eine Ouvertüre, ein Concert, ein Concertino etc. vorgeführt und den Abend mit einer Improvisation beschlossen hat. Eine Kritik — zum Mindesten — bezeichnet seinen Vortrag als gesund und brillant. Schmitt's Missgeschick war, wie alle achtbaren Mittelmässigkeiten seiner Art, zu spät zur Welt gekommen zu sein und nie eine Jugend gehabt zu haben.

Der Clavierspieler, den Chopin nach seiner Ankunft in Wien zuerst besuchte, war Carl Czerny; dieser war, „wie er immer und gegen Jeden ist, sehr höflich und fragte ‚hat fleissig studirt?‘ Er hat wieder eine Ouvertüre für acht Claviere und sechzehn Spieler arrangirt, worüber er sehr glücklich zu sein scheint." Zu den „gealterten" Pianisten konnte Czerny nur in dem Sinne gerechnet werden, dass er als Künstler mehr der älteren als der jüngeren Generation angehörte, denn im Jahre 1831 hatte er die Vierzig noch nicht überschritten, und noch eine enorme Arbeitskraft — für hundert und aber hundert Originalwerke und Bearbeitungen so wie für tausend und aber tausend Lectionen hinreichend — in Vorrath. Sein Name erscheint in einer Stelle der Chopin'schen Briefe, welche aus verschiedenen Gründen angeführt zu werden verdient: sie zeigt des Schreibers

Abneigung gegen die Juden, seine Liebe zur polnischen Musik
und seine Verachtung einer von Czerny eifrig gepflegten Com-
positions-Gattung. Bezüglich des Violinisten Herz, „eines Israe-
liten", welcher bei seinem Auftreten in Warschau beinahe aus-
gezischt worden wäre, und den Chopin in Wien wieder zu hören
im Begriff war, sagt er: „Am Schluss des Concerts wird Herz
seine eigenen Variationen über polnische Volksweisen spielen.
Arme polnische Volksweisen! Ihr ahnet nicht, wie ihr werdet
mit ‚Majufes‘ [S. S. 50 Anmerkung] gespickt werden und dass
euch das Prädicat ‚polnisch‘ nur gegeben wird, um das Publicum
zu kitzeln. Wenn man so freimüthig ist, die Vorzüge der
echten polnischen Musik und dieser Nachahmung derselben zu
discutiren und die erstere über die letztere zu stellen, so wird man
von den Leuten für verrückt erklärt und dies um so bereitwilliger,
als . Czerny in seiner Fabrik musikalischer Näschereien noch
keine Variationen über polnische Volksweisen erzeugt hat."
Chopin empfand keine besondere Sympathie für den Musiker
Czerny, scheint ihn dagegen als Menschen gern gehabt zu haben,
da er von Natur sowie in seinem Betragen fein, wohlwollend
und höflich war.

　　Eine weit congenialere und innigere Verbindung bestand
zwischen Chopin, Slavik [1]) und Merk. Joseph Slavik war 1825
nach Wien gekommen und hatte sofort grosse Sensation erregt.
Er war damals ein junger Mann von neunzehn Jahren, an Technik aber allen Violinisten, welche man in der österreichischen
Hauptstadt gehört hatte, schon überlegen. Mayseder nannte
ihn den zweiten Lipiński. Pixis, sein Lehrer am Prager Conservatorium, hatte sich beim Anblick der Compositionen dieses
ausserordentlichen Schülers — ein Concert, Variationen etc. —
gewundert, wie Jemand solch tolles, unspielbares Zeug schreiben
könne. Slavik aber hatte, bevor er Prag verliess, in einem Abschiedsconcert bewiesen, dass mindestens Einer existire, welcher das „tolle Zeug" spielen konnte. Dies Alles war indessen
nur ein Vorspiel für das, was noch kommen sollte. Das Erscheinen Paganini's im Jahre 1828 enthüllte ihm das zuvor nur

---

[1]) So ist der Name in Mendel's „Musikalischem Conversations-Lexicon"
und beim böhmischen Musikschriftsteller E. A. Meliš geschrieben. Chopin schreibt
Slawik. Die gewöhnliche Schreibweise indessen ist Slawjk und, wie in C. F.
Whistling's „Handbuch der musikalischen Literatur" Slavjk.

unklar von ihm erschaute Ideal seiner Träume, und der berühmte
Italiener, der sich für seinen glühenden Bewunderer interessirte
und ihm einige Rathschläge gab, wurde von nun an sein Muster.
Im Besitz einiges ersparten Geldes ging nun Slavik behufs weiterer Ausbildung nach Paris, studirte dort hauptsächlich unter
Baillot, kehrte aber bald nach Wien zurück, um in das kaiser-
liche Orchester einzutreten. Als er nach zwei weiteren Jahren
eifrigen Studiums wiederum vor dem Wiener Publicum erschien, war sein Stil vollständig verändert; er überwand dieselben Schwierigkeiten wie Paganini, ja noch grössere, allerdings weder mit derselben Unfehlbarkeit, noch immer mit der
wünschenswerthen Reinheit. Immerhin kann kein Zweifel sein,
dass er weltberühmt geworden wäre, hätte nicht der Tod, welcher ihn 1833 im Alter von siebenundzwanzig Jahren ereilte,
seiner Laufbahn ein plötzliches Ende gemacht.

Chopin, der ihm zuerst bei Würfel begegnete, fühlte sich
alsbald zu ihm hingezogen, und als er ihn am folgenden Tage
im Beyer'schen Hause spielen hörte, gefiel ihm sein Vortrag
besser, als der irgend eines Geigers, Paganini ausgenommen.
Da Slavik an Chopin's Spiel nicht weniger Gefallen fand, so
fassten sie den Plan, zusammen ein Duo für Violine und Clavier
zu schreiben. In einem Briefe vom 25. December 1830 an
seinen Freund Matuszyński schreibt Chopin: „Ich komme gerade
von dem vortrefflichen Violinisten Slavik. Mit Ausnahme von
Paganini habe ich nie einen Geiger gehört, wie ihn. Sechsund-
neunzig Staccato-Noten auf einen Bogenstrich! Es ist unglaublich! Als ich ihn hörte, hatte ich Lust, nach Hause zu gehen
und Variationen über ein Adagio von Beethoven [welches sie
zuvor als Thema bestimmt hatten] zu skizziren." Der Anblick des Postamtes und eines Briefes aus der Heimath ver-
drängten die Variationen aus seinem Sinne, und diese scheinen
in der That niemals geschrieben worden zu sein, wenigstens hat
man nie etwas von ihnen gehört. Einige Bemerkungen über
Slavik in einem am 28. Mai 1831 an seine Eltern gerichteten
Briefe lassen Chopin's Bewunderung und Zuneigung für seinen
Freund noch deutlicher erkennen: „Er ist einer der Wiener
Musiker, mit denen ich in wahrhaft freundschaftlichem und
herzlichem Verkehr stehe. Er spielt wie ein zweiter aber ver-
jüngter Paganini, und wird diesen vielleicht noch einmal über-

treffen. Ich würde dies selbst nicht glauben, hätte ich ihn nicht so oft gehört . . . Slavik fesselt den Hörer und entlockt ihm Thränen."

Kurz nach seiner ersten Begegnung mit Slavik wurde Chopin mit Merk bekannt, wahrscheinlich im Hause des Verlegers Mechetti, und am 1. Januar 1831 kündigt er seinem Warschauer Freunde mit unverholenem Stolze an, dass „Merk, der erste Violoncellist Wien's" versprochen habe, ihn zu besuchen. Chopin wünschte sehr, mit ihm bekannt zu werden, weil er der Meinung war, dass Merk, Slavik und er selbst ein prächtiges Trio ·bilden würden. Merk, im Jahre 1795 geboren, mithin bedeutend älter als die beiden Anderen, hatte seine musikalische Laufbahn als Violinist begonnen, war aber, nachdem er einmal von einem grossen Hunde in den Arm gebissen war, unfähig geworden, die Geige in ihrer richtigen Lage zu halten (so erzählt Fétis), weshalb er sich dem Violoncell widmete, und dies mit solchem Erfolg, dass er der erste Solist Wien's wurde. Zu der Zeit, von welcher die Rede ist, war er Mitglied des kaiserlichen Orchesters und Lehrer am Conservatorium. Er gab oft Concerte mit Mayseder und wurde „der Mayseder des Violoncells" genannt. Chopin schreibt an die Seinen, nachdem er ihn in einer Soirée bei dem wohlbekannten Autographensammler Fuchs gehört hatte: „Limmer, einer der besseren Musiker Wien's, liess einige von seinen Compositionen für vier Violoncelle hören. Merk machte, wie immer, durch sein ausdrucksvolles Spiel mehr aus ihnen, als sie wirklich sind. Die Leute blieben wieder bis Mitternacht, denn Merk hatte· den Einfall, mit mir seine Variationen zu spielen. Er sagte mir, dass er gern mit mir musicire, und auch für mich ist es ein grosses Gaudium, mit ihm zu spielen. Ich denke, wir sehen gut nebeneinander aus. Er ist der erste Violoncellist, den ich wahrhaft bewundere."

Ueber Chopin's Beziehungen zu der dritten der von ihm namhaft gemachten „ungemein interessanten Bekanntschaften" erfahren wir aus seinen Briefen nichts Näheres. Gleichwohl dürfen wir nicht annehmen, dass ein Musiker wie Carl Maria von Bocklet, für den Beethoven drei Empfehlungsbriefe geschrieben hat, der ein intimer Freund Schubert's gewesen, dessen Interpretation classischer Werke und Improvisationstalent ihm einen Ehrenplatz unter den Pianisten seiner Zeit errungen, für Chopin ohne Bedeutung geblieben sei. Besser als irgend einer der in Wien lebenden Clavierspieler war Bocklet in der Lage, dem jungen Polen die Meister der vorangegangenen Generation näher zu bringen; er konnte ihm gewissermaassen etwas von dem Geiste mittheilen, welcher Beethoven, Schubert und Weber beseelt hatte. Wenn übrigens Bocklet's Name in den Briefen Chopin's fehlt, so beweist dies noch keineswegs, dass er ihn überhaupt nicht erwähnt hat, denn die vorhandenen Briefe bilden nur einen kleinen Theil der thatsächlich von ihm geschriebenen, deren viele bei dem unruhigen Zustande Polens nie ihr Ziel erreicht haben, während andere von seinen Eltern aus Furcht vor der russischen Polizei verbrannt worden, und wieder andere durch Sorglosigkeit oder Gleichgültigkeit verloren gegangen sind.

Das Verzeichniss der Bekanntschaften Chopin's ist indessen noch lange nicht vollständig. Er hatte mehrere Unterhaltungen mit dem alten Abbé Stadler (dem Freunde Haydn's und Mozart's), dessen Psalmen als Manuscript er bewunderte. Er spricht auch von Aufführungen älterer kirchlicher und weltlicher Musik im Hause Kiesewetter's, als für ihn bevorstehend; für einen Musiker von Chopin's Naturell können indessen kunstgeschichtliche Rückblicke nicht von besonderem Interesse gewesen sein, noch mochte der gelehrte Erforscher der niederländischen und arabischen Musik sowie des Lebens und Wirkens Guido's von Arezzo den hohen Werth der Eigenart des modernen Componisten gleich erkannt haben. Jedenfalls hatte Chopin mehr Verkehr mit dem Musikschriftsteller Franz Kandler, der über seine Leistungen als Componist und Clavierspieler günstige Kritiken schrieb, und mit dem er einmal zur kaiserlichen Bibliothek ging, wo die Entdeckung eines gewissen Manuscriptes ihn mehr überraschte, als die nach seiner Meinung selbst von Bologna nicht übertroffene Grossartigkeit und Ordnung der Sammlung — nämlich des Manuscriptes seines Op. 2, welches Haslinger der Bibliothek zum Geschenk gemacht hatte. Ein anderes seiner Manuscripte, das des Rondo für zwei Claviere, fand Chopin in Aloys Fuchs' berühmter Autographensammlung, welche damals 400 Nummern umfasste, um 1840 aber auf 650 Nummern gewachsen war, meist vollständige Werke. Er muss es verstanden haben, sich

dem Besitzer der Sammlung persönlich angenehm zu machen,
andernfalls würde er wohl kaum das Glück gehabt haben, ein
Autograph Beethoven's von ihm zum Geschenk zu erhalten.

Auch mit allen bedeutenden Musikverlegern Wien's wurde
Chopin bekannt. Von Haslinger ist schon ausführlich die Rede
gewesen. Durch Czerny wurde Chopin mit Diabelli bekannt,
der ihn zu einem Musiker-Gesellschaftsabend einlud. Mit Mechetti
scheint er auf freundschaftlichem Fusse gestanden zu haben; er
speiste bei ihm, traf ihn bei Malfatti, bot ihm seine Polonaise
für Clavier und Violoncell zum Verlag an, und beschreibt ihn
als unternehmend und wahrscheinlich zur Publicirung der Elsner-
schen Messen zu überreden. Mit Joseph Czerny (kein Verwandter Carl's) kam Chopin nur in geschäftliche Berührung; an
sein Versprechen erinnert, ein Quartett von Elsner zu veröffentlichen, sagte dieser, er könne es jetzt (um den 26. Januar 1831)
nicht unternehmen, da er die Werke Schubert's herausgebe, von
denen noch viele unter der Presse seien. „Daher fürchte ich"
schreibt Chopin seinem Lehrer „Ihre Manuscripte werden warten
müssen. Czerny gehört, wie ich herausgefunden habe, nicht zu
den reichen hiesigen Verlegern, und kann deshalb nicht so
leicht die Herausgabe eines Werkes riskiren, welches weder
im ‚Sperl‘ noch im ‚Römischen Kaiser‘ gespielt wird. Walzer
werden hier ‚Werke‘ genannt, Lanner und Strauss aber, welche
dieselben aufführen, ‚Capellmeister‘. Damit will ich übrigens
nicht sagen, dass Alle hier dieser Meinung sind; im Gegentheil,
Viele lachen darüber — und dennoch werden fast nur Walzer
publicirt." Man kann sich heute kaum den Enthusiasmus, die
Ekstase vorstellen, welche die Walzer der beiden genannten
Tanzcomponisten im damaligen, in zwei Lager getheilten Wien
hervorriefen. „Sperl und Volksgarten" sagt Hanslick „waren
an Strauss- und Lannertagen factisch die beliebtesten und be-
suchtesten Concertlocalitäten. An Novitäten fehlte es nie; im
Jahre 1839 hatten Strauss und Lanner jeder bereits über hundert
‚Werke‘ veröffentlicht. Ueber jede neue Walzerpartie geriethen
die Journale in Entzücken, es erschienen zahllose Artikel über
Strauss und Lanner, schwärmerisch, humoristisch, pathetisch und
jedenfalls länger, als man sie Beethoven und Mozart widmete."

Diese flüchtigen Rückblicke auf die Notabilitäten und die
Lebensweise einer früheren Generation, gleichsam durch die

Spalten des Zaunes, welchen die Zeit zwischen dem „Sonst"
und dem „Jetzt" aufgerichtet hat, sind ebenso unterrichtend wie
unterhaltend. Es wäre ein Irrthum, diese für Chopin's Leben
scheinbar bedeutungslosen Einzelheiten als überflüssige Anhängsel
zu seiner Biographie anzusehen. Die Sympathien und Antipathien eines Menschen enthüllen uns seine Natur, und die Umgebung eines Künstlers giebt uns den rechten Schlüssel zum
Verständniss seiner Stellung und seiner Verdienste, während wir
ohne die Kenntniss der Zeit, in welcher er gelebt, keinen Maassstab für seine Originalität hätten. Ueberdies möge der vielleicht
ungeduldig gewordene Leser sich erinnern, dass Chopin's Leben
ziemlich arm an äusseren Ereignissen war, weshalb auch die
Darstellung, statt in ebenmässigem Gange, in einer Folge von
Sprüngen und Pausen, hier und da mit einem behaglichen
Trabe, auch sogar einem kurzen Galopp wechselnd, verlaufen
muss.

Nachdem wir die geselligen und künstlerischen Kreise, in
denen sich Chopin bewegte, die Personen, mit denen er hauptsächlich verkehrte, und seine Urtheile über Menschen und Zustände kennen gelernt haben, wissen wir fast Alles, was über
seinen Aufenthalt in der Kaiserstadt erwähnenswerth ist — und
doch noch nicht Alles —; aus der zweiten Hälfte desselben sind
noch einige Vorgänge zu berichten, gegen welche alles bisher
Erwähnte an Bedeutung zurückstehen muss. Ich habe schon
hervorgehoben, dass das Fehlschlagen der Hoffnungen und Pläne
Chopin's keineswegs allein auf Rechnung ungünstiger Umstände
zu schreiben ist. Seine Eltern scheinen dies auch angenommen
und ihn wegen seiner Lauigkeit in der Betreibung seiner Concert-
Angelegenheiten zur Rede gestellt zu haben, denn er schreibt
ihnen am 14. Mai 1831: „Es ist mein heissestes Verlangen, Eure
Wünsche erfüllen zu können, bis jetzt aber habe ich es unmöglich gefunden, ein Concert zu geben." Indessen hatte er, auch
ohne selbst ein Concert zu veranstalten, doch Gelegenheit gefunden, sich in der besten Gesellschaft dem Wiener Publicum
vorzustellen. In der „Theaterzeitung" vom 2. April 1831 kündigte Frau Garzia-Vestris ein Concert im Redoutensaal für den
4. April Vormittags an, zu welchem die Damen Sabine und
Clara Heinefetter sowie die Herren Wild, Chopin, Böhm (Violin-
virtuose), Hellmesberger (ebenfalls Violinist und Schüler des Vor-

hergenannten), Merk nnd die Gebrüder Levy (beide Hornisten)
ihre Mitwirkung zugesagt hatten. Chopin war als *homo ignotus
et novus* in der Annonce durch den Zusatz „Clavierspieler" von
allen Uebrigen, bei denen dies nicht nöthig schien, unterschieden.
Die Zeiten haben sich geändert: heute würden die meisten Leser
für jeden der genannten Namen eine erklärende Parenthese wünschen, Chopin ausgenommen, wobei man des Spruches gedenkt:
„Er stösst die Gewaltigen vom Stuhl und erhebt die Niedrigen."
Die oben erwähnte Ermahnung seiner Eltern scheint gewirkt und
ihn veranlasst zu haben, sich aufzuraffen, wiewohl die Umstände
einem zu veranstaltenden Concerte jetzt weniger günstig waren, als
zur Zeit seiner Ankunft. Die Musiksaison war vorüber, und viele
Leute hatten die Hauptstadt verlassen, um das Landleben zu geniessen; die Kämpfe in Polen wurden mit zunehmender Heftigkeit
fortgesetzt, was die Oesterreicher nicht gerade veranlassen konnte,
sich mit der Protection eines polnischen Künstlers zu beeilen; endlich kam noch die Cholera hinzu, welche Alle zur Flucht veranlasste, die nicht zum Bleiben gezwungen waren. Es ist mir nicht
möglich gewesen, das Datum und andere Einzelheiten dieses Concerts zu erfahren; von Karasowski hören wir, dass es schwach
besucht gewesen ist, und dass die Einnahme die Ausgaben nicht
gedeckt hat. Die „Theaterzeitung", welche 1829 über Chopin's
Leistungen so ausführlich berichtet hatte, sagt kein Wort, weder
über die Matinée noch über das Concert; von dem letzteren ist
mir nicht einmal die Ankündigung zu Gesicht gekommen. Ohne
Zweifel meint Chopin die Besprechungen dieses Concerts, wenn
er im Juli schreibt: „Louise [seine Schwester] theilt mir mit,
dass Herr Elsner sich über die Kritiken sehr gefreut hat;
ich bin neugierig, was er, als mein Compositionslehrer, von
den anderen sagen wird." Kandler, der Wiener Correspondent
der „Allgemeinen musikalischen Zeitung", bespricht in der
Nummer vom 21. September 1831 die Leistungen verschiedener
Künstler, unter denen der geschickte polnische Violinvirtuose
Serwaczyński, und wendet sich dann zu Chopin, „ebenfalls ein
Kind der sarmatischen Hauptstadt, der sich schon bei seinem
vorjährigen Besuch als Pianist ersten Ranges bewährt hat", von
dem er bemerkt: „Die Ausführung seines neuesten Concerts in
E-moll, ein ernstes Werk, gab keinen Anlass, unser früheres
Urtheil zu widerrufen. Wer ein so aufrichtiges künstlerisches

Streben zeigt, verdient unsere nicht minder aufrichtige Hochachtung."

Alles zusammen genommen, können wir uns ohne Bedenken der Behauptung Liszt's anschliessen, dass der junge Künstler nicht dasjenige Aufsehen erregte, welches er zu erwarten berechtigt war. Eigentlich muss Chopin, trotz aller gesellschaftlichen Freuden seines achtmonatlichen Wiener Aufenthaltes, später mit Bedauern, vielleicht auch mit einiger Bitterkeit auf denselben zurückgeblickt haben. Nicht nur gelang es ihm nicht, seinen Ruhm als Clavierspieler und Componist durch erfolgreiche Concerte und neue Publicationen zu vergrössern, er scheint auch nachlässig in seinen Studien und in seiner Production gewesen zu sein. Wie er den Vormittag in seiner Wohnung und den übrigen Tag unterwegs oder in Gesellschaft vertändelte, hat er selbst ausführlich berichtet; dass dies aber seine gewöhnliche Lebensweise in Wien war, geht noch weiter hervor aus der Selbstzufriedenheit, mit welcher er gelegentlich erzählt, dass er vom frühen Morgen bis zwei Uhr Nachmittags geübt habe. In seinen Briefen ist nur zweimal von der Beendigung neuer Compositionen die Rede. Am 21. December 1830 schreibt er: „Ich wollte meinen neuesten Walzer einlegen, aber die Post geht gleich ab, und ich habe keine Zeit ihn zu copiren, werde ihn daher ein anderes Mal schicken. Auch die Mazurkas müssen erst copirt werden; sie sind aber nicht zum Tanz bestimmt" und im Juli 1831 „ich habe eine Polonaise geschrieben, welche ich für Würfel hier lassen muss." Es finden sich noch zwei weitere Bemerkungen über Compositionen, jedoch über solche, welche niemals beendigt, vielleicht sogar niemals angefangen worden sind. Eine dieser Bemerkungen bezieht sich auf die bereits erwähnten Variationen über ein Thema von Beethoven, welche er mit Slavik zu componiren beabsichtigte. Die andere deutet auf ein kühneres Project; bei Erwähnung Nidecki's, der jeden Morgen zu ihm kam, um sein (Chopin's) Concert zu studiren, schreibt er am 21. December 1830: „Wenn es mir gelingt, ein Concert für zwei Claviere zu schreiben, welches mich selbst befriedigt, so gedenken wir alsbald damit vor das Publicum zu treten; zuvor jedoch möchte ich mich einmal allein hören lassen." Welch interessanter, aber auch schwer zu bewältigender Stoff wäre es, die Geschichte der unausgeführt gebliebenen Pläne genialer Männer zu schreiben!

Die oben erwähnten Stücke (Walzer, Polonaise und Mazurkas) bilden selbstverständlich nicht die Gesammtheit dessen, was Chopin während seines Wiener Aufenthaltes geschaffen hat; doch können wir mit einiger Sicherheit annehmen, dass nur wenige Arbeiten von Bedeutung hinzugekommen sind. Die Mannichfaltigkeit seiner gesellschaftlichen Pflichten liessen ihm wenig Zeit für sich selbst übrig, und überdies erhielten ihn die Vorgänge in seinem Vaterlande in fortwährender Unruhe. Polen und sein Unabhängigkeits-Kampf kamen ihm nicht aus dem Sinne; bald beklagt er in seinen Briefen den Tod eines Freundes, bald jubelt er über einen Sieg, bald fragt er ängstlich, ob diese oder jene ihm zu Ohren gekommene erfreuliche Nachricht sich bestätigt, bald spricht er die Hoffnung aus, dass Gott Polen schützen werde, bald erzählt er, dass er seinem Patriotismus Luft gemacht habe, indem er die Hemdknöpfe mit dem polnischen Adler angelegt und das Taschentuch mit dem darauf abgebildeten Kosynier (Sensenmann) in Gebrauch genommen habe. „Was geht zu Hause vor?" schreibt er am 28. Mai 1831 „ich träume stets von Euch. Ist noch kein Ende des Blutvergiessens abzusehen? Ich kenne Eure Antwort: ‚Geduld!' Auch ich tröste mich immer mit diesem Worte." Uebrigens sieht er in einer guten Gesundheit den besten Trost im Unglück, und diese genoss er, wenn wir den an seine Eltern gesandten Bulletins trauen dürfen, in vollem Maasse. „Zacharkiewicz aus Warschau hat mich besucht; und als seine Frau mich bei Szaszek sah, wusste sie nicht, wie sie ihre Ueberraschung ausdrücken sollte, mich als einen so stämmigen Kerl wiederzufinden. Ich habe meinen Backenbart nur an der rechten Seite wachsen lassen, und er wächst recht gut; auf der linken Seite brauche ich ihn nicht, denn man sitzt stets mit der rechten Seite zum Publicum gewendet."

Obwohl sein „Ideal" nicht zugegen ist, um ihn zurückzuhalten, kann er doch nicht zum Entschluss kommen, Wien zu verlassen. Am 28. Mai schreibt er: „Wie schnell diese schöne Zeit vergeht! schon haben wir Ende Mai, und ich bin noch in Wien. Der Juni wird kommen, und ich werde wahrscheinlich auch noch hier sein, denn Kumelski ist krank geworden und hat sich wieder zu Bett legen müssen." Es wurde nicht nur

Juni, sondern über Mitte Juli, bis Chopin aufbrach, und ich
fürchte, er hatte nicht immer eine so gute Entschuldigung für
die Verlängerung seines Aufenthalts, wie die Krankheit seines
Reisegefährten. Am 25. Juni hören wir von ernsten Vorbereitungen zur Abreise. „Ich befinde mich wohl" schreibt er „das
ist das Einzige, was mich erfreut, denn es scheint, als solle es
nie zu meiner Abreise kommen. Ihr wisst Alle, wie unentschlossen ich bin, und überdies treffe ich bei jedem Schritt auf
Hindernisse. Tag für Tag verspricht man mir meinen Pass,
und ich laufe von Pontius zu Pilatus, nur um zurückzuerhalten,
was ich auf dem Polizeiamt deponirt habe. Heute hörte ich
noch schönere Nachrichten, nämlich, dass mein Pass verlegt
worden ist und man ihn nicht finden kann, so dass ich ein Ge-
such um einen neuen habe einreichen müssen. Es ist merkwürdig, wie uns arme Polen jedes nur denkbare Missgeschick
trifft. Obwohl ich reisefertig bin, ist es mir doch nicht möglich,
fort zu kommen."

Chopin hatte von Herrn Beyer den Rath erhalten, in seinem
Passe London anstatt Paris als Reiseziel nennen zu lassen. Die
Polizei war damit einverstanden, aber der russische Gesandte
gestattete ihm nicht, nachdem er den Pass zwei Tage lang zu-
rückgehalten hatte, weiter als nach München zu reisen. Nicht
so lange brauchte Chopin auf die Unterschrift des französischen
Gesandten zu warten. Obwohl in seinem Passe stand „passant
par Paris à Londres" — in Erinnerung dessen er in seinen späteren Pariser Jahren zu sagen pflegte, er halte sich nur „en
passant" dort auf — hatte er doch keinerlei Absicht, nach London zu gehen, weshalb auch die sentimentalen Bemerkungen,
welche gewisse Schriftsteller an diese Thatsache geknüpft haben,
völlig unangebracht sind. Als die Pass-Schwierigkeiten beseitigt
waren, gab es ein neues Hinderniss zu überwinden: um aus dem
von der Cholera befallenen Oesterreich nach Bayern zu passiren,
bedurfte man eines Gesundheitspass, und so begann für
Chopin eine neue Reihe von Bemühungen — er hatte einen
halben Tag zu laufen, bis er in den Besitz dieses Papiers gelangte.

Am Schlusse seines Wiener Aufenthaltes scheint Chopin
etwas knapp am Gelde gewesen zu sein, wozu der finanzielle
Misserfolg des Concerts beigetragen haben mag. Unter den

Vorbereitungen der Abreise trat die Geldfrage noch mehr in
den Vordergrund. Am 25. Juni 1831 schreibt er an seine Eltern: „Ich lebe so ökonomisch wie möglich, und bin um jeden
Kreutzer ebenso besorgt, wie um meinen Ring in Warschau
[das Geschenk des Kaisers Alexander]. Ihr mögt ihn verkaufen,
ich habe Euch schon zuviel gekostet." Er muss über seine
Geldknappheit mit einigen seiner Freunde gesprochen haben,
denn er erwähnt, dass der Clavierspieler und Componist Czapek,
der ihn jeden Tag besuchte und ihm viel Freundliches erwies,
ihm Geld für die Reise angeboten habe, falls er dessen bedürfe.
Man sollte kaum glauben, dass Chopin auch in der Kunst, Bet-
telbriefe zu schreiben, excellirt habe, und dennoch übte er auch
sie mit Virtuosität aus. Wie geschickt er die elterlichen Gefühle
zu diesem Zwecke zu erregen verstand, mag das folgende An-
liegen beweisen: „Juli 1831. Aber ich darf nicht vergessen zu
erwähnen, dass ich wahrscheinlich genöthigt bin, mehr Geld
beim Banquier Peter aufzunehmen, als mein lieber Vater mir erlaubt hat. Ich bin sehr ökonomisch; aber, Gott weiss, ich kann
nichts dafür, denn andernfalls würde ich mit leerem Beutel abreisen müssen. Gott bewahre mich vor Krankheit; sollte mir
jedoch irgend etwas zustossen, so würdet Ihr mir vielleicht Vorwürfe machen, nicht mehr aufgenommen zu haben. Verzeihe
mir, aber bedenke, dass ich mit diesem Gelde schon Mai, Juni
und Juli lebe, und dass ich jetzt mehr für meine Mahlzeiten zu
bezahlen habe, als im Winter. Ich thue dies nicht allein, weil
ich selbst fühle, es müsse so sein, sondern auch auf Rath Anderer. Es thut mir sehr leid, dass ich Dich darum zu bitten
habe; mein Papa hat schon mehr als drei Groschen für mich
ausgegeben; auch weiss ich recht gut, wie schwer es ist, Geld
zu verdienen. Glaubt mir, meine Liebsten, es ist härter für
mich, zu fordern, als für Euch, zu geben. Gott wird uns auch
in Zukunft beistehen, *punctum!*"

Chopin war zu dieser Zeit stark zur Melancholie geneigt,
und verbarg dies nicht einmal seinen Eltern. Er gedachte
vielleicht der „sich verlängerndern Kette", welche er bei diesem neuen Ortswechsel mit sich zu schleppen habe. Er eilt
häufig auf die Strasse um Titus Woyciechowski oder Johann
Matuszyński zu suchen. Einmal bildet er sich ein, der Erstere
gehe vor ihm, aber indem er den Freund einzuholen gedenkt,

findet er zu seinem Entsetzen einen „Verfl. . . . . Preussen". Im Juli 1831 schreibt er: „Ich wünsche mir nichts als mehr Leben, mehr Lebensgeist! Ich fühle mich oft abgespannt, manchmal aber auch so heiter, wie ich zu Hause zu sein pflegte. Wenn ich verstimmt bin, gehe ich zu Frau Szaszek, dort finde ich gewöhnlich mehrere liebenswürdige polnische Damen, welche mich durch ihre herzlichen, hoffnungsreichen Worte jedesmal aufheitern, so dass ich alsbald anfange, den hiesigen Generälen nachzumachen. Dies ist ein neuer Scherz meiner Erfindung; Alle, die ihn gesehen haben, sind beinahe vor Lachen gestorben. Aber ach, es giebt auch Tage, an welchen man nicht zwei Worte aus mir herausbringen kann, und Niemand herauszufinden vermag, was mit mir ist; dann mache ich gewöhnlich, um mich zu zerstreuen, eine Dreissig-Kreutzer-Fahrt, nach Hietzing oder sonst einem Nachbarort Wien's.

Hier haben wir ein schönes Stückchen Autobiographie; es bringt uns in's Klare über Chopin's Neigung zur Melancholie, welche indessen leicht durch seine Lust zum Scherz verdrängt wurde. Dass Verstimmung und Geldknappheit Chopin nicht abhielten, sich bei Gelegenheit gründlich zu amusiren, erhellt aus vielen Stellen seiner Briefe; ich wähle aus denselben die Beschreibung zweier Ausflüge in die Umgegend Wien's aus, welche uns nicht allein mit dem Schreiber besser bekannt machen, sondern auch an sich interessant sind. „25. Juni 1831. Vorgestern war ich mit Kumelski und Czapek auf dem Kahlenberg und dem Leopoldsberg. Es war ein herrlicher Tag; ich habe nie einen schöneren Spaziergang gemacht. Vom Leopoldsberg sieht man ganz Wien, Wagram, Aspern, Pressburg, sogar Kloster-Neuburg, das Schloss, in welchem Richard Löwenherz lange gefangen sass. Auch der ganze obere Theil der Donau lag vor unseren Augen. Nach dem Frühstück bestiegen wir den Kahlenberg, wo König Johann Sobieski sein Lager aufschlug und die Racketen abzubrennen befahl, welche dem Vertheidiger Wien's, Grafen Starhemberg, das Herannahen der polnischen Armee ankündigten. Dort ist ein Camaldulenser-Kloster, in welchem der König vor dem Angriffe auf die Türken seinen Sohn Jacob zum Ritter schlug und selbst als Diener des Priesters bei der Messe fungirte. Ich lege für Isabella ein kleines Blatt von dieser jetzt mit Vegetation bedeckten Stelle ein. Von

dort gingen wir abends zum Krapfenwald, einem schönen Thal,
wo wir ein komisches Knabenspiel sahen: die kleinen Kerle
hatten sich von Kopf bis zu Fuss in Blätter eingewickelt, und
sahen aus wie wandelnde Büsche.   In diesem Costüm krochen
sie von einem der Fremden zum anderen.   Solch ein in Laub
gehüllter Junge mit Zweigen auf dem Kopfe wird Pfingstkönig
genannt.   Diese scherzhafte Vernummung ist hier um Pfingsten
gebräuchlich."

Den zweiten Ausflug beschreibt er folgendermaassen: „Juli,
1831. Vorgestern kam der biedere Würfel zu mir; Czapek,
Kumelski und viele Andere kamen auch, und wir fuhren zusammen nach St. Veit, einem köstlichen Ort.   Ich kann nicht
dasselbe von Tivoli sagen, wo man eine Art Carroussel errichtet
hat, oder vielmehr eine Bahn mit einem Schlitten, was ‚Rutsch‘
genannt wird.   Es ist ein kindisches Vergnügen, aber eine grosse
Zahl Erwachsener lassen sich in diesem Vehikel zum Zeitvertreib
den Hügel hinabrollen.   Anfangs hatte ich keine Lust, es zu
versuchen, aber da wir unserer acht waren, lauter gute Freunde,
so begannen wir um die Wette hinab zu rutschen.   Es war
thöricht, und doch haben wir Alle herzlich gelacht.   Ich selbst
betheiligte mich an dem Sport mit grossem Eifer, bis mir einfiel, dass gesunde und kräftige Männer eigentlich was Besseres
thun könnten — und gerade jetzt, wo die Menschheit ihrer zum
Schutz und zur Vertheidigung bedarf.   Der Teufel hole solche
Frivolität!" — In demselben Briefe spricht Chopin die Hoffnung
aus, dass seine Art, verschiedene nicht ganz cour-fähige, mit
einem „T" oder „V" beginnende Worte häufig zu gebrauchen, seinen
Eltern nicht eine zu schlechte Meinung von der Bildung, die er
sich in Wien erworben, beibringen möge, und beseitigt alle
etwaigen Ursachen ihrer Beunruhigung durch die Versicherung,
er habe nichts specifisch Wienerisches angenommen, ja, nicht
einmal einen „Tanzwalzer" spielen gelernt.   Dies also wäre das
wenig erfreuliche Ergebniss seines Aufenthaltes in Wien.

Am 20. Juli 1831 verliess Chopin in Begleitung seines
Freundes Kumelski Wien und ging über Linz und Salzburg
nach München, wo er einige Wochen auf eine Geldsendung aus
der Heimath warten musste.   Sein Aufenthalt in der bayrischen
Hauptstadt war indessen für ihn keine verlorene Zeit, denn er
machte dort die Bekanntschaft mehrerer tüchtiger Musiker,

welche, von seinem Spiel und seinen Compositionen entzückt, ihn veranlassten, ein Concert zu geben. Karasowski berichtet, Chopin habe in einem der Concerte der philharmonischen Gesellschaft sein E-moll-Concert gespielt — was sich, wie wir gleich sehen werden, nicht ganz so verhält — und fügt hinzu, dass die Zuhörer, von der Schönheit der Composition und der vortrefflichen poetischen Wiedergabe derselben hingerissen, den jungen Virtuosen mit stürmischem, aufrichtige Bewunderung ausdrückendem Beifall überschüttet haben. Dabei hat Karasowski wahrscheinlich die folgende Stelle eines Briefes von Chopin an Titus Woyciechowski, datirt „Paris, 16. December 1831", im Sinne gehabt: „Ich spielte [bei Kalkbrenner in Paris] das E-moll-Concert, welches den Münchenern so sehr gefallen hat." Die beiden Angaben stimmen nicht recht überein. Was Karasowski sagt, mag wahr sein oder sollte es doch sein; ich fürchte jedoch, dass, gegenüber den vorhandenen Belegen, seine Behauptung in ihrem ganzen Umfange nicht aufrecht zu halten ist. In den vielen von mir durchforschten Local- und anderen Blättern habe ich nur eine Notiz über Chopin's Anwesenheit in München gefunden, und als ich voller Erwartung ein Résumé des Münchener Musiklebens vom Frühjahr bis zum Ende des Jahres 1831 in der „Allgemeinen musikalischen Zeitung" durchging, fand ich Mendelssohn und Lafont erwähnt, Chopin aber nicht. So müssen wir denn, wollen wir nicht annehmen, dass Karasowski — getreu seiner Mission als Panegyriker und am stärksten in's Zeug gehend, wenn er sich nicht durch bestimmte Daten gebunden fühlt — übertrieben habe, den Ausgleich des Widerspruches zwischen dem Enthusiasmus der Zuhörer und dem Schweigen des Berichterstatters in gewissen charakteristischen Eigenschaften des Münchener Publicums suchen. Mendelssohn sagt darüber: „Für die Musik ist hier ungemein viel Empfänglichkeit und sie wird vielfältig ausgeübt, doch will mir vorkommen, als mache fast Alles Eindruck und als wirkten die Eindrücke nicht lange nach."

Bei Erwähnung Mendelssohn's sei auch des seltsamen Zufalles gedacht, dass er und Chopin verschiedene Male auf dem Punkte waren, sich zu begegnen, sich aber immer und immer wieder verfehlten. In Berlin war Chopin zu blöde und zu bescheiden, um seinen schon berühmten, jungen Kunstbruder anzureden, während dieser im Jahre 1830 Wien kurz vor Chopin's

Ankunft verlassen hatte und in München kurz nach Chopin's Abreise ankam. — Die einzige Nachricht über Chopin's öffentliches Auftreten in München, welche ich habe entdecken können, findet sich in Nr. 87 (30. August 1831) der Zeitschrift „Flora“, welche unter den „Tagesneuigkeiten“ einen ziemlich vollständigen Bericht über das „Concert des Herrn Chopin aus Warschau“ bringt. Aus diesem erfahren wir, dass die Sängerin Pellegrini, die Sänger Bayer, Lenz und Harm, der Clarinettist Bärmann jun. und der Capellmeister Stunz mitgewirkt haben. Die Sänger trugen ein Quartett vor, und Bärmann spielte die Clarinettenpartie in einer Cavatine (gesungen von Bayer, erstem Tenoristen der Oper) mit Begleitung des Claviers und der Clarinette von Schubert (?). Was der Berichterstatter über Chopin sagt, soll hier unverkürzt wiedergegeben werden:

„Am 28. August gab Herr F. Chopin aus Warschau ein Mittags-Concert im Saale des philharmonischen Vereins, das von einer sehr gewählten Versammlung besucht wurde. Herr Chopin trug ein Concert aus E-moll von seiner eigenen Composition auf dem Fortepiano vor, und zeigte eine ausgezeichnete Virtuosität in der Behandlung seines Instrumentes; bei einer ausgebildeten Fertigkeit wurde besonders eine liebliche Zartheit des Spieles und ein schöner und charakteristischer Vortrag der Motive bemerkbar. Die Composition war im Ganzen brillant und gut gesetzt, ohne gerade durch besondere Neuheit oder einen tieferen Charakter zu überraschen, mit Ausnahme des Rondo's, dessen Hauptgedanke sowohl als die figurirten Mittelsätze durch eine eigenthümliche Verbindung eines melancholischen Zuges mit einem Capriccio einen eigenen Reiz entwickelte, weshalb es besonders ansprach. Der Concertgeber trug zuletzt eine Phantasie über polnische Nationallieder vor. Es liegt in den slavonischen Volksliedern ein Etwas, das beinahe nie seine Wirkung verfehlt, dessen Grund sich aber schwer nachweisen und erklären lässt; denn es ist nicht allein der Rhythmus und der schnelle Uebergang von Moll in Dur, der diesen Reiz hervorbringt. Niemand hat es wohl besser verstanden, den nationalen Charakter solcher Lieder mit einem brillanten Concertspiel in Verbindung zu bringen als Bernhard Romberg, der durch seine Compositionen dieser Art, durch sein Meisterspiel gehoben, einen eigenen Zauber zu verbreiten wusste. Ganz in dieser Art war die Phantasie des Herrn Chopin, der sich allgemeinen Beifall erwarb.“

Von München ging Chopin nach Stuttgart, und während seines dortigen Aufenthalts erfuhr er die für ihn schmerzliche Nachricht von der Einnahme Warschau's durch die Russen

(8. September 1831). Man sagt, dass ihn dies Ereigniss zur
Composition der C-moll-Etude (Opus 10 Nr. 12), mit ihrem
leidenschaftlichen Wogen und ihren ungestümen Exclamationen,
angeregt habe. Mit Bezugnahme auf den tragischen Ausgang der
polnischen Revolution schreibt Chopin aus Paris am 16. December 1831: „Alles dies hat mir viel Schmerz bereitet. Wer hätte
es voraussehen können!"

Mit Stuttgart erreichte Chopin's deutsche Künstlerlaufbahn ihr
Ende, denn obwohl er Deutschland später häufig besucht hat, ist
er doch nie wieder dort öffentlich aufgetreten oder längere Zeit
geblieben. Jetzt, wo sich Chopin Paris nähert, der Stadt, in
welcher er, einen gelegentlichen und meist kurzen Aufenthalt
in andern Orten abgerechnet, den Rest seines Lebens verbracht
hat, wird es den Leser interessiren, zu erfahren, dass dieser
Wechsel des Landes zugleich einen Wechsel seines Namens,
wenigstens der gewöhnlichen Aussprache und Schreibweise desselben, veranlasste. Man kann sicher sein, dass die Deutschen
die Endsilbe nicht immer mit dem nöthigen Nasalklang ausgesprochen haben; die polnische Aussprache dagegen ist schon
durch die häufig vorkommende Schreibweise „Szopen" hinlänglich bezeichnet; ich fand dieselbe in der polnischen illustrirten
Zeitung „Kłosy", und auch in Joseph Sikorski's „Wspomnienie
Szopena" („Erinnerungen an Chopin") ist sie zu finden. Szulc
und Karasowski nennen ihre Bücher und deren Helden „Fryderyk
Chopin".

Dreizehntes Capitel.

Compositionen aus der Zeit vom Frühling 1829 bis Ende 1831. — Wesentliche Einflüsse auf ihren Stil.

nterbrechen wir für kurze Zeit unsere biographische Wanderung, um das was Chopin seit dem Frühling 1829 an Compositionen vollendet hatte, kritisch zu prüfen. Dabei wird uns auf den ersten Blick klar, dass die Werke der letzten zwei Jahre (1829—1831) den früheren entschieden überlegen sind; dies nicht allein in Folge der durch Uebung gewonnenen Kraft, sondern eines wirklichen Wachsthums. Ein griechischer Philosoph hat Wachsthum als das Durchdringen leerer Stellen mit Nahrung definirt. Diese Nahrung war in Chopin's Fall seine Lebenserfahrung mit ihren Freuden und Leiden. In den meisten der Werke seiner von mir als der ersten bezeichneten Periode schwelgt der Componist so zu sagen in der Tonsprache. Er betrachtet sie nicht ausschliesslich oder doch wesentlich als Mittel zum Ausdruck der Gedanken und Gefühle, er liebt sie vielmehr um ihrer selbst willen, gerade wie Kinder, kleine und grosse, aus keinem andern Grunde plaudern, als um der Lust am Plaudern willen. Ich schloss die erste Periode mit dem Zeitpunkt ab, wo ein neues Element in Chopin's Leben eintrat und sein Kunstschaffen beeinflusste. Dies Element war seine erste Liebe, seine leidenschaftliche Neigung für Constantia Gładkowska. Von nun an zeigen Chopin's Compositionen einen Zuwachs an Menschlichkeit und Poesie, und in Folge der Vervollkommnung des Stoffes wurden natürlicher-, ja

nothwendigerweise die Mittel und Wege des Ausdruckes reiner, edler und reicher. Selbstverständlich sind die beiden Perioden nicht genau abzugrenzen, da die Merkmale der einen häufig in den Werken der andern erscheinen: ein Werk der früheren Periode lässt nicht selten den Charakter der folgenden ahnen, wie in einem Werke der späteren der der früheren nachklingt.

Die Compositionen, welche Chopin erwiesenermaassen zwischen 1829 und 1831 geschrieben hat, sind nicht zahlreich; vielleicht weil er vom Herbst 1830 bis Ende 1831 ziemlich träge gewesen ist, vielleicht auch, weil wir keine Nachricht von der Entstehung anderer Werke haben. Für mich ist es kaum zweifelhaft, dass Chopin ausser den von ihm in seinen Briefen erwähnten während jener Jahre noch andere kurze Stücke geschrieben und später veröffentlicht hat. Die am Häufigsten und am Eingehendsten in seinen Briefen erwähnten Compositionen sind zugleich die wichtigsten, nämlich die Concerte. Da ich bei ihnen länger verweilen möchte, so wollen wir sie uns bis zuletzt vorbehalten, und uns für jetzt mit dem beschäftigen, was er über die anderen Compositionen sagt.

Am 3. October 1829 schickt Chopin seinem Freunde Titus Woyciechowski einen Walzer, von dem er sagt, er sei ihm, wie das Adagio des F-Moll-Concerts, von seinem Ideal, Constantia Gładkowska, eingegeben: „Beachte die mit einem † bezeichnete Stelle; Niemand ausser Dir weiss davon. Wie glücklich wäre ich, könnte ich Dir meine neuesten Compositionen vorspielen! Im fünften Takte des Trio dominirt die Bass-Melodie bis zum Es, was ich Dir übrigens nicht zu sagen brauche, da Du es ohnedies fühlen wirst." Die Bemerkung über die Bass-Melodie im Trio verräth uns, welcher von Chopin's Walzern hier gemeint ist. Es kann kein anderer sein, als der in Des, welchen Fontana unter den posthumen Werken seines Freundes als Opus 70 Nr. 3 herausgegeben hat. Wiewohl keinem der von Chopin selbst veröffentlichten Walzer ebenbürtig, kann er doch hübsch genannt werden; eigentlich aber verdient er deshalb unsere Aufmerksamkeit, weil er Keime enthält, welche als reichentwickelte Blüthen in andern Chopin'schen Werken dieser Gattung wieder erscheinen; so die erste Hälfte des ersten Theiles, in der Einleitung (vom neunten Takt an) des Opus 42 (As-dur-Walzer) und der dritte Theil, im dritten Theile (die Einleitungs-

takte nicht mit gerechnet) des Opus 34 Nr. 1 (As - dur-
Walzer).

Am 20. October 1829 schreibt Chopin: „Während meines
Besuches beim Fürsten Radziwiłł habe ich ein *Alla Polacca* geschrieben. Es ist nichts weiter als ein brillantes Salonstück,
wie es den Damen gefällt“ und am 10. April 1830: „Ich spiele
[in einer Soirée bei Lewicki] Hummel's *La Sentinelle* und zum
Schluss meine Polonaise mit Violoncell, für welche ich ein ein-
leitendes Adagio geschrieben habe. Ich habe es schon probirt
und es klingt nicht übel“. Fürst Radziwiłł spielte, wie sich der
Leser erinnern wird, das Violoncell. Aber nicht ihm, sondern
Merk hat Chopin die Composition gewidmet, nachdem er sie
vor seiner Abreise von Wien nach Paris an Mechetti überlassen,
der sie in der Folge unter dem Titel *Introduction et Polonaise
brillante pour piano et violoncelle, dédiées à Mr. Joseph Merk*
veröffentlichte. Im Ganzen können wir Chopin's Beurtheilung
seines Opus 3 als richtig betrachten; die Polonaise ist nichts
als ein brillantes Salonstück, und hat, eine oder zwei Clavier-
Passagen sowie eine gelegentliche *Finesse* ausgenommen, wenig
von Chopin an sich. Das Anfangsthema streift sogar bedenklich an den Gemeinplatz. Etwas mehr Chopin'sch, als die Polonaise, ist die Introduction, welche weniger vom Gelegenheits-
stück hat. Ohne Zweifel war das Violoncell der Entfaltung der
Individualität des Componisten hinderlich, wiewohl es mit einer
dankbaren Cantilene bedacht ist.

Bei zwei Gelegenheiten schreibt Chopin von Etuden, am
20. October 1829: „Ich habe eine Etude nach meiner Manier geschrieben“ und am 14. November 1829: „Ich habe einige Etuden
geschrieben; in Deiner Gegenwart würde ich sie gut spielen.“
Diese Etuden gehören wahrscheinlich zu den zwölf im Sommer
1833 veröffentlichten, sie können aber auch zu den im Herbst
1837 veröffentlichten gehören. Die zwölfte des ersten Heftes
Etuden (Opus 10) schrieb Chopin, wie schon erwähnt, in Stuttgart unter dem Eindruck der Nachricht von der Einnahme
Warschau's durch die Russen (8. September 1831).

Chopin's Worte „ich beabsichtige eine Polonaise mit Orchester zu schreiben“ legen die Frage nahe: Hat er diese Absicht ausgeführt und ist dies Werk uns erhalten? Nach meiner
Meinung ist beides zu bejahen; innere Gründe sprechen dafür,

dass das im Sommer 1836 erschienene Opus 22, *Grande Polonaise brillante précédée d'un Andante spianato avec orchestre*
gemeint ist. Ob das Andante zur selben Zeit geschrieben ist,
ob und welche Aenderungen später mit der Polonaise vorgenommen sind, wage ich nicht zu entscheiden; doch hat die Polonaise soviel von Chopin's frühem äusserlich-virtuosenhaften
Stil und so wenig von seiner späteren edlen Gemüthskraft, dass
meine Conjectur annehmbar erscheint. Ferner spricht die Thatsache, dass das Orchester verwendet ist, zu Gunsten meiner Anschauung, denn nach den bereits im zehnten Capitel betrachteten
Werken, und den Concerten, mit denen wir uns demnächst beschäftigen werden (d. h. nach 1830) hat Chopin nie mehr für
Orchester geschrieben. Seine Erfahrungen in Warschau, Wien
und Paris haben ihn ohne Zweifel überzeugt, dass er nicht der
Mann sei, mit Massen zu operiren, weder als Spieler noch als
Componist. Die Frage, ob die Polonaise, von welcher Chopin
im Juli 1831 sagt, dass er sie Würfel zurücklassen werde,
Opus 22, oder ein anderes Werk ist, muss offen bleiben.

Zwei weitere Projecte Chopin's scheinen unausgeführt geblieben zu sein: ein Concert für zwei Claviere, welches er mit
seinem Landsmanne Nidecki in Wien öffentlich zu spielen beabsichtigte (Brief vom 21. December 1830), und Variationen für
Clavier und Violine über ein Thema von Beethoven, die er mit
Slavik zusammen schreiben wollte (Briefe vom 21. und 25. December 1830). Einzelne Gedanken aus dem ersteren dieser geplanten Werke scheint er übrigens in dem 1842 veröffentlichten
Allegro de Concert, Opus 46, verwendet zu haben.

In dem Briefe vom 21. December 1830 sind auch ein Walzer
und Mazurkas als soeben beendet erwähnt; ob aber diese sich
unter den gedruckten Compositionen des Meisters befinden, kann
ich nicht sagen.

Die drei *Ecossaises* aus dem Jahre 1830, welche Fontana
als Opus 72 Nr. 3 veröffentlicht hat, sind die wenigst individuellen unter Chopin's Werken und die einzigen seiner Tänze,
welche als wirkliche reine Tanzmusik bezeichnet werden können
— Rhythmus und Melodie ohne Poesie, Stoff mit einem Minimum
von Geist.

Die posthume Mazurka (D-dur) von 1829—1830 ist unbedeutend. Sie enthält nichts Bemerkenswerthes, ausgenommen,

vielleicht die chromatische Folge abwärts steigender Sextakkorde. Ihre Erhaltung ist nur deshalb erfreulich, weil der Vergleich mit einer Ueberarbeitung aus dem Jahre 1832 uns in den Stand setzt, einen Schritt in Chopin's Entwickelung zu beobachten.

Und nun kommen wir zu den Concerten, deren Entstehungs- geschichte, so weit sie in des Componisten Briefen zu verfolgen ist, hier mitgetheilt werden soll. Wenn ich in diesem Capitel bereits früher citirte Stellen wiederhole, so ist es um der Voll- ständigkeit sowie um der Bequemlichkeit des Lesers willen. Am 3. October 1829 schreibt Chopin: „Ich habe — vielleicht zu meinem Unglück — mein Ideal gefunden, welches ich treu und innig verehre. Sechs Monate sind verflossen, und ich habe noch nicht ein Wort mit ihr gewechselt, mit ihr, von der ich jede Nacht träume! Während meine Gedanken bei ihr weilten, schrieb ich das Adagio meines Concerts." Das hier erwähnte Adagio ist das des F-moll-Concerts, Opus 21, welches er vor dem E-moll-Concert geschrieben, aber erst nach demselben veröffent- licht hat — jenes erschien im April 1836, dieses schon im Sep- tember 1833.[1]) Karasowski sagt irrthümlich, der erwähnte Satz sei das Adagio des E-moll-Concerts. Vielleicht ist er durch einen Fehler seiner Uebersetzung irre geführt worden; in der deutschen Bearbeitung seiner Chopin-Biographie schliesst obiges Citat mit den Worten „meines neuen Concerts" während im pol- nischen Text das Wort „neuen" fehlt *(na którego pamiątkę skomponowałem Adagio do mojego Koncertu).*

Weiter schreibt Chopin am 28. October 1829: „Elsner hat das Adagio des Concerts gelobt. Er behauptet, es sei etwas Neues darin. Was das Rondo betrifft, so möchte ich noch kein Urtheil darüber hören, weil ich selbst noch nicht damit zufrieden bin. Ich bin neugierig, ob ich diese Arbeit beenden werde, wenn ich zurück bin [von seinem Besuche beim Fürsten Radzi- will]. Und am 14. November 1829: „Ich erhielt Deinen letzten Brief in Antonin bei Radziwiłł's. Ich war eine Woche dort; Du glaubst nicht, wie schnell und angenehm mir dort die Zeit verging. Ich reiste mit der letzten Post ab und hatte viel Mühe, fortzukommen. Hätte es an mir gelegen, so würde ich geblieben

---

[1]) Die langsamen Sätze der Chopin'schen Concerte sind *Larghetto* bezeich- net; der Componist gebraucht hier das Wort *Adagio* im allgemeinen Sinne eines langsamen Satzes.

sein, bis man mich fortgewiesen hätte; aber meine Arbeiten und vor Allem mein Concert, welches mit Ungeduld auf sein Finale wartet, zwangen mich, von diesem Paradiese Abschied zu nehmen." Am 17. März 1830 spielte Chopin das F-moll-Concert in seinem ersten Warschauer Concert. Von seiner Aufnahme seitens des Publicums und den bei dieser Gelegenheit sowie nach einem zweiten Concert erschienenen Kritiken ist im neunten Capitel berichtet worden. Am 27. März 1830 schreibt Chopin: „Ich hoffe noch vor den Feiertagen das erste Allegro meines zweiten Concerts [des in E-moll] zu beenden, und deshalb werde ich jedenfalls bis nach den Feiertagen warten [mit Veranstaltung eines dritten Concerts], obwohl ich überzeugt bin, dass ich diesmal ein noch grösseres Publicum als früher haben würde; denn die *haute volée* hat mich noch nicht gehört."

Am 10. April 1830 schreibt Chopin, dass sein Concert noch nicht beendet ist; und am 15. Mai 1830: „Das Rondo meines Concerts ist noch nicht fertig, weil mir immer die richtige Stimmung dazu gefehlt hat. Wenn ich nur erst das Allegro und das Adagio fertig habe, soll mir das Finale keine Sorgen machen. Das Adagio ist in E-dur, und von romantischem, ruhigem, theilweise melancholischem Charakter. Es soll den Eindruck wiedergeben, den man von einer anmuthigen Landschaft empfängt, welche liebe Erinnerungen in der Seele wach ruft — etwa in einer schönen Frühlings-Mondnacht. Ich habe zur Begleitung gedämpfte Violinen genommen; ich bin neugierig, ob dies eine gute Wirkung machen wird. Nun, das wird sich zeigen." Und am 21. August 1830: „Im nächsten Monat reise ich ab, vorher aber muss ich mein Concert probiren, denn das Rondo ist nun fertig." Von den Proben und dem ersten öffentlichen Vortrag des Werkes in Chopin's drittem Warschauer Concert am 11. October 1830 ist im zehnten Capitel die Rede gewesen.

Franz Liszt sagt, Chopin habe herrliche Concerte und schöne Sonaten geschrieben, doch sei es nicht schwer, in diesen Schöpfungen „plus de volonté que d'inspiration" zu entdecken; seine Erfindung sei „impérieuse, fantasque, irréfléchie — ses allures ne pouvaient être que libres". Ferner behauptet Liszt: „Il a violenté son génie chaque fois, qu'il a cherché à l'astreindre aux règles, aux classifications, à une ordonnance qui n'étaient

pas les siennes et ne pouvaient concorder avec les exigences de
son esprit, un de ceux dont la grâce se déploie surtout, lorsqu'il
semblent aller à la dérive . . . . Les essais classiques de Chopin
brillent pourtant par une rare distinction de style, ils renferment
des passages d'un haut intérêt, des morceaux d'une surprenante
grandeur." In der That bedurfte es für Chopin eines ungewöhnlichen Kraftaufwandes, um ein Concert oder eine Sonate
zu schreiben, und dieser Aufwand war niemals der Absicht —
ein vollendetes Werk dieser Art zu schaffen — adäquat. Es
fehlten ihm die nöthigen Fähigkeiten, angeborene wie erworbene,
um grössere Formen zu beherrschen. Er vermochte nicht, die
Gedankenfäden, die seinen Geist durchflatterten, zu ergreifen,
festzuhalten und sie zu einem starken Gewebe zusammenzufügen;
er griff sie einzeln auf, reihte sie aneinander und gestaltete sie
entweder zu leichten Zeugen oder wickelte sie in Stränge. Kurz,
Chopin war kein Denker, kein Logiker — seine Vordersätze
sind im Allgemeinen gut, seine Argumente aber dürftig und die
Schlussfolgerung bleibt häufig ganz aus. Liszt spricht zuweilen
von Chopin's Gelehrsamkeit (science), gebraucht jedoch dabei das
Wort in einer falschen Bedeutung, denn es ist thatsächlich nichts
„Gelehrtes" in seinen Werken. Sagen wir „geistreich" statt „gelehrt", so werden wir dem, was Liszt gemeint, näher kommen.
Wenn letzteres Prädicat überhaupt bei Kunstwerken anwendbar
ist, so ist es doch nur bei solchen, welche eine anhaltende, domi-
nirende Geisteskraft bekunden, wie etwa eine Bach'sche Fuge,
eine Beethoven'sche Symphonie, also Werke, die von denen
Chopin's grundverschieden sind. Streng genommen aber ist
der Ausdruck auf die Kunst nicht anzuwenden, denn Kunst
und Wissenschaft decken sich nicht, ja, bis zu einem gewissen Grade sind sie einander feindlich. Nennt man ein
Kunstwerk „gelehrt", so will man eigentlich damit sagen, es
sei trocken und ermangele der Inspiration. Ich verweilte so
lange bei diesem Gegenstande, weniger um Liszt's Meinung als
um Chopin's Charakter als Componist in's richtige Licht zu
stellen.

Ungeachtet ihrer vielen Mängel dürfen die Concerte als die
gelungensten oder mindestens genussbringendsten unter Chopin's
Werken grösserer Form bezeichnet werden. In gewissen Beziehungen war die Concertform der Entfaltung von Chopin's be-

sonderem Talente günstiger als die Sonatenform, in anderen
Beziehungen aber weniger günstig. Die Concertform gewährt
der Clavier-Virtuosität grösseren und freieren Spielraum, und
fordert nicht, wie die Sonatenform, den streng logischen Aufbau, die gründliche Durcharbeitung des thematischen Stoffes;
andererseits verlangt sie die Fähigkeit, für das Orchester zu
schreiben, sowie einen dementsprechend soliden Gedankeninhalt.
Jene Fähigkeit jedoch ging Chopin vollständig ab, und sein Ge-
dankenmaterial war durchaus nicht derart, um den formalen Bau
sowie den orchestralen Rahmen auszufüllen. Und endlich, sind
diese Geständnisse intimer Seelenerlebnisse, diese Mondschein-
Sentimentalitäten, diese ruhelosen Träumereien etc. wohl recht
am Platze in dem Gaslichtglanze des Concertsaales, gegenüber
einer weit mehr von Langerweile, Eitelkeit und müssiger Neugier, als von der Liebe zur Kunst erfüllten Zuhörerschaft?

Das Concert ist die unvollkommenste Species des Sonaten-
Geschlechts; nicht ideale, sondern praktische Beweggründe haben
seine Form bestimmt; seine unterscheidenden Merkmale haben
in der berechnenden Absicht des Virtuosen, nicht in der Inspiration des Componisten ihren Ursprung. Mit der Romantik
steht es nicht auf gutem Fusse. Seit Beethoven hat man die
Form vielfach modificirt, im Besonderen das lange, einleitende
Tutti verkürzt oder ganz ausgelassen. Chopin indessen hielt
sich an die alte überlieferte Form, wobei er sich zweifellos
Hummel zum Muster genommen; nicht allein im Aufbau, sondern auch bis zu einem gewissen Grade im Charakter der verschiedenen Sätze. In den Tutti's des ersten Satzes und in der
Gesammtphysiognomie des zweiten (langsamen) und des dritten
Satzes (Rondo) ist diese Nachfolge am deutlichsten ersichtlich.
Vergessen wir jedoch über der Aehnlichkeit nicht die Verschiedenheit. Wenn das Knochengerüst Hummel'sch ist (was
übrigens kaum so schroff hingestellt werden dürfte), so sind
doch Fleisch, Blut und Seele Chopin'sch. In seinem Falle war
das Festhalten an der älteren Concertform um so mehr zu bedauern, als die Behandlung des Orchesters eine seiner schwächsten Seiten ist. Fast möchte man sagen, es sei mit Chopin's
Originalität zu Ende, sobald er für ein anderes Instrument
schreibt, als das Clavier. Der Anfang des ersten Solo ist wie
der Ausblick auf eine köstliche Landschaft nach langer Wande-

14*

rung durch öde Gegenden, und jeder neue Eintritt des Orchesters stürzt uns aus den lieblichen Regionen der Phantasie in die freudlose Wüste der Wirklichkeit hinab. Chopin's Unfähigkeit für Orchester zu schreiben, ist übrigens am auffallendsten, wenn er dasselbe mit dem Clavier gleichzeitig verwendet. Carl Klindworth und Carl Tausig haben die Concerte uminstrumentirt: jener das in F-moll, dieser das in E-moll. Klindworth hat seine Bearbeitung des F-moll-Concerts 1867—1868 in London geschrieben und zehn Jahre später in Moskau (P. Jürgenson) veröffentlicht.[1] Die folgende Stelle der Vorrede ist für seine Arbeit charakteristisch: „Die Principal-Clavierstimme des Concertes wurde bei der gänzlichen Umarbeitung der Partitur fast unverändert beibehalten. Nur einige Passagen, die das Orchester, einer reicheren Instrumentirung zufolge, klangvoller als vordem begleitet, mussten dieser gegenüber auch durch grösseren Glanz im Clavierpart wirkungsvoller werden. Durch diese Abweichungen von dem Originale, von dem so vollendeten und ·schön ‚effectuirenden' Claviersatze Chopin's wurde entweder eine unnöthige Verdoppelung der in dem Orchester schon prägnant vertretenen Melodie vermieden, oder — der, jetzt volleren, harmonischen Unterlage der Begleitung entsprechend — einigen Figurationen des Solo-Instrumentes eine brillante Fassung gegeben."

Von Tausig's Arbeit[2] werde ich weiter nichts sagen, als dass sein Auseinanderschneiden und Wiederzusammenflicken des einleitenden Tutti, um nur Eines zu erwähnen, nicht geschickt genug gemacht sind, um die Freiheit zu entschuldigen, welche er sich dem Werke eines grossen Componisten gegenüber genommen. Ueberdies können derartige Verbesserungen nicht den Grundfehler verdecken, welcher eben in der ganzen Anlage liegt. Ein Musiker mag immerhin die mechanischen Kunstgriffe der Instrumentirung kennen, und dennoch kann seine Arbeit nicht eigentlich orchestral sein. ·Die Instrumentirung sollte mehr sein als ein Ding, welches willkürlich hinzugefügt oder weggenommen

---

[1] Der Titel lautet: „Second Concerto de Chopin, Opus 21, avec un nouvel accompagnement d'orchestre d'après la partition originale par Karl Klindworth. Dedié à Franz Liszt." Sie ist jetzt Eigenthum der Berliner Verleger Bote & Bock.

[2] „Grosses Concert in E-moll, Opus 11. Bearbeitet von Carl Tausig. Partitur, Clavier- und Orchesterstimmen. Berlin, Ries & Erler."

werden kann; sie soll der geeignete Ausdruck für etwas der Gedankenwelt Angehöriges sein. Die Sache ist die: Chopin konnte nicht orchestral denken, seine Gedanken nahmen stets die Form der Claviersprache an; seine Erfindungskraft wurde gelähmt, wenn er sich eines anderen Ausdruckmittels bediente. Freilich giebt es Kritiker, welche anderer Ansicht sind. Der polnische Componist Sowiński erklärt ohne Umschweife, dass Chopin bewunderungswürdig für das Orchester geschrieben habe („il écrivait admirablement pour l'orchestre"); andere seiner Landsleute verweilen noch länger und mit nicht geringerer Begeisterung bei dem, was allgemein als die Achillesferse des Meisters betrachtet wird. Ein Pariser Correspondent der „neuen Zeitschrift für Musik" (1834) rühmt an dem F-moll-Concert „viel Zartheit in der Instrumentation". Aber was wiegt die Meinung dieser Kritiker, falls ihnen überhaupt dieser Titel gebührt, gegen die der übrigen Welt, ja, auch nur gegen die von Berlioz ausgesprochene: „Dans les compositions de Chopin, tout l'intérêt est concentré sur la partie de piano, l'orchestre de ses concertos n'est rien qu'un froid et presque inutile accompagnement"?

Dieses und noch weit mehr liesse sich gegen Chopin's Concerte einwenden, und doch ist ihr Reiz, ihre Lieblichkeit, Zartheit, Eleganz und Wirksamkeit im Einzelnen derart, dass man ihre Mängel als Ganzes immer wieder vergisst und vergiebt. Sehen wir uns nun diese Werke ein wenig näher an.

Das zuerst componirte und zuletzt veröffentlichte Concert, das in F-moll, Opus 21 (der Gräfin Potocka gewidmet), beginnt mit einem Tutti von etwa siebzig Takten. Sobald dann das Clavier ungeduldig das Orchester unterbricht und das erste Thema aufnimmt, ist es uns, als wären wir in eine andere Welt versetzt, als athmeten wir eine reinere Luft. Zuerst einige Fragen und Beschwerden; dann beginnt der Componist eine Erzählung voll süsser Melancholie, in lieblicher, zärtlich verschlungener Melodik. Mit unnachahmlicher Anmuth flicht er die zartesten Guirlanden um die Glieder seines melodischen Baues. Wie leicht und luftig die harmonische Basis, auf welcher dieser Bau ruht! Aber in die Betrachtung seines Leides versenkt, verliert er mehr und mehr das Gleichgewicht, er geräth in Gährung und Wallung. Mit dem zweiten Thema scheint er die Wahrhaftigkeit und Treue seines Herzens bezeugen zu wollen,

und schliesst mit einer durchaus fesselnden, ja, in ihrer Beredtsamkeit bezaubernden, halb vorwurfsvollen, halb bittenden Passage.

Soweit ist alles, vom Eintreten des Claviers an, tadellos.
Wie herrlich, wenn Chopin sich erlaubt hätte, im Strome seiner
Phantasie weiter zu treiben und Regel, Classificationen etc. Andern zu überlassen! Aber nein, er hat sich vorgenommen, ein
Concert zu schreiben, und muss nun die Hand ans Steuerruder
legen, seine Träumereien, mindestens für jetzt, aufgeben — leider
ohne zu bedenken, dass die Träumereien gewisser Leute mehr
werth sind, als ihre ernsten Bemühungen.   Was mit einem un-
poetischen Namen „Durcharbeitung" genannt wird — es freie
Phantasie zu nennen, würde in diesem Falle wie Ironie klingen —
erinnert mich an Goethe's Zauberlehrling, welcher bekanntlich
die Geister, die er gerufen, nicht wieder zu bannen verstand.
Die übliche Wiederholung des ersten Theiles des Satzes bedarf
keiner Erklärung.   Den zweiten Satz (Larghetto, As-dur) citirt
Liszt als ein Specimen der in Chopin's Concerten und Sonaten
zu findenden Stücke von überraschender Grossartigkeit („morceaux d'une surprenante grandeur") und bemerkt, dass der
Componist diesen Satz besonders geschätzt und auch mit Vorliebe gespielt habe.   Schumann ruft aus: „Was sind zehn Re-
dactionskronen gegen ein Adagio im zweiten Concert!"   Die
herrliche, tief empfundene und liebeerfüllte Cantilene, welche dem
Chopin'schen Stil gemäss mit üppigen und gewählten Ornamen-
ten geschmückt ist, wird durch ein ziemlich langes, ungemein
ausdrucksvolles Recitativ unterbrochen, worauf die Cantilene
wieder beginnt.   Doch sollte die Kritik hier lieber schweigen
und nur noch gespannt horchen.   Und wie soll man den letzten
Satz (Allegro vivace, F-moll) beschreiben, seine weibliche Sanftheit und gerundeten Contouren, seine anmuthig kreisende, tanz-
artige Bewegung, seine Munterkeit und Ausgelassenheit?   Man
müsste jeden Takt citiren, um ihm gerecht zu werden.   Die edle
Anmuth und Leichtigkeit, die Durchgeistigung dieses Satzes sind
Dinge, welche sich der Beschreibung entziehen, meist aber auch
das Bestreben des Vortragenden, sie zu reproduciren, vereiteln.
Wer Chopin zu spielen unternimmt, bedarf einer Seele, deren
Besaitung durch den leisesten Gefühlshauch in Vibration versetzt
wird, und einen Körper von so zarter Organisation, dass die
Musik der Seele in ihm einen unmittelbaren Wiederhall findet.

Was den Hörer betrifft, so wird er in diesem Satze von einem
lieblichen Bilde zum andern geführt, und es wird ihm nicht Zeit
gelassen, zu reflectiren oder im Hinblick auf das Ganze irgend-
welche Einwürfe zu machen.

Das Concert in E-moll, Opus 11, Friedrich Kalkbrenner
gewidmet, lässt mehr „Absicht" und weniger „Inspiration" erkennen, als das in F-moll. Man glaubt in ihm die Worte des
Componisten zu lesen: „Wenn ich nur das Allegro und das
Adagio fertig habe, so werde ich wegen des Finale nicht in
Sorge sein." Die Breite des ersten Satzes — das einleitende
Tutti allein umfasst 138 Takte — unterscheidet denselben nicht
eben zu seinem Vortheil von dem verhältnissmässig knappen,
gedrungenen ersten Satz des F-moll-Concerts und lässt die, durch
die tonale Beziehung der Themen bedingte Eintönigkeit noch
mehr empfinden. Die Anlage des Satzes ist folgende: erstes
Thema in E-moll, zweites Thema in E-dur, Durchführung in
C-dur beginnend und nach Berührung verschiedener Tonarten
den Wiedereintritt des ersten Themas in E-moll und des zweiten
in G-dur herbeiführend, Schluss in E-moll. Bis zum Beginn der
Durchführung wird die Tonica nicht verlassen; einigen Contrast
bewirkt nur der Wiedereintritt des zweiten Themas gegen den
Schluss hin. Wie wenig Verständniss Chopin für die Bedeutung
und die Benutzung dieser mächtigen Hebel, Verwandtschaft und
Gegensätzlichkeit der Tonarten, besass, ist auch bei seiner
Sonate Opus 4 zu bemerken, deren letzter Satz das erste
Thema in C-moll und das zweite in G-moll bringt. Indem der
Componist hier dasselbe Geschlecht (Moll), dort dieselbe Tonart
festhält, ist das Ergebniss in beiden Fällen fast das gleiche.

Nun könnte man aber fragen: war nicht die durch solches
Verfahren bedingte träumerische Monotonie gerade das, was
Chopin beabsichtigt hat? Die einzige Antwort lautet: desto
schlimmer für die Kunst des Künstlers, wenn er eine solche
Absicht hatte. Chopin's oben citirte Beschreibung des Adagio,
als Tonbild einer mondbeleuchteten, liebe Erinnerungen wach-
rufenden Landschaft, spricht den Charakter desselben treffend
aus. Obwohl Chopin selbst den ersten Satz als „kraftvoll" bezeichnet, was für einige Stellen, wenigstens vom Standpunkte
des Componisten aus, zugegeben werden soll, so ist doch
die Grundstimmung dieses Satzes derjenigen nahe verwandt,

welche er im Adagio zum Ausdruck bringen zu wollen behauptet. Man prüfe den ersten Satz, ob er nicht weit mehr bleiche Mondschein-Träumereien, als frische Morgen-Gedanken enthält; wenn überhaupt, so sind letztere nur in den einleitenden Takten des ersten Themas und einigen Passagen zu finden. Uebrigens ist der Satz, obgleich die Themen etwas blutarm erscheinen, und das Passagenwesen weniger glänzend und pikant ist, als im F-moll-Concert, voller Schönheiten. Aeusserste Sanftheit und Zärtlichkeit charakterisirt die Melodik, und in der mit *tranquillo* bezeichneten Sechzehntel-Stelle des ersten Thema kommt die Chopin eigene liebkosende Weise zum Ausdruck. Der am Wenigsten schmackhafte Theil des Satzes sind die Durchführungspartien, in welchen die Clavierstimme zu sehr nach einer Etude klingt, ohne doch die Schönheit der Compositionen Chopin's dieser Gattung zu besitzen, und das Orchester sich während dem mit Reminiscenzen an die Hauptmotive unterhält. Chopin's Verfahren in diesen und ähnlichen Fällen ist ungefähr das gleiche (z. B. im F-moll-Concert, im Krakowiak etc.), und erinnert mich — die Manen des Componisten mögen mir verzeihen! — an eine malitiöse Bemerkung Rellstab's, der von der Einleitung zu den Variationen Opus 2 sagt: „Sie giebt sich den Schein, als ob das Thema ein wenig ausgearbeitet werden solle." Es ist kurios und zugleich betrübend, mit welcher Rücksicht Chopin die Fagotte behandelt und wie er dafür nur spöttischen Undank erntet. Doch genug von dem orchestralen Janhagel. Das Adagio ist sehr schön in seiner Art, aber seine übergrosse Süsslichkeit erweckt schliesslich doch das Verlangen nach etwas Anspannendem, Thatkräftigem. Diesem Verlangen entspricht der Componist im letzten Satz (*Rondo vivace* ^{2}/$_4$-Takt, E-dur) nur theilweise; nichtsdestoweniger gelingt es ihm, uns durch Fröhlichkeit, niedliche Wendungen und schalkhafte Ueberraschungen (z. B. die Modulationen von E-dur nach Es-dur und wieder zurück nach E-dur) in gute Laune zu versetzen. Immerhin scheint es uns, als sähen wir auf ein Puppenspiel statt auf menschliches Thun; wir fühlen auch hier, wie mehr oder minder im ganzen Werke, dass weniger Lebenskraft, mithin auch weniger menschliches Interesse in diesem, als in dem F-moll-Concert vorhanden ist.

Fast alle meine Bemerkungen über die Concerte stehen mit

den Ansichten in Widerspruch, welche W. von Lenz vertritt.
Dieser nennt das F-moll-Concert ein uninteressantes Werk, unreif
und fragmentarisch in der Anlage, ja, einige zarte Ornamente
ausgenommen, un-originell. Er geht sogar so weit zu behaupten,
das Passagenwerk sei in der gewöhnlichen Art Hummel's und
seiner Nachfolger, und die Cantilene des Larghetto in Hummel's
frostig-nüchternem Stil; auch der letzte Satz erhält von ihm nur
spärliches und eingeschränktes Lob. Andererseits ist er in das
E-moll-Concert schier vernarrt, beschränkt sich aber dabei auf
den ersten Satz. Den zweiten Satz nennt er „ein schläfriges
Nocturne", das Rondo „einen Hummel". Eine Dosis classischer
Gesetztheit und Selbstbeherrschung im ersten Satz mag Lenz'
Bewunderung erklären, für den Rest seiner vorurtheilsvollen und
bekrittelnden Aeusserungen aber fehlt mir das Verständniss.

Bei der Betrachtung dieser Concerte kann man nicht umhin
zu bedauern, dass Chopin eine Fülle herrlicher Gedanken in eine
solche Form hineingepresst und dadurch abgeschwächt hat. Beide
enthalten Stellen, welche schöner in keinem seiner vollendetsten
Werke zu finden sind, und dennoch können sie nicht zu diesen
gerechnet werden. Es ist schwierig, ihnen ihren Rang in der
Concert-Literatur anzuweisen; die Lieblichkeit, der Glanz, das
Prickelnde des Detail bestechen uns, und, von ihnen geblendet,
empfinden wir nicht ihre Mängel als Ganzes. Wer aber auch
möchte Werke solcher Art, seien ihre Mängel noch so gross und
zahlreich, vermissen wollen? Seien wir deshalb für sie dankbar,
erfreuen wir uns ihrer und geniessen wir sie ohne Rückhalt.

Schumann schreibt von den Concerten, dass Chopin Beethoven'schen Geist in den Concertsaal eingeführt habe, indem er
die Gedanken dieses Meisters, wie Hummel die Mozart'schen,
in ein glänzendes, wallendes Gewand gehüllt; und ferner, dass
Chopin von den Besten gelernt habe, von Beethoven, Schubert
und Field; dass der erstere seinen Geist zur Kühnheit, der
zweite sein Herz zur Zartheit, der dritte seine Finger zur Ge-
läufigkeit angeleitet haben möge. Obwohl in der Regel ein
Beobachter von wunderbarer Feinheit, war Schumann jedoch
bei dieser Gelegenheit in den wenigen kritischen Aussprüchen,
welche er in die allgemeinen Bemerkungen dieses Artikels einflicht,
nicht sonderlich glücklich. Ohne Geistesverwandtschaft kann
kein erheblicher Einfluss stattfinden, wenigstens nicht, wenn es

sich um eine so exclusive und spröde Natur handelt, wie die
Chopin's; welcher Art aber konnte die Geistesverwandtschaft
sein zwischen dem rauhen Germanen und dem zarten Polen?
Alle Berichte stimmen überein, dass Chopin von einem „durch
dick und dünn gehenden" Beethoven-Verehrer weit entfernt gewesen ist — er hatte, was Stoff und Stil anlangt, zu viel an
ihm auszusetzen und konnte sich überdies durchaus keiner
gründlichen Bekanntschaft mit seinen Werken rühmen. Dass
Chopin sich Beethoven zum Theil assimilirt hat, ist mehr als
wahrscheinlich, doch immerhin schwer nachzuweisen. Was Schubert anlangt, so hat Chopin, nach meiner Meinung, zu wenig
von seiner Musik gekannt, um erheblich von ihm beeinflusst zu
sein; auch hier vermag ich nicht zu erkennen, wo und wie sich
ein solcher Einfluss offenbart. Dagegen sind Spuren von Field
und noch deutlicher von Hummel bei ihm zu entdecken. Die
idyllische Klarheit des ersteren und die Mozart'sche Anmuth des
letzteren waren ihm wahrhaft congenial; aber nicht weniger, ja
vielleicht noch mehr, die elegische *morbidezza* Spohr's. Chopin's
Vorliebe für Spohr ist in verschiedenen seiner Briefe ausgesprochen: einmal (3. October 1829) nennt er des Meisters Octett
ein wundervolles Werk; ein anderes Mal (18. September 1830)
sagt er, das Quintett für Clavier, Flöte, Clarinette, Fagott und
Horn (Opus 52) sei ein wunderbar schönes Werk, wenn auch
nicht recht claviermässig. Wie müssen die in Sexten und Terzen gleitende Cantilene des Menuetts und die schlangenartigen
chromatischen Passagen im letzten Satze dieses Werks seine
innerste Seele berührt haben! Es kann nicht zweifelhaft sein,
dass Spohr als Componist einen bedeutenden Eindruck auf
Chopin gemacht hat. In Spohr's Musik wird auch die sprö-
deste Empfindlichkeit nichts Verletzendes entdecken, wogegen
sie demjenigen reiche Nahrung bietet, der, wie Monsieur Jaques
in Shakespeare's „Wie es euch beliebt", „Melancholie aus einem
Liede saugt, wie ein Wiesel Eier."

Noch viele andere Componisten mögen einen Antheil an
Chopin's Entwickelung haben, besonders Mozart und Bach,
welche beide von ihm über Alles geliebt und enthusiastisch bewundert wurden; und doch kann nicht behauptet werden, dass
sie in seiner Musik eine deutliche Spur hinterlassen haben, wobei freilich daran zu erinnern ist, dass der Grad äusserer Aehn-

lichkeit den Grad innerer Verschuldung nicht immer genau anzeigt. Bach's Einfluss auf Mendelssohn, Schumann, Chopin und
andere ihrer Zeitgenossen ist eine der musikgeschichtlichen Merk-
würdigkeiten des neunzehnten Jahrhunderts; ein Curiosum, welches nur durch die gründlichste Untersuchung völlig erklärt
werden könnte. Field und besonders Hummel sind diejenigen
Musiker, welche — freilich mehr als Clavierspieler denn als Componisten (d. h. mehr durch ihre Claviersprache als durch ihre
musikalischen Gedanken) — dem früheren Virtuosenstil Chopin's
am entschiedensten ihren Stempel aufgedrückt haben, jenem
Stil, von welchem wir mit den Concerten gewissermaassen Abschied nehmen, wo er noch einmal in keuscherer, vergeistigter,
über dem Materialismus der „Phantasie" (Opus 13) und des
Krakowiak (Opus 14) weit erhabener Form erscheint. Von
diesem Stil können wir in der That behaupten, dass mindestens
seine Keime in den Clavierwerken Hummel's und Field's zu
finden sind: in ihren Concerten, namentlich in denen des ersteren, wie auch in ihren kleineren Stücken, namentlich in den
Nocturnen des letzteren Meisters. Die weit auseinandergelegten
Akkorde, die kühnen Sprünge, die Gewinde von rhythmisch un-
gemessenen Verzierungsnoten, die Combination gleichzeitig erklingender ungleicher Notenwerthe (z. B. fünf oder sieben mit
vier) etc., alles dieses findet sich in den Werken der genannten
Claviercomponisten.

War denn etwa Chopin nicht originell? Gewiss war er es;
denn bei der Originalität kommt es weit weniger auf neue Elemente an, als auf die Weiterbildung und mannichfaltige Mischung
schon bekannter Elemente, da im Allgemeinen das absolut Neue
im Vergleich zu dem Angeeigneten und Entfalteten wenig in's
Gewicht fällt. Die Meinung, dass eine Individualität sich unmittelbar erzeuge, ist ebenso irrthümlich wie die, dass die
Phantasie nichts mit dem Gedächtniss zu thun habe. *Ex
nihilo nihil fit.* Die Individualität ist als ein weiblicher, zum
Empfangen und Gebären bestimmter Organismus anzusehen; oder
noch besser als ein Lebewesen, welches sich von dem nährt,
was ihm verwandt ist, ein Wesen mit selbstthätigen Saugorganen,
welche functioniren, sobald sie mit einer ihnen zusagenden Nahrung in Berührung kommen. Ein Kern muss selbstverständlich
vorhanden sein, damit eine Individualität sich entwickeln könne,

und dieser Kern ist die körperliche und geistige Constitution des Individuums. Beiläufig will ich noch bemerken, dass die Originalität des künstlerischen Stils die des menschlichen Charakters voraussetzt. Aber nicht allein die Naturanlagen, sondern auch die erworbenen Fähigkeiten wirken auf die Entwickelung eines eigenartigen Kunststils ein. Beethoven ist orchestral, selbst in seinen Clavierwerken; Weber hört selten auf, opernhaft zu sein; Spohr kann den Geiger, Schubert den Liedercomponisten nicht verleugnen. Je mehr Schumann das Orchester beherrschen lernte, desto mehr behandelte er es in dem Stil, den er sich durch jahrelangen Verkehr mit dem Clavier gebildet hatte. Bach würde ein Anderer geworden sein, wäre er nicht Organist gewesen. Clementi war und blieb sein lebelang ein Clavierspieler, und wie er, so stand auch Chopin unter der Herrschaft seines Instruments. Wie Chopin's Charakter als Mensch in seinem Kunststil zur Geltung gekommen ist, wird sich bei der Betrachtung seiner Meisterwerke deutlich zeigen, und zugleich, inwieweit sein Stil durch die polnische Volksmusik beeinflusst ist.

Vierzehntes Capitel.

1831.

hopin's Empfindungen, als er, die stagnirenden Ge-
wässer des Wiener Lebens hinter sich lassend, in
die brausende Fluth des Pariser Lebens eintauchte,
könnten wir uns unschwer vorstellen, auch wenn er
uns nicht selbst von denselben berichtet hätte. Welcher Neuling in Paris würde nicht, wenn er aus einer kleineren und von
einer weniger lebhaften Race bewohnten Stadt kommt, überrascht und angeregt sein, bei der Grösse, der Mannichfaltigkeit
und der Geschäftigkeit, welche ihn dort umgeben? „Paris
bietet alles, was man wünscht" schreibt Chopin; „man kann
sich amüsiren, träumen, lachen, weinen, kurz — thun was man
will; Niemand beachtet es, weil Tausende dasselbe thun. Jeder
geht seinen eigenen Weg . . . Die Pariser sind ein ganz besonderes Völkchen. Sobald es Abend wird, hört man nichts als
das Ausrufen von Titeln kleiner neuer Bücher, die aus drei bis vier
Bogen Unsinn bestehen. Die Jungen wissen ihre Waare so gut
zu empfehlen, dass man schliesslich — *nolens volens* — für
einen Sou eines kauft. Die Titel lauten u. a. ‚L'art de faire
des amours, et de les conserver ensuite; Les amours des prêtres;

L'Archevêque de Paris avec Madame la duchesse de Berry' —
und tausend ähnliche Albernheiten, die übrigens häufig sehr
witzig geschrieben sind. Man kann nur staunen über die Mittel,
welche die Leute hier anwenden, um einige Pfennige zu verdienen."

Dies und noch viel mehr kann man alle Tage in Paris sehen;
im Jahre 1831 aber war das Pariser Leben nichts weniger als
ein alltägliches. Wenn jemals und irgendwo, so konnte man
damals in Paris den „sausenden Webstuhl der Zeit" hören: ein
neues Gewand wurde gewoben für ein Zeitalter, welches ungeduldig war, das alte, abgetragene, zerfetzte und schlecht
passende bei Seite zu werfen; Missvergnügen und hoffnungs-
volle Erwartung waren die bewegenden Kräfte, welche das
Weberschiffchen so fleissig hin und her fliegen liessen. Diese
Bewegung, die Reaction auf einen herkömmlichen Formalismus
und einen unfruchtbaren, oberflächlichen Skepticismus, war seit
dem Beginn des Jahrhunderts an Kraft und Umfang unausgesetzt gewachsen; sie berührte alle Gebiete des menschlichen
Wissens und Handelns: Politik, Philosophie, Religion, Literatur
und Kunst. Als ihre Erzeugnisse waren die doctrinäre Schule
in der Politik und die eklektische in der Philosophie ebenso
charakteristisch, wie die romantische in der Dichtkunst und den
übrigen Künsten; wir erkennen sie in Lamennais' Feldzug gegen
den religiösen Indifferentismus, wie in dem von St. Simon ver-
kündeten, von Bazard und Enfantin weiter verbreiteten und entwickelten Evangelium einer „neuen Christenheit", in den Lehren
Cousin's, Villemain's und Guizot's, wie in den Werken V. Hugo's,
Delacroix' und Anderer. Ein richtiges Verständniss dieser Bewegung, als Ganzes wie im Einzelnen, ist nur dadurch zu erlangen, dass man alle die Arme, in welche sich der Hauptstrom
theilt, möglichst deutlich übersieht. V. Hugo definirt die streit-
bare — d. h. negative — Seite der Romantik als „Liberalismus
in der Literatur"; andererseits wäre die positive Seite des Liberalismus jener Zeit nicht unpassend als Romantik in Theorie
und Praxis zu bezeichnen. Um aber bei diesem, besser für eine
„Geschichte der Civilisation" geeigneten Thema nicht länger zu
verweilen, will ich zunächst Chopin selbst die politische Physiognomie von Paris, wie er sie im Jahre 1831 gesehen, schildern
lassen und dann eine kurze Skizze der literarischen und künst-

lerischen Zustände der französischen Hauptstadt, oder, was dasselbe ist, Frankreichs, zu entwerfen versuchen.

Louis Philippe sass bereits ein Jahr auf dem Thron, und doch hatten sich die Gemüther noch keineswegs beruhigt. „Es herrscht jetzt" schreibt Chopin „grosser Mangel in Paris, und das Geld circulirt nicht. Man sieht viel zerlumpte Menschen mit wildem Gesichtsausdruck, und häufig hört man aufgeregte, drohende Reden gegen Louis Philippe, der, so gut wie seine Minister, nur an einem Haare hängt. Der Pöbel hat die Regierung satt und möchte sie stürzen, um dem Elend ein Ende zu machen; aber die Regierung ist zu sehr auf ihrer Huth, und die kleinste Menschenansammlung wird alsbald durch berittene Polizei zerstreut." Tumulte und Attentate waren an der Tagesordnung, und die regierungsfeindlichen Parteien liessen sich keine Gelegenheit zu Demonstrationen entgehen. Eine solche bot u. A. die Rückkehr des Generals Ramorino aus Polen, wo derselbe an der Insurrection theilgenommen hatte. Dieser Abenteurer, ein natürlicher Sohn des Marschall Lannes, der seine militärische Laufbahn in der Armee Napoleon's begonnen, später gefochten hatte, wo immer es nur zu fechten gab, und auf der *Piazza d'Armi* in Turin endete, nachdem ihn ein Piemontesisches Kriegsgericht wegen Insubordination zum Tode verurtheilt hatte, war der Ehren, die man ihm auf seiner Reise durch Deutschland und Frankreich erwiesen, wenig würdig. Indessen kommt ja bei solchen Volkshelden des Tages der persönliche Werth kaum in Betracht; sie sind eben nur wie Spielmarken, indem sie den Werth gewisser Ideen und vorübergehender Grillen repräsentiren.

„Die Begeisterung des Volkes für unseren General" schreibt Chopin an Woyciechowski „ist Dir gewiss schon bekannt. Paris wollte in diesem Punkte nicht zurückbleiben.[1]) Die *Ecole de Médecine* und die *Jeune France*, welche ihre Bärte und Halstücher nach bestimmtem Schnitte tragen, beabsichtigen ihn durch eine grosse Demonstration zu ehren. Jede politische Partei — ich spreche

---

[1]) Man schwärmte damals in Paris für Polen und für alles Polnische; so wurde z. B. in einem der Volkstheater der ganze Verlauf der letzten polnischen Insurrection auf die Bühne gebracht, und das Haus war jeden Abend gestopft voll von Leuten, welche sich an den Kämpfen und den National-Costümen ergötzten.

natürlich nur von den Ultras — hat ihre besonderen Abzeichen:
Die Carlisten tragen grüne Westen, die Republikaner und Napoleo-
nisten (diese bilden die *Jeune France*) [roth][1]), die Saint-Simonisten,
welche sich zu einer neuen Religion bekennen, blau, und so weiter.
Nahe an tausend dieser jungen Leute zogen mit einer Tricolore durch
die Stadt, um Ramorino eine Ovation darzubringen. Obwohl er
zu Hause war, und trotz der Rufe ‚Vive les Polonais‘ zeigte er sich
nicht, um sich keinen Unannehmlichkeiten von Seiten der Regierung
auszusetzen. Sein Adjutant kam heraus und sagte, der General
bedaure, die Herren nicht empfangen zu können und liesse sie
bitten, an einem andern Tage wieder zu kommen. Am folgenden
Tage aber wechselte er die Wohnung. Als einige Tage später
eine grosse Volksmenge — nicht nur junge Leute sondern auch
Gesindel, welches sich beim Pantheon angesammelt hatte — nach
Ramorino's Hause am andern Ufer der Seine zog, wuchs der Haufen unterwegs wie eine Lawine, bis er durch wiederholte Attaken
der beim Pont Neuf postirten berittenen Polizei zerstreut wurde. Obwohl dabei viele Verwundungen vorkamen, so sammelten sich doch
immer neue Volksmassen auf den Boulevards unter meinem Fenster,
um sich mit Denjenigen zu vereinen, welche man von jenseits der
Seine erwartete. Jetzt war die Polizei hülflos, der Haufen schwoll
mehr und mehr an, bis endlich ein Bataillon Infanterie und eine
Schwadron Husaren erschienen; der Commandant gab den Stadt-
soldaten und den Truppen Befehl, die Strasse sowohl von Neugierigen wie vom aufsätzigen Pöbel zu reinigen und die Rädels-
führer fest zu nehmen. (Das ist die freie Nation!) Ein panischer
Schrecken verbreitete sich mit Blitzesschnelle: Die Läden wurden
geschlossen, die Menge drängte sich in alle Strassenecken zusammen,
und die durch die Strassen sprengenden Ordonanzen wurden aus-
gepfiffen. Alle Fenster waren voll von Zuschauern, wie bei uns
bei festlichen Gelegenheiten, und die Aufregung dauerte von elf
Uhr morgens bis elf Uhr abends. Ich glaubte, die Sache würde
schlimm enden; aber gegen Mitternacht sang man ‚Allons enfants
de la patrie‘ und ging nach Hause. Ich kann Dir den Eindruck
nicht beschreiben, den die fürchterlichen Stimmen des empörten
Pöbels auf mich machten. Jeder fürchtete, dass der Aufruhr am
nächsten Morgen von Neuem beginnen werde, dies war aber nicht
der Fall. Nur Grenoble ist dem Beispiel Lyon's gefolgt; indessen
kann man nicht wissen, was Alles noch in dieser Welt passirt!“

Die Ausdehnung und der Ton dieses Berichtes zeigen, welch
lebhaften Antheil Chopin an den Vorgängen nahm, die er zum
Theil als Augen- und Ohrenzeuge erlebte, denn er wohnte im

---

[1]) Chopin hat dies zur Vollendung des Satzes nöthige Wort ausgelassen;
es findet sich bei Karasowski weder in der polnischen noch in der deutschen
Ausgabe.

vierten Stocke eines Hauses (Nr. 27) des Boulevard Poissonnière, gegenüber der Cité Bergère, wo General Ramorino wohnte. Doch lassen einige seiner Bemerkungen auch erkennen, dass jener Antheil für ihn keineswegs mit angenehmen Empfindungen gepaart war, und es ist wahrscheinlich, dass seine Furcht und sein Abscheu vor dem Pöbel von diesem Tage her datiren. Wenden wir uns indessen von der Politik, einem für Chopin so wenig schmackhaften Gegenstande, dass er weder davon hören noch darüber reden mochte, zu einem für ihn, wie zweifellos für uns Alle erquicklicheren Thema.

Die Romantik in der Literatur, deren Vorläufer Chateaubriand und Frau von Staël waren, entsprang dem Bedürfnisse nach einer grösseren Gedankenfülle, einer intensiveren Empfindungsweise, nach angemessenerem Ausdruck und vor Allem nach Wahrheit und Natürlichkeit. Man fühlte, dass die entartete Classicität „aller Phantasie und Erfindung baar sei", dass sie in ihrer seichten Künstlichkeit nichts weiter biete, als „rhetorischen Bombast, *fleurs de collége* und lateinisch stilisirten Dichtung", dass sie „erborgte Gedanken in Flitterstaat-Gewänder kleide" und dass sie sich präsentire „mit einer conventionellen Eleganz und Noblesse, die, genau besehen, so gewöhnlich als möglich seien". Dagegen eröffneten die Geisteserzeugnisse Englands, Deutschlands, Spaniens und Italiens, welche mehr und mehr übersetzt und gelesen wurden, neue, nie-erträumte Ausblicke. Die Bibel, Homer und Shakespeare galten jetzt unter allen Büchern als die würdigsten, studirt zu werden; und so kam es, dass sich in kurzer Zeit eine völlige Umwälzung, von unterthänigster Sklaverei zu unbeschränkter Freiheit, in der Literatur vollziehen konnte. „Il n'y a ni règles ni modèles" sagt V. Hugo, der Führer dieser Bewegung in der Vorrede seines 1827 erschienenen „Cromwell" „ou plutôt il n'y a d'autres règles, que les lois générales de la nature, qui planent sur l'art tout entier, et les lois spéciales, qui, pour chaque composition, résultent des conditions d'existence propres à chaque sujet. Les unes sont éternelles, intérieures, et restent; les autres variables, extérieures, et ne servent qu'une fois." Somit mussten die bisherigen Theorien, Dichtungsformen und Systeme fallen, und die alte Tünche, welche die Façade der Kunst bedeckte, herabgerissen werden. Die Romantiker appellirten von den Regeln

und Theorien an die Natur und die Wahrheit, vergassen aber
dabei nicht, dass Natur und Kunst zwei verschiedene Dinge
sind, und dass die Wahrheit in der Kunst niemals reine Wirklichkeit sein kann. Das Drama z. B. sollte ein concentrirender
Spiegel sein, „der die farbigen Strahlen sammelt und condensirt,
welche einen Schimmer in ein Licht, ein Licht in eine Flamme
verwandeln". Um von der Form zum Stoff überzugehen, so ist
vor Allem die Theilnahme der Romantiker für die Geschichte
hervorzuheben. Pierre Dubois, der Redacteur der philosophisch-
literarischen Zeitung „Le Globe", das Hauptorgan der romantischen Schule (1824—1832), stellt der Erfindungsarmuth in den
Werken der Classiker den unerschöpflichen Reichthum der Wirklichkeit gegenüber, „die Scenen der Unordnung, der Leidenschaft, des Fanatismus, der Heuchelei und der Intrigue", von
denen die Weltgeschichte voll ist. Dem Dramatiker liegt es
ob, das Wunder zu vollbringen „die in den Blättern der Chronik
Begrabenen wieder zu beleben, alle Schattirungen der Leidenschaften zu erforschen, welche einst ihre Herzen bewegt, ihre
Sprache und Sitten neu zu schaffen". Es ist bezeichnend, dass
Sainte-Beuve den Feldzug der Romantik im „Globe" mit einem
„Tableau de la poésie française au seizième siècle", dem Jahrhundert der *Pleiade*, dem des Rabelais und Montaigne eröffnete;
und noch bezeichnender ist es, dass die Mitglieder des *Cénacle*,
des Kreises gleichgestimmter Seelen, welche sich um Victor Hugo
versammelten — Alfred de Vigny, Emile Deschamps, Sainte-Beuve,
David d'Angers und Andere — „das Mittelalter mit seiner Archi-
tectur, mit seinen Chroniken und seiner malerischen Lebhaftigkeit studirten und empfanden". Wir dürfen auch nicht bei der
Betrachtung der Romantik die Aesthetik Cousin's übersehen,
nach welcher Gott die Quelle aller Schönheit, so gut wie aller
Wahrheit, Religion und Moral ist, weshalb es auch „das höchste
Ziel der Kunst sein wird, in ihrer eigenen Weise das Gefühl der
Unendlichkeit zu erwecken".

Wie alle Reformatoren, so waren aber auch die Romantiker
stärker im Zerstören als im Wiederaufbauen. Ihre grundlegen-
den Lehren wird heute kaum Jemand anfechten, die Kunstwerke
indessen, welche sie auf diesem Fundament errichteten, geben
nur zu häufig Anlass zum Tadel und sogar zur Verwerfung.
Uebrigens kann es nicht überraschen, dass sich die romantische

Schule, bei ihrem willkürlichen Verfügen über die Körper- und Geisterwelt, über Zeit und Ewigkeit, gelegentlicher Missbräuche schuldig machte; es ist eben nicht leicht „die unwandelbaren Gesetze aus der allgemeinen Ordnung der Dinge, und die besonderen aus dem zu behandelnden Stoffe herzuleiten". V. Hugo behauptet, dass es nur Sache des Genie's sei, eine solche Aufgabe zu übernehmen, aber er selbst ist ein Beispiel, dass auch die Höchstbegabten nicht unfehlbar sind. Mendelssohn sagt in einem Briefe aus Paris (14. Januar 1832) von der „sogenannten Romantik", dass sie alle Pariser angesteckt habe, und dass diese auf der Bühne nichts mehr sehen wollen als Pest, Galgen, Teufel, Wochenbetten und ähnliches." Nicht weniger Mängel als das Drama zeigte die lyrische Dichtung; aber wenn sie den Tadel verdiente „sehr ungleich und sehr gemischt" zu sein, so durfte sie auch gepriesen werden als „reich, reicher als irgend eine lyrische Dichtung, welche Frankreich bis dahin gekannt hatte". Und wenn die Romantiker, wie einer von ihnen, Sainte-Beuve, bemerkt, „sich ohne Rückhalt und Beschränkung allen Instincten ihrer Natur hingaben, zugleich aber auch den Prätensionen ihres Stolzes oder gar den Albernheiten ihrer Eitelkeit", so hatten sie nichtsdestoweniger das hohe Verdienst, wieder erweckt zu haben was ausgelöscht schien, ja, etwas geschaffen zu haben, wofür ihre Sprache keinen Namen hatte. Obwohl eine Erörterung der Romantik ohne eine Charakteristik ihrer besonderen Typen unvollständig ist, so muss ich doch meine Bemerkungen darüber für jetzt mit einigen Namen und Daten schliessen, welche die literarische Physiognomie von Paris im Jahre 1831 illustriren.

Die wichtigsten literarischen Ereignisse des Jahres 1831 waren das Erscheinen von Victor Hugo's „Notre Dame de Paris" „Feuilles d'automne" und „Marion Delorme"; Dumas' „Charles VII"; Balzac's „La peau de chagrin"; Eugène Sue's „Ata Gull" und George Sand's erste Novelle „Rose et Blanche", mit Sandeau gemeinschaftlich verfasst. Alfred de Musset und Théophile Gautier debutirten 1830 als Schriftsteller, der eine mit den „Contes d'Espagne et d'Italie", der andere mit den „Poésies", Im Verlaufe der 20er Jahre übergab Lamartine der lesenden Welt seine „Méditations poétiques" „Nouvelles Méditations poétiques" und „Harmonies poétiques et religieuses"; Victor Hugo seine

„Odes et Ballades" „Les Orientales", drei Novellen sowie die
Dramen „Cromwell" und „Hernani"; Dumas seinen „Henri III
et sa cour" und „Stockholm, Fontainebleau et Rome"; Alfred
de Vigny seine „Poëmes antiques et modernes" und „Cinq-Mars;
Balzac seine „Scènes de la vie privée" und „Physiologie du
Mariage". Ausser den hier genannten Autoren bethätigten sich
damals noch auf dem einen oder dem andern Gebiete der Literatur: Nodier, Béranger, Mérimée, Delavigne, Scribe, Sainte-
Beuve, Villemain, Cousin, Michelet, Guizot, Thiers und viele
andere Schriftsteller und Schriftstellerinnen von Rang.

Ein Blick auf den „Salon" von 1831 wird genügen, um uns
einen Begriff von dem damaligen Zustande der französischen
Malerei zu geben. Die Bilder, welche die meiste Aufmerksam-
keit erregten, waren: Delacroix' „Göttin der Freiheit auf den
Barrikaden"; Delaroche's „Richelieu lässt Cinq-Mars und De
Thou nach Lyon führen" „Mazarin auf dem Sterbebette" „Die
Söhne Eduards im Tower" und „Cromwell am Sarge Carl's I.";
Ary Scheffer's „Faust und Margarethe" „Leonore" „Talleyrand"
„Henri IV" und „Louis Philippe"; Robert's „Pifferari" „Begräb-
niss" und „Schnitter"; Horace Vernet's „Judith" „Gefangennahme
der Fürsten Condé, Conti und Longueville" „Camille Desmoulins"
und „Pius VIII." Unter den übrigen Ausstellern sind noch
Decamps, Lessore, Schnetz, Gudin und Isabey hervorzuheben.
Dies trockene Verzeichniss wird ohne Zweifel bei manchem
Leser die Erinnerung an die obengenannten oder durch die
Namen der Künstler angedeuteten Meisterwerke auffrischen.

Die Tonkunst war durch die Romantik nicht in gleichem
Maasse berührt worden, wie die Literatur und die bildenden
Künste. Berlioz ist der einzige französische Componist, welcher
im vollen Sinne des Wortes Romantiker genannt werden kann,
und dessen Genie ihm in seiner Kunst zu einer ähnlichen Stellung
verhalf, wie die, welche V. Hugo und Delacroix in der Literatur
und in der Malerei einnahmen. Im Jahre 1830 waren seine Arbeiten freilich noch wenig zahlreich und kaum bekannt. Nachdem er das Jahr zuvor den „Römer-Preis" erhalten hatte, war
er von Paris abwesend bis Ende 1832, wo er durch die Concerte, in denen er seine Werke von überraschender Originalität
vorführte, wenn nicht die Bewunderung, so doch die Aufmerksamkeit des Publicums erregte. Von den fremden in Paris woh-

nenden Musikern hatten sich' viele der Romantik angeschlossen, keiner von ihnen aber war so von ihrem Geiste durchtränkt, wie Liszt, was auch später an seinen Arbeiten offenbar wurde. Wenn aber auch nur wenige französische Componisten streng genommen als Romantiker gelten konnten, so war doch unter den jüngeren Leuten kaum einer zu finden, welcher durch die geistige Atmosphäre nicht mehr oder minder berührt gewesen wäre.

Eine Oper „La Marquise de Brinvilliers", aufgeführt 1831 in der Opéra Comique, macht uns mit nicht weniger als neun dramatischen Componisten bekannt, indem das von Scribe und Castil-Blaze verfasste Libretto von Cherubini, Auber, Batton, Berton, Boieldieu, Blangini, Carafa, Hérold und Paër in Musik gesetzt war.[1]) Cherubini, welcher über allen Andern thronte, war gewissermaassen der Hohepriester der Tonkunst, der Grossmeister der Zunft. Obwohl der Nestor unter den Componisten, wurde er doch von Keinem an männlicher Kraft und unvergänglicher Jugendfrische erreicht. Noch im sechsundsiebzigsten Jahre (1836) schrieb er sein herrliches D-moll-Requiem für dreistimmigen Männerchor, sowie im folgenden Jahre ein Quartett und ein Quintett für Streichinstrumente. Von seinen jüngeren Kunstgenossen kann nicht gleich Günstiges berichtet werden. Der jüngste von ihnen, Batton, ein „grand prix", welcher unwirksame Opern schrieb, sich später auf die Fabrikation künstlicher Blumen legte und als Inspector des Conversatoriums starb, braucht uns nicht aufzuhalten. Berton, Paër, Blangini, Carafa (geb. 1767, 1771, 1781 und 1785), die sich einst der Gunst des Publicums erfreut, hatten dieselbe um diese Zeit, nachdem Rossini, Auber und Andere beliebt geworden waren, eingebüsst. Ein trauriges Schauspiel, diese verblichenen Berühmtheiten, diese entthronten Herrscher! Was wissen wir noch von Blangini, dem „musikalischen Anakreon", und seinen zwanzig Opern, seinen hundertundsiebzig zweistimmigen Notturni, seinen vierunddreissig „Romances" etc.? Wo kennt man noch Paër's Oratorien, Opern und Cantaten? Einige von Carafa's früheren Werken hat man wieder zu beleben versucht, aber jedesmal ohne Erfolg. Der bedauerns-

---

[1]) Chopin irrt sich, wenn er sagt, dass die Oper von acht Componisten in Musik gesetzt ist, da er Boieldieu vergessen hat.

werthe Berton konnte es nicht ertragen, sich vom Publicum
vernachlässigt zu sehen, und machte seinem Aerger in zwei
Pamphleten Luft — eines davon war betitelt: „De la musique
mécanique et de la musique philosophique" — welche weder
Jemanden bekehrten noch schädigten. Boieldieu hatte sich
zwar auch über den Misserfolg seiner letzten Oper „Les
deux nuits" (1829) zu beklagen, konnte sich jedoch damit
trösten, dass seine 1825 erschienene „Weisse Dame" und sein
noch älterer „Johann von Paris" so zugkräftig waren, wie nur
jemals. Hérold hatte es erst in diesem Jahre (1831) zu einem
durchschlagenden Erfolg mit seinem „Zampa" gebracht. Was
Auber anlangt, so stand er im Zenith seines Ruhmes. Unter
den vielen Opern, die er bereits geschrieben, waren drei seiner
besten: „Maurer und Schlosser" „Die Stumme von Portici" und
„Fra Diavolo", und dieser unnachahmliche Meister des *genre
sautillant* hatte noch eine grosse Zahl reizender Werke *in petto*.
Um das Verzeichniss der hervorragenden unter den französischen
Operncomponisten zu vervollständigen, sind nur noch wenige
Namen hinzufügen. Von den jüngeren Meistern sind zu erwähnen: Halévy, dessen gelungenstes Werk „Die Jüdin" erst
1835 erschien, und Adam, dessen beste Oper „Der Postillon
von Longjumeau" 1836 zum ersten Male in Scene ging. Von
den älteren Meistern dürfen wir nicht Lesueur vergessen, Componist der „Barden", einer 1812 erschienenen, von Napoleon
bewunderten Oper. Lesueur, ausgezeichnet als Componist dramatischer und kirchlicher Musik sowie als Musikschriftsteller,
hatte gleichwohl alle Berufsarbeit aufgegeben, mit Ausnahme
des Compositions-Unterrichts am Conservatorium. Wie er, so
bekleideten fast alle der oben genannten älteren Künstler, obwohl als Componisten in den Hintergrund gedrängt, als Lehrer
an jener Anstalt wichtige Stellen in der musikalischen Republik.
Zu ihnen gehört auch der alte Reicha (geb. 1770), der wohlbekannte Theoretiker, fruchtbare Componist von Instrumentalmusik und geschätzte Lehrer des Contrapunkts und der Composition.

Das jüngere Geschlecht freilich sah zu diesen würdigen
Männern nicht immer mit der ihrem Alter und Verdienst schul-
digen Ehrfurcht hinauf. Chopin z. B. schreibt: „Reicha kenne
ich nur von Ansehen. Sie glauben nicht, wie neugierig ich bin,

seine persönliche Bekanntschaft zu machen. Ich habe schon einige seiner Schüler gesprochen, von diesen aber habe ich keine günstige Meinung über ihren Lehrer erhalten. Er liebt die Musik nicht, besucht niemals die Concerte des Conservatoriums, will mit Niemandem über Musik reden, und wenn er unterrichtet, sieht er beständig nach seiner Uhr. Cherubini benimmt sich ähnlich; er spricht fortwährend von Cholera und Revolution. Diese Herren sind Mumien; man muss sich damit begnügen, sie respectvoll aus der Ferne anzusehen und ihre Werke zu seiner Belehrung zu studiren." Die hier erwähnten Concerte des Conservatoriums waren 1828 von Habeneck u. A. ins Leben gerufen und bezweckten die Pflege der Orchestermusik, namentlich der Beethoven'schen. Berlioz erzählt uns in seinen Memoiren mit der ihm eigenen Lebhaftigkeit und beissenden Schärfe, welcher Art der Eindruck war, den Beethoven's Werke auf die obengenannten alten Herren gemacht haben. Lesueur betrachtete die Instrumentalmusik als eine untergeordnete Kunstgattung und behauptete, obwohl von der C-moll-Symphonie ganz überwältigt, „man dürfe solche Musik nicht schreiben". Cherubini war innerlich erzürnt über den Erfolg eines Meisters, welcher seine theuersten theoretischen Errungenschaften über den Haufen warf, aber er wagte nicht, der Galle, die sich in ihm ansammelte, Luft zu machen. Dass er jedoch gelegentlich den Muth hatte, seine Meinung zu äussern, beweist seine von Mendelssohn mitgetheilte Bemerkung über Beethoven's spätere Werke: „Ça me fait éternuer". Berton sah mitleidsvoll auf die ganze moderne deutsche Schule hinab. Boieldieu, welcher nicht recht wusste, was er darüber denken sollte, zeigte „eine kindliche Ueberraschung bei den einfachsten harmonischen Combinationen, welche einigermaassen von den drei Akkorden abwichen, die er sein Leben lang benutzt hatte". Paër, ein schlauer Italiener, liebte es merken zu lassen, dass er Beethoven persönlich gekannt habe, und Geschichten zu erzählen, welche mehr oder weniger ungünstig für den grossen Meister und schmeichelhaft für den Erzähler lauteten. Die Kritiker der jüngeren Generation waren übrigens nicht immer gerecht in ihren Urtheilen; Cherubini wenigstens und auch Boieldieu hätten eine bessere Behandlung ihrerseits verdient.

Um 1830 waren Auber und Rossini (welcher nach seiner letzten Oper „Wilhelm Tell" auf seinen Lorbeeren ruhte) die

Abgötter der Pariser, und herrschten unumschränkt auf der Opernbühne. Im Jahre 1831 jedoch trat Meyerbeer als dritte Macht neben sie, denn in diesem Jahre war es, dass „Robert der Teufel" zum ersten Mal in der *Académie Royale de Musique* aufgeführt wurde. Hören wir, wie sich Chopin über dies Ereigniss äussert. Nachdem er von den Schwierigkeiten gesprochen, mit denen die Operncomponisten häufig zu kämpfen haben, bemerkt er: „Selbst Meyerbeer, der seit zehn Jahren in der musikalischen Welt vortheilhaft bekannt ist, wartete, mühte sich und zahlte in Paris drei Jahre lang vergebens, bevor es ihm gelang, seine Oper ‚Robert der Teufel' aufzuführen, welche jetzt solches Furore macht. Auber war mit seinen Werken, welche dem Geschmack der Leute sehr entsprechen, Meyerbeer zuvorgekommen, und er war nicht gerade sehr bereit, seinen Platz an der grossen Oper dem Fremden einzuräumen." Weiterhin schreibt Chopin: „Gab es je eine glänzende *mise en scène* an der italienischen Oper, so kann ich doch nicht glauben, dass sie der des ‚Robert der Teufel' gleichgekommen, der neuen fünfactigen Oper von Meyerbeer, welcher auch den ‚Crociato' geschrieben hat. ‚Robert' ist ein Meisterwerk der neuen Schule, in welchem die Teufel durch Sprachröhre singen, und die Todten aus ihren Gräbern erstehen, aber nicht wie im ‚Szarlatan' [eine Oper von Kurpiński], nur etwa fünfzig bis sechzig Personen zugleich! Die Bühne stellt das Innere einer Kloster-Ruine dar, vom hellen Licht des Vollmonds beleuchtet, dessen Strahlen auf die Gräber der Nonnen fallen. Im letzten Act treten bei glänzender Kerzenbeleuchtung Mönche mit Weihrauch auf, während man vom Hintergrunde her die feierlichen Töne der Orgel hört. Meyerbeer hat sich durch dieses Werk unsterblich gemacht; aber er hatte länger als drei Jahre zu warten, bis er es zur Aufführung bringen konnte. Man sagt, er habe mehr als zwanzigtausend Franken für die Orgel und andere zur Aufführung der Oper nothwendige Dinge ausgegeben."[1]

---

[1] Dies war damals die landläufige Meinung, welche indessen Meyerbeer in einem an Véron, den Director der grossen Oper gerichteten Briefe für unrichtig erklärt: „L'orgue a été payé par vous, fourni par vous, comme toutes les choses que réclamait la mise en scène de Robert, et je dois déclarer, que, loin de vous tenir au strict nécessaire, vous avez dépassé de beaucoup les obligations ordinaires d'un directeur envers les auteurs et le public."

Nachdem die schaffenden {Musiker unsere Aufmerksamkeit hinlänglich in Anspruch genommen, wenden wir uns noch für einen Augenblick zu den ausübenden. Die Pianisten, von denen im nächsten Capitel die Rede sein wird, seien hier übergangen. Chopin meinte, es gäbe in keiner Stadt mehr Pianisten als in Paris, noch irgendwo mehr Esel und Virtuosen. Von den vielen vortrefflichen Virtuosen auf Streich- und Blasinstrumenten erwähne ich nur einige der hervorragenden. Baillot, der Veteran unter den Violinisten, Franchomme, der jugendliche Violoncellist; Brod, der Oboist, und Tulou, der Flötist; Bériot und Lafont dürfen, wenn auch nicht, wie jene, ständige Bewohner der französischen Hauptstadt, doch zu den Pariser Künstlern gezählt werden. Paris konnte sich des Besitzes mindestens dreier Orchester ersten Ranges rühmen — das des Conservatoriums, das der *Académie Royale* und das der italienischen Oper. Chopin, der das erstere dieser Orchester am 14. December wahrscheinlich noch nicht gehört hatte, erwähnt es nicht, nennt dagegen das Orchester des Theaters *Feydeau* (die komische Oper) vortrefflich. Cherubini scheint anderer Meinung gewesen zu sein, denn auf die Frage, weshalb er die Aufführung seiner Opern auf dieser Bühne nicht gestatte, antwortete er: „Je ne fais pas donner des opéras sans choeurs, sans orchestre, sans chanteurs et sans décorations." Allerdings litt die *Opéra-Comique* an den Folgen eines Bankerotts; bei allen Mängeln jedoch fehlte es ihr nicht an tüchtigen Gesangskräften, wie die Namen des Tenoristen Chollet, der Frau Casimir und des Fräulein Prévost beweisen. Freilich wurde sie hierin weit übertroffen von der italienischen Oper, wo eine Anzahl vocaler Berühmtheiten vereint war, wie man sie kaum jemals beisammen gesehen hat: Die Sängerinnen Malibran-Garcia, Pasta, Schröder-Devrient und die Sänger Rubini, Lablache und Santini. Auch die grosse Oper, welche Künstler wie Nourrit, Levasseur, Dérivis, die Damen Damoreau-Cinti und Dorus zu den Ihrigen zählte, brauchte keinen Vergleich zu scheuen. Man denke sich den Ohrenschmaus während des Concerts, welches am 25. December 1831 in der italienischen Oper stattfand, unter Mitwirkung von Künstlern wie Frau Malibran, Rubini, Lablache, Santini, Frau Raimbaux, Frau Schröder-Devrient, Frau Casadory. Herz und De Bériot!

Chopin war von dem, was er in den drei Opernhäusern hörte, so entzückt, dass er seinem Lehrer Elsner schrieb: „Nur hier kann man erfahren, was Singen heisst. Ich glaube, dass nicht die Pasta sondern die Malibran-Garcia jetzt die grösste Sängerin in Europa ist. Fürst Valentin Radziwiłł ist ganz von ihr hingerissen, und wir wünschen Sie oft hierher, denn Sie würden von ihrem Gesange bezaubert sein." Einige weitere kritische Betrachtungen Chopin's enthält der folgende Auszug aus einem seiner Briefe an Woyciechowski:

„Was die Oper anlangt, so muss ich Dir sagen, dass ich niemals eine so schöne Vorstellung erlebt habe, wie in der vorigen Woche die des ‚Barbier von Sevilla' in der italienischen Oper mit Lablache, Rubini und der Malibran-Garcia in den Hauptrollen. Für den ‚Othello' steht gleichfalls eine ausgezeichnete Aufführung in Aussicht, und später auch für die ‚Italiana in Algeri'. Paris hat in dieser Hinsicht noch niemals so viel geboten, wie jetzt. Von Lablache machst Du Dir keinen Begriff. Man sagt, dass die Stimme der Pasta abgenommen habe, ich indessen habe in meinem Leben nicht solch himmlischen Gesang gehört, wie den ihrigen. Die Malibran umfasst mit ihrer wundervollen Stimme drei Octaven; ihr Gesang ist einzig in seiner Art, bezaubernd! Rubini, ein vortrefflicher Tenor, macht endlose Coloraturen sowie Verzierungen ohne Zahl, und tremolirt unaufhörlich, wofür er den lautesten Beifall erntet. Seine *mezza voce* ist unvergleichlich. Die Schröder-Devrient tritt auch jetzt auf, macht hier aber nicht ein solches Furore, wie in Deutschland. Signora Malibran gab den Othello, die Schröder-Devrient die Desdemona: Die Malibran ist klein, die deutsche Sängerin grösser von Wuchs; man dachte manchmal, die Desdemona würde den Othello erwürgen. Es war eine sehr theure Vorstellung; ich habe vier und zwanzig Franken für meinen Platz bezahlt, hauptsächlich, um die Malibran in der Rolle des Mohren zu sehen, den sie aber nicht besonders gut spielte. Das Orchester war vortrefflich, aber die Ausstattung ist nichts, mit der der französischen *Académie Royale* verglichen . . . Frau Damoreau-Cinti singt auch sehr schön; ich ziehe ihren Gesang dem der Malibran vor. Die letztere überrascht, während die Cinti entzückt. Sie singt die chromatische Tonleiter und die Coloraturen fast noch vollendeter, als der berühmte Flötist Tulou sie bläst. Es ist kaum möglich, eine vollkommenere Leistung zu hören. Bei Nourrit, dem ersten Tenor der grossen Oper[1]), bewundert man die aus seinem

---

[1]) Es ist vielleicht nicht überflüssig, darauf hinzuweisen, dass „Académie Royale" („Impériale" oder „Nationale", wie es die Zeitverhältnisse mit sich bringen) „de Musique", „Académie de Musique", „Grand Opéra" oder kurzweg

Gesange sprechende Wärme der Empfindung. Chollet, der erste
Tenor der komischen Oper, der beste Darsteller des ‚Fra Diavolo'
und ausgezeichnet in den Opern ‚Zampa' und ‚Die Braut', ist in
seiner Auffassung der Rollen durchaus eigenartig. Er fesselt alle
durch seine herrliche Stimme und ist der Liebling des Publicums."

„Opéra" nur verschiedene Ausdrücke für eine und dieselbe Sache sind, nämlich
für das bedeutendste Opernhaus Frankreichs, dessen Specialität die grosse Oper
und das Ballet sind.

Fünfzehntes Capitel.

1831 — 1832.

Bekannte und Freunde: Cherubini, Baillot, Franchomme, Liszt, Hiller, Osborne, Mendelssohn. — Chopin und Kalkbrenner. — Chopin's künstlerische Richtung. — Kalkbrenner als Mensch und als Künstler. — Erstes Pariser Concert. — Fétis. — Mitwirkung in einem vom Fürsten De la Moskowa veranstalteten Concert. — Gemüthsverfassung. — Verlust der polnischen Briefe. — Zeitweilig bedrängte Umstände und freundliche Aussichten. — Beschützer und Gönner. — Das „Ideal". — Brief an Hiller.

hopin brachte nur wenige Empfehlungsschreiben mit nach Paris: eines von Dr. Malfatti an Paër und einige andere an Musik-Verleger. Durch Paër wurde er mit Cherubini, Rossini, Baillot und Kalkbrenner bekannt. Wenn Chopin in einem seiner frühesten Pariser Briefe Cherubini eine Mumie nennt, so scheint er später einen günstigeren Eindruck von ihm erhalten zu haben. Ferdinand Hiller wenigstens — welcher Chopin zu Cherubini begleitet haben mag, wenn er nicht, wie er sich zu erinnern glaubte, ihn vorgestellt hat, was allerdings nicht mit der Angabe seines Freundes stimmt, dass Paër ihn mit Cherubini bekannt gemacht habe — Ferdinand Hiller sagte mir, dass Chopin Geschmack gefunden habe an dem *burbero maestro*, von welchem Mendelssohn bemerkt, dass er alle seine Compositionen mit dem Kopfe, ohne Hülfe des Herzens geschrieben habe. „Cherubini's Haus" schreibt Véron in seinen *Mémoires d'un Bourgeois de Paris* „stand den Künstlern, Kunstliebhabern und Leuten der guten Gesellschaft offen, und jeden Montag drängte sich eine zahlreiche Versammlung in seinen Salons. Alle fremden Künstler wünschten Cherubini vorgestellt zu werden. Während der letzten Jahre traf man oft bei ihm Hummel, Liszt, Chopin, Moscheles, Frau Grassini und Fräulein Falcon, damals in Jugend, Talent und Schönheit strahlend; ferner Auber und Halévy, die Lieblingsschüler des Meisters, sowie Meyerbeer und Rossini." Die Hochachtung des jüngeren für den älteren Meister kann übrigens noch durch eine Abschrift bezeugt werden, welche Chopin von einer der Fugen Cherubini's genommen hat. Dies Manuscript, welches ich bei seinem Besitzer, Franchomme, gesehen habe, ist ein Wunderwerk der Kalligraphie, und übertrifft an Sauberkeit und Gewissenhaftigkeit alles, was mir von Chopin's stets mikroskopischen Handschriften zu Gesicht gekommen ist.

Von Hiller hörte ich auch, dass Chopin ein häufiger Gast in Baillot's Hause gewesen sei. Es ist sehr wahrscheinlich, dass er die Soiréen besucht hat, welche Mendelssohn mit der ihm eigenen leichten Anmuth in seinen Pariser Briefen beschreibt. Baillot, obwohl ein Sechziger, wusste sich doch noch durch sein schönes, ausdrucksvolles Violinspiel die Bewunderung der besten Musiker zu gewinnen. Chopin schreibt an Elsner, Baillot sei sehr liebenswürdig gegen ihn gewesen und habe ihm versprochen, bei seinem Concert in einem Quintett von Beethoven mitzuwirken. In einem andern Briefe nennt er Baillot den „Nebenbuhler Paganini's".

Soviel ich in Erfahrung gebracht habe, hatte Chopin mit Rossini nicht viel Verkehr. Von Kalkbrenner werde ich bald ausführlich zu sprechen haben; zuvor aber sei noch der bedeutendsten jüngeren Künstler, welche Chopin kennen lernte, mit einigen Worten gedacht. Einer von diesen war der berühmte Violoncellist Franchomme, der mir mittheilte, dass es Hiller gewesen, welcher ihm zuerst von dem jungen Polen und dessen unvergleichlichen Compositionen und Clavierspiel gesprochen habe. Bald nach dieser Unterhaltung und kurz nach Chopin's Ankunft in Paris speisten dieser, Liszt, Hiller und Franchomme zusammen. Als man aufbrach, fragte Chopin Franchomme, was er vorhabe, und auf Franchomme's Antwort, dass er frei sei, sagte Chopin „So kommen Sie mit mir nach Hause und leisten mir ein Stündchen oder zwei Gesellschaft."

„Gern" war Franchomme's Antwort „aber dann müssen Sie mir etwas vorspielen." Dagegen hatte Chopin nichts einzuwenden, und die Beiden gingen zusammen fort. Franchomme glaubt sich zu erinnern, dass Chopin damals in einem Hôtel der *Rue Bergère* gewohnt habe. Wie dem auch sei, der junge Pole spielte, wie er es versprochen hatte, und der junge Franzose verstand ihn sofort. Diese erste Begegnung war der Anfang einer für das Leben dauernden Freundschaft, einer Freundschaft, wie sie unter viel begehrten Musikern in volkreichen Städten selten zu finden ist.

Mendelssohn, welcher anfangs December 1831 nach Paris kam und bis Mitte April 1832 dort blieb, verkehrte viel in diesem Kreise strebender Künstler. Das Diminutiv „Chopinetto", welches er in seinen Briefen an Hiller anwendet, deutet nicht nur Chopin's zarte Körper- und Geistesbeschaffenheit sowie seine gesellschaftliche Liebenswürdigkeit an, sondern auch Mendelssohn's Wohlwollen gegen ihn.[1])

Osborne erzählt in seinen „Reminiscences of Frederik Chopin". ein Vortrag, gehalten in einer Sitzung der *Musical Association* (5. April 1880), dass er, Chopin, Hiller und Mendelssohn, während des Letzteren Aufenthalt in Paris häufig zusammen in einem Restaurant gespeist haben. Sie bestellten und bezahlten das Essen abwechselnd. Einmal gab es beim Nachtisch eine sehr lebhafte Unterhaltung über Autoren und Manuscripte. Als sie gehen wollten, rief Osborne den Kellner, aber anstatt die Rechnung zu verlangen, sagte er „Garçon, apportez-moi votre manuscrit." Dieser Einfall des leichtblütigen Irländers erregte herzliches Lachen; besonders amüsirte sich Chopin an dieser Profanation des für einen Autor so heiligen Wortes. Aus derselben Quelle erfahren wir, dass Chopin mit Vorliebe kritische Bemerkungen über seine Leistungen wiederholte, welche er hier oder da zufällig erhorcht hatte.

Einer der interessantesten und bedeutendsten Zwischenfälle

---

[1]) Chopin ist in keinem von Mendelssohn's Pariser Briefen erwähnt. Die folgenden Worte aber mögen sich auf ihn beziehen; denn wenn auch Mendelssohn in Chopin's Concert nicht mitgewirkt hat, so mag doch vorher die Rede davon gewesen sein. Am 14. Januar 1832 schreibt er: „Nächste Woche giebt ein Pole ein Concert, in welchem ich mit Kalkbrenner, Hiller und Comp. ein Stück für sechs Personen zu spielen habe."

in Chopin's Leben war seine erste Begegnung mit Kalkbrenner, welcher damals, als Liszt und Thalberg noch nicht ihre spätere Herrscherstellung errungen hatten, unter allen Pianisten seiner Zeit der berühmteste war. Am 16. December 1831 schreibt Chopin an Woyciechowski:

„Du kannst Dir leicht vorstellen, wie gespannt ich war, Herz und Hiller zu hören; sie sind Ziffern, mit Kalkbrenner verglichen. Ehrlich gesagt, ich spiele so gut wie Herz, aber ich wünschte, ich könnte so gut spielen wie Kalkbrenner. Wenn Paganini vollkommen ist, so ist auch er es, nur in ganz anderer Weise. Seine Sicherheit, sein entzückender Anschlag, die Ruhe seines Spiels, ich kann sie Dir nicht beschreiben; man erkennt den Meister bei jeder Note — er ist ein Riese, welcher alle andern Künstler in Schatten stellt. Als ich ihn besuchte, forderte er mich auf, ihm etwas vorzuspielen. Was sollte ich anfangen? Da ich Herz gehört hatte, fasste ich Muth, setzte mich ans Clavier und spielte mein E-moll-Concert, welches dem Publicum der bayrischen Hauptstadt so gut gefallen hat. Kalkbrenner war überrascht, und fragte mich, ob ich ein Schüler von Field sei. Er bemerkte, dass ich den Stil Cramer's, aber den Anschlag Field's habe. Es amüsirte mich, dass Kalkbrenner, als er mir vorspielte, sich irrte und nicht weiter wusste; aber es war wunderbar zu hören, wie er schliesslich wieder den Ausweg fand. Seit dieser Begegnung sehen wir uns täglich, entweder kommt er zu mir oder ich gehe zu ihm. Er schlägt mir vor, mich drei Jahre lang zu unterrichten und einen grossen Künstler aus mir zu machen. Ich sagte ihm, dass ich recht wohl wisse, was mir noch fehle; aber ich beabsichtige nicht, ihm nachzuahmen, und übrigens sind drei Jahre für mich zu viel. Er hat mich überzeugt, dass ich nur dann gut spiele, wenn ich in der richtigen Stimmung bin, und weniger gut, wenn dies nicht der Fall ist. Von Kalkbrenner kann man nicht dasselbe sagen; sein Spiel ist stets das gleiche. Nachdem er mich längere Zeit beobachtet hatte, kam er zu dem Schlusse, dass ich keine Methode habe; dass ich mich auf sehr gutem Wege befinde, aber in Gefahr sei, von demselben abzuweichen, und dass, wenn er einmal aufhöre zu spielen, kein Vertreter des höheren Clavierspiels mehr übrig bleibe. Ich kann, so gern ich es auch möchte, keine neue Schule ins Leben rufen, weil ich nicht einmal die alte kenne; aber ich weiss, dass meine Tondichtungen einige Individualität besitzen, und dass ich unermüdlich strebe, fortzuschreiten.

Wärst Du hier, so würdest Du sagen ‚lerne, junger Mann, so lange Du Gelegenheit dazu hast!‘ Aber Manche reden mir ab, Unterricht zu nehmen, und meinen, ich spiele so gut wie Kalkbrenner, und er wünsche nur aus Eitelkeit mich zum Schüler zu haben. Dies ist Unsinn. Wer etwas von Musik versteht, muss von Kalkbrenner's

Talent eine hohe Meinung haben, wenn er auch als Mensch unbeliebt ist, weil er nicht mit Jedermann umgehen mag. Aber ich
versichere Dich, es ist in ihm etwas Höheres als in allen Virtuosen,
die ich bis jetzt gehört habe. Ich habe dies bereits in einem
Briefe an meine Eltern ausgesprochen, welche mich richtig verstanden haben. Elsner freilich versteht es nicht und betrachtet es
als Eifersucht, wenn Kalkbrenner mich nicht nur lobt sondern auch
wünscht, dass mein Spiel in gewisser Hinsicht anders sei, als es
ist. Trotz alledem kann ich Dir im Vertrauen sagen, dass ich
schon einen Namen unter den hiesigen Künstlern habe."

Elsner drückte sein Erstaunen darüber aus, dass Kalkbrenner
dreier Jahre bedürfe, um Chopin die Geheimnisse seiner Kunst
zu offenbaren, und rieth seinem früheren Zögling, sich im Gebrauch seiner musikalischen Fähigkeiten nicht auf das Clavierspiel und die Clavier-Composition zu beschränken. Chopin antwortet darauf in einem Briefe vom 14. December 1831 Folgendes:

„Im Anfange des vorigen Jahres wagte ich, obwohl ich wusste,
was mir noch fehlte und wie sehr ich noch davon entfernt war,
das mir von ihnen gegebene Muster zu erreichen, nichtsdestoweniger zu denken, ich will mich ihm nähern und wenn ich keinen
Łokietek schreiben kann [„der Kurze", Beiname eines polnischen
Königs; Elsner hatte eine Oper dieses Namens geschrieben], so
kann ich doch vielleicht der Welt einen *Laskonogi* geben [„der Dünn-
beinige", Beiname eines andern polnischen Königs]. Heute sind
alle derartigen Hoffnungen vernichtet; ich fühle mich darauf angewiesen, meinen Weg in der Welt als Pianist zu machen. Für einige
Zeit muss das höhere künstlerische Ziel, von dem Sie mir schrieben,
in den Hintergrund treten. Um ein grosser Componist zu sein,
muss man, ausser der schöpferischen Kraft, Erfahrung und Selbst-
kritik besitzen, welche man, wie Sie mich gelehrt haben, nicht
allein durch Anhören der Werke Anderer, sondern noch mehr
durch sorgfältige kritische Prüfung der eigenen Arbeiten erwirbt."

Nachdem er die Hindernisse aufgezählt hat, welche den
Operncomponisten auf seiner Laufbahn hemmen, fährt er fort:

„Es ist meine Ueberzeugung, dass der der Glücklichste ist,
welcher seine Compositionen selbst ausführen kann. Ich bin in
Deutschland da und dort als Pianist bekannt; verschiedene musikalische Zeitungen haben sich über meine Concerte günstig geäussert und die Hoffnung ausgesprochen, mich bald an hervorragender Stelle unter den ersten Clavier-Virtuosen zu sehen. Ich
hatte heute eine Gelegenheit, das mir selbst gegebene Versprechen
zu erfüllen: warum hätte ich sie nicht ergreifen sollen? . . . Ich
möchte nicht in Deutschland Clavierspielen lernen, denn dort würde

mir Niemand genau sagen können, was mir fehlt. Ich selbst habe
auch nicht den Balken in meinem Auge gesehen. Drei Jahre
Unterricht ist viel zu viel für mich. Kalkbrenner hat dies selbst
eingesehen, nachdem er mich wiederholt gehört. Daraus mögen
Sie schliessen, dass ein wirklich verdienstvoller Virtuose das Gefühl
des Neides, nicht kennt. Ich würde mich sicherlich entschliessen,
noch drei Jahre zu studiren, wenn ich gewiss wäre, dann das mir
vorgesetzte Ziel zu erreichen. Soviel ist mir klar, ich werde nie
eine Copie Kalkbrenner's werden; er wird nicht im Stande sein,
meinen vielleicht kühnen aber jedenfalls edlen Vorsatz zu erschüttern:
eine neue Kunst-Aera herbeizuführen. Wenn ich jetzt meine Studien
fortsetze, so thue ich es nur, um früher oder später auf eigenen
Füssen zu stehen. Es war nicht schwer für Ries, als bereits anerkannt berühmter Clavierspieler mit seiner Oper ,Die Räuberbraut'
in Berlin, Frankfurt a. M., Dresden etc. Lorbeern zu erringen. Und
wie lange war Spohr als ausgezeichneter Violinist bekannt, bevor
er ,Faust', ,Jessonda' und andere Werke geschrieben hatte! Ich
hoffe, Sie werden mir Ihren Segen nicht verweigern, wenn Sie
sehen, auf welchem Boden und mit welchen Absichten ich den
Kampf unternehme."

Dies ist einer der wichtigsten Briefe, die wir von Chopin
besitzen; er führt uns nicht den schmachtenden Liebhaber oder
den sentimentalen Freund, sondern den muthigen Künstler vor
die Augen. Bei keiner andern Veranlassung hat sich Chopin
so frei und ausführlich über seine Ansichten und Ziele ausgesprochen. Welch heldenhaftes Selbstvertrauen, welche edlen
Vorsätze, weit ausschauenden Pläne, verlockenden Träume! Und
wie traurig der Gedanke, dass die Mehrzahl derselben nur Misslingen und Täuschungen im Gefolge gehabt haben! Wie selten
aber sind die echten Künstler, deren Leben wahrhaft glücklich
genannt werden könnte; auch die Erfolgreichsten unter ihnen
haben, im Hinblick auf ihr Ideal, die quantitativen und qualita-
tiven Mängel dessen, was sie thatsächlich vollbracht, zu beklagen. Kehren wir indessen zu Kalkbrenner zurück. Chopin
hat ihn mit Recht als Menschen unbeliebt genannt; jedenfalls
war er es bei den Romantikern. Hiller berichtet in seiner Schrift
„Felix Mendelssohn, Briefe und Erinnerungen", wie wenig dankbar er und seine Freunde, Mendelssohn eingeschlossen, für
Kalkbrenner's Höflichkeiten waren, und was für ein boshaftes
Vergnügen sie daran fanden, sich über ihn lustig zu machen.
Als Hiller, Liszt und Chopin einmal vor einem Kaffeehause des
Boulevard des Italiens sassen und der Altmeister gerade vor-

überging, umringten sie ihn — wohl wissend, wie unangenehm
es ihm sei, einer so geräuschvollen Gesellschaft zu begegnen —
mit den freundlichsten Mienen und attakkirten ihn mit einer solchen Salve von Redensarten, dass er schier zur Verzweiflung
getrieben wurde, was, wie Hiller hinzufügt „uns natürlich aufs
Höchste amüsirte". Es muss zugegeben werden, dass der grosse
Kalkbrenner, wie Marmontel in seinen *Pianistes célèbres* bemerkt, an gewissen *étroitesses de caractère* litt, und diese „Eng-
herzigkeiten" waren von der Art, welche die Lachlust der Un-
gebundenen und Unehrerbietigen besonders herausfordert. Heine
ist nie beissender, als wenn er von Kalkbrenner spricht; er nennt
ihn eine Mumie und sagt von ihm, dass er schon längst todt sei
und sich neuerdings auch verheirathet habe, dies allerdings erst
einige Jahre nach der Zeit, von der hier die Rede ist. Bei einer
andern Gelegenheit schreibt er, Kalkbrenner werde beneidet „ob
seinem eleganten äussern Auftreten, ob seinem feinen geschnie-
gelten Wesen, ob seiner Glätte und Süssigkeit, ob der ganzen
marcipanenen Erscheinung, die jedoch für den ruhigen Beobachter durch manche unwillkürliche Berlinismen der niedrigsten
Klasse einen etwas schäbigen Beisatz hat, so dass Koreff eben
so witzig als richtig von dem Manne sagen konnte: ‚Er sieht
aus wie ein Bonbon, der in den Dreck gefallen'."

Ein gründliches Selbstvertrauen und unbeschränkte Selbst-
bewunderung bilden den Mittelpunkt, um welchen sich Kalkbrenner's übrige Charakter-Eigenschaften gruppiren. Er fühlte
sich stolz, das Muster eines „Gentleman" zu sein, und capricirte
sich darauf, auch seinen ältesten Freunden Anweisungen zu
geben, wie sie sich in Gesellschaft und bei Tische zu benehmen
hätten. In seiner Haltung war er würdig, in seinen Manieren
ceremoniell, in seiner Redeweise von übertriebener Höflichkeit.
Er prahlte gern mit den ihm vom König erwiesenen Ehren und
mit seinem intimen Verkehr in den höchsten aristokratischen
Kreisen. Dass er die Popularität bei den unteren Schichten der
Gesellschaft nicht verschmähte, zeigt eine Anekdote (welche der
Meister selbst seinen Gästen erzählt haben soll) von einer Fisch-
frau, welche, nachdem sie seine Visitenkarte gelesen, ihn schüchtern bat, der grosse Kalkbrenner möge den herrlichen Fisch,
den er für seine Tafel gewählt, als Geschenk annehmen. Der
Künstler war das Spiegelbild des Menschen. Er betrachtete

jeden Erfolg als sein gutes Recht, und sprach nur Denen Verdienst zu, welche sich nach seiner Methode gebildet hatten, oder doch wenigstens seine Ueberlegenheit anerkannten. Sein künstlerischer Stil war ein gereinigter Reflex seines gesellschaftlichen Verhaltens.

Es ist schwer zu verstehen, wie der Fall Kalkbrenner-Chopin so oft unrichtig hat dargestellt werden können, namentlich seit wir im Besitz der bestimmten Angaben Chopin's darüber sind.[1]) Es ist keinerlei Grund für die Annahme, dass Kalkbrenner durch Eifersucht, Berechnung oder Aehnliches getrieben worden sei, als er dem wunderbar begabten und entwickelten Chopin vorschlug, für drei Jahre sein Schüler zu werden. Sein eingebildetes Wesen und seine Methode erklären hinlänglich das Seltsame dieses Vorschlags. Ueberdies umfasste Kalkbrenner's Cursus regelmässig drei Jahre, und es will schon viel sagen, dass er ihn in Chopin's Falle abzukürzen bereit war. Karasowski bemerkt, als besitze er die Gabe, in der innersten Seele des Menschen zu lesen: „Chopin ahnte nicht, was während seines Spieles in Kalkbrenner's Innerem vorging." Schliesslich könnte man fragen, ob es denn so überraschend ist, dass der vielbewunderte Virtuose und Verfasser einer *Méthode pour apprendre le Piano à l'aide du Guide-mains; contenant les principes de musique; un système complet de doigter; des règles sur l'expression etc.* an Chopin's eigenthümlichem Fingersatz und seinem von dem conventionellen abweichenden Stil etwas auszusetzen fand? Kalkbrenner konnte sich nichts Besseres als seine eigene Methode, nichts Schöneres als seinen eigenen Stil vorstellen. Uebrigens ist diese Unfähigkeit, das Verdienst oder auch nur die Berechtigung bei etwas vom Gewohnten Abweichenden anzuerkennen, keineswegs bloss ihm eigenthümlich; wir finden sie täglich bei Menschen, die weit unter ihm stehen. Kalkbrenner's Klage, dass kein Vertreter des höheren Clavierspiels übrig bleibe, wenn er einmal aufgehört haben werde zu spielen, sollte ihm unsere Sympathie zuwenden; wir können ihn wahrlich nicht

---

[1]) Angaben, welche durch die folgende Mittheilung von Lenz' in keiner Weise entkräftet werden: „Auf meine Frage an Chopin, ob Kalkbrenner viel davon verstanden habe, folgte die Antwort: ‚es war in meinen Anfängen, in Paris'. Kalkbrenner herrschte *(regnait)* am ersten Platz, man musste ihm schon etwas den Hof machen."

tadeln, wenn er zu verewigen wünschte, was er für unübertrefflich hielt.

Nach Hiller hat Chopin einige Male auf Kalkbrenner's Rath dessen Ausbildungsklasse besucht, um zu sehen, wie es dort hergehe. Mendelssohn, der von Chopin eine hohe und von Kalkbrenner eine geringe Meinung hatte, war wüthend, als er davon hörte. Hatten aber Chopin's Freunde Recht, wenn sie behaupteten, er spiele besser als Kalkbrenner und könne von ihm nichts lernen? Gewiss spielte Chopin besser als Kalkbrenner, was die geistige und Gemüthsseite ihres Vortrages anlangt; dass aber Chopin von dem älteren Meister nichts habe lernen können, scheint mir keineswegs ausgemacht. Chopin wusste nicht nur Kalkbrenner besser zu beurtheilen als seine Freunde, welche nur für die Mängel des Meisters Augen hatten, seine guten Eigenschaften aber übersahen oder unterschätzten, sondern er hatte auch ein richtigeres Urtheil über sich selbst und über das was ihm Noth that. Er hatte ein künstlerisches Ideal und glaubte, Kalkbrenner's Unterricht werde ihm die Erreichung desselben erleichtern. Auch dies darf nicht übersehen werden, dass Chopin, ausser Zusammenhang mit irgend einer Schule, niemals von einem bedeutenden Meister seines Instrumentes geleitet und in frühem Alter sich selbst überlassen, sich gleichsam in der Luft schwebend fühlte, ohne eigentliche Basis, ohne einen Stützpunkt, an den er sich hätte lehnen können. Das daraus sich ergebende Gefühl der Isolirung kann zeitweilig auch den stärksten und unabhängigsten Autodidakten — und als ein solcher muss Chopin als Pianist betrachtet werden — mit Misstrauen gegen die Zulänglichkeit der selbst erworbenen Fähigkeiten und mit übertriebenen Begriffen von den Vortheilen einer schulmässigen Erziehung erfüllen. „Ich kann keine neue Schule ins Leben rufen, weil ich nicht einmal die alte kenne" — diese Aeusserung mag Sinn haben oder nicht, so zeigt sie doch Chopin's Geistesverfassung. Es ist auch möglich, dass er die Empfindung hatte, seine Technik und sein Stil seien zur Ausführung anderer als seiner Compositionen unangemessen und unzureichend; mehr als ein Fall während seiner Laufbahn als ausübender Künstler konnte bestätigen, dass er sich darin nicht irrte. Keinenfalls dürfen wir nach dem Gesagten seine Absicht, bei Kalkbrenner Unterricht zu nehmen, durch eine ungebührliche Selbstunterschätzung motiviren; hatte er es nicht ausgesprochen, dass er so gut zu spielen glaube wie Herz und dass er in sich die Kraft fühle, eine neue musikalische Aera herbeizuführen? Was aber zog ihn dann so sehr zu Kalkbrenner hin und veranlasste ihn, diesen über alle Pianisten zu stellen, die er je gehört? Wenn sich der Leser dessen erinnern will, was ich bei Gelegenheit der Sontag und der Belleville von Chopin's Vorliebe für Ton-Schönheit, Eleganz und Zierlichkeit gesagt habe, so kann ihn die Bewunderung des jungen Pianisten für den Virtuosen nicht überraschen, von welchem Riehl sagt: „Der Grundzug seines Naturells war, was die Philologen *elegantia* nennen — er sprach das reinste Ciceronianische Latein auf dem Clavier". Da die Kenntniss der künstlerischen Persönlichkeit Kalkbrenner's zugleich unsere Bekanntschaft mit Chopin fördern wird, und da diese Kenntniss grösstentheils aus den ungereimten Aeusserungen wohlmeinender Kritiker fliesst, welche in ihrem Eifer für die gute Sache über das Ziel hinausschiessen, so wird es der Mühe werth sein, näher darauf einzugehen.

Kalkbrenner könnte nicht unrichtig der Delille unter den Claviercomponisten genannt werden, denn seine Art und seine Schicksale erinnern uns an diesen Dichter. Was seine Arbeiten anlangt, so besitzt zwar keine derselben den zu längerer Lebensdauer nöthigen Grundstoff, doch würden sie ihm einen besseren Ruf verschafft haben, hätte er nicht so vieles, lediglich für den Markt Geschriebenes, veröffentlicht. Sogar Schumann bekennt, Kalkbrenner's Musik in seinen jüngeren Jahren viel und mit Genuss gehört und gespielt zu haben, und fährt auch in reiferem Alter fort, nicht nur die „natürliche Virtuosenliebenswürdigkeit des meisterlich für Finger und Hand arbeitenden Claviertonsetzers", sondern auch die echt musikalischen Qualitäten seiner besseren Werke anzuerkennen, unter denen er das D-moll-Concert als „höchste Blüthe" bezeichnet, als das Stück „wo alle Lichtseiten seines freundlichen Talents durchgebrochen". Uns geht indessen hier mehr der Clavierspieler als der Componist an. Eine gelungene Skizze des Pianisten Kalkbrenner findet sich in der weiterhin citirten Stelle aus Marmontel's „Silhouettes et Médaillons" Seiner „Pianistes célèbres". Der Werth dieser Skizze wird dadurch erhöht, dass ihr Verfasser, selbst ein Meister des Claviers, nicht nur nach Hörensagen urtheilt, und, während er Kalkbrenner als einen hervorragenden Virtuosen, als den Nachfolger Clementi's und Begründer („einen der Begründer" wäre richtiger) des modernen Clavierspiels betrachtet, auch das Hauptprincip seiner auf die vollkommene Unabhängigkeit und überwiegende Thätigkeit der Finger zielenden Methode billigt, es gleichwohl tadelt, dass er Handgelenk, Vorderarm und Arm, welche der Spieler nicht unbenutzt lassen sollte, namentlich „dans les accents de légèreté, d'expression et de force", von der Mitwirkung ausschliesst.

Hören wir indessen Marmontel's eigene Worte über Kalkbrenner: „Das Clavier gewann unter seinen Händen eine wunderbare, niemals herbe Sonorität, weil er niemals gewaltsame Wirkungen suchte. Sein Spiel war geschmeidig, ruhig und vollkommen ebenmässig, so dass es mehr reizte als in Staunen setzte; eine tadellose Sauberkeit und eine unvergleichliche Bravour der linken Hand machten seine Virtuosität zu einer ausserordentlichen. Ich füge noch hinzu, dass die vollkommene Unabhängigkeit der Finger, das Fehlen der in unsern Tagen so häufigen Arm-Bewegungen, die Ruhe der Hände und des Körpers sowie eine vollendete Haltung — alle diese Eigenschaften combinirt und dazu noch manche andere, die ich vergessen habe — dem Hörer den vollen Genuss des Vortrags gewährten, ohne dass seine Aufmerksamkeit durch den Anblick einer ermüdenden Gymnastik von der Sache abgelenkt wäre. Kalkbrenner's Phrasirung ermangelte einigermaassen des Ausdruckes und der sich mittheilenden Wärme, doch war sein Stil stets edel, wahr und im besten Sinne schulgerecht."

Wir wissen nun, was Chopin meinte, wenn er von Kalkbrenner sagte „er sei vollendet und besitze etwas, was ihn hoch über alle andern Virtuosen erhebe"; und ebenso wissen wir, dass seine Bewunderung berechtigt und für ihn charakteristisch war. Gleichwohl wird Niemand Denen widersprechen wollen, welche Chopin davon abriethen, Schüler eines Meisters zu werden, der stets unbedingte Unterwerfung unter seine Lehre forderte; denn die Gefahr lag nahe, dass er den Gewinn untergeordneter Fähigkeiten mit dem Verlust seiner unschätzbaren Originalität bezahlen würde. Uebrigens haben wir gesehen, dass aus der Sache nichts wurde, da Chopin bald aufhörte, Kalkbrenner's Klasse zu besuchen. Was zu seinem endgültigen Entschluss zweifellos noch

mehr beitrug, als der Rath seiner Freunde, war der Erfolg seines
Spiels und seiner Compositionen in dem Concert, von welchem
ich jetzt zu berichten habe. Den freundlichen Beziehungen der
beiden Künstler that es keinen Schaden, dass Chopin der Schule
Kalkbrenner's untreu wurde. Als Chopin sein E-moll-Concert
veröffentlichte, widmete er es Kalkbrenner, und dieser schrieb
bald nachher „Variations brillantes (Opus 120) pour le piano
sur une Mazourka de Chopin", improvisirte auch häufig über
die Mazurken seines jüngeren Kunstgenossen. Chopin's Freundschaftsverhältniss zu Camille Pleyel wird wahrscheinlich dazu
beigetragen haben, seinen Verkehr mit Kalkbrenner, der ein
Theilhaber der Firma Pleyel & Co. war, aufrecht zu erhalten.

Die Vorbereitungen zu seinem Concert machten Chopin
viele Mühe, und hätten nicht Paër, Kalkbrenner und namentlich
Norblin dieselben in die Hand genommen, so würde er in Paris,
wo man mindestens zweier Monate bedarf, um ein Concert zu
arrangiren, schwerlich damit zu Stande gekommen sein. So wenigstens äussert sich Chopin in seinem Briefe an Elsner vom
14. December 1831. Und auch ungeachtet solcher wirksamer
Hülfe gelang es ihm nicht, sein Concert, wie er anfangs beabsichtigt, am 25. December zu geben. Die Hauptschwierigkeit
war, eine Sängerin zu finden. Rossini, als Director der italienischen Oper, zeigte sich willig, ihm zu helfen, der zweite Director dagegen, Robert, weigerte sich, seinen Sängern die Erlaubniss zur Mitwirkung in einem Concert zu geben, aus Furcht,
die Forderungen könnten sich ins Unendliche wiederholen, wenn
er es einmal gethan habe. Da Véron, der Director der *Académie Royale*, sich ebenfalls weigerte, auf Chopin's Wünsche einzugehen, so musste das Concert auf den 15. Januar 1832 verschoben werden; aber auch an diesem Tage konnte es, sei es
wegen Krankheit Kalkbrenner's oder aus einem andern Grunde,
nicht stattfinden, und erst am 26. Februar kam es zu Stande.
Ueber die Vorbereitungen schreibt Chopin am 16. December
1831: „Baillot, der Nebenbuhler Paganini's, und Brod, der berühmte Oboist, werden mich unterstützen. Ich beabsichtige, mein
F-moll-Concert und die Variationen in B zu spielen. Ausserdem
werde ich mit Kalkbrenner sein Duo *Marche suivie d'une Polonaise* für zwei Claviere mit Begleitung von vier weiteren Clavieren spielen. Ist das nicht eine völlig verrückte Idee? Einer

der Flügel ist sehr gross, er ist für Kalkbrenner; der andere ist klein (ein sogenanntes Monochord) und für mich. Auf den anderen grossen Flügeln, die so laut wie ein Orchester klingen, werden Hiller, Osborne, Stamati und Sowiński spielen. Ausser den Genannten werden Norblin, Vidal und der berühmte Bratschist Urhan mitwirken."

Den vocalen Theil des Concerts hatten die Sängerinnen Isambert und Tomeoni nebst dem Sänger Boulanger übernommen. Das Programm aufzufinden, ist mir nicht gelungen. Hiller sagt, Chopin habe sein E-moll-Concert sowie einige seiner Mazurken und Nocturnen gespielt. Fétis erwähnt in der *Revue musicale* (3. März 1832) nur ganz allgemein, dass ein Concert von Chopin, ein Stück für sechs Claviere von Kalkbrenner, einige Gesangstücke, ein Oboen-Solo und ein „Quintett für Violine" [*sic*] vorgetragen seien, letzteres „mit jener Energie der Empfindung und Mannichfaltigkeit der Inspiration ausgeführt, welche das Spiel des Herrn Baillot auszeichnen." Das Concert fand im Pleyel'schen Saale statt und war finanziell ein Misserfolg, da die Einnahme nicht einmal die Ausgaben deckte. Das Publicum bestand hauptsächlich aus Polen; die anwesenden Franzosen hatten meist Freibillete erhalten. Hiller berichtet, alle Musik-Celebritäten von Paris seien zugegen gewesen und Chopin's Leistungen haben Jedermann im Sturm erobert. „Darnach" fügt er hinzu „war von mangelhafter Technik nicht mehr die Rede, und Mendelssohn applaudirte mit triumphirender Miene". Fétis beschreibt diese *soirée musicale* als eine der erfreulichsten des ganzen Winters. Sein Bericht enthält so viel des Interessanten und Treffenden, dass ich der Versuchung nicht widerstehen kann, Einiges daraus zu citiren: „Hier haben wir einen jungen Mann, der sich seinen natürlichen Impulsen hingiebt, und, ohne sich Jemanden zum Muster zu nehmen, etwas völlig Neues gefunden hat, oder doch einen Theil dessen, was man lange vergebens gesucht, nämlich, eine Fülle origineller Gedanken, deren Ursprung nirgends nachzuweisen ist. Damit wollen wir nicht behaupten, dass Herr Chopin mit der mächtigen Organisation eines Beethoven begabt sei, noch dass sich in seiner Musik so gewaltige Entwürfe finden, wie in der dieses Meisters. Beethoven hat Claviermusik geschrieben, ich aber spreche hier von Pianisten-Musik und, diesen Maassstab angelegt, finde ich in Herrn Chopin's Schöpfungen die Anzeichen eines formalen Fortschritts, welcher mit der Zeit einen bedeutenden Einfluss auf diesem Gebiete der Kunst ausüben kann."

Von Chopin's Concert sagt Fétis, dass es die Zuhörer erstaunt und angenehm überrascht habe, sowohl durch die Neuheit der Melodik als auch durch das Passagenwesen, die Modulationen und die Gesammtanlage der Sätze. „Es ist Seele in diesen Melodien, Phantasie in diesen Passagen und Originalität überall. Eine zu üppige Modulation und eine gewisse Unordnung in der Gedankenverbindung, so dass man zuweilen statt componirter Musik eine Improvisation zu hören glaubt, dies sind die Mängel, welche sich neben den so eben hervorgehobenen guten Eigenschaften bemerkbar machen. Diese Mängel indessen hängen mit dem Alter des Künstlers zusammen; sie werden mit gereifter Erfahrung verschwinden. Wenn die späteren Werke des Herrn Chopin seinem Debüt entsprechen, so kann es nicht zweifelhaft sein, dass er einen glänzenden und wohlverdienten Ruf erlangen wird. — Auch als Virtuose verdient der junge Künstler Lob. Sein Spiel ist elegant, leicht, graziös und zeichnet sich durch Glanz und Sauberkeit aus. Er zieht wenig Ton aus seinem Instrument, und gleicht in dieser Hinsicht der Mehrzahl der deutschen Clavierspieler; seine, auf diese Seite seiner Kunst gerichteten Studien unter Leitung Kalkbrenner's werden ihm indessen zu dieser Fähigkeit verhelfen, von welcher der ‚Nerv‘ der Ausführung abhängt und ohne welche der Klang des Instrumentes nicht modificirt werden kann."

Selbstverständlich liessen sich auch abweichende Stimmen hören, welche dieses und jenes auszusetzen hatten; aber die grosse Mehrzahl, zu welcher auch fast alle jüngeren Künstler gehörten, sprach sich für Chopin aus. Liszt erzählt in der Erinnerung an das Debüt seines Freundes: „Der stürmischste Applaus schien unserem Enthusiasmus nicht zu genügen, gegenüber diesem genialen Musiker, welcher eine neue Phase des poetischen Empfindens, gepaart mit den glücklichsten Neuerungen des Formalen seiner Kunst enthüllte." — Die Schlussbemerkung der oben citirten Kritik liefert uns einen weiteren Beweis, dass Chopin die Klasse Kalkbrenner's einige Zeit besucht hat. Da Fétis und Chopin mit einander bekannt waren, dürfen

wir annehmen, dass der erstere in dieser Hinsicht gut unterrichtet gewesen ist. Im Vorübergehen wollen wir von Chopin's
Bemerkungen über die frühesten Kämpfe des berühmten Historikers und Theoretikers Kenntniss nehmen: „Fétis" schreibt
Chopin am 14. December 1831 „den ich kenne, und von dem
man viel lernen kann, wohnt ausserhalb der Stadt und kommt
nur nach Paris, um seine Lectionen zu geben. Man sagt, er
sei dazu gezwungen, weil er mehr Schulden hat als ihm seine
Revue musicale einbringt. Sie müssen wissen, dass nach den
hiesigen Landesgesetzen ein Schuldner nur in seiner Wohnung verhaftet werden kann; deshalb hat Fétis die Stadt verlassen und wohnt in der Nachbarschaft von Paris, Niemand
weiss wo."

Am 20. Mai 1832, kaum drei Monate nach seinem ersten
Concert, trat Chopin zum zweiten Mal vor das Pariser Publicum,
und zwar in einem Concert, veranstaltet von dem Fürsten de la
Moskowa zum Besten der Armen. Unter den aufgeführten
Werken befand sich eine vom Fürsten componirte Messe. Chopin
spielte den ersten Satz des Concerts, welches — so berichtet
die *Revue musicale* — „schon im Pleyel'schen Saale von ihm
gespielt worden war und dort einen glänzenden Erfolg gehabt
hatte. Bei dieser Gelegenheit wurde es nicht so gut aufgenommen, was ohne Zweifel auf Rechnung der zu dicken Instrumentirung und des zu kleinen Claviertones des Herrn Chopin
zu schreiben ist. Uebrigens scheint es uns, dass die Musik
dieses Künstlers in der Gunst des Publicums steigen wird, nachdem man besser mit ihr bekannt geworden ist." — Die Hauptperson dieses Abends war allerdings nicht Chopin sondern Brod,
welcher die Zuhörer „hinriss"; es gab in der That wenige Virtuosen, welche so hoch in der Gunst des Publicums standen, wie
dieser Oboist, dessen Name fast auf keinem vornehmen Con-
certprogramm fehlte.

Hierbei seien noch einige musikalische Vorkommnisse von
Bedeutung erwähnt, welche mit dem ersten Auftreten Chopin's
zeitlich zusammenfallen. Am 18. März spielte Mendelssohn das
G-dur-Concert von Beethoven mit grossem Erfolge in einem der
Conservatoriums-Concerte (es war dies die erste Aufführung des
Werkes in Paris); im vorangegangenen Monat war ebenda seine
Ouvertüre zum „Sommernachtstraum" gespielt und gut aufge-

nommen worden, und etwas später hatte man seine Reformations-Symphonie probirt, aber wieder bei Seite gelegt. Mitte März begann Paganini, welcher kurz zuvor angekommen war, einen Cyclus von Concerten — mit welchem Erfolge, braucht nicht gesagt zu werden.

Ueber Chopin's Beziehungen zu Zimmermann, den ausgezeichneten Clavierlehrer des Conservatoriums, und zu dessen Familie hören wir Näheres von Marmontel, welcher Chopin und Liszt 1832 an einem der glänzenden Musikabende seines Lehrers hörte und persönlich kennen lernte, und eine anmuthige Beschreibung der dortigen mehr geselligen und intimen Vereinigungen giebt, denen Chopin gelegentlich beigewohnt zu haben scheint. „Frau Zimmermann und ihre Töchter machten einer grossen Anzahl von Künstlern die Honneurs. Man stellte Charaden dar; die verwirkten Pfänder und die nicht errathenen Rebus mussten durch Bussen eingelöst werden, welche je nach der Beschaffenheit des Schuldners wechselten. Gautier, Dumas und Musset wurden verurtheilt, ihr neuestes Gedicht zu recitiren, Liszt und Chopin hatten über ein ihnen gegebenes Thema zu improvisiren, die Damen Viardot, Falcon und Eugénie Garcia hatten ebenfalls ihre Schulden mit Melodien zu bezahlen, und ich selbst erinnere mich, manches Pfand eingelöst zu haben."

Nachdem uns im Vorhergehenden das Wichtigste aus Chopin's gesellschaftlichem und künstlerischem Leben während seiner ersten Pariser Zeit beschäftigt hat, möge uns jetzt ein Auszug aus seinem Briefe an Titus Woyciechowski vom 25. December 1831 einiges von seinem Innenleben berichten, dessen Düsterkeit mit der äusseren Helle scharf contrastirt:

„Ach wie gern hätte ich Dich neben mir! . . . Du kannst Dir nicht vorstellen, wie traurig es ist, Niemanden zu haben, dem ich mein schweres Herz eröffnen kann. Du weisst, wie leicht ich Bekanntschaften mache, wie ich die Gesellschaft der Menschen liebe — derartige Bekanntschaften mache ich massenhaft — aber mit Keinem, mit Keinem kann ich seufzen. Mein Herz schlägt immer gleichsam in ,Synkopen', deshalb quäle ich mich und verlange nach einer ,Pause' — nach Einsamkeit, dass während des ganzen Tages Niemand mich ansehen und mit mir sprechen möge. Es ist zu peinlich für mich, wenn die Glocke gezogen wird und man mir einen langweiligen Besuch ankündigt, während ich Dir schreibe. Im Moment, wo ich Dir den Ball beschreiben wollte,

auf welchem ein göttliches Wesen mit einer Rose im dunklen Haar
mich entzückte, kommt Dein Brief. Alle Romane meines Gehirns
schwinden, meine Gedanken eilen zu Dir, ich ergreife Deine Hand
und weine . . . Wann werden wir uns wiedersehen? . . . Vielleicht
niemals, denn, ernstlich gesprochen, mit meiner Gesundheit steht
es schlecht. Ich scheine wohl heiter, be⸗onders wenn ich unter
meinen Landsleuten bin; aber innerlich quält mich etwas — eine
düstere Ahnung, Rastlosigkeit, schwere Träume, Schlaflosigkeit,
Sehnen, Gleichgültigkeit gegen Alles, gegen den Wunsch zu leben,
wie gegen den Wunsch zu sterben. Manchmal scheint es mir, als
sei mein Geist erstarrt; dann fühle ich eine himmlische Ruhe im
Herzen und sehe in Gedanken Bilder, von denen ich. mich nicht
losreissen kann, was mich über die Maassen peinigt. Kurz, es ist
eine Combination von Empfindungen, welche schwer zu beschreiben
sind . . . Vergieb mir, lieber Titus, dass ich Dir von diesem Allen
erzähle; nun aber habe ich genug gesagt . . . Ich will mich nun
ankleiden und zu dem Festessen gehen, oder vielmehr fahren, welches
unsere Landsleute heute zu Ehren Ramorino's und Langermann's
veranstalten . . . Dein Brief enthielt viel, was für mich Neuigkeit
war; Du hast mir vier Seiten und siebenunddreissig Zeilen geschrieben — in meinem ganzen Leben bist Du nicht so freigiebig
gegen mich gewesen, und Etwas derart that mir noth, es that mir
wahrlich sehr noth.

Was Du über meine künstlerische Laufbahn schreibst, ist sehr
wahr, und ich selbst bin davon überzeugt.

Ich fahre in meiner eigenen Equipage, nur der Kutscher ist
gemiethet.

Ich schliesse, weil ich sonst die Post versäumen würde, denn
ich bin Alles in einer Person, Herr und Diener. Habe Mitleid mit
mir und schreibe so oft als möglich! — Dein bis zum Tode

                                          Friedrich."

In dem Postscriptum dieses Briefes gewinnt Chopin's leichter
Geist die Oberhand über sein schweres Herz; hier ist Alles
Spass und Heiterkeit. Zuerst erzählt er dem Freunde von
einer hübschen Nachbarin, deren Gatte den ganzen Tag abwesend ist, und die ihn häufig einladet, sie zu besuchen und
zu trösten. Aber die Schmeicheleien der Schönen fruchteten
bei ihm nichts; er hatte kein Gefallen an Abenteuern, und
fürchtete überdies, vom besagten Ehemann überrascht und miss-
handelt zu werden. Eine zweite Liebesgeschichte ist ausführlicher erzählt. Die *dramatis personae* sind Chopin, der Clavierspieler und Componist Johann Peter Pixis und Francilla Pixis,
ein schönes Mädchen von sechzehn Jahren, eine deutsche Waise,

welche von dem etwa dreiundvierzig Jahre alten Pixis adoptirt
war und später eine viel bewunderte Sängerin wurde. Chopin
lernte Beide in Stuttgart kennen und hörte von Pixis, dass er
sie zu heirathen beabsichtige. Nach Paris zurückgekehrt, lud
Pixis Chopin ein, ihn zu besuchen; der Letztere, welcher inzwischen die hübsche Francilla vergessen hatte, eilte sich nicht
eben, der Einladung Folge zu leisten. Was sich nun weiter
begab, mag Chopin selbst erzählen:

„Acht Tage nach der zweiten Einladung ging ich zu ihm und
begegnete zufällig seinem Lieblinge auf der Treppe. Sie bat mich
einzutreten, versicherte mich, es schade nichts, dass Herr Pixis
nicht zu Hause sei; ich möge mich doch setzen, er werde bald
nach Hause kommen, und so weiter. Eine seltsame Verlegenheit
ergriff uns Beide. Ich entschuldigte mich — denn ich kannte den
alten Herrn als sehr eifersüchtig — und sagte, ich würde lieber
ein anderes Mal wiederkommen. Während wir gemüthlich auf der
Treppe plauderten, kam Pixis herauf und blickte über seine Brille
hinweg, um zu sehen, wer sich oben mit seiner *bella* unterhalte.
Er mag uns nicht gleich erkannt haben, denn er beschleunigte
seine Schritte und sagte, nachdem er uns erreicht hatte, barsch zu
ihr: *‚Qu'est ce que vous faites ici?‘* Dann hielt er ihr eine strenge
Strafpredigt, weil sie junge Leute in seiner Abwesenheit empfange,
und so weiter. Ich redete Pixis lächelnd an und sagte zu ihr, es
sei unvorsichtig in einem so dünnen seidenen Kleide hinauszugehen.
Endlich beruhigte sich der Alte, nahm mich in den Arm und
führte mich ins Wohnzimmer. Er war so aufgeregt, dass er nicht
wusste, welchen Platz er mir anbieten sollte, denn er fürchtete,
dass ich, wenn er mich beleidigte, seine Abwesenheit ein anderes
Mal besser benutzen würde. Als ich fortging, begleitete er mich
die Treppe hinunter, und als er mich lächeln sah (denn ich konnte
nicht anders bei dem Gedanken, dass man mich solcher Dinge für
fähig halte), ging er zum Concierge und fragte, wie lange ich dort
gewesen sei. Der Concierge muss ihn beruhigt haben, denn seit
jener Zeit weiss Pixis nicht, wie er allen seinen Bekannten mein
Talent genug anpreisen soll. Was denkst Du von diesem Allen?
Ich ein gefährlicher *séducteur!*

Die Briefe, welche Chopin von Paris aus an seine Eltern
gerichtet hat, gingen nach dem Tode seiner Mutter in den Besitz seiner Schwester über, welche sie bis zum 19. September
1863 bewahrte. An diesem Tage wurde das Haus in Warschau,
welches sie bewohnte — nachdem aus dem oberen Stockwerk
ein Schuss abgefeuert und mehrere Bomben geworfen waren.

während General Berg und sein Gefolge vorbeipassirten — von
den russischen Soldaten verwüstet, welche Alles, was ihnen in
die Hände fiel, verbrannten oder auf andere Weise vernichteten,
darunter auch Chopin's Briefe, sein Portrait von Ary Scheffer,
das Buchholtz'sche Clavier, auf welchem er seine ersten Uebungen gemacht, und andere Reliquien. Wir haben inzwischen
Chopin's uns erhaltene Correspondenz mit seinen intimsten polnischen Freunden, Matuszyński und Woyciechowski, so gut wie
erschöpft, es wären nur noch zwei unwichtige Briefe aus dem
Jahre 1849 an den Letzteren zu erwähnen. Dass die vertrau-
liche Correspondenz in dieser Periode seines Lebens abbricht
(der letzte Brief ist vom 25. December 1831), kommt uns besonders ungelegen; eine Folge von Briefen, wie er sie von Wien
aus geschrieben, würde uns das Material zu einer völlig zuverlässigen Schilderung seines Ansässigwerden in Paris geliefert
haben, über welches jetzt ein mythischer Schleier gebreitet ist.
Karasowski, der die verlorenen Briefe gesehen hat, sagt, sie
seien melancholisch gefärbt gewesen.

Ausser dem Gedanken an sein unglückliches Vaterland, ein
Gedanke, der durch die polnischen Flüchtlinge, von denen Paris
wimmelte, beständig wach erhalten wurde, hatte Chopin noch
einen andern prosaischeren aber nicht weniger triftigen Grund
zur Unruhe und zum Trübsinn: seine Finanzen waren nichts
weniger als glänzend. Sparsamkeit vermag eine magere Börse
nicht zu füllen, und ebenso wenig ein schlecht besuchtes Concert; Chopin aber konnte es nicht ertragen, seinen Eltern zur
Last zu sein, die, wenn auch in guten Verhältnissen, doch nicht
reich waren, und deren Einkommen sich durch verschiedene
Wirkungen der Insurrection, wie die Schliessung von Schulen,
allgemeine Geldknappheit und Aehnliches, beträchtlich vermindert haben muss. Auch war das Paris von 1831 mit seinen
politischen Präoccupationen keineswegs ein Eldorado für Musiker. Ueber diese schrieb Mendelssohn zu jener Zeit, dass sie
sich nicht, wie andere Leute, um die Politik zankten, aber über
sie jammerten. „Einer hat seine Stelle verloren, ein Anderer
seinen Titel, ein Dritter sein Geld, und sie sagen, dies Alles
komme vom ‚juste milieu'.“ Da Chopin keine Aussicht auf Erfolg in Paris zu haben glaubte, so dachte er daran, wie andere
seiner Landsleute, nach Amerika zu gehen; seine Eltern indessen

waren dagegen und riethen ihm, entweder zu bleiben wo er sei und bessere Zeiten abzuwarten, oder nach Warschau zurückzukehren. Obwohl er Belästigungen seitens der russischen Regierung zu fürchten hatte, weil er seinen Pass vor Ablauf der Gültigkeitsdauer nicht hatte erneuern lassen, so entschied er sich doch für das Letztere. Allein das Schicksal hatte es anders beschlossen.[1])

Eines Tages, oder nach Anderen am Tage seiner Abreise, begegnete Chopin auf der Strasse dem Fürsten Valentin Radziwiłł und theilte ihm im Verlaufe des von Letzterem begonnenen Gespräches mit, dass er Paris zu verlassen beabsichtige. Der Fürst, ohne Zweifel besorgt, eine solche Verantwortung zu übernehmen, redete ihm nicht ab, lud ihn jedoch ein, ihn abends zu Rothschild zu begleiten. Chopin, der selbstverständlich von der Herrin des Hauses aufgefordert wurde, etwas zu spielen, entzückte durch seinen herrlichen Vortrag und ohne Zweifel auch durch seine weltmännischen Manieren die dort versammelte glänzende Gesellschaft so sehr, dass er nicht nur Lob und Complimente in Fülle erntete, sondern auch verschiedene Anerbietungen erhielt, Schüler zu übernehmen. Angenommen, dass diese Erzählung richtig ist, so dürfen wir wohl glauben, dass die besagte Soirée den Wendepunkt in Chopin's Laufbahn bezeichnete, wenn wir auch nicht daraus folgern, dass sie „wie durch einen Zauberschlag" seine Stellung verändert habe. Ich sagte „angenommen, dass es sich so verhält", denn, obwohl berichtet wird, dass Chopin gern von diesem Erlebnisse sprach, so scheinen doch seine besten Freunde nichts davon gewusst zu haben. Liszt erwähnt es nicht, Hiller und Franchomme sagten mir, sie hätten nie davon gehört, und trotz Karasowski's gegentheiliger Behauptung ist in Sowiński's *Musiciens polonais* nichts darüber zu finden. Gleichwohl mag die Erzählung einen Kern Wahrheit enthalten, der leicht herauszuschälen ist, wenn wir sie ihrer poetischen Umhüllungen und Uebertreibungen, wovon jedoch in meiner Lesart wenig vorhanden sind, entkleiden.

In wie weit aber auch diese und ähnliche Soiréen Chopin

---

[1]) Karasowski sagt, dass Liszt, Hiller und Sowiński ihm abgerathen haben, Paris zu verlassen. Liszt und Hiller sagten mir Beide, und Franchomme bestätigte es, dass sie nichts von Chopin's desfallsiger Absicht gewusst hätten. Auch Sowiński erwähnt darüber nichts in seinen „Musiciens polonais".

geholfen haben mögen, den Kreis seiner Bewunderer und Beschützer zu erweitern, ihn eine höhere Stufe der Leiter des Erfolges erklimmen zu lassen, so sollte doch seine Verschuldung
gegen seine Landsleute, die ihm vom ersten Anfang an wohl-
wollten und ihn ermuthigten, um einer artigen Anekdote willen
nicht mit. Stillschweigen übergangen werden. Die grosse Mehrzahl der damals in Paris lebenden polnischen Flüchtlinge war
selbstverständlich eher in der Lage, Hülfe zu beanspruchen, als
zu gewähren; eine nicht unbeträchtliche Minderzahl aber bestand
aus Personen von edler Geburt und grossem Reichthum, deren
Schutz und Einfluss für einen um seine Existenz ringenden
Künstler von unberechenbarem Vortheil sein konnten. Nach
Liszt stand Chopin auf intimem Fusse mit den Bewohnern des
Hôtel Lambert, wo der alte Fürst Adam Czartoryski mit Gattin
und Tochter die nach dem letzten Kriege verstreuten Trümmer
Polens (*les débris de la Pologne que la dernière guerre avait
jetés au loin*) um sich versammelte. Von der Familie des Grafen
Plater und anderen Landsleuten, mit denen Chopin freundschaftlich verkehrte, wird weiterhin die Rede sein. Seine Freunde
waren nicht lau in ihren Bemühungen, ihm Schüler und gute
Honorare zu verschaffen; sie sagten Jedem, der sich danach erkundigte, dass er keine Lection unter zwanzig Franken gebe,
obwohl er selbst sich bereit erklärt hatte, vorläufig mit einem
geringeren Preise zufrieden zu sein. So brauchte er nicht lange
vergebens zu harren, und konnte sich schon nach Jahresfrist einer
stattlichen Schülerzahl rühmen.

Der Leser muss mit einigem Erstaunen bemerkt haben, dass
das „Ideal", von welchem der liebeskranke Künstler seinem
Freunde Woyciechowski so ausführlich geschrieben hatte, in den
späteren an diesen gerichteten Briefen unerwähnt bleibt. Was
konnte die Ursache dieses auffallenden Schweigens sein? Hatte
der leidenschaftlich Liebende diejenige vergessen, von der er
einst gewünscht, dass nach seinem Tode seine Asche unter ihre
Füsse gestreut werde? Nun, vielleicht wusste er 1831 bereits,
was sich im nächsten Jahr ereignen werde. Die trübselige
Thatsache muss ausgesprochen werden: Die inconstante Constantia Gładkowska heirathete im Jahre 1832 einen Warschauer
Kaufmann Namens Joseph Grabowski; so wenigstens lautet die
Nachricht in Sowiński's biographischem Wörterbuch *Les musi-*

ciens polonais et slaves.[1]) Da mir die näheren Umstände des Falles sowie die Beweggründe der Parteien unbekannt sind, und da der Biograph nicht dieselbe Freiheit hat wie der Romanschriftsteller, so werde ich weder über die Unbeständigkeit und Feilheit der Weiber moralisiren noch es versuchen, die Gefühle unseres unglücklichen, seines Ideals beraubten Helden zu beschreiben, sondern es dem Leser überlassen, seine eigenen Betrachtungen darüber anzustellen und die Nutzanwendung daraus zu ziehen.

Am 2. August 1832 schrieb Chopin an Hiller, welcher im Frühling desselben Jahres nach Deutschland gegangen war. Wie der junge Pole über seinen deutschen Kunstgenossen dachte, erhellt aus einigen seiner Bemerkungen in dem Briefe an Titus Woyciechowski vom 16. December 1831: „Das Concert des guten Hiller, ein Schüler Hummel's und ein junger Mann von bedeutendem Talent, hat vorgestern mit grossem Erfolge stattgefunden. Eine Symphonie seiner Composition wurde mit Vielem Beifall aufgenommen. Er hat sich darin Beethoven zum Muster genommen, und seine Arbeit ist voll von Poesie und Erfindung." Darnach waren die Beiden noch intimer geworden und sahen sich beinahe jeden Tag, da Chopin, wie Osborne erzählt, sich stets in bester Stimmung befand, wenn Hiller bei ihm war. Der Ueberbringer des besagten Briefes war Herr Johns, dem die fünf Mazurken Opus 7 gewidmet sind, und welchen Chopin an Hiller empfahl als „einen hervorragenden Dilettanten aus New Orleans". Indem er diesen Herrn warm empfiehlt, entschuldigt er sich, den Empfang eines Briefes nicht angezeigt zu haben, welcher ihm das Vergnügen der Bekanntschaft mit Paul Mendelssohn verschafft hatte, und fährt dann fort:[2])

„Vos trios, mon cher, sont achevés depuis longtemps, — et en ma qualité de vorace j'ai englouti dans mon repertoire vos manuscripts — Votre concerto sera exécuté ce mois-ci au concours du conservatoire par les élèves d'Adam — Mlle Lyon le joue très-bien. — La tentation, opéra-balet de Halévy et Gide n'a tenté per-

---

[1]) Nach Mittheilungen des Grafen Wodziński heirathete sie einen Landedelmann und wurde später blind.

[2]) Die mangelhafte Orthographie der französisch geschriebenen Briefe Chopin's wird in der Folge immer beibehalten.

sonne de bon goût, car elle est tout aussi peu intéressante que
peu est à l'unisson avec l'esprit du siècle votre diète germanique.
— Maurice qui est revenu de Londres ou il s'était rendu pour la
mise en scène de Robert (qui n'a pas fait fortune) nous a assuré
que Moscheles et Field arriveront à Paris pour l'hiver — voici
les nouvelles que j'ai a vous donner . . . Osborne est à Londres
depuis 2 mois. — Pixis est à Boulogne. — Kalkbrenner est à
Meudon. — Rossini à Bordeaux. — Tous ceux qui vous connais-
sent vous attendent à bras ouverts. Liszt doit vous dire deux
mots en bas — — Adieu cher ami

tout à vous de coeur

Paris 2./8. 32.   F. Chopin.

Sechzehntes Capitel.

1832—1834.

Erfolge in der Gesellschaft und als Lehrer. — Mitwirkung in verschiedenen
Concerten. — Brief Chopin's und Liszt's an Hiller. — Freunde. — Sonderbar-
keiten. — Brief an Franchomme. — Zurückhaltung. — Eigenthümlichkeiten des
polnischen Charakters. — Field. — Berlioz. — Verhältniss zur Neu-Romantik.
— Liszt's künstlerischer Einfluss auf Chopin. — Veröffentlichung von Compositionen. — Kritiken. — Chopin's Ruf verbreitet sich. — Reise mit Hiller nach
Aachen. — Ein Tag in Düsseldorf mit Mendelssohn.

n der Saison 1832—1833 nahm Chopin seinen Platz
als eine der anerkannten pianistischen Leuchten der
französischen Hauptstadt ein und begann seine Thätigkeit als Lehrer der Aristokratie *par excellence*.
„Seine vornehmen Manieren, seine feine Höflichkeit, seine ausgesuchte und etwas affectirte Eleganz in allen Dingen machten
Chopin zum Musterlehrer des fashionablen Adels". So beschreibt ihn ein Zeitgenosse; nun aber möge er sich selbst beschreiben. Ein undatirter an seinen Freund Dominic Dziewanowski gerichteter Brief, welcher, nach einer Anspielung auf
den Tod der Fürstin Vaudemont[1]) zu urtheilen, um die zweite
Woche des Januar 1833 geschrieben sein muss, giebt mancherlei

---

[1]) Ein Nekrolog im *Moniteur* vom 6. Januar 1833 preist an derselben
„la justesse de son esprit", beschreibt sie als „naïve et vraie comme une femme
du peuple, généreuse comme une grande dame" und nennt sie die Erretterin
des „M. de Vitrolles pendant les Cent-jours, et M. de Lavalette sous la Restau-
ration".

interessante Nachricht bezüglich des Geschmackes und der Gewohnheiten des Schreibers, seines künstlerischen Erfolges und
seiner Lebensweise. Nach einigen scherzenden Bemerkungen
über sein langes Schweigen — wobei er die Erinnerungen an
Szafarnia und die Innigkeit ihrer Freundschaft betont und es
beklagt, dass er so sehr von allen Seiten in Anspruch genommen
sei, dass man ihn in Stücke reisse, fährt er fort:

„Ich bewege mich in der vornehmsten Gesellschaft — unter
Gesandten, Fürsten und Ministern; und ich weiss selbst nicht, wie
ich da hineingerathen bin, denn ich habe mich in keiner Weise vor-
gedrängt. Aber mir ist dies für jetzt absolut nothwendig, denn von
dorther kommt so zu sagen der gute Geschmack. Man ist alsbald
künstlerisch höher angeschrieben, wenn man in einer Soirée des
englischen oder des österreichischen Gesandten gehört worden ist.
Man spielt schöner, wenn man von der Fürstin Vaudemont prote-
girt wird. ,Protegirt' ist nicht das rechte Wort, denn die gute alte
Dame ist vor einer Woche gestorben. Sie erinnerte mich in ihrer
Erscheinung an die selige Kasztelanowa Połaniecka, empfing bei
sich den ganzen Hof, war sehr wohlthätig und hat während der
Schreckenstage der grossen Revolution viele Aristokraten bei sich
aufgenommen. Sie war die Erste, welche nach den Julitagen am
Hofe Louis Philippe's erschien, obschon sie zur Familie Montmorency
(ältere Linie) gehörte, deren letzter Sprosse sie war. Sie hatte stets
eine Anzahl schwarzer und weisser Schoosshunde, Kanarienvögel und
Papageien um sich, und besass einen sehr komischen kleinen Affen,
dem es sogar gestattet war, Gräfinnen und Fürstinnen zu ... beissen.

Unter den Pariser Künstlern geniesse ich allgemeine Achtung
und Freundschaft, obgleich ich erst ein Jahr hier bin. Ein Beweis
dafür ist, dass Männer von grossem Rufe mir Compositionen widmen, selbst bevor ich noch ihnen diese Artigkeit erwiesen habe,
z. B. Pixis seine neuesten Orchester-Variationen. Dieser schreibt
sogar jetzt Variationen über ein Thema von mir. Kalkbrenner
improvisirt oft über meine Mazurken. Schüler des Conservatoriums,
ja, selbst Privatschüler von Moscheles, Herz und Kalkbrenner (mithin vorgeschrittene Künstler) nehmen noch Unterricht von mir und
stellen mich mit Field auf gleiche Stufe. Wahrlich, wäre ich ein
bischen thörichter als ich es bin, so könnte ich mir einbilden, ein
schon fertiger Künstler zu sein. Ich fühle indessen täglich, wie
viel ich noch zu lernen habe, und werde mir dessen noch mehr
bewusst im Verkehr mit den ersten hiesigen Künstlern, und indem
ich wahrnehme, was jedem, selbst von ihnen, noch fehlt. Aber
ich schäme mich wirklich, dies zu schreiben, da ich mich wie ein
Kind selbst gelobt habe. Ich möchte es ausstreichen, nur habe
ich keine Zeit, einen andern Brief zu schreiben. Ueberdies wirst
Du Dich meines Charakters erinnern, wie er früher gewesen; und

ich bin wahrlich ganz derselbe geblieben, nur mit dem einen Unterschied, dass ich jetzt einen Backenbart auf einer Seite habe — unglücklicherweise will er auf der andern nicht wachsen. Heute habe ich fünf Stunden zu geben; Du wirst glauben, dass ich in Kurzem ein vermögender Mann sein werde, aber die Droschken und weissen Handschuhe essen das Erworbene beinahe wieder auf, und ohne diese Dinge würden mir die Leute den *bon ton* absprechen.

Ich liebe die Carlisten, hasse die Philippisten und bin selbst Revolutionär; deshalb trage ich nichts nach dem Gelde, sondern nur nach der Freundschaft, um deren Erhaltung ich Dich ernstlich bitte."

Dieser Brief und noch mehr die weiterhin von mir mitgetheilten Briefe erweisen aufs Unzweideutigste die Grundlosigkeit der so oft wiederholten Angabe, Chopin's Verkehr sei während seiner ersten Pariser Jahre auf die polnischen Salons beschränkt gewesen. Die Wahrheit ist einfach diese, dass Chopin stets eine Vorliebe für seine Landsleute gehabt und sich bei ihnen mehr als anderswo zu Hause gefühlt hat.

Im Winter 1832—1833 ist Chopin mehrfach öffentlich aufgetreten. In einem von Hiller veranstalteten Concert (15. December 1832) spielte er mit Liszt und dem Concertgeber einen Satz eines Concerts für drei Claviere von Bach, welchen die drei Künstler „avec une intelligence de son caractère et une délicatesse parfaite" vortrugen. Bald darauf spielten Chopin und Liszt in den Zwischenacten einer Theatervorstellung zum Besten des Fräulein Smithson, der englischen Schauspielerin und bankerott gewordenen Directrice, der Flamme Berlioz', Heldin von dessen *Episode de la vie d'un artiste* und bald darauf seine Gattin. Am 3. April 1833 wirkte Chopin in einem Concert der Gebrüder Herz mit, wo er sich nebst diesen und Liszt an einem Quartett für acht Hände auf zwei Clavieren betheiligte. Marmontel erwähnt in seiner *Silhouette* des Pianisten und Kritikers Amédée de Méreaux, dass dieser Künstler zwei Mal mit Chopin ein Duo seiner Composition über den „Zweikampf" gespielt habe, aber er lässt ungewiss, ob öffentlich oder in Privatkreisen. Franchomme sagte mir, dass er sich eines Concerts zu erinnern glaube, welches Chopin 1833 in einem ihm befreundeten aristokratischen Hause, vielleicht bei der Frau Marschallin de Lannes, veranstaltet habe. Um Chopin's Virtuosen-Wirksamkeit zusammen zu fassen, möchte ich den Pariser Correspon-

denten der „Allgemeinen musikalischen Zeitung" citiren, der im
April 1833 berichtet: „Chopin und Osborne, wie die übrigen
hinlänglich gerühmten Meister, ergötzen uns mannigfach." Kurz,
Chopin wurde mehr und mehr ein Günstling, wenn nicht der
die grossen Concertsäle füllenden Menge, so doch der aristokratischen Salons.

Der folgende Brief an Hiller, geschrieben von Chopin und
Liszt, unterzeichnet von beiden und Franchomme, zeigt uns
Chopin's intimste künstlerische Freunde vereint und giebt uns
ein belebtes Bild ihres echt collegialischen Verkehrs, so wie der
Gesellschaft, in der sie sich bewegten. Ich habe das von Liszt
Geschriebene durch eckige Klammern bezeichnet, so dass der
Leser sehen kann, wie die beiden Verfasser dieses Briefes
manchmal in der Mitte eines Satzes, sogar eines Wortes, einer
dem andern die Feder aus der Hand genommen hat. Ich bemerke auch noch, dass Hiller, der wieder in Deutschland war,
kurz zuvor seinen Vater verloren hatte:

„[Voici la vingtième fois, au moins, que nous nous donnons
rendez-vous, tantôt chez moi tantôt ici, dans l'intention de vous
écrire, et toujours quelque visite ou quelqu'autre empêchement im-
prévu nous survient. Je ne sais si Chopin sera de force à vous
faire des excuses, pour moi, il me semble que nous avons outre-
passé la grossièreté et l'impertinence de telle façon, que les excuses
ne sont plus ni permise ni possible.

Nous avons vivement partagé vos chagrins, et plus vivement
désiré encore d'être auprès de vous afin de tempérer autant que
possible l'amertume de votre coeur.]
Il a si bien dis que je n'ai rien à ajouter pour m'excuser par-
ticulièrement de ma négligence ou paresse, ou grippe ou distrac-
tion ou ou ou — — — vous savez que je m'explique mieux en
personne et quand cette autômne je vous reconduirais tard chez
votre mère par les boulevards je tâcherai d'obtenir votre pardon
— Je vous écris sans savoir ce que ma plume barbouille parceque
Liszt dans ce moment joue mes études et me transporte hors de
mes idées honettes — Je voudrais lui voler la manière de rendre
mes propres études. Quand à vos amis qui restent à Paris, j'ai
souvent vu cet hiver et ce printemps la famille Leo et qui s'en
suit. Il y a eu des soirées chez de certaines Ambassadrices —
et il n'y avait pas une seule ou on n'aye parlé de quelcun qui
reste à Frankfort. Madame Eichthal vous dit mille belles choses —
Plater, toute la famille a été fort attristé de votre départ et m'a
. chargé de vous témoigner sa condoléance. [Madame d'Appony

m'en a beaucoup voulu à ne pas vous avoir conduit chez elle avant votre départ: elle espère que lorsque vous reviendrez vous voudrez bien encore vous rappelez de la promesse que vous m'avez faites. Je vous en dirai autant d'une certaine Dame qui n'est pas ambassadrice.

Connaissez-vous les merveilleuses Études de Chopin? — —] Elles sont admirables! — et encore leur durée ne sera que jusqu'au moment ou les votres vont paraître [═ petite modestie d'Auteur!!!] Petite grossièreté de la part du regent — car pour mieux vous expliquer la chose, il corrige mes fautes d'orthographe [d'après la méthode de Monsieur Marlet.

Vous nous reviendrez au moi de] septembre n'est-ce pas? tâch[ez de nous prevenir du jour ou nous avons resolu de vous faire une sérénade (ou Charivari). La compagnie des artistes les plus distingués de la capitale ═ M. Franchomme (présent) Madame Petzold, et l'abbé Bardin, les coriphées de la rue d'Amboise (et mes avoisinantes), Maurice Schlesinger, oncles, tantes, neveux, nièces, beaux frères, belles soeurs et et ═] en plan du troisième etc.

Les éditeurs

responsables

[F. Liszt.]

F. Chopin. ([Aug. Franchomme.])

A propos j'ai rencontré hier Heine qui m'a chargé de vous grüssen herzlich und herzlich. —

A propos encore grâce pour tous les vous — je te prie de me les pardonner. Si tu as un moment à perdre donne nous de tes nouvelles qui nous sont bien chères. Paris. Rue de la chaussée d'Antin No. 5. J'occupe à présent le logement de Franck — il est parti pour Londres et Berlin. Je me trouve parfaitement dans les chambres qui étaient si souvent notre point de réunion. Berlioz t'embrasse.

Quand au père Baillot il est en Suisse à Genève, et alors tu devine que je ne peux pas t'envoyer le concerto de Bach.

Le 20 Juin 1833."

Einige der in diesem Briefe erwähnten Namen bedürfen einer Erklärung. Wie ich von Hiller gehört habe, ging Chopin häufig zu den Gesandten Appony und von Kilmannsegge und noch häufiger zu seinen Landsleuten, den Plater's. Im Hause der Letzteren wurde viel gute Musik gemacht, denn die Gräfin, die *Pani Kasztelanowa* (Frau Kastellanin), welcher Liszt eine schwungvolle Lobrede gewidmet hat, „wusste genau, wie

sie alle Talente, welche damals einen Aufschwung und eine
leuchtende Pleiade zu bilden verhiessen, zu bewillkommnen und
zu ermuthigen hatte . . . . abwechselnd Fee, Amme, Pathe,
Schutzengel, feinfühlige Wohlthäterin, alles Bedrohende voraus-
wissend, stets einen Ausweg errathend, war sie für Jeden von
uns eine liebenswürdige Beschützerin, in gleichem Maasse geliebt und geachtet; sie erleuchtete, erwärmte und erhob seine
[Chopin's] Phantasie und liess, als sie nicht mehr war, eine
Lücke in seinem Leben". Sie war es, die eines Tages zu Chopin
sagte „Si j'étais jeune et jolie, mon petit Chopin, je te pren-
drais pour mari, Hiller pour ami et Liszt pour amant"; und in
ihrem Hause war es, wo der merkwürdige Wettstreit zwischen
Chopin, Liszt und Hiller stattfand. Der Ungar und der Deutsche
hatten der Behauptung des Polen widersprochen, dass nur der
in Polen Geborene und Aufgewachsene die polnische Nationalmusik recht verstehe, und alle Drei kamen überein, den Versuch zu machen, abwechselnd die Mazurka „Noch ist Polen
nicht verloren" zu spielen. Liszt begann, Hiller folgte, Chopin
kam zuletzt und errang den Preis, da seine Nebenbuhler ein-
räumten, dass sie nicht in dem Maasse, wie er, den Geist dieser
Musik erfasst hätten. Eine andere Anekdote, die mir Hiller erzählte, zeigt, wie intim Chopin mit der Familie seines Landsmannes Plater war, und welch' seltsame Dinge er sich dort
manchmal erlaubte. Eines Tages erschien er in dem Salon als
Pierrot und, nachdem er fast eine Stunde umhergesprungen und
getanzt, verschwand er wieder, ohne auch nur ein einziges Wort
gesprochen zu haben.

Beim Abbé Bardin, einem leidenschaftlichen Liebhaber der
Musik, versammelten sich wöchentlich am Nachmittag die angesehensten Künstler, unter ihnen auch Mendelssohn während
seines Pariser Aufenthaltes 1832—1833. In einer der vielen
nekrologischen Notizen über Chopin, welche in französischen
und anderen Blättern erschienen sind, sich aber keineswegs
durch Zuverlässigkeit auszeichnen, habe ich die Bemerkung gefunden, dass der Abbé Bardin und die Gebrüder Tilmant die
ersten gewesen seien, welche Chopin's Genie erkannt haben.
(Die betreffende Notiz steht in der „Chronique musicale" vom
3. November 1849.)

In Franck, dessen Wohnung Chopin bezogen hatte, wird

der Leser den „geistreichen, musikalischen Dr. Hermann Franck"
erkannt haben, der Freund vieler musikalischer und anderer Berühmtheiten, derselbe, mit welchem Mendelssohn während seines
Pariser Aufenthalts Schach zu spielen pflegte. Von Hiller hörte
ich, dass Franck sehr musikalisch gewesen sei und dass er bedeutende naturwissenschaftliche Kenntnisse besessen, dass er jedoch bei seinen guten Verhältnissen eine eigentliche Berufsthätigkeit verschmäht habe.   In den vierziger Jahren hat er
während eines Jahres Brockhaus' „Deutsche allgemeine Zeitung"
redigirt.

In dem folgenden an Franchomme gerichteten Briefe
Chopin's — nach Franchomme aus dem Herbst 1833 — begegnen wir einigen neuen Namen.   Dr. Hoffmann war ein guter
Freund des Componisten und rauchte häufig bei ihm seine Ci-
garre.   Ich halte ihn für den bekannten Literaten Charles
Alexander Hoffmann,[1]) den Gatten der Clementina Tańska,
welche 1832 aus Polen nach Paris geflohen war und hier bis
1848 gewohnt hat.   Maurice ist der Verleger Schlesinger.   Von
Smitkowski weiss ich nur, dass er einer von Chopin's polnischen
Freunden war, deren Verzeichniss übrigens ziemlich lang ist und
u. a. den Fürsten Casimir Lubomirski, Grzymała, Fontana und
Orda umfasst.[2])   Es war gut für Chopin, dass er so reichlich

---

[1]) Dies die gewöhnliche Schreibweise im Deutschen, Französischen und
Englischen. Die correcte polnische Schreibweise ist Hofman. Auch Hoffman
und Hofmann kommen zuweilen vor.

[2]) Von Grzymała und Fontana wird später noch die Rede sein. Fürst
Casimir Lubomirski war ein leidenschaftlicher Musikfreund und hat verschiedene
Compositionen veröffentlicht. Liszt schreibt, dass Orda „welcher eine Zukunft
zu versprechen schien" im Alter von zwanzig Jahren in Algier gefallen sei.
Karasowski giebt dieselbe Nachricht, ohne jedoch das Alter zu erwähnen. Meine
Forschungen nach Orda bei französischen Musikern und Polen waren erfolglos.
Obwohl die Daten mit denen Liszt's und Karasowski's nicht passen, ist man
versucht, den Freund Chopin's mit dem in Sowinski's „Musiciens polonais et
slaves" erwähnten Napoleon Orda zu identificiren „ein Clavierspieler und Componist, der sich seit den Ereignissen von 1831 bekannt gemacht hat. Man verdankt ihm die Herausgabe eines den Componisten seiner Nation gewidmeten
polnischen Album, veröffentlicht in Paris 1838. Orda ist der Autor verschiedener elegant geschriebener Claviercompositionen". In der Vorrede einer bei
Boosy & Co. erschienenen Ausgabe von Chopin's Mazurken und Walzern erwähnt
J. W. Davison einen M. Orda (das „M" soll vermuthlich *Monsieur* bedeuten)
und Charles Filtsch als Schüler Chopin's.

mit Freunden versehen war, denn wie mir Hiller sagte, konnte er nicht ohne Gesellschaft sein.   Der Brief an Franchomme lautet:

„Commencé le samedi 14, et fini mercredi le 18 d. m. c.
     Cher ami,

Il serait inutile de m'excuser sur mon silence — Si mes pensées pouvaient se mettre elles mêmes sans papier à la poste! — après cela tu me connais trop pour ne pas savoir que malheureusement je ne fais jamais ce qui je dois faire. — Je suis arrivé très commodement (excepté une petite episode desagréable causée par un monsieur excessivement odorifère qui allait jusqu'à Chartres — il m'a surprit la nuit) — j'ai trouvais plus d'occupations à Paris que je n'ai laissé ce qui me privera sans doute de venir te chercher au Côteau! — Côteau! oh Côteau! — Dis mon enfant à toute la maison de Côteau, que je n'oublierai jamais mon séjour en Touraine — que tant de bonté laisse une reconnaissance éternelle — on me trouve engressé, et bonne mine — et je me porte à ravir grâce aux voisines de diné qui m'ont prété des soins vraiment maternelles.   Quand j'y pense tout cela me paraît un songe si agréable que je voudrais dormir encore.   Et les paysannes de Pormic! et la farine! ou plutôt ton né en forme gracieuse que tu a été obligé de plongé dans. —

Une visite très interessante m'a interrompu mon lettre commencé il y a 3 jours, qui n'a pu être achevée qu'aujourdhui.

Hiller t'embrasse.   Maurice et tout le monde.   J'ai rendu ton billet à son père que je n'ai pas trouvé à la maison.

Paer, que j'ai vu il y a quelques jours m'a parlé de ton retour — Arrive nous gras et bien portant comme moi — Encore mille choses à l'estimable famille Forest.   J'ai n'ai ni paroles ni possibilités d'exprimer tout ce que je sens pour eux. — Excuse-moi — Donne moi une poignée de mains — je te tape sur l'épaule — je te serre — je t'embrasse.
              Mon ami — a revoir
     Hoffmann le gros Hoffmann et le svelte Smitkowski
              t'embrasse aussi. —

Dieser Brief ergänzt das im Vorherigen entstandene Portrait Chopin's um einige weitere Züge; die einschmeichelnde Zärtlichkeit und herzgewinnende Schalkhaftigkeit sind bisher nicht so deutlich hervorgetreten.   Es war damals und blieb bis ans Ende seines Lebens in diesem Manne etwas Weibliches und Knabenhaftes.   Das sentimentale Element fehlt fast ganz in Chopin's Briefen an seine nicht-polnischen Freunde; selbst gegen Franchomme, den intimsten derselben, zeigt er sich zurückhaltender als nicht nur gegen seine Jugendfreunde Titus Woyciechowski und Johann Matuszyński, sondern auch gegen andere seiner Landsleute, deren Bekanntschaft er in reiferen Jahren gemacht, wie z. B. Grzymała. Bereit, Alles zu geben, sagt Liszt, gab Chopin dennoch nicht sich selbst; „seine intimsten Freunde drangen nicht in das innerste Heiligthum, wo, von seinem übrigen Leben unberührt, die geheime Quelle seiner Seele sprudelte: ein Innerstes, so sorgfältig verborgen, dass man seine Existenz kaum ahnte", in der That war Chopin so wenig zu fassen, wie, um einen Ausdruck L. Enault's anzuwenden, der schuppige Rücken der Sirene. Erst indem wir seine Briefe an die wenigen Vertrauten lesen, denen er sich ganz gab, wie er war, erst dann wissen wir, wie wenig von seinem Selbst er dem Gros seiner Freunde gab, die er mit Zärtlichkeit und Scherz abfindet und die schwerlich ahnten, was unter der ruhigen Oberfläche gährte. Diese Art der Zurückhaltung ist ein Zug des slavischen Charakters, welcher in Chopin's Persönlichkeit stark entwickelt war. „Die Slaven" bemerkt Enault treffend „verleihen sich, sie geben sich nicht hin; und Chopin, gleichsam in dem Wunsche, seine Landsleute möchten ihm den französischen Ursprung seiner Familie verzeihen, zeigte sich noch polnischer als Polen."

Liszt macht einige interessante Bemerkungen über diesen Punkt, welche ebensoviel Licht auf den Charakter der Rasse, als auf den unseres Helden werfen: „Bei den Slaven bedingen die Offenheit und Unbefangenheit, die Vertraulichkeit und die fesselnde *desinvoltura* der Manieren keineswegs das Vertrauen und die Hingebung. Ihre Gefühle offenbaren und verbergen sich wie die Ringe einer zusammengewickelten Schlange; nur bei sehr scharfer Beobachtung entdeckt man die Verbindung der Ringe. Es wäre naiv, ihre complimentenreiche Höflichkeit, ihre äussere Bescheidenheit für baare Münze zu nehmen. Diese Höflichkeitsformen und diese Bescheidenheit sind Manieren, welche ihre einstigen Beziehungen zum Orient verrathen. Ohne im Geringsten von der muselmännischen Schweigsamkeit angesteckt zu sein, haben doch die Slaven von ihr eine misstrauische Zurückhaltung gelernt, in allem, was die intimen Fibern des Herzens berührt. Man kann beinahe sicher sein, dass sie, wenn sie von sich selbst sprechen, dem Andern gegenüber jene Vor-

sicht beobachten, welche ihnen ein Uebergewicht des Verstandes
oder des Gefühls sichert, dass sie irgend einen Umstand oder geheimen Beweggrund verschweigen, welche geeignet wären, sie in
der Achtung des Andern zu erhöhen oder zu erniedrigen; sie
finden das grösste Vergnügen daran, sich hinter einem listig-
fragenden, unmerklich spöttischen Lächeln zu verstecken. Da
sie jederzeit Lust an Mystificationen haben, von den witzigsten
und drolligsten bis zu den bittersten und schauerlichsten, so
könnte man sagen, dass sie in dieser spottenden Täuschung eine
Form für die Missachtung der eigenen Ueberlegenheit sehen,
von der sie sich überzeugt halten, die sie aber mit der Vorsicht
und List der Unterdrückten verschleiern."

Kehren wir jedoch zu musikalischen Dingen zurück. In
seinem Brief an Hiller vom 2. August 1832 erwähnt Chopin die
Ankunft Field's und Moscheles', der er ohne Zweifel mit Spannung entgegensah. Sie waren die einzigen bedeutenden Pianisten,
die er noch nicht gehört hatte. Moscheles scheint indessen in
diesem Winter nicht nach Paris gekommen zu sein; jedenfalls
datirt seine persönliche Bekanntschaft mit Chopin erst vom
Jahre 1839. Ein besonderes Interesse empfand Chopin natürlicherweise für Field, nachdem sein Spiel die Leute so oft an
diesen erinnert hatte, und er wieder und wieder für seinen
Schüler gehalten war. Ueberdies schätzte er ihn sehr hoch als
Componisten. Mikuli berichtet, dass Field's As-dur-Concert und
Nocturnen sich unter den Compositionen befunden haben, die
Chopin mit Vorliebe spielte. Kalkbrenner soll (nach der „Allgemeinen musikalischen Zeitung" vom 3. April 1833) Field's
Leistungen als völlig neu und unglaublich bezeichnet haben;
und Fétis, der mit dem höchsten Lobe von ihnen spricht,[1] be-
richtet, dass das Publicum bei seinem Vortrag eines seiner Con-

---

[1] In der *Revue musicale* vom 29. December 1832. Die Kritik ist werth,
hier reproducirt zu werden: „Quiconque n'a pas entendu ce grand pianiste, ne
peut se faire d'idée du mécanisme admirable de ses doigts, mécanisme tel que
les plus grandes difficultés semblent être des choses fort simples, et que sa main
n'a point l'air de se mouvoir. Il n'est d'ailleurs pas moins étonnant dans l'art
d'attaquer la note et de varier à l'infini les diverses nuances de force, de dou-
ceur et d'accent. Un enthousiasme impossible à décrire, un véritable délire s'est
manifesté dans le public à l'audition de ce concerto plein de charme, rendu
avec une perfection de fini, de précision, de netteté et d'expression qu'il serait
impossible de surpasser et que bien peu de pianistes pourraient égaler." Ein

certe in einen unbeschreiblichen Enthusiasmus, in ein förmliches Delirium gerathen sei. Freilich sind nicht alle Nachrichten ebenso günstig; die in Büchern und Zeitungen zu findenden widersprechenden Kritiken machen den Eindruck, dass Field die durch seine Berühmtheit erregten Erwartungen nicht erfüllt habe, und die Thatsache, dass sein zweites Concert schlechter besucht war als sein erstes, kann diesen Eindruck nur verstärken. Field war vermuthlich nicht mehr, was er gewesen war, auch war der herrschende Clavierstil und der musikalische Geschmack sicher nicht mehr der frühere. „Sein elegantes Spiel und seine Art auf dem Clavier zu singen erregten die Bewunderung für sein Talent" schrieb Fétis in einer späteren Zeit (in seiner *Biographie universelle des Musiciens*), „obwohl sein Vortrag nicht die Kraft ⸱ der Pianisten der modernen Schule hatte". Es hat freilich nichts Ueberraschendes, dass das grosse Publicum und das jüngere Künstlergeschlecht, namentlich die Romantiker, den „klaren, durchsichtigen Fluss" die „beinahe schläfrige Ruhe" des Field'schen Spiels, „die sanfte Rührung, anmuthige Aufrichtigkeit und reizende Treuherzigkeit seiner melodischen Träumereien" — wie Liszt in seiner Vorrede zu Field's Nocturnen den Stil desselben charakterisirt — ohne sonderlichen Enthusiasmus aufnahmen.

Moscheles, mit welchem Field in London kurz nach dessen Rückkehr von Paris zu Mittag speiste, entwirft in seinem Tagebuch ein keineswegs günstiges Bild von ihm. Von dem Menschen sagt er, er sei „gutmüthig aber nicht gebildet, vielmehr possirlich" und „nichts könne in grellerem Contrast stehen, als ein Field'sches Notturno und die Field'schen Manieren, die oft cynisch sind" — und von dem Künstler: „Sein Legato entzückt mich . . . Ich bewunderte wieder seine Zartheit und Eleganz, sowie seinen vortrefflichen Anschlag; doch fehlt es ihm an Geist⸱ und Accent, sowie an Schatten und Licht, und man vermisst das innige Gefühl". Marmontel hatte nicht ganz Unrecht, wenn er Field, bevor er ihn gehört hatte, als den Vorläufer Chopin's betrachtete, als einen Chopin ohne dessen Leidenschaft,

---

Manuscript-Concert, welches Field in seinem zweiten Concert (3. Februar 1833) zu Gehör brachte, nennt Fétis „diffus, peu riche en motifs heureux, peu digne, en un mot, de la renommée de son auteur", aber, fügt er hinzu „la délicieuse exécution de M. Field nous a très-heureusement servi de compensation."

düstere Träumereien, Herzenskämpfe und Krankhaftigkeit. Die
Meinung, welche die beiden Meister von einander hatten, sowie
der Grad ihrer gegenseitigen Sympathie und Antipathie ist leicht
zu errathen. Wir sind indessen garnicht einmal auf das Rathen
angewiesen: wer sich überhaupt mit Chopin beschäftigt hat,
wird wissen, dass Field ihn „un talent de chambre de malade"
genannt hat, wobei wir übrigens an ein Wort Auber's erinnert
werden, welcher meinte, Chopin sei sein Lebenlang sterbend
(*il se meurt toute sa vie*). Es ist schade, dass wir nicht, als
Pendant zu Field's Urtheil über Chopin, ein Urtheil Chopin's
über Field besitzen. Aber was für Eindrücke Chopin auch immer von dem Künstler empfangen haben mag, der Mensch muss
ihn jedenfalls abgestossen haben. Allerdings war Field's Naturanlage der seines jüngeren Collegen verwandt, nur war sie durch
ein ausschweifendes Leben entartet. Spohr sah Field in den
Jahren 1802—1803, und beschreibt ihn als blassen, hoch aufge-
schossenen Jüngling, dessen schwärmerisch-melancholisches Spiel
seine Unbeholfenheit und seine schlechtsitzenden Kleider vergessen machte. Jemand der Field zur Zeit seiner ersten Erfolge
gekannt hat, schildert ihn als einen jungen Mann mit blondem
Haar, blauen Augen, feinem Teint und angenehmen, die momen-
tanen Stimmungen widerspiegelnden Gesichtszügen — von kind-
licher Unschuld, bescheidenen Manieren, liebenswürdiger Schalkhaftigkeit und künstlerischer Schwärmerei.

Marmontel, der 1832 Field's Bekanntschaft machte, stellt
ihn als einen abgelebten, gewöhnlich aussehenden Fünfziger dar,
dessen Aeusseres mit seinen künstlerischen Leistungen peinlich
contrastirte, und dessen körperliche Schwerfälligkeit neben der
zarten, träumerischen Anmuth seiner musikalischen Gedanken
und deren Verkörperung an ein Wort Rossini's über eine berühmte Sängerin erinnerte: „Elle a l'air d'un éléphant qui aurait
avalé un rossignol". Man kann sich unschwer die Ueberraschung
und Enttäuschung der vier Schüler Zimmermann's — Marmontel,
Prudent, A. Petit und Chollet — vorstellen, als sie, mit einem
Empfehlungsbrief an Field versehen, den Meister kurz nach
seiner Ankunft in Paris besuchten und den grossen Pianisten in
einem Zimmer fanden „von Tabaksrauch gefüllt, in einem Lehnstuhl sitzend, eine enorme Pfeife im Munde, von grossen und
kleinen Flaschen aller Art umgeben (*entouré de chopes et bou-*

teilles de toutes provenances). Sein ziemlich grosser Kopf, die hoch-rothen Wangen, die plumpen Gesichtszüge gaben seiner Physiognomie etwas Falstaff-artiges". Trotz seiner Angetrunkenheit empfing er die jungen Leute freundlich und spielte ihnen zwei Etüden von Cramer und Clementi vor „mit seltener Vollendung, wunderbarem Schliff, erstaunlicher Gewandtheit und höchster Feinheit des Anschlags". Von Field's Bequemlichkeit und Nonchalance erzählt man sich gar mancherlei; so z. B., dass er häufig während seiner Unterrichtsstunden eingeschlafen ist, und bei einer solchen Gelegenheit gefragt wurde, ob er glaube, dass man ihm zwanzig Rubel zahle für die Erlaubniss, ihn in den Schlaf spielen zu dürfen; dass er, wenn ihm sein Spazierstock aus der Hand gefallen war, wartete, bis Jemand kam und ihn aufhob; dass er, weil seine Gesellschafts-Stiefeln ihm zu eng waren, in Pantoffeln in einen der ersten Salons von Paris ging und sich so von der Herrin des Hauses, der Herzogin Decazes' zum Clavier geleiten liess — doch wir haben lange genug bei dem Künstler verweilt, dessen Name so häufig und mit Recht neben den Chopin's genannt wird.

Vom ruhigen Field zum vulkanischen Berlioz ist ein enormer Abstand, den wir aber ohne Zögern und ohne Schwierigkeit überspringen werden. Denn ist nicht der Sprung die natürliche Bewegungsart des Geistes, der ruhige Gang dagegen eine künstlich erworbene und seltene Fähigkeit? Schritt vor Schritt weitergehend bewegen wir uns nur mit grösserer oder geringerer Unbeholfenheit, während wir vermittelst einer noch so lockeren Ideenverbindung mit der grössten Leichtigkeit von einem Punkt der Unendlichkeit zu einem andern hinüberspringen. Berlioz kehrte Ende 1832 nach Paris zurück und gab am 9. December desselben Jahres ein Concert, in welchem er u. a. seine *Episode de la vie d'un artiste* zur Aufführung brachte (Theil I. *Symphonie fantastique*, zum zweiten Mal; Theil II. *Lélio, ou le retour à la vie*, zum ersten Mal) deren Gegenstand seine Liebesgeschichte mit der englischen Schauspielerin Smithson bildet. Chopin ist mit Berlioz wahrscheinlich durch Liszt bekannt geworden, der mit dem grossen französischen Symphoniker schon vor dessen Abreise nach Italien Freundschaft geschlossen hatte. Die Charaktere Chopin's und Berlioz' waren zu verschieden, um eine tiefere Sympathie zwischen ihnen entstehen zu lassen, und so waren ihre Beziehungen schwerlich andere, als die einer freundschaftlichen Collegialität. Liszt erzählt, dass der beständige Verkehr mit Berlioz, Hiller und andern redegewandten Celebritäten Chopin's natürliche Anlage zu schneidigen Bemerkungen, ironischen Antworten und doppelsinnigen Redensarten entwickelt habe. Wie mir scheint, hat Berlioz für Chopin mehr Zuneigung empfunden, als dieser für ihn.

Aber mehr als das persönliche muss uns Chopin's künstlerisches Verhältniss zu Berlioz und der romantischen Richtung interessiren. Hat Liszt dasselbe richtig dargestellt? Im Allgemeinen dürfen wir annehmen, dass die Nocturnen Field's,[1]) die Sonaten Dussek's sowie die „geräuschvolle Virtuosität und decorativen Gefühlsäusserungen" Kalkbrenner's für Chopin entweder ungenügend oder antipathisch waren, und es ist klar, dass er zu denen gehörte, die am Beharrlichsten strebten, sich von den Fesseln des conventionellen Stils zu befreien und den Charlatanismus zu bekämpfen, welcher an Stelle der alten Missbräuche nur neue zu setzen weiss. Andererseits kann nicht behauptet werden, dass er sich ohne Rückhalt denen anschloss, welche, während das Feuer jugendlichen Talents mehr und mehr das alte wurmstichige Gerüst verzehrte, der Richtung folgten, deren begabtester, tapferster und kühnster Vertreter Berlioz war; noch, dass er im ganzen Verlaufe des Feldzuges der Romantik unbeirrt seinen Neigungen und Abneigungen treu geblieben ist. Chopin war von seinem Genius belehrt, dass das Verfahren irgend eines Autors, oder irgend einer Gruppe von Autoren, mochten sie noch so ausgezeichnet sein, ihren Nachfolgern niemals als unumstössliche Regel gelten könne; während aber seine individuellen Bedürfnisse ihn veranlassten, Gebrauch und Gewohnheit aus der Acht zu lassen, führte ihn sein individueller Geschmack zu einem äusserst exclusiven Standpunkt. Er nahm die Grundsätze der romantischen Schule an, missbilligte jedoch fasst alle die Kunstwerke, in welchen dieselben verkörpert waren; oder vielmehr er schloss sich ihrer negativen Lehre an, indem er, wie sie, die Fesseln todter Formeln zerbrach; gleichzeitig aber verwarf er das Positive ihrer Lehre und wandelte

---

[1]) Hierbei ist übrigens an die, diesen Punkt betreffende Bemerkung Mikuli's zu erinnern.

abseits von ihnen. Wie Liszt meint, hat Chopin's Abneigung gegen die Romantik nicht ihren Verrücktheiten und Excessen allein gegolten; er zeigt uns das seltsame Schauspiel eines durch und durch romantischen, ausgesprochen un-classischen Componisten, der weder mit Berlioz und Liszt, noch mit Schumann und anderen Führern der Romantik sympathisirte, und für welchen Mozart, dieser reinste Typus der Classicität, der Gegenstand beharrlicher und glühender Liebe und Bewunderung war. Freilich gewährt die Romantik, welche Jean Paul als „das Schöne ohne Begrenzung, oder das schöne Unendliche" definirt, einen weiteren Spielraum für abweichende Meinungen und grössere Freiheit zur Entfaltung individueller und nationaler Unterschiede, als die Classicität.

Chopin's Stellung zu Berlioz kann mit der V. Hugo's zu Alfred de Musset verglichen werden, die beide ausgeprägte Romantiker waren und doch einander so ungleich, wie zwei Schriftsteller nur sein können. Chopin wurde zeitweilig durch Liszt's und Hiller's Enthusiasmus für Berlioz mit hingerissen, aber er zog sich bald aus ihren Reihen zurück, wie Musset vom *Cénacle*. Franchomme glaubte sich zu erinnern, dass dies 1833 gewesen sei, hat aber diesen Stellungswechsel wohl zu früh datirt. Jedenfalls hat Chopin gegen ihn ausgesprochen, dass er Besseres von Berlioz erwartet habe, und dass dessen Musik es rechtfertige, wenn man vollständig mit ihm breche. Einige Jahre später nahm Chopin während einer Unterhaltung mit seinem Schüler Gutmann über Berlioz eine Feder, bog die Spitze um und liess sie wieder zurückspringen, wobei er sagte: „Dies ist die Art wie Berlioz componirt — er spritzt die Tinte auf Notenpapier, und das Ergebniss ist, wie es der Zufall mit sich bringt." Chopin liebte Victor Hugo nicht, weil ihm seine Werke zu roh und zu heftig waren; dies aber mag auch seine Meinung über Berlioz' Arbeiten gewesen sein. Gewiss verschmähte er Voltaire's Maxime „Le goût n'est autre chose pour la poésie, que ce qu'il est pour les ajustements des femmes" und stimmte mit V. Hugo's entgegengesetzter Behauptung überein „Le goût c'est la raison du génie"; aber seine zarte, Schönheitsbedürftige Natur konnte nur angeekelt werden durch das, was man die Rehabilitirung des Hässlichen genannt hat, durch Schöpfungen wie *Le Roi s'amuse* und *Lucrèce Borgia*, deren Wesen, nach

des Verfassers eigener Erklärung, dieses ist: „Man nehme die
scheusslichste, abstossendste und vollständigste physische Missbildung, setze sie an die hervorragendste Stelle, in das niedrigste
und verachtetste Stockwerk des socialen Gebäudes; man be-
leuchte dies elende Geschöpf von allen Seiten durch das erschreckende Licht der Contraste; dann gebe man ihm eine Seele,
und lege in diese Seele das reinste Gefühl, welches dem Manne
beschieden ist, das Vatergefühl. Was wird das Ergebniss sein?
Dies erhabene Gefühl, durch gewisse äussere Bedingungen noch
verstärkt, wird das entartete Geschöpf unter unsern Augen verwandeln, das Unbedeutende wird gross, das Missgestaltete schön
werden. — Man nehme andererseits die scheusslichste, abstossendste und vollständigste moralische Missbildung, gebe ihr
den Platz, wo sie am meisten auffällt, nämlich in dem Herzen
eines Weibes, mit allen den Bedingungen körperlicher Schönheit
und königlicher Grösse, welche dem Verbrechen Relief geben;
endlich mische man dieser moralischen Missbildung ein reines
Gefühl bei, das reinste, im Herzen des Weibes wohnende Gefühl: das Muttergefühl; man lasse die Mutter in dem Ungeheuer
erkennen, und dasselbe wird Theilnahme erregen, zu Thränen
rühren; es wird statt der Furcht Mitleid erwecken, und diese
missgestaltete Seele wird beinahe schön erscheinen. So sehen
wir in *Le Roi s'amuse* das Vatergefühl die physische, in *Lucrèce
Borgia* das Muttergefühl die moralische Missgeburt verklären."

In der That hat sich Chopin wenig oder nichts von den
um ihn her gährenden Ideen assimilirt. Sein Ehrgeiz war, wie er
seinem Freunde Hiller vertraut hat, seinen Landsleuten als Musiker das zu werden, was Uhland als Dichter den Deutschen
geworden ist. Nichtsdestoweniger übte die geistige Beweglichkeit der französischen Hauptstadt und ihre Bestrebungen einen
beträchtlichen Einfluss auf Chopin aus. Sie kräftigten den Geist
der Unabhängigkeit in ihm und waren ihm wirksame Helfer,
seine Individualität in ihrer ganzen Breite und Tiefe zu entfalten. Die Vertiefung des Denkens und Empfindens sowie die
vermehrte Fülle und Gedrungenheit seines Clavierstils in seinen
Pariser Compositionen wird dem aufmerksamen Beobachter nicht
entgehen. Derjenige Künstler, welcher bei diesen Impulsen die
bedeutendste Rolle gespielt hat, ist wahrscheinlich Liszt gewesen,
dessen feurige Leidenschaft, unbezähmbare Energie, hochfliegen-

der Enthusiasmus, Universalität und Assimilirungsfähigkeit ihn
zum polarischen Gegenpart Chopin's stempeln. Allein, obwohl
der Letztere durch Liszt's Art Clavier zu spielen, sowie durch
seinen Clavier-Compositionsstil zweifellos angeregt worden ist,
so ist es doch nicht so sicher, dass, wie wir in der Liszt-Bio-
graphie von L. Ramann lesen, dieses Meisters Einfluss in vielen
Stellen der Chopin'schen Musik hervortritt, welche sich durch
Feuer und Leidenschaft auszeichnen, und mehr einem stark
schwellenden Strom als einem sanft dahinfliessenden Bächlein
gleichen. Als Beispiele werden gegeben: Nr. 9 und 12 der
Douze Etudes, Opus 10; Nr. 11 und 12 der *Douze Etudes*,
Opus 25; Nr. 24 der *Vingt-quatre Préludes*, Opus 28; *Premier
Scherzo*, Opus 20; As-dur-Polonaise, Opus 53 und den Schluss
des As-dur-Nocturne, Opus 32.

Alle diese Compositionen, heisst es, verrathen Liszt's Stil
und Gefühlsweise. Nun befinden sich aber unter den Werken,
welche Chopin geschrieben hatte, bevor er nach Paris gekommen
und mit Liszt bekannt geworden war, nicht nur eine Sonate,
ein · Trio, zwei Concerte, Variationen, Polonaisen, Mazurkas,
mehrere Nocturnen etc., sondern auch — und dies ist für den
fraglichen Punkt von Wichtigkeit — die meisten, wenn nicht
alle Etüden Opus 10[1]) sowie einige des Opus 25, und diese
Werke beweisen die Unhaltbarkeit jener Behauptung aufs Entschiedenste. Die zwölfte Etüde des Opus 10 (im September 1831
geschrieben) entkräftet Alles, was dort von Feuer, Leidenschaft
und schwellenden Strömen gesagt ist.

Es giebt in der That keinen triftigen Grund, die oben
erwähnten Werke als Ergebniss eines fremden Einflusses anzusehen.[2]) Das erste Scherzo allein könnte uns stutzen machen
und zur Frage veranlassen, ob nicht die hier erscheinenden
neuen Züge auf Liszt zurückzuführen wären. Und dennoch,
nachdem Chopin so Vieles aus sich heraus entfaltet hatte, warum

---

[1]) Sowiński sagt, dass Chopin das Manuscript des ersten Heftes seiner
Etüden mit sich nach Paris gebracht habe.

[2]) Das heisst, eines Einflusses im Sinne L. Ramann's. Eine Entwickelung
kann niemals völlig unbeeinflusst sein; sie setzt stets Bedingungen voraus —
äussere oder innere, physische oder geistige, moralische oder intellectuelle —
welche sie wecken und fördern. Man vergleiche hiermit das auf S. 219 über Stil
und Individualität Gesagte.

nicht auch dieses? Sodann müssen wir festhalten, dass Liszt bis
1831 fast Nichts von dem geschrieben hat, was später von ihm
oder von Andern für bedeutend gehalten wurde; ferner, dass
sein Clavierstil den durch Paganini's Spiel hervorgerufenen Gäh-
rungsprocess durchmachen musste (Frühling 1831), bevor er zur
Ausbildung gelangte. Chopin aber kam nach Paris mit einer
von Meisterwerken gefüllten Mappe und im Besitz eines eigenen
Stils als Clavierspieler wie als Claviercomponist. Dass Beide,
Chopin und Liszt, von einander gelernt haben, ist nicht zn bezweifeln, aber was Jeder von dem Andern profitirt hat, ist
schwer zu bestimmen. Immerhin glaube ich behaupten zu dürfen, dass, wieviel auch Chopin durch Liszt gewonnen, der Letztere doch noch mehr in Chopin's Schuld steht. Es ist eine der
schwierigsten Aufgaben, in den Werken eines Genies, welches
selbstverständlich weder sklavisch nachahmt, noch sich offenbar
fremdes Gut aneignet, den Spuren eines Einflusses nachzugehen.
Wenn L. Ramann zuvor die Werke ins Auge gefasst hätte,
welche die beiden Componisten vor ihrer Bekanntschaft geschrieben haben, und wenn sie Chopin's Erstlingswerke im Hinblick auf seine Entwickelungsfähigkeit sorgfältig geprüft hätte,
so würde sie zu einem andern Ergebniss gekommen sein oder
sich doch wenigstens minder zuversichtlich ausgesprochen haben.[1]

Erst 1833 wurde Chopin der musikalischen Welt als Componist bekannt; vorher waren die 1830 erschienenen Variationen
Opus 2 das einzige seiner Werke, welches Verbreitung erlangt
hatte[2] — die früher in Warschau erschienenen Compositionen,

---

[1] Schumann, welcher in der „Neuen Zeitschrift für Musik" (1839) die Ent-
wickelungsgeschichte Liszt's skizzirt, sagt, dass Liszt bald in den trübsten Phantasien herumgrübelnd und indifferent, ja blasirt, bald spottend, tollkühn wagend,
sich in den ausgelassensten Virtuosenkünsten ergehend, durch den Anblick
Chopin's zuerst wieder gleichsam zur Besinnung gebracht worden sei.

[2] Im Leipziger Gewandhause wurde eine Chopin'sche Composition zuerst
am 27. October 1831 gehört. Es war sein Opus 2, die Variationen über Là ci
darem la mano, welche Julius Knorr in einem Concert zum Besten des Orchester-
Pensionsfonds spielte, aber nicht so, dass sie das Publicum erfreuen konnten,
wenigstens war dies Schumann's Meinung, wie man aus seinem Briefe an Friedrich
Wieck vom 11. Januar 1832 ersieht. Chopin berichtet schon am 5. Juni 1830,
dass die Belleville seine Variationen auswendig könne und in Wien gespielt habe.
Clara Wieck war eine der ersten die für Chopin in der Oeffentlichkeit auftrat.
Am 29. September 1833 spielte sie in einem Leipziger Gewandhaus-Concert den

Rondo, Opus 1 und *Rondeau à la Mazur,* Opus 5 kommen hier
nicht in Betracht, da sie erst mehrere Jahre später die Grenzen
Polens überschritten und anderswo veröffentlicht wurden. Nach
dem Erscheinen des Opus 6, *Quatre Mazurkas,* der Comtesse
Pauline Plater gewidmet, und des Opus 7, *Cinq Mazurkas,*
Herrn Johns gewidmet (December 1832), traten Chopin's Com-
positionen rasch nach einander in die Oeffentlichkeit. Im Jahre
1833 erschienen: im Januar *Trois Nocturnes,* Opus 9, Frau
Camille Pleyel gewidmet; im März *Premier Trio,* Opus 8, dem
Fürsten Anton Radziwill gewidmet; im Juli *Douze grandes Etu-
des,* Opus 10, Franz Liszt gewidmet und *Grand Concerto* (E-
moll), Opus 11, Friedrich Kalkbrenner gewidmet; endlich im
November *Variations brillantes* (B-dur), Op. 12, Fräulein Emma
Horsford gewidmet. Im Jahre 1834 erschienen: im Januar *Trois
Nocturnes,* Opus 15, Ferdinand Hiller gewidmet; im März *Ron-
deau* (Es-dur), Opus 16, Fräulein Caroline Hartmann gewidmet;
im April *Grande fantaisie sur des airs polonais,* Opus 13,
J. P. Pixis gewidmet; im Mai *Quatre Mazurkas,* Opus 17, Frau
Lina Freppa gewidmet; im Juni *Krakowiak, grand Rondeau de
Concert,* Opus 14, der Fürstin Adam Czartoryska gewidmet, und
Grande Valse brillante, Opus 18, Fräulein Laura Horsford ge-
widmet; im October *Boléro* (C-dur), Opus 19, der Gräfin E. de
Flahault gewidmet. [1])

Die „Allgemeine musikalische Zeitung" spricht im Laufe
des Jahres 1833 von verschiedenen Compositionen Chopin's mit
warmem Lobe, und im folgenden Jahre erscheint sein Name
dort noch häufiger. Der Kritiker aber, welcher Chopin's Publicationen mit der grössten Aufmerksamkeit verfolgt, und sie am

---

letzten Satz des E-moll-Concerts und am 5. Mai 1834 ebendaselbst in einem
Extra-Concert das ganze Werk und zwei Etüden. Weiteres über Einführung und
Wiederholungen Chopin'scher Compositionen im Leipziger Gewandhaus findet man
im statistischen Theile (S. 13) von Alfred Dörffel's „Festschrift zur hundert-
jährigen Jubelfeier der Einweihung des Concertsaales im Gewandhaus zu
Leipzig."

[1]) Die obigen Daten entsprechen dem Zeitpunkt, in welchem, soweit ich
habe in Erfahrung bringen können, das Erscheinen der betreffenden Werke zuerst bekannt geworden ist. Näheres findet der Leser im „Compositionen-Ver-
zeichniss" am Schlusse des zweiten Bandes, wo meine Quellen, sowie die Abweichungen der verschiedenen Originalausgaben, was die Zeit des Erscheinens
betrifft, angegeben sind.

ausführlichsten bespricht, ist Rellstab, der Redacteur der „Iris".
Leider ist er dem Componisten durchaus nicht günstig gesinnt;
wenn er gelegentlich das Almosen eines mitleidigen Lobes aus-
theilt, so ist er doch in der Regel verschwenderisch mit Tadel
und Nörgeln.   Seine vielfach wiederkehrende Klage ist die über
Chopin's Originalitäts-Hascherei und über die unnöthigen technischen Schwierigkeiten seiner Musik.   Einige Proben der Rellstab'schen Kritik dürften hier am Platze sein; von den Mazurken, Opus 7 sagt er: „In den vorliegenden Tänzen sättigt er
sich in dieser Leidenschaft [gesucht und unnatürlich zu schrei-
ben] bis zum eklen Uebermaass.   In Aufsuchung ohrzerreissender
Dissonanzen, gequälter Uebergänge, schneidender Modulationen,
widerwärtiger Verrenkungen der Melodie und des Rhythmus, ist
er ganz unermüdlich und wir möchten sagen unerschöpflich.
Alles, worauf man nur fallen kann, wird hervorgesucht, um den
Effect bizarrer Originalität zu erzeugen, zumal aber die fremd-
artigsten Tonarten, die unnatürlichsten Lagen der Accorde,
die widerhaarigsten Zusammenstellungen in Betreff der Finger-
setzung."   Nach einigen weiteren Erörterungen ähnlicher Art
schliesst er: „Hätte Herr Chopin diese · Composition einem
Meister vorgelegt, so würde dieser sie ihm hoffentlich zerrissen
vor die Füsse geworfen haben, was wir hiermit symbolisch thun
wollen."   In seiner Kritik der *Trois Nocturnes*, Opus 9 findet
sich folgende anmuthige Stelle: „Wo Field lächelt, macht Herr
Chopin eine grinsende Grimasse, wo Field seufzt, stöhnt Herr
Chopin, Field zuckt die Achseln, Herr Chopin macht einen
Katzenbuckel, Field thut etwas Gewürz an seine Speise, Herr
Chopin eine Hand voll Cayenne-Pfeffer . . . Kurz, wie gesagt,
wenn man Field's reizende Romanzen vor einem verzerrenden
Hohlspiegel hielte, so dass aus jedem feineren Ausdruck ein
grob aufgetragener wird, so erhält man Chopin's Arbeit . . . .
Wir beschwören Herrn Chopin, zur Natur zurückzukehren."
Schliesslich sei noch eine Stelle aus seiner Besprechung der
Douze Etudes, Opus 10 angeführt: „Eine Special-Recension
der 12 neuen Apostel, die Herr Chopin in obigen 12 Stücken
in die Welt geschickt hat, erlasse man uns jedoch, und begnüge
sich mit der wohl nicht unnützen Bemerkung, dass wer verrenkte Finger hat, sie an diesen Etüden wieder ins Grade bringt,
wer nicht, sich aber sehr davor hüten und sie nicht spielen

muss, ohne Herrn von Gräfe oder Dieffenbach in der Nähe zu haben." [1])

Diesem fügt Rellstab hinzu: „Ob Herr Chopin den Brief selbst geschrieben? Ich weiss es nicht, und werde es nicht behaupten, drucke das Actenstück aber hier ab, damit er es anerkennen oder widerlegen kann . . . So lange er aber solche Missgeburten hervorbringt wie die obigen Etüden, die ich allen meinen Freunden, und zumal den Clavierspielern, zur wahren Belustigung gezeigt, so lange wollen wir über diese eben lachen, wie über seinen Brief." Der Brief wurde nicht desavouirt, doch glaube ich nicht, dass Chopin ihn geschrieben hat. Hätte er überhaupt geschrieben, so würde er sich weniger kindisch ausgedrückt haben, wenn auch vielleicht sein Deutsch nicht besser ausgefallen wäre, als das obige. Die Haupt-Ursache, weshalb ich an der Echtheit des Briefes zweifle, ist die, dass Chopin nach 1831 keine Kunstreise in Deutschland gemacht hat, und, soviel man weiss, weder 1833 noch 1834 in Leipzig gewesen ist. Durch einen mit den damaligen Leipziger Verhältnissen Vertrauten habe ich erfahren, dass man in dem Schreiber des Briefes Friedrich Wieck vermuthete.

Uebrigens dürfen wir Rellstab nicht zu hart beurtheilen, wenn wir lesen, dass einer der grössten Pianisten und besten Musiker seiner Zeit im selben Jahre (1833, und nicht, wie

---

[1]) In derselben Nummer der „Iris", in welcher diese Kritik erschien (Nr. 5, Band V. 1834) druckt Rellstab den folgenden Brief ab, der ihm, wie er sagt, aus Leipzig zugegangen war:

P. P.

„Sie sind doch ein recht schlechter Mensch, und nicht werth, dass Sie Gottes Erdboden kennen (sic) noch trägt. Der König von Preussen hätte Sie sollen auf der Festung sitzen lassen; er hätte dann der Welt einen Rebellen, einen Ruhestörer und einen schändlichen Menschenfeind entrückt, der wahrscheinlich noch einmal in seinem eigenen Blute ersticken wird. Eine Unzahl (oder Anzahl; das Manuscript ist undeutlich) Feinde nicht nur in Berlin, sondern in allen Städten, die ich auf meiner Kunstreise im verflossenen Sommer berührt habe, habe ich bemerkt, besonders recht viel hier in Leipzig, wo ich Ihnen dies zur Nachricht schreibe, damit Sie künftig Ihre Gesinnung ändern und nicht zu lieblos gegen andere Menschen handeln. Noch einmal ein schlechter, schlechter Streich, und es ist um Sie geschehn! Verstehen Sie mich, Sie kleiner Mensch, Sie liebloser und parteiischer Recensentenhund, Sie musikalischer Schnurrbart, Sie Berliner Witzemacher etc.

Allerunterthänigster Chopin."

Karasowski sagt, 1831) eine Bemerkung in sein Tagebuch ein-
trug, die von der Meinung des Berliner Kritikers nicht wesentlich abweicht. Moscheles sagt: „Ich benutze gern einige freie
Abendstunden, um mich mit Chopin's Etüden und seinen anderen Compositionen zu befreunden, finde auch viel Reiz in
ihrer Originalität und der nationalen Färbung ihrer Motive;
immer aber stolpern meine Gedanken, und durch sie die Finger,
bei gewissen harten, unkünstlerischen, mir unbegreiflichen Modulationen, so wie mir das Ganze oft zu süsslich, zu wenig des
Mannes und studirten Musikers würdig erscheint . . . Ich bin
ein aufrichtiger Bewunderer seiner Originalität, er hat den
Clavierspielern das Neueste, Anziehendste gegeben. Mir persönlich widersteht die gemachte, oft gezwungene Modulation,
meine Finger straucheln und fallen über solche Stellen, ich
kann sie üben, wie ich will, ich bringe sie nicht ohne Anstoss
heraus."

Die erste Kritik über Chopin als Componisten, der ich in
französischen Musikzeitungen begegnet bin, betrifft die Variationen Opus 12 und steht in der *Revue musicale* vom 26. Januar 1834. Von da an sind seine Werke ziemlich regelmässig
besprochen, und stets günstig. Aus dem Gesagten ergiebt sich,
dass Karasowski im Irrthum ist, wenn er schreibt, Chopin's
Compositionen haben schon 1832 weite Verbreitung gefunden.

Die Theilnahme Vieler hat sich Chopin unverdientermaassen
erworben, sofern man der Meinung war, er habe, um durchzu-
dringen, mit ungewöhnlichen Schwierigkeiten zu kämpfen gehabt. Es war aber das gerade Gegentheil der Fall: die meisten
seiner Kritiker waren ihm wohlgesinnt und sein Ruhm verbreitete
sich schnell. Ein Mitarbeiter der „Allgemeinen musikalischen
Zeitung" bemerkt (13. August 1834), dass Chopin das Glück
gehabt habe, schneller als Andere die Aufmerksamkeit, nicht
nur der Pianisten, dieser freilich in erster Reihe, sondern auch
der Musiker im allgemeinen auf sich zu ziehen. Selbst Rellstab,
Chopin's feindseligster Kritiker, sagt 1836: „Wir machen uns
Hoffnung, das Concert [das zweite, Opus 21] im Laufe dieses
Winters öffentlich zu hören, denn es ist jetzt eine Ehrensache
für jeden Pianisten, Chopin zu spielen." Dass Chopin populär
gewesen sei, kann indessen nicht behauptet werden; nur eine
Minderheit verstand und genoss seine Musik. Chopin's Stellung

als Pianist und Componist um diese Zeit (1833—1834) ist in
der „Revue musicale" vom 15. Mai 1834 ziemlich genau bezeichnet. „Chopin" heisst es dort „hat sich eine neue Bahn
eröffnet und vom ersten Moment seines Erscheinens an durch
sein Clavierspiel und durch seine Compositionen für dies Instrument einen so hohen Standpunkt erreicht, dass er für die
Menge ein unerklärbares Phänomen ist, welches man im Vorübergehen mit Erstaunen anblickt, und welches der beschränkte
Egoismus mit einem mitleidigen Lächeln betrachtet, während
die kleine Zahl der Kenner, durch ein richtiges Urtheil geleitet,
mehr instinctiv als mit Bewusstsein geniessend, dem Künstler in
seinem Streben und Schaffen, wenn nicht im engen Anschlusse,
so doch aus der Entfernung folgt, ihn bewundernd, von ihm
lernend, ihn nachzuahmen trachtend. Aus diesem Grunde hat
Chopin keinen Kritiker gefunden, obwohl seine Werke schon
überall bekannt sind. Sie haben entweder zweideutiges Lächeln
hervorgerufen und sind verkleinert worden, oder sie haben Staunen
erregt und unbegrenztes Lob geerntet; aber noch Niemand hat
zu sagen versucht, worin der eigenthümliche Charakter und das
Verdienst dieser Arbeiten besteht, wodurch sie sich von so vielen Andern unterscheiden und eine so überlegene Stellung einnehmen."

Aus der Saison 1833—1834 ist nichts Bemerkenswerthes zu
melden, es sei denn eine Stelle aus einem Briefe Orłowski's an
einen Freund in Polen, welche zeigt, dass Chopin vorwärts kam:
„Chopin ist wohl und kräftig; er verdreht allen Französinnen die
Köpfe und macht die Männer eifersüchtig. Er ist jetzt in Mode
und die elegante Welt wird bald Handschuhe à la Chopin tragen. Nur verzehrt ihn die Sehnsucht nach seinem Heimathlande."

Im Frühjahr 1834 machte Chopin einen Ausflug nach
Aachen, wo während der Pfingsttage das niederrheinische Musikfest gefeiert wurde. Auf dem Programm desselben standen
Händel's „Deborah", Mozart's Jupiter-Symphonie und Sätze aus
Beethoven's neunter Symphonie; die Leitung war in den Händen von Ferdinand Ries. Hiller, der das Oratorium um-instru-
mentirt und den englischen Text desselben ins Deutsche übersetzt hatte, war vom Fest-Comité eingeladen worden, und hatte
Chopin ohne Schwierigkeit überredet, ihn zu begleiten. Es

fehlte indessen wenig, so wäre dieser Plan zu Wasser geworden:
während die beiden Freunde sich reisefertig machten, erhielten
sie die Nachricht, dass das Musikfest verschoben sei, und als
sie einige Tage später hörten, dass es dennoch stattfinden werde,
war Chopin bedauerlicherweise nicht mehr in der Lage zu reisen,
da er inzwischen das dazu bestimmte Geld ausgegeben hatte,
wahrscheinlich um einen Bedürftigen seiner Landsleute zu unterstützen, für welchen Fall, wie Hiller sagt, seine Börse stets
offen war. Was war zu thun? Hiller mochte nicht ohne den
Freund abreisen und drängte in ihn, ob er nicht auf die eine
oder andere Weise das Nöthige beschaffen könne. Schliesslich
meinte Chopin, es liesse sich wohl machen, nahm das Manuscript des Es-dur-Walzers (Opus 18), ging damit zu Pleyel und
kehrte mit 500 Franken zurück.[1]   So war das Hinderniss beseitigt, und die Freunde reisten nach Aachen ab. Dort wurde
Hiller im Hause des Bürgermeisters einquartirt, und Chopin
fand ein Zimmer in der Nähe. Sie gingen sofort in die Probe
zur „Deborah", wo sie Mendelssohn trafen, der ihre Begegnung
in einem an seine Mutter gerichteten Briefe aus Düsseldorf
(23. Mai 1834) folgendermaassen beschreibt:

„Oben im ersten Range sass ein Mann mit Schnurrbart, las
in der Partitur nach, und als der nach der Probe ins Theater hin-
untergeht und ich herauf, so begegnen wir uns in der Coulisse und
mir stolpert richtig Ferdinand Hiller in die Arme und will mich
vor Freude zerdrücken. Er war von Paris gekommen, um das
Oratorium zu hören, und Chopin hatte seine Stunden im Stich gelassen, war mitgefahren, und so trafen wir uns da wieder. Jetzt
hatte ich mein Vergnügen am Musikfeste weg, denn wir Drei
blieben nun zusammen, bekamen für uns allein eine Loge im
Theater (wo die Aufführungen sind) und natürlich ging es dann am
folgenden Morgen an ein Clavier, wo ich grossen Genuss hatte.
Sie haben beide ihre Fertigkeit immer mehr ausgebildet, und als
Clavierspieler ist Chopin jetzt einer der allerersten — macht so
neue Sachen, wie Paganini auf der Geige und bringt Wunderdinge
herbei, die man sich nie möglich gedacht hätte. Auch Hiller ist
ein vortrefflicher Spieler, kräftig und coquet genug. Beide laboriren
nur etwas an der Pariser Verzweiflungssucht und Leidenschafts-
sucherei, und haben Takt und Ruhe und das recht Musikalische

---

[1] Ich wiederhole die Erzählung Hiller's, ohne für ihre buchstäbliche Correctheit einzustehen, und constatire nur, dass das Werk am 1. Juni 1834 im Druck
war und in Paris, nicht bei Pleyel sondern bei Schlesinger, erschienen ist.

oft gar sehr aus den Augen gelassen; ich nun wieder vielleicht zu wenig, und so ergänzen wir uns, und lernten, glaub' ich, alle Drei von einander, indem ich mir ein Bisschen wie ein Schulmeister und sie sich ein Bisschen wie Mirliflors oder Incroyables vorkamen."

Nach dem Musikfest reisten die drei Musiker zusammen nach Düsseldorf, wo Mendelssohn seit dem October des Vorjahres als Musikdirector wirkte. Den Vormittag des für Düsseldorf bestimmten Tages verbrachten sie an Mendelssohn's Clavier, und Nachmittags machten sie einen Spaziergang, der mit Kaffee und Kegelspiel endete. Auf diesem Gange waren sie von F. W. Schadow, dem Director der Kunst-Akademie und Begründer der Düsseldorfer Schule, und einigen seiner Schüler begleitet, unter denen sich möglicherweise einer oder mehrere ihrer hellsten Sterne befanden — Lessing, Bendemann, Hildebrandt, Sohn, und Alfred Rethel. Hiller, der uns einige Details über diesen, wie Mendelssohn ihn nennt „sehr angenehmen, mit Clavierspiel und Discussionen über Musik verbrachten Tag" mittheilt, sagt u. a., dass ihm Schadow mit seinen Schülern wie ein von seinen Jüngern umgebener Prophet vorgekommen sei; was aber Chopin anlangt, so scheinen ihn die würdige Haltung und die feierlichen Reden des Propheten sowie das demüthige Schweigen der andächtig horchenden Jünger gehindert zu haben, sich recht behaglich zu fühlen.

„Chopin" schreibt Hiller „von Niemandem gekannt, äusserst zurückhaltend, hielt sich während des Spazierganges in meiner nächsten Nähe, beobachtete und machte mir leise, leise Bemerkungen. Für den späteren Abend waren wir zu Schadow's eingeladen, deren herzliche Gastfreundschaft sich nie verläugnete. Wir fanden da einige der hervorragendsten jungen Maler, es entwickelte sich das lebhafteste Gespräch und Alles wäre gut und schön gewesen, wenn der arme Chopin nicht gar so zurückhaltend — um nicht zu sagen, unbemerkt — dagesessen hätte. Wir wussten aber, Mendelssohn und ich, dass er seine Revanche nehmen werde und freuten uns im Stillen darauf. Der Flügel wurde geöffnet, ich begann, Mendelssohn folgte — als wir nun Chopin baten, auch etwas vorzutragen, sah man ihn und uns mit etwas misstrauischen Blicken an. Aber er hatte kaum einige Tacte gespielt, als alle Anwesenden, Schadow vor Allen, wie verwandelt auf ihn hinschauten, — so etwas hatte man denn doch noch nie gehört. Entzückt verlangte man mehr und immer mehr — Graf Almaviva hatte sich als Grande entpuppt und Alles war sprachlos."

Am folgenden Tage fuhren Chopin und Hiller mit dem Dampfboot nach Coblenz, und Mendelssohn begleitete sie, obwohl Schadow ihn gefragt hatte, was dann aus seinem „Paulus" werden sollte, an dem er gerade arbeitete, bis nach Cöln. Dort trennten sie sich, nach einem Besuche der Apostelkirche, auf der Rheinbrücke, und, wie Mendelssohn an seine Mutter schreibt „die hübsche Episode war vorbei".

Siebzehntes Capitel.

1834—1835.

ür Chopin, der so sehr eines Menschen bedurfte, mit
dem er seufzen konnte, musste es sehr erfreulich
sein, dass sein Freund Matuszyński nach Paris kam
und sich dort niederliess. Matuszyński, der, seit wir
zuletzt von ihm gehört, als Regimentsarzt in der polnischen Insurrections-Armee gedient hatte und 1834 in Tübingen zum
Doctor promovirt war, ging im selben Jahre nach Paris, wo er an
der *Ecole de Médecine* als Lehrer angestellt wurde. Der letztere
Umstand bezeugt seine ungewöhnliche Berufstüchtigkeit; was
aber die Natur seiner Freundschaft anlangt, so lassen uns
Chopin's Briefe darüber ausser Zweifel. George Sand's Aeusserungen über seinen grossen Einfluss auf Chopin bestätigen die
durch jene Briefe hervorgerufene Anschauung. Im Jahre 1834
schrieb Matuszyński seinem Schwager: „Das Erste was ich in

Paris that, war, zu Chopin zu gehen. Ich kann Dir unsere beiderseitige Freude nicht beschreiben, als wir uns nach fünfjähriger Trennung wiedersahen. Er ist stark und gross geworden, so dass ich ihn kaum wiedererkannte. Chopin ist jetzt hier der erste Clavierspieler; er giebt sehr viele Lectionen und keine unter zwanzig Franken. Er hat viel componirt und seine Werke sind sehr gesucht. Ich wohne bei ihm: *Rue Chaussée d'Antin Nr. 5*. Diese Strasse ist zwar ziemlich weit von der *Ecole de Médecine* und den Hospitälern, doch habe ich gewichtige Gründe, bei ihm zu wohnen — er ist mein Alles! Wir bringen die Abende im Theater oder mit Besuchen zu, und wenn wir weder das eine noch das andere thun, so amüsiren wir uns ganz ruhig zu Hause."

Weniger interessant als dieser Brief Matuszyński's mit seinen Andeutungen über Chopin's Stellung und Leben, sind die Erinnerungen eines Herrn W., gegenwärtig oder bis vor Kurzem Musiklehrer in Posen, welcher 1834 Paris besuchte und durch Dr. A. Hoffmann[1]) bei Chopin eingeführt wurde. Gleichwohl sind sie keineswegs ohne Bedeutung z. B. im Hinblick auf die Zeitfolge der Werke Chopin's. Aufgefordert, etwas zu spielen, wählte Herr W. die Kalkbrenner'schen Variationen über eine Chopin'sche Mazurka (die in B-dur Opus 7 Nr. 1); Chopin aber revanchirte sich für das Vergnügen, welches ihm Kalkbrenner's Variationen und der Vortrag seines Landsmannes bereitet haben mögen, indem er die später als Opus 25 veröffentlichten Etüden spielte.

Elsner war, wie alle Freunde Chopin's, von den Erfolgen seines Schülers freudig berührt. Die Nachrichten von seinem lieben Friedrich erhoben sein Herz, wenn er auch noch nicht ganz befriedigt war. „Verzeihe meine Aufrichtigkeit" schreibt er am 14. December 1834 „aber was Du bisher geleistet hast, ist in meinen Augen noch nicht genug." Elsner wünschte, dass Chopin eine Oper componirte, wenn möglich einen Stoff aus der Geschichte Polens, und er wünschte dies, nicht so sehr um Chopin's Ruhmes, als um der Kunst willen. Bei dem Talent und den Fähigkeiten seines Schülers fühlte er sich sicher, dass das, was die Kritik an Chopin's Mazurken her-

---

¹) Vgl. Pag. 265.

vorgehoben, nur in einer Oper sich voll entfalten und bleibenden Werth erringen könne. Der betreffende ungenannte Kritiker muss der Verfasser eines Artikels in der *Gazette musicale* vom 29. Juni 1834 sein, wo es bezüglich der *Quatre Mazurkas*, Opus 17 heisst: „Chopin hat eine ganz besondere Reputation erlangt durch die geistvolle und von grundaus künstlerische Art, in welcher er die nationalen Weisen Polens behandelt, ein uns bisher noch wenig bekannt gewordenes Gebiet der Musik . . . hier erscheint er poetisch, zärtlich, phantastisch, stets graziös und stets reizend, selbst in den Momenten, wo er sich der leidenschaftlichsten Inspiration hingiebt." Karasowski sagt, dass Chopin in Folge des Elsner'schen Briefes ernstlich daran gedacht habe, eine Oper zu schreiben, und dass er sich sogar an seinen Freund Stanislaus Koźmian mit der Bitte um einen der Geschichte Polens entnommenen Stoff gewandt habe. Ich will diese Angabe nicht in Frage stellen; wenn sie richtig ist, so ist es doch andererseits eine Thatsache, dass Chopin den Plan bald wieder aufgegeben hat. Er scheint gründlich mit sich zu Rathe gegangen zu sein, und anstatt danach zu streben, ein Shakespeare zu werden, begnügte er sich, ein Uhland zu sein.

Die folgenden Unterhaltungen zeigen, dass sich Chopin die seltenste und werthvollste Art der Erkenntniss erworben hatte, nämlich die Selbsterkenntniss. Sein Landsmann, der Maler Kwiatkowski, kam eines Tages zu Chopin und fand ihn in sehr erregtem Meinungsaustausch mit Mickiewicz. Der Dichter drängte den Componisten, ein grosses Werk zu unternehmen und seine Kraft nicht mit Kleinigkeiten zu zersplittern; der Componist andrerseits behauptete, dass ihm zu derartigen Unternehmungen die nöthigen Eigenschaften fehlten. G. Mathias, der von 1839 bis 1844 unter Chopin's Leitung studirte, erinnert sich einer Unterhaltung seines Lehrers mit dem Grafen Perthuis, einem der Adjutanten Louis Philippe's, wo der Graf sagte: „Chopin, wie kommt es, dass Sie mit ihren bewunderungswürdigen Gedanken uns keine Oper schreiben?" und Chopin antwortete: „Ach, Herr Graf, lassen Sie mich dabei bleiben, nur für Clavier zu schreiben; um Opern zu componiren, bin ich nicht gelehrt genug." In der That kannte sich Chopin besser, als seine Freunde und sein Lehrer ihn kannten, und dies war gut für ihn sowie für uns, denn so bewahrte er sich vor Kränkungen und Enttäuschungen aller Art, und uns vor dem Verluste einer reichen Erbschaft köstlicher und unnachahmlicher Claviermusik. Er war ausgesprochenermaassen ein Kleinmeister d. h. Meister der kleinen Formen und der Detailarbeit. Seine Versuche, die Sonatenform zu beherrschen, ergaben Misserfolge, die freilich, zum Theil wenigstens, mehr werth waren als die glänzenden Erfolge manches tüchtigen Componisten. Hätte er sich in der Oper versucht, so würde aller Wahrscheinlichkeit nach das Ergebniss ein noch weniger glückliches gewesen sein, denn diese Form verlangt nicht nur eine markige constructive Kraft, sondern noch daneben eine gründliche Kenntniss aller vocalen und instrumentalen Ausdrucksmittel — kurz, Eigenschaften, welche Chopin, weniger in Folge mangelhafter Ausbildung als vielmehr in Folge seiner Naturanlage, entschieden mangelten. Ueberdies neigte er zu sehr dahin, seine intimen Seelenbewegungen auszudrücken, er war zu begrenzt in seinen Sympathien, mit einem Worte, als Componist zu individuell, um die Gefühle Anderer zum Ausdruck zu bringen, um Charaktere zu erfassen und hinzustellen, welche von dem seinigen abwichen. Immerhin bleibt das Vertrauen des Lehrers in seinen Schüler, wenn auch in diesem Falle unbegründet, eine erfreuliche Erscheinung, und ebenso seine persönliche Zuneigung für ihn, welche auch der pedantische Stil seiner Briefe nicht zu verbergen vermag. Nicht weniger bewundern wir die Erwiederung dieser Gefühle bei des grossen Meisters grösserem Schüler. „Wie schade" schliesst Elsner's Brief vom 14. September 1834 „dass wir uns nicht mehr sehen, nicht mehr unsere Meinungen austauschen können! Ich habe Dir so viel zu sagen. Ich wollte Dir auch für das Geschenk danken, welches mir doppelt werthvoll ist. Ich möchte ein Vogel sein, um Dich in Deinem olympischen Sitz, welchen die Pariser als Schwalbennest ansehen, besuchen zu können. Lebe wohl, liebe mich, wie ich es thue, denn ich werde stets Dein aufrichtiger Freund bleiben."

In keiner Musiksaison ist Chopin so oft öffentlich aufgetreten, als in der von 1834—1835; diese aber war nicht nur seine thätigste, sondern auch, für ihn als Virtuosen, seine letzte. Danach hörte er für mehrere Jahre gänzlich auf, öffentlich zu spielen, und die Anzahl der Concerte, in denen er sich später hat hören lassen, beträgt wenig mehr als ein halbes Dutzend.

Die Beweggründe, welche ihn zu dieser Zurückhaltung veranlassten, wird der Leser am besten verstehen, wenn ich die mir bekannt gewordenen Fälle aufzähle, in welchen Chopin öffentlich aufgetreten ist.

Am 7. December 1834 spielte Chopin im dritten und letzten einer von Berlioz im Conservatorium gegebenen Folge von Concerten ein Andante seiner Composition für Clavier und Orchester, welches zwischen den Ouvertüren *Les Francs-Juges* und *Le roi Lear*, der Harold-Symphonie und anderen Werken von Berlioz zweifellos ebenso seltsam geklungen hat, wie es auf dem Programm aussieht. Das besagte Andante war selbstverständlich der Mittelsatz eines seiner Concerte. [1])

Am 25. December desselben Jahres veranstaltete Dr. François Stoepel im Pleyel'schen Saale eine *matinée musicale*, für welche er eine Anzahl hoch angesehener Künstler zur Mitwirkung gewonnen hatte. Auf die Frage des Lesers „Wer ist der Doctor Stoepel?" antworte ich: Der Verfasser verschiedener theoretischer Werke, Lehrbücher und Compositionen, der 1829 nach Paris kam und eine Musikschule nach Logier's System gründete, wie er es in Berlin und anderen Städten gethan, aber in der französischen Hauptstadt mit so wenig Erfolg als anderswo. Enttäuscht und schwindsüchtig starb er 1836 im Alter von zweiundvierzig Jahren, nachdem er vom Anfang bis zum Schlusse seines Pariser Aufenthalts Mangel gelitten hatte, trotzdem er ausser seines Lehrer-Honorars durch Beiträge für die *Gazette musicale* einiges verdiente. Unter den Künstlern, welche sich bei dieser Matinée betheiligten, waren Chopin, Liszt, der Geiger Ernst, die Sängerinnen Heinefetter, Degli-Antoni und der Sänger Richelmi. Auf dem Programm stand auch eine Improvisation auf dem Harmonium *(orgue expressif)* von Frau de la Hye, einer Grossnichte von J. J. Rousseau. Liszt und Chopin eröffneten die Matinée mit Moscheles' *Grand Duo à quatre mains*, worüber die *Gazette musicale* Folgendes schreibt: „Es ist überflüssig zu sagen, dass dies Stück, eines der Meisterwerke des Componisten, von den zwei grössten Clavier-Virtuosen unserer Zeit in seltener Vollendung vorgetragen wurde. Glänzende Tech-

---

[1]) Wahrscheinlich das Larghetto des F-moll-Concerts. Vgl. Liszt's Bemerkung Pag. 291.

nik mit höchster Zartheit und nie ermattendem Aufschwung vereint, die Contraste der hinreissendsten Lebhaftigkeit und ruhig-
sten Heiterkeit, der graziösesten Leichtigkeit und des würdigsten
Ernstes, endlich die geschickte Vermittelung der Nüancen wird
man nur von zwei Künstlern von solcher Bedeutung und so
feinem Musikverständniss erwarten können.   Der enthusiastische
Beifall überzeugte die Herren Liszt und Chopin besser, als wir
es durch Worte vermögen, wie sehr sie die Zuhörer entzückten,
hier, und noch ein zweites Mal mit einem Duo für zwei Claviere
von Liszt." Letzteres Werk war ohne Zweifel das Duo für
zwei Claviere über ein Thema von Mendelssohn, welches nach
L. Ramann 1834 geschrieben, aber niemals veröffentlicht wurde
und verloren gegangen ist.

Der *Ménestrel* vom 22. März 1835 enthält einen Bericht
über ein Concert im Pleyel'schen Saale, ohne indessen den Concertgeber zu nennen, welcher wahrscheinlich der Besitzer selbst
war: „Das letzte Concert im Pleyel'schen Saale war sehr glänzend.   Die feine Gesellschaft,   die Spitzen der Literatur und
Kunst   hatten   sich   Rendezvous   gegeben,   um unsere musikalischen Celebritäten zu hören: die Herren Herz, Chopin, Osborne,
Hiller, Reicha, die Damen Camille Lambert und Leroy und
Herr Hamati [richtiger Stamati], ein junger Pianist, der bisher
noch nicht in unsern Concertsälen erschienen ist.   Diese Künstler trugen verschiedene Musikstücke vor, welche allgemeinen
Beifall fanden." Der schwächliche Schluss dieses farblosen Berichtes lautet: „Kalkbrenner's Variationen über die Cavatina *Di
tanti palpiti* fanden besonderen Beifall."

Wir kommen nun zu dem vielbesprochenen Concert in der
italienischen Oper, welches für Chopin's Virtuosenlaufbahn so
verhängnissvoll geworden ist.   Die landläufige Meinung ist, dass
dasselbe von Chopin gegeben worden sei, und Karasowski sagt,
es habe im Februar 1834 stattgefunden; mir ist jedoch nicht
möglich gewesen, die Spur eines 1834 von Chopin gegebenen
Concerts aufzufinden.   Dagegen hat Chopin am 5. April 1835
in einem Concert mitgewirkt, welches, das Datum ausgenommen,
in allen Einzelheiten dem von Karasowski erwähnten entspricht.
Das *Journal des Débats* vom 4. April 1835 empfiehlt dasselbe
der Theilnahme des Publicums durch folgende bemerkenswerthe
Notiz: „Das Concert zum Besten hülfsbedürftiger Polen [d. h.

hülfsbedürftiger polnischer Flüchtlinge] wird morgen, Sonnabend, um acht Uhr Abends im italienischen Theater stattfinden. Fräulein Falcon und Herr Nourrit sowie die Herren Ernst, Dorus, Schopin [sic], Litz [sic] und Pantaleoni werden in dieser voraussichtlich glänzend ausfallenden Soirée die Honneurs machen. Unter Anderm werden zu Gehör kommen die Ouvertüren zu „Oberon" und „Wilhelm Tell", das Duett aus letzterer Oper, vorgetragen von Fräulein Falcon und Nourrit, Romanzen von Schubert, vorgetragen von Nourrit und begleitet von Litz etc." An diese Phalanx von berühmten Künstlern schliesst sich noch Habeneck an, der das Orchester dirigirte. Chopin spielte mit Begleitung des Orchesters sein E-moll-Concert und mit Liszt ein Duo für zwei Claviere von Hiller. In einem Berichte der *Gazette musicale* über dies Concert heisst es: „Wie man vermuthet haben wird, ist Herr Chopin bei dem Arrangement dieser Soirée zum Besten seiner unglücklichen Landsleute nicht unthätig gewesen. Demgemäss musste das Fest glänzend ausfallen." Weiterhin lesen wir in demselben Berichte: „Chopin's Concert, so originell, von so glänzendem Stil, so voll von geistreichen Einzelheiten, so frisch in seiner Melodik, hatte einen sehr grossen Erfolg. Es ist überaus schwierig, in einem Clavierconcert nicht eintönig zu werden, und die Liebhaber konnten Chopin nur dankbar sein für den ihnen von ihm gewährten Genuss, während die Künstler das Talent bewunderten, welches ihn dazu befähigte [d. h. die Eintönigkeit zu vermeiden] und gleichzeitig eine so veraltete Form zu verjüngen."

Die Bemerkung über das Veraltete der Concertform und über das Vermeiden der Eintönigkeit ist naiv und komisch genug, um nicht übersehen zu werden; was uns jedoch hier interessirt, ist die Frage nach der Richtigkeit des Berichtes. Obwohl das dort ausgesprochene Lob keineswegs enthusiastisch, ja, nicht einmal aufrichtig klingt, so stimmt es doch nicht zu dem, was wir aus anderen Berichten erfahren. Diese Abweichung können wir uns so erklären: Maurice Schlesinger, der Begründer und Herausgeber der *Gazette musicale*, war mit Chopin persönlich befreundet und hatte schon mehrere seiner Compositionen veröffentlicht; was war deshalb natürlicher, als dass er, wenn die Gefühle des Künstlers verletzt waren, ihn vor weiteren, durch missgünstige Bemerkungen in seinem Blatte hervorgerufenen Ver-

driesslichkeiten zu bewahren suchte. Ueberhaupt müssen wir
bei allen in der *Gazette musicale* erschienenen Notizen und
Kritiken die Beziehungen zwischen dem Herausgeber und dem
Componisten berücksichtigen, ebenso die Thatsache, dass mehrere der Mitarbeiter intime Freunde Chopin's waren, und viele
von ihnen zu derselben Partei oder Clique, wie er, gehörten.
Sowiński, ein Landsmann und Bekannter Chopin's, sagt von
diesem Concert, dass das Theater überfüllt gewesen und Alles
gut gegangen sei, dass aber Chopin's Erwartungen getäuscht
worden seien, indem das E-moll-Concert nicht die gewünschte
Wirkung hervorgebracht habe. Der Bericht in Larousse's *Grand
dictionnaire* ist von einer schonungslosen Unverblümtheit. Der
Verfasser sagt, dass Chopin nur einen Halberfolg gehabt habe
und fährt fort: „Nur den Bravo's seiner Freunde und einiger
weniger Kenner gelang es, die kühle und abweisende Ruhe der
Majorität zeitweilig zu unterbrechen." Nach Sowiński und Anderen datirt Chopin's Abneigung vor öffentlichem Spielen von
diesem Concert her, doch war diese Abneigung nicht das Ergebniss einer einzelnen, sondern vieler Erfahrungen; immerhin
mag sie mit dem Concert im italienischen Theater ihren Höhepunkt erreicht haben. Liszt sagte mir, dass Chopin auf's Tiefste
verletzt gewesen sei durch die kühle Aufnahme, die ihm in
einem Concert des Conservatoriums zu Theil geworden, wo
er das Larghetto des F-moll-Concerts spielte. Dies muss
das im Anfang dieses Capitels erwähnte Concert Berlioz' gewesen sein.

Kurz nach dem Concert im italienischen Theater wagte
Chopin wiederum, dem vielköpfigen Ungeheuer, Publicum genannt, entgegenzutreten. Am Sonntag 26. April 1835 spielte
er in einem Benefizconcert Habeneck's, welches merkwürdig ist,
als das einzige der Conservatoriums-Concertgesellschaft, in welchem er mitgewirkt hat. Das Programm war folgendes: 1) Pastoral-Symphonie von Beethoven; 2) Erlkönig von Schubert,
gesungen von Ad. Nourrit; 3) Scherzo aus der Symphonie mit
Chören von Beethoven; 4) *Polonaise avec introduction* [d. h.
Polonaise brillante précédée d'un Andante spianato], componirt
und vorgetragen von Herrn Chopin; 5) Scene von Beethoven,
gesungen von Fräulein Falcon; 6) Finale der F-moll-Symphonie
von Beethoven. Der Verfasser des Artikels „Chopin" in La-

rousse's *Grand dictionnaire* sagt, Chopin habe keine Ursache gehabt es zu bereuen, in diesem Concerte mitgewirkt zu haben, und Andere bestätigen die Richtigkeit seiner Angabe. In El-wart's *Histoire des Concerts du Conservatoire* lesen wir: „Le compositeur rêveur, l'élégiaque pianiste, produisit à ce concert un effet délicieux." Dem jüngst verstorbenen Autor der *Histoire de la musique dramatique en France* und Custos des Museums des Conservatoriums bin ich für verschiedene werthvolle Mittheilungen verpflichtet: Gustave Chouquet, der um diese Zeit ein Jüngling und noch Schüler des *Collège* war, berichtete mir in einem liebens-würdigen Briefe, dass er bei diesem Concert, in welchem Chopin spielte, zugegen gewesen sei, und ebenso bei dem vorhergehen-den (am Charfreitag), in welchem Liszt Weber's Concertstück spielte, und dass er „das feurige Spiel Liszt's sowie die unaus-sprechliche Poesie des Chopin'schen Stils" recht wohl im Ge-dächtniss behalten habe. In einem andern Brief giebt Chouquet ein treffendes Bild seiner ersten lebendigen Eindrücke: „Liszt repräsentirte im Jahre 1835 das Virtuosenthum in wunderbarer Weise, während nach meiner Meinung Chopin den Dichter per-sonificirte. Jener ging auf Effect aus und strebte danach, der Paganini des Claviers zu sein, Chopin dagegen schien sich um das Publicum niemals zu kümmern und nur der innern Stimme Gehör zu geben. Er war ungleich; aber wenn ihn der Geist erfasste [*s'emparait de lui*], so brachte er die Tasten in einer nicht zu beschreibenden Weise zum Singen. Ich danke ihm eine Anzahl poetischer Stunden, die ich niemals vergessen werde."

Eine Thatsache, welche man aus den häufig zweifelhaften und sich widersprechenden Angaben über Chopin's öffentliches Spielen mit Sicherheit entnehmen kann, ist die, dass er einer grossen und gemischten Zuhörerschaft gegenüber keine allge-meine Begeisterung hervorzurufen vermochte. Wer die Menge mit sich fortreissen will, muss eine Kraft in sich haben, ähnlich der breiten Strömung eines wasserreichen Flusses. Chopin aber war weder ein Demosthenes noch ein Cicero noch ein Mirabeau noch ein Pitt. Sobald er sich nicht an auserwählte Kreise sym-pathischer Geister wendete, blieb der beste Theil seiner so fein-gearteten Kunst unverstanden. Wie klar Chopin selbst dies erkannt hat, ergiebt sich aus seinen an Liszt gerichteten Wor-

ten: „Ich bin durchaus nicht zum Concertgeber geeignet; die
Menge schüchtert mich ein, ich fühle mich durch ihr hastiges
Athmen erstickt, durch ihre neugierigen Blicke gelähmt, den
fremden Gesichtern gegenüber stumm; Du dagegen, Du bist
dafür bestimmt, denn wenn Du Dein Publicum nicht für Dich
gewinnst, so besitzest du doch das Nöthige, um es niederzu-
schmettern." Opposition und Gleichgültigkeit, welche kräftigere
Naturen zum Handeln anspornen, wirkten auf Chopin wie die
Berührung auf die *Mimosa pudica*, jene Sensitive, welche beim
leisesten Anfassen sich zusammenzieht und welkt. Liszt bemerkt ganz richtig, dass die Concerte nicht so sehr Chopin's
körperliches Befinden angriffen, als sie vielmehr seine Dichter-
Reizbarkeit wachriefen; dass in Wirklichkeit sein zarter Körper
weniger ein Grund als ein Vorwand für sein Zurückziehen gewesen sei, indem er es zu vermeiden wünschte, wieder und wieder
der Gegenstand von Erörterungen zu sein. Aber es ist schwieriger, in ähnlichen Umständen anders wie Chopin zu empfinden, als für einen erfolgreichen Virtuosen, wie Liszt es war, zu
sagen: „Wenn Chopin darunter litt, dass er an diesen öffentlichen
und feierlichen Weltkämpfen, wo der Beifall des ganzen Volkes
dem Sieger lohnt, nicht theilnehmen konnte; wenn es ihn verstimmte, sich von denselben ausgeschlossen zu sehen, so war
es, weil er nicht genug auf das zählte, was er hatte, um dasjenige ohne Kummer zu entbehren, was er nicht hatte."

Gewiss hätte ihn die Bewunderung der Besten seiner Zeit
für die Gleichgültigkeit der gedankenlosen Masse reichlich entschädigen können. Aber verlangen und jagen wir nicht Alle
nach dem, was wir nicht haben, anstatt uns dessen zu erfreuen,
was wir haben? Ja, beklagen wir nicht oft die Unerreichbar-
keit von Luftschlössern, während es verständig wäre, den uns
beschiedenen sicheren Besitz zu geniessen? Chopin's Unbefrie-
digtsein hatte indessen seinen Grund nicht in der Unerreichbar-
keit von Luftschlössern, sondern einer kostbaren Krone. Es
giebt Künstler, welche vorgeben, das Publicum zu verachten,
aber ihr Zorn gegen dasselbe, wenn es mit dem Beifall kargt,
zeigt ihr wahres Gefühl. Kein Künstler kann durch die Zustimmung einer kleinen Minorität völlig befriedigt sein; Chopin
jedenfalls war es nicht. Die Natur, die ihn mit den dem Virtuosen nöthigen Gaben so reichlich ausgestattet, hatte ihm doch

eine versagt, vielleicht die geringste von allen, doch aber die
am wenigsten zu entbehrende, deren Mangel die durch die
andern hervorgerufenen Hoffnungen vereitelte und ihn den glänzendsten Lohn seines Strebens nicht erlangen liess. Auf dem
Kampfplatz, wo Männer von weit geringerem Werth Lorbeern
und Gold in Fülle ernteten, gelang es ihm nicht, den ihm ge-
bührenden Theil der öffentlichen Zustimmung zu erringen. Dies
war eine der Enttäuschungen, welche ihn wie ein bösartiges
Krebsleiden grausam quälten und langsam verzehrten.

Die erste Aufführung von Bellini's „Puritanern" in der italienischen Oper (24., nicht 25. Januar 1835), welche neben der der
Halévy'schen „Jüdin" in der grossen Oper (23. Februar 1835)
und des Auber'schen „Cheval de bronze" in der komischen Oper
(23. März 1835) eines der musikalisch-dramatischen Ereignisse
der Saison 1834—1835 bildete, veranlasst mich zu einigen Bemerkungen über das Verhältniss Chopin's zur italienischen Musik.
Mancher Leser wird von Chopin's rührender Bitte gehört haben,
an der Seite Bellini's begraben zu werden; so sehr ich bedaure,
eine so anmuthige Ueberlieferung vernichten zu müssen, so
zwingt mich doch die Pflicht, sie als gänzlich erfunden zu bezeichnen. Chopin's Neigung für Bellini und seine Musik freilich
war durchaus wahr und echt. Hiller erzählt, dass er ihn selten
so tief bewegt gesehen, wie in einer Vorstellung der „Norma",
welcher sie beide beiwohnten, und dass Chopin im Finale des
zweiten Actes, wo Rubini Thränen zu singen schien, Thränen
im Auge gehabt habe. Diese Neigung zur italienischen Oper
jener Zeit, welche sich nicht allein auf Bellini beschränkte, sondern, wie ich von Franchomme, Wolff und Andern erfahren
habe, auch die Opern Rossini's umfasste, erscheint bei einem
Musiker von Chopin's Art auf den ersten Blick einigermaassen
verwunderlich, doch ist sie durch den in Warschau herrschenden Geschmack, sowie durch die Verwandtschaft des polnischen
mit dem italienischen Volkscharakter erklärt. Was Bellini betrifft, so wurde Chopin's Sympathie durch die Uebereinstimmung
ihrer Individualitäten noch genährt. Wie Léon Escudier, so
mögen Viele in Chopin's Genius Berührungspunkte mit Bellini
sowohl als mit Raphael gefunden haben, zwei Künstler, die, wie
ich kaum zu bemerken brauche, hinsichtlich ihrer technischen
Meisterschaft sowie der Weite, Höhe und Tiefe ihrer Gedanken

himmelweit verschieden waren. Die sanften, italienisch abge-
rundeten Contouren und die süsse Klangfülle einiger von Chopin's
Cantilenen wird Jedem aufgefallen sein. Schon häufig ist das
italienische Element in Chopin hervorgehoben worden, u. a. von
Schumann, welcher gelegentlich der B-moll-Sonate Opus 35 sagt:
„Man weiss, dass Bellini und Chopin befreundet waren, dass sie,
die sich oft ihre Compositionen mittheilten, wohl auch nicht
ohne künstlerischen Einfluss auf einander geblieben. Aber wie
gesagt, nur ein leises Hinneigen nach südlicher Weise ist es;
sobald der Gesang geendet, blitzt wieder der ganze Sarmate in
seiner trotzigen Originalität aus den Klängen heraus."
    Um Chopin's Sympathie zu verstehen, brauchen wir uns
nur Bellini's Persönlichkeit vorzustellen, die völlig proportionirte
schlanke Gestalt, den Kopf mit hoher Stirn und spärlichem
blonden Haar, die wohlgebaute Nase, den ehrlichen hellen
Blick, den ausdrucksvollen Mund, und in diesem wohlthuenden
Aeusseren die liebenswürdige Bescheidenheit, das warmschla-
gende Herz, den scharfdenkenden Geist. Chales - Maurice
berichtet in seiner *Histoire anecdotique du Théâtre* von einer
charakteristischen Unterhaltung, die er mit Bellini gehabt; als er
bezüglich der „Nachtwandlerin" bemerkte, er habe Seele in der
Musik gefunden, war der Componist über diesen Ausdruck hoch
erfreut. „Oui, n'est-ce pas? De l'âme!" rief Bellini in seiner
sanften italienischen Redeweise „C'est ce que je veux .... De
l'âme! .... Oh! je suis sensible! Merci! .... C'est que
l'âme, c'est toute la musique!" „Dabei drückte er meine Hand"
sagt Chales-Maurice „als habe ich eine neue Seite seines seltenen
Talentes entdeckt." Diese Probe des mündlichen Verkehrs mit
Bellini zeigt zur Genüge, dass seine Redefertigkeit eine sehr geringe gewesen ist. Als guter Sicilianer sprach er schlecht italienisch, sein Französisch aber war nach Heine schlimmer als
schlecht, entsetzlich, haarsträubend: „Wenn man daher mit
Bellini in Gesellschaft war, musste seine Nähe immer eine gewisse Angst einflössen, die durch einen grauenhaften Reiz zugleich abstossend und anziehend war. Manchmal waren seine
unwillkürlichen Calembours bloss belustigender Art".
    Hiller erwähnt ebenfalls Bellini's mangelhafte Grammatik
und Aussprache, fügt aber hinzu, dass der Contrast zwischen
dem, was es sagte und der Art, wie er es sagte, seinem Kauder-

wälsch einen Reiz verliehen habe, den man in der tadellosen
Sprache des gebildetsten Rhetors häufig vermisst. Es ist unmöglich zu sagen, was Bellini als Musiker geworden wäre, wenn er,
anstatt vor vollendetem dreiunddreissigsten Jahr zu sterben
(24. September 1835), ein Alter von Fünfzig oder Sechzig erreicht hätte; soviel aber ist gewiss, dass in ihm noch ein gewaltiger Vorrath unentwickelter Fähigkeiten aufgehäuft war.
Seit seiner Ankunft in Paris hatte er aufmerksam die neuen
musikalischen Erscheinungen beobachtet, die dort in seinen Ge-
sichtskreis traten, und die „Puritaner" beweisen, dass er dies
nicht ohne Nutzen gethan. Der liebliche Sänger des sinnlichen
Italiens war durchaus nicht unempfänglich für die Tiefe und
Erhabenheit der deutschen Musik. Nach dem Anhören von
Beethoven's Pastoral-Symphonie z. B. sagte er zu Hiller mit
leuchtenden Augen, als habe er selbst eine grosse That vollbracht: „E bel comme la nature!"[1]) Mit einem Worte, Bellini
war ein echter Künstler und daher ein passender Genosse für
Chopin, von dessen Musik mit grösserem Rechte, als von der
der meisten Componisten behauptet werden darf, dass sie „ganz
und gar Seele" ist. Chopin, der natürlicherweise bald hier, bald
dort in den aristokratischen Salons mit Bellini zusammentraf,
fand auch Gelegenheit, in weniger fashionabler, jedoch mehr
geistesverwandter Umgebung ihm näher zu treten. Hier nehme
Hiller, der anmuthige Erzähler, das Wort; dieser berichtet, dass
Bellini ein grosses Interesse für Claviermusik bewiesen habe,
auch wenn dieselbe nicht von einem Chopin vorgetragen wurde,
und fährt dann fort:

„Unvergesslich sind mir die Abende, die ich im kleinsten
Kreise mit ihm und Chopin bei Frau Freppa zubrachte. Madame
Freppa, eine feingebildete, äusserst musikalische Frau, aus Neapel
gebürtig, aber französischer Abkunft, hatte sich, um peinlichen
Familienverhältnissen zu entgehen, in Paris niedergelassen, wo sie
in der vornehmsten Gesellschaft Gesangunterricht ertheilte. Sie
besass eine, wenn auch nicht grosse, doch äusserst klangvolle
Stimme, vortreffliche Schule und entzückte, namentlich durch den
Vortrag italienischer Volkslieder und anderer einfacher Gesänge
älterer Componisten sogar die verwöhnten Abonnenten der italienischen Oper. Wir verehrten sie herzlich und besuchten sie zuweilen

---

[1]) So, aus Italienisch und Französisch zusammengemischt, stehen diese
Worte in Hiller's „Künstlerleben".

gemeinschaftlich am äussersten Ende des Faubóurg St. Germain, wo sie mit ihrer Mutter in einem *troisième au dessus de l'entresol* hauste, erhaben über allem Lärm und Getöse der ewig gährenden Stadt. Da wurde nun Musik geplaudert und gesungen und gespielt und dann wieder geplaudert und gespielt und gesungen. Chopin und Madame Freppa setzten sich abwechselnd ans Clavier, auch ich that mein Bestes — Bellini machte seine Bemerkungen und begleitete sich eine oder die andere seiner Cantilenen, mehr zur Erläuterung dessen, was er vorbrachte, als um dieselben hören zu lassen. Er wusste zu singen, besser als irgend ein deutscher Componist, dem ich begegnet, mit einer Stimme, weniger klang- als empfindungsvoll. Sein Clavierspiel reichte eben aus zur Wiedergabe seines Orchesters, was freilich nicht viel sagen will. Aber er wusste sehr wohl, was er wollte, und war weit davon entfernt, eine Art von Naturdichter zu sein, wie sich Manche wohl vorstellen mögen."

Im Sommer 1835, gegen Ende Juli, reiste Chopin nach Carlsbad, wohin sein Vater von den Warschauer Aerzten geschickt worden war. Das Zusammentreffen der Eltern mit ihrem inzwischen berühmt gewordenen Sohn, nach einer Trennung von beinahe fünf Jahren, war ohne Zweifel ein sehr freudiges; da wir indessen über Chopin's Thun und Treiben während seines Aufenthaltes in dem böhmischen Bade keine Mittheilungen besitzen, so werde ich nicht versuchen, durch eine überschwängliche, aus der Allwissenheit meiner inneren Erkenntniss geschöpfte Beschreibung dessen, was sich dort etwa ereignet haben mag, diese Lücke auszufüllen, obschon dies eine unbedeutende That wäre, verglichen mit denen einer neueren Biographin, deren Einbildungskraft sie befähigte, das Aussehen des Himmels und die Witterungs-Verhältnisse während der Nacht, in welcher ihr Held ein freier Bürger dieses Planeten wurde, zu beschreiben, und aufs Genaueste den Charakter von Privatpersonen zu schildern, deren Leben in Zurückgezogenheit verbracht worden ist, die sie nie gesehen hat, und die weder Werke noch Briefe hinterlassen haben, nach welchen sie beurtheilt werden könnten.

Von Carlsbad ging Chopin nach Dresden. Seine dortigen Erlebnisse waren für ihn von grosser Wichtigkeit und sind für uns von gleichem Interesse. Nichts Geringeres als ein neuer Liebesroman war im Entstehen; um denselben jedoch fortlaufend erzählen zu können, verspare ich mir den Bericht über unseres Meisters Dresdener Aufenthalt bis zum nächsten Capitel. Fried-

rich Wieck, der Vater und Lehrer von Clara Wieck, der späteren Gattin Robert Schumann's, sandte im Herbst 1835 das
folgende Verzeichniss von Leipziger Musikneuigkeiten an den
Musiklehrer Nauenburg in Halle: „Das erste Abonnementconcert
unter Direction von Mendelssohn findet den 4. October statt;
das zweite den 11. October. Morgen oder übermorgen trifft
Chopin von Dresden ein, giebt aber wahrscheinlich kein Concert
hier, denn er ist sehr faul; er könnte sich wohl länger hier
aufhalten, wenn er nicht durch falsche Freunde (namentlich einen
Hund von Polen) abgehalten würde, Leipzig von der musikalischen Seite kennen zu lernen; doch Mendelssohn, der sehr befreundet mit Schumann und mir ist, wird dagegen auftreten. —
Chopin glaubt nicht, nach einer Aeusserung, die er in Dresden
gegen einen Collegen gethan, dass in Deutschland irgend eine
Dame sei, welche seine Compositionen spielen könne — wir
wollen doch sehen, was Clara kann!"

Die „Neue Zeitschrift für Musik", Schumann's Blatt, kündigte
am 29. September 1835 an: „Leipzig wird binnen Kurzem ein
Kalisch[1]) an gekrönten Häuptern der Tonkunst aufzeigen können.
Herr Mendelssohn ist bereits eingetroffen. Herr Moscheles
kommt in dieser Woche, ausserdem Chopin und später Pixis
mit Franzilla."[2]) Die folgenden Einzelheiten über Chopin's Besuch in Leipzig verdanke ich Ernst Ferdinand Wenzel, dem
wohlbekannten, 1880 gestorbenen Clavierlehrer am dortigen
Conservatorium.

Um die Mitte des Jahres 1835 gingen die Worte „Chopin
kommt" von Mund zu Munde und erregten die musikalischen
Kreise Leipzig's in ungewöhnlichem Maasse.[3]) Kurz darauf traf
mein Gewährsmann Mendelssohn auf der Strasse, Arm in Arm
mit einem jungen Manne, der nach seiner Ueberzeugung Niemand anders sein konnte, als Chopin. Aus der Richtung, welche
die Beiden nahmen, errieth er den Zweck ihres Ganges und
eilte so schnell als möglich zu seinem Lehrer Wieck, um ihm

---

[1]) Anspielung auf das Lustlager russischer und preussischer Truppen und
die freundschaftliche Begegnung der Monarchen, welche 1835 dort stattfanden.

[2]) Franzilla (oder Francilla) Pixis, die Adoptivtochter von Peter Pixis,
deren Bekanntschaft der Leser S. 252 gemacht hat.

[3]) Aus dem Weiteren wird sich ergeben, dass sich Wenzel in der Zeitan-
gabe geirrt, und wahrscheinlich Chopin's Besuch im Jahre 1836 gemeint hat.

zu sagen, dass Chopin gleich bei ihm sein werde. Wieck hatte
den Besuch erwartet und einen kleinen Kreis versammelt, aus
welchem jeder Einzelne gespannt war, den berühmten Künstler
zu sehen und zu hören; ausser Wieck, seiner Gattin, Tochter
und Schwägerin waren noch Robert Schumann sowie Wieck's
Schüler Wenzel, Rakemann und Ulex anwesend. Aber der
leicht gereizte Lehrer, sich beleidigt fühlend, dass Chopin, für
dessen Musik er so eifrig Propaganda gemacht, nicht zuerst zu
ihm gekommen war, wollte den Besuch nicht empfangen, sondern zog sich schmollend in sein Zimmer zurück. Kaum war
er hinaus, als Mendelssohn und Chopin eintraten. Der erstere,
welcher noch anderweitige Verpflichtungen hatte, sagte nur
„Hier ist Chopin!" und ging dann wieder fort, in der richtigen
Meinung, dass diese lakonische Vorstellung genüge. So fanden
sich die drei hervorragendsten Componisten ihrer Zeit wenigstens
für einen Moment in dem engen Raum eines Zimmers vereint.
In seiner Erscheinung war Chopin Mendelssohn nicht unähnlich,
nur war er von leichterem Körperbau und graziöser in seinen
Bewegungen. Er sprach geläufig Deutsch, wenn auch mit
fremdländischem Accent. Der Hauptzweck seines Besuches war,
die Bekanntschaft von Clara Wieck zu machen, die schon einen
grossen Ruf als Pianistin hatte.[1] Sie spielte ihm unter Anderem
die damals neue und noch nicht veröffentlichte Fis-moll-Sonate
von Schumann (Opus 11) vor, welche sie gerade eingeübt hatte.
Die anwesenden Herren wagten nicht, Chopin zum Spielen auf-
zufordern, weil sie annahmen, dass ihm das Clavier, der schweren
Spielart wegen, nicht zusagen würde; die Damen indessen waren
muthiger, und hörten nicht auf zu bitten, bis er sich hinsetzte
und sein Es-dur-Nocturne (Opus 9, Nr. 2) spielte. Noch nach
zweiundvierzig Jahren war Wenzel entzückt bei der Erinnerung
an die wunderbare, elfenartige Leichtigkeit und Zartheit von
Chopin's Anschlag und Stil. Die Unterhaltung scheint auf
Schubert gekommen zu sein, einen der Lieblingscomponisten
Schumann's, denn Chopin spielte noch, um etwas von ihm Be-
hauptetes zu illustriren, den Anfang von Schubert's Alexander-

---

[1] Hier will ich auch gleich bemerken, dass Chopin der Clara Wieck
weder seine Variationen noch sonst etwas einstudirt hat. Man findet darüber
zuweilen irrige Angaben.

marsch. Während dem wurde Wieck von Neugier schwer geplagt, und als Chopin spielte, konnte er der Versuchung nicht
widerstehen, vom Nebenzimmer aus zuzuhören, ja sogar einen
Blick durch die angelehnte Thür zu werfen.

Durch eine freundliche Mittheilung der Frau Schumann
habe ich in Erfahrung gebracht, dass Wenzel's Bericht nicht
ganz mit ihrem Tagebuche übereinstimmt. Darin heisst es nämlich, dass Wieck sich beleidigt gefühlt habe, weil Chopin, für
dessen Anerkennung in Deutschland er so viel gethan, ihn nicht
gleich nach seiner Ankunft besucht hatte. Chopin kam erst
zwei Stunden vor seiner Abreise, traf dann aber Wieck nicht
zu Hause, denn dieser war, um Chopin zu vermeiden, ausgegangen und hatte auch seine Tochter Clara mitgenommen. Als
Wieck nach einer Stunde zurückkehrte, fand er wider Erwarten
Chopin noch vor. Clara musste sich nun vor dem Gaste hören
lassen. Sie spielte Schumann's Fis-moll-Sonate, zwei Etüden
von Chopin und einen Concertsatz eigener Composition. Darauf
trug Chopin sein Es-dur-Nocturne vor. Nach und nach legte
sich der Groll Wieck's, und schliesslich begleitete er Chopin
auf die Post und schied von ihm in der freundlichsten Stimmung.

Nach Wenzel's Angabe führte Schumann Chopin nach dem
Besuche bei Wieck zu seiner Freundin, Frau Henriette Voigt,
einer Schülerin Ludwig Berger's, und Wenzel, der sie bis ans
Haus begleitete, hörte wie Schumann zu Chopin sagte: „Lassen
Sie uns hier hineingehen, hier finden wir eine intelligente Clavierspielerin und ein gutes Clavier." Darauf traten sie in das Haus
ein; Chopin spielte und blieb auch zum Mittagessen. Sobald
er aber fort war, schickte die genannte Dame, welche bis dahin
in musikalischen Dingen äusserst orthodox gewesen war, zur
Kistner'schen Musikalienhandlung und liess sich sämmtliche dort
vorhandene Werke Chopin's holen.

Der Brief Mendelssohn's, welcher unten folgt, so wie das
Tagebuch Henriette Voigt's vom Jahre 1836, aus welchem ich
im nächsten Capitel eine Stelle anführen werde, lassen einigen
Zweifel bezüglich des letzteren Theiles der Wenzel'schen Erinnerungen aufkommen. Auch hat er, auf weitere Fragen, seine
erste Mittheilung dahin modificirt, dass er allein, ohne Schumann's Begleitung, Chopin zum Hause der Dame geführt, und
ihn dort verlassen habe. Was die allgemeine Glaubwürdigkeit

des obigen Berichtes anlangt, so bemerke ich noch, dass ich
den Angaben Wenzel's kein Wort hinzugefügt, und dass ich
denselben im persönlichen Verkehr als einen Mann von scharfer
Beobachtung und treuem Gedächtniss kennen gelernt habe. Was
ich allerdings nicht wissen kann, ist der Grad, bis zu welchem
die Mythen-bildnerische Fähigkeit bei ihm entwickelt war.[1]

In dem folgenden an seine Familie gerichteten Brief vom
6. October 1835 beschreibt Mendelssohn einen andern Theil von
Chopin's Aufenthalt in Leipzig, und spricht sich zugleich über
dessen Spiel und Compositionen aus:

„Den Tag, nachdem ich Hensel's nach Delitsch begleitet hatte,
war Chopin da, er wollte nur einen Tag bleiben, und so waren
wir diesen auch ganz zusammen und machten Musik. Ich kann
Dir nicht leugnen, liebe Fanny, dass ich neuerdings gefunden habe,
dass Du ihm in Deinem Urtheile nicht ganz Gerechtigkeit widerfahren lässest; vielleicht war er auch nicht recht bei Spiellaune,
als Du ihn hörtest, was ihm wohl oft begegnen mag; aber mich
hat sein Spiel wieder von Neuem entzückt, und ich bin überzeugt,
wenn Du, und auch Vater, einige seiner bessern Sachen so gehört
hättest, wie er sie mir vorspielte, Ihr würdet dasselbe sagen. Es
ist etwas Grundeigenthümliches in seinem Clavierspiel, und zugleich
so sehr Meisterliches, dass man ihn einen recht vollkommenen Virtuosen nennen kann; und da mir alle Art von Vollkommenheit lieb
und erfreulich ist, so war mir dieser Tag ein höchst angenehmer,
obwohl so ganz verschieden von dem vorigen mit Euch, Hensel's.
Es war mir lieb, mal wieder mit einem ordentlichen Musiker
zu sein, nicht mit solchen halben Virtuosen und halben Classikern,
die gern *les honneurs de la vertu et les plaisirs du vice* in der
Musik vereinigen möchten, sondern mit einem, der seine vollkommen ausgeprägte Richtung hat. Und wenn sie auch noch so

---

[1] Richard Pohl giebt beiläufig eine Charakteristik dieser ungemein interessanten Persönlichkeit in der Musikzeitung „Signale für die musikalische Welt"
(September 1886 Nr. 48), für deren Zuverlässigkeit ich einstehen kann, nachdem
ich Wenzel selbst sowie viele seiner Freunde und Schüler persönlich kennen gelernt habe. „Er war einer der besten und liebenswürdigsten Menschen, die ich
gekannt habe" schreibt R. Pohl „voller Begeisterung für alles Schöne, gefällig,
selbstlos, grundgütig, zugleich aber so verständig, so gebildet, so vielseitig, wie
ich — entschuldigen Sie, meine Herren — selten einen Clavierlehrer gefunden
habe. Er gab Clavierunterricht am Conservatorium und in vielen Privathäusern;
er wirkte Tag für Tag, Jahr für Jahr, vom Morgen bis zum Abend, ohne für
sich etwas anderes zu erreichen, als die enthusiastische Verehrung seiner Schüler,
namentlich der weiblichen. Er war ein Schüler Friedrich Wieck's und ein Freund
Schumann's."

himmelweit von der meinigen verschieden sein mag, so kann ich mich prächtig damit vertragen; — nur mit jenen halben Leuten nicht. Der Abend des Sonntags war wirklich kurios, wo ich ihm mein Oratorium vorspielen musste, während neugierige Leipziger sich verstohlen hereindrückten, um Chopin gesehn zu haben, und wie er zwischen dem ersten und zweiten Theile seine neuen Etüden und ein neues Concert den erstaunten Leipzigern vorraste, und ich dann wieder in meinem Paulus fortfuhr, als ob ein Irokese und ein Kaffer zusammenkämen und conversirten. — Auch ein gar zu niedliches neues *Notturno* hat er, von dem ich manches auswendig behalten habe, um es Paul zu seinem Vergnügen vorzuspielen. So lebten wir lustig miteinander, und er versprach in allem Ernste, im Laufe des Winters wiederzukommen, wenn ich eine neue Symphonie componiren und ihm zu Ehren aufführen wollte, wir beschworen es beide vor drei Zeugen, und wollen nun einmal sehen, ob wir Beide Wort halten werden. — Noch vor seiner Abreise kamen meine Händel'schen Werke an, über die Chopin eine wahre kindische Freude hatte; aber sie sind auch wirklich so schön, dass ich mich nicht genug darüber freuen kann."

Obwohl Mendelssohn niemals Compositionen von Chopin öffentlich gespielt hat, so schätzte er sie doch hoch genug, um sie seinen Schülern zum Studium anzuempfehlen. Karasowski ist im Unrecht, wenn er sagt, Mendelssohn habe keine derartigen Schüler gehabt; er hatte allerdings nicht viele, aber doch einige. Charakteristisch für ihn, wie für sein Verhältniss zu Chopin, ist eine seiner Bemerkungen der ihm eigenen naiven Art: „Manchmal weiss man wirklich nicht, ob Chopin's Musik richtig oder falsch ist." Wenn übrigens einer der Beiden sich über das Urtheil des andern zu beklagen hatte, so war es nicht Chopin, sondern, wie wir später sehen werden, Mendelssohn.

Um zu wissen, welchen Eindruck Chopin auf Schumann gemacht, müssen wir wieder zur „Neuen Zeitschrift für Musik" zurückkehren, wo Chopin's Leipziger Besuch zweimal erwähnt ist, das eine Mal am 6. October 1835 mit den Worten: „Chopin war hier, aber nur wenige Stunden, die er in engeren Cirkeln zubrachte. Er spielt genau wie er componirt, d. h. einzig." — Das andere Mal in einem jener überschwänglichen, von Eusebius (der Personificirung der sanften, träumerischen Seite des Schumann'schen Charakters) an Chiara (Clara Wieck) gerichteten „Schwärmerbriefe": „20. October 1835. Chopin war hier. Florestan [die Personificirung des energischen, leidenschaftlichen

Schumann] stürzte zu ihm. Ich sah sie Arm in Arm mehr schweben als gehen. Sprach nicht mit ihm, fuhr ordentlich zusammen bei dem Gedanken."

Auf seinem Rückwege nach Paris hielt sich Chopin auch in Heidelberg auf, wo er den Vater seines Schülers Adolph Gutmann besuchte, der ihn, wie eine seiner Töchter berichtet, aufnahm, nicht wie einen Fürsten oder einen König, sondern wie etwas noch weit Höherstehendes. Die Kinder wurden angewiesen, zu Chopin aufzublicken als zu einem in seiner Art Einzigen; die obenerwähnte Tochter schrieb noch mehr als dreissig Jahre später, dass Chopin in ihrem Gedächtnisse dastehe als die poetischste Erinnerung ihrer Jugendzeit.

Um Mitte October muss Chopin wieder in Paris angelangt sein, denn die *Gazette musicale* vom 18. dieses Monats enthält folgende Notiz: „Herr Chopin, einer der hervorragendsten Pianisten unserer Zeit, ist nach Paris zurückgekehrt, von einer Reise durch Deutschland, welche für ihn an Ehren reich gewesen ist. Ueberall hat sein bewunderungswürdiges Talent die schmeichelhafteste Aufnahme gefunden und Enthusiasmus erregt. Es war in der That, als habe er unsere Stadt gar nicht verlassen."

Achtzehntes Capitel.

1853—1837.

ährend des Zeitraumes, von welchem dies Capitel handelt, war Chopin's künstlerische Thätigkeit, von seinen Claviervorträgen in Privatkreisen abgesehen, auf Unterrichtgeben ,und Componiren beschränkt.[1] Die Daten des Erscheinens seiner Werke geben uns ein annähernd richtiges Bild seiner schöpferischen Wirksamkeit. Im Jahre 1835 erschienen: im Februar *Premier Scherzo*, Opus 20, B-moll, Herrn T. Albrecht gewidmet, und im November *Quatre Mazurkas*, Opus 24, dem Grafen de Perthuis gewidmet. 1836 erschienen: im April *Second concerto*, Opus 21, F-moll, der Gräfin Delphine Potocka gewidmet; im Mai *Deux Nocturnes*, Opus 27, Cis-moll und Des-dur, der Gräfin D'Appony gewidmet; im Juni *Ballade*, Opus 23, G-moll, dem Baron von Stockhausen gewidmet; im Juli *Grande Polonaise brillante*, Opus 22, Es-dur,

---

[1] Ein Pariser Correspondent der „Neuen Zeitschrift für Musik" schreibt am 17. Mai 1836, dass Chopin sich während des ganzen Winters nicht habe hören lassen, wobei wir selbstverständlich zu ergänzen haben „öffentlich".

précédée d'un Andante spianato für Clavier und Orchester, der Baronin D'Est gewidmet, und *Deux Polonaises*, Opus 26, Cis-moll und Es-dur, Herrn J. Dessauer gewidmet. Es bedarf kaum der Erwähnung, dass die Opuszahlen nicht mit der Entstehungszeit der betreffenden Werke correspondiren. Das Concert stammt aus dem Jahre 1830; aus Obigem ergiebt sich, dass Opus 24 und 27 früher im Druck gewesen sind, als Opus 23 und 26, und dass Opus 25, obwohl es der Componist, wie wir wissen, in den Jahren 1834 und 1835 vorgetragen hat, erst 1837 erschienen ist.

Das unstreitig wichtigste musikalische Ereigniss der Saison 1835—1836 war die erste Aufführung von Meyerbeer's „Hugenotten", welche am 29. Februar 1836 in der grossen Oper stattfand und einen ausserordentlichen Erfolg hatte. Mehr als die Opernhäuser interessiren uns jedoch die Concertsäle. Dies Jahr führte zwei polnische Musiker nach Paris: den Violinspieler Lipiński und den Virtuosen auf der Strohfiedel,[1]) Gusikow, den Mendelssohn „ein wahres Genie" genannt hat, und ein anderer Zeitgenosse als einen der drei hellsten Sterne (die beiden andern waren Paganini und die Malibran) am damaligen Musik-Himmel bezeichnete. Man erzählt, dass Lipiński sich an Chopin gewendet habe mit der Bitte, ihm das Terrain in Paris zu ebenen. Der Letztere versprach, dafür sein Möglichstes zu thun, wenn Lipiński ein Concert zum Besten der polnischen Flüchtlinge geben wolle. Auf diesen Vorschlag ging dieser anfangs ein, machte aber später sein Versprechen rückgängig, mit der Entschuldigung, dass er sich durch ein solches Concert seine Aussichten in Russland, wo er demnächst zu concertiren beabsichtigte, verderben würde. Darüber erzürnt, weigerte sich Chopin, irgend etwas zur Förderung der Pariser Pläne seines Landsmanns zu thun. Mag diese Geschichte wahr sein oder nicht, so war doch Lipiński's Concert im Hôtel de Ville am 3. März eines der glänzendsten und bestbesuchtesten der Saison.[2])

---

[1]) Auch Gigelira oder Xylophon genannt, ein Instrument, welches aus abgestimmten, auf einer Strohunterlage ruhenden Holzstäben besteht, die mit Klöppeln geschlagen werden.

[2]) Vgl. *Revue et Gazette musicale* vom 13. März 1836. Dasselbe meldet Mainzer in der „Neuen Zeitschrift für Musik".

Derjenige Virtuose aber, dessen Erscheinen die grösste Sensation hervorrief, war Thalberg. Die *Gazette musicale* kündigte am 8. November 1835 seine Ankunft an. Er liess sich zum ersten Mal bei Zimmermann hören, in einer Soirée, wo auch Frau Viardot-Garcia, Duprez und De Bériot mitwirkten. Der Enthusiasmus, welchen Thalberg bei dieser Gelegenheit wie auch in der Folge erregte, war maasslos. Der *Ménestrel* brachte nur die allgemeine Stimmung zum Ausdruck, wenn er am 13. März 1836 sagte: „Thalberg ist nicht nur der erste Clavierspieler der Welt, sondern auch einer der hervorragendsten Componisten." Die Neuheit der von ihm hervorgebrachten Wirkungen überraschten und entzückten die Hörer. Die Clavierspieler gaben ihre Anerkennung kund, indem sie des *Confrère* Kunstgriffe und Spielweise annahmen, sobald dieselben aufgehört hatten, sie zu verblüffen; die grosse Mehrzahl der jüngeren Pariser Clavierspieler wurden Nachfolger Thalberg's, aber auch unter den älteren beeilten sich mehrere, aus seinem Beispiel Nutzen zu ziehen. Der frappirendste der von Thalberg in Mode gebrachten Effecte war der, die Melodie in der Mitte, dem klangvollsten Theil des Instrumentes, zu spielen und sie in der Weise unter beide Hände zu vertheilen, dass diese zugleich im Stande waren, sie mit vollen Accorden und glänzenden Passagen zu begleiten. Selbst wenn Thalberg diese Idee dem Harfenisten Parish-Alvars oder dem Clavierspieler Francesco Giuseppe Pollini entlehnt hat, so bleibt ihm doch die Ehre, die Erfindung seiner Vorgänger verbessert und mit überlegener Geschicklichkeit verwendet zu haben. Seine Grösse indessen beruht nicht allein oder nicht einmal hauptsächlich auf diesem oder irgend einem andern sinnreich erdachten und geschickt ausgeführten Kunstgriff: das Geheimniss seines Erfolges lag in dem aristokratischen Wesen seiner künstlerischen Persönlichkeit, in welcher ausgesuchte Eleganz und ruhige Selbsbeherrschung unumschränkt walteten. Mit diesem Grundzuge standen alle Einzelheiten seines Spiels in Uebereinstimmung. Sein Vortrag war bis auf's Aeusserste geglättet; die Ebenheit seiner Scalen, die Klarheit seiner Passagen und Verzierungen war unübertrefflich. Wenn sinnliche Schönheit der Endzweck der Musik wäre, so könnte man seinen Anschlag als das Ideal der Vollendung bezeichnen, denn derselbe war gewissermaassen ein Extract jener

Schönheit. So seltsam der Ausdruck „ölige Klangfülle" *(sonorité onctueuse)* lauten mag, so entspricht er doch ganz einer Spielweise, welcher jegliche Rauheit, Unruhe und Gewaltsamkeit fern lag. Man hat Thalberg Mangel an Leben, Leidenschaft, kurz, an Seele vorgeworfen; dagegen bemerkt Ambros sehr treffend: „Thalberg's Compositionen und sein Spiel hatten Seele, allerdings eine Salonseele, etwa wie die einer sehr feinen Weltdame, die dabei aber wirklich ein schönes Gemüth besitzt, das nur vor lauter feinstem Weltton nicht recht zu Tage treten kann."

Dies Gleichniss erinnert mich an eine Bemerkung Heine's, welcher meinte, dass Thalberg sich von andern Pianisten durch das vortheilhaft unterscheidet, was er (Heine) „sein musikalisches Betragen" nennen möchte. Eine andere Bemerkung des Dichters über dasselbe Thema lautet: „Wie im Leben, so auch in seiner Kunst bekundet Thalberg den angebornen Takt, sein Vortrag ist so gentlemanlike, so wohlhabend, so anständig, so ganz ohne Grimasse, so ganz ohne forcirtes Genialthun, so ganz ohne jene renommirende Bengelei, welche die innere Verzagniss schlecht verhehlt, wie wir Dergleichen bei unsern musikalischen Glückspilzen so oft bemerkten ... er entzückt nur durch balsamischen Wohllaut, durch Maass und Milde ... Es giebt nur Einen, den ich ihm vorzöge, das ist Chopin."

Als Curiosität citire ich noch eine Stelle aus einem am 10. Juli 1836 von George Sand an die Gräfin d'Agoult gerichteten Brief. Freundschaftliche Gefühle und, in einem Falle wenigstens, mehr als freundschaftliche, stellten diese Damen auf die Seite eines anderen Beherrschers der Claviertasten. Die Stelle lautet: „J'ai entendu Thalberg à Paris. Il m'a fait l'effet d'un bon petit enfant bien gentil et bien sage. Il y a des heures où Franz, en s'amusant, badine comme lui sur quelques notes pour déchaîner ensuite les éléments furieux sur cette petite brise."

Liszt, der sich um diese Zeit in der Schweiz befand, zweifelte an der Zuverlässigkeit der zu ihm gelangten Berichte über Thalberg's Meisterschaft. Ein ungläubiger Thomas, wollte er nur seinen eigenen Augen und Ohren trauen, und da ihm die Neugier keine Ruhe liess, so begab er sich im März 1836 nach Paris. Leider kam er zu spät, da Thalberg einen Tag zuvor

abgereist war. Das enthusiastische Lob, welches er auf seine
Fragen nach Thalberg von allen Seiten hörte, irritirte ihn und
erschien ihm als eine durch Täuschung veranlasste Uebertreibung.
Um die Kritik herauszufordern und die herrschende Meinung
durch die That zu widerlegen, gab er zwei Privat-Concerte, das
eine bei Pleyel, das andere bei Erard, beide stark besucht, das
letztere von mehr als vierhundert Personen. Das Ergebniss war
ein glänzender Sieg, und von jetzt an war das clavierspielende
Paris in zwei Heerlager getheilt. Die Bewunderung und das
Erstaunen Aller, welche Liszt hörten, war grenzenlos, denn seit
seinem letzten Auftreten hatte er solche Riesenfortschritte gemacht, dass selbst seine nächsten Freunde überrascht waren.
Im Gegensatz zu denjenigen, welche behaupteten, dass mit Thalberg eine neue Aera begonnen habe, erklärte Berlioz im Hinweis
auf Liszt's Phantasien über „Die Piraten" und „Die Jüdin", dass
dies „die neue Schule des Clavierspiels" sei. Wirklich war Liszt
erst jetzt zu seiner vollen Kraft als Clavierspieler und Clavier-
Componist gelangt; und als er, nach einem abermaligen Aufenthalt
in der Schweiz im December 1836 nach Paris zurückgekehrt,
im Verlaufe der Saison gegen Thalberg in die Schranken trat,
war dies ein Schauspiel für Götter. „Thalberg" schreibt Léon
Escudier „ist die Grazie, wie Liszt die Kraft ist; das Spiel des
ersteren ist blond, das des letzteren brünnett." Eine Dame,
welche die beiden Clavierspieler in einem, in den Salons der
Fürstin Belgiojoso veranstalteten Concert zum Besten armer
Italiener hörte, rief aus: „Thalberg est le premier pianiste du
monde." „Et Liszt?" fragte die Person, an welche diese Worte
gerichtet waren; die Antwort lautete: „Liszt! Liszt — c'est le
seul!" Dies ist die richtige Art, in welcher grosse Künstler
beurtheilt werden sollten. Es ist häufiger Beschränktheit des
Empfindens als kritische Schärfe, welche die Leute veranlasst,
einen Künstler zu erheben und einen andern, von ihm verschiedenen, zu verkleinern. Im weiten Reiche der Kunst finden sich
viele Arten der Vortrefflichkeit; unmöglich kann ein Mensch sie
alle, und noch gar im höchsten Grade, in sich vereinen. Einige
dieser Vortrefflichkeiten sind thatsächlich unvereinbar und
schliessen einander aus; die meisten können nur durch einen
Compromiss vereinigt werden. Demnach braucht von zwei
unter sich verschiedenen Künstlern nicht nothwendigerweise einer

dem andern überlegen zu sein; derjenige, welcher im Ganzen der grössere ist, kann in gewissen Punkten von dem kleineren überragt werden. Der Leser wird vielleicht sagen, dieses Alles verstehe sich von selbst, und darin hat er ganz recht; wenn er aber die Urtheile berücksichtigen möchte, welche jeden Tag gefällt werden, so könnte er sich leicht überreden, dass jene selbstverständlichen Wahrheiten verborgener Art und hier zum ersten Mal enthüllt sind.

Als Liszt nach seiner ersten Rückkehr aus der Schweiz Thalberg selbst in Paris nicht fand, suchte er seine Neugierde dadurch zu befriedigen, dass er die Compositionen desselben gründlich studirte. Das Ergebniss dieses Studiums legte er in einer Kritik von Thalberg's *Grande Fantaisie*, Opus 22, und *Caprices* Opus 15 und 19 nieder, welche 1837 in der *Gazette musicale* erschienen, begleitet von einer, die abweichende Meinung des Redacteurs ausdrückenden Anmerkung. In der Einleitung zu dieser Kritik, welche richtiger „Pasquill" oder „Schmähschrift" heissen müsste, macht sich Liszt über Thalberg's Titel eines „Pianisten Sr. Majestät des Kaisers von Oesterreich" lustig, und spielt auf die entfernte (d. h. illegitime) Verwandtschaft seines Nebenbuhlers mit einer adligen Familie an, indem er den Erfolg desselben wesentlich diesen beiden Umständen zuschreibt. Der persönliche und verletzende Ton dieser Kritik erinnert einigermaassen an die Art, in welcher die Gelehrten früherer Jahrhunderte, namentlich des 16. und 17. Jahrhunderts, in wissenschaftlichen Controversen miteinander umgingen. Liszt erklärt, dass nicht Eifersucht sondern Wahrheitsliebe ihn zum Schreiben gedrängt habe, indessen täuschte er sich hierin selbst; auch war er durch seine besonderen Kenntnisse und Erfahrungen als Musiker und Virtuose nicht, wie er meinte, mehr als Andere zu der von ihm unternommenen Aufgabe befähigt — er vergass, dass Niemand in seiner eigenen Sache Richter sein kann. Kein Wunder deshalb, dass Fétis, erzürnt über diesen unprovocirten Angriff eines Künstlers auf seinen Collegen, zur Vertheidigung des Angegriffenen seine Feder in Bewegung setzte. Unglücklicherweise war seine Erwiederung eine langathmige und pedantische Abhandlung, welche neben einigem Wahren vielerlei Fragliches, um nicht zu sagen Thörichtes enthielt. In nichts aber verfehlte er so sein Ziel, als in seiner vergleichenden

Werthschätzung Liszt's und Thalberg's; dies zeigt sich klar in
dem sein ganzes Raisonnement zusammenfassenden Satze: „Sie
sind der Repräsentant einer unfruchtbaren und abgethanen Richtung, aber nicht der Mann einer neuen Schule! Thalberg ist
dieser Mann — daran liegt der ganze Unterschied zwischen
Ihnen Beiden."

Wer lächelte nicht bei dieser Combination pompöser Unfehlbarkeit und jämmerlicher Kurzsichtigkeit? Ambros hat
richtig bemerkt, dass zwischen Thalberg und Liszt die ganze
Verschiedenheit bestand, welche das Talent vom Genie trennt;
und in der That führte der Erstere nur eine neue Mode ein,
während Liszt wirklich eine neue Schule begründet hat. Jener
erfand einige ungewöhnliche Effecte, dieser dagegen bewirkte
eine völlige Umwandlung des Clavierstils. Thalberg, obwohl
vollendet in seinem Genre, kann niemals mit einem Künstler
von der Breite, Universalität, vor Allem der intellectuellen und
Gemüths-bewegenden Kraft eines Liszt verglichen werden. Es
ist möglich, den Ersteren zu beschreiben, während der Letztere
sich Proteus-artig dem Griffe desjenigen entwindet, der ihn zu
fassen sucht. Die Thalberg-Affaire war übrigens mit Fétis'
Artikel noch nicht zu Ende: Liszt schrieb eine Replik, in welcher es ihm zwar nicht gelang, sich zu rechtfertigen, wohl aber
dem armen Gelehrten einige scharfe Hiebe zu versetzen. Ich
glaube nicht, dass Liszt den späteren Wiederabdruck dieser literarischen Jünglingsstreiche gebilligt haben würde, wenn er sich
die Mühe gegeben hätte, das Geschriebene noch einmal durch-
zulesen. Es ist lehrreich, seine Kritik der Thalberg'schen Compositionen mit dem zu vergleichen, was Schumann, der in diesem
Falle völlig unparteiisch war, über sie gesagt hat. Nach Liszt's
Meinung ist die „Hugenotten-Phantasie" nicht nur ein durchaus
gedankenarmes und mittelmässiges Werk, sondern auch derart
monoton, dass sie aufs Aeusserste langweilt; nach Schumann's
Meinung dagegen verdient sie den allgemeinen Enthusiasmus,
den sie hervorgerufen, weil der Componist sich als ein Meister
seiner Sprache und Gedanken bewährt, als ein Mann von Welt
auftritt, die Fäden mit einer Leichtigkeit verknüpft und wieder
löst, welche keinerlei Absichtlichkeit gewahren lässt, und seine
Hörer mit sich fortreisst wohin er will, ohne sie zu überreizen
oder sie zu langweilen. Die Wahrheit ist ohne Zweifel mehr

auf Schumann's als auf Liszt's Seite; obwohl Thalberg's Compositionen nicht den höchsten Meisterwerken gleichstehen, sind sie doch den *Morceaux* eines Czerny, Herz und *hoc genus omne* weit überlegen, und ihr Erscheinen bezeichnet thatsächlich für den Stil der Salonmusik einen Fortschritt zum Besseren.

Und wie dachte Chopin über Thalberg? Er theilte die Meinung Liszt's und stellte sich auf dessen Seite. Eduard Wolff sagte mir, Chopin habe für Thalberg nur Geringschätzung gehabt. Herrn G. Matthias danke ich die folgende Mittheilung, welche Chopin's Stellung scharf beleuchtet: „Ich sah Chopin mit George Sand bei Louis Viardot vor dessen Verheirathung mit Pauline Garcia. Ich war erst zwölf Jahre alt, erinnere mich aber dessen, als wäre es gestern gewesen. Thalberg war dort und spielte seine zweite Don Juan-Phantasie (Opus 42), worauf, wie ich bestimmt versichern kann, Chopin ihm viele und scheinbar ernstgemeinte Complimente machte; freilich kann Niemand wissen, was er dabei dachte, denn Thalberg's Arrangement galt ihm als ein entsetzliches Machwerk, und ich habe selbst gesehen und gehört, wie er es in höchst drolliger und amüsanter Weise parodirte, denn sein Sinn für die Parodie und den Spott war in hohem Grade entwickelt."

Thalberg hat nicht viel mit Chopin verkehrt, noch auch nur den leisesten Schatten eines Einflusses auf ihn ausgeübt; indessen durften wir ihn als einen der ersten Pianisten, ja, als einen der charakteristischsten Erscheinungen seiner Zeit, nicht mit Stillschweigen übergehen. Auch kann die geräuschvolle Laufbahn Liszt's und Thalberg's gleichsam als Hintergrund dienen, um das Bild des geräuschlosen Wirkens Chopin's noch deutlicher hervortreten zu lassen.

Ich habe Chopin im Verdacht, dass er zu der Gattung von Künstlern und Dichtern gehörte „qui font de la passion un instrument de l'art et de la poésie, et dont l'esprit n'a d'activité qu'autant qu'il est mis en mouvement par les forces motrices du coeur." Jedenfalls war ein ideales Liebesverhältniss für ihn Existenz-Bedingung. Dass die Täuschung in seiner ersten Liebe sein Herz nicht verhärtet, und ihn gegen die Reize des schönen Geschlechts nicht unempfindlich gemacht hat, erhellt aus den Bemerkungen George Sand's, die einmal sagt, dass sein Herz zwar glühend und hingebend, jedoch nicht beständig einer Person ergeben gewesen sei, sondern abwechselnd fünf bis sechs Neigungen beherbergt habe, deren jede, indem sie unter einander kämpften, eine Zeitlang die übrigen beherrschte und in den Hintergrund drängte. Er konnte sich im Verlaufe einer Abendgesellschaft in drei Damen leidenschaftlich verlieben und sie, nachdem er den Rücken gewendet, wieder vergessen, während jede von ihnen sich einbildete, sie allein habe sein Herz gewonnen. Mit einem Worte, Chopin war eine sehr empfängliche Natur, Schönheit und Anmuth, ja, ein blosses Lächeln konnte ihn alsbald zur Begeisterung entzünden, und ein unpassendes Wort oder ein zweideutiger Blick genügten, um ihn zu ernüchtern. Wenn er aber in seinen eigenen Neigungen durchaus nicht exclusiv war, so machte er dagegen die höchsten Ansprüche an Andere. Als Beweis, wie leicht Chopin gegen Jemanden einzunehmen war, und wie wenig er befähigt gewesen, das, was sein Herz gewährte, mit dem, was er vom Anderen verlangte, in Uebereinstimmung zu bringen, erzählt George Sand eine Geschichte, die er von ihm selbst gehört. Um Missverständnisse zu vermeiden, will ich sie in ihren eigenen Worten reden lassen: „Il s'était vivement épris de la petite-fille d'un maître célèbre; il songea à la demander en mariage, dans le même temps où il poursuivait la pensée d'un autre mariage d'amour en Pologne, sa loyauté n'étant engagée nulle part, mais son âme mobile flottait d'une passion à l'autre. La jeune Parisienne lui faisait bon accueil, et tout allait au mieux, lorsqu'un jour qu'il entrait chez elle avec un autre musicien plus célèbre à Paris qu'il ne l'était encore, elle s'avisa de présenter une chaise à ce dernier avant de songer à faire asseoir Chopin. Il ne la revit jamais et l'oublia tout de suite.“

Dieselbe Geschichte wurde mir von andern intimen Freunden Chopin's erzählt, welche unbedingt an ihre Wahrheit glaubten; ihre Version unterschied sich nur dadurch von der George Sand's, dass sie keine Anspielung auf eine Liebschaft in Polen enthielt. Wohl mögen George Sand's Bemerkungen in der Hauptsache richtig sein, doch müssen wir die Gewohnheit der Romanschreiberin, ihr Thema zu gestalten und auszuschmücken, in Betracht ziehen, und ebenso das Bestreben des Weibes, ihren entlassenen und zürnenden Liebhaber so schwarz als möglich zu malen. Chopin mag sich zahllosen verliebten Launen hingegeben haben, doch giebt die Geschichte seines Lebens wenigstens ein Beispiel treuer und tiefwurzelnder Liebe. Auch soll nicht in Abrede gestellt werden, dass Chopin's Liebe für Constantia Gładkowska ernster Art war, sei es, dass das verhängnissvolle Ende auf seine oder auf ihre, oder auf Beider Rechnung zu schreiben ist.

In Folgendem erfahren wir von einer andern Liebesangelegenheit, welche ebenfalls das Prädicat „ernst" beanspruchen darf. Schon als Knabe schloss Chopin Freundschaft mit den Brüdern Wodziński, welche sich in dem Erziehungsinstitut ihres Vaters als Pensionäre befanden. Mit ihnen ging er häufig nach Służewo, der Besitzung ihres Vaters, und wurde so mit der übrigen Familie bekannt. Die Art der Beziehungen Chopin's zu dieser erkennt man aus einem seiner Briefe (vom 18. Juli 1834) an einen der Brüder, der damals mit seiner Mutter und andern Mitgliedern der Familie in Genf war, wohin sie sich nach der polnischen Revolution von 1830—31 (an der die drei Brüder Anton, Casimir und Felix theilgenommen) gewendet hatten:

„Lieber Felix, Du hast gewiss gedacht ‚Fritz wird schmollen, da er meinen Brief nicht beantwortet!' Doch wirst Du Dich erinnern, dass es immer meine Gewohnheit war, Alles zu spät zu thun. So kam ich auch zu spät zu Miss Fanche, und musste folglich warten, bis der biedere Wolf abgereist war. Wäre ich nicht soeben vom Rhein zurückgekehrt, und hätte ich nicht Verpflichtungen, denen ich mich gerade jetzt nicht entziehen kann, so würde ich sofort nach Genf aufbrechen, um Deiner verehrten Mutter zu danken und gleichzeitig ihrer gütigen Einladung zu folgen. Aber das Schicksal ist grausam — mit einem Wort, es kann nicht sein. Deine Schwester war so freundlich, mir ihre Composition zu schicken; sie macht mir das grösste Vergnügen, und da ich zufällig am Abend ihrer Ankunft in einem unserer Salons improvisiren sollte, so nahm ich als Stoff das hübsche Thema von einer gewissen Maria, mit der ich vor Zeiten im Pszenny'schen Hause Versteck spielte . . . Heute! *Je prends la liberté d'envoyer à mon estimable collègue Mlle. Marie une petite valse, que je viens de publier.* Möge er ihr den hundertsten Theil des Vergnügens gewähren, welches ich bei der Ankunft ihrer Variationen empfand. Schliesslich danke ich Deiner Mama noch einmal sehr aufrichtig, dass sie sich ihres alten und ergebenen Dieners, in dessen Adern auch einige Tropfen Cujavischen Blutes fliessen, so freundlich erinnert hat.

F. Chopin.

P. S. Umarme Anton, überschütte Casimir mit Liebkosungen, wenn Du kannst; was Fräulein Maria anlangt, so mache ihre eine graziöse und respectvolle Verbeugung. Sei überrascht und flüstere ihr zu ‚Himmel wie ist sie gross geworden'!"

Wodziński's kehrten, mit Ausnahme von Anton, im Sommer 1835 nach Polen zurück und hielten sich unterwegs einige Zeit in Dresden auf. Anton, der damals in Paris, und im beständigen Verkehr mit Chopin war, unterrichtete diesen von den Erlebnissen der Seinigen und ebenso die Seinigen von den Erlebnissen Chopin's. So machte es sich, dass sie im September 1835 in Dresden zusammentrafen, wohin sich Chopin begab, nachdem er, wie im vorigen Capitel erwähnt wurde, mit seinen Eltern in Carlsbad gewesen war (P. 298). Der Graf Wodziński sagt in seinem Buche „Les trois romans de Frédéric Chopin", Chopin habe mit seinem Vater von seinem Project gesprochen, Maria Wodzińska zu heirathen, und dieser Gedanke sei durch die blosse Kraft der Erinnerung in seiner Seele erwacht. Die junge Dame war damals neunzehn Jahre alt und, nach dem oben erwähnten Schriftsteller, hochgewachsen und schlank, leicht und anmuthig in ihren Bewegungen. Die Gesichtszüge zeichneten sich, wie er sagt, weder durch Regelmässigkeit noch durch classische Schönheit aus, waren jedoch von einem undefinirbaren Reiz. Ihre dunklen Augen waren voll von Zärtlichkeit, Träumerei und innerem Feuer; ein Lächeln von unaussprechlicher Sinnlichkeit spielte um ihre Lippen, ihr üppiges Haar aber war dunkel wie Ebenholz und lang genug, um sie wie ein Mantel einzuhüllen. Chopin und Maria sahen sich jeden Abend im Hause ihres Onkels, des Palatin Wodziński. Der letztere schloss aus ihrem häufigen *tête-à-tête* am Clavier und in versteckten Winkeln des Zimmers, dass sich hier eine Liebesgeschichte entwickele, und nachdem er die Erfahrung gemacht, dass seine Ermahnungen durch Räuspern und strenge Blicke von seiner Nichte unbeachtet blieben, warnte er seine Schwägerin. Diese indessen nahm die Sache leicht, meinte, es sei eine *amitié d'enfance*, Maria liebe die Musik, und überdies werde bald alles zu Ende sein, da ihre Wege auseinandergingen, der ihrige ostwärts nach Polen, der seinige westwärts nach Frankreich. So liess man die Dinge gehen wie sie begonnen hatten; Chopin verbrachte alle seine Abende bei Wodziński's und begleitete sie auf allen ihren Gängen. Endlich kam die Stunde des Abschieds, die Glocke der Frauenkirche schlug zehn, der Wagen stand vor der Thür, Maria gab Chopin eine Rose aus einem auf dem Tische befindlichen Strauss, und er improvisirte einen Walzer, den er ihr später von Paris sandte, und den sie *L'Adieu* betitelte. Was wir auch von den Einzelheiten dieser Abschiedsscene denken mögen, der in Dresden für Maria componirte Walzer ist eine unleugbare Thatsache. Ein Facsimile desselben findet sich in Szulc' „Fryderyk Chopin" und in Wodziński's „Trois Romans de Frédéric Chopin". Das Manuscript hat die Ueberschrift „Tempo de Valse" auf der linken, und „pour Mlle. Marie" auf der rechten Seite, und ganz unten „F. Chopin, Drezno [Dresden], September 1835."[1])

Die Beiden trafen im folgenden Sommer wieder zusammen, dies Mal in Marienbad, wohin, wie Chopin erfahren hatte, Maria mit ihrer Mutter gegangen war. Sie nahmen ihre Spaziergänge, musikalischen Uebungen und Unterhaltungen wieder auf. Sie zeichnete auch sein Portrait. Endlich hielt Chopin um ihre Hand an. Ihre Antwort lautete, sie könne den Wünschen ihrer Eltern nicht entgegen handeln, noch dürfe sie hoffen, den Willen derselben zu beugen; sie werde ihm aber stets eine dankbare Erinnerung bewahren.[1]) Dies fand im August 1836 statt; zwei Tage darauf verliessen Mutter und Tochter Marienbad. Maria Wodzińska heirathete im folgenden Jahr einen Sohn von Chopin's Pathen, Graf Friedrich Skarbek. Die Ehe wurde eine unglückliche und musste getrennt werden. Später heirathete die Gräfin einen Polen Namens Orpiszewski, welcher vor einigen Jahren in Florenz gestorben ist. Sie ist, meines Wissens, noch am Leben.

Karasowski erzählt den Fall ganz anders. Nach ihm ist Chopin mit den Brüdern Wodziński, die er in Polen gekannt hatte, in Paris wieder zusammengetroffen, und durch sie mit ihrer Schwester Maria bekannt geworden, deren Schönheit und Liebenswürdigkeit ihm sofort ein Interesse erweckte, welches

---

[1]) Es ist dies der Walzer Opus 69 Nr. 1, eines der von Julius Fontana veröffentlichten posthumen Werke.

[2]) Graf Wodziński berichtet auf Pag. 255 seines Buches, dass die Dame ihm in späteren Jahren obige Worte im Vertrauen mitgetheilt habe.

sich bald in heisse Liebe verwandelte. Dass aber Chopin sie
schon in Polen gekannt hat, wird aus seinem oben mitgetheilten
Brief an Felix Wodziński ersichtlich, ganz abgesehen von der
bestimmten Angabe des Autors der „Trois romans" dass Chopin
häufig in Służewo und ein guter Freund Maria's gewesen ist.
Weiter sagt Karasowski, indem er das Zusammentreffen Chopin's mit der Familie Wodziński im Jahre 1835 in Dresden
völlig unerwähnt lässt, dass Chopin Mitte Juli 1836 nach Marienbad gegangen ist, wo er wusste, dass er Marie und ihre
Mutter finden werde; dort habe er sich überzeugt, dass die von
ihm Geliebte seine Neigung erwiedere, und sich mit Zustimmung
ihrer Verwandten verlobt. Nach Beendigung des Aufenthaltes in
Marienbad seien Alle nach Dresden gegangen, wo sie einige
höchst genussreiche Wochen verbracht hätten.[1] Karasowski muss
sich irren, es sei denn, dass Chopin zweimal mit Wodziński's in
Dresden gewesen ist. Dass sich Chopin 1835 einige Zeit in
Dresden aufgehalten hat, ist durch den P. 299 citirten Brief
Wieck's sowie durch den oben erwähnten Walzer bewiesen; der
letztere scheint auch zu bestätigen, was Graf Wodziński bezüglich der Anwesenheit der Familie Wodziński in Dresden zur
selben Zeit sagt. Andererseits besitzen wir keine Beweisstücke,
um die Annahme zu rechtfertigen, dass Chopin oder die Familie
Wodziński 1836 in Dresden gewesen seien. Nach Karasowski
blieb die Verlobung bis Mitte 1837 in Kraft, wo Chopin in
Paris die Nachricht erhielt, dass sie von Seiten der Braut auf-

---

[1] Karasowski erzählt, Chopin habe sich auf dem Höhepunkt der Glückseligkeit befunden. Sein Humor sei unwiderstehlich gewesen. Er ahmte die
berühmtesten Pianisten nach und spielte seine träumerischen Mazurka's in der
bei den Warschauer Dilettanten beliebten Weise d. h. streng im Takt und in
dem scharf-markirten Rhythmus der gewöhnlichen Tanzmusik. Seine Freunde
erinnerten ihn an die Streiche, die er als Knabe während seiner Besuche auf
dem Lande gespielt, wie er die Glacéehandschuhe seiner Schwestern weg zu nehmen pflegte, wenn er in eine Abendgesellschaft ging, und wie er versprochen,
da er selbst keine neuen kaufen konnte, ihnen Dutzende zu schicken,
sobald er eine gute Stellung in Paris erlangt hätte. Der Graf Wodziński bezeugt ebenfalls, dass Chopin in Gesellschaft der Familie Wodziński die heiterste
Laune hatte. In seinem Berichte von dem Aufenthalte in Marienbad sagt er
von Chopin's *polichinades:* „Er ahmte bald diesen bald jenen berühmten Künstler
nach, auch die Vortragsweise gewisser Schüler oder Landsleute, wobei er die
Tasten mit extravaganten Geberden bearbeitete, in einer wilden [*échevelé*] und
romantischen Weise, die er ‚auf die Taubenjagd gehen' nannte."

gehoben sei.[1]) Derselbe berichtet, dass Chopin vor dieser Katastrophe daran gedacht habe, sich mit seiner zukünftigen Gattin
in der Nachbarschaft von Warschau, in der Nähe seiner geliebten Eltern und Schwestern niederzulassen; dort habe er in
stiller Zurückgezogenheit seiner Kunst leben und Schulen für das
Volk gründen wollen. Wie er, ohne eigenes Vermögen und mit
einer Frau, die, wenn auch aus ziemlich reicher Familie[2]), doch
erst nach dem Tode der Eltern in den Besitz eines Vermögens
kommen konnte, diese Träume hätte verwirklichen können, vermag ich mir nicht vorzustellen.

Chopin's Briefe, welche die herzliche Freundschaft zwischen
ihm und der Familie Wodziński so entschieden bezeugen, enthalten leider nichts, was seine Beziehungen zu der jungen
Dame aufzuklären geeignet wäre, wiewohl sie verschiedene Male
dort genannt ist. Am 2. April 1837 schrieb Chopin an Frau
Wodzińska wie folgt: „Ich benutze die Erlaubniss der Frau
Nakwaska und lege einige Worte ein. Ich erwarte Mittheilungen
von Anton's eigener Hand und werde Ihnen einen Brief senden,
noch reicher an Detail's, als der, welcher Vincent's Einlagen
enthielt. Ich bitte Sie, sich seinetwegen zu beruhigen. Noch
sind Alle in der Stadt. Nähere Nachrichten besitze ich nicht
weil die Correspondenten nur von sich selbst berichten. Mein
Brief vom selben Datum muss bestimmt in Służewo sein, und
Sie, soweit es möglich ist, bezüglich dieses Spaniers beruhigen,
welcher mir durchaus ein paar Worte schreiben muss. Ich will
nicht viel Worte machen, um meine Theilnahme bei der Nachricht vom Tode Ihrer Mutter auszudrücken — nicht dieser
wegen, welche ich nicht gekannt habe, sondern um Ihretwillen, die
ich kenne (aber das versteht sich ja von selbst!) Ich muss Ihnen
noch gestehen, dass ich einen Anfall, wie den in Marienbad gehabt
habe; ich sitze vor Fräulein Maria's Album, und sollte ich hundert

---

[1]) Als Erklärung für die Aufhebung dieser muthmaasslichen Verlobung
hat man noch geltend gemacht, dass wenn auch die Mutter derselben günstig
gewesen sei, der Widerspruch des Vaters doch den Ausschlag gegeben habe.

[2]) Um seinen Lesern den Standesunterschied klar zu machen, der Chopin
von seiner Geliebten trennte, berichtet Graf Wodziński unter andern Einzelheiten,
dass ihr Vater über einen Grundbesitz von 20 000 Hektaren verfügt habe. Es
ist kaum nöthig hinzuzusetzen, dass der Umfang dieser Ländereien, wenn wir
die Angabe überhaupt als correct annehmen wollen, weniger auf den Reichthum
als auf die sociale Stellung ihres Besitzers schliessen lässt.

Jahre sitzen, so wüsste ich nichts heineinzuschreiben; es giebt
eben Tage, wo ich ganz aus dem Häuschen bin — heute wäre
es mir lieber, in Służewo zu sein, als nach Służewo zu schreiben,
dann würde ich Ihnen mehr erzählen, als ich jetzt geschrieben
habe. Meine Empfehlungen an Herrn Wodziński und meine
besten Grüsse an Fräulein Maria, Casimir, Therese und Felix."

Der Zweck eines anderen Briefes, datirt vom 14. Mai 1837,
ist gleichfalls, von Anton Wodziński, welcher an den Kämpfen in
Spanien theilnahm, Nachricht zu geben. „Fräulein Maria" wird
im Postscriptum erwähnt, und aufgefordert, einige Worte an
ihren Bruder zu schreiben.

Nach sorgfältiger Abwägung der vorliegenden Beweise
scheint es mir, dass wir trotz der novellistischen Ausschmückung
der *Trois Romans de Frédéric Chopin* den Bericht des Autor's
über Chopin's Heirathsantrag und Fräulein Wodzińska's Wei-
gerung im Jahre 1836 in Marienbad für wahr halten dürfen.
Das Zeugniss eines Verwandten, welches sich auf directe Mittheilung eines der beiden hauptsächlich am Drama Betheiligten
gründet, müssen wir für glaubwürdiger halten, als das eines
Fremden, dessen Nachrichten im besten Falle aus zweiter Hand
stammen, es sei denn dass wir annehmen wollen, die Dame habe
die Thatsachen falsch dargestellt, um der Welt gegenüber im
Lichte der Achtbarkeit und Liebenswürdigkeit, statt als blosse
Coquette zu erscheinen. Die Briefe können kaum als Beweis
für die Verlobung gelten, denn die Aufhebung derselben würde
eine Fortsetzung der alten Freundschaft nicht ausgeschlossen
haben, und ihr Ton deutet nicht die grössere Intimität eines
näheren Verhältnisses an.

Nach seinem Marienbader Aufenthalt kam Chopin wieder
nach Leipzig. Aber die feierlichen Verabredungen zwischen ihm
und Mendelssohn vom Jahre zuvor waren nicht eingehalten worden; Chopin ist im Laufe des Winters nicht nach Leipzig gegangen, und hätte er es gethan, so wäre doch Mendelssohn nicht
in der Lage gewesen, zu Ehren seines Gastes eine neue Symphonie seiner Composition aufzuführen. Verschiedene Stellen
in Briefen Schumann's aus dem Anfang des Jahres 1836 beweisen indessen, dass Chopin von seinen Leipziger Freunden
nicht vergessen war, und, wie es scheint, mit ihnen in Brief-
wechsel gestanden hat. Am 8. März 1836 schrieb Schumann an

Moscheles: „Mendelssohn grüsst Sie herzlich. Er hat sein Oratorium beendigt und dirigirt es selbst zum Düsseldorfer Musikfest. Vielleicht reise auch ich dahin, vielleicht auch Chopin,
dem wir deshalb schreiben."

Die erste Aufführung von Mendelssohn's „Paulus" fand am
22. Mai in Düsseldorf statt. Aber weder Schumann noch
Chopin waren dabei. Der letztere plante ohne Zweifel schon seine
Reise nach Marienbad, und konnte sich den Luxus zweier Ausflüge in einem so kurzen Zeitraume nicht gestatten.

Eine andere hierher gehörige Stelle eines Briefes von
Schumann (vom 28. August 1836 an seinen Bruder Eduard und
seine Schwägerin Therese) lautet: „Eben schrieb ich an Chopin,
der in Marienbad sein soll, ob er auch wirklich da ist. Jedenfalls käme ich auch ohnedies im Herbst noch einmal zu Euch.
Schreibt mir aber Chopin gleich, so reise ich eher, und über
Carlsbad nach Marienbad. Therese, wie wär' es! Du musst
mit! lies erst die Antwort von Chopin und dann über das Andere ausführlich."

Chopin hatte entweder Marienbad schon verlassen, oder er
war im Begriff es zu thun, als er Schumann's Brief erhielt.
Hätte er ihn früher erhalten, so würde seine Antwort nicht eben
ermuthigend ausgefallen sein; denn in seinen Verhältnissen würde
ihm auch der geschätzteste College, der liebenswürdigste Ge-
sellschafter im Wege gewesen sein. Rebecka Dirichlet, eine
Schwester Mendelssohn's, kam damals mit ihrem Gatten nach
Marienbad und erfuhr, dass Chopin sich nicht zeige, und dass
sein Arzt sowie eine polnische Gräfin, welche ihn ausschliesslich für
sich in Beschlag genommen, ihm nicht erlaubten zu spielen. Da
sie jedoch von ihren Brüdern soviel über sein Spiel gehört hatte,
so war sie, um ihre Neugier zu befriedigen, bereit, eine *bassesse*
zu begehen und sich als „Soeur des Messieurs Paul et Félix
Mendelssohn-Bartholdy" bei ihm zu präsentiren. Einige Tage
später schreibt sie in humoristischem Tone: „Die Bassesse gegen
Chopin ist begangen und höchst geplumpt. Dirichlet ging zu
ihm und sagte ihm eine *Soeur* etc. nur einen Mazurka — *impossible, mal aux nerfs, mauvais piano — et comment se porte
cette chère Madame Hensel, et Paul est marié? heureux couple etc.
allez vous promener* — das erste und das letzte Mal, dass wir
so etwas thun!"

Aber wenn Schumann und Chopin sich in Marienbad nicht trafen, so sahen sie sich dafür in Leipzig. Wie sehr der eine von ihnen sich über den Besuch freute, erkennt man aus folgendem Briefe Schumann's an Heinrich Dorn vom 14. September 1836: „Eben als ich vorgestern Ihren Brief erhalte und antworten will, wer tritt herein? — Chopin. Das war grosse Freude. Einen schönen Tag lebten wir, den ich gestern noch nachfeierte . . . Von Chopin habe ich eine neue Ballade. Sie scheint mir sein genialischstes (nicht genialstes) Werk; auch sagte ich es ihm, dass es mir das liebste unter allen. Nach einer langen Pause Nachdenken sagte er mit grossem Nachdruck —, das ist mir lieb, auch mir ist es mein Liebstes.' Ausserdem spielte er mir eine Menge Etüden, Notturns, Masureks — Alles unvergleichlich. Wie er am Clavier sitzt, ist rührend anzusehen. Sie würden ihn sehr lieben. Clara [Wieck] ist aber grössere Virtuosin und giebt seinen Compositionen fast noch mehr Bedeutung, als er selbst. Denken Sie sich das Vollendete, eine Meisterschaft, die von sich selbst gar nichts zu wissen scheint."

Ausser der Ankündigung vom 16. September 1836, dass Chopin einen Tag in Leipzig gewesen sei, dass er unter anderen Dingen neue „himmlische" Etüden, Nocturnen, Mazurkas und eine neue Ballade mitgebracht, endlich dass er viel und „sehr unvergleichlich" gespielt habe, finden sich in Schumann's Beiträgen für die „Neue Zeitschrift für Musik" unverkennbare Reminiscenzen an diesen Besuch Chopin's. So beispielsweise in einem Berichte über Tanzmusik, welcher im folgenden Jahre unter dem Titel „Bericht an Jeanquirit in Augsburg über den letzten kunsthistorischen Ball beim Redacteur ***" erschien und in welchem der Schreiber von einer Unterhaltung mit seiner Tänzerin Beda berichtet: „Ich lenkte das Gespräch leise auf Chopin selbst. Kaum dass sie den Namen gehört, als sie mich zum ersten Mal ganz anblickte, mit grossen guten Augen. ‚Und Sie kennen ihn?' Ich gab zu. ‚Und haben ihn gehört?' Ihre Gestalt ward immer hehrer. ‚Und haben ihn gehört?' Und wie ich ihr jetzt erzählte, dass es schon ein unvergesslich Bild gäbe, ihn wie einen träumenden Seher am Clavier sitzen zu sehen, und wie man sich bei seinem Spiele wie der von ihm erschaffene Traum vorkäme, und wie er die heillose Gewohnheit habe, nach dem Schlusse jedes Stückes mit einem Finger über

die pfeifende Claviatur hinzufahren, sich gleichsam mit Gewalt
von seinem Traum loszumachen, und wie er sein zartes Leben
schonen müsse, — schmiegte sie sich immer ängstlich freudiger
an mich und wollte mehr und mehr über ihn wissen."

Sehr interessant beschreibt Schumann in einem anderen
Bericht desselben Jahres (1837) Chopin's Vortrag einiger seiner
Etüden Opus 25: „Bei diesen Etüden kommt mir noch zu Statten.
dass ich sie meist von Chopin selbst gehört, und ‚sehr à la
Chopin spielt er selbige' flüsterte mir Florestan dabei ins Ohr.
Denke man sich, eine Aeolsharfe hätte alle Tonleitern, und es
würfe diese die Hand eines Künstlers in allerhand phantastischen
Verzierungen durcheinander, doch so, dass immer ein tieferer
Grundton und eine weich fortsingende höhere Stimme hörbar.
— und man hat ungefähr ein Bild seines Spieles. Kein Wunder aber, dass uns gerade die Stücke die liebsten geworden.
die wir von ihm gehört, und so sei denn vor Allem die erste
in As-dur erwähnt, mehr ein Gedicht, als eine Etüde. Man irrt
aber, wenn man meint, er hätte da jede der kleinen Noten deutlich hören lassen; es war mehr ein Wogen des As-dur-Accordes.
vom Pedal hier und da von Neuem in die Höhe gehoben; aber
durch die Harmonien hindurch vernahm man in grossen Tönen
Melodie, wundersame, und nur in der Mitte trat einmal neben
jenem Hauptgesang auch eine Tenorstimme aus den Accorden
deutlicher hervor. Nach der Etüde wird's Einem, wie nach
einem sel'gen Bild, im Traum gesehen, das man, schon halb
wach, noch einmal erhaschen möchte; reden liess sich wenig
darüber und loben gar nicht. Er kam alsbald zur andern in
F-moll, die zweite im Buch, ebenfalls eine, in der sich Einem
seine Eigenthümlichkeit unvergesslich einprägt, so reizend,
träumerisch und leise, etwa wie das Singen eines Kindes im
Schlafe. Wiederum schön, aber weniger neu im Charakter als
in der Figur, folgte die in F-dur; hier galt es mehr, die Bravour
zu zeigen, die liebenswürdigste, und wir mussten den Meister
sehr darum rühmen ... Doch wozu der beschreibenden Worte!"

Ein Brief von Mendelssohn steht uns diesmal nicht zur
Verfügung; dieser war anderswo beschäftigt und in ähnlicher
Weise, wie Chopin in Marienbad. Nachdem er sich in eine
Frankfurterin, Fräulein Jeanrenaud, verliebt hatte, war er nach
Scheveningen gegangen, um zu sehen, ob seine Liebe die Probe

der Trennung aushalte. Da sie dieselbe glänzend bestand, so konnte am 9. September, wenige Tage vor Chopin's Ankunft in Leipzig, seine Verlobung mit der genannten Dame stattfinden, welche am 28. März 1837 seine Gattin wurde.

Noch eine andere Person, welche ich in Verbindung mit Chopin's erstem Besuch in Leipzig erwähnt habe, Henriette Voigt,[1]) berichtet in ihrem Tagebuch am 13. September 1836 Folgendes über den Eindruck, den er ihr gemacht: „Gestern war Chopin hier und spielte eine halbe Stunde auf meinem Flügel — Phantasie und neue Etüden von sich — interessanter Mensch, noch interessanteres Spiel — es griff mich seltsam an. Die Ueberreizung seiner phantastischen Art und Weise theilt sich dem Scharfhörenden mit: ich hielt ordentlich den Athem an mich. Bewundernswürdig ist die Leichtigkeit, mit der diese sammtnen Finger über die Tasten gleiten, fliehen möchte ich sagen. Er hat mich entzückt, ich kann es nicht leugnen, auf eine Weise, die mir bis jetzt noch fremd war. Was mich freute, war seine kindliche, natürliche Art, die er im Benehmen wie im Spiel zeigte." —

Nach dieser kurzen Leipziger Reise-Unterbrechung, bei welcher Gelegenheit Chopin nicht versäumte, das Grabmal des Fürsten Joseph Poniatowski, der hier 1812 durch Ertrinken in der Elster einen frühen Tod gefunden, mit einem Kranz zu schmücken, setzte er seine Heimreise nach Paris fort, wobei er sich möglicherweise noch zwei oder drei Tage in Heidelberg aufgehalten hat.

Die nicht-künstlerischen Ereignisse dieser Periode sind interessanter als die künstlerischen; voran, der Zeit und Bedeutung nach, Chopin's erste Begegnung mit George Sand, ein Ereigniss, welches mehr als irgend ein anderes einen Markstein in Chopin's Leben bildet. Da aber dieser Gegenstand eine ausführlichere Erörterung verlangt, so möge er in einem besonderen Capitel Platz finden.

Im Uebrigen ist aus dieser Periode noch ein Brief Mendelssohn's an Hiller vom 1. September zu erwähnen. Mendelssohn,

---

[1]) Der Herausgeber der „Acht Briefe und ein Facsimile von Felix Mendelssohn-Bartholdy" nennt sie „die kunstsinnige Gattin eines Leipziger Kaufmanns, dessen Haus den in Leipzig wohnenden wie durchreisenden Musikern gastfreundlich offen stand".

der am 24. August 1837 in London angekommen war, schreibt:
„Chopin soll vor vierzehn Tagen plötzlich hier gewesen sein,
hat aber Niemand besucht und kennen gelernt, einen Abend
bei Broadwood sehr schön gespielt, und dann gemacht, dass
er wieder fortkam. Er soll aber immer noch sehr leidend und
krank sein."

Chopin kam am 11. Juli in Begleitung von Camille Pleyel
und Stanislaus Kózmian dem älteren nach London und blieb
dort bis zum 22. Pleyel stellte ihn als „Herrn Fritz" seinem Freunde James Broadwood vor, der sie zum Mittagessen
in seinem Hause in Bryanston Square einlud. Das Incognito
konnte indessen nur so lange bewahrt werden, als Chopin seine
Hände vom Clavier entfernt hielt. Als er sich nach dem Mittagessen zum Spiel hinsetzte, schöpften die Damen des Hauses
Verdacht und nun gelang es ihnen auch bald, die Wahrheit
herauszubekommen. Moscheles bemerkt über diesen Besuch
Chopin's noch Folgendes: „Chopin, der kurze Tage in London
zubrachte, war der Einzige unter den fremden Künstlern, der
Niemanden besuchte und auch nicht besucht sein wollte, da
jede Unterhaltung sein Brustleiden verschlimmerte. Er hörte
einige Concerte und verschwand."

Von besonderem Interesse sind die Erinnerungen des Verfassers eines enthusiastischen Artikels[1]) über einige Nocturnen
und ein Scherzo von Chopin in der *Musical World* vom
23. Februar 1838: „Wäre er [Chopin] nicht der zurückgezogenste
und wenigst ehrgeizigste von allen lebenden Musikern, so würde
er längst als der Erfinder eines neuen Stils oder einer neuen
Schule der Claviercomposition gefeiert worden sein. Während
seines kurzen Besuches in unserer Hauptstadt in letzter Saison
hatten nur Wenige den hohen Vorzug, seine gewissermaassen
improvisirten Vorträge zu hören; diese Wenigen aber werden
die Erinnerung daran für immer festhalten. Er ist nach unserer
Meinung der entzückendste aller Salon-Pianisten. Die Lebhaftigkeit seines Stils ist so maassvoll, die Zartheit so geläutert, die Schwermuth so sanft, die Zierlichkeiten so vollendet
und systematisch, das Ganze in Folge richtigen Urtheils und
eines aufs Höchste verfeinerten Geschmackes so abgerundet, dass

---

[1]) Wahrscheinlich J. W. Davison.

es bei der Menge in einem grossen Concertsaal oder in einem gedrängt vollen Salon seine Wirkung verfehlen würde."

Die „Neue Zeitschrift für Musik" brachte am 8. September 1837 eine Notiz, dass sich Chopin in einem böhmischen Badeort aufhalte. Ich zweifle an der Richtigkeit dieser Angabe; jedenfalls ist mir keine Bestätigung derselben bekannt geworden und die beglaubigten Thatsachen stehen mit ihr in Widerspruch.

Bis dahin war Chopin, wenn auch nichts weniger als robust, doch von irgend einer ernsten Krankheit verschont geblieben. Jetzt indessen sollte die Zeit der Prüfungen für ihn beginnen. In einem undatirten, höchstwahrscheinlich aber im Sommer 1837 geschriebenen Brief an Anton Wodziński, welcher in dem damals in Spanien wüthenden Bürgerkriege verwundet worden war, finden sich Bemerkungen, die Mendelssohn's und Moscheles' Angabe bestätigen: „Mein theuerstes Leben! Verwundet! Fern von uns — und ich kann Dir nichts schicken . . . Deine Freunde denken nur an Dich. Um Gotteswillen erhole Dich und kehre zurück, sobald als möglich. Die Zeitungsberichte sagen, Eure Legion sei völlig vernichtet. Tritt nur nicht in die spanische Armee ein . . . Titus [Woyciechowski] schrieb mir und fragte, ob ich nicht irgend wo in Deutschland mit ihm zusammentreffen könnte. Während des Winters habe ich wieder an Influenza gelitten. Man wollte mich nach Ems schicken; bis jetzt hingegen denke ich nicht an Reisen, da ich unfähig bin, mich zu bewegen. Ich componire und mache Manuscripte druckfertig. Ich denke viel mehr an Dich, als Du Dir vorstellst, und liebe Dich so sehr wie immer.   F. C.

Glaube mir, Du und Titus, ihr wohnt in meinem Herzen.

Am Rande des Briefbogens steht noch: „Ich gehe vielleicht für ein paar Tage zu George Sand; aber beruhige Dich, dies wird die Absendung Deines Geldes nicht verzögern, denn ich werde Hänschen [Matusziński] mit dem Nöthigen beauftragen."

Bezüglich dieses Briefes sowie der beiden früher erwähnten an die Familie Wodziński bemerke ich noch, dass ich sie in M. A. Szulc's „Fryderyk Chopin" gefunden habe.

Neunzehntes Capitel.

George Sand: ihr früheres Leben (1804—1836); ihr Charakter als Frau und als
Schriftstellerin.

unmehr ist der Zeitpunkt gekommen, den Leser mit
Frau Dudevant, oder, wie ihr bekannterer Schrift-
stellername lautet, mit George Sand bekannt zu
machen, deren Erscheinen auf dem Schauplatz schon
im vorigen Capitel angekündigt wurde. Der Charakter dieser
Dame ist so vielfach erörtert worden, und eine genaue Bekanntschaft mit demselben ist so wesentlich für das richtige Verständniss der bedeutenden Rolle, die sie in dem noch übrigen
Theile von Chopin's Leben spielt, dass dieses lange Capitel —
eine Art Intermezzo, eine Biographie in der Biographie — nicht
als überflüssig oder zu ausgedehnt erscheinen wird. Wenn ich
etwas weit aushole, und gewissermaassen vor dem Anfang anfange, so geschieht es, weil in diesem Falle der Stammbaum
eine besondere Bedeutung hat.

Die Mutter von George Sand's Vater war die Tochter des
Maréchal de Saxe (Graf Moritz von Sachsen, natürlicher Sohn
August's des Starken und der Gräfin Marie Aurora von Königs-
mark) und der *dame de l'opéra*, Fräulein de Verrières, deren wirklicher Name Frau de la Rivière, née Marie Rinteau war. Diese
Tochter, Marie Aurora, heirathete im Alter von fünfzehn Jahren
den Grafen de Horne, einen natürlichen Sohn Ludwig's XV.,
welcher bald nach der Hochzeit starb; fünfzehn Jahre später aber
liess sie sich herab, dem *receveur général* Dupin de Francueil die

George Sand

Hand zu reichen, der, wenn auch von alter und angesehener
Familie, doch nicht zum hohen Adel gehörte. Näheres über Fräu-
lein de Verrières findet man in den Memoiren Marmontel's (wel-
cher einer ihrer vielen Liebhaber war), und über Dupin, seinen
Vater, seine Schwiegermutter, seine erste Gattin etc. in Rousseau's
„Confessions", wo er übrigens stets *De Francueil* genannt wird.
Trotz der Ungleichheit des Alters — er war doppelt so alt wie
sie — war die Ehe zwischen Herrn Dupin und der Gräfin De
Horne eine sehr glückliche. Sie hatten ein Kind, einen Sohn
Maurice François Elisabeth Dupin, welcher 1798 in die Armee ein-
trat und zwei Jahre später während des Feldzuges in Italien erst
Lieutenant und später Adjutant des Generals Dupont wurde.

In Italien und um dieselbe Zeit wurde Maurice Dupin mit
Sophie Victoire Antoinette Delaborde bekannt und verliebte sich
in sie. Sie war die Tochter eines Pariser Vogelhändlers, wurde
Figurantin an einem kleinen Theater, wo ihre Jugend, wie George
Sand sich schonend ausdrückt „den schlimmsten Zufälligkeiten
ausgesetzt war". Mit Aufopferung aller Vortheile, die sie bis dahin genossen, folgte sie Maurice Dupin nach Frankreich. Dieser
Liaison entsprossten mehrere Kinder, die aber alle, mit Ausnahme eines einzigen, sehr jung starben. Einen Monat vor der
Geburt Derjenigen, welche unser Interesse hier in Anspruch
nimmt, verheirathete sich Maurice Dupin mit Sophie Delaborde.
Die Ehe wurde nur civil geschlossen und ohne Wissen seiner
Mutter, welche sich gegen diese Verbindung opponirt hatte,
weniger wegen Sophien's plebejischen Ursprungs, als wegen ihrer
zweifelhaften Vergangenheit.

Es war am 5. Juli 1804, als Amantine Lucile Aurore Dupin,
die unter dem Namen George Sand dereinst die Welt mit ihrem
Ruhm erfüllen sollte, das Licht der Welt erblickte. Der Säug-
ling, welcher durch eine Kriegslist in die Arme der Grossmutter
gespielt war, besänftigte den Zorn der alten Dame über die
heimlich geschlossene Ehe, so dass sie ihrem Sohne vergab,
seine Gattin bei sich empfing und sich in das Unabänderliche
zu fügen versuchte. Maurice Dupin kam nach dem spanischen
Feldzug, den er als Adjutant Murat's mitgemacht, nach Nohant,
dem in der Landschaft Berry belegenen Schlosse seiner Mutter.
Dort verlor die kleine Aurora ihren Vater, als sie erst vier
Jahre alt war; er wurde eines Tages auf dem Heimwege von

dem Nachbarstädtchen La Châtre vom Pferde abgeworfen, und starb alsbald in Folge des Sturzes.

Dies Ereigniss war für die Zukunft des Kindes ein sehr ernstes, denn nur der Verstorbene hätte den Gegensatz zwei so unähnlicher Charaktere, wie die der Mutter und der Grossmutter Aurora's, ausgleichen können. Die Mutter war „von dunklem Teint, bleich, leidenschaftlich, unbeholfen und schüchtern in feiner Gesellschaft, aber stets bereit zu explodiren, wenn einmal der innere Sturm zu heftig toste"; ihr Temperament war das „einer Spanierin: eifersüchtig, passionirt, hitzig und schwach, eigensinnig und gütig zugleich". Der Abbé Beaumont (ein natürlicher Sohn des Fräulein de Verrières und des Fürsten Turenne, Herzog von Bouillon, mithin Grossonkel Aurora's) sagte von ihr, sie habe einen schlechten Kopf, aber ein gutes Herz. Sie war gänzlich unerzogen, hatte aber glückliche Naturanlagen, sang allerliebst und war geschickt in Handarbeiten. Die Grossmutter dagegen war „von lichtem Teinte, blond, ernst, ruhig und würdig in ihrer Haltung, das sächsische Blut nicht verleugnend, von einem imponirenden Wesen voll Sicherheit und protegirender Gutherzigkeit". Sie hatte die Philosophen des achtzehnten Jahrhunderts eifrig studirt und war überhaupt eine Dame von vielseitiger Bildung. Etwa zwei Jahre lang brachten diese beiden Frauen es fertig, zusammen zu leben, freilich stets in dem Gefühl der Uneinigkeit, welches nicht immer mit Erfolg unterdrückt wurde und gelegentlich zu offenem Streit führte. Schliesslich kamen sie dahin überein, dass das Kind bei der Grossmutter bleiben solle, wogegen diese ihrer Schwiegertochter ein Jahresgehalt aussetzte, welches ihr gestattete, in Paris zu leben. Dies Arrangement hatte für die jüngere Frau Dupin den Vortheil, dass sie sich von nun an der Pflege einer andern Tochter widmen konnte, die vor ihrer Bekanntschaft mit Aurora's Vater geboren war.

Von ihrer Mutter erhielt Aurora den ersten Unterricht im Lesen und Schreiben. Der Sinn für literarische Thätigkeit scheint ihr angeboren gewesen zu sein, denn schon im Alter von fünf Jahren schrieb sie Briefe an ihre Grossmutter und ihren Stiefbruder (ein natürlicher Sohn ihres Vaters). Als sie sieben Jahre alt war, begann Deschartres, der Verwalter des Vermögens ihrer Grossmutter, der auch Maurice Dupin's Erzieher gewesen war, französische Grammatik und Verslehre, Lateinisch, Arithmetik, Botanik und ein wenig Griechisch mit ihr zu treiben. Sie fand indessen an keiner dieser Disciplinen Geschmack; die trockene Classificirung von Pflanzen und Worten war ihr zuwider, die Arithmetik wollte nicht in ihren Kopf hinein und die Dichtkunst war nicht ihre Sprache. Dagegen war die Geschichte für sie eine Quelle hohen Genusses; sie las sie freilich wie einen Roman, ohne sich um Jahreszahlen und andere langweilige Einzelheiten zu kümmern. Auch die Musik liebte sie, wenigstens so lange ihre Grossmutter sie darin unterrichtete, denn unter der mechanischen Drill-Methode des Organisten von La Châtre, dem sie später übergeben wurde, verwandelte sich ihre Liebe in Gleichgültigkeit. Derjenige Erziehungsgegenstand aber, der allgemein als das Fundament aller Erziehung gilt — ich meine die Religion — wurde auch nicht mit einem Worte erwähnt. Zwar gab man dem Kinde die heilige Schrift in die Hand, doch überliess man es ihr, den Inhalt derselben nach Belieben anzunehmen oder zu verwerfen. Ihre Grossmutter, welche Deistin war, hasste nicht nur die Frommen, sondern die Frömmigkeit selbst und mehr als Alles den Katholicismus. Christus war in ihren Augen ein ehrenwerther Mann, das Evangelium eine vortreffliche Philosophie, nur bedauerte sie, dass hier die Wahrheit durch lächerliche Fabeln verhüllt sei. Das Bischen Religion, welche dem Kinde beigebracht war, dankte es der Mutter, an deren Seite sie niederknien und ihre Gebete hatte hersagen müssen. „Meine Mutter" schreibt George Sand in ihrer *Histoire de ma vie*, der diese Angaben entnommen sind „vereinigte mit ihrem religiösen Empfinden ein poetisches Element, und ich bedurfte der Poesie." Aurora's Sehnen nach Religion und Poesie sollte nicht unbefriedigt bleiben. Im Traume erschien ihr einmal ein Geist, Corambé genannt; dies Traumwesen nahm von ihrer wachen Einbildungskraft Besitz und wurde die Gottheit ihrer Religion, der Titel und Haupt-Held ihres kindischen, ungeschriebenen Romanes. Corambé, der geschlechtslos war, oder richtiger von demjenigen Geschlechte, welches die jeweiligen Umstände erforderten — denn er war unzähligen Metamorphosen unterworfen — hatte „alle Attribute körperlicher und moralischer Schönheit, die Gabe der Beredsamkeit und den allmächtigen Reiz der Kunst, namentlich den Zauber der musikalischen

Improvisation" und war thatsächlich ein Abstractum aller der heiligen und profanen Geschichten, die sie gehört und gelesen hatte.

Die Misshelligkeiten zwischen Auroren's Mutter und Grossmutter dauerten fort, denn der Verkehr zwischen Beiden hörte selbstverständlich nicht gänzlich auf. Die erstere besuchte ihre Verwandten in Nohant und die letztere brachte gelegentlich einige Wochen mit ihren Enkeln in Paris zu. Aurora, welche Beide liebte, ihre Mutter sogar leidenschaftlich, litt sehr unter der Eifersucht der beiden Frauen, welche sich in Klagen, Spöttereien und Vorwürfen Luft machte. Einmal war sie entschlossen, nach Paris zu gehen und bei ihrer Mutter zu bleiben; nur durch das denkbar grausamste Mittel konnte sie davon abgebracht werden, nämlich dadurch, dass ihre Grossmutter ihr von dem ausschweifenden Leben erzählte, welches die Mutter vor der Verheirathung mit ihrem Vater geführt. „Meine ersten socialistischen und demokratischen Anschauungen" schreibt George Sand „danke ich der Eigenthümlichkeit meiner Lage, d. h. gewissermaassen à *cheval* zwischen zwei Gesellschaftsclassen geboren zu sein; ferner der Liebe und dem Vertrauen zu meiner Mutter, welche durch Vorurtheile, unter denen ich litt, bevor ich sie verstehen konnte, getrübt und erschüttert waren. Ich danke sie auch meiner halb philosophischen halb religiösen Erziehung sowie allen den Gegensätzen, welche mein eigenes Leben von frühester Zeit an erfüllten."

Im Alter von dreizehn Jahren wurde Aurore dem Kloster der englischen Augustinerinnen in Paris übergeben, dem einzigen noch übrigen von den drei oder vier Anstalten dieser Art, welche zur Zeit Cromwell's gegründet waren. Dort blieb sie drei Jahre. Ihre Kenntnisse waren beim Eintritt in diese geistliche Erziehungsanstalt nicht von derjenigen Art, welche ihren Besitzer befähigt, ein Examen zu bestehen, mithin wurde sie in die unterste Klasse gesetzt, obwohl sie sich dialektisch sogar ihren Lehrern gegenüber recht wohl hätte behaupten können. Viel zu lernen war im Kloster nicht, doch blieb der Verkehr mit andern Kindern, von denen viele, wie die Nonnen, Englisch-redenden Nationen angehörten, nicht ohne Einfluss auf die Entwickelung ihres Charakters. Es gab dort drei Gattungen von Zöglingen „diables", „bêtes" und „dévotes"; Aurora gesellte sich bald den ersteren zu und wurde einer ihrer Führer. Plötzlich aber kam

eine Veränderung über sie: von dem einen Extrem fiel sie in
das andere, aus der Wildesten der Wilden wurde sie die Frömmste
der Frommen. „In mir war nichts stark, als die Leidenschaft,
und sobald die religiöse Leidenschaft zum Durchbruch kam, ab-
sorbirte sie Alles in mir; nichts in meinem Hirn leistete ihr
Widerstand." Dieser Anfall von religiöser Manie verlor allmählich an Schärfe; gleichwohl beschäftigte sie längere Zeit der
Plan den Schleier zu nehmen, und sie würde ihn vielleicht verwirklicht haben, wäre sie sich selbst überlassen gewesen.

Nach ihrer Rückkehr nach Nohant gab ihr Stiefbruder
Hippolyte, der kurz zuvor in die Armee eingetreten war, ihr
Reitunterricht, und schon nach einer Woche konnte man sie auf
ihrem Gaul Colette über Hecken und Gräben springen, tiefe
Gewässer passiren und steile Höhen erklimmen sehen. „Ich,
das *eau dormante* des Klosters, war fast kühner als ein Husar
und robuster als ein Bauernjunge geworden." Die Mattigkeit,
welche so lange auf ihr gelastet hatte, war mit einem Schlage
einer geräuschvollen Thatkraft gewichen. Nach erreichtem siebzehnten Jahre begann sie auch ernstlich daran zu denken, sich
selbst weiter zu bilden, und da ihre Grossmutter inzwischen
gelähmt und auch geistig geschwächt worden war, so hatte sie
fast keinen anderen Führer als den Zufall und ihre eigenen
Triebe. Thomas a Kempis' „Nachfolge Christi" welche seit
ihrem religiösen Erwachen ihr Führer gewesen, wurde nun, freilich nicht ohne vorangegangenen Kampf, durch Chateaubriand's
„Génie du Christianisme" verdrängt. Dies Buch hatte ihr Beichtvater ihr geliehen, in der Absicht, ihren Glauben zu stärken,
doch brachte es gerade die entgegengesetzte Wirkung hervor, indem es sie für immer vom Glauben loslöste. Nachdem sie
Chateaubriand gelesen und genossen, machte sie sich an die
Philosophen und Essayisten Mably, Locke, Condillac, Montes-
quieu, Bacon, Bossuet, Aristoteles, Leibniz, Pascal, Montaigne,
und wandte sich dann zu den Dichtern und Moralisten La
Bruyère, Pope, Milton, Dante, Virgil, Shakespeare etc. Aber
zur Metaphysik hatte sie keine Neigung; es trieb sie nicht zu
wissenschaftlicher Erforschung der grossen Geheimnisse. „J'étais
un être de sentiment" schreibt sie „et le sentiment seul tranchait
pour moi les questions à mon usage, qui toute expérience faite,
devinrent bientôt les seules questions à ma portée." Dieses „le

sentiment seul tranchait pour moi les questions" ist wiederum
ein Selbst-Bekenntniss oder Beispiel von Selbst-Erkenntniss,
welches wir festzuhalten haben. Was war natürlicher, als dass
dies „Gefühlswesen" die Dichter den Philosophen vorzog, sich
nicht durch kühl-verständige Köpfe sondern durch Rousseau,
den „Mann der Leidenschaft und der Empfindung" anziehen
liess? Alle die geistigen Kreuz- und Querzüge Aurora's zu verfolgen, ist unmöglich; nur im Vorübergehen erwähne ich noch
die Wirkung, welche Byron, Shakespeare's „Hamlet" und Chateaubriand's „René" auf sie gemacht, ihre Selbstmord-Gedanken,
ihre weiten Ritte in Männertracht mit Deschartre, den Tod ihrer
Grossmutter, deren Vermögen sie erbte, ihr Zusammenleben mit
der extavagant-capriciösen Mutter in Paris, ihren Bruch mit der
Familie des Vaters und den aristokratischen Verwandten, weil
sie die Mutter nicht aufgeben gewollt — und komme nun zu
ihrer Heirath, über welche so Manches gefabelt worden ist.

Aurora Dupin verheirathete sich im September 1822 mit
Casimir Dudevant, und zwar aus freiem Willen. Auch war ihr
Gatte nicht, wie man sich erzählte, ein kahlköpfiger alter Oberst
mit grauem Schnurrbart und einem Blicke, der seine Umgebung zittern machte; Casimir Dudevant (ein natürlicher Sohn
des Obersten Dudevant, eines Officiers der Ehrenlegion und
Barons unter dem Kaiserreich) war im Gegentheil nach George
Sand's eigener Beschreibung „ein schlanker, ziemlich eleganter
junger Mann mit einem fröhlichen Gesicht und militärischen
Manieren." Ausser seinem guten Aussehen und seiner Jugend
— er war siebenundzwanzig Jahre alt — muss er auch einige
Erziehung gehabt haben, denn, wiewohl ohne eigentlichen Beruf,
hatte er doch eine Militärschule besucht, dann als Unterlieu-
tenant gedient und war nach seinem Austritt aus der Armee
als Rechtsanwalt zugelassen worden. Seine Bewerbung um ihre
Hand war durchaus nicht romantischer Art, und doch war
sie nichts weniger als alltäglich. „Er sprach nie mit mir von
Liebe" schreibt George Sand „und gab zu, dass ihm brennende
Leidenschaft und Enthusiasmus fremd seien, dass er jedenfalls
nicht die Fähigkeit besitze, seine Gefühle in anziehender Weise
auszudrücken. Er sprach von einer Freundschaft, welche jede
Probe bestehen werde und verglich das ruhige Glück unserer
Wirthe [sie wohnte damals bei Freunden] dem, welches er, wie

er glaubte schwören zu können, mir gewähren werde." Sie fand
Aufrichtigkeit, nicht nur in seinen Worten sondern auch in
seinem ganzen Verhalten; welche Dame könnte aber auch an
der Aufrichtigkeit eines Bewerbers zweifeln, nachdem sie von
ihm gehört, dass er bei der ersten Begegnung durch ihr freundliches und verständiges Aussehen frappirt worden sei, dass er
sie aber weder schön noch hübsch gefunden habe?

Kurz nach der Hochzeit ging das junge Paar nach Nohant,
wo es den Winter zubrachte. Im Juni 1823 kamen sie nach
Paris und dort wurde ihr Sohn Maurice geboren; der einzige
weitere Sprosse ihrer Ehe, eine Tochter Namens Solange, kam
erst fünf Jahre später zur Welt. Die Unvereinbarkeit der Charaktere der Gatten trat bald zu Tage und machte sich mehr
und mehr fühlbar. Seine Natur war eine nüchtern-praktische,
die ihrige eine poetische. Unter seiner Aufsicht gewann Nohant
ein völlig verändertes Aussehen; Ordnung, Sauberkeit und Sparsamkeit traten an Stelle der früheren Vernachlässigung, Ver-
kommenheit und Vergeudung. Die junge Frau musste zugeben,
dass der Wechsel zum Vortheil sei, konnte jedoch nicht umhin,
den früheren Zustand zurückzuwünschen — den alten Hund
Phanor, der von dem Platz am Kamin Besitz genommen und
seine schmutzigen Pfoten auf den Teppich gelegt, den alten
Pfauen, der im Garten die Erdbeeren weggefressen, die wilden
verwahrlosten Winkel, wo sie als Kind so oft gespielt und geträumt hatte. Beide Gatten liebten das Landleben, aber aus
verschiedenen Gründen. Er war ein grosser Freund der Jagd,
infolgedessen er seine Frau viel allein liess; und wenn er dann
nach Hause kam, so mag er nicht immer sehr unterhaltend gewesen sein, denn was er an Lebhaftigkeit mitbrachte, scheint
mehr in seinen Beinen als in seinem Gehirn gesessen zu haben.
In einem Brief vom 1. April 1828 an ihre Mutter sagt Frau
Dudevant: „Vous savez comme il est paresseux de l'esprit et
enragé des jambes." Andererseits muss ihre Stimmung, welche
nichts weniger als beständig heiter war, den Gatten häufig gereizt haben. Gelegentlich hatte sie Wein-Anfälle ohne unmittelbaren Anlass, und eines Tages beim Frühstück überraschte sie
ihren Mann durch einen plötzlich ausbrechenden Thränenstrom,
für welchen sie schlechterdings keinen Grund anzugeben vermochte. Da Herr Dudevant das Befinden seiner Frau auf die

Langweiligkeit Nohant's schob, auf den vor Kurzem erfolgten Tod ihrer Grossmutter sowie auf die Landluft, so schlug er einen Ortswechsel vor, und dies um so bereitwilliger, als er selbst den Aufenthalt in Berry wenig liebte.

Die unterhaltende und zahlreiche Gesellschaft im Hause der Freunde, zu denen sie zum Besuch gereist waren, erweckte alsbald Auroren's Lebensgeister, und sie wurde so ausgelassen fröhlich wie sie zuvor schwermüthig gewesen. George Sand beschreibt ihren Charakter als beständig schwankend zwischen „contemplativer Einsamkeit und völliger Leichtfertigkeit im Zustande ursprünglicher Unschuld". Man kann sich leicht vorstellen, dass sie, bei so auffälligen und unerklärlichen Widersprüchen, Vielen als grillenhaft, dem Gatten aber als schwachsinnig galt; sie selbst giebt die Möglichkeit zu, dass der Letztere darin nicht Unrecht gehabt habe. Jedenfalls gelang es ihm nach und nach, sie die Ueberlegenheit des Verstandes und der Einsicht so gründlich empfinden zu lassen, dass sie in Gesellschaft völlig geknickt und verschüchtert war. Durch den Gedanken beunruhigt, in Nohant wieder allein zu sein, setzte das schlecht-assortirte Paar, auch nach dem Besuch bei den Freunden, das Wanderleben fort. Frau Dudevant machte grosse Anstrengungen, mit den Augen ihres Gatten zu sehen, nach seinen Wünschen zu denken und zu handeln, aber sobald sie mit ihm harmonirte, war es mit ihrer eigenen innern Harmonie zu Ende. Was sie auch unternahmen, wohin sie sich auch wendeten, immer wieder überkam sie jener Trübsinn „ohne Ziel und Name". In der Meinung, dass die Abnahme ihrer Religiosität der Grund ihrer Schwermuth sei, berieth sie sich mit ihrem früheren Beichtvater, dem Jesuiten Abbé de Prémord, und verweilte sogar, mit Zustimmung ihres Mannes, einige Tage in der Zurückgezogenheit des englischen Klosters. Nachdem sie den Frühling 1825 in Nohant zugebracht, gingen Herr und Frau Dudevant am 5. Juli, dem einundzwanzigsten Geburtstag der Letzteren, nach dem südlichen Frankreich. In ihrer sogenannten „Geschichte meines Lebens" hat George Sand Einiges aus ihrem damaligen Tagebuche reproducirt, was die Beziehungen der Gatten zu einander erkennen lässt. Wären wir nur sicher, dass es nicht bloss, wie so Vieles in dem genannten Buche, der Ausfluss ihrer lebhaften Einbildungskraft ist! Neben wiederholten Klagen über des Gatten schlechte Laune und häufige Abwesenheit finden wir folgende ominöse Betrachtungen über die Ehe:

„Die Ehe ist schön für Liebende und nützlich für Heilige."

„Ausser den Heiligen und den Liebenden giebt es eine Menge gewöhnlicher Geister und leidenschaftsloser Herzen, welche die Liebe nicht kennen und die Heiligkeit nicht zu erreichen vermögen."

„Die Ehe ist das Endziel der Liebe; wenn die Liebe verflogen ist, oder niemals vorhanden war, bleibt nur das Opfer. Dies ist sehr gut für Solche, welche opferfähig sind; das Letztere aber setzt eine Dosis Herz und einen Grad von Einsicht voraus, die man nicht häufig antrifft."

„Für Opfer giebt es Belohnungen, welche der Durchschnittsmensch zu würdigen weiss; der Beifall der Welt, das mechanische Behagen der Gewohnheit, eine schlichte, ruhige und besonnene Hingabe, welche sich niemals hinreissen lässt, oder Geld, das heisst Tand, Toilette, Luxus, kurz tausend Kleinigkeiten, welche Einen vergessen machen, dass man des Glückes entbehrt."

Folgende Auszüge des Tagebuches schildern die Situation noch deutlicher:

„Ich ging ziemlich traurig fort. * sagte mir harte Worte, da er von einer Frau *** gehört, dass ich Unrecht gehabt habe, ohne meinen Mann Ausflüge zu machen. Ich glaube nicht, dass dies der Fall ist, da mein Mann zuerst fortgeht und ich ihm dann in derselben Richtung folge."

„Mein Gatte ist einer der unerschrockensten Männer. Er geht überall hin und ich folge ihm. Er wendet sich um und schilt mich. Er behauptet, ich wolle etwas Besonderes vorstellen. Ich will mich aufhängen lassen, wenn ich daran auch nur denke. Ich wende mich um und bemerke, dass Zoé mir folgt. Ich sage ihr, sie wolle etwas Besonderes vorstellen. Mein Mann ist ärgerlich, weil Zoé lacht."

„. . . Wir lassen schnell die Führer und die Karawane hinter uns. Wir passiren die abenteuerlichsten Wege im Galopp. Zoé ist tollkühn. Dadurch fühle ich mich berauscht und bin alsbald ihres Gleichen."

Im Anschluss hieran folge noch eine durch gewisse Tagebuch-Gedanken hervorgerufene Bemerkung: „Aimée war eine ebenso begabte wie feingebildete Dame. Sie liebte alles was als elegant und in der guten Gesellschaft als Zierde gilt: Namen, Manieren, Talente, Titel. Ein Tollkopf, der ich sicherlich war, betrachtete ich Alles dieses als eitel, und strebte nur nach Intimität und Einfachheit, beides mit Poesie vereint. Dies fand ich, Gott sei Dank, in Zoé, die nicht nur thatsächlich eine Person von Verdienst war, sondern überdies auch ein Weib mit einem ebenso liebebedürftigen Herzen, wie mein eigenes."

Herr und Frau Dudevant verbrachten den grössten Theil des Herbstes und den ganzen Winter in Guillery, dem Landsitz des Obersten Dudevant. Wäre letzterer nicht um eben diese Zeit gestorben, so würde er die jungen Leute vielleicht vor den Wirren bewahrt haben, denen sie jetzt entgegen gingen — so wenigstens hat seine Schwiegertochter später gedacht. Im Sommer 1826 kehrte das zwiespältige Paar nach Nohant zurück, wo sie, kurze Zwischenpausen abgerechnet, bis 1831 lebten.˙ Bis dahin hatten ihre Beziehungen viel zu wünschen gelassen, von nun an wurden sie mit jedem Tage schlechter. Es wäre indess ein Irrthum, die Ursache dieses Zustandes lediglich in der Ungleichheit der Temperamente suchen zu wollen — die poetischen Neigungen auf der einen, die prosaischen auf der andern Seite — denn wiewohl diese Ungleichheit ein ideales Eheverhältniss ausschloss, so machte sie doch ein erträgliches und selbst behagliches Zusammenleben keineswegs unmöglich. Die wahre Ursache der aufsteigenden Wolken und des drohenden Sturmes ist anderswo zu suchen. Frau Dudevant besass eine ungewöhnliche Lebenskraft; sie barg in sich so zu sagen einen enormen Vorrath von Energie, der, so lange er keinen Abfluss fand, ihr Gemüth bedrückte und sie elend machte. Nun waren aber in ihrer damaligen Lage alle Abzugscanäle verschlossen. Die Sorge um das Hauswesen, welche sie, wenn wir ihrer Angabe trauen dürfen, weder unter ihrer Würde hielt noch gegen ihren Geschmack fand, hätte wohl als Sicherheitsventil dienen können; aber ihr Wirthschaften nahm bald ein missliches Ende. Als ihr Mann nach dem ersten Jahre der Ehe die Rechnungsbücher prüfte, fand er, dass sie statt zehntausend Franken vierzehntausend verbraucht hatte und musste ihr erklären, dass seine Börse für ihre Freigebigkeit nicht gross genug sei. Da sie in Folge dessen unbeschäftigt war und sich nützlich zu machen wünschte, legte sie sich auf Armenpflege und Bereitung von Arzneien; doch war ihr Geist durchaus nicht von der Art, um das dreifache Gelübde des Gehorsams, des Schweigens und der Armuth zu ertragen, und so konnte dies Leben, welches sie mit dem einer Nonne verglich, keineswegs nach ihrem Geschmacke sein.

Sie beklagte sich nicht so sehr über ihren Gatten, der sie in ihrer Lectüre und Arzneikocherei nicht störte, auch im Uebrigen durchaus kein Tyrann war, als vielmehr darüber, Sklave einer gegebenen Situation zu sein, aus welcher er sie nicht befreien konnte. Der völlige Mangel an für sie verfügbarem Gelde wurde von ihr, im Hinblick auf unsere künstlichen Gesellschaftsverhältnisse, als eine unerträgliche Lage, als entsetzliches Elend oder gänzliche Machtlosigkeit empfunden. Was ihr fehlte, waren einige Geldmittel, über welche sie ohne Skrupeln und ohne Rechnung ablegen zu müssen hätte verfügen können, sei es zu Gunsten eines künstlerischen Genusses, eines werthvollen Buches, einer kleinen Reise, eines Geschenkes an einen unbemittelten Freund, einer Wohlthätigkeit oder ähnlicher Nebendinge, die, wenn auch nicht unentbehrlich, doch das Leben reizvoll machen. „Nicht verantwortlich sein" schreibt sie „ist ein Zustand der Sklaverei, eine Art schimpflicher Entmündigung" — beide aber sind ein drückendes Joch, welches ein so starker Charakter wie der ihrige unmöglicherweise geduldig und für lange Zeit auf sich nehmen konnte. Damit sind indessen die Klagegründe der Frau Dudevant noch keineswegs erschöpft. Ihr Bruder Hippolyte war, nachdem er sein eigenes Vermögen verwirthschaftet hatte, nach Nohant gekommen und dort aus Sparsamkeitsrücksichten bis auf Weiteres geblieben. Seine ausschweifenden Neigungen sowie die eines andern Gastes steckten schliesslich auch ihren Gatten an, und die Folge war, dass die Herren nicht nur bis spät in die Nacht zechten, sondern auch gelegentlich zweideutige Unterhaltungen führten. Jetzt begann sie ernstlich darüber nachzudenken, wie die nöthigen Mittel zu beschaffen seien, um sich einer so unliebsamen Umgebung und ihre Kinder dem nachtheiligen Einfluss derselben zu entziehen. Vier Jahre lang suchte sie nach einer Beschäftigung, bei welcher sie ihren Lebensunterhalt verdienen könnte. Die Thätigkeit einer Putzmacherin war beim Mangel eines Betriebscapitales ausser Frage; durch Handarbeit war nicht mehr als zehn Sous den Tag zu verdienen; Uebersetzungen aus fremden Sprachen konnten bei ihrer Gewissenhaftigkeit den Zeitaufwand nicht lohnen; ihre Bleistift- und Wasserfarben-Portraits waren leidlich ähnlich, ermangelten aber der Originalität; mit dem Malen von Blumen und Vögeln auf Cigarrentaschen, Arbeitskästchen, Fächern etc. hatte sie besseren Erfolg, wurde aber bald durch einen Wechsel der Mode entmuthigt.

Endlich kam Frau Dudevant zu dem Entschlusse, nach Paris zu gehen und ihr Glück als Schriftstellerin zu versuchen. Sie hatte keinerlei Ehrgeiz und hoffte lediglich ihre spärlichen Einkünfte ein wenig zu verbessern. In Bezug auf ihr Wissens-Capital schreibt sie: „Ich kannte Geschichtswerke und Romane, war geübt im Notenlesen, hatte ein unaufmerksames Auge auf die Zeitungen geworfen . . . Monsieur Néraud [der Malgache der *Lettres d'un Voyageur*] hatte versucht mir Botanik beizubringen." Nach der *Histoire de ma vie* kam dieser neue Lebensplan auf dem Wege freundschaftlicher Uebereinkunft zu Stande, George Sand's Briefe jedoch stellen, wie in so vielen Fällen, die Sache ganz anders dar. Besonders wichtig ist ein Brief vom 3. December 1830 an Jules Boucoiran, welcher bis kurz zuvor der Erzieher ihrer Kinder gewesen war und den sie, nach Mittheilung des Vorgegangenen, bittet, sich jetzt, wo sie den grössten Theil des Jahres von Nohant abwesend sein werde, der Kinder wie früher anzunehmen. Boucoiran, muss ich dabei bemerken, war ein junger Mann von etwa zwanzig Jahren, der ihr am 2. September 1829 völlig fremd war, den sie aber schon am 30. November desselben Jahres als *Mon cher Jules* anredet. In dem erwähnten Briefe nun berichtet sie ihm, dass sie, während sie im Schreibtisch ihres Mannes etwas gesucht habe, auf ein an sie adressirtes Packet gestossen sei, mit der Beischrift von seiner Hand „Erst nach meinem Tode zu öffnen". Von Neugier geplagt habe sie das Packet geöffnet und nichts darin gefunden als Verwünschungen gegen sie. „Alle seine Verstimmung und seinen Aerger gegen mich" sagt sie „alle seine Betrachtungen über meine Verderbtheit hatte er darin aufgespeichert". Dies war zu viel für sie; sie hatte sich acht Jahre lang demüthigen lassen, nun wollte sie frei reden. „Ohne einen Tag länger zu warten, noch schwach und krank, gab ich meine Absicht und die Ursachen dafür kund, und zwar mit einem *Aplomb* und einer Ruhe, welche ihn versteinerten; er hatte wohl kaum erwartet, ein Wesen meiner Art zu seiner vollen Höhe wachsen und ihm gegenübertreten zu sehen. Er murrte, disputirte, bat, ich aber blieb unbeweglich. Ich verlange ein Jahresgehalt, werde nach Paris gehen, die Kinder werden in Nohant bleiben." Sie that, als sei sie bezüglich aller dieser Punkte unerschütterlich, nach einiger Zeit aber lenkte sie ein und willigte darin, nach Nohant zurückzukehren, falls ihre Bedingungen angenommen würden. Diese kennen wir aus der *Histoire de ma vie*: Sie verlangte ihre Tochter, ferner die Freiheit, zwei Mal im Jahre drei Monate in Paris zuzubringen, endlich zweihundert und fünfzig Franken monatlich während der Zeit ihrer Abwesenheit von Nohant. Aus ihren Briefen wird übrigens ersichtlich, dass die Tochter während der ersten drei Monate in Paris nicht bei ihr war.

Im Anfang des Jahres 1831 siedelte Frau Dudevant nach Paris über. Ihre Einrichtung war die denkbar einfachste; die Wohnung bestand aus drei kleinen Räumen im fünften Stock (einer Mansarde) eines Hauses am Quai Saint-Michel; Waschen und Plätten besorgte sie selbst, die Frau des Portiers half ihr die Zimmer besorgen; die Mahlzeiten wurden von einem Restaurant geholt und kosteten zwei Franken per Tag. So gelang es ihr, mit ihrem Jahrgehalt auszukommen. Dies und das Folgende berichte ich nach ihren eigenen Mittheilungen. Da sie die weibliche Toilette zu kostspielig, bei Koth und Regen wenig geeignet und auch übrigens unbequem fand, so versah sie sich mit einem Ueberrock *(redingote-guérite)*, Beinkleidern und Weste von derbem grauen Zeug, einem Hut von derselben Farbe, und Stiefeln mit kleinen eisernen Absätzen. Dieser letztere Theil ihrer Equipirung machte ihr besonderes Vergnügen. Da sie in Nohant beim Reiten und Jagen häufig Männerkleider getragen, und in der Erinnerung daran, dass ihre Mutter die Gewohnheit gehabt, während ihres Aufenthalts in Paris in derselben Kleidung mit ihrem Vater das Theater zu besuchen, fühlte sie sich in diesem Anzug völlig heimisch und sah darin nichts Anstössiges.

Um diese Zeit begann was sie ihr literarisches Schuljungenleben *(vie d'écolier littéraire)*, ihr *vie de gamin* nannte. Sie durchwanderte die Strassen von Paris zu allen Tageszeiten und bei jedem Wetter; besuchte Dachstübchen, Ateliers, Clubs, Theater, Kaffeehäuser, kurz alles, mit Ausnahme der Salons. Kunst, Politik und der Roman der menschlichen Gesellschaft

waren die Studien, welche sie eifrigst betrieb. Diejenigen aber
strafte sie Lügen, welche von ihr sagten sie habe *la curiosité
du vice* gehabt.

Die Literaten, mit denen sie beständig verkehrte und mit
denen sie sich am engsten verbunden fühlte, waren, wie sie, aus
Berry. Henri de Latouche (oder Delatouche, wie George
Sand schreibt) aus La Châtre, Redacteur des „Figaro", nahm
sie unter die Mitarbeiter dieses Blattes auf. Sie hatte indessen
kein Talent für derartige Arbeit, nnd ihr Gewinn betrug am
Ende des Monats höchstens zwölf bis fünfzehn Franken. Frau
Dudevant und die beiden andern „Berrichons", Jules Sandeau
und Félix Pyat, waren sozusagen die literarischen Lehrlinge
Delatouche's, der nicht nur bedeutend älter als sie war (er war
1785 geboren) sondern auch seinen Ruf als Journalist, Romanschriftsteller und dramatischer Autor längst befestigt hatte. Die
erste Arbeit der Frau Dudevant war die Novelle „Rose et
Blanche"; sie verfasste dieselbe mit Jules Sandeau, von dessen
Beziehungen zu ihr man allgemein glaubt, dass sie nicht bloss
literarischer Natur gewesen seien. Diese Novelle, welche 1831
erschien, hatte solchen Erfolg, dass der Verleger die Autoren
aufforderte, eine zweite für ihn zu schreiben. In Folge dessen
schrieb Frau Dudevant die „Indiana", diesmal aber ohne Mitwirkung Jules Sandeau's. Sie beabsichtigte diese Arbeit unter
dem *nom de plume* Jules Sand zu veröffentlichen, der schon bei
Rose et Blanche als Autorname figurirt hatte; Jules Sandeau aber
gab dies nicht zu und behauptete, da sie die Arbeit allein gethan, müsse sie auch allein die Ehre davon haben. Um beide
Theile zu befriedigen, Jules Sandeau, der sich nicht mit fremden
Federn schmücken wollte, und den Verleger, der selbstverständlich einen bekannten Namen einem unbekannten vorzog, gab
Delatouche der Frau Dudevant den Namen George Sand, unter
welchem von nun an alle ihre Arbeiten veröffentlicht wurden,
und sie in der Gesellschaft bekannt war, wie auch ihre Freunde
sie gewöhnlich so nannten. Im Jahre 1832 erschien nach der
„Indiana" die „Valentine" und 1833 folgte „Lélia". Für die
beiden ersten dieser Romane erhielt sie 3000 Franken. Nachdem Buloz die „Revue des deux Mondes" gekauft hatte, wurde
sie Mitarbeiterin dieses Blattes; dies beweist, dass sich ihre
Verhältnisse bedeutend verbessert hatten und dass für sie der

Kampf ums Dasein kein besonders harter gewesen ist. Sie war in der That im Verlauf von zwei Jahren zu Ruf gelangt und schon jetzt eine vielgepriesene und vielgeschmähte Berühmtheit.

Während dieses ganzen Zeitraumes hatte George Sand, wie man überein gekommen war, abwechselnd drei Monate in Paris und drei Monate in Nohant zugebracht. Ein Brief des Herrn Dudevant an seine Gattin aus dem Jahre 1831 wirft ein merkwürdiges Licht auf die Beziehungen der beiden. Der verträgliche Geist, welcher darin waltet, hat etwas Rührendes: „Ich werde nach Paris gehen, aber nicht bei Dir wohnen, weil ich Dich nicht geniren will und ebensowenig durch Dich genirt sein möchte."

Im August 1833 traf George Sand zum ersten Mal mit Alfred de Musset zusammen, und zwar bei einem Mahle, welches der Verleger Buloz für die Mitarbeiter der *Revue des deux mondes* veranstaltet hatte. Die beiden waren Tischnachbaren. Musset besuchte George Sand bald darauf, wiederholte seine Besuche und hatte sich nach kurzer Zeit leidenschaftlich in sie verliebt. Sie erwiederte seine Liebe; aber die ungetrübte Wonne der ersten Tage ihrer *Liaison* war von kurzer Dauer. Schon im folgenden Monat flüchteten sie aus den Pariser Verhältnissen und Klatschereien, welche sie als die Zerstörer ihrer Harmonie betrachteten. Nachdem sie Genua, Florenz und Pisa besucht hatten, liessen sie sich für längere Zeit in Venedig nieder. Italien vermochte jedoch nicht, ihnen den Frieden und die Beruhigung, welche sie suchten, zu gewähren; die Tage der „Anbetung, Ekstase und Verehrung" gehörten augenscheinlich zu den überwundenen Dingen. Unliebsame Scenen kamen wieder und wieder vor — wie hätte sich auch bei zwei so durchaus verschiedenen Charakteren eine dauernde Uebereinstimmung herstellen lassen? Die Kraft und Entschlossenheit des Weibes contrastirte zu sehr mit der Schwäche und Halbheit des Mannes; ihre reflectirende Gemüthsruhe, ihre kluge Vorsicht und ihre Liebe zur Ordnung und Thätigkeit waren der gerade Gegensatz zu seiner übertriebenen Reizbarkeit und Empfindlichkeit, seiner übermüthigen Sorglosigkeit, seiner unbesiegbaren Neigung zur Faulheit und zu Unregelmässigkeiten jeder Art. Während George Sand an ihrem Schreibtische sass, mit irgend einer Geld und Ruhm versprechenden Arbeit beschäftigt, verzettelte Musset seine Zeit mit Sängerinnen und Tänzerinnen. Im April 1834 verliess der Dichter George Sand nach einem heftigen Streit und reiste von Venedig ab, bevor er sich noch von den Folgen eines Nervenfiebers, welches ihn mehrere Wochen ans Bett gefesselt, völlig erholt hatte. Dies war indessen noch nicht das Ende ihrer Verbindung; trotz Allem was vorgegangen war, kamen sie noch einmal zusammen (in Paris, im Herbst 1834) doch nur, um sich nach vierzehn Tagen für immer zu trennen.

Es ist unmöglich, jedenfalls werde ich den Versuch nicht machen, in den verschiedenen, über dieses Liebesdrama veröffentlichten Berichten das Wahre vom Unwahren zu scheiden. George Sand's Version findet sich in ihren „Lettres d'un voyageur" und „Elle et Lui"; die Alfred de Musset's in dem Buche seines Bruders Paul „Lui et Elle". Keine dieser Lesarten indessen kann als ein schlichter ungeschminkter Bericht gelten. Im Ganzen scheint Paul de Musset der Wahrheit näher zu kommen, aber auch er ist vom Vorwurf der Uebertreibung nicht frei zu sprechen. Wenn er sagt, sie habe neben dem Bette des Geliebten, den sie bewusstlos und sterbend glaubte, mit dem Arzt geschäkert, auf seinen Knieen gesessen, ihn zum Abendessen bei sich behalten und aus einem Glase mit ihm getrunken, so scheint ihr Bericht glaubwürdiger, nach welchem das, was Alfred de Musset für Wirklickeit gehalten, bloss eine Fiebertraum-Phantasie gewesen wäre. Zu den Versionen George Sand's und Paul de Musset's kommt noch eine dritte von Louise Colet in ihrem „Lui", eine Schrift, welche den Stempel der Unaufrichtigkeit fast auf jeder Seite trägt und die ein neuerer Schriftsteller, ich glaube Maxime du Camp, schlimmer als Lügenerfindung, nämlich eine systematische Verdrehung der Wahrheit genannt hat. Eine Stelle aus George Sand's „Elle et Lui", in welcher Thérèse und Laurent, beide Künstler, die Romanschriftstellerin und den Dichter repräsentiren, zeigt, wie sie den Fall aufgefasst wissen will: „Thérèse war nicht schwach gegen Laurent in dem spöttischen und frivolen Sinne, welchen man diesem Worte bei Liebesangelegenheiten giebt. Es war wohl überlegt und aus freien Stücken, dass sie, nach Nächten sorgenvollen Sinnens, ihm sagte: ‚ich wünsche was Du wünschest, weil wir zu dem Punkt gelangt sind, wo der zu begehende Fehler die unvermeidliche Busse für eine Reihe schon begangener Fehler ist. Ich bin Dir gegenüber schuldig, Dich nicht in egoistischer Klugheit gemieden zu haben; nun ist es besser dass ich gegen mich selbst schuldig werde, indem ich auf Kosten meines inneren Friedens und meines Stolzes Deine Genossin und Dein Trost bleibe'. . . . ‚Horch' fügte sie hinzu, indem sie seine Hand mit aller Kraft in ihre beiden Hände presste ‚ziehe nie diese Hand von mir zurück und was auch kommen möge, bewahre Dir genug Ehre und Muth, um nicht zu vergessen, dass ich, bevor ich Deine Maitresse wurde, Deine Freundin gewesen bin . . . Ich verlange nichts weiter von Dir, als dass Du Dich, wenn Du, wie jetzt meiner Freundschaft, einst meiner Liebe müde bist, daran erinnerst, dass es nicht ein Moment des Wahnsinns gewesen, der mich in Deine Arme getrieben, sondern ein plötzlicher Drang meines Herzens und ein zarteres beständigeres Gefühl, als der Rausch der Wollust'.''

Ich werde das Citat nicht fortsetzen, denn die weitere Discussion dieses Themas wird gar zu widerwärtig. Man kann nicht umhin, in Alfred de Musset's ungeduldige Unterbrechung der salbungsvollen Sittenpredigt George Sand's einzustimmen: „Liebste" ruft er in seines Bruders Buch aus „Du sprichst so viel von Keuschheit, dass es anfängt unanständig zu werden." Aehnlich äussert sich auch Louise Colet: „Wenn man der Welt das Schauspiel dessen giebt, was die Welt einen Liebes-Skandal nennt, so muss man wenigstens den Muth der eigenen Leidenschaft haben. In dieser Hinsicht waren die Frauen des achtzehnten Jahrhunderts besser: sie verschmähten es, die Liebe mit Metaphysik herauszuputzen *(elles n'alambiquaient pas l'amour dans la métaphysique)*.

Es ist kaum nöthig zu erwähnen, dass George Sand viel mit Männern von Geist verkehrte. Einige Literaten von Bedeutung sind schon genannt worden. Sainte-Beuve und Balzac zählten zu ihren frühesten literarischen Freunden, zu denen auch noch Heine gehörte. Mit Lamartine und andern Vertretern der *belles-lettres* war sie ebenfalls bekannt. Mehr als einer der hier Genannten verdienen jedoch drei ihrer Freunde, Männer von völlig verschiedenem Wesen, die Aufmerksamkeit dessen, der George Sand's Persönlichkeit studirt, Männer, deren Streben und Unterweisung ihren Geist mächtig anregten, die Richtung ihres Denkens bestimmten und ihren geistigen Hori-

zont erweiterten. Der Einfluss dieser drei, des Advokaten Michel
(de Bourges), ein ernster Politiker, des Philosophen und National-
Oeconomen Pierre Leroux, einer der Begründer der *Encyclopédie
nouvelle* und Verfasser des Buches *De l'humanité, de son prin-
cipe et de son avenir*, und des Abbé Lamennais, Verfasser des
Essai sur l'indifférence en matière de religion etc. ist deutlich
zu verfolgen in den *Lettres à Marcie, Spiridion, Les sept cordes
de la lyre, Les compagnons du tour de France, Consuelo, La
comtesse de Rudolstadt, Le péché de M. Antoine, Le Meunier
d'Angibault* und in noch anderen Werken der Schriftstellerin.
Die Bekanntschaft Pierre Leroux' und des Abbé Lamennais
machte George Sand 1835. Der letztere wurde ihr von ihrem
Freunde Franz Liszt vorgestellt, der alle hervorragenden Männer
des Tages persönlich kannte und ihr, wie es scheint, oft ähnliche Dienste erwiesen hat. Ihr Freundschaftsverhältniss zu
Michel de Bourges, dem „Everard" der *Lettres d'un voyageur*,
begann schon vor 1835.

Während George Sand's Aufenthalt in Venedig hatte Herr
Dudevant fortgefahren, ihr in freundschaftlichem und befriedig-
tem Tone zu schreiben. Sie nahm daher nach ihrer Rückkehr
nach Frankreich im Sommer 1834 ihre periodischen Besuche in
Nohant wieder auf; aber das Vergnügen, ihr Heim und ihre
Kinder wiederzusehen, war eben so kurz wie es süss war, denn
sie musste bald entdecken, dass weder das eine noch die andern
„moralisch gesprochen" ihr noch gehörten. Herrn Dudevant's
Ansichten bezüglich beider wichen von denen seiner Frau vollständig ab, und sie fühlte sich überhaupt den Verhältnissen völlig
entfremdet. Aus George Sand's mysteriösen Aeusserungen über
diese Verhältnisse entnimmt man, dass sie abnorme und gefähr-
liche Einflüsse fürchtete, denen der häusliche Herd ausgesetzt gewesen, und sich unfähig fühlte, in ihrem, vor täglichen Kämpfen
und Familienstreitigkeiten zurückschreckenden Willen die nöthige
Kraft zur Beherrschung der Situation zu finden. Aus den dunkeln und äusserst kurzen Mittheilungen von Thatsächlichem, die
hier und da zwischen beredte und langathmige Erörterungen über
die verschiedenen Seiten der Ehe, über den berechtigten Stolz
des Weibes und ähnliches verstreut sind, ersehen wir soviel: sie
wünschte unabhängiger zu sein, als sie bis dahin gewesen, und
vor allem einen grösseren Theil ihrer Einkünfte zu erhalten,

welche ungefähr fünfzehntausend Franken betrugen, von denen
der Gatte ihr jedoch für sie und ihre Tochter nur dreitausend
Franken gab. Dabei ist zu bemerken, dass Herr Dudevant die
ganze Zeit hindurch vom Vermögen seiner Gattin gelebt hatte,
da er selbst nichts besass, so lange seine Stiefmutter lebte. In
Folge der Vorstellungen seiner Frau und des Rathes ihres
Bruders hatte er sich schon mehrfach zu einem gerechteren
Arrangement bereit erklärt; sobald er aber ein Versprechen ge-
geben oder einen Vertrag unterzeichnet hatte, machte er das
Geschehene wieder rückgängig.

Laut eines jener Arrangements sollten George Sand und
ihre Tochter jährlich sechstausend Franken erhalten; nach einem
andern sollte Herr Dudevant jährlich siebentausend Franken erhalten und Nohant sowie den Rest der Einkünfte seiner Frau
überlassen. Der letztere Ausweg wurde schliesslich von beiden
Parteien angenommen, jedoch erst nachdem man sich ein Jahr
lang gestritten und dreimal processirt hatte. George Sand kam
um Scheidung ein, und das Gericht von La Châtre entschied
am 16. Februar 1836 zu ihren Gunsten, bestätigte auch dieses
Urtheil bei einem zweiten Termin am 11. Mai 1836.[1]) Herr
Dudevant appellirte dann an den Cassations-Gerichtshof in
Bourges, wo der Fall am 25. Juli zur Verhandlung kam, doch

---

[1]) Was George Sand ihre „Ehe-Biographie" nennt, ist in der Zeitung *Le
Droit (Journal des tribunaux)* vom 18. Mai 1836 zu lesen. Der dort abgedruckte
Bericht, welcher die Mitwirkung ihres Rechtsanwalts, wenn nicht gar ihre eigene,
verräth, enthält einige interessante Punkte, lässt dagegen andere unerwähnt. Man
wünschte, dort etwas mehr über die Vertheidigung des Gatten zu erfahren.

Die Verhandlungen begannen am 30. October 1835, wo „Madame D . . .
a formé contre son mari une demande en séparation de corps. Cette demande
était fondée sur les injures graves, sévices et mauvais traitements dont elle se
plaignait de la part de son mari."

Ihr Vertheidiger, Michel de Bourges sagte u. a. Folgendes: „Dès 1824, la
vie intime était devenue difficile; les égards auxquels toute femme a droit furent
oubliés, des actes d'emportement et de violence révélèrent de la part de M. D...
un caractère peu facile, peu capable d'apprécier le dévouement et la délicatesse
qu'on lui avait témoignés. Les mauvais traitements furents d'abord plus rares
que les mauvais procédés, ainsi les imputations d'imbécillité, de stupidité, furent
prodiguées à Madame D..., le droit de raisonner, de prendre part à la conversation lui fut interdit . . . des relations avec d'autres femmes furent connues de
l'épouse, et vers le mois de Décembre 1828 toute cohabitation intime cessa.

„Les enfants eux-mêmes eurent quelque part dans les mauvait traitements."

zog er seine Appellation zurück, bevor das Urtheil gefällt war.
Die im Verlaufe dieser Processe zur Sprache gekommenen Anschuldigungen und Enthüllungen waren nichts weniger als er-
baulich. George Sand behauptet, sie habe sich darauf beschränkt, die durch das Gesetz erforderlichen Beweise zu liefern
und nur die durchaus nothwendigen Mittheilungen über Thatsachen zu machen; diese Thatsachen, diese Beweise aber müssen
sehr verletzender Art gewesen sein, denn Herr Dudevant antwortete mit Androhung von Enthüllungen, deren hunderttau-
sendster Theil genügen würde, sie zittern zu machen. „Sein
Rechtsanwalt weigerte sich, ein Schreiben dieses Inhalts vorzulesen; die Richter würden sich geweigert haben, es anzuhören."
Ueber ein von Herrn Dudevant dem Gericht übergebenes Actenstück sagt seine Frau, es sei von zwei Dienerinnen, die sie ent-
lassen hatte, „dictirt, man könne sagen, aufgesetzt". Sie bleibt
dabei, diese Behandlung nicht verdient zu haben, da sie ihren
Gatten nur in der Weise verletzt habe, deren er selbst sich zu
rühmen gewohnt war.

George Sand's Briefe[1]) scheinen mir endgültig zu beweisen,
dass das Verlangen nach Unabhängkeit und vor allem nach
pecuniärer Verbesserung ihrer Lage für sie der Hauptgrund zur
Scheidung gewesen ist. Klagen über schlechte Behandlung werden nur laut, wenn es gilt, sich wegen irgend eines Schrittes
zu rechtfertigen oder um einen bestimmten Zweck zu erreichen.
Die Uebertreibung in ihren verschiedenen Berichten kann auch
dem oberflächlichsten Leser nicht entgehen. George Sand kommt
langsam zu einem Entschlusse, dann aber handelt sie mit Entschiedenheit, zäher Kraft und völliger Rücksichtslosigkeit, mit
einem Worte, mit einer Concentrirung ihres Ich, welche nichts
als die eigenen Wünsche im Auge hat. Was Herrn Dudevant
anlangt, so meine ich, dass er mehr Unrecht erlitten als begangen hat. George Sand war, selbst nach ihrer eigenen Darstellung in der *Histoire de ma vie* und in ihren Briefen, weit
entfernt, eine exemplarische Gattin zu sein oder auch nur eine
Frau, mit welcher selbst ein engelgleicher Gatte es fertig gebracht hätte, friedlich und glücklich zu leben.

---

[1]) George Sand „Correspondance, 1812—1876". Sechs Bände. Paris,
Calman Lévy.

Aus ihren Briefen, die in so auffälliger Weise das Un-
weibliche ihres Wesens — dies nicht nur im conventionellen
Sinne verstanden — ihrer Lebensgewohnheiten und ihrer so
zahlreichen wie seltsamen Verbindungen mit Männern jeglichen
Alters, namentlich aber mit jüngeren, zu Tage treten lassen, will
ich noch einige für das Gesagte charakteristische Stellen anführen:

„Ohne eine Leidenschaft kann man nicht leben. Beim Mangel
einer solchen werde ich von *ennui* geplagt. Das unruhige, oft sogar drangvolle Leben, welches ich hier führe, verscheucht alle
grillenhaften Gedanken. Ich befinde mich sehr wohl und Sie werden mich in der besten Stimmung finden." [An ihren Freund A.
M. Duteil. Paris, 15. Februar 1831.]

„Ich habe ein Ziel, eine Aufgabe — um das richtige Wort auszusprechen: eine Leidenschaft. Die Schriftstellerei ist eine solche
und zwar eine heftige, beinahe eine unzerstörbare." [An Jules
Boucoiran. Paris, 4. März 1831.]

„Ich kann nicht den Schatten eines Zwanges ertragen, dies
ist mein Hauptfehler. Alles was mir als eine Pflicht auferlegt ist,
wird mir widerwärtig."

Nachdem sie ausgesprochen, dass sie ihrem Gatten volle
Freiheit lasse, zu thun was ihm beliebe — „qu'il a des maîtresses
ou n'en a pas, suivant son appétit", und seine Fähigkeit zur
Führung ihrer Geschäfte lobend hervorgehoben hat, schreibt sie
in demselben Briefe Folgendes:

„Es ist übrigens nur gerecht, dass die grosse Freiheit, welche
mein Gatte geniesst, auch mir gewährt wird; andernfalls würde er
mir verhasst und verächtlich werden, dies aber wünscht er nicht.
Ich bin deshalb völlig unabhängig; ich gehe schlafen, wenn er
aufsteht, ich gehe nach La Châtre oder nach Rom, komme um
Mitternacht oder um sechs Uhr nach Hause; alles dieses ist nur
meine Sache. Diejenigen, welche dies nicht billigen und mich bei
Dir verkleinern, mögest Du mit Deinem Verstande und Deinem
Mutterherzen beurtheilen; der eine wie das andere sollten auf meiner
Seite sein." [An ihre Mutter. Nohant, 31. Mai 1831.]

„Die Ehe steht mit jeder Art von Einigkeit und Glück so
sehr in Widerspruch, dass ich alle Ursache habe, mich um Sie zu
beunruhigen." [An Jules Boucoiran, der mit Heirathsgedanken umging. Paris, 6. März 1833.]

„Du machst mir schwere Vorwürfe, liebes Kind . . . Du wirfst
mir meine zahlreichen *liaisons* vor, meine frivolen Freundschaften.
Ich unternehme es nie, mich wegen Anklagen, meinen Charakter
betreffend, zu rechtfertigen. Ich kann Thatsachen und Handlungen

erklären, niemals aber Geistesfehler oder Verkehrtheiten des Herzens." [An Jules Boucoiran. Paris, 18. Januar 1833.]

„Du hast mir verziehen, wenn ich Thorheiten beging, welche die Welt Sünde nennt." [An ihren Freund Charles Duvernet. Paris, 15. October 1834.]

„Ich aber beanspruche, jetzt und für immer, die stolze und schrankenlose Unabhängigkeit, die Ihr allein zu geniessen das Recht zu haben glaubt. Ich würde dies nicht Jedermann rathen; aber, so weit es mich betrifft, soll kein Liebesverhältniss jene Unabhängigkeit auch nur im Mindesten beschränken. Ich gedenke meine Bedingungen so hart und so klar zu stellen, dass kein Mann kühn oder gemein genug sein wird, sie anzunehmen." [An ihren Freund Adolphe Guéroult. Paris, 6. Mai 1835.]

„Nichts soll mich hindern so zu handeln wie ich muss und wie ich will. Ich bin die Tochter meines Vaters und frage nicht nach Vorurtheilen, wenn mein Herz mich zur Gerechtigkeit und zum Muthe ermahnt." [An ihre Mutter. Nohant, 25. October 1835.]

„Die öffentliche Meinung ist eine Prostituirte, welche mit Fusstritten zurechtgewiesen werden muss, wenn man in seinem Rechte ist." [An Adolphe Guéroult. La Châtre, 9. November 1835.]

Das für die vorstehende Skizze von George Sand's Leben bis zum Jahre 1836 benutzte Material besteht grossen Theils aus ihren eigenen, theilweise auch mit ihren eigenen Worten wiedergegebenen Mittheilungen. Diese indessen dürfen keineswegs immer mit unbedingtem Vertrauen aufgenommen werden, denn die Verfasserin der *Histoire de ma vie* enthüllt ihren Charakter mehr indirect als direct, mehr unbewusst als absichtsvoll. Diese „Geschichte" ihres Lebens enthält einiges Wahre, dies jedoch „implicite", nicht klar ausgesprochen. Was dem aufmerksamen Leser in dem vierbändigen Werke am meisten auffällt, ist die Haltung ungetrübter Selbst-Bewunderung und Selbst-Zufriedenheit, welche die Verfasserin dieser Autobiographie beständig bewahrt. Sie beschreibt ihre Natur als vorwiegend „vertrauensvoll und zärtlich", sie betont, dass sie trotz allen Unrechts, welches sie erlitten, niemals in ihrem Leben Jemandem Unrecht gethan habe. Daher die vollkommene Gewissensruhe, deren sie sich stets erfreut. Ein oder zwei Mal giebt sie zu, nicht gerade ein Engel zu sein und, so gut wie ihr Gatte, Fehler zu haben. Demüthige Worte solcher Art jedoch dürfen nicht als reuige Bekenntnisse eines sündigen Herzens gelten, sondern als generöse Zugeständnisse eines liebebedürftigen Gemüthes. Kurz, ein fester Glaube an ihre Tugend und Vortrefflichkeit war der Grundton ihres Charakters. Das pharisäische „Ich danke dir, Gott, dass ich nicht bin wie andere Leute" herrscht in jeder Seite ihrer Autobiographie, von welcher Charles Mazade treffend gesagt hat, sie sei „eine Art Orgie einer von sich selbst berauschten Persönlichkeit, ein Missbrauch der intimsten Geheimnisse, durch welchen ihre Freunde, ihre Erinnerungen und — die Wahrheit mit Füssen getreten werden".

George Sand erklärt wiederholt, dass sie aus Rücksicht für die Gefühle und die Erinnerungen anderer Personen darauf verzichtet, über gewisse Dinge zu sprechen, während sie thatsächlich auf's Rücksichtsloseste von Jedermann redet, solange sie selbst nicht dabei compromittirt wird. Welche tugendhaften Gründe können sie bestimmt haben, die Schande ihrer Mutter zu veröffentlichen? Welche Nothwendigkeit lag vor, sich über die Trunksucht ihres Bruders lang und breit auszulassen? Und wenn sie wirklich das verletzte und doch verzeihende Weib war, welches sie vorgab zu sein, warum begrub sie dann nicht die Sünden ihres Gatten, Musset's und Anderer in Schweigen, anstatt jene kunstreichen Insinuationen, jene geheimnissvollen Anspielungen gegen sie loszulassen, welche schlimmer sind als offene Anschuldigungen? Wahrscheinlich lehrte sie ihr künstlerischer Instinkt, dass sich auf einem dunklen Hintergrunde ihre eigene Lichterscheinung wirkungsvoller abheben werde. Damit will ich nicht sagen, dass ihre Indiscretionen und unrichtigen Darstellungen durchweg als Bosheit und bewusste Lügen zu brandmarken sind; ich glaube im Gegentheil bestimmt, dass sie nicht nur versucht hat, Andere zu täuschen, sondern sich thatsächlich selbst getäuscht hat. Die gewohnheitsmässige Selbstanbetung hatte ihr ein moralisches Schielen zugezogen, ein Fehler, der durch eine starke Einbildungskraft und einen scharfen Verstand noch vergrössert wurde; denn diese Eigenschaften bewährten sich im Dienste ihrer Gefühle und Gelüste als höchst geeignete Werkzeuge schmeichelhafter Täuschungen und kunstvoller Sophismen. George Sand war in der That eine grosse Sophistin; sie hatte stets einen unerschöpflichen Vorrath von Auslegungen und Ausflüchten in Bereitschaft, um mit deren Hülfe auch die gehässigsten ihrer Worte und Thaten zu bemänteln, zu entschuldigen, ja, in ihr gerades Gegentheil zu verwandeln. In der Geschicklichkeit, Hässliches zu verstecken oder

unschuldige Dinge verdächtig zu färben, hat sie schwerlich Jemand erreicht, geschweige denn übertroffen.   Nach ihren Schriften und Unterhaltungen zu urtheilen, handelte sie niemals spon-
tan, sondern in allen Fällen erst nach reiflicher Ueberlegung.

„Nie und nimmer [schreibt Paul Lindau in seinem „Alfred
de Musset"] ist bei George Sand die Spur einer Leidenschaft
und Unüberlegtheit zu entdecken, sie besitzt eine unerschütterliche Ruhe.   Die Liebe *sans phrase* existirt nicht für sie.   Dass
ihr Leichtsinn Leichtsinn sei, darf sie niemals zugeben.   Sie berechnet die Liebesgaben, und verabfolgt sie in milden, wohl-
bemessenen Dosen.   Sie bildet sich etwas darauf ein, dass sie
nicht durch die Sinne getrieben wird.   Sie hält es für ver-
dienstlicher, wenn sie sich aus Gnade und Barmherzigkeit lieben
lässt.   Ein Gretchen hat sie nicht sein können, eine Magdalena
hat sie nicht sein wollen, eine Lady Tartuffe ist sie geworden."

George Sand's drei grosse Worte waren „Mütterlichkeit",
„Keuschheit" und „Stolz".   Diese benutzt sie bis zum Ueber-
druss und beweist dabei, dass sie die betreffenden Eigenschaften
nicht in ihrer Echtheit besessen hat.   Ihre Auffassung dieser
Worte war ohne Zweifel von der allgemeinen Bedeutung derselben stark abweichend: unter „Stolz" *(orgueil)* scheint sie zum
Beispiel eine Art weiblicher Selbstachtung, durch anmaassenden
Hochmuth und Selbstvergötterung verfälscht, verstanden zu
haben.   Sie wàr indessen, wie ich schon bemerkte, ein Opfer
der Selbsttäuschung.   Soviel ist gewiss, dass die Welt, hierin
mit seltener Uebereinstimmung, ihr nicht nur die Tugenden,
deren sie sich rühmt, abspricht, sondern sie sogar der denselben
gegenüberstehenden Laster beschuldigt.   Von allen mir bekannt
gewordenen Schriftstellern, welche sich mit George Sand's Charakter beschäftigt haben, gelangt keiner zu einem, ihrer eigenen
Schätzung entsprechenden Ergebniss, und alle Personen, in Paris
wie anderswo, mit denen ich über diesen Gegenstand gesprochen,
hatten für ihr Verhalten ein unzweideutiges Verdammungsurtheil.
Ein Pariser, der, wenn auch nicht mit ihr, so doch mit Vielen,
die sie gut gekannt, häufig verkehrt hat, beschrieb sie mir ohne
Umschweife als ein weiblicher Don Juan und fügte hinzu, dass
man mit der Zeit immer freier von ihren Abenteuern sprechen
werde.   Eine Stelle in Frau Audley's „Frédéric Chopin, sa vie
et ses oeuvres" (pag. 127) scheint mir im Zusammenfassen der

wesentlichen Charakterzüge George Sand's die allgemeine Meinung ziemlich genau wiederzugeben: „Ein geniales Weib, aber voll sinnlicher Gelüste und unersättlichen Verlangens, welche sie um jeden Preis zu befriedigen gewohnt war, wenn sie auch die Schale zerbrechen musste, nachdem sie sie geleert; ebensosehr des inneren Gleichgewichts, der Verständigkeit und Herzensreinheit ermangelnd, wie der Zucht, der Zurückhaltung, der Würde des Benehmens."

Viele der umlaufenden Gerüchte über ihr Verhalten waren ohne Zweifel Erfindungen klatschsüchtiger und boshafter Feinde, aber die Anzahl beglaubigter Thatsachen sind geeignet, auch die schwersten gegen sie gerichteten Beschuldigungen zu rechtfertigen. Und selbst wenn diese thatsächlichen Beweise fehlten, würden nicht die in ihren Schriften niedergelegten Meinungsäusserungen genügen? Ich kann nicht umhin, anzunehmen, dass George Sand's Liebhaberei für die Darstellung sinnlicher Leidenschaft, häufig in ihren brutalsten Kundgebungen, mit wahrer Keuschheit unvereinbar ist. Auf mancher Seite ihrer Romane zeigt sich in der That eine überraschende Kenntniss der Physiologie der Liebe, eine Kenntniss, welche ausgedehnte praktische Uebung und gründliche Studien auf diesem Gebiete voraussetzen; dass sie die abstossendsten Situationen mit einer Delicatesse der Pinselführung malt, welche das Abstossende verschleiert und den harmlosen Leser täuscht, erschwert noch ihre Schuld. Wenn nun die Keuschheit des Kunstwerkes auch noch kein Beweis für die Keuschheit des Künstlers ist — denn dieser enthüllt darin vielleicht nur den besseren Theil seines Naturells oder bringt nur ein Angestrebtes zum Ausdruck — so ist doch die Unkeuschheit des Kunstwerkes ein untrüglicher Beweis für die Unkeuschheit des Künstlers, wenigstens seiner Gedanken. Wir sind daher berechtigt, aus den Werken George Sand's mit Bestimmtheit zu schliessen, dass sie nicht die reine, liebende, hingebende, harmlose Seele war, als welche sie sich in der *Histoire de ma vie* hinstellt. Chateaubriand bemerkt sehr richtig: „Le talent de George Sand a quelque racine dans la corruption, elle deviendrait commune en devenant timorée." Alfred Nettement, der in seiner *Histoire de la littérature française sous le gouvernement de Juillet* George Sand den „Maler gefallener und befleckter Naturen" nennt, bemerkt weiter: „Die meisten ihrer Romane

sind eine glänzende Rehabilitirung des Ehebruchs und bei ihren
glühenden Schilderungen scheint es, als bliebe nur noch Eines
zu thun übrig, nämlich, die socialen Fesseln zu zerbrechen, damit die Lélias und Sylvias ihr Ideal verwirklichen können, ohne
durch Moralität und Gesetz gehindert zu werden, diese lästigen
Zollgrenzen, welche Religion und Gesellschaft den Launen und
der Unbeständigkeit des Individuums gezogen haben." Dagegen
wird man vielleicht einwenden, dass die in „Lélia", „Léoni"
und anderen ihrer Romane vorkommenden moralischen Extravaganzen und gewagten Sophismen die Gesinnungen der dar-
gestellten Charaktere und nicht die der Verfasserin ausdrücken;
leider aber ist dies Argument hinfällig geworden durch die Veröffentlichung der George Sand'schen Briefe, denn in ihnen identificirt sie sich mit Lélia[1]) und entwickelt Anschauungen derselben Art, wie die, welche uns in „Léoni" und anderen ihrer
Schriften abstossen. Ueberdies enthalten diese Briefe vieles,
was geeignet ist, ihren Ansprüchen auf Keuschheit den Boden
zu entziehen; eine Stelle aus einem ihrer Briefe vom Juni 1835
(„Correspondance" Band I pag. 307) ist hierfür entscheidend.
Die unnöthig deutliche Beschreibung einer das sittliche Gefühl
verletzenden Sache, welche sich dort findet, würde man bei
einem Manne, einem Weibe gegenüber, empörend finden; umgekehrt, wie es hier der Fall, ist sie einfach monströs.

Als Denkerin ist George Sand niemals zur Reife gelangt;
sie blieb stets die Sklavin ihrer heissen Leidenschaften und ihrer
verkehrten Grundsätze. Sie hat nie ein wahreres Wort geschrieben als das Bekenntniss, sie beurtheile Alles nur nach
Sympathie. Was sie von ihrer Kindheit sagt: „Il n'y avait de
fort en moi que la passion . . . rien dans mon cerveau fit ob-
stacle", gilt auch von ihrem reiferen Alter. Sie legt oft den
Finger auf wunde Stellen, verfehlt es jedoch dann, nicht nur
das richtige Heilmittel vorzuschreiben, sondern auch die wahre

---

[1]) Am 26. Mai 1833 schreibt sie ihrem Freunde François Rollinat über
dieses Buch: „Es ist ein fortwährendes Geplauder zwischen uns beiden; wir sind
die wichtigsten Persönlichkeiten darin." Drei Jahre später, in einem Briefe an
die Gräfin d'Agoult, lautet ihre Ansicht etwas anders: „Ich füge der Lélia noch
einen Band hinzu; dies beschäftigt mich mehr als irgend eine meiner früheren
Arbeiten. Lélia bin ich nicht selbst — *je suis meilleure enfant* — aber sie ist
mein Ideal." („Correspondance" Band I pag. 248 und 372.)

Krankheits-Ursache zu erkennen. Sie beobachtet hier und da
scharf, besitzt aber nicht die nöthige Kraft, mit den grossen
socialen, philosophischen und religiösen Problemen zu ringen,
welche sie so kühn ergriffen hat. Verständig raisonnirender
Unverstand ist in der That bei George Sand häufig genug zu
finden; dass aber der Unverstand ihrer Raisonnements von Vielen, wenigstens ihrer Zeitgenossen, nicht empfunden wurde, ist
der wunderbaren Schönheit und Eindringlichkeit ihrer Sprache
zuzuschreiben. Das Beste, was sich über ihre Umsturz-Theorien
sagen lässt, hat ein französischer Kritiker ausgesprochen, der
von ihnen behauptet, sie seien in Wirklichkeit nur „le témoignage
d'aspirations généreuses et de nobles illusions"; eigentlich aber
ist auch dies noch zu glimpflich, denn ihre Aspirationen und
Illusionen sind weit davon entfernt, immer grossmüthig und edel
zu sein. Wollen wir George Sand von der günstigsten Seite
betrachten, so müssen wir sie in ihren Momenten ruhiger Gemüthsverfassung aufsuchen, wo sie sich begnügt, Künstlerin zu
sein, wo sie die Schönheiten der Natur und die Geheimnisse des
Menschenherzens vor uns enthüllt; nur so erhalten wir ein richtiges Bild ihres Charakters. Nicht alle Wurzeln ihres Talentes
zogen ihre Nahrung aus dem Boden der Corruption — die Verfasserin der „Lélia" ist zugleich auch die des „André", die der
„Lucrezia Floriani" auch die der „Petite Fadette"; und wenn
wir ihrer Fehler und Mängel gedenken, so verlangt es die Gerechtigkeit, uns auch ihrer an Zwietracht und Beispielen der
Zügellosigkeit so reichen Familienverhältnisse zu erinnern, wie
auch ihrer Erziehung ohne System, Zusammenhang, Vollständigkeit und richtige Leitung.

Das werthvollste Urtheil über George Sand ist das einer
Schriftstellerin, die zugleich ein echtes Weib und eine echte
Dichterin war: Elisabeth Barrett Browning sah in ihr „das Weib
von grossem Hirn und den Mann von weitem Herzen . . . deren
Seele, inmitten der Löwen ihrer tobenden Sinne Herausforderung
ächt und Gebrüll mit Gebrüll beantwortet, wie es Geister vermögen," die jedoch „der Engels-Anmuth des reinen, jeder Be-
fleckung unerreichbaren Genius" ermangelte. So lauten ihre
Worte in einem „A Desire" betitelten Sonnet an George Sand.
In einem andern, ebenfalls an George Sand gerichteten, „A Re-
cognition" betitelten Sonnet ruft sie ihr zu, wie eitel es gewesen,

mit männlicher Verachtung die weibliche Natur zu verleugnen.
„Indem Du" heisst es weiter

> „Die Welt verbrennst in Deiner Dichtung Feuer,
> Erblicken durch die Flamme wir das Herz
> Des Weibes schlagen.   Hoch und höher wachse
> Empor zu jenen seligen Gefilden,
> Wo Gott den Erdenstaub von uns genommen,
> Wo des Geschlechtes Unterschied geschwunden,
> Und reine Geister Reines nur erstreben."

Ende des ersten Bandes.

C. G. Röder, Leipzig.

Friedrich Chopin

als Mensch und als Musiker

von

Friedrich Niecks.

———

Friedrich Chopin

als Mensch und als Musiker

von

Friedrich Niecks.

Vom Verfasser vermehrt und aus dem Englischen übertragen

von

Dr. W. Langhans.

Zweiter Band.

Leipzig, Verlag von F. E. C. Leuckart

(Constantin Sander)

1890.

Friedrich Chopin

von

Fr. Niecks.

Zweiter Band.

Leipzig, Verlag von F. E. C. Leuckart

(Constantin Sander).

1890.

Inhalt.

Band II.

ristisches von Liszt über Chopin's gesellschaftlichen Verkehr. —
Chopin's Freundschaftsbündnisse. — George Sand, Liszt, Lenz,
Heller, Marmontel und Hiller über seinen Charakter (Reizbarkeit,
Zornesausbrüche — Scene mit Meyerbeer — Heiterkeit und Spott-
sucht, Geselligkeit, Gleichgültigkeit gegen Lectüre, Vorliebe für Pol-
nisches). — Seine polnischen, deutschen, englischen und russischen
Freunde. — Die durch Liszt's Bericht berühmt gewordene Abend-
gesellschaft. — Verkehr mit Musikern (Osborne, Berlioz, Baillot,
Cherubini, Kalkbrenner, Fontana, Sowiński, Wolff, Meyerbeer,
Alkan etc.) Freundschaft für Liszt. — Abneigung gegen das Briefschreiben.

Zwanzigstes Capitel.

1836—1838.

Die Liebesverhältnisse berühmter Personen. — Verschiedene Berichte über die erste Begegnung Chopin's mit George Sand. — Der erste Eindruck, den sie auf ihn gemacht. — Vergleichung ihrer Charaktere. — Portrait-Schilderungen Chopin's und George Sand's. — Ihre Anziehungskraft. — Compositionen Chopin's aus den Jahren 1837 und 1838. — Er spielt bei Hofe sowie in Concerten in Paris und Rouen. — Die Kritik.

ie Liebesverhältnisse berühmter Männer und Frauen, namentlich aus literarischen und Künstler-Kreisen, haben zu allen Zeiten besondere Aufmerksamkeit erregt. In den meisten Fällen betrifft die Wahl des Künstlers oder Dichters eine Persönlichkeit, welche unfähig ist, seine Ziele zu verstehen, zuweilen sogar mit seinem Bestreben zu sympathisiren. Auf die Frage: „Warum Dichter so geneigt sind, die Lebensgefährtin zu wählen, nicht mit Rücksicht auf Gleichartigkeit der geistigen Begabung, sondern auf Eigenschaften, welche ebensogut den derbsten Handwerksmann wie den Ritter vom Geiste glücklich machen könnten" antwortet Nathaniel Hawthorne treffend „dass der Dichter in seinem höchsten Aufschwunge des Verkehrs mit einem menschlichen Wesen nicht bedarf, dass es ihn aber verstimmen müsse, sich, nachdem er von seiner Höhe hinabgestiegen, in seiner Umgebung als ein Fremder zu fühlen." Gleichwohl ist jenes, unsern Forschungstrieb immer aufs Neue anregende Problem damit noch keineswegs völlig gelöst. Der Fall Chopin und George Sand gehört zu der kleinen Minderzahl von Liebesverhältnissen, wo beide Parteien hervorragende Vertreter

eines idealen Faches sind. Es wäre jedoch ein grosser Irrthum, anzunehmen, dass die wahlverwandtschaftlichen Beziehungen bei Liebenden solcher Art leicht zu entdecken sind; wir stehen hier vielmehr vor einem neuen Problem, welches bei der Höhe, Feinheit und Mannigfaltigkeit der dabei in Betracht kommenden Factoren noch schwieriger zu lösen ist als jenes erstere. Ehe wir uns an die Lösung des Problems machen können, muss dasselbe richtig dargelegt werden. Nun ist es aber nichts weniger als leicht, über die Liebesangelegenheiten von Dichtern und Künstlern Positives festzustellen, und dies zum Theil deswegen, weil die Parteien selbstverständlich den Aussenstehenden keinen Einblick in alle ihre Geheimnisse gestatten, zum Theil auch deswegen, weil romantische Gemüther und phantasiereiche Literaten stets beflissen sind, simple Thatsachen und unbegründete Gerüchte in ein mythisches Gewand zu kleiden. Die Lebhaftigkeit der Schilderung, die Pikanterie der Anekdote steht meist in umgekehrtem Verhältniss zu des Erzählers Kenntniss vom Sachverhalt; kurz, die Wahrheit wird nur zu oft unbewusst dem Effekt geopfert. Berichte z. B., wie die von L. Enault und Karasowski über Chopin's erste Begegnung mit George Sand, können nur Denen empfohlen werden, die an amüsanten Klatschereien aus der Künstlerwelt Vergnügen finden, und nicht darnach fragen, ob das, was sie lesen, wahr oder auch nur wahrscheinlich ist. Nichtsdestoweniger wollen wir die genannten Herren zunächst reden lassen und dann versuchen, ob wir nicht einen sichereren Standpunkt finden können, als der von ihnen eingenommene.

L. Enault erzählt, dass bei einem der Feste des Marquis von C., wo die ganze Aristokratie Europa's sich zu versammeln pflegte — die Aristokratie des Geistes, der Geburt, des Geldes, der Schönheit — Chopin und George Sand zum ersten Mal zusammengetroffen seien;

„die letzten Verschlingungen der *chaîne anglaise* hatten sich bereits gelöst, die glänzende Menge hatte den Ballsaal verlassen, das Gemurmel intimer Unterhaltung erfüllte die Boudoirs; das Fest hatte einen privaten Charakter angenommen. Chopin setzte sich ans Clavier. Er spielte eine jener Balladen, deren Stoff von keinem Dichter in Worte gekleidet ist, aber, in der träumenden Seele der Völker schlummernd, demjenigen Künstler gehört, der ihn ergreift. Ich glaube, es war das ,Lebewohl des Ritters' . . . plötzlich, inmitten der Ballade bemerkte er neben der Thür, unbeweglich und bleich, das herrliche Antlitz Lelia's.[1]) Sie heftete ihr leidenschaftliches und schwermüthiges Auge auf ihn; der erregbare Künstler fühlte gleichzeitig Schmerz und Entzücken . . . mochten die Uebrigen seinem Spiele lauschen; von jetzt an spielte er nur für sie.

Sie begegneten sich ein zweites Mal.

Mit diesem Moment waren alle Befürchtungen geschwunden und diese beiden edlen Seelen verstanden einander . . . oder glaubten einander zu verstehen."

Karasowski thut sein Möglichstes, Enault noch zu übertreffen, aber die *ars artem celare* steht ihm nicht in gleichem Maasse wie diesem zu Gebote. Das Wetter, erzählt er uns, war trübe und feucht, und wirkte deprimirend auf Chopin's Stimmung. Kein Freund hatte ihn im Verlauf des Tages besucht, kein Buch ihn unterhalten, kein musikalischer Gedanke ihn aufgeheitert. Es war beinahe zehn Uhr Abends (die Genauigkeit dieser Angabe könnte Vertrauen einflössen) als es ihm einfiel, zur Gräfin C. zu gehen (der Marquis ist hier auf Gott weiss welchem Wege in eine Gräfin verwandelt), die gerade ihren *jour fixe* hatte, an welchem sich stets eine interessante und sympathische Gesellschaft bei ihr versammelte.

Als er die mit Teppichen belegte Treppe hinaufstieg [Schade, dass wir nicht auch erfahren, ob der Teppich ein türkischer, Brüsseler oder Kidderminster war], kam es ihm vor, er würde von einem Schatten verfolgt, der Veilchenduft ausströmte [Oh!] — eine Ahnung, als stünde ihm etwas Eigenthümliches, Wunderbares bevor, durchzuckte seine Seele; schon war er im Begriff, umzukehren und den Heimweg anzutreten, aber dann lachte er sich über seinen Aberglauben selbst aus und übersprang die letzten Stufen heiter und schnell.

Ueberspringen wir die schöne Beschreibung der im Salon versammelten glänzenden Gesellschaft, die Aufzählung der Gegenstände der Unterhaltung, sowie die Bemerkung, dass Chopin, zum Reden nicht aufgelegt, von einem Winkel des Zimmers aus das Auf und Ab der hübschen Damen beobachtet habe, und schliessen wir uns wieder Karasowski an, da, wo Chopin, nachdem die grössere Zahl der Gäste aufgebrochen, ans Clavier geht und zu improvisiren beginnt.

---

[1]) Mit diesem Namen der Heldin eines Romans von George Sand hat man sie selbst häufig bezeichnet, s. Bd. I, S. 352.

Athemlos lauschten seine Zuhörer, die er, ganz in sich versunken und nur auf die Tasten schauend, vollkommen vergessen hatte. Als er seine Improvisation geschlossen, erhob er den Blick und bemerkte eine einfach gekleidete Dame, welche, sich auf das Instrument lehnend, mit ihren dunkeln, feurigen Augen in seiner Seele lesen zu wollen schien. [Ein strenger Kritiker könnte die Haltung der Dame, die sich auf das Instrument lehnt, als gesellschaftlich und malerisch unschön beanstanden, wenn er auch zugeben muss, dass sie, vom literarischen Gesichtspunkt aus gesehen, besser wirkt, als Sitzen oder neben der Thür Stehen.] Chopin fühlte, dass er unter den fascinirenden Blicken der Dame erröthete [Bravo! Ein Meisterzug]; sie lächelte ein wenig [Ausgezeichnet!] und als der Künstler sich von seinem Sitze erhob, um hinter einer Kameliengruppe sich der Gesellschaft zu entziehen, hörte er das eigenthümliche Knistern eines seidenen Gewandes, aus welchem Veilchenduft quoll [Kamelien, knisternde Seide, Veilchenduft! Welche Fülle von Schönheit und Lieblichkeit!], und dieselbe Dame, welche ihn am Piano so forschend betrachtet hatte, näherte sich ihm, in Begleitung Liszt's. Mit tiefer, wohllautender Stimme sprach sie zu ihm; sie sagte ihm einige Worte über sein Spiel und mehr noch über den Inhalt seiner Improvisation. Friedrich hörte ihr geschmeichelt und bewegt zu, und indem Worte voll von sprühendem Geist und unbeschreiblicher Poesie aus dem beredten Munde der Dame flossen [Ein durchaus neues Bild ihres Unterhaltungstalents], fühlte er sich verstanden, wie noch nie.

Alles dieses ist unzweifelhaft sehr hübsch und unschätzbar für einen Roman, ich fürchte aber, Karasowski würde in Verlegenheit kommen, wenn wir von ihm verlangten, die Quellen für seine Schilderung namhaft zu machen.

Ueber diese Begegnung im Hause des Marquis de C. — d. h. des Marquis de Custine — kenne ich noch eine dritte Version, welche ich einem Augenzeugen, nämlich dem Schüler Chopin's, Adolf Gutmann verdanke. Von diesem erfuhr ich, dass es sich weder um einen grossen Ball noch um einen *jour fixe*, sondern um eine musikalische Matinée handelte. Gutmann, Vidal (George Joseph) und Franchomme eröffneten die Vorträge mit einem Trio von Mayseder, ein Componist, von dessen einst populärer Kammermusik die heutige Generation nicht einmal mehr die Existenz kennt. Chopin spielte viel und George Sand verzehrte ihn mit ihren Augen. Dann spazierten der Musiker und die Schriftstellerin längere Zeit zusammen im Garten. Gutmann hielt sich überzeugt, dass diese Matinée 1836 oder 1837 stattgefunden habe, wahrscheinlich aber im ersteren Jahre.

Franchomme, den ich nach der Matinée beim Marquis de Custine fragte, erinnerte sich ihrer nicht mehr, so wenig, wie des Umstandes, dass er hier oder bei einer andern Gelegenheit mit Gutmann und Vidal ein Trio von Mayseder gespielt habe. Wenn er aber den Ort nicht mehr zu nennen wusste, wo Chopin mit George Sand zum ersten Mal zusammengetroffen, so wusste er das Jahr genau anzugeben. Wie ich von ihm erfahren, machte Chopin die Bekanntschaft der Schriftstellerin im Jahre 1837, ihre Beziehungen endigten 1847, und er starb bekanntlich am 17. October 1849. In jedem dieser Daten erscheint die Zahl, welche Chopin abergläubisch scheute und möglichst zu vermeiden suchte — wie er z. B. um keinen Preis in einem Hause Wohnung genommen hätte, dessen Nummer die Zahl sieben enthielt — von der man glauben könnte, dass sie thatsächlich einen verhängnissvollen Einfluss auf ihn ausübte. Ich bemerke dazu, dass es diese verhängnissvolle Zahl gewesen, welche Franchomme's Gedächtniss bezüglich jenes Datums zu Hilfe gekommen ist.

Angenommen aber, dass Chopin und George Sand wirklich beim Marquis de Custine zusammengekommen sind, so wäre doch zu fragen, ob dies ihre erste Begegnung gewesen.[1] Ich erwähnte diesen Punkt in einer Unterhaltung, die ich vor einigen Jahren in Weimar mit Liszt hatte. Seine Antwort war durchaus bestimmt und lautete, dass die erste Begegnung in Chopin's eigener Wohnung stattgefunden habe. „Ich muss es am Besten wissen" fügte er hinzu „da ich gewissermassen das Werkzeug war, die Beiden zusammenzubringen." In der That würde man nicht leicht einen zuverlässigeren Zeugen in dieser Sache finden, als Liszt, der zu jener Zeit sowohl mit Chopin, als mit George Sand in lebhaftem Verkehr war. Nach ihm also kam die Begegnung so zu Stande: George Sand, deren Neugier theils durch

---

[1] Dass sie bei einem vom Marquis de Custine gegebenen Feste zusammengetroffen sind, ergiebt sich aus des Freiherrn von Flotow „Erinnerungen an meinen Aufenthalt in Paris" (veröffentlicht in der „Deutschen Revue" vom Januar 1883, pag. 65), nicht aber, dass dies ihre erste Begegnung gewesen ist, noch zu welcher Zeit sie stattgefunden. Was übrigens den Charakter dieser Erinnerungen betrifft, so kann ich nur sagen, dass sie für den Geschmack blasirter Zeitungsleser hinlänglich gesalzen und gepfeffert sind, einen nahrhaften Stoff jedoch nicht enthalten.

Chopin's Compositionen, theils durch Berichte über ihn erregt war, äusserte gegen Liszt den Wunsch, die Bekanntschaft seines Freundes zu machen. Liszt sprach darauf mit Chopin, dieser aber hatte keine Neigung, mit ihr zu verkehren; er behauptete, er liebe nicht schriftstellernde Frauen und verstehe nicht mit ihnen umzugehen; mit ihm [Liszt] verhalte es sich anders, er fühle sich dort in seinem Elemente. George Sand indessen erinnerte Liszt wiederholt an sein Versprechen, sie mit Chopin bekannt zu machen. Eines Morgens im Anfang des Jahres 1837 besuchte Liszt seinen Freund, und fand ihn in bester Stimmung, da er gerade einige Compositionen vollendet hatte. Da Chopin begierig war, Liszt dieselben vorzuspielen, verabredete man für den Abend ein Zusammentreffen bei ersterem im kleinen Kreise. Dies schien für Liszt eine vortreffliche Gelegenheit, sein George Sand gegebenes Versprechen zu erfüllen, und, ohne Chopin etwas davon gesagt zu haben, brachte er sie, sowie die Gräfin d'Agoult am Abend mit. Da nun sein Plan vollständig gelang, so konnten sich an diese Soirée bald eine zweite und noch viele andere anschliessen.

In den vorstehenden Berichten wird der Leser Widersprüche genug finden, um sein Nachdenken anzustrengen. Die unfreiwilligen Streiche, welche das Gedächtniss dem Berichterstatter spielt, sowie die freiwilligen seiner Einbildungskraft richten leider im Thatbestand solche Verwüstungen an, dass die historische und biographische Wahrheit trotz allem Suchen und Bemühen stets mehr oder minder entstellt erscheint. George Sand's eigene Erwähnung des Anfangs der Bekanntschaft lässt sich am besten mit Liszt's Bericht vereinbaren. Nachdem sie in der zweiten Hälfte des Jahres 1836 einige Monate mit Liszt und der Gräfin d'Agoult in der Schweiz zugebracht, traf sie im December desselben Jahres in Paris wieder mit ihnen zusammen:

Im Hôtel de France, wo ich auf Madame d'Agoult's Veranlassung, um in ihrer Nähe zu sein, abgestiegen war, fand ich die Existenzbedingungen für einige Tage sehr angenehm. Sie sah viele Literaten und Künstler wie auch verschiedene gebildete Männer aus den Kreisen der Aristokratie bei sich. Bei ihr oder durch ihre Vermittelung lernte ich Eugène Sue, den Baron d'Eckstein, Chopin, Mickiewicz, Nourrit, Victor Schoelcher u. a. kennen. Meine Freunde wurden auch die ihrigen: durch mich wurde sie mit Lamennais, Pierre Leroux, Henri Heine etc. bekannt. Ihr in einem

Gasthause improvisirter *salon* wurde mithin zum Sammelplatz einer Elite, in welcher sie mit Geschick und Anmuth das Präsidium führte, bei der Vielseitigkeit ihrer Bildung und der Mannigfaltigkeit ihrer dichterischen und praktischen Anlagen jedem Einzelnen des Kreises ebenbürtig. Man machte dort herrliche Musik, und in den Pausen konnte man sich unterrichten, indem man den Unterhaltungen lauschte.

Um Liszt's Bericht mit George Sand's Bemerkung, dass sie Chopin's Bekanntschaft bei der Gräfin d'Agoult oder durch Vermittlung derselben gemacht habe, in Einklang zu bringen, brauchen wir uns nur der intimen Beziehungen zwischen Liszt und dieser Dame zu erinnern, welche später in der Literatur unter dem Namen Daniel Stern bekannt geworden ist und ihren Gatten, den Grafen d'Agoult, 1835 verlassen hatte.

Nun endlich können wir den trügerischen Flugsand der Erinnerungen verlassen und die *terra firma* der schriftlichen Aufzeichnungen betreten. Die folgenden Auszüge aus George Sand's Correspondenz werfen genügendes Licht auf ihre Beziehungen zu Chopin im Anfange des Jahres 1837:

Nohant, 28. März 1837.

[An Franz Liszt.] . . . Kommen Sie sobald als möglich zu uns. Liebe, Achtung und Freundschaft rufen Sie nach Nohant. Die Liebe (Marie)[1] ist etwas leidend; die Achtung (Maurice und Pelletan)[2] befindet sich wohl; die Freundschaft (ich) ist corpulent und gesund.

Marie sagte mir, man dürfe auf Chopin hoffen; sagen Sie ihm, dass ich ihn bitten liesse, Sie zu begleiten, dass Marie nicht ohne ihn leben könne, und dass ich ihn verehre.

Ich werde an Grzymała[3] schreiben, um ihn nach Kräften zu bestimmen, auch zu uns zu kommen. Ich wünschte Marie von

---

[1] Die Gräfin d'Agoult.

[2] Der Erstere George Sand's Sohn, der Letztere Eugène Pelletan, Maurice's Erzieher.

[3] Albert Grzymała, einer der Angesehensten unter den polnischen Flüchtlingen. Er war aus Dunajowce in Podolien, hatte verschiedene militärische und andere Posten inne gehabt — als *maître des requêtes*, Director der Bank von Polen, Attaché beim Stabe des Fürsten Poniatowski, des Generals Sebastiani, Lefebvre etc. — und war 1830 von der polnischen Regierung in einer diplomatischen Mission nach Berlin, Paris und London gesandt worden. (Vgl. *Almanach de l'Emigration polonaise*, erschienen in Paris vor etwa vierzig Jahren.) Er ist nicht zu verwechseln mit dem Schriftsteller Franz Grzymała, der in Warschau

allen ihren Freunden umgeben zu sehen, damit auch sie am Busen
der Liebe, der Achtung und der Freundschaft lebe.

Nohant, 5. April 1837.

[An die Gräfin d'Agoult.] . . . Sagen Sie Mick . . .[1]) (unver-
fängliche Art, polnische Namen zu schreiben) dass meine Feder
und mein Haus ihm zu Diensten stehen, und sich dadurch hoch-
beglückt fühlen. Sagen Sie Grzy . . .[2]), den ich verehre, Chopin,
den ich anbete, und allen Denen, die Sie lieben, dass auch ich sie
liebe, und dass sie willkommen sein werden, wenn Sie sie mit-
bringen. Ganz Berry wartet wie ein Mann auf die Rückkehr des
Maestro[3]), um ihn Clavier spielen zu hören. Ich glaube, es wird
nöthig sein, die Flurschützen und die Nationalgarde von Nohant
zu bewaffnen, um die *Dilettanti berrichoni* von uns abzuhalten.

Nohant, 10. April 1837.

[An die Gräfin d'Agoult.] Ich muss die *Fellows*[4]) haben; ich
muss sie so bald und so lange als möglich haben. Ich muss sie
à mort haben. Ich verlange auch den Chopin und alle Mickiewicz
und Grzymała der Welt. Ich will sogar Sue haben, wenn Sie ihn
haben wollen. Was würde ich nicht noch alles verlangen, wenn
Sie danach gelüstete? Vielleicht Herrn de Suzannet oder Victor
Schoelcher! Alles, ausgenommen einen Liebhaber.

Nohant, 21. April 1837.

[An die Gräfin d'Agoult.] Niemand hat sich erlauben dürfen,
die Luft Ihres Zimmers zu athmen, seit Sie es verlassen haben.
Wir werden es einrichten, alle diejenigen unterzubringen, die mit
Ihnen kommen. Ich rechne auf den *Maestro*, auf Chopin und auf
die Ratte[5]), wenn sie Ihnen nicht zu langweilig ist, sowie auf
alle Andern Ihrer Wahl.

---

als einer der *maréchaux de plume* galt, und in Paris zu der polnischen Zeitschrift *Sybilla* Beziehungen hatte. Der in diesem Werke erwähnte Grzymała ist,
mit einer einzigen Ausnahme (B. I., S. 3), Albert Grzymała, auch Graf Grzymała
genannt. Dieser Titel indessen war, wenn ich recht unterrichtet bin, nur ein
Höflichkeits-Titel. Der polnische Adel als solcher hatte keine Titel, da diese
fremden Ursprungs und nicht gesetzlich anerkannt waren. Viele polnische Edelleute aber schmückten sich auswärts, um ihren Stand kenntlich zu machen, mit
dem „de" oder dem „von" oder dem „Grafen".

[1]) Der Dichter Mickiewicz.

[2]) Grzymała.

[3]) Liszt.

[4]) „Fellows" (englisch) war der Beiname, welchen Liszt sich und seinem
Schüler Hermann Cohen gegeben hatte.

[5]) Liszt's Schüler, Hermann Cohen.

Chopin's Liebe zu George Sand entstand nicht plötzlich, wie die Romeo's zu Julia. Karasowski erinnert sich, in einem der 1863 verloren gegangenen Briefe des Componisten gelesen zu haben: „Gestern traf ich George Sand . . . . . .; sie machte einen recht unangenehmen Eindruck auf mich." Hiller schreibt in seinem „Offenen Brief an Franz Liszt":

„Du hattest eines Abends die Aristokratie der französischen Schriftstellerwelt bei Dir versammelt — George Sand durfte hier nicht fehlen. Beim Nachhausegehen sagte Chopin zu mir: „Welch eine antipathische Frau, diese Sand! Ist's denn wirklich eine Frau? Ich möchte es bezweifeln."

Liszt, mit dem ich über diesen Gegenstand sprach, betonte nur Chopin's „Reserve" George Sand gegenüber, sagte aber nichts von seiner „Aversion" gegen sie; nach seiner Meinung wusste auch die Schriftstellerin durch ihre ausserordentlichen Geistesgaben und anziehende Conversation die Zurückhaltung des Componisten bald zu überwinden. Alfred de Musset hat Aehnliches erfahren; auch ihm gefiel George Sand anfänglich nicht besonders, einige wenige Besuche aber bei ihr genügten, ihn zu heftiger Leidenschaft zu entflammen. Die *liaisons* des Dichters und des Musikers mit der Schriftstellerin haben noch weitere gemeinsame Seiten: Sowohl Musset wie Chopin waren jünger als George Sand, der Eine sechs, der Andre fünf Jahre; ferner bildeten Beide, trotz der Ungleichheit ihrer Charaktere, die schwächere Hälfte. Chopin's Fall erinnert mich an ein Wort Sydney Smith's, der bezüglich seines Freundes, des Historikers Grote und dessen Gattin bemerkt: „Ich habe sie beide so gern, denn er ist so *ladylike* und sie ist ein so vollendeter *gentleman*." In der That hatte Chopin, wie ihn mir sein Schüler Gutmann beschrieben, in seinem Blick, seiner Haltung und seinem Geschmack etwas Weibliches; was aber George Sand betrifft, so kann man wohl ihre Eigenschaft als vollendeter Gentleman, nicht aber ihre Männlichkeit in Zweifel ziehen.

Dunkle, olivenfarbene Lélia! [schreibt Liszt] Du hast einsame Orte aufgesucht, düster, wie Lara, zerrissen wie Manfred, rebellisch wie Kain, nur wilder, erbarmungsloser und untröstlicher als diese, denn es fand sich kein Männerherz, welches niedrig genug gewesen wäre, um Dich zu lieben, wie sie geliebt worden sind, um Deinen männlichen Reizen den Tribut einer vertrauensvollen und

blinden Unterwerfung, einer stummen und heissen Ergebenheit zu
zollen, um den Gehorsam durch Deine Amazonenkraft schützen
zu lassen!

Der Enthusiasmus, mit welchem die Polen ihrer Bekanntschaft von den polnischen Frauen gesprochen hatten, sowie die
zärtliche Anmuth, die Fülle der Empfindung und der fleckenlose
Adel, die sie in Chopin's Musik gefunden, haben George Sand,
wie es scheint, schon vor ihrer persönlichen Begegnung mit
Chopin ahnen lassen, dass sie in ihm ihr Ideal eines Liebenden
finden würde, dessen Liebe sich bis zur Anbetung steigern werde.
Liszt sagt: „Sie glaubte, dass so, frei von aller Abhängigkeit,
sicher gegen alles Niedrige, ihre Stellung sich zu der feenhaften
Macht eines Wesens erheben werde, welches sich dem Manne
gleichzeitig überlegen und freundlich zeigte." Wäre es gestattet,
hingeworfene Aeusserungen, Ausdrücke vorübergehender Stimmungen, vielleicht blosse Redewendungen als ernst und überlegt
zu nehmen, so könnte man fragen: hat George Sand in Chopin
den Mann gefunden, „kühn oder niedrig genug" um ihre „harten
und klar ausgesprochenen Bedingungen" anzunehmen?[1]

Während die normale Stellung des Mannes zur Frau in
dieser Vereinigung völlig umgekehrt war, sind die für beide
charakteristischen Eigenschaften nichtsdestoweniger diametral
verschieden. Chopin war schwach und unentschlossen, George
Sand stark und energisch. Der Erstere wich vor jeder Untersuchung und Controverse zurück; die Letztere warf sich mit
Eifer darauf.[2] Er beobachtete aufs Strengste die Gesetze des
Schicklichen und verkehrte fast ausschliesslich in vornehmer Gesellschaft; Sie im Gegentheil hatte eine unbändige Verachtung
für das sogenannte Schickliche und die sogenannte gute Gesellschaft. Chopin's Manieren verriethen eine gesuchte Sorgfalt;
keine Frau konnte in Bezug auf Toilette eigner sein, als er es
war. Es ist bezeichnend, dass er als Mann in Angelegenheiten
der weiblichen Toilette scharf genug sah, um sofort zu erkennen,

---

[1] Vgl. den Auszug aus einem ihrer Briefe im vorigen Capitel Bd. I, S. 348.

[2] George Sand spricht viel von der Trägheit ihres Temperaments: Dies
zugegeben, dürfen wir doch nicht eine andre ihrer Eigenschaften übersehen,
nämlich ihren unerschöpflichen Vorrath an Energie, von dem sie stets Gebrauch
zu machen bereit war, so oft sie durch Rede oder Handlung etwas erreichen
wollte.

ob eine Robe von einem Schneider ersten oder untergeordneten Ranges herstamme. Er soll einer unbegrenzten Bewunderung fähig gewesen sein, wenn er ein gut angefertigtes und gut getragenes *(bien porté)* Kleid sah. Welch völlig anderes Bild aber stellt sich uns dar, wenn wir uns zu George Sand wenden, die, indem sie von ihrer Kindheit spricht, von sich selbst sagt, dass sie, wenn auch niemals bäurisch oder unmanierlich, doch stets in ihren Bewegungen brüsk, in ihrem Wesen naturwüchsig gewesen sei, und einen Abscheu vor Handschuhen und tiefen Verbeugungen gehabt habe. Ihre Vorliebe für Männerkleider ist ebenso charakteristisch, wie Chopin's Kennerschaft auf dem Gebiete der weiblichen Toilette; jene Vorliebe war übrigens nicht nur auf ihr literarisches Studentenleben beschränkt; auf einer Schweizerreise im Jahre 1836 trug sie wiederum dies Costüm.

Chopin's Gesammterscheinung war eine durchaus harmonische. „Sein Aussehen" sagt Moscheles, der ihn 1839 sah „ist identificirt mit seiner Musik, beide sind zart und schwärmerisch."

Ein schmächtiger Körperbau von mittlerer Höhe; schwächliche aber wunderbar biegsame Glieder; zart geformte Hände; sehr kleine Füsse; ein ovaler sanftgerundeter Kopf; bleicher, durchsichtiger Teint; langes, seidenartiges, hell-kastanienbraunes Haar, auf einer Seite gescheitelt; zärtliche braune Augen von mehr intelligentem als träumerischem Ausdruck; feingebogene Adlernase; ein anmuthiges halbverhaltenes Lächeln; graziöse und mannigfaltige Gesten: das war die Aussenseite Chopin's. Was die Farbe der Augen und des Haares betrifft, so stehen die Angaben der Autoritäten in auffallendem Widerspruch: Liszt nennt die Augen blau, Karasowski dunkelbraun und Mathias „couleur de bière".[1] Das Haar wird von Liszt als blond bezeichnet. von Frau Dubois und Andern als *cendré* (aschfarben), von L. Ramann als dunkelblond und von einer schottischen Dame als dunkelbraun.[2] Glücklicherweise ist die Frage für uns durch

---

[1] Diesen seltsamen Ausdruck finden wir wieder in des Grafen Wodziński *Les trois romans de Frédéric Chopin*, wo es heisst: „Seine grossen, schwimmenden, ausdrucksvollen und sanften Augen waren von der Farbe, die der Engländer mit *auburn* bezeichnet, der Pole mit *piwne* (bierfarben), und die der Franzose braun nennen würde."

[2] Graf Wodziński schreibt: „es war nicht blond, aber von einer Schattirung, ähnlich der seiner Augen: aschfarben *(cendré)* mit goldenen Reflexen im Licht."

eine allen andern überlegene Autorität gelöst, nämlich durch
Chopin's Freund und Landsmann, den Maler T. Kwiatkowski,
der ihn wiederholt gezeichnet und gemalt hat. Von ihm erfuhr
ich, dass Chopin *des yeux bruns tendres* (zartbraune Augen) und
les cheveux blonds châtains (kastanien-blondes Haar) gehabt habe.
Liszt, aus dessen Buch einige der obigen Einzelheiten entnommen
sind, vervollständigt das von ihm entworfene Portrait Chopin's
durch mehrere charakteristische Züge. „Seine Stimme klang
ein wenig gedämpft, oft fast erstickt. Haltung und Manieren
trugen ein so vornehmes Gepräge, dass man ihn unwillkürlich
wie einen Fürsten behandelte. Seine ganze Erscheinung erinnerte
an die Winde, deren auf zartem Stiel sich wiegender Kelch von
wunderbarer Farbenpracht, aber von so duftigem Gewebe ist,
dass er bei der leisesten Berührung zerreisst."[1]

Während Liszt das Bild Chopin's mit aller Art weiblicher
Anmuth und Schönheit ausstattet, spricht er von George Sand
als von einer Amazone, einer *femme-héros*, die sich nicht scheute,
ihr männliches Gesicht allen Sonnen und Winden auszusetzen.
Mérimée sagt von ihr, er habe sie gekannt als „maigre comme
un clou et noire comme une taupe". Musset schrieb nach seiner ersten Begegnung mit ihr, die er später andeutungsweise
als *femme à l'oeil sombre* bezeichnet hat:

„Sie ist sehr schön; ein Weib, wie ich sie liebe, braun, bleich,
olivenfarbig mit Bronze-artigen Reflexen und Augen so gross wie
die einer Indianerin. Ich habe Gesichter solcher Art niemals ohne
Erregung betrachten können. Ihre Züge sind ziemlich starr; geräth
sie aber durch die Unterhaltung in Wärme, so nehmen sie einen
merkwürdig unabhängigen und stolzen Ausdruck an."

Das treueste Portrait von George Sand indessen, welches
uns mittelst des beschreibenden Wortes überliefert ist, danken
wir Heinrich Heine. Dieser stellt sie dar, wie Chopin sie gekannt hat, und nicht wie sie 1854 aussah, in welchem Jahre er
seine Schilderung veröffentlichte; denn aller Wahrscheinlichkeit
nach hat er um diese Zeit nicht mehr mit ihr verkehrt, musste
also nach dem Gedächtniss zeichnen. Die Treue des Heine'schen
Bildes ist von Vielen bezeugt, die George Sand persönlich gekannt haben, und ebenso durch ihr Portrait von Couture:

---

[1] Vgl. F. Liszt „Friedrich Chopin" frei ins Deutsche übertragen von
La Mara.

George Sand, die grosse Schriftstellerin, ist zugleich eine schöne
Frau. Sie ist sogar eine ausgezeichnete Schönheit. Wie der Genius,
der sich in ihren Werken ausspricht, ist ihr Gesicht eher schön als
interessant zu nennen; das Interessante ist immer eine graciöse oder
geistreiche Abweichung vom Typus des Schönen, und die Züge von
George Sand tragen eben das Gepräge einer griechischen Regelmässigkeit. Der Schnitt derselben ist jedoch nicht schroff und wird
gemildert durch die Sentimentalität, die darüber wie ein schmerz-
licher Schleier ausgegossen. Die Stirn ist nicht hoch, und gescheitelt fällt bis zur Schulter das köstliche, kastanienbraune Locken-
haar. Ihre Augen sind etwas matt, wenigstens sind sie nicht glänzend, und ihr Feuer mag wohl durch viele Thränen erloschen oder
in ihre Werke übergegangen sein, die ihre Flammenbrände über
die ganze Welt verbreitet, manchen trostlosen Kerker erleuchtet,
vielleicht aber auch manchen stillen Unschuldstempel verderblich
entzündet haben. Der Autor von „Lélia" hat stille, sanfte Augen,
die weder an Sodom noch an Gomorrha erinnern. Sie hat weder
eine emancipirte Adlernase, noch ein witziges Stumpfnäschen; es ist
eben eine ordinäre grade Nase. Ihren Mund umspielt gewöhnlich
ein gutmüthiges Lächeln, es ist aber nicht sehr anziehend; die
etwas hängende Unterlippe verräth ermüdete Sinnlichkeit. Das Kinn
ist vollfleischig, aber doch schön gemessen. Auch ihre Schultern
sind schön, ja prächtig. Ebenfalls die Arme und die Hände, die
sehr klein, wie ihre Füsse. Die Reize des Busens mögen andre
Zeitgenossen beschreiben; ich gestehe meine Incompetenz. Ihr
übriger Körperbau scheint etwas zu dick, wenigstens zu kurz zu
sein. Nur der Kopf trägt den Stempel der Idealität, erinnert an
die edelsten Ueberbleibsel der griechischen Kunst, und in dieser
Beziehung konnte immerhin einer unserer Freunde die schöne Frau
mit der Marmorstatue der Venus von Milo vergleichen, die in den
unteren Sälen des Louvres aufgestellt ist. Ja, George Sand ist
schön wie die Venus von Milo; sie übertrifft diese sogar durch
manche Eigenschaften: sie ist z. B. sehr viel jünger. Die Physiog-
nomen, welche behaupten, dass die Stimme des Menschen seinen
Charakter am untrüglichsten ausspreche, würden sehr verlegen sein,
wenn sie die ausserordentliche Innigkeit einer George Sand aus
ihrer Stimme herauslauschen sollten. Letztere ist matt und welk,
ohne Metall, jedoch sanft und angenehm. Die Natürlichkeit ihres
Sprechens verleiht ihr einigen Reiz. Von Gesangsbegabniss ist bei
ihr keine Spur; George Sand singt höchstens mit der Bravour einer
schönen Grisette, die noch nicht gefrühstückt hat oder sonst nicht
eben bei Stimme ist. Das Organ von George Sand ist eben so
wenig glänzend wie das, was sie sagt. Sie hat durchaus nichts von
dem sprudelnden Esprit ihrer Landsmänninnen, aber auch nichts von
ihrer Geschwätzigkeit. Dieser Schweigsamkeit liegt aber weder Bescheidenheit noch sympathetisches Versenken in die Rede eines

Andern zum Grunde. Sie ist einsilbig vielmehr aus Hochmuth, weil
sie dich nicht werth hält, ihren Geist an dir zu vergeuden, oder
gar aus Selbstsucht, weil sie das Beste deiner Rede in sich aufzunehmen trachtet, um es später in ihren Büchern zu verarbeiten.
Dass George Sand aus Geiz im Gespräche Nichts zu geben und
immer Etwas zu nehmen versteht, ist ein Zug, worauf mich Alfred
de Musset einst aufmerksam machte.   „Sie hat dadurch einen grossen
Vortheil vor uns Andern" sagte Musset, der in seiner Stellung als
langjähriger *cavaliere servente* jener Dame die beste Gelegenheit
hatte, sie gründlich kennen zu lernen.

Nie sagt George Sand etwas Witziges, wie sie überhaupt eine
der unwitzigsten Französinnen ist, die ich kenne.

Indem wir die Anschaulichkeit dieser geistreichen Schilderung bewundern, dürfen wir doch ihre Uebertreibungen und Un-
genauigkeiten nicht übersehen. Dem Leser wird die Zeichner-
Flüchtigkeit bei Erwähnung Musset's aufgefallen sein, welcher
nicht „lange Jahre" sondern kaum während eines Jahres die
Stellung des *cavaliere servente* einnahm. Wer aber kann von
Heine, der sich zu allen Zeiten mehr durch Witz als durch Gewissenhaftigkeit ausgezeichnet hat, ein besonders strenges Festhalten am Thatsächlichen erwarten? Was er von George Sand's
Schweigsamkeit und von ihrem Mangel an Witz sagt, muss
übrigens wahr sein, denn sie selbst berichtet uns in ihrer *Histoire
de ma vie* von diesen negativen Eigenschaften.

Die Art der musikalischen Begabung der Geliebten Chopin's
muss für uns natürlich von besonderm Interesse sein. Von Liszt,
der sie so genau gekannt hat, erfuhr ich, dass sie nicht musikalisch gewesen sei, wohl aber Geschmack und Urtheil besessen
habe. Mit „nicht musikalisch" meinte er ohne Zweifel, dass sie
nicht die Gewohnheit gehabt, ihre musikalischen Fähigkeiten
praktisch vorzuführen, oder dass sie dieselben nicht in nennens-
werther Weise ausgebildet habe. Sie selbst macht meines
Erachtens zu viel aus ihren musikalischen Anlagen, Studien
und Kenntnissen; ihre Schriften wenigstens beweisen, dass, wie
immer auch das Maass ihrer Begabung gewesen sein mag, ihr
Geschmack doch unsicher und ihre Kenntnisse sehr dürftig
waren. [1]

---

[1]) In George Sand's Werken befinden sich viele poetische Ergüsse über
Musik, auch hier und da treffende Aussprüche allgemein ästhetischer Art, aber
es fehlt gleichfalls nicht an Stellen, die ihre musikalische Unwissenheit und Ur-

Wenn wir die Verschiedenheit der Charaktere betrachten, so kann es uns nicht wundern, dass Chopin von George Sand's Persönlichkeit anfangs eher abgestossen als angezogen wurde. Ebenso wenig aber können wir uns wundern, dass ihre Schönheit und Anziehungskraft seine Antipathie überwinden musste. Wie gross diese Anziehungskraft war, wenn sie darauf ausging, sie zu erproben, kann der Leser aus folgendem Vorfall sehen. Musset's Mutter bat ihren Sohn, als dieser sie von seinem Plan unterrichtete, nach Italien zu reisen, denselben aufzugeben, und der Dichter versprach es ihr mit den Worten „wenn Jemand weinen muss, so sollst Du es nicht sein". Am selben Abend fuhr George Sand bei Frau Musset vor; diese kam ihr an den Wagen entgegen und nach einer kurzen Unterredung gab sie ihre Zustimmung zur Abreise ihres Sohnes. Chopin's erfolglose Bewerbung um die Hand des Fräulein Wodzińska und deren Verheirathung mit dem Grafen Skarbek in diesem Jahre (1837) mögen nicht ohne Wirkung auf den Künstler gewesen sein. Sein gebrochenes und leeres Herz war empfänglich gemacht für die Aufnahme eines neuen Eindruckes durch die Macht der Liebe. Kurz die Intimität zwischen Chopin und George Sand nahm stetig zu bis sie im Herbst 1838, wo sie zusammen nach Majorca

---

theilsunfähigkeit gar sehr blossstellen. Von diesen letzteren mag das folgende Citat aus der *Histoire de ma vie* als ein Beispiel dienen.

„Le génie de Chopin est le plus profond et le plus plein de sentiments et d'émotions qui ait existé. Il a fait parler à un seul instrument la langue de l'infini; il a pu souvent résumer, en dix lignes qu'un enfant pourrait jouer, des poëmes d'une élévation immense, des drames d'une énergie sans égale. Il n'a jamais eu besoin des grands moyens matériels pour donner le mot de son génie. Il ne lui a fallu ni saxophones ni ophicléides pour remplir l'âme de terreur; ni orgues d'église, ni voix humaines pour la remplir de foi et d'enthousiasme. Il n'a pas été connu et il ne l'est pas encore de la foule. Il faut de grands progrès dans le goût et l'intelligence de l'art pour que ses oeuvres deviennent populaires. Un jour viendra où l'on orchestrera sa musique sans rien changer à sa partition de piano, et où tout le monde saura que ce génie aussi vaste, aussi complet, aussi savant que celui des plus grands maîtres qu'il s'était assimilés, a gardé une individualité encore plus exquise que celle de Sébastien Bach, encore plus puissante que celle de Beethoven, encore plus dramatique que celle de Weber. Il est tous trois ensemble, et il est encore lui même, c'est-à-dire plus délié dans le goût, plus austère dans le grand, plus déchirant dans la douleur. Mozart seul lui est supérieur, parce que Mozart a eu plus le calme de la santé, par conséquent la plénitude de la vie.

gingen, ihren Höhepunkt erreichte. Bevor wir aber zu diesem
Wendepunkt in Chopin's Leben gelangen, sind noch einige andere Momente zu erwähnen; zunächst Einiges über seine künstlerische Thätigkeit während der Jahre 1837 und 1838.

Zu Chopin's Compositionen des Jahres 1837 gehört eine der
Variationen über den Marsch aus den „Puritanern", veröffentlicht
unter dem Titel *Hexaméron: Morceau de Concert. Grandes
variations de bravoure sur la marche des Puritains de Bellini,
composées pour le concert de Madame la Princesse Belgiojoso
au bénéfice des pauvres par MM. Liszt, Thalberg, Pixis,
H. Herz, Czerny et Chopin.* Dies gemeinschaftliche Unternehmen
war von der Fürstin veranlasst und eines der vielen, welche sie
zu dem Zwecke erdacht, für ihre armen verbannten Landsleute
Geld zu schaffen. Liszt spielte diese Variationen oft in seinen
Concerten und schrieb sogar eine Orchesterbegleitung dazu, die
jedoch niemals veröffentlicht worden ist.

Die im Jahr 1837 von Chopin veröffentlichten Werke sind:
im October *Douze Etudes Op. 25*, der Gräfin d'Agoult gewidmet. Im December *Impromptu Op. 29* (As-dur), der Gräfin
Lobau gewidmet; *Quatre Mazurkas Op. 30*, der Prinzessin
von Würtemberg, geb. Fürstin Czartoryska gewidmet; *Deuxième
Scherzo Op. 31* (B-moll), der Gräfin Adèle de Fürstenstein
gewidmet; *Deux Nocturnes Op. 32* (H-dur und As-dur), der
Baronin de Billing gewidmet. Im Jahre 1838 erschienen: im
October *Quatre Mazurkas Op. 33*, der Gräfin Mostowska gewidmet; im December *Trois Valses brillantes Op. 34* (As-dur,
A-moll und F-dur), der erste dem Fräulein de Thun-Hohenstein,
der zweite der Frau G. d'Ivri, der dritte dem Fräulein A. d'Eichthal gewidmet. Dies letztere Werk erschien in Paris zuerst in
einem *Album des Pianistes*, eine Sammlung unveröffentlichter
Clavierstücke von Thalberg, Chopin, Doehler, Osborne, Liszt
und Méreaux. Zwei dieses Album betreffende Umstände seien
hier noch erwähnt: dass Méreaux eine Phantasie über eine
Chopin'sche Mazurka dazu beigesteuert, und dass Stephen Heller
es in der *Gazette musicale* besprochen hat. Chopin war keineswegs zufrieden mit dem Abdruck seiner Walzer in diesem (von
Schlesinger herausgegebenen) *Album des Pianistes*. Von dieser
Angelegenheit aber, sowie von andern Componisten-Mühen und
Verdriesslichkeiten des Meisters wird noch im nächsten Capitel
die Rede sein.

Auch einige Fälle von Chopin's öffentlichem und halb-öffent-
lichem Auftreten als Virtuose sind hervorzuheben. Am 25. Februar 1838 benachrichtigt die *Gazette musicale* ihre Leser, dass
Chopin „der ebenso hervorragende wie bescheidene Pianist" vor
Kurzem an den Hof berufen sei und sich dort *en cercle intime*
habe hören lassen. Seine unerschöpfliche, für das Programm
des Abends fast allein hinreichende Improvisationskraft wurde
von der Zuhörerschaft, welche so gut wie eine Versammlung
von Künstlern die Leistungen des Componisten zu schätzen
wusste, besonders bewundert. In einem von Valentin Alkan am
3. März 1838 veranstalteten Concert spielte Chopin mit Zimmermann, Gutmann und dem Concertgeber des letzteren Arrangement von Beethoven's A-dur-Symphonie (oder vielmehr einiger
Sätze derselben) für zwei Claviere zu acht Händen. Endlich
findet sich in der *Gazette musicale* vom 25. März 1838 ein Bericht von Legouvé über Chopin's Auftreten in einem Concert
in Rouen, veranstaltet von seinem Landsmann Orłowski, der
sich dort nach mehrjährigem Aufenthalt in Paris niedergelassen
hatte. Aus dem *Journal de Rouen* vom 1. December 1849 erfahren wir, dass seit diesem Concert, welches im Rathhaus stattfand und wo der Componist sein E-moll-Concert in unvergleich-
licher Vollendung spielte, der Name Chopin in der musikalischen
Welt Rouen's eine Popularität gehabt habe, welche ihm ein
ehrenvolles und herzliches Andenken sichere. Den Bericht
Legouvé's gebe ich vollständig wieder, weil aus ihm erhellt,
einestheils, dass Chopin sich von dem Geräusch und dem Drange
der Oeffentlichkeit völlig zurückgezogen hatte, anderntheils, wie
hoch er in der Achtung seiner Zeitgenossen stand.

Es handelt sich hier um ein Ereigniss von nicht geringer Bedeutung für die musikalische Welt. Chopin, der seit Jahren nicht
mehr öffentlich auftritt; Chopin, der sein herrliches Genie auf eine
Zuhörerschaft von fünf oder sechs Personen beschränkt; Chopin,
welcher an jene Zauberinseln erinnert, die an Wundern so reich
sind, dass man nicht an sie glaubt; Chopin, welchen man nie vergessen kann, nachdem man ihn einmal gehört hat — Chopin hat
in Rouen zum Besten eines polnischen Professors ein grosses Concert gegeben, wo fünfhundert Personen anwesend waren. Der
Wunsch, eine gute That zu vollbringen, musste sich mit der Erinnerung an sein Heimathland vereinen, um seine Abneigung gegen
ein öffentliches Auftreten zu überwinden. Nun, der Erfolg war
immens! immens! Diese entzückenden Melodien, diese unbeschreib-

lichen Zartheiten des Vortrags, diese melancholischen und leidenschaftlichen Inspirationen, diese, die Einbildungskraft und das Herz
gleichmässig erregende Poesie des Spiels und der Compositionen
durchdrangen, bewegten, berauschten die fünfhundert Hörer nicht
weniger, wie die acht oder zehn Auserwählten, die ihm andachts-
voll stundenlang zu lauschen pflegen.   Man spürte im Concertsaal
fortwährend jenes elektrische Erzittern, jenes Murmeln des Entzückens und Erstaunens, welche man als die Beifallsrufe der Seele
betrachten kann.   Auf, Chopin, auf!   Möge dieser Triumph für Dich
entscheidend sein; verharre nicht länger in Deinem Egoismus, sondern lasse Dein Genie für Alle leuchten; gieb Dich endlich als das
was Du bist, und löse die Streitfrage, welche die Künstler entzweit
hat; wenn man dann fragen wird, wer der erste Pianist Europa's
ist, Liszt oder Thalberg, so wird die ganze Welt, wie schon jetzt
diejenigen, die Dich gehört haben, antworten können . . . „Chopin
ist es."

Uebrigens wurden Chopin's künstlerische Leistungen nicht
einstimmig mit solchem Enthusiasmus aufgenommen.   Ein Mitarbeiter der ihm weniger freundlich gesinnten Zeitung *La France
musicale* geht in seiner Beschränktheit so weit, bei Besprechung
des As-dur-Impromptu des Componisten Stil lächerlich zu machen.
Diesem Ignoranten, der zahlreichen Klasse von Kritikern ange-
hörend, deren Wortreichthum, verbunden mit Urtheilslosigkeit,
dem ernsten Musikfreund so wohlbekannt und so gründlich verächtlich sind, ist der geistige Inhalt des erwähnten Werkes völlig
verschlossen geblieben, und er verdammt ohne Bedenken jedes
Ausdrucksmittel, welches sich nur irgendwie von den Geleisen
des Zeitgeschmacks entfernt.   Wir lesen dort über Chopin's Art
zu componiren, er suche nach einem Gedanken, schreibe, schreibe,
modulire durch alle vierundzwanzig Tonarten, und wenn der Gedanke dann nicht erscheine, so komme er ohne ihn aus und
bringe das kleine Stück ganz nett *(très-bien)* zum Abschluss.
Nun, lieber Leser, denke über diese bedeutsame und unermesslich traurige Thatsache nach: solcher Art ist die Kritik im
Grossen und Ganzen; so war sie stets und wird sie stets sein.

Einundzwanzigstes Capitel.

Chopin's Besuche in Nohant in den Jahren 1837 und 1838. — Seine schwache
Gesundheit. — Sein Entschluss, mit George Sand und ihren Kindern nach
Majorca zu gehen. — George Sand's Bericht darüber, und was Andere davon
dachten. — Chopin trifft Anfangs November 1838 in Perpignan mit seinen Reise-
gefährten zusammen und geht mit ihnen über Port-Vendres und Barcelona nach
Palma. — Erlebnisse in dieser Stadt, in der Villa Son-Vent und im Kloster
Valdemosa, nach Briefen Chopin's und George Sand's, sowie nach den Schriften
der letzteren, *Histoire de ma vie* und *Un hiver à Majorque*. — Die Präludien. —
Rückkehr nach Frankreich über Barcelona und Marseille, Ende Februar 1839.

n einem 1837 geschriebenen und Band I Seite 325
citirten Briefe sagt Chopin: „Ich gehe vielleicht für
einige Tage zu George Sand." Wie herzlich diese
ihn durch ihre gemeinsamen Freunde Liszt und die
Gräfin d'Agoult hatte einladen lassen, haben wir im vorigen
Capitel gesehen. Wir können, wie ich meine, mit Sicherheit
annehmen, dass Chopin im Sommer 1837 nach Nohant gegangen
ist, und überzeugt sein, dass er dies im Sommer 1838 gethan
hat, obwohl zuverlässige Angaben bezüglich dieser beiden Besuche nicht zu finden sind. Karasowski freilich citirt vier Briefe
von Chopin an Fontana, als 1838 von Nohant geschrieben, nach
dem Inhalt aber zu urtheilen, müssen sie drei Jahre später geschrieben worden sein.

Wir wissen aus Mendelssohn's und Moscheles' Bemerkungen
über Chopin's Besuche in London, dass er zu jener Zeit leidend
gewesen ist. Er selbst schrieb in demselben Jahre (1837) an

Anton Wodziński, dass er während des Winters wieder Influenza gehabt habe, und dass die Aerzte ihn nach Ems schicken wollten; später scheint sein Gesundheitszustand sich verschlechtert zu haben, und dies veranlasste seine Reise nach Majorca im Winter 1838—1839. Der Umstand, dass er diese Reise in Gesellschaft von George Sand machte, hat vielerlei Erörterungen veranlasst. Nach Liszt ist Chopin durch seinen beunruhigenden Gesundheitszustand gezwungen gewesen, nach dem Süden zu gehen und sich so der Strenge des Pariser Winters zu entziehen; George Sand aber, die stets liebevoll über ihre Freunde wachte, hat ihn nicht allein reisen lassen wollen und sich entschlossen, ihn zu begleiten. Karasowski dagegen behauptet, George Sand habe nicht Chopin begleitet, sondern habe Chopin veranlasst, sie zu begleiten. Keine dieser Angaben stimmt mit George Sand's eigenem Berichte. Sie erzählt uns, dass als ihr Sohn Maurice, der unter der Aufsicht seines Vaters gewesen war, im Jahre 1838 endgültig ihr anvertraut wurde, sie beschlossen habe, ihn in ein milderes Klima zu bringen, von der Hoffnung geleitet, auf diese Weise der Rückkehr rheumatischer Affektionen vorzubeugen, von denen er das Jahr zuvor so viel zu leiden gehabt. Ueberdies wünschte sie einige Zeit an einem ruhigen Platze zu leben, wo sie, von gesellschaftlichen Ansprüchen unbehelligt, die Arbeiten ihrer Kinder beaufsichtigen und selbst arbeiten könne. Ihre Worte lauten:

> Während ich meine Reisepläne und Vorbereitungen dazu machte, äusserte Chopin, den ich alle Tage sah und für dessen Kunst und Charakter ich mich lebhaft interessirte, zu wiederholten Malen, dass, wenn er an Maurice's Stelle wäre, er bald geheilt sein würde. Ich glaubte ihm, aber ich wurde getäuscht. Nach meiner Meinung sollte er nicht an Stelle Maurice's, sondern an dessen Seite die Reise unternehmen. Seine Freunde drängten ihn bereits seit Langem, einige Zeit im Süden zuzubringen. Man hielt ihn für schwindsüchtig. Gaubert untersuchte ihn und versicherte mich, dass er es nicht sei. „Sie werden ihn in der That retten" sagte er zu mir „wenn Sie ihm Gelegenheit zum Luftgenuss, zum Spazierengehen und zur Ruhe gewähren." Andre Freunde, die wohl wussten, dass Chopin sich niemals entschliessen werde, die Gesellschaft und das Leben von Paris zu verlassen, wenn nicht eine ihm ergebene Person ihn dazu triebe, drangen lebhaft in mich, ihm seinen so rechtzeitig und in so unerwarteter Form kundgegebenen Wunsch nicht abzuschlagen.

Wie die Zeit gelehrt hat, hatte ich Unrecht, ihren Bitten und meinen eigenen Hoffnungen zu folgen. Es wäre ganz genug für mich gewesen, allein in die Fremde zu gehen mit zwei Kindern, von denen das eine schon krank, das andere in einer Fülle von Gesundheit und Ungestüm war, ohne noch eine Herzensqual und eine ärztliche Verantwortlichkeit auf mich zu nehmen.

Indessen war Chopin gerade in einem Gesundheitszustand, der alle Welt beruhigte. Mit Ausnahme · von Grzymała, welcher die Verhältnisse durchschaute, waren wir alle hoffnungsvoll; nichtsdestoweniger bat ich Chopin, seine moralischen Kräfte zu prüfen, denn seit mehreren Jahren hatte ihn der Gedanke, Paris, seinen Arzt, seine Bekannten, sogar seine Zimmer und sein Clavier zu verlassen, mit Schrecken erfüllt. Er war ein Sklave seiner Gewohnheiten und jeder auch noch so kleine Wechsel derselben war für ihn ein entsetzliches Ereigniss.

In Anbetracht, dass Liszt, der um diese Zeit in Italien war, wie auch Karasowski nur von Hörensagen sprechen, können wir nichts Besseres thun, als den Bericht George Sand's, der nichts Unwahrscheinliches enthält, einfach anzunehmen. Ich will indessen noch einige auf diese Reise in den Süden bezügliche Angaben Adolf Gutmann's, eines Schülers von Chopin, mittheilen. Chopin wünschte, wie mir Gutmann sagte, sehnlichst nach Majorca zu gehen, konnte aber bei der Spärlichkeit seiner Geldmittel nicht zum Entschlusse kommen. Dies Hinderniss jedoch wurde dadurch beseitigt, dass sein Freund, der Clavierfabrikant und Musikverleger Camille Pleyel ihm zweitausend Franken für seine *Préludes* Opus 28 zahlte. Chopin bemerkte über diesen Handel gegen Gutmann oder doch in dessen Gegenwart: „Ich habe die Präludien an Pleyel verkauft, weil er sie liebte" und Pleyel hat gelegentlich geäussert: „Dies sind meine Präludien." Gutmann war der Meinung, dass Pleyel, der Chopin verpflichtet gewesen, weil dieser seine Instrumente spielte und empfahl, den Wunsch gehabt habe, seinem Freunde in zarter Weise etwas Geld zuzuwenden, weshalb er vorgegeben, er sei von diesen Compositionen sehr eingenommen und erpicht darauf, sie zu besitzen. Dies indessen kann nicht ganz richtig sein, denn aus den weiterhin zu erwähnenden Briefen Chopin's erhellt, dass er zwar die Präludien Pleyel zugesagt hat, vor seiner Abreise aber nur fünfhundert Franken von ihm erhielt, während die übrigen eintausend fünfhundert erst nach Monaten, bei Ablieferung des Manuscripts, gezahlt werden sollten. Diese Briefe

zeigen ferner, dass Chopin, während er in Majorca war, tausend
Franken an Leo[1]) schuldete, welche er wahrscheinlich von ihm
entliehen hatte, um einen Theil der Kosten seiner Reise in den
Süden zu decken.

Chopin verheimlichte seine Absicht, mit George Sand nach
Majorca zu gehen, vor Allen, mit Ausnahme einiger Bevorzugter.
Nach Franchomme sprach er selbst mit seinen Freunden nicht
davon. Er scheint nur drei Ausnahmen gemacht zu haben,
Fontana, Matuszyński und Grzymała, und in seinen Briefen an
den ersteren bittet er den Freund wiederholt, nicht von ihm zu
sprechen. Auch nach seiner Rückkehr scheint er nicht mittheil-
samer gewesen zu sein, denn keiner von Chopin's Bekannten,
die ich danach gefragt habe, konnte mir sagen, ob er mit Befriedigung oder mit Bedauern auf diese Reise zurückgeblickt
habe, und noch weniger vermochten sie sich irgend einer Bemerkung aus seinem Munde zu erinnern, welche diesen Abschnitt
seines Lebens hätte beleuchten können.

Bis in die neueste Zeit waren George Sand's *Un hiver à
Majorque* und *Histoire de ma vie* die einzigen Quellen, um sich
über Chopin's Aufenthalt in Majorca zu unterrichten. Jetzt aber
haben wir auch Chopin's Briefe an Fontana (in der polnischen
Ausgabe von Karasowski's „Chopin") und George Sand's „Correspondance", welche jene beiden Bücher der Schriftstellerin ergänzen und berichtigen. In Erinnerung an die Tendenz der
letzteren, alles zu idealisiren, sowie an ihre Abneigung gegen
die prosaische Seite ihres Stoffes, werde ich die erwähnten
Briefe zum Fundament meiner Schilderung machen, weiteres
Material aber mit Vorsicht benutzen.

. George Sand verabredete mit Chopin, sie werde einige Tage
in Perpignan bleiben, wenn er bei ihrer Ankunft nicht dort sei,
jedoch ohne ihn weiterreisen, wenn er innerhalb eines gewissen
Zeitraumes nicht erscheine; dann brach sie mit ihren zwei Kindern und einer Dienerin im November 1838 nach dem südlichen

---

[1]) August Leo, ein Pariser Bankier „der Freund und Beschützer vieler
Künstler" wie ihn Moscheles nennt, der durch seine Gattin, Charlotte Embden
aus Hamburg, mit ihm verwandt war. Der Name Leo erscheint öfters in den
Briefen und sonstigen Mittheilungen von Musikern, besonders deutschen, welche
im zweiten Viertel unsres Jahrhunderts Paris besucht oder dort gelebt haben.
Leo wohnte zusammen mit seinem Schwager Valentin. (Vgl. Band I, S. 262.)

Frankreich auf und besuchte, da sie um des Reisens willen
reiste, Lyon, Avignon, Vaucluse, Nîmes und andere Städte. Der
angesehene *financier* und wohlbekannte spanische Staatsmann
Mendizabal, ihr Freund, der nach Madrid ging, hatte es übernommen, Chopin bis zur spanischen Grenze zu begleiten. George
Sand wurde übrigens nicht lange in Zweifel gelassen, ob Chopin
seinen *rêve de voyage* verwirklichen werde oder nicht, denn
er erschien in Perpignan schon am nächsten Tage nach ihrer
Ankunft.

George Sand an Frau Marliani[1], November 1838.

Chopin ist gestern Abend in Perpignan angekommen, frisch
wie eine Rose und rosig wie eine Rübe, übrigens wohl, nachdem
er heldenmüthig seine vier Nächte im Postwagen ertragen hat.
Was uns anlangt, so reisten wir langsam, behaglich und auf allen
Stationen von Freunden umgeben, die uns mit Liebenswürdigkeiten
überhäuften.

Da das Wetter schön und die See ruhig war, so hatte
Chopin auf der Ueberfahrt von Port-Vendres nach Barcelona
wenig zu leiden. In der letzteren Stadt rastete die Gesellschaft
eine Zeit lang — die Tage mit Wanderungen durch die Strassen
und einem Ausflug in die Umgegend ausfüllend — und schiffte
sich dann nach Palma ein, der Hauptstadt von Majorca, sowie
der Balearischen Inseln überhaupt. Auch auf dieser Fahrt waren
die Reisenden von den Elementen begünstigt.

Die Nacht war lau; es herrschte tiefstes Dunkel, einzig erleuchtet durch ein ungewöhnlich starkes Phosphoresciren im Kiel-
wasser des Schiffes. Alles an Bord schlief, der Steuermann ausgenommen, der, wohl um der Gefahr zu entgehen, ebenfalls einzuschlafen, die ganze Nacht hindurch sang, aber mit einer so sanften
und gedämpften Stimme, dass es schien, als fürchte er die Leute
auf dem Quarterdeck zu wecken, oder als sei er selbst schon halb
im Schlafe. Wir wurden nicht müde, seinem fremdartigen Gesange
zu lauschen; sein Rhythmus und seine Modulationen wichen von
den unserem Ohr vertrauten völlig ab, und seine Stimme schien
dem Zufall überlassen, wie der von unserm Schiff ausgehende, vom
Wind getragene und hin und her bewegte Rauch. Es war mehr
eine Träumerei als ein Gesang, gleichsam ein ungezwungenes Um-
herschweifen der Stimme, bei welchem der Gedanke wenig Antheil

---

[1] Die Gattin des spanischen Politikers und Schriftstellers Manuel Marliani.
Es wird von ihr weiterhin noch die Rede sein.

hatte, welches aber den Bewegungen des Schiffes, dem leisen Geräusch der Wellen folgte, und einer unbestimmten, gleichwohl aber in sanfte und einfache Formen gekleideten Improvisation glich.

Als der Tag angebrochen war, kamen die steilen Ufer von Majorca, *dentelées au soleil du matin par les aloès et les palmiers*, in Sicht, und bald darauf schiffte der *El Mallorquin* seine Passagiere in Palma aus. George Sand hatte Paris vierzehn Tage zuvor bei sehr kaltem Wetter verlassen, und fand hier in der ersten Hälfte des November sommerliche Hitze. Die Ankömmlinge unterhielten sich damit, die Stadt zu durchstreifen und erfreuten sich der stark ausgesprochenen Eigenart derselben sowie ihres Reichthums an schönen und interessanten Bauten, unter denen die prächtige Kathedrale, das elegante Börsengebäude *(la lonja)*, das stattliche Rathhaus und der imposante Königspalast *(palacio real)* hervorragten. Alles in Majorca erschien ihnen malerisch:

Von der Bauernhütte, die in allen Einzelheiten die Tradition des arabischen Stils bewahrt hat, bis zu dem in seinen Lumpen drapirten Strassenjungen, der in seiner „malpropreté grandiose" triumphirt, wie Heine von den Marktfrauen in Verona sagt. Der Charakter der Landschaft, deren Vegetation reicher ist als die afrikanische im Allgemeinen, zeigt sich gross, ruhig und einfach. Es ist die grüne Schweiz unter dem Himmel Calabriens, verbunden mit der Feierlichkeit und der Ruhe des Orients.

Indessen kann das Malerische allein den Menschen nicht befriedigen, und Palma scheint ausserdem wenig geboten zu haben. Wenn wir George Sand glauben dürfen, so gab es in der Stadt kein einziges Gasthaus, und bestand das ganze Unterkommen der Reisegesellschaft in zwei kleinen Zimmern, eher unmöblirt als möblirt, in einem jämmerlichen Hause, wo die Reisenden zufrieden sind „ein Feldbett, einen Stuhl von Strohgeflecht und, was die Nahrung anlangt, Pfeffer und Knoblauch *à discrétion*" zu finden. Wie gross aber auch ihre Ungemüthlichkeit und ihr Ekel sein mochte, so mussten sie doch das Aeusserste thun, um ihre Empfindungen nicht merken zu lassen; denn wenn sie Grimassen gemacht hätten, bei der Entdeckung von Ungeziefer in ihren Betten und Scorpionen in ihrer Suppe, so würden sie sicherlich die Eingeborenen verletzt, und sich selbst unliebsame Folgen zugezogen haben. Wenn aber in der

Stadt keine bewohnbaren Zimmer zu haben waren, so fand sich
dafür in der Umgebung eine zufällig freistehende Villa, und diese
wurde alsbald gemiethet.

George Sand an Frau Marliani; Palma, 14. November 1838:

> Ich verlasse die Stadt und installire mich auf dem Lande: ich
> habe ein hübsch möblirtes Haus mit Garten in herrlicher Lage für
> fünfzig Franken monatlich. Ausserdem habe ich zwei Meilen davon
> eine Klosterzelle gefunden, d. h. drei Zimmer und einen Garten
> voller Orangen und Citronen für fünfunddreissig Franken jährlich,
> im grossen Karthäuserkloster Valdemosa.

Die Einrichtung der Villa war freilich wieder von primi-
tivster Art, und die Wände der Zimmer waren nur weiss ge-
tüncht; im Allgemeinen aber war das Haus zweckentsprechend,
gut — vielleicht zu gut — ventilirt, vor Allem herrlich gelegen,
am' Fusse sanft gerundeter fruchtbarer Berge, in einem üppigen
Thal, welches mit den gelben Mauern von Palma, seiner Kathedrale und dem glänzenden See-Horizont seinen Abschluss fand.

Chopin an Fontana;[1] Palma, 15. November 1838:

----

[1] Julius Fontana, geb. in Warschau 1810, studirte Musik (am Warschauer
Conservatorium unter Elsner) als Liebhaber, und die Rechte als Beruf, schloss
sich 1830 der polnischen Insurrections-Armee an, verliess sein Vaterland nach
dem Misserfolg der Insurrection, wirkte in London als Clavierlehrer, trat 1835
mehrere Male in Paris mit Erfolg als Virtuose auf, wohnte dort einige Jahre,
ging 1841 nach Havana, vertauschte diese Stadt des Klimas wegen mit Neu-York,
gab dort Concerte mit Sivori und kehrte 1850 nach Paris zurück. Soviel erfahren wir aus Sowiński's *Les Musiciens polonais et slaves*. A. J. Hipkins, der
mit Fontana während eines Aufenthaltes desselben in London 1856 (Mai und
Anfang Juni) bekannt wurde, beschrieb ihn mir als „einen ehrenwerthen und
fein gebildeten Mann". Von demselben Gewährsmann erfuhr ich, dass Fontana
eine Dame heirathete, welche ein Einkommen für Lebenszeit hatte, und dass diese
Heirath ihn in den Stand setzte, seine Berufsthätigkeit aufzugeben. Später wurde
er sehr taub und nach diesem Unglück traf ihn ein noch grösseres, der Tod
seiner Gattin. So, taub und verarmt zurückgeblieben, wurde er von Verzweiflung
erfasst und jagte sich eine Kugel durch den Kopf. Nach Karasowski starb er
in Paris 1870. Die von ihm veröffentlichten Compositionen (Tänze, Phantasien,
Etüden etc.) sind von keiner Bedeutung. Er soll auch zwei Bücher veröffentlicht
haben, eins über polnische Orthographie (1866) und eins über populäre Astro-
nomie (1869). Der obige sowie die folgenden Briefe von Chopin an Fontana
sind im Besitz der Frau Johanna Lilpop in Warschau und hier nach der polnischen Ausgabe von Karasowski's Chopin-Biographie übersetzt. Viele der Briefe
sind ohne Datum und die von Karasowski angenommenen Daten sind meist unrichtig. Es sind auch zwei Briefe darunter, welche von Chopin datirt sein sollen,

Mein lieber Freund, — ich befinde mich in Palma, unter Palmen, Cedern, Cactus, Aloe und Oliven-, Orangen-, Citronen-, Feigen- und Granatbäumen etc., welche der *Jardin des plantes* nur Dank seinen Oefen besitzt. Der Himmel ist wie ein Türkis, die See wie Lapis Lazuli und die Berge wie Smaragden. Die Luft? die Luft ist genau wie im Himmel. Am Tage scheint die Sonne, und folglich ist es warm — Alles trägt Sommerkleider. Während der Nacht hört man überall und zu jeder Stunde Guitarrenspiel und Gesang. Enorme Balkone mit überhängendem Weinlaub, Mauern aus der Araberzeit . . . Die Stadt, wie alles hier, weist nach Afrika . . . Mit einem Wort, ein reizendes Leben!

Lieber Julius, gehe zu Pleyel — das Clavier ist noch nicht angekommen — und frage ihn, auf welchem Wege er es geschickt hat.

Die Präludien sollst Du bald haben.

Ich werde wahrscheinlich in einem entzückenden Kloster Wohnung nehmen, in einer der schönsten Gegenden der Welt; See, Berge, Palmen, Friedhof, Kirche der Kreuzritter, Ruinen von Moscheen, tausendjährige Olivenbäume! . . . Jetzt, lieber Freund, geniesse ich mein Leben etwas mehr; ich bin dem Schönsten auf dieser Welt nahe — ich bin ein besserer Mensch.

Briefe von den Meinigen und was Du mir sonst zu senden hast, übergieb an Grzymała; er weiss die sicherste Adresse.

Umarme Hänschen[1]); wie bald würde er sich hier erholen!

Sage Schlesinger, dass er in Kurzem Manuscript erhalten wird. Mit den Bekannten sprich wenig von mir. Sollte Jemand danach fragen, so sage, dass ich im Frühling zurückkommen würde. Die Post geht einmal wöchentlich; ich expedire durch Vermittelung des hiesigen französischen Consulats.

Schicke den einliegenden Brief wie er ist an meine Eltern; trage ihn selbst auf die Post.

Dein

Chopin.

George Sand berichtet in *Un hiver à Majorque*, dass die ersten Tage, welche die Reisegesellschaft im Son-Vent (Haus des Windes) — der Name der von ihnen gemietheten Villa —

---

da jedoch der Inhalt eher auf Nohant und das Jahr 1841 als auf Majorca und die Jahre 1838—1839 weist, so habe ich sie in das vierundzwanzigste Capitel aufgenommen, wo auch meine Gründe dafür ausführlich angegeben sind. Ein dritter Brief, von dem Karasowski glaubt, er sei im Februar in Valdemosa geschrieben, scheint mir im April in Marseille geschrieben zu sein. Man wird ihn im folgenden Capitel finden.

[1]) Das in den Briefen an Fontana so häufig erwähnte „Hänschen" ist Johannes Matuszyński.

verbrachte, auf angenehme Weise mit Spaziergängen und genuss-
reichem Faullenzen, wozu das köstliche Klima und die Neuheit
der Landschaft einlud, hingegangen seien. Diese paradiesischen
Verhältnisse aber veränderten sich plötzlich wie mit einem Zau-
berschlage, als nach Ablauf von zwei oder drei Wochen die
nasse Jahreszeit begann und der Son-Vent unbewohnbar wurde.

Die Mauern der Villa waren so dünne, dass der Kalkbewurf
unserer Zimmer wie ein Schwamm aufging. Ich für mein Theil
habe niemals so sehr von Kälte gelitten, obwohl es thatsächlich
nicht sehr kalt war; für uns aber, gewöhnt im Winter zu heizen,
war dies Haus ohne Kamine wie ein um die Schultern geschlagener
Mantel von Eis, unter dem wir erstarrten. Chopin, zart wie er
war und von grosser Reizbarkeit der Athmungsorgane, musste bald
die nachtheilige Wirkung der Feuchtigkeit erfahren.
Wir konnten uns nicht an den erstickenden Geruch der Koh-
lenbecken gewöhnen, und unser Patient begann sich beängstigt zu
fühlen und zu husten.
Von diesem Augenblicke an wurden wir ein Gegenstand des
Entsetzens für die Bevölkerung. Wir wurden der Lungenschwind-
sucht angeklagt und überführt, welche nach der Ansteckungstheorie
der spanischen Heilkunde der Pest gleichkommt. Ein reicher Arzt,
der sich gegen die bescheidene Entschädigung von fünfundvierzig
Franken herabliess, uns zu besuchen, erklärte gleichwohl, dass es
nichts sei und verordnete auch nichts.
Ein andrer Arzt kam bereitwillig zu uns; aber die Apotheke
in Palma war derart mangelhaft versorgt, dass wir dort nur ab-
scheuliche Mixturen haben konnten. Ueberdies verschlimmerte sich
die Krankheit in Folge von Ursachen, welche keine Wissenschaft
und keine Pflege wirksam zu bekämpfen im Stande sind.
Eines Morgens, als wir uns im Hinblick auf die Dauer der
Regenzeit und der mit ihr verbundenen Leiden ernsten Befürchtungen hingaben, erhielten wir einen Brief vom grimmigen Gomez,
in welchem er uns in seinem spanischen Stil erklärte, dass wir eine
Person hielten, welche eine Krankheit hielte, deren ansteckende
Kraft sein Haus und voraussichtlich das Leben seiner Familie bedrohte, weshalb er uns bitte, sein Palais in möglichst kurzer Zeit
zu räumen.
Dies war für uns kein grosser Kummer, denn wir konnten
nicht länger in dem Hause bleiben, aus Furcht, in unserm Zimmer
zu ertrinken; aber unser Kranker war nicht in dem Zustand, ohne
Gefahr transportirt zu werden, namentlich mit den in Majorca vorhandenen Transportmitteln und bei dem obwaltenden Wetter. Eine
weitere Schwierigkeit war, zu wissen, wohin wir gehen sollten, denn
das Gerücht von unsrer Schwindsucht hatte sich wie ein Lauffeuer
verbreitet, und wir durften nicht mehr hoffen, irgendwo, sei es

auch um den höchsten Preis und nur für eine Nacht ein Obdach zu finden. Wir wussten wohl, dass die gefälligen Personen, welche uns eine Zuflucht anbieten würden, selbst nicht frei von diesem Vorurtheil waren, und dass wir überdies, indem wir uns ihnen näherten, den auf uns lastenden Bann auch auf ihre Häupter beschwören würden. Ohne die Gastfreiheit des französischen Consuls, der das Wunder vollbrachte, uns alle unter sein Dach aufzunehmen, wären wir genöthigt gewesen, wie echte Zigeuner in irgend einer Höhle zu campiren.

Inzwischen begab sich ein anderes Wunder, indem wir ein Asyl für den Winter fanden. Im Karthäuserkloster Valdemosa befand sich ein spanischer Flüchtling, der sich dort aus irgend einer politischen Ursache verborgen hatte. Bei einem Besuche des Klosters waren wir von der Vornehmheit seiner Manieren, von der ernsten Schönheit seiner Gattin und von der ländlichen aber behaglichen Einrichtung ihrer Zelle überrascht gewesen. Die Poesie dieses Karthäuserklosters hatte mir den Kopf verdreht. Nun traf es sich, dass das geheimnissvolle Paar plötzlich die Gegend verlassen wollte und ebenso bereit war, uns seine Wohnung nebst Einrichtung zu überlassen, wie uns daran lag, sie zu erwerben. So kamen wir für die mässige Summe von tausend Franken in den Besitz einer vollständigen Häuslichkeit, freilich einer solchen, wie wir sie in Frankreich für dreihundert Franken hätten haben können, so selten, kostbar und schwierig zu beschaffen sind in Majorca auch die nothwendigsten Gegenstände.

Die Verbannten verliessen schleunigst die Villa Son-Vent; bevor aber Señor Gomez seine Miether entliess, mussten sie für die Reinigung und Uebertünchung des ganzen Hauses bezahlen, indem er behauptete, dasselbe sei durch Chopin inficirt.

Wenden wir uns jetzt aber wieder einmal von den dichterischen Schilderungen, Entstellungen und Uebertreibungen George Sand's zu den verhältnissmässig nüchternen und zuverlässigen Briefen Chopin's.

Chopin an Fontana; Palma, 3. December 1838:

Ich kann Dir die Manuscripte nicht schicken, da sie noch nicht fertig sind. Während der letzten zwei Wochen war ich krank wie ein Hund, trotz einer Wärme von achtzehn Graden[1]), Rosen und Orangen, Palmen- und Feigenbäumen in Blüthe. Ich hatte mich heftig erkältet. Drei Aerzte, die berühmtesten der Insel, kamen zur Consultation, der eine beroch was ich auswarf, der zweite klopfte da, von wo ich ausgeworfen hatte, der dritte horchte,

---

[1]) Das heisst achtzehn Centigrade, ungefähr vierzehn Grad Réaumur.

wenn ich auswarf. Der erste sagte, ich würde sterben, der zweite, ich sei sterbend, der dritte, ich sei schon gestorben; und dabei lebe ich, wie ich vorher gelebt habe. Ich kann es Hänschen nicht verzeihen, dass er mir in dem Zustand von *bronchite aiguë*, den er stets bei mir beobachten konnte, keinen Rath gegeben. Ich entging mit genauer Noth ihren Aderlässen, Blasenpflastern und ähnlichen Operationen. Nun bin ich, Dank der Vorsehung, wieder ich selbst. Indessen hat meine Krankheit nachtheilig auf die Präludien gewirkt, welche Du, Gott weiss wann, erhalten wirst.

In einigen Tagen werde ich in einem der schönsten Theile der Welt wohnen: See, Berge . . . was Du Dir nur immer wünschen kannst. Wir werden in ein altes, weitläufiges, verlassenes und verfallenes Kloster der Karthäuser ziehen, welche Mend[1]) ausgetrieben hat, als sei es extra für mich gewesen. Nahe bei Palma — nichts kann wunderbarer sein: Klosterzellen, höchst poetische Friedhöfe. Mit einem Wort, ich fühle, dass mir dort wohl sein wird. Nur mein Clavier bleibt noch immer aus! Ich schrieb an Pleyel. Frage dort und sage ihm, dass ich den Tag nach meiner Ankunft hier ernstlich krank geworden bin, dass es mir aber wieder besser geht. Sprich im ganzen wenig von mir und meinen Manuscripten. Schreibe mir. Bis jetzt habe ich noch keinen Brief von Dir erhalten.

Sage Leo, dass ich die Präludien noch nicht an Albrechts[2]) geschickt habe, aber dass ich sie noch herzlich liebe und ihnen in Kurzem schreiben werde.

Trage den einliegenden Brief an meine Eltern selbst auf die Post und schreibe so bald als möglich.

Meine Grüsse an Hänschen. Sage Niemandem, dass ich krank gewesen bin, man würde nur darüber klatschen.

Chopin an Fontana; Palma, 14. December 1838:

Noch kein Wort von Dir, und dies ist schon mein dritter oder vierter Brief. Hast Du frankirt? Vielleicht haben meine Eltern· nicht geschrieben. Sollte ihnen Missgeschick begegnet sein? Oder bist Du so faul? Aber nein, Du bist nicht faul, Du bist so gefällig. Gewiss hast Du meine zwei Briefe (beide aus Palma) an

---

[1]) Mendizabal.

[2]) Der Frau Dubois danke ich die Mittheilung, dass Albrecht, ein Attaché der sächsischen Gesandschaft (eine Stellung, welche ihm Ansehen in der Gesellschaft sicherte) und zu gleicher Zeit Weinhändler (er hatte sein Geschäft am Place Vendôme und als Specialität „vins de Bordeaux"), einer von Chopin's „fanatischen Freunden" war. In den Briefen ist von zwei Albrechts die Rede, dem Vater und dem Sohne; die vorstehende Mittheilung bezieht sich auf den Sohn, wie ich meine, der T. Albrecht, dem Chopin's *Premier Scherzo*, Opus 20 gewidmet ist.

die Meinigen gesandt. Und Du musst mir geschrieben haben, nur,
dass die hiesige Post, die unzuverlässigste der Welt, mir Deine
Briefe noch nicht abgeliefert hat.

Erst heute erhielt ich die Nachricht, dass mein Clavier am
1. December in Marseille mit einem Kauffahrteischiff abgegangen
ist. Der Brief brauchte vierzehn Tage von Marseille hierher. So
ist einige Hoffnung, dass das Clavier den Winter über im Hafen
bleibt, da sich hier während der Regenzeit niemand rührt. Der
Gedanke, es gerade im Moment meiner Abreise zu erhalten, ist
recht amüsant; denn ausser den fünfhundert Franken, die ich für
Fracht und Zoll bezahlen muss, würde ich das Vergnügen haben,
es wieder einzupacken und zurückzusenden. Inzwischen schlafen
meine Manuscripte, während ich nicht schlafen kann, sondern, hus-
tend und mit Pflastern bedeckt, ungeduldig auf den Frühling oder
irgend etwas Anderes warte.

Morgen breche ich nach dem entzückenden Kloster Valdemosa
auf. Ich werde wohnen, nachdenken und schreiben in der Zelle
irgend eines alten Mönchs, der vielleicht mehr Feuer in seinem
Herzen hatte als ich, und da er nicht in der Lage war, davon
Gebrauch zu machen, sich genöthigt gesehen hat, es zu verbergen
und zu ersticken.

Ich hoffe, Dir bald meine Präludien und meine Ballade senden
zu können. Gehe zu Leo; sage aber nicht, dass ich krank ·bin,
es könnte ihm um seine tausend Franken bange werden.

Sage Hänschen und Pleyel herzliche Grüsse von mir.

George Sand an Frau Marliani; Palma, 14. December 1838:

Was hier wirklich schön ist, das ist die Gegend, der Himmel,
die Berge, das Wohlbefinden Maurice's und das *radoucissement*
Solange's. Das Befinden des guten Chopin ist weniger befriedigend;
er vermisst sehr sein Clavier. Von diesem haben wir endlich
heute Nachrichten erhalten: es ist von Marseille abgegangen und
kann in vierzehn Tagen hier sein. Guter Gott, wie ist das materielle Leben hier rauh, schwierig und dürftig! Es übersteigt jede
Vorstellung.

Durch einen glücklichen Zufall habe ich ein sauberes, zu Verkauf stehendes Mobiliar gefunden, für hiesige Verhältnisse allerliebst,
während bei uns kein Bauer es haben möchte. Es kostete uner-
hörte Mühe, einen Ofen aufzutreiben, Holz, Wäsche und was noch
alles. Schon vor einem Monat glaubte ich mit der Einrichtung
fertig zu sein, und noch immer komme ich nicht zum Schlusse.
Ein Karren braucht hier fünf Stunden um drei Meilen [*lieues*] zu
machen; daraus können Sie auf das Uebrige schliessen! Das An-
fertigen einer Feuerzange dauert zwei Monate. Nichts von dem
was ich sage ist übertrieben. Sie mögen danach alles das errathen,
was ich Ihnen von diesem Aufenthalt nicht sage. Was mich betrifft,

so lache ich dazu, doch habe ich etwas gelitten in der Besorgniss, dass meine Kinder viel zu leiden hätten.

Mit meinem Lazareth geht es glücklicherweise gut. Morgen gehen wir nach dem Karthäuserkloster Valdemosa, dem poetischsten Aufenthalt der Welt. Dort werden wir den Winter zubringen, der kaum begonnen hat und bald endigen wird. Darin besteht das einzige Glück dieser Gegend. Ich habe in meinem Leben keine so entzückende Natur gesehen, wie die von Majorca.

. . . Die Leute hier sind im Allgemeinen sehr liebenswürdig, sehr gefällig; aber dies alles nur mit Worten . . .

Ich werde an Leroux vom Kloster aus schreiben, sobald ich etwas zur Ruhe gekommen bin. Wenn Ihr wüsstet, was ich alles zu thun habe! Beinahe bin ich auch Köchin. Eine andere Annehmlichkeit: es giebt hier keine Bedienung. Unser Diener ist ein halbes Vieh: bigott, faul und gefrässig; ein echter Sohn eines Mönchs (dies sind sie, glaube ich, Alle). Man hätte ihrer zehn zu der Arbeit nöthig, die Ihre brave Marie allein thut. Glücklicherweise ist das Kammermädchen, welches ich von Paris mitgebracht, mir sehr ergeben und bequemt sich, auch grobe Arbeit zu thun; aber sie ist nicht kräftig und ich muss ihr helfen. Ueberdies ist alles sehr theuer und die Kost ist schwer zu beschaffen, wenn der Magen weder ranziges Oel noch Schweineschmalz verträgt. Ich fange an, mich daran zu gewöhnen; aber Chopin ist jedesmal krank, wenn wir ihm nicht selbst seine Speisen bereiten. Kurz, unsere Reise ist, in mehr als einer Beziehung, ein entsetzliches Fiasco.

Am 15. December 1838 also nahm die Gesellschaft Besitz von ihren Quartieren im Kloster Valdemosa, und von dort her sind die nächsten Briefe datirt.

Chopin an Fontana; „Palma, 28. December 1838, oder richtiger Valdemosa, einige Meilen von Palma entfernt":

Zwischen Felsen und See, in einem grossen, verlassenen Karthäuserkloster, in einer der Zellen, mit Thüren grösser als die Thore von Paris, stelle Dir mich vor, unfrisirt, ohne weisse Handschuhe, bleich wie gewöhnlich. Die Zelle hat die Gestalt eines Sarges, ist hoch und an der Decke voll Staub. Die Fenster klein, vor den Fenstern Orangenbäume, Palmen und Cypressen; dem Fenster gegenüber, unter einer maurischen Filigran-Rosette, steht mein Bett. An seiner Seite ein altes viereckiges Ding, einem Schreibtisch ähnlich, kaum benutzbar; darauf ein schwerfälliger Leuchter (ein grosser Luxus) mit einem kleinen Talglicht. Werke von Bach, meine Notizen und alte Schreibereien, die nicht von mir herrühren, das ist alles, was ich besitze. Völlige Stille . . . man könnte laut schreien und Niemand würde Einen hören . . . kurz, es ist ein sonderbarer Ort, von dem aus ich Dir schreibe.

Deinen Brief vom 9. December erhielt ich vorgestern; da der Feiertage wegen die Post erst in der nächsten Woche abgeht, so eile ich mich nicht zu sehr mit meiner Antwort. Es wird einen russischen Monat dauern, bis Du den Wechsel erhältst, den ich Dir sende.

Eine erhabene Natur ist gewiss etwas Schönes; nur sollte man nichts mit Menschen — noch mit Wegen und Posten zu thun haben. Schon so oft bin ich von Palma hierher gefahren, jedesmal mit demselben Kutscher, aber jedesmal auf einem andern Weg. Das herabströmende Wasser macht einen Weg, ein heftiger Regenguss zerstört ihn wieder; heute ist's unmöglich zu passiren, denn was sonst ein Weg war, ist jetzt gepflügtes Land; wo man gestern gefahren ist, kann man heute nur mit Mauleseln fortkommen. Und was für Wagen giebt es hier! dies der Grund, lieber Julius, weshalb man nicht einen einzigen Engländer, nicht einmal einen englischen Consul hier findet.

Leo ist ein Jude, ein Schelm! Ich war am Tage vor meiner Abreise bei ihm, und sagte ihm, er solle mir nichts hierhersenden. Ich kann Dir die Präludien noch nicht schicken, sie sind noch nicht fertig. Jetzt befinde ich mich besser und werde die Arbeit vorwärts bringen. Ich werde ihm schreiben und danken, in einer Weise, dass er sich krümmen wird.

Schlesinger aber ist ein noch schlimmerer Hund, dass er meine Walzer[1]) in das Album aufgenommen und sie an Probst[2]) verkauft hat, nachdem ich sie ihm gegeben, weil er sie für seinen Vater in Berlin[3]) wünschte. Alles dieses ärgert mich. Nur Du thust mir leid; doch wirst Du spätestens in einem Monat mit Leo und meinem Hauswirth in Ordnung sein. Mit dem Gelde, welches Du für den Wechsel erhältst, bezahle das Nöthige. Und mein Diener, was treibt er? Gieb dem Portier zwanzig Franken als Neujahrsgeschenk.

Ich erinnere mich nicht, grössere Schulden hinterlassen zu haben. Auf alle Fälle werden wir, wie ich Dir versprochen habe, spätestens in einem Monat in Ordnung sein.

Heute ist der Mond wundervoll, ich habe ihn nie schöner gesehen.

Beiläufig gesagt, Du schreibst mir, dass Du mir einen Brief von den Meinigen gesandt hast. Ich habe nichts davon gesehen

---

[1]) Trois Valses brillantes Op. 34.

[2]) Heinrich Albert Probst gründete 1823 in Leipzig eine Musikalienhandlung und ein Verlagsgeschäft. Im Jahre 1831 trat Fr. Kistner in das Geschäft ein (Probst-Kistner), welches unter seinem Namen von 1836 bis heute bestanden hat. In Chopin's Briefen finden wir Probst als Agenten des Hauses Breitkopf & Härtel erwähnt.

[3]) Adolph Martin Schlesinger, Musikalienverleger, wie sein, so häufig in diesen Briefen erwähnter Sohn, Moritz Adolph in Paris.

noch gehört, und sehne mich doch so sehr nach einem Brief! Hast Du frankirt, als Du ihnen den Brief sandtest?

Dein Brief, der einzige, den ich bis jetzt erhalten habe, war sehr mangelhaft addressirt. Hier ist die Natur wohlthätig, die Leute aber sind diebisch. Sie sehen niemals Fremde und wissen deshalb nicht, was sie von ihnen fordern sollen. So werden sie Dir z. B. eine Orange umsonst geben, für einen Rockknopf aber eine fabelhafte Summe verlangen.

Unter diesem Himmel ist man von einer Art poetischen Gefühls durchdrungen, welches von allen Gegenständen auszuströmen scheint. Adler schweben, von Niemandem beunruhigt, täglich in majestätischem Fluge über unseren Häuptern.

Schreibe um Gotteswillen, frankire stets und setze bei „Palma" immer „Valdemosa" hinzu.

Ich liebe Hänschen und meine, es ist schade, dass er sich nicht völlig zum Director einer wohlthätigen Anstalt für Kinder in irgend einem Nürnberg oder Bamberg ausgebildet hat. Veranlasse ihn, mir zu schreiben, wenn auch nur einige Worte. Ich lege einen Brief an die Meinigen ein ... Ich glaube, es ist schon der dritte oder vierte, den ich Dir für meine Eltern geschickt habe.

Grüsse Albrecht, aber sprich sehr wenig von mir.

Chopin an Fontana; Valdemosa, 12. Januar 1839:

Ich schicke Dir die Präludien, nehmt eine Abschrift von ihnen, Du und Wolf[1]), ich denke, es sind keine Fehler darin. Die Copie wirst Du an Probst, mein Manuscript an Pleyel geben. Wenn Du von Probst das Geld erhältst, wofür ich eine Quittung einlege, wirst Du es gleich an Leo bringen. Ich kann ihm gerade jetzt nicht schreiben und danken, denn ich habe keine Zeit. Von dem Gelde, welches Pleyel Dir geben wird, eintausend fünfhundert Franken, wirst Du meine Zimmermiethe bis zum neuen Jahr bezahlen, vierhundertfünfzig Franken, und zugleich für mich kündigen, wenn Du Aussicht hast, bis zum April eine andere Wohnung zu finden. Wenn nicht, so werde ich die alte für ein Vierteljahr länger behalten müssen. Den Rest des Betrages, eintausend Franken, wirst Du für meine Rechnung an Nougi zurückbezahlen. Wo er wohnt, kannst Du von Hänschen erfahren, aber sage diesem nichts von dem Gelde, denn er könnte Nougi angreifen, und ich wünschte nicht, dass irgend Jemand ausser Dir und mir von der Sache wüsste. Sollte es Dir gelingen, eine Wohnung zu finden, so könntest Du einen Theil meiner Möbeln bei Hänschen und die andern bei Grzymala unterbringen. Sage Pleyel, er möge seine Briefe durch Dich schicken.

---

[1]) Eduard Wolff.

Ich schickte Dir vor Neujahr einen Wechsel auf Wessel[1]), sage Pleyel, dass ich mit Wessel fertig bin.

In einigen Wochen erhältst Du eine Ballade, eine Polonaise und ein Scherzo.

Bis jetzt habe ich noch keinen einzigen Brief von meinen Eltern bekommen.

Ich umarme Dich.

Manchmal haben wir hier arabische Bälle, afrikanische Sonne und stets das Mittelmeer vor Augen.

Ich weiss nicht, wann ich zurück sein werde, vielleicht erst im Mai, vielleicht noch später.

George Sand an Frau Marliani; Valdemosa, 15. Januar 1839:

. . . Wir wohnen im Karthäuserkloster Valdemosa, in einer wahrhaft erhabenen Gegend, die ich noch nicht einmal Zeit gehabt habe, zu bewundern, so sehr beschäftigen mich meine Kinder, ihr Unterricht und meine Arbeit.

Es fallen hier Regenmassen, von denen man anderswo keinen Begriff hat: eine wahre Sündfluth! Die Luft wird dann so weichlich, so erschlaffend, dass man sich kaum hinschleppt und sich wirklich krank fühlt. Glücklicherweise befindet sich Maurice vortrefflich; für seine Natur ist nur der Frost zu fürchten, der hier eine unbekannte Sache ist. Der kleine Chopin[2]) dagegen ist recht angegriffen und hustet immer sehr viel. Für ihn erwarte ich mit Ungeduld die Rückkehr des schönen Wetters, welche nicht lange ausbleiben kann. Sein Clavier ist endlich in Palma angelangt, aber noch in den Klauen der Zollbehörde, welche fünf bis sechshundert Franken Eingangszoll verlangt und nicht geneigt scheint, davon etwas herabzulassen.

. . . Ich habe mich mit Maurice in Thucydides und Genossen vertieft; mit Solange in das *régime indirect* und die Behandlung des Participiums, Chopin spielt auf einem armseligen Majorcaer Clavier, welches mich an das des Bouffé im *Pauvre Jaques* erinnert. Ich bringe meine Nächte, wie immer, mit Gekritzel zu. Wenn ich die Nase erhebe, so ist es, um aus dem Guckfenster

---

[1]) Der Musikverleger Christian Rudolph Wessel aus Bremen, welcher sich 1825 in London niederliess. Bis 1838 hatte er Stodart und von 1839 bis 1845 Stapleton zu Compagnons. Er zog sich 1860 vom Geschäft zurück; seine Nachfolger waren Edwin Ashdown und Henry Parry. Seitdem sich 1882 auch Parry zurückgezogen, ist Ashdown der einzige Eigenthümer des Geschäfts. Ihm danke ich die letzteren Angaben wie auch die Mittheilung, dass Wessel 1885 gestorben ist.

[2]) Frau Marliani scheint die Gewohnheit gehabt zu haben, Chopin *le petit* zu nennen. In einem andern Briefe an sie (vom 28. April 1839) schreibt George Sand von Chopin als *votre petit*. Dies erinnert uns an Mendelssohn's „Chopinetto".

meiner Zelle den Mond durch den Regen hindurch auf die Orangenbäume glänzen zu sehen, und ich denke darüber nicht länger nach,
als er.

George Sand an A. M. Duteil; Valdemosa, 20. Januar 1839:

. . . Dies [die Langsamkeit und Unzuverlässigkeit der Post]
ist nicht die einzige Unannehmlichkeit dieses Landes; deren giebt
es noch unzählige, und doch ist es der denkbar schönste Aufenthalt. Das Klima ist entzückend. Während ich Dir schreibe, macht
Maurice in Hemdärmeln seine Gartenarbeit und Solange studirt mit
ernster Miene unter einem mit Früchten bedeckten Orangenbaum
ihre Lection. Wir haben Rosen in Büscheln und der Frühling beginnt. Unser Winter dauerte sechs Wochen; Kälte gab es währenddem nicht, aber Regen zum Entsetzen — eine wirkliche Sündfluth!
Der Regen entwurzelt die Berge; alles Wasser der Berge stürzt zur
Ebene herab; die Wege werden zu Strömen. Wir sind einmal da
hinein gerathen, Maurice und ich. Wir waren bei herrlichem Wetter
in Palma gewesen; als wir Abends nach Hause zurückkehrten, gab
es keine Felder, keine Wege mehr, nur noch Bäume, um ungefähr
die Richtung anzudeuten, der wir zu folgen hatten. Ich war wirklich sehr ängstlich, umsomehr, als unser Pferd den Gehorsam verweigerte und wir genöthigt waren, den Berg zu Fusse, im Dunkeln
mit den Beinen in Wildbächen zu passiren.

George Sand an Frau Marliani; Valdemosa, 22. Februar 1839:

. . . Sie sehen mich in meinem Kloster Valdemosa, stets sess-
haft, am Tage mit meinen Kindern und Nachts mit meiner Arbeit
beschäftigt; im Mittelpunkt des Ganzen die Lerchentriller Chopin's,
der hübsch vorwärts kommt, und den zu hören die Mauern seiner
Zelle sehr überrascht sind.

Das einzige bemerkenswerthe Ereigniss seit meinem letzten
Brief war die Ankunft des so lange erwarteten Claviers. Nach
vierzehntägigem Hin- und Herlaufen und Warten konnten wir es
gegen Zahlung von dreihundert Franken Eingangszoll von der
Douane abholen lassen. Schönes Land das! Schliesslich wurde es
ohne Unfall ausgeschifft und die Gewölbe des Karthäuserklosters
freuen sich dessen. Und alles dieses wird durch keine Bewunderung der Narren profanirt: es kommt hier keine Katze zu uns.

Unser Zurückziehen in die Berge, drei Lieues von der Stadt,
hat uns von den Höflichkeits-Bezeugungen der Faullenzer erlöst.

Einen Besuch haben wir freilich gehabt — einen Besuch aus
Paris! Herr Dembowski, ein italienischer Pole, der behauptet, ein,
ich weiss nicht wie weit entfernter Vetter Marliani's zu sein.

. . . Thatsächlich sind wir mit der Unabhängigkeit, die uns
unser Aufenthalt gewährt, sehr zufrieden, weil wir zu arbeiten haben.
Aber wir sind uns wohl bewusst, dass derartige poetische Intermezzi

3*

des gewöhnlichen Lebens nur eine kurze Ruhepause bilden, die sich der Geist gestattet, bevor er sich den aufregenden Kämpfen wieder hingiebt. Ich meine dies im Hinblick auf das intellectuelle Leben, denn das des Herzens kann nicht für einen Augenblick unterbrochen werden . . .

Hiermit sind wir mit den bekannt gewordenen Briefen von Chopin und George Sand aus Majorca zu Ende. Sehen wir nun zu, was sich in George Sand's Schriften findet, um das Bild ihres Lebens und das ihrer Genossen in Valdemosa, von welchem die Briefe nur vereinzelte Nachrichten enthalten, zu vervollständigen. Ich werde das zu meiner Verfügung stehende Material frei benutzen, indem ich einige Stellen vollständig gebe, andere aber meinem Zwecke entsprechend gruppire und dabei immer im Auge behalte — was der Leser ebenfalls thun sollte — dass die Verfasserin geneigt ist, der künstlerischen und moralischen Wirkung zu Liebe den Ausdruck zu steigern, ihren Stoff zu färben und zu verschönern.

Um dies Capitel nicht zu weit auszudehnen, verweise ich den Leser auf George Sand's *Un hiver à Majorque,* mit der Beschreibung der „bewunderungswürdigen, grandiosen und wilden Natur", inmitten derer das „poetische Heim" der Reisegesellschaft gelegen war — des bald grossartig bald lieblich gestalteten Terrains, der üppigen Vegetation und der wunderbaren Phänomene des Lichts und der Luft; der auf zwei Seiten sich erstreckenden und durch den Horizont begrenzten See, der umliegenden gewaltigen Bergspitzen und der in weiterer Ferne sichtbaren sanft gerundeten Hügel; der in der Verfolgung ihrer Beute bis auf die Orangenbäume des Klostergartens hinabschiessenden Adler; der von der Spitze des Berges bis zum Grunde der Schlucht sich schlängelnden Cypressen-Allee; der mit Myrthenbäumen besäumten Bergströme — kurz des unermesslich reichen Ensemble, der unzähligen Einzelheiten, welche die Einbildungskraft überwältigen und die Träume des Dichters und des Malers hinter sich zurücklassen. Für uns ist es rathsam, unsere Untersuchung auf einen kleineren Kreis zu beschränken, unsere Aufmerksamkeit mehr den inneren als den äusseren Verhältnissen zuzuwenden.

Wie aus den vorstehenden Briefen erhellt, bestand keine klösterliche Gemeinschaft mehr in Valdemosa. Die Mönche waren kurz zuvor vertrieben, und das Kloster war Staatseigenthum geworden. Während der heissen Jahreszeit wurde es zum grössten Theil von Leuten mittleren Standes aus Palma bewohnt, welche dort die reinere Luft genossen. Die einzigen permanenten Bewohner des Klosters waren zwei Männer und eine Frau, denen George Sand die Namen „der Apotheker", „der Sacristan" und „Maria Antonia" gegeben hat. Der erstere, ein Ueberbleibsel der zerstreuten Mönchsgemeinschaft, verkaufte Malwen und Queckengras, die einzigen Arzneimittel, welche er hielt; der zweite hatte die Schlüssel des Klosters unter seiner Aufsicht, die dritte aber war eine Art Haushälterin, welche für Gotteslohn und aus nachbarlicher Freundschaft den Neuankömmlingen ihre Hülfe anbot und, wenn dieselbe angenommen wurde, nicht verfehlte, starke Contribution dafür zu erheben.

Das Kloster war ein Complex von massiven Bauten ohne irgend welche architectonische Schönheit, eine Steinmasse von solchem Umfang, dass es leicht gewesen wäre, ein Armeecorps darin unterzubringen. Ausser der Wohnung des Superiors, den Zellen für die Laienbrüder, den Fremdenzimmern, den Ställen und andern Baulichkeiten, gehörten dazu drei Klöster, jedes mit zwölf Zellen und zwölf Capellen. Das älteste und zugleich das kleinste dieser Klöster stammte aus dem fünfzehnten Jahrhundert.

Es bietet einen reizenden Anblick dar. Der Hof, den die verfallenen Mauern umschliessen, ist der ehemalige Friedhof der Mönche. Keiner der Grabsteine ist durch eine Inschrift bezeichnet ... meist ist die Grabstätte nur durch eine Anschwellung des Rasens angedeutet.

In den Zellen waren die Ueberbleibsel schöner alter Mobilien und Sculpturen aller Art aufgespeichert; diese aber konnte man nur durch die Thürspalten sehen, denn der Sacristan hielt die Zellen sorgfältig verschlossen und öffnete sie für Niemanden. Das zweite Kloster war, obwohl aus späterer Zeit stammend, in einem ebenso zerfallenen Zustande, was ihm übrigens ein malerisches Ansehen gab. Bei stürmischem Wetter war es nicht sicher, sich hineinzuwagen, wegen des häufigen Herabstürzens von Mauer- und Gewölbetheilen.

Niemals habe ich den Wind solche Klagelaute, ein so verzweifeltes Geheul ausstossen hören, wie in diesen leeren und wiederhallenden Gängen. Das Rauschen der Bergströme, das Vorbeijagen der Wolken, der grossartig eintönige Wellenschlag des Meeres, vermischt mit dem Pfeifen des Sturmes; der Angstschrei der Seevögel, welche, erschrocken und verwirrt, sich von den Windstössen vorübertreiben liessen; dann der dichte Nebel, welcher sich plötzlich wie ein Leichentuch herabsenkte und, durch die verfallenen Bogengänge des Klosters eindringend, uns unsichtbar machte, wobei die kleine Lampe, mit der wir unsern Weg suchten, wie ein Irrlicht in den Gewölben hin und her zu flattern schien: diese und tausend andre Einzelheiten unsres Einsiedlerlebens, welche sich in meiner Erinnerung drängen, machten unsern Aufenthalt in diesem Karthäuserkloster zu dem romantischsten der Welt.

Es freute mich, einmal voll und ganz, einmal in Wirklichkeit zu erfahren, was ich bis dahin nur im Traume gesehen, oder in irgend einer Ballade gelesen, oder in der Nonnen-Scene aus „Robert der Teufel" erlebt. Sogar an phantastischen Erscheinungen fehlte es uns nicht. [1]

In demselben Buche, dem Obiges entnommen ist, findet sich auch eine genaue Beschreibung des neuen Klosters; der mannigfaltig verzierten Kapellen mit reicher Vergoldung, rohen Malereien und fürchterlichen Heiligenbildern von bemaltem Holz, der Fussboden in maurischem Stil von Porzellan-Mosaik mit einer Fontäne oder marmornen Muschel versehen; der niedlichen Kirche, welcher leider eine Orgel fehlte, die dagegen Holzgetäfel, Beichtstühle, Thüren von vorzüglicher Arbeit, einen Fussboden mit feiner Porzellanmalerei und eine künstlerisch werthvolle Holz-Bildsäule des heiligen Bruno besass; des kleinen symmetrisch mit Buxbaum bepflanzten Rasenplatzes in der Mitte des Klosters etc.

George Sand's Gesellschaft bewohnte eine der geräumigen, gut ventilirten und erleuchteten Zellen in diesem Theile des Klosters. Sie möge dieselbe selbst beschreiben.

Die drei Räume, aus denen sie bestand, waren gross, anmuthig gewölbt und von hinten durch offene Rosetten ventilirt, welche sämmtlich verschieden und von sehr geschmackvoller Zeichnung waren. Diese drei Zimmer waren durch einen dunklen, an seinem Ende mit einer starken Eichenholzthür geschlossenen Gang vom Kloster getrennt. Die Mauern hatten eine Dicke von drei Fuss. Der mittlere Raum war zum Lesen, zum Gebet und zur Meditation bestimmt gewesen; sein ganzes Mobiliar bestand aus einem

---

[1] *Un hiver à Majorque*, S. 116 und 117.

grossen Stuhl mit Gebetpult und einer sechs bis acht Fuss hohen, in die Mauer eingelassenen Lehne. Das Zimmer zur Rechten war das ehemalige Schlafzimmer des Mönchs; in seinem Hintergrunde befand sich ein sehr niedriger und oben wie eine Grabstätte mit Quadersteinen belegter Alkoven. Das Zimmer zur Linken war die Arbeitswerkstatt, das Refectorium und die Vorrathskammer des Einsiedlers. Ein im Hintergrunde befindlicher Schrank hatte eine Abtheilung von Holz, welche sich wie ein Fenster öffnen liess, und durch die man ihm vom Kloster aus seine Nahrung reichte. Seine Küche bestand in zwei kleinen aussen befindlichen Backöfen, die aber der strengen Ordnung gemäss nicht im Freien lagen: ein nach dem Garten zu angebrachtes Schutzdach erlaubte dem Mönch, sich seiner culinarischen Arbeit im Trocknen, und vielleicht etwas mehr als der Gründer des Klosters beabsichtigt, zu widmen. Uebrigens deutete ein in diesem Zimmer angebrachter Kamin auf noch weitere Dispensationen von der Ordensregel, wenn auch die Kunst des Architecten es nicht so weit gebracht hatte, diesen Kamin practicabel zu machen.

Im Rücken der ganzen Wohnung, in der Höhe der Rosetten, lief ein langer, enger und dunkler Canal entlang, zur Lüftung der Zelle bestimmt, und darüber befand sich ein Speicher für Mais, Zwiebeln, Bohnen und andere frugale Wintervorräthe. Nach dem Süden zu gingen die drei Zimmer auf einen Blumengarten, dessen Umfang genau dem der Zelle entsprach; er war von den Nachbargärten durch eine Mauer von zehn Fuss Höhe getrennt und lag auf einer solid gemauerten Terrasse, unter welcher sich ein kleines Orangengehölz hinab erstreckte. Weiter hinunter war der Bergabhang mit schönen Weinreben bewachsen, und noch weiter hinunter mit Mandel- und Palmenbäumen, bis zum Grunde des Thales, welches, wie ich schon erwähnte, einem immensen Garten glich.

Der Blumengarten jeder Zelle hatte rechts in seiner ganzen Länge einen Wasserbehälter von Haustein, drei bis vier Fuss breit und ebenso tief, der mittelst eines am Geländer der Terrasse befindlichen Canals die Bergwässer aufnahm und sie durch ein den Blumengarten in vier gleiche Theile theilendes Steinkreuz diesem zuführte.

Im Uebrigen glich der Blumengarten mit seinen Granat-, Citronen- und Orangenbäumen, umgeben von Spaziergängen, welche wie das Reservoir von duftenden Bäumen beschattet waren, einem anmuthigen Salon voller Blumen und Grün, wo der Mönch an nassen Tagen trocknen Fusses promeniren konnte.

Selbstverständlich waren die Künstler, welche jetzt das Kloster bewohnten, entzückt von dem was sie um sich sahen.[1])

---

[1]) Der „Argosy" vom Jahre 1888 enthält eine Reihe von „Briefen aus Majorca" von Charles W. Wood, mit Ansichten von Palma, Valdemosa und anderen Punkten der Insel. Die Illustrationen der April-Nummern bestehen in

Ueberdies that George Sand das Aeusserste, um das Leben in den vier Wänden behaglich zu gestalten. Nachdem das von den spanischen Flüchtlingen gekaufte Mobiliar durch weitere Einkäufe vervollständigt war, befand man sich den Umständen nach, was die Einrichtung anlangte, leidlich gut. Freilich waren die Tische und Stühle mit Sitzen von Strohgeflecht nicht besser, als man sie in französischen Bauernhütten findet; das Sopha von weissem Holze mit Kissen von Matratzenzeug und Woll-Stopfung war nichts weniger als üppig, und die grossen, gelben Ledertruhen konnten allenfalls als ornamentale Curiosa gelten, boten jedoch nur einen schwachen Ersatz für die mangelnden Kleiderschränke. Die Feldbetten dagegen bewährten sich ausgezeichnet; die Matratzen waren, wenn auch nicht sehr reich, doch neu und rein und die wattirten Kattun-Steppdecken liessen nichts zu wünschen übrig. Dazu kam noch manches Andere, um das Leben behaglich zu machen: Bettfedern, ein in Majorca seltener Luxusgegenstand, hatte man sich von einer französischen Dame verschafft, um sie zu Kopfkissen für Chopin zu verwenden; Matten aus Valenciennes und dickwollige Schaffelle bedeckten den staubigen Boden; ein grosser Plaid war zum Alkoven-Vorhang benutzt; ein Ofen von absonderlicher Form, bestehend in einem blossen eisernen Cylinder mit einem durch das Fenster geleiteten Rohr, war in Palma für sie fabricirt; seine Spitze krönte eine reizende Thonvase mit einer Epheu-Guirlande; ein schöner grosser gothischer Stuhl von geschnitztem Eichenholz, dessen unterer Theil aus einem zu einem Bücherschrank geeigneten Kasten bestand, war mit Zustimmung des Sacristans aus dem Betzimmer des Mönches herbeigeschafft; schliesslich, als das Beste, gab es auch ein Clavier, freilich, wie wir schon gelesen haben, in den ersten Wochen nur ein miserables Instrument aus Majorca, welches indessen in der zweiten Hälfte des Januar, nach langem Warten, durch ein vortreffliches Pleyel'sches Pianino ersetzt wurde.[1]

einer Gesammtansicht des Klosters Valdemosa, der Ansicht eines der Höfe und des Klosters mit der im Winter 1838—39 von Chopin und George Sand bewohnten Zelle. Das Kloster hat ein Spitzbogen-Gewölbe, auf der einen Seite die Thur zur Halle, und auf der andern, nach dem Hofe zu, Thüren und viereckige Fenster, über denen noch besondere runde Fenster.

[1] Beiläufig erwähnt gehört zu den vielen zweifelhaften Punkten von grösserer oder geringerer Bedeutung, welche durch die Briefe Chopin's und George Sand's erledigt sind, auch der den Eingangszoll für das Clavier betreffende. Die von

Diese verschiedenen Gegenstände bildeten in ihrer Gruppirung und mit den Räumlichkeiten ein zugleich malerisches und behagliches Ensemble. Weit weniger glänzend war die Lage unserer Karthäuser in Bezug auf die Verproviantirung. Das Wasser und die saftigen Trauben, Kartoffeln aus Malaga, gebratene Kürbisse aus Valencia etc., die sie zum Dessert hatten, waren die einzigen Speisen, von denen sie völlig befriedigt waren. Zu ihrem grossen Missbehagen aber machten sie die Entdeckung, dass der Hauptbestandtheil der Majorcaner Küche, der in allen möglichen und unmöglichen Formen zur Erscheinung kam, Schweinefleisch war. Das Geflügel bestand aus Haut und Knochen, die Fische waren trocken und nüchtern, der Zucker von so schlechter Qualität, dass sie davon krank wurden, und Butter war überhaupt nicht zu haben. Im Grunde war Alles schwierig zu beschaffen. Da sie nicht die Kirche besuchten, waren sie bei den Dorfbewohnern von Valdemosa missbeliebig geworden, und diese verkauften den Ketzern nichts unter dem Doppelten oder Dreifachen des gewöhnlichen Preises. Gleichwohl wäre, Dank den guten Diensten des Kochs beim französischen Consul, Alles leidlich gut gegangen, hätte sich nicht das Wetter gegen sie verschworen: Nur zu oft kamen die ungeduldig erwarteten Nahrungsmittel in von Regen durchweichtem Zustande an, noch häufiger aber blieben sie ganz aus. Nicht selten gab es Brot, so hart wie Schiffszwieback, und man musste sich mit einem echten Karthäuser Mittagsmahl begnügen. Der Wein war gut und billig, hatte aber die bedenkliche Eigenschaft, zu Kopfe zu steigen.

Diese Unbehaglichkeiten und Entbehrungen wurden von George Sand und ihren Kindern kaum empfunden, ja, sie gaben ihrem Leben, zeitweilig wenigstens, eine Art Würze. Anders mit Chopin. „Bei seinem Bedürfniss nach allen Kleinigkeiten eines behaglichen Wohllebens wurde ihm Majorca nach einigen Tagen Unwohlseins gründlich zuwider." Wir haben schon ge-

---

der Zollbehörde in Palma anfänglich geforderte Summe scheint fünfhundert bis sechshundert Franken betragen zu haben, diese Forderung aber wurde nach vierzehntägigem Handeln auf dreihundert Franken reducirt. Dass die phantasievolle Schriftstellerin die Einzelheiten dieses Geschäfts bald vergessen hat, kann uns nicht Wunder nehmen. In *Un hiver à Majorque* nennt sie als zuerst geforderte Summe siebenhundert Franken und als schliesslich gezahlte vierhundert Franken.

sehen, welch nachtheilige Wirkung das nasse Wetter und die
Feuchtigkeit der Villa *Son-Vent* auf seine Gesundheit ausübte;
nach George Sand aber[1]) ist seine Krankheit zwar schon im
Anfang ihres Aufenthaltes in Majorca zum Ausbruch gekommen,
hat aber doch erst später einen beunruhigenden Charakter
angenommen. Die Ursache dieser Verschlimmerung war die
Uebermüdung in Folge eines Ausfluges, den er mit den Freunden nach einer drei Meilen[2]) von Valdemosa entfernten Ein-
siedelei unternommen hatte; die Länge und die schlechte Beschaffenheit des Weges hätten allein genügt, seinen Kräftevorrath
zu erschöpfen; zu den Beschwerden der Wanderung aber kam
noch bei der Rückkehr ein heftiger Wind, welcher ihnen das
Gehen aufs Aeusserste erschwerte. Aus der Bronchitis, an der
er zuvor gelitten hatte, entwickelte sich nun ein Zustand ner-
vöser Erregung mit verschiedenen Symptomen der Luftröhren-
schwindsucht.[3]) Der Arzt, welcher die Krankheit nach den
früher beobachteten Symptomen beurtheilte, verkannte ihren
wahren Charakter und schrieb Aderlässe, Milchdiät etc. vor.
Chopin fühlte instinctiv, dass alles dieses ihm schaden, ein Aderlass sogar verhängnissvoll für ihn sein würde. George Sand,
die in der Krankenpflege Erfahrung hatte und genauer als der
Arzt zu beobachten in der Lage war, theilte diese Ansicht. Nach
langem und angstvollem Kampfe entschied sie sich, gegen den
dringenden Rath des Arztes, ihrer inneren Stimme zu folgen,
von der sie sogar im Schlaf die Worte gehört hatte: „Ein
Aderlass wird ihn tödten, bewahrst Du ihn aber davor, so wird
er nicht sterben." Sie hielt sich überzeugt, dies sei die Stimme
der Vorsehung und sie werde, indem sie ihr folgte, des Freundes Leben retten. Was Chopin bei seiner Schwäche und Ab-
spannung am meisten bedurfte, war eine kräftigende Kost, diese
aber war unglücklicherweise nicht zu beschaffen:

---

[1]) *Un hiver à Majorque* S. 161—168. Ich habe George Sand im Verdacht, dass
sie die Dinge in höchst unhistorischer Weise durcheinander mischt, doch bin ich
nicht in der Lage, ihre Angaben zu controliren, da ihre und ihres Gefährten
Briefe hierfür nicht ausreichen. Chopin war sicherlich nicht geneigt, dem Freunde
das Schlimmste über seine Gesundheit mitzutheilen.

[2]) George Sand erwähnt nicht, welcher Art die Meilen waren.

[3]) In der *histoire de ma vie* sagt George Sand: „Mit dem Beginn des
Winters, welcher plötzlich mit Sündfluth-artigem Regen einsetzte, zeigten sich
bei Chopin ebenso plötzlich alle Anzeichen eines Lungenkatarrhs."

Was. hätte ich nicht gegeben, um unserem Kranken täglich
eine Fleischbrühe und ein Glas Bordeaux bieten zu können! Die
Majorcaner Nahrung und namentlich die Art der Bereitung, sobald
wir nicht mit Auge und Hand betheiligt gewesen waren, erregte
ihm unüberwindlichen Ekel. Soll ich sagen, wie sehr dieser Ekel
begründet war? Eines Tages, als man uns ein mageres Huhn ser-
virte, sahen wir auf seinem rauchenden Rücken enorme *Maîtres Floh*
umherspringen, in denen E. T. A. Hoffmann ebensoviele Kobolde
gesehen haben würde, die er aber sicherlich nicht hätte in der
Sauce essen mögen. Meine Kinder lachten so herzlich darüber,
dass sie fast unter den Tisch gefallen wären.

Chopin's sehnlichster Wunsch war, von Majorca fort und
nach Frankreich zurückzukommen. Für längere Zeit aber war
er zu schwach zum Reisen, und als er ein wenig zu Kräften gekommen war, hinderten widrige Winde das Dampfboot, den
Hafen zu verlassen. Im Folgenden schildert George Sand mit
lebhaften Farben die traurige Lage unsers armen Karthäusers.

Je länger der Winter dauerte, desto vergeblicher waren meine
Anstrengungen, fröhlich und heiter zu sein. Der Zustand unseres
Patienten wurde immer schlimmer; der Wind klagte und ächzte in
der Schlucht, der Regen prasselte auf unsere Fensterscheiben, das
Rollen des Donners drang durch unsere dicken Mauern, eine düstere
Mahnung, dem Lachen und Spielen der Kinder beigemischt. Die
Adler und Geier verfolgten, durch den Nebel begünstigt, unsere
armen Sperlinge bis in den Granatbaum vor meinem Fenster. Das
tobende Meer hielt die Schiffe im Hafen fest, und wir fühlten uns
als Gefangene, fern von jeder verständigen Hülfe und thatkräftigen
Sympathie. Der Tod schien über unsern Häuptern zu schweben, um
sich Eines der unsrigen zu bemächtigen, und wir waren einzig auf
uns angewiesen, ihm seine Beute streitig zu machen.

Wenn George Sand unter solchen Verhältnissen den Muth
verlor, so können wir uns vorstellen, wie viel mehr noch Chopin
unter ihnen zu leiden hatte, von dem sie uns erzählt:

Das klagende Geschrei der beutegierigen Adler und das trostlose Düster der schneebedeckten Eichenbäume verursachten ihm
weit mehr Traurigkeit, als er beim Dufte der Orangenbäume, bei
der Anmuth der Weinberge, bei dem maurischen Gesange der Feld-
arbeiter Freude empfunden hatte.

Von der Lebensweise der Gefangenen in Valdemosa wissen
wir bereits Einiges aus den obencitirten Briefen. Morgens waren
zunächst die Vorräthe für den Tag zu besorgen und die Zimmer

zu reinigen, welch letzteres Geschäft man der Maria Antonia nicht überlassen durfte, wollte man nicht riskiren, die Ruhe der nächsten Nacht einzubüssen.[1]) Dann pflegte George Sand einige Stunden hindurch ihre Kinder zu unterrichten. Nach diesen Lectionen lief das junge Volk umher und amüsirte sich den Rest des Tages, während die Mutter sich ihren literarischen Beschäftigungen widmete. Abends promenirten sie entweder durch das vom Mondlicht erleuchtete Kloster oder lasen in ihrer Zelle, worauf die Mutter noch die halbe Nacht mit Schreiben zuzubringen pflegte. In ihrer *Histoire de ma vie* sagt George Sand, dass sie in Valdemosa mancherlei geschrieben, auch herrliche philosophische und historische Schriften gelesen habe, nachdem sie ihre Pflegerinnen-Pflichten gegen den Freund erfüllt hatte. Freilich nahm der Letztere ihre Zeit stark in Anspruch und hinderte sie häufig auszugehen, da er es nicht liebte, allein zu sein, und auch nicht gut allein gelassen werden konnte. Manchmal unternahm sie mit ihren Kindern eine Entdeckungs-Expedition und brachte eine oder zwei Stunden in angenehmer und interessanter Weise mit der Untersuchung der verschiedenen Theile der umfangreichen Baulichkeiten des Klosters zu; oder die ganze Gesellschaft sass um den Ofen herum und erinnerte sich unter Gelächter der am Morgen stattgehabten Verhandlungen mit den Dorfbewohnern. Einmal waren sie sogar Zeugen eines Balles in diesem Heiligthume. Es war am Fastnachtsdienstag, bald nach Dunkelwerden, dass ihre Aufmerksamkeit durch ein sonderbares, klapperndes Geräusch erregt wurde. Von der Thür ihrer Zelle aus konnten sie nichts erkennen, aber sie hörten das Geräusch näher kommen. Nach Kurzem erschien am entgegengesetzten Ende des Klosters ein schwacher Schimmer weissen Lichtes, dann der rothe Schein von Fackeln und zuletzt eine Bande, bei deren Anblick sie die Gänsehaut überlief und ihr Haar sich sträubte — Teufel mit Vogelköpfen, Pferdeschwänzen und Flitterstaat von allen Farben; weibliche Teufelinnen oder entführte Schäferinnen in weissen

---

[1]) George Sand's Antheil an der Hausarbeit war nicht so bedeutend, wie sie den Leser des *Hiver à Majorque* glauben machen mochte, denn er bestand, wie wir ihren Briefen entnehmen, nur darin, dass sie ihrer Dienerin, welche das Kochen und Reinmachen übernommen, dazu aber nicht kräftig genug war, hier und da helfend zur Hand war.

und rosarothen Gewändern; Allen voran Lucifer selbst, gehörnt und, das blutrothe Gesicht ausgenommen, ganz schwarz. Das sonderbare Geräusch aber bewies sich als das Klappern von Castagnetten, und die fürchterlichen Gestalten als eine fröhliche Gesellschaft reicher Pächter und wohlhabender Dorfbewohner, welche in Maria Antonia's Zelle ein Tänzchen machen wollten. Das aus einer grossen und einer kleinen Guitarre, einer kreischenden Violine und drei bis vier Paar Castagnetten bestehende Orchester begann die heimischen *jotas* und *fandangos* zu spielen, welche, wie George Sand uns erzählt, den Spanischen ähneln, jedoch noch kühner in der Form und origineller im Rhythmus sind. Die kritischen Zuschauer waren der Meinung, dass der Tanz der Majorcaner nicht heiterer sei als ihr Gesang, welcher durchaus nichts Heiteres an sich hatte, und dass ihre *boleros* etwas von der „gravité des ancêtres et point de ces grâces profanes qu'on admire en Andalousie" an sich haben. Meist war die Musik dieser Insulaner für die Fremden mehr interessant als reizend. Das Klappern der Castagnetten, mit dem sie ihre festlichen Umgänge begleiten, besteht, unähnlich dem scharf rhythmisirten der Spanier, in einem ununterbrochenen Wirbel wie der einer Trommel „battant aux champs" und wird von Zeit zu Zeit plötzlich unterbrochen durch eine unisono gesungene *coplita* mit einer Melodiephrase, welche immer wieder anfängt und nie endet. George Sand ist der Meinung Tastu's, dass die beliebtesten Rhythmen und Fiorituren der Majorcaner arabischen Charakters und Ursprungs sind.

Ganz anderer Art war die Musik, welche während dieser Wintermonate in einer der Zellen des Klosters Valdemosa ertönte. „Mit welcher Poesie erfüllte seine Musik diesen heiligen Ort, selbst während seiner schwersten Tage!" ruft George Sand aus. Wer stellte sich nicht gern diese gewölbte Zelle vor, in welcher das Pleyel'sche Pianino so herrlich klang; das freundliche Lampenlicht, die reiche Zeichnung des sich von der Wand des Zimmers abhebenden gothischen Lehnstuhls, George Sand in ihre Arbeit vertieft, ihre Kinder spielend und Chopin seinem Herzen in Tönen Luft machend.

Es wäre ein Irrthum zu glauben, dass die in Majorca zugebrachten Monate für die Freunde eine Zeit ununterbrochenen oder auch nur vorwiegenden Unbehagens gewesen seien. George

Sand selbst giebt zu, dass trotz der Uncultur des Landes und den Diebesgewohnheiten des Volkes ihre Existenz in dieser romantischen Einsamkeit eine angenehme hätte sein können, ohne den traurigen Anblick der Leiden ihres Genossen und mehrere Tage ernster Besorgniss um sein Leben. Eine hierauf bezügliche, besonders wichtige Stelle der „Histoire de ma vie" ist die folgende:

> Der bedauernswerthe Künstler war ein unausstehlicher Patient; was ich leider nicht genug vorher bedacht hatte, trat ein: er wurde völlig demoralisirt; während er seine Leiden ziemlich muthig ertrug, war er unfähig, die Macht seiner Einbildungskraft zu bändigen. Das Kloster war für ihn voll von Schrecknissen und Gespenstern, selbst wenn er sich verhältnissmässig wohl befand. Er sagte es nicht und ich musste es errathen. Als ich eines Tages mit meinen Kindern von einer unserer abendlichen Forschungs-Expeditionen in den Ruinen zurückkehrte, fand ich ihn um zehn Uhr Abends an seinem Clavier sitzend, bleich, mit starren Augen und gesträubtem Haar. Er bedurfte einiger Zeit, bis er uns erkannte.

> Dann machte er eine Anstrengung zum Lachen und spielte uns herrliche Sachen vor, die er componirt hatte, oder, richtiger gesagt, fürchterliche und herzzerreissende Gedanken, die sich in dieser Stunde der Einsamkeit, der Traurigkeit und der Angst seines wehrlosen Gemüthes bemächtigt hatten.

> Dort war es, wo er die schönsten dieser kurzen Stücke geschrieben, welche er bescheidener Weise „Präludien" betitelt hat. Diese sind sämmtlich Meisterwerke. Einige stellen die Erscheinung verstorbener Mönche dar und sind ein Nachklang der Grabgesänge, die ihn verfolgten; andere sind sanft und melancholisch, sie wurden ihm in den Stunden der Sonne und der Gesundheit eingegeben, beim lustigen Gelächter der Kinder unter seinem Fenster, beim Klange ferner Guitarren, beim Gesange der Vögel unter dem feuchten Laube, beim Anblick der kleinen bleichen, aus dem Schnee hervorblühenden Rosen.

> Wieder andere sind voll dumpfer Traurigkeit, und während sie das Ohr entzücken, zerreissen sie das Herz. Eine ist darunter, die er während eines trostlosen Regenabends ersann, und welche die Seele aufs Tiefste herabstimmt. Maurice und ich hatten ihn an diesem Tage in leidlichem Wohlbefinden verlassen, um in Palma einige zu unsrer Einrichtung nöthige Gegenstände einzukaufen. Inzwischen war ein heftiger Regen gefallen, die Ströme waren aus ihren Ufern getreten; wir hatten in sechs Stunden drei Lieues zurückgelegt, um mitten in die Ueberschwemmung hineinzugerathen, und wir kamen spät in der Nacht ohne Schuhe, von

unserm Kutscher verlassen, nach Ueberwindung ernster Gefahren, in Valdemosa an. Wir beeilten uns bei dem Gedanken an die Unruhe unsres Patienten. Diese war in der That gross gewesen, aber sie hatte sich gewissermaassen condensirt, in eine Art ruhiger Verzweiflung, und er spielte weinend sein bewunderungswürdiges Präludium. Bei unserm Anblick erhob er sich mit einem lauten Schrei, dann sagte er mit wilder Miene und in sonderbarem Tone: „Ach! ich wusste es wohl, dass Ihr todt seid!"

Nachdem er wieder zu Sinnen gekommen war und unsern Zustand gesehen, wurde er von dem Rückblick auf die von uns überstandenen Gefahren krank; später aber gestand er mir, dass er alles dieses im Traum gesehen habe, während er auf uns gewartet, und. dass er, unfähig, diesen Traum von der Wirklichkeit zu unterscheiden, sich durch Clavierspielen beruhigt und gleichsam eingeschläfert habe, sich überzeugt haltend, dass er selbst gestorben sei. Er glaubte sich in einem See ertrunken; schwere und eisige Wassertropfen seien taktmässig auf seine Brust gefallen; als ich ihn aber auf das Geräusch der Wassertropfen aufmerksam machte, welche in der That taktmässig vom Dache fielen, leugnete er, sie gehört zu haben. Er wurde sogar verdriesslich, als ich von nachahmender Musik sprach, denn er protestirte mit Recht gegen die Kinderei derartiger musikalischer Nachahmungen. Sein Genie war erfüllt von geheimnissvollen Naturharmonien, die er durch ebenso erhabene Ton - Gedanken, nicht aber durch sklavische Wiederholung von Naturlauten zur Erscheinung brachte. Seine Composition dieses Abends war wohl voll der Regentropfen, welche auf den Ziegeln des Karthäuserklosters wiederhallten, in seiner Einbildungskraft und in seiner Musik aber hatten sich diese Tropfen in Thränen verwandelt, welche vom Himmel herab auf sein Herz fielen.

Obwohl George Sand von dem Vorwurf nicht frei gesprochen werden kann, die schwachen Seiten des Charakters ihres Geliebten übertrieben zu haben, so scheint doch, was sie von dem „unausstehlichen Patienten" sagt, nicht unbegründet zu sein. Gutmann, der ihn häufig gepflegt hat, sagte mir, dass sein Lehrer im Krankheitszustande äusserst reizbar und schwer zu behandeln gewesen sei. Andererseits widerspricht Gutmann dem, was George Sand über die Präludien sagt, indem er behauptet, dass Chopin dieselben vor der Reise geschrieben habe. Als ich bemerkte, dass Fontana's Angabe von der seinigen abweiche, und die Vermuthung aussprach, dass Chopin einige der Präludien in Majorca geschrieben habe, beharrte Gutmann entschieden darauf, dass alle vorher componirt seien und dass er selbst sie copirt habe. Nachdem nun Chopin's Briefe an Fontana be-

kannt geworden sind, müssen wir zu dem Schlusse kommen,
dass Gutmann sich geirrt hat oder eine unbedachte Aeusserung nicht zurückziehen mochte, es sei denn dass wir annehmen
wollen, Chopin's Beschäftigung mit den Präludien in Majorca
sei auf ein Auswählen, Feilen und Vollenden beschränkt gewesen.[1]) Meine Meinung — die nicht nur wahrscheinlich ist,
sondern auch durch die niedrige Opuszahl (28) sowie endlich
durch die Briefe gestützt wird — ist die, dass die Mehrzahl der Präludien, wenn nicht alle, vor Chopin's Abreise in
den Süden beendet oder skizzirt waren, und dass in Palma und
Valdemosa das ganze revidirt, vielleicht auch noch einiges Neues
hinzugekommen ist. Viele der Präludien können nicht in Majorca
entstanden sein, in Anbetracht dass Chopin schon einige Tage
nach seiner Ankunft von Palma aus an Fontana schreibt (15. November 1839), er werde die Präludien bald absenden, und nur
seine Krankheit verhindere ihn, es schon jetzt zu thun.

Noch ein Punkt in George Sand's oben erwähntem Berichte ist hervorzuheben, wo sie von anderen Mittheilungen im
Hiver à Majorque sowie in ihren wie Chopin's Briefen abweicht.
In dem erwähnten Buche (Seite 177) sagt sie, dass jener Ausflug den Zweck gehabt habe, das Clavier aus den Händen der
Zollbeamten freizumachen, in einem Briefe vom 15. Januar 1839
an Frau Marliani (S. 34), der keine Silbe über die Abenteuer
einer Gewitternacht enthält[2]), schreibt sie dagegen, dass sich das
Clavier noch immer in den Klauen der Zollbeamten befinde,
woraus wir wohl schliessen dürfen, dass der Ausflug nach dem
15. Januar stattgefunden hat. Wie aber konnte Chopin in diesem Falle ein Präludium componiren, zu einem Werke gehörig,
dessen Manuscript er bereits am 12. abgesandt hatte? Auch damit ist die Frage noch nicht gelöst. Wäre es nicht möglich,
dass Chopin später eines der schon nach Frankreich abge-
sandten Präludien durch ein neues ersetzt hat? Diese Hypothese ist zwar nicht zu gewagt, doch findet sich in den Briefen

---

[1]) Innere Gründe sprechen dafür, dass die Präludien (wenigstens grösstentheils) aus flüchtigen Gedanken und Skizzen entstanden sind, welche Chopin zu
verschiedenen Zeiten notirt und bis zu einem geeigneten Zeitpunkte in seiner
Mappe bewahrt hatte.

[2]) Diese sind zum ersten Mal in dem S. 35 citirten Brief vom 20. Januar
1839 erwähnt.

nichts, was sie bestätigen könnte. Ein anderer und gewichtigerer
Einwand ist unsere Ungewissheit bezüglich der richtigen Datirung des Briefes. Da so viele Briefe Chopin's unter unrichtigem
Datum veröffentlicht sind, warum sollte dies nicht auch bei dem
vom 12. Januar der Fall sein? Leider sprechen keinerlei innere
Gründe dafür oder dagegen; doch ist ein Factor in unserer Berechnung nicht zu übersehen, nämlich George Sand's gewohnheitsmässige gewissenlose Ungenauigkeit; übrigens wird schon
der Ton ihrer Erzählung den Leser zur Vorsicht mahnen, denn
man merkt ihm sofort an, dass es sich dabei nicht um einen
schlichten Bericht von Thatsachen handelt.

Es wäre interessant zu wissen, welche von Chopin's Compositionen in Valdemosa entstanden sind. Als dasjenige Präludium, auf welches sich George Sand im Besonderen bezieht, gilt
allgemein und mit Recht das in H-moll Nr. 6.[1]) Die einzigen
Compositionen, welche Chopin in seinen Briefen aus Majorca
erwähnt, sind die Ballade Opus 38, das Scherzo Opus 39 und
die beiden Polonaisen Opus 40. Der gereizte, grollende und
grimmig höhnische Ton des Scherzo stimmt ebenso wie der verzweiflungsvoll-melancholische der zweiten Polonaise (C-moll) zu
der Gemüthsverfassung, die wir zur betreffenden Zeit beim Componisten vermuthen dürfen. Dasselbe gilt von der Ballade. Sollte
aber der verstimmte und körperlich leidende Componist die von
Gesundheit strotzende, martialisch kraftvolle, ritterlich glänzende
A-dur-Polonaise wirklich in Majorca geschaffen, nicht nur ausgearbeitet und vollendet haben, so wäre dies ein bemerkenswerther Beweis für die Herrschaft des Geistes über den Körper. Indessen mag dies Stück unter freundlicheren äusseren
Umständen concipirt worden sein, wie andererseits die düstere
Sonate Opus 35 (die in B-moll mit dem Trauermarsch) sowie
die zwei Nocturnen Opus 37 — das eine (G-moll) klagend, sehnsüchtig und gebetartig, das andere (G-dur) sonnig und duftend —
wahrscheinlich während Chopin's Aufenthalt in Majorca entstanden sind. Ein im Sommer 1839 in Nohant geschriebener Brief
Chopin's lässt eine solche Conjectur in Betreff der Nocturnen
kaum zu. Andererseits erfahren wir aus demselben Brief, dass

---

[1]) Liszt, welcher den Vorfall anders darstellt, nennt das Fis-moll-Präludium. (Vgl. Liszt's *Chopin*, neue Ausgabe, S. 273 und 274.)

er die traurige, sehnsüchtige Mazurka in E-moll (Opus 41 Nr. 2) in Palma geschrieben hat.

Sobald das Wetter wieder schön geworden war und das Dampfboot seine wöchentlichen Fahrten nach Barcelona wieder aufgenommen hatte, beeilten sich George Sand und ihre Reisegesellschaft, die Insel zu verlassen. Die Reize des beginnenden Frühlings vermochten nicht, sie zurückzuhalten. Hierüber lesen wir im *Hiver à Majorque:*

Unser Patient schien nicht in der Verfassung, die Ueberfahrt zu ertragen, aber er schien ebensowenig fähig, noch eine Woche länger in Majorca auszuhalten. Die Lage war entsetzlich, und es gab Stunden, wo ich völlig die Hoffnung und den Muth verlor. Um uns zu trösten, wiederholten uns Maria Antonia und ihre Dorf-Sippschaft im Chorus die erbaulichsten Reden über das Jenseits. „Dieser Schwindsüchtige" behaupteten sie „wird zur Hölle fahren, einmal, weil er schwindsüchtig ist, sodann weil er nicht zur Beichte geht; wenn er letzteres nicht vor seinem Tode thut, werden wir ihn nicht in geweihter Erde begraben, und da ihm Jedermann das Begräbniss verweigern wird, so mögen seine Freunde sich einrichten, wie sie können. Wir wollen sehen, wie sie sich herausziehen werden; was mich betrifft, so mische ich mich nicht hinein. — Ich auch nicht. — Ich auch nicht: und Amen!"

Kurzum Valdemosa, welches sie Anfangs so entzückt hatte, verlor später in ihren Augen viel von seinem poetischen Reiz. George Sand bezeichnete, wie wir gesehen haben, den dortigen Aufenthalt in vielen Beziehungen als entsetzliches Fiasco; und so war es auch, wenigstens bezüglich Chopin's, denn dieser kam mit Husten an und reiste mit Blutspucken ab.

Die Ueberfahrt von Palma nach Barcelona war nicht so erfreulich, wie die von Barcelona nach Palma gewesen war. Chopin litt viel an Schlaflosigkeit, eine Folge des Lärms und Gestankes der meist begünstigten Passagiere an Bord des *Mallorquin* — nämlich der Schweine. „Der Capitän erwies uns keine andere Aufmerksamkeit, als die, uns zu ersuchen, dem Kranken nicht das beste Bett der Kabine zu geben, denn nach spanischer Meinung ist jede Krankheit ansteckend; und da der Mann schon daran dachte, das Lager, auf dem der Patient geruht, zu verbrennen, so wünschte er, dass dies das schlechteste sei."[1]

---

[1] *Un hiver à Majorque*, S. 24.

In Barcelona angelangt, schickte George Sand vom *Mallor-quin* aus per Boot ein Briefchen an Herrn Belvès, den Comman-danten der französischen Marinestation, der sofort in seinem Kutter herbeieilte, um sie und ihre Reisegenossen auf den *Méléagre* zu bringen, wo sie von den Officieren, dem Arzt und der ganzen Mannschaft freundlich aufgenommen wurden. Es war ihnen zu Muthe, als kämen sie von den Wilden der Süd-seeinseln wieder einmal unter Civilisirte. Als sie den franzö-sischen Consul zum ersten Mal begrüssten, konnten sie sich nicht enthalten, vor Freuden zu springen und *Vive la France* zu rufen.

Vierzehn Tage nach ihrer Abreise von Palma brachte der *Phénicien* sie nach Marseille. Das Verhalten des französischen Capitäns dieses Dampfbootes gegen Chopin war von dem des Capitäns des *Mallorquin* grundverschieden; in der Befürchtung, der Kranke möge sich in einem gewöhnlichen Kajütenbett nicht behaglich fühlen, überliess er ihm sein eigenes Bett.[1]

Ein Auszug aus einem von George Sand am 8. März 1839 an ihren Freund François Rollinat gerichteten Briefe, welcher interessante Einzelheiten aus den letzten Erlebnissen der Majorca-Fahrt enthält, möge dies Capitel beschliessen.

Mit Chopin ging es schlechter und schlechter, und obwohl man sich uns, in spanischer Weise, zu Diensten aller Art anbot, hatten wir doch nicht ein einziges gastliches Haus auf der ganzen Insel gefunden. Endlich beschlossen wir, um jeden Preis abzu-reisen, wenn auch Chopin kaum mehr die Kraft hatte, sich ein Paar Schritte weit zu schleppen. Wir beanspruchten einen ein-zigen, einen ersten, einen letzten Dienst: einen Wagen, um den Patienten nach Palma zu bringen, wo wir uns einschiffen wollten. Dieser Dienst wurde uns verweigert, obwohl unsere „Freunde" sämmtlich eigene Wagen besassen und dem entsprechend vermö-gend waren. Wir sahen uns endlich genöthigt, drei Lieues auf schlechten Wegen in einem *Birlocho*[2] zurückzulegen, das heisst in einem Karren!

Bei der Ankunft in Palma hatte Chopin einen furchtbaren Blutsturz; wir schifften uns am folgenden Tage auf dem einzigen

---

[1] *Un hiver à Majorque*, S. 183.

[2] Ein Cabriolet. In einem spanischen Wörterbuch finde ich *Birlocho* de-finirt als ein zweisitziges, vorn offenes Fuhrwerk mit zwei oder vier Rädern. Eine genauere Beschreibung giebt George Sand in ihrem „Hiver à Majorque" S. 101.

4*

Dampfboot der Insel ein, welches dazu dient, Schweine nach Barcelona zu transportiren. Es gab kein anderes Mittel, diese fluchwürdige Gegend zu verlassen. Wir befanden uns in der Gesellschaft von hundert Ferkeln, deren unaufhörliches Geschrei und widerlicher Geruch dem Kranken keine Ruhe und zum Athmen geeignete Luft liessen. Er kam in Barcelona an, Waschbecken voll Blut spuckend und sich wie ein Gespenst hinschleppend; dort aber linderte sich glücklicherweise unser Missgeschick. Der französische Consul und der Commandant der französischen Marinestation nahmen uns mit einer Gastfreundschaft und Liebenswürdigkeit auf, die man in Spanien nicht kennt. Wir wurden an Bord einer schönen Kriegs-Brigg gebracht, deren Arzt, ein braver und würdiger Mann, sich des Patienten sofort annahm und die Lungenblutung nach vierundzwanzig Stunden stillte.

Von dem Moment an ging es ihm immer besser. Der Consul liess uns mit seinem Wagen ins Gasthaus bringen. Chopin ruhte sich dort acht Tage aus, und dann brachte uns dasselbe Dampfboot, mit dem wir nach Spanien gekommen waren, nach Frankreich zurück. Im Augenblick, wo wir in Barcelona das Gasthaus verliessen, verlangte der Wirth von uns, wir sollten das Bett bezahlen, in welchem Chopin geschlafen, indem er vorgab, es sei verpestet, und die Polizei verlange, dass er es verbrenne!

Zweiundzwanzigstes Capitel.

Aufenthalt in Marseille (von März bis Mai 1839), nach Briefen Chopin's und George Sand's. — Sein Gesundheitszustand. — Compositionen und deren Veröffentlichung. — Orgelspiel bei der Todtenfeier für Nourrit. — Ausflug nach Genua. — Abreise nach Nohant.

a George Sand und ihre Genossen in Marseille die Reise unterbrechen mussten, so liess sich Chopin dort vom Dr. Cauvière untersuchen. Dieser berühmte Arzt hielt seinen Zustand für sehr bedenklich, meinte jedoch, da er sich unter seinen Augen schnell erholte, dass der Patient bei geeigneter Pflege noch lange leben könne. Der Aufenthalt in Marseille zog sich mehr in die Länge, als sie beabsichtigt hatten und wünschten: erst am 22. Mai brachen sie nach Nohant auf. Dr. Cauvière wollte Chopin nicht erlauben, Marseille vor Beginn des Sommers zu verlassen; ob noch andere Gründe für die Verlängerung des Aufenthaltes vorlagen, habe ich nicht ausfindig machen können. Erfreulicherweise haben wir Mittheilungen aus erster Hand — nämlich Briefe von Chopin und George Sand — um etwas Licht auf diesen Abschnitt von Chopin's Leben zu werfen. Was seine Briefe anlangt, so enthalten sie meist Geschäftliches — Streitigkeiten wegen Verlags-Bedingungen, Schelten auf die Verleger etc. Hier und da indessen findet sich auch Einiges über seine Gesundheit, treffende Bemerkungen über Freunde und Bekannte, Betrachtungen über häusliche Einrichtung und Aehnliches; die Erwäh-

nung (im Briefe vom 2. März 1839) eines früher von ihm gemachten Testamentes, welches er bittet zu verbrennen, ist nicht
ohne Interesse.

Einige Stellen aus einem Briefe von George Sand an François
Rollinat vom 8. März 1839 führen uns sofort *medias in res:*

Endlich sind wir in Marseille. Chopin hat die Ueberfahrt
vortrefflich überstanden. Er ist auch hier noch sehr schwach, aber
in jeder Beziehung unendlich viel besser und in den Händen des
Doctor Cauvière, eines vortrefflichen Menschen und ebenso vor-
trefflichen Arztes, welcher väterlich für ihn sorgt und für seine
Heilung einsteht. Wir athmen endlich auf, aber nach wie vieler
Mühe und Angst! . . . Schreibe mir hierher unter der Adresse des Doctor Cauvière,
Rue de Rome, 71.

Chopin beauftragt mich, Dir in seinem Namen herzlich die
Hand zu drücken. Maurice und Solange umarmen Dich. Sie befinden sich wunderbar wohl. Maurice ist völlig geheilt.

Chopin an Fontana; Marseille, 2. März 1839:

Du hast gewiss durch Grzymała von dem Zustande meiner
Gesundheit und meiner Manuscripte gehört. Vor zwei Monaten
schickte ich Dir aus Palma meine Präludien. Nachdem Du sie für
Probst copirt und von ihm die Zahlung dafür erhalten hättest, solltest Du an Leo eintausend Franken geben; von den eintausend
fünfhundert Franken aber, welche Du von Pleyel für die Präludien
erhalten würdest, bat ich Dich, Nougi zu bezahlen, sowie ein Quartal an meinen Hauswirth. In demselben Brief bat ich Dich, wenn
ich nicht irre, meine Wohnung zu kündigen; wäre dies nicht vor
April geschehen, so müsste ich sie für das nächste Quartal, bis zum
Juli, behalten.

Das zweite Packet mit Manuscripten wird Dich inzwischen erreicht haben; es muss lange bei der Zollbehörde, auf der See, und
wieder bei der Zollbehörde zurück behalten worden sein.

Ich habe auch an Pleyel mit den Präludien geschrieben, dass
ich ihm die Ballade (die ich für Deutschland an Probst verkauft
habe) für eintausend Franken gebe. Für die zweite Polonaise verlangte ich eintausend fünfhundert Franken für Frankreich, England
und Deutschland (Probst's Verlagsrecht ist auf die Ballade beschränkt). Mir scheint dies nicht zu theuer.

Auf diese Weise müsstest Du nach Ankunft der zweiten Manu-
scriptsendung von Pleyel zweitausend fünfhundert Franken und von
Probst für die Ballade fünfhundert oder sechshundert Franken (ich
erinnere mich selbst nicht recht mehr), zusammen also dreitausend
Franken erhalten.

Ich fragte Grzymała, ob er mir sofort wenigstens fünfhundert Franken schicken könnte, was ihn übrigens nicht zu hindern braucht, mir bald den Rest zu schicken. Soviel über das Geschäftliche.

Wenn es Euch nun, wie ich nicht bezweifle, gelingt, für nächsten Monat eine Wohnung zu finden, so vertheilt mein Mobiliar unter Euch Drei: Grzymała, Hänschen und Du. Hänschen hat den meisten Platz, wenn auch, nach dem kindischen Brief, den er mir geschrieben, nicht den meisten Verstand. Dafür, dass er mir sagt, ich solle Camaldulenser-Mönch werden, lass ihn alles Schäbige bekommen. Ueberbürde Grzymała nicht zu sehr, und nimm in Dein Haus, was Du für Dich nöthig und nützlich erachtest, da ich nicht weiss, ob ich im Sommer nach Paris zurückkehre (behalte dies für Dich). Auf alle Fälle wollen wir einander stets schreiben, und wenn es nöthig sein wird, wie ich vermuthe, meine Wohnung bis Juli zu behalten, so bitte ich Dich, nach ihr zu sehen und die Quartalsmiethe zu bezahlen.

Auf Deinen wahrhaft herzlichen Brief giebt Dir die zweite Polonaise Antwort.[1]) Es ist nicht meine Schuld, dass ich wie ein Pilz bin, der den vergiftet, welcher ihn ausgräbt und kostet. Ich weiss, dass ich niemals in irgend einer Sache Jemandem zu etwas nütze gewesen bin, aber auch mir selbst nicht sehr.

Ich sagte Dir, dass sich in der ersten Schublade meines neben der Thür stehenden Schreibtisches ein Papier befände, welches Du oder Grzymała oder Hänschen bei einer gewissen Gelegenheit entsiegeln solltet. Nun bitte ich Dich, es heraus zu nehmen und ungelesen zu verbrennen. Thue dies, ich bitte Dich, um unserer Freundschaft willen. Dies Papier ist jetzt unnütz.

Wenn Anton abreiste, ohne Dir das Geld zu schicken, so wäre dies echt polnisch; nota bene, sage ihm kein Wort davon. Versuche Pleyel zu sprechen; sage ihm, ich hätte kein Wort von ihm gehört, und sein Pianino sei in guten Händen. Ist er mit dem Handel einverstanden, den ich ihm vorschlug?

Die Briefe aus der Heimath erreichten mich alle drei gleichzeitig nebst den Deinen, bevor ich mich einschiffte. Ich schicke Dir wieder einen. Ich danke Dir für die freundliche Hülfe die Du mir, dem Schwachen, leistest. Grüsse Hänschen und sage ihm, dass ich es nicht erlaubt habe, oder richtiger, dass man es nicht gestattet hat, mir zur Ader zu lassen; dass ich ein Zugpflaster aufgelegt habe, dass ich morgens sehr wenig huste und dass ich noch durchaus nicht als schwindsüchtig angesehen werde. Ich trinke weder Kaffee noch Wein, sondern nur Milch. Endlich, ich halte mich warm und sehe aus wie ein Mädchen.

---

[1]) Siehe nächste Anmerkung.

Chopin an Fontana; Marseille, 6. März 1839:

Meine Gesundheit macht weitere Fortschritte; ich habe angefangen Clavier zu spielen, zu essen, zu gehen und zu sprechen, wie andere Menschen; und wenn Du diese wenigen Worte von mir erhältst, so wirst Du bemerken, dass ich auch wieder mit Leichtigkeit schreibe. Doch jetzt noch etwas Geschäftliches.

Ich wünsche sehr, meine Präludien Pleyel zu widmen (gewiss ist dazu noch Zeit, da sie noch nicht gedruckt sind) und die Ballade Robert Schumann. Die Polonaisen wie sie sind, Dir und Kessler. Will Pleyel auf die Dedication der Ballade nicht verzichten, so wirst Du Schumann die Präludien widmen.[1]

Garczyński besuchte mich gestern bei seiner Rückkehr von Aix; er ist die einzige Person, welche ich empfangen habe, denn ich halte meine Thür für alle Musik- und Literatur-Dilettanten wohl verschlossen.

Von der Veränderung der Widmungen wirst Du Probst benachrichtigen, sobald Du mit Pleyel gesprochen hast.

Von dem empfangenen Gelde gieb an Grzymała fünfhundert Franken; die übrigen zweitausend fünfhundert Franken schicke mir sobald als möglich.

Habe mich lieb und schreibe mir.

Verzeihe wenn ich Dich so sehr mit Aufträgen überhäufe, aber sei unbesorgt, diese sind noch lange nicht die letzten. Ich denke, Du thust gern, warum ich Dich bitte.

Grüsse Hänschen.

Chopin an Fontana; Marseille, 10. März 1839:

Dank für Deine Bemühungen. Ich hatte von Pleyel keine jüdischen Winkelzüge erwartet; verhält es sich aber so, so bitte ich Dich, ihm einliegenden Brief zu übergeben, es sei denn, dass er wegen der Ballade und den Polonaisen keine Schwierigkeiten macht. Anderenfalls nimm für die Ballade 500 Franken von Probst und bringe sie zu Schlesinger. Wenn man mit Juden zu thun hat, so sollten es wenigstens orthodoxe sein. Probst kann mich vielleicht noch schlimmer betrügen; er ist ein Vogel, den Du nicht fangen wirst. Schlesinger pflegte mich zu betrügen; er hat genug mit mir verdient und wird einen neuen Profit nicht von der Hand weisen, nur sei höflich mit ihm. Obwohl Jude, möchte er doch für etwas Besseres gelten.

Also, sollte Pleyel die geringsten Schwierigkeiten machen, so

---

[1] Das Endergebniss war, dass die *Deuxième Ballade* Opus 38 Robert Schumann gewidmet wurde; die *Deux Polonaises* Opus 40 Julius Fontana, die französische und englische Ausgabe der *Vingt-quatre Préludes* Opus 28 Camille Pleyel, und die deutsche Ausgabe J. C. Kessler.

gehe zu Schlesinger und sage ihm, ich gäbe ihm die Ballade für
Frankreich und England für 800 Franken, und die Polonaisen für
Deutschland, Frankreich und England für 1500 Franken (sollte
ihm dies zu viel sein, so lasse sie ihm für 1400, 1300 und selbst
für 1200 Franken). Wenn er von den Präludien spricht, so sage
ihm, dieselben seien schon vor langer Zeit an Pleyel versprochen —
er wünschte sie zu verlegen, er habe sie vor meiner Abreise von
Paris als eine Gunst von mir erbeten — was auch thatsächlich
der Fall ist. Du siehst, liebster Freund, um Pleyel's willen könnte ich
mit Schlesinger brechen, aber nicht um Probst's willen. Was geht
es mich an, wenn Schlesinger sich von Probst einen höheren Preis
für meine Manuscripte zahlen lässt? Wenn Probst sie von Schlesinger theurer hat, so beweist dies, dass der letztere mich betrügt,
mir zu wenig zahlt. Im Uebrigen hat Probst kein Geschäft in Paris.
Schlesinger hat mir stets für alles was gedruckt war gezahlt, während Probst mich sehr oft auf Geld hat warten lassen. Will er
nicht Alles haben, so gieb ihm die Ballade separat und die Polonaisen separat, aber spätestens innerhalb vierzehn Tagen. Nimmt
er das Anerbieten nicht an, so wende Dich an Probst. Da er ein
solcher Bewunderer von mir ist, so darf er nicht weniger zahlen
als Pleyel. Meinen Brief an Pleyel wirst Du nur abgeben, wenn
er irgend welche Schwierigkeiten macht.

Himmel! dieser Pleyel, der mich so anbetet! Er denkt vielleicht, dass ich niemals lebendig nach Paris zurückkomme. Ich
werde aber zurückkommen und werde ihm einen Besuch machen
und mich bei ihm bedanken, so gut wie bei Leo.

Ich lege ein Briefchen an Schlesinger ein, in welchem ich
Dir unbeschränkte Vollmacht bezüglich dieses Geschäftes ertheile.

Ich fühle mich jeden Tag besser; nichtsdestoweniger bitte ich
Dich, dem Portier diese fünfzig Franken zu geben, womit ich völlig
einverstanden bin, da mein Arzt mir nicht erlaubt, vor Anfang des
Sommers von hier fortzugehen.

Mickiewicz's „Dziady" erhielt ich gestern. Was Du mit meinen
Papieren machen sollst?

Die Briefe wirst Du im Schreibtisch lassen und die Musikalien
an Hänschen schicken oder sie zu Dir nehmen. In dem kleinen
Tische im Vorzimmer befinden sich ebenfalls Briefe; Du musst ihn
gut verschliessen.

Grüsse Hänschen, ich bin froh dass es ihm besser geht.

Chopin an Fontana; 17. März, 1839:

Dank für alle Deine Bemühungen. Pleyel ist ein Schuft,
Probst ein Nichtsnutz. Er hat mir niemals 1000 Franken für drei
Manuscripte gegeben. Gewiss hast Du meinen langen auf Schlesinger bezüglichen Brief erhalten, deswegen wünsche ich von Dir
und bitte Dich, jenen Brief von mir an Pleyel zu übergeben, der

meine Manuscripte für zu theuer hält. Muss ich sie so billig verkaufen, so möchte ich sie lieber an Schlesinger geben, als nach
neuen und unsicheren Verbindungen suchen. Denn Schlesinger
kann immer auf England zählen, und da ich mit Wessel im Reinen
bin, so kann er sie verkaufen, wem er will. Dasselbe gilt bei den
Polonaisen für Deutschland, denn Probst ist ein Vogel, den ich
seit Langem kenne. Was das Geld anlangt, so musst Du eine un-
zweideutige Uebereinkunft treffen und die Manuscripte nur für baares
Geld abgeben. Ich sende Dir eine Empfangsbescheinigung für
Pleyel; es überrascht mich, dass er sie so bestimmt verlangt, als
ob er mir und Dir nicht trauen könnte.

Guter Gott, dieser Pleyel, welcher behauptete, Schlesinger bezahle mich schlecht! 500 Franken für ein Manuscript für alle
Länder scheint ihm zu theuer! Ich versichere Dich, ich hätte
noch lieber mit einem wirklichen Juden zu thun; und Probst, dieser
nichtsnutzige Kerl, der mir 300 Franken für meine Mazurkas zahlt!
Du siehst, die letzten Mazurkas brachten mir mit Leichtigkeit 800
Franken ein, nämlich Probst 300 Franken, Schlesinger 400 und
Wessel 100. Lieber gebe ich meine Manuscripte wie früher zu
einem sehr niedrigen Preis weg, als dass ich vor diesen . . .
katzbuckle. Lieber unterwerfe ich mich einem Juden als dreien.
Desshalb gehe zu Schlesinger, falls Du noch nicht mit Pleyel in
Ordnung gekommen bist.

O Menschen, Menschen! aber diese Frau Migneron ist auch
nicht übel! Das Glück wechselt, ich kann vielleicht noch erleben,
dass diese Dame zu Dir kommt und Dich um etwas Leder bittet;
wenn Du, wie Du sagst, die Ambition hast, Schuhmacher zu werden,
so wünsche ich, dass Du weder für Pleyel noch für Probst Schuhe
machst.

Sprich noch mit Niemandem vom Scherzo [Opus 39]. Ich
weiss nicht, wann es fertig sein wird, denn ich bin noch schwach
und kann noch nicht schreiben.

Bis jetzt habe ich noch keine Idee, wann ich Dich sehen
werde. Grüsse Grzymała; gieb ihm diejenigen Möbel, die er wünscht,
und lasse Hänschen das Uebrige aus der Wohnung wegnehmen.
Ich schreibe ihm nicht, aber ich denke seiner stets in Liebe. Sage
ihm dies und grüsse ihn.

Ueber Wodziński wundere ich mich noch immer.

Sobald Du das Geld von Pleyel empfangen hast, so bezahle
zunächst meine Miethe und schicke mir dann sofort 500 Franken.
Ich liess auf der Quittung für Pleyel den Platz für die Opuszahl
frei, weil ich die folgende Zahl nicht im Gedächtniss habe.

George Sand in Frau Marliani; Marseille, 22. April 1839:

. . . Ich war auch mit dem Umzug von einem Hotel zum
andern beschäftigt. Trotz aller Bemühungen und Nachforschungen

hat der gute Doctor keinen Winkel auf dem Lande für mich finden können, um den Monat April dort zuzubringen.

Ich habe ganz genug von dieser Stadt der Kaufleute und Krämer, wo das geistige Leben eine völlig unbekannte Sache ist; aber ich bin hier noch für den ganzen Monat April eingemauert.

Weiterhin schreibt sie in demselben Briefe, nachdem sie Frau Marliani nebst Gatten eingeladen, im Mai nach Nohant zu kommen:

Er [Marliani] liebt das Landleben, und ich werde ihm im Genusse der ländlichen Freuden secundiren, während Sie mit Chopin am Claviere philosophiren. Dieser amüsirt sich in Marseille durchaus nicht, aber er bescheidet sich, in Geduld seine Heilung abzuwarten.

Der folgende Brief Chopin's an Fontana, von welchem Karasowski glaubt, dass er Mitte April in Valdemosa geschrieben sei, müsste aus Marseille vom April 1839 datirt sein:

Da sie solche Juden sind, so behalte Alles für Dich bis zu meiner Rückkehr. Die Präludien habe ich an Pleyel verkauft (ich erhielt von ihm 500 Franken). Er ist berechtigt, damit zu machen was er will. Was aber die Balladen und Polonaisen anlangt, so verkaufe sie weder an Schlesinger noch an Probst. Mit einem Schonenberger[1]) will ich, was auch kommen möge, nichts zu thun haben. Deshalb, wenn Du die Ballade schon an Probst gegeben hast, nimm sie wieder zurück, sollte er auch 1000 Franken dafür bieten. Du kannst ihm sagen, ich hätte Dich gebeten, sie bis zu meiner Rückkehr zu behalten, dann würde sich das Weitere finden. Genug von diesen . . . genug für mich und für Dich.

Mein liebes Herz, ich bitte Dich um Verzeihung für all' die Mühe, die ich Dir mache! Du hast Dich wirklich wie ein Freund für mich geplagt, und nun hast Du noch meinen Umzug auf den Schultern. Ich lasse Grzymala bitten, das Geld für den Umzug auszulegen. Was den Portier betrifft, so hat er wahrscheinlich gelogen, wer aber will es beweisen? Du musst zahlen, um sein Gebell zu beruhigen.

Grüsse Hänschen, ich werde ihm schreiben, wenn ich in besserer Stimmung bin. Meine Gesundheit macht Fortschritte, aber ich bin in einer wahren Wuth. Sage Hänschen, dass er weder von Anton noch von mir ein Wort oder Geld erhalten wird.

Gestern bekam ich Deinen Brief gleichzeitig mit Briefen von Pleyel und Hänschen.

---

[1]) Ein Pariser Musikverleger.

Wenn Clara Wieck Euch gefallen hat, so ist das in der Ordnung, denn Niemand kann besser spielen als sie. Wenn Du sie
siehst, mache ihr mein Compliment und ebenso ihrem Vater.

Habe ich Dir vielleicht Witwicki's Lieder geliehen? ich kann
sie nicht finden. Ich frage nur danach für den Fall, dass Du sie
zufällig hättest.

Chopin an Fontana; Marseille, 25. März [soll ohne Zweifel
25. April heissen] 1839:

Ich habe Deinen Brief erhalten, in welchem Du mir die Einzelheiten vom Umzug mittheilst. Ich finde keine Worte, um Dir
für Deine treue, freundschaftliche Hülfe zu danken. Alle Details
waren mir sehr interessant. Ich bedaure nur, dass Du klagst und
dass Hänschen Blut spuckt.

Gestern spielte ich für Nourrit Orgel, woraus Du ersiehst, dass
es mir besser geht. Manchmal spiele ich zu Hause für mich allein
Clavier; singen oder tanzen aber kann ich noch nicht.

Wiewohl die Nachrichten von meiner Mutter mir willkommen
sind, so genügt es, dass sie von Plat . . . herstammen, um sie als
unrichtig zu betrachten.

Hier hat jetzt das warme Wetter begonnen, und ich werde
Marseille nicht vor Mai verlassen, dann aber nach irgend einem
andern Ort des südlichen Frankreich gehen.

Es ist nicht wahrscheinlich, dass wir von Anton bald Nachricht erhalten. Warum sollte er schreiben? Etwa um seine Schulden zu bezahlen? Dies ist in Polen nicht Brauch. Die Ursache,
weshalb Raciborski Dich so schätzt, ist die, dass Du nichts polnisches an Dir hast, *nota bene* nichts polnisches, wie ich es meine
und wie Du mich verstehst.

Du wohnst also Nr. 26 [*chaussée d'Antin*]. Bist Du dort behaglich? Welches Stockwerk, und wieviel zahlst Du? Ich in-
teressire mich mehr und mehr für diese Dinge, denn auch ich
werde an eine neue Wohnung denken müssen, aber erst bei meiner
Rückkehr nach Paris.

Ich habe von Pleyel nur den Brief erhalten, den er mir durch
Dich geschickt hat — etwa vor einem Monat oder länger. Schreibe
mir unter der alten Adresse *Rue et Hôtel Beauveau.*

Vielleicht hast Du nicht verstanden, was ich oben über mein
Spielen für Nourrit gesagt habe. Sein Leichnam kam von Italien
um nach Paris gebracht zu werden. Man hatte eine Todtenmesse
für ihn veranstaltet. Ich war von seinen Freunden gebeten, während der Elevation die Orgel zu spielen.

Hat Fräulein Wieck meine Etüde schön gespielt? Konnte sie
nicht etwas Besseres wählen, als gerade diese Etüde, die am wenigsten interessante für Diejenigen, welche nicht wissen, dass sie

für die Obertasten geschrieben ist? Es wäre viel besser gewesen, ganz und gar nichts zu thun. [1]

Um den Schluss zu machen, ich habe nichts weiter zu schreiben, ausgenommen meine Wünsche für die neue Wohnung. Verstecke meine Manuscripte, damit sie nicht vorzeitig im Druck erscheinen. Ist das Präludium schon gedruckt, so ist dies ein Streich von Pleyel. Aber mich soll es nicht kümmern. Hinterlistige Deutsche, schurkische Juden . . .! Beendige Du selbst die Litanei, denn Du kennst sie so gut wie ich.

Grüsse Hänschen und Grzymała wenn Du sie siehst.

Dein

Friedrich.

Ein in diesem Briefe erwähnter Punkt verdient vollere Beleuchtung, als Chopin ihm angedeihen lässt. Adolphe Nourrit, der berühmte Tenorist, hatte sich in einem Anfall von Verzweiflung, bei dem Gedanken, dass seine Beliebtheit mit dem Auftreten seines Nebenbuhlers Duprez geschwunden sei, in Neapel am 8. März 1839 durch einen Sturz aus dem Fenster das Leben genommen. [2] Frau Nourrit brachte den Leichnam ihres Gatten nach Paris, und auf dem Wege dorthin wurde in Marseille für den als Menschen und Künstler viel Betrauerten eine Todtenfeier veranstaltet.

Ueber Chopin's Antheil an dieser Feier sagt die Zeitung *Le Sud, Journal de la Mediterranée* vom 25. April 1839 folgendes:

Bei der Elevation der Hostie ertönten die wehmüthigen Klänge der Orgel. Herr Chopin, der berühmte Pianist, war gekommen, um auf dem Sarge Nourrit's ein Andenken niederzulegen; und was für ein Andenken! Ein einfaches Lied von Schubert, aber dasselbe, welches uns mit solcher Begeisterung erfüllt hatte, als Nourrit es uns in Marseille offenbart — das Lied „Die Gestirne".

Einen weniger farblosen Bericht, einen Bericht voll von Thatsächlichem und frei von der üblichen Zeitungs-Sentimentalität, finden wir in einem Briefe der Gefährtin Chopin's.

---

[1] Clara Wieck gab am 16. April 1839 in Paris ein Concert. Die fragliche Etüde ist die Nr. 5 des Opus 10 (Ges-dur). Nur die rechte Hand spielt durchweg auf den Obertasten.

[2] Dies ist die allgemeine Meinung über Nourrit's Todesart. Frau Garcia, die Mutter der Sängerin Malibran, welche in demselben Hause wohnte, glaubt dagegen, es sei ein Unfall gewesen, der unglückliche Künstler habe ein bis auf den Boden reichendes Fenster geöffnet, im Glauben, es sei eine Thür.

George Sand an Frau Marliani; Marseille, 28. April 1839:

Vorgestern habe ich Frau Nourrit gesehen, mit ihren sechs Kindern und einem siebenten nahe in Aussicht . . . Arme, unglückliche Frau! So nach Frankreich zurückzukehren! Einen Leichnam begleitend, dessen Beförderung, Ein- und Auspacken wie ein Frachtstück, sie selbst beaufsichtigen muss!

Man veranstaltete hier eine Todtenfeier für den Verstorbenen, die sehr dürftig ausfiel, da der Bischof sich ablehnend verhielt. Die Feier fand in der kleinen Kirche Notre-Dame-du-Mont statt. Ich weiss nicht, ob die Sänger es beabsichtigten, aber ich habe niemals so falsch singen hören. Chopin hatte es sich nicht nehmen lassen, bei der Elevation die Orgel zu spielen — und was für eine Orgel! Ein verstimmtes, schreiendes Instrument, dem der Athem nur dazu diente, um zu detoniren. Nichtsdestoweniger wusste Ihr Kleiner [*votre petit*] damit zu machen, was nur irgend möglich war. Er nahm die wenigst scharfen Register und spielte *Les Astres*, nicht triumphirend und glänzend, wie sie Nourrit vortrug, sondern in sanftem, klagendem Ton, wie ein fernes Echo aus dem Jenseits. Wir waren höchstens zwei oder drei, welche dies lebhaft mit empfanden und zu Thränen gerührt waren.

Die übrige Zuhörerschaft, die sich *en masse* versammelt hatte und so sehr von Neugier gestachelt war, dass man für einen Stuhl fünfzig *centimes* zahlte (ein in Marseille unerhörter Preis!) war sehr getäuscht; denn man hatte erwartet, dass Chopin einen Höllenlärm machen und mindestens ein halbes Dutzend Tasten zerschlagen würde. Man hatte auch erwartet, mich zu sehen, in grosser Gala, vorn, inmitten der Estrade, was weiss ich? Man sah mich aber ganz und gar nicht; ich war auf der Orgelgallerie versteckt und konnte durch die Balustrade den Sarg des armen Nourrit sehen.

Dank der belebenden Wirkung des Frühlings sowie der Sorgfalt und richtigen Behandlung des Dr. Cauvière war Chopin im Stande, George Sand auf einem Ausfluge nach Genua, der *vaga gemma del mar, fior della terra*, zu begleiten. Es war für George Sand ein grosses Vergnügen, jetzt an der Seite ihres Sohnes Maurice die herrlichen Bauten und Kunstschätze der Stadt wiederzusehen, die sie sechs Jahre zuvor mit Musset besucht hatte. Chopin fühlte sich wahrscheinlich nicht gekräftigt genug, um seine Freunde bei allen ihren Wanderungen durch die Sehenswürdigkeiten zu begleiten; indem er aber Genua erblickte, wie es sich dem von der Seeseite Kommenden präsentirt, die *Via nuova*, mit ihrer Doppelreihe prächtiger Paläste durchschritt, von der Kuppel der Kirche S. Maria in Carignano die Stadt, den Hafen, das Meer und die fernen Uferstreifen der

Riviera di Levante und Riviera di Ponente übersah, musste er empfinden, das er nicht vergebens nach Italien gereist sei. So war ihm wenigstens noch ein Blick auf das Land vergönnt gewesen, welches er sich neun Jahre früher zu längerem Aufenthalte ausersehen hatte.

In Marseille zurück, nach einer stürmischen Fahrt, auf welcher Chopin viel von der Seekrankheit zu leiden gehabt, verweilten die Reisenden noch einige Tage im Hause des Dr. Cauvière, und machten sich dann am 22. Mai nach Nohant auf.

George Sand an Frau Marliani; Marseille, 20. Mai 1839:

Wir kommen bei einem furchtbaren Sturme von Genua an. Das schlechte Wetter hat uns doppelt so lange aufgehalten, als man gewöhnlich unterwegs ist; vierzig Stunden lang wurden wir umhergeworfen, wie ich es seit langer Zeit nicht erlebt habe. Es war ein erhabenes Schauspiel, an dem ich mich sehr erfreut hätte, wenn nicht die Meinigen sämmtlich krank gewesen wären . . .

Wir gehen übermorgen nach Nohant. Adressiren Sie Ihren nächsten Brief dorthin; wir werden in acht Tagen dort angekommen sein. Mein Wagen ist zu Wasser von Châlon nach Arles gekommen, wir werden ganz ruhig mit Postpferden reisen und wie gute Bürgersleute in Gasthäusern übernachten.

Dreiundzwanzigstes Capitel.

Von Juni bis October 1839.

George Sand's und Chopin's Rückkehr nach Nohant. — Sein Gesundheitszustand. — Seine Stellung im Hause der Freundin. — Ihr Bericht über ihre gegenseitigen Beziehungen. — Seine Briefe an Fontana, von verschiedenen Dingen, darunter auch von seinen Compositionen und von den, für seine und George Sand's Ankunft in Paris zu treffenden Anordnungen handelnd.

as Datum eines der Briefe George Sand's zeigt, dass die Reisenden am 3. Juni 1839 wieder in Nohant eingerückt waren. George Sand's Freund, Dr. Papet, ein wohlhabender Mann, der nur für seine Freunde und für Arme prakticirte, übernahm alsbald Chopin's Behandlung. Er erklärte, dass sich bei diesem keinerlei Symptome von Lungenleiden mehr zeigten und dass er lediglich an einer leichten chronischen Luftröhren-Affection leide, welche, wenn sie auch nicht so bald zu heilen sei, doch nichts Bedenkliches habe.

Nach Nohant zurückgekehrt, beschäftigte sich George Sand ernstlich mit der Frage der Erziehung ihrer Kinder. Sie beschloss, diese Aufgabe selbst zu übernehmen, fand jedoch, dass sie für dieselbe nicht geeignet sei oder sie doch nicht zu ihrer eigenen Befriedigung lösen könne, ohne ihre schriftstellerische Thätigkeit aufzugeben. Diese Frage war indessen nicht die einzige, welche sie beunruhigte.

Während meiner zeitweiligen Unentschlossenheit bezüglich einer für meine Kinder möglichst günstigen Gestaltung meines Lebens, trat eine ernste Frage an mein Gewissen heran: ich fragte mich, ob ich auf Chopin's Idee, mit mir zusammen zu leben, eingehen solle. Ich hätte diese Frage bestimmt verneint, wenn ich damals hätte wissen können, wie wenig die Zurückgezogenheit und die Stille des Landlebens seinem moralischen wie physischen Befinden auf die Dauer zusagte. Ich schrieb ferner seine Verzweiflung und sein Entsetzen über Majorca seinem Fieberzustand sowie dem *excès de caractère* dieses Aufenthaltes zu. Nohant bot angenehmere Verhältnisse, eine weniger strenge Zurückgezogenheit, eine sympathische Umgebung und Hülfe im Fall einer Krankheit. Papet war ihm ein einsichtsvoller und persönlich theilnehmender Arzt. Fleury, Duteil, Duvernet mit ihren Familien, Planet, besonders Rollinat waren ihm vom ersten Moment an lieb gewesen. Sie alle liebten auch ihn und waren, wie ich, geneigt, ihn zu verziehen.

Zu den Personen, mit denen die Familie in Nohant enge Beziehungen unterhielt und die häufig im „Schlosse" verkehrten, gehörte auch eine dem Leser nicht unbekannte, welche zwar an Alter, nicht aber an Weisheit zugenommen hatte, nämlich George Sand's Stiefbruder, Hippolyte Châtiron, welcher jetzt wieder in Berry lebte, nachdem seine Gattin die nur eine halbe Lieue von Nohant entfernte Besitzung Montgivray geerbt hatte.

Seine Lebhaftigkeit, seine stets sprudelnde Laune, die Originalität seiner Einfälle, seine naive und enthusiastische Freude an Chopin's Genie, seine beständig achtungsvolle Rücksichtnahme ihm allein gegenüber, selbst während der unvermeidlichen und schrecklichen *après-boire*, fanden Gnade in den Augen des so entschieden aristokratisch gearteten Componisten. So ging denn anfänglich Alles sehr gut und ich gab mich dem Gedanken hin, dass sich Chopin in unserer Gesellschaft einige Sommer hindurch ausruhen und körperlich erholen könne, während ihn zum Winter seine künstlerischen Pflichten nach Paris zurückriefen.

Gleichwohl erregte mir die Aussicht auf eine Art Familien-Verbindung mit einem neu in mein Leben eingetretenen Freunde einige Bedenken. Ich fürchtete mich vor der Aufgabe, die ich jetzt übernehmen sollte und von der ich geglaubt, dass sie mit der Reise nach Spanien beendet gewesen sei.

Kurz, George Sand stellt sich als eine Art barmherziger Schwester dar, welche, von christlicher Liebe bewegt, ihr eigenes Glück dem eines Anderen opfert. Indem sie die Möglichkeit ins Auge gefasst, dass ihr Sohn krank werden könne und sie selbst dabei auf den Genuss der Arbeit verzichten müsse, ruft sie aus: „Wie viele Stunden meines ruhigen und kraftvoll pulsirenden Lebens hätte ich einem andern Kranken widmen können, welcher ungleich schwerer zu pflegen und zu befriedigen war, als Maurice?"

George Sand's Erörterung dieses Punktes ist für sie so charakteristisch, dass ich mir nicht versagen kann, sie hier unverkürzt wiederzugeben:

Eine Art Schrecken erfasste mich angesichts einer neuen von mir zu übernehmenden Pflicht. Ich stand nicht unter der Illusion einer Leidenschaft. Ich empfand für den Künstler eine Art mütterlich anbetender Liebe, die zwar sehr stark und aufrichtig war, die Liebe zu meinen eigenen Kindern jedoch, das einzige keusche Gefühl, welches sich leidenschaftlich äussern kann, keinen Augenblick zu verdrängen vermochte.

Ich war noch jung genug, um möglicherweise in den Fall zu kommen, gegen die eigentliche Leidenschaft kämpfen zu müssen. Diese Möglichkeit, in meinem Alter, meiner Lage und bei der Aufgabe einer Künstlerin, namentlich wenn dieselbe vor vorübergehenden Zerstreuungen Abscheu empfindet, beängstigte mich ausserordentlich, und, fest entschlossen, mich niemals einem Einflusse zu beugen, der mich meinen Kindern entziehen könnte, musste ich sogar in meiner innigen Freundschaft für Chopin die wenn auch schwache, doch vorhandene Möglichkeit einer Gefahr erblicken.

Nach reiflicher Ueberlegung aber sah ich diese Gefahr in meinen Augen schwinden, ja ins Gegentheil umschlagen, indem sie mir als ein Präservativ gegen die Aufregungen erschien, von denen ich nichts mehr wissen wollte. Eine Pflicht mehr in meinem bereits so vielfältig ausgefüllten und ermüdenden Leben schien mir ein weiteres Mittel zur Erreichung meines Zieles, jener strengen Entsagung, zu welcher ich mich mit einer Art religiösen Begeisterung hingezogen fühlte.

Wenn dieses Geständniss aufrichtig ist, so können wir nur staunen über den Höhegrad der Selbsttäuschung, welcher dem menschlichen Geist erreichbar ist; sollen wir es dagegen als Rechtfertigung oder Entschuldigung auffassen, so überrascht uns der Mangel an Geschicklichkeit bei einem sonst so gewandten Anwalt. In der That ist George Sand bei keiner Gelegenheit mit der Vertheidigung ihres Benehmens und dem Hervorheben ihrer fleckenlosen Tugend weniger glücklich gewesen. Selbstverständlich fehlen auch hier nicht die erhabenen Worte „Keusch-

heit" und „Mütterlichkeit". George Sand konnte sich so wenig
ihres Gebrauches enthalten, wie manche Menschen des Fluchens.
In beiden Fällen sagen die Worte viel mehr als diejenigen beabsichtigen, aus deren Mund oder Feder sie kommen. Eine
keusche Frau, welche, wie George Sand, bei dieser Veranlassung
über „wirkliche Liebe" und „vorübergehende Zerstreuungen" spe-
culirt, ist mir ein seltsames Phänomen. Und wie naiv ist die
Bemerkung im Hinblick auf ihre Beziehungen zu Chopin „als
ein Präservativ gegen die Aufregungen, von denen sie nichts
mehr wissen wollte!" Ich glaube nicht dass der Schlusssatz,
der in seinem salbungsvollen Tone eines Pecksniff[1]) würdig ist,
und wo sie sich im Heiligenschein der Entsagenden und Mär-
tyrerin ausstellt, den von ihr beabsichtigten Effect machen wird;
er dürfte vielmehr den Leser ebenso zum Lachen reizen, wie
Musset gelacht haben soll, als George Sand ihm seine Undankbarkeit vorwarf, gegen sie, die sich ihm bis zu den äussersten
Grenzen der Selbstverläugnung, bis zum Opfer ihrer edelsten
Empfindungen, bis zur Erniedrigung ihrer keuschen Natur hingegeben.

Als George Sand später auf diese Periode ihres Lebens
zurückblickte, war sie der Meinung, dass wenn sie ihren Plan
ausgeführt hätte, ihre Kinder selbst zu unterrichten und das
ganze Jahr hindurch in Nohant zu bleiben, sie Chopin vor der
Gefahr bewahrt haben würde, welche, ohne dass sie selbst es
wusste, ihn bedrohte, nämlich vor der Gefahr, sich zu fest an
sie zu ketten. Zu jener Zeit, behauptet sie, war seine Liebe
nicht stark genug, als dass eine längere Abwesenheit ihn nicht
von ihr geheilt haben würde. Auch hielt sie seine Neigung
nicht für eine ausschliesslich ihr zugewandte. In der That zweifelte sie nicht, dass die sechs Monate, die er seines Berufes
wegen in Paris zubringen musste, ihn „nach einigen Tagen des
Unbehagens und der Thränen, seinen Gewohnheiten der Eleganz,
des Erfolges bei Auserwählten, des schöngeistigen Coquettirens
zurückgeben würden". Wir dürfen an der Richtigkeit dieser
Angaben sowie an der Wahrscheinlichkeit der daraus gezogenen
Schlüsse mit Recht zweifeln; jedenfalls sind George Sand's Vor-
wände zu der Annahme, dass Chopin's Neigung nicht ihr allein

---

[1]) Der Erzheuchler in Dickens' Roman „Martin Chuzzlewit".

5*

gehöre, einfach kindisch. Dass er mit ihr von einer romantischen Liebesgeschichte in Polen und von späteren Schwärmereien in Paris gesprochen, beweist gar nichts; und wenn sie betont, dass seine Mutter seine einzige Leidenschaft gewesen sei, so ist dies noch weniger beweiskräftig. Worte indessen fallen wenig ins Gewicht, und die Zähigkeit der Liebe Chopin's sollte nicht auf die Probe gestellt werden. Er ging wirklich im Herbst 1839 nach Paris, aber nicht allein; George Sand ging, angeblich der Erziehung ihrer Kinder wegen, ebenfalls dorthin. „Wir wurden" sagt sie „vom Schicksal zu einer, auf lange Bekanntschaft gegründeten Vereinigung getrieben, in welche wir beide halb unbewusst eintraten." Die Worte „vom Schicksal getrieben" und „halb unbewusst" klingen befremdlich, wenn wir uns erinnern, dass es sich nicht um ein unmündiges Mädchen handelt, welches sich unerfahren und vertrauensvoll im Labyrinth des Lebens verirrt hat, sondern um eine Schriftstellerin, geübt im menschlichen Herzen zu lesen, um eine beständig kalkulirende Frau von fünfunddreissig Jahren, welche mit besserem Grunde als Schiller's Thekla von sich sagen konnte „ich habe gelebt und geliebt".

Nach allen diesen Raisonnements, moralischen Betrachtungen und Sentimentalitäten ist es ein Labsal, wieder einmal bestimmten Thatsachen gegenüber zu stehen, wie wir solche in den folgenden, vom Juni bis October 1839 in Nohant geschriebenen Briefen Chopin's an Fontana zahlreich finden. Allerdings spielen in diesen Briefen die etwas monotonen Verhandlungen über Verlagsgeschäfte eine ziemlich grosse Rolle, dennoch aber sind sie im Ganzen interessanter, als die aus Majorca, und inhaltlich ungleich mannigfaltiger, als die aus Marseille, denn man erfährt aus ihnen mehr über die Neigungen und Bedürfnisse des Schreibers, sowie auch mancherlei über seine Beziehungen zu George Sand. Wie mir scheint, sah Chopin diese Beziehungen von einem anderen Gesichtspunkte an, als seine Freundin. Im Uebrigen sind Chopin's Anordnungen bezüglich der Einrichtung seiner Wohnung, des Engagements eines Dieners, der Bestellung von Kleidern, der Miethe einer Wohnung für George Sand sowie gewisse hingeworfene Bemerkungen über Componisten und andere mit ihm in Berührung gekommene Persönlichkeiten nicht ohne Interesse.

1) ... Das Beste an Deinem Briefe ist Deine Adresse, die ich schon vergessen hatte und ohne welche ich Dir schwerlich sobald antworten würde; das Schlimmste aber ist die Nachricht vom Tode Albrecht's. [1]

Du möchtest wissen, wann ich zurückkomme. Sobald das neblige und regnerische Wetter beginnt, denn ich muss frische Luft athmen.

Hänschen ist abgereist. Ich weiss nicht, ob er Dich gebeten hat, mir die Briefe meiner Eltern zu schicken, falls solche während seiner Abwesenheit und unter seiner alten Adresse ankommen sollten. Vielleicht hat er daran gedacht, vielleicht aber auch nicht. Es wäre mir sehr unangenehm, wenn einer von ihnen verloren ginge. Es ist nicht lange her, dass ich einen Brief aus der Heimat erhalten habe; sie werden sobald nicht wieder schreiben und inzwischen wird er, der so gütig und brav ist, in guter Gesundheit zurückgekehrt sein.

Ich schreibe jetzt hier eine Sonate in B-moll, welche auch den Trauermarsch enthalten wird, den Du bereits hast. Sie besteht aus einem Allegro, einem Scherzo in Es-moll, dem Marsch und einem kurzen Finale von etwa drei Seiten. Nach dem Marsch haben die rechte und die linke Hand *unisono* eine Art Plauderei. [2] Ich habe ein neues Nocturno in G-dur, welches mit dem in G-moll, [3] wenn Du Dich eines solchen erinnerst, zusammen erscheinen kann.

Du weist dass ich vier neue Mazurkas fertig habe: eine aus Palma in E-moll, drei hier entstandene in H-dur, As-dur und Cis-moll. [4] Sie scheinen mir hübsch, wie gewöhnlich die jüngsten Kinder, wenn die Aeltern alt werden.

Anderweitig thue ich nichts; ich corrigire zu meinem Vergnügen die Pariser Bach-Ausgabe; nicht allein nur Fehler des Strichemachers [5] [Stechers], sondern auch die harmonischen Irrthümer, die, wie ich meine, von denen herrühren, welche Bach zu verstehen vorgeben. Ich maasse mir dabei nicht an, ihn besser zu verstehen als sie, aber ich halte mich überzeugt, dass ich in manchen Fällen errathe, wie es sein müsste.

Du siehst, dass ich es Dir gegenüber an Selbstlob nicht fehlen lasse.

Wenn Grzymala mich besucht (was zweifelhaft ist), so schicke mir durch ihn den vierhändigen Weber. Auch das Manuscript

---

[1] Vgl. S. 29, Anm. 2.

[2] „Lewa ręka *unisono* z prawą, ogaduję po Marszu."

[3] *Deux Nocturnes*, Op. 37.

[4] *Quatre Mazurkas*, Op. 41.

[5] Polnisch *strychar*z, was eigentlich „Ziegelstreicher" bedeutet. Vielleicht hat Chopin damit ein Wortspiel beabsichtigt; möglicherweise aber liegt nur ein Schreib- oder Druckfehler vor, denn der polnische Ausdruck für „Stecher" ist *sztychar*z.

meiner letzten Ballade, an welchem ich Einiges ändern möchte.
Ich hätte sehr gern Dein Exemplar der letzten Mazurkas, falls
Du überhaupt eins hast — ich erinnere mich nämlich nicht, ob
ich die Höflichkeit so weit getrieben habe, Dir ein Exemplar zu
überreichen.

Pleyel schrieb mir, Du wärst sehr gefällig gewesen und habest
die Präludien revidirt. Weisst Du, wieviel Wessel ihm für sie bezahlt hat? Es wäre für spätere Fälle gut, es zu wissen.

Mein Vater hat mir geschrieben, dass meine alte Sonate bei
Haslinger erschienen ist, und dass die Deutschen sie loben.[1]

Ich habe jetzt, mit den in Deinem Besitz befindlichen, sechs
Manuscripte; der Teufel soll sie holen, wenn sie nichts dafür bezahlen. Pleyel hat mir mit seiner Anerbietung keinen Dienst geleistet, denn er hat dadurch Schlesinger kühl gegen mich gemacht.
Ich hoffe indessen, dass dies wieder in Ordnung kommt. Ich bat
ihn schriftlich, mich wissen zu lassen, ob er für das nach Palma
gesandte Clavier Zahlung erhalten hat, und ich that dies, weil der
französische Consul in Majorca, den ich sehr gut kenne, von einem
andern ersetzt werden wird; hätte aber Pleyel keine Zahlung erhalten, so würde das Ordnen dieser Angelegenheit bei der grossen
Entfernung für mich sehr schwierig sein. Nun ist er glücklicherweise, wie er mir erst in der letzten Woche geschrieben hat, bezahlt und zwar sehr reichlich.

Schreibe mir, welcher Art Deine Wohnung ist. Speisest Du
im Club? Woyciechowski schrieb mir, ich solle ein Oratorium
componiren. Ich habe ihm im Briefe an meine Eltern geantwortet.
Warum baut er eine Zucker-Raffinerie und nicht ein Kloster für
Camaldulenser oder Dominicanerinnen!

2) Ich sage Dir meinen herzlichsten Dank für Deine aufrichtige, freundschaftliche, nicht englische sondern polnische Seele.

Wähle Tapeten, wie ich sie früher gehabt habe, *tourterelle*
[taubenfarben] vor allem hell und glänzend für die beiden Zimmer,
auch dunkelgrün, mit nicht zu breiten Streifen. Für das Vorzimmer
irgend etwas anderes, aber jedenfalls Respectables. Findest Du
übrigens hübschere und modischere Tapeten, die Dir gefallen und
von denen Du glaubst, dass sie auch mir gefallen könnten, so
nimm sie. Ich ziehe die einfachen bescheidenen und sauberen
Farben den gewöhnlichen schreienden der Krämer vor. Desshalb
gefällt mir auch die Perlfarbe, die weder schreiend noch vulgär
wirkt. Ich danke Dir für das Dienerzimmer, welches sehr nöthig ist.

Nun zu dem Mobiliar: es wird das Beste sein, wenn Du Dich
selbst darum bekümmerst. Ich wagte nicht, Dich damit zu belästigen, willst Du aber so gütig sein, so lasse es holen und arran-

---

[1] Dies muss ein Missverständniss sein; die Sonate Op. 4 ist erst 1851
erschienen.

gire es in angemessener Weise. Ich werde Grzymała bitten, die
Kosten für den Umzug auszulegen, und ihm sofort deswegen schreiben. Was das Bett und den Schreibtisch anlangt, so wird es nöthig
sein, sie dem Tischler zum Aufpoliren zu übergeben. In diesem
Falle wirst Du die Papiere aus dem Schreibtisch herausnehmen
und sie irgendwo verschliessen. Ich brauchte Dir eigentlich nicht
zu sagen, was Du thun sollst. Handle, wie es Dir beliebt und wie
Du es für nöthig hältst; wie Du es einrichtest, wird es gut sein.
Du hast mein volles Vertrauen: Das ist das Erste.

Nun aber das Zweite.

Du musst an Wessel schreiben — wegen den Präludien hast
Du ohne Zweifel schon geschrieben. Theile ihm mit, dass ich
sechs neue Manuscripte habe, für deren jedes ich 300 Franken
verlange (wie viele Pfund Sterling macht dies?). Glaubst Du, dass
er nicht soviel geben wird, so lass es mich zuvor wissen. Schreibe
mir auch, ob Probst in Paris ist. Dann sieh Dich nach einem
Diener um. Ein anständiger ehrlicher Pole wäre mir am liebsten.
Sprich auch mit Grzymała darüber. Mache ab, dass er sich selbst
beköstigt; nicht mehr als achtzig Franken. Ich werde vor Ende
October nicht in Paris sein — dies aber behalte für Dich.

Lieber Freund, der Gedanke an Hänschen's Gesundheit liegt
mir manchmal schwer auf dem Herzen. Möge Gott ihm das
Nothwendige zu Theil werden lassen, doch sollte er sich nicht betrügen lassen, sonst wäre ich mit meinem Latein zu Ende. Die
grösste Wahrheit der Welt ist, dass ich Dich stets als einen höchst
ehrenwerthen und gütigen Mann lieben werde und Hänschen als
einen ebensolchen.

Ich umarme Euch Beide; schreibt Beide und bald, wäre es
auch nur vom Wetter. — Euer alter, mehr als je langnasiger
                                          Friedrich.

3) Nach Deiner und Grzymała's Beschreibung hast Du so
herrliche Zimmer gefunden, dass wir Dir eine glückliche Hand zutrauen, und desshalb haben wir einen Mann — sogar einen grossen
Mann, denn er ist der Portier von George's Haus — der eine
Wohnung für sie suchen soll, an Dich gewiesen, sobald er einige
wenige gefunden hat; Du wirst dann mit Deinem eleganten Takt
(Du siehst wie ich schmeicheln kann) das, was er gefunden hat,
prüfen und Deine Meinung darüber abgeben. Die Hauptsache ist,
dass die Wohnung möglichst separat liegt; z. B. ein kleines *hôtel*,
oder etwas ähnliches in einem Hofraume mit Aussicht auf einen
Garten oder, wenn kein Garten da ist, auf einen anderen grösseren
Hofraum, *nota bene* sehr wenig Miether, elegant — nicht höher
als im zweiten Stock. Vielleicht irgend ein *corps de logis*, aber
klein, etwa wie Perthuis', oder auch noch kleiner. Schliesslich,
sollte es nach der Strasse liegen, so darf diese nicht geräuschvoll
sein. Mit einem Wort, etwas was Du für sie geeignet hältst. Wäre

es in meiner Nähe, dann desto besser; doch braucht dieser Punkt nicht berücksichtigt werden.

Mir scheint, dass ein kleines *hôtel* in einer der neuen Strassen — Rue Clichy, Rue Blanche, Rue Notre-Dame de Lorette, bis zur Rue des Martyrs — für sie am Passendsten sein würde. Uebrigens schicke ich Dir ein Verzeichniss der Strassen, in welchen Herr Mardelle — der Portier des Hotel Narbonne, Rue de la Harpe Nr. 89, welches George gehört — sich nach Wohnungen umsehen wird. Wenn Du Dich in einer Mussestunde auch in unserem Stadttheil umsehen wolltest, wäre es sehr liebenswürdig von Dir. Stelle Dir vor, dass wir uns überzeugt halten, wesshalb, weiss ich zwar selbst nicht, Du werdest etwas ganz Ausserordentliches finden, wiewohl es schon spät ist.

Der Preis, den sie sich vorgesetzt hat, ist zweitausend bis zweitausend fünfhundert Franken, Du könntest aber ein paar hundert Franken mehr geben, wenn etwas besonders Schönes in Sicht wäre. Grzymała und Arago haben versprochen, sich umzusehen, aber trotz aller Anstrengungen Grzymała's hat sich bis jetzt nichts Annehmbares finden lassen. Ich habe ihm geschrieben, er möge sich auch mit Dir wegen dieser mich betreffenden Angelegenheit in Verbindung setzen (ich sage „mich betreffend", denn es ist dasselbe als wenn es mich beträfe). Ich werde ihm heute noch einmal schreiben und ihm sagen, ich hätte Dich gebeten, mit zu helfen und Deine kostbaren Kräfte der Sache zu widmen. Es sind drei Schlafzimmer nöthig, von denen zwei nebeneinander und eines separat, etwa auf der anderen Seite des Wohnzimmers, gelegen sein müssen. Neben dem letzteren muss ein helles Kabinet liegen, welches ihr als Arbeitszimmer dienen kann. Die beiden andern können klein sein, das dritte braucht auch nicht besonders gross zu sein. Neben diesen ein Wohn- und Speisezimmer in entsprechendem Verhältniss. Eine ziemlich grosse Küche. Zwei Räume für die Dienerschaft, und ein Kohlenkeller. Die Zimmer müssen natürlich eingelegte Fussböden haben, die wenn möglich neu sind und keiner Reparaturen bedürfen. Jedenfalls wäre ein kleines *hôtel* oder ein Theil eines Hauses im Hofraum mit Aussicht in den Garten am Wünschenswerthesten. Ebenfalls wünschenswerth ist Ruhe, Stille, kein Hufschmied in der Nachbarschaft. Anständige Treppen. Die Fenster nach der Sonne, unbedingt nach Süden. Ferner darf kein Rauch in der Nähe sein, kein schlechter Geruch, sondern eine freundliche Aussicht auf einen Garten oder einen grossen Hofraum. Ein Garten würde das Beste sein. Im Faubourg St. Germain sind viele Gärten, ebenso im Faubourg St. Honoré. Finde bald etwas, etwas recht Schönes und in meiner Nähe. Sobald Du irgend eine Aussicht hast, schreibe sofort, sei nicht träge; oder bemächtige Dich Grzymała's, geht und seht Beide, miethet *et que cela finisse*. Ich schicke Dir einen Plan der Wohnung. Findest Du etwas dem ähnliches, so zeichne mir den Plan auf, oder miethe sofort, was besser sein wird, als es Dir aus der Hand gleiten zu lassen.

Herr Mardelle ist ein anständiger Mann und kein Narr, er is nicht immer Portier gewesen. Er hat Ordre, Dich aufzusuchen, sobald er irgend etwas gefunden hat. Du musst auch für Dein Theil auf dem Anstand stehn, doch möge dies unter uns bleiben. Ich umarme Dich und Hänschen. Du kannst unserer Dankbarkeit sicher sein, wenn Du eine Wohnung findest.

Arbeitszimmer.	Schlafzimmer.	Wohnzimmer.	Schlafzimmer.	Dienerzimmer.
		Speisezimmer.		
		Vorzimmer.		

Par de voisinage, surtout kein Hufschmied, noch irgend etwas was dazu gehört.

Ich bitte Dich um Gottes willen, lieber Freund, um ein thätiges Interesse für diese Angelegenheit!

4) Ich danke Dir für all' Deine gütigen Bemühungen. Im Vorzimmer wünsche ich die grauen Vorhänge, die in meinem Clavierzimmer waren, und im Schlafzimmer die aus meinem früheren Schlafzimmer, nur unter ihnen die von weissem Mousselin, die früher unter den grauen waren.

Ich hätte gern einen kleinen Schrank in meinem Schlafzimmer, es sei denn, dass der Raum nicht ausreicht oder der Platz zwischen den Fenstern im Wohnzimmer zu kahl wäre.

Wenn das kleine Sopha, dasselbe, welches im Speisezimmer stand, mit Roth überzogen werden könnte, mit dem gleichen Stoff wie die Stühle, so könnte es ins Wohnzimmer gestellt werden; da man aber den Tapezierer zu diesem Zwecke muss kommen lassen, so mag dies schwierig sein.

Es ist gut, dass Domaradzki sich verheirathet, denn er wird mir gewiss nach der Trauung die 80 Franken zurückgeben. Ich möchte auch Podczaski verheirathet sehen, auch Nakw. [Nakwaska], auch Anton. Lass dies nur dem Papier, mir und Dir vertraut sein.

Suche mir einen Diener. Küsse Madame Leo (der erstere Auftrag wird Dir jedenfalls der angenehmere sein, desshalb erlasse ich Dir den zweiten, wenn Du jenen ausführen willst).

Lass mich etwas von Probst erfahren, ob er in Paris ist oder nicht. Vergiss Wessel nicht. Sage Gutmann, ich sei sehr erfreut gewesen, dass er wenigstens einmal nach mir gefragt hat. An Moscheles, sollte er in Paris sein, lasse eine Injection von Neukomm's Oratorium geben, zubereitet mit Berlioz's *Cellini* und Döhler's Concert.   Gieb Hänschen von mir zum Frühstück Sphinx-Schnurrbärte und Papageien-Nieren nebst Tomatensauce mit Eiern von Infusionsthierchen.   Du selbst nimm ein Bad von Walfisch-Aufguss, um Dich von allen Aufträgen, die ich Dir gegeben, auszuruhen, denn ich weiss, dass Du gern so viel thust, als Deine Zeit Dir erlaubt, und ich werde für Dich dasselbe thun, sobald Du verheirathet bist — wovon mich Hänschen wahrscheinlich bald benachrichtigen wird.   Nur nicht mit Ox, denn das ist meine Parthie.

5) Lieber Freund, in fünf, sechs oder sieben Tagen werde ich in Paris sein.   Bereite Alles so schnell als möglich, oder lass mich wenigstens die Zimmer tapeziert und das Bett fertig finden.

Ich beschleunige meine Ankunft, da George Sand's Gegenwart wegen Aufführung eines Stückes von ihr[1]) nöthig ist.   Dies aber bleibt unter uns.   Wir haben unsere Abreise auf übermorgen angesetzt; wir werden uns also, einige Tage Verzug mit eingerechnet, Mittwoch oder Donnerstag wiedersehn.

Abgesehen von den vielen Aufträgen, die ich Dir gegeben, insbesondere von den in meinem letzten Brief auf ihre Wohnung bezüglichen, von welchem Du nach unserer Ankunft erlöst sein wirst — bis dahin aber, um Gottes willen, sei hülfreich! — abgesehen von diesen, wiederhole ich, habe ich vergessen Dich zu bitten, mir bei meinem Duport, in Deiner Strasse, Chaussée d'Antin, einen Hut zu bestellen.   Er hat mein Maass und weiss auch wie leicht und von welcher Form er sein muss.   Lass ihn einen Hut nach der Mode dieses Jahres wählen, aber nicht übertrieben modern, denn ich weiss noch nicht, wie Ihr Euch jetzt kleidet.   Ferner sprich bei Dautremont, meinem Schneider auf dem Boulevard, vor und bestelle ihm, mir sofort ein paar grauer Beinkleider zu machen.   Ich bitte Dich, selbst ein dunkles Grau für Winterbeinkleider zu wählen, etwas Feines, nicht gestreift sondern einfarbig und elastisch.   Du bist Engländer, also weisst Du was ich brauche.   Dautremont wird erfreut sein dass ich komme.   Auch eine anständige schwarze Sammetweste, sehr wenig und nicht auffallend gemustert, etwas sehr ruhiges und sehr elegantes.   Sollte er nicht den besten Sammet von dieser Art haben, so bestelle eine schöne seidene Weste, aber nicht zu sehr ausgeschnitten.   Wenn ich den Diener für weniger als 80 Franken haben hönnte, wäre es mir lieb; da Du aber schon einen gefunden hast, so lasse die Sache auf sich beruhen.

Mein sehr lieber Freund, noch ein Mal Verzeihung, dass ich Dich beunruhige, aber ich kann nicht anders.   In wenigen Tagen werden wir uns sehen, und uns für Alles dieses umarmen.

Ich bitte Dich um Gottes willen, keinem Polen zu sagen, dass

---

[1]) *Cosima.* Die erste Aufführung dieses Werkes (im *Théâtre Français*) fand erst im April 1840 statt.

ich sobald komme, auch nicht irgend einer Jüdin, da ich für die
ersten Tage nur Dir, Grzymała und Hänschen gehören möchte.
Sage ihnen meine Grüsse; dem letzteren werde ich noch einmal
schreiben.

Ich erwarte, dass die Zimmer fertig sind. Schreibe mir beständig, dreimal des Tages wenn Du magst, ob Du was mitzutheilen hast oder nicht. Vor meiner Abreise schreibe ich Dir noch
einmal.

Montag

Du bist wirklich unschätzbar! Nimm Rue Pigal [Pigalle], beide
Häuser, ohne irgend Jemanden zu fragen. Beeile Dich. Wenn Du
dafür, dass Du beide Häuser miethest, eine Preisermässigung erhalten
kannst, so ist es gut; wenn nicht, so nimm sie für zweitausend
fünfhundert Franken. Lass sie Dir nicht entgehen, denn wir halten
sie für die besten und passendsten. Sie betrachtet Dich als meinen
logischsten und besten — ich möchte hinzufügen, den hypochon-
drischsten, anglo-polnischen, von Herzen geliebten — Freund.

6) Uebermorgen, Donnerstag um fünf Uhr morgens, reisen wir
ab und Freitag um drei, vier, sicher um fünf Uhr werde ich in der
Rue Tronchet Nr. 5 sein. Ich bitte Dich, die Leute dort davon
zu benachrichtigen. Ich schrieb heute an Hänschen, den bewussten
Diener für mich zu engagiren und ihn zu beordern, mich Freitag
von Mittag an in der Rue Tronchet zu erwarten. Solltest Du um
die Zeit frei sein und mich dort aufsuchen, so würden wir uns
aufs Herzlichste umarmen. Noch einmal meinen und meiner Freundin aufrichtigsten Dank für die Rue Pigalle.

Jetzt behalte den Schneider im Auge; er muss die Kleider
Freitag Morgen fertig haben, damit ich gleich nach meiner Ankunft
den Anzug wechseln kann. Er soll sie nach der Rue Tronchet
schicken und sie dort dem Diener Tineau — wenn ich mich nicht
irre, heisst er so — abgeben lassen; dasselbe soll mit dem Hut
von Dupont[1]) geschehen, dafür werde ich Dir zu Liebe am zweiten
Theil der Polonaise ändern, bis zum letzten Augenblick meines
Lebens. Die gestern gefundene Version wird Dir auch kaum gefallen, obwohl ich mindestens achtzig Secunden lang mein Gehirn
damit geplagt habe.

Ich habe meine Manuscripte vollständig in Ordnung gebracht.
Es sind deren sechs mit Deinen Polonaisen, abgesehen von einem
siebenten, einem Impromptu, welches vielleicht werthlos ist — ich
habe darüber kein Urtheil, weil es zu neu ist. Hoffentlich ist es
nicht zu sehr im Stil der Orlowski, Zimmermann, Karsko-Konski[2])
Sowiński oder ähnlichen Gethiers. Nach meiner Rechnung könnte

---

[1]) Im vorigen Brief heisst es Duport.
[2]) Chopin's Landsmann, der Clavierspieler und Componist Antoine Kontski.

es mir ungefähr 8oo Franken eintragen. Das wird sich später finden.

Da Du ein so geschickter Mann bist, kannst Du es vielleicht auch einrichten, dass ich in der neuen Wohnung nicht durch schwarze Gedanken und erstickenden Husten gequält werde. Versuche dies zum Guten zu wenden; verändere, wenn Du kannst, gewisse Episoden meiner Vergangenheit. Es wäre gar nicht so übel wenn mir noch einige Jahre beschieden wären, um etwas Tüchtiges zu vollbringen. So würdest Du mich zu besonderem Danke verpflichten, ebenso wenn Du Dich jünger machen oder es fertig bringen könntest, dass wir nie geboren wären.

Dein alter

Friedrich.

Vierundzwanzigstes Capitel.

1839—1842.

Rückkehr George Sand's und Chopin's nach Paris. — George Sand in der Rue Pigalle. — Chopin in der Rue Tronchet: Erinnerungen von Brinley Richards und Moscheles. — Soiréen bei Leo und in St. Cloud. — Chopin zieht zu George Sand nach der Rue Pigalle. — Auszüge aus George Sand's *Correspondance;* ein Brief von ihr an Chopin; Erlebnisse mit Balzac. — George Sand und Chopin gehen 1840 nicht nach Nohant. — Compositionen aus dieser Zeit. — Chopin als Pianist. — Briefe an Fontana aus dem Sommer und Herbst 1841.

bwohl Chopin und George Sand gegen Ende October 1839 nach Paris kamen, so vergingen doch noch Monate, bevor die letztere in das Haus einzog, welches Fontana für sie gemiethet hatte. Dies erfahren wir aus einem ihrer Briefe an ihren Freund Gustave Papet, datirt Paris, Januar 1840, wo es heisst:

Endlich bin ich Rue Pigalle 16 installirt, erst seit zwei Tagen, nachdem ich mich geärgert, mit Tapezierern, Schlossern etc. gezankt und geflucht habe. Welche lange, fürchterliche, unerträgliche Arbeit ist es, hier eine Wohnung einzurichten![1]

---

[1] In dem „Paris, October 1839" datirten Briefe, welcher in George Sand's *Correspondance* dem oben citirten vorangeht, findet sich die Bemerkung: „Je suis enfin installée chez moi à Paris." Wo dies *chez moi* gewesen ist, kann ich nicht sagen.

Wie sehr das Interieure des George Sand'schen „Pavillons
in der Rue Pigalle" von dem der Villa des Señor Gomez und
der Zellen im Kloster Valdemosa abwich, sehen wir aus Gutmann's Beschreibung zweier der Zimmer.[1]) Von dem kleinen
salon sagt er nur im Allgemeinen, dass er mit alterthümlichen
Möbeln originell eingerichtet sei; von George Sand's eigenem
Zimmer dagegen, welches ihm mehr Eindruck gemacht hat, erwähnt er so viele Einzelheiten — den braunen, den ganzen
Fussboden bedeckenden Teppich, die mit dunkelbraunem Rips-
stoff behängten Wände, die schönen Gemälde, die Möbeln von
geschnitztem dunkeln Eichenholz, die mit braunem Sammt über-
zogenen Sessel, das grosse viereckige, niedrige, mit einem per-
sischen Teppich bedeckte Bett — dass wir uns leicht das Ensemble ausmalen können. Wie Gutmann berichtet, wurde ihm
bald Gelegenheit, diese Beobachtungen zu machen, denn Chopin
hatte ihn am Tage nach seiner Ankunft besucht (?) und
ihn alsbald eingeladen, zu George Sand zu kommen, um ihr
vorgestellt zu werden. Als Gutmann in dem oben erwähnten
kleinen Salon erschien, fand er George Sand auf einer Ottomane
sitzend und eine Cigarette rauchend. Sie empfing ihn sehr herzlich indem sie ihm sagte, sein Lehrer habe oft mit grosser Liebe
von ihm gesprochen. Bald darauf kam auch Chopin aus dem
Nebenzimmer, und man begab sich zur Mahlzeit in das Speisezimmer. Als sie später wieder in dem gemüthlichen Salon sassen
und George Sand sich eine neue Cigarette angezündet hatte,
kam die Unterhaltung, nachdem von Verschiedenem, auch von
Majorca die Rede gewesen war, auf die Kunst, und dabei sagte
die Schriftstellerin zu ihrem Freunde: „Chop, Chop, führen Sie
doch Gutmann in mein Zimmer, damit er sich die Bilder ansehe,
welche Eugène Delacroix für mich gemalt hat."

Bei seiner Ankunft in Paris hatte Chopin in der Rue Tron-

---

[1]) Ich garantire nicht die Richtigkeit der folgenden Einzelheiten, obwohl
ich sie in einer von Gutmann selbst veranlassten Skizze seines Lebens, die er
mir als zuverlässig bezeichnet hat („Der Lieblingsschüler Chopin's", Nr. 3 aus
„Schöne Geister" von Bernhard Stavenow, Bremen 1879) gefunden habe. Die
Gründe für meinen Skepticismus sind 1) Gutmann's Phantasie und Tendenz, sich
von der vortheilhaftesten Seite zu zeigen, 2) Stavenow's Neigung zur Schönrednerei und zur Anekdote, 3) unzählige falsche Angaben, welche durch Doku-
mente widerlegt sind.

chet Nr. 5 Wohnung genommen und seine Unterrichtsstunden
wieder begonnen. Einer seiner damaligen Schüler war Brinley
Richards, der unter seiner Leitung ein Heft der Etüden einstu-
dirte. Chopin half ihm auch bei der von Troupenas veranstalteten Herausgabe seiner ersten Composition, indem er dieselbe zuvor durchsah und corrigirte. Brinley Richards sagte
mir, dass Chopin bei diesen Lectionen selten selbst gespielt und
seine Verbesserungen und Rathschläge lieber mündlich als durch
das Beispiel mitgetheilt habe; ferner dass er sehr matt gewesen
sei und ausgesehen habe, als wolle er sich am Liebsten niederlegen, als ob er hätte sagen mögen: „Ich wollte Sie kämen
lieber ein anderes Mal.“

Um diese Zeit, nämlich im Herbst oder im Anfang des
Winters 1839, kam Moscheles nach Paris. Aus seinem Tagebuche erfahren wir, dass er bei Leo, wo er am Liebsten spielte,
zum ersten Mal mit Chopin zusammentraf, der gerade vom
Lande zurückgekehrt war, und dessen Bekanntschaft zu machen
er sehnlichst wünschte. Ich habe bereits citirt, was Moscheles
über Chopin's äussere Erscheinung sagt, nämlich „ganz mit
seiner Musik identificirt, beide zart und schwärmerisch“. Moscheles' Bemerkungen über die musikalischen Leistungen seines
genialen Zeitgenossen sind für uns selbstverständlich von noch
grösserem Interesse.

Er spielte mir auf mein Bitten vor, und jetzt erst verstehe
ich seine Musik, erkläre mir auch die Schwärmerei der Damenwelt.
Sein *ad libitum*-Spielen, das bei den Interpreten seiner Musik in
Taktlosigkeit ausartet, ist bei ihm nur die liebenswürdigste Originalität des Vortrags; die dilettantisch harten Modulationen, über
die ich nicht hinwegkomme, wenn ich seine Sachen spiele, choquiren
mich nicht mehr, weil er mit seinen zarten Fingern elfenartig leicht
darüber hingleitet; sein Piano ist so hingehaucht, dass er keines
kräftigen Forte bedarf, um die gewünschten Contraste hervorzubringen; so vermisst man nicht die orchesterartigen Effecte, welche
die deutsche Schule von einem Clavierspieler verlangt, sondern
lässt sich hinreissen, wie von einem Sänger, der, wenig bekümmert
um die Begleitung, ganz seinem Gefühl folgt; genug, er ist ein
Unicum in der Clavierspielerwelt. Er behauptet, meine Musik sehr
zu lieben und jedenfalls kennt er sie genau. Er spielte mir sein
neuestes Werk „Präludien“, ich ihm viele meiner Sachen vor.“

Als Ergänzung der Charakteristik des Künstlers gewähren
uns Moscheles' Notizen auch einige Einblicke in den Menschen.

„Chopin war lebendig, lustig, ja überaus komisch in seinen
Nachahmungen von Pixis, Liszt und einem bucklichten Clavier-
liebhaber." Einige Tage später, als Moscheles ihn in seinem
eigenen Hause traf, war er „wieder ein ganz andrer Chopin".

Ich besuchte ihn verabredetermaassen mit Ch. u. E., die auch
ganz in Schwärmerei für ihn aufgehen und die das Präludium As-
dur in ⁶/₈ Takt mit dem stets wiederkehrenden Pedal-As ganz besonders ergriff. Nur die Gräfin O. [Obreskoff] aus Petersburg, die
uns Künstler *en bloc* anbetet, war dort, und noch einige Herren.
Chopin's vortrefflicher Schüler Gutmann spielte dessen Manuscript-
Scherzo in Cis-moll; Chopin selbst seine Manuscript-Sonate in
B-moll mit dem Trauermarsch.

Gutmann berichtet, dass früh morgens nach dem Tage, an
welchem er bei George Sand den oben erwähnten Besuch gemacht, Chopin ihn zu sich habe bitten lassen und ihm gesagt habe:

Verzeihe, lieber Gutmann, dass ich Dich so früh am Vormittag schon störe; aber ich erhalte soeben von Moscheles eine
Karte, worin er mir seine Freude über meine glückliche Rückkehr
nach Paris kundgiebt und mir gleichzeitig anzeigt, dass er mich
um fünf Uhr nachmittags besuchen wird, um meine neuesten Compositionen zu hören. Nun bin ich aber leider zu schwach, um
ihm selber meine Sachen vorspielen zu können. Spiele Du daher,
Gutmann; namentlich kommt es mir auf dieses Scherzo an.

Gutmann, welcher dieses Werk (Opus 39) noch nicht kannte,
setzte sich darauf an Chopin's Clavier und brachte es nach
eifrigem Ueben fertig, es zur bestimmten Stunde auswendig
sowie zur Zufriedenheit des Componisten vorzutragen. In gewissen Einzelheiten stimmt Gutmann's Bericht mit dem von
Moscheles nicht überein. Da aber Moscheles nicht Erinnerungen
an längst Vergangenes, sondern nüchterne, geschäftsmässige und
zur betreffenden Zeit gemachte Notizen mittheilt, ohne den Versuch zu machen, sie romanhaft zu färben, so ist er die sicherere
Quelle. Immerhin mögen wir als beglaubigt annehmen: Gutmann spielte bei dieser Gelegenheit das Scherzo Opus 39, und
zwar in einer Weise, dass sein Lehrer sich veranlasst sah, es
ihm zu widmen.

Der Graf de Perthuis, Adjutant Louis Philippe's, der von
Chopin und Moscheles mehrmals des letzteren Es-dur-Sonate

für vier Hände gehört hatte, sprach darüber bei Hofe so viel
und mit solcher Begeisterung, dass die königliche Familie, in
dem Wunsche „den Ohrenschmaus ebenfalls zu geniessen", die
beiden Künstler nach St. Cloud einlud. Am Tage nach dieser
Soiree schrieb Moscheles in sein Tagebuch:

„Gestern war ein merkwürdiger Tag. Um 9 Uhr fuhren Chopin
und ich, von P. und seiner liebenswürdigen Frau abgeholt, bei den
stärksten Regengüssen hinaus und fühlten uns um so behaglicher,
als wir das schimmernde, wohlerleuchtete Schloss betraten. Es
ging durch viele Prunkgemächer in einen Salon *quarré*, wo die
königliche Familie *en petit comité* versammelt war. An einem
runden Tisch sass die Königin mit einem eleganten Arbeitskorb
vor sich (etwa um mir eine Börse zu sticken?), neben ihr Madame
Adelaide, die Herzogin von Orleans und Hofdamen. Die hohen
Frauen waren *affables*, wie gegen alte Bekannte. Chopin spielte
zuerst eine Zusammenstellung von Notturno's und Etüden, und wurde
wie ein Liebling bewundert und gehätschelt. Nachdem auch ich
alte und neue Etüden gespielt, und mit demselben Beifall beehrt
worden, setzten wir uns zusammen ans Instrument — er wieder
unten, worauf er immer besteht. Die gespannte Aufmerksamkeit
des kleinen Kreises bei meiner Es-dur-Sonate ward nur durch die
Ausrufe „divin, délicieux" unterbrochen. Nach dem Andante
flüsterte die Königin einer Hofdame zu: „Ne serait-il pas indiscret
de le leur redemander?" was natürlich einem Wiederholungsbefehl
gleichkam, und so spielten wie es noch einmal mit gesteigertem
abandon. Im Finale überliessen wir uns einem musikalischen Delirium. Chopin's Begeisterung durch das ganze Stück hin, muss,
glaub' ich, zündend für die Hörer gewesen sein, die sich nun in
Zwillingslobsprüchen über uns ergossen. Chopin spielte wieder
allein mit gleichem Reiz und gleicher Theilnahme wie früher, dann
ich eine Improvisation . . .[1])

Als Zeichen seiner Dankbarkeit liess der König den beiden
Künstlern werthvolle Geschenke überreichen: für Chopin eine
goldene Schale und Untertasse, für Moscheles ein Reise-Neces-
saire. „Der König" bemerkte Chopin „hat Moscheles ein Reise-
Necessaire geschenkt um ihn desto schneller los zu sein." Unser
Künstler liebte es und hatte eine eigene Begabung, beissende

---

[1]) „In der Neuen Zeitschrift für Musik" vom 12. November 1839 lesen
wir, dass Chopin über Grisar's *La Folle* improvisirte, und Moscheles über Mozart'sche Themen. *La Folle* ist eine Romanze, die solchen Erfolg hatte, dass
ein Witzbold sie *une folie de salon* nannte. Sie war Jahre hindurch populär
und begründete den Ruf des Componisten.

und witzige Bemerkungen hinzuwerfen; bei dieser Gelegenheit
aber waren seine Worte höchst wahrscheinlich nur eine Spielerei
und nur scheinbar maliciös. Oder sollen wir annehmen, dass
Moscheles als Mensch Chopin weniger congenial gewesen ist,
denn als Künstler? Moscheles war Jude, und Chopin hatte eine
Abneigung gegen Juden. Da indessen die Versuchung, welche
in der Natur des königlichen Geschenkes an Moscheles lag,
Chopin's Bemerkung hinlänglich motivirt, und für die andere
Erklärung derselben jeglicher Beweis fehlt, so wäre es unrichtig,
einem weiteren Verdachte Raum zu geben.

George Sand erzählt uns in der *Histoire de ma vie*, dass
Chopin seine Wohnung in der Rue Tronchet kalt und feucht
gefunden und unter der Trennung von ihr sehr gelitten habe.
Die Folge davon war, dass das Weib mit dem Heiligenscheine,
die barmherzige Schwester, sich nach einiger Zeit ihres leidenden
Verehrers erbarmte und sich aufs Neue für ihn opferte. Um
bezüglich ihres Berichtes über diesen Wechsel in den häuslichen
Verhältnissen der Beiden, des einzigen Berichts den wir besitzen,
kein Missverständniss aufkommen zu lassen, will ich ihre wohl-
gesetzten Worte unverkürzt wiedergeben:

Er begann wieder beängstigend zu husten, und ich sah mich
gezwungen, entweder meine Entlassung als Krankenwärterin einzu-
reichen, oder meine Tage mit unendlichem Hin- und Herlaufen zuzubringen. Er kam, um mir dies zu ersparen, jeden Tag, um mich
mit schlaffem Gesicht und matter Stimme zu versichern, dass er
sich ausgezeichnet befinde. Er fragte, ob er mit uns speisen könne
und ging abends wieder fort, in seinem Miethswagen vor Kälte
zitternd. Da ich sah, wie nahe es ihm ging, von unserm Familien-
leben ausgeschlossen zu sein, bot ich ihm an, ihm einen der Pavillons, von dem ich einen Theil entbehren konnte, zu vermiethen.
Er nahm dies Anerbieten mit Freuden an. Er wohnte, empfing
und unterrichtete dort, ohne mich zu geniren. Maurice hatte die
Wohnung über der Seinigen; ich bewohnte mit meiner Tochter den
andern Pavillon.

Versuchen wir einen Einblick in das Leben in den Pavillons
der Rue Pigalle Nr. 16 zu gewinnen. In den ersten Monaten
des Jahres 1840 hatte George Sand mit den Vorbereitungen zur
Aufführung ihres Drama's *Cosima* zu thun, und setzte Himmel
und Erde in Bewegung, damit ihre Freundin Frau Dorval in
das Personal des Théâtre-Français aufgenommen würde, um in

ihrem an diesem Theater aufzuführenden Stücke die Hauptrolle zu spielen. Ihr Sohn Maurice brachte seine Tage in Eugène Delacroix' Atelier zu, und Solange verwendete viel Zeit auf ihre Unterrichtsstunden, verlor aber auch viel Zeit mit ihrer Toilette. Von Grzymala erfahren wir, dass er stets in schöne Frauen verliebt ist und seine grossen Augen bald auf die lange Borgnotte und auf die kleine Jacqueline wirft, und von Frau Marliani, dass sie immer bis über die Ohren in der Philosophie steckt. Davon berichtet uns George Sand's *Correspondance*, aus welcher der Leser gleich noch mehr erfahren soll.

George Sand an Chopin; Cambrai, 13. August 1840:

Ich bin um Mittag sehr ermüdet angekommen, denn es sind von Paris bis hierher fünfundvierzig und nicht fünfunddreissig Lieues. Wir können erbauliche Geschichten von den Bourgeois in Cambrai erzählen. Sie sind schön, sie sind stupide, sie sind Gewürzkrämer — als solche sublim. Wenn der historische Festzug uns nicht entschädigt, so sind wir im Stande, bei den Höflichkeiten, die man uns erweist, vor Langerweile zu sterben. Wir sind einlogirt wie Fürsten; aber was für Wirthe, was für Unterhaltungen, was für Diners! Wir lachen darüber, so lange wir unter uns sind, aber wenn wir uns vor dem Feinde befinden, welch' armselige Figur machen wir dann! Ich wünsche nicht mehr, Sie hier zu sehen; dagegen drängt es mich, so bald als möglich fortzukommen, und ich fange an zu verstehen, warum Sie keine Concerte geben wollen. Es ist nicht unmöglich, dass Pauline Viardot übermorgen verhindert sein wird zu singen, weil es an einem Concertsaal fehlt. Wir würden dann vielleicht einen Tag früher abreisen. Ich wollte, ich wäre schon weit von den Cambraiern und den Cambraierinnen.

Gute Nacht, ich gehe schlafen, bin übermüdet.

Lieben Sie Ihre Alte [*votre vieille*], wie Sie von ihr geliebt werden.

Aus einem zwei Tage früher geschriebenen Briefe an ihren Sohn erfahren wir, dass Frau Viardot trotz alledem zwei Concerte in Cambrai gegeben hat. Aus einem anderen Briefe an ihren Sohn (vom 18. September 1840), welcher mancherlei Interessantes über die in den Pavillons der Rue Pigalle verkehrenden Gäste enthält, citire ich nur folgende Stelle:

Balzac speiste vorgestern bei uns. Er ist völlig verrückt. Er hat die blaue Rose entdeckt, für welche die Gartenbau-Gesellschaften von London und Belgien eine Belohnung von fünfhunderttausend Franken ausgesetzt haben *(qui dit, dit-il)*. Er will ausserdem jedes

6*

Samenkorn für fünf Franken verkaufen und bei dieser ausserordentlichen botanischen Production wird er nur fünfzig *centimes* auslegen. Darauf erwiederte Rollinat ganz naiv:

„Nun, und warum gehn Sie nicht gleich ans Werk?"

Balzac's Antwort war:

„Oh!" weil ich so viel Anderes zu thun habe! Aber in den nächsten Tagen werde ich daran gehen."

Stavenow erzählt in „Schöne Geister" (S. Anm. S. 78) eine Anekdote von Balzac, welche ebenfalls hier mitgetheilt sei:

Einstmals gab Balzac der George Sand, Chopin und Gutmann ein Essen. Dabei erzählte er, er habe an dem Tage einen Wechsel von 30,000 Franken einzulösen, sei aber ohne einen Pfennig in der Tasche.

Gutmann fragte, was er da zu machen gedenke?

„Nun" erwiederte Balzac „was soll ich machen? ich warte ruhig. Bis morgen wird schon irgend eine unverhoffte Gelegenheit mir die Mittel geben, die Summe zu bezahlen. Mein zweites Gesicht verheisst es mir."

Kaum hatte er dies gesagt, da klingelt es an der Hausthür. Der Diener kam herein und berichtete: Es wäre ein Herr da, der dringend mit Herrn Balzac zu sprechen wünsche.

Balzac erhob sich vom Tische und verliess das Zimmer. Nach einer Viertelstunde kam er vergnügt zurück und sagte:

„Die 30,000 Franken sind gefunden. Mein Verleger will eine neue Ausgabe meiner Werke ediren und bietet mir gerade diese Summe dafür."

George Sand, Chopin und Gutmann sahen sich lächelnd an und dachten: „Eine mehr!"

George Sand an ihren Sohn; Paris, 4. September 1840:

Wir hatten hier eine grosse Truppenentfaltung. Ganz Paris war in Aufregung, als wenn Revolution wäre. Es kam aber nichts vor, ausser dass einige Spaziergänger von Polizisten zu Boden geschlagen wurden.

An einigen Punkten von Paris war es gefährlich zu passiren, da diese Herren, um in der Uebung zu bleiben, rechts und links die Leute niederschlugen. Chopin, der an nichts glauben will, hat schliesslich überzeugende Beweise davon erhalten.

Frau Marliani ist zurück. Ich habe vorgestern mit dem Abbé de Lamennais bei ihr gespeist. Gestern speiste Leroux bei uns. Chopin umarmt Dich tausendmal. Er ist noch immer *qui qui qui mè mè mè;* Rollinat raucht wie ein Dampfboot-Schornstein. Solange ist zwei oder drei Tage artig gewesen, gestern aber hat sie einen Wuthanfall gehabt. Die Reboul, unsere englischen Nachbarn, Menschen und Hunde, verdrehen ihr den Kopf.

Im Sommer 1840 ging George Sand nicht nach Nohant und Chopin scheint diese Zeit, wenn nicht ganz, so doch meist in Paris verbracht zu haben. Aus einem an ihren Stiefbruder gerichteten Briefe erfahren wir, dass sie aus Sparsamkeitsgründen ihrem Landsitze ferngeblieben:

> Wenn Du mir garantirst, dass ich den Sommer über mit viertausend Franken in Nohant auskomme, werde ich hingehen. Bisher habe ich dort nie weniger als fünfzehnhundert Franken monatlich ausgegeben, und da ich hier nicht einmal die Hälfte verbrauche, so ist es weder die Liebe zur Arbeit, noch Verschwendungssucht, noch Durst nach Ruhm, was mich zum Bleiben veranlasst.

George Sand's Anfälle von Sparsamkeit waren nie von langer Dauer. Schon im Sommer 1841 finden wir sie wieder in Nohant. Da aber von Chopin's häuslichem Leben in Nohant und in Paris in späteren Capiteln ausführlich die Rede sein wird, so wollen wir jetzt bei seiner künstlerischen Wirksamkeit verweilen.

Im Jahre 1839 erschien nur ein Werk von Chopin, die *Préludes* Op. 28, im folgenden Jahre aber erschienen nicht weniger als sechzehn Werke, nämlich die Op. 35—50. Die im September 1839 erschienenen *Vingt-quatre Préludes* Op. 28 tragen eine doppelte Widmung, die französisch und die englische Ausgabe „à son ami Pleyel" und die deutsche „Herrn J. C. Kessler". Im Jahre 1840 erschienen: im Mai *Sonate* Op. 35 (B-moll); *Deuxième Impromptu* Op. 36 (Fis-moll); *Deux Nocturnes* Op. 37 (G-moll und G-dur); im Juli *Valse* Op. 42 (As-dur); im September *Deuxième Ballade* Op. 38 (F-dur), R. Schumann gewidmet; im October *Troisième Scherzo* Op. 39 (Cis-moll), A. Gutmann gewidmet; im November *Deux Polonaises* Op. 40 (A-dur und C-moll), J. Fontana gewidmet; im December *Quatre Mazurkas* Op. 41 (Cis-moll, E-moll, H-dur und As-dur), E. Witwicki gewidmet. Im Jahre 1841 erschienen: im October *Tarantelle* Op. 43 (As-dur); im November *Polonaise* Op. 44 (Fis-moll), der Fürstin Charles de Beauvau gewidmet; *Prélude* Op. 45 (Cis-moll), der Fürstin Elisabeth Czernicheff gewidmet; *Allegro de Concer* Op. 46 (A-dur), Fräulein F. Müller gewidmet; *Troisième Ballade* Op. 47 (As-dur), Fräulein P. de Noailles gewidmet; *Deux Nocturnes* Op. 48 (C-moll und Fis-moll), Fräulein L. Duperré gewidmet; *Fantaisie* Op. 49 (F-moll), der Fürstin C. de Souzzo gewidmet;

Trois Mazurkas Op. 50 (G-dur, As-dur und Cis-moll), Léon Smitkowski gewidmet.

Chopin's Genie hatte jetzt den Höhepunkt seiner Entwicke-lung erreicht und strahlte in dem vollen Glanze, dessen seine Natur fähig war. Trotz der Bedeutung seiner späteren Schöpf-ungen, darunter die vierte Ballade Op. 52, die Barcarolle Op. 60 und die Polonaise Op. 53, kann man nicht sagen, dass der Componist mit ihnen seine früheren Publicationen, unter denen die ersten drei Balladen, die Präludien sowie eine Anzahl zündender Polonaisen und entzückender Nocturnen, Mazurka's etc. übertroffen hätte.

Uebrigens stand Chopin nicht nur als schaffender Künstler, sondern auch als ausübender im Zenith seiner Kraft. Wohl hatte sein Körper von Krankheit gelitten, doch war derselbe nicht ernstlich angegriffen, jedenfalls nicht so ernstlich, um ihn zur musikalischen Interpretation unfähig zu machen. Ueberdies verlangte die grösste Mehrzahl seiner Compositionen vom Aus-führenden andere Eigenschaften als physische Kraft, welche nur für wenige seiner Werke unentbehrlich war. Ein Mitarbeiter des *Ménestrel* (vom 25. April 1841) fragt sich, ob Chopin als Pianist fortgeschritten ist, und antwortet: „Nein, denn er kümmert sich wenig um die technischen Geheimnisse des Claviers; ihm ist jeder Charlatanismus fremd; bei ihm sprechen Herz und Ge-nius allein, und nach diesen Richtungen hin hat seine bevor-zugte Organisation nichts zu lernen." Wir könnten auch sagen, Chopin kümmerte sich wohl um die technischen Geheimnisse des Claviers, jedoch nicht um ihrer selbst willen: sie waren ihm nicht Zweck, sondern Mittel zum Zweck, und wenn er technisch nicht fortgeschritten war, so war er es doch nach Seiten der poetischen Wiedergabe. Liebe und Leid, die eigentlichen Lehrer der Dichter und Musiker, hatten ihn nicht unbelehrt gelassen.

Es war ein glücklicher Zufall, dass Chopin in dieser Periode seiner künstlerischen Laufbahn veranlasst wurde, ein Concert zu geben, und nicht minder, dass Männer von Wissen, Urtheil und schriftstellerischer Befähigung uns ihre Eindrücke dieses Ereig-nisses mitgetheilt haben. Der Wunsch, seinen stets bedürftigen Finanzen aufzuhelfen sowie das Drängen George Sand's waren zweifellos die Hauptmotive, welche den Componisten seine Ab-neigung vor dem Oeffentlich-Spielen überwinden halfen.

„Studiren Sie, wenn der Concerttag kommt?" fragte ihn Lenz.[1]) „Es is eine schreckliche Zeit für mich" war Chopin's Antwort. „Ich liebe nicht die Oeffentlichkeit, aber es gehört zu meiner Stellung. Vierzehn Tage schliesse ich mich ein und spiele Bach. Das ist meine Vorbereitung, ich übe nicht meine Compositionen." Was Gutmann mir mittheilte, bestätigt diese Aeusserung. Chopin hatte einen Abscheu vor dem Oeffentlich-Spielen und wurde nervös, wenn der gefürchtete Zeitpunkt nahete. Seine Kleider machten ihm dann viel zu schaffen, und er war sehr verstimmt, wenn einer oder der andere Gegenstand nicht ganz passte oder ihn irgendwie genirte. Einmal genügten ihm seine eigenen Sachen so wenig, dass er den Frack und ein Hemd von Gutmann anzog. Uebrigens muss der letztere, dem ich diese Mittheilung verdanke, in jenen Tagen weniger Umfang und, ich möchte hinzufügen, eine kleinere Statur gehabt haben, als zu der Zeit, wo ich seine Bekanntschaft machte.

Statt der besser im nächsten Capitel zu erwähnenden Einzelheiten betreffs der beiden 1841 und 1842 von Chopin veranstalteten Concerte folgt hier eine Uebersetzung der polnischen Briefe, welche er im Sommer und Herbst 1841 aus Nohant an Fontana richtete. Die Briefe Nr. 4 und Nr. 5 sind die bereits S. 25 Anm. erwähnten, welche Chopin nach Karasowski „Palma, den 17. November 1838" und „Valdemosa, 9. Januar 1839" datirt hat. Mit diesen Daten aber steht der Inhalt in Widerspruch: die Erwähnung Troupenas', mit welchem der Componist erst 1840 (wegen der Sonate Opus 35) in Geschäftsverbindung trat; die Erwähnung der Tarantelle, die erst 1841 veröffentlicht wurde; die Erwähnung (im Widerspruch mit einer früheren Frage, vgl. S. 32) der Rücksendung eines sonst nirgendwo genannten Dieners; die Erwähnung der Absendung eines Claviers, unvereinbar mit den in zweifellos richtig datirten Briefen enthaltenen Mittheilungen; schliesslich das völlige Schweigen von Majorca und den Präludien, diesen wichtigen Stoffen der thatsächlich von dort und aus jener Zeit datirten Briefe. Nach Karasowski's Meinung sind die Briefe Nr. 1, 2, 3 und 9 aus dem Jahre 1838, die Nr. 6, 7 und 8 aus dem Jahre 1839; da aber die dort erwähnten Werke *Tarantelle* Op. 43, *Polonaise* Op. 44, *Pré-*

---

[1]) W. von Lenz „die grossen Pianoforte-Virtuosen unserer Zeit" S. 36.

lude Op. 45, *Allegro de Concert* Op. 46, die dritte *Ballade*
Op. 47, die zwei *Nocturnes* Op. 48 und *Fantaisie* Op. 49 im
Jahre 1841 erschienen sind, so zweifle ich nicht, dass auch
die Briefe aus diesem Jahre stammen. Die Erwähnung der Rue
Pigalle Nr. 16 als George Sand's und Chopin's Heim in Paris,
Pelletan's, des Erziehers von George Sand's Sohn Maurice, und
der Ankunft des letzteren in Paris spricht ebenfalls gegen 1838
und für 1841, während das Jahr 1840 gar nicht in Frage kommt,
da in diesem Jahre weder George Sand noch Chopin in Nohant
waren. Was mich besonders bestimmt, das Jahr 1839 für den
siebenten Brief zurückzuweisen, ist der Umstand, dass Pauline
Garcia um diese Zeit noch nicht die Gattin Louis Viardot's geworden war. Ueberdies enthält ein Brief George Sand's (vom
13. August 1841) den Hinweis auf einen Besuch Pauline Viardot's
in Nohant im Sommer 1841. Eine Stelle dieses Briefes ist
wichtig für die Datirung sowohl des fünften wie des siebenten
der Chopin'schen Briefe. Was die Aufeinanderfolge derselben
betrifft, so bin ich mir bezüglich ihrer Richtigkeit nicht ganz
einig, obwohl ich auch hier das „für“ und „wider“ sorgfältig geprüft habe. Im Besondern habe ich Zweifel bezüglich des siebenten Briefes, der, im Lichte des George Sand'schen Briefes
gesehen, nach dem neunten kommen sollte. Der siebente Brief
hat etwas Räthselhaftes, was übrigens bei der Confusion und
dem nachlässigen Stil in Chopin's Correspondenz nichts Seltenes
ist. Die Stelle in dem oben erwähnten Briefe George Sand's
lautet: „Pauline verlässt mich am 16. [August]; Maurice holt
am 17. seine Schwester, welche am 23. hier sein soll.“

1)   `   Nohant [1841].

Liebster Freund, gestern, Donnerstag bin ich hier angekommen.
Ich habe für Schlesinger[1]) ein Präludium in Cis-moll [Opus 45]
geschrieben, kurz, wie er es wünschte. Da dies, wie Mechetti's[2])
Beethoven zu Neujahr erscheinen soll, so gieb meine Polonaise
nicht an Leo (wenn Du sie auch schon copirt hast), denn morgen
werde ich Dir einen Brief für Mechetti schicken, in welchem ich
ihm erkläre, dass, wenn er etwas Kurzes wünscht, ich ihm für das
Album statt der Mazurka (die schon alt ist) das neue Präludium
geben wolle. ˉEs ist gut modulirt, und ich kann es ohne Bedenken

---

[1]) Der Pariser Musikverleger.
[2]) Der Wiener Musikverleger.

abschicken. Er könnte mir 300 Franken dafür geben, *n'est ce pas?*
Par dessus le marché kann er die Mazurka bekommen, nur darf
er sie nicht im Album abdrucken.

Sollte Troupenas,[1]) d. h. Masset[2]) Schwierigkeiten machen, so
gieb ihm die Stücke nicht um einen Heller billiger und sage ihm,
wenn er sie nicht alle drucken wolle — was mir nicht lieb wäre —
so könnte ich sie zu einem besseren Preise an Andere verkaufen.

Nun von etwas anderem.

In der rechten Schublade meines Schreibtisches (an der Stelle,
wo immer der Geldkasten steht) wirst Du ein versiegeltes, an Frau
Sand adressirtes Packet finden. Packe dieses in Wachsleinewand ein,
versiegele es und sende es per Post an Frau Sand. Nähe die
Adresse mit einem starken Faden auf, damit sie auf der Wachsleinewand haften bleibt; dies wünscht Frau Sand. Ich weiss, Du
wirst es ausgezeichnet machen. Der Schlüssel ist, glaube ich, auf
dem oberen Bort des kleinen Cabinets mit dem Spiegel. Sollte
er nicht da sein, so lasse die Schublade von einem Schlosser öffnen.

Ich liebe Dich als alten Freund. Umarme Hänschen. —

Dein

Friedrich.

2)   Nohant [1841].

Dank für Beförderung des Packets. Ich schicke Dir das
Präludium, in grosser Schrift für Schlesinger, in kleiner für Mechetti.
Beschneide das Manuscript der Polonaise in demselben Format,
paginire es und falte es wie das Präludium, lege meinen Brief an
Mechetti bei und gieb es Leo selbst ab, mit der Bitte, es mit
nächster Post abzusenden, da Mechetti darauf wartet.

Den Brief an Haslinger[3]) gieb Du selbst auf die Post; und
wenn Du Schlesinger nicht zu Hause findest, so lass den Brief
dort, gieb ihm aber nicht das Manuscript, bevor er Dir nicht sagt,
dass er das Präludium als Ausgleich der Rechnung nimmt. Wünscht
er das Publications-Recht für London nicht zu erwerben, so bitte
ihn, mich brieflich davon zu benachrichtigen. Vergiss nicht, auf
den Polonaisen die Opuszahl sowie auf dem Präludium die folgende
Zahl hinzuzufügen — d. h. auf den für Wien bestimmten Abschriften.

Ich weiss nicht wie Czerniszewowa geschrieben wird. Vielleicht
findest Du unter der Vase oder auf dem kleinen Tische neben der
Bronze ein Billet von ihr, ihrer Tochter oder der Erzieherin; an-

---

[1]) Eugène Troupenas, der Pariser Musikverleger.

[2]) Masset war, wie mir seine Tochter, Frau Colombier mitgetheilt hat,
Troupenas' Compagnon und führte das Geschäft fast allein, da Troupenas aus
Gesundheitsrücksichten gezwungen war, die letzten zehn Winter seines Lebens
in Hyères zuzubringen.

[3]) Der Wiener Musikverleger.

dernfalls wäre es mir lieb, wenn Du nach dem Hôtel de Londres
am Vendôme-Platz gingest — sie kennen Dich schon als meinen
Freund — und in meinem Namen die junge Fürstin bätest, Dir
ihren Namen schriftlich zu geben und Dir zu sagen ob es Tscher
oder Tcher ist. Oder noch besser, frage nach Fräulein Krause, der
Erzieherin; sage ihr, ich wünschte die junge Fürstin zu überraschen,
und lasse Dir von ihr sagen, ob es gebräuchlich ist, Elisabeth und
Tschernichef zu schreiben, oder ff.[1]) Magst Du dies nicht, so
genire Dich nicht mit mir und schreibe, dass Du Dich entschul-
digtest, in welchem Falle ich einen andern Weg finden werde.
Weise aber Schlesinger noch nicht an, den Titel zu drucken. Sage
ihm, ich hätte noch nicht buchstabiren gelernt. Uebrigens hoffe ich,
dass Du bei mir ein Billet mit dem Namen finden wirst . . .

Ich schliesse, weil die Post abgeht und hoffe, dass mein Brief
diese Woche unfehlbar Wien erreicht.

3)   Nohant, Sonntag [1841].

Ich schicke Dir die Tarantella [Op. 43]. Sei so gut, sie
zu copiren; zuvor aber gehe zu Schlesinger oder noch besser zu
Troupenas und sieh Dir die von ihm veröffentlichte Sammlung
Rossini'scher Gesänge an. Darin ist eine Tarantella in F. Ich
weiss nicht ob sie im $^6/_8$- oder im $^{12}/_8$-Takt notirt ist. Was meine
Composition anlangt, so kommt es nicht darauf an, in welcher
Weise sie notirt ist, ich würde aber die Notirung Rossini's vor-
ziehen. Wenn daher diese im $^{12}/_8$-Takt oder in C mit Triolen
steht, so mache in Deiner Abschrift aus zwei Takten einen. Es
würde dann so werden: [hier folgt ein Takt mit Musiknoten, Takt
vier und fünf der Tarantella, wie sie gedruckt ist].[2])

Ich bitte Dich auch, Alles vollständig auszuschreiben, anstatt
der Wiederholungs-Bezeichnungen. Beeile Dich, und gieb es an
Leo nebst meinem Brief an Schubert.[3]) Du weisst, dass er Hamburg vor dem 8. des nächsten Monats verlässt, und ich möchte
nicht 500 Franken verlieren.

Was Troupenas betrifft, so eilt es nicht. Wenn die Taktein-
theilung meines Manuscriptes nicht die richtige ist, so liefere es nicht
ab, sondern copire es. Ausserdem mache noch eine dritte Abschrift
für Wessel. Es wird Dich ermüden, das dumme Ding so oft ab-
zuschreiben; ich hoffe aber, dass ich für lange Zeit nichts schlech-
teres componiren werde. Ich bitte Dich auch, Dir die Zahl des

---

[1]) Chopin widmete das Präludium Opus 45 an die Prinzessin Elisabeth
Czernicheff.

[2]) Dies ist ein charakteristisches Beispiel der Sorglosigkeit Chopin's beim
Aufschreiben seiner Musik. Seine Tarantella in $^{12}/_8$- oder C zu schreiben,
würde ein bedenklicher Irrthum gewesen sein. Wie Chopin darüber im Zweifel
sein konnte, ist mir unerklärlich.

[3]) Schuberth, der Hamburger Musikverleger

letzten Opus anzusehen — der letzten Mazurka's oder vielmehr des bei Paccini[1]) erschienenen Walzer's — und die folgende Zahl der Tarantella zu geben.

Ich fühle mich sehr beruhigt, denn ich weiss, dass es Dir an gutem Willen und an Geschick nicht fehlt. Ich baue darauf, dass Du keine weiteren mit Aufträge beschwerten Briefe von mir erhalten wirst. Wäre ich vor meiner Abreise nicht gleichsam nur mit einem Fusse zu Hause gewesen, so würden Dir diese Belästigungen erspart geblieben sein. Lass die Tarantella nicht aus den Augen, gieb sie Leo und sage ihm, er möge mir das dafür erhaltene Geld bis zu meiner Rückkehr bewahren. Heute bekam ich den Brief von den Meinigen in Polen, den Du mir geschickt hast. Beauftrage den Portier, Dir alle an mich adressirten Briefe zu übergeben.

4) Lieber Freund, da Du so gut bist, bleibe es auch bis zum Ende. Gehe nach dem Speditionsgeschäft von Hamberg et Levistal successeurs de Mr. Corstel fils aîné et Cie., rue des Marais St. Martin No. 51, à Paris, und weise sie an, sofort zu Pleyel wegen des für mich bestimmten Claviers zu schicken, damit dasselbe den folgenden Tag abgehen kann. Bestimme im Bureau, dass es *par un envoyé [sic] accéléré et non ordinaire* befördert wird. Diese Art des Transportes ist natürlich viel theurer, aber auch unvergleichlich viel schneller. Es wird wahrscheinlich fünf Franken per Zentner kosten. Ich werde hier bezahlen; nur weise sie an, Dir eine Quittung zu geben, auf welcher das Gewicht des Claviers bemerkt ist, wann es abgeht und wann es in Châteauroux ankommt. Wenn das Clavier mit dem Landtransport abgeht' — der gradeswegs nach Toulouse geht und nur an solchen Orten Güter absetzt, die auf der Route liegen — so muss die Adresse nicht lauten „la Châtre",[2]) sondern *Madame Dudevant à Châteauroux*, wie ich oben geschrieben habe.[3]) An letzterem Platze ist die Agentur benachrichtigt und wird es sofort weiter befördern. Du brauchst mir die Quittung nicht zu schicken, wir würden diese nur im Fall einer möglichen Reclamation nöthig haben. Der Correspondent in Châteauroux sagt, dass es *par la voye accéléré [sic]* in vier Tagen von Paris herkommen wird. Wenn dies sich so verhält, so möge er sich verpflichten, das Clavier in vier oder fünf Tagen nach Châteauroux zu liefern.

---

[1]) Pacini, ein Pariser Musikverleger. Bei diesem erschien im Sommer 1840 (wenn nicht schon früher) der As-dur-Walzer Op. 42.

[2]) Anstatt „la Châtre" steht in Karasowski's Polnischer Biographie „la Châtie" eine Warnung für uns, das viele sonderbare Französisch in diesem Briefe nicht auf Chopin's Rechnung zu setzen, welcher den Namen der Nohant zunächst gelegenen Stadt jedenfalls richtig zu schreiben wusste.

[3]) „Adresse des Claviers: Madame Dudevant, à Châteauroux, Bureau restant chez M. Vollant Patureau." Dies hatte Chopin darüber geschrieben.

Nun zu einer andern Angelegenheit.

Sollte Pleyel irgend welche Schwierigkeiten machen, so wende Dich an Erard; ich denke, dass dieser Dir höchstwahrscheinlich dienstfertig sein wird. Nur überstürze nichts, und versichere Dich zuvor, wie die Dinge wirklich stehen.

Was die 'Tarantella betrifft, so versiegele sie und schicke sie nach Hamburg. Morgen schreibe ich Dir von andern Geschäften, Troupenas betreffend etc.

Umarme Hänschen und bitte ihn zu schreiben.

5) Dank für die so gute Erledigung aller der Aufträge. Heute, d. h. am 9., bekam ich das Clavier und die übrigen Dinge. Schicke meine kleine Büste nicht nach Warschau, es würde sie erschrecken, lasse sie im Schrank. Küsse Hänschen für seinen Brief. Ich werde ihm baldigst einige Zeilen schreiben.

Morgen werde ich wahrscheinlich meinen alten Diener zurückschicken, der hier den Kopf verliert. Er ist ein ehrlicher Mann und kann bedienen, aber er ist langweilig und man verliert mit ihm die Geduld. Ich werde ihn zurückschicken und ihn beordern, mich in Paris zu erwarten. Wenn er bei Dir erscheint, so erschrick nicht.

Das Wetter war in letzter Zeit so so.

Der Mann in Châteauroux hat drei Tage auf das Clavier gewartet; gestern, nach Ankunft Deines Briefes, gab ich Ordre, ihn zurückkommen zu lassen. Heute weiss ich noch nicht, welche Art Ton das Clavier hat, da es noch nicht ausgepackt ist; dies grosse Ereigniss ist für morgen zu erwarten. Was die Verzögerung und das Missverständniss bei der Sendung betrifft, so forsche deswegen nicht weiter nach; lass die Sache auf sich beruhen, sie ist eines Streites nicht werth. Du hast Dein Möglichstes gethan. Ein wenig Verstimmung und einige mit Warten verlorene Tage sind keine Prise Tabak werth. Vergiss desshalb meine Aufträge und Deine Mühen; das nächste Mal wird, wenn Gott uns leben lässt, die Sache besser ausfallen.

Ich schreibe Dir dies Wenige spät in der Nacht. Noch einmal danke ich Dir, gefälligster aller Menschen, für Deine Besorgungen, welche übrigens noch nicht zu Ende sind, denn nun kommt das Troupenas-Geschäft an die Reihe, welches auf Deinen Schultern liegen wird. Ich werde Dir darüber ein anderes Mal mehr schreiben, für heute wünsche ich Dir gute Nacht. Träume aber nicht, wie Hänschen, dass ich gestorben sei; träume lieber, dass ich im Begriff bin geboren zu werden, oder etwas derartiges.

Ich fühle mich jetzt in der That so ruhig und so heiter wie ein Kind in den Windeln; und wenn mich Jemand am Gängelband nehmen wollte, so würde ich sehr zufrieden sein — *nota bene* mit einer dickwattirten Mütze auf dem Kopf, denn ich fühle, dass ich in jedem Augenblick stolpern und auf die Nase fallen könnte. Unglücklicher Weise erwarten mich statt des Gängelbandes wahrscheinlich Krücken, wenn ich mich mit meinem jetzigen Schritte dem Alter nähere. Ich träumte einmal, ich stürbe in einem Hospital, und dieser Gedanke ist bei mir so festgewurzelt, dass ich ihn nicht los werden kann — es ist mir, als hätte ich dies gestern geträumt. Wenn Du mich überlebst, so wirst Du erfahren, ob wir an Träume glauben können.

Jetzt träume ich häufig mit offenen Augen, was weder Sinn noch Verstand hat.

Ist das auch wohl der Grund, wesshalb ich Dir solch einen tollen Brief schreibe?

Schicke mir bald einen Brief von den Meinigen und behalte lieb
Deinen alten
Friedrich.

6) Nohant [1841].

Dank für Deinen so gütigen Brief. Entsiegele alles was Du für nöthig hältst.

Gieb das Manuscript nicht an Troupenas, bevor Schuberth Dir nicht den Tag der Veröffentlichung mitgetheilt hat. Die Antwort wird sehr wahrscheinlich bald durch Leo an Dich gelangen.

Wie schade, dass die Tarantella nach Berlin gegangen ist, denn, wie Du aus Schuberth's Brief weisst, ist Liszt mit in diese Geldangelegenheit verwickelt worden, woraus mir Unliebsames erwachsen kann. Er ist ein dünnhäutiger Ungar und könnte denken, dass ich ihm nicht traue, weil ich verfügt habe, dass die Manuscripte nur gegen baares Geld abgegeben werden sollen. Ich weiss nicht, ich habe eine Vorahnung von irgend einem unangenehmen Tanz. Sage nichts davon dem kränklichen Leo; gehe zu ihm wenn Du es für nöthig hältst, sage ihm meine Grüsse und meinen Dank (den er freilich nicht verdient) und bitte ihn um Verzeihung, dass Du ihn so belästigst. Am Ende ist es doch gütig von ihm, die Beförderung meiner Sachen zu übernehmen. Grüsse auch Pleyel und entschuldige mich bei ihm, dass ich ihm nicht schreibe (sage nichts davon, dass er mir ein sehr schlechtes Clavier geschickt hat).

Ich bitte Dich, den Brief an meine Eltern in den Briefkasten bei der Börse zu werfen, aber thue es selbst und vor 4 Uhr. Verzeihe, dass ich Dir die Mühe mache, Du weisst aber wie wichtig dieser Brief für die Meinigen ist.

Escudier[1]) hat Dir sehr wahrscheinlich jenes famose Album

---

[1]) Léon Escudier, wie ich vermuthe. Die Brüder Marie und Léon Escudier errichteten Ende der 40er Jahre eine Musikalienhandlung; als sie sich aber bald darauf verheiratheten und ihr Vermögen theilten, erhielt Marie die Zeitung *La France musicale* und Léon das Musikaliengeschäft. Sie haben gemeinsam mehrere Bücher über Musik und Musiker verfasst und veröffentlicht.

geschickt. Wenn Du willst, fordere von Troupenas ein Exemplar, als wäre es für mich; aber wenn Dir nichts daran liegt, sage nichts. Nun noch eine Plage.

Schreibe in einer Mussestunde noch einmal die unselige Tarantella ab, welche an Wessel geschickt werden muss, sobald der Tag [der Veröffentlichung] bekannt ist. Wenn ich Dich mit dieser Tarantella so sehr quäle, so kannst Du wenigstens sicher sein, dass dies das letzte Mal ist. Von hier aus wirst Du sicher kein Manuscript mehr von mir erhalten. Sollten innerhalb einer Woche Nachrichten von Schubert eintreffen, so bitte ich Dich mir zu schreiben. In diesem Falle würdest Du das Manuscript an Troupenas geben. Uebrigens werde ich ihm davon schreiben.

7)   Nohant [1841], Freitag Abend.

Mein lieber Julius, ich schicke Dir einen Brief für Bonnet: lies, siegele und befördere ihn. Solltest Du die Strassen passiren, wo Du weisst, dass ich wohnen könnte, und etwas für mich Geeignetes finden, so sei so gut, mir zu schreiben. Die Bedingungen wegen der Treppen sind jetzt nicht mehr gültig.[1]

Ich schicke Dir auch einen Brief für Dessauer[2] als Antwort auf seinen Brief, den mir Frau Deller aus Oesterreich geschickt hat. Er muss schon nach Paris zurückgekehrt sein; erkundige Dich deswegen bei Schlesinger, der Dir am Besten darüber Auskunft geben kann.

Erzähle Dessauer nichts Näheres von mir; sage ihm nicht dass Du nach Wohnungen suchst, weder ihm noch Anton, denn dieser würde es an Fräulein de Rozières berichten, die aber ist eine Schwätzerin und nimmt aus dem Unbedeutendsten Stoff zur Klatscherei. Einige ihrer Klatschereien sind mir bereits auf sonderbaren Wegen zu Ohren gekommen. Du weisst, wie grosse Dinge manchmal aus Nichts entstehen, wenn etwas durch einen Mund mit einer losen Zunge hindurchgeht. Darüber wäre noch viel zu sagen.

Was die unglückliche Tarantella anlangt, so magst Du sie Troupenas (d. h. Masset) geben; bist Du aber anderer Meinung, so schicke sie per Post an Wessel, nur bestehe darauf, dass er sofort den Empfang meldet. Das Wetter ist hier während der letzten paar Tage herrlich gewesen, meine Musik aber ist — scheusslich. Frau Viardot war vierzehn Tage lang hier; wir beschäftigten uns weniger mit Musik als mit anderen Dingen.

----

[1] Chopin fühlte sich so sehr gekräftigt, dass er sich nicht mehr vor Treppensteigen zu fürchten brauchte.

[2] Joseph Dessauer, ein geborener Prager, bekannt namentlich als Liedercomponist. Er hielt sich 1833 in Paris auf und liess sich später in Wien nieder. George Sand zählte ihn zu ihren Freunden.

Bitte, schreibe mir was Du willst, aber schreibe.

Möge Hänschen sich wohl befinden!

Vergiss nicht, auf Troupenas' Exemplar zu schreiben: Hamburg, Schubert; Wessel, London.

In einigen Tagen werde ich Dir einen Brief für Mechetti in Wien schicken, dem ich einige Compositionen versprochen habe. Wenn Du Dessauer oder Schlesinger siehst, so frage, ob es durchaus nothwendig ist, die Briefe nach Wien zu frankiren. — Ich umarme Dich, adieu.

Chopin.

8)   Nohant, Sonntag [1841].

Was Du gemacht hast, hast Du gut gemacht. Seltsame Welt! Masset ist ein Gauner, und Pelletan ebenfalls. Masset wusste von Pacini's Walzer, und dass ich ihn der *Gazette* für das Album versprochen hatte. Ich wünschte nicht, ihm irgend welche Avancen zu machen. Will er sie nicht für 600 Franken mit London (der Preis meiner gewöhnlichen Manuscripte war für ihn 300 Franken) — drei Mal fünf macht fünfzehn — so müsste ich so viel Arbeit für 1500 Franken weggeben — das darf nicht sein. Um so weniger als ich ihm bei meiner ersten Unterredung mit ihm gesagt habe, es könne sich ereignen, dass ich nicht in der Lage wäre, ihm meine Sachen für diesen Preis zu überlassen. Er kann z. B. nicht erwarten, dass ich ihm zwölf *Etudes* oder eine neue *Méthode de Piano* für 300 Franken gebe. Das *Allegro maestoso* [*Allegro de Concert* Op. 46], welches ich Dir heute schicke, kann ich nicht für 300, sondern nur für 600 Franken geben, für die *Fantasia* [Op. 49] fordere ich 500 Franken. Gleichwohl will ich ihm die Ballade [die dritte Op. 47], die Nocturnen [*Deux Nocturnes* Op. 48] und Polonaise [Fis-moll Op. 44] für 300 Franken lassen, denn er hat schon früher solche Sachen gedruckt. Mit einem Wort, für Paris gebe ich ihm diese fünf Compositionen für 2000 Franken. Macht er sich nichts daraus, dann um so besser. Ich sage dies *entre nous*, denn Schlesinger wird sie sehr gern erwerben. Nur wünschte ich nicht, dass er mich für Einen nimmt, der in einer Verabredung sein Wort nicht hält. „Il n'y avait qu'une convention facile d'honnête homme à honnête homme", desshalb sollte er sich über meine Bedingungen nicht beklagen, da sie sehr annehmbar sind. Ich verlange weiter nichts, als mit Anstand aus diesem Handel herauszukommen. Du weisst, dass ich mich nicht verkaufe. Sage ihm aber auch, dass wenn ich gewinnsüchtig wäre oder ihn betrügen wollte, ich fünfzehn Stücke im Jahr schreiben könnte, aber werthlose, die er für 300 Franken kaufen würde, und mir mein Einkommen verbesserten. Wäre das ehrlich?

Lieber Freund, sage ihm, dass ich selten componire und wenig ausgebe. Er muss nicht denken, dass ich darauf ausgehe, meinen

Preis in die Höhe zu schrauben. Aber wenn Du selbst meine Manuscript-Fliegen[1]) siehst, so wirst Du mir zugeben, dass ich 600 Franken fordern kann, nachdem ich 300 Franken für die Tarantella und 500 für den Bolero erhalten habe.

Um Gottes willen, nimm Dich mit den Manuscripten in acht; zerknittere, beschmutze oder zerreisse sie nicht. Ich weiss, dass Du zu etwas Derartigem nicht fähig bist, aber ich liebe meine geschriebene Langeweile [*nudy*, Langeweile; *nuty*, Noten] so sehr, dass ich immer fürchte, es könnte ihnen etwas passiren.

Morgen wirst Du das Nocturne erhalten und Ende der Woche die Ballade und Fantasia; ich kann nicht früher mit dem Aufschreiben zustande kommen. Jedes dieser Stücke wirst Du abschreiben; Deine Abschriften werden in Paris bleiben. Wenn das Abschreiben Dich ermüdet, so tröste Dich mit dem Gedanken, dass Du Deine Sünden dabei los wirst. Ich möchte meine kleinen Spinnenfüsse nicht einem Copisten geben, welcher sie roh hinschmierte. Nochmals verlange ich diese Gunst von Dir, denn, müsste ich diese achtzehn Seiten noch ein Mal schreiben, so würde ich verrückt werden.

Ich schicke Dir einen Brief von Härtel.

Suche statt des Dieners, den Du jetzt hast, einen andern zu finden. Ich werde wahrscheinlich in den ersten Tagen des November in Paris sein. Morgen schreibe ich Dir wieder.

Montag früh.

Beim aufmerksamen Durchlesen Deines Briefes sehe ich, dass Masset nicht nach Paris fragt. Lasse diesen Punkt wenn möglich unberührt. Nenne nur 3000 Franken *pour les deux pays* und 2000 Franken für Paris selbst, wenn er es besonders verlangt, weil *la condition des deux pays* noch annehmbarer ist und mir ebenfalls besser passt. Sollte er es nicht verlangen, so wäre es, um einen Anlass zu haben, mit mir zu brechen. In diesem Falle erwarte seine Antwort aus London. Schreibe ihm offen und frei, aber immer höflich, und handle vorsichtig und kaltblütig, nur nicht mit mir, denn Du weisst, wie sehr Dich liebt Dein . . .

9)   Nohant [1841]. .

Lieber Freund, Du hast gewiss meine Briefe und Compositionen erhalten. Du hast die deutschen Briefe gelesen, gesiegelt und alles gethan, warum ich Dich gebeten habe, nicht wahr? Was Wessel anlangt, so ist er ein Narr und ein Gauner. Schreibe ihm was Du willst, aber sage ihm, dass ich nicht willens ˙bin, meine Rechte an die Tarantella aufzugeben, da er sie nicht zur

---

[1]) Eine Anspielung auf seine kleine zierliche Handschrift.

rechten Zeit zurückgeschickt hat. Wenn er an meinen Compositionen Verlust gehabt hat, so liegt die Schuld höchstwahrscheinlich an den albernen Titeln, die er ihnen, trotz meiner Anweisungen, gegeben hat.[1]) Wollte ich meiner inneren Stimme folgen, so würde ich ihm nach diesen Titeln nichts mehr schicken. Sage ihm soviel Bitteres wie Du kannst.

Frau Sand dankt Dir für die freundlichen Worte, welche das Packet begleiteten. Verfüge, dass meine Briefe an Pelletan abgegeben werden, Rue Pigal [d. h. Pigalle] No. 16, und präge es dem Portier recht fest ein. Frau Sand's Sohn wird ungefähr am 16. in Paris sein. Ich sende Dir durch ihn das Manuscript des Concerts [*Allegro de Concert*] und der Nocturnen [Opus 46 und 48].

Diese Briefe des grossen Tondichters an einen Freund und Collegen werden den Leser überraschen, vielleicht auch enttäuschen. Nach ihrem Inhalt möchte man auf einen Kaufmann schliessen, der mit einem seiner Makler verhandelt. Uebrigens ist dieser Zug, wie sich in der Folge zeigen wird, den vorstehenden Briefen nicht allein eigen. Das Geschäftliche spielt in Chopin's ganzer Pariser Correspondenz eine bedeutende Rolle;[2]) der Idealismus, der ihn als Künstler erfüllte, schimmert, wenn überhaupt, doch nur sehr spärlich hindurch.

---

[1]) Hier einige Proben der Phantasieblüthen des erfinderischen Verlegers: *Adieu a Varsovie* (Rondeau Op. 1), *Hommage à Mozart* (Variations Op. 2), *La Gaîté* (Introduction et Polonaise Op. 3), *La Posiana* (Rondeau à la Mazur Op. 5), *Murmures de la Seine* (Nocturnes Op. 9), *Les Zéphirs* (Nocturnes Op. 15), *Invitation à la Valse* (Valse Op. 18), *Souvenir d'Andalousie* (Boléro Op. 19), *Le banquet infernal* (Premier Scherzo Op. 20), *Ballade ohne Worte* (Ballade Op. 23), *Les Plaintives* (Nocturnes Op. 27), *La Méditation* (Deuxième Scherzo Op. 31), *Il lamento e la consolazione* (Nocturnes Op. 32), *Les Soupirs* (Nocturnes Op. 37), *Les Favorites* (Polonaises Op. 40). Die Mazurkas erhielten meist den Titel *Souvenir de la Pologne.*

[2]) Ich meine damit Chopin's sämmtliche Briefe von seiner Niederlassung in Paris an, mögen sie nun dort oder anderswo geschrieben sein.

Fünfundzwanzigstes Capitel.

1841—1842.

Zwei Concerte, das eine 1841, das andere 1842. — Chopin's Spielweise: technische Eigenschaften; günstige physische Bedingungen; Ton-Volumen; Pedalgebrauch; geistige Eigenschaften; *tempo rubato;* Instrumente. — Seine musikalischen Sympathien und Antipathien. — Meinungen über Musik und Musiker.

as Concert, welches Chopin 1841 nach mehreren Jahren der Zurückgezogenheit veranstaltete, fand am Montag 26. April im Pleyel'schen Saal statt. Es war, wie alle seine späteren Concerte, mehr halböffentlich als öffentlich, denn die Zuhörerschaft bestand aus einem gewählten Kreise von Schülern, Freunden und Anhängern, welche, nach Chopin's Mittheilungen an Lenz, im Voraus die Billete nahmen und sie unter sich vertheilten. Da die Schüler meist der Aristokratie angehörten, so war das Concert selbstverständlich von der Art, welche Liszt nachdrücklich als „un concert de fashion" bezeichnet. Die drei wichtigsten Musikzeitungen von Paris, die *Gazette musicale*, die *France musicale* und der *Ménestrel*, stimmten in ihrem begeisterten Lobe des Concertgebers „der König des Festes, den man mit Beifall überschüttete" überein. Chopin's Clavierleistungen bildeten weitaus den grösseren Theil des Programmes, welches ausserdem nur zwei Arien aus Adam's *La Rose de Péronne* enthielt, vorgetragen von Frau Damoreau-Cinti, die wie immer „ravissante de perfection" war, sowie Ernst's *Elégie*, vom Componisten selbst vor-

getragen „in grossem Stil, mit leidenschaftlicher Empfindung und einer, der grössten Meister würdigen Reinheit". Escudier, der Verfasser des Artikels in der *France musicale*, sagt von Ernst's Spiel: „Will man die Violine weinen hören, so höre man Ernst; er weiss ihr so herzbrechende, leidenschaftliche Klänge zu entlocken, dass man in jedem Augenblick fürchtet, das Instrument könne unter seinen Händen in Stücke zerbrechen. Es scheint unmöglich, den Ausdruck der Traurigkeit, des Leidens und der Verzweiflung noch höher zu steigern."

Um dem Leser vom Charakter dieses Concertes einen Begriff zu geben, will ich Ausführliches aus Liszt's Artikel mittheilen, der nicht nur die Verdienste der mitwirkenden Künstler ins rechte Licht setzt, sondern auch die Physiognomie des Saales anschaulich beschreibt. Vorher aber möge eine artige Anekdote Platz finden, an welche dieser Artikel mich erinnert. Als Liszt sich während der Pause unter die Zuhörer begab, um diesen und jenen zu begrüssen, begegnete er auch Ernest Legouvé. Dieser sprach ihm die Absicht aus, für die *Gazette musicale* über das Concert zu berichten, und als ihm Liszt darauf seinen Wunsch äusserte, dies selbst zu thun, trat Legouvé, wenn auch ungern, zurück. Als nun Chopin davon hörte, dass Liszt über sein Concert berichten werde, sagte er: „Il me donnera un petit royaume · dans son empire."[1]) Diese wenigen Worte sagen ebensoviel wie ganze Bände. — Doch nun zu dem in der *Gazette musicale* vom 2. Mai 1841 erschienen Artikel Liszt's, wo wir Folgendes lesen:

Am letzten Montag sah man die Pleyel'schen Concerträume ungewöhnlich glänzend beleuchtet, und unaufhörlich rollten Equipagen heran, um am Fusse der mit Teppichen und Blumen ge-

---

[1]) Nachdem Obiges geschrieben war, veröffentlichte Legouvé seine *Soixante ans de Souvenirs* mit seiner Version des Vorfalls, welche hoffentlich weniger incorrect ist, als verschiedene andere seiner Mittheilungen über Chopin: „Er [Chopin] hatte mich aufgefordert, über das Concert zu berichten. Liszt verlangte diese Ehre für sich. Ich beeilte mich, diese gute Nachricht Chopin mitzutheilen, welcher gelassen zu mir sagte: ‚Ich hätte lieber gehabt wenn Sie es gewesen wären.' ‚Was denken Sie, mein lieber Freund! Ein Artikel Liszt's ist gewiss ein glückliches Ereigniss, für das Publikum wie für Sie. Auf seine Bewunderung für Ihre Kunst dürfen Sie bauen. Ich garantire Ihnen *qu'il vous fera un beau royaume.'* — ‚Oui, me dit-il en souriant, dans son empire!'* "

7 *

schmückten Treppe die schönsten Frauen abzusetzen, die elegan-
testen jungen Herren, die berühmtesten Künstler, die reichsten
Finanzmänner, die Vornehmsten des Adels, kurz eine Elite, eine
Aristokratie der Geburt, des Vermögens, des Talentes und der
Schönheit.

Ein grosser Concertflügel stand geöffnet auf der Estrade. Man
drängte sich um ihn herum; Jeder wollte ihm möglichst nahe sein;
man spitzte schon im Voraus die Ohren und strengte seine ganze
Aufmerksamkeit an, um auch nicht einen Akkord, nicht eine Note,
nicht eine Andeutung, nicht einen Gedanken desjenigen zu verlieren,
welcher in wenigen Minuten die Estrade betreten und am Flügel
Platz nehmen sollte.   Und man hatte guten Grund zu dieser Hör-
begier, Spannung und Andacht, denn der, den man erwartete, den
man zu hören, zu bewundern, zu applaudiren gekommen war, war
nicht nur ein geschickter Virtuose, ein in der Kunst der Noten er-
fahrener Pianist; es war nicht nur ein Künstler von grossem
Rufe, sondern alles dieses und noch mehr als alles dieses, es war
Chopin . . .

. . . Wenn sein Name einen weniger hellen Klang hat, wenn
eine weniger glänzende Strahlenkrone sein Haupt ziert, als es beim
Autor des „Conrad Wallenrod" und der „Pilger"[1] der Fall, so ist
es nicht, weil er nicht die gleiche Tiefe der Empfindung besässe,
wie jener, sondern nur, weil die ihm zum Ausdruck derselben zu
Gebote stehenden Mittel zu spärlich, seine Werkzeuge zu unvoll-
kommen waren.   Mit Hülfe eines Claviers sich ganz und gar zu
offenbaren, war ihm unmöglich; daher, wenn wir uns nicht irren,
jene ihm eigene dumpfe, fortwährend genährte Trauer, jene Scheu,
sich der Aussenwelt mitzutheilen, jene Melancholie, die sich hinter
einer scheinbaren Heiterkeit verbirgt, kurz jene merkwürdige und
in hohem Grade anziehende Individualität.

. . . Nur selten und in grossen Zwischenräumen hat sich
Chopin öffentlich hören lassen.   Was aber für jeden Andern der
sichere Weg zum Vergessenwerden und zu einem obscuren Dasein
gewesen wäre, verschaffte ihm im Gegentheil ein über allen Capricen der Mode erhabenes Ansehen, und wurde ihm eine Schutz-
wehr gegen Nebenbuhlerschaft, Eifersucht und Ungerechtigkeit. Indem sich Chopin von dem rastlosen Treiben fern hielt, welches
seit einigen Jahren die Virtuosen des ganzen Erdkreises durcheinander und gegeneinander drängt, ist er doch beständig von treuen
Anhängern umgeben geblieben, von begeisterten Schülern und
warmen Freunden, die, während sie ihn vor aufreibenden Kämpfen
und peinlichen Berührungen zu behüten wussten, zugleich unermüdlich bestrebt waren, seine Werke, und mit ihnen die Bewunderung
für sein Genie und die Achtung vor seinem Namen zu verbreiten.

---

[1] Adam Mickiewicz.

So konnte diese auserwählte, gleichsam in höheren Regionen heimische, vorzugsweise aristokratische Celebrität vor jedem Angriffe gesichert bleiben. Schon sind ihr gegenüber die kritischen Stimmen völlig verstummt, wie wenn die Nachwelt bereits das Wort ergriffen hätte, und in der glänzenden Zuhörerschaft, die sich um den nur zu lange verstummt gewesenen Tondichter versammelt hatte, gab es weder Widerspruch noch Zurückhaltung, sondern nur einstimmiges Lob in Aller Munde.

. . . Er hat es verstanden, den neuen Gedanken auch eine neue Form zu geben. Die seinem Vaterlande eigene Wildheit und Zerrissenheit finden in gewagten Dissonanzen und fremdartigen Harmonien ihren Ausdruck, während die Zartheit und Anmuth seiner Persönlichkeit sich in tausend Einzelzügen, in tausend Verzierungen von höchster Originalität offenbaren.

Zu seinem Concert des letzten Montags hatte Chopin diejenigen seiner Compositionen zum Vortrag gewählt, die sich am weitesten von den classischen Formen entfernen. Er spielte weder Concerte noch Sonaten noch Phantasien noch Variationen, sondern Präludien, Etüden, Nocturnen und Mazurkas. Indem er sich mehr in einem Privatkreise, als einem Publikum gegenüber fühlte, konnte er sich ungestraft geben, wie er ist, nämlich als elegischer Dichter, tief, keusch und träumerisch. Er hatte es nicht nöthig, zu verblüffen oder zu packen; ihm lag mehr an inniger Sympathie als an geräuschvollem Enthusiasmus; und, um es gleich zu sagen, die Sympathie fehlte ihm nicht: mit den ersten Akkorden war zwischen ihm und seinen Zuhörern die engste Verbindung hergestellt. Zwei Etüden und eine Ballade musste er wiederholen, und wäre man nicht besorgt gewesen, die auf dem bleichen Antlitz des Künstlers sichtliche Erschöpfung noch zu vermehren, so würde man Nummer für Nummer des Programmes *da capo* verlangt haben.

Ein Bericht über das Concert in der *France musicale* vom 2. Mai 1841 entwirft ein allgemeines Bild der künstlerischen Stellung Chopin's zum Publikum, welches mit dem von Liszt gezeichneten übereinstimmt; in seinem weiteren Verlaufe aber enthält er Dinge, die der Wiedergabe nicht unwerth sind:

Wir sprachen von Schubert, weil es keine andere Künstlerpersönlichkeit giebt, welche ihm [Chopin] so vollständig analog wäre. Was der Eine für die menschliche Stimme, hat der Andere für das Clavier geleistet . . . Chopin ist ein Componist aus Ueberzeugung. Er componirt für sich selbst und spielt seine Compositionen für sich selbst . . . Chopin ist der Gefühlspianist *par excellence*. Man kann Chopin den Schöpfer einer Schule des Clavierspiels und einer Schule der Composition nennen. Unübertrefflich ist die Leichtigkeit und Lieblichkeit seines Präludiums, nichts

ist an Originalität, Vornehmheit und Anmuth seinen Werken zur
Seite zu stellen.   Chopin ist ein Ausnahme-Pianist, der mit Niemanden verglichen werden darf noch verglichen werden kann.

Der Schluss des *Ménestrel*-Berichtes lässt die Art der Empfindungen erkennen, welche Chopin bei seinen Zuhörern erregte:

Um Chopin richtig zu würdigen, muss man zarten Empfindungen
und poetischen Gefühlen zugänglich sein: Man hört Chopin wie
man eine Strophe von Lamartine liest . . . Jeder Zuhörer verliess
das Concert, das Herz von inniger Freude und tiefer Andacht
(recueillement) erfüllt.

Dies Concert, zweifellos ein vollständiger Erfolg, muss Chopin
nach jeder Richtung hin befriedigt haben, was schon daraus zu
entnehmen ist, dass er noch vor Ablauf eines Jahres wiederum
vor das Publikum trat.   In der *Gazette musicale* vom 18. Februar 1842 lesen wir, dass am folgenden Abend, einem Montag,
im Pleyel'schen Saale *la haute société et tous les artistes se
donneront rendez-vous.*   Das Programm des Concerts war:

1) Andante und dritte Ballade von Chopin.

2) Felice Donzella, Lied von Dessauer.

3) Nocturnen, Präludien und Etüden von Chopin.

4) Verschiedene Vocalsätze von Händel, gesungen von Frau
Viardot-Garcia.

5) Solo für Violoncell, vorgetragen von Franchomme.

6) Nocturnen, Präludien, Mazurkas und Impromptu.

7) *Le Chêne et le Roseau*, gesungen von Frau Viardot-Garcia,
begleitet von Chopin.

Maurice Bourges, der eine Woche später über das Concert
berichtete, giebt genauer an, was Chopin gespielt hat.   Er nennt
die drei Mazurken in As-dur, B-dur und A-moll, die drei Etüden
in As-dur, F-moll und C-moll, die As-dur-Ballade, vier Nocturnen,
unter denen das in Fis-moll, ein Präludium in Des-dur und ein
Impromptu in G (Ges-dur?).   Im Uebrigen bedarf Bourges' Bericht einiger Einschränkungen.   Er findet Chopin's Verzierungen
stets originell, zuweilen aber manierirt.   Er sagt: „Trop de re-
cherche fine et minutieuse n'est pas quelquefois sans prétention
et sans froideur" — im Ganzen aber ist die Kritik entschieden
lobend.   „Liszt und Thalberg erregen, wie bekannt, grosse Begeisterung; auch Chopin ruft Begeisterung wach, aber eine

weniger energische, weniger geräuschvolle, und dies eben desshalb, weil er die innersten Fibern des Herzens erzittern macht."

Aus der *France musicale* ersehen wir, dass die Zuhörerschaft eine nicht weniger glänzende gewesen ist als im ersten Concert:

> . . . Chopin hat im Pleyel'schen Saal eine entzückende Soiree veranstaltet, eine *fête* mit hinreissendem Lächeln, zarten und rosigen Gesichtern, kleinen und schöngeformten weissen Händen; ein glänzendes Fest, wo sich Einfachheit mit Anmuth und Eleganz paarte, wo der gute Geschmack dem Reichthum als Piedestal diente. Jene hässlichen schwarzen Hüte, welche die Herren so schlecht als möglich kleiden, waren wenig zu sehen. Die vergoldeten Bänder, die zarte blaue Gaze, die Diademe von zitternden Perlen, die frischesten Rosen und Reseda, kurz ein Gemisch von tausend der niedlichsten und lebhaftesten Farben kreuzte sich nach allen Richtungen auf den duftenden Häuptern und schneeweissen Schultern der reizendsten Frauen, welche sich die fürstlichen Salons streitig machen. Den ersten Erfolg des Abend errang Frau George Sand. Sobald sie mit ihren zwei reizenden Töchtern [Tochter und Nichte?] erschien, wurde sie der Zielpunkt aller Blicke. Andere wären von allen diesen Augen, die sich wie ebensoviele Sterne auf sie richteten, belästigt gewesen, George Sand aber begnügte sich mit Kopfnicken und Lächeln . . .

Bei dieser lebendigen Schilderung glaubt man den Saal vor sich zu sehen, ja, selbst dort gewesen zu sein; auch hebt sie einen charakteristischen Zug dieser Concerte hervor, nämlich das Ueberwiegen des schönen Geschlechts in der Zuhörerschaft. Was Chopin's Spiel betrifft, so bemerkt der Verfasser, dass die Vortragsart, welche auf die Nachahmung von Orchester-Wirkungen ausgeht, weder der Natur noch den Gedanken Chopin's entspricht:

> Sollte man nicht meinen, man höre bei allen diesen Klängen, allen diesen Nüancen, die einander folgen, sich vermischen, sich absondern und sich wieder vereinigen, um an dem gleichen Ziel anzugelangen, die Stimmen kleiner Elfen zu silbernen Glöckchen seufzen, oder einen Perlenregen auf Krystallplatten fallen? die Finger des Pianisten scheinen sich ins Unendliche zu vervielfältigen; es scheint unmöglich, dass zwei Hände ausreichen, um Effecte im rapidesten Tempo so präcise und natürlich hervorzubringen . . .

Suchen wir nun ein klareres Bild von Chopin's Vortrag zu gewinnen, als die bisher citirten Kritiken und Beschreibungen

uns zu geben vermögen; dies nicht nur, um eine natürliche
Neugier zu befriedigen, sondern namentlich um dadurch zum
besseren Verständniss und zu richtigen Principien für den Vortrag der Werke des Meisters zu gelangen. In Anbetracht, dass
keine Musik die Individualität ihres Autors deutlicher wider-
spiegelt als die Chopin's, könnte man es für richtiger halten,
nicht den Compositionsstil durch den Vortragsstil zu illustriren,
sondern umgekehrt den Vortragsstil durch den Compositionsstil.
Zwei Gründe bestimmen mich, dennoch das erstere zu wählen.
Unsere musikalische Notation ist ein ungenügendes Mittel, um die
Gedanken der grossen Meister auszudrücken — sichtbare Zeichen
vermögen niemals die feinen Schattirungen der Sprache des
Gemüthes zu veranschaulichen; auch deckten sich die Eigenschaften des Componisten Chopin keineswegs mit denen des
Clavierspielers Chopin — wir können aus dem Charakter seiner
Polonaisen in A-dur (Opus 40) und in As-dur (Opus 53) sowie
aus gewissen Sätzen der B-moll-Sonate (Opus 35) unmöglich
auf die Art seines Vortrages derselben schliessen. Die folgenden
Bemerkungen darüber sind theilweise gedruckten Zeugnissen,
theilweise privaten Briefen und Unterhaltungen entnommen; es
ist keine darunter, welche nicht von Chopin's Schülern, Freunden
oder von solchen Personen herstammte, die ihn häufig gehört
haben.

Was Jeden, der das Glück gehabt, Chopin zu hören, zunächst frappirte, war die Thatsache, dass es sich um einen Pianisten *sui generis* handelte. Moscheles nennt ihn ein „Unicum";
Mendelssohn beschreibt ihn als „grundeigenthümlich"; Meyerbeer
sagte von ihm, er kenne keinen Pianisten noch Claviercomponisten, der ihm gliche — und so könnte ich weiter bis ins Unendliche citiren. Ein Mitarbeiter der *Gazette musicale* (wie ich
meine, vom Jahre 1835), der, obwohl er im Beginn seines Artikels
die Namen Liszt, Hiller, Chopin und — Bertini neben einander
nennt, doch in der Charakterisirung dieser Pianisten Einsicht
und Verständniss bewährt, bemerkt über Chopin: „Gedanke,
Stil, Auffassung, selbst der Fingersatz, kurz Alles ist individuell,
aber von einer sich mittheilenden, expansiven Eigenart, einer
Eigenart, deren magnetische Kraft nur auf oberflächliche Naturen
ohne Wirkung bleibt." Chopin's Stellung unter den grossen
Pianisten des zweiten Viertels unseres Jahrhunderts hat ein un-

genannter Zeitgenosse treffend mit den Worten charakterisirt: Thalberg ist ein König, Liszt ein Prophet, Chopin ein Dichter, Herz ein Advokat, Kalkbrenner ein Troubadour, Madame Pleyel eine Sibylle und Doehler ein Pianist.

Um aber unsere Forschungen nutzbar zu machen, müssen wir den Weg der Analyse betreten. Beginnen wir mit den technischen Grundbedingungen. Hierbei haben wir zunächst die Geschmeidigkeit und Gleichheit der Finger Chopin's und die vollkommene Unabhängigkeit seiner Hände hervorzuheben. „In allen Anschlagsarten" schreibt Mikuli „war die Gleichheit seiner Tonleitern und Passagen eine unübertroffene, ja fabelhafte." Gutmann sagte mir, dass seines Meisters Spiel besonders gleichmässig, und sein Fingersatz darauf berechnet gewesen sei. Chopin's Freundin, Frau Peruzzi, sagt: „Seine Specialität war äusserste Zartheit und sein *pianissimo* ausserordentlich. Auch die kleinste Note erklang glockenklar. Seine Finger schienen nur aus Fleisch und Muskeln zu bestehen, und ihre Elasticität ermöglichte ihm ganz ausserordentliche Effecte". Eine vornehme Dame, welche bei Chopin's letztem Concert in Paris (1848) zugegen war, wo er u. A. seinen Des-dur-Walzer (Opus 64 Nr. 1) spielte, wünschte das Geheimniss Chopin's zu wissen „pour que les gammes fussent si coulées sur le piano." Frau Dubois, die mir dies erzählte, fügte hinzu, dass jener Ausdruck glücklich gewählt sei, denn eine solche „limpidité délicate" sei niemals erreicht worden. In der That war die Leichtigkeit, Zartheit, Sauberkeit, Eleganz und Anmuth von Chopin's Spiel der Art, dass man ihn mit Recht den Ariel des Claviers hat nennen können. Der Leser wird sich erinnern, wie es gerade die genannten Eigenschaften waren, welche Chopin bei andern Künstlern, besonders bei Henriette Sontag und bei Kalkbrenner, bewunderte.

Ein so hoher Grad und eine so eigene Art des Könnens war selbstverständlich nur unter ausnahmsweise günstigen Bedingungen, physischen wie geistigen, zu erreichen. Die erste und wichtigste dieser Bedingungen war eine dem Zweck entsprechend geformte Hand. Nun, Niemand wird Chopin's Hand, von welcher ein Gypsabguss existirt, ansehen können, ohne sofort ihre Fähigkeit zu erkennen. Allerdings war sie klein, aber zugleich dünne, leicht, zart gegliedert und, ich möchte sagen, in hohem Grade ausdrucksvoll. Chopin's ganzer Körper war

ungewöhnlich gelenkig. Nach Gutmann konnte er wie ein Clown
die Beine über die Schultern legen; darnach können wir uns
vorstellen, wie gross die Gelenkigkeit seiner Hände gewesen
sein muss, diejenigen Glieder seines Körpers, die er sein Leben
lang besonders trainirt hat. So scheinen die überraschend weit
auseinander gelegten Akkorde, Arpeggios etc., welche beständig
in seinen Compositionen vorkommen, die man sich vor ihm
kaum träumen liess und die noch jetzt ungewöhnlich sind, ihm
keinerlei Schwierigkeiten bereitet zu haben, denn er führte sie
nicht nur ohne sichtliche Anstrengung aus, sondern sogar mit
gefälliger Leichtigkeit und Freiheit. Stephen Heller sagte mir,
es sei ein wunderbarer Anblick gewesen, wie diese kleinen Hände
ein Drittel der Tastatur umspannt und bedeckt hätten; es sei
ihm vorgekommen, wie wenn eine Schlange den Rachen öffne,
um ein ganzes Kaninchen zu verschlingen. Thatsächlich schien
Chopin etwas vom Kautschuk-Mann zu haben.

    In den Kritiken über Chopin's öffentlichem Auftreten sind
wir wieder und wieder der Behauptung begegnet, dass er wenig
Ton aus dem Clavier herausgebracht habe. Obwohl es zweifellos richtig ist, dass Chopin weder im Stande war, grössere Zu-
hörermassen mit sich fortzureissen, noch mit dem Orchester zu
concurriren, so würde man dies mit Unrecht darauf zurückführen,
dass er stets schwächlich und matt gespielt habe. Stephen
Heller nannte Chopin's Ton reich und erinnerte sich, wie er mit
Moscheles ein Duo gespielt habe (das des Letzteren, welches
Chopin besonders liebte) und bei dieser Gelegenheit, wo er darauf
bestanden, den Bass zu spielen, den Diskant seines Partners, des
durch Kraft und Glanz des Spiels wohlbekannten Virtuosen,
übertönt habe. Wollten wir indessen unser Urtheil auf diesen
vereinzelten Fall stützen, so würden wir wiederum zu einem
falschen Schlusse gelangen. In musikalischen Angelegenheiten,
d. h. solchen, die meist allein nach individuellem Geschmack
und momentaner Aufnahmefähigkeit geschätzt werden, kann nur
eine grössere Anzahl von Zeugen Sicherheit des Urtheils gewähren. Hören wir desshalb zunächst, was Chopin's Schüler über
diesen Punkt zu sagen haben. Gutmann behauptete, dass Chopin
im Allgemeinen sehr ruhig gespielt habe, und selten, ja, kaum
jemals, *fortissimo*. Die As-dur-Polonaise (Opus 53) z. B. konnte
er nicht in der Weise herausdonnern, wie wir sie zu hören ge-

wohnt sind. Was die bekannte Octaven-Passage derselben betrifft, so begann er sie *pianissimo* und führte sie ohne bedeutende dynamische Steigerung zu Ende. Ferner brachte Chopin niemals sogenannte Knalleffecte an. Sein Schüler Mathias bemerkt, er habe ausserordentliche Kraft besessen, die sich jedoch nur in Kraftblitzen manifestirt habe. Mikuli's Vorrede zu seiner Ausgabe der Werke Chopin's giebt darüber ausführlichere Nachricht. Dort heisst es:

> Der Ton, den er aus dem Instrumente zu ziehen wusste, war immer, namentlich in den Cantabile's, riesengross; höchstens Field konnte hierin mit ihm verglichen werden. Eine männliche, edle Energie verlieh geeigneten Stellen überwältigende Wirkung — E n e r g i e o h n e R o h h e i t — wie er andererseits durch Zartheit seines seelenvollen Vortrages — Z a r t h e i t o h n e Z i e r e r e i — den Zuhörer hinzureissen wusste.

Wir können diese verschiedenen Aussagen mit den Worten Lenz' zusammenfassen, dass Chopin beim Mangel an physischer Kraft seinen Schwerpunkt in den Cantabile-Stil, in die Beziehungen und Verbindungen, in das Detail verlegte. Zweierlei tritt uns dabei als unbestreitbar entgegen: Erstens, dass das reine Ton-Volumen, über welches Chopin gebot, keineswegs unbeträchtlich war; sodann, dass er sich die Kunst angeeignet hatte, durch ökonomische Verwerthung seiner Mittel jenen Mangel auszugleichen. Letzteres ist durch einige schon citirte Aeusserungen Moscheles' bestätigt, wo er sagt, Chopin's *piano* sei so hingehaucht, dass er gar keines besonders kräftigen *forte* bedürfe, um die gewünschten Contraste hervorzubringen; dass man ferner die orchestralen Effecte, welche die deutsche Schule von einem Pianisten verlangt, nicht vermisse, sondern sich hinreissen lasse, wie von einem Sänger, der, wenig bekümmert um die Begleitung, ganz seinem Gefühl folgt.

Bei diesen Berichten über Chopin's Vortragsstil dürfen wir die Zeitperiode, auf welche sie sich beziehen, nicht ausser Acht lassen. Was von dem Chopin des Jahres 1848 gilt, kann nicht auf den der Jahre 1831 oder 1841 angewendet werden. In den letzten Jahren seines Lebens wurde er so schwach, dass sein Spiel, wie mir Stephen Heller sagte, manchmal kaum mehr hörbar war. Dann nahm er zu Kunstgriffen aller Art seine Zuflucht, um den Zuhörer über den Mangel an Kraft hinwegzu-

täuschen, wobei er häufig den ursprünglichen Gedanken seiner
Compositionen modificirte, gleichwohl aber stets eine bedeutende
Wirkung erzielte.   So spielte Chopin, um nur ein Beispiel anzuführen (welches ich nebst andern interessanten Nachrichten einer
Mittheilung Charles Hallé's verdanke), in seinem letzten Pariser
Concert (Februar 1848) die beiden *forte*-Passagen gegen das
Ende der Barcarole nicht wie sie gedruckt sind, sondern *pianissimo* und mit allen Arten dynamischer Feinheiten.   Im Besitz
der verborgensten Geheimnisse des Anschlages und, wie kein
anderer Pianist, den Ton in allen seinen Abstufungen beherr-
schend, machte er selbst damals, krank wie er war, dem Hörer
nicht den Eindruck der Schwäche.   Dies bestätigt auch Otto
Goldschmidt, der ebenfalls diesem Concerte beigewohnt hat.   Was
Chopin vornehmlich anstrebte, oder richtiger gesagt, was sein
physischer Zustand ihm gestattete anzustreben, war ohne Zweifel
nicht die Quantität sondern die Qualität des Tones.   Im *Ménestrel*
vom 21. October 1849 finden wir die Bemerkung, dass für
Chopin, der in dieser Hinsicht allen andern Pianisten unähnlich
war, das Clavier stets zu viel Ton gehabt habe, und dass sein
beständiges Bestreben gewesen sei, die Klangfarbe zu „sentimen-
talisiren", seine grösste Sorge aber, alles zu vermeiden, was irgend wie an den *fracas pianistique* der Zeit erinnerte.

Selbstverständlich hat der Anschlag des wahren Künstlers
neben der mechanischen auch eine geistige Seite; in diesem
Sinne ist es unmöglich das persönliche Element ausser Acht zu
lassen, welches Chopin's Anschlag durchdrang und charakteri-
sirte.   Hierüber schreibt Marmontel in seinen *Pianistes célèbres:*

> In der wunderbaren Kunst den Ton zu tragen und zu modu-
> liren, ihn in ausdrucksvoller, schwermüthiger Weise zu schattiren,
> war Chopin ganz und gar er selbst.   Er hatte eine durchaus in-
> dividuelle Art, die Tasten anzugreifen, einen geschmeidigen, markigen
> Anschlag und verstand sich auf Klangwirkungen von zerfliessendem
> Dufte, deren Geheimniss er allein kannte.

In Beziehung auf Chopin's Tonerzeugung darf seine glückliche Verwerthung des Pedals und der Dämpfung nicht unerwähnt bleiben.   Erst mit den Zeiten Liszt's, Thalberg's und
Chopin's fing das Pedal an, beim Clavierspiel ein wichtiger
Factor zu sein.   Hummel hatte seine Bedeutung noch nicht
erkannt und die Vortheile, welche es dem Spieler gewährt, un-

benutzt gelassen. Die wenigen Pedalbezeichnungen in Beethoven's Werken beweisen, dass dieser Gewaltige bereits geahnt hat, welche Kräfte im Pedal gleichsam schlummerten. In der Virtuosen-Periode war Moscheles der erste, der einen ausgedehnteren und künstlerischen Gebrauch vom Pedal machte, wiewohl er es im Vergleich zu seinen oben genannten jüngeren Zeitgenossen nur sparsam verwendete. Selbstverständlich hat jeder hervorragende Pianist seine besondere Art des Pedalgebrauches. Was Chopin's besonderen Stil betrifft, so ist uns darüber leider nichts Näheres bekannt, und dies ist umsomehr zu bedauern, als er mit seinen Pedal-Bezeichnungen äusserst sorglos war. Rubinstein erklärt, dass die meisten Pedal-Bezeichnungen in Chopin's Compositionen an unrichtiger Stelle stehen. Soviel wissen wir wenigstens: „Kein Clavierspieler hat vor ihm [Chopin] die Pedale wechselsweise oder gleichzeitig mit solchem Geschmack und solcher Geschicklichkeit gebraucht" und „durch beständigen Gebrauch des Pedals erreichte er *des harmonies ravissantes, des bruissements mélodiques qui étonnaient et charmaient.*"[1]

Schwieriger als die technische Seite des Chopin'schen Vortrages ist die poetische zu erfassen; wenn sie überhaupt zu erfassen ist, so könnte dies nur einem Manne gelingen, der, wie Liszt, den Dichter mit dem grossen Clavierspieler vereint. Ich werde desshalb einige der wichtigsten Bemerkungen über dieses Thema aus seinem Buche mittheilen.

Nachdem er erwähnt hat, dass Chopin die flüchtigen Erscheinungen wie *La Fée aux Miettes, Le Lutin d'Argail etc.* derart idealisirt habe, dass sie in ihrer zarten zerbrechlichen Gestalt nicht mehr unserer Natur anzugehören, sondern uns die Geheimnisse der Undinen, der Titanias, der Ariels, der Königinnen Mab und der Oberone zu enthüllen schienen, fährt er fort:

Fühlte sich Chopin von derartigen Eingebungen erfasst, so nahm sein Spiel einen eigenthümlichen Charakter an, welchem Genre im Uebrigen auch das von ihm ausgeführte Musikstück angehören mochte, ob der Tanzmusik oder der träumerischen, den Mazurken oder Nocturnen, Präludien oder Scherzos, Walzern oder Tarantellen, Etüden oder Balladen. Allem gab er eine eigenartige

---

[1] Marmontel, *Les Pianistes célèbres.*

Farbe, ein nicht zu beschreibendes Gepräge, einen vibrirenden Puls-
schlag, der das Materielle nahezu abgestreift hatte und, ohne des
vermittelnden Organes der Sinne zu bedürfen, direkt auf das Innere
des Hörers zu wirken schien. Bald glaubt man das Getrippel einer
neckisch verliebten Peri zu vernehmen, bald hört man sammetartige,
in ihrem Farbenschillern an das Kleid des Salamanders erinnernde
Modulationen, bald wiederum Töne tiefer Entmuthigung, wie wenn
die armen Seelen umsonst auf barmherzige Gebete hoffen, deren
sie zu ihrer endlichen Erlösung bedürfen. Zu anderen Malen hauch-
ten seine Finger eine so düstere Trostlosigkeit aus, dass man meinte,
Byron's Jacopo Foscari wieder aufleben und die Verzweiflung dessen
vor sich zu sehen, der, aus Liebe zum Vaterlande sterbend, den
Tod der Verbannung vorzog, da er es nicht zu ertragen vermochte,
Venezia la bella zu verlassen.

Es ist interessant, diese Beschreibung mit der eines anderen
Dichters zu vergleichen, eines Dichters, welcher seine Gedanken
so gut in zierlichen Versen wie in familiärer Prosa zum Ausdruck
zu bringen wusste. Liszt sagt, Chopin habe in seiner Einbildungskraft und seinem Talent etwas gehabt, was „par la pureté
de sa diction, par ses accointances avec ‚La Fée aux Miettes‘
et ‚Le Lutin d'Argail‘, par ses rencontres de ‚Séraphine‘ et de
‚Diane‘, murmurant à son oreille leurs plus confidentielles plain-
tes, leurs rêves les plus innommés“[1] ihn an Nodier erinnere.
Welcher Art waren nun die Gedanken, welche Chopin's Spiel
bei Heine erweckte?

Ja, dem Chopin muss man Genie zusprechen in der vollen
Bedeutung des Wortes; er ist nicht nur Virtuose, er ist auch Poet;
er kann uns die Poesie, die in seiner Seele lebt, zur Anschauung
bringen; er ist der Tondichter, und Nichts gleicht dem Genuss,
den er uns verschafft, wenn er am Clavier sitzt und improvisirt.
Er ist alsdann weder Pole, noch Franzose, noch Deutscher, er verräth dann einen weit höheren Ursprung, man merkt alsdann, er
stammt aus dem Lande Mozart's, Raphael's, Goethe's, sein wahres
Vaterland ist das Traumreich der Poesie. Wenn er am Clavier
sitzt und improvisirt, ist es mir, als besuche mich ein Landsmann
aus der geliebten Heimath und erzähle mir die kuriosesten Dinge,
die während meiner Abwesenheit dort passirt sind . . . Manchmal
möcht' ich ihn mit Fragen unterbrechen: Und wie geht's der schönen
Nixe, die ihren silbernen Schleier so kokett um die grünen Locken

---

[1] Anspielung auf Erzählungen von Charles Nodier. Nach Sainte-Beuve
gehört *La Fée aux Miettes* zu denjenigen Arbeiten Nodier's, welche unter dem
Einflusse E. T. A. Hoffmann's entstanden sind.

zu binden wusste? Verfolgt sie noch immer der weissbärtige Meergott mit seiner närrisch abgestandenen Liebe? Sind bei uns die Rosen noch immer so flammenstolz? Singen die Bäume noch immer so schön im Mondschein?

Kehren wir aber wieder zu Liszt zurück, so lesen wir bei ihm kurz nach der oben citirten Stelle Folgendes:

In seinem Spiel gab der grosse Künstler in entzückender Weise jenes bewegte, schüchterne oder athemlose Erbeben wieder, welches das Herz überkommt, wenn man sich in der Nähe übernatürlicher Wesen glaubt, die man nicht zu errathen, nicht zu erfassen, nicht festzuhalten weiss. Wie einen von mächtiger Welle geschaukelten Kahn liess er die Melodie auf- und abwogen, oder er gab ihr eine unbestimmte Bewegung, als ob eine luftige Erscheinung unversehens in unsere greifbare und fühlbare Welt einträte. Er zuerst führte mit seinen Compositionen jene Vortragsweise ein, die seiner Virtuosität ein so besonderes Gepräge gab und die er *Tempo rubato* (geraubtes Zeitmass) benannte: Ein regellos unterbrochenes Zeitmass, geschmeidig, abgerissen und schmachtend zugleich, flackernd wie die Flamme unter dem sie bewegenden Hauch, schwankend wie die Aehre des Feldes unter dem weichen Wehen der Luft, wie der Wipfel des Baumes, den die willkürliche Bewegung des Windes bald dahin, bald dorthin neigt.

Da indessen diese Bezeichnung dem, der sie kannte, Nichts lehrte, und dem, der sie nicht kannte, der ihren Sinn nicht verstand und herausfühlte, Nichts sagte, so unterliess Chopin später sie seiner Musik beizufügen, überzeugt, dass wer überhaupt Verständniss dafür habe, nicht verfehlen werde, das Gesetz dieser Regellosigkeit zu errathen. Alle seine Compositionen aber müssen in dieser schwebenden eigenartigen Rhythmik und Betonung wiedergegeben werden, mit jener *morbidezza*, deren Geheimniss man schwer erfasste, wenn man nicht häufig Gelegenheit hatte, ihn selbst zu hören.

Versuchen wir nun, einen klaren Begriff von diesem räthselhaften *tempo rubato* zu gewinnen. Bei den Instrumentalisten ist das „geraubte Zeitmass" namentlich durch Chopin und Liszt zur Beliebtheit gelangt; es ist indessen keineswegs eine Erfindung ihrer Zeit. Der Flötist Quanz sagt (vgl. Marpurg „Kritische Beiträge" Bd. I), er habe es zum ersten Mal von der berühmten Sängerin Santa Stella Lotti gehört, welche 1717 an der Dresdner Oper wirkte, und 1759 in Venedig gestorben ist. Ein noch früherer Vertreter des *tempo rubato* war jedoch Girolamo Frescobaldi, der sich über diese Art der Vortragsweise in dem Vorwort zu seinem Werke „Il primo libro di Capricci fatti sopra

diversi sogetti et Arie in partitura" (1624) ausspricht.[1]) Vor allem
haben wir bezüglich des *tempo rubato* festzuhalten, dass es eine
Gattung ist, welche zahlreiche Unterarten in sich fasst; das *tempo
rubato* Chopin's z. B. gleicht nicht dem Liszt'schen, das Liszt's
nicht dem Henselt'schen und so weiter.   Die von den Wörter-
büchern gegebenen Definitionen lassen uns meist im Unklaren.
Indessen kommt uns Hülfe von anderer Seite.   Liszt erklärte
Chopin's *tempo rubato* in dichterischer und anschaulicher Weise
seinem Schüler, dem russischen Clavierspieler Neilissow mit den
Worten: „Sehen Sie diese Bäume an; der Wind spielt in den
Blättern, macht sie lebendig, der Baum bleibt derselbe, das ist
Chopin'sches *rubato.*"   Wie aber erklärte Chopin selbst diesen
Ausdruck?   Von Frau Dubois und andern Schülern des Meisters
wissen wir, dass er ihnen zu sagen pflegte: „Que votre main
gauche soit votre maître de chapelle et garde toujours la mesure."   (Die linke Hand muss der Kapellmeister sein und stets
den Takt festhalten.) Nach Lenz hat sich Chopin auch so ausgedrückt: „Angenommen, ein Stück dauert so und soviel Minuten,
wenn das Ganze nur so lange gedauert hat, im Einzelnen
kann's anders sein" — eine etwas zweideutige Lehre, welche
mit der vorhergehenden in Widerspruch zu stehen scheint.
Mikuli, ein anderer Schüler Chopin's, sagt darüber Folgendes:
„Selbst bei seinem so viel verleumdeten *tempo rubato* spielte
immer eine, die begleitende Hand, streng gemessen fort, während
die andere, singende, entweder unentschlossen zögernd, oder aber
wie in leidenschaftlicher Rede mit einer gewissen ungeduldigen
Heftigkeit früher einfallend und bewegter, die Wahrheit des
musikalischen Ausdrucks von allen rhythmischen Fesseln frei-
machte."
     Eine sehr klare Beschreibung von Chopin's *tempo rubato*
giebt ein Kritiker des *Athenäum*, der ihn 1848 in einer Matinée
in London hörte: „Er macht freien Gebrauch vom *tempo rubato*,
indem er sich mehr als irgend ein uns bekannt gewordener Clavierspieler innerhalb des Taktes hin- und herneigt, sich aber

---

[1]) Ein Auszug daraus findet sich in A. G. Ritter's „Zur Geschichte des
Orgelspiels" I. 34. — F. X. Haberl sagt im Vorwort zu seiner Sammlung
Frescobaldi'scher Orgelsätze (Leipzig, Breitkopf und Härtel): „Ein Hauptzug des
Frescocaldi'schen Genius ist das sogenannte *tempo rubato*, eine absolute Freiheit
in Anwendung rascheren und langsameren Tempos."

gleichwohl einem vorherrschenden Zeitmaass unterwirft, welches das Ohr mit jenen Willkürlichkeiten aussöhnt." Ohne Zweifel nahm man häufig für *tempo rubato*, was eigentlich nur eine Aufhebung oder Umstellung des Accentes ist, für welche Vortragsweise bisweilen jener Ausdruck angewendet wird. Der Leser wird sich der Stelle aus einer Kritik in der „Wiener Theaterzeitung" vom Jahre 1829 erinnern, wo es heisst: „Das Spiel des jungen Mannes [Chopin's] hat einige sehr bemerkbare Mängel, von denen wir die Nichtbeachtung der Accentuirung beim Beginn der musikalischen Phrase besonders hervorheben." Charles Hallé erzählte mir von einem interessanten Streit über dieses Thema. Als er einmal gegen Chopin erwähnte, dieser spiele seine Mazurken häufig im $^4/_4$- statt im $^3/_4$-Takt, widersprach ihm der Meister; als aber Hallé ihm die Richtigkeit seiner Behauptung bewies, indem er bei Chopin's Spiel zählte, musste auch dieser sie zugeben und meinte scherzend, dies sei national. Lenz berichtet von einem ähnlichen Streit zwischen Chopin und Meyerbeer. Frau Peruzzi erzählt, Chopin habe die linke Hand seinen Kapellmeister genannt *(maître de chapelle*, einer seiner Lieblingsausdrücke), während er der rechten Hand gestattet habe, sich *ad libitum* zu bewegen, und fügt hinzu, er sei sehr ärgerlich geworden, wenn man ihn beschuldigte, nicht im Takt zu spielen. Wir können diese Urtheile in die Worte Moscheles' zusammenfassen, Chopin's Spiel sei nie in Taktlosigkeit ausgeartet, aber es sei von der reizendsten Originalität gewesen. Neben den angeführten Zeugnissen müssen wir aber auch hören, was Berlioz über diesen Gegenstand gesagt hat: „Chopin supportait mal le frein de la mesure; il a poussé beaucoup trop loin, selon moi, l'indépendence rhythmique." Berlioz ging sogar soweit zu behaupten, Chopin habe nicht streng im Takt spielen können *(ne pouvait pas jouer régulièrement).*

Chopin's Vortrag hatte in der That etwas so Fremdartiges, dass, als Hallé ihn zum ersten Mal seine Compositionen spielen hörte, er sich nicht vorstellen konnte, wie das Gehörte durch Schriftzeichen auszudrücken möglich sei. Gleichwohl ist er der Meinung, dass man von jenen Vortrags-Eigenthümlichkeiten vielfach Uebertriebenes berichtet hat. Die Pariser sagten von Rubinstein's Vortrag der Chopin'schen Compositionen: „Ce n'est pas ça" und auch Hallé meint, dass Rubinstein die Werke

Chopin's zwar geistreich, jedoch nicht Chopin'sch wiedergiebt. Ebensowenig komme Hans von Bülow dem Original nahe. Was Chopin's Schüler betrifft, so hätten sie mit ihren Versuchen, sich den Stil ihres Meisters anzueignen, noch weniger als Andere Erfolg gehabt. Die Meinung eines so hervorragenden Clavierspielers wie Hallé, der noch überdies mit Chopin genau persönlich bekannt gewesen, ist entschieden beachtenswerth. Nachdem er Chopin's Compositionen häufig von diesem selbst gehört, wurde er mit des Meisters Musik so vertraut, dass der Componist sie gern von ihm hörte und sagte, wenn er dabei im Nebenzimmer sei, so bilde er sich ein, er spiele selbst.

Es wird indessen Zeit von den Sandbänken, auf denen wir so lange festgelegen, wieder loszukommen. Dazu möge uns Lenz behülflich sein:

> In dem Schwanken der Bewegung, in diesem „Hangen und Bangen" im *rubato* seines Begriffs war Chopin hinreissend, jede Note stand auf der höchsten Stufe des Geschmacks, im höchsten Sinne des Wortes. Brachte er einmal eine Verzierung an, was nur selten geschah, so war es immer eine Art von Wunder in gutem Geschmack. Seinem ganzen Wesen nach war Chopin nicht dazu angethan, Beethoven oder Weber zu geben, die in grossen Linien und mit grossem Pinsel malen. Chopin war ein Pastellmaler, aber ein unvergleichlicher! Liszt gegenüber konnte er mit Ehren für dessen ebenbürtige Frau gelten. Die grosse B-dur-Sonate von Beethoven Op. 106 und Chopin schliessen sich aus.

Chopin nahm eines Tages Lenz mit sich zu der Baronin Krüdner und ihrer Freundin, der Gräfin Scheremetjew, denen er versprochen hatte, die Variationen aus Beethoven's As-dur-Sonate (Op. 26) vorzuspielen. Darüber sagt Lenz:

> Schön spielte er, aber nicht so schön wie seine Sachen, nicht packend, nicht *en relief*, nicht als von Variation zu Variation gesteigerten Roman. *Mezza voce* säuselte er, aber unvergleichlich in der Cantilene, unendlich vollendet in den Zusammenhängen der Satzbildung, ideal schön, aber weiblich! Beethoven ist ein Mann und hört nie auf, einer zu sein! Chopin spielte auf einem Pleyel, er gab einmal auf keinem andern Instrument Lection; einen Pleyel hatte man nehmen müssen. Alles war entzückt, auch ich war entzückt, aber nur über den Ton von Chopin, über seinen Anschlag, über die Anmuth und Grazie, über den reinen Stil.

Chopin's Stilreinheit, Selbstbeherrschung und aristokratische Zurückhaltung sind für uns besonders bemerkenswerth, die wir gewohnt sind, des Meisters Compositionen wild, zügellos und mit einer gewissen Ostentation vortragen zu hören. Sehr bezeichnend äusserte sich ein Meister der älteren Generation, J. B. Cramer, über den Lieblingsmeister der jüngeren Generation: „Ich versteh' ihn nicht, er spielt aber schön und correct, o, sehr correct, er lässt sich nicht gehen, wie die anderen jungen Leute, aber ich versteh' ihn nicht."

Was man über Chopin's Spiel liest und hört, stimmt mit Mikuli's Bericht überein, wo es heisst: „Bei aller ihm in so hohem Grade eigenen Wärme war sein Vortrag doch immer maassvoll, keusch, ja vornehm und zuweilen selbst strenge zurückhaltend". Als Lenz nach dem oben erwähnten Besuch bei den russischen Damen seine aufrichtige Meinung über Chopin's Vortrag der Beethoven'schen Variationen gegen seinen Lehrer aussprach, entgegnete dieser ohne alle Empfindlichkeit: „Ich deute an *(j'indique)*, der Zuhörer selbst muss das Bild vollbringen *(parachever)*." Und als Lenz, nachdem sie Chopin's Wohnung erreicht, und dieser sich im Nebenzimmer umkleidete, die Kühnheit hatte, das Beethoven'sche Thema nach seiner Weise zu spielen, trat der Meister in Hemdärmeln zu ihm ans Clavier, setzte sich neben ihn und sagte beim Schluss, indem er die Hand auf seine Schulter legte: „Ich werde es Liszt erzählen, es ist mir noch nie passirt, aber es ist schön, muss man denn aber immer so passionirt sprechen *(si déclamatoirement)*?" Ich habe die letzten Worte unterstrichen, weil sie mir der besonderen Aufmerksamkeit des Lesers werth erscheinen.

„Sage mir, mit wem Du umgehst, und ich werde Dir sagen wer Du bist" — diesen Ausspruch könnte man nicht mit Unrecht auch so wenden: Sage mir, welche Claviere Du spielst, und ich werde Dir sagen, zu welcher Art von Pianisten Du gehörst. Ueber Chopin's desfallsiges Verhältniss giebt uns Liszt alle wünschenswerthe Auskunft; aber auch Lenz hat, wie wir sahen, diesen Punkt berührt. Liszt schreibt:

So lange Chopin, wie in den ersten Jahren seines Pariser Aufenthaltes, gesund und bei Kräften war, pflegte er Erard'sche Claviere zu spielen; nachdem ihm aber sein Freund Camille Pleyel eines seiner herrlichen, durch ihren metallischen Klang sowie durch ihren

8*

beson'ders leichten Anschlag ausgezeichneten Instrumente zum Ge
schenk gemacht hatte, wollte er nicht mehr die anderer Fabrikanten spielen.

Wenn er sich bei seinen polnischen oder französischen Freunden in einer Soirée hören lassen sollte, so schickte er häufig, falls
nicht gerade ein Pleyel dort war, seinen eigenen.

Die Pleyel'schen Instrumente liebte er besonders wegen ihres
silberhellen, ein wenig verschleierten Klanges und ihres leichten
Anschlages. Ihnen entlockte er Töne, die einer jener Harmonika's
anzugehören schienen, welche die alten Meister, deren poetisches
Monopol das romantische Deutschland bewahrt, durch Vermählung
des Krystalls mit dem Wasser so sinnreich construirten.

Chopin selbst sagte: „Wenn ich nicht disponirt bin, so spiele
ich am liebsten auf einem Erard'schen Clavier, wo ich den Ton
schon fertig finde. Bin ich aber in der richtigen Verfassung,
und kräftig genug, mir meinen eigenen Ton zu bilden, so muss
ich ein Pleyel'sches Clavier haben.

Aus der Thatsache, dass Chopin 1848 in England sowohl
öffentlich als privatim Broadwood'sche Instrumente spielte, können
wir darauf schliessen, dass er auch die Erzeugnisse dieser Firma
geschätzt hat. In einem Briefe, datirt „London, 48 Dover Street,
6. Mai 1848" schreibt er an Gutmann: „Erard a été charmant,
il m'a fait poser un piano. J'ai un de Broadwood et un de
Pleyel, ce qui fait 3, et je ne trouve pas encore le temps pour
les jouer." Und in einem Briefe aus Edinburg vom 6. August
sowie aus Calder House vom 11. August schreibt er an Franchomme: „Ich habe ein Broadwood'sches Clavier in meinem
Zimmer und Fräulein Stirling's Pleyel im Salon."

Hier scheint mir der geeignete Moment zu sein, um dasjenige zusammenzufassen, was ich über Chopin's musikalischen
Geschmack sowie über seine Meinung von musikalischen Dingen
und Musikern in Erfahrung gebracht habe; dies wird ganz besonders dazu beitragen, den Charakter des Meisters als Menschen
wie als Künstler zu beleuchten. Seine Aussprüche über Componisten und ihre Werke zeigen, dass er in hohem Grade
les vices de ses qualités hatte. Die Zartheit seiner Constitution
und die übertriebene Feinheit seiner Erziehung, welche ihm jene,
seine Compositionen so wie sein Spiel charakterisirenden unnach-
ahmlichen Schönheiten von äusserster Zärtlichkeit und Anmuth
zugänglich gemacht, waren für sein Talent zugleich förderlich

und beeinträchtigend. „Alles Harte, Wilde *(toutes les rudesses sauvages)* flösste ihm Abneigung ein" schreibt Liszt. „In der Musik, wie in der Literatur und im Leben war ihm alles, was an das Melodrama erinnert, ein Gräuel." Mit einem Worte, Chopin war durch und durch Aristokrat und exclusiv wie ein solcher.

Die Unfähigkeit genialer Männer, das Verdienst des einen oder des anderen ihrer Vorgänger und namentlich das· ihrer Zeitgenossen zu würdigen, ist schon oft und mit Verwunderung bemerkt worden; ich zweifle aber, ob man einen bedeutenden Musiker finden würde, dessen Sympathien beschränkter gewesen wären, als diejenigen Chopin's. Ein Ueberblick über des Meisters Neigungen und Abneigungen ist nicht nur biographisch von Wichtigkeit, sondern er kann auch dem Kritiker nützlich und für den Psychologen von Interesse sein.

Von allen Componisten, lebenden und gestorbenen, schätzte Chopin am höchsten Mozart. Dieser war ihm „sein Ideal, der Dichter *par excellence.*" Man hat von Chopin erzählt — ob der Wahrheit gemäss, kann ich nicht sagen — dass er auf seinen Reisen stets die Partitur entweder des *Don Giovanni* oder des *Requiem* im Koffer mit sich geführt habe. Bezeichnend (wenn auch nicht authentisch) ist sein Wunsch, man möge bei seiner Todtenfeier Mozart's *Requiem* aufführen. In nichts aber tritt seine Liebe zu dem grossen deutschen Meister so entschieden und so rührend hervor, wie in den Worten, welche er auf dem Todtenbette an seine liebsten Freunde, die Fürstin Czartoryska und Franchomme richtete: „Ihr werdet zusammen Mozart spielen und ich werde Euch hören." Und fragen wir, wesshalb Chopin in Mozart sein Ideal, den Dichter *par excellence* fand, so antwortet uns Liszt: „Weil Mozart sich seltener als irgend Einer herabliess, die Linie zu überschreiten, welche die Vornehmheit von der Gemeinheit trennt." Was aber wohl noch mehr dazu beitrug, um in Chopin's Herzen die gleichgestimmten Saiten erklingen zu machen und seiner liebenden Bewunderung für Mozart Nahrung zu geben, war die in dessen Werken unumschränkt herrschende Lieblichkeit, Anmuth und glückliche Harmonie, jene vollendete Liebenswürdigkeit und liebenswürdige Vollendung, welcher nichts Grobes, Hartes, Unbeholfenes, Ungesundes oder Excentrisches beigemischt ist.

„Und dennoch" sagt Liszt von Chopin „ging sein Sybaritismus
der Reinheit, seine Empfindlichkeit gegen Gemeinplätze so weit,
dass er selbst im Don Juan, diesem unsterblichen Meisterwerk,
Stellen bemerkte, deren Existenz er uns gegenüber beklagte.
Seine Verehrung für Mozart wurde dadurch nicht vermindert,
sie erschien nur gleichsam traurig gestimmt".

Der Componist, welchen Chopin nächst Mozart am Meisten
schätzte, war Bach. „Es wäre schwer zu sagen" bemerkt Mikuli „welchen von Beiden er am Meisten liebte." Nicht nur, dass
er, wie schon erwähnt, auf seinem Schreibtisch in Valdemosa
Bach'sche Werke liegen hatte, dass er die Pariser Ausgabe derselben für seinen Gebrauch bearbeitete, dass er sich durch Bach-
Spielen auf seine Concerte vorbereitete: Er hielt auch seine
Schüler an, die Suiten, Partitas, Präludien und Fugen des unsterblichen Leipziger Cantors zu studiren. Frau Dubois sagte
mir, dass er ihr bei der letzten Begegnung (1848) empfohlen
habe „de toujours travailler Bach", mit dem Bemerken, dies sei
das beste Mittel, um Fortschritte zu machen.

Hummel, Field und Moscheles waren diejenigen Claviercomponisten, welche Chopin am Meisten befriedigt zu haben scheinen.
Mozart und Bach waren seine Götter, diese aber seine Freunde.
Von Gutmann hörte ich, dass er Hummel besonders gern gehabt habe; Liszt sagt, Hummel sei einer der Componisten gewesen, dessen Werke Chopin wieder und wieder mit dem grössten
Vergnügen gespielt habe, und Mikuli berichtet, dass sein Lehrer
von allen Compositionen Hummel's die Phantasie, das Septett
und die Concerte am Liebsten gehabt habe. Liszt's Angabe, dass
Chopin die Nocturnen Field's als „insuffisants" angesehen, scheint
mir ganz und gar unbegründet. Chopin studirte mit seinen
Schülern höchst eifrig und höchst sorgfältig sowohl die Nocturnen als die Concerte Field's, welcher, um mit Frau Dubois
zu reden, „ihm ein durchaus sympathischer Componist war".
Nach Mikuli hatte Chopin eine besondere Vorliebe für Field's
As-dur-Concert sowie für die Nocturnen, und pflegte beim Vortrag der letzteren die reizendsten Verzierungen zu improvisiren.
Sich mit den Werken anderer Künstler Freiheiten zu erlauben,
und sich zu beklagen, wenn Jemand mit den eigenen Werken
ein Gleiches thut, ist wohl eine Inconsequenz, aber es ist durchaus menschlich und Chopin war keineswegs frei von dieser

menschlichen Schwäche. Als Liszt eines Tages mit den Compositionen Chopin's so verfuhr, wie dieser mit den Field'schen
Nocturnen zu verfahren pflegte, soll er in seinem Aerger zu
seinen Freunden gesagt haben, man möge seine Compositionen
spielen, wie er sie geschrieben habe, oder aber sie ganz in Ruhe
lassen. Marmontel schreibt darüber:

> Chopin konnte, sei es wegen seiner aufrichtigen Liebe zur
> Kunst oder wegen eines Uebermaasses von Selbstbewusstsein, es
> nicht ertragen, wenn irgend Jemand an den Text seiner Werke
> rührte. Die leiseste Modification erschien ihm als ein schwerer
> Fehler, den er selbst seinen intimen Freunden, seinen eifrigsten
> Verehrern, ja nicht einmal Liszt verzeihen konnte. Sowohl ich
> wie mein Lehrer Zimmermann haben häufig Chopin's Sonaten, Con-
> certe, Balladen und Allegro's als Prüfungsstücke spielen lassen; da
> ich mich aber dabei auf Fragmente der betreffenden Werke be-
> schränken musste, so konnte ich den peinlichen Gedanken nicht
> los werden, dass ich dem Componisten, welcher derartige Freiheiten
> als förmliche Schändungen empfand, damit verletzte.

Um nach dieser Abschweifung auf den dritten der oben
genannten Componisten zu kommen, so ist dem wenig hinzuzufügen, was bereits in einem früheren Capitel über ihn gesagt
worden ist. Wie sich der Leser erinnern wird, äusserte Chopin
gegen Moscheles, dass er seine Musik liebe, und Moscheles hatte
Gelegenheit sich davon zu überzeugen, dass er sie genau kenne.
Von Mikuli hören wir, dass sein Lehrer für Moscheles' Etüden
eine besondere Vorliebe gehabt habe. Was Moscheles' Duo's
anlangt, so hat Chopin sie wahrscheinlich häufiger gespielt als
die Werke irgend eines anderen Componisten, die seinigen natürlich ausgenommen. Wir hören, dass er sie nicht nur mit
seinen Schülern gespielt hat, sondern auch mit Osborne, mit
Moscheles selbst und mit Liszt, von dem ich persönlich erfuhr,
dass Chopin gern mit ihm die Duo's von Moscheles und Hummel gespielt habe.

Bei Gelegenheit des Duo-Spielens fällt mir Schubert ein,
der, wie ich von Gutmann hörte, ein Liebling Chopin's war.
Das *Divertissement hongrois* bewunderte er rückhaltlos; auch
die vierhändigen Märsche und Polonaisen spielte er häufig mit
seinen Schülern. Dagegen scheint sein Unterrichts-Repertoire,
mit Ausnahme der Walzer, kein Schubert'sches Werk zu zwei
Händen enthalten zu haben, weder die Sonaten noch die Im-

promptu's, noch die *Momens musicals*, woraus wir entnehmen
dürfen, dass Schubert nur bis zu einem gewissen Grade in
Chopin's Gunst stand.   In der That hatte Chopin gerade da an
dem Meister auszusetzen, wo er allgemein als *facile princeps*
gilt.   Liszt sagt darüber Folgendes:

> Ungeachtet des Zaubers, den er einigen der Schubert'schen
> Lieder zugestand, hörte er doch ungern diejenigen, deren Contouren
> seinem Ohr zu scharf waren, wo das Gefühl sich gleichsam ent-
> blösst zeigt, wo man so zu sagen den körperlichen Ausdruck des
> Schmerzes fühlt.   Alles Harte, Wilde wirkte abstossend auf ihn.
> Chopin soll von Schubert gesagt haben: „Das Erhabene verblasst
> wenn ihm das Gemeine oder Triviale folgt."

Es ist nun noch von einigen Componisten zu reden, für
welche Chopin weniger Sympathie hatte.   Bei Carl Maria von
Weber scheint noch seine zustimmende Kritik die abfällige überwogen zu haben.   Wenigstens berichtet Mikuli, dass die Sonaten in E-moll und As-dur sowie das „Concertstück" zu den von
seinem Lehrer bevorzugten Werken gehört haben, und Frau
Dubois sagt, er habe seinen Schülern die Sonaten in C-dur und
in As-dur mit höchster Sorgfalt einstudirt.   Dagegen lesen wir
bei Lenz:

> Er wusste Weber nicht zu schätzen; er sprach von Oper, „un-
> claviermässig!" — Chopin stand überhaupt deutschem Geist in der
> Musik ziemlich fern, obgleich ich ihn oft sagen hörte: „Es giebt
> nur eine Schule, die deutsche."

Gutmann theilte mir mit, dass er 1836 oder 1837 die As-
dur-Sonate aus Deutschland mitgebracht, und dass Chopin sie
damals noch nicht gekannt habe.   Es wird uns schwer zu glauben, dass Liszt im Jahre 1828 Lenz gefragt haben soll, ob der
Componist des „Freischütz" auch für Clavier geschrieben habe;
noch überraschender aber ist Chopin's Unwissenheit im Jahre 1836.
Machten Ruhm und Oeffentlichkeit in der ersten Hälfte unseres
Jahrhunderts wirklich nur so langsam ihren Weg?   Musste das
Genie so lange warten, um allgemeine Anerkennung zu finden?
Wenn jene Angabe, für deren Richtigkeit Gutmann allein verantwortlich ist, auf Thatsächlichem und nicht auf einer Gedächtniss-
täuschung beruht, so hat dies charakteristischste Werk Weber's,

zugleich eines der bedeutendsten Erzeugnisse der Clavier-Literatur, Chopin, einen der in erster Reihe stehenden Clavierspieler Europa's, nicht eher erreicht, als zwanzig Jahre nach seinem Erscheinen (December 1816).

Dass Chopin von Beethoven eine hohe Meinung hatte, können wir, aus einer Anekdote entnehmen, welche Lenz in einem für die „Berliner Musikzeitung" (Bd. XXVI) verfassten Artikel erzählt. Der kleine Filtsch — ein talentvoller junger Ungar, von dem Liszt sagte: „Wenn der Kleine auf Reisen geht, mach' ich die Bude zu" — den Chopin unterrichtete, hatte einmal vor einem von seinem Lehrer eingeladenen gewählten Zuhörerkreis Chopin's E-moll-Concert gespielt, und Chopin war mit ihm so zufrieden gewesen, dass er mit ihm zur Schlesinger'schen Musikalienhandlung ging, dort den Clavierauszug des „Fidelio" verlangte und ihm diesen mit den Worten übefreichte: „Ich bin in Deiner Schuld, Du hast mir heute grosse Freude gemacht, ich schrieb das Concert in einer glücklichen Zeit, nimm Du, lieber junger Freund, dies Meisterwerk von mir an! Studire Du es so lange Du lebst und erinnere Dich dabei manchmal meiner." Indessen war Chopin's Hochachtung vor Beethoven keine unbegrenzte oder unbedingte. Seine Stellung zu diesem Meister, welche Franchomme mit den kurzen Worten bezeichnet „sein Freund habe Beethoven geliebt, aber doch auch seine Bedenken gegen ihn gehabt", ist genauer von Liszt bestimmt:

So grosse Bewunderung er auch für Beethoven's Werke hegte, einzelne Theile derselben dünkten ihm zu schroff gestaltet. Ihr Bau war zu athletisch, ihr Ausdruck zu gewaltig, um ihm zu gefallen; ihre Leidenschaftlichkeit schien ihm eine zu gewaltsame [*leurs courroux lui semblaient trop rugissans*] — er hatte die Empfindung, als müsse sie Alles überfluthen. Das Löwenmark, das sich in jeder musikalischen Phrase Beethoven's findet, war ihm ein zu substantieller Stoff, und die seraphischen Töne, die raphaelischen Profile, welche inmitten der mächtigen Schöpfungen dieses Genius auftauchen, berührten ihn zufolge des schneidenden Contrastes zeitweilig nahezu peinlich.

Wir sind in der Lage, dies höchst treffende Gesammtbild durch einige Einzelzüge zu vervollständigen. Chopin sagte, Beethoven erhebe ihn in einem Moment zum Himmel, um ihn im nächsten Moment wieder zur Erde hinab, ja, in den Schmutz zu stossen. Ein solches Hinabfallen empfand Chopin jedesmal beim Beginn des letzten Satzes der C-moll-Symphonie. Gutmann, der mir dies mittheilte, fügte hinzu, dass sein Lehrer Stücke wie den ersten Satz der Mondschein-Sonate (Cis-moll) ausserordentlich geschätzt habe. Als eines Tages Hallé eine der drei Sonaten Op. 31 (welche, ist mir nicht bekannt) Chopin vorspielte, bemerkte dieser, dass ihm der letzte Satz früher vulgär erschienen sei, woraus Hallé natürlicherweise schloss, dass Chopin die Werke Beethoven's nicht gründlich studirt habe. Diese Conjectur ist durch Lenz bestätigt, der 1842 viel mit Chopin verkehrte und Dank seiner an Boswell[1]) erinnernden Neugier, Beharrlichkeit und Zudringlichkeit eine Menge interessanter Dinge herausgebracht hat. Lenz und Chopin sprachen mancherlei über Beethoven nach jenem oben erwähnten Besuch bei den russischen Damen. Zuvor hatten sie noch nie über den Grossmeister der Instrumentalmusik gesprochen. Lenz sagt: „Er [Chopin] hatte es nicht sehr ernst mit Beethoven; er kannte nur die Hauptsachen, die letzten Werke garnicht. Das war in der Pariser Luft! Die Symphonien kannte man; die mittleren Quartette wenig, die letzten garnicht." Auf Lenz' Bemerkung, Beethoven habe in seinem F-moll-Quartett Mendelssohn, Schumann, sowie ihn, Chopin, selbst anticipirt, und das Scherzo habe seinen Mazurken den Weg bereitet, sagte Chopin: „Bringen Sie mir einmal das Quartett, ich kenne es nicht." Nach Mikuli ist Chopin ein regelmässiger Besucher der von der Concertgesellschaft des Conservatoriums veranstalteten Concerte, so wie auch der Alard-Franchomme'schen Quartett-Sitzungen gewesen; Stephen Heller indessen, welcher Chopin's Meinung über Beethoven kannte, hatte ihn im Verdacht, dass ihn bei den Conservatoriums-Concerten weniger die Musik anzog als, wie es bei den meisten Besuchern der Fall war, die fashionable Gesellschaft — ein Verdacht, der, ob begründet oder nicht, doch jedenfalls bezeichnend ist.

Nun aber wird der Leser nach Mendelssohn fragen, dessen anmuthsvolle, formvollendete Musik doch zweifellos Chopin's Bewunderung und Sympathie erregt haben musste. Das gerade Gegentheil indessen war der Fall; Chopin hasste Men-

---

[1]) Der Biograph des englischen Schriftstellers Samuel Johnson.

delssohn's D-moll-Trio und äusserte gegen Hallé, Mendelssohn habe nie etwas Besseres geschrieben, als das erste Lied ohne Worte. Franchomme sagt, in einer milderen Lesart, Chopin habe sich nicht viel aus Mendelssohn's Musik gemacht; Gutmann jedoch erklärte unumwunden, sein Lehrer habe eine entschiedene Abneigung gegen sie gehabt und sie für trivial erklärt. Dieser Ausspruch und die Erwähnung des Trio erinnern mich an eine Stelle in Hiller's „Mendelssohn: Briefe und Erinnerungen", wo der Autor berichtet, er sei, als ihm Mendelssohn das soeben vollendete D-moll-Trio vorgespielt, durch das Feuer, den Geist und den leichten Fluss, kurz durch das Meisterhafte des Werkes für dasselbe eingenommen worden, habe jedoch einige Bedenken gehabt bezüglich gewisser Clavierpassagen, namentlich solcher in gebrochenen Akkorden, die ihm, nachdem er sich im beständigen Verkehr mit Liszt und Chopin während seines mehrjährigen Aufenthaltes in Paris an das reichere Passagenwerk der neuen Schule gewöhnt, altmodisch vorgekommen seien. Mendelssohn, der in seinen Briefen häufig von seiner Unfruchtbarkeit hinsichts der Erfindung neuer Clavierpassagen spricht, liess sich von Hiller bestimmen, den Clavierpart umzuarbeiten und war später zufrieden, es gethan zu haben. Aus Obigem ergiebt sich, dass, wenn Mendelssohn es unterlassen hat, Chopin gerecht zu werden, dieser über die Anwendung des *jus talionis* noch hinausgegangen ist.

Schumann indessen fand in Chopin's Augen noch weniger Gnade als Mendelssohn; denn wenn dieser unter den Werken, welche z. B. Madame Dubois, die fünf Jahre lang Chopin's Schülerin war, bei ihm studirte, wenigstens durch die Lieder ohne Worte und das G-moll-Concert repräsentirt war, so glänzte Schumann durch totale Abwesenheit. Dabei ist zu bemerken, dass es sich um das letzte Lebensjahr Chopin's handelt, wo Schumann bereits den grössten Theil seiner bedeutendsten Clavierwerke sowie mehrere seiner besten Werke für Clavier mit andern Instrumenten veröffentlicht hatte. G. Matthias, Chopin's Schüler während der Jahre 1839—1844, schreibt mir: „Ich glaube mich zu erinnern, dass er von Schumann keine grosse Meinung hatte. Einmal fand ich auf seinem Tische den ‚*Carnaval' Op. 9;* er sprach nicht besonders gut von ihm." Im Jahre 1838 sandte Schumann an Stephen Heller, der gerade von Augsburg nach Paris reiste, ein Exemplar seines *Carneval* (der im September 1837 erschienen war), um es Chopin zu überreichen. Dies Exemplar war mit einem Titel in Farbendruck versehen und geschmackvoll eingebunden, denn Schumann kannte Chopin's Vorliebe für das Elegante und wünschte ihm eine Freude zu machen. Heller suchte Chopin bald nach seiner Ankunft in Paris auf und fand ihn einem Maler Modell-sitzend. Beim Anblick des *Carneval* sagte Chopin: „Wie reizend sie diese Sachen in Deutschland ausführen!" aber nicht ein Wort über die Musik. Wir werden jedoch gleich sehen, was er von ihr dachte. Einige Zeit, vielleicht mehrere Jahre nach dieser ersten Begegnung mit Chopin wurde Heller von Schlesinger um Rath gefragt, ob er den Schumann'schen *Carneval* veröffentlichen solle. Heller antwortete, er halte dies für eine gute Speculation, denn wenn das Stück auch anfangs nicht gehen würde, so müsse es sich doch mit der Zeit bezahlt machen. Hierauf vertraute Schlesinger ihm an, was Chopin darüber gesagt habe, nämlich, der *Carneval* sei überhaupt keine Musik. Diese Gleichgültigkeit und mehr als Gleichgültigkeit eines grossen Künstlers gegen die Schöpfungen eines seiner bedeutendsten Zeitgenossen hat etwas Betrübendes, besonders wenn wir uns erinnern, welche Ergebenheit und Bewunderung Schumann für Chopin hatte, wie er ihn liebte und stets für ihn eintrat. Ohne das enthusiastische Lob. und die tapfere Vertheidigung Schumann's würde sich Chopin's Ruhm weit langsamer in Deutschland verbreitet haben.

„Von Virtuosenmusik jeglichen Calibers, die eben in seiner Zeit Alles so fürchterlich überwucherte, habe ich und schwerlich auch jemand Anderer je etwas auf seinem Pulte gesehen" sagt Mikuli. Dies ist, wenn auch in der Hauptsache richtig, doch ein wenig zu stark ausgedrückt. Kalkbrenner, dessen „geräuschvolle Virtuositäten" [*virtuosités tapageuses*] und dekorative Sentimentalitäten [*expressivités décoratives*] Chopin antipathisch waren, und Thalberg. dessen seichte Vornehmheit und Eleganz er verachtete, waren jedenfalls ganz und gar von seinem Pulte verbannt, wogegen Liszt gelegentlich auf demselben erschien. So studirte Frau Dubois mit Chopin die Liszt'schen Transscriptionen der Tarantella von Rossini und des Septett's aus Donizetti's „Lucia von Lammermoor". Indess war die Zahl der von Chopin gebilligten Compositionen Liszt's eine sehr beschränkte. Chopin, der stets empört war, wenn man auf Kosten der ächten Kunst und um des Erfolges willen dem schlechten Geschmacke ein Zugeständniss machte, zieh seinen einstigen Freund häufig dieser Schuld. Als 1840 Liszt's Transscription der Beethoven'schen „Adelaide" in einer Beilage der *Gazette musicale* erschienen war, kam G. Mathias zufällig zu Chopin, als dieser gerade die betreffende Nummer der Zeitung erhalten hatte, und fand ihn wüthend, *outré*, wegen gewisser Cadenzen, die er nicht am Platze und dem Charakter des Liedes nicht angemessen fand.

Wir haben in einem der früheren Capitel gesehen, wie wenig Chopin mit Berlioz' Art und Weise einverstanden gewesen ist; andere seiner Antipoden von der ultra-romantischen Schule theilten dessen Schicksal. Von Halévy hielt Chopin nicht viel, Meyerbeer's Musik war ihm herzlich zuwider und Auber schätzte er nicht besonders hoch, wenn er auch für dessen *esprit* und Lebendigkeit keineswegs unempfindlich war. Jedenfalls fand er in der italienischen Oper mehr seinem Geschmacke Entsprechendes, als in den französischen Opernhäusern. Bellini's Musik hatte für ihn einen besondern Reiz und er gehörte zu den Bewunderern Rossini's. Aus diesem Allen ergiebt sich die Richtigkeit der Bemerkung Liszt's: „In den grossen Meisterwerken der Kunst fragte er einzig nach dem, was seiner Natur entsprach. Was sich derselben näherte, gefiel ihm, dem aber, was ihr ferner lag, liess er kaum Gerechtigkeit widerfahren."

Sechsundzwanzigstes Capitel.

1843—1847.

Chopin's pecuniäre Verhältnisse und geschäftliche Erfahrungen mit Verlegern. — Briefe an Franchomme. — Veröffentlichte Werke von 1842—1847. — Reisen nach Nohant. — Liszt, Matthew Arnold, George Sand, Charles Rollinat und Eugène Delacroix über Nohant und das dortige Leben. — Chopin's Art zu componiren. — Chopin und George Sand nehmen in Paris in der Cité d'Orleans Wohnung. — Ihre dortige Lebensweise, die Chopin's im Besondern, nach der Schilderung seiner Schüler Lindsay Sloper, Mathias und Frau Dubois sowie vor allem nach der Darstellung Lenz', George Sand's selbst und des Professor Alexander Chodzko (häusliche Verhältnisse, Zimmer, Gewohnheiten, Sympathien, Nachahmungstalent, George Sand's Freunde und ihre Meinung von Chopin's Charakter).

hopin's Leben von 1843 bis 1847 bietet so wenig Stoff zu einer chronologisch fortschreitenden Erzählung, dass ich es vorziehe, in diesem Capitel zunächst einige von ihm innerhalb dieses Zeitraums an seinen Freund Franchomme geschriebene Briefe mitzutheilen und dann eine Beschreibung seines täglichen Lebens, seines Umganges und Charakters zu versuchen.

Die folgende Briefsammlung enthält zwar über des Schreibers Gedanken, Empfindungen, über sein Thun und Treiben weniger als wir wünschen möchten, ist aber doch keineswegs ohne Interesse, da sie auf Chopin's materielle Verhältnisse und den Verkehr mit seinen Verlegern ein helleres Licht wirft.

Geldknappheit scheint ein chronischer Zustand des Künstlers gewesen zu sein und ihn manchmal hart bedrängt zu haben. Bei einer Gelegenheit veranlasste sie ihn sogar, wegen des

Honorars für fünf Lectionen (100 Franken) an den Vater eines seiner Schüler zu schreiben. G. Mathias sagte mir, der betreffende Brief sei noch in seinem Besitze. Man hätte Derartiges von einem *grand seigneur* wie Chopin kaum erwartet und fragt sich, wie es möglich gewesen, dass ein so gesuchter Lehrer, welcher 20 Franken für die Stunde erhielt und sich überdies seine Compositionen gut bezahlen liess, so in die Klemme kommen konnte. Das Räthsel ist leicht gelöst. Chopin hatte eine offene Hand, und niemals sparen gelernt: Er gab viel Geld für hübsche Kleinigkeiten aus, unterstützte auf's Freigiebigste seine hülfsbedürftigen Landsleute, machte seinen Freunden geschmackvolle Geschenke und soll gelegentlich auch Rechnungen für seine ebenfalls häufig in Geldknappheit befindliche Freundin bezahlt haben. Ueberdies war sein Gesammteinkommen nicht so bedeutend als man vermuthen könnte, denn, obwohl er so viele Schüler haben konnte wie er wollte, so gab er doch niemals mehr als fünf Stunden des Tages und brachte jedes Jahr mehrere Monate auf dem Lande zu. Weiter ist in Betracht zu ziehen, dass er seinen Unterricht häufig gratis ertheilte. Von Frau Rubio erfuhr ich, dass er einmal, als sie das Geld für eine Anzahl von Stunden auf das Kamingesims niedergelegt, sich geweigert habe, es anzunehmen, mit Ausnahme eines Zwanzig-Franken-Stückes, wofür er ihren Namen auf eine Subscriptionsliste für hülfsbedürftige Polen setzte. Lindsay Sloper sagte mir ebenfalls, dass Chopin für die ihm ertheilten Unterrichtsstunden keine Bezahlung habe annehmen wollen. Chopin's geschäftliche Erfahrungen waren meist wenig erfreulicher Art, wie sowohl aus den in seinen Briefen erwähnten Thatsachen, als auch aus seinem dort ausgesprochenen Misstrauen gegen die Verleger hervorgeht. Ueber diesen Punkt sei noch Folgendes bemerkt: Gutmann berichtet, dass Chopin bei seiner Rückkehr von Majorca von Schlesinger höhere Preise gefordert habe, dieser jedoch sei bei aller Hochachtung für des Componisten Talent nicht darauf eingegangen, da der Absatz der zuvor von ihm verlegten Werke ihm eine Erhöhung des Honorars nicht gestatte.[1] Stephen Heller erinnerte sich gehört zu haben, dass

---

[1] Die Richtigkeit dieser Angabe Gutmann's ist durch Chopin's Briefe bestätigt. Nach Chopin's Rückkehr von Majorca war Troupenas für einige Zeit sein Verleger.

die Firma Breitkopf und Härtel in Leipzig ihren Pariser Vertreter benachrichtigte, sie werde fortfahren, Chopin's Compositionen zu veröffentlichen, wenn auch das Honorar, in Anbetracht ihres keineswegs bedeutenden Absatzes, zu hoch sei. E.
Wolff erzählte mir, er sei eines Tages mit Chopin zu Troupenas
gefahren, dem Chopin seine Sonate (wahrscheinlich die in B-moll)
zum Verkauf angeboten habe. Als sie nach den Verhandlungen
wieder im Wagen sassen, sagte Chopin auf polnisch: „Das
Schwein, er hat mir 200 Franken für meine Sonate geboten!"
Chopin's geschäftliche Beziehungen in England waren für ihn
noch weniger befriedigend. In einem Concert wo Filtsch spielte
stellte Chopin Stephen Heller dem Verleger Wessel oder einem
Vertreter dieser Firma vor, bemerkte aber später: „Sie werden
den Verkehr mit ihm nicht angenehm finden." Für Chopin war
er jedenfalls kein angenehmer. Als dieser hörte, dass Gutmann
nach London gehe, bat er ihn, bei Wessel vorzusprechen und
seinen, inzwischen abgelaufenen Contract zu erneuern. Der Verleger antwortete, er werde nicht allein den Contract nicht erneuern, sondern auch Chopin's Compositionen nicht mehr stechen,
selbst wenn er sie umsonst haben könnte — und unter den ihm
angebotenen Stücken befand sich die *Berceuse!* In Betreff dieser
Erzählung Gutmann's ist indessen zu bemerken, dass sie, wenn
auch nicht erfunden, doch in seiner Fassung nicht correct ist,
denn Wessel hatte die *Berceuse* am 26. Juni 1845 veröffentlicht,
und auch die folgenden fünf Werke sind nach und nach bei ihm
erschienen. Dann allerdings wurden die Beziehungen durch
Wessel abgebrochen. Chopin's Murren gegen seine englischen
Verleger lässt übrigens nur die eine Seite dieses Verhältnisses
erkennen; die andere zeigt sich in der folgenden Mittheilung,
welche ich dem Nachfolger Wessel's, Herrn Edwin Ashdown
verdanke: „Im Jahre 1847 wurde Wessel müde, Compositionen
Chopin's zu kaufen, die damals fast gar keinen Absatz fanden,
und er löste seinen Vertrag mit dem Componisten, dessen letzter
Verkaufscontract (die Op. 60, 61 und 62 betreffend) vom 17. Juli
1847 datirt ist. Wessel kündigte das Erscheinen dieser Werke
am 26. September 1846 an.

Obwohl in dem ersten der folgenden Briefe das Datum
fehlt, und im zweiten und dritten nur Tag und Monat, nicht aber
das Jahr erwähnt ist, so geht aus innern Gründen hervor, dass

die vier ersten Briefe eine Gruppe bilden und aus dem Jahr 1844
stammen. Chopin setzt das Datum bald über seine Briefe, bald
an das Ende oder in die Mitte; ich werde es, der Deutlichkeit
wegen, stets oben hinsetzen, aber, wo er es nicht gethan, die
betreffende Stelle angeben.   .

Schloss Nohant bei La Châtre, Indre [1. August 1844].

Liebster [Cherissime], ich schicke Dir den Brief von Schlesinger
und einen andern für ihn. Lies sie. Er möchte das Erscheinen
verzögern und ich kann darauf nicht eingehen. Sagt er n e i n, so
gieb meine Manuscripte an Maho,[1]) damit er Meissonnier[2]) veranlasst, sie für denselben Preis, nämlich 600 Franken, zu nehmen.
Ich glaube, dass er (Schlesinger) sie stechen wird. Sie müssen am
20. erschienen sein, aber Du weisst, dass ich den Titel erst an
diesem Tage zu liefern brauche. Verzeihe, dass ich Dich mit diesen
Angelegenheiten belästige. Ich liebe Dich und wende mich an
Dich, wie an einen Bruder. Umarme Deine Kinder für mich.
Meine Complimente an Madame Franchomme. — Dein ergebener
Freund   F. Chopin.
Madame Sand sendet Dir tausend Complimente.

Schloss Nohant, Indre 2. August [1844].

Liebster, ich war gestern in grosser Eile, als ich Dir schrieb,
Dich durch Maho an Meissonnier zu wenden, f a l l s S c h l e s i n g e r
s i c h w e i g e r t e, meine Compositionen zu nehmen. Ich vergass,
dass Henri Lemoine[3]) an Schlesinger für meine Etüden einen sehr
hohen Preis bezahlt hat, und dass ich meine Manuscripte lieber
von Lemoine als von Meissonnier stechen liesse. Ich mache Dir
viele Mühe, lieber Freund, aber ich schicke Dir hierbei einen Brief
für Lemoine: Lies ihn und arrangire Dich mit ihm. Er muss bis
zum 20. dieses Monats (August) entweder die Compositionen veröffentlichen oder die Titel registriren lassen; verlange nicht mehr
von ihm als 300 Franken für jede, also 600 Franken für beide.
Sage ihm, er könne wenn er wolle bis zu meiner Rückkehr nach
Paris mit der Zahlung warten. Gieb ihm beide Stücke sogar für
500 Franken, wenn Du es für nöthig hältst; dies wäre mir noch
lieber, als sie an Meissonnier für 600 Franken zu geben, wie ich
Dir gestern in der Zerstreuung geschrieben habe. Hast Du jedoch

---

[1]) S. den nächsten Brief.
[2]) Ein Pariser Musikverleger. Bei ihm erschienen im folgenden Jahr (1845)
Chopin's *Berceuse* Op. 57 und H-moll-Sonate Op. 58. Die in diesem und in
den nächsten zwei Briefen erwähnten Compositionen sind die *Deux Nocturnes*
Op. 55 und die *Trois Masurkas* Op. 56.
[3]) Ein Pariser Musikverleger.

inzwischen mit M. abgemacht, so liegt die Sache anders; wenn aber nicht, so lasse sie nicht unter 1000 Franken; denn Maho könnte, als Vertreter Härtel's (der mich gut bezahlt), meine Preise für Deutschland herabsetzen, wenn er erfährt, dass ich meine Compositionen in Paris so billig weggebe. Ich plage Dich viel mit meinen Angelegenheiten; es ist aber nur für den Fall, dass Schlesinger dabei bleibt, das Erscheinen hinauszuschieben. Wenn Du glaubst, dass Lemoine für die zwei Werke 800 Franken geben würde, so verlange diese. Ich habe ihm nichts vom Preise geschrieben, um Dir völlige Freiheit zu lassen. Ich darf keine Zeit verlieren, weil die Post abgeht. Ich umarme Dich, lieber Bruder — schreibe mir eine Zeile. — Ganz der Deine   Chopin.

Meine Grüsse an Deine Gattin. Tausend Küsse Deinen Kindern.

Nohant, Montag 4. August [1844].

Liebster, ich habe auf Deine Freundschaft bestimmt gerechnet, daher hat mich auch die Promptheit, mit welcher Du die Schlesinger-Affaire in Ordnung gebracht, durchaus nicht überrascht. Ich danke Dir dafür von ganzem Herzen und erwarte mit Ungeduld den Moment, wo ich Dir einen ähnlichen Dienst leisten kann. Ich stelle mir vor, dass bei Dir zu Hause Alles wohl ist, dass Madame Franchomme und Deine lieben Kinder gesund sind, und dass Du mich liebst, wie ich Dich liebe. — Ganz der Deine

F. Ch.

Madame Sand umarmt Deinen lieben dicken Bengel [*fanfan*], und sendet Dir einen herzlichen Händedruck.

Schloss Nohant, 20. September 1844.

Liebster, wenn ich Dir nicht früher geschrieben habe, so war es, weil ich hoffte, Dich noch in dieser Woche in Paris wiederzusehen. Da meine Abreise aufgeschoben ist, schicke ich Dir eine Zeile für Schlesinger, damit er Dir das Geld für meine letzten Manuscripte auszahle, nämlich 600 Franken (von denen Du 100 für mich aufheben wirst). Ich hoffe, er wird damit keine Schwierigkeiten machen; wenn dennoch, so bitte ihn um eine sofortige kurze schriftliche Antwort (aber ohne Dich dabei zu ereifern), schicke sie mir und ich werde direct an Leo schreiben, dass er Dir die 500 Franken, welche Du die Güte hattest mir zu leihen, Dir noch vor Ende des Monats zurückerstatte.

Was soll ich noch weiter sagen? Ich denke noch oft an unsern letzten Abend mit meiner lieben Schwester.[1] Wie glücklich war sie, Dich zu hören! Sie hat mir inzwischen von Strassburg aus darüber geschrieben und mich auch gebeten, sie Dir und

---

[1]) Seine Schwester Louise, die zum Besuch bei ihm gewesen war.

Madame Franchomme zu empfehlen. Ich hoffe, dass Ihr Alle wohl
seid, und dass ich Euch auch so wiederfinden werde. Schreibe
mir und habe mich lieb, wie ich Dich lieb habe. Dein alter
[Gekritzel].
Tausend Grüsse an Deine Gattin. Ich umarme Deine lieben
Kinder. Madame Sand sendet Dir viele Grüsse.

[Datum.]

Ich schicke Dir auch eine Quittung für Schlesinger, die Du
aber nur gegen baares Geld abgeben darfst. Noch einmal, werde
nicht ärgerlich, wenn er Umstände macht. Ich umarme Dich.
C.

30. August 1845.

Sehr lieber Freund, hierbei schicke ich Dir drei Manuscripte
für Brandus[1] und drei für Maho, der Dir dafür das Geld von
Härtel (1500 Franken) auszahlen wird. Uebergieb die Manuscripte
nicht eher als im Moment der Zahlung. Schicke mir in Deinem
nächsten Briefe einen 500-Franken-Schein und hebe mir den Rest
auf. Ich mache Dir viele Mühe und möchte sie Dir gern ersparen —
aber — aber —.

Bitte Maho, die für Härtel bestimmten Manuscripte ja nicht
zu verwechseln, denn, da ich die Leipziger Correcturen nicht lese,
ist es wichtig, dass meine Abschrift völlig leserlich sei. Bitte auch
Brandus, mir zwei Correcturen zu senden, von denen ich eine behalten kann.

Nun aber, wie geht es Dir, Deiner Gattin und ihren lieben
Kindern? Ich weiss, dass Ihr auf dem Lande seit — (wenn man
St. Germain so nennen kann) — das muss Euch Allen bei dem
beständig schönen Wetter unendlich wohlthun. Da bin ich wieder
bei meinem Ausstreichen! ich würde nicht enden, wenn ich mich
in eine Plauderei mit Dir stürzte, und doch habe ich nicht Zeit,
einen neuen Brief anzufangen, denn Eug. Delacroix, der bereit ist,
meine Botschaft für Dich mitzunehmen, reist gleich ab. Er ist einer
der wunderbarsten Künstler — ich habe entzückende Stunden mit
ihm verlebt. Er verehrt Mozart — kennt alle seine Opern auswendig.

Heute mache ich entschieden nur Klexe — verzeihe sie mir.
Auf Wiedersehen, lieber Freund, ich liebe Dich stets und denke
täglich an Dich.

Grüsse Madame Franchomme bestens und umarme die lieben
Kinder.

---

[1] Brandus, dessen Name hier zum ersten Mal in Chopin's Briefen erscheint,
war der Nachfolger Schlesinger's.

9*

22. September 1845.

Sehr lieber Freund, ich danke Dir von ganzem Herzen für alle Deine Laufereien zu Maho und für Deinen Brief mit dem Gelde, den ich eben empfangen habe. Der Tag der Veröffentlichung scheint mir der richtige und ich habe Dich nur noch zu bitten, dass Du Brandus in Bezug auf mich oder meine Rechnungen [*sur mon compte ou sur mes comptes*] nicht einschlafen lässt.

Nohant, 8. Juli 1846.

Liebster Freund, wenn ich Dir nicht früher geschrieben habe, so war es nicht, weil ich nicht daran gedacht hätte, sondern weil ich wünschte, Dir zugleich meine armen Manuscripte zu senden, die noch nicht fertig sind. Dagegen schicke ich Dir hierbei einen Brief für Brandus. Sei so gut, ihn bei Uebergabe desselben um eine Antwort zu bitten, welche Du mir dann freundlichst senden wirst; denn wenn irgend etwas Unvorhergesehenes eintritt, so muss ich mich an Meissonnier wenden, der mir dasselbe geboten hat.

Mein Guter, ich thue mein Möglichstes, um zu arbeiten, aber ich komme nicht von der Stelle; und wenn dieser Zustand anhält, so werden meine ferneren Productionen nicht mehr an den G e s a n g der G r a s m ü c k e n [*gazouillement des fauvettes*][1] noch auch an zerbrochenes Porzellan [*porcelaine cassée*] erinnern. Ich muss mich darein ergeben.

Schreibe mir. Ich liebe Dich wie nur je.

Tausend Grüsse an Madame Franchomme und viele Complimente von meiner Schwester Louise. Ich umarme Deine lieben Kinder.   [Datum.]

Madame Sand empfiehlt sich Dir und Deiner Gattin.

Schloss Nohant, bei La Châtre, 17. September 1846.

Liebster Freund, es thut mir sehr leid, dass Brandus fort ist und Maho noch nicht in der Lage, die Manuscripte anzunehmen, die er doch im Laufe dieses Winters so oft von mir verlangt hat. Man muss also warten; indessen bitte ich Dich um die Güte, sobald als Du es für möglich hältst, wieder hinzugehen, denn ich möchte nicht, dass sich diese Angelegenheit in die Länge zöge, nachdem ich, gleichzeitig mit der Abschrift an Dich, eine nach London geschickt habe. Sage ihnen davon nichts — wenn sie gewandte Geschäftsleute sind [*marchands habiles*], so können sie mich als ehrliche Leute [*en honnêtes gens*] betrügen. Da dies gegenwärtig meine ganze Habe ist, so wünschte ich, die Dinge nähmen eine andere Wendung. Sei auch so gut, ihnen meine

---

[1] Anspielung auf eine Bemerkung, die Jemand über seine Compositionen gemacht hatte.

Manuscripte nur gegen baare Zahlung zu überliefern, und schicke mir sofort einen 500-Franken-Schein mit Deinem Briefe; den Rest wirst Du mir bis zu meiner Rückkehr nach Paris (wahrscheinlich Ende October) aufheben. Tausend Dank, lieber Freund, für Dein gutes Herz und Deine freundschaftlichen Anerbietungen. Bewahre Deine Millionen für ein anderes Mal — ist es nicht schon genug, dass Du mir soviel von Deiner Zeit opferst?

[Folgen Grüsse an Franchomme's Familie und Erkundigungen nach ihrem Befinden.]

Madame Sand schickt Dir tausend Complimente und lässt sich Deiner Gattin empfehlen.   [Datum.]

Ich werde Madame Rubio[1]) antworten. Wenn Fräulein Stirling[2]) in St. Germain ist, so vergiss nicht, mich ihr wie auch der Frau Erskine zu empfehlen.

Hier nun dürfte der Ort sein, zu einem Ueberblick über die Compositionen der Jahre 1842—47, von deren Erscheinen in den obigen Briefen so vielfach die Rede war. Im Jahre 1843 erschienen: im Februar, *Allegro vivace, Troisième Impromptu* Op. 51 (Ges-dur), der Frau Gräfin Esterhazy gewidmet; im December, *Quatrième Ballade* Op. 52 (F-moll), der Frau Baronin C. de Rothschild gewidmet; *Huitième Polonaise* Op. 53 (As-dur), Herrn A. Leo gewidmet; *Scherzo* Op. 54 Nr. 4 (E-dur), Fräulein J. de Caraman gewidmet. Im Jahre 1844 erschienen: im August, *Deux Nocturnes* Op. 55 (F-moll und Es-dur), Fräulein J. H. Stirling gewidmet; *Trois Mazurkas* Op. 56 (A-moll, As-dur und Fis-moll), Fräulein C. Maberly gewidmet. Im Jahre 1845: im Mai, *Berceuse* Op. 57 (Des-dur), Fräulein Elise Gavard gewidmet; im Juni, *Sonate* Op. 58 (H-moll), der Frau Gräfin E. de Perthuis gewidmet. Im Jahre 1846: im April, *Trois Mazurkas* Op. 59 (A-moll, As-dur und Fis-moll); im September, *Barcarole* Op. 60 (Fis-dur), der Frau Baronin von Stockhausen gewidmet; *Polonaise-Fantaisie* Op. 61 (As-dur), Frau A. Veyret gewidmet; *Deux Nocturnes* Op. 62 (H-dur und E-dur), Fräulein R. von Könneritz gewidmet. Im Jahre 1847: im September, *Trois Mazurkas* Op. 63 (H-dur, F-moll und Cis-moll), der Frau

---

[1]) Vera geb. de Kologriwof, eine Schülerin Chopin's und Pariser Musiklehrerin; sie verheirathete sich mit einem Künstler Namens Rubio und starb im Sommer 1880 in Florenz.

[2]) Eine Schottin und Schülerin Chopin's, von der später noch die Rede sein wird. Frau Erskine war ihre ältere Schwester.

Gräfin L. Czosnowska gewidmet; *Trois Valses* Op. 64 (Des-
dur, Cis-moll und As-dur), der eine der Frau Gräfin Delphine
Potocka, der andere der Frau Baronin Nathaniel de Rothschild.
der dritte der Frau Baronin Bronicka gewidmet. Endlich im
October, *Sonate pour piano et violoncelle* Op. 65 (G-moll), Herrn
A. Franchomme gewidmet.

Von 1838 bis 1846 brachte Chopin, mit Ausnahme von 1840,
jedes Jahr regelmässig drei oder vier Monate in Nohant zu. Die
musikalischen Zeitungen kündigten Chopin's Rückkehr nach
Paris manchmal anfangs October, manchmal erst anfangs November an. Im Jahre 1844 muss er entweder ungewöhnlich
lange in Nohant geblieben sein, oder im Winter dort einen Besuch gemacht haben, denn wir lesen in der *Gazette musicale*
vom 5. Januar 1845: „Chopin ist nach Paris zurückgekehrt und
hat eine neue grosse Sonate sowie *variantes* mitgebracht. Diese
beiden wichtigen Werke werden nächstens erscheinen."[1]) George
Sand dehnte ihren Aufenthalt in Nohant meist bis ziemlich weit
in den Winter aus, zum grossen Kummer ihres *malade ordinaire*
(wie Chopin sich selbst zu nennen pflegte), der ihre Rückkehr
nach Paris stets mit Ungeduld erwartete.

Nach Liszt war die Gegend und das Leben im Schlosse so
sehr nach Chopin's Geschmack, dass er um ihretwillen eine Gesellschaft in den Kauf nahm, die ihm wenig zusagte. George
Sand stellt die Sache anders dar. Sie sagt, das zurückgezogene
Leben und die Stille auf dem Lande sei Chopin weder physisch
noch moralisch zuträglich gewesen; er liebe das Landleben nur
für etwa vierzehn Tage, dann ertrage er es nur ihr zu Liebe;
es zu verlassen habe er nie bedauert. Mag Chopin das Landleben geliebt haben oder nicht, mögen George Sand's Freunde
in Berry und ihre Gäste von überall her nach seinem Geschmacke
gewesen sein oder nicht, soviel ist sicher, dass er Paris und
seinen Pariser Verkehr dort vermisste.

---

[1]) Die hier erwähnte neue Sonate ist die in H-moll Op. 57, welche im
Juni 1845 erschien. Dem andern oben erwähnten Werke gegenüber bin ich
einigermaassen in Verlegenheit. Ist das Wort buchstäblich, im Sinne von „verschiedene Lesarten" d. h. neue Lesarten von bereits bekannten Werken zu nehmen
(was freilich aus dem Zusammenhange nicht hervorgeht), oder bezieht es sich
auf die Variationen-artige Form der Berceuse Op. 58, die im Mai 1845 erschien,
oder endlich ist es einfach ein Druckfehler?.

„Von allen Mühseligkeiten, die ich nicht nur zu ertragen
sondern auch zu bekämpfen hatte, war die Pflege meines *malade
ordinaire* nicht die kleinste" sagt George Sand. „Chopin sehnte
sich stets nach Nohant und konnte es doch niemals dort aus-
halten." Und bezüglich der späteren Jahre, als die durch innere
Leiden in seiner Constitution angerichtete Verwüstung mehr und
mehr sichtlich wurde, bemerkt sie: „Nohant war ihm zuwider
geworden. Bei seiner Ankunft im Frühling war er für kurze
Zeit in einem Zustand des Entzückens; sobald er sich aber an
die Arbeit machte, so nahm Alles um ihn her eine düstere
Färbung an."

Bevor wir in Chopin's Arbeitszimmer einen verstohlenen
Blick werfen und ihn bei seinem Schaffen beobachten, wollen
wir ein Bild des *château* in Nohant und des dortigen Lebens
zu gewinnen suchen. „Die Eisenbahn ging damals [August 1846]
nicht weiter als bis nach Vierzon"[1] schreibt Matthew Arnold in
seinem Berichte eines Besuches bei George Sand, und fährt fort:

Von Vierzon nach Châteauroux reise man mit einer gewöhnlichen Diligence, von Châteauroux nach La Châtre mit einer bescheideneren, von La Châtre nach Broussac mit der denkbar bescheidensten. In Broussac hört die Diligence auf und es beginnt
die *patache*. Zwischen Châteauroux und La Châtre, eine oder
zwei [englische] Meilen vor letzterem Orte, passirt man das Dorf
Nohant. Das *château* Nohant, in welchem George Sand lebt, ist
ein einfaches Haus am Wege mit einem umzäunten Garten. Nicht
weit davon fliesst der Indre zwischen Baumreihen durch die Wiesen.

Das Schloss Nohant ist in der That, wie Matthew Arnold
sagt, ein einfaches Haus, und nur das Dach mit seinen unsym-
metrisch vertheilten Mansarden und seinen Schornsteinen von
verschiedener Grösse lässt es einigermaassen malerisch erscheinen,
während das Erdgeschoss mit seinen drei Fenstern auf jeder
Seite der Mittelthür und der siebenfenstrige erste Stock den
Eindruck der Geräumigkeit machen.

Liszt erzählt, im Rückblick auf seinen und seiner Freundin,
der Gräfin d'Agoult, dreimonatlichen Besuch in Nohant im Sommer 1837 — d. h. bevor die engeren Beziehungen zwischen
George Sand und Chopin begonnen hatten — dass die Herrin

---

[1] Die Eröffnung der Fortsetzung der Linie bis Châteauroux wurde täglich
erwartet.

des Hauses und, ihre Gäste die Tage mit der Lectüre guter
Bücher, mit Correspondenz, weiten Spaziergängen an den Ufern
des Indre sowie ähnlichen einfachen Vergnügungen verbracht
haben. Abends versammelten sich Alle auf der Terrasse; dort
sassen sie unter den Zweigen der vom Lichte der Lampen phantastisch beleuchteten Bäume, lauschten dem Gemurmel des Flusses
und den Trillern der Nachtigallen, athmeten den süssen Duft
der Linden und den stärkeren Geruch des Lärchenbaumes ein,
bis die Gräfin auszurufen pflegte: „Da seid Ihr wieder bei Euren
Träumereien, Ihr unverbesserlichen Künstler! Wisst Ihr nicht,
dass die Stunde der Arbeit gekommen ist?" Dann ging George
Sand an ihren Schreibtisch und Liszt an die Partituren der alten
Meister, deren Geheimnisse er darin zu erforschen suchte.[1]
    So war Nohant in ruhigen Tagen. Indessen war die Ruhe
keine ununterbrochene, denn George Sand war äusserst gastfrei,
hielt buchstäblich offenes Haus für ihre Freunde und vergass
dabei häufig ihr *credit* und *debet*. Die folgende Stelle eines ihrer
Briefe an ihren Halb-Bruder Hippolyte Châtiron aus dem Jahre
1840 giebt ein deutliches Bild ihrer Verhältnisse:

> Wenn Du mir garantirst, dass ich den Sommer über mit vier-
> tausend Franken in Nohant auskomme, werde ich hingehen. Bis-
> her habe ich dort nie weniger als fünfzehnhundert Franken monat-
> lich ausgegeben, und da ich hier nicht einmal die Hälfte verbrauche,
> so ist es weder die Liebe zur Arbeit, noch Verschwendungssucht,
> noch Durst nach Ruhm, was mich zum Bleiben veranlasst.
>
> Ich weiss nicht, ob man mich bestohlen hat; aber bei meinem
> Charakter und meiner Sorglosigkeit weiss ich kein Mittel dagegen,
> namentlich in Anbetracht der Grösse des Hauses und der opulenten
> Lebensweise in Nohant. Hier sehe ich klar; Alles geht unter
> meinen Augen vor sich, wie ich es mir gedacht und wie ich es
> angeordnet habe. In Nohant sind, unter uns gesagt, häufig schon
> ein Dutzend Gäste im Hause installirt, bevor ich noch aufgestanden
> bin. Was kann ich thun? Spiele ich die Oekonomische, so wird
> man mich der Filzigkeit beschuldigen; lasse ich Alles gehen, so
> komme ich nicht mit meinem Gelde aus. Sieh Du zu, ob Du einen
> Ausweg findest.

    George Sand's Briefe gewähren manchen intimen Einblick
in das Leben von Nohant. Den bereits in früheren Abschnitten
citirten Auszügen seien hier noch einige hinzugefügt.

---

[1] Liszt. „Essays und Reisebriefe eines Baccalaureus der Tonkunst" Bd. II
S. 146 und 147 der gesammelten Schriften.

George Sand an Frau Marliani; Nohant, 13. August 1841:

„Alle meine Nächte sind mit Arbeit und Anstrengung hingegangen. Die Tage habe ich in Gesellschaft Paulinen's[1]) mit Spazierengehen und Billardspielen zugebracht, dies alles aber reisst
mich derart aus meiner Indolenz und meinen Faulheits-Gewohn-
heiten heraus, dass ich des Nachts, anstatt schnell zu arbeiten, bei
jeder Zeile in albernster Weise einnicke . . . Viardot bringt seine
Tage in meines Bruders und Papet's Gesellschaft mit Wildern zu;
denn die Jagd ist noch nicht eröffnet, und sie fordern so das gött-
liche wie das menschliche Gesetz heraus. Pauline geht mit Chopin
Massen von Partituren am Clavier durch. Sie ist stets gut und
liebenswürdig, wie Sie sie kennen.

George Sand an Fräulein de Rozières; Nohant, 15. Oct. 1841:

Papet weilt im Dickicht des Waldes, wenigstens in Erymanthos,
um den Eber zu jagen. Chopin ist in Paris und, wie er sagt, wieder in seine Zweiunddreissigstel versunken.

George Sand an Frl. de Rozières; Nohant, 9. Mai 1842:

Schnell an die Arbeit! Ihr Meister, der grosse Chopin, hat
vergessen (obwohl er es sich bestimmt vorgenommen) ein schönes
Geschenk für Françoise, meine treue Dienerin, zu kaufen, für die
er mit vollem Rechte schwärmt.

Er bittet Sie desshalb, ihm sofort vier Ellen Spitze zu schicken,
mindestens zwei Finger breit und zum Preise von zehn Franken
die Elle; ferner einen Châle von beliebigem Stoffe im Preise von
vierzig Franken . . . Dies also ist das fürstliche Geschenk, um
dessen Besorgung Ihr „hochverehrter Meister" bittet, und zwar mit
jener Dringlichkeit, welche seiner Freude am Schenken entspricht,
und mit jener Ungeduld, mit der er Kleinigkeiten zu betreiben
pflegt.

Der mit George Sand befreundete Charles Rollinat, ein
Bruder des sehr intimen und geschätzten Freundes George Sand's,
François Rollinat,[2]) veröffentlichte in der Zeitung *Le Temps* vom

---

[1]) Pauline Viardot.

[2]) Charles Rollinat, François' jüngerer Bruder, ging später nach Russland,
wo er, wie George Sand sagt (S. Brief an Edmond Plauchut vom 8. April 1874),
fünfundzwanzig Jahre lang als „professeur de musique et haut enseignement,
avec une bonne place du gouvernement" wirkte. Er gewann dabei ein Vermögen, verlor es aber wieder und behielt nur so viel, um ruhig in Italien leben
zu können. Hier versuchte er sein spärliches Einkommen durch literarische

1. September 1874 ein anmuthiges *Souvenir de Nohant,* wo wir das *château* von zahlreicher Gesellschaft belebt sehen:

Die Gastfreundschaft dort war eine behagliche, jeder Einzelne genoss unbeschränkte Freiheit. Es gab Flinten und Hunde für die, welche die Jagd liebten, Kähne und Netze für die Freunde des Fischfanges, einen prächtigen Garten zum Spazierengehen. Jeder that, was er mochte. Liszt und Chopin componirten; Pauline Garcia studirte an ihrer Rolle im „Propheten"; die Herrin des Hauses schrieb an einem Roman oder einem Drama und so alle Andern. Um sechs Uhr kam man zum Speisen zusammen und trennte sich erst um zwei oder drei Uhr morgens.

Chopin spielte selten. Er konnte sich nur dazu entschliessen, wenn er seiner Sache völlig gewiss war. Um nichts auf der Welt hätte er sich dazu verstanden etwas Mittelmässiges hören zu lassen. Liszt dagegen spielte immer, bald gut bald schlecht.

Leider besteht der grössere Theil des Rollinat'schen *Souvenir* in „Dichtung ohne Wahrheit". Nichts destoweniger wollen wir seine artigen Geschichten nicht ganz bei Seite lassen.

Eines Abends, als Liszt ein Stück von Chopin mit von ihm selbst erfundenen Verzierungen vortrug, wurde der letztere ungeduldig und sagte schliesslich, da er sich nicht länger bemeistern konnte, mit seinem englischen Phlegma zu Liszt:

„Ich bitte Dich, mein Lieber, wenn Du mir die Ehre erweisest, ein Stück von mir zu spielen, so spiele es, wie ich es geschrieben habe, oder lieber etwas Anderes: Chopin allein hat das Recht, an Chopin etwas zu verändern."

„Gut! spiele Du selbst!" sagte Liszt, indem er etwas piquirt aufstand.

„Mit Vergnügen" sagte Chopin.

In diesem Augenblick löschte eine Motte die Lampe aus. Chopin wünschte, dass man sie nicht wieder anzündete und spielte im Dunkeln. Als er geendet hatte, überschütteten ihn seine entzückten Zuhörer mit Complimenten, und Liszt sagte: „Wirklich mein Freund, Du hattest recht! Die Werke eines Genies wie das Deine sind geheiligt, es ist eine Entweihung, an sie zu rühren. Du bist ein wahrer Dichter, und ich bin nur ein Kunststückmacher."

Chopin erwiderte darauf: „Wir haben jeder unser Genre."

Arbeiten (Uebersetzungen aus dem Russischen) zu vermehren. George Sand sagt in der Erinnerung an längst vergangene Tage: „Il chantait comme on ne chante plus, excepté Pauline [Viardot-Garcia]!"

Weiter erzählt Rollinat seinen Lesern, dass Chopin, in der
Meinung, er habe Liszt an jenem Abend besiegt, sich dessen
gerühmt und geäussert habe: „Wie er sich ärgerte!" Er muss
aber wohl selbst gefühlt haben, dass dieser Theil seiner Erzählung die Gläubigkeit seiner Leser auf eine zu harte Probe stellt,
denn er hält es für nöthig, sie zu versichern, dies seien die
ipsissima verba Chopin's. Nun, die betreffenden Worte kamen
Liszt zu Ohren und dieser beschloss sofort, dafür Revanche zu
nehmen.

Fünf Tage nachher waren die Freunde an demselben Ort
und zur selben Tageszeit wiederum versammelt. Liszt bat Chopin
zu spielen und liess alle Lichter auslöschen und alle Vorhänge
zuziehen; als sich aber Chopin an das Clavier setzen wollte,
flüsterte Liszt ihm etwas ins Ohr und setzte sich an seiner Stelle
hin. Dann spielte er dieselbe Composition, welche Chopin das
letzte Mal gespielt hatte und die Zuhörer waren wieder entzückt.
Nachdem er das Stück zu Ende gespielt, zündete er die auf dem
Clavier stehenden Lichter an, worauf allgemeines Staunen erfolgte.

„Was sagst Du nun?" fragte Liszt seinen Rivalen.
„Ich sage, was Jeder sagt; auch ich glaubte es sei Chopin."
„Du siehst" sagte der Virtuose indem er aufstand „dass Liszt,
wenn er will, Chopin sein kann; könnte aber Chopin wohl Liszt
sein?"

Anstatt die Frage zu erörtern, ob es wahrscheinlich ist,
dass ein edeldenkender Künstler seinem reizbaren Rivalen so
grausam mitgespielt habe, will ich nur einfach constatiren, dass
Liszt nicht die leiseste Erinnerung daran hatte, Chopin's Spiel
in einem dunklen Zimmer nachgeahmt zu haben. Einige Körnchen Wahrheit mögen in alle diese Phantasie-Spreu gemischt
sein — Chopin's Unzufriedenheit mit den Freiheiten, die sich
Liszt beim Vortrag seiner Compositionen nahm, gehört ohne
Zweifel zu jenen Körnchen — es ist aber unmöglich, die einen
von der andern zu sondern.

Rollinat berichtet auch, dass 184—. als Chopin, Liszt, die
Gräfin d'Agoult, Pauline Garcia, Eugène Delacroix, der Schau-
spieler Bocage und andere Berühmtheiten in Nohant waren, das
Clavier in einer Mondnacht auf die Terrasse gestellt worden sei;

dass Liszt den Jägerchor aus Weber's „Euryanthe" gespielt;
dass Pauline Garcia *Nel cor più non mi sento*, und eine Nichte
George Sand's ein Volkslied gesungen; dass das Echo den Mu-
sicirenden geantwortet, und dass nach der Musik die Gesellschaft,
zu welcher auch eine Anzahl von Freunden aus der Nachbar-
stadt gehörte, Punsch getrunken habe und bis zum Morgengrauen
beisammen geblieben sei. Aber auch hier ist Rollinat's Zuverlässigkeit auf allen Seiten in Frage gestellt. Frau Viardot-Garcia
erklärt, sie sei niemals mit Liszt zusammen in Nohant gewesen,
und Liszt erinnerte sich nicht, jemals auf der Terrasse des
château gespielt zu haben. Ist ferner anzunehmen, dass Frau
Pauline Garcia ihre Rolle im „Propheten" 1846 oder früher
studirt habe, während die erste Aufführung dieser Oper erst am
16. April 1849 stattgefunden hat? Hat sie dies aber nicht gethan, so konnte sie auch nicht mit Chopin in Nohant zusammen
sein und gleichzeitig an ihrer Rolle studiren.

Zuverlässiger erweist sich Rollinat, wenn er uns erzählt,
dass sich im *château* ein niedliches Theater sowie ein stattlicher
Vorrath von Kostümen befunden habe; dass die dort aufge-
führten Dramen und Komödien von den Schauspielern impro-
visirt seien, nachdem man sich über den Stoff und die Scenen-
Eintheilung besprochen habe; dass Chopin und Liszt auf zwei,
hinter Vorhängen verborgenen, rechts und links von der Bühne
aufgestellten Clavieren den musikalischen Theil improvisirt haben.
Alles dieses aber ist so viel besser und so viel ausführlicher von
George Sand *(Dernières Pages: Le Théâtre des Marionettes de
Nohant)* erzählt, dass wir lieber ihr das Wort geben wollen.
Es war in den langen Nächten eines Winters, dass sie den Plan
dieser Privat-Aufführungen, einer Nachahmung der *comedia dell'
arte*, erdachte, nämlich von Stücken „mit improvisirtem Dialog
nach Angabe einer hinter der Scene angeschlagenen schriftlichen Skizze".

Diese Aufführungen hatten Aehnlichkeit mit den Charaden,
welche man in Gesellschaften darstellt und die sich je nach der
Zahl und dem Talent der Darsteller mehr oder weniger entwickeln.
Mit diesen hatten wir begonnen, nach und nach aber verschwand
die Charade und wir gaben zuerst tolle *saynètes*, dann Intriguen-
und Abenteuer-Comödien und endlich ereignissreiche und aufregende
Dramen. Das Ganze hatte mit der Pantomime begonnen und dies
war Chopin's Erfindung; er improvisirte am Clavier, während die

jungen Leute Scenen darstellten und komische Tänze aufführten. Ich brauche nicht weiter auszumalen, wie diese bald wunderbaren, bald reizvollen Improvisationen auf die Ohren der Zuhörer und die Beine der Tänzer wirkten. Die letzteren trug der Künstler auf den Flügeln seiner Phantasie, wohin es ihm immer beliebte, vom Scherz zum Ernste, vom Burlesken zum Feierlichen, vom Anmuthigen zum Leidenschaftlichen. Wir improvisirten Kostüme, um nach einander in verschiedenen Rollen zu erscheinen, und sobald Chopin einen Darsteller auftreten sah, passte er Inhalt und Form seines Spiels mit wunderbarem Geschicke der betreffenden Rolle an. Dies wiederholte sich an drei Abenden, worauf der Meister nach Paris abreisen musste, uns in höchstem Grade angeregt zurücklassend sowie entschlossen, den Funken zu bewahren, durch den er uns electrisirt hatte.

Um den Flugsand der *Souvenirs* hinter uns zu lassen — denn auch George Sand's Mittheilungen wurden erst mehr als dreissig Jahre nach den betreffenden Vorfällen niedergeschrieben und erst 1877 veröffentlicht — wollen wir uns der in jene Zeit fallenden Correspondenz des berühmten Freundes George Sand's, des Malers Eugène Delacroix zuwenden.[1]) Der Leser wird sich angenehm berührt finden durch die frische Brise der in diesen Briefen waltenden Realität, durch die in ihnen enthaltenen, von jeglicher Affectation und Effecthascherei freien, an natürlicher Schönheit reichen Darstellungen:

Nohant, 7. Juni 1842.

... Der Aufenthalt ist sehr angenehm und die Wirthe thun alles, um mir zu gefallen. Wenn wir nicht, wie bei den Mahlzeiten, beim Billiardspiel oder auf Spaziergängen zusammen sind, so bleibt jeder in seinem Zimmer und liest oder ruht auf seinem Sopha. Von Zeit zu Zeit dringen durch das nach dem Garten gehende geöffnete Fenster vereinzelte Klänge von Chopin's Clavier, die sich, während er in seinem Zimmer arbeitet, mit dem Gesange der Nachtigallen und dem Duft der Rosenbüsche vermischen. Ich bin also, wie Du siehst, einstweilen nicht zu beklagen und dennoch fehlt mir die Arbeit als Würze des Ganzen. Das Leben ist hier zu leicht, es müsste durch einige Gehirn-Anstrengung erkauft werden; und wie der Jäger mit grösserem Appetit isst, nachdem er sich durch Gestrüpp durchgeschlagen hat, so müsste man sich auch hier im Ringen nach Gedanken erschöpfen, um nachher die Freuden des Nichtsthuns zu geniessen.

---

[1]) *Lettres de Eugène Delacroix (1815 à 1863) recueillies et publiées par M. Philippe Burty.* Paris, 1878.

Nohant, 14. Juni 1842.

. . . Obwohl ich mich geistig und körperlich in der angenehmsten Verfassung befinde, denn es geht mir viel besser, so kann ich mich doch nicht enthalten, an die Arbeit zu denken. Wie seltsam: diese Arbeit ist so anstrengend, und dennoch ist die Art der Anregung, welche sie dem Geist giebt, auch dem Körper nöthig. Was hilft mir meine Passion für das Billiardspiel, in welchem ich täglich Unterricht nehme, was die interessanten Unterhaltungen über jedes mich fesselnde Thema, was die Musik, die ich im Fluge erhasche und Hauchweise geniesse — ich empfinde das Bedürfniss etwas zu thun. Ich habe eine „heilige Anna" für die Dorfkirche begonnen und sie bereits einigermaassen vorwärts gebracht.

Nohant, 22. Juni 1842.

. . . Feder und Dinte werden mir entschieden mehr und mehr zuwider. Ich habe Dir so wenig zu berichten, wie Du mir. Ich führe ein Klosterleben, so einförmig als möglich, durch keinerlei Ereigniss unterbrochen. Wir erwarteten Balzac, der aber nicht gekommen ist, was ich wenig bedaure. Er ist ein Schwätzer, der die Harmonie der *nonchalance*, deren ich mich hier erfreue, gestört haben würde; hier und da ein bischen malen, Billiard spielen und spazierengehen ist mehr als genügend, um den Tag auszufüllen. Wir haben nicht einmal die Zerstreuung der Besucher von Nachbarn und Freunden aus der Umgegend; hier bleibt Jeder für sich und sorgt für sein Rindvieh und seine Ländereien. Man könnte hier in kurzer Zeit zur Mumie werden.

Mit Chopin, einem Manne von hoher Bedeutung, den ich sehr liebe, habe ich unabsehbar lange Zwiegespräche; er ist der echteste Künstler, dem ich noch begegnet bin. Er ist einer der Wenigen, die man bewundern und achten kann. Frau Sand leidet häufig an heftigen Kopf- und Augenschmerzen, welche sie mit grosser Energie überwindet, um uns durch ihre Klagen nicht zu belästigen. Das bedeutendste Ereigniss meines hiesigen Aufenthalts war ein Bauernball auf dem Rasenplatz vor dem *château*, unter Mitwirkung der besten Sackpfeifer der Gegend. In der Bevölkerung dieser Provinz finden sich Typen bemerkenswerther Sanftmuth und Gutherzigkeit; Hässlichkeit ist selten, ohne dass die Schönheit gerade in die Augen spränge, aber es fehlt jenes Fieberhafte, welches an den Bauern der Umgegend von Paris auffällt. Die Frauen haben alle jene sanften Mienen, die wir von den Bildern der alten Meister her kennen. Jede von ihnen ist eine „heilige Anna".

Inmitten der Unnatur, Unaufrichtigkeit und Oberflächlichkeit des gesellschaftlichen Verkehrs Chopin's bildet die Freundschaft mit Delacroix — denn wir haben schon gesehen, dass der Musiker die Gefühle des Malers erwiederte — eine Oase in der Wüste. Als Delacroix am 28. October 1849, wenige Tage nach Chopin's Tode, einem Freunde eine Einladung zu der für den Verstorbenen veranstalteten Feier schickte, sprach er von ihm als „mein armer und lieber Chopin". Am Deutlichsten aber spricht sich Delacroix' aufrichtige Hochachtung und zärtliche Liebe für Chopin in einem am 7. Januar 1861 von ihm an den Grafen Czymala [Grzymała] gerichteten Briefe aus, in welchem es heisst:

Sobald ich fertig bin [mit den seine ganze Zeit beanspruchenden Arbeiten] werde ich es Sie wissen lassen und ich werde Sie wiedersehen, mit demselben Vergnügen wie früher und mit den Empfindungen, welche Ihr lieber Brief auf's Neue in mir erweckt hat. Mit wem könnte ich lieber meine Gedanken austauschen, über das unvergleichliche Genie, um welches der Himmel die Erde beneidet hat, von dem ich häufig träume, seit es dieser Welt entrückt ist und ich seine verklärten Harmonien nicht mehr hören kann.

Sehen Sie einmal die liebenswürdige Fürstin Marcelline [Czartoryska], ein anderer Gegenstand meiner Verehrung, so legen Sie ihr die Huldigung eines Armen zu Füssen, der nicht aufhören wird, sich ihrer Güte zu erinnern und ihr Talent zu bewundern, ein anderes Bindeglied mit dem Seraph, den wir verloren haben und der nun in höheren Sphären weilt.

Die drei ersten der obigen Auszüge aus Delacroix' Briefen geben uns einen deutlichen Begriff vom täglichen Leben Nohants und wir können uns vorstellen, dass die Einförmigkeit desselben auf den anregungsbedürftigen Chopin verstimmend wirken musste. Allerdings fand er dabei auch seinen Vortheil, sofern er sich in Nohant ungestört dem Componiren ergeben konnte, während in Paris seine Zeit durch Unterrichtgeben und gesellschaftliche Vergnügungen zersplittert wurde. Wir haben mehr als genügende Beweise, dass Chopin in dieser Hinsicht die Ruhe und Musse der ländlichen Zurückgezogenheit gut benützt hat.

Mit der Frage nach der Art des künstlerischen Schaffens haben sich die Freunde der Kunst und Literatur stets mit Vorliebe beschäftigt. Wie interessant ist uns z. B. Schindler's Bericht über Beethoven's Zustand während der Composition der *Missa solemnis*, über seine völlige Erden-Entrücktheit, sein Singen, Brüllen und Stampfen während der Geburtswehen der Fuge des *Credo!* Was übrigens die Tonkünstler anlangt, so wissen wir

darüber im Allgemeinen sehr wenig, und hätte nicht George
Sand ihre Erinnerungen aufgezeichnet, so würde ich dem Leser
über Chopin's Art des Schaffens kaum etwas mittheilen können.
Von Gutmann erfuhr ich, dass sein Lehrer lange an einer Composition arbeitete, bevor er sie zu Papier brachte, dass er
sie aber, nachdem er sie einmal aufgeschrieben, nicht lange
mehr in seiner Mappe bewahrte. Dem letzteren Theil dieser
Mittheilung widerspricht eine Bemerkung Fontana's, der, besser
unterrichtet, in seinem Vorwort zu Chopin's nachgelassenen
Werken sagt, der Componist habe, sei es aus Eigensinn oder
aus Bequemlichkeit, die Gewohnheit gehabt, seine Manuscripte
manchmal sehr lange in der Mappe zu behalten, bevor er sie
der Oeffentlichkeit übergab. Da George Sand den Componisten
mit künsterischem Auge und Interesse beobachtete, und selbstverständlich auch besser als irgend Jemand Gelegenheit dazu
hatte, so sind ihre Bemerkungen besonders werthvoll:

Sein Schaffen war unmittelbar, mirakulös. Die Gedanken kamen
ihm ungesucht, unerwartet. Sie kamen ihm am Clavier, plötzlich,
vollständig, erhaben, oder sie summten ihm während eines Spazierganges im Kopfe herum, so dass er sich beeilen musste, sie auf das
Instrument zu werfen, um sie sich selbst hörbar zu machen. Dann
aber begann die peinlichste Arbeit, deren ich jemals Zeuge gewesen
bin, eine Reihe von Anstrengungen, Zweifeln und ungeduldigen Versuchen, um gewisse Einzelheiten des innerlich Gehörten wiederzufinden und festzuhalten: Was er aus einem Gusse concipirt hatte,
suchte er beim Aufschreiben ängstlich zu analysiren, und der Verdruss, nicht Alles wie er es wünschte wieder zusammenzubringen,
setzte ihn in einen Zustand der Verzweiflung. Dann schloss er sich
ganze Tage in seinem Zimmer ein, weinte, lief auf und ab, zerbrach
seine Feder, wiederholte und veränderte hundert Mal einen Takt,
den er eben so oft aufschrieb und wieder ausstrich, und begann
am folgenden Tage wieder mit ängstlicher und verzweifelnder Beharrlichkeit. Er konnte so sechs Wochen bei einer Seite zubringen,
um sie schliesslich so zu schreiben, wie er sie am ersten Tage auf
das Papier geworfen.

Lange Zeit hat mein Einfluss ihn zu bestimmen vermocht, sich
auf seine ersten Inspirationen zu verlassen; als er mir aber nicht
mehr volles Vertrauen schenkte, warf er mir in sanfter Weise vor,
ihn verzogen zu haben und nicht strenge genug mit ihm gewesen
zu sein. Ich versuchte dann ihn zu zerstreuen, veranlasste ihn zu
Ausflügen, bei denen ich manchmal meine ganze Sippschaft auf
einem ländlichen Fuhrwerk mitnahm, und riss ihn so gegen seinen
Willen aus seiner Arbeitsqual heraus. Ich nahm ihn mit an die

Creuse und nachdem wir uns zwei oder drei Tage lang in Regen und Sonnenschein auf entsetzlichen Wegen herumgetrieben, kamen wir lachend und ausgehungert an irgend einem herrlich gelegenen Punkte an, wo er wie neugeboren schien. Am ersten Tage war er von Mattigkeit wie zerbrochen, aber er konnte schlafen! Am letzten Tage war er völlig neu belebt und kehrte verjüngt nach Nohant zurück, wo er dann ohne besondere Anstrengung den Abschluss seiner Arbeit fand; aber nicht immer gelang es, ihn zu bestimmen, sein Clavier, welches für ihn weit öfter eine Qual als eine Freude war, zu verlassen und er zeigte sich mehr und mehr verstimmt, wenn ich ihn störte. Unter diesen Umständen hatte ich nicht den Muth, meine Pläne durchzusetzen. Wenn Chopin sich ärgerte, so hatte er etwas Beunruhigendes, und indem er sich mir gegenüber stets bekämpfte, schien er in Gefahr zu ersticken oder zu sterben.

Ein Kritiker bemerkt bezüglich dieses Berichtes, Chopin's Art des Schaffens bekunde nicht Genie sondern nur Leidenschaft, woraus wir schliessen können, dass Carlyle's Definition des Genies, als „die Fähigkeit, sich unendliche Mühe zu geben", die Zustimmung des erwähnten Kritikers nicht gefunden hätte. Auch ist diese Definition des grossen Historikers gewiss nicht völlig zutreffend, jedenfalls aber ist die Meinung grundfalsch, dass die grossen Künstler ihre Werke mit spielender Leichtigkeit zur Welt bringen, dass der Akt des künstlerischen Schaffens ein reiner Genuss sei. Beethoven's Skizzenbücher belehren uns eines Besseren, und ebenso Balzac's Correcturbogen sowie das Manuscript von Pope's Uebersetzung der Ilias und Odyssee im britischen Museum. Johnson bemerkt im Hinblick auf Milton's Manuscripte treffend: „An Reliquien dieser Art kann man erkennen, wie die Meisterschaft erworben wird." Goethe schreibt an Schiller, er möge ihm gewisse Capitel des „Wilhelm Meister" zurücksenden, damit er sie noch einige Male durchgehen könne, bevor sie gedruckt würden; und beim Wiederlesen eines derselben scheidet er ein Drittel des Inhalts aus. Auch ist die Leichtigkeit des Producirens noch kein Beweis für die Leichtigkeit der Arbeit, denn der betreffende Autor kann sein Werk im Kopfe beendet haben, bevor er es zu Papier bringt. Hierfür liefert uns Mozart ein überraschendes Beispiel, der seine Art zu Produciren als einen Prozess des Anhäufens, Verschmelzens und Crystallisirens in einem Briefe an einen Freund selbst beschrieben hat. Die geistige Anlage bestimmt den Verlauf dieses Pro-

zesses. Gewisse Eigenschaften sind der Verwirklichung einer
ersten Conception günstig, andere wieder hindern sie. Zu den
ersteren gehören Schärfe und Schnelligkeit der Vorstellung, die
Fähigkeit, Verschiedenes mit einem Griffe zu erfassen und ein
gutes Gedächtniss. Wie verschieden aber auch die Art des
künstlerischen Schaffens sein mag, so ist doch eine fast uner-
lässliche Bedingung der Production eines Kunstwerkes von blei-
bendem Werth, jenes geduldige „sich Mühe geben", welches
William Hunt in seinen *Talks about Art* beschreibt: „Könntet
ihr mich graben und ächzen sehen, ausreiben und wieder anfangen, mich selbst hassen und mich elend fühlen! Die Werke
Derer, die es sich leicht machen, werden auch nur leichthin
angeschaut und leicht vergessen." Kurzum es ist nicht die Art
des Schaffens, sondern das Ergebniss desselben, welches den
Genius offenbart.

Da Chopin sich im Pavillon der Rue Pigalle nicht heimisch fühlte, so zog George Sand 1842 in die ruhige aristokratisch angehauchte Cité (Cour oder Square) d'Orléans, wo
ihre Freundin Frau Marliani für sie und die ihrigen ein *vie de
famille* arrangirt hatte. Man gelangt in die Cité d'Orléans
durch zwei Thorwege, von denen der erste von der Rue Tait-
bout (in der Nähe der Rue St. Lazare) in einen kleinen Vorhof
mit der Wohnung des Portiers, der zweite zu dem Square selbst
führt. Im Mittelpunkt der Cité ist ein Rasenplatz mit vier Blu-
menbeeten und einem Springbrunnen; zwischen dem Rasenpatz
und dem Fussweg längs den Häusern läuft ein Fahrweg. Die
den Square bildenden Häuser sind solide und ansehnlich, die
dem Eingang gegenüber gelegenen machen sogar Anspruch auf
architektonische Bedeutung. Die mit den Nummern 5, 4 und 3
bezeichneten Häuser der Frau Sand, der Frau Marliani und Chopin's lagen rechts, das letztere gerade in der ersten Ecke rechts
beim Eintreten. In Anbetracht der Vorliebe von Künstlern und
Literaten für die Cité d'Orléans hat man diese nicht unpassend ein
kleines Athen genannt. Zu den vielen Celebritäten, welche dort
gewohnt haben, gehört auch Alexander Dumas; Chopin's Nachbarn waren die berühmte Sängerin Pauline Viardot-Garcia,
der hervorragende Clavierlehrer Zimmermann und der Bildhauer
Dantan, in dessen berühmter Caricaturen-Gallerie auch Chopin
vertreten war. Frau Marliani, die schon wiederholt genannte

Freundin George Sand's und Chopin's, war die Gattin des spanischen Consuls in Paris, Manuel Marliani, Verfasser politischer Schriften[1]) und später Senator. Lenz nennt Frau Marliani eine spanische Gräfin und eine feine Dame; George Sand beschreibt sie als gutherzig und thätig, begabt mit einem leidenschaftlichen Kopf und einem mütterlichen Herzen, aber bestimmt, unglücklich zu sein, weil sie die Realität des Lebens mit ihren Idealen und den Forderungen ihrer Empfindung nicht in Einklang zu bringen vermochte. Einige Auszüge aus einem Briefe George Sand's an ihren Freund Charles Duvernet vom 12. November 1842 sowie eine Stelle aus ihrer *Histoire de ma vie* führen uns in die Cité d'Orléans und in das dortige Leben ein:

> Wir spielen auch eifrig Billard; ich habe ein allerliebstes in meinem Wohnzimmer, für welches ich monatlich zwanzig Franken Miethe bezahle, und mit Hülfe lieber Freunde nähern wir uns, so weit es in diesem melancholischen Paris möglich ist, dem Leben von Nohant. Was den Aufenthalt besonders ländlich macht, ist noch der Umstand, dass ich mit der Familie Marliani in demselben Square wohne, und Chopin in dem anstossenden Pavillon, so dass wir nicht nöthig haben, diesen grossen, gut erleuchteten und mit Sand bestreuten Square d'Orléans zu verlassen, um uns Abends, wie Nachbarn in der Provinz, einander su besuchen. Wir haben es sogar so weit gebracht, eine gemeinsame Küche zu haben und Alle zusammen bei Frau Marliani zu essen, was viel ökonomischer und amüsanter ist, als wenn Jeder für sich speist. Es ist eine Art Phalanstère, welche uns unterhält und jedem weit mehr Freiheit lässt, als das der Fourieristen . . .
>
> Solange ist in Pension und kommt vom Sonnabend bis zum Montag Morgen zu uns. Maurice arbeitet wieder *con furia* in seinem Atelier, und ich bin wieder an den *Consuelo* gegangen, wie ein Hund der geprügelt wird, denn mit Umziehen und Einrichten der Wohnung habe ich viel Zeit vertrödelt . . .
>
> Gruss und Händedruck im Namen Viardot's, Chopin's und meiner Kinder.

Die Stelle aus *Ma Vie*, welche die obigen Angaben durch einige Bemerkungen ergänzt, lautet:

---

[1]) Unter den von ihm veröffentlichten politischen und historischen Werken in spanischer und französischer Sprache ist besonders zu erwähnen: *Histoire politique de l'Espagne moderne suivie d'un aperçu sur les finances.* Zwei Bände in 8⁰ (Paris 1840).

10*

Sie [Frau Marliani] hatte eine schöne Wohnung zwischen unsern [George Sand's und Chopin's] Wohnungen. Wir hatten nur
über einen grossen, beflanzten, mit Sand bestreuten und stets reinen
Hof zu gehen, um zusammen zu kommen, bald bei ihr, bald bei
mir, bald bei Chopin, wenn er aufgelegt war zu musiciren. Wir
speisten alle zusammen bei ihr auf gemeinschaftliche Kosten, was,
wie alle derartigen Associationen, sehr ökonomisch war und mir
gestattete, grössere Gesellschaften zu Frau Marliani einzuladen, meine
intimen Freunde aber bei mir zu sehen, und meine Arbeit wieder
aufzunehmen, sobald es mir passte, mich zurückzuziehen. Chopin
war ebenfalls zufrieden, einen schönen, separat gelegenen Salon zu
haben, in welchen er sich zurückziehen konnte, um zu componiren
oder zu träumen. Aber er liebte die Geselligkeit und benutzte
sein „Allerheiligstes" nur zum Unterrichtgeben.

Obwohl George Sand nur von einem *salon* spricht, so bestand doch Chopin's officielle Wohnung, wie wir sie nennen
können, aus mehreren Räumen. Diese waren elegant möblirt
und stets mit Blumen geschmückt, denn er liebte den Luxus
und besass die „coquetterie des appartements".[1]) Gleichwohl
zeigten diese Räume nichts von dem Glanze, welcher in den
Wohnungen mancher der damals in Paris lebenden Kunst-Cele-
britäten zu finden war. „Auch in dieser Beziehung" bemerkt
Liszt „wie in der Liebhaberei für kostbare Stöcke, Nadeln,
Knöpfe, damals modische Schmuckgegenstände, hielt er zwischen

---

[1]) Als ich 1880 in Paris den Maler Kwiatkowski besuchte, zeigte er mir
verschiedene Erinnerungen an Chopin: 1) eine Pastellzeichnung von Jules Coignet
(*Les Pyramides d'Egypte*), die über seinem Clavier gehangen hatte; 2) eine
kleine *Causeuse*, die er für seine ersten Pariser Ersparnisse gekauft; 3) ein ge-
stickter Lehnstuhl, Arbeit und Geschenk der Fürstin Czartoryska; 4) ein ge-
sticktes Kissen, Arbeit und Geschenk der Frau de Rothschild. Halten wir uns
an Chopin's eigene Bemerkungen bezüglich seines Mobiliars und seiner Tapeten,
und rechnen wir zu den oben erwähnten Gegenständen diejenigen hinzu, welche
Karasowski erwähnt, als von Fräulein Stirling nach dem Tode des Componisten
angekauft, später von ihr der Mutter desselben hinterlassen, und endlich, nachdem sie in den Besitz seiner Schwester Isabella Barcińska gekommen waren,
1861, zugleich mit seinen Briefen, von den Russen vernichtet — ferner sein
Porträt von Ary Scheffer, verschiedene Gegenstände von Sèvres-Porzellan mit
der Inschrift „Offert par Louis Philippe à Frédéric Chopin", ein schönes Kästchen
von eingelegter Arbeit, Geschenk der Familie Rothschild, endlich Teppiche,
Tischtücher, Lehnstühle etc., von seinen Schülerinnen gearbeitet — so können
wir uns ein annähernd treues Bild der inneren Einrichtung von Chopin's Wohnung machen.

dem Zuviel und Zuwenig instinctiv die rechte Mitte, die feine
Grenze des *comme il faut* ein." Uebrigens haben die 1839 aus
Nohant an Fontana gerichteten Briefe Chopin's den Leser bereits hinlänglich mit den kleinen Eitelkeiten des Meisters, mit
seinem Geschmack in Betreff des Möblirens und Dekorirens von
Zimmern, namentlich aber auch mit seinem Abscheu vor allem
vulgär Auffallenden bekannt gemacht.

Suchen wir aber nun den Meister selbst in seiner neuen
Häuslichkeit auf. Lindsay Sloper, der — ohne Zweifel wesentlich in Folge eines Empfehlungsbriefes von Moscheles — von
Chopin die Erlaubniss erhalten hatte, so oft er wolle, um acht
Uhr morgens zum Unterricht zu kommen, fand den Meister um
diese Stunde niemals im Negligée, sondern mit grösster Sorgfalt
gekleidet. Ein anderer der zur frühen Stunde bestellten Schüler,
G. Mathias, traf regelmässig mit dem täglich erscheinenden Barbier zusammen. Mathias äusserte sich auch gegen mich über
Chopin's Gewohnheit, sich mit dem Rücken an das Kamingesims zu lehnen, während des Plauderns am Ende der Stunde.
Es muss anmuthig ausgesehen haben, wenn der Meister, den
Rock bis zum Kinn zugeknöpft (wie dies seine Gewohnheit war),
die kleinen Füsse mit den elegantesten Stiefeln bekleidet und
in seiner ganzen Erscheinung von tadelloser Feinheit, diese
seine Lieblingsstellung annahm, während eine Fülle von *esprit,*
manchmal stark mit *malice* gemischt, in seinen kleinen Augen
zu lesen war.

Von Allen jedoch, die mit Chopin in Berührung gekommen
sind, benützte Niemand die Gelegenheit ihn zu beobachten so gut,
wie Lenz,[1]) dessen Bemerkungen über den Menschen Chopin und
seine Umgebung nicht weniger Aufmerksamkeit verdienen, als
seine bereits citirten über den Künstler. Lenz kam im Sommer
oder im Herbst 1842 nach Paris, und da er den Wunsch hatte,
Chopin's Mazurken unter persönlicher Leitung des Meisters zu
studiren, so wartete er geduldig dessen Rückkehr von Nohant
ab. Endlich hörte er spät im October von Liszt, dass Chopin
nach Paris zurückgekehrt sei; zugleich aber hatte er von Liszt
erfahren, dass es keineswegs leicht sei, Chopin's Schüler zu
werden, dass schon Mancher zu diesem Zwecke nach Paris ge-

---

[1]) W. von Lenz „Die grossen Pianofortevirtuosen unserer Zeit".

kommen sei und ihn nicht einmal zu Gesicht bekommen habe.
Um nun Lenz vor solchem Missgeschick zu bewahren, gab Liszt
ihm seine Visitenkarte mit den Worten „Laisser passer, Franz
Liszt" und rieth ihm, um zwei Uhr zu Chopin zu gehen. Natürlich zögerte unser Enthusiast nicht, dem Rathe zu folgen; in
Chopin's Wohnung angelangt, wurde er indessen im Vorzimmer
von einem Diener — „in Paris ein Luxusartikel und im Hause
eines Künstlers eine *rarissima avis*" bemerkt Lenz dazu —
verständigt, Chopin sei nicht in Paris. Lenz jedoch liess sich
auf diese Weise nicht abfertigen; er bestand darauf, dass Liszt's
Visitenkarte Chopin übergeben wurde, und Fortuna war dem
Muthigen hold. Kaum hatte der Diener das Zimmer verlassen,
als der Meister erschien, die Visitenkarte in der Hand haltend:
„Ein junger Mann von mittlerer Grösse, schmächtig, schlank mit
leidenden, sprechenden Zügen und der feinsten Pariser *tournure*."
Lenz erklärt geradezu, er habe kaum jemals eine so natürlich
elegante und herzgewinnende Persönlichkeit gefunden. Ueber
den Verlauf dieser ersten Begegnung berichtet er Folgendes:

Chopin nöthigte mich nicht zum Sitzen, ich stand wie vor
einem regierenden Herrn. — „Was wünschen Sie? ein Schüler von
Liszt, ein Künstler?" „Ein Freund von Liszt — ich wünschte das
Glück zu haben, Ihre Mazurken, die ich für eine Literatur ansehe,
mit Ihnen kennen zu lernen — ich habe einige derselben bereits
mit Liszt" — ich fühlte, unvorsichtig gewesen zu sein, aber es
war zu spät — „So" sprach Chopin gedehnt, aber im artigsten
Tone — „wozu brauchen Sie denn mich? Spielen Sie mir, ich
bitte, was Sie mit Liszt gespielt, ich habe noch einige Minuten" —
er zog eine elegante kleine Uhr aus der Tasche — „ich war im
Ausgehen, ich hatte meine Thür verboten, entschuldigen Sie!"

Lenz setzte sich ans Clavier, versuchte den *gué* desselben —
ein Ausdruck, den Chopin, der, nachlässig auf das Clavier gelehnt, mit intelligentem Blicke seinem Gaste gerade in die Augen
sah, mit Lächeln aufnahm — und begann die Mazurka in B-dur.
Bei einer Stelle, wo Liszt ihm gerathen hatte, eine durch zwei
Octaven hindurchgehende *volata* anzubringen, sagte Chopin
freundlich flüsternd:

„Der *Trait* ist nicht von Ihnen, nicht wahr? Den hat er
Ihnen gezeigt — er muss auch an Alles seine Hand legen; nun!
er darf's, er spielt vor Tausenden, ich selten vor Einem! Nun,

es ist gut, ich gebe Ihnen Lection, aber nur zwei Mal die Woche, es ist mein höchstes Maass; es wird mir schwer, ³/₄ Stunden zu finden." Er sah wieder nach der Uhr. „Was lesen Sie denn? womit beschäftigen Sie sich überhaupt?" Das war eine Frage, auf die ich gut präparirt war. „George Sand und Jean Jaques ziehe ich allen Schriftstellern vor" sagte ich zu rasch, — er lächelte, er war bildschön in diesem Augenblick. — „Das hat Ihnen Liszt gesagt — ich sehe, Sie sind eingeweiht, desto besser. Seien Sie nur präcise, es geht bei mir nach der. Uhr, mein Haus ist ein Taubenhaus (*un pigeonnier*). Ich sehe schon, wir werden uns näher treten, eine Empfehlung von Liszt will etwas sagen, Sie sind der erste Schüler, den er mir empfiehlt; wir sind Freunde, wir waren Kameraden."

Die Tendenz des phantasiereichen Erzählers, seine Erlebnisse nicht in ihrer ursprünglichen Nacktheit wiederzugeben, ist zu offenkundig, um hier hervorgehoben zu werden. Was ihn verräth, ist die überraschende Familienähnlichkeit seiner Porträts, ein gewisser schaler, dem Läppischen nahe verwandter *esprit*, mit dem er seine unglücklichen Modelle ausstattet, Chopin sogut wie Liszt und Tausig. In der That verhalten sich seine Porträts zu den Originalen wie Dresdener Porzellanfiguren zu griechischen Statuen. Mir scheint es u. a. auch sehr unwahrscheinlich, dass ein vollendeter Gentleman wie Chopin einen Fremden über seine Lektüre und allgemeinen Beschäftigungen ausgeforscht habe. Man glaubt diesen Fragen anzusehen, dass der Erzähler sie erfunden hat, um seine Antworten anzubringen. Trotz aller Verdrehung aber sind Lenz' Mittheilungen beachtenswerth, weil ihnen doch immer etwas Thatsächliches zu Grunde liegt, und dies gilt, noch mehr als von den bereits citirten, von den folgenden:

Ich kam immer lange vor meiner Stunde und wartete. Eine Dame nach der anderen kam da heraus. Eine schöner wie die andere, einmal Fräulein Laure Duperré, die Tochter des Admirals; sie begleitete Chopin bis an die Treppe, die war die Schönste und wie eine Palme gewachsen, der hat Chopin zwei seiner bedeutsamsten Notturnos dedicirt (in C-moll und Fis-moll, Op. 48), die war zur Zeit seine Lieblingsschülerin. Im Vorzimmer traf ich oft den kleinen, leider früh verstorbenen Filtsch, erst 13 Jahr alt, ein Ungar und ein Genie. Der verstand's, der spielte Chopin! — Von Filtsch hatte Liszt in meiner Gegenwart gesagt auf einer Soirée bei der Gräfin d'Agoult: „Wenn der Kleine auf Reisen geht, mach'

ich die Bude zu" (*quand le petit voyagera, je fermerai boutique*).
Auf. Filtsch war ich eifersüchtig, Chopin hatte nur Augen für ihn.

Welch' hohe Meinung der Meister von diesem Schüler hatte,
geht aus seiner Aeusserung hervor, der Knabe spiele das E-moll-
Concert besser als er selbst. Lenz erwähnt Filtsch und dessen
Vortrag des E-moll-Concerts nur vorübergehend in seinen
„Grossen Pianoforte-Virtuosen", kommt aber ausführlicher darauf
zurück in einem Artikel der „Berliner Musikzeitung" Bd. XXVI.
dessen amüsanter Klatsch wegen gewisser für Chopin und die
in seinem Salon verkehrende Gesellschaft charakteristischen Details Beachtung verdient. Bei einer Gelegenheit, wo Filtsch
durch den geschmackvollen Vortrag des zweiten Solo im ersten
Satz des E-moll-Concerts Chopin besonders befriedigte, sagte
dieser zu ihm: „Das hast Du schön gemacht, mein Junge (*mon
garçon*), ich muss es selbst versuchen." Was nun folgte, meint
Lenz, sei unbeschreiblich: Der Kleine brach in Thränen aus,
und Chopin, der ihnen zuvor von seiner Künstlerlaufbahn erzählt hatte, sagte, wie zu sich selbst sprechend „Ich hab's geliebt! Ich hab's schon einmal gespielt!" dann wandte er sich
zu Filtsch mit den Worten: „Du bist eine Künstlernatur (*une
belle nature d'artiste*), Du wirst ein grosser Künstler werden."
Während der junge Pianist das Concert unter Chopin's Leitung
studirte, erlaubte dieser ihm niemals mehr als ein Solo zur Zeit
zu spielen, weil das Werk ihn selbst zu sehr ergriff und er
überdies der Meinung war, in jedem einzelnen der Solos sei
schon das Ganze enthalten; als endlich aber Filtsch die Erlaubniss erhielt, das Ganze zu spielen, ein Ereigniss, für welches er
sich durch Fasten und Gebete der römisch-katholischen Kirche
vorbereitete, ferner durch eine von seinem Lehrer empfohlene
Lektüre (da das Ueben während dieser Zeit verboten war), sagte
Chopin zu ihm: „Nun ist der Satz schön, dass wir ihn produciren wollen."

Ich wiederhole, dass ich für die Correctheit der Lenz'schen
stark melodramatisch-gefärbten Erzählung nicht einstehe, und
muss auch für die absolute Richtigkeit des Folgenden die Verantwortlichkeit ablehnen:

Chopin lud eine Damengesellschaft ein. Die Sand war dabei
und verhielt sich mäuschenstill, ohnehin verstand sie nichts von

Musik. Bescheiden, in tiefster Devotion, erschienen die bevorzugten
Schülerinnen aus der höchsten Aristokratie; wie Goldfische in einer
Vase glitten sie lautlos, eine nach der andern, in den Salon und
nahmen möglichst weit vom Instrument, wie Chopin es liebte,
Platz. Gesprochen wurde gar nicht, Chopin nickte nur mit dem
Kopfe und reichte einer oder der anderen, nicht allen, die Hand.
Das tafelförmige Instrument, das in seinem Cabinet stand, hatte
er, nicht ohne peinlichsten *embarras* für ihn, zum Pleyel'schen
Flügel im Salon gestellt. Ihn afficirte das Geringfügigste; er war
ein „Noli me tangere". Er hatte einmal gesagt, richtiger, laut gedacht: „Wenn ich einen Riss mehr an der Zimmerdecke erblickte,
ich brächte keine Note heraus!" Chopin goss die ganze sinnige,
duftige Instrumentation des Werkes in seine unvergleichliche Begleitung. Er spielte auswendig. Ich habe nie etwas gehört, was
mit dem ersten Tutti, das er allein gab am Clavier, zu vergleichen
gewesen wäre! Der Kleine that Wunder. Das Ganze war ein
Eindruck fürs Leben. Nachdem Chopin die Damen kurz verab-
schiedet hatte (Lobeserhebungen liebte er weder für sich noch für
Andere, und nur die Sand hatte Filtsch umarmen dürfen), sagte er
zu diesem, dessen Bruder, der den Kleinen stets begleitete, und
mir: „Wir haben noch einen Spaziergang zu machen." Es war
ein Befehl, den wir mit devoter Verbeugung entgegennahmen.

Das Ziel dieses Spazierganges war die Schlesinger'sche
Musikalienhandlung, wo Chopin seinem vielversprechenden jungen
Schüler den Clavierauszug von Beethoven's „Fidelio" überreichte:

Ich bin in Deiner Schuld, Du hast mir heute eine grosse
Freude gemacht, ich schrieb das Concert in glücklicher Zeit, em-
pfange, mein lieber kleiner Freund, dies grosse Meisterwerk! Lies
darin so lange Du lebst, und erinnere Dich zuweilen auch meiner."
Der Kleine war wie angedonnert und küsste Chopin die Hand.
Wir waren alle ergriffen, Chopin selbst war es! Er verschwand
im Augenblick durch die Hausthür zu ebenen Erde in der Rue
Richelieu.

Ueber einen Vorfall völlig anderer Art, der sich einige Jahre
später, 1847 ereignete, berichtete mir Frau Dubois. Diese Dame,
damals noch Fräulein O'Meara und Schülerin Chopin's, hatte
dessen E-moll-Concert, von ihrem Lehrer auf einem zweiten
Clavier begleitet, in einer Gesellschaft bei Frau de Courbonne
gespielt. Frau Girardin, die sich unter den Gästen befand,
schrieb später einen sehr wohlwollenden und lobenden Artikel über die Schönheit und das Talent des jungen Mädchens,
der in ihren *Lettres parisiennes* in der Zeitung *La Presse*

erschien, welche später gesammelt unter dem Titel *Le Vicomte de Launay* veröffentlicht wurden. Durch diesen Bericht, vielleicht auch durch Chopin und Andere aufmerksam gemacht, wünschte George Sand die Heldin jenes vielbesprochenen Artikels kennen zu lernen. So kam es, dass George Sand eines Tages, während Fräulein O'Meara bei Chopin Unterricht hatte, diesen in seinen Räumen aufsuchte. Der Meister empfing sie mit aller Liebenswürdigkeit, deren er fähig war; als er bemerkte, dass ihr Mantel beschmutzt war, schien er darüber sehr beunruhigt, und der eleganteste aller Menschen (*l'homme de toutes les élégances*) machte sich daran, mit seinen kleinen weissen Händen die Flecken wegzureiben, welche ihm an jeder andern Person Ekel erregt haben würden. Fräulein O'Meara aber, obwohl noch ein halbes Kind, beobachtete diese Scene mit halbem Auge und dachte sich dabei: „Comme il aime cette femme!"[1])

Wo immer von Chopin's Verbindung mit George Sand die Rede ist, hört man meist nur von dem Elend und wenig oder nichts von der Glückseligkeit, die ihm daraus erwuchs. Ueber die Jahre zärtlicher und aufopferungsvoller Liebe wird hinweg geglitten, ihre Untreue, zunehmende Gleichgültigkeit und ihr schliessliches Verlassen dagegen werden über Gebühr hervorgehoben. Was aber auch Chopin's Freunde, die nicht zugleich George Sand's Freunde waren, sagen mögen, wir können sicher sein, dass die Freuden, die er genossen, seine Leiden überwogen haben. Ihre Entschlossenheit muss für einen so schwankenden Charakter, wie der seine war, eine unschätzbare Stütze gewesen sein, und wenn ihre Naturen in mancher Hinsicht auseinander gingen, so muss das der ihrigen eigene dichterische Element in der seinigen sympathetischen Widerhall gefunden haben. Jeder Charakter hat seine verschiedenen Seiten, die Welt aber ist wenig geneigt, mehr als eine Seite an George Sand ins Auge zu fassen, nämlich diejenige, welche sich durch den Widerspruch gegen Sitte und Gesetz am Meisten bemerkbar macht und in lauten Anklagen Ausdruck findet.

Um sie von einer liebenswürdigeren Seite kennen zu lernen,

---

[1]) Frau A. Audley berichtet in ihrem „Frédéric Chopin" diesen Vorfall in ganz incorrecter Weise. Frau Girardin war nicht dabei, und Fräulein O'Meara hatte nicht die Gedanken, die ihr dort zugeschrieben sind.

wollen wir uns von Chopin's Salon zu dem ihrigen wenden. Louis Enault erzählt, dass George Sand, die, wenn sie mit Chopin zusammen war, die Gewohnheit hatte, laut zu denken —˙ dies war ihre Art zu plaudern — eines Abends von der Friedlichkeit des Landlebens gesprochen habe und, indem sie ihr geliebtes Berry nach dem Square d'Orléans übertragen, ein Bild mit den Reizen und der nachlässigen Anmuth eines Dorf-Idylls entworfen habe.

„Wie schön Sie gesprochen haben!" sagte Chopin naiv. „Finden Sie das?" antwortete sie. „Nun gut, so setzen Sie mich in Musik!" . . . Hierauf improvisirte Chopin eine förmliche Pastoral-Symphonie; sie aber stellte sich neben ihn und legte die Hand sanft auf seine Schulter und sagte: „Courage, doigts de velours!"

Eine andere Anekdote aus der Ruhe ihrer Häuslichkeit: Sie besass einen kleinen Hund, der die Gewohnheit hatte, sich rund umher zu drehen, um seinen Schwanz zu erfassen. Eines Abends, als derselbe gerade damit beschäftigt war, sagte sie zu Chopin: „Wenn ich Ihr Talent hätte, so würde ich für diesen Hund ein Clavierstück schreiben." Chopin setzte sich sofort ans Clavier und improvisirte den reizenden Walzer in Des-dur (Op. 64), der daher den Namen *Valse du petit chien* erhalten hat. Diese Geschichte ist den Schülern und Freunden des Meisters wohl bekannt, wird aber verschieden erzählt. Nach einer anderen Version improvisirte Chopin den Walzer, während das Hündchen mit einem Wollenknäuel spielte, welche Variante für die Sache selbst ja nichts zu bedeuten hat.

Die zwei folgenden Briefauszüge sagen uns mehr von dem häuslichen Leben in Nohant und in der Cité d'Orléans, als alles früher Berichtete.

George Sand an ihren Sohn; 17. October 1843:

Schreibe mir, ob Chopin nicht krank ist; seine Briefe sind kurz und traurig. Pflege ihn, wenn er leidend ist. Ersetze mich einigermaassen bei ihm. Er würde mich mit allem Eifer bei Dir zu ersetzen suchen, wenn Du krank wärest.

George Sand an ihren Sohn; 16. November 1843:

Wenn Dir an dem Brief gelegen ist, in welchem ich Dir von ihr [Solange] geschrieben habe, so verlange ihn von Chopin. Er

war an Euch beide gerichtet, und hat ihm wenig Vergnügen gemacht. Er hat ihn übel genommen, und doch habe ich, Gott weiss
es, ihn nicht betrüben wollen.   Wir werden uns Alle wiedersehen
und ein Paar herzliche Umarmungen [*de bonnes bigeades*][1]) werden
alle meine Predigten vergessen machen.

In einem andern Briefe George Sand's an ihren Sohn —
vom 28. November 1843 — ist von dem schon mehrfach erwähnten Diener Chopin's die Rede.   In Bezug auf die von ihr
und einer Anzahl ihrer Freunde geplante Gründung einer Zeitung
in der Provinz, *L'Eclaireur de l'Indre*, und auf die Frage, wo
man einen Redacteur finden könne, der mit dem bescheidenen
Gehalt von 2000 Franken zufrieden sein werde, schreibt sie:

> Dies ist nicht viel mehr als der Lohn für Chopin's Diener,
> und dafür soll man einen Mann von Talent und Bildung finden!
> Erste Maassregel des Ausschusses der öffentlichen Wohlfahrt: Cho-
> pin wird für vogelfrei erklärt, wenn er sich erlaubt, Lakaien zu halten,
> die wie Redacteure bezahlt werden.

Chopin behandelte George Sand mit der grössten Achtung
und Verehrung; er machte sich stets um sie zu thun.   Es charakterisirt den Menschen und ist ein überzeugendes Beispiel der
Zartheit seines Geschmackes und seines Gefühls, dass sein Verhalten in ihrem Hause niemals etwas von den intimen Beziehungen zwischen ihm und der Herrin desselben merken liess:
er schien dort stets ein Gast zu sein, wie jeder Andere.   Lenz
möchte uns glauben machen dass Chopin von George Sand in
einer des grossen Künstlers unwürdigen Weise behandelt worden
sei, wogegen Gutmann mit Nachdruck behauptete, ihr Benehmen
gegen Chopin wäre stets ein achtungsvolles gewesen.   Wenn
Lenz im Folgenden richtig wiedergiebt was er gehört und gesehen, so muss dies ausnahmsweise vorgefallen sein, doch ist es
wahrscheinlicher, dass George Sand's unfreundliche Aufnahme
ihn gegen sie voreingenommen hat.   Lenz berichtet, dass Chopin
ihn eines Tages zu Frau Marliani mitgenommen habe, wo sich
Abends stets eine Anzahl von Freunden versammelte und er zum
ersten Mal mit Chopin's Freundin zusammentraf:

> George Sand sagte kein Wort bei meiner Vorstellung durch
> Chopin.   Das war unartig.   Ich setzte mich gerade desshalb neben

---

[1]) *Biger* bedeutet im Berry-Dialekt „küssen".

sie. Chopin flatterte umher, wie ein im Käfig erschrecktes Vöge-
lein, er sah etwas kommen. Was hatte er auf diesem Terrain
nicht immer Alles gefürchtet? Bei der ersten Pause in der Conversation, welche die Freundin der Sand, Mad. Viardot, führte,
welche grosse Sängerin ich später in Petersburg kennen lernen sollte,
nahm mich Chopin unter den Arm und führte mich an das Piano.
Leser! spielst Du Clavier, so wirst Du Dir vorstellen, wie mir dabei
zu Muthe sein musste! Es war ein Steh- oder Stutzflügel von
Pleyel, den sie in Paris für ein Pianoforte halten! Ich spielte die
„Aufforderung zum Tanz" fragmentarisch, Chopin reichte mir freundlichst die Hand, George Sand sagte kein Wort. Ich setzte mich
noch einmal neben sie. Ich verfolgte offenbar eine Absicht. Chopin
blickte besorgt zu uns hinüber über den Tisch, auf dem der un-
ausweichliche „Carcel" brannte.

„Kommen Sie nicht einmal nach Petersburg?" sprach ich George
Sand im verbindlichsten Ton an, „wo Sie so viel gelesen, so hoch
verehrt sind?" —

„Zu einem Sklavenlande werde ich mich nie erniedrigen!"
antwortete kurz George Sand *(je ne m'abaisserai jamais jusqu'à
un pays d'esclaves)*.

Das war unanständig, nachdem sie unhöflich gewesen war.

„Sie haben am Ende Recht, nicht zu kommen," entgegnete
ich in demselben Tone: „Sie könnten die Thür verschlossen finden!
Ich dachte an Kaiser Nikolaus." George Sand sah mich erstaunt
an, ich tauchte unerschrocken in ihre grossen, schönen, braunen
Kuhaugen. Chopin schien nicht unzufrieden, ich kannte seine
Kopfbewegungen.

Statt aller Antwort stand George Sand theatralisch auf und
schritt männlichst durch den Salon, zum lodernden Kamin.

Ich folgte ihr auf dem Fusse nach und setzte mich schussfertig
zum 3. Male neben sie.

Sie musste endlich etwas sagen.

George Sand zog eine enorm dicke Trabucco-Cigarre aus ihrer
Schürzentasche und rief in den Salon hinein: „Frédéric! un fidibus!"

Dies beleidigte mich für ihn, meinen grossen Herrn und
Meister; ich verstand das Wort von Liszt: „Pauvre Frédéric" seinem
ganzen Umfange nach.

Chopin schwankte gehorsam mit einem Fidibus heran.

George Sand würdigte mich nun bei der ersten entsetzlichen
Dampfwolke eines Wortes: „In Petersburg" hub sie an „könnte ich
wohl nicht einmal eine Cigarre in einem Salon rauchen?"

„In keinem Salon, Madame, habe ich jemals eine Cigarre
rauchen sehen" antwortete ich nicht ohne Betonung, mit einer
Verbeugung.

George Sand fixirte mich scharf — der Stoss hatte gesessen! —
ich sah mich ruhig um nach den guten Bildern im Salon die, ein

jedes mit einer besondern Lampe erleuchtet waren. Chopin durfte
nichts gehört haben, der war an den Tisch zur Wirthin zurückgekehrt.

Pauvre Frédéric! Wie leid er mir that, der grosse Künst-
ler! — Den andern Tag sagte mir der Schweizer im Gasthause,
Mr. Armand: „Ein Herr und eine Dame sind dagewesen, ich sagte,
Sie seien nicht zu Hause, Sie hatten nicht gesagt zu empfangen,
der Herr hat seinen Namen gelassen, er hatte keine Karte bei sich."
Ich las: *Chopin et Madame George Sand.* —
Zwei Monate lang zankte ich nachträglich mit Mr. Armand.

George Sand war an diesem Abend wahrscheinlich schlechter Laune; dass dies nicht ihre gewöhnliche Art war, Gäste zu
empfangen, ergiebt sich aus dem, was Chopin kurz darauf zu
Lenz sagte, als dieser zur Unterrichtsstunde zu ihm kam: „George
Sand war mit mir bei Ihnen; wie schade, dass Sie nicht zu
Hause waren! Ich bedauerte es sehr. George Sand fürchtete,
sie sei unhöflich gegen Sie gewesen. Sie würden gesehen haben,
wie liebenswürdig sie sein kann. Sie haben ihr gefallen."

Alexander Chodzko, Professor der slavischen Literatur am
Collége de France, sagte mir, er sei etwa ein halbes Dutzend
Male bei George Sand gewesen. Ihre Wohnung war in einem
dem Geschmack junger Leute entsprechenden Stil eingerichtet.
Zuerst kam man in einen Flur, wo Hüte, Röcke und Stöcke
abgelegt werden konnten; von da in einen grossen *salon* mit
Billard, auf dem Kamingesims Rauch-Utensilien. George Sand
ging den Gästen mit dem Beispiel voran, indem sie sich eine
Cigarre anzündete. Professor Chodzko traf dort unter Anderen
den Historiker und Staatsmann Guizot, den Literaten François
und Frau Marliani. Wenn Chopin nicht zugegen war, so pflegte
George Sand wiederholt die Dienerin zu fragen, was er mache,
ob er arbeite oder schlafe, ob er in guter oder schlechter Stimmung sei. Wenn er dann eintrat, waren Aller Augen auf ihn
gerichtet. War er gerade in guter Stimmung, so führte George
Sand ihn zum Clavier, welches in einem der kleinen Nebenzimmer des Wohnzimmers stand. In diesen Nebenzimmern befanden
sich bequeme Ruhesitze für diejenigen, welche zu plaudern wünschten. Chopin begann gewöhnlich mit gleichgültigem Präludiren,
allmählich aber erwärmte er sich und dann war sein Spiel grossartig. Fühlte er sich dagegen zum Clavierspielen nicht aufgelegt, so bat man ihn meist, etwas von seiner wunderbaren Mimik

zum Besten zu geben. In solchen Fällen zog er sich in eines der Nebenzimmer zurück, und wenn er wieder eintrat, war er nicht zu erkennen. Professor Chodzko erinnerte sich, ihn als Friedrich den Grossen gesehen zu haben.

Von Chopin's mimischem Talent, welches selbst von bedeutenden Schauspielern wie Bocage und Frau Dorval bewundert wurde, spricht auch Balzac in seinem Roman *Un Homme d'affaires*, wo er von einer seiner Personen sagt „er ist mit demselben Talent begabt, Menschen nachzuahmen, welches der Clavierspieler Chopin in so hohem Grade besitzt; er stellt ohne Vorbereitung und mit überraschender Wahrheit eine Persönlichkeit dar". Liszt bemerkt, Chopin habe in der Pantomime eine unerschöpfliche *verve drôlatique* entfaltet und sich oft damit amüsirt, in komischen Improvisationen die musikalischen Wendungen und besonderen Manieren gewisser Virtuosen zu reproduciren, indem er gleichzeitig ihre Züge und Mienen täuschend nachahmte. Dies bestätigen zahllose Augen- und Ohrenzeugen solcher Darstellungen. Besonders beweiskräftig ist folgende Anekdote. Als der polnische Musiker Nowakowski[1]) nach Paris kam, bat er seinen Landsmann, ihn mit Kalkbrenner, Liszt und Pixis bekannt zu machen. Chopin antwortete ihm, er könne sich die Mühe sparen, die Bekanntschaft dieser Künstler zu machen, setzte sich dann ans Clavier und ahmte zuerst Liszt, dann Pixis nach, beide in ihrer Haltung, ihrer Vortragsweise, ihren Mienen und Bewegungen. Am folgenden Abend gingen Chopin und Nowakowski zusammen ins Theater. Als der erstere im Zwischenakt seinen Platz verlassen hatte, sah sich Nowakowski um, bemerkte Pixis neben sich sitzend und klopfte ihm, in der Meinung, Chopin treibe wieder sein Lieblings-Spiel, vertraulich auf die Schulter mit den Worten: „Lass das, jetzt keine Verstellungen!" Die Ueberraschung Pixis' und die Verlegenheit Nowakowski's nach Aufklärung des Irrthums kann man sich vorstellen. Als Chopin, der gerade in diesem Moment wieder eintrat, von dem Vorgefallenen hörte, lachte er herzlich und wusste mit der ihm eigenen Grazie sich wie auch seinen

---

[1]) Dieser besuchte Paris in den Jahren 1838, 1841 und 1846, theilweise zum Zwecke der Veröffentlichung seiner Compositionen, unter denen sich Chopin gewidmete Etüden befinden.

Freund zu entschuldigen. Ein für Chopin's Persönlichkeit besonders charakteristischer Umstand ist noch bei seinem mimischen Talent hervorzuheben: Während er mit seinen Zügen alle denkbaren Veränderungen vornahm und selbst das Hässliche, das Groteske nachahmte, verlor er doch, wie wir von Liszt erfahren, niemals seine natürliche Anmuth, „la grimace ne parvenait même pas à l'enlaidir".

Wir werden gleich hören, wie George Sand über ihres Freundes Nachahmungstalent dachte; zuvor jedoch wollen wir die Personen kennen lernen, mit denen sie hauptsächlich verkehrte. Ausser Pierre Leroux, Balzac, Pauline Viardot-Garcia und anderen bereits Erwähnten, zählten zu ihren intimsten Bekannten der republikanische Politiker und Historiker Louis Blanc, der republikanische Literat Godefroy Cavaignac,[1] der Historiker Henri Martin und der Schriftsteller Louis Viardot, Gatte der Pauline Garcia. Weniger intime aber ebenso sehr von ihr geschätzte Freunde des Hauses waren der polnische Dichter Mickiewicz, der berühmte Bassist Lablache, der ausgezeichnete Clavierspieler und Componist Alkan ainé, der italienische Componist und Gesanglehrer Soliva (dem wir schon in Warschau

---

[1] Dieser Name erinnert mich an eine Stelle in Louis Blanc's *Histoire de la Revolution de 1840* (S. 210 d. 5. Auflage. Paris 1880). „Kurz vor seinem [Godefroy Cavaignac's] Ende ergriff ihn ein unwiderstehliches Verlangen, noch ein Mal Musik zu hören. Ich war mit Chopin bekannt und bot ihm an, diesen zu ihm zu bringen, wenn der Arzt nichts dagegen habe. Seine Bitten, ihm dies zu gewähren, hatten etwas Flehentliches. Mit der Zustimmung, oder vielmehr auf den dringenden Wunsch der Frau Cavaignac begab ich mich zu Chopin. George Sand war bei ihm; sie sprach mir in rührender Weise ihre warme Theilnahme für den Kranken aus, und Chopin stellte sich bereitwillig und liebenswürdig zu meiner Verfügung. Ich führte ihn dann in das Zimmer des Sterbenden, wo ein schlechtes Clavier stand. Der Künstler beginnt . . . plötzlich wird er durch Schluchzen unterbrochen. Godefroy hatte sich unerwarteter Weise, in einer geistigen Erregung, die ihm physische Kraft verliehen, von seinem Schmerzenslager aufgerichtet, und schwamm in Thränen. Chopin hielt inne und war äusserst bestürzt; Frau Cavaignac suchte, über ihren Sohn gebeugt, ängstlich in seinen Augen zu lesen. Er machte eine Anstrengung sich zu beherrschen, versuchte zu lächeln und sagte mit schwacher Stimme: ,Beunruhige Dich nicht, Mama, es ist nichts; ich bin wirklich kindisch . . . Ach! wie schön ist Musik, wenn sie so verstanden wird!' Seine Gedanken waren, wie wir unschwer errathen konnten, dass er etwas Derartiges wohl nicht mehr in dieser Welt hören werde, doch enthielt er sich dies auszusprechen."

begegnet sind). der Philosoph und Dichter Edgar Quinet, der General Guglielmo Pepe (Höchstcommandirender der neapolitanischen Insurrections-Armee während der Jahre 1820 und 1821), der Schauspieler Bocage, der Schriftsteller Ferdinand François, der deutsche Componist Dessauer, der spanische Politiker Mendizabal, der dramatische Dichter und Journalist Etienne Arago[1] sowie eine Anzahl weniger bekannter Literaten und anderer Persönlichkeiten, von denen ich nur Agricol Perdiguier und Gilland erwähne, den *noble artisan* und den *écrivain prolétaire*, wie George Sand sie nennt.

Obwohl einige der Freunde George Sand's auch Chopin's Freunde waren, so ist doch nicht zweifelhaft, dass diesem der um sie versammelte Kreis im Ganzen nicht congenial war. Einige Bemerkungen Liszt's über ihren *salon* in Nohant sind mit noch grösserem Rechte auf ihren Pariser *salon* anzuwenden.

Die Berührung der Schriftstellerin mit den Vertretern der Oeffentlichkeit und den Bühnenkünstlern, wie auch mit denen, die sie ihren Verdiensten oder ihrer eigenen Vorliebe zufolge auszeichnete, das Durcheinander der Vorfälle und Meinungen mit den dabei unvermeidlichen Reibungen war seiner Natur zuwider. Er versuchte lange Zeit, die Augen davor zu schliessen und nichts von alledem zu sehen; doch kam es schliesslich zu Auftritten, die sein moralisches und gesellschaftliches Schicklichkeits- und Zartgefühl so sehr beleidigten, dass ihm der Aufenthalt in Nohant, wo er anfänglich mehr Erholung als anderswo zu finden schien, unmöglich gemacht wurde.

Dies sind natürlich blosse Vermuthungen, indessen findet Liszt, wenn auch manchmal in Nebensächlichem irrend, doch im Wesentlichen, Dank seinem genialen Scharfblick, meist das Richtige. In der That scheint, in Berücksichtigung des George Sand' schen Kreises und des Charakters sowie des Geschmackes Chopin's, nichts wahrscheinlicher, als dass er bei seiner übergrossen Empfindlichkeit durch ungezügelte Lebhaftigkeit, lautes Gelächter, vielleicht auch derbe Redensarten, verletzt worden ist; dass sein reiner Idealismus unter den Dissonanzen literarischer Zänkereien, Intriguen und Geschäftsverhandlungen litt; dass sein friedfertiger, dem Speculiren und Argumentiren abgewandter Sinn durch die

---

[1] Der Name Etienne Arago ist in *Ma Vie* erwähnt, wogegen Emmanuel Arago häufig in der *Correspondance* vorkommt.

Erörterung politischer, socialer, religiöser und künstlerischer Probleme belästigt und ermüdet wurde. Nur wenn seine eigene Kunst den Gegenstand der Unterhaltung bildete, nahm er an derselben Theil. Auch Liszt sagt, der Geist der Verallgemeinerung *(esprit généralisateur)* habe, wie den meisten Künstlern, Chopin gefehlt, und von der Aesthetik habe er wenig gehört, auch wenig gehalten. Nun können wir sicher sein, dass Chopin bei seiner Abneigung gegen Discussionen jeder Art von denjenigen des George Sand'schen Kreises, bei welchen demokratische, socialistische, theistische und atheistische Ansichten vorwiegend zur Geltung kamen, besonders abgestossen wurde. Denn ungeachtet seiner bürgerlichen Abstammung waren seine Sympathien der Aristokratie zugewandt, und trotz seiner Vernachlässigung ritueller Vorschriften war sein Zusammenhang mit der römisch-katholischen Kirche keineswegs gelöst. Seine Abneigung gegen den George Sand'schen Kreis scheint er nicht verhehlt zu haben; er bekundete sie, wenn auch nicht durch mündliche Aussprache, so doch dadurch, dass er andere Gesellschaft aufsuchte. Dass sie diesen Zustand bemerkte und unangenehm empfand, geht aus dem hervor, was sie in *Ma Vie* von den gesellschaftlichen Gewohnheiten ihres Freundes sagt. Der folgende Auszug aus dem genannten Buche ist ein wichtiger Beitrag zur Charakteristik Chopin's; bei aller Bitterkeit sind ihre Worte doch kaum übertrieben:

> Er war der Weltmann *par excellence;* nicht der grossen, officiellen Welt, sondern der intimen, der Kreise von höchstens zwanzig Personen, die, nachdem sich die Menge verlaufen, als Vertraute übrig blieben und sich dann um den Künstler schaarten, um in liebenswürdigen Drängen seiner reinsten Eingebungen theilhaftig zu werden. Nur unter solchen Bedingungen entfaltete sich sein Genius und sein Können. Dann, nachdem er die Zuhörer in tiefste Andacht oder schmerzlichste Stimmung versetzt hatte — denn seine Musik konnte bisweilen, besonders wenn er improvisirte, die Seele aufs Grausamste herabstimmen — wandte er sich, als wolle er die Erinnerung an seinen Schmerz sich selbst und den Andern verwischen, zum Spiegel, machte sich verstohlen mit seinem Haar und seiner Kravatte zu thun, und erschien plötzlich wieder in einen phlegmatischen Engländer verwandelt, oder in einen herausfordernden polternden Alten, oder in eine zimperliche Engländerin, oder in einen schäbigen Juden. So komisch diese Typen waren, so hatten sie doch immer etwas Trübseliges; im Uebrigen waren sie so richtig

erfasst und so fein wiedergegeben, dass man nicht müde wurde, sie zu bewundern.

Diese erhabenen, reizenden und bizarren Elemente machten ihn, indem er sie aus sich heraus zur Geltung zu bringen wusste, zum Mittelpunkt jeder gewählten Gesellschaft, und man riss sich buchstäblich um ihn, da sein edler Charakter, seine Uneigennützigkeit, seine Selbstachtung, sein wohlberechtigter, jeder geschmacklosen Eitelkeit, jeder markschreierischen Ueberhebung feindlicher Stolz, die Zuverlässigkeit seines Handelns und die ausgesuchte Feinheit seiner Umgangsformen ihn zu einem ebenso echten wie angenehmen Freund machten.

Hätte man ihn aus diesen Kreisen, deren Liebling er war, herausreissen und ihn an ein einfacheres, der beharrlichen Arbeit gewidmetes Leben gewöhnen wollen, so würde man ihn, der auf dem Schoosse von Fürstinnen aufgewachsen war, seiner Lebensluft beraubt haben; freilich der Luft eines künstlichen Lebens, denn, einem geschminkten Frauenzimmer vergleichbar, legte er, sobald er Abends wieder allein war, seine Lebhaftigkeit und Widerstandskraft ab, um die Nacht im Fieber und schlaflos hinzubringen — eines Lebens, welches schneller und aufgeregter verlief, als das der Zurückgezogenheit und der Gleichförmigkeit eines intimen Familien Kreises. In Paris besuchte er jeden Tag mehrere Salons oder er wählte doch wenigstens für jeden Abend einen andern, und so konnte er abwechselnd zwanzig bis dreissig Kreise durch seine Gegenwart berauschen oder entzücken.

Siebenundzwanzigstes Capitel.

Chopin's gesellschaftliche Beziehungen: seine Vorliebe für aristokratische Kreise (Frau Girardin und Berlioz hierüber); seine Vernachlässigung des Verkehrs mit Künstlern (Ary Scheffer, Marmontel, Heller, Schulhoff, der Pariser Correspondent der *Musical World*); Aphoristisches von Liszt über Chopin's gesellschaftlichen Verkehr. — Chopin's Freundschaftsbündnisse. — George Sand, Liszt, Lenz, Heller, Marmontel und Hiller über seinen Charakter (Reizbarkeit, Zornesausbrüche — Scene mit Meyerbeer — Heiterkeit und Spottsucht, Geselligkeit, Gleichgültigkeit gegen Lectüre, Vorliebe für Polnisches). — Seine polnischen, deutschen, englischen und russischen Freunde. — Die durch Liszt's Bericht berühmt gewordene Abendgesellschaft. — Verkehr mit Musikern (Osborne, Berlioz, Baillot, Cherubini, Kalkbrenner, Fontana, Sowiński, Wolff, Meyerbeer, Alkan etc.) Freundschaft für Liszt. — Abneigung gegen das Briefschreiben.

eorge Sand kann, wenn auch als die gewandteste, so doch nicht als die unpartheiischste unter den Personen gelten, welche Chopin literarisch zu porträtiren versucht haben; wenn sie aber den von ihr verlassenen Geliebten beschreibt als *homme du monde par excellence, non pas du monde trop officiel, trop nombreux,* so sagt sie nur, was Alle, die ihn gekannt haben, Freunde, Feinde und Neutrale, behaupten. Die ihm seit seiner frühesten Kindheit vertrauten Kreise der Aristokratie zogen ihn besonders an. Indem er anfangs 1833, etwa zwei Jahre nach seiner Ankunft in Paris, seinem Freunde Dziewanowski mittheilt, dass er sich in den vornehmsten Cirkeln bewege — unter Gesandten, Fürsten und Ministern — giebt er deutlich zu erkennen, dass ihm dieser Verkehr grosse

Befriedigung gewährt. Ohne so weit zu gehen, wie Chopin's grosser Zeitgenosse Stephen Heller, der einmal behauptete, je höher der Gesellschaftskreis, desto grösser sei die Unwissenheit, der man begegne, bin ich doch der Meinung, dass wenig oder nichts Erspriessliches, weder für den Geist noch für das Gemüth, bei dem Verkehr mit derjenigen Gesellschaftsklasse herauskommt, die sich selbstgefällig mit dem Namen *le monde* bezeichnet. Zweifellos finden sich auch in ihr Persönlichkeiten von wahrem Adel, von Bildung und Kenntnissen, ja, dieselben mögen sogar in der Mehrzahl sein, doch haben diese Eigenschaften beim Vorherrschen der Frivolität so wenig Geltung, dass die wenigsten unter ihren Besitzern den moralischen Muth haben, ihre bessere Seite herauszukehren. Wenn Chopin sich einbildete, er finde in diesen Kreisen volles Verständniss für seine Kunst, so war dies ein bedenklicher Irrthum. Liszt und Heller hielten es für ausgemacht, dass man ihn keineswegs völlig verstanden habe, und sie urtheilten aus Erfahrung, denn beide waren keine Fremdlinge in jenem Lager, wenn auch Heller sich ihm möglichst fern hielt. Was die vornehme Welt an Chopin schätzte, war seine Virtuosität, die Eleganz seiner Erscheinung, sein feines Benehmen. Es ist nicht meine Absicht, ein Verzeichniss von Chopin's aristokratischen Freunden und Bekannten zu geben; die hervorragendsten derselben kennt man aus den Widmungen seiner Werke. Dort lesen wir die Namen: Fürstin Czartoryska, Gräfin Plater, Gräfin Potocka, Fürstin de Beauvau, Gräfin Appony, Gräfin Esterhazy, Graf und Gräfin de Perthuis, Baronin Bronicka, Fürstin Czernicheff, Fürstin Souzzo, Gräfin Mostowska, Gräfin Czosnowska, Gräfin de Flahault, Baronin von Billing, Baron und Baronin von Stockhausen, Gräfin von Lobau, Fräulein de Noailles etc. Zu diesen kommen die Vertreter der Geldaristokratie, in erster Reihe Frau C. de Rothschild. Ob der Bankier Leo, in dessen Hause Chopin freundschaftlich verkehrte, zu ihnen gehörte, ist mir unbekannt. Die obigen Namen betreffend, ist noch zu bemerken, dass sich um viele von ihnen eine grosse Familie gruppirte. Mit den Namen der Schwestern Gräfin Potocka und Fürstin de Beauvau verbindet sich der ihrer Mutter, der Gräfin Komar. Viele der hier Aufgezählten sind bereits erwähnt worden, von einigen wird im nächsten Capitel noch die Rede sein.

Um uns nun ein Bild von Chopin's Verhalten im Gesell-

schaftskreise zu machen, wollen wir Frau de Girardin reden
lassen, die, nachdem sie in einer ihrer *Lettres parisiennes* (vom
7. März 1847)[1]) von dem Erfolg des Fräulein O'Meara in einer
Soirée bei Frau de Courbonne gesprochen hat, fortfährt:

> Fräulein Meara ist eine Schülerin Chopin's. Er war dort,
> Zeuge des Triumphes seiner Schülerin, und die Zuhörer fragten
> sich in höchster Spannung: „Werden wir ihn hören?"
>   Für die leidenschaftlichen Bewunderer Chopin's war es in der
> That eine Tantalusqual, ihn in einem Salon einen ganzen Abend
> neben dem Clavier zu sehen und ihn nicht zu hören. Die Herrin
> des Hauses hatte Mitleid mit uns; sie beging eine Indiscretion —
> und Chopin spielte, sang seine köstlichsten Gesänge, zu deren bald
> fröhlichen bald traurigen Melodien wir die Worte hinzufügten, die
> uns gerade einfielen. Wir folgten mit unsern Gedanken seinen
> melodischen Capricen, wir waren unserer etwa zwanzig aufrichtige
> Kunstfreunde, eine rechtgläubige Gemeinde, und keine Note ging
> für uns verloren, keine Intention blieb von uns unbemerkt; es war
> kein Concert, es war jene intime tiefempfundene Musik, wie wir sie
> lieben; auch war er nicht einer von jenen Virtuosen, welche auftreten,
> ihr bestimmtes Stück spielen und dann wieder abgehen; Er war ein
> Talent einziger Art, ein Künstler, den Jeder ohne Rücksicht und
> Skrupeln für sich auszubeuten wünschte, den man um eine Wieder-
> holung seiner Lieblings-Melodien zu bitten wagte, und der dann mit
> Liebenswürdigkeit und Herzlichkeit dieselben noch einmal spielte,
> damit man sie unversehrt im Gedächtniss behalten und noch lange
> Zeit in ihnen schwelgen konnte. Frau So-und-so sagte: „Spielen Sie
> doch, bitte, das reizende, dem Fräulein Stirling gewidmete Nocturne"
> — das, welches wir „das Gefährliche" betitelt hatten — er lächelte
> und spielte das verhängnissvolle Nocturne. „Was mich betrifft" be-
> gann eine andere Dame „so möchte ich nur ein einziges Mal von
> Ihnen diese so wehmüthige und so reizende Mazurka hören" — er
> lächelte wieder und spielte sie. Die Listigsten suchten ihr Ziel auf
> Umwegen zu erreichen: „Ich studiere jetzt die grosse Sonate, welche
> mit dem herrlichen Trauermarsch beginnt" oder „ich möchte das
> Tempo wissen, in welchem das Finale vorzutragen ist" — er lächelte
> ein wenig, als habe er die Absicht bemerkt, und spielte das Finale
> der grossen Sonate, eines der herrlichsten Stücke, welche er ge-
> schrieben hat.

Obwohl Frau Girardin's Worte die Stimmung jener be-
glückten Kreise, in denen sich Chopin mit Vorliebe bewegte,
treffend wiedergeben, so wollen wir doch ihr rhapsodisches Lob

---

[1]) Der vollständige Titel des Werkes lautet: *Le Vicomte de Launay —
Lettres parisiennes, par Mdme Emile de Girardin.* (Paris: Michel Lévy frères.)

seines Spieles übergehen. Dass sie nicht zu den Kennern zählt, ergiebt sich aus ihrer Bemerkung, dass die Sonate mit dem Trauermarsch beginne und dass das Finale eine der bedeutendsten Schöpfungen des Meisters sei. Trotz ihrer weiteren Bemerkung, dass Chopin's Spielen bei Frau de Courbonne eine Ausnahme gewesen sei, könnte ihr Artikel doch zu der irrthümlichen Vermuthung Anlass geben, dass es leicht gewesen sei, den Künstler an das Clavier zu bringen. Richtiger als sie stellt Berlioz den Sachverhalt dar, in einem Artikel (Feuilleton des *Journal des Débats* vom 27. October 1849), dessen Stil dem Inhalt weniger Gewalt anthut, als es bei dem eleganten Geplauder Frau Girardin's der Fall ist:

> Nur einem kleinen Kreise auserwählter Zuhörer, deren Sehnsucht, ihn zu hören, unzweifelhaft echt war, konnte es gelingen, ihn zum Spielen zu veranlassen. Und wie wusste er dann die Gemüther zu erregen, welche heissen und melancholischen Träumereien liess er dann seiner Seele entströmen! Es war gewöhnlich um Mitternacht, wo er anfing sich völlig gehen zu lassen, nachdem die grossen Thiere des *salon* aufgebrochen waren, die politischen Discussionen ihr Ende erreicht hatten, die Klatsch-Hausirer mit ihren Anekdoten fertig waren, ihre Fallen gelegt, alle ihre Gemeinheiten ausgekramt hatten — kurz, wenn man von der Prosa des Lebens gründlich angeekelt war, dann wurde er, der stummen Bitte eines schönen, verständigen Auges gehorchend, zum Dichter und besang die Ossianischen Liebesqualen der Helden seiner Träume, ihre ritterlichen Feste, seine Sehnsucht nach dem fernen Heimathlande, seinem lieben, stets siegbereiten, doch stets besiegten Polen. Wenn aber diese Bedingungen nicht vorlagen — und jeder wahre Künstler musste ihm dankbar sein, dass er an ihnen festhielt — so bemühte man sich vergebens, ihn zum Spielen zu veranlassen. Die blosse Neugier, welche sein Name hervorrief, schien ihn geradezu zu irritiren, und wenn ihn der Zufall einmal in einen unsympathischen Kreis führte, so hielt er sich möglichst abseits. Ich erinnere mich eines schneidenden Wortes, das er eines Abends nach dem Diner gegen den Herrn des Hauses losliess. Man hatte kaum den Kaffee genommen, als der Wirth zu Chopin trat mit den Worten, seine Gäste, die ihn niemals gehört hätten, hofften sehr, er werde ihnen etwas (*quelque petite chose*) spielen. Chopin entschuldigte sich sofort in einer Form, welche sein Ablehnen unzweifelhaft erscheinen liess; als aber der Wirth weiter in ihn drang und zwar in fast verletzendem Tone, als kenne er den Werth des von ihm gegebenen Diner, brach der Meister die Unterhaltung kurz ab, in dem er mit schwacher und von Husten unterbrochener

Stimme sagte: „Ach, mein Herr . . . ich habe . . . so wenig ·gegessen!"

Bei Chopin's Vorliebe für die fashionable Gesellschaft konnte es nicht ausbleiben, dass er die seiner Collegen vernachlässigte. Dass er in dem *odi profanum vulgus et arceo* zu weit gegangen ist, kann keinen Augenblick zweifelhaft sein — waren doch viele von denen, welche seinen Umgang suchten, von nicht geringerem Adel des Gefühls und des Strebens, als er selbst. Chopin beleidigte sogar den grossen Maler Ary Scheffer, der ihn bewunderte und liebte, indem er ihm versprach, einen Abend bei ihm zuzubringen, und ihn wiederholt vergebens warten liess. Musiker scheint er, mit wenigen Ausnahmen, stets sorgfältig von sich fern gehalten zu haben, wenigstens in den späteren Jahren seines Pariser Aufenthalts, und dies ist besonders zu bedauern im Hinblick auf die jüngeren Kunstgenossen, die mit Verehrung und Begeisterung zu ihm hinaufsahen und die sich durch seine zwar höfliche aber kalte Aufnahme schmerzlich berührt fühlten:

Ich hatte stets die grösste Hochachtung vor Chopin's Talent [schreibt Marmontel], und, ich darf hinzufügen, eine lebhafte Sympathie für seine Person. Niemand, seine Lieblingsschüler nicht ausgenommen, hat seine Compositionen eifriger studirt und sich mehr um ihre Verbreitung bemüht, als ich, und dennoch waren meine Begegnungen mit ihm nur selten und vorübergehend. Chopin war umgeben, gehätschelt und sorgfältig bewacht von einem kleinen *cénacle* enthusiastischer Freunde, welche ihn vor lästigen Besuchern und Bewunderern zweiten Ranges zu schützen suchten. Es war schwer an ihn heranzukommen, und man musste, wie er selbst einmal gegen Stephen Heller geäussert, mehrere Male den Versuch wiederholen, bevor es gelang ihn zu sprechen. Da diese „Versuche" so wenig nach meinem wie nach Heller's Geschmack waren, so konnte ich nicht zu jener kleinen Gemeinde der Gläubigen gehören, deren Verehrung an Fanatismus streifte.

Stephen Heller betreffend — der mir selbst sagte, er hätte gern mehr mit Chopin verkehrt, sei aber besorgt gewesen, zudringlich zu erscheinen — so glaubt Hallé, dass Chopin eine Antipathie gegen ihn gehabt habe, was bei dem liebenswürdigen und wahrhaft vornehmen Charakter Heller's schwer zu erklären wäre.

Wenn Karasowski's Bericht über die erste Begegnung Cho-

pin's mit Schulhoff correct ist, so kam dem Meister bei seiner
Reservirtheit manchmal sogar diejenige Höflichkeit abhanden,
welche wir bei einem Manne von guter Erziehung dem Neben-
menschen gegenüber erwarten dürfen. Indem ich vorausschicke,
dass Fétis den Vorfall weniger umständlich erzählt und den
Schauplatz in Pleyel's Claviermagazin verlegt, lasse ich Karasowski's Version folgen, da sie vermuthlich von Schulhoff selbst
herrührt, der sich seit 1855 meist in Dresden, wo auch Karasowski wohnt, aufgehalten hat:

Schulhoff kam als ganz junger Mann noch völlig unbekannt
nach Paris. Da erfuhr er, dass der damals schon sehr kränkliche
und schwer zugängliche Chopin nach der Pianofortefabrik von
Mercier zur Besichtigung eines neuerfundenen Transpositeurs kommen
würde. Es war dies im Jahre 1844. Schulhoff ergriff diese Gelegenheit, des Meisters persönliche Bekanntschaft zu machen, und
fand sich in dem kleinen Kreise ein, der Chopin erwartete. Dieser
erschien mit einem alten Freunde, einem russischen Capellmeister.
Einen passenden Moment benutzend, liess Schulhoff sich ihm von
einer anwesenden Dame vorstellen. Dem Wunsche der Letzteren,
dass Schulhoff ihm etwas vorspielen dürfe, gab der hochgefeierte
Künstler, der von dilettirenden Quälgeistern jeder Art gar häufig
heimgesucht wurde, durch leichtes Kopfnicken halb unmuthig seine
Zustimmung. Schulhoff setzte sich ans Clavier, indessen Chopin,
mit dem Rücken ihm zugekehrt, sich an dasselbe lehnte. Aber
schon während des kurzen Präludiums wendete er aufmerksam den
Kopf nach Schulhoff, der nun ein eben componirtes *Allegro brillant
en forme de Sonate* (Op. 1, Chopin gewidmet) vortrug. Mit stei-
gendem Interesse sich immer mehr der Claviatur nähernd, lauschte
er dem feinen poetischen Spiele des jungen Böhmen, seine bleichen
Züge belebten sich, und durch Miene und Geberde gab er den
Anwesenden seinen lebhaften Beifall zu erkennen. Nachdem Schulhoff sein Stück beendet, reichte ihm Chopin die Hand mit den
Worten: „Vous êtes un vrai artiste — un collègue!" Als Schulhoff bei
seinem Besuch einige Tage darauf den verehrten Meister bat, die
Widmung der gespielten Composition annehmen zu wollen, dankte
dieser in herzgewinnendster Weise und sagte im Beisein einiger
Damen: „Je suis très flatté de l'honneur que vous me faites."

Chopin's Benehmen am Schluss dieser Begegnung machte
ohne Zweifel seine anfängliche Schroffheit wieder gut, doch ist
die unfreundliche Art, mit der er die Bitte seines jungen Kunstgenossen aufnahm, ihm etwas vorspielen zu dürfen, und namentlich seine Gleichgültigkeit als derselbe zu spielen begonnen, da-

durch noch nicht entschuldigt, dass er häufig von Dilettanten in
ähnlicher Weise belästigt wurde.

Der Pariser Correspondent der *Musical World* sprach sich
unmittelbar nach dem Tode des Componisten über die Gefühle
der Pariser Musiker aus, die er zu erklären und zu entschuldigen versuchte. Wir lesen dort in der Nummer vom 10. November 1849:

> Bei der Zurückgezogenheit seiner Lebensweise und seiner ge-
> wohnheitsmässigen Reservirtheit hatte Chopin unter seinen Collegen
> nur wenige Freunde; durch die Gesellschaft verhätschelt und seiner
> ursprünglichen Natur entfremdet, kam er nur zu oft in den Fall,
> seine Kunstbrüder hochmüthig zu behandeln, was viele von ihnen,
> die ihm gleich standen, und einige wenige, die ihm überlegen waren,
> als Beleidigung empfanden. Diese übersahen jedoch in ihrer Ab-
> neigung gegen den Menschen die Thatsache, dass ein Lungenleiden,
> welches ihn Jahre lang gequält und zuletzt in einen Schatten ver-
> wandelt hatte, ihm den Genuss des geselligen Zusammenseins
> und der Erholung unter den Collegen verbot. Es war mit einem
> Worte die Pflicht der Selbsterhaltung, welche Chopin zwang, in
> verhältnissmässiger Abgeschlossenheit zu leben, und es liegt uns
> fern zu glauben, dass Herzlosigkeit und Egoismus die Quelle der-
> selben gewesen sind; und in dieser unserer Meinung bestärkt uns
> die Thatsache, dass die intimen Freunde, die er unter seinen Be-
> rufsgenossen hatte (deren mehrere Clavierspieler von Profession)
> ihm nicht minder ergeben waren, als die exaltirtesten unter seinen
> aristokratischen Verehrern.

Endgültig entscheidend scheint mir dies Raisonnement nicht
zu sein. Ist es nicht möglich, zurückgezogen zu leben, ohne
sich dadurch den Vorwurf des Hochmuths zuzuziehen? Und wenn
Chopin kräftig genug war, die fashionablen Salons zu besuchen,
so konnte er doch nicht ganz und gar unfähig sein, auch mit
seinen Kunstbrüdern zu verkehren. Endlich, wer sind jene Clavierspieler, die ihm so ergeben waren wie „die exaltirtesten unter
seinen aristokratischen Verehrern?" die Thatsache, dass Chopin
in seinen späteren Pariser Jahren immer weniger gesellig wurde,
seinen Verkehr auf eine kleine Zahl von Freunden und Familien
beschränkte, und mit nur sehr wenigen Musikern intim stand,
kann mithin nicht allein auf Rechnung seiner Kränklichkeit geschrieben werden. wenn auch diese, mittelbar oder unmittelbar,
dabei im Spiele war. Die Behauptung des Correspondenten,
dass Chopin durch die Gesellschaft verhätschelt worden sei,

wird man kaum widerlegen können. Von Natur und durch Erziehung übertrieben wählerisch, liess er sich mehr und mehr von
diesem Fehler beherrschen, theils in Folge seiner zunehmenden
Körperschwäche, theils, und noch mehr unter dem Einflusse der
Gesellschaft, mit der er durch seinen Beruf und auch anderweitig
ununterbrochen in Berührung stand. Seine Schüler und viele
andere seiner, meist dem weiblichen Geschlechte und der Aristokratie angehörigen Bewunderer hatten ihn so sehr durch Schmeichelei und Anbetung verwöhnt, dass er diese als sein Lebens-
element betrachten musste.

Einige Bemerkungen Liszt's, die ich hier in aphoristischer
Form citiren werde, sind geeignet, das Bild Chopin's als Gesell-
schaftsmenschen deutlicher zur Erscheinung zu bringen:

Da er seine Zeit, seine Gedanken, seine Wege stets von denen
anderer Personen abzusondern pflegte, so war ihm der Umgang
mit Frauen im Allgemeinen bequemer, sofern ihn derselbe weniger
zu einer Fortsetzung der Beziehungen verpflichtete.

Im Verkehr mit der Welt bewahrte er eine Gleichmässigkeit
der Stimmung, die sich durch keinen Verdruss stören liess, da sie
sich auf keinen Wunsch, keine Erwartung stützte.

Seine Unterhaltung wandte sich selten aufregenden Gegenständen zu. Er glitt über dieselben hinweg, und da er haushälterisch
mit seinen Minuten umging, war das Gespräch leicht durch die
Ereignisse des Tages ausgefüllt.

Er liebte das harmlose Geplauder mit Leuten die er schätzte;
er amusirte sich an den kindlichen Freuden der Jugend. Ganze
Abende konnte er damit verbringen, mit jungen Mädchen Blindekuh
zu spielen, ihnen kurzweilige, drollige Geschichten zu erzählen und
sie zu jenem ausgelassenen Lachen zu reizen, welches noch schöner
klingt als der Gesang der Grasmücke.[1]

Im geselligen Verkehr und Gespräch schien er sich nur für
das zu interessiren, was die Anderen beschäftigte; er hütete sich,
sie aus ihrem eigenen Kreise in den seinigen herüber zu ziehen.
Opferte er wenig von seiner Zeit, so gab er dies wenige dafür auch
ganz und ohne Vorbehalt.

Chopin's Gegenwart war daher jeder Zeit hochwillkommen.
Indem er nicht darauf reflectirte, verstanden zu werden [*être deviné*],
indem er es verschmähte, sich selbst mitzutheilen [*de se raconter
lui-même*], beschäftigte er die Gesellschaft mit Allem, nur nicht
mit sich selbst; so dass seine innere Persönlichkeit unberührt und

---

[1] Dies dürfte sich wohl nur auf die ersten Jahre von Chopin's Aufenthalt
in Paris beziehen.

unter ihrer glatten Aussenseite, die bei aller Höflichkeit keine An-
näherung gestattete, unzugänglich blieb.

Das Wohlgefallen an ihm war ein zu unwillkürliches, als dass
es zur Reflexion Zeit gelassen hätte.

Ueber Liebe und Freundschaft sprach er fast niemals.

Er war nicht anspruchsvoll und verhielt sich wie Jemand,
dessen Rechte und wohlbegründete Anforderungen Alles weit über-
steigen würden, was man ihm zu bieten vermöchte. In das vom
Leben unberührte Allerheiligste seines Herzens drangen selbst seine
intimsten Bekannten nicht ein; er wusste es so heimlich zu bewahren, das man kaum seine Existenz ahnte.

Bereit, Alles zu geben, gab er doch nicht sich selbst.

Den letzten Ausspruch und einen Theil des vorletzten habe
ich schon früher citirt, glaubte sie aber der Vollständigkeit
wegen, und um einen Ausgangspunkt für die weitere Betrachtung
der Freundschaftsverhältnisse Chopin's zu gewinnen, wiederholen zu müssen. Zunächst schicke ich unbedenklich als allgemeine Bemerkung voraus, dass Chopin unter seinen nicht polnischen Freunden keinen im vollen Sinne des Wortes intimen
besass, keinen, dem er sein Herz ausschüttete, wie es bei
Woyciechowski und Matuszyński, seinen Jugendfreunden, und
später bei Grzymała der Fall war. Eine lange Unterbrechung
des persönlichen Verkehrs so wie die verschiedenartige Entwickelung der Charaktere bei völliger Ungleichheit der äusseren Verhältnisse, muss die Intimität mit den Erstgenannten im Laufe
der Jahre vermindert haben. [1]   Mit Matuszyński blieb Chopin
bis zu dessen Tode eng verbunden. [2]   Wie er gegen Grzymała
sein ganzes Herz öffnete, werden wir in einem der folgenden
Capitel sehen. Dass sein Freundschaftsverhältniss zu Fontana
ein weniger intimes war, erkennt man sofort bei einem Vergleich
der Briefe an diesen mit denen an die drei andern polnischen
Freunde. Von seinen nicht-polnischen Beziehungen verdient
nur eine den Namen Freundschaft: Es ist die zu Franchomme;
aber auch hier gab er viel weniger als er empfing. Nicht nur
in Bezug auf Franchomme, sondern überhaupt gilt von Chopin,

---

[1] Titus Woyciechowski lebte auf seinem Gute Poturzyn im Königreich
Polen.

[2] Karasowski sagt im ersten Bande seiner polnischen Biographie Chopin's,
dass Matuszyński am 20. April 1842, im zweiten Bande dagegen, dass er nach
Chopin's Vater, jedoch in demselben Jahr, d. h. 1844 gestorben ist.

dass er mehr geliebt worden ist, als er geliebt hat; doch wusste er das in dieser Hinsicht Mangelnde unter der Liebenswürdigkeit seiner Manieren, unter schmeichelnder Zärtlichkeit seiner Ausdrucksweise zu verbergen. Es hat etwas Tragisches und zugleich Komisches, dass sich jeder von Chopin's Freunden einbildete, er besitze die Liebe und das Vertrauen des Meisters in reicherem Maasse, als irgend ein anderer seiner Freunde. So sagte mir Gutmann, dass Chopin mit Franchomme nicht intim genug gewesen sei, um diesem irgend welche Geheimnisse anzuvertrauen, Franchomme aber sagte mir ähnliches in Bezug auf Gutmann. Chopin's Verhalten seinen Freunden gegenüber lernt man einigermaassen aus seinen Briefen kennen; dort findet man etwas von seinen einschmeichelnden Manieren, von seinem Bestreben, den Adressaten glauben zu machen, er sei der besonders Begünstigte, und von seiner Gewohnheit, über andere Personen, zu denen er scheinbar in herzlichem Verhältniss stand, geringschätzig und gleichgültig zu reden, ja sogar ungerecht zu urtheilen. Die Thatsache ist nicht zu leugnen, dass sich Chopin den Menschen gegenüber anders gab, als hinter ihrem Rücken — man erinnere sich, wie er in seinen Briefen an Fontana von Camille Pleyel in einer Weise spricht, die von Liebe und Hochachtung weit entfernt ist; nun, diesem selben Camille Pleyel, über den er bei der kleinsten Verdriesslichkeit so erbarmungslos herfällt, schreibt er Folgendes (man beachte die Schlussworte):

Theuerster Freund *(chérissime)*, Beifolgendes hat mir Onslow geschrieben. Ich wollte es Ihnen selbst mittheilen, aber ich fühle mich sehr schwach und gedenke mich zu Bett zu legen. Ich liebe Sie stets mehr, wenn dies möglich ist *(je vous aime toujours plus si c'est possible)*.

Chopin.[1]

[1] Das Obige leider undatirte Briefchen, welches im *Ménestrel* vom 15. Februar 1885 zum ersten Mal veröffentlicht und in *Un nid d'autographes, lettres inédites recueillies et annotées par Oscar Comettant* (Paris, E. Dentu) wieder abgedruckt wurde, hat folgendes Postscriptum: „Vergiss, bitte, Freund Herbeault nicht. Also bis morgen; ich erwarte Euch beide."

La Mara's „Musikerbriefe" (Leipzig, Breitkopf und Härtel) enthalten ebenfalls einen freundschaftlichen Brief von Chopin an Camille Pleyel, der so lautet:

„Theuerster Freund, ich habe vor einigen Tagen Ihr Clavier erhalten und danke Ihnen bestens dafür. Es kam in guter Stimmung an, genau im Concert-Kammerton. Bis jetzt habe ich noch nicht viel darauf gespielt, denn das Wetter

Ferner, wie grausam macht er in denselben Briefen den
Bankier Leo herunter, der ihm Geld leiht, häufig die Besorgung
seiner Manuscripte übernimmt, die Zahlung für dieselben ver-
mittelt, und in dessen Hause er jahrelang freundschaftlich verkehrt hat. Von Hallé weiss ich, dass Chopin zur Familie Leo
besonders gute Beziehungen gehabt hat; aus Moscheles' Tagebuch haben wir erfahren, dass derselbe Chopin's Bekanntschaft
in Leo's Hause machte; Stephen Heller sagte mir, dass er Chopin
dort wiederholt getroffen habe, und dass dieser dem Leo'schen
Hause treu geblieben sei, nachdem er den Verkehr mit vielen
andern Familien aufgegeben habe; dass nicht nur Leo sondern
auch seine Gattin für Chopin ein lebhaftes Interesse gehabt, was
diese ihm u. a. dadurch bewiesen, dass sie ihn mit Wäsche ver-
sorgte. Und dabei spricht Chopin von diesem Manne, der ihm
Art leistet, dem er vorher und nachher mit freundlichem Lächeln
Dienste aller als sein Gast entgegen tritt, in einem Tone, als sei
er der verächtlichste Schurke, und zwar aus keinem andern
Grunde, alsweil nicht Alles genau nach seinen Anordnungen ausgeführt worden ist. Wollen wir nicht annehmen, dass diese
Schmähreden blosse Ausbrüche momentaner Stimmung waren, so
müssen wir Chopin der Doppelzüngigkeit und Undankbarkeit
zeihen. In den Briefen an Fontana finden sich auch gewisse Bemerkungen über Matusziński, die mir wenig gefallen; diese werden
auch dadurch nicht gemildert, dass man sie theilweise als Spässe,
theilweise als eine indirekte Schmeichelei für den Adressaten
auffasst; mit besserem Rechte ist anzunehmen, dass die zweifellos
aufrichtige Liebe Chopin's zu Matusziński mit einer Dosis Missachtung untermischt war.

Bei dieser Gelegenheit ist zu bemerken, dass die Polen, obwohl sie ihre Nation über alle anderen Nationen und ihre Landsleute über alle anderen Mitmenschen stellen, doch eine sehr geringe

---

ist so schön, dass ich fast immer im Freien bin. Ich wünsche Ihnen ebenso
angenehmes Wetter für Ihre Ferien. Schreiben Sie mir einige Worte (wenn Sie
glauben, Ihre Feder im Laufe des Tages noch nicht hinlänglich benutzt zu
haben). Möchtet Ihr Alle wohl bleiben — ich lege mich Ihrer Mutter und
Schwester zu Füssen. Ihr ergebener   F. Chopin."
La Mara datirt diesen Brief „Montag [20. Mai 1842], Nohant bei La
Châtre, Indre." Dies indessen kann nicht richtig sein, denn 1842 fiel der 20. Mai
auf einen Freitag.

Meinung von einander haben. Ich bin thatsächlich niemals einem Polen begegnet, der nicht mit einem selbstgefälligen mitleidigen Lächeln auf jeden seiner Landsleute, selbst auf seinen besten Freund, hinabgesehen hätte. Es scheint, dass ihr Gefühl der individuellen Ueberlegenheit nicht minder stark ist, als das ihres nationalen Stolzes. Liszt's desfallsige Bemerkungen (S. Band I, 267) sowie diejenigen anderer Schriftsteller (polnischer sowohl wie nicht-polnischer) bestätigen die meinigen, von denen man vielleicht glauben könnte, sie seien nicht hinlänglich durch Erfahrungen gestützt. Um zu Matusziński zurückzukehren, so ist es möglich, dass er zu häufig geneigt war, dem Freunde Rathschläge zu geben und ihn zu kritisiren, während er sich nicht praktisch genug zeigte, ihm hülfreich zu sein. Die Briefe an Fontana und Franchomme lassen darauf schliessen, dass die Dienstfertigkeit dieser Beiden für Chopin's Freundschaftsverhältniss zu ihnen nicht unwesentlich in Betracht kommt; jedenfalls genirte er sich nicht, ihre Gefälligkeit in unbeschränktester Weise auszunutzen. Im Allgemeinen frappiren die Briefe aus den letzten zwölf Jahren seines Lebens durch den Mangel an hochherziger Gesinnung und die grosse Seltenheit der Aeusserungen wohlwollender Gefühle in Betreff dritter Personen; da aber dieser Mangel in seinen früheren Briefen nicht hervortritt, so können Krankheit sowie die Enttäuschungen des Künstlerlebens als Ursache desselben angenommen werden. Dazu kommen noch als Neben-Ursachen seine Nationalität, seine von Haus aus zarte Constitution und seine Vorliebe für die Manieren und den Geschmack der Salons; der eine oder der andere dieser Umstände mag seine ausserordentliche Empfindlichkeit, sein wählerisches Wesen und seine Reizbarkeit verständlich machen.

George Sand's *Ma Vie* beleuchtet manche Seiten von Chopin's Charakter; suchen wir einige Strahlen dieses Lichtes zusammen zu fassen:

Er war principiell bescheiden und gewohnheitsmässig sanft, aber er war aus Instinkt herrschsüchtig, und, ohne es zu wissen, von berechtigtem Stolze erfüllt.

Er war sicherlich nicht geschaffen, um lange in dieser Welt zu leben, dieser ausgeprägteste Typus eines Künstlers. Er wurde von einem idealen Streben verzehrt, dem weder philosophische Toleranz, noch menschliches Mitgefühl das Gegengewicht hielten.

Er wollte sich niemals mit der menschlichen Natur abfinden, niemals die Wirklichkeit gelten lassen. Das war sein Fehler und seine Tugend, seine Grösse und sein Elend. Intolerant gegen den kleinsten Flecken, nahm er den bescheidensten Lichtstrahl mit höchster Begeisterung auf und suchte, mit Aufbietung aller Mittel seiner erhitzten Einbildungskraft, eine Sonne in demselben zu erblicken.

Er war ebenso [wie in der Liebe] in seiner Freundschaft; er begeisterte sich auf den ersten Blick, wurde dann überdrüssig, corrigirte sich unaufhörlich und lebte theils von fixen Ideen, die für den Gegenstand derselben reizvoll waren, theils von innerem Missvergnügen, welches seine liebsten Neigungen vergiftete.

Chopin gewährte mir, ich darf sagen, die Ehre einer Freundschaft, welche in seinem Leben eine Ausnahme bildete. Er war gegen mich stets derselbe.

Chopin's Freundschaft war niemals für mich eine Zuflucht in schweren Tagen. Er hatte ganz genug an seinen eigenen Leiden zu schleppen.

Wir haben uns niemals Vorwürfe gemacht, ein einziges Mal ausgenommen, welches leider das erste und das letzte Mal war.

Wenn aber Chopin mir gegenüber die Ergebenheit, die Zuvorkommenheit, die Liebenswürdigkeit, die Verbindlichkeit und die Achtung in Person war, so hatte er damit die Schroffheiten seines Charakters im Verkehr mit denen, die mich umgaben, noch keineswegs abgelegt. Diesen gegenüber liess er seinem halb grossartigen, halb kleinlichen Naturell freies Spiel, wobei er dann stets von grösster Zärtlichkeit zur Abneigung überging, und umgekehrt.

Wenn Chopin sich ärgerte, konnte man sich fürchten, und da er sich mit mir stets zusammennahm, so war er in solchen Fällen manchmal nahe daran, zu ersticken.

Die folgenden Stellen aus Liszt's Buche können theils als Bestätigung, theils als Ergänzung der Bemerkungen George Sand's gelten:

Seine Einbildungskraft war glühend, sein Empfinden steigerte sich bis zur Heftigkeit — seine körperliche Organisation war schwach und kränklich. Wer vermöchte die aus solchem Gegensatz entspringenden Leiden zu ergründen? Sie waren gewiss peinlich genug, und dennoch trug er sie nie zur Schau.

Die Zartheit seines Körpers wie seiner Seele legte ihm das weibliche Märtyrerthum ewig uneingestandener Qualen auf, und gab seinem Schicksal gewisse weibliche Züge.

Auf keine Existenz hat er entscheidenden Einfluss geübt. Seine Leidenschaft griff niemals in die Neigungen Anderer ein. Seine geistige Herrschaft beschädigte oder bedrückte (*n'a étreint ni massé*) Niemanden.

Wenn auch selten, so gab es doch Augenblicke, wo wir ihn in äusserst aufgeregtem Zustande überraschten. Dann konnte er sich dermaassen entfärben, dass er einer Leiche glich. Trotz der grössten Erregung jedoch blieb er äusserlich ruhig. Er verhielt sich dann, nach seiner Gewohnheit, wortkarg bezüglich dessen, was in ihm stürmte. Eine Minute der Ueberlegung verbarg jedesmal das verrathene Geheimniss des ersten Eindruckes . . . Diese beständige Controle über sein Temperament erinnerte an die resignirte Ueberlegenheit mancher Frauen, die ihre Kraft im Zurücktreten und sich-Isoliren suchen, da sie die Nutzlosigkeit ihrer Zornausbrüche kennen und das Geheimniss ihrer Leidenschaften zu eifersüchtig hüten, um es unnützerweise Preis zu geben.

Nicht immer indessen wusste Chopin sein Temperament zu beherrschen. Heller erinnerte sich, mehr als einmal einen Zornesausbruch bei ihm erlebt zu haben, und dass er im Gespräch mit Nowakowski gelegentlich sehr heftig wurde. Die folgende von Lenz in seinen „Grossen Pianoforte-Virtuosen" beschriebene Scene betrifft auch diesen Punkt.

Einmal trat Meyerbeer, den ich noch nie gesehen, zu meiner Lection ins Zimmer bei Chopin. Meyerbeer wurde nicht gemeldet, der war König. Ich spielte gerade die Mazurka in C (Op. 33) auf einer einzigen Seite, die so viele Hunderte enthält, ich nannte sie die Grabschrift des Begriffs, so bekümmert und traurig ist der Satz; der ermüdete Flug eines Adlers! —

Meyerbeer hatte sich gesetzt, Chopin liess mich fortfahren.

Das ist Zweiviertel-Takt, sagte Meyerbeer. Chopin widersprach, liess mich wiederholen, taktirte laut mit dem Bleistift auf dem Instrument — seine Augen glühten.

„Zwei Viertel", wiederholte Meyerbeer ruhig.

Nur einmal sah ich Chopin sich ereifern, es war in diesem Augenblick! Er war schön anzusehn, wie ein leichtes Roth seine bleichen Wangen färbte.

„Das sind drei Viertel" sagte er laut, der immer so leise sprach.

„Geben Sie's mir" entgegnete Meyerbeer „zu einem Ballett in meiner Oper (der damals geheim gehaltenen ‚Afrikanerin'), ich zeig' es Ihnen dann."

„Das sind drei Viertel!" schrie fast Chopin und spielte nun selbst. Er spielte die Mazurka mehrmals, zählte laut, stampfte den Takt mit dem Fuss, er war ausser sich! Es half nichts, Meyerbeer blieb bei zwei Vierteln — sie trennten sich gereizt. Es war mir nichts weniger als angenehm, Zeuge dieser gereizten Scene gewesen zu sein. Ohne mich zu grüssen, war Chopin in seinem Cabinet verschwunden. Das hatte kaum ein paar Minuten angedauert.

Derartige Zornesausbrüche kamen bei Chopin äusserst selten vor, und jedenfalls nur im Verkehr mit ihm nahestehenden
Personen, im Besonderen mit seinen Landsleuten, zuweilen auch
mit seinen Schülern. Im Vorübergehen will ich bemerken,
dass Chopin's polnisches Vocabularium weit weniger gewählt
war, als sein französisches. Im Wesentlichen waren Chopin's
Umgangsformen sehr abgeschliffen und aristokratisch, wie Hallé
meint, vielleicht zu sehr; denn es kam dabei auf eine einför-
mige Liebenswürdigkeit hinaus, welche den Beobachter hinsichts der wirklichen Natur des Menschen völlig im Dunklen
liess. Viele, die sich Chopin zu nähern suchten, fanden, wie
Marmontel — aus dessen eigenem Munde ich dies hörte — dass
er ein *tempérament sauvage* habe und ihm schwer beizukommen
sei; Alle jedoch, die in seine Nähe kamen, mussten bald die Erfahrung machen, dass Liszt Recht gehabt, wenn er ihn einmal
im Gespräche mit Lenz als *ombrageux* schilderte. Während
aber Chopin die ausserhalb seines Kreises Stehenden mit kalter
Höflichkeit behandelte, wusste er die innerhalb desselben Befindlichen durch Liebenswürdigkeit und Witz zu entzücken. „Meist
war er lebhaft" sagt Liszt „sein satyrischer Geist vermochte
schnell das Lächerliche über jenes Durchschnitts-Niveau, wo es
aller Welt in die Augen springt, in eine höhere Sphäre zu erheben." Und an anderer Stelle bemerkt er: „Der Spieltrieb berührte bei Chopin nur die höheren Geistessphären; denn bei
allem Sinn für Komik scheute er vor derber Lustigkeit, lautem
Gelächter, banaler Heiterkeit zurück, wie vor jenen mehr ekel-
haften als giftigen Thieren, deren Anblick bei empfindlichen
Naturen unüberwindlichen Abscheu hervorruft". Liszt nennt
Chopin „einen gewiegten Kenner des Scherzes und einen erfin-
dungsreichen Spötter". Auf die Zeugnisse auch anderer persönlicher Bekannten Chopin's sowie seiner Briefe gestützt, können
wir die Erfahrung Hallé's, der mir sagte, er habe nie einen
Sarkasmus oder eine scharfe Redensart im Munde des Meisters
gehört, kaum als maassgebend annehmen.

Neigung zur Geselligkeit ist ein charakteristischer Zug in
Chopin's Seelenleben — wie mir Hiller sagte, liebte er es nicht,
allein zu sein. Aus Lectüre dagegen machte er sich wenig.
Alkan erzählte mir, Chopin habe nicht einmal die Bücher George
Sand's gelesen — was wohl schwerlich richtig ist — und dass

Pierre Leroux, der Chopin liebte und ihm stets seine Schriften mittheilte, diese meist unaufgeschnitten auf seinem Tische habe liegen sehen, was wir schon eher glauben können, da die Philosophie und Chopin sich gewissermaassen einander ausschlossen. Nach dem, was ich von Hiller gehört, hat sich Chopin zwar für Literatur interessirt, jedoch sehr wenig gelesen. Heller wiederum meint, Chopin habe keinen Sinn für Literatur gehabt, und es sei ihm vorgekommen, als habe es ihm an wissenschaftlicher Bildung gemangelt, wozu ich freilich bemerken muss, dass Heller ein eifriger Leser und ernster Denker war, der über einem guten Buche sogar Frau Musika vergessen konnte. Um aber wieder zu Chopin zurückzukehren, so will ich noch bemerken, dass Franchomme seine Gleichgültigkeit gegen die Literatur dadurch entschuldigte, dass ihm seine Unterrichtsstunden und die Gesellschaft keine Zeit zum Lesen gelassen haben. Wenn aber Chopin die französische Literatur vernachlässigte — von andern literarischen Erzeugnissen älterer und neuerer Zeit nicht zu reden — so hatte er doch ein gewisses Interesse für die seines Heimathlandes; jedenfalls konnte man neu erschienene polnische Bücher in der Regel auf seinem Tische finden. Der Leser wird sich erinnern, dass Chopin in seinen Briefen an Fontana zwei Mal von dichterischen Publikationen spricht, die eine von Mickiewicz, die ihm nach Majorca geschickt wurde, die andere von Witwicki, die ihm abhanden gekommen war.

In der That hatte alles Polnische für Chopin besonderen Reiz und Werth. Die Trennung von seinem Vaterlande verminderte nicht nur nicht seine Liebe zu demselben, sondern erhöhte sie noch. In dieser Hinsicht sind die Worte charakteristisch, mit denen er den Clavierspieler Mortier de Fontaine empfangen haben soll, der 1833 nach Paris kam und ihm einen Empfehlungsbrief überbrachte: „Es genügt, dass Sie die Luft Warschau's geathmet haben, um in mir einen Freund und Rathgeber zu finden." Liszt's Behauptung, dass Jeder der aus Polen kam, mit oder ohne Empfehlungsbrief, von Chopin mit offenen Armen aufgenommen sei, ist ohne Zweifel etwas übertrieben; doch dürfen wir Liszt glauben, wenn er behauptet, Chopin habe seinen Landsleuten häufig gestattet, was er keinem Andern gestattete, nämlich, ihn in seinen Gewohnheiten zu stören; er habe Personen, die ihm vielleicht am Tage zuvor noch unbekannt

gewesen, seine Zeit, sein Geld, seine Behaglichkeit geopfert,
ihnen die Sehenswürdigkeiten der Stadt gezeigt, sie zum Diner
eingeladen und sie abends ins Theater geführt. Wir haben schon
gesehen, dass seine intimsten Freunde Polen waren und zwar in
den aristokratischen wie auch in den bescheideneren Gesellschafts-
kreisen. So angenehm seine Beziehungen zur Familie Rothschild
gewesen sein mögen — wie mir Franchomme sagte, hatte Chopin
für dieselbe eine besondere Vorliebe, die auch seitens der Familie erwidert wurde, und stand besonders bei Frau Nathaniel
de Rothschild in guter Erinnerung [1] — so waren sie doch von
geringer Bedeutung im Vergleich mit seiner fast leidenschaftlichen Anhänglichkeit für den Fürsten Alexander Czartoryski
und dessen Gattin, die Fürstin Marcelline. Ebenso wenig ist
irgend eine seiner Freundschaften für Nicht-Polen oder Polinnen
mit derjenigen zu vergleichen, die er für die Gräfin Delphine
Potocka empfand, der er zwei seiner glücklichsten Inspirationen
verschiedensten Genres, das F-moll-Concert Op. 21 und den
Des-dur-Walzer Op. 64 Nr. 1, gewidmet hat. [2]   Es gab sogar
Leute, welche glaubten, er fühle für diese Dame mehr als blosse
Freundschaft; dies jedoch hat er entschieden verneint.

Wiewohl Chopin seinen polnischen Freunden besonders ergeben war, so fanden sich doch auch unter allen übrigen Nationalitäten, unter Deutschen, Engländern, sogar unter Russen,
Freunde, die er liebte und von denen er geliebt wurde. Dass
er als guter Pole die russische Nation hasste, dürfen wir als
ausgemacht annehmen; von seinem Verhältniss zu englischen
Freunden und zu den Engländern im Allgemeinen wird in einem

---

[1] Chopin widmete der Baronin C. Rothschild den Walzer Op. 64 Nr. 2
(Pariser Ausgabe) und die Ballade Op. 52.

[2] Von dieser Dame sagte Kwiatkowski, ihr habe die Veranstaltung gewählter musikalischer Unterhaltungen ebensosehr am Herzen gelegen, wie anderen Leuten das Arrangement feiner Diners. In Sowiński's *Musiciens polonais*
lesen wir, dass sie eine wundervolle Sopranstimme gehabt habe und unter den
Pariser Dilettantinnen eine der ersten gewesen sei. „Eine Freundin des berühmten Chopin, veranstaltete sie früher in ihrem Hause glänzende Concerte unter
Mitwirkung der älteren Kräfte der italienischen Oper, welche man heut zu Tage
nicht mehr in Paris hört. Die Namen Rubini, Lablache, Tamburini, Malibran,
Grisi, Persiani bezeichnen den Höhepunkt des italienischen Gesanges. Die
Gräfin Potocka selbst hatte sich als Sängerin nach den italienischen Meistern
gebildet."

späteren Capitel die Rede sein. Gegen die Deutschen hatte Chopin eine entschiedene Abneigung, zum Theil wohl aus politischen Gründen, vielleicht auch in Anbetracht ihres uneleganten Auftretens und ihrer Unbeholfenheit im gesellschaftlichen Verkehr.[1]) Dennoch waren es Deutsche, die zu seinen besten Freunden zählten, unter ihnen Hiller, Gutmann, Albrecht und der hannoversche Gesandte, Baron von Stockhausen.

Liszt entwirft ein farbenreiches Bild einer jener improvisirten Abendunterhaltungen, die in Chopin's Wohnung (Rue de la Chaussée d'Antin) während der, dem Winter in Majorca vorhergehenden Jahre stattfanden. Wir hören, dass, ausser Liszt selbst, Heine, Meyerbeer, Nourrit, Hiller, Delacroix, Niemcewicz, Mickiewicz, George Sand und die Gräfin d'Agoult daran theilnahmen. Dies ist selbstverständlich eine poetische Licenz, denn alle die Genannten können unmöglich gleichzeitig in Chopin's „Salon" versammelt gewesen sein; wenigstens sagte mir Hiller, er erinnere sich des fraglichen Abends nicht, und während seiner Pariser Zeit (bis 1836) seien kaum jemals mehr als zwei oder drei Personen bei Chopin zusammengekommen. Uebrigens zeigt uns die von Liszt skizzirte Gruppe einen Theil der gesellschaftlichen Umgebung Chopin's in hellster Beleuchtung: wir spüren die poetische Atmosphäre, in der er athmete, wir sehen die Phalanx von Berühmtheiten, in der er sich bewegte. Einen Einblick in das reale Leben unseres Meisters, während seiner ersten Pariser Jahre, erhalten wir durch diesen Aufschwung einer üppigen Phantasie freilich nicht; solche Einblicke gewährten uns seine Briefe an Hiller und Franchomme, in denen ebenfalls zahlreiche Freunde und Bekannte mit weniger klangreichen Namen genannt sind, von denen Chopin später einige theils durch Fortziehen von Paris, theils durch den Tod verloren hat. Den dort namhaft gemachten Freunden ist noch der polnische Dichter Stephen Witwicki hinzuzufügen, ein Freund, sowohl seiner Jugend, wie seines reiferen Alters, dem er 1842 seine

---

[1]) Gutmann, der mir von dieser Abneigung des Meisters berichtete, schrieb sie auf's Bestimmteste der zweiten der oben genannten Ursache zu. Hierbei dürfen wir indessen nicht übersehen, dass der Deutsche von heute sowohl gesellschaftlich als politisch ein anderer ist, als der Deutsche von vor fünfzig Jahren; ferner dass der sociale Charakter seiner Nachbarn, der Franzosen und der Engländer, ebenfalls ein anderer geworden ist.

drei Mazurken Op. 41 widmete und von dem er mehrere Dichtungen in Musik gesetzt hat; ferner der polnische Maler Kwiatkowski, eine Bekanntschaft aus späterer Zeit, der zahlreiche
Porträts von Chopin gezeichnet und gemalt hat und durch seine
Compositionen zu mehr als einem seiner Bilder inspirirt worden
ist. Welcher Art Chopin's Gefühle für Kwiatkowski gewesen
sind, habe ich nicht ermitteln können, doch muss derselbe häufig
zu ihm gekommen sein, denn, als er mir u. a. erzählte, Chopin
habe gern in der Dämmerung gespielt, bemerkte er dazu, dass
er bei solchen Gelegenheiten fast alle Compositionen des Meisters
unmittelbar nach ihrer Vollendung kennen gelernt habe.

Wie wir in den betreffenden Capiteln gesehen haben, mangelte es unter Chopin's Bekannten während seiner ersten Pariser
Jahre keineswegs an collegialischen Elementen — ich sage „Bekannten", denn nur die wenigsten dieser Collegen konnten als seine
Freunde gelten. Sobald er erst eine künstlerische und gesellschaftliche Stellung errungen hatte, verschwanden nicht wenige dieser
frühesten Bekanntschaften — ob in Folge der Macht der Verhältnisse oder auf Chopin's eigene Veranlassung, ist schwer zu
bestimmen; immerhin dürfen wir annehmen, dass seine Abneigung
gegen das Zigeunerthum (la Bohême), gegen die, für einen grossen
Theil der Künstlersippe charakteristische Ungenirtheit des äusseren
Lebens ebensosehr dazu mitgewirkt hat, wie seine gesellschaftlichen Verpflichtungen. Nur mit einem der in seiner ersten Pariser Zeit so viel genannten Musiker blieb er auch später in
enger Verbindung, nämlich mit Franchomme. Osborne verschwand bald aus seiner Umgebung. Die Beziehungen Chopin's zu Berlioz waren in späteren Jahren so locker, dass manche
ihrer gemeinsamen Freunde nicht einmal von der Existenz derselben wussten. Diese Lockerung datirt wahrscheinlich von der
Abreise Hiller's im Jahre 1836 und dem einige Zeit nachher
stattgefundenen Streit mit Liszt, womit zwei Bindeglieder zwischen
dem empfindlichen Polen und dem hitzigen Franzosen zerbrochen
waren. Die Chopin an Jahren weit überlegenen Meister Baillot
und Cherubini starben 1842. Kalkbrenner starb kurz vor Chopin,
doch war die zwischen ihnen bestehende Sympathie nicht stark
genug gewesen, um es zu verhindern, dass sie im Strome des
Pariser Lebens auseinandergetrieben wurden. Andere Künstler,
denen er als Neuling in Paris Rücksichten erwiesen hatte, mag

er vernachlässigt, vergessen oder aus dem Gesichte verloren
haben, nachdem er Erfolge errungen und die Schmeicheleien
der Salons in Fülle gekostet hatte. Seltsam genug war er, trotz
seiner Liebe für Alles was zu Polen gehörte und von dort her-
kam, doch stets darauf bedacht, sich polnische Musiker fern zu
halten. Fontana machte eine Ausnahme, diesen aber liebte er
ohne Zweifel trotz seines Berufes als einen Jugendfreund, und
wenn er ihn überhaupt als Musiker geschätzt hat, so war es
besonders wegen seiner Geschicklichkeit im Notenschreiben. Aus
Sowiński, der bei Chopin's Ankunft in Paris dort schon ansässig
war und in seinem ersten Concerte mitwirkte, machte er sich
wenig, weshalb denn auch ihr Verkehr immer spärlicher wurde
und schliesslich ganz aufgehört zu haben scheint. Ein undatirter,
muthmaasslich im Original polnischer Brief in Wodziński's *Les
trois Romans de Frédéric Chopin* schildert treffend des Meisters
Gesinnungen gegen seinen Landsmann, zugleich aber auch sein
reizbares Temperament:

Da ist er! gerade tritt er bei mir ein, ein Individuum gross
und stark mit kleinem Schnurrbart; es setzt sich ans Clavier und
improvisirt, ohne recht zu wissen worüber. Es stösst sich, schlägt
da und dort hin, kreuzt die Hände ohne Sinn und Verstand, zer-
schlägt während der ersten fünf Minuten eine unschuldige Taste; es
hat enorme Finger, die dazu bestimmt scheinen, irgend wo in der
Ukraine den Zügel und die Peitsche zu führen. Das ist das Porträt von S . . . dessen einzige Verdienste ein kleiner Schnurrbart
und ein gutes Herz sind. Wenn ich bisher von künstlerischer
Albernheit und Marktschreierei keinen klaren Begriff hatte, so habe
ich ihn jetzt. Ich laufe in meinem Zimmer hin und her mit ge-
rötheten Ohren; ich habe ein tolles Verlangen die Thür weit zu
öffnen; aber man muss ihn schonen, ihn fast zärtlich behandeln.
Nein, Du kannst Dir keine Vorstellung von ihm machen; hier sieht
man nur seine Cravatten an; man erweist ihm die Ehre ihn ernst-
haft zu nehmen . . . er muss also ertragen werden. Was mich
am Meisten irritirt, ist seine Sammlung von Chansonetten, im vul-
gärsten Stil geschrieben, ohne die mindeste Kenntniss der Elemente
des Tonsatzes und der Dichtkunst, von Quadrillen-artigen Nach-
spielen geschlossen, die er *Recueils de Chants Polonais* nennt.
Du weisst, wie sehr ich gestrebt habe und wie es mir theilweise
gelungen ist, zum Verständniss unserer nationalen Musik zu gelangen
und kannst Dir mein Vergnügen ausmalen, wenn er sich bald hier,
bald dort eines meiner Motive bemächtigt und ohne zu bedenken,
dass die ganze Schönheit einer Melodie von der Begleitung abhängt, es im Geschmacke eines vorstädtischen Kneipen-Publikums

reproducirt! Und dabei kann man ihm nichts sagen, denn er versteht und empfindet nichts, als was er von Einem gewonnen hat.

Edouard Wolff kam 1835 mit einem Empfehlungsbrief von Zywny[1]) zu Chopin, blieb aber trotz dieses die Bekanntschaft begünstigenden Umstandes nur kurze Zeit mit seinem berühmten Landsmanne auf dem Besuchsfusse. Wolff selbst sagte mir, dass Chopin niemals etwas von seinen Compositionen habe hören wollen — eine Mittheilung, die ich aus dem Munde keines Anderen als wahrscheinlich, geschweige denn als wahr angenommen haben würde.[2]) Dies erinnert mich an eine andere Mittheilung, die ich von Wolff wenige Monate vor seinem Tode erhielt, nämlich dass Chopin alle Juden hasste, Meyerbeer und Halévy nicht ausgenommen. Welcher Pole hasste nicht die Juden? Dass Chopin nichts weniger als verliebt in sie war, sehen wir aus seinen Briefen; dass er aber Meyerbeer gehasst habe, scheint mir mehr als zweifelhaft. Franchomme sagte mir, Chopin sei kein Verehrer Meyerbeer's gewesen; wenn er aber seine Musik nicht geliebt habe, so habe er ihn doch als Menschen gern gehabt. Die Richtigkeit der Lenz'schen Angaben vorausgesetzt, hat sich Meyerbeer für Chopin wärmer interessirt als dieser für ihn. Als Chopin nach jener Scene wegen des Rhythmus einer Mazurka das Zimmer verlassen hatte, stellte Lenz sich Meyerbeer vor als einen Freund des Grafen Wielhorski in Petersburg. Beim Fortgehen bot Meyerbeer ihm an, ihn in seinem Wagen nach Hause zu führen und sagte, nachdem sie Platz genommen:

„Ich hatte Chopin lange nicht gesehen, ich liebe ihn sehr! ich kenne keinen Pianisten wie ihn, keinen Componisten für Piano wie ihn! Das Piano lebt von Nüancen, von der Cantilene, es ist ein Intimitätsinstrument; auch ich war einmal Pianist und es gab eine Zeit, wo ich mich zum Virtuosen erzog; besuchen Sie mich, wenn Sie nach Berlin kommen, wir sind ja jetzt Kameraden; wenn man sich bei einem so grossen Manne traf, so war es fürs Leben."

Kwiatkowski erzählte mir eine artige Geschichte, die, wenn nicht *vero*, doch jedenfalls *ben trovato* ist. Als Meyerbeer eines

---

[1]) S. Band I. S. 33.

[2]) Wolff widmete ihm 1841 sein *Grand Allegro de Concert pour piano seul, Op. 59, à son ami Chopin;* doch hat Chopin diese Huldigung niemals erwiedert.

Tages mit seiner Gattin einen kleinen Zank gehabt hatte, setzte
er sich ans Clavier und spielte ein Nocturne oder eine andere
Composition Chopin's, die dieser ihm gesandt hatte, und machte
damit auf seine bessere Hälfte solchen Eindruck, dass sie auf-
sprang und ihn umarmte. In Folge dessen schrieb Meyerbeer
an Chopin was vorgefallen sei und bat ihn, zu ihm zu kommen,
um Zeuge seines häuslichen Glückes zu sein. — Unter den wenigen Musikern, mit denen Chopin während seiner letzten Lebensjahre in freundlichen Beziehungen stand, ragt, durch seine eigene
Bedeutung sowohl als auch durch das Ansehen, welches er bei
Chopin genoss, der Clavierspieler und Componist Alkan *aîné*
(Charles Henri Valentin) hervor, wenn er auch nicht so intim
mit ihm war, wie Franchomme, noch so kameradschaftlich mit
ihm verkehrte, wie es Hiller und Liszt gethan hatten. Seine
Originalität als Mensch und als Künstler, sein Idealismus und
sein selbstloses Streben waren wohl geeignet, Chopin anzuziehen;
ein nicht unwichtiger Beweggrund dazu mag aber auch der Umstand gewesen sein, dass Alkan zugleich ein Freund George
Sand's war. Dass Chopin sich dieser zu Liebe in seinem Verkehr gewisse Beschränkungen auferlegte, kann nicht bezweifelt
werden. Kwiatkowski sagte mir, dass George Sand Chopin's
polnische Freunde gehasst habe, und dass in Folge dessen einige
derselben gar nicht, andere nur widerstrebend von ihr empfangen
worden seien. Angenommen nun, dass sie auch gegen einige
der Nicht-polnischen Freunde, ob Musiker oder nicht, eine Abneigung hatte, würde sich dann nicht ihr Einfluss in derselben
Weise geltend gemacht haben?

Jetzt aber noch einige Worte über die Freundschaft zwischen
Chopin und Liszt, und über das Ende derselben. Die Beziehungen
dieser beiden grossen Künstler haben vielfach zu jenem sentimentalen Gerede Anlass gegeben, wie es so manche Musikschriftsteller lieben. In diesem Falle war das, was so häufig als ideale
Freundschaft hingestellt worden ist, thatsächlich überhaupt keine
Freundschaft, sondern blosse Kameradschaft. Beide Männer bewunderten sich aufrichtig als Musiker; wenn Chopin sich aus
Liszt's Compositionen nicht viel machte, so hatte er doch von
ihm als Pianisten die allerhöchste Meinung. Wir haben aus dem
an Hiller adressirten, von Chopin und Liszt gemeinschaftlich
geschriebenen Briefe vom 20. Juni 1833 erfahren, wie Chopin

entzückt war von Liszt's Art seine Etüden vorzutragen, und wie
er wünschte, sich selbt diese Vortragsweise aneignen zu können.
Gelegentlich hat er gegen seine Schülerin Fräulein Kologrivof[1])
geäussert: „Meine Musik gefällt mir, wenn Liszt sie spielt."
Gewiss war es Liszt's Buch, mit seiner transcendental-poetischen
Behandlungsweise des Stoffes, welches die jetzt verbreitete unrichtige Auffassung des Verhältnisses hervorgerufen hat. Der
Unbefangene freilich kann zwischen den Zeilen lesen, wie es thatsächlich darum stand. Das verhaltene spöttische Lächeln und
das offen ausgesprochene Mitleid bei den Grillen, Schwächen
und Halbheiten des Collegen sind eine beredte Sprache. Von
Chopin's Gefühlen für Liszt sind wir mehr als genügend unterrichtet. Als Hallé Ende 1840 nach Paris kam, lud der Bankier
Mallet, an den er warm empfohlen war, ihn und Chopin, um
beide mit einander bekannt zu machen, zum Diner ein. Bei
dieser Gelegenheit fragte Hallé Chopin nach Liszt, und die aus-
weichende Antwort, die er erhielt, liess auf alles Andere, als
auf Freundschaft schliessen. Als Lenz 1842 bei Chopin Unterricht hatte, bezeichnete dieser sein Verhältniss zu Liszt mit den
Worten: „Wir sind Freunde, wir waren Kameraden" womit er
ohne Zweifel meinte: „Wir stehen jetzt nur noch auf dem Höf-
lichkeits-Fusse." Wann die Kameradschaft ihr Ende fand, kann
ich nicht sagen, ich glaube aber zu wissen, wie dies gekommen
ist. Als ich Liszt darüber befragte, sagte er: „Unsere Damen
hatten sich gezankt, und als richtige Cavaliere mussten wir jeder
auf der Seite der seinigen stehen."[2]) Dies jedoch war nur ein
Ausweg, um eine ihm peinliche Frage zu erledigen. Franchomme
erklärte mir das Geheimniss, und seine Erklärung wurde bestätigt durch das, was ich durch Frau Rubio erfuhr. Die Umstände sind zu delikater Natur, um detaillirt erzählt zu werden;
der Kern der Angelegenheit aber ist der, dass Liszt in Begleitung einer andern Person während Chopin's Abwesenheit
dessen Wohnung occupirte und sich in derselben häuslich ein-
richtete. Als Chopin die Spuren des Gebrauches fand, den man

---

[1]) Später Frau Rubio.

[2]) Liszt's gegen mich geäusserten Worte bezüglich seiner späteren Beziehungen zu Chopin lauteten ähnlich, wie die von Chopin gegen Lenz geäusserten.
Er sagte: „Es war ein Aufhören der Intimität, aber keine Feindschaft. Ich
verliess Paris bald darauf, und habe ihn nicht wiedergesehen."

mit seinen Räumen gemacht hatte, war er natürlicherweise heftig erzürnt. Eines Tages, ich weiss nicht wie lange nach diesem Vorgange, bat Liszt Frau Rubio, ihrem Lehrer zu sagen, er hoffe, das Vergangene sei vergessen und sein Junggesellenstück ausgewischt; Chopin antwortete darauf, er könne es nicht vergessen und er sei mit dem jetzigen Zustand ganz zufrieden; er meinte ferner, Liszt sei nicht offenherzig genug, habe stets Geheimnisse und Intriguen im Kopfe, auch habe er in irgend einem Zeitungs-Feuilleton Ungünstiges über ihn geschrieben. Die letztere Anklage erinnert uns an seine Bemerkung, als er hörte, Liszt beabsichtige über eines seiner Concerte der *Gazette musicale* zu berichten — sie lautete bekanntlich „Il me donnera un petit royaume dans son empire". Hier, wie in den meisten Aussprüchen Chopin's über Liszt, ist eine gewisse Gereiztheit gegen diesen deutlich zu erkennen; dieselbe mag mehrere Ursachen haben, jedenfalls aber hatte Liszt's grosser Erfolg als Virtuose und sein eigener Nichterfolg als solcher[1]) etwas damit zu thun. Liszt, der ebenso dachte, sagt irgendwo in seinem Buche, Chopin habe es verstanden, in grossmüthiger Weise zu vergeben — ob er darin recht hat, wage ich nicht zu entscheiden, doch glaube ich sicher zu sein, dass, wenn er vergab, er doch nicht vergass. Eine Beleidigung wirkte bei ihm auf alle Zeiten verbitternd auf Kopf und Herz.

Von Chopin's Freunden zu seinen Schülern ist nur ein Schritt, und nicht einmal ein solcher, denn viele seiner Schüler waren ihm zugleich Freunde; einige von ihnen gehörten thatsächlich zu Denen, die seinem Herzen am Nächsten standen, und nicht wenige waren ihm besonders angenehm zum Umgang. Bevor wir jedoch Chopin als Lehrer kennen lernen, muss ich noch in Kürze einen Gegenstand berühren, der mehr als alle übrigen, mit denen Chopin verkehrte, seine Freunde und Schüler betrifft.

Eine seiner Sonderbarkeit [schreibt Liszt] bestand darin, sich jedes Brief- oder Billetwechsels zu enthalten. Man hätte glauben mögen, er habe ein Gelübde gethan, nie eine Zeile an Freunde zu richten. Um nur der Nöthigung zu entgehen, einige Worte auf das Papier zu werfen, nahm er zu allen erdenklichen Auskunfts-

---

[1]) Ich spreche hier nur von seiner Unfähigkeit, auf das grosse Publikum zu wirken.

mitteln seine Zuflucht. Oftmals zog er es vor, Paris von einem
Ende zum andern zu durchlaufen, um ein Diner abzusagen, oder
eine unwichtige Auskunft zu geben, nur um sich die Mühe eines
schriftlichen Wortes zu ersparen. Die Mehrzahl seiner Freunde
kannten seine Handschrift gar nicht. Nur zu Gunsten seiner schönen
in Paris ansässigen Landsmänninnen, in deren Besitz sich mehrere
polnische Autographen finden, soll er von seiner Gewohnheit ab-
gewichen sein. Diese Ausnahme von der Regel erklärt sich durch
seine Vorliebe für seine Muttersprache, die er vorzugsweise benutzte
und deren besonders ausdrucksvolle Wendungen er Andern gern
verdolmetschte. Wie die Slaven im Allgemeinen, war er des Französischen vollkommen mächtig; in Anbetracht seiner französischen
Abstammung war er darin überdies mit besonderer Sorgfalt unterrichtet worden. Aber die französische Sprache sagte ihm nicht zu,
und er warf ihr vor, es mangele ihr an Wohlklang und innerer
Wärme.[1])

Diese Mittheilung Liszt's ist in der Hauptsache richtig, wenn
auch ein wenig übertrieben. Von Gutmann hörte ich, Chopin
habe zuweilen zwanzig Mal einen Brief begonnen und schliesslich
die Feder weggeworfen mit den Worten: „Ich werde gehen und
es ihr [resp. „ihm"] selbst sagen."

---

[1]) Trotz seiner französischen Abstammung sprach Chopin das Französische
mit einem fremden, nach Einigen sogar mit einem ausgeprägt fremden Accent.

Achtundzwanzigstes Capitel.

Chopin als Lehrer: seine Erfolge als solcher und sein Streben danach; seine Schüler (Dilettanten und Berufsmusiker); Lehrmethode und Unterrichtsmaterial.

a Chopin selten öffentlich spielte, und der Ertrag seiner Compositionen die Kosten eines behaglichen Lebens nicht deckten, so blieb ihm nichts übrig, als zu unterrichten, und dies that er denn auch, bis ihn seine Kräfte verliessen. Aber weit entfernt, sagt sein Schüler Mikuli, das Unterrichten als eine Last zu betrachten, widmete er sich ihm mit wahrem Vergnügen. Freilich kann ein Lehrer nur dann mit Vergnügen unterrichten, wenn er die geeigneten Schüler findet; diesen Vortheil aber scheint Chopin mehr genossen zu haben, als die meisten Lehrer, denn wie von allen Seiten bestätigt wird, war es schwierig, unter die Zahl seiner Schüler aufgenommen zu werden, da er keineswegs Jeden unterrichtete, der ihn darum bat. So lange seine Gesundheit leidlich war, gab er während der Saison täglich vier bis fünf Stunden, in den letzten Jahren fast nur noch im Hause. Sein Preis für die Lection betrug zwanzig Franken, welche der Schüler jedesmal auf das Kamingesims legte.

War Chopin ein guter Lehrer? Seine Schüler bejahen diese Frage ohne Ausnahme und aufs Entschiedenste; ein Aussenstehender aber würde fragen: Wie kam es denn, dass ein so grosser Virtuose nicht Spieler ausbildete, deren Ruf die ganze Welt erfüllt hätte? Hallé, welcher die Thatsache betonte, dass

Chopin's Schüler sich nicht als Virtuosen ausgezeichnet haben, mochte sich gleichwohl nicht darüber entscheiden, ob dies am Meister oder an andern Verhältnissen gelegen habe. Liszt, der mit mir über diesen Gegenstand sprach, bemerkte kurz: „Chopin hatte kein Glück mit seinen Schülern — keiner von ihnen ist ein bedeutender Spieler geworden, wenn auch mehrere seiner Schüler aus der vornehmen Welt sehr gut spielten." Wenn wir Liszt's pianistische Nachkommenschaft mit der Chopin's vergleichen, ist der Unterschied allerdings ein auffallender. Dabei aber ist Verschiedenes zu berücksichtigen: Zunächst war die Lehrthätigkeit Chopin's von kürzerer Zeitdauer, als die Liszt's; sodann waren die meisten seiner Schüler, im Gegensatz zu denen Liszt's, Dilettanten; auch mag er nicht das richtige Material gefunden haben, aus welchem sich grosse Virtuosen gestalten lassen. Dass Chopin mit seinen Schülern kein Glück hatte, könnte durch den frühen Tod verschiedener besonders vielversprechender bewiesen werden. Charles Filtsch, geb. um 1830 in Hermannstadt (Siebenbürgen), von dem Liszt und Lenz so Ausserordentliches berichten (vgl. Cap. XXVI), starb am 11. Mai 1845 in Venedig, nachdem er 1843 in London und Wien durch die geistigen und technischen Vorzüge seines Spiels Aufsehen erregt hatte. In London hat „der kleine Filtsch" wenigstens zwei Mal öffentlich gespielt (am 14. Juni im St. James-Theater zwischen zwei Stücken, und am 4. Juli in einer eigenen Matinée in den Hannover-Square-Rooms), dazu häufig in Privatkreisen, u. a. vor der Königin in Buckingham-Palace. J. W. Davison erwähnt in seinem Vorwort zu Chopin's Mazurken und Walzern (Boosey & Co.) einen Umstand, welcher beweist, dass der jugendliche Virtuose auch ein guter Musiker war. „Als Filtsch das zweite Concert von Chopin öffentlich spielen sollte, und die Orchesterstimmen zu demselben nicht zu beschaffen waren, setzte er sich unentmuthigt hin und schrieb die sämmtlichen Stimmen aus dem Gedächtnisse auf."
Ein anderes Talent von kurzer Lebensdauer war Paul Gunsberg. „Dieser junge Mann" sagte mir Frau Dubois „war von ausserordentlicher Begabung. Chopin hatte einen bewunderungswürdigen Virtuosen aus ihm gemacht. Wäre er nicht an der Schwindsucht gestorben, so hätte er berühmt werden müssen."
In welchem Jahre Gunsberg gestorben ist, weiss ich nicht; am 11. Mai 1855 lebte er noch — an diesem Tage spielte er mit

seinem Mitschüler Tellefsen in einem von diesem in Paris gegebenen Concert ein Duo von Schumann. Ebenfalls einem frühen
Tode verfallen war Chopin's Schülerin Caroline Hartmann, Tochter eines Fabrikanten, geb. 1808 in Münster bei Colmar. Sie
kam 1833 nach Paris und starb das Jahr darauf — wie mir
Edouard Wolff sagte, in Folge unglücklicher Liebe zu Chopin.
Andere nennen eine weniger romantische Todesursache: sie habe
sich durch beharrliches Studium unter Chopin's und Liszt's Leitung zu einer vortrefflichen Pianistin ausgebildet und sich durch
zu schwere Arbeit ein Brustleiden zugezogen, dem sie am 30. Juli
1834 unterlag. Die *Gazette musicale* vom 17. August 1834,
welche ihren Tod anzeigt, bezeichnet sie als Schülerin von Liszt,
Chopin und Pixis, ohne von ihren Leistungen zu sprechen. Spohr
bewunderte sie in ihrer Kindheit.[1])

Wenn es aber Chopin nicht beschieden gewesen ist, Virtuosen von dem Kaliber eines Tausig, eines Hans von Bülow
auszubilden, so sind doch eine Anzahl sehr tüchtiger Pianisten
aus seiner Schule hervorgegangen, Es wäre zwecklos, ein Verzeichniss aller Derer zu geben, welche mit einiger Sicherheit als
seine Schüler zu betrachten sind; wer in dieser Hinsicht seine
Neugier zu befriedigen wünscht, braucht nur die Widmungen
der Werke Chopin's durchzusehen, denn die dort genannten
Namen sind, mit wenigen, leicht zu erkennenden Ausnahmen,
die Chopin'scher Schüler. Die stattliche Reihe von Prinzessinnen,
Gräfinnen etc. wird dem Forscher hoffentlich einen tiefen Eindruck hinterlassen. Hören wir, was Marmontel hierüber sagt:

---

[1]) Näheres hierüber findet man in Spohr's Selbst-Biographie unter dem
Datum „Münster bei Colmar 26. März 1816" (S. S. 245—250). Jacques Hartmann, Carolinen's Vater, war Baumwollen-Fabrikant und passionirter Musikfreund. Er hatte aus den Mitgliedern seiner Familie und seinem Beamten-Per-
sonale ein Orchester gebildet. Spohr nennt den Vater einen Fagottvirtuosen
und spricht sich über die Tochter in Folgendem aus: „Seine Schwester und
seine Tochter spielen Pianoforte. Letztere, ein Kind von acht Jahren, ist der
Glanzpunkt des Dilettanten-Orchesters. Sie spielt bereits sehr schwere Compositionen mit bewunderungswerther Fertigkeit und Genauigkeit. Mehr noch wie
dieses überraschte mich ihr feines musikalisches Gehör, womit sie, (vom Piano
entfernt), die Intervalle der verwickeltsten und vollgriffigsten, dissonirenden
Akkorde, die man ihr anschlägt, erkennt, und die Töne, woraus diese bestehen,
in ihrer Folge nennt. Aus diesem Kinde wird gewiss einst, wenn es gut geleitet
wird, eine ausgezeichnete Künstlerin."

Unter den Pianisten, die den unschätzbaren Vortheil hatten,
von Chopin unterrichtet zu werden, sich seinen Stil und seine Manieren anzueignen, sind hervorzuheben: Gutmann, Lysberg und
mein lieber College G. Mathias. Die Fürstinnen de Chimay und
Czartoryska, die Gräfinnen Estherhazy, Branicka, Potocka, de
Kalergis, d'Est; die Fräulein Müller und de Noailles waren seine
Lieblings-Schülerinnen (*disciples affectionnées*).   Frau Dubois geb.
O'Meara gehört ebenfalls zu den von ihm bevorzugten Schülerinnen
(*élèves de prédilection*), und zählt zu Denen, welche das Charakteristische seiner Künstler-Persönlichkeit am Besten festzuhalten gewusst haben.

Zwei Dilettanten und einige Musiker unter Chopin's Schülern
müssen uns hier einen Augenblick beschäftigen, zunächst ,als
hervorragendste unter den Dilettanten, die Fürstin Marcelline
Czartoryska, welche verschiedene Male in Wohlthätigkeits-Con-
certen öffentlich aufgetreten ist und häufig als diejenige genannt
wird, welche die Traditionen ihres Meisters am Treuesten bewahrt hat.   Würde das ihr allgemein gespendete Lob ebenso
enthusiastisch gewesen sein, wenn sie, statt einer Fürstin, eine
Clavierspielerin von Profession gewesen wäre?   Diese Frage,
zwar ungalant im Munde Jemandes, der nicht das Vergnügen
gehabt hat, die Dame zu hören, ist doch eine naheliegende.
Sei dem aber, wie ihm wolle, dass sie eine vortreffliche Pianistin war und als intime Freundin und Landsmännin des Meisters
den Geist seiner Musik völlig erfasst hatte, scheint ausser aller
Frage zu sein.[1])   G. Chouquet erinnerte mich daran, unter

---

[1]) „Die Fürstin Marcelline Czartoryska" schrieb Sowiński 1857 im Artikel
„Chopin" seiner *Musiciens polonais* „die eine glänzende Technik besitzt, scheint
Chopin's Vortragskunst geerbt zu haben, namentlich was Phrasirung und Accentuirung anlangt. Vor Kurzem spielte sie in einem Wohlthätigkeits-Concert mit
grossem Erfolge das herrliche F-moll-Concert." Ein Bericht der *Gazette musicale*
vom 11. März 1855 über ein von der Fürstin veranstaltetes Concert — wo sie
ein Andante mit Variationen für Clavier und Violoncell von Mozart, ein Rondo
für Clavier und Orchester von Mendelssohn und Chopin's F-moll-Concert spielte,
unterstützt von Alard als Dirigenten, dem Violoncellisten Franchomme, der
Sängerin Frau Viardot und dem Sänger Fédor — hebt ihren Vortrag des Adagio
in Chopin's Concert lobend hervor. Lenz war der wärmste Bewunderer der
Fürstin, dem ich begegnet bin; er nennt sie (in der „Berliner Musikzeitung",
Band XXVI) eine hochbegabte Natur, die beste Schülerin Chopin's, die Verkörperung des Clavierstils ihres Meisters. In einer musikalischen Gesellschaft
beim Grafen Wielhorski in Petersburg, wo sie einen Walzer und den Trauermarsch von Chopin vortrug, machte ihr Spiel solchen Eindruck, dass man an

Chopin's Schülerinnen nicht Frau Peruzzi zu vergessen, die Gattin des toscanischen Gesandten am Hofe Louis Philippe's und des Königs Leopold von Belgien; er schrieb mir über sie: „Diese Virtuosin war nicht weniger begabt als die Fürstin Marcelline Czartoryska. Ich hörte sie 1852 in Florenz und kann versichern, dass sie Chopin's Musik in ihrem wahren Charakter und mit allen den, aus den Noten allein nicht erkennbaren Finessen des Meisters vortrug. Sie war von Geburt Russin."

Lassen wir indessen Frau Peruzzi [1] selbst von ihren Beziehungen zu Chopin und ihren Erinnerungen an ihn erzählen: „Ich traf ihn zum ersten Mal um 1836 im Hause des amerikanischen Bankiers Samuel Welles in Paris, wo ich, wie jeder der Anwesenden von seinem Vortrage seiner Mazurken, Walzer, Nocturnen entzückt war, wiewohl er nur ein elendes tafelförmiges Clavier zu seiner Verfügung hatte. Ich lebte damals als *dame en chambre* (was für eine alleinstehende Dame das Passendste ist) in einer Pension oder richtiger in einem wirklichen Pensionat mit Zimmern, die an Damen vermiethet wurden. Die Besitzerin hatte vielerlei musikalische Bekanntschaften und im Wohnzimmer befand sich ein von mir dort hingestellter prächtiger amerikanischer Flügel, so dass ich mich ganz zu Hause fühlte und dort Chopin, Liszt und Herz (dessen Schwester in der Schule unterrichtete) empfangen konnte, auch häufig vierhändig mit ihnen spielte. Mein intimer Verkehr mit Chopin begann nach meiner Verheirathung, die 1838 stattfand. Er speiste häufig bei uns, hatte meinen Gatten sehr gern, und nach dem Diner waren wir für Niemanden zu Hause, sondern verbrachten die Zeit an unsern zwei Clavieren (Erard hatte mir eines geschickt) mit Musik. Ich pflegte Chopin damit zu amüsiren, dass ich aus seinen Compositionen kleine Motive nahm, die er als an ihn gerichtete Fragen auffasste und auf dem andern Clavier beantwortete. Er wohnte sehr nahe bei uns, und wir brachten oft den Vormittag bei ihm zu. Er bat mich, alle Weber'schen Duo's mit ihm zu

---

diesem Abend keine Musik weiter hören wollte — hatte doch das Trio des Marsches die Zuhörer zu Thränen gerührt. Lenz hat von der Fürstin selbst gehört, dass sie, als ihr Chopin einmal dies Trio vorgespielt, vor ihm auf die Knie gefallen sei und sich unaussprechlich glücklich gefühlt habe.

[1] Frau Elise Peruzzi, geb. Eustaphiew, war eine Tochter des russischen Generalconsuls in den vereinigten Staaten von Amerika.

spielen, worüber ich entzückt war, und dies um so mehr, als er
mir über mein vom Blatt-Spielen und mein sofortiges Eindringen
in den Geist der Musik Complimente machte. Durch ihn wurde
ich mit dem herrlichen Duo von Moscheles bekannt, und er war
auch der erste, mit dem ich Hummel's prächtiges Duo spielte.
Wir veranstalteten häufig bei uns musikalische Matinéen mit
verdoppeltem Streichquartett, wobei Chopin so liebenswürdig
war, mir umzuwenden; er that dies besonders gern bei Hummel's
Septett, und ich fühlte mich stets durch ihn ermuthigt. Selbst
wenn ich ihm seine eigenen Compositionen vorspielte, pflegte
er irgend eine Kleinigkeit, die ich hineingelegt, lobend hervorzuheben und zu sagen: ,Was für einen guten Gedanken haben
Sie da gehabt!' Mein Gatte bat ihn, mir Unterricht zu geben;
er verweigerte es hartnäckig, gab ihn aber doch, denn ich studirte eine Menge von seinen Sachen, darunter seine beiden Concerte, mit ihm ein; das in E-moll spielte ich einmal, während
er auf einem zweiten Clavier begleitete. Wir brachten viele
unterhaltende Abende bei Herrn und Frau Leo zu, ein sehr
musikalisches Haus — Frau Moscheles war ihre Nichte; Chopin
ging gern zu ihnen, er war dort eine Art Schoosskind; unter
intimen Freunden zeigte er sich stets von seiner besten Seite.
Ich war eine von denen, welche die *Berceuse* aus der Taufe gehoben haben. Als ich mich verheirathet hatte, schenkte er mir
eine Composition im Manuscript, ein kleines Juwel; die letzten
Noten schrieb er in unserer Gegenwart am Clavierpult auf. Er
sagte, es solle nicht veröffentlicht werden, weil man es spielen
würde — und dabei setzte er sich hin und zeigte uns, wie
man es spielen würde, was äusserst spasshaft war. Das Stück
erschien nach seinem Tode [als Walzer Op. 69, Nr. 1]; es
ist eine Art Walzer-Mazurka in F-moll — Chopin's intimer
Freund Camille Pleyel nannte es die Geschichte vom Des, weil
dieser Ton beständig darin vorkommt. Chopin konnte zeitweilig
sehr heiter sein und sich an einem guten Witz freuen." Was
Frau Peruzzi über Chopin's Spiel sagt, ist in einem früheren
Capitel mitgetheilt worden; hier will ich nur noch erwähnen,
dass sie und ihr Gatte eines Morgens Paganini zu Chopin brachten und dass der unvergleichliche Violinist vom Spiel des unvergleichlichen Pianisten entzückt gewesen ist.

Doch genug von Dilettanten. Fräulein Friederike Müller,

seit vielen Jahren mit dem Wiener Clavierfabrikanten J. B. Streicher verheirathet, wird von vielen als Chopin's begabteste Schülerin bezeichnet und ist jedenfalls eine der begabtesten.[1]) Dass der Meister ihr sein *Allegro de Concert* Op. 46 gewidmet hat, darf als ein Beweis seiner Liebe und Achtung für sie gelten. Carl Mikuli legte grosses Gewicht auf ihre Unterstützung bei den Vorbereitungen zu seiner Chopin-Ausgabe, da sie mehrere Jahre bei dem Meister Unterricht gehabt und ausserdem viel Gelegenheit gefunden hatte, ihn zu hören. Derselbe nennt Frau Dubois (geb. O'Meara)[2]) und Frau Rubio (geb. Vera de Kologrivof) als zwei „höchst ausgezeichnete Pianistinnen, auf deren Ausbildung der Meister besondere Sorgfalt verwendet habe". Die Letztgenannte wurde von 1842 — 1849 von Chopin unterrichtet, und unterstützte ihn, wie wir später sehen werden, während seiner letzten Lebensjahre als Hülfslehrerin für einige seiner Schüler. Frau Dubois wurde, nachdem sie von ihrem neunten bis dreizehnten Jahre unter Kalkbrenner's Leitung studirt hatte, Schülerin Chopin's, bei dem sie fünf Jahre blieb. Es war sehr schwierig gewesen, ihn zur Uebernahme neuer Lectionen zu bewegen, aber der Einfluss Albrecht's, der zugleich ein Freund ihres Vaters und Chopin's war, kam ihr zustatten. Obgleich ich nur zwei kleinere Stücke des Meisters von ihr gehört habe, und gar unter den ungünstigsten Umständen — am Ende der Unterrichtssaison und bei tropischer Hitze — so darf ich doch sagen, dass ihr weicher Anschlag, ihr vollendetes Legato und ihre zarte Empfindungsweise die oben citirte Bemerkung Marmontel's zu rechtfertigen schienen. Eine der geschätztesten Clavierlehrerinnen in Paris, ist Frau Dubois noch bis in die letzte Zeit öffentlich aufgetreten, wenn auch seltener als in früheren Jahren. Frau de Girardin hebt in ihrem S. 166 erwähnten Brief Fräulein O'Meara's Schönheit und im Besonderen ihren irischen Blick hervor „jenes Gemisch von Traurigkeit und Heiterkeit, von rührender Zärtlichkeit und stolzer Würde, welches in den

---

[1]) Sie ist schon in den dreissiger Jahren, muthmaasslich vor ihrem Aufenthalt in Paris, in Wien öffentlich aufgetreten. (Vgl. Eduard Hanslick „Geschichte des Concertwesens in Wien" S. 326.) Mit ihrer Verheirathung war ihre künstlerische Laufbahn beendet.

[2]) Eine Verwandte von Edward Barry O'Meara, dem Arzte Napoleon's in St. Helena und Verfasser des Buches *Napoleon in Exile.*

strahlenden Blicken der Frauen anderer Nationen niemals zu
finden ist" und sagt dann über ihr Spiel:

Wir hörten sie vor einigen Tagen; sie spielte mit wahrer
Meisterschaft das schöne Concert von Chopin in Es [soll selbstverständlich heissen E-moll],[1]) und fand enthusiastischen Beifall.
Um einen Begriff von Fräulein O'Meara's Spiel zu geben, kann man
nur sagen, dass das, was in ihrem Blicke liegt, auch ihren Vortrag
charakterisirt, ferner dass sie eine bewunderungswürdige Methode
und einen vortrefflichen Anschlag hat. Sie hatte einen glänzenden Erfolg; ihr Spiel versetzte die bedächtigsten Männer in Aufregung, und die jungen Damen, d. h. die musikalisch gebildeten,
verziehen ihr ihre Schönheit.

Was Chopin's männliche Schüler anlangt, so sind zu erwähnen George Mathias (geb. 1826 in Paris), der wohlbekannte
Clavierlehrer am Pariser Conservatorium,[2]) und in noch weiteren
Kreisen bekannt als Componist von mehr als einem halben
Hundert bedeutender Werke (Sonaten, Trios, Concerte, Orchester-
stücke, Sachen für Clavier, Lieder etc.), der des Meisters Unterricht von 1839 — 1844 genoss; Lysberg (1821—1873), dessen
wirklicher Name Charles Samuel Bovy war, in seiner Vaterstadt
Genf jahrelang als Clavierlehrer des Conservatoriums wirksam
und Componist von zahlreichen Salonstücken für Clavier (auch
einer einaktigen komischen Oper, *La Fille du Carillonneur*),
die sich durch „reiche poetische Empfindung, vollendete Form
und eigenartige, vom Athem Weber's und Chopin's belebte Farbe
auszeichnen"[3]); der Norweger Thomas Dyke Acland Tellefsen
(1823—1874), Clavierlehrer in Paris und Herausgeber von Chopin's Werken; Carl Mikuli (geb. 1821 in Czernowitz), von 1858
an artistischer Director der galizischen Musikgesellschaft (Conservatorium, Concerte etc.), ebenfalls Herausgeber der Chopin-
schen Werke; endlich Adolph Gutmann, des Meisters Lieblingsschüler *par excellence*, bei dem wir etwas länger verweilen
müssen. Karasowski erwähnt noch Casimir Wernik, der 1859
in Petersburg gestorben ist, und Gustav Schumann, einen Cla-

---

[1]) Chopin begleitete sie dabei auf einem zweiten Clavier. Es handelt sich
um die schon erwähnte Soirée bei Frau de Courbonne.

[2]) Er hat diese Stellung vor einigen Jahren aufgegeben.

[3]) *Supplément et Complément* zu Fétis' *Biographie universelle des Musiciens*
von Arthur Pougin.

vierlehrer in Berlin, der aber nur während des Winters 1840
bis 1841 Chopin's Schüler war. Von Engländern hatten der
verstorbene Brinley Richards und Lindsay Sloper, jener kürzere,
dieser längere Zeit bei ihm Unterricht.

Adolph Gutmann war fünfzehn Jahre alt, als sein Vater
ihn nach Paris brachte (1834), um ihn Chopin zur Leitung zu
übergeben. Dieser war anfangs wenig geneigt, eine solche Verpflichtung zu übernehmen, als er aber den Knaben spielen hörte,
fasste er eine so hohe Meinung von seinem Talent, dass er zusagte, seine künstlerische Ausbildung zu leiten. Chopin scheint
in dem Glauben an die musikalische Zukunft seines muskulösen
Schülers unerschütterlich gewesen zu sein, während einige der
grossen, mit ihm befreundeten Pianisten diesen Glauben für eine
seltsame Täuschung hielten. Seine Mitschüler erzählten sich
pikante Anekdoten, welche beweisen sollten, dass Chopin sich
nicht viel aus ihm machte. So soll Chopin auf die Frage, ob
Gutmann Fortschritte mache, geantwortet haben „o, er macht
sehr gute Chocolade". Leider kann ich aus Erfahrung über
Gutmann's Spiel nicht mitsprechen, denn während der acht Tage,
die ich in seiner Gesellschaft zubrachte, befanden wir uns auf
einer Tiroler Bergspitze, wo es keine Claviere gab. Für mich
übrigens ist Chopin's Glaube an Gutmann nicht ohne Bedeutung und ebenso wenig seine Erwähnung seitens Moscheles als
Chopin's „vortrefflicher Schüler"; noch werthvoller als beides
aber scheint mir das Zeugniss des Dr. A. C. Mackenzie, der
Gutmann auf meine Bitte mehrere Male in Florenz besuchte,
und von seinem Spiel, in welchem sich Schönheit des Tones
mit Kraft vereinte, einen sehr günstigen Eindruck erhielt. Soviel
ich weiss, hat Gutmann nur einmal, im Jahre 1846, eine grössere
Concert-Tournée geplant, wozu er von Chopin mit Empfehlungsbriefen an die höchsten Persönlichkeiten in Berlin, Warschau
und Petersburg versehen war. Auf Veranlassung der Gräfin
Rossi (Henriette Sontag) wurde er eingeladen, in einem Hof-
concert in Charlottenburg an des Königs Geburtstag zu spielen.[1]
Am Tage nach dem Concert aber wurde er von solchem Heim-

---

[1] Die von ihm vorgetragenen Nummern des Programms waren das E-moll-
Concert (2. und 3. Satz) und Nr. 3 des ersten Heftes der Etüden seines Meisters
sowie seine eigene 10. Etüde.

weh ergriffen, dass er geradesweges nach Paris zurückkehrte,
wo er zum grossen Erstaunen Chopin's anlangte. Es wird für
den Leser nicht ohne Interesse sein, was die *Gazette musicale*
vom 24. März 1844 über den Lieblingsschüler Chopin's schreibt:

> Herr Gutmann ist ein Pianist von sauberem aber etwas kühlem
> Stil; er hat das, was man „Finger" nennt und benutzt sie mit vieler
> Gewandtheit. Seine Spielart erinnert eher an Thalberg als an den
> geschickten Lehrer, dem er seine Ausbildung verdankt. Er hat in
> der von ihm am letzten Montag bei Erard veranstalteten Soirée
> den Liebhabern des Claviers Freude gemacht. Namentlich fand
> seine Phantasie über den „Freischütz" Beifall.

Der Ausdruck einer individuellen Meinung kann selbstverständlich nichts beweisen. Gutmann hatte solchen Erfolg als
Lehrer und in gewissem Sinne auch als Componist (seine Compositionen, will ich beiläufig bemerken, sind nicht im Stil seines
Lehrers, sondern im leichten Salonstil gehalten), dass er in verhältnissmässig frühen Jahren in der Lage war, sich von seinem
Berufe zurückzuziehen. Nachdem er einige Zeit auf Reisen gewesen, liess er sich in Florenz nieder, wo er die Kunst erfand,
oder richtiger, die früher von ihm erfundene Kunst ausübte, mit
Oelfarbe auf Seide zu malen. Er starb in Spezia am 27. October 1882.[1]

Mehr als diese Uebersicht der Schüler Chopin's werden den
Leser die Einzelheiten der Lehrmethode des Meisters interessiren;
sind diese schon bei jedem bedeutenden Virtuosen von Wichtigkeit, so sind sie es in noch höherem Grade bei Chopin: Zunächst, indem sie uns zur Lösung der Frage verhelfen, warum
ein so einzig gearteter Spieler nicht einen hervorragenden Virtuosen gebildet hat; sodann, indem sie ein weiteres Licht auf
seinen Charakter als Menschen und als Künstler werfen; endlich
indem, wie Mikuli ohne Uebertreibung sagen konnte „Chopin's
Schüler allein im Stande sind, ihn als Pianisten in seiner ganzen

---

[1] Die kurzen Nachrichten über Gutmann bei Fétis *(Biographie universelle
des Musiciens)* und Andern, die aus dieser nichts weniger als zuverlässigen Quelle
geschöpft, sind sehr ungenau. Giulio Piccini's *Adolfo Gutmann, Ricordi biografici*
(Firenze, Giuseppe Polverini 1881) reproducirt ausführlichst das von Bernhard
Stavenow („Schöne Geister: Der Lieblingsschüler Chopin's" Bremen, Kühlmann
1879) Mitgetheilte. Die beiden letzteren Werke, mehr Lobschriften als Biographien, sind von Gutmann inspirirt worden.

unerreichten Grösse zu erfassen". Das zu meiner Verfügung stehende Material ist ebenso reich wie zuverlässig. Ich stütze mich wesentlich auf die mir persönlich gemachten Mittheilungen einer grösseren Zahl Chopin'scher Schüler — namentlich der Frau Dubois, der Frau Rubio, Mathias' und Gutmann's — sowie auf Mikuli's vortreffliches Vorwort zu seiner Chopin-Ausgabe. Was ich aus andern Quellen schöpfte, habe ich zuvor sorgfältig geprüft. Ich füge hinzu, dass ich die mir gemachten Mittheilungen möglichst wörtlich wiedergebe:

Was Chopin's Lehrmethode anlangt [schrieb mir Mathias], so hielt sie sich streng an die alte Legato-Schule, an die Schule Clementi's und Cramer's. Selbstverständlich hatte er sie durch eine Fülle von Anschlags-Nuancen (*d'une grande variété dans l'attaque de la touche*) bereichert; er gebot über eine wunderbare Mannichfaltigkeit von Tonfarben; beiläufig will ich auch bemerken, dass er ausserordentliche Kraft besass, die sich aber nur in Kraftblitzen äusserte (*ce ne pouvait être que par éclairs*).

Die Eigenart von Chopin's Lehrmethode zeigte sich schon in der Handhaltung, die er beim Beginn des Unterrichts von dem Schüler forderte: als normale Lage der Hand galt ihm nicht diejenige über den Tasten *c, d, e, f, g* (also über fünf weissen Tasten), sondern über *e, fis, gis, ais, h* (also über zwei weissen und drei schwarzen Tasten, die letzteren zwischen den ersteren liegend). Die Hand musste so auf die Claviatur hingeworfen werden, dass sie auf diese Tasten zu liegen kam, um eine zugleich vortheilhafte und anmuthige Haltung zu gewinnen:[1]

Beim Beginn des Unterrichts musste der Schüler [wie mir Frau Dubois mittheilte] die H-dur-Tonleiter sehr langsam und ohne Steifheit spielen. Geschmeidigkeit war Chopin's Hauptziel. Er ermahnte unaufhörlich während der Stunde: „Leicht, leicht!" (*facilement*). Steifheit konnte ihn zur Verzweiflung bringen.

---

[1] Kleczyński sagt in seinem *Chopin: De l'interprétation de ses oeuvres — Trois conférences faites à Varsovie*, es sei ihm von mehreren Schülern des Meisters versichert worden, derselbe habe manchmal die Hand völlig flach gehalten. Als ich Frau Dubois deswegen befragte, antwortete sie: „Ich habe niemals bemerkt, dass Chopin die Hände flach gehalten hat." Wir dürfen annehmen, dass eine so seltsame Handhaltung bei Chopin nur ausnahmsweise vorgekommen ist, und dass er sie sich nur gestattete, wenn er sich physisch ermüdet fühlte, und die technische Struktur der betreffenden Stelle nicht darunter litt.

Wie sehr ihn Steifheit und holperiges Spielen aus der Fassung brachte, sehen wir aus einer Mittheilung der Frau Zaleska an Kleczyński. Als eine Schülerin das Arpeggio am Anfang der ersten Etüde (As-dur) des 2. Heftes der Clementi'schen *Préludes et Exercices* etwas nachlässig spielte, sprang Chopin von seinem Stuhl auf und rief aus: „Was ist das? hat da ein Hund gebellt?" (*Qu'èst-ce? Est-ce un chien qui vient d'aboyer?*) Die Derbheit dieses Ausdrucks könnte überraschen; aber so höflich auch Chopin im Allgemeinen war, so wurde er doch häufig vom Aerger übermannt, besonders in seinen letzten Jahren, wo schlechtes Befinden seine Stimmung beeinflusste. Ob · er jemals so weit gekommen ist, die Noten an die Erde zu werfen und Stühle zu zerbrechen, wie Karasowski sagt, habe ich von keinem seiner Schüler gehört; doch sagte mir Frau Rubio, dass er sehr aufgeregt gewesen sei und während des Unterrichts bei Dilettanten immer eine Anzahl von Bleistiften bei sich gehabt habe, die er, um seinem Aerger Luft zu machen, stillschweigend in kleine Stücke zerbrochen habe. Von Gutmann hörte ich, dass in den ersten Zeiten seines Studiums mit Chopin dieser manchmal sehr ärgerlich geworden sei und heftig getobt habe, dass er aber sofort wieder freundlich geworden sei, wenn er den Schüler betrübt und in Thränen gesehen habe.

Freilich [schreibt Mikuli] stellte Chopin an das Talent und den Fleiss des Schülers grosse Ansprüche. Da setzte es oft „de leçons orageuses" ab, wie sie im Schul-Idiom hiessen, und manches schöne Auge verliess thränenbefeuchtet den hohen Altar der Cité d'Orléans, Rue St. Lazare, ohne darum je dem innigst geliebten Meister den mindesten Groll nachzutragen. War doch die Strenge, welcher nicht so leicht etwas genügte, die fieberhafte Heftigkeit, mit welcher der Meister seine Jünger zu seinem Standpunkte emporzuheben strebte, das Nichtablassen von der Wiederholung einer Stelle, bis sie verstanden ward, eine Bürgschaft, dass ihm der Fortschritt des Schülers am Herzen lag. Ein heiliger Kunsteifer durchglühte ihn da, jedes Wort von seinen Lippen war anregend und begeisternd. Oft dauerten manche Lectionen buchstäblich mehrere Stunden hinter einander, bis die Ermattung Meister und Schüler überwältigte.

Chopin's Schüler waren in der That so weit davon entfernt, ihm auch nur im Mindesten etwas übel zu nehmen, dass sie, um mit Marmontel zu reden, ihn nicht nur bewunderten, sondern förmlich vergötterten. Kehren wir indessen von dieser wohl kaum der Entschuldigung bedürfenden Abschweifung zu unserm Gegenstand, des Meisters Lehrmethode, zurück.

Woran Chopin am Anfang des Unterrichts am Meisten lag [schreibt Mikuli], war, den Schüler von aller Steifheit, von allen convulsivischen, krampfhaften Bewegungen der Hand frei zu machen und ihm so die erste Bedingung eines schönen Spiels, die Geschmeidigkeit *(souplesse)* und mit ihr die Unabhängigkeit der Finger zu geben. Unermüdlich lehrte er, dass die bezüglichen Uebungen keine bloss mechanischen seien, sondern die Intelligenz und den ganzen Willen des Schülers in Anspruch nehmen, daher ein zwanzig- und vierzigmaliges gedankenloses Wiederholen (bis zur Stunde noch das gepriesene Arcanum so vieler Schulen) gar nicht fördere, geschweige denn ein Ueben, während dessen man, nach Kalkbrenner's Rath, sich gleichzeitig mit irgend einer Lectüre beschäftigen könne (!).

„Mehr als alles andere" sagte mir Frau Dubois „fürchtete er die Verdummung *(abrutissement)* der Schüler. Als er einmal von mir hörte, dass ich sechs Stunden den Tag übte, wurde er sehr ärgerlich und verbot mir, mehr als drei Stunden zu üben. Diese Ansicht spricht auch Hummel in seiner Clavierschule aus."

Geben wir indessen noch einmal Mikuli das Wort:

Sehr eingehend behandelte Chopin die verschiedenen Anschlagsarten, besonders das tonvolle Legato.[1] Als gymnastische Hilfsmittel empfahl er das Ein- und Auswärtsbiegen des Handgelenks, den wiederholten Handgelenk-Anschlag, das Spannen der Finger, alles das jedoch mit der ernsten Warnung vor Ermüdung. Die Tonleitern liess er mit grossem Ton, möglichst gebunden, sehr langsam und nur stufenweise zum schnelleren Tempo fortschreitend, mit metronomischer Gleichheit spielen. Das Untersetzen des Daumens und das Uebersetzen über denselben sollte ein entsprechendes Einwärtshalten der Hand erleichtern. Die Tonleitern mit vielen schwarzen Tasten (H-dur, Fis-dur, Des-dur) kamen zuerst zum Studium, und zuletzt, als die schwerste, C-dur. In derselben Reihenfolge nahm er Clementi's *Préludes et Exercices* vor, ein Werk, welches er wegen seiner Nützlichkeit sehr hoch schätzte.[2] Nach Chopin

---

[1] Karasowski sagt, Chopin habe von seinen Schülern auf's Entschiedenste verlangt, dass sie ihre Uebungen, besonders die Tonleiter in Dur und Moll, vom *piano* zum *fortissimo* sowohl *staccato* als *legato* übten, auch mit wechselnder Betonung bald auf der zweiten, bald auf der dritten, bald auf der vierten Note. Frau Dubois dagegen weiss genau, dass Chopin sie niemals die Tonleitern *staccato* hat spielen lassen.

[2] Kleczyński schreibt, dass alle Schüler, die zu Chopin kamen, mochten

beruhte die Gleichheit der Tonleitern (auch der Arpeggien) nicht
allein auf der durch Fünffinger-Uebungen zu erzielenden möglichst
gleichen Kräftigung aller Finger und einem beim Uebersetzen und
Untersetzen ganz ungehinderten Daumen, als vielmehr auf einer,
bei vollkommen und immer frei herabhängendem Ellbogen, nicht
schrittweise, sondern stätig gleichmässig fliessenden Seitwärtsbewegung
der Hand, welche er durch das *glissando* über die Tastatur anschaulich zu machen suchte. Von Studienwerken gab er hierauf
eine Auswahl aus Cramer's Etüden, Clementi's *Gradus ad Parnassum*, die ihm sehr sympathischen Stilstudien zur höheren Vollendung
von Moscheles, Sebastian Bach's Suiten und einzelne Fugen aus
dem wohltemperirten Clavier. Gewissermaassen gehörten Field's
und seine eigenen Nocturnen auch zu den Etüdenwerken, denn an
ihnen sollte der Schüler theils durch Auffassung seiner Erklärungen,
theils durch Anschauung und Nachahmung — er spielte sie dem
Schüler unverdrossen vor[1]) — den schönen gebundenen Gesangston
und das Legato erkennen, lieben und ausführen lernen. Bei Dop-
pelgriffen und Akkorden verlangte er strengstens gleichzeitigen Anschlag, die Brechung war nur gestattet, wo sie der Componist selbst
anzeigt; Triller, die er meist mit der oberen Hilfsnote anfangen
liess, mussten weniger schnell, als mit grosser Gleichheit geschlagen
werden; die Trillerendigung ruhig und ohne Ueberstürzung. Für
den Doppelschlag *(gruppetto)*, die Appoggiatur, empfahl er die
grossen italienischen Sänger als Muster. Octaven liess er zwar aus
dem Handgelenk spielen, doch durften sie dadurch nicht an Ton-
fülle verlieren.

Alle welche das Glück gehabt haben, Chopin zu hören,
stimmen darin überein, dass ein Hauptmerkmal seines Vortrags
die Glätte gewesen sei, und dies war, wie aus dem Vorhergehenden ersichtlich ist, auch eine derjenigen Eigenschaften,
auf welche er bei seinen Schülern das Hauptgewicht legte. Der
Leser wird sich der im vorigen Capitel erwähnten Angabe Gutmann's erinnern, dass seines Meisters Fingersatz ganz und gar
darauf berechnet gewesen ist. Der Fingersatz ist ohne Zweifel

---

sie auch schon verhältnissmässig weit in ihrer Ausbildung vorgeschritten sein,
ausser den Tonleitern das zweite Heft von Clementi's *Préludes et Exercices* studiren mussten, namentlich das erste Stück in As-dur.

[1]) Diese Angabe können wir nur mit grosser Vorsicht aufnehmen. Wie
viel oder wie wenig Chopin dem Schüler vorspielte, wird wesentlich von der
Art seines Befindens, vielleicht auch von seinem persönlichen Interesse für den
Schüler abgehangen haben. Der verstorbene Brinley Richards sagte mir, Chopin
habe ihm in der Unterrichtsstunde selten etwas vorgespielt und seine Verbesserungen und Rathschläge meist nur mündlich geäussert.

das Fundament, die bestimmende Kraft, man könnte fast sagen,
Leib und Seele der Claviertechnik; wir werden deshalb gut thun,
einen Augenblick bei Chopin's Fingersatz zu verweilen, um so
mehr als unser Meister zu den kühnsten und einflussreichsten
Reformatoren dieses wichtigen Zweiges der Clavierkunst zählt.
Seine Verdienste in dieser wie in anderer Hinsicht, seine viel-
fachen gerechten Ansprüche auf die Priorität als Erfinder werden nur zu häufig übersehen.   Wie einst alle Fortschritte in der
Theorie und Praxis der Musik dem Guido von Arezzo zugeschrieben wurden, so ist es heute Brauch, alle Verbesserungen
und Erweiterungen der Claviertechnik auf Rechnung Liszt's zu
setzen, der mehr als irgend ein anderer Pianist die Bewunderung
der Welt erregt, und durch Vermittelung seiner Schüler auch
noch nach dem Abschluss seiner Virtuosen-Laufbahn persönlich
fortzuwirken vermocht hat.   Der Grund dieser irrthümlichen Ansicht ist nicht so sehr in Liszt's künstlerischer Persönlichkeit zu
suchen, mit welcher er alle seine Nebenbuhler in Schatten stellte,
als vielmehr darin, dass er es verstanden hat, die mannichfaltigen,
zur Zeit seiner Entwickelung in der Luft liegenden Elemente
älteren und neueren Datums in ein Ganzes zusammenzufassen.
Der Unterschied zwischen Liszt und Chopin ist der, dass bei
jenem die Universalität, bei diesem die Individualität das künstlerische Fundament bildet.   Der Fingersatz des ersteren ist als
ein System, der des letzteren als eine Manier zu betrachten.
Wahrscheinlich hängen hiermit auch Liszt's Erfolg und Chopin's
Misserfolg als Lehrer eng zusammen.   Ich nannte Chopin einen
Reformator des Fingersatzes, und meine, dass seine vollständige
Befreiung des Daumens, sein Aufheben jeglichen Rangunterschie-
des zwischen den übrigen Fingern, kurz, die von ihm procla-
mirte, manchmal in Willkür ausartende Freiheit dies Prädicat
rechtfertigen.   Dass sein Fingersatz gelegentlich excentrisch ist
(indem er eine besonders biegsame Hand und einen besondern
Studiengang voraussetzt), kann nicht geläugnet werden; im Ganzen
jedoch ist er nicht nur zur richtigen Wiedergabe seiner Musik
durchaus geeignet, sondern er bietet auch werthvolles Material
zu einem allgemeingültigen System des Fingersatzes.   Die folgenden von Mikuli mitgetheilten Einzelheiten sind in dieser Hinsicht beachtenswerth und können nach dem Obengesagten nicht
missverstanden werden:

Im Notiren des Fingersatzes, besonders des ihm eigenthümlichen, war Chopin nicht sparsam. Hier verdankt ihm das Clavierspiel grosse Neuerungen, die ihrer Zweckmässigkeit halber sich bald
einbürgerten, trotzdem anfangs Autoritäten, wie Kalkbrenner, darüber
sich förmlich entsetzten. So benutzte Chopin anstandslos den ersten
Finger auf den schwarzen Tasten, untersetzte ihn, freilich mit aus-
gesprochener Einwärtshaltung des Handgelenks, selbst unter den
fünften Finger, wenn dies die Ausführung erleichtern, ihr mehr Ruhe
und Gleichheit verleihen konnte. Mit einem und demselben Finger
nahm er oft zwei auf einander folgende Tasten (und das nicht nur
im Herabgleiten von einer schwarzen auf die nächste weisse), ohne
dass die mindeste Unterbrechung der Tonfolge zu merken sein
durfte. Das Uebersetzen der längeren Finger über einander, ohne
Zuhilfenahme des Daumens (siehe Etüde Nr. 2, Op. 10), wandte
er häufig an und nicht nur in Stellen, wo etwa der eine Taste
festhaltende erste Finger es unumgänglich nöthig machte. Der
darauf sich gründende Fingersatz der chromatischen Terzen (wie
er ihn in der Etüde Nr. 5, Op. 25 aufgezeichnet) bietet in viel
höherem Grade, als der vor ihm gebräuchliche, die Möglichkeit des
schönsten Legato's im schnellsten Tempo und bei völlig ruhiger Hand.

Wenn aber Chopin beim Spiel seiner Schüler vor Allem
auf Glätte hielt, so war er doch weit entfernt, mit einer blossen
technischen Abrundung zufrieden zu sein. Er verlangte von
seinen Schülern, beizeiten gründlich theoretische Studien zu
machen, zu welchem Zweck er ihnen seinen Freund, den Componisten und Theoretiker Henri Reber als Lehrer empfahl. Er
rieth ihnen auch, das Ensemblespiel — Trios, Quartette etc. —
zu pflegen, falls sie über Mitspieler ersten Ranges verfügen konnten, andernfalls aber vierhändig oder Duo's für zwei Claviere zu
spielen. Aufs Dringendste endlich verlangte er von ihnen, dass
sie häufig gute Sänger hörten, ja sogar, dass sie selbst Gesang-
studien machten. Der Frau Rubio sagte er: „Sie müssen singen,
wenn Sie spielen wollen" und veranlasste sie, Gesangunterricht
zu nehmen sowie häufig in die italienische Oper zu gehen —
Letzteres betrachtete er, wie sie sagte, als absolut nothwendig zur
Ausbildung eines Clavierspielers. An diesem Rathe erkennt man
Chopin's Vortrags-Ideal: Schönheit des Tones, verständnissvolle
Phrasirung, Wahrheit und Wärme des Ausdrucks. Der Klang,
den er aus dem Clavier zog, war der reine Ton, ohne die mindeste Beimischung von irgend etwas, was man Geräusch nennen
könnte. „Niemals puffte er" sagte mir Gutmann. Nach Mikuli
hat Chopin wiederholt geäussert, falsches Phrasiren komme ihm

vor, als recitire Jemand in einer Sprache, ohne sie zu kennen, eine mühevoll dem Gedächtnisse eingeprägte Rede, wobei der Vortragende nicht nur die natürliche Quantität der Silben nicht beachte, sondern wohl gar mitten in einem Worte einen Haltepunkt mache. „Der falsch phrasirende Pseudo-Musiker" meinte er „gebe in ähnlicher Weise zu erkennen, dass die Musik nicht seine Muttersprache, sondern etwas ihm Fremdes, Unverständliches sei, und müsse, wie jener Declamator, ganz darauf verzichten, mit seinem Vortrage irgend welche Wirkung auf den Zuhörer zu erzielen." Chopin hasste Uebertreibung[1]) und Affectirtheit. Seine Vorschrift war: „Spiele, wie Du es fühlst." Mangel an Gefühl aber war ihm nicht weniger zuwider, als falsches Gefühl. Zu einem Schüler, an dessen Spiel nichts weiter als die Finger-Geläufigkeit zu bemerken war, sagte er mit Nachdruck und im Ton der Verzweiflung: „Mettez-y donc toute votre âme!" (Legen Sie doch Ihre ganze Seele hinein!) — Hierauf bezüglich schreibt Mikuli:

Ueber die Declamation, über den Vortrag im Allgemeinen gab er den Schülern unschätzbare und sinnreiche Lehren und Winke, wirkte aber gewiss viel sicherer, indem er nicht nur einzelne Stellen, sondern ganze Tonstücke wiederholt vorspielte, und das mit einer Gewissenhaftigkeit, einer Begeisterung, wie ihn wohl schwerlich Jemand im Concertsaale zu hören Gelegenheit hatte. Oftmals verging die ganze Unterrichtsstunde, ohne dass der Schüler mehr als einige Takte gespielt hätte, während Chopin ihn unterbrechend und verbessernd an einem Pleyel'schen Pianino (der Schüler spielte immer auf einem ausgezeichneten Concert-Claviere und es ward ihm zur Pflicht, nur auf vorzüglichsten Instrumenten zu üben) ihm das lebenswarme Ideal der höchsten Schönheit zur Bewunderung und Nacheiferung bot.

Was Chopin's Vorspielen in der Unterrichtsstunde anlangt, so haben wir das in der Anmerkung zu S. 202 Gesagte festzuhalten. Auf einen andern Punkt des oben Citirten wirft eine mir von Frau Dubois gemachte Mittheilung erwünschtes Licht:

---

[1]) „Im Nuanciren" sagt Mikuli „hielt er strenge zu einem wirklich stufenweisen Zu- und Abnehmen der Tonstärke an." Karasowski schreibt: „Die Uebertreibung im Accentuiren war ihm verhasst, weil sie nach seiner Meinung dem Spiel die Poesie nahm und demselben eine gewisse didaktische Pedanterie gab."

Chopin hatte stets ein Pianino neben dem Flügel stehen, auf dem er seine Lectionen gab. Es war wundervoll, ihn begleiten zu hören, einerlei was, von den Concerten Hummel's bis zu denen Beethoven's. Er vertrat die Stelle des Orchesters in wunderbarer Weise *(d'une façon prodigieuse)*. Wenn ich seine eigenen Concerte spielte, begleitete er mich stets auf diese Art.

Nach verschiedenen Berichten zu urtheilen, scheint Chopin seine polnischen Schüler für befähigter gehalten zu haben, seinen Compositionen ganz gerecht zu werden, als die anderer Nationalitäten. „Wenn einer seiner französischen Schüler" lesen wir bei Karasowski „seine Compositionen spielte, und die Zuhörer denselben mit Lob überschütteten, sagte Chopin häufig, dass er wohl Alles gut durchgeführt, aber das polnische Element und die polnische Begeisterung ihm gefehlt hätten". Man kann nicht umhin, sich hierbei der Behauptung Chopin's gegen Liszt und Hiller zu erinnern, dass es dem Fremden unmöglich sei, die polnische Nationalmusik völlig zu erfassen (vgl. Bd. I. S. 264). Liszt schreibt, nachdem er sich über das Geheimniss des Chopin'schen *tempo rubato* ausgesprochen:

Alle seine Compositionen müssen in dieser schwebenden, eigenthümlich betonten und prosodischen Weise *(balancement accentué et prosodié)*, mit jener *morbidezza* wiedergegeben werden, hinter deren Geheimniss schwer zu kommen ist, wenn man ihn nicht oftmals selber zu hören Gelegenheit hatte. Er schien darauf bedacht, diese Vortragsart seinen zahlreichen Schülern beizubringen, namentlich seinen Landsleuten, denen er vor allen andern den Hauch seiner Begeisterung mitzutheilen wünschte. Diese und zumal seine Landsmänninnen erfassten sie mit der Gewandtheit, die ihnen für alle Gegenstände poetischer Empfindung eigen ist. Ein ihnen angeborenes Verständniss für seine Gedanken befähigte sie, dem Hin- und Herfluthen im Wogenspiel seiner Stimmungen zu folgen.

Um den rechten Einblick in Chopin's Charakter als Lehrer zu gewinnen, ist noch ein Punkt zu berücksichtigen, nämlich sein Unterrichts-Material. Mikuli sagt: „Von Stücken kamen in sorgfältig nach der Schwierigkeit berechneter Reihenfolge aufs Pult: Concerte und Sonaten von Clementi, Mozart, Bach, Händel, Scarlatti, Dussek, Field, Hummel, Ries, Beethoven; dann Weber. Moscheles, Mendelssohn, Hiller, Schumann und seine eigenen Werke. Dies Verzeichniss stimmt indessen nicht ganz mit den Nachrichten aus anderen ebenfalls zuverlässigen Quellen; diejenigen Schüler Chopin's, mit denen ich darüber gesprochen und correspondirt habe, hatten nie irgend etwas von Schumann mit ihm studirt. Was Beethoven anlangt, so war die Beschäftigung mit ihm zweifellos eine beschränkte. Mathias allerdings sagte mir, Chopin habe eine Vorliebe gehabt für Clementi *(Gradus ad Parnassum)*, Bach, Field (von diesem wurde viel gespielt, besonders seine Concerte),· und natürlich auch für Beethoven, Weber etc. — Clementi, Bach und Field aber seien namentlich für die Debütanten in Betracht gekommen. Frau Rubio ihrerseits begnügte sich zu constatiren, dass Chopin sie in Hummel, Moscheles und Bach eingeführt habe, während sie Beethoven gar nicht erwähnte. Gutmann's Angaben über die Unterrichtsweise seines Lehrers enthalten einiges Positive bezüglich der Beethoven-Frage. Nach ihm war Chopin der Meinung, dass Clementi's *Gradus ad Parnassum*, Bach's Fugen und Hummel's Compositionen den Schlüssel zum Clavierspiel bildeten, und die Beschäftigung mit diesen Meistern galt ihm als geeignete Vorbereitung zu seinen eigenen Werken. Besonders liebte er Hummel und seinen Stil; Beethoven schien er weniger gern zu haben, doch wusste er Stücke, wie den ersten Satz der Mondschein-Sonate (Cis-moll, Op. 27, Nr. 2) wohl zu schätzen. Schubert stand bei ihm in Gunst. Soweit Gutmann. Hierbei sei noch bemerkt, dass seltsamerweise mit Ausnahme Mikuli's keiner der Schüler Mozart erwähnt, den doch Chopin von allen Componisten am Meisten bewundert haben soll.

Dank der Frau Dubois, die auf meine Bitte ein Verzeichniss der Werke aufsetzte, die sie sich erinnerte, mit Chopin studirt zu haben, können wir uns ein ziemlich klares Bild von des Meisters Lehr-Cursus machen, welcher übrigens selbstverständlich je nach den Fähigkeiten des Schülers, und den besondern Zwecken, die derselbe verfolgte, modificirt wurde. Den Anfang machten Clementi's *Préludes et Exercices*, dessen *Gradus ad Parnassum* und die achtundvierzig Präludien und Fugen von Bach. Wie sehr Chopin den instructiven Werth der Bach'schen Claviermusik schätzte, ergiebt sich u. a. daraus, dass er — wie bereits erwähnt wurde — der Obengenannten bei der letzten Begegnung mit ihr den Rath gab, sie beständig zu studiren und hinzufügte: „Ce sera votre meilleur moyen de progresser." Weiter studirte sie mit ihm: von Hummel, das *Rondo brillant sur un thème*

russe (Op. 98), *La Bella capricciosa,* die Fis-moll-Sonate (Op. 81),
die Concerte in A-moll und H-moll und das Septett; von Field,
mehrere Concerte (darunter das in Es) und Nocturnen („Field"
bemerkt sie „lui était très sympathique"); von Beethoven, die
Concerte und mehrere Sonaten (die Mondschein-Sonate, die mit
dem Trauermarsch, Op. 26, und die Appassionata, Op. 57); von
Weber, die Sonaten in C und As-dur (diese beiden Stücke liess
Chopin mit besonderer Sorgfalt studiren); von Schubert, die
Ländler, alle Walzer und einige Duos (die Märsche, die Polonaisen und das *Divertissement hongrois*, welches er unbedingt
bewunderte); von Mendelssohn, nur das G-moll-Concert und die
„Lieder ohne Worte"; von Liszt nichts weiter als *La Tarantelle
de Rossini* und das Septett aus „Lucia" („mais ce genre de musique
ne lui allait pas" sagt Frau Dubois); von Schumann endlich
nichts.

Die im Anhang II mitgetheilten interessanten Erinnerungen
der Frau Streicher bilden eine Ergänzung zu diesem Capitel.

Neunundzwanzigstes Capitel.

1847.

Bruch mit George Sand. — Ihr, Liszt's und Karasowski's Bericht. — Der Zwischenfall „Lucrezia Floriani". — Weitere Ursachen des Bruches, nach Briefen und Mittheilungen Gutmann's, Franchomme's und der Frau Rubio. — Endergebniss der Untersuchung. — Compositionen des Jahres 1857. — Letztes Concert in Paris (1848): Programm und Ausführung desselben; die Physiognomie des Publikums. — George Sand und Chopin treffen noch einmal zusammen. — Die Februar-Revolution. — Entschluss, England und Schottland zu besuchen.

ir kommen nun zu der Katastrophe in Chopin's Leben: dem Bruch mit George Sand. Obwohl es nicht an Berichten fehlt, welche sich über die Ursachen, die Umstände und den Zeitpunkt dieses Ereignisses mit voller Bestimmtheit aussprechen, so ist es gleichwohl eine feststehende Thatsache, dass wir weder jetzt noch wahrscheinlich jemals in der Lage sein werden, diesen Gegenstand anders als auf Grund von Vermuthungen zu erörtern.[1] Ich habe mein

---

[1] Mit Ausnahme des S. 83 mitgetheilten Briefes von George Sand an Chopin und dem weiterhin zu citirenden Briefchen Chopin's an George Sand ist meines Wissens von ihrer Correspondenz nichts in die Oeffentlichkeit gedrungen. Aber wenn auch ihre Briefe bekannt würden, so würde damit der Schleier des Geheimnisses schwerlich gelüftet sein. Hier wäre der Ort, die etwas unwahrscheinliche Erzählung mitzutheilen, welche sich in der *World* vom 14. December 1887 findet und mit dem Namen des Pariser Correspondenten „Theoc" unterzeichnet ist:

Möglichstes gethan, das tragische Ereigniss aufzuklären, welches
wir als eine verhängnissvolle Krisis in Chopin's Leben betrachten
müssen, und es ist mir gelungen, zu dem schon bekannten Material noch viel neues hinzuzubringen, dennoch aber sehe ich
keine Möglichkeit einer endgültigen Lösung der Frage, in Anbetracht der unvereinbaren Widersprüche sowie der grösseren
oder geringeren Unzuverlässigkeit der Aussagen, sofern nämlich
George Sand als Partei verdächtig ist, Andere aber von ihrem
Gedächtniss im Stich gelassen worden sind. Unter diesen Umständen scheint es mir das Sicherste, die verschiedenen Zeugen-
aussagen dem Leser vorzulegen und ihn selbst entscheiden zu
lassen. Ich beginne mit dem Bericht George Sand's in *Ma Vie:*

> Nach den letzten Rückfällen hatte sich das Gemüth des Kran-
> ken aufs Aeusserste verdüstert, und Maurice, der ihn bis dahin
> zärtlich geliebt hatte, wurde plötzlich unvorhergesehenerweise und
> wegen einer nichtigen Ursache von ihm verletzt. Sie umarmten
> sich freilich gleich darauf, aber das Sandkorn war auf die ruhige
> Wasserfläche gefallen, und nach und nach folgten die Kieselsteine
> einer dem andern ... Alles dies wurde ertragen; eines Tages aber
> gab Maurice, der Nadelstiche müde, die Absicht kund, das Feld zu
> räumen. Dies konnte und durfte nicht sein. Chopin wollte sich
> mein berechtigtes und nothwendiges Dazwischentreten nicht ge-
> fallen lassen; er neigte das Haupt und sagte, dass ich ihn nicht
> mehr liebe.

„Ich habe gehört, dass Alexander Dumas Sohn dadurch die Freundschaft George
Sand's gewonnen hat, dass er ihre Briefe an Chopin für sie rettete. Die Sache
wird so erzählt: Nach Chopin's Tode fand seine Schwester unter seinen Papieren
etwa zweihundert Briefe von George Sand, welche sie mit sich nach Polen nahm.
An der russischen Grenze hatte sie Schwierigkeiten mit den Zollbeamten; ihre
Koffer wurden festgehalten, der die Briefe enthaltende Kasten aber wurde verlegt und ging verloren. Einige Jahre später fand einer der Beamten die Briefe
und behielt sie, da er den Namen und die Adresse des Eigenthümers nicht
kannte. Dies erfuhr Dumas, und auf einer Reise nach Russland machte er dem
betreffenden Beamten klar, wie peinlich es sein würde, wenn diese Briefe der
berühmten Schriftstellerin durch irgend eine Indiscretion einmal an die Oeffentlichkeit gelangten. ,Gestatten Sie mir, sie der Frau Sand zurückzugeben' sagte
Dumas. ,Und meine Pflicht?' fragte der Zollbeamte. ,Wenn irgend Jemand die
Briefe reclamirt' antwortete Dumas ,so autorisire ich Sie, zu sagen, dass ich sie
gestohlen habe.' Unter dieser Bedingung erhielt Dumas, damals noch ein junger
Mann, die Briefe, brachte sie nach Paris zurück und stellte sie der Frau Sand
zu, deren Bekanntschaft er bei dieser Gelegenheit machte. Frau Sand ver-
brannte sämmtliche Briefe, sie vergass aber nie den Dienst, den ihr Dumas geleistet hatte."

Welche Versündigung nach acht Jahren mütterlicher Hingebung! aber das arme, wunde Herz war sich seiner Verirrung nicht bewusst. Ich war der Meinung, dass einige Monate stiller Zurückgezogenheit diese Wunde heilen, seine Freundschaft beruhigen, seine Erinnerung gerecht machen würden. Darüber aber brach die Februar-Revolution aus und bei seiner Unfähigkeit, sich in irgend eine Erschütterung der gesellschaftlichen Formen zu fügen, wurde ihm Paris zeitweilig verhasst. Während er die Freiheit hatte, nach Polen zurückzukehren, oder doch jedenfalls dort geduldet worden wäre, war er zehn Jahre lang seiner von ihm heiss geliebten Familie ferngeblieben, um nicht den Schmerz zu haben, seine Heimath verändert und entartet zu sehen. Wie er sich damals vor der Tyrannei geflüchtet, so flüchtete er sich jetzt vor der Freiheit! Ich sah ihn im März 1848 einen Augenblick wieder. Ich drückte ihm die zitternde und eiskalte Hand. Ich wollte mit ihm reden, er wendete sich von mir. An mir wäre es jetzt gewesen, zu sagen, dass er mich nicht mehr liebte. Ich ersparte ihm diesen Kummer und überliess alles den Händen der Vorsehung und der Zukunft.

Ich sollte ihn nicht wiedersehen. Es standen schlechte Herzen zwischen uns. Es fehlte auch nicht an guten, diese aber wussten nicht, wie sie sich verhalten sollten. Es gab auch frivole, die es für gerathen fanden, sich nicht in delikate Angelegenheiten einzumischen; Gutmann war fern.

Man sagte mir später, er habe nach mir verlangt, sich nach mir gesehnt, mich bis zur letzten Stunde kindlich geliebt. Man hatte geglaubt, es mir verheimlichen zu sollen. Man hatte es für gut gehalten, auch ihm zu verschweigen, dass ich bereit war, zu ihm zu eilen.

Liszt's Bericht ist bemerkenswerth als die Meinung eines Mannes, der die beiden Helden der Tragödie intim gekannt hat und alle Gelegenheit hatte zu erfahren, wie der Fall in den Kreisen der Zeitgenossen beurtheilt wurde. Directe Bekanntschaft mit den Thatsachen konnte er freilich nicht haben, da sein Freundschaftsverhältniss zu dem einen wie zu dem andern Theil um diese Zeit bereits aufgehört hatte:

Zwischen dem polnischen Künstler und der französischen Dichterin hatten sich die „Anfänge", von denen Frau von Staël spricht,[1]) längst erschöpft. Sie hatten sich nur noch am Leben erhalten, bei ihm durch eine gewaltsame Anstrengung, dem einst durch seine Phantasie vergoldeten Ideal die Achtung nicht zu versagen, bei ihr

---

[1]) Eine Anspielung auf ihren Ausspruch: *En amour, il n'y a que des commencemens.*

durch eine falsche Scham, welche ihr die Möglichkeit einredete, Beständigkeit ohne Treue bewahren zu können. Es kam endlich der Moment, wo dies erkünstelte Verhältniss, dessen Lebenskraft durch keinen galvanischen Strom aufzufrischen war, ihm die Grenze dessen zu überschreiten schien, was er seiner Ehre schuldig zu sein und übersehen zu dürfen glaubte. Was den Anlass oder Vorwand zu dem plötzlichen Bruche gegeben, wusste Niemand; man sah eben nur Chopin, nachdem er gegen die Heirath der Tochter des Hauses heftigen Einspruch gethan, Nohant eilig verlassen, um nie mehr dahin zurückzukehren.

Wenn auch auf die von Liszt angeführten Thatsachen nicht zu bauen ist, so zeigen doch die Betrachtungen, die er daran knüpft, 'einen richtigen Blick. Karasowski dagegen giebt weder Thatsachen noch aufklärende Betrachtungen. Er spricht mit dem Selbstvertrauen und der Freiheit eines Romanschriftstellers von Charakteren, die er durchaus nicht kennt und über die er nur Vages und Zweifelhaftes nach Hörensagen berichtet:

Der Kranke, Niedergedrückte wurde ihr jetzt lästig. Anfangs zeigten ihre zu Zeiten finsteren Mienen, die kürzeren Besuche im Krankenzimmer, dass ihre Theilnahme für ihn im Abnehmen sei; Chopin fühlte sich davon sehr schmerzlich berührt, aber er schwieg ... Die Klagen der Frau Sand, dass die Pflege des Kranken ihre Kräfte erschöpfe, Klagen, die sie oft in seiner Gegenwart aussprach, thaten ihm weh; er bat sie, ihn allein zu lassen, sich in frischer Luft zu ergehen; er beschwor sie, ihren Vergnügungen um seinetwillen nicht zu entsagen, die Theater zu besuchen, Gesellschaften zu geben u. s. w.; er sei still und allein zufrieden, wenn er sie nur heiter wisse. Endlich, als der Kranke noch immer nicht an eine Trennung von ihr dachte, wählte man ein heroisches Mittel.

Mit diesem heroischen Mittel meint Karasowski die Veröffentlichung des George Sand'schen Romans *Lucresia Floriani* (1847), von welchem man, wie er sagt, behauptet „dass ihm [Chopin] aus raffinirter Grausamkeit die Correcturbogen mit der Bitte übergeben worden seien, die Druckfehler auszumerzen". Karasowski berichtet auch als „thatsächlich", dass die Kinder von Frau Sand, auf den Roman zeigend, zu ihm sagten: „Herr Chopin, wissen Sie, dass Sie mit dem Fürsten Karol gemeint sind?" (Diese Kinder waren beiläufig gesagt ein Mann von dreiundzwanzig und ein Mädchen von achtzehn Jahren.) Weiter sagt Karasowski:

Trotz alledem ertrug der Kranke und desshalb minder Heftige mit der peinlichsten Empfindung die ihm im Roman zugefügte Kränkung . . . Zu Anfang des Jahres 1847 führte Frau Sand durch einen heftigen Auftritt, deren unschuldige Veranlassung ihre Tochter war, den vollständigen Bruch herbei. Auf die ungerechten Vorwürfe, die sie gegen ihn erhob, erwiderte er nur: „Ich werde sofort Ihr Haus verlassen und wünsche für Sie von jetzt an nicht mehr zu existiren." Diese Worte waren ihr sehr erwünscht; sie machte keine Einwendungen, und noch denselben Tag verliess der Künstler für immer das Haus der Frau Sand. Aber die Aufregung und der damit verbundene Seelenschmerz warfen ihn wieder auf das Krankenlager, und längere Zeit fürchtete man ernstlich, dass er es bald mit dem Sarge vertauschen würde.

George Sand's Ansicht über *Lucretia Floriani* muss ausführlich mitgetheilt werden. Sie schreibt darüber in *Histoire de ma vie* Folgendes:

Man hat behauptet, ich habe in einem meiner Romane seinen [Chopin's] Charakter mit grosser Genauigkeit geschildert; man irrte sich jedoch hierin, weil man einige Züge desselben dort zu erkennen glaubte, und diesem sehr bequemen, eben darum aber unsicheren Systeme folgend, hat sich sogar Liszt in seinem „Leben Chopin's", einer im Stil etwas überschwenglichen aber viel Richtiges und sogar manches sehr Schöne enthaltenden Arbeit, in die Irre führen lassen. Ich habe im Fürsten Karol den Charakter eines in seinem Naturell abgeschlossenen, in seinen Empfindungen und Ansprüchen exclusiven Mannes gezeichnet. Ein solcher war aber Chopin nicht. Die Natur zeichnet nicht wie die Kunst, sei diese auch noch so realistisch; jene hat Capricen und Inconsequenzen, die wahrscheinlich nicht realer Art, dagegen sehr geheimnissvoll sind; diese rectificirt nur die Inconsequenzen, weil sie zu beschränkt ist, um sie wiederzugeben. Chopin war ein *résumé* dieser grossartigen Inconsequenzen, welche Gott allein sich erlauben darf zu schaffen, und die ihre eigenthümliche Logik haben. Er war grundsätzlich bescheiden und gewohnheitsmässig sanft, jedoch herrschsüchtig aus Instinct und von einem berechtigten, sich selbst unbewussten Stolz erfüllt. Daraus entsprangen für ihn Leiden, über die er sich nicht Rechenschaft gab und die nicht mit einem bestimmten Object verbunden waren. Uebrigens ist der Fürst Karol kein Künstler, sondern nicht weiter als ein Träumer; indem er kein Genie ist, hat er auch nicht die Rechte eines solchen. Er ist also eine mehr wahre als liebenswürdige Persönlichkeit und gleicht dem grossen Künstler so wenig, dass Chopin, während er täglich das auf meinem Schreibtisch liegende Manuscript las, niemals auf den Gedanken einer Selbsttäuschung gekommen ist, trotzdem er so argwöhnisch war.

Dennoch war dies später, wie man mir sagte, der Fall. Feinde (ich hatte deren in seiner Umgebung, die sich seine Freunde nannten, als wäre es nicht ein Mord, ein wundes Herz noch zu stacheln), Feinde überredeten ihn, dieser Roman sei eine Enthüllung seines Charakters. Zweifellos war in diesem Moment sein Gedächtniss schon geschwächt: er hatte das Buch vergessen — warum las er es nicht noch einmal!

Diese Geschichte hat so wenig von der unserigen! Sie war das gerade Gegentheil derselben. Unter uns gab es weder dieselben Entzückungen [*enivrements*] noch dieselben Leiden. Unsere Geschichte hatte nichts von einem Roman; ihr Untergrund war zu einfach und zu ernst, als dass wir jemals zu einem Streit einer mit dem andern, eines wegen des andern, Gelegenheit gehabt hätten.

Die hier von George Sand vorgebrachten Argumente sind nichts weniger als überzeugend; ihre Vertheidigung ist in der That recht schwach. Sie stellt nicht einmal in Abrede, Chopin als Modell benutzt zu haben. Dass sie eine Caricatur und nicht ein Porträt gezeichnet hat, wird man kaum als Entschuldigung gelten lassen, ja man könnte darin sogar die Quintessenz ihres verletzenden Verfahrens erblicken. Sie hat eben ausserordentlich naive Anschauungen über diesen Gegenstand, Anschauungen, die schwerlich von Vielen getheilt werden, jedenfalls nicht von vielen ausserhalb des Kreises der Romanschriftsteller und Dramatiker Stehenden. Nachdem sie bei Erwähnung ihres Grossonkels, des Abbé de Beaumont, bemerkt hat, dass sie bei der Skizzirung des Porträts eines gewissen Canonicus in *Consuelo* an ihn gedacht, und dass sie zu Gunsten des Romans die Aehnlichkeit stark übertrieben habe, fügt sie hinzu, dass die auf solche Weise entstandenen Porträts nicht mehr als Porträts gelten können, und dass Diejenigen, welche sich dadurch beleidigt fühlen, gegen den Autor wie gegen sich selbst eine Ungerechtigkeit begehen. „Caricatur oder Idealisirung“ schreibt sie „ist nicht mehr das Original, und dieses hat wenig Menschenverstand, wenn es sich in der Umbildung zu erkennen glaubt, wenn es ärgerlich oder eitel wird beim Anblick dessen, was Kunst oder Phantasie aus dem Modell zu machen vermocht haben.“ Dies heisst den Spiess umdrehen, und wenn Frechheit die Stimme der Wahrheit und Menschlichkeit übertönen könnte, so würde George Sand ihre Sache gewonnen haben. Im Fall *Lucrezia Floriani* verfährt sie wie gewöhnlich, wenn sie angegriffen wird, und es nicht bequemer findet, einfach zu erklären, dass sie sich nicht zu einer Selbstvertheidigung herablassen wolle, nämlich, sie verhüllt den ganzen Gegenstand in einen Nebel schöner Worte, aus denen nichts weiter klar ersichtlich wird, als ihr mit einem Heiligenschein umgebenes Ich. Mit allen ihren Argumenten und Erklärungen kann sie nicht die Thatsache aus der Welt schaffen, dass Liszt und tausend Andere, zu denen auch ich gehöre, bei der Lectüre von *Lucrezia Floriani* keinen Augenblick im Zweifel gewesen sind, das Urbild des Fürsten Karol sei Chopin.

Wir wollen George Sand nicht der Grausamkeit beschuldigen, sie habe den Roman in der Absicht geschrieben, Chopin loszuwerden, wir können sie aber auch nicht davon freisprechen, den, der ihr einst theuer gewesen und der sie immer noch glühend liebte, rücksichtslos verletzt zu haben. Selbst Fräulein Thomas,[1] welche im Allgemeinen George Sand nach ihrer eigenen Werthschätzung beurtheilt und sie auch in diesem Falle zu entschuldigen sucht, giebt zu, dass in *Lucrezia Floriani* genug des Wirklichen verwoben ist, um die Welt zu veranlassen, den Fürsten Karol alsbald mit Chopin zu identificiren, dass Chopin, der Empfindlichste aller Sterblichen, durch die Schlüsse, welche man daraus ziehen würde, schmerzlich berührt sein musste, dass er „wenn auch nur in seiner Eigenschaft als Genie, hätte verlangen können, dass ihm eine solche Kränkung erspart geblieben wäre" und dass desshalb zu wünschen sei „Frau Sand hätte den Fall in diesem Lichte gesehen" — eine milde Art, ein Verhalten zu missbilligen, welches, gelinde gesagt, von einer Verhärtung gegen die Gefühle des Mitmenschen zeugt. Von dem unwiderstehlichen Drange des Genius zu sprechen, bei Jemandem, der seine Fähigkeiten so vollständig beherrschte, ist geradezu Hohn. Es wäre übrigens Thorheit, Rücksichtnahme für Andere von einer Schriftstellerin zu erwarten, welche unnöthigerweise nicht nur die kleinen Schwächen, sondern auch die Trunksucht und die aus ihr folgende Geisteszerrüttung eines Bruders, dessen Familie noch existirte, in ausführlichster Weise der Welt verkündete. George Sand's Praxis steht in der That mit ihren Theorien so sehr in Zwie-

[1] In *George Sand,* einem Bande der *Eminent Women Series.*

spalt, dass es stets bedenklich ist, ihre Worte auf Treue und
Glauben hinzunehmen; sie war sicherlich nicht das sich auf-
opfernde Weib, als welches sie sich darstellt, denn ihre Opfer-
willigkeit überdauerte niemals ihre Neigungen und war im Grunde
nichts anderes, als eine Befriedigung ihrer Wünsche und Begierden; diese Wünsche und Begierden aber waren die Lenker
ihres Verstandes, welcher, durch eine überschwengliche Einbildungskraft unterstützt, niemals verlegen war, ihre Handlungs-
weise zu rechtfertigen, wäre dieselbe auch noch so grausam oder
niedrig gewesen.   Mit einem Worte, das Hauptmerkmal an
George Sand's moralischem Charakter war ihre Unfähigkeit,
irgend etwas in ihrem Thun anders als für richtig zu halten.
Alles dies findet sich in ihrer *Histoire de ma vie* und *Correspondance* reichlich bestätigt, die selbstverständlich leichter und
sicherer zu studiren sind, als ihre Handlungen und gesprochenen
Worte.

Um den Ursachen und Umständen des Bruches weiter nach-
zuforschen, will ich zunächst einige Stellen aus George Sand's
Briefen nebst einem von Chopin an sie gerichteten Briefchen
mittheilen.   Die Bedeutung dieser Citate für den betreffenden
Fall wird der Leser, wenn nicht sofort, doch in der Folge erkennen.

George Sand an Frau Marliani; Nohant, 1. September 1846:

Es ist ausserordentlich gütig von Ihnen, mir ein Obdach an-
zubieten.   Wir haben immer noch unsere Wohnung im Square St.
Lazare [Square d'Orléans] und nichts würde uns hindern, dorthin
zu gehen.

Chopin an George Sand; Dienstag 2$^{1}/_{2}$ [Paris, 15. December 1846]:[1])

Mademoiselle de Rozières hat das fragliche Stück Tuch gefunden (es war in dem Camail-Carton von Mlle. Auguste) — und
ich habe es sogleich gestern Abend Borie[2]) geschickt, der, wie man
Peter gesagt hat, heute noch nicht abreist.   Hier giebt es etwas
weniges Sonne und russischen Schnee.   Ich freue mich dieses

---

¹) Das Datum ist das des Poststempels.   Die Uebersetzung des französischen Originals (in der kaiserlichen Bibliothek zu St. Petersburg) findet sich
in La Mara's „Musikerbriefen".

²) Victor Borie, Literat und Freund George Sand's.

Wetters um Ihretwillen und stelle mir vor, dass Sie viel herum-
wandern. — Hat Dib in der gestrigen Pantomime getanzt? — Möge
es Ihnen und den Ihrigen recht wohl gehen!

Ihr ganz ergebener   C.

Für Ihre lieben Kinder.

Mir geht es wohl; doch habe ich nicht den Muth, meinen
Kamin einen Augenblick zu verlassen.

George Sand an Frau Marliani; Nohant, 6. Mai 1847:

Solange verheirathet sich in vierzehn Tagen mit dem Bildhauer
Clésinger, einem sehr bedeutenden Mann,. der viel Geld verdient
und ihr eine glänzende Existenz bieten kann, was, wie ich glaube,
nach ihrem Geschmack ist. Er ist heftig in sie verliebt und gefällt
ihr sehr. Sie war bei dieser Veranlassung ebenso bestimmt und
sicher in ihrem Entschlusse, wie sie bis dahin eigensinnig und unentschlossen gewesen ist. Wie es scheint, hat sie gefunden, was
sie sich geträumt hat. Gott wolle es!

Was mich betrifft, so finde ich grosses Gefallen an dem jungen
Mann, und ebenso Maurice. Er scheint auf den ersten Blick wenig
civilisirt; aber er ist voll künstlerischer Begeisterung, und seit der
letzten Zeit, nachdem ich bemerkt, dass er sich näherte, studire ich
ihn, ohne es mir merken zu lassen . . . Er hat Eigenschaften, die
für alle seine möglichen und wirklichen Fehler entschädigen können.

. . . . Jemand sagte mir von ihm alles Nachtheilige, was von
einem Menschen gesagt werden kann [nach eingezogenen Erkundigungen fand George Sand, dass Clésinger ein Mann sei „vorwurfs-
frei im weitesten Sinne des Wortes"].

Herr Dudevant, den er besucht hat, giebt seine Einwilligung.
Wir wissen noch nicht, wo die Hochzeit sein wird. Vielleicht in
Nérac,[1]) um Herrn Dudevant zu verhindern, in dem ewigen „mor-
gen" der Provinz einzuschlafen.

George Sand an Mazzini; Nohant, 22. Mai 1847:

Ich habe vor Kurzem meine Tochter verheirathet, und, wie ich
glaube, glücklich, an einen Künstler von hoher Begabung und
festem Willen. Ich hatte für sie nur den einzigen Wunsch, dass
sie liebe und geliebt werde; dieser Wunsch ist erfüllt. Die Zukunft ist in Gottes Hand, doch glaube ich an die Dauer dieser
Liebe und dieser Vereinigung.

George Sand an Charles Poncy; Nohant, 9. August 1847:

Mein guter Maurice ist immer ruhig, geschäftig und froh. Er
hält mich aufrecht und tröstet mich. Solange ist in Paris mit ihrem

---

[1]) Wo Herr Dudevant, ihr einstiger Gatte, wohnte.

Gatten; sie gehen auf Reisen. Chopin ist auch in Paris; sein Befinden hat ihm noch nicht erlaubt, die Reise zu machen, aber es geht ihm besser.

Der folgende Brief unter einem früheren Datum als die beiden zuletzt citirten bezieht sich noch directer auf Chopin.
George Sand an Gutmann; Nohant, 12. Mai 1847:

Dank, mein lieber Gutmann, von ganzem Herzen Dank für die aufopferungsvolle Pflege, die Sie ihm [Chopin] angedeihen lassen. Ich weiss wohl, dass Sie für ihn, für sich selbst und nicht für mich alles Dieses thun, aber es ist mir darum nicht weniger Bedürfniss, Ihnen zu danken. Es ist für mich ein grosses Missgeschick, dass dies gerade in meiner jetzigen Lage vorfallen musste. Es ist wahrlich zu viel des Beängstigenden auf einem Male! Ich glaube, ich wäre verrückt geworden, hätte ich von dem Ernst seiner Krankheit erfahren, ohne gleichzeitig zu hören, dass die Gefahr vorüber ist. Er weiss nicht, dass ich davon unterrichtet bin, und wünscht mir seinen Zustand zu verheimlichen, namentlich desshalb, weil er die Verlegenheit kennt, in der ich mich befinde. Er hat mir gestern geschrieben, als ob nichts vorgefallen sei, und ich habe ihm geantwortet, als ob ich nichts wüsste. Sagen Sie ihm also nichts davon, dass ich Ihnen geschrieben und vierundzwanzig Stunden furchtbar gelitten habe. Grzymała schreibt mir von Ihnen viel Gutes, von der Zärtlichkeit, mit welcher Ihr Alle mich bei ihm ersetzt habt, und namentlich Sie, so dass ich Ihnen aussprechen muss, dass ich es weiss und dass mein Herz es ernstlich und für immer festhalten wird . . .
Auf Wiedersehen also, mein liebes Kind; empfangen Sie meinen mütterlichen Segen, und möge er Ihnen Glück bringen!

George Sand.[1]

Wenn alles, was George Sand hier sagt, aufrichtig gemeint ist, so beweist dieser Brief, dass der Bruch noch nicht stattgefunden hatte. Dieser fand, wie Gutmann meint, erst 1848, kurz vor Chopin's Abreise nach England statt, und hätte sie mit ihrer Tochter und ihrem Schwiegersohn das von ihm am 16. Februar 1848 veranstaltete Concert noch besucht. Dass Letzteres nicht der Fall gewesen ist, ergiebt sich sowohl aus einem Briefe George Sand's aus Nohant vom 18. Februar 1848, als auch aus einer anderen Mittheilung Gutmann's, nach welcher eine der Ursachen des Bruches die Ehe Solange's mit Clésinger

[1] Dieser Brief, welcher sich nicht in der *Correspondance* findet, ist, soviel mir bekannt, zuerst in der „Gegenwart“ (Berlin 12. Juli 1879) erschienen.

war, welche Chopin, ihren unglücklichen Ausgang voraussehend
(sie musste später getrennt werden), missbilligte. Als eine andere
Ursache bezeichnete Gutmann Chopin's Zwiespalt mit Maurice
Sand. Es gab übereilte Bemerkungen und scharfe Antworten
zwischen dem Liebhaber und dem Sohn, und in Folge dessen
Scenen.

Während aber Gutmann eine sehr unzuverlässige Quelle ist,
da alles was er las und hörte durch die Retorte seiner Phantasie
gegangen zu sein und sich in eigene Erfahrung verwandelt zu
haben scheint, so sehen wir einen glaubwürdigeren Zeugen in
Franchomme, der mir die mündlich gegebenen Nachrichten über
diesen Gegenstand folgendermaassen noch schriftlich bestätigte:

Seltsamerweise hatte Chopin einen Abscheu vor der Zahl 7;
er würde niemals eine Wohnung in einem Hause mit dieser Nummer gemiethet, noch eine Reise am 7. oder 17. etc. angetreten haben.
Im Jahre 1837 war es, dass seine *liaison* mit George Sand begann
und 1847 kam es zwischen ihnen zum Bruch; es war am 17. October, dass mein lieber Freund von uns Abschied nahm. Die Veranlassung des Bruches war folgende: Im Juni 1847 war Chopin im
Begriff nach Nohant abzureisen, als er von Frau Sand einen Brief
empfing, des Inhalts, dass sie ihrer Tochter und ihrem Schwiegersohn soeben das Haus verboten habe und dass, wenn er sie in
seinem Hause empfinge, zwischen ihnen [d. h. zwischen George Sand
und Chopin] Alles aus sein würde. Ich war bei Chopin als der
Brief ankam und er sagte zu mir: „Sie haben nur mich, und ich
sollte ihnen meine Thür verschliessen? Nein, das werde ich nicht
thun!" und er that es nicht, obwohl er wusste, dass die, welche er
anbetete, es ihm nie verzeihen würde. Armer Freund, wie habe
ich ihn leiden sehen!

Von dem Streit in Nohant sagt Franchomme Folgendes:
Es war damals ein Herr in Nohant, welcher Frau Clésinger stets
unhöflich behandelte. Als eines Tages Clésinger mit seiner
Gattin die Treppe herabkam, passirte der Betreffende an ihnen
vorüber, ohne den Hut abzunehmen. Der Bildhauer hielt ihn
an und sagte „grüssen Sie Madame" und als der Herr — oder
Flegel, wie man es nehmen will — dies verweigerte, gab er
ihm eine Ohrfeige. George Sand, welche oben auf der Treppe
stand, sah dies, eilte hinab und gab ihrerseits Clésinger eine
Ohrfeige. Dann wies sie ihren Schwiegersohn nebst seiner
Frau aus dem Hause und schrieb an Chopin den oben erwähnten Brief.

Frau Rubio hatte auch von der Ohrfeige gehört, welche Clésinger von George Sand erhalten. Nach ihr hat es zwischen Mutter und Tochter viel Streit gegeben, weil erstere die häufigen Besuche der letzteren bei Chopin ungern sah, was ihr dann auch als Vorwand diente, mit ihm zu brechen. Gutmann sagte mir, Chopin habe Solange gern gehabt, ohne jedoch in sie verliebt gewesen zu sein. Damit aber sind wir wieder in die Strömung des Klatsches gerathen und wollen sie je eher desto lieber zu verlassen suchen.

Bevor ich aus den von mir gesammelten Beweisstücken Schlüsse ziehe, muss ich noch einiges aus den beiden vom 9. August 1847 und 14. December 1847 datirten Briefen George Sand's an Charles Poncy mittheilen. Der Inhalt dieser Auszüge wird dem Leser grösstentheils geheimnissvoll erscheinen, und ich bin nicht in der Lage ihm das Geheimniss zu enthüllen. War Solange der Hauptgegenstand der Klagen George Sand's? Waren Chopin oder ihr Bruder oder beide bei diesem Verzweiflungs-Ausbruche mit im Spiele? Nachdem sie gesagt hat, wie sie durch eine Kette von Verdruss überwältigt worden, wie ihre reinsten Absichten zu einem schlimmen Ausgang geführt haben, wie ihre besten Handlungen von den Menschen getadelt und vom Himmel wie Verbrechen bestraft seien, fährt sie fort:

Und glauben Sie, dass ich zu Ende bin? Nein, was ich Ihnen bisher erzählt habe, ist nichts, und seit meinem letzten Brief habe ich Alles geleert, was der Kelch des Lebens an Bitterem enthält. Es ist so bitter und so unerhört, dass ich es nicht aussprechen, jedenfalls nicht schreiben kann. Ich würde zu sehr dabei leiden. Ich werde Ihnen einige Worte darüber sagen, sobald ich Sie sehe . . . Ich hoffte wenigstens für mein herannahendes Alter auf einen Lohn der grossen Opfer, der vielen Arbeit, der Mühen eines Lebens voll Hingebung und Entsagung. Ich wollte nichts weiter, als meine Lieben glücklich machen. Nun, ich habe nur Undank geerntet, und das Böse hat triumphirt über eine Seele, aus welcher ich ein Heiligthum des Guten und Schönen zu machen gedachte. Jetzt kämpfe ich mit mir selbst, um mich nicht untergehen zu lassen. Ich will meine Aufgabe bis zu Ende führen. Möge Gott mir dabei helfen! Ich glaube an ihn und hoffe! . . . Augustine[1]) hat viel

---

[1]) Augustine Brault, nach Angabe des Herausgebers der *Correspondance* eine Cousine George Sand's. Diese selbst nennt sie in der „Histoire de ma vie"

gelitten, aber sie hat hohen Muth und ein richtiges Gefühl ihrer
Würde; auch ist ihre Gesundheit, Gott sei Dank, nicht dadurch
angegriffen.

Das folgende Citat ist aus dem „Nohant, 14. December 1847"
datirten Brief. Désirée ist die Gattin Charles Poncy's, an den
der Brief gerichtet ist.

Sie haben beide verstanden, Désirée und Sie, deren Seelen zart
sind, weil sie warm empfinden, dass ich die ernsteste und schmerz-
lichste Phase meines Lebens durchlaufen habe. Ich war nahe daran
zu unterliegen, obwohl ich die Katastrophe lange vorhergesehen
hatte. Aber Sie wissen, dass man sich durch eine unselige Ahnung,
wie begründet sie auch sein möge, nicht immer niederdrücken lässt.
Es sind Tage, Wochen, ja Monate, wo man in der Illusion lebt,
und sich mit der Hoffnung schmeichelt, den drohenden Schlag ab-
wenden zu können. Schliesslich findet uns das mit Bestimmtheit zu
erwartende Unglück doch immer unbewaffnet und unvorbereitet.
Zu diesem Ausbrechen des sich entwickelnden unheilvollen Keimes
kamen noch verschiedene sehr harte und ganz unerwartete Neben-
umstände, so dass ich mich geistig und körperlich gebrochen fühle.
Ich glaube, dass mein Kummer unheilbar ist; denn wenn es mir
gelingt, mich ihm für einige Stunden zu entziehen, so kehrt er danach um so finsterer und stechender zurück . . . Ich habe eine
weitläuftige Arbeit vor [*un ouvrage de longue haleine*], betitelt
Histoire de ma vie . . . Ich werde darin übrigens keineswegs mein
ganzes Leben enthüllen . . . Es wird auch ein gutes Geschäft sein
und· mich wieder auf die Beine bringen, so dass meine Besorgnisse
um die ziemlich unsichere Zukunft Solange's theilweise gehoben sind.

Wir haben mithin die Wahl zwischen zwei Erklärungen des
Bruches: der George Sand's, dass er durch den Zwist Chopin's
und ihres Sohnes herbeigeführt ist, und der Franchomme's, dass
Chopin's Nichtachtung der Forderung George Sand's, ihre
Tochter und ihren Schwiegersohn nicht bei sich zu empfangen,
ihn veranlasst habe. Ich entscheide mich für die letztere, welche
mit George Sand's Briefen stimmt,[1]) durch das Zeugniss ver-

---

ihre Verwandte, und deutet an, wie ihre Feinde aus ihrem Verkehr mit dieser
jungen Dame Anlass zur Veröffentlichung von Schmähschriften gegen sie geschöpft haben.

[1]) Die Widersprüche sind nur scheinbare und verschwinden, wenn wir bedenken, dass George Sand schwerlich geneigt war, Gutmann oder Poncy den
wahren Sachverhalt mitzutheilen. Ueberdies hatte nach Franchomme der Bruch
noch nicht stattgefunden, als sie an Gutmann schrieb.

schiedener Freunde Chopin's bestätigt ist und von einem ehrlichen unbefangenen Manne herrührt, dem wir einen schlichten
ungefärbten Bericht zutrauen dürfen. Welche Gründe aber auch
angeführt worden sind, um den Bruch zu rechtfertigen, welche
Umstände man auch als äussere Ursache desselben bezeichnet
hat, in Wahrheit handelte es sich nur um einen Vorwand; in
diesem Punkte stimmen alle überein — Franchomme, Gutmann,
Kwiatkowski, Frau Rubio, Liszt etc. George Sand war Chopin's
müde, und da er sie nicht freiwillig verlassen wollte, so musste
er zu der Trennung gezwungen werden. Gutmann meinte, es
habe überhaupt gar kein Bruch stattgefunden; George Sand sei
ohne Chopin nach Nohant gegangen, habe aufgehört ihm zu
schreiben und damit seien ihre Beziehungen zu Ende gewesen.
Gewiss hätte Chopin sie verlassen sollen, bevor sie zu dem
„heroischen Mittel" ihre Zuflucht nahm, ihn, bildlich gesprochen,
zur Thür hinauszuwerfen; aber die Stärke seiner Leidenschaft
für dies Weib machte ihn schwach. Wenn ein Tüttelchen von
dem wahr ist, was man sich von George Sand's verliebten
Abenteuern erzählte, so muss ein Verehrer, der acht Jahre lang
bei ihr aushielt, hinsichts seiner Fähigkeit zu Uebersehen und
zu Verzeihen eine harte Probe bestanden haben. Wir hören
auf allen Seiten von Fällen der Untreue, die sie sich gestattete.
Ein polnischer Freund Chopin's berichtete mir, dass eines Tages,
als er im Begriff war, in des Meisters Zimmer einzutreten, die
verheirathete aus Berry gebürtige Dienerin George Sand's aus
demselben herausgekommen sei, und dass er von Chopin, der
krank im Bette lag, später erfahren, sie habe sich über ihre
Herrin und ihren Gatten beklagt. Gutmann, welcher behauptete,
Chopin habe von George Sand's Untreue gewusst, will von ihm
gehört haben, nachdem sie ihn in Paris zurückgelassen hatte:
„Ich würde Alles übersehen, wenn sie mir nur erlauben wollte,
mit ihr in Nohant zu wohnen." Mir erscheinen diese und ähnliche Geschichten, namentlich die letztere, etwas verdächtig (ist
es wohl wahrscheinlich, dass ein Mann von Chopin's zurück-
haltendem Wesen sich über ein so delikates Thema ausgesprochen, und gar mit Gutmann, seinem Schüler und einem viel
jüngeren Manne?), sie charakterisiren jedoch die Art und Weise,
wie Chopin's Freunde seine Stellung auffassten. Soviel ist sicher,
dass Chopin, gequält in den Tagen des Besitzes, zerschmettert

durch den Verlust, später häufig versucht, der Ungetreuen zu
fluchen, bis an sein Lebensende George Sand geliebt und vermisst hat — äusserte er doch noch am Tage vor seinem Tode,
sie habe ihm gesagt, er würde in keines Andern Armen als
in den ihrigen sterben *(que je ne mourrais que dans ses bras)*.

Hätte George Sand ihre Trennung von Chopin als durch
die Pflicht der Selbsterhaltung geboten dargestellt, so würde sie
sich eines höheren Grades von Sympathie zu erfreuen haben,
und mit mehr Ehre aus der Verwickelung hervorgegangen sein.
Sie schreibt in *Histoire de ma vie:*

> Chopin's Freundschaft ist für mich niemals eine Zuflucht in
> der Trübsal gewesen. Er hatte an seinen eigenen Leiden genug
> zu tragen; die meinigen würden ihn überwältigt haben, auch kannte
> er sie nur oberflächlich und verstand sie ganz und gar nicht. Er
> würde Alles von einem anderen Gesichtspunkt beurtheilt haben, als
> der meinige war.

Ueberdies wurden Chopin's Krankheitsanfälle immer häufiger,
seine Kräfte nahmen von Tag zu Tag ab, und es wurde folglich
nöthiger als je, für ihn zu sorgen und ihn zu pflegen. Dass er
ein „unausstehlicher Patient" war, ist schon erwähnt worden.
Nach Meinung der Welt hat die Gattin oder Geliebte eines
Mannes von Genie die Pflicht, sich für ihn zu opfern; wie aber
stehen die Dinge, wenn das Genie beiderseitig ist und das sich
selbst Opfern eines der Beiden der Welt Verlust bringt? Ist es
nicht beiläufig gesagt äusserst egoistisch und heuchlerisch, wenn
diese Welt, die im Allgemeinen so wenig für ein Genie thut,
von den Frauen verlangt, dass sie sich mit völliger Selbstverleugnung ihren mit Genie begabten Geliebten widmen? Nun,
sowohl George Sand als Chopin hatten Grosses zu vollbringen,
und wenn ein Theil durch den andern daran verhindert wurde,
so war die Auflösung ihrer Verbindung gerechtfertigt. Dies
aber war vielleicht nicht der Grund der Trennung; jedenfalls
bringt George Sand eine derartige Entschuldigung nicht vor.
Immerhin durften wir gerechterweise diesen möglichen Gesichtspunkt nicht ignoriren.

Die vorhin citirte Stelle aus George Sand's Brief vom 1. September 1846 dürfte die Annahme rechtfertigen, dass, wenn sie
auch ihre Wohnung im Square d'Orléans noch inne hatte, das

Phanlanstère doch nicht mehr existirte. Die Wohnung hat sie wahrscheinlich im Laufe des Jahres 1847 aufgegeben; jedenfalls hat sie einen grossen Theil des Winters 1847—48, wenn nicht den ganzen Winter, in Nohant zugebracht, und als sie nach dem Ausbruch der Revolution des Jahres 1848 nach Paris kam (zwischen dem 9. und 14. März), stieg sie in einem Hôtel garni ab. Chopin behielt seine alte Wohnung im Square d'Orléans und hatte, wie Gutmann sagt, nach dem Abbruch seiner Beziehungen zu George Sand die Gewohnheit, entweder in seiner (Gutmann's) oder Grzymała's Gesellschaft zu speisen.

Es ist sehr zu bedauern, dass keine Briefe aufzufinden sind, die uns von Chopin's damaligem Empfinden und Thun erzählen könnten. Ich kann dem Leser nur eine einzige Nachricht bieten, deren befriedigter Ton ihre Kürze einigermassen aufwiegt. Ein an Franchomme adressirtes „Freitag den 1. October 1847" datirtes Briefchen enthält nur die folgenden Worte:

Lieber Freund, ich danke Dir für Dein gutes Herz, aber ich bin heute Abend sehr reich.
Von ganzem Herzen der Deine.

In diesem Jahre (1847) erschienen die drei letzten von Chopin veröffentlichten Werke (zwei Werke späteren Datums sind unter seinen posthumen Compositionen erschienen). Die *Trois Mazurkas*, Op. 63 (der Gräfin L. Czosnowska gewidmet) und die *Trois Valses*, Op. 64 (der eine der Gräfin Potocka, der andere der Baronin de Rothschild, der dritte der Baronin Bronicka gewidmet), erschienen im September, und die Sonate für Clavier und Violoncell, Op. 65 (Franchomme gewidmet) im October. Von diesen Compositionen soll hier nur gesagt werden, dass die Mazurka's und Walzer hinter seinen früheren Werken dieser Gattung nicht zurückstehen, und dass die Sonate als sein gelungenster Versuch gelten kann, sich in grösseren Formen zu bewegen. Charles Hallé erinnert sich, 1847 eines Abends mit Stephen Heller bei Chopin gewesen zu sein, der einige Freunde eingeladen hatte, um sie mit der soeben vollendeten Sonate bekannt zu machen. Bei ihrem Eintreten hatten sie ihn ziemlich unwohl gefunden; er ging im Zimmer hin und her, gebückt wie ein halb geöffnetes Taschenmesser. Als man ihm aber vorschlug, die Probe auf einen anderen Abend zu verschieben, wollte er davon nichts hören und sagte, er werde versuchen zu spielen. Nachdem er nun begonnen hatte, gewann er bald wieder seine grade Haltung und erwärmte sich, je länger er spielte. Wie sich aus den weiterhin mitgetheilten Bemerkungen der Frau Dubois ergiebt, war der Eindruck der Sonate auf die Zuhörer kein durchaus günstiger.

Hier müssen wir noch einmal auf jene, S. 166 erwähnte, von Frau Girardin beschriebene Soirée zurückkommen, deren Mittelpunkt Frl. O'Meara bildete. Chopin wirkte in dieser Soirée mit, indem er nicht nur mehrere seiner Compositionen spielte, sondern auch sein E-moll-Concert, vorgetragen von seiner Schülerin, der jungen und reizenden Camille O'Meara, auf einem zweiten Clavier begleitete. Das wichtigste musikalische Ereigniss der in diesem Capitel besprochenen Periode von Chopin's Leben aber ist das am 16. Februar 1848 von ihm veranstaltete Concert, das letzte, welches er in Paris gegeben. Dies Concert betreffend, sei zunächst ein Briefchen citirt, mit welchem Chopin an Franchomme Eintrittskarten schickte. Es lautet: „Die besten und sichtbarsten Plätze für Frau D., aber nicht für ihre Köchin." Frau D. war die Gattin des Malers Paul Delaroche, eine Freundin der Franchomme'schen Familie. Das Original-Programm hatte folgendes Aussehen:

1re Partie.

Trio de Mozart, pour piano, violon et violoncelle, exécuté par MM. Chopin, Alard et Franchomme.

Air, chanté par Mademoiselle Antonia Molina di Mondi.

Nocturne
Barcarolle } composé et exécuté par Mr. Chopin.

Air chanté par Mlle. A. M. di M.

Etudes
Berceuse } composé et exécuté par Mr. Chopin.

2de Partie.

Scherzo, Adagio et Finale de la Sonate en sol mineur pour piano et violoncelle composé par Mr. Chopin et exécuté par l'Auteur et Mr. Franchomme.

Air nouveau de Robert le Diable, composé par Mr. Meyerbeer, chanté par Mr. Roger.

Préludes
Mazurkas } composé et exécuté par Mr. Chopin.
Valses

Le Piano sera tenu par MM. Aulary et de Garaudé.

Der „M. S." unterzeichnete Bericht der *Gazette musicale* vom
20. Februar 1848 versetzt uns mit einem Schlage in die vornehme, von Wohlgerüchen geschwängerte Atmosphäre des Pleyel-
schen Saales am 16. Februar:

Ein Concert des Ariel der Pianisten ist etwas zu Rares, als
dass man, wie bei andern Concerten, die Thüren allen denen weit
geöffnet hätte, welche dabei zu sein wünschten. Für dies Concert
hatte man eine Liste aufgesetzt: Jeder schrieb seinen Namen hinein,
aber nicht Jeder war sicher, die kostbare Eintrittskarte zu erhalten;
man bedurfte der Protection, um in dies Allerheiligste eingelassen
zu werden, um die Gunst zu erlangen, seine Opfergabe niederlegen
zu dürfen und doch bestand diese in einem Louisd'or; wer aber
hätte nicht einen Louisd'or zuviel in seinem Beutel, sobald es sich
darum handelt, Chopin zu hören?

Aus alle Diesem folgt selbstverständlich, dass am Mittwoch die
distinguirtesten Damen der hohen Aristokratie, die elegantesten Toi-
letten den Pleyel'schen Saal füllten. Auch die Aristokratie der Künstler und Kunstfreunde war vertreten, sich beglückt fühlend, diesen
musikalischen Sylphen im Fluge zu erhaschen, welcher gestattet hatte,
sich ihm zu nähern, ihn zu sehen und zu hören, wie durch einen
seltenen Zufall, und gar mehrere Stunden hindurch.

Und der Sylphe hat die Erwartungen erfüllt — und mit welchem Erfolge, mit welcher Begeisterung! Es ist leichter, den Empfang zu beschreiben, welchen man dem Künstler bereitete, das
Entzücken, welches er hervorrief, als in die Geheimnisse einer
Kunst einzudringen, welche in unserer irdischen Sphäre nicht ihres
Gleichen hat. Hätten wir die Feder zu unserer Verfügung, welche
die zarten Wunder der Königin Mab, nicht grösser als der am
Finger eines Alderman glänzende Agat, ihren zierlichen Wagen
mit durchsichtiger Bespannung gezeichnet hat, so würden wir doch
damit nicht weiter gelangen, als zu dem Begriff eines durchaus
idealen, von jeglicher Materie losgelösten Talentes. Zum Verständniss Chopin's können wir nur durch Chopin selbst gelangen: Alle,
die dem Concert am Mittwoch-Abend beiwohnten, sind davon ebenso
überzeugt, wie wir.

Das Programm kündigte zunächst ein Trio von Mozart an,
welches Chopin, Alard und Franchomme in einer Weise vortrugen,
dass man die Hoffnung aufgeben muss, es jemals wieder so schön
zu hören. Darauf spielte Chopin Etüden, Präludien, Mazurka's,
Walzer; später auch, mit Franchomme, seine schöne Sonate. Man
frage uns nicht, wie alle diese grösseren und kleineren Meisterwerke
wiedergegeben wurden; wir haben von vorn herein erklärt, dass
wir auf eine Beschreibung dieser tausend und tausend Nuancen
eines unvergleichlichen Genies, dem eine seiner Bedeutung entsprechende Organisation zur Verfügung steht, verzichten würden.

Wir möchten nur sagen, dass der Zauber nicht einen Augenblick
aufhörte, auf die Zuhörerschaft zu wirken, und dass er seine Kraft
auch noch bewährte, nachdem das Concert schon beendet war.

Fügen wir hinzu, dass Roger, unser herrlicher Tenor, mit
seiner so ausdrucksvollen Stimme das schöne Gebet aus „Robert
der Teufel" sang, welches der Componist selbst für das Auftreten
Mario's an der grossen Oper dem Werke eingefügt hat; dass Fräulein Antonia de Mendi [eine Nichte der Pauline Viardot; ihr Name
lautete anders auf dem Programm], die junge und schöne Sängerin,
sich durch ihr viel versprechendes Talent einen grossen Theil des
Beifalls errang.

Man spricht von einem zweiten Concert, welches Chopin am
10. März zu geben beabsichtigt; schon mehr als 600 Namen sollen
auf der neuen Liste stehen. Dies wird Niemanden überraschen:
Chopin war uns eine solche Belohnung schuldig und er hat es wohl
verdient, dass man sich dazu drängt.

Da dieser Bericht zwar den das Concert beherrschenden
Geist, nicht aber den eigentlichen Verlauf schildert, so müssen
wir uns anderweitig nach Mittheilungen umsehen. Deren finden
wir erfreulicher Weise eine Fülle. Frau Dubois schreibt mir:

Bevor Chopin die Violoncell-Sonate öffentlich spielte, hatte er
sie vor einigen Künstlern und intimen Freunden hören lassen; der
erste Satz, das Meisterstück, wurde nicht verstanden. Es schien den
Hörern unklar, zu voll von Gedanken, kurz, es hatte keinen Erfolg.
Im letzten Moment verlor Chopin den Muth, vor einer so welt-
lichen, eleganten Zuhörerschaft die ganze Sonate zu spielen und
beschränkte sich auf das Scherzo, Adagio und Finale. Ich werde
nie vergessen, wie er die Barcarole spielte, diese wunderbare Composition; den Walzer in Des (*la valse au petit chien*) musste er
da capo spielen. Eine bei diesem Concert anwesende *grande
dame* wünschte Chopin's Geheimniss zu ergründen, die Tonleitern
so fliessend auf dem Clavier auszuführen [*faire les gammes si
coulées sur le piano*]. Der Ausdruck ist zutreffend, dieser Fluss ist
nie erreicht worden.

Stephen Heller's Bemerkung, Chopin sei in seinen letzten
Jahren so schwach gewesen, dass sein Ton manchmal kaum
hörbar war, habe ich schon in einem früheren Capitel mitgetheilt; ebenso was mir Hallé sagte, Chopin habe in seinen späteren Jahren häufig Forte-Passagen piano und selbst pianissimo
gespielt; in dem betreffenden Concert z. B. habe er die zwei
Forte-Passagen gegen das Ende der Barcarole pianissimo und
mit allen Arten dynamischer Feinheiten vorgetragen. Otto Gold-

schmidt, der dem Concert des 16. Februar 1848 beigewohnt hat,
theilte einige interessante Erinnerungen daran mit, gelegentlich
eines von G. A. Osborne in einer Sitzung der Londoner *Musical
Association* gehaltenen Vortrags über Chopin (S. „Proceedings of
the Musical Association" 1879—80):

> Er [Chopin] war ausserordentlich schwach, sein Spiel jedoch
> verrieth — in Folge seiner merkwürdigen Fähigkeit den Ton zu
> modificiren — nichts von dieser Schwäche, welche Einige als *piano*
> oder Weichheit des Anschlages auffassten. Die Fähigkeit, vom *piano*
> durch alle Tonabstufungen zum *forte* zu gelangen, war ihm in
> höherem Grade eigen, als irgend einem der Claviervirtuosen, die
> er [Goldschmidt] gehört . . . Es war sehr schwer, Zutritt zu dem
> Concerte zu erlangen, denn bei Chopin's Empfindlichkeit — eine
> Eigenschaft, welche im Künstler-Naturell stark vertreten zu sein
> scheint — liess er sich nicht nur das Verzeichniss der Zuzulassen-
> den vorlegen, sondern er machte eine Auswahl desselben und unter-
> warf schliesslich noch diese Auswahl einer Sichtung; die Folge war,
> dass er sich ausschliesslich von Freunden und Bewunderern umgeben
> sah. Das Local war mit Blumen aller Art auf's Schönste geschmückt,
> und er dürfe behaupten, dass selbst jetzt, nach dreissig Jahren, seine
> Erinnerung an dies Concert sehr lebhaft sei . . . Die Zuhörer waren
> von Chopin's Spiel so entzückt, dass er wieder und wieder her-
> vorgerufen wurde.

Was Goldschmidt und die *Gazette musicale* von der Zu-
tritts-Schwierigkeit und dem gesichteten Zuhörer-Verzeichniss
sagen, stellte Franchomme in Abrede: „Ich halte dies für ein
blosses Märchen" äusserte er gegen mich „ich sah Chopin jeden
Tag; wie hätte mir also dies entgehen können?"

Zur Vervollständigung meines Berichtes über Chopin's letztes Pariser Concert füge ich noch einige fragmentarische Mittheilungen aus *Un nid d'autographes* von Oscar Comettant hinzu, der demselben beiwohnte und dem *Siècle* darüber berichtete.
Die Erinnerung an das Concert wurde ihm beim Anblick einer
Eintrittskarte zu demselben aufgefrischt, welche er unter den im
Besitze Auguste Wolff's, des Nachfolgers von Camille Pleyel,
befindlichen Autographen fand. Wie das Concert selbst, so war
auch die Karte ungewöhnlicher Art. „Les lettres d'écriture
anglaise étaient gravées au burin et imprimées en taille-douce
sur de beau papier mi-carton glacé, d'un carré long élégant et
distingué." Sie zeigte folgenden Text:

SOIRÉE DE M. CHOPIN,

Dans l'un des salons de MM. Pleyel et Cie.,
20, Rue Rochechouart,
Le mercredi 16 février 1848 à 8 heures ¹/₂.
Rang . . . . Prix 20 francs . . . . Place réservée.

Im Widerspruch mit dem was Andere über Chopin's physischen Zustand berichten, sagt Comettant, er habe beim Betreten des Podiums eine aufrechte Haltung und keinerlei Schwäche
gezeigt; sein Antlitz sei zwar bleich, aber nicht sonderlich verändert gewesen, und gespielt habe er wie immer. Freilich hörte
Comettant, dass Chopin, nachdem er während des Concertes
seine ganze moralische und physische Kraft eingesetzt, schliesslich im Künstlerzimmer beinahe in Ohnmacht gefallen sei.

Im März sahen sich Chopin und George Sand noch ein Mal.
Wir wollen uns bezüglich dieses Zusammentreffens mit den bereits citirten lakonischen Worten der letzteren begnügen: „Je
serrai sa main tremblante et glacée. Je voulus lui parler, il
s'echappa." Karasowski's Bericht ist im Feuilletonstil gehalten
und bildet ein Pendant zu dem über die erste Begegnung der
Beiden:

Einen Monat vor seiner Abreise, in den letzten Tagen des
März wurde er von einer Dame, deren gastfreies Haus er in früherer
Zeit oft und gern besucht hatte, zu einer Soirée eingeladen. Einige
Augenblicke schwankte er, ob er diese Einladung annehmen sollte,
denn er hatte in den letzten vier Jahren die Pariser Salons weniger
frequentirt; schliesslich — wie von einer inneren Stimme getrieben —
sagte er zu. Eine Stunde bevor er das Haus der Madame H.
betrat . . .

Und nun folgen wunderbare Conversationen, Seufzer, Erröthen, Thränen, eine hinter einer Epheuwand versteckte Dame,
welche mit leisen Schritten sich nähert und mit einem Blick
voller Reue „Friedrich!" flüstert. Dies war nun leider nicht die
Art, wie George Sand ihren entlassenen Liebhabern zu begegnen
pflegte. Erinnern wir uns überdies, dass sie damals nicht mehr
im Flügelkleide, sondern eine Frau von beinahe vierundvierzig
Jahren war.

Die am 22. Februar 1848 ausgebrochene Revolution, welche
selbstverständlich das für den 10. März geplante zweite Concert

Chopin's vereitelte, wie auch der Wunsch, durch eine Ortsverän-
derung die kummervollen Erinnerungen an seinen erlittenen Verlust zu verwischen, bestimmten ihn, den dringenden und wiederholten Aufforderungen seiner schottischen und englischen Freunde
zu einem Besuche Gross-Britanniens Folge zu leisten. Am 2. April
kündigte die *Gazette musicale* an, Chopin werde in Kurzem nach
London gehen und dort die Saison verbringen. Wenige Wochen
später trat er auch in der That seine Reise an, von welcher in
einem andern Capitel die Rede sein wird.

Dreissigstes Capitel.

Stilverschiedenheiten in Chopin's Werken. — Betrachtung ihrer charakteristischen Seiten und Widerlegung verbreiteter Vorurtheile. — Einfluss der polnischen Nationalmusik. — Chopin als gleichzeitig individueller und nationaler Tondichter. — Betrachtung einiger weniger bedeutender Compositionen, sowie seiner Meisterwerke: *Boléro; Rondeau (Op. 16); Variations; Tarantelle; Allegro de Concert;* zwei Claviersonaten (Op. 38 und 58); *Sonate (Op. 65)* und *Grand duo concertant* für Clavier und Violoncell; *Fantaisie; Mazurkas; Polonaises; Valses; Etudes; Préludes; Scherzi; Impromptus; Nocturnes; Berceuse; Barcarolle; Ballades.* — Lieder. — Verschiedene Ausgaben.

evor wir uns mit Chopin's Thun und Leiden in England und Schottland beschäftigen, wollen wir einen Ueberblick über sein Lebenswerk als Componist zu gewinnen suchen. Der Zeitpunkt dazu ist desshalb der richtige, weil an diesem Stadium seiner Laufbahn seine schöpferische Thätigkeit ihr Ende erreicht hat. Die letzte von ihm veröffentlichte Composition, die G-moll-Sonate für Clavier und Violoncell Op. 64, erschien im October 1847, und unter seinen von Fontana veröffentlichen posthumen Werken sind nur zwei späteren Datums, nämlich die Mazurka's Nr. 2 des Op. 67 (G-moll) und Nr. 4 des Op. 68 (F-moll), welche 1849 in die Oeffentlichkeit gelangten. Keine dieser Compositionen kann des Meisters besten Werken zugezählt werden, doch ist die letzterwähnte desshalb merkwürdig, weil sie in ihrem harmonischen Sich-Winden und Aechzen als ein Abbild der körperlichen und

geistigen Qualen erscheint, welche Chopin damals zu erdulden hatte.

Eine beträchtliche Anzahl der Werke des Meisters haben wir schon in den Capiteln III, VIII und XIII betrachtet. Diese waren indessen für uns mehr biographisch, vielleicht auch historisch, als übrigens interessant, höchstens die beiden Concerte. Op. 11 und 21 ausgenommen, wiewohl auch diese nicht zu Chopin's Meisterwerken zählen. Zwar hören wir dann und wann, dass irgend ein Virtuose die Variationen Op. 2 oder die Phantasie über polnische Weisen Op. 13, oder sogar das Trio Op. 8 gespielt habe; dies aber gehört zu den grossen Seltenheiten, und in Anbetracht des Reichthums der Musikliteratur an tadellosen Salonstücken und Kammermusikwerken kann man im Ganzen zufrieden sein, dass die erwähnten Virtuosen weder viel Beifall noch viele Nachahmer finden. Während wir bei Prüfung der früheren Werke unserem Lobe eine starke Dosis kritischer Bemerkungen beimischen mussten, und unsere Bewunderung vielfach durch Unbehagen gedämpft wurde, so haben wir für die jetzt noch zu betrachtenden Werke, wenigstens für die grosse Mehrzahl derselben, fast nur Worte unbedingter Anerkennung. Eines jedoch scheint mir nöthig, um dem Componisten Chopin völlig gerecht zu werden, nämlich gewissen, weitverbreiteten, ihn betreffenden Vorurtheilen entgegen zu treten, und zu diesem Zwecke möchte ich der Betrachtung der einzelnen Compositionen und Compositions-Gruppen einige allgemeine Bemerkungen vorausschicken.

Man hat behauptet, in den Productionen Chopin's seien die Spuren einer Entwickelung schwer zu verfolgen und weiche er in diesem Punkte von allen andern grossen Meistern ab. Diese Meinung kann unmöglich das Ergebniss eines gründlichen und umfassenden Studiums seiner Werke sein; weit entfernt sie zu theilen, möchte ich vielmehr die Anschauung vertreten, dass der Unterschied des Stils zwischen Chopin's früheren und spätesten Werken (auch abgesehen von Jugendarbeiten nach Art der zwei ersten Rondos) so gross ist, wie zwischen Beethoven's erster und neunter Symphonie. Man könnte Chopin's Werke leicht nach drei, sogar nach vier sich folgenden Stil-Perioden gruppiren, wenn man für diese billigen und unnützen Uebungen des Scharfsinnes Geschmack hätte. Ich beschränke mich auf den Hinweis, dass in

Chopin's Werken zwei Stile deutlich zu unterscheiden sind: der frühere virtuosenhafte und der spätere dichterische. Der letztere ist zwar auch im gewissen Sinne virtuosenhaft, doch ist die Virtuosität sich hier nicht Selbstzweck. Uebrigens bleibt der poetische Stil, welcher die glänzenden Aeusserlichkeiten seines Vorgängers abgeworfen hat, in sich nicht unverändert, denn sein Gewebe wird im Laufe der Zeit immer dichter und lässt den zunehmenden Einfluss Johann Sebastian Bach's deutlich erkennen. Selbstverständlich erscheint hier der gewaltige Meister der Fuge nicht in Lebensgrösse, mit Perrücke, Kniehosen und Schnallenschuhen, seine geistige Gegenwart aber thut sich unter allen Modificationen unzweideutig kund. Und nicht in der Dichtigkeit und Mannichfaltigkeit des Gewebes allein zeigt sich Chopin's Stil verändert, sondern auch im Streben nach grösserer Breite und Fülle der Form, leider auch in der Zunahme düsterer Grübelei, der Folge einer zerrütteten Gesundheit. Alles dies möge der Leser sich beim Ueberblick über die Werke des Meisters, welche ich nicht in chronologischer Folge, sondern gruppenweise vorführen werde, vergegenwärtigen.

Ein anderes, weit, fast überall verbreitetes Vorurtheil lautet, dass Chopin's Musik durchaus matt und melancholisch sei, mithin der Mannigfaltigkeit ermangele. Nichts aber kann irriger sein als diese Meinung. Hinsichts der Mannigfaltigkeit müssten wir ihn schon bewundern, wenn er nichts weiter als diejenigen Stücke geschrieben hätte, denen die Prädicate träumerisch, sinnend, traurig und verzagend thatsächlich zukommen. Welche Kraft aber, welche mehr als männliche Kraft giebt sich in so vielen seiner Schöpfungen kund! Man denke nur an die Polonaisen in A-dur (Op. 40 Nr. 1) und in As-dur (Op. 53), an viele seiner Etüden, an die ersten drei Balladen, die Scherzo's und so manches Andere! Ein grosser Theil dieser Kraft ist freilich nicht natürlich, sondern eine Aeusserung der Verzweiflung und tobenden Leidenschaft; immerhin ist es Kraft und eine solche, wie man ihr selten begegnet. Uebrigens ist sie nicht die einzige ihrer Art in Chopin's Musik: Wir finden auch eine gesunde Kraft, welche sich, z. B. in der A-dur-Polonaise, in glänzend-heroischer Weise äussert. Die heitern und selbst lustigen Stimmungen sind ebenfalls nicht so selten, dass man von ihnen schweigen dürfte. Indem ich die sogenannte *vox Dei* (ist die öffentliche Meinung

nicht meist öffentliches Vorurtheil?) sowie die Pseudo-Kritiker,
welche sie hervorrufen oder ihr folgen, zu widerlegen suche,
habe ich nicht die Absicht, Chopin's Uebermaass nach Seiten
der Weichlichkeit und der Melancholie zu leugnen oder zu verstecken; ich wünsche nur, die ihm desswegen gemachten Vorwürfe innerhalb der richtigen Grenze zu halten. In der Kunst
wie im Leben, in der Biographie wie in der Geschichte giebt
es nicht viele Fragen, welche einfach mit „Ja" oder „Nein" beantwortet werden können. Von Chopin hat man mit Recht
gesagt „sein Herz war schwer, sein Geist war fröhlich". Eines
Tages, als Chopin, Liszt und die Gräfin d'Agoult nach dem
Diner zusammen sassen, wagte die Dame, durch Chopin's Spiel
tief bewegt, ihn zu fragen „mit welchem Namen er die ausser-
gewöhnliche Empfindung benenne, die er in seinen Compositionen, gleich unbekannter Asche in kostbarer Alabaster-Urne,
verschliesse?" worauf er antwortete: „dass ihr Herz sich nicht
über seine Schwermuth täusche; denn wenn er auch vorübergehend heiter erscheine, so sei er doch nie von einem Gefühl
befreit, das gewissermaassen den Grund seines Herzens bilde
und für welches er nur in seiner eigenen Sprache den Ausdruck
finde, da keine andere ein analoges Wort besitze für das polnische *Żal!* [Traurigkeit, Schmerz, Sorge, Kummer, Unruhe,
Reue etc.] Er wiederholte es in der That häufig, wie wenn
sein Ohr begierig diesem Klange lausche, der für ihn die ganze,
von einer herben Wehklage erzeugte Scala der Gefühle von der
Reue bis zum Hass — gesegnete oder giftige Früchte derselben
bitteren Wurzel — umschloss."

Liszt, dessen Buche Obiges entnommen ist, sagt nach einer
längeren Untersuchung über die Bedeutung des Wortes *żal:*

In Wahrheit, dies *żal* färbt alle Arbeiten Chopin's mit einem
bald silberartig-matten, bald glühenden Schein. Es fehlt selbst
nicht in seinen süssesten Träumereien. Diese Eindrücke waren für
Chopin's Leben von um so grösserer Wichtigkeit, als sie sich deutlich in seinen letzten Werken offenbaren. Sie haben allmählich
eine Art krankhafter Reizbarkeit erreicht, sind auf dem Punkt eines
fieberhaften Zitterns angekommen; dieses verräth sich in einigen
seiner letzten Schöpfungen durch Gedankenwendungen, die uns zuweilen mehr peinlich als überraschend berühren. Unter dem Druck
beständig zurückgedrängter Leidenschaft nahezu erstickend, sich der
Kunst nur noch bedienend, um die Tragödie seines eigenen Lebens

in ihr wiederzugeben, zeigt er, der bisher seine ganze Empfindung in Gesang ausgeströmt hatte, diese nun in ihrer ganzen Zerrissenheit.

Mit meinen thatsächlichen Angaben zusammengehalten, wird Liszt's, an Hyperbeln und Umschreibungen reiche poetische Prosa von dem Leser nicht missverstanden werden. Um in Kürze zu resumiren: der *żal* findet sich nicht in allen Compositionen Chopin's, jedoch in den meisten derselben; manchmal erscheint er deutlich an der Oberfläche, bald als sanftes oder leichtbewegtes Fliessen, bald als wilder, brennend sich ergiessender Strom; bald wieder empfindet man ihn unklar als eine dem Ohr und dem Auge verborgene Unterströmung. Dabei dürfen wir aber nicht übersehen, dass dieser *żal* keineswegs rein individuell ist, obwohl seine Breite und Intensität es sind.

Der Grundton [der polnischen Volkslieder] [sagt der Herausgeber und Uebersetzer einer interessanten Sammlung derselben][1] ist Wehmuth, — selbst in tändelnden und naiven Liedern lässt sich immer ein Etwas hören, das an den ererbten Schmerz vergangener Leiden erinnert, ein Klageseufzer, ein Sterbelaut, welcher den Schöpfer zu beschuldigen, sein Dasein zu verdammen scheint, und, wie Tieck meint, aus dem Staube der Vernichtung hinaufjammert zum Himmel:
„Was hab' ich verbrochen?!"
Dies sind die Nachwehen ganzer Geschlechter; dies sind die Schmerzen ganzer Jahrhunderte, die sich in diesen Melodien zu einem unendlichen Seufzer verschlingen! Sentimental könnte man sie nennen, weil sie auf das eigene Gefühl bisweilen zu reflectiren scheinen; doch andererseits sind sie es wieder nicht, denn der Drang nach vernichtendem Erguss der Gefühle spricht sich zu heftig aus, als dass diese musikalischen Dichtungen ein Product der bewussten Schöpferkraft sein könnten. Man fühlt es, wenn man diese Lieder hört, dass das unversöhnliche Rad des Schicksals nur zu oft schonungslos über das Erdenglück dieses Volkes dahinrollte, und das Leben nur seine Schattenseite der Seele zugekehrt hat. Daher tritt auch die Schattenseite so hervor; daher viel Schmerz und Poesie, — Unglück und Grösse!

Diese Bemerkungen führen uns natürlicherweise zu der Frage nach dem Einfluss der polnischen Nationalmusik auf Chopin's Schaffen, welcher in gewisser Beziehung nicht hoch genug ver-

---

[1] „Volkslieder der Polen", gesammelt und übersetzt von W. P. (Leipzig, 1833). ·

anschlagt werden kann, in anderer Beziehung ·jedoch auch vielfach überschätzt wird. Es ist ein Irrthum, jede Eigenthümlichkeit, welche seine Musik von der anderer Meister unterscheidet,
auf Rechnung seiner Nationalität zu setzen und in der polnischen
Nationalmusik verfolgen zu wollen; andererseits aber ist nach-
drücklich zu betonen, dass dieselbe ihn mächtig inspirirt und in
seiner Entwickelung geleitet hat. Die beiden einzigen Gattungen
seiner Compositionen, in denen sich auch die nationale Form
ausprägt, sind seine Mazurka's und Polonaisen, und zwar, was
nicht zu übersehen ist, entschiedener in der ersteren, dem Tanze
des Volkes, als in der letzteren, dem Tanz der Aristokratie.
In Chopin's Mazurka's finden wir nicht nur viele der charakteristischen Rhythmen, sondern auch viele nicht weniger charakteristische melodische und harmonische Züge dieses beliebtesten
aller polnischen Tänze.

    Die polnische Nationalmusik schliesst sich im Wesentlichen
der die moderne Musik beherrschenden Tonalität, d. h. unserem
Dur und Moll an, theilweise aber erinnert sie auch an andere
Tonarten, z. B. an die alten Kirchentöne und an die der Musik
Ungarns, der Wallachei und benachbarter Länder.[1]) Der Melo-
dieschritt der übermässigen Quarte und der grossen Septime
erscheint häufig, der der übermässigen Secunde gelegentlich.
Terzensprünge nach oder vor einem oder mehreren Secunden-
schritten sind nicht selten. Bezüglich dieser Terzensprünge sei
erwähnt, dass sich· auch Melodien finden, welche augenscheinlich
auf eine, einer Stufe unseres Dur und Moll ermangelnde, d. h.
statt eines Secundenschrittes einen Terzenschritt enthaltende
Scala gegründet sind.[2]) Die Anfangs- und Schlussnote steht
oft im Verhältniss einer Secunde, zuweilen auch in dem einer
Septime. Die zahlreichen melodischen Eigenthümlichkeiten sind

-----

[1]) Die streng diatonischen Kirchentonarten (welche nicht mit den gleichnamigen altgriechischen Octaven-Gattungen zu verwechseln sind) unterscheiden
sich von einander durch die Lage der beiden Halbtöne: Die Jonische entspricht
unserm C-dur; die Dorische, Phrygische, Lydische, Mixolydische, Aeolische etc.
sind die Tonleitern von *d, e, f, g, a* etc., aber ohne Versetzungszeichen. Das
charakteristische Intervall der ungarischen Scala ist die übermässige Secunde
{a, h. c, dis, e, f, gis, a).

    [2]) Kenner der schottischen Nationalmusik werden in der polnischen man-
cherlei zu einem vergleichenden Studium der beiden Gattungen Anregendes finden.

nicht wohl auf eine Tonart oder ein einfaches Tonarten-System zurückzuführen. Zeit und Art des Ursprungs haben Antheil an der Gestaltung einer Melodie; auch müssen politische, sociale und locale Einflüsse, sowie unmittelbar musikalische — die mittelalterliche Kirchenmusik, die orientalische Nationalmusik — mit in Betracht gezogen werden. Von den meisten polnischen Melodien kann man sagen, dass sie ebenso capriciös wie pikant sind. Jeder Versuch, sie unserm Tonsystem entsprechend zu harmonisiren, muss misslingen; viele von ihnen würden, da sie wesentlich melodisch und nicht harmonischen Ursprungs sind, durch jegliche Art der Harmonisirung verdorben werden.[1]) Um jedoch diesen Gegenstand erschöpfend zu behandeln, würde man ganzer Bände bedürfen und sich gründlicher mit ihm beschäftigt haben müssen, als ich es gethan. Die folgenden Melodie-Proben werden das Gesagte bis zu einem gewissen Grade illustriren, obwohl sie weniger zu dem Zwecke gewählt sind, die polnische Nationalmusik selbst, als vielmehr Chopin's Verhältniss zu derselben zu charakterisiren:

1.

2.

3.

---

[1]) Zum gründlicheren Studium dieses Gebietes kann Oskar Kolberg's *Piesni Ludu Polskiego* (Warschau, 1857) als die werthvollste Sammlung polnischer Volksgesänge empfohlen werden. Charles Lipiński's Sammlung, *Piesni Polski e Ruskie Ludu Galicyjskiego* ist, wenn auch weniger bedeutend, doch ebenfalls bemerkenswerth.

Während Chopin die in der Kunstmusik herrschende Tonalität geistreich und kühn variirt, verlässt er sie kaum jemals ganz und gar — wenigstens behält er Fühlung mit ihr, wie locker auch diese hin und wieder in den Mazurka's erscheint.[1] Ferner eignete er sich gewisse auffallende Züge der Nationalmusik an, und fügte ihnen andere, seiner Individualität, hinzu; von den letzteren aber — jenen rhythmischen, melodischen und harmonischen Kühnheiten (in der Fortschreitung und Modulation sowohl als in einzelnen Akkorden) — darf behauptet werden, dass sie der Nationalmusik ihren Ursprung verdanken. Was das Vorherrschen der Chromatik in seinem Stil anlangt, so finden sich von dieser in der polnischen Volksmusik höchstens leichte Spuren (vgl. die Nummern 6—12 der obigen Beispiele). Selbstverständlich steht seine unbeschreiblich subtile, im höchsten Grade kunstvolle Compositionstechnik, welche ihn allein befähigte, die feinsten Schattirungen und den plötzlichen Wechsel zarter Empfindungen und starker Leidenschaften auszudrücken, mit der Nationalmusik in keinerlei Zusammenhang. Ich wiederhole, dass es weit mehr der Geist derselben ist als ihre Form, welcher sich in Chopin's Musik offenbart. Der Verfasser des Artikels „polnische Musik" in Mendel's „musikalischem Conversations-Lexikon" sagt darüber Folgendes:

Was Chopin schrieb, bleibt für alle Zeiten das höchste Ideal polnischer Musik. Ohne dass sich in einem einzigen Takte eine banale Benutzung nationaler Themen, oder eine sclavische Nachäffung derselben nachweisen liesse, schwebt doch über allem der Geist polnischer Melodik, mit ritterlichen, stolzen, schwärmerischen Accenten; ja selbst der Geist polnischer Sprache findet sich so prägnant in der musikalischen Diction wiedergegeben, wie nicht so bald in einer Composition irgend eines seiner Landsleute; höchstens sind ihm hier etwa Fürst Oginski mit seinen Polonaisen und Dobrzyński in seinen glücklichsten Momenten nahe gekommen.

Liszt hat, wie so häufig, auch in dieser Beziehung einige treffende Bemerkungen über Chopin als Componisten:

---

[1] Eine völlige Ausnahme bildet die Mazurka Op. 24 Nr. 2, von welcher nur der As-dur-Theil sich offen zu unserer Tonalität bekennt. Die mit dem einundzwanzigsten Takt beginnende und die folgenden fünfzehn Takte umfassende Partie ist reinstes Lydisch, während die andern Partien, wenn auch hinsichts der Tonart weniger ausgeprägt, sich doch mit den Kirchentonarten enger berühren, als mit unserm Dur und Moll.

Er capricirte sich nicht darauf, polnische Musik zu schreiben;
er wäre vielleicht erstaunt gewesen, sich als einen polnischen Musiker bezeichnen zu hören.[1]) Und dennoch war er ein nationaler
Musiker *par excellence* . . . Das seinem Volke ureigene und unter
allen seinen Zeitgenossen verbreitete poetische Empfinden fasste er
in seiner Phantasie zusammen und brachte es durch sein Talent zu
künstlerischem Ausdruck. Wie alle echten Nationaldichter sang
Chopin ohne bestimmte Absicht oder vorher getroffene Wahl, was
ihm seine Inspiration unmittelbar eingab; so wurden auf natürlichste
Weise und in idealisirtester Form die Empfindungen, die seine
Kindheit belebt, sein Jünglingsalter bewegt, seine Jugend verschönt
hatten, in seinen Gesängen wieder lebendig. Ohne darauf ausgegangen zu sein, vereinigte er die in seinem Vaterlande überall hin
fragmentarisch zerstreuten, nur Wenigen einigermaassen zum Bewusstsein gekommenen Empfindungen zu einer glänzenden Strah-
lengarbe.

George Sand nennt Chopin's Werke den geheimnissvoll
verschleierten Ausdruck seines inneren Lebens. Dass sie in der
That sein inneres Leben zum Ausdruck brachten, wird jeder
aufmerksame Hörer auch ohne Hülfe äusserlicher Belege erkennen, denn Chopin hat kaum eine Note geschrieben, in der
man nicht gewissermaassen seinen Herzschlag spürte. Er offenbarte sich nur in seiner Musik, in ihr aber voll und ganz. Und
war dieser Ausdruck seines inneren Lebens wirklich „geheimnissvoll verschleiert"? Ich bin nicht dieser Meinung, behaupte
vielmehr, dass das was er empfand, durch keinen Aufwand von
Worten deutlicher hätte ausgedrückt werden können; denn zur
Mittheilung von Träumen und Gesichten, wie er sie ·hatte, der
auf- und abwallenden Gefühle, die sein Herz bewegten, ist die
Tonsprache ohne Zweifel besser geeignet, als die schwerfälligere
Wortsprache und die bildende Kunst. Und wenn wir etwas
von seiner Geschichte und der seiner Nation wissen, so sind
wir nicht in Verlegenheit, den unkörperlichen, mit dem Gefühl
und dem Intellect jedoch wohl zu erfassenden Inhalt seiner
Musik mit Ort und Namen zu bezeichnen. Wir haben in

---

[1]) Hier schiesst Liszt entschieden über das Ziel hinaus, einigermaassen
auch in seinen weiteren Betrachtungen. Hatte nicht Chopin selbst gegen Hiller
geäussert, er wünsche seinen Landsleuten zu werden, was Uhland den Deutschen
sei? und sagt er nicht in einem seiner Briefe (S. 183): „Du weisst wie ich gestrebt habe, und wie es mir zum Theil gelungen ist, in unsere nationale Musik
einzudringen"?

Chopin den persönlichen und den nationalen Tondichter, den Sänger seiner eigenen Freuden und Leiden und der seines Volkes zu unterscheiden. Gleichwohl müssen wir uns beim Festhalten dieser zwei Gesichtspunkte hüten, sie nicht als zwei getrennte Dinge aufzufassen. Sie bilden einen Dualismus, dessen Factoren wechselsweise die Oberhand gewinnen; der nationale Dichter absorbirt zu keiner Zeit den persönlichen, der persönliche Dichter verleugnet nie den nationalen. Seine Einbildungskraft war stets bereit, die Erinnerung an seine Heimat heraufzubeschwören, ja, wir dürfen sagen, dass, wo er auch war, er in ihr lebte. Der Schauplatz seiner Träume und Visionen war 'zu allermeist sein Geburtsland. Und was sah der nationale Dichter in diesen Träumen und Visionen? Eine Vergangenheit, eine Gegenwart und eine Zukunft, welche nie gewesen sind noch sein werden, eine Glorification Polens und seines Volkes. Die Realität erschien, durch das Feuer seiner Liebe und seines Genies geläutert, in seiner Musik als Schönheit und Poesie. Kein anderer Dichter hat die Romantik Polens in ähnlicher Weise künstlerisch zur Erscheinung gebracht, wie Chopin; und ebensowenig hat irgend ein Dichter die Romantik des eigenen Lebens in der Kunst veranschaulicht, wie er es gethan; zeigt er sich aber in seiner Eigenschaft eines nationalen Dichters als schmeichelnder Idealist, so huldigt er dagegen als persönlicher Dichter einem unbeschränkten Realismus.

Die Meisterwerke Chopin's bestehen in Mazurka's, Polonaisen, Walzer, Etüden, Präludien, Nocturnen (zu denen wir auch die Berceuse und Barcarole rechnen wollen), Scherzo's, Impromptu's und Balladen. Dies sind jedoch noch nicht alle seine bemerkenswerthen Werke; es finden sich unter seinen Compositionen einige, welche wir, sei es ihres Inhalts oder ihrer Form wegen, nicht eigentlich den Meisterwerken zuzählen dürfen, und von diesen will ich zunächst einige Worte sagen.

Chopin's *Boléro* Op. 19 kann als ein *Boléro à la polonaise* bezeichnet werden. Er ist lebhafter bewegt und von koketterem Charakter als die Compositionen, welche er Polonaisen betitelt hat, gleichwohl aber ist seine Physiognomie keine specifisch spanische, jedenfalls nicht nach dem ersten Theil des eigentlichen Boléro und den verführerischen Klängen des *più lento*, des zweiten Tempo der Introduction. Bei dieser Behauptung

habe ich mich nicht irre machen lassen durch die Berührungspunkte in der rhythmischen Begleitung dieser Tänze. Chopin
veröffentlichte den Boléro 1834, vier Jahre bevor er Spanien
besucht hatte, doch möchte man zweifeln, ob seine Composition
weniger polnisch ausgefallen wäre, wenn er sie später geschrieben
hätte. Obwohl er als Mimiker trefflich nachzuahmen wusste, so
fehlte ihm doch das Talent, musikalische Gedanken und Charakterzüge nachzuahmen; jedenfalls finden sich in seinen Werken
keinerlei Spuren dieses Talentes; der Mangel desselben ist selbstverständlich in erster Reihe auf die Stärke seiner Subjectivität,
in zweiter auf seinen Nationalsinn zurückzuführen. Ich sagte,
dass der Boléro vier Jahre vor seiner Reise nach Spanien veröffentlicht sei; wie lange vorher ist er aber geschrieben? Wahrscheinlich eine ganze Anzahl von Jahren, da er nicht nur den
Jugend-Stil, sondern auch den Jugend-Charakter Chopin's —
womit ich den Mangel an tieferem poetischen Inhalt bezeichnen
will — erkennen lässt. Es ist nicht unmöglich, dass Chopin zu
dieser Composition durch den Boléro in Auber's „Stumme von
Portici" angeregt wurde, welche am 28. Februar 1828 zum ersten
Mal in Scene ging. Dies aber wollte ich nur nebenbei bemerken.

Die zweite von uns zu betrachtende Composition wird zeigen, wie bedenklich es ist, sich auf die Beweiskraft innerer
Merkmale gläubig zu verlassen. Op. 16, ein fröhliches *Rondeau*
mit einer dramatischen Introduction, ist, wie der Boléro, nicht
ohne Reiz; wiewohl aber individuell ausgeprägter, steht es doch
unter den Werken des Meisters ziemlich tief, als zusammenhang-
los, ungleich und wenig poetisch.

Nirgend erscheint Chopin so wenig in seiner eigenen Gestalt als in den *Variations brillantes* (B-dur) *sur le Rondeau
favori: „Je vends des Scapulaires" de „Ludovic", de Hérold et
Halévy*, Op. 12. Wüssten wir nicht, dass er dies Werk um die
Mitte des Jahres 1833 geschrieben, so wären wir versucht, es
seinen Erstlingswerken zuzurechnen.[1]) Da wir dies aber wissen,

---

[1]) Die Oper *Ludovic*, an welcher Hérold bis zu seinem Tode (19. Januar
1833) arbeitete, und die dann Halévy vollendete, wurde in Paris am 16. Mai 1833
zum ersten Mal aufgeführt. Von den deutschen Verlegern des Chopin'schen Op. 12
erfuhr ich, dass es im November 1833·erschienen ist; in der *Gazette musicale*
vom 26. Januar 1834 ist es besprochen.

so müssen wir uns über die seltsame Erscheinung wundern. Es ist, als habe Chopin den polnischen Theil seines Naturells über Bord geworfen und sich in ungezügelter Lust dem französischen hingegeben. Neben verschiedenen diatonischen Gängen unwesentlicher, rein ornamentaler Art findet sich im Finale thatsächlich eine einfache und vollständige Ces-dur-Scala. Welches andere Werk des Componisten bietet einen derartigen Zug? Selbstverständlich vermag Chopin seine schlangenartig chromatisirende Tendenz so wenig zu verbergen, wie Mephistopheles seinen Pferdefuss; doch kommt dies aus der Rolle Fallen nur ausnahmsweise vor, im Ganzen präsentirt er sich als vollendeter *homme du monde*, welcher auch das Unbedeutendste in denkbar anmuthigster Form zu sagen weiss. Nichts ist unterhaltender, als die kritischen Stimmen der Zeit über dieses Werk zu hören, als die für gewöhnlich Alles bemäkelnden Philister zu beobachten, wie sich ihre sonst so strengen Züge erheitern, und sie gleichsam den verlorenen Sohn bei seiner Rückkehr ins Vaterhaus begrüssen. Wir weiseren Kritiker von heute denken natürlich ganz anders über diesen Gegenstand, können uns aber nichtsdestoweniger der Anmuth und Eleganz der einfachen ersten Variation, des scherzhaften Getrippels der zweiten, der schwärmerisch melodischen dritten, der sich lustig schwingenden vierten und des glänzenden Finales herzlich erfreuen.

Aus Chopin's Briefen wissen wir, dass das Erscheinen der *Tarantelle* Op. 43 (gegen Ende 1841) für ihn Schwierigkeiten und Verdruss mit sich brachte;[1] welcher Art diese waren, ist nur zum Theil festzustellen. Was die Composition selbst betrifft, so ist sie voller Leben, geistvoll in ihrer Bewegung und kühn in ihren harmonischen wie melodischen Gedanken. Diese *Tarantelle* ist eine Uebertragung aus dem Italienischen ins Polnische, eine Verwandlung Rossini's in Chopin, eine neapolitanische Scene mit undurchsichtigen Farben gemalt, der Süden ohne seinen blauen Himmel, seine balsamische Luft und seinen Glanz; dass sie durch Rossini's Tarantella inspirirt ist, und nicht durch Eindrücke, die Chopin in Italien empfangen — in welches er, wie

---

[1] Der Leipziger Verleger Schuberth theilte mir mit, dass Chopin für dieses Werk am 1. Juli 1841 ein Honorar von 500 Franken empfangen habe. Der französische Verleger deponirte das Werk in der Bibliothek des Conservatoire im October 1841.

16*

schon berichtet wurde, nur einmal (1839) einen flüchtigen Blick geworfen hat — kann nicht zweifelhaft sein. Ein vergleichendes Studium des Chopin'schen Op. 43 und Liszt's farbenglühender, berauschender Uebertragung der Rossini'schen Composition ist ebenso unterhaltend wie lehrreich. Obwohl ich kein enthusiastischer Bewunderer von Chopin's Tarantelle bin, muss ich doch im Interesse des Componisten und um der Gerechtigkeit willen gegen Schumann's Urtheil protestiren: „Schöne Musik darf das freilich Niemand nennen, aber dem Meister verzeihen wir wohl auch einmal seine wilden Phantasieen, er darf auch einmal die Nachtseiten seines Inneren sehen lassen."

Das *Allegro de concert* Op. 46, erschienen im November 1841, enthält, wiewohl für Clavier allein componirt, doch Stellen, welche entschieden orchestraler klingen, als irgend etwas von Chopin für Orchester Geschriebenes. Die Form ist einigermaassen die des Concerts. Im ersten Abschnitt, der die Stelle des eröffnenden *tutti* vertritt, glauben wir den Eintritt einzelner Instrumente, verschiedener Instrumenten-Gruppen und des vollen Orchesters zu unterscheiden. Mit dem siebenundachtzigsten Takt tritt der Solist hervor, und in dem folgenden Takt beginnt eine Cadenz. Mit dem *a tempo* erscheint das erste Thema (A-dur), und das die Nachhut bildende Passagenwerk leitet zum zweiten Thema (E-dur), welches schon im ersten Abschnitt in A-dur angedeutet worden ist. Das erste Thema, wenn der betreffende Gedanke dieser Bezeichnung würdig ist, wird nicht wieder aufgenommen und wurde auch durch das erste *tutti* nicht eingeführt. Der Hauptgedanke des Ganzen ist der, den ich als zweites Thema bezeichnet habe. Der zweite Abschnitt schliesst mit glänzenden E-dur-Passagen ab, sowie mit dem herkömmlichen, das schläfrig gewordene Orchester aus seiner süssen Ruhe aufrüttelnden Triller. Dieser Anstoss thut seine Wirkung und das (durch das Clavier repräsentirte) Orchester geht wieder tapfer ans Werk. Mit dem *poco ritenuto* tritt wiederum der Solist auf, um im nächsten Takt das Haupt-Thema in A-moll vorzuführen. Dann abermaliges glänzendes Passagenwerk, diesmal mit A-dur endend, und endlich ein abschliessendes *tutti*. Das *Allegro de Concert* giebt Anlass zu Vermuthungen aller Art. War es ursprünglich für Clavier und Orchester geschrieben, wie Schumann meint? Oder wollen wir noch kühner sein, und die Hypothese aufstellen, dass der

Componist in reiferem Alter eine in jungen Jahren entworfene‑
Skizze des ersten Satzes eines Concertes zum *Allegro de Concert*
ausgearbeitet habe? Handelt es sich hier vielleicht um eines
oder mehrere Fragmente des Concerts für zwei Claviere, von
welchem Chopin in seinem Wiener Briefe vom 21. December 1830
schreibt, er wolle es mit seinem Freunde Nidecki öffentlich
spielen, wenn es ihm gelänge, es zu seiner Befriedigung zu
vollenden? Und hat es etwas zu bedeuten, dass Chopin bei
Uebersendung des Manuscriptes an Fontana (wahrscheinlich im
Sommer 1841) von einem Concert spricht? Sei dem wie ihm
wolle, das Hauptthema und Manches im Passagenwerk erinnert
an die Zeit, in welcher die Concerte entstanden, während An‑
deres unzweifelhaft einer späteren Periode angehört. Die Ver‑
schiedenheit zwischen den Tutti- und Solopartien ist bei der
verschiedenen Behandlungsweise des Claviers unverkennbar: der
Stil der ersteren zeigt die Schwerfälligkeit eines Arrangements,
der der letzteren dagegen die Chopin eigene ätherische Leichtig‑
keit. Das Werk als ein Ganzes muss man als unbefriedigend,
ja, fast als ungeniessbar bezeichnen. Die Gedanken sind weder
packend noch bedeutend. Von den Passagen ist die dem zweiten
Thema folgende verhältnissmässig interessant. Pikante Züge
und fragmentarische Schönheiten aller Art finden sich über den
ganzen Satz verstreut. Schliesslich aber müssen wir doch ge‑
stehen, dass dieses Opus den Werth unseres Chopin-Erbes um
wenig oder garnichts erhöht.[1] Als weitere Bestätigung meiner

---

[1] Um dem Componisten gerecht zu werden, will ich noch eine Kritik
citiren, welche im *Athenäum* (21. Januar 1888) erschien, nachdem ich Obiges
geschrieben: „Das letztgenannte Werk [das *Allegro de Concert*, Op. 46] wird
selten gehört und gilt allgemein als eine der wenigst interessanten und charakteristischen Arbeiten Chopin's. Beeilen wir uns zu sagen, dass dies ein unge-
rechtes Vorurtheil ist; die Ausführungs-Schwierigkeiten des Werkes sind ausserordentliche und mit einer blossen Bewältigung derselben ist noch lange nicht
Alles gethan. Als Herr von Pachmann es begann, sah man sofort, dass seine
Wiedergabe höchst bemerkenswerth zu werden versprach, und zuletzt stellte es
sich heraus, dass es sich hier um eine Staunen erregende Offenbarung handelte.
Was uns früher trocken und verwickelt erschienen, erhielt unter seinen Fingern
natürliche Schönheit und Empfindung; die anwesenden Musiker und Liebhaber
horchten wie bezaubert und begegneten sich in der Meinung, dass diese Wiedergabe einem Neu-Schaffen nahe komme. Um des Componisten, wenn schon nicht
um seines eigenen Rufes willen, sollte der Künstler sie wiederholen, nicht ein

.den Ursprung des *Allegro de Concert* betreffenden Vermuthung erwähne ich noch die Bearbeitung desselben für Clavier und Orchester (auch für zwei Claviere) von Jean Louis Nicodé.[1]) Auf die B-moll-Sonate Op. 35 (erschienen im Mai 1840), dies gewaltigste von Chopin's Werken grösserer Form, ist Liszt's Wort „plus de volonté que d'inspiration" kaum anzuwenden, obwohl er es auf Chopin's Concerte und Sonaten im Allgemeinen bezogen hat; denn hier fehlt es weder an Erfindung, noch zeigen sich Spuren mühseliger, erfolgloser Anstrengungen. Jeder der vier Sätze ist voller Kraft, Originalität und Interesse; ob sie aber zusammengenommen eine Sonate genannt werden können, ist eine andere Frage. Schumann meint scherzend „dass er es ,Sonate' nannte, möchte man eher eine Caprice heissen, wenn nicht einen Uebermuth, dass er gerade vier seiner tollsten Kinder zusammenkoppelte, sie unter diesem Namen vielleicht am Orte einzuschwärzen, wohin sie sonst nicht gedrungen wären". Dies ist selbstverständlich eine ganz subjective Meinung Schumann's; aber man muss sich allerdings fragen, ob der Componist von vorn herein eine Sonate zu schreiben beabsichtigt habe und zu diesem Ergebniss gelangt sei — *amphora coepit institui; currente rota cur urceus exit?* — oder ob diese vier Sätze ohne Vorausbestimmung entstanden und später unter einen Hut gebracht worden sind.[2]) Schumann scheint mir, bei aller Bewunderung für Chopin und diese Sonate, dem Componisten doch nicht gerecht geworden zu sein. Es ist etwas Gigantisches in dem Werk, was, wenn auch meist nur auf ein zweckloses Wüthen hinauslaufend, mithin weder erhebend noch veredelnd wirkend, doch einen mächtigen Eindruck hinterlässt. Der erste Satz beginnt mit einem *Grave* von vier Takten, ein schmerzerfülltes Aechzen; dann treibt es den Componisten in athemloser

---

Mal sondern häufig." Trotz dieses entschiedenen Urtheils eines competenten Kritikers bin ich, auch nach wiederholter Prüfung des Werkes, doch nicht in der Lage, meine oben ausgesprochene Meinung über dasselbe zu ändern.

[1]) Nicodé hat seine Aufgabe befriedigend gelöst, so weit er sich eng an Chopin's Text gehalten hat; seine Einfügung eines Durchführung-Theils von mehr als siebzig Takten ist dagegen nicht zu rechtfertigen und erhöht überdies, wenn sie auch dem Werke das Aussehen eines richtigen ersten Concertsatzes giebt, weder seine Schönheit noch seinen künstlerischen Werth.

[2]) Jedenfalls wurde der Marsch vor dem übrigen Werk beendigt. Vgl. das weiterhin zu findende Citat aus einem Briefe Chopin's.

Hast vorwärts und immer vorwärts, bis er zu dem reizenden
friedlichen zweiten Thema gelangt (Des-dur, diesmal ein wirklicher Contrast), welches nach und nach leidenschaftlicher wird
und gegen den Schluss des ersten Theils die Grenzen der Schönheit — man erinnere sich der grellen Dissonanzen — bedenklich
überschreitet. Beachtenswerth ist die Verbindung des Theil-
schlusses mit der Wiederholung, wie auch die Ueberleitung zum
zweiten Theil vermittelst der Dominant-Septimenakkorde von
As und Des mit vorgehaltener Sexte. Der seltsame zweite Theil
mit der Durchführung des ersten Themas hat mehr den Charakter einer Improvisation als einer Composition. Nach dieser
Durchführung leiten einige anfangs feurig wilde *(stretto)*, allmählich ruhiger werdende Takte im $^6/_4$-Takt zur Wiederholung
des zweiten Thema in B-dur — das erste Thema erscheint nicht
wieder in seiner ursprünglichen Gestalt. Dem Schlusse, welcher
dem des entsprechenden Abschnittes im ersten Theil ähnlich ist,
folgt eine aus dem charakteristischen Motiv des ersten Themas
entwickelte Coda im $^2/_2$ Takt. Im Scherzo, dem grossartigsten
Satze und Höhepunkt der Sonate, werden die Düsterkeit, die
drohende, höher und höher sich aufbäumende Macht förmlich
unheimlich; es berührt uns wie finsteres Gewölk, Grollen des
Donners, Heulen und Pfeifen des Windes — letzteres beispielsweise in der chromatischen Folge von Sexten-Akkorden. Das
più lento ist jedenfalls einer der Scherzo-artigsten Gedanken in
Chopin's Scherzo's — leicht und freudig und dennoch unter
der heiteren Oberfläche vulkanisch grollend. Die Wiederkehr
dieses *più lento*, nach der Wiederholung des ersten Abschnitts,
wirkt beruhigend und erfrischend, wie der Anblick der Natur
nach dem Gewitter. Der *Marche funèbre* zählt zu Chopin's
höchstgeschätzten Werken. Liszt spricht von ihm mit besonderer
Achtung und entfaltet dabei seine ganze Beredtsamkeit. Schumann's Einwendungen sind mir nicht recht verständlich. „Er
ist noch düsterer als das Scherzo und hat sogar manches Abstossende; an seine Stelle ein Adagio, etwas in Des, würde ungleich schöner gewirkt haben." Aus dem dumpfen, niederge-
schlagenen Brüten, welches den Grundcharakter des ersten Abschnitts bildet, erhebt sich einmal und noch einmal (Takt
7 und 8 sowie 11 und 12) ein jammervolles Klagen, dann ein
Ausbruch leidenschaftlichen Sehnens (die *forte*-Passage in *Des-*

dur), gefolgt von einem hülflosen Versinken (die zwei Takte mit
den Trillern im Bass), unter Aechzen und schwerem Athem-
holen. Die beiden Theile des zweiten Abschnitts sind ein ver-
zückter Blick auf die verklärten Regionen des Jenseits, die
Vision einer Wiedervereinigung dessen, was zeitweilig getrennt
ist. Der letzte Satz darf zu den Compositions-Curiositäten gezählt werden — ein *Presto* in B-moll von fünfundsiebzig Takten,
eine endlose Reihe von Triolen, vom Anfang bis zum Ende in
Octaven. Es erweckt die Vorstellung der Einsamkeit und Trostlosigkeit einer Wüste. „Was wir im Schlusssatze unter der Auf-
schrift ‚*finale*‘ erhalten, gleicht eher einem Spott als irgend
Musik" sagt Schumann, fügt aber richtig und wohlüberlegt hinzu:

> Und doch gestehe man es sich, auch aus diesem melodie- und
> freudelosen Satze weht uns ein eigener grausiger Geist an, der, was
> sich gegen ihn auflehnen möchte, mit überlegener Faust niederhält,
> dass wir gebannt und ohne zu Murren bis zum Schlusse zuhor-
> chen, — aber auch ohne zu loben: denn Musik ist das nicht. So
> schliesst die Sonate, wie sie angefangen, räthselhaft, einer Sphinx
> gleich, mit spöttischem Lächeln. —

J. W. Davison erzählt in seiner Vorrede zu einer Ausgabe
der Chopin'schen Mazurken, dass Mendelssohn, nach seiner Meinung über das Finale einer der Sonaten Chopin's befragt (ich
denke es muss die in Rede stehende gewesen sein), kurz und
bitter geantwortet habe: „O, ich verabscheue es!" H. Bar-
bedette bemerkt in seinem *Chopin*, einer Arbeit ohne kritische
Einsicht und Originalität, über dies Finale: „C'est Lazare grattant
de ses ongles la pierre de son tombeau et tombant épuisé de
fatigue, de faim et de désespoir." Und hierbei erinnere sich
der Leser dessen, was Chopin im Sommer 1839 aus Nohant an
Fontana geschrieben:

> Ich schreibe jetzt eine Sonate in B-moll, in welcher der Trauer-
> marsch vorkommen wird, den Du schon hast. Sie besteht aus
> einem Allegro, einem Scherzo in Es-moll, dem Marsch und einem
> kurzen Finale von etwa drei Seiten. Nach dem Marsche schwatzt
> die linke Hand *unisono* mit der rechten [*ogaduję po Marszu*].

Diese etwas dunkeln Worte sollen wahrscheinlich andeuten,
wie nach dem Begräbniss die lieben Nachbarn sich versammeln,
um sich über die Verdienste des Verstorbenen zu unterhalten,

wobei es dann auch nicht ohne die Würze einiger gegen ihn gerichteten Seitenhiebe abgeht.

Die H-moll-Sonate, Op. 58, die zweite von Chopin's bemerkenswerthen Claviersonaten (die dritte, wenn wir das unebenbürtige Op. 4 hinzurechnen), erschien fünf Jahre später, im Juni 1845. Einheitlichkeit ist in dieser Sonate so wenig zu erkennen, als in ihrer Vorgängerin. Die vier Sätze des Werkes sind nicht sowohl verwandt als aneinander gereiht, und das Gleiche kann man sogar von manchen Theilen der einzelnen Sätze behaupten. Der erste Satz übertrifft an Bedeutung die drei andern bei Weitem; der hier aufgehäufte Reichthum an schönen und interessanten Gedanken — denn es handelt sich mehr um ein ungesichtetes Anhäufen, als um künstlerische Darstellung und Entwickelung — würde manchem Componisten für mehrere Sätze genügt haben. Die Ideen sind sehr ungleich und ermangeln der nöthigen Verbindung, bis wir zum zweiten Thema kommen (D-dur), welches zu einem breiten Strom leidenschaftlicher Melodie anschwillt. Weiterhin wird der Gedankengang wiederum holperig und Mosaik-artig. Während der Schluss des ersten Theils sehr schön ist, beginnt mit dem zweiten Theil eine trostlose Wüstenei. Mit dem Wiedereintritt des Nebenmotivs des zweiten Themas (jetzt in Des-dur) tritt ein Wechsel zum Besseren ein; dies Nebenmotiv wird eine Weile festgehalten und variirt, worauf Motive des ersten Themas, und das ganze zweite Thema (in H-dur) wiederholt werden, bis endlich die Schlussperiode eintritt, welche noch durch eine Coda nachdrücklicher und befriedigender gestaltet ist. Eine leichte und graziöse Achtelfigur windet sich in bald rieselnder bald wellenförmiger Bewegung durch den ersten und den dritten Abschnitt des Scherzo; in dem contrastirenden zweiten Abschnitt, mit der gehaltenen Begleitung und der Melodie in einer Mittelstimme, ist der Eintritt des hellen A-dur nach der Düsterkeit der vorangegangenen Takte von grosser Wirkung. Der dritte Satz hat den Charakter eines Nocturns, und kann als ein solches nur Bewunderung erregen. In dem visionären Träumen des langen mittleren Abschnitts glauben wir den Componisten mit weit geöffnetem Auge und verzücktem Blicke zu sehen — es ist mehr eine Rêverie als eine Composition. Das Finale versetzt uns in eine bewegte, der des ersten Satzes einigermaassen verwandte, nur noch erregtere Atmosphäre.

Nach acht kühnen Einleitungstakten mit schrillen Dissonanzen beginnt das erste Thema, welches mit seiner rhythmisch verschieden begleiteten Wiederholung den Haupt-Bestandtheil des Satzes bildet. Der Rest ist, wenn auch fein ausgearbeitet, doch ziemlich unbedeutend. Kurz es ist die alte Geschichte, *plus de volonté que d'inspiration*, das heisst, Inspiration der rechten Art; und ebenso *plus de volonté que de savoir-faire*.

Es giebt ein Werk Chopin's, auf welches Liszt's Wort, *plus de volonté que d'inspiration*, in seiner ganzen Bedeutung anzuwenden ist: ich meine die Sonate für Clavier und Violoncell, G-moll Op. 65 (erschienen im September 1847), in welcher kaum etwas anderes zum Ausdruck kommt, als Anstrengung, peinvolle Anstrengung. Der erste und letzte Satz sind unendliches Gestrüpp mit hier und dort verstreuten kleinen Blumen. Die mittleren Sätze, ein Scherzo und ein Andante, erheben sich nicht zur Würde einer Sonate und ermangeln überdies der Vornehmheit, namentlich der langsame Satz, ein Nocturn-artiger Dialog zwischen den beiden Instrumenten. Was die Schönheiten anlangt — wie z. B. das erste Thema des ersten Satzes (beim Eintritt des Violoncells), die Anfangstakte des Scherzo, ein Theil des Andante etc. — so sind sie blosse Ansätze, Quellen, die sich bald in einer Sandwüste verlieren. Demnach fühle ich mich nicht berufen, Moscheles zu widersprechen, der sich in seinem Tagebuche sehr scharf über dies Werk auslässt: „In der Composition beweist Chopin, dass er nur einzelne glückliche Gedanken hat, die er aber nicht zu einem gerundeten Ganzen zu verarbeiten versteht. In der soeben herausgekommenen Sonate mit Violoncell finde ich oft Stellen, die mir klingen, als präludire Einer am Clavier und klopfe an allen Tonarten an, um zu erfahren, ob irgendwo ein Wohlklang zu Hause ist."[1] Eine zweite darauf bezügliche Stelle des Tagebuches (aus dem Jahre 1850) lautet folgendermaassen: „Eine Geduldsprobe anderer Art bietet mir aber Chopin's Violoncell-Sonate, indem ich sie zu vier Händen arrangire. Für mich ist sie ein wild verwachsener Wald, in den nur mitunter ein Sonnenstrahl dringt."[2]

Von dem zuletzt besprochenen Werke zu einer Composition

---

[1] Aus Moscheles' Leben, Band II S. 171.
[2] Aus Moscheles' Leben, Band II S. 216.

überzugehen, nach Art des *Grand Duo Concertant* für Clavier und Violoncell über Themen aus „Robert der Teufel" von Chopin und A. Franchomme, ist förmlich eine Beruhigung, so wenig künstlerische Bedeutung das Werk auch beanspruchen kann. Schumann hat Recht, wenn er von diesem 1833[1]) (ohne Opuszahl) erschienenen *duo* sagt:

> „Ein Stück für einen Salon, wo hinter gräflichen Schultern hin und wieder der Kopf eines berühmten Künstlers hervortaucht." Und auch darin kann er Recht haben: „Es scheint mir durchaus von Chopin entworfen zu sein und Franchomme hatte zu Allem leicht Ja sagen; denn was Chopin berührt, nimmt Gestalt und Geist an, und auch in diesem kleinern Salonstil drückt er sich mit einer Grazie und Vornehmheit aus, gegen die aller Anstand anderer brillant schreibender Componisten sammt ihrer ganzen Feinheit in der Luft zerfährt."

Die Erwähnung dieses *duo* mag hier nicht ganz am Platze scheinen, aber die Sonate Op. 65, in welcher das Violoncell ebenfalls beschäftigt ist, führte uns natürlicherweise zu ihm.

Wir haben nur noch ein Werk zu betrachten, bevor wir zu den oben erwähnten Gruppen von Meisterwerken kleinerer Form gelangen; dies letzte Werk aber ist eine von Chopin's besten Compositionen, in seiner Art auch ein Meisterwerk. Ohne durch das Schema einer bestimmten Form, wie die der Sonate oder des Concerts, gebunden zu sein, entwickelt der Componist in der *Fantaisie* Op. 49 (erschienen im November 1841) seine Gedanken mit meisterhafter Freiheit. Es herrscht hier ein mächtiger Zauber, der aus starker Leidenschaftlichkeit und einer unbeschreiblichen, phantastischen Launenhaftigkeit zusammengesetzt ist. Wie häufig finden wir den Namen „Phantasie", hier haben wir die Sache. Diese Musik ist ein unmöglich zurückzuhaltender Erguss eines bis ins Innerste erregten Herzens, voll unermesslichen Liebens und Sehnens. Wer wollte in diesem Werke die körperliche Zartheit und Kränklichkeit des Componisten ahnen? Möchte man nicht eher auf einen Titanen schliessen? Es gab eine Zeit, wo ich in weniger achtungsvollem Tone von der *Fantaisie* sprach, jetzt beuge ich mich reuevoll und sage *pater peccavi*. Die Anlage des Werkes ist in Kürze diese: Ein

---

[1]) Die erste Aufführung von Meyerbeer's „Robert der Teufel" fand am 21. November 1831 in der Pariser grossen Oper statt.

tempo di marcia beginnt und bildet gleichsam das ins Innere
des Bauwerkes führende Eingangsthor. Die träumerischen Trio-
len-Passagen des *poco a poco più mosso* könnte man mit Gallerien
vergleichen, welche die verschiedenen Gebäudetheile verbinden.
Das Hauptthema oder Themen-Gruppe kehrt in verschiedenen
Tonarten wieder und wieder, während andere Motive nur ein
oder zwei Mal zwischen den Wiederholungen des Hauptthemas
auftauchen.

Die Mazurken von Chopin bilden, wie Lenz nicht unrichtig
sagt, eine Literatur für sich. Sie können in der That eine solche
Ausnahmestellung beanspruchen, einmal wegen ihrer Originalität,
welche jede einzelne als ein Ding *sui generis* erscheinen lässt,
sodann wegen des dichterischen und musikalischen Reichthums
ihres Inhalts. Wie ich schon erwähnte, tritt Chopin's Nationalität namentlich in seinen Mazurken und Polonaisen hervor; was
die ersteren anlangt, so entnimmt er nicht nur seine Inspiration,
sondern auch ihre rhythmischen, melodischen und harmonischen
Elemente den Volksweisen seiner Heimat. Liszt äusserte einmal
in einem Gespräche mit mir, er mache sich nicht viel aus Chopin's Mazurken. „Man findet dort häufig Takte, die ebensogut
anderswo stehen könnten." Aber er fügte hinzu: „gleichwohl
würde vielleicht Niemand im Stande gewesen sein, sie so anzubringen, wie es Chopin gethan." Man bemerke, dass dies die
Worte eines Mannes sind, der mir ebenfalls sagte, wenn er einmal eine halbe Stunde zu seinem Vergnügen spiele, so wende er
sich gern zu Chopin. Moscheles hatte, wie ich glaube, besonders
die Mazurken im Auge, als er 1833[1]) von Chopin's Compositionen
schrieb, dass er in ihnen „viel Reiz in ihrer Originalität und der
nationalen Färbung ihrer Motive finde, dass aber seine Gedanken
und durch sie die Finger bei gewissen harten, unkünstlerischen,
ihm unbegreiflichen Modulationen immer stolperten". Ver-
blüffende Fortschreitungen, unvermittelte Gegensätze und plötzlicher Stimmungswechsel sind die Merkmale der slavischen Musik
sowie des slavischen Charakters im Allgemeinen. Die Frage, ob
diese Eigenschaften unkünstlerisch sind oder nicht, muss die Zeit

---

[1]) Um diese Zeit waren selbstverständlich erst wenige Compositionen Chopin's veröffentlicht, doch waren die zwei ersten Hefte Mazurken, Op. 6 und 7
bereits erschienen.

entscheiden, wenn sie sie nicht schon entschieden hat; die russischen und andere slavische Componisten, welche neuerdings mehr und mehr in den Vordergrund getreten sind, scheinen hinsichts ihrer künstlerischen Berechtigung nicht in Zweifel zu sein. Ich zähle Chopin's Mazurken nicht zu seinen künstlerisch vollendetsten Schöpfungen, und möchte ihre Willkürlichkeiten und Zusammenhanglosigkeiten keineswegs zur Nachahmung empfehlen; stellen wir uns aber auf den richtigen Standpunkt, welcher nicht der der Classicität ist, so müssen wir sie bewundern. Die musikalische Sprache, deren sich der Componist in diesen, trotz ihres fragmentarischen Charakters sorgfältig ausgeführten Miniaturbildern bedient, ist von einer entzückenden Pikanterie. Der Reiz des Ausdruckes ist jedoch keineswegs der Hauptgrund unserer Bewunderung, denn die Mazurken sind echte Dichtungen, sociale Dichtungen, Dichtungen des Privat-Lebens, im Gegensatz zu den, als politische Dichtungen zu bezeichnenden Polonaisen. Obwohl Chopin's Mazurken und Polonaisen nicht weniger individuell sind als die übrigen Compositionen dieses subjectivsten aller Tondichter, so schliessen sie doch ein gutes Theil jener Poesie in sich, der die gleichnamigen Nationaltänze zum Ausdruck dienen. Dabei ist zu bemerken, dass die sogenannte Civilisation in Polen nicht so schnell und wirksam um sich gegriffen hat, wie im westlichen Europa; dort war der Tanz zu Chopin's Zeit noch nicht zum Gegenstand blosser Form und Convention, zu einer blossen Sache der Sehnen und Muskeln geworden.

Um also Chopin's Mazurken und Polonaisen recht zu verstehen, und zugleich einen tieferen Einblick in seine Empfindungs und Anschauungsweise zu gewinnen, haben wir uns vor Allem mit den wichtigsten polnischen Nationaltänzen näher bekannt zu machen. Jetzt wird der Leser zugeben, dass die ausführlichen Erörterungen über Polen und seine Bewohner am Anfang dieser Biographie keine überflüssige Zuthat war. Um der Vollständigkeit willen schicke ich der Beschreibung der Mazurka einige Worte über den Krakowiak voraus, den dritten der Trias der bedeutendsten Nationaltänze Polens. Dabei stütze ich mich, wo meine eigenen Beobachtungen nicht ausreichen, auf die Mittheilungen zweier Polen, des Musikers Sowiński und des Dichters Brodziński:

Der Krakowiak [sagt Albert Sowiński in seinem *Chant polonais*] sprudelt über von Esprit und Heiterkeit; der Name zeigt seinen Ursprung an. Er ist das Entzücken der *salons*, namentlich aber der Bauernhütten. Die Krakauer tanzen ihn in sehr erregter und ausdrucksvoller Weise, singen auch gleichzeitig nach Texten, welche für diese Gelegenheit gemacht sind und häufig durch improvisirte Verse erweitert werden. Der Charakter dieser Texte ist eine leichte Fröhlichkeit, welche mit den in Frankreich so beliebten fast leichtfertigen [*semi-grivoises*] Liedern auffällig verwandt ist; andere Texte dagegen beziehen sich auf die berühmten Epochen der polnischen Geschichte, auf die mit ihnen verknüpften lieblichen oder trüben Erinnerungen, und sind so der treue Ausdruck des Charakters und der Sitten des Volkes.

Casimir Brodziński beschreibt den Krakowiak folgendermaassen:

Er gleicht in seinen Figuren einer vereinfachten Polonaise und repräsentirt einen weniger entwickelten Gesellschaftszustand als diese. Der kühnste und kräftigste Tänzer übernimmt die Führung; er singt, die Andern fallen im Chor ein; er tanzt, die Andern ahmen ihm nach. Manchmal stellt der Krakowiak auch, als eine Art Ballet, den einfachen Verlauf einer Liebesgeschichte dar: Ein junges Paar stellt sich vor dem Orchester auf; der Jüngling blickt stolz und herausfordernd um sich, er scheint sich seiner Schönheit und der seines Kostüms wohl bewusst. Dann erscheint er gedankenvoll und sinnt auf die improvisirten Verse, nach denen seine Genossen laut verlangen und zu denen er, theils durch den von ihnen markirten Takt, theils durch das Gebahren eines jungen tanzlustigen Mädchens direct angeregt wird. Nachdem der Tänzer die Runde gemacht hat und wieder vor dem Orchester angelangt ist, nimmt er sich gewöhnlich die Freiheit, einen Refrain zu singen, welcher das junge Mädchen erröthen macht; sie läuft dann davon und er entfaltet bei ihrer Verfolgung seine ganze Gewandtheit. Bei dem letzten Rundtanz ist es der junge Mann, der vor dem Mädchen fliehen will; sie versucht seinen Arm zu ergreifen, worauf sie zusammen tanzen bis das *ritornello* dem Vergnügen ein Ende macht.

Als technische Ergänzung füge ich dieser Beschreibung hinzu, dass der Krakowiak im $^3/_4$-Takt geht und wie andere polnische Tänze häufig den Accent auf einem gewöhnlich unbetonten Takttheil hat, namentlich am Schluss eines Abschnitts oder einer Phrase, z. B. auf dem zweiten Achtel des zweiten und vierten Taktes:

Chopin hat sich nur ein Mal durch den Krakowiak inspi-
riren lassen, nämlich zu seinem Op. 14, betitelt *Krakowiak,
Grand Rondeau de Concert*, welches im achten Capitel besprochen wurde.

Wir wenden uns nun zu dem zweiten, bedeutenderen Gliede
der Trias:

Der Mazurek [oder Mazurka], so benannt nach einer unserer
schönsten Provinzen, Masovien, ist die charakteristischste Tanzweise,
das Muster aller unserer neueren Weisen. Diese letzteren übrigens
unterscheidet man leicht von den älteren, da sie weniger originell
und sangbar sind. Es giebt zwei Arten des Mazurek: die eine,
deren erster Theil stets in Moll und deren zweiter in Dur geht,
hat eine romantische Färbung und ist für den Gesang bestimmt,
wie die Polen sagen „um gehört zu werden" (*do słuchania*); die
andere dient als Begleitung zum Tanze, dessen Figuren gehäufte
passes und *conduites* sind. Ihr Rhythmus ist ³/₈, aber weniger
lebhaft als der Walzer; das rhythmisch Charakteristische liegt in
den punktirten Noten, die mit Energie und Wärme, zugleich aber
mit einer gewissen Würde auszuführen sind.

In der Regel wird jetzt die Mazurka im ³/₄-Takt notirt;
Chopin schreibt stets so. Das von Sowiński bezeichnete rhythmische Motiv ist entweder dieses oder ein diesem ähnliches:

doch sind die punktirten Noten keineswegs wesentlich. Da
häufig Rhythmen folgender Art vorkommen:

so möchte ich für den Mazurka-Rhythmus eine mehr umfassende
Definition vorschlagen, nämlich, dass der erste Theil des Taktes
meist aus Noten von kürzerer Dauer besteht als der letzte.
Aber auch diese Regel lässt viele Ausnahmen zu.[1] Sowiński
erwähnt nur eine Art der Mazurka, es giebt jedoch deren
mehrere. Zunächst unterscheidet man, je nach der Gegend in
welcher sie heimisch sind, die Mazurken von Kujavien, von
Podlachien, von Lublin etc.; sodann je nach ihrem Charakter

---

[1] Vgl. die Notenbeispiele S. 237—238.

oder dem Zweck, für welchen sie geschrieben sind, hochzeitliche, ländliche, geschichtliche, kriegerische und politische Mazurken. Hören wir nun, was der Dichter Brodziński über das Wesen dieses Tanzes sagt:

Der Mazurek ist in seiner primitiven Form und wie das Volk ihn tanzt nichts anderes, als ein Krakowiak, nur weniger lebhaft und weniger *sautillant.* Die leichtfüssigen Krakauer und die Bergbewohner der Karpathen nennen den von den Bewohnern der Ebene getanzten Mazurek einen verkleinerten Krakowiak. Die Nähe der Deutschen, oder richtiger der Aufenthalt der deutschen Truppen, ist die Ursache, dass der wahre Charakter des Mazurek dem Volke verloren gegangen, dass dieser Tanz in eine Art unbeholfenen Walzers ausgeartet ist. Bei der Bevölkerung der Hauptstadt werden die echten heimathlichen Tänze theils durch den Einfluss der Fremden, namentlich aber durch den unseligen Gebrauch der Drehorgel entstellt . . . Dies Instrument ist es, welches beim Volke die Ausübung der Musik erstickt und dem Dorf-Geiger seine Subsistenzmittel raubt, der seltener und seltener wird, seitdem jeder Gastwirth durch den Ankauf einer Drehorgel die Concurrenz beseitigt. Schon· sehen wir jene süssen Lieder und improvisirten Weisen, welche die ländlichen Minnesänger einander überlieferten, mehr und mehr aus unsern heimathlichen Gefilden verschwinden, und unsere National-Musik muss leider den von der Mode getragenen Opernmelodien weichen.

Der so im Volke entartete Mazurek fand eine Zuflucht bei den höheren Ständen, welche ihn mit Festhaltung seiner nationalen Eigenart in solchem Grade vervollkommneten, dass er zweifellos einer der graziösesten Tänze Europas geworden ist. In dieser Gestalt hat er viel Aehnlichkeit mit der französischen Quadrille, soweit sich die beiden Nationen in ihrem Charakter überhaupt begegnen; beim Anblick dieser beiden Tänze könnte man sagen, dass eine Französin nur tanzt um zu gefallen, während eine Polin gefällt, indem sie sich einer Art jungfräulichen Heiterkeit hingiebt — die Anmuth, welche sie entfaltet, ist mehr ein Werk der Natur als der Kunst. Die französische Tänzerin erinnert an eine griechische Statue, die polnische dagegen an die Schäferinnen der dichterischen Phantasie; die erstere reizt, die letztere fesselt uns.

Da im modernen Tanz die Tänzerin dominirt, weil die männliche Kleidung so unvortheilhaft ist, so muss hervorgehoben werden, dass der Mazurek in diesem Falle eine Ausnahme bildet; denn hier wird ein junger Mann, namentlich der mit einer gewissen liebenswürdigen Kühnheit ausgestattete Pole, alsbald die Seele und der Held des Tanzes. Ein leichtes, einigermaassen ländliches Gewand für die Tänzerin, sowie das für den Tänzer ungemein vortheilhafte militärisch-polnische Kostüm erhöhen den Reiz, welchen der Mazurek dem Auge des Malers gewährt. Dieser Tanz gestattet dem ganzen Körper die lebhaftesten und mannigfaltigsten Bewegungen, und lässt den Schultern volle Freiheit für das sich- Hingeben, welches, begleitet von ungezwungener Heiterkeit und einem eigenthümlichen Stampfen des Fusses, überaus anmuthig wirkt.

. Häufig spürt man bestrickende Aeusserungen der Begeisterung, welche aus den verschiedenen Kopfbewegungen spricht — bald reckt das Haupt sich stolz empor, bald neigt es sich zärtlich auf die Brust, bald ist es leicht gegen die Schulter gebeugt, stets aber malt es in grossen Zügen die Fülle des Lebens und der Lebensfreude, von einfachen, graziösen und zarten Empfindungen schattirt. Sieht man beim Mazurek die Tänzerin von den Armen ihres Cavaliers beinahe emporgehoben und auf seine Schulter gestützt, sich gänzlich seiner Führung überlassen, so glaubt man zwei Wesen zu erblicken, welche, von Glückseligkeit berauscht, den himmlischen Gefilden entgegen fliegen. Die Tänzerin, wie sie leicht gekleidet, mit ihrem zierlichen Fuss kaum den Boden streifend, an der Hand ihres Genossen in einem Augenblick von verschiedenen andern entführt wird, und sich im nächsten Augenblick mit Blitzesschnelle wieder in die Arme des ersten stürzt, bietet ein Bild der höchsten irdischen Wonne. Die Musik des Mazurek ist durchaus national und originell, heiter, mit einem Anhauch von Melancholie — man möchte sagen, sie sei bestimmt, die Schritte der Liebenden zu begleiten, für welche selbst die Momente der Trübsal einen gewissen Reiz haben.

Die von Chopin selbst veröffentlichten Mazurken sind einundvierzig an der Zahl; sie erschienen in elf Heften von vier, fünf oder drei Nummern: *Quatre Mazurkas* Op. 6 und *Cinq Mazurkas* Op. 7 im December 1832; *Quatre Mazurkas* Op. 17 im Mai 1834; *Quatre Mazurkas* Op. 24 im November 1835; *Quatre Mazurkas* Op. 30 im December 1837; *Quatre Mazurkas* Op. 33 im October 1838; *Quatre Mazurkas* Op. 41 im December 1840; *Trois Mazurkas* Op. 50 im November 1841; *Trois Mazurkas* Op. 56 im August 1844; *Trois Mazurkas* Op. 59 im April 1846; *Trois Mazurkas* Op. 63 im September 1847. Unter den von Fontana veröffentlichten posthumen Werken befinden sich noch zwei weitere Hefte, jedes von vier Nummern, mit den Opuszahlen 67 und 68. Neuerdings sind noch mehrere Mazurken von Chopin oder doch unter seinem Namen ohne Opuszahl erschienen. Zwei Mazurken, beide in A-moll, sind, obwohl sehr schwach in der Erfindung, von Klindworth und Mikuli in ihre Ausgaben aufgenommen worden. Die Breitkopf und Härtel'sche Ausgabe enthält von diesen

beiden Mazurken nur eine, ausserdem aber eine in G-dur und
eine in B-dur aus dem Jahre 1825, eine in D-dur von 1829—30,
eine Umarbeitung derselben von 1832 — diese haben wir schon
besprochen — und eine etwas bedeutendere in C-dur von 1833.
Von der einen jener Mazurken in A-moll, einem dürftigen und
im Ganzen wenig Chopin'schen Erzeugniss, kennen wir die
Widmung (*à son ami Émile Gaillard*) aber nicht die Entstehungszeit. Die andere (nicht in der Breitkopf und Härtel'schen
Ausgabe enthaltene, Nr. 50 der Ausgaben von Klindworth und
Mikuli) erschien zuerst als Nr. 2 des „Notre Temps", einer
Publication von Schott's Söhnen. Dies war, wie ich erfahren
habe, eine Sammlung von zwölf Clavierstücken von Czerny,
Chopin, Kalliwoda, Rosenhain, Thalberg, Kalkbrenner, Mendelssohn, Bertini, Wolff, Kontski, Osborne und Herz, welche 1842
oder 1843 als Weihnachts-Album erschien.[1]) Ob eine *Mazurka
élégante de Fr. Chopin*, angezeigt in der *France musicale* vom
6. April 1845 mit der Bemerkung *en vente au Bureau de
musique, 29, Place de la Bourse*, mit einer der oben aufgezählten Mazurken identisch ist, habe ich nicht ermitteln können.
In der Klindworth'schen Ausgabe[2]) findet sich auch eine sehr
un-Chopin'sche Mazurka in Fis-dur, zuvor von J. P. Gotthard
in Wien veröffentlicht, welche, wie E. Pauer nachgewiesen hat,
thatsächlich von Charles Mayer herrührt.[3])

---

[1]) Chopin's Mazurka war schon zuvor in den „Monatsberichten" vom
Februar 1842 als „Notre Temps, No. 2" angekündigt.

[2]) In der russischen Original-Ausgabe, nicht in der von Augener & Co.
veröffentlichten englischen; übrigens ist sie dort nur auf Verlangen der Verleger und gegen die Ansicht des Herausgebers aufgenommen.

[3]) In einem Artikel mit der Ueberschrift „Musikalisches Plagiat" im
Monthly Musical Record vom 1. Juli 1882 (wo auch die besagte Mazurka abgedruckt ist) lesen wir Folgendes: „Während E. Pauer im Jahre 1877 an einem
Führer durch die gesammte Clavier-Literatur arbeitete und zu diesem Zwecke
viele Tausende in Deutschland veröffentlichte Compositionen für dies Instrument
durchsah, stiess er auch auf eine Mazurka von Charles Mayer, erschienen bei
Pietro Mechetti (nachmals C. A. Spina) und betitelt *Souvenirs de la Pologne*.
Einige Wochen später kam eine von J. Gotthard als posthumes Werk Chopin's
veröffentlichte Mazurka in seine Hände. Anfangs konnte er sich, obwohl ihm
das Stück sofort ‚als alter Bekannter auffiel', auf die Zeit und den Ort, wo er
es gehört, nicht besinnen; endlich aber erinnerte er sich wieder der erwähnten
Mazurka von Charles Mayer, und als er beide verglich, fand er, dass sie ein
und dasselbe waren. Aus der Physiognomie des Titelblattes sowie aus der Ge-

Ueberblicken wir die Mazurken in ihrer Gesammtheit, so
können wir nicht umhin, eine bedeutende Verschiedenheit zwischen denen bis Op. 41 und den späteren zu constatiren. In
diesen späteren forschen wir vergebens nach den *beautés sauvages*, die uns in den früheren reizten — sie fesseln uns mehr
durch ihre Wohlanständigkeit und künstlerische Ausarbeitung,
mit einem Worte, sie sind mehr das Ergebniss der Reflexion
als der unmittelbaren Eingebung. Dies jedoch darf nicht buchstäblich genommen werden, da die Ausnahmen zahlreich sind.
Die „native wood-notes wild" brechen häufig durch, werden aber
fast jedes Mal durch die Luft der Studierstube gedämpft. Son-
derbar genug hat das letzte von Chopin veröffentlichte Heft
Mazurken (Op. 63) wieder etwas von der Frische und der Poesie
der früheren. Schumann hat recht, wenn er sagt, dass irgend
ein poetischer Zug, irgend etwas Neues in jeder von Chopin's
Mazurken zu finden ist. In der That überströmen sie von in-
teressantem Stoffe. Wieviel des Neuen und Fremdartigen, des
Schönen und Fesselnden bieten sie nicht vom Standpunkte des
Musikers betrachtet! Scharfe Dissonanzen, chromatische Durch-
gangsnoten, Vorhalte und Vorausnahmen, Accent-Verschiebungen,
Fortschreitungen in reinen Quinten (der Schrecken des Schul-
meisters),[1] plötzliche Wendungen und unerwartete Abschwei-

---

stalt der Noten schloss Pauer, der in diesen Dingen wohlerfahren ist, dass das
Exemplar der Mayer'schen Composition in den Jahren 1840—1845 erschienen
sein müsse, und schrieb an J. Gotthard, um ihn auf die Uebereinstimmung
der beiden Mazurken aufmerksam zu machen und ihn zu fragen, wie er in den
Besitz des Chopin'schen Manuscriptes gekommen sei. Die Antwort Gotthard's
lautete ‚er habe die Mazurka als Autograph Chopin's von einer polnischen
Gräfin gekauft, die sich, ihrer misslichen Vermögensumstände halber, mit dem
grössten Bedauern von der Composition ihres berühmten Landsmannes habe
trennen müssen'. Pauer kam natürlich zu dem Schlusse, dass man Gotthard
betrogen habe, dass die Handschrift des Manuscripts kein Autograph gewesen
sei, und ‚dass Charles Mayer die Ehre beanspruchen dürfe, die fragliche Mazurka geschrieben zu haben'. Pauer fügt noch hinzu: ‚Es ist nicht anzunehmen,
dass C. Mayer, auch wenn ihm Chopin diese Mazurka zum Geschenk gemacht
hätte, sie zu Chopin's Lebzeiten als eigenes Werk herausgegeben, oder sie der
polnischen Gräfin verkauft oder geschenkt hat. Viel wahrscheinlicher ist, dass
Mayer's Mazurka in Chopin's Handschrift copirt und nach Mayer's Tode im
Jahre 1862 als Autograph Chopin's an Gotthard verkauft worden ist'."

[1] Man bemerke namentlich die Stelle kurz vor dem Schluss des Op. 30
Nr. 4, wo sich vier Takte gleichzeitig fortschreitender Quinten und Septimen finden.

fungen, so scheinbar willkürlich, so wenig mit den Gesetzen
der Logik im Einklang, dass man dem Componisten nur mit
Mühe zu folgen vermag. Aber — wie ich schon ein Mal bei
ähnlicher Gelegenheit bemerkte — dies alles ist Mittel zum
Zweck, zum Zweck des Ausdrucks einer Individualität in ihren
geheimsten Regungen; der Gemüthsinhalt vieler dieser Kleinigkeiten — Kleinigkeiten, so fern wir nur ihren Umfang in Betracht ziehen — ist geradezu überraschend.

Um Chopin's Mazurken völlig gerecht zu werden, müsste
ich sie auf's Sorgfältigste analysiren, und dies würde eine längere
und mehr technische Untersuchung erfordern, als es dem Leser
wahrscheinlich lieb wäre. Ich will mich daher darauf beschränken, in einigen Bemerkungen über eines der elf Hefte, die vier
Mazurken Op. 17, den Gefühlsinhalt anzudeuten. In der ersten
Nummer finden wir das dem polnischen Charakter entsprechende
martialische, ritterliche Element. Die drei ersten Theile sind
kühn und glänzend, ohne jedoch der wehmüthigen Rückblicke
zu ermangeln; im letzten Theil schildert die pikante Melodie und
der scharf markirte Rhythmus die anmuthigen Bewegungen der
Tänzer, wir hören das Klirren der Sporen und das auf den
Boden Stossen der Fersen. Die zweite Mazurka könnte betitelt
werden „Bitte". Alle Künste der Ueberredung sind hier auf-
geboten, der Ausdruck der Leidenschaft und des scherzhaften
Spiels, ein Hauch der Sehnsucht, mit Trübsinn gemischt, durch-
zieht das Ganze, oder richtiger, bildet die Grundlage des Ganzen.
Dem zärtlichen Beginn des zweiten Theils folgt eine Art Frage-
und Antwortspiel — Ja? Nein? (Heller Sonnenschein? Dunkle
Wolken?) aber die Antwort bleibt aus und der Aermste beginnt von Neuem zu bitten. Eine rathlose, peinigende Unent-
schiedenheit kennzeichnet die dritte Mazurka. Zeitweilig giebt
der Componist (am Anfang des zweiten Theils) dem Unmuth
Raum und nimmt einen herausfordernden Ton an; bald aber
kehrt er, dies gleichsam als fruchtlos erkennend, zur früheren
Stimmung wieder zurück. Synkopen, Vorhalte und durchgehende
chromatische Noten bilden hier das eigentliche Betriebscapital
des Componisten, Verrenkung von Melodie, Harmonie und
Rhythmus scheint zur Regel erhoben zu sein. Niemand vor
Chopin hat Derartiges fertig gebracht und, soweit mir bekannt,
hat Niemand der Welt eine gleich treue Schilderung der ent-

sprechenden Vorgänge seines innersten Seelenlebens hinterlassen. Die letztere Bemerkung gilt auch für die vierte Mazurka, welche sich öde und freudlos anlässt, bis sich mit dem Eintritt des A-dur ein freundlicherer Ausblick eröffnet. Bald aber wird der Träumer durch grelle Dissonanzen erbarmungslos wieder erweckt. Der Anfang wie auch der Schluss auf dem Sext-Akkord, das chromatische Gleiten der Harmonien, die seltsamen Windungen und Sprünge geben diesem Stück einen unheimlichen Anstrich.

Der Ursprung der Polonaise (*Taniec Polski*, polnischer Tanz) verliert sich, wie der der zweifellos älteren Mazurka, in fernste Vergangenheit; denn die viel verbreitete Meinung, sie habe sich aus den feierlichen, von Musik begleiteten Umgängen der Edelleute und ihrer Damen entwickelt, welche 1574 zum ersten Mal stattgefunden haben sollen, als Henri von Anjou das Jahr nach seiner Besteigung des polnischen Thrones die Grossen seines Reiches empfing, ist wenig glaubwürdig. Die ältere Polonaise war ohne Gesang, und blieb es bis zur Zeit des Königs Sobieski (1674—96). Unter den ihm folgenden Königen der sächsischen Dynastie dagegen wurden vielfach Polonaisen zu Gesangstexten erfunden oder umgekehrt diese den schon bekannten Weisen untergelegt. Politisch berühmte Polonaisen waren die vom 3. Mai, mit einem auf die Verkündigung der bekannten Verfassung vom 3. Mai 1791 bezüglichen Text; die Kościuszko-Polonaise, mit einer älteren Weise angepassten Worten, dem grossen Patrioten und General zugeeignet, als sich die Nation 1792 zur Vertheidigung ihrer Verfassung erhob; die Oginski-Polonaise, auch „Schwanengesang" und „die Theilung Polens" genannt, eine Composition ohne Worte aus dem Jahre 1793 (dem Jahre der zweiten Theilung Polens) vom Fürsten Michael Cleophas Oginski. Unter den polnischen Componisten der zweiten Hälfte des letzten Jahrhunderts und des Anfangs des unsrigen, deren Polonaisen zu ihrer Zeit und theilweise noch bis zu unsern Tagen in hohem Ansehen standen, sind hervorzuheben Kozłowski, Kamienski, Elsner, Deszczyński, Bracicki, Wański, Fürst Oginski, Kurpiński und Dobrzyński. Ausserhalb Polens erfreute sich die Polonaise um dieselbe Zeit als Instrumental- wie als Vocalcomposition, als selbständiges Musikstück wie als Theil grösserer Werke einer ausserordentlichen Beliebtheit. Durchforschen wir die Schöpfungen der Classiker oder auch die der untergeordneten virtuosischen und Salon-Componisten, überall finden wir Specimina der Polonaise.[1] Der Vorrang aber unter den fremden Componisten, welche diesen polnischen Tanz mit besonderem Erfolge cultivirt haben, gebührt Spohr und Weber. Ich sagte „Tanz", genau genommen aber ist die Polonaise, welche man auch eine *marche dansante* genannt hat, weniger ein Tanz, als vielmehr ein durch mannichfaltige Tanzfiguren künstlerisch gestaltetes Schreiten, besonders gekennzeichnet durch gravitätischen Ernst und eine gewisse höfische Etikette. Was die musikalische Seite der Polonaise anlangt, so ist sie von mässiger, eher langsamer Bewegung im $^3/_4$-Takt. Die fliessende, mehr oder minder geschmückte Melodie hat die rhythmische Tendenz, sich auf das zweite Viertel, unter Umständen sogar auf das zweite Achtel des Taktes zu stützen (vgl. Notenbeispiel Nr. 1 *a* und *b*), und schliesst in der Regel jeden ihrer Theile mit einer gewissen stereotypen Formel von ähnlichem Rhythmus ab (vgl. Notenbeispiel Nr. 2 *a, b, c* und *d*). Die gewöhnliche Begleitung besteht in einer Bassnote im Anfang des Taktes, auf welche, ausgenommen in den Cadenzen, fünf Achtel folgen, deren erstes häufig in zwei Sechzehntel zerfällt. Hierbei jedoch ist zu bemerken, dass sich Chopin in seinen späteren poetischen Polonaisen von diesem Formelwesen mehr und mehr emancipirt hat.

Nr 1. *a.* *b.*

Nr. 2. *a.* *b.* *c.* *d.*

Die Polonaise [schreibt Brodziński] ist der einzige Tanz, welcher dem reiferen Alter entspricht und auch den Personen höchsten Ranges ansteht; sie ist der Tanz der Könige, der Helden und selbst bejahrter Männer. Sie allein ist dem kriegerischen Gewande angemessen. Sie athmet keinerlei Leidenschaft, kann vielmehr nur als ein Triumph-Marsch gelten, als Ausdruck ritterlicher und höfischer Sitte. Ein feierlicher Ernst beherrscht stets die Polonaise, welche, vielleicht allein unter allen Tänzen, weder an primitives

---

[1] Auch die Operncomponisten dürfen hier nicht unerwähnt bleiben.

Ungestüm, noch an die Galanterie späterer civilisirter, aber auch verweichlichter Zeitalter erinnert. Ausser diesen Hauptmerkmalen zeigt die Polonaise ein eigenthümliches nationales und historisches Gepräge; denn in ihrer Anordnung spiegelt sich die aristokratische Republik mit ihrer weniger aus dem Charakter des Volkes als aus ihrer Verfassung entspringenden Neigung zur Anarchie. In den älteren Zeiten war die Polonaise eine Art feierlicher Ceremonie: Der König schritt, die vornehmste Person der Versammlung an der Hand haltend, an der Spitze eines langen, paarweise geordneten, nur aus Männern bestehenden Zuges voran; durch den Glanz der ritterlichen Costüme noch wirksamer, war dieser Tanz, wie schon erwähnt, im Grunde nichts anderes als ein Triumph-Marsch.

War eine Dame der Gegenstand des Festes, so hatte sie das Vorrecht, eine andere Dame an der Hand führend, den Marsch zu eröffnen. Alle andern folgten, bis die Königin des Balles einem der im Kreise umherstehenden Männer die Hand reichte und damit die übrigen Damen einlud, ihrem Beispiel zu folgen.

Die gewöhnliche Polonaise wird von der vornehmsten Person der Gesellschaft eröffnet, deren Berechtigung es ist, die ganze Reihe der Tänzer zu führen oder aufzulösen. Dies heisst im Polnischen *rey wodzić*, die Führung übernehmen, gewissermaassen König sein (von dem lateinischen *rex*). Der Tänzer an der Spitze wurde auch Marschall genannt, mit Bezugnahme auf die Privilegien eines Reichstag-Marschalls. Die Gesammtheit dieser Formen ist mit den Erinnerungen und Gebräuchen der Entbietung des Heerbanns (*pospolite*) verknüpft, oder richtiger, des Zusammentretens der polnischen National-Versammlungen. Daher ist es zulässig, bei aller Ehrfurcht, die man dem Führer erweist, welcher die Kette der Tänzer nach seinem Belieben zu lenken berechtigt ist, ihn durch einen eigenthümlichen, zum Gesetz gewordenen Gebrauch zu entthronen, sobald irgend ein Kühner ausruft *odbiianego* d. h. „mit Gewalt zurückgenommen" oder „wieder erobert"; von Demjenigen der dies Wort ausspricht nimmt man an, dass er die Hand der ersten Dame und die Leitung des Tanzes für sich zu gewinnen strebt; es ist eine Art von *liberum veto*, dem sich Jedermann fügen muss. Der Führer überlässt dann die Hand seiner Dame dem neuen Kronbewerber; jeder Herr tanzt mit der Dame des folgenden Paares, nur der Herr des letzten Paares findet sich schliesslich ausgestossen, wenn er nicht die Kühnheit hat, durch den Ruf *odbiianego* auch seinerseits vom Rechte der Gleichheit Gebrauch zu machen und sich an die Spitze zu stellen.

Da aber das zu häufige Geltendmachen eines Privilegiums solcher Art zur vollständigen Anarchie des Balles führen würde, so hat man zwei Mittel zur Verhütung seines Missbrauches: Entweder übt der Führer sein Recht aus, die Polonaise zu beendigen, etwa wie der König oder der Marschall den Reichstag auflöst, oder auch, falls. es allgemein gewünscht wird, alle Tänzer lassen die Damen in der Mitte des Saales allein, und diese wählen sich neue Tänzer, indem die Störenfriede und Unzufriedenen ausgeschlossen bleiben, nach Analogie der Confederationen, welche sich zu dem Zwecke bilden, dem Willen der Majorität Geltung zu verschaffen.

Die Polonaise athmet und schildert den gesammten Nationalcharakter; die Musik dieses Tanzes verbindet, auch in künstlerischer Gestaltung, ein kriegerisches Element mit der lieblichen Einfachheit ländlicher Sitten. Fremde Componisten haben diesen Charakter der Polonaise entstellt; selbst die Eingeborenen halten ihn in unsern Tagen weniger fest, in Folge häufiger Verwendung moderner Opernmelodien. Was den Tanz selbst anlangt, so ist die Polonaise in neuster Zeit zu einer Art Promenade geworden, welche für die Jugend wenig Reiz hat und für die älteren Leute nur eine Sache der Etikette ist. Unsere Väter tanzten ihn mit wunderbarer Gewandtheit und würdevollem Ernst; der Tänzer bewegte sich in gleitendem, energischem Schritte, niemals sprungweise, strich dabei seinen Schnurrbart und gab seinen Bewegungen Mannigfaltigkeit durch die Haltung seines Säbels, seiner Mütze und seiner aufgeschlagenen Rockärmel, Merkmale des freien und kriegstüchtigen Mannes. Wer jemals einen Polen der alten Schule im Nationalcostüm die Polonaise hat tanzen sehen, der wird ohne Zögern zugeben, dass dieser Tanz der Triumph des richtigen Mannes ist, des Mannes von edler und stolzer Haltung, von zugleich männlichem und heiterem Ausdruck.

Weiterhin beschreibt Brodziński die Art, wie die Polonaise getanzt zu werden pflegte; anstatt seiner Beschreibung will ich jedoch die nicht weniger treue und überdies anschaulichere aus dem letzten Gesang von Mickiewicz' *Pan Tadeusz* citiren:

Der Augenblick der Polonaise ist gekommen. Der Anführer tritt vor; er schlägt leicht seine Aermel-Stulpen zurück, streicht seinen Schnurrbart, reicht Sophia die Hand und fordert sie mit einer respectvollen Verbeugung zum Tanz auf. Hinter ihnen ordnen sich paarweise die übrigen Tänzer; das Zeichen wird gegeben, der Tanz beginnt, der Anführer leitet ihn.

Seine rothen Stiefel schweben über den grünen Rasen, aus seinem Gürtel blitzen Lichtstrahlen; er bewegt sich langsam wie von ungefähr, aber in jedem seiner Schritte, in jeder seiner Bewegungen kann man die Empfindungen und die Gedanken des Tänzers lesen. Er hält inne, als stelle er an die Genossin eine Frage; er neigt sich zu ihr, als wolle er leise mit ihr flüstern. Die Dame wendet sich ab, will nichts hören, erröthet. Er nimmt seine Mütze ab und grüsst sie ehrfurchtsvoll. Jetzt wendet die Dame ihre Blicke auf ihn, beharrt aber in ihrem Schweigen. Er ver-

zögert seinen Schritt, sucht in ihren Augen zu lesen und lächelt.
Von ihrer stummen Antwort beglückt, beschleunigt er seinen Gang
und blickt stolz auf seine Nebenbuhler; bald rückt er die Mütze
mit der Reiherfeder nach vorn, bald schiebt er sie zurück. Zuletzt
setzt er sie auf eine Seite und dreht seinen Schnurrbart in die
Höhe. Er entfernt sich; Alle beneiden ihn, Alle folgen ihm auf
dem Fusse; er möchte am Liebsten mit seiner Dame verschwinden. Dann und wann steht er still und bittet mit einer verbindlichen Handbewegung die Tänzer, bei ihm vorüber zu passiren.
Manchmal versucht er behende zu entschlüpfen, indem er die Richtung wechselt. Er möchte seine Gefährten täuschen, die lästigen
Gesellen aber folgen ihm hurtigen Schrittes und verwickeln ihn in
immer engere Verschlingungen. Er wird ärgerlich, legt die rechte
Hand ans Schwert, als wolle er sagen: „Wehe dem Eifersüchtigen!"
Er wendet sich um mit stolzer Haltung und herausfordernder
Miene; er schreitet gerade auf die Gesellschaft los, welche ihm
einen Durchgang öffnet, dann aber mittelst eines rapiden Manövers
wieder zu seiner Verfolgung übergeht.

Auf allen Seiten hört man rufen: „Ach! das ist vielleicht der
Letzte. Schaut, junges Volk, das ist vielleicht der Letzte, der es
versteht, die Polonaise anzuführen!"

Unter den von Chopin selbst veröffentlichten Compositionen
befinden sich, abgesehen von der *Introduction et Polonaise
brillante* für Clavier und Violoncell, Op. 3, acht Polonaisen,
nämlich: *Grande Polonaise brillante* (Es-dur), *précédée d'un Andante spianato* (G-dur), *pour le piano avec orchestre*, Op. 22;
Deux Polonaises (Cis-moll und E-moll) Op. 26; *Deux Polonaises* (A-dur und C-moll) Op. 40; *Polonaise* (Fis-moll) Op. 44;
Polonaise (As-dur) Op. 53;[1]) *Polonaise - Fantaisie* (As-dur)
Op. 61. Die drei aus der Jugendzeit des Meisters stammenden,
nach seinem Tode von Fontana als Op. 71 veröffentlichten Polonaisen sind bereits im achten Capitel besprochen worden.
Weitere, als posthume Werke erschienene Polonaisen — wie die
in Mikuli's Ausgabe befindliche in Gis-moll sowie eine als Beilage zur Zeitung *Echo Muzyczne* zuerst erschienene in B-moll
aus dem Jahre 1826[2]) — brauchen uns nicht zu beschäftigen.

Chopin's Polonaisen Op. 26, 40, 53 und 61 sind vorwiegend

---

[1]) Diese Polonaise ist auf dem Titelblatt als die „achte" bezeichnet, wobei
natürlich die Polonaise für Clavier und Violoncell (Op. 3) mitgerechnet ist.

[2]) Beide Polonaisen sind in die Breitkopf und Härtel'sche Ausgabe aufgenommen, wo die in Gis-moll das unwahrscheinliche Datum 1822 trägt. Innere
Gründe sprechen gegen die Richtigkeit desselben.

politischer Art, sie sind der Ausdruck des patriotischen Empfindens des Componisten.   Man erkennt unschwer in ihnen die
stolzen Erinnerungen an einstigen Glanz, das schwermüthige Brüten über gegenwärtige Demüthigungen, die leuchtenden Visionen
einer zukünftigen Wiedererhebung.   Sie sind voll von kriegerischer Ritterlichkeit, von klagender Niedergeschlagenheit, von Verschwörung und Aufruhr, von ruhmreichen Siegen. Andererseits
ist die poetisch weniger bedeutende Polonaise Op. 22, wenn auch
unzweifelhaft von polnischem, doch nicht von politischem Geiste
erfüllt. Chopin spielte dieses Stück, welches wahrscheinlich 1830
componirt oder doch wenigstens skizzirt,[1]) jedenfalls aber im
Juli 1836 erschienen ist, zum ersten Mal öffentlich in einem
Concert des Pariser Conservertoire zum Benefiz Habeneck's am
26. April 1835, und·zwar war dies das einzige Mal, dass er es
mit Orchesterbegleitung vortrug.   Das einleitende Andante
(G-dur $^6/_8$-Takt) ist, wie das begleitende Prädicat anzeigt, glatt
und ruhig, wie der Spiegel eines Sees an einem stillen heiteren
Sommertag. Ein Boot gleitet über die durchsichtige, unbewegte
Oberfläche des Wassers, macht gelegentlich an einer schattigen
Stelle des Ufers oder an irgend einem Eiland Halt ($^3/_4$-Takt),
setzt dann seine Fahrt fort ($^6/_8$-Takt) und kehrt endlich zu
seinem Ankerplatz zurück ($^3/_4$-Takt).   Eine organische Verbindung zwischen dem Andante und der folgenden Polonaise (in
Es-dur) fehlt; der Uebergang, mit welchem das Orchester in
Wirksamkeit tritt (*Allegro molto* $^3/_4$), ist künstlich und gezwungen. Nach sechzehn Takten *tutti* beginnt das Clavier allein
die Polonaise. Das Orchester, welches auf die kurzen, in keiner
Weise anziehenden und bedeutenden Tutti's beschränkt ist, spielt
eine sehr untergeordnete, meist schweigsame Rolle, und man
vermisst es kaum, wenn die Clavierstimme allein gespielt wird.
Der ausgesprochene, virtuose Charakter des Stückes würde die
Annahme, dass es besonders für den Concertsaal bestimmt ist,
rechtfertigen, auch wenn dies nicht durch das Vorhandensein
der Orchesterbegleitung bewiesen wäre.   Eine stolze Haltung,
gesunde Kraft und muntere Lebhaftigkeit kennzeichnen Chopin
in diesem Falle; doch vermisst man bei aller Bravour seine
besten Eigenschaften. Diese Polonaise zeigt nicht nur die glän-

---

[1]) Vgl. Band I, Capitel XIII, Seite 207.

zendsten, sondern auch die wenigst liebenswürdigen Züge des
polnischen Charakters: Prahlerei und rhetorischen Schwulst;
man ertappt den Componisten darauf, zu posiren, Phrasen zu
machen· und mit Empfindsamkeit zu kokettiren. Mit einem
Wort, Chopin erscheint uns hier als Weltmann, darauf aus-
gehend zu gefallen, seiner selbst sowie seines Erfolges sicher.
Das allgemein Luftige des Stils ist ein hervortretender Zug
dieser Composition aus Chopin's Virtuosen-Periode.

Die ersten Takte der ersten (Cis-moll) der beiden im Juli
1836 erschienenen Polonaisen Op. 26 berühren uns wie der Be-
schluss eines unwiderstehlichen, unerbittlichen Schicksals. Für
einen Augenblick sehen wir einen edlen Zorn aufflammen, der
dann hinstirbt und nur noch Kraft übrig lässt zu einem dumpfen
Brüten (Anfang des zweiten Theils), flehentlichem Bitten schmel-
zender Zärtlichkeit (das E-dur im zweiten Theil und die Schlusstakte des ersten und zweiten Theils) und Versicherungen der
Hingebung *(meno mosso)*. Während die erste Polonaise schwächliche Zaghaftigkeit, sanfte Klage und einen Blick nach Hülfe von
oben zum Ausdruck bringt, athmet die zweite (Es-moll) physische Kraft und Selbstvertrauen, Verschwörung und Aufruhr.
Das halb unterdrückte, an das verhängnissvolle Grollen eines
Vulkanes erinnernde Gemurmel des Missvergnügens wird immer
lauter und intensiver, bis endlich mit gewaltigem Anlauf und
wildem Aufschrei die Explosion erfolgt. Die Gedanken flattern
hier und dort hin, in ängstlicher, rathloser Erregung. Dann
werden kriegerische Klänge hörbar — eine geheime Versammlung einiger Weniger, welche immer zahlreicher und kühner
wird. Sie kommen näher; wir unterscheiden das Klirren von
Sporen und Waffen, den Klang der Trompeten (Des-dur). Rache
und Tod sind die Parole, auf den Gesichtern malt sich dumpfe
Entschlossenheit und Verzweiflung (der Orgelpunkt F mit dem
über ihm liegenden Diskant). Nach einem interessanten Uebergang kehrt der erste Theil wieder. Beim *meno messo* (H-dur)
wird wiederum ein kriegerischer Rhythmus hörbar; diesmal
jedoch ist die Losung nicht Rache und Tod, es geht zur
Schlacht und zum Siege. Aus weiter Ferne bringen die Winde
die Freiheit und Ruhm verkündende Botschaft. Was aber
hören wir jetzt (die vier Takte vor dem *tempo I*)? Ach! Es
ist das Erwachen aus einem schönen Traume. Noch einmal

hören wir jene düstern Klänge, jenen Schrei und jene Explosion
und so fort.   Von den zwei Polonaisen Op. 26 ist die zweite
die grossartigere; die Bestimmtheit, durch welche sie sich von
der mehr zerfliessenden ersten unterscheidet, zeigt sich auch in
der Form.

Ein grösserer Contrast als zwischen den zwei Polonaisen Op. 40
(erschienen im November 1840) ist kaum zu denken; in der ersten
(A-dur) ist der Componist von einem einzigen erhebenden Gedanken erfüllt — er erblickt die tapfer heransprengende Ritterschaft
Polens, Entschlossenheit in jedem Blick, in jeder Bewegung; er hört
um sich her das Stampfen der Rosse, das Klirren der Waffen,
die kühnen, dem Feinde in verächtlichem Tone hinüber ge-
schleuderten Herausforderungen. In der zweiten (C-moll) dagegen
wird der Geist des Componisten von einem trostlosen und ver-
zweifelnden Gedanken zum andern getrieben — er scheint das
Unglück seiner Nation, ihre dumpfe Trauer, ihre zornmüthige
Erregung von verschiedenen Gesichtspunkten aus schildern zu
wollen.   Die männliche Polonaise in A-dur, eine der einfachsten
(aber nicht leichtesten) Compositionen Chopin's, ist die beliebteste von allen; doch ist die zweite, seltener gehörte, die interessantere, ihr Gemüthsinhalt ist mannigfaltiger und sympathischer.
Auch kann das Clavier, wenn auch noch so wirksam verwendet,
dem martialischen Charakter der ersteren nicht völlig gerecht
werden, während es die weniger materiellen Effecte der zweiten
vortrefflich wiederzugeben befähigt ist.   Man beachte endlich
noch in der C-moll-Polonaise die ungeduldige Erregtheit des
zweiten Theils, das capriciöse Spiel mit Licht und Schatten in
dem Trio-artigen As-dur-Theil sowie die hinzugefügte klagende
Stimme bei der Wiederkehr des ersten Motivs am Schlusse des
Musikstückes.[1]

Wenn Schiller mit seinem Ausspruch „Ernst ist das Leben,
heiter ist die Kunst" recht hat, so können wir die Fis-moll-Polo-
naise Op. 44 (erschienen im November 1841) unmöglich zur
Kunst rechnen. Vergebens spähen wir nach Schönheit der Melodie und der Harmonie, und finden nichts als trübselige Unisono's, jammernde Melodiephrasen, hohläugige Akkorde, harte
Fortschreitungen und Modulationen. Der Eindruck, den wir von

---

[1] Bezüglich der A-dur-Polonaise vgl. den dritten der folgenden Absätze.

dieser Polonaise erhalten, .ist mehr ein pathologischer als ein ästhetischer; doch wird Niemand die Grösse und Originalität verkennen, welche durch dieses Düster leuchten. Das zwischengeschobene *Doppio movimento, tempo di mazurka* wirkt wie sanfte, wohlthätige Strahlen, duftige und verschwindende, liebliche und schwermüthige Erinnerungen aus längst vergangener Zeit. Allen diesen Träumen aber wird ein Ende gemacht durch die Wiederkehr jener peinigenden, verzweiflungsvollen Gedanken *(Tempo di Polacca)*. Die scharfen Ecken, die wir bei unserer Reconstruction des Vergangenen so lieblich und gefällig abzurunden pflegen, machen sich in den Dingen der Gegenwart nur zu bald fühlbar und erwecken uns grausam zu den Miseren der Wirklichkeit.

Die As-dur Polonaise Op. 53 (erschienen im December 1843) ist eine der aufregendsten Compositionen Chopin's, sie offenbart eine überwältigende Kraft und ein verzehrendes Feuer. Und ist es wirklich derselbe Chopin, der Schöpfer träumerischer Nocturnen und eleganter Walzer, der hier gährt und kocht, mit wildem, mühsam unterdrücktem Zorn ringend (man beachte die dahinbrausende Folge von Sext-Akkorden, die grollende Sechzehntelfigur und die krachenden Dissonanzen der sechzehn Einleitungstakte), und dann, des Sieges gewiss, seine kühne und verächtliche Herausforderung ausstösst? Und hören wir nicht wiederum, beim Beginn der obstinaten Sechzehntelfigur in Octaven für die linke Hand, das Galloppiren der Rosse, das Klirren der Waffen und Sporen und den Klang der Trompete? Hören wir nicht — ja, sehen wir nicht — eine kampfesmuthige Reiterschaar sich nähern und vorübersprengen? Das Geschlecht der Clavier-Titanen allein vermag diesem kriegerischen Tongemälde gerecht zu werden, die physische Kraft des Componisten reichte sicherlich nicht dazu aus.

Man erzählt sich, dass Chopin, als er einmal in nächtlicher Stunde eine seiner Polonaisen spielte, deren Composition er soeben beendigt hatte, gesehen habe, wie die Thür seines Zimmers sich öffnete, und ein langer Zug polnischer Ritter und Damen in alterthümlichen Costümen eingetreten und vor ihm vorübergezogen sei; diese Vision habe ihn so erschreckt, dass er durch die gegenüberliegende Thür geflohen sei und die ganze Nacht hindurch nicht gewagt habe, jenes Zimmer wieder zu betreten. Karasowski sagt, die fragliche Polonaise sei die zuletzt erwähnte in As-dur; ich aber erfuhr von Kwiatkowski, der die beschriebene Scene drei Mal bildlich dargestellt hat,[1]) dass es die in A-dur Nr. 1 des Op. 40 (Fontana gewidmet) ist.

Unter allen Schöpfungen Chopin's kenne ich kaum eine ergreifendere als die *Polonaise - Fantaisie*, As-dur Op. 61 (erschienen im September 1846). Welch unaussprechlicher, unergründlicher Seelenschmerz spricht aus diesen Tönen! Wohin wir blicken, grenzenlose Traurigkeit. Diese Klagen und Verzweiflungslaute, dieses seltsame, ruhelose Wandern der Gedanken weckt unser innigstes Mitleid. Wohl begegnen wir Gedanken voll sanfter Ergebung, jeder Hoffnung baar aber erscheinen sie nur noch trüber als alle andern. Die kriegerischen Klänge, die kühnen Herausforderungen, das Triumphgeschrei, welches wir in den andern Polonaisen so oft gehört, ist hier verstummt.

Elegische Traurigkeit [sagt Liszt] herrscht darin vor, nur unterbrochen von ungestümen Bewegungen, melancholischem Lächeln, unerwarteten Seitensprüngen, Ruhepunkten voll bangen Erzitterns, wie die es empfinden, die, von einem Ueberfall überrascht, auf allen Seiten eingeschlossen, am weiten Horizonte keinen Hoffnungsschein erblicken, denen die Verzweiflung zu Kopfe gestiegen, wie ein voller Zug cyprischen Weines, der allen Gebärden eine instinctive Raschheit, allen Reden eine schärfere Spitze, allen Empfindungen eine verzehrende Gluth verleiht und endlich eine Erregtheit hervorbringt, die an Wahnsinn grenzt.

So steht dies Werk, obwohl Gedanken enthaltend, die an Schönheit und Grossartigkeit dem Bedeutendsten, was Chopin geschaffen, gleichstehen — fast könnte man sagen, es noch übertreffen — in Anbetracht seines pathologischen Inhalts doch ausserhalb der Sphäre der Kunst.

Chopin's Walzer, die populärsten unter seinen Werken, können nicht, wie die Mehrzahl seiner Compositionen, als *poésie intime* bezeichnet werden.[2]) Hier mischt sich der Componist in das Weltgetriebe — mehr aus sich hinaus als in sich hinein blickend — und verbirgt als richtiger Weltmann seine Sorgen

---

[1]) *Le Rêve de Chopin*, ein Aquarell und zwei Oel-Skizzen, welche nach Chopin's Angabe (*d'après l'avis de Chopin*) die Polonaise darstellen.

[2]) Eine Ausnahme machen, bis zu einem gewissen Grade wenigstens, Op. 34 Nr. 2 und Op. 64 Nr. 2.

und Leiden hinter Lächeln und verbindlichen Manieren. Der in
seinen späteren Jahren fast gänzlich verloren gegangene helle
Glanz und die leichte Anmuth der ersten Jahre seiner Künstlerlaufbahn kommen in den Walzern wieder an die Oberfläche.
Diese sind Salonmusik aristokratischster Art. Bei Schumann sagt
Florestan von einem der Walzer — und er hätte es von allen
sagen können — er würde ihn nicht spielen, es sei denn, dass
mindestens die Hälfte der Tänzerinnen aus Gräfinnen bestünde.
Das Aristokratische in Chopin's Walzern ist indessen nicht con-
ventionell, sondern real; ihre ausgesuchte Grazie und Vornehmheit
sind natürlich, nicht gemacht; sie sind echte Tanz-Dichtungen,
die Poesie des Walzer-Rhythmus und der Walzer-Bewegung sowie
die dadurch erregten Empfindungen bilden ihren Inhalt. In einer
seiner ausschweifend-romantischen Kritiken spricht Schumann mit
Bezugnahme auf Chopin's *Grande Valse brillante* Op. 18, dem
zuerst erschienenen von seinen Walzern (Juni 1834), von „Chopin's
körper- und geist-erhebendem Walzer, der uns immer tiefer ein-
hüllt in seine dunklen Fluthen". Diese Sprache ist freilich dem
Gegenstande keineswegs angemessen, denn Op. 18 unterscheidet
sich dadurch von den besten Walzern des Meisters, dass er nicht
eine Tanz-Dichtung, sondern ein einfacher Tanz ist, wenn auch
zugegeben werden muss, dass es ihm als solchem an Lebhaftigkeit, Pikanterie und Schwung nicht fehlt. Kommen wir aber zu
den *Trois Valses brillantes* Op. 34 (erschienen im December 1838),
zur *Valse* Op. 42 (erschienen im Juli 1840) und zu den *Trois
Valses* Op. 64 (erschienen im September 1847), die einzigen
übrigen von Chopin veröffentlichten Walzer, so finden wir wahr-
hafte Tanz-Dichtungen. Um nur einen Augenblick beim Op. 34
zu verweilen, welche Munterkeit spricht aus den Einleitungstakten des ersten der drei Walzer (As-dur), und wie deutlich
offenbart sich der Geist dieses Tanzes in allem Folgenden! Wir
fühlen die wirbelnde Bewegung, und bei Eintritt der Achtelfigur mit dem siebzehnten Takt des zweiten Theils glauben
wir die Gewänder fliegen zu sehen. Dann, welche Kraft im
dritten Theil und welch schmeichelnde Zärtlichkeit im vierten;
und wie glänzend endlich die Vermischung der Achtel mit Triolen am Schlusse!

Der zweite Walzer (A-moll, *Lento*) ist von ganz anderer,
mehr zurückhaltender und privater Natur, eine Ausnahme von

der Regel. Es hat dem Componisten augenscheinlich Vergnügen gemacht, sich dieser süssen Träumerei hinzugeben, seinen melancholischen, von zartestem Lieben und Sehnen erfüllten Gedanken nachzuhängen. Doch das Wort ist ungenügend zur Beschreibung dieser Stimmungen. Als Stephen Heller, wie er mir erzählte, sich eines Tages in Paris in der Schlesinger'schen Musikalienhandlung befand, trat Chopin ein und fragte ihn, nachdem er gehört, dass er einen seiner Walzer verlangt habe, welcher von ihnen ihm am Besten gefiele. „Die Antwort wird mir schwer" erwiederte Heller „denn sie gefallen mir alle; würde ich aber gedrängt, so würde ich wahrscheinlich sagen, der in A-moll." Dies machte Chopin viel Vergnügen. „Das freut mich" sagte er „es ist auch mein Liebling." Mit höchster Liebenswürdigkeit lud er sodann Heller zum Frühstück ein, was dieser annahm, worauf beide Künstler sich ins Café Riche begaben. Der dritte Walzer (F-dur, *Vivace*) ist von ganz anderem Charakter als die vorhergehenden. Welch ein Spiel der Muskeln! Welch ein Wirbeln! Man beachte die schwindelerregende Bewegung der Melodie vom siebzehnten Takt an. Von diesem Walzer Chopin's sowie von dem ersten gilt ganz besonders, was Schumann von allen dreien sagt: „Ein so fluthendes Leben bewegt sich darin, dass sie wirklich im Tanzsalon improvisirt zu sein scheinen." Ein anderer Ausspruch Schumann's, auf Op. 34 bezüglich, kann auf alle von Chopin selbst veröffentlichten Walzer angewendet werden: „Sie müssen gefallen; sie sind andern Schlages als die gewöhnlichen, und in der Art, wie sie nur einem Chopin beikommen können, wenn er in das Tanzgemenge, das er eben hebt durch sein Vorspielen, grosskünstlerisch hineinsieht und andere Dinge denkend, als was da getanzt wird." Im As-dur-Walzer, der die Opuszahl 42 trägt, scheint mir die Vereinigung des zweitheiligen Rhythmus der Melodie mit dem dreitheiligen der Begleitung die liebevolle Verschlingung und zärtliche Umarmung der tanzenden Paare anzudeuten. Dann, nach den sanften Kreisbewegungen des ersten Theils, kommt jenes Schweben, frei und anmuthig wie das des Vogels, welches zwischen den verschiedenen Theilen des Walzers wieder und wieder erscheint. Der Des-dur-Theil überströmt von Freudigkeit; im *sostenuto* dagegen wird der Componist sentimental, macht feierliche Betheuerungen und seufzt tief auf; auf dem Höhepunkt der Sentimen-

talität angelangt aber taucht er plötzlich wiederum in jene wilde,
sich selbst, Himmel und Erde vergessende Lust — ein ebenso
entzückender wie geistreicher Zug des Genies.

Bezeichnen wir mit dem Namen Scherzo weniger eine bestimmte Form, als vielmehr einen Gemüthszustand, so können
wir sagen, dass Chopin's Walzer eigentlich seine Scherzo's sind,
und nicht diejenigen Stücke, denen er diesen Namen gegeben
hat. Keiner von Chopin's Walzern ist populärer geworden, als
der erste des Op. 64 (Des-dur); begreiflicherweise, denn an
innerem Leben, Fluss und Einheitlichkeit steht er unübertroffen
da, der Reiz seiner mannichfaltigen Beweglichkeit ist unbeschreiblich. Von der Veranlassung zu seinem Beinamen *valse au petit
chien* war schon im Capitel XXVI S. 155 die Rede. Nr. 2
(Cis-moll) ist, wenn auch von Nr. 1 grundverschieden, doch
kaum weniger vollendet. Zärtliches, liebeskrankes Sehnen kann
nicht wahrer, lieblicher und hinreissender geschildert werden.
Nr. 3 (As-dur) mit seinen fein geschlängelten melodischen Linien,
die in Chopin's Walzern eine so wichtige Rolle spielen, und mit
seinen übrigen reizenden Details, befindet sich, so schön wie er
auch ist, neben den beiden andern Walzern in einer ziemlich
schwierigen Lage. Dass der Componist gewisse Walzer nicht veröffentlicht hat, welche später durch den Eifer seiner Bewunderer
und die Gewinnsucht der Verleger in die Oeffentlichkeit gelangten, beweist mir, dass er ein strenger Kritiker seiner eigenen
Werke gewesen ist. Fontana hat in seine Sammlung nachgelassener Compositionen fünf Walzer aufgenommen: *Deux Valses*
Op. 69 (F-moll, vom Jahre 1836; H-moll von 1829) und *Trois
Valses* Op. 70 (Ges-dur, von 1835; F-moll, von 1843; Des-dur,
von 1830). Weiter existirt noch ein Walzer in E-moll und einer
in E-dur (von 1829).[1] Einige dieser Walzer wurden bereits besprochen, als von des Meisters Jugendwerken die Rede war, zu
denen sie gehören. Der zuletzt erwähnte Walzer, der sich in den
Ausgaben von Mikuli (Nr. 15 der Walzer) wie auch von Breitkopf und Härtel (Nr. 22 der nachgelassenen Werke) befindet, ist

---

[1] Die *Deux Valses mélancoliques* (F-moll und H-moll), *écrites sur l'album
de Madame la Comtesse P.*, 1844 (Krakau. J. Wildt), in der englischen Ausgabe
(London. Edwin Ashdown) betitelt: *Une soirée en 1844, Deux Valses mélan-
choliques*, sind Op. 70 Nr. 2 und Op. 69 Nr. 2 der von Fontana herausgegebenen
nachgelassenen Werke.

eine sehr schwache Composition; von allen übrigen Walzern
aber, die der Componist nicht selbst veröffentlicht hat, kann man
behaupten, dass das Gute an ihnen in andern Walzern besser
zum Ausdruck gekommen ist.

Wir besitzen von Chopin 27 Etüden: *Douze Etudes* Op. 10,
erschienen im Juli 1833; *Douze Etudes* Op. 25, erschienen im
October 1837; endlich *Trois nouvelles Etudes*, die 1880, vor
ihrem selbständigen Erscheinen, in der *Méthode des Méthodes*
von F. J. Fétis und J. Moscheles veröffentlicht wurden. Die
Daten der Veröffentlichung dieser Etüden bezeichnen, wie in
so manchen andern Fällen, nicht annähernd die ihrer Entstehung.
Sowiński sagt z. B., dass Chopin das erste Heft seiner Etüden
1831 mit nach Paris gebracht habe. Ein polnischer Musiker,
der 1834 nach Paris kam, hörte Chopin die Etüden Op. 25
spielen; und bezüglich desselben Opus lesen wir in einer Kritik
Schumann's, der zweifellos direct von Chopin unterrichtet war:
„Die jetzt erschienenen Etüden [d. h. Op. 25] sind ziemlich alle
mit jenen [d. h. Op. 10] zugleich entstanden, und nur einzelne,
denen man auch ihre grössere Meisterschaft ansieht, wie die
erste in As und die letzte prachtvolle in C-moll [d. h. die zwölfte],
erst vor Kurzem." Bezüglich der *Trois nouvelles Etudes* ohne
Opuszahl haben wir kein ähnliches Zeugniss; innere Gründe aber
sprechen dafür, dass diese schwächsten unter den Etüden des
Meisters — die übrigens keineswes uninteressant und sicherlich
sehr charakteristisch sind — mit besserem Rechte als Op. 25
als Ergebniss einer Nachlese zu betrachten sind. In zwei Briefen
Chopin's aus dem Jahre 1829 theilt er mit, er habe Etüden
componirt. Am 20. October schreibt er: „Ich habe eine Etüde
nach meiner Art componirt," und am 14. November: „Ich habe
einige Etüden geschrieben." Von Karasowski erfahren wir, dass
Chopin die zwölfte Etüde des Op. 10 während seines Aufenthalts in Stuttgart geschrieben hat, unter dem Einfluss der Nachricht von der Eroberung Warschau's durch die Russen am
8. September 1831.

Vom ästhetischen wie vom technischen Gesichtspunkt aus
betrachtet, erscheinen Chopin's Etüden denen jedes andern Componisten ebenbürtig. Wäre es nicht unrichtig, irgend etwas als
das absolut Beste zu bezeichnen, so könnten ihre Vorzüge uns
veranlassen, sie unerreicht zu nennen. Ihr Haupt-Unterscheidungs-

merkmal von Chopin's übrigen Werken ist ihre gesunde Frische
und Kraft; selbst die langsamen, träumerischen und elegischen
haben nichts von jener Schwäche und Kränklichkeit, die sich in
nicht wenigen Werken des Meisters, besonders in mehreren
seiner Nocturnen findet. Ausserordentlich gross ist die Charak-
ter-Verschiedenheit dieser Etüden. In einigen ist die ästhetische,
in andern die technische Absicht besonders ausgeprägt; in einigen
wenigen halten sich beide das Gleichgewicht; in keiner sind sie
ganz ausser Acht gelassen.   Chopin giebt uns hier eine Art
Inbegriff seiner Mittel und Wege, seiner Claviersprache: Akkorde
in weiter Lage, langgestreckte Arpeggio's, chromatische Fortschreitungen (einfach, in Terzen und in Octaven), gleichzeitiges
Erklingen verschiedener Rhythmen etc. — nichts fehlt. Spielt
man sie oder hört man sie, so muss man sich des Chopin'schen
Wortes erinnern: „Ich habe eine Etüde nach meiner Art componirt." Die Ansprüche des Componisten an die Technik des
Ausführenden waren zur Zeit des Erscheinens der Etüden wirklich so ungewöhnlicher Art, dass man sich nicht wundern kann,
wenn der arme blinde Rellstab ins Schwanken gerieth und seinen
Gefühlen in den folgenden plump-scherzhaften Worten Luft
machte: „Wer verrenkte Finger hat, bringt sie an diesen Etüden
wieder ins Grade, wer nicht, muss sich aber sehr davor hüten
und sie nicht spielen, ohne Herrn von Gräfe oder Dieffenbach
in der Nähe zu haben."

In Op. 10 zeichnen sich drei Etüden durch ihre Schönheit
besonders aus. Die dritte (*Lento ma non troppo*, E-dur) und die
sechste (*Andante*, Es-moll) zählen zu Chopin's reizendsten Compositionen, indem sie die klassische Keuschheit der Umrisse mit
romantischem Dufte vereinen. Und welch erhabene Grösse spricht
aus der zwölften, in Stuttgart nach dem Falle Warschau's entstandenen Etüde (*Allegro con fuoco*, C-moll)! Der Componist
scheint vor Wuth zu kochen: Die linke Hand stürmt gewaltsam
einher und die rechte fährt mit leidenschaftlichen Ausrufungen
dazwischen. Mit Bezug auf die oben genannte Etüde *Lento ma
non troppo* sagte Chopin zu Gutmann, er habe nie in seinem
Leben wieder eine so schöne Melodie (*chant*) erfunden; und
einmal, als Gutmann sie spielte, erhob der Meister die gefalteten
Hände und rief aus: „O, ma patrie!" — Ich theile Schumann's
Meinung, dass der Gesammtwerth des Op. 10 den des Op. 25

übersteigt. Mit ihm betrachte ich auch die Nummern 1 und 12
als die bedeutendsten des letzteren Etüden-Heftes: Nr. 1 (*Allegro
sostenuto*, As-dur) — ein wallender Nebel unten, eine schöne,
frische, luftige Melodie darüber schwebend, und ein- oder zweimal ein dichterer Körper inmitten des dunstigen Elementes er-
scheinend — von der Schumann sagt: „Nach der Etüde wird's
Einem, wie nach einem sel'gen Bild, im Traum gesehen, das
man, schon halbwach, noch einmal erhaschen möchte;“[1] dann
Nr. 12 (*Allegro molto con fuoco*, C-moll), in welcher die innere
Erregung nicht weniger hoch steigt als die sie andeutenden
Arpeggio-Wellen in beiden Händen. Stephen Heller's Geschmack
weicht von demjenigen Schumann's ab; in seiner Besprechung
des Chopin'schen Op. 25 in der *Gazette musicale* vom 24. Februar 1839 sagt er:

Was brauchen wir noch, um einen oder mehrere Abende in
denkbar glücklichster Stimmung zu verbringen? Was mich anlangt,
so suche ich in dieser Sammlung von Dichtungen (dies ist die einzig
treffende Beziehung für Chopin's Compositionen) nach irgend einem
Lieblingsstück, welches ich fester als die andern meinem Gedächtnisse einprägen könnte. Wer vermöchte Alles zu behalten? Desshalb habe ich in meinem Notizbuch die Nummern 4, 5 und 7 der
vorliegenden Dichtungen besonders angemerkt. Von diesen zwölf
vielgeliebten Etüden (deren jede ihren eigenen Reiz hat) ziehe ich
die drei oben bemerkten allem Uebrigen vor.

Bezüglich der vierten bemerkt Heller, dass sie ihn an den
ersten Takt des Kyrie (richtiger des *Requiem eternam*) des Mozart'schen Requiem erinnere. Von der siebenten Etüde sagt er:

Sie ruft die süsseste Wehmuth hervor, die beneidenswerthesten
Qualen; wenn man sich beim Spielen unwillkürlich in eine traurige,
melancholische Gedankenwelt gedrängt fühlt, so setzt dies eine
Seelenstimmung voraus, die ich allem Andern vorziehe. Ach, wie
liebe ich diese düstern und geheimnissvollen Träumereien — Chopin
aber ist der Gott, der sie erzeugt.

Diese Nr. 7 (E-dur, *Lento*), ein Duett zwischen Ihm und
Ihr, bei welchem sich der erstere gesprächiger und nachdrücklicher zeigt, als die letztere, ist in der That ungemein lieblich,

---

[1] Vgl. das vollständige Citat Band I S. 322.

vielleicht aber auch etwas eintönig, wie es derartige *tête-à-tête* gewöhnlich für Dritte sind. Als Gegensatz zu Nr. 7 und zum Schlusse erwähne ich noch — mit Uebergehung verschiedener luftiger Gebilde und anderer reizvoller Erfindungen — die Octaven-Etüde Nr. 10, als ein wahres Pandämonium, in welchem zwar zeitweilig heiligere Klänge ertönen, schliesslich jedoch die Hölle siegt.

Die Entstehungsgeschichte der *Vingt-quatre Préludes* Op. 28, erschienen im September 1839, habe ich im einundzwanzigsten Capitel aufzuklären versucht. Die Unbestimmtheit des Charakters, sowie der Form des Präludiums hat ohne Zweifel die Wahl des Titels entschieden, obwohl derselbe für den Inhalt dieses Opus nicht ganz zutreffend ist. Dasselbe gilt aber von jedem andern Titel. Diese vielgeartete Sammlung von Clavierstücken erinnert vorzugsweise an die Mappe eines Malers mit Zeichnungen in allen Stadien der Arbeit — vollendet und unvollendet, vollständig und unvollständig ausgeführt, Skizzen und blosse Memoranda, alles unordentlich durcheinander. Die vollendeten Arbeiten waren entweder zu klein oder zu leicht wiegend, um separat in die Welt hinausgesandt zu werden; zur Entwickelung, Vervollständigung und Vollendung des Uebrigen aber war dem Componisten die rechte Stimmung abhanden gekommen und konnte nicht wiedergefunden werden. Schumann spricht seine Bewunderung für diese Präludien so warm als ihm möglich ist aus, fügt aber hinzu: „Auch Krankes, Fieberhaftes, Abstossendes enthält das Heft." Ich meine nicht, dass sich viel eigentlich „Abstossendes" darin findet, muss aber zugeben, dass es mit dem Kranken und Fieberhaften seine Richtigkeit hat.

Die Präludien [schreibt Schumann] bezeichnete ich als merkwürdig. Gesteh' ich, dass ich mir sie anders dachte und wie seine Etüden im grössten Styl geführt. Beinahe das Gegentheil; es sind Skizzen, Etüdenanfänge, oder will man, Ruinen, einzelne Adlerfittiche, alles bunt und wild durcheinander. Aber mit feiner Perlenschrift steht in jedem der Stücke: ‚Friedrich Chopin schrieb's'; man erkennt ihn in den Pausen am heftigen Athmen. Er ist und bleibt der kühnste und stolzeste Dichtergeist der Zeit.

Die fast unerschöpfliche Fülle von Schönheiten dieser Schatzkammer, genannt *Vingt-quatre Préludes*, ist nur mittelst genauester Analyse zu erfassen, für welche es mir hier leider an

Raum fehlt. Ich muss mich mit wenigen Worten über einige
aufs Gerathewohl herausgenommene Stücke begnügen. Nr. 4
ist eine kleine Dichtung, deren ausgesucht liebliche, sehnende
Sinnigkeit nicht zu beschreiben ist. Der Componist scheint in
der engen Sphäre seines Ich versunken, von welcher er die weite,
lärmende Welt zeitweilig ausgeschlossen hat. In Nr. 6 müssen
wir ohne Zweifel dasjenige Präludium erkennen, welche Chopin
nach George Sand's Aussage eines Abends beim Fallen der
Regentropfen erdacht hat, und welches die Seele „in einen Zustand furchtbarer Niedergeschlagenheit versetzt".[1]) Wie wundervoll schildern in Nr. 8 die streitenden Rhythmen der Begleitung
und der springend umherirrende Gang der Melodie den Zustand
der Angst und Erregtheit! Der zu baldige Abschluss des heitern, muntern Gebildes, Nr. 11, erfüllt uns mit Bedauern. In der
herrlich melodiösen Nr. 13 sind das *più lento* und die eigenthümlichen Schlusstakte besonders bemerkenswerth. Nr. 14 fordert zu einem Vergleiche mit dem Finale der B-moll-Sonate
heraus. Der Mittelsatz (Cis-moll) der folgenden Nummer (Des-
dur, eine der mehr ausgeführten Präludien) zaubert uns den mit
Kreuzgängen umgebenen Hof des Klosters Valdemosa vor Augen;
wir glauben eine Procession von Mönchen zu sehen, die unter
Trauergesängen in nächtlicher Stunde einen verstorbenen Bruder
zur letzten Ruhestätte geleiten. Sie erinnert uns an die Bemerkung
George Sand's, dass das Kloster für Chopin voll von Schreck-
nissen und Erscheinungen gewesen sei. Der Cis-moll-Theil von
Nr. 15 wirkt wie ein beängstigender Traum; der Wiedereintritt des
anfänglichen Des-dur, mit welchem der fürchterliche Alp verschwindet, berührt uns gleich der lächelnden Frische einer lieben
vertrauten Landschaft — nur nach den überstandenen Schrecken
kann ihre heitere Schönheit völlig gewürdigt werden. Nr. 17, ein
ebenfalls mehr ausgeführtes Stück, frappirt durch seine Verwandtschaft mit Mendelssohn's Liedern ohne Worte. Auch Nr. 21
mit seiner beruhigenden Cantilene und seiner tiefathmenden,
fieberhaft pulsirenden Achtelfigur darf, als eine der schönsten
der Sammlung, nicht unerwähnt bleiben.

  Ausser den vierundzwanzig Präludien Op. 28 hat Chopin
noch ein einzelnes, Op. 45, veröffentlicht, welches im Decem-

---

[1]) Vgl. George Sand's Erzählung und Beschreibung auf S. 46 dieses Bandes.

ber 1841 erschienen ist. Diese Composition trägt ihren Namen
mit besserem Rechte, als fast irgend eines der vierundzwanzig;
dennoch möchte ich sie noch lieber *improvisata* betiteln; sie erscheint eben als ein unberechneter, sorgloser Erguss in einer
einsamen, trübseligen, vielleicht im Zwielicht am Clavier verbrachten Stunde. Die Achtelfigur erhebt sich schwungvoll, die
getragenen Partien strömen stolz dahin. Die pikante Cadenz
lässt in ihrer Fortschreitung verminderter Akkorde gewisse Lieb-
lings-Effekte unserer neuesten Componisten vorausahnen. Die
Modulation von Cis-moll nach D-dur und wieder zurück (nach
der Cadenz) ist nicht weniger überraschend als schön.

Man kann kaum sagen, dass Chopin mit seinen Präludien
einen neuen Typus geschaffen habe (obwohl Liszt dieser Meinung zu sein scheint), denn sie sind einander in der Form wie
im Inhalt zu ungleich. Dagegen hat er dies mit seinen vier
Scherzo's gethan: H-moll Op. 20, erschienen im Februar 1835;
B-moll Op. 31, erschienen im December 1837; Cis-moll Op. 39,
erschienen im October 1840; E-dur Op. 54, erschienen im December 1843. „Wie soll sich der Ernst kleiden, wenn schon
der ‚Scherz‘ in dunklen Schleiern geht?“ ruft Schumann aus.
Gewiss ist *scherzo*, wenn wir die ursprüngliche Bedeutung des
Wortes festhalten, eine unrichtige Benennung. Sind aber dann
nicht Beethoven's Scherzo's ebenfalls unrichtig benannt? — bis
zu einem gewissen Grade sicherlich. Wenn aber Beethoven's
Scherzo's häufig des Scherzes entbehren, so sind sie dafür mit
Humor ausgestattet, während in den Chopin'schen weder der
eine noch der andere zu finden sind. Verbänden wir nicht, na-
mentlich seit Mendelssohn's Zeiten, mit dem Worte *capriccio* die
Bedeutung des Leichtbeschwingten und Fröhlichen, so würde
dieses die richtigere Bezeichnung für dasjenige sein, was Chopin
„Scherzo“ genannt hat. Warum aber wollen wir uns bei dem
Namen aufhalten, und nicht lieber die Sache selbst ins Auge
fassen? — womit wir unsere Zeit sicherlich besser verwenden.
Welcher Componist hätte jemals begonnen, wie Chopin in seinem
Premier Scherzo Op. 20? Gleicht der Anfang nicht einem Schrei
der Verzweiflung, und, was darauf folgt, verwirrten Anstrengungen
einer Seele, die vergebens durch einen Wall von Hindernissen
durchzubrechen versucht, endlich ermüdet zusammensinkt, um
einen Traum von idyllischer Schönheit zu träumen, den Kampf

jedoch aufs Neue beginnt, sobald sie wieder zu Kräften gekommen?

Das zweite Scherzo vergleicht Schumann mit einer Dichtung Byron's „so zart, so keck, so liebe- wie verachtungsvoll".
In der That nimmt die Verachtung — ein Element, grundverschieden sowohl vom Scherz wie auch vom Humor, wie man
diese gemeiniglich versteht — eine wichtige Stelle in Chopin's
Scherzo's ein.   Schon der Anfang des Op. 31 bietet davon ein
Beispiel. [1] Im weiteren Verlauf begegnen wir zwar Gedanken von
mehr heiterer Art, doch ist unter ihnen keiner, der nicht von
Traurigkeit betrübt wäre.   Weber — ich nenne diesen hier absichtlich — würde die melodische Phrase im Des-dur-Theil etwa
mit diatonischen Fortschreitungen abgeschlossen und die Harmonie einfach gehalten haben.   Nun sehe man, wie Chopin es
macht.   Das *con anima* trägt den Stempel der Melancholie noch
ausgeprägter.   Auf die Wiederholung der capriciösen, impulsiv
leidenschaftlichen ersten Abtheilung (B-moll und Des-dur) folgt
die köstliche zweite, deren Ausdruck ebenso unbeschreiblich ist,
wie der der „Gioconda" von Leonardo da Vinci — ein sehn-
suchts- und ahnungsvolles Sinnen.   Bei dem tiefen zärtlichen
Verlangen, mit der Unterströmung flehenden Bittens des Cis-
moll-Theiles, beginnt die hin- und herschwankende Phantasie,
aus dem Träumen des Vorangegangenen erwachend, sich auf
einen bestimmten Gegenstand zu concentriren.   Ohne weiter auf
den Inhalt oder die Form dieses Scherzo's einzugehen, wage ich
zu behaupten, dass es an Symptomen der verschiedenartigsten
Seelenstimmungen reicher ist, als Chopin's übrige Werke dieser
Gattung.

Mit besserem Rechte, als auf irgend ein Scherzo des
Meisters wäre auf das dritte, Op. 39, mit seinen willkürlichen
Ansätzen und Veränderungen, seinem steuerlosen Treiben, die
Bezeichnung *capriccio* anzuwenden.   Reizbarkeit, stolze Verach-
tung und ärgerliche Erregtheit hören wir aus diesen Tönen her-
aus, von Scherz und Humor aber keine Spur; jedenfalls wider-

---

[1] „Eine Frage muss es sein [die verdoppelte Triolenfigur *a, b, des* im
ersten Takt], lehrte Chopin, und es war ihm nie genug Frage, nie genug *piano*,
nie genug gewölbt *(tombé)*, wie er sagte, nie bedeutsam *(important)* genug.
Ein Todtenhaus muss es sein, sagte er einmal." (W. von Lenz „Berliner Musikzeitung" Bd. XXVI.)

spricht die zornig aufgeworfene Lippe dem scherzenden Worte, und das sorglose Aeussere vermag die innere Wuth nicht völlig zu verbergen. Erst mit dem *meno mosso* (Des-dur) stellen sich freundlichere Gedanken ein; sehr schön sind die hymnenartigen Sätzchen getragener Melodie mit den eingeflochtenen luftigen Zwischenspielen. Soviel über die Hauptzüge der Composition, deren viele Wunderlichkeiten sich nicht bescheiben lassen. Man kann dies Werk als eine Extravaganz, als grotesk bezeichnen, muss aber zugeben, dass die eigenthümliche Rastlosigkeit und Launenhaftigkeit des Denkens und Fühlens, welche Chopin's Individualität kennzeichnen, nur durch diesen irrenden Gang, durch diese krampfartigen Bewegungen der Form ausgedrückt werden konnten; diesen unklassischen Eigenschaften aber — denn der klassischen Kunst eignet vor allem Plastik und Maass — in Verbindung mit hochgradiger Feinheit und Zartheit, danken seine Compositionen wesentlich ihren eigenartigen Reiz.

Das vierte Scherzo Op. 54 unterscheidet sich von den anderen dreien durch die Abwesenheit jenes Tones der Verachtung, erscheint aber wie sie, wenn auch weniger dicht verhüllt, in schwarzen Schleiern. Der trippelnde Elfenschritt in den Takten 17—20 und an anderen Stellen ist ein neuer Zug in Chopin's Physiognomie. Seinem Gesammtwerthe nach scheint mir dies Werk seinen Geschwistern untergeordnet. Der erste Theil ist zu fragmentarisch, um völlig zu befriedigen; man wird von einem Gedanken zum anderen gedrängt und gestossen, und dabei sind diese Gedanken so ungleich als möglich. Die Schönheit gewisser Einzelheiten soll indessen nicht geleugnet werden: Die harmonischen Finessen, die melodische Gewandtheit und die rhythmische Pikanterie sind von bedeutender Wirkung. Den Ruhepunkt und das versöhnende Gegengewicht bildet die lieblichmelodiöse zweite Abtheilung, mit ihren langen, ruhigen, edel und schön geschwungenen Linien. Auch der Uebergang zur Wiederholung des ersten Theils ist hoch interessant. Es hat den Anschein, als wäre dies Scherzo mühselig gearbeitet und zusammengeschweisst. Wie aber der Dichter geboren und nicht gemacht wird — welches „Geborenwerden" freilich auch weder ohne Wehen von Statten geht, noch eine sorgfältige Pflege überflüssig macht — so dankt auch das Kunstwerk sein Bestes dem Zusammentreffen günstiger Umstände in der Stunde der Geburt.

Der Inhalt der Chopin'schen Impromptu's ist freundlicherer
Art, als der der Scherzo's; ungebunden, wie diese, sind sie dagegen von einer reizenden, liebenswürdigen Ungebundenheit. Die
drei ersten erschienen zu Lebzeiten des Componisten: Op. 29
im December 1837, Op. 36 im Mai 1840, Op. 51 im Februar
1843. Das vierte *(Fantaisie-Impromptu* Op. 66), ist als nach-
gelassenes Werk erschienen. Mit keinem Namen ist wohl mehr
Missbrauch getrieben worden, als mit dem des Impromptu; immer wieder begegnen wir Werken mit diesem Titel, denen man
peinliche Arbeit und ängstliches Feilen, ihre Entstehung beim
Schein der mitternächtigen Lampe und im Schweisse des Angesichts ihres Verfassers nur zu deutlich anmerkt. In welcher
Weise Chopin das *Impromptu* Op. 29 (As-dur) geschaffen hat,
ist mir nicht bekannt. Wie sehr er auch als Improvisator bewundert wurde, so ging ihm doch das Componiren weder leicht
noch schnell von der Hand. Sei dem aber, wie ihm wolle, dies
Impromptu hat ganz und gar den Charakter eines unmittelbaren,
freien Ergusses. Der erste Theil mit seinen Triolen sprudelt
hervor wie ein Springbrunnen, mit welchem die durch das über-
hängende Laub brechenden Sonnenstrahlen ihr Spiel treiben.
Der F-moll-Theil ist ein klarer, aus vollem Herzen erklingender
Gesang von natürlicher Schönheit; sobald er geendet, wird
unsere Aufmerksamkeit aufs Neue von dem harmonischen Gemurmel und der wechselnden Beleuchtung des Wassers gefesselt.

Das *Deuxième Impromptu* Op. 36 (Fis-dur) ist, wie das
erste, ein richtiges Impromptu, nur contrastirt es durch seine
Träumerei, in welcher die Bilder der Phantasie wie in einem
Nebel vorüberziehen, mit der frischen, derben Lebenslust des
ersteren aufs Entschiedenste. Man möchte sich zu diesem Stücke
ein Programm wünschen; ohne ein solches ist der D-dur-Theil bedeutungslos. Wir möchten sehen oder mindestens wissen, wer die
Personen sind, die in der zu den Klängen der Musik sich bewegenden Procession einherschreiten. Einige Takte in der zweiten
Hälfte dieses Theils erinnern an Schumann's C-dur-Phantasie.
Nach diesem Theil wird mittelst eines merkwürdigen Ueberganges
das Thema wieder eingeführt, welches das erste Mal in Fis-dur,
in F-dur und mit Triolenbegleitung gehört worden. Nachdem
Fis-dur wiederum erreicht ist, wird das Thema weiter melodisch
variirt, bis endlich der wunderbare feenhafte Gedanke des ersten

Theils das Stück zum Abschluss bringt. Dies Impromptu steht hinter dem ersten, als weniger markig, zurück, wenn auch seine zarte Lieblichkeit und sein Wohlklang Bewunderung verdienen. Das süsse Vergessen der ernsteren Pflichten und des tiefen Elends des Lebens im Genusse eines *dolce far niente* erinnert an Schubert, an dessen *Fantasia* Op. 78 und andere Werke.

Im *Troisième Impromptu* Op. 51 (Ges-dur) klingen die rhythmische Bewegung sowie die melodische Form der zwei in Schlangenlinien von entgegengesetzter Richtung verlaufenden Stimmen an das erste Impromptu (As-dur) an, doch sind im Uebrigen diese Stücke sehr ungleichen Charakters. Das frühere Werk athmet muntere Frische, das spätere fieberhafte Unruhe und schwächliche Klage. Nach dem unentschlossenen Hin- und Herflattern der abspannenden, entnervenden chromatischen Fortschreitungen in Terzen und Sexten macht die grössere Festigkeit des Mittelsatzes, im Besonderen die verhaltene Kraft und leidenschaftliche Beredtsamkeit des Des-dur eine gute Wirkung; aber auch hier bleiben die weichlichen, klagenden, chromatischen Durchgangs- und Wechselnoten nicht aus, auch lässt die bange, athemlose Begleitung eine frohere Stimmung nicht aufkommen. Kurz, das Stück ist in seiner Art sehr schön, nur ist die ungemilderte oder doch nur ungenügend gemilderte *morbidezza* nichts weniger als gesund. Man beachte noch die im ersten und letzten Theil des Stückes erscheinende Fortschreitung in einfachen Akkorden, wie solche übrigens in Chopin's Werken nicht selten vorkommt.

Ist nicht der Titel *Fantasie-Impromptu* eigentlich ein Pleonasmus? Möge der Leser darüber denken wie er will, jedenfalls wird er mir zugeben, dass das vierte Impromptu Op. 66 (Cis-moll) die werthvollste der von Fontana veröffentlichten Compositionen ist, und mit Recht als ein Liebling der Clavierspielenden Welt gilt. Unmittelbarkeit des Gefühlsausdruckes und Wirksamkeit des Claviersatzes sind die Hauptmerkmale des *Fantasie-Impromptu*. Im ersten Theil finden wir anschwellende, rastlos dahinströmende Sechzehntel, welche eine leidenschaftlich drängende Melodie mit sich ziehen, sowie die gleichzeitige Wellenbewegung einer Begleitung in Triolen; im zweiten Theil, mit Beibehaltung der bewegten Begleitung im Allgemeinen, die klang- und ausdrucksvolle Des-dur-Cantilene; der dritte Theil ist eine

Wiederholung des ersten mit Hinzunahme einer Coda, in der sich
eine Reminiscenz der Cantilene des zweiten Theils den erregten
Sechzehnteln beruhigend beigestellt. Nach Fontana hat Chopin
dies Stück um 1834 geschrieben — warum behielt er es in
seiner Mappe? Ich glaube, dass er an ihm, besonders am
Mittelsatz, denjenigen Grad von Vornehmheit und Detail-Voll-
endung vermisst hat, welche allein seinem wählerischen Geschmacke zu genügen vermochte.

Unter Chopin's Nocturnen finden sich einige seiner beliebtesten Werke, ja die am ·Meisten verbreitete Auffassung
seines Charakters als Mensch und als Musiker scheint von
ihnen abstrahirt zu sein. Diese Auffassung ist indessen eine
irrige, denn jene süsslichen, weichlichen Compositionen lassen
nur eine Seite, und keineswegs die vortheilhafteste oder interessanteste Seite seines Charakters erkennen. Ungeachtet
solcher köstlicher Perlen, wie die zwei Nocturnen Op. 37 und
einiger anderer, zeigt sich doch Chopin grösser, sowohl als
Mensch wie als Musiker, in jeder anderen von ihm geschaffenen
und ausgebildeten Gattung, ganz besonders in seinen Polonaisen,
Balladen und Etüden. Dass er auch in der jetzt zu besprechen-
den Gattung Bewunderungswürdiges bietet, wird sich aus der
folgenden kurzen Betrachtung der achtzehn Nocturnen ergeben
(das von Fontana als Op. 72 Nr. 1 herausgegebene aus dem
Jahre 1828 wurde bereits in einem früheren Capitel besprochen),
welche Chopin der Welt geschenkt hat: *Trois Nocturnes* Op. 9,
im Januar 1833; *Trois Nocturnes* Op. 15, im Januar 1834;
Deux Nocturnes Op. 27, im Mai 1836; *Deux Nocturnes* Op. 32,
im December 1837; *Deux Nocturnes* Op. 37, im Mai 1840;
Deux Nocturnes Op. 48, im November 1841; *Deux Nocturnes*
Op. 55, im August 1844 und *Deux Nocturnes* Op. 62 im Sep-
tember 1846. Rellstab bemerkte 1833 von den *Trois Nocturnes*
Op. 9, Chopin habe, ohne geradezu von Field zu borgen, dessen
Melodie und Art der Begleitung copirt. Dies ist in mancher
Hinsicht richtig, nur das Wort „copirt" trifft nicht zu; der jüngere
Künstler erhielt von dem älteren den ersten Impuls, Stücke dieser
Form zu schreiben, und nahm dabei natürlicherweise Einiges
von ihm an. Im Ganzen ist die Aehnlichkeit mehr die der
Gattung, als die der Art. Schon auf Grund des Op. 9 darf
Chopin als originell gelten; die in den Nummern 1 und 2 (am

Auffallendsten im Beginn der Nr. 2) des ersten Nocturnenheftes bemerkbaren Field-Reminiscenzen aber wird man in den späteren Heften vergebens suchen.

Wo Field lächelt [sagt Rellstab], macht Herr Chopin eine grinsende Grimasse, wo Field seufzt, stöhnt Herr Chopin. Field zuckt die Achseln, Herr Chopin macht einen Katzenbuckel, Field thut etwas Gewürz an seine Speise, Herr Chopin eine Hand voll Cayenne-Pfeffer . . . . Kurz, wie gesagt, wenn man Field's reizende Romanzen vor einen verzerrenden Hohlspiegel hielte, so dass aus jedem feineren Ausdruck ein grobaufgetragener wird, so erhält man Chopin's Arbeit . . . . Wir beschwören Herrn Chopin, zur Natur zurückzukehren.

Was bleibt nun aus dieser Kritik, nach Abzug von Vorurtheil und Engherzigkeit, noch übrig? Nichts, als dass Chopin mannichfaltiger und leidenschaftlicher als Field ist, und dass er gewisse von diesem verwendete Ausdrucksmittel aufs Höchste entwickelt hat. In der Nr. 1 (B-moll) des Op. 9 herrschen wollüstige Träumerei und bestrickende Anmuth, Gedanken, wie sie die Dämmerung, die Stille der Nacht eingeben. Der Gefühlston und die Phrasirung der Nr. 2 (Es-dur) sind von den fashionablen Saloncomponisten so allgemein angenommen, dass man sich des Argwohns nicht erwehren kann, jener Ton sei weniger der der Natur und des warmen Empfindens, als vielmehr einer falschen Sentimentalität. Der grosse Haufe pflegt nicht das Wahre und Edle nachzuahmen, sondern das Unwahre, äusserlich zur Schau Getragene. Es weht in diesem Stücke die Luft des Salons, wo Gefühls-Koketterie und erkünstelte Sprache heimisch sind. Was indessen den Nachahmungen meist abgeht, findet sich in jedem Ton, in jeder Bewegung des Originals: Beredtsamkeit, Grazie und echte Vornehmheit.[1] Das dritte Nocturne ist, wie das vorhergehende, feinste Salonmusik; gesagt wird wenig, aber dies Wenige in sehr artiger Weise. Wenn auch die Atmosphäre schwül und mit Moschus oder ähnlichen Wohlgerüchen erfüllt ist, so ist sie doch frei von

---

[1] Gutmann spielte die Wiederholung des Hauptthemas ganz anders, als sie gedruckt ist, mit einer Fülle von Verzierungen, und behauptete, Chopin habe sie stets so gespielt. Auch die Cadenz am Schluss des Nocturne (Op. 9 Nr. 2) hatte eine andere Form. Indessen hat der Componist sehr häufig die Verzierungen in seinen Compositionen verändert, oder andere Lesarten ersonnen.

Affectirtheit.   Die Schlusscadenz, jene gekräuselte Linie, lässt Chopin deutlich erkennen.

Op. 15 zeigt einen höheren Grad von Unabhängigkeit und poetischer Kraft als Op. 9. Das dritte dieser Nocturnen (G-moll) ist von allen dreien das schönste. Die Worte *languido e rubato* bezeichnen treffend die Unbestimmtheit der Melodieführung, der Harmonien und Modulationen des ersten Theils, in welchen der Componist seinen hin- und herschwankenden, melancholischen Gedanken nachzuhängen scheint. Der zweite Theil ist *religioso* bezeichnet und kann als ein vertrauungsvolles, innere Ruhe und Befriedigung gewährendes Gebet angesehen werden. Die Nocturnen in F-dur und Fis-dur desselben Opus sind leidenschaftlicher als das so eben Besprochene, wenigstens in den Mittelsätzen. Das heitere, zarte, durchaus liebliche, hier und da reizend schmeichelnde *Andante* in F-dur ist von ungestüm herausfordernden Gedanken unterbrochen, welche in Schluchzen und Seufzen übergehen, dann aufs Neue mit gleicher Heftigkeit aufsteigen und sich endlich absterbend in die frühere, sanfte Heiterkeit verlieren. Der Gegensatz zwischen dem weichlichen Träumen und dem feurigen Aufraffen ist so überraschend wie wirksam, und sowohl der praktische Musiker, als auch der Aesthetiker wird geneigt sein, zu erforschen, durch welche Mittel diese verschiedenen Wirkungen hervorgebracht sind. Im zweiten Nocturne, Fis-dur, ist die Helligkeit und Wärme der äusseren Welt in die innere des Componisten eingezogen. Die Fiorituren flattern umher, so leicht wie Sommerfäden. Das süsse, trübe Sehnen des ersten Theils erscheint beunruhigt mit dem Eintritt des *doppio movimento*, doch verliert der wohlthätige Einfluss der Sonne nicht ganz seine Macht, und nach Kurzem kehrt die Ruhe wieder, worauf sich der Schluss wie in die dunstige Ferne eines Sommertages verliert.

Das zweite Stück des Op. 27 (Des-dur) ist in einem günstigeren Moment concipirt, als das erste (Cis-moll), an welchem das übermässig weit-maschige Netz der Begleitung der bemerkenswertheste Zug ist.[1] Was das Nocturne in Des anlangt, so steht es unübertroffen da an Vollendung und Zierlichkeit der

---

[1]) In den meisten Stücken, in denen, wie hier, die linke Hand eine wellenförmige Begleitung hat, liess Chopin sehr sanft und zurücktretend spielen. Dies wenigstens behauptete Gutmann.

Arbeit; sanft fliesst es dahin, mit einem Anflug von Melancholie, sich hier und da zur glatten Fläche ausbreitend. Diese Süssigkeit aber hat etwas Entnervendes; sie birgt Gift in sich, und wir sollten nicht von diesen Terzen, Sexten etc. geniessen, ohne uns bei Bach oder Beethoven mit einem Gegengift versorgt zu haben.

Die beiden Nocturnen des Op. 32 sind reizende Proben von Chopin's Fähigkeit, zarte, friedliche und träumerische Stimmungen wiederzugeben. Von ihnen ziehe ich das ruhige, durchsichtige erste (H-dur) dem zweiten (As-dur) vor. Es ist sehr einfach und sparsam verziert; doch wird diese Ruhe und Einfachheit schliesslich durch eine abgebrochene Cadenz, einige dumpfe Paukenschläge und ein leidenschaftliches, von schroffen Akkorden unterbrochenes Recitativ gestört. Das zweite Nocturne ist weniger originell und markig. — *Deux Nocturnes* (G-moll und G-dur), Op. 37, sind zwei der schönsten, ich möchte sagen, die schönsten von Chopin's Compositionen dieser Gattung; sie bilden untereinander einen Gegensatz. Der erste und letzte Theil des G-moll-Nocturne drücken, wie auch ˙die klagende Begleitung, ein schmerzliches Sehnen aus; die Akkord-Fortschreitungen des Mittelsatzes gleiten hymnenartig dahin.[1]) Wäre es nicht ungerecht, eine Einzelheit besonders lobend hervorzuheben, so möchte ich auf den melodischen Reiz des ersten Motivs hinweisen; schon aber empfinde ich Reue darüber beim Anblick anderer, mit vorwurfsvollen Mienen mir entgegentretender Schönheiten. Eine heitere Sinnlichkeit kennzeichnet das G-dur-Nocturne: Es ist wonnig, sanft gerundet, und nicht ohne eine Beimischung von Weichlichkeit; die Terzen- und Sexten-Folgen, die Halbton-Fortschreitungen, die wiegende Bewegung, die Modulationen (namentlich des ersten Theils und des Ueberganges von diesem zum zweiten Theil) tragen sämmtlich zum Ausdruck des oben geschilderten Charakters bei. Der zweite Theil in C-dur erscheint nach theilweiser Wiederholung des ersten Theils in E-dur wieder; einige wenige Takte des ersten und ein Anklang an den zweiten schliessen das Stück ab.

Verweilen wir indessen nicht zu lange in der verrätherischen Atmosphäre dieses Capua, wir würden sonst bezaubert und ent-

---

[1]) Gutmann spielte diesen Mittelsatz schneller als das Uebrige und bemerkte, Chopin habe den Tempo-Wechsel anzuzeigen vergessen.

nervt werden. Die beiden Nocturnen Op. 48 (C-moll und Cis-moll) können nicht einen hervorragenden Platz unter ihren Genossen beanspruchen, wiewohl sie keineswegs gering zu schätzen sind. Die Melodie des C-moll-Theiles des ersteren ist sehr ausdrucksvoll, und das zweite zeigt in seinem Cis-moll-Theil jene eigenthümliche Chopin'sche *flebile dolcezza.* Beim Spielen dieser Nocturnen fiel mir eine, bei Besprechung der Nocturnen des Grafen Wielhorski gemachte Bemerkung Schumann's ein: Die bewegteren Mittelsätze, welche Chopin häufig in seinen Nocturnen anbrächte, seien meist schwächer als die erste Conception, womit er die ersten Theile bezeichnet. Dies Urtheil gilt auch für den vorliegenden Fall, obwohl hier im Gegentheil die Mittelsätze in langsamerem Tempo sind; mindestens gilt es vom ersten Nocturne, dessen Mittelsatz sich durch nichts empfiehlt, als durch eine volle und wohlklingende Instrumentirung, wenn es erlaubt ist, diesen Ausdruck auf ein einzelnes Instrument anzuwenden. Weit schöner ist der Mittelsatz des zweiten Nocturnes ($^3/_4$, Des, *Molto più lento*); hier begegnen wir wieder den schon aus andern Nocturnen uns bekannten, einfachen, besänftigenden Akkord-Fortschreitungen. Als Gutmann das Cis-moll-Nocturne bei Chopin studirte, empfahl ihm der Meister, den Mittelsatz (das *Molto più lento* in Des-dur) nach Art eines Recitativs zu spielen. „Der Tyrann befiehlt" sagte er (bezüglich der zwei ersten Akkorde) „und der Andere bittet um Gnade".

In Betreff des ersten Nocturnes des Op. 55 (F-moll) will ich nur auf die *flebile dolcezza* des ersten und letzten Theils sowie auf den geringeren Werth des leidenschaftlicher gehaltenen Mittelsatzes hinweisen. Das zweite Nocturne (Es-dur) unterscheidet sich der Form nach von den anderen dadurch, dass es keinen contrastirenden Mittelsatz hat, und die Melodie vom Anfang bis zum Ende gleichförmig dahinfliesst. Die Eintönigkeit einer ununterbrochenen Sentimentalität ermangelt nicht, sich geltend zu machen; man fühlt eine wachsende Sehnsucht, dieser bedrückenden Atmosphäre zu entgehen, eine Sehnsucht nach frischer Luft und Sonnenschein, nach lächelnden Gesichtern und der vielfarbigen Natur, nach dem Rauschen der Bäume, nach dem Murmeln des Baches, nach Stimmen, welche noch nicht den hellen, Freude an der Gegenwart und Vertrauen in die Zukunft kündenden Klang verloren haben. Die beiden Nocturnen

Op. 62 scheinen ihre Entstehung eher der süssen Gewohnheit
des Componirens als der Inspiration zu danken; jedenfalls interessiren die schmachtenden Cantilenen, Triller, Rouladen, Synkopen etc. des ersten (H-dur) sowie die sentimentalen Erklärungen und das verwirrte, monotone *agitato* des zweiten (E-dur)
mich nicht genügend, um länger bei ihnen zu verweilen.

Der grosse Claviervirtuose Tausig versprach eines Tages
W. von Lenz, ihm Chopin's *Barcarolle* Op. 60 (erschienen im
September 1846) vorzuspielen und bemerkte dabei: „Das ist
eine Production, die man nicht vor mehr als zwei Personen vornehmen muss; ich werde ihnen meinen Menschen spielen, ich
liebe das Stück, aber nur selten gehe ich an dasselbe." Lenz,
der die Barcarole nicht kannte, begab sich alsbald in eine Musikalienhandlung und las sie aufmerksam durch. Sie gefiel ihm
indessen keineswegs; sie kam ihm vor, wie ein langer Satz im
Nocturnen-Stil, wie ein Thurmbau von Figuration auf leicht
angelassenem Fundament. Nachdem er sie aber von Tausig
gehört, erkannte er dies als einen Irrthum und musste gestehen,
dass der Spieler in die „neun Seiten entnervender Musik, von
einem und demselben langathmigen Rhythmus ($^{12}/_8$) soviel Interesse, Bewegung und Handlung hineingebracht habe" dass er
gewünscht, das Stück sei noch länger gewesen. Tausig selbst
bemerkte von der Barcarole Folgendes:

Hier handelt es sich um zwei Personen, um eine Liebesscene
in einer verschwiegenen Gondel; sagen wir, diese Inscenirung ist
Symbol einer Liebesbegegnung überhaupt. Das ist ausgedrückt in
den Terzen und Sexten; der Dualismus von zwei Noten (Personen)
ist durchgehend; es ist Alles zweistimmig oder zweiseelig. In dieser
Modulation hier in Cis-dur (*dolce sfogato* überschrieben) nun, da
ist Kuss und Umarmung! Das liegt auf der Hand! — Wenn nach
3 Takten Einleitung im vierten dieses im Basssolo leicht schaukelnde
Thema eintritt, dieses Thema dennoch nur als Begleitung durch
das ganze Gewebe verwandt wird, auf diesem die Cantilene in
zwei Stimmen zu liegen kommt, so haben wir damit ein fortge-
setztes, zärtliches Zwiegespräch.

Sowohl der erste wie der letzte der Eindrücke, welche Lenz
beschreibt, sind verständlich. Die Form der Barcarole ist die
der meisten Nocturnen Chopin's — drei Theile, der dritte eine
modificirte Wiederholung des ersten — nur Alles nach einem

grösseren Maassstab und mehr ausgeführt. Leider contrastirt
der Mittelsatz zu wenig, um nicht, bei aller Bedeutung des Inhalts, doch eine gewisse Länge fühlbar zu machen, so dass wir
Lenz mit seinen „neun Seiten entnervender Musik" nicht eigentlich Lügen strafen können. Immerhin ist die Barcarole eine von
Chopin's bedeutendsten Compositionen im Nocturnenstil; sie hat
eigenartige Züge, die ihr eine *raison d'être* geben, und sie uns
werth machen. Auch an Localfarbe mangelt es ihr nicht. Der
erste Theil erinnert mich an Schumann's Bemerkung, dass
Chopin sich mit seinen Melodien über Deutschland hinaus nach
Italien lehnt. Entsprechend wiedergegeben, kann dieser liebes-
trunkene Roman seine Wirkung nicht verfehlen.

Von allen Stücken, welche den Namen Berceuse führen,
ist Chopin's Op. 57 wohl das schönste oder doch wenigstens
eines der schönsten und glücklichst erfundenen. Seine Berceuse
bewegt sich ausschliesslich auf der harmonischen Basis der
Tonica und Dominante. Der tonische Dreiklang und der Dominant-Septimenakkord theilen sich brüderlich in jeden einzelnen
Takt. Nur im zwölften und dreizehnten vor dem Schlusse (das
Ganze umfasst siebzig Takte) erscheint der Dreiklang der Unter-
dominante und giebt — der Dominant-Akkord ist bereits zur
Ruhe gelangt — dem tonischen Dreiklang Gelegenheit, ein wenig
zu Athem zu kommen. Nun, auf diese Grundlage baut Chopin,
richtiger gesagt, über diese wiegenden Harmonien lässt er eine
reizende Melodie gleiten, der sich bald eine selbständige zweite
Stimme zugesellt. Weiterhin wird diese Melodie in Fiorituren
und Coloraturen aufgelöst, Spielereien von solcher Feinheit, Lieblichkeit und Grazie, dass man die Königin Mab zu sehen
glaubt, welche kommt

> . . . . nicht grösser als der Edelstein
> Am Zeigefinger eines Aldermanns,
> Und fährt mit einem Spann von Sonnenstäubchen
> Den Schlafenden quer auf der Nase hin.
> Die Speichen sind gemacht aus Spinnenbeinen,
> Des Wagens Deck' aus eines Heupferds Flügeln;
> Aus feinem Spinngewebe das Geschirr,
> Die Zügel aus des Mondes feuchtem Strahl;
> Aus Heimchenknochen ist der Peitsche Griff,
> Die Schnur aus Fasern; eine kleine Mücke
> Im grauen Mantel sitzt als Fuhrmann vorn.

— wer kennt nicht die köstliche Geschichte von der Fee im Haselnuss-Wagen, von ihren Scherzen und Neckereien? Nach und nach verlangsamen sich die zierlichen Bewegungen der Coloraturen und gleiten schliesslich in die einfache Melodie über, die jedoch schon nach dem dritten Takt zum Stillstand gelangt, dann noch einmal in Kürze wieder aufgenommen wird, um nach einem langgedehnten Dominant-Septimenakkord in Ruhe und Stille zu verhallen. Alexander Dumas *fils* schildert in seiner *Affaire Clémenceau* die Berceuse als

gedämpfte Musik [*Musique en sourdine*], welche allmählich die Atmosphäre durchdrang und bei uns Allen eine Empfindung hervorrief, der Wirkung eines orientalischen Bades vergleichbar, wo alle Sinne sich in einer allgemeinen Beruhigung [*apaisement*] verschmelzen, wo der harmonisch gebrochene Körper kein weiteres Verlangen hat, als nach Ruhe, wo die Seele, alle Pforten ihres Gefängnisses geöffnet erblickend, sich aufschwingt, wohin es ihr beliebt, stets aber zum Blau des Aethers, zum Lande der Träume.

In keiner Compositionsgattung hat Chopin an Meisterschaft der Form, an Schönheit und Poesie des Inhalts mehr geleistet, als in seinen Balladen — hier erreicht er, wie ich meine, den Höhepunkt seiner künstlerischen Kraft. Es ist sehr zu bedauern, dass ihrer nur vier sind: Op. 23, erschienen im Juni 1836; Op. 38, September 1840; Op. 47, November 1841; Op. 52, December 1843. Schumann sagt in seiner Besprechung der zweiten Ballade: „Chopin hat unter demselben Namen schon eine geschrieben, eine seiner wildesten, eigenthümlichsten Compositionen." Er berichtet auch, dass Chopin, wie dieser ihm selbst mitgetheilt habe, durch die Dichtungen Mickiewicz' zur Composition von Balladen angeregt sei, und fügt bezeichnend hinzu: „Umgekehrt würde ein Dichter zu seiner Musik wieder sehr leicht Worte finden können; sie rührt das Innerste auf." In der That ist die G-moll-Ballade Op. 23 ganz und gar durchzuckt von dem intensivsten Empfinden, von Seufzern, Schluchzen, Aechzen und leidenschaftlichen Wallungen. Die sieben Einleitungstakte *(Lento)* beginnen fest, gewichtig und stark, werden aber allmählich schlaffer, leichter, sanfter und schliessen mit einem dissonirenden Akkord ab, den einige Herausgeber zu ändern für gut befunden haben;[1]

---

[1] Die Richtigkeit der verdächtigen Note ist durch das Zeugniss seiner Schüler, Gutmann, Mikuli u. a. bestätigt.

19*

Das dissonirende Es jedoch könnte als der Schlüssel zum Verständniss der ganzen Tondichtung gelten: es ist ein fragender Gedanke, der, wie ein plötzlicher Schmerz, Geist und Körper durchfährt. Dann beginnt der Erzähler seine einfache aber ergreifende Geschichte, von Zeit zu Zeit durch ein tiefes Aufseufzen unterbrochen. Nach dem *ritenuto* wird der Gegenstand der Erzählung ergreifender; das Seufzen und Stöhnen, anfänglich noch zurückgedrängt, ertönt lauter in dem Maasse, wie die Erregung zunimmt, bis endlich das ganze Wesen bis ins tiefste Innere stürmisch bewegt ist. Dem Tumulte der Leidenschaften folgt eine liebliche, wie eine Himmels-Erscheinung sich herabsenkende Ruhe (*meno mosso*, Es-dur); bald aber bricht im Gefolge des ersten Themas ein neuer Sturm der Empfindung aus, mit mächtigem Aufbäumen und beängstigenden Ruhepausen, welche die Wiederholung des Tumultes ahnen lassen. So schwankt die Ballade auf dem Meer der Leidenschaften hin und her, bis ein verzweifelter, tollkühner Anlauf (*presto con fuoco*) sie zum Abschluss bringt.

Von der *Deuxième Ballade* Op. 38 (F-dur) erzählt Schumann, er habe sie vor ihrer Veröffentlichung in Leipzig spielen hören, damals aber hätten die leidenschaftlichen Mittelsätze noch nicht existirt, und statt, wie jetzt in A-moll, hätte es in F-dur geschlossen. Uebrigens meint er von dieser Ballade, dass sie als Kunstwerk unter der ersten stehe, doch nicht weniger phantastisch und geistreich sei. Wenn zwei so grundverschiedene Dinge überhaupt verglichen werden können, so mag Schumann Recht haben; ich halte ein derartiges Abwägen jedoch nicht für statthaft. Die zweite Ballade enthält Schönheiten, die denen der ersten in keiner Weise nachstehen. Was kann man Edleres hören, als die einfachen, gleichsam aus der Volksseele herausgesungenen Klänge des ersten Tempos? Der Eintritt des Presto überrascht und scheint ohne Beziehung zu dem Vorangegangenen zu sein; was wir jedoch nach der Wiederkehr des *tempo primo* hören — die weitere Ausführung jener einfachen Klänge, oder richtiger, die durch sie veranlassten Betrachtungen — rechtfertigt das Presto. Das zweite Auftreten des letzteren führt zu einer drängenden, ruhelosen Coda in A-moll, welche in derselben Tonart und *pianissimo* mit einigen wenigen der edel-einfachen, jetzt verschleiert erklingenden Eingangstakte schliesst.

Die *Troisième Ballade* Op. 47 (As-dur) kommt ihrer
Schwester an Gefühlswärme nicht gleich, jedenfalls nicht hinsichtlich des Sturmes der Leidenschaften. Der Componist zeigt
bei dieser Gelegenheit eine schmeichelnde Grundstimmung; die
feinen Abstufungen aber, das Schillern der Gefühle lassen sich
mit Worten nicht beschreiben. Schmeicheln und Ueberredung
können nicht unwiderstehlicher, Anmuth und Zärtlichkeit nicht
verführerischer auftreten. Ueber alles Melodische, Harmonische
und Rhythmische ist die ausgesuchteste Eleganz ausgegossen.
Ein Erzittern der inneren Erregung macht sich vom Anfang bis
zum Ende fühlbar. Die in dieser Ballade besonders häufigen
Synkopen, Accent-Verschiebungen und Pausen · auf dem guten
Takttheil (Seufzer und verhaltener Athem, aufs Glücklichste ausgedrückt) geben ihr einen aparten Reiz. Als ein Beispiel dafür
erwähne ich das zauberische F-dur-Thema des zweiten Theiles,
welches auch bei seiner Wiederkehr in verschiedenen Tonarten
und veränderter Haltung von grösster Wirkung ist. Man kann
sich wirklich nicht genug über die Leichtigkeit und Sicherheit
wundern, mit welcher Chopin hier die Form handhabt, während
er doch in fast allen andern Werken grösserer Form sich ohne
Erfolg damit abmüht.

Es wäre thöricht und anmaassend, einer der Balladen den
Vorrang vor den übrigen zu geben, doch darf man ohne Zögern
behaupten, dass die vierte Op. 52 (F-moll) ihrer Schwestern
durchaus würdig ist. Der Grundton dieses Stückes ist sehnende
Trauer; kleine Abschweifungen ausgenommen, wird derselbe für
den ganzen Verlauf der Ballade festgehalten. Die Variationen
des Hauptthemas sind nichts anderes als nachdrücklichere Dar-
legungen desselben: die erste wirkt eindringlicher als das Original, die zweite zeichnet sich durch einen Zug beredtsamer Bitte
aus. Nur ungern entschliesse ich mich, anstatt dem Componisten
in allen interessanten Einzelheiten seines Gedankenganges zu folgen, ohne Weiteres zur Coda überzugehen, welche, von Leidenschaft erzitternd und schwellend, die vierte und — leider! —
letzte Ballade beschliesst.

Wir haben jetzt eine Uebersicht nicht nur aller von Chopin
selbst veröffentlichten Compositionen, sondern auch einer Anzahl
der ohne seine Zustimmung erschienenen gewonnen. Durch die
Veröffentlichung der nicht vom Meister selbst herausgegebenen

Werke hat man sich in jedem einzelnen Falle einer Indiscretion
schuldig gemacht, die vielleicht wohl gemeint war, darum aber
nicht weniger bedauerlich ist. Was auch Fontana in der Vorrede
zu seiner Ausgabe der nachgelassenen Werke Chopin's anführen
mag,[1]) der Componist hat unzweideutig den Wunsch ausgesprochen, man möge seine hinterlassenen Manuscripte nicht veröffentlichen. In der That kann Niemand, der mit dem künstlerischen Charakter des Meisters und mit der Natur der von ihm
selbst veröffentlichten Werke vertraut ist, auch nur für einen
Augenblick glauben, dass Chopin die Veröffentlichung so unbe-
deutender und unvollkommener Arbeiten, wie sie grösstentheils
von seinen schlecht berathenen Freunden in die Welt hinausge-
schickt worden sind, unter irgend welchen Umständen gut ge-
heissen hätte. Dennoch enthält Fontana's Sammlung ausser dem
Fantaisie-Impromptu, welches wir nicht missen möchten, und
einer oder zwei Mazurken, die, wenn nicht künstlerisch so doch
menschlich interessant sind, ein Stück, welches zwar den Werth
von Chopin's musikalischer Hinterlassenschaft nicht eigentlich
vermehrt, doch wenigstens die Theilnahme der Freunde seiner
Musik verdient, nämlich die siebzehn polnischen Lieder Op. 74,
componirt in den Jahren 1824—1844, die einzigen Gesangscom-
positionen des Claviercomponisten, welche gedruckt sind. Die
Texte der meisten dieser Lieder sind von seinem Freunde Stephen
Witwicki; andere sind von Adam Mickiewicz, Bogdan Zaleski
und Sigismund Krasiński, Dichter, mit denen allen er persönlich
bekannt war. Die musikalische Gestaltung dieser Dichtungen
ist sehr ungleich ausgefallen: Eine beträchtliche Zahl der Lieder
enthält nur Gemeinplätze, so die Nummern 1, 5, 8 wie auch 4
und 12; andere, die zu den besseren gehören, sind ausserordentlich einfach und im Volkston — Nr. 2 besteht aus einem vier-
taktigen Motiv (mit Begleitung eines liegenden Basses nebst den
Harmonien der Tonica und der Dominante), welches sich abwechselnd in G-moll und B-dur wiederholt; einige andere lassen
eine reichere Form und einen mehr künstlerischen Charakter
erkennen. In den Vorspielen, Zwischenspielen etc. der Lieder

---

[1]) Die von Fontana 1855 herausgegebenen Compositionen Chopin's um-
fassen die Op. 66—74; der Leser wird sie im Verzeichniss der Werke des
Componisten am Schlusse dieses Bandes einzeln aufgezählt finden.

begegnen wir dann und wann Reminiscenzen aus seinen Instrumentalwerken. Es kommen auch ein oder zwei Fälle artiger Tonmalerei vor, z. B. in Nr. 10 „Reiter vor der Schlacht" und Nr. 15 „Die Heimkehr" (Sturm). Die bemerkenswerthesten der Lieder sind: Das bereits erwähnte Nr. 2, das lieblich-melancholische Nr. 3, das künstlerisch anspruchsvollere Nr. 9, das populäre Nr. 13, das unheimliche Nr. 15, endlich das tiefempfundene, aber in seiner schrecklichen Eintönigkeit auch beklemmende Nr. 17 („Polens Trauergesang"). Der Mazurka-Rhythmus und die übermässige vierte Stufe der Tonleiter sind, abgesehen vom Gefühlsinhalt, die ausgeprägtesten nationalen Züge. Karasowski sagt, dass viele der in Polen vom Volke gesungenen Lieder Chopin zugeschrieben werden, unter ihnen namentlich das Lied „der dritte Mai".

Ich darf dies Capitel nicht schliessen ohne Einiges über die Ausgaben der Werke Chopin's zu bemerken. Die Original-Ausgaben, französische, deutsche wie englische, lassen sämmtlich an Correctheit viel zu wünschen. Zunächst waren die Manuscripte sehr nachlässig geschrieben, und von den deutschen und englischen Ausgaben, selbst von der französischen Ausgabe, hat der Componist nicht immer die Correcturen gelesen; wenn aber auch, so war er schwerlich ein guter Corrector, denn dazu bedarf es einer besonderen Fähigkeit, oder richtiger Begabung. Aus seinen eigenen Briefen sowie aus anderen Quellen entnehmen wir, dass die Vorbereitung der Manuscripte für den Druck und die Correcturen vielfach seinen Freunden und Schülern überlassen blieben. „Das erste Verständniss des Stückes" sagt Schumann bei Besprechung der deutschen Ausgabe der Tarantella „wird leider durch die Druckfehler, von denen es wahrhaft wimmelt, sehr erschwert." Diejenigen welche Chopin bei der Vorbereitung seiner Werke zum Druck unterstützt haben — hauptsächlich auch durch Abschreiben seiner Manuscripte — waren Fontana, Wolff, Gutmann und in späteren Jahren Mikuli und Tellefsen.

Hier dürfte ein auf diesen Gegenstand bezüglicher Brief am Platze sein, den Chopin an Maurice Schlesinger am 22. Juli 1843 (nicht 1836, wie La Mara meint) geschrieben hat. Das erwähnte Impromptu ist das dritte Op. 51, Ges-dur:

„Lieber Freund, in dem Impromptu, welches Sie mit der Zeitung vom 9. Juli ausgegeben haben, ist eine Verwechslung der Seitenzahlen vorgekommen, die meine Composition unverständlich macht. Weit entfernt von der Sorgfalt, welche unser Freund Moscheles auf seine Arbeiten verwendet, halte ich mich doch diesmal Ihren Abonnenten gegenüber für verpflichtet, Sie zu bitten, dass Sie in Ihrer nächsten Nummer ein erratum bringen:

Seite 3 — lies Seite 5.
Seite 5 — lies Seite 3.

Sind Sie zu beschäftigt oder zu faul, mir zu schreiben, — so antworten Sie nur durch dieses erratum in der Zeitung, und das soll für mich bedeuten, dass Sie, Madame Schlesinger und Ihre Kinder sich alle wohl befinden.

Ganz der Ihrige

22. July [1843].   F. Chopin."

Die erste vollständige Ausgabe der Werke Chopin's war, nach Karasowski, die 1864 mit Zustimmung der Familie des Componisten von den Warschauer Verlegern Gebethner und Wolff veröffentlichte. Neuerdings (1882) hat dieselbe Firma eine Ausgabe der Werke Chopin's von Jean Kleczyński veröffentlicht, enthaltend „Notirungen und Variationen vom Autor selbst, mitgetheilt von dessen vorzüglichsten Schülern" die übrigen wichtigsten Ausgaben aber — nämlich kritische Ausgaben — sind die von Tellefsen (ich nenne sie in chronologischer Folge), Klindworth, Scholtz und Breitkopf und Härtel. Simon Richault, der Pariser Verleger der 1860 erschienenen zuerst genannten Ausgabe, sagt in der Vorrede, dass Tellefsen eine Sammlung der Werke Chopin's besessen habe, die vom Componisten eigenhändig corrigirt seien. Was die Violoncell-Stimme der Polonaise anlangt, so ist sie so gedruckt, wie Franchomme sie mit dem Componisten zu spielen pflegte. Diese Ausgabe sollte auch keinerlei Vortragszeichen enthalten, die nicht von Chopin selbst herrührten. Trotz alledem aber lässt Tellefsen's Ausgabe viel zu wünschen übrig.

Mein Freund und Mitschüler, Thomas Telefsen [1]) [schreibt Mikuli], der bis zu Chopin's letztem Athemzuge mit ihm in ununter-

---

[1]) Mikuli schreibt Telefsen, während auf der Chopin-Ausgabe des Betreffenden, in allen ihn erwähnenden Musik-Lexiken sowie in den, mir zu Gesichte gekommenen damaligen Zeitungen Tellefsen steht.

brochenem Verkehr zu stehen das Glück hatte, war vollkommen in der Lage, dessen Werke in der bei Richault begonnenen Gesammtausgabe ganz getreu zu liefern. Leider unterbrach eine hartnäckige Krankheit und sein Tod diese Arbeit, so dass zahllose Stichfehler darin unberichtigt blieben. [1])

Klindworth's Ausgabe in sechs Bänden, von denen der erste im October 1873 und der letzte im März 1876 erschienen (in Moskau bei P. Jürgenson), ist betitelt „Fr. Chopin's sämmtliche Werke nach den französischen, deutschen und polnischen Original-Ausgaben, kritisch revidirt, sorgfältig corrigirt und für Schüler mit genauem Fingersatz versehen". [2]) Klindworth's Arbeit ist im höchsten Grade verdienstvoll und wurde von Männern wie Liszt und Hans von Bülow aufs Wärmste empfohlen. Man könnte an ihr aussetzen, dass der Fingersatz, wenn auch an sich vortrefflich, doch nicht immer Chopin'sch ist, und dass die Umwandlung der kleinen, im Original ohne bestimmten Rhythmus gelassenen Noten in geordnete Notengruppen, wenn auch dem Schüler dadurch die Ausführung erleichtert wird, doch der Absicht des Componisten widerspricht.

Mikuli ist der Meinung, dass eine Berufung auf Chopin's Manuscripte grundlos ist, da diese von Schreibfehlern — unrichtige Noten und Zeitwerthe, falsche Versetzungszeichen und Schlüssel, falsche Bindungen und Octavenbezeichnungen, Fehlen von Punkten und Akkord-Intervallen — wimmeln. Für ebenso unzuverlässig hält er die französischen, deutschen und englischen Originalausgaben; doch glaubt er, dass die später als die Pariser Ausgaben erschienenen deutschen nachträglich gemachte Aenderungen und Verbesserungen enthalten. [3]) Manchmal ist wohl die Pariser Ausgabe der deutschen vorangegangen, aber keineswegs regelmässig; der Leser wird sich aus Chopin's Briefen erinnern, wie sehr er stets darauf bestand, dass seine Werke in

---

[1]) Ich vermag diese letzte Bemerkung nicht mit der Angabe des Verlegers, dass die Ausgabe 1860 erschienen sei (sie wurde am 20. September 1860 in England einregistrirt) und mit Tellefsen's im October 1874 zu Paris erfolgtem Tode in Uebereinstimmung zu bringen.

[2]) Diese Ausgabe ist später in den Verlag von Ed. Bote & G. Bock (Berlin) übergegangen und auch bei Augener und Comp. in London erschienen.

[3]) Bezüglich dieser Bemerkungen ist an den S. 131 dieses Bandes citirten Brief Chopin's vom 30. August 1845 zu erinnern.

allen Ländern gleichzeitig erschienen, was selbstverständlich nicht immer zu ermöglichen war. Mikuli begründete seine Ausgabe (Leipzig, Fr. Kistner), deren Vorrede „Lemberg, September 1879" datirt ist, auf seine eigenen, meist nach Pariser Ausgaben gemachten Abschriften, welche Chopin während der Unterrichtsstunden corrigirt hatte; ferner auf andere, von der Gräfin Delphine Potocka ihm überlassene Exemplare mit zahlreichen Correcturen von des Meisters Hand. Ueberdies waren ihm mehrere Schülerinnen Chopin's behülflich: die Fürstin Marcelline Czartoryska, Frau Friederike Streicher geb. Müller, Frau Dubois und Frau Rubio wie auch der mit dem Componisten befreundet gewesene Ferdinand Hiller. Mikuli's Ausgabe ist, wie die Klindworth'sche, mit Fingersatz versehen und wie der Titel besagt „grösstentheils nach den Bezeichnungen des Autors".

Der rühmlichst bekannte Chopin-Spieler Hermann Scholtz hat eine höchst verdienstvolle Ausgabe für Peters in Leipzig besorgt (die Vorrede ist „Dresden, December 1879" datirt),[1] und bediente sich dabei eines kritischen Apparates, bestehend, ausser den deutschen, französischen und englischen Originalausgaben, aus den folgenden Autographen: *„Là ci darem la mano"* *varié pour le piano*, Op. 2; *Sonate*, Op. 4; *Mazurka*, Op. 7 Nr. 3; *Etudes*, Op. 10 Nr. 3, 4, 7, 9, 10, 11 und 12; *Préludes*, Op. 28; eine Skizze der *Mazurka*, Op. 30 Nr. 3; *Ballade* (Asdur), Op. 47; *Nocturnes*, (C-moll und Fis-moll), Op. 48; *Impromptu* (Ges-dur), Op. 51; *Scherzo* (E-dur), Op. 54, und aus drei Bänden Chopin'scher Compositionen mit Correcturen, Zusätzen und Vortragszeichen von seiner eigenen Hand, im Besitze der Frau von Heygendorf geb. von Könneritz, einer Schülerin des Meisters. Einen weiteren Vortheil gewährten ihm die Rathschläge G. Mathias', ebenfalls Schüler Chopin's.

Die kritisch revidirte Ausgabe, welche Breitkopf und Härtel veröffentlichten (März 1878 bis Januar 1880) ist redigirt von Woldemar Bargiel, Johannes Brahms, Auguste Franchomme, Franz

---

[1] „Friedrich Chopin's Sämmtliche Pianoforte-Werke, kritisch revidirt und mit Fingersatz versehen." — In demselben Verlage hat Scholtz auch effectvolle Bearbeitungen für den Solovortrag (d. h. für Clavier ohne Orchester) von dem Larghetto aus dem F-moll-Concert und der Romanze aus dem E-moll-Concert erscheinen lassen.

Liszt (die *Préludes*), Carl Reinecke und Ernst Rudorff. Der
Prospectus hebt hervor, dass sowohl Manuscripte (Autographen
und Correcturbogen mit Verbesserungen und Zusätzen des Com-
ponisten) sowie die französischen und deutschen Original-Ausgaben der Revision zu Grunde gelegt worden; ferner, dass
Frau Schumann, Franchomme sowie Freunde und Schüler des
Componisten den Herausgebern behülflich gewesen seien. Diese
Ausgabe ist die vollständigste, denn sie enthält ausser allen vom
Componisten selbst veröffentlichten Werken für Clavier (Solo
und mit Begleitung) eine grössere Zahl nachgelassener Werke
(darunter auch die Lieder), als irgend eine andere Ausgabe. Die
Klindworth'sche, unter anderen, ist eine reine Clavier-Ausgabe und
enthält weder das Trio, noch die Stücke für Violoncell, noch die
Lieder. Mit diesem Verzeichniss ist indessen die Zahl der Chopin-
Ausgaben noch nicht erschöpft, denn im Verlaufe des letzten Jahr-
zehnts hat fast jeder Verleger, wenigstens fast jeder deutsche
Verleger, eine solche veranstaltet, unter ihnen Schuberth (Leipzig.
Herausgeber: Alfred Richter), Kahnt (Leipzig. Herausgeber: S.
Jadassohn), Steingräber (Hannover. Herausgeber: Ed. Mertke),
Litolff (Braunschweig. Herausgeber: Louis Köhler), Schlesinger
(Berlin. Herausgeber: Dr. Th. Kullak), F. Aibl (München. Aus-
gewählte Werke. Herausgeber: Hans von Bülow), J. Hainauer
(Breslau. Ausgewählte Werke. Herausgeber: Dr. E. Bohn), Julius
Zwissler (Wolfenbüttel. Ausgewählte Werke), G. A. Leopoldt
(Hamburg), Schott's Söhne (Mainz. Ausgewählte Werke) und
Johann André (Offenbach. Ausgewählte Werke).[1]

Trotz der Fülle des Materials zu einer kritischen Ausgabe
der Werke Chopin's ist doch die Möglichkeit einer, nach allen
Seiten hin befriedigenden Ausgabe ausgeschlossen, weil dasselbe
zu wenig Sicherheit gewährt, um nicht bei jeder Gelegenheit
einen Appell an den individuellen Geschmack und das Urtheil
des Herausgebers zu bedingen. Chopin's Schüler verwerfen
nicht allein die von Fremden veranstalteten Ausgaben der Werke
ihres Meisters, sondern sie sind nicht einmal mit den aus ihrer
Mitte hervorgegangenen Arbeiten einverstanden. Diese Gründe

---

[1]) Von früheren Ausgaben erwähne ich noch die unvollständigen *Oeuvres
complètes*, erschienen bei Schonenberger (Paris 1860) als Band 21—24 der
Bibliothèque des Pianistes.

haben mich bestimmt, die wichtigsten Ausgaben nicht zu kritisiren, sondern nur einfach zu beschreiben. Im Hinblick auf den Streit über die Correctheit der verschiedenen Ausgaben kann ich nicht umhin, eine darauf bezügliche, mir von Wenzel mitgetheilte Bemerkung Mendelssohn's anzuführen: „In Chopin's Musik weiss man wirklich manchmal nicht, ob etwas richtig oder falsch ist."

Einunddreissigstes Capitel.

1848.

ach A. J. Hipkins[1]) ist Chopin am 21. April 1848 in London angekommen; er stieg zunächst in Bentinck Street Nr. 10 ab, siedelte aber bald nach dem in seinem folgenden Briefe an Franchomme (vom 1. Mai 1848) bezeichneten Hause über:

Theuerster, hier bin ich, kaum untergekommen. Ich habe endlich ein Zimmer — schön und gross — wo ich athmen und

---

[1]) Was frühere Chopin-Biographen Herrn Hipkins zu verdanken haben, ist schon im Vorwort zu diesem Werke hervorgehoben; aber auch für andere, diese Periode betreffende Publikationen ist seine lebendige Erinnerung an Chopin's letzten Besuch in London und an sein Spiel von grossem Werth gewesen. Ich bin ihm noch im Besonderen für verschiedene Mittheilungen wie auch für sein Durchlesen der Correctur dieses Capitels zu Danke verpflichtet.

spielen kann — auch besucht mich die Sonne heute zum ersten
Mal. Heute Morgen bin ich weniger kurzluftig, die ganze letzte
Woche aber war ich zu nichts gut. — Wie geht es Dir, Deiner
Frau und Deinen lieben Kindern? Ihr fangt wohl endlich an,
Euch etwas zu beruhigen,[1]) nicht wahr? Ich habe einige ennuyante
Besuche erhalten; meine Empfehlungsbriefe sind noch nicht abge-
geben — ich vertrödele meine Zeit, und damit gut. Ich liebe Dich
und das ist wieder gut.

Der Deine von ganzem Herzen.

Meine besten Grüsse an Madame Franchomme.

48 Dover Street.

Schreibe mir, ich werde Dir auch schreiben.

Käme Chopin jetzt nach London, welche Aufregung würde
in den musikalischen Kreisen herrschen! Im Jahre 1848 machten
Billet, Osborne, Kalkbrenner, Hallé und namentlich Thalberg,
die zur selben Zeit über den Canal gekommen waren, mehr
Aufsehen als er. Beiläufig gesagt, erlitt England eben damals
mit heroischem Muthe eine künstlerische Invasion, wie sie nie
zuvor erlebt worden war; nicht nur aus Frankreich, sondern
auch aus Deutschland und andern musikalischen Ländern kamen
Tag für Tag Musiker an, die auf dem Continent, wo die Leute
an nichts als an Politik und Revolutionen dachten, ihre Beschäftigung verloren hatten. Alle damals in der britischen Hauptstadt versammelten Celebritäten aufzuzählen wäre mir unmöglich,
und würde auch dem Zwecke dieses Buches nicht entsprechen;
ich will nur erwähnen, dass kein geringerer schöpferischer Genius als Berlioz, keine geringere Gesangsgrösse als Pauline
Viardot-Garcia sich unter ihnen befanden. Von andern Hohen-
priestern und Priesterinnen der Tonkunst werden wir in der Folge
hören. Wenn aber auch Chopin's Ankunft nichts weniger als eine
Revolution hervorrief, so wurde er doch keineswegs ganz und gar
von der Presse ignorirt; im Besondern bewiesen das *Athenäum*
(H. F. Chorley) und die *Musical World* (J. W. Davison) zu ihrer
eigenen Ehre dem Künstler ein lebhaftes Interesse. Das erstere
Blatt kündigte nicht nur seine Ankunft an (29. April), sondern es
hatte dieselbe schon einige Wochen früher als bevorstehend mit
den Worten gemeldet: „Herrn Chopin's Besuch ist ein Ereigniss,

---

[1]) Dies, glaube ich, bezieht sich auf irgend einen Verlust in Franchomme's
Familie.

für welches wir der französischen Republik herzlich danken
müssen."

In jenen Tagen und noch lange nachher war das Verständniss
und die Pflege der Chopin'schen Musik in England auf einen
kleinen Kreis beschränkt. Hipkins sagte mir „er habe bei seinem
Bestreben, für Chopin Propaganda zu machen, manches Jahr
gegen den, übrigens gutartigen Widerstand Sterndale Bennett's
und J. W. Davison's kämpfen müssen". Der Letztere — Verfasser eines *Essay on the Works of Frederic Chopin* (London,
1843), der ersten ausführlicheren Arbeit über den Meister, sowie eines Vorwortes *(Memoir)* zu den bei Boosey & Co. erschienenen *Mazurkas and Valses of F. Chopin* — scheint in
späteren Jahren seine frühere gute Meinung von dem Künstler
geändert zu haben.[1] Die in der *Musical World* 1841 ausge-
fochtene Schlacht charakterisirt den damaligen Stand der Dinge
in England. Die Feindseligkeiten begannen am 28. October
mit einer Kritik der Mazurken Op. 41, deren eigenartigen Ton
der Leser selbst beurtheilen möge:

Monsieur Frederic Chopin hat durch Mittel, die wir nicht errathen können, einen enormen Ruf erlangt, einen Ruf, den man
nur zu oft Componisten abspricht, welche zehn Mal genialer sind,
als er. Chopin bewegt sich keineswegs in Gemeinplätzen, aber,
was für Viele noch schlimmer ist, er befleissigt sich der abge-
schmacktesten und übertriebensten Extravaganzen. Es ist eine

---

[1] Zwei Symptome sind mir bekannt geworden, welche diesen Meinungs-
wechsel erklären mögen: theils mag es die Furcht gewesen sein, dass der
wachsende Ruhm Chopin's denjenigen Mendelssohn's verdunkeln könnte, theils
auch mag Davison an Chopin's Verhalten in einer Mendelssohn betreffenden
Angelegenheit Anstoss genommen haben. Ohne die Beweiskraft dieser Symptome weiter zu discutiren, will ich nur über das letztere Einiges bemerken, wozu
mir ein Pariser Brief in der *Musical World* vom 4. December 1847 Veranlassung giebt. Nach Mendelssohn's Tode beabsichtigten mehrere in Paris lebende
fremde Musiker, seiner Wittwe ein Beileidsschreiben zu senden. Eine Stelle
dieses Briefes lautete: „Möge es uns deutschen, fern von unserer Heimat weilenden Künstlern gestattet sein" etc. Die Unterzeichner waren: Rosenhain, Kalkbrenner, Panofka, Heller, Hallé, Pixis und Wolff. Als Chopin aufgefordert
wurde, sich ebenfalls zu unterzeichnen, schrieb er zurück: „La lettre venant
des Allemands, comment voulez-vous que je m'arroge le droit de la signer?"
Man sollte meinen, kein Vernünftiger könnte an Chopin's Benehmen in dieser
Angelegenheit etwas auszusetzen haben, und dennoch stellt der Correspondent
der *Musical World* äusserst giftige Betrachtungen darüber an.

beissende Satire auf die Denkkraft der Berufs-Musiker, dass ein so unreifer und beschränkter Componist als classischer Musiker gepriesen wird, wie dies ziemlich allgemein der Fall ist. Es fehlt Chopin nicht an Ideen, diese aber reichen niemals über höchstens acht oder sechszehn Takte hinaus, darnach befindet er sich regelmässig *in nubibus* . . . . Die Werke des Componisten erinnern uns ohne Unterschied an die Begeisterung eines Schülers, die mit seinen Mitteln in keinerlei Einklang steht, eines Schülers, der um jeden Preis originell sein möchte. Seine Harmonien sind mit ihrer affectirten Fremdartigkeit plump und unbeholfen, seine Melodien sind trotz ihrer augenscheinlich forcirten Abweichung vom Gewöhnlichen nur krankhaft, eine völlige Planlosigkeit tritt überall in seinen übermässig ausgedehnten Arbeiten zu Tage . . . . Die sämmtlichen Arbeiten Chopin's stellen eine buntscheckige Fläche von schwülstigen Hyperbeln und peinigenden Kakophonien dar. Wenn er nicht auf diese Weise auffällt, so ist er nicht besser als Strauss oder irgend ein anderer Walzer-Fabrikant . . . . Die Bewunderer Chopin's, und ihrer sind Legion, werden auch diese in höchstem Maasse Chopin'schen Mazurken bewundern; wir thun es nicht.

Die Verleger Wessel und Stapleton protestirten gegen diese schamlose Kritik, indem sie die Urtheile zahlreicher Musiker zu Gunsten Chopin's anführten; der tapfere Kritiker aber „erlaubt sich seine geehrten Collegen sowie die Verleger zu versichern, dass es nicht schwer sei, Hunderte von greifbaren Fehlern und eine Unzahl buhlerischer Unschönheiten, wie sie dem gesunden Geschmacke und gereiften Urtheile unerträglich sind, in Chopin's Werken nachzuweisen". Drei weitere Briefe erschienen in den nachfolgenden Nummern — zwei für (*Amateur* und *Professor*) und einer gegen (*Inquirer*) Chopin — in denen der Redacteur mit ebensoviel Heftigkeit als Stupidität auf der Richtigkeit seiner Meinung bestand. Es ist erfreulich, sich von dieser sinnlosen Opposition zu den Freunden und Bewunderern des Meisters zu wenden, von denen wir aus Davison's *Essay on the works of F. Chopin* Einiges erfahren:

Die Musikfreunde Englands danken die Bekanntschaft mit diesem Concert [E-moll] dem künstlerisch vollendeten Vortrage der Herren W. H. Holmes, F. B. Jewson, H. B. Richards, R. Barnett und andern hervorragenden Mitgliedern der *Royal Academy,* wo es ein Repertoirestück ist . . . . Das Concert [F-moll] ist neuerdings in weiten Kreisen bekannt geworden durch den geistreichen Vortrag der kleinen Wunder-Pianistin, Demoiselle Sophie Bohrer . . . . . Diese reizenden Bagatellen [die Mazurken] haben in England weite Verbreitung gefunden, nachdem man sie von Künstlern gehört hatte, wie Moscheles, Cipriani Potter, Kiallmark, Madame de Belleville-Oury, Henry Field (aus Bath), Werner und andere bedeutende Pianisten, die sie enthusiastisch bewundern und auch sämmtlich ihren Schülern zum Studium anempfehlen . . . . Einen jener beredten Ergüsse reinster Schönheit zu hören [die Nocturnen] und gar von Clavierspielern wie Edouard Pirkhert, William Holmes oder Henry Field — ein Vergnügen welches uns häufig zutheil wird — ist der Höhepunkt des Entzückens.[1]

Nach diesem historischen Excurs kehren wir wieder zu den Thaten und Leiden unseres Helden in London zurück.

Chopin scheint zahlreiche Gesellschaften verschiedener Art besucht zu haben, jedoch nicht immer geneigt gewesen zu sein, Proben seiner Kunst abzulegen. Brinley Richards traf ihn in einer Abendgesellschaft bei dem Politiker Milner Gibson, wo er nicht spielte, obwohl er darum gebeten wurde. Nach Hueffer[2] besuchte er auch eine Abendgesellschaft bei dem Historiker Grote (6. Mai), ebenfalls aber ohne zu spielen. Einige Male wurde er durch Unwohlsein gehindert, angenommenen Einladun-

---

[1] Näheres über die obenerwähnten Pianisten findet man in den Musik-Lexiken, mit Ausnahme von Kiallmark, Werner und Pirkhert. Georg Friedrich Kiallmark (geb. 7. November 1804, gest. 13. December 1887), ein Sohn des Violinisten und Componisten Georg Kiallmark, war lange Jahre hindurch ein angesehener Lehrer in London. Er soll Chopin's Genius völlig gewürdigt und erfasst, und dessen Musik noch in seinen letzten Lebensjahren fleissig gespielt haben; mit besonderer Vorliebe spielte er Chopin's Nocturnen, und es verging kein Sonntag, ohne dass seine Familie deren zwei oder drei zu hören bekam. — Louis Werner (eigentlich Levi) gehörte einer reichen und geachteten jüdischen Familie in Clapham an. Er hatte seine Ausbildung in London durch Moscheles erhalten und war, wenn auch kein hervorragender Virtuose, doch ein tüchtiger Lehrer. In Anbetracht seiner persönlichen Liebenswürdigkeit war er in der Gesellschaft gern gesehen. Eduard Pirkhert starb, 63 Jahre alt, in Wien am 28. Februar 1881. Herrn Ernst Pauer, an dessen Erfahrung man nie vergebens appellirt, danke ich, wie theilweise die vorstehenden, auf Werner bezüglichen, so auch die folgenden Nachrichten: „Eduard Pirkhert, geb. 1817 in Gratz, war ein Schüler von Anton Halm und Carl Czerny. Er war ein bescheidener, enorm fleissiger Künstler, liess sich aber, wie Henselt, seiner Nervosität wegen, selten öffentlich hören. Seine Technik war ausserordentlich und sein Anschlag von grosser Schönheit. Im Jahre 1855 wurde er am Wiener Conservatorium als Lehrer angestellt. Hr. Pauer hat ihn übrigens niemals Chopin spielen hören.

[2] Chopin in der *Fortnightly Review* vom September 1877, abgedruckt in den *Musical Studies* (Edinburgh: A. & C. Black, 1880).

gen Folge zu leisten, so z. B. bei Gelegenheit eines Mahles, welches Macready ihm zu Ehren veranstaltet haben soll, und zu welchem auch Thackeray, Frau Procter, Berlioz und Julius Benedict eingeladen waren. Dagegen liess sich Chopin hören bei der Gräfin von Blessington (Gore House, Kensington) und bei der Herzogin von Sutherland (Stafford House). Bei letzterer Gelegenheit spielte er mit Benedict ein Duo von Mozart. Noch dreissig Jahre später erinnerte sein Partner sich genau „wie Chopin darauf bestanden habe, beim Einstudiren des Duos keine Mühe zu sparen, damit die Aufführung im Concert so vollkommen als möglich ausfalle". John Ella hörte Chopin bei Benedict spielen. Von einer andern Leistung Chopin's im Privatkreise während des Frühlings 1848 erfahren wir aus dem *Supplément du Dictionnaire de la Conversation,* wo Fiorentino schreibt:

> Wir waren etwa zehn oder zwölf Personen in einem kleinen, heimlichen, behaglichen Salon, welcher für zwanglose Plauderei wie für andächtige Sammlung gleich geeignet wär. Chopin nahm an Stelle der Frau Viardot am Clavier Platz und versetzte uns in unbeschreibliches Entzücken. Ich weiss nicht, was er spielte, ich weiss auch nicht, wie lange unsere Entrücktheit dauerte: Wir befanden uns eben nicht mehr auf der Erde; er hatte uns in unbekannte Regionen erhoben, in eine Sphäre von Flammen und Azur, wo die Seele, von den Banden der Körperlichkeit befreit, dem Unendlichen entgegenfliegt. Es war leider sein Schwanengesang!

Wir werden sehen, dass der Schlusssatz dieses Berichtes nichts weiter ist, als ein schriftstellerischer Effect. Ob Chopin bei Hofe gespielt hat, wie er dies in einem Briefe an Gutmann als in Aussicht stehend bezeichnet, habe ich nicht ermitteln können; ebensowenig ist mir etwas von einem Mahle bekannt geworden, welches, wie Karasowski erzählt, etliche vierzig von Chopin's Landsleuten ihm zu Ehren arrangirten, nachdem sie von seiner Ankunft in London gehört hatten. Nach Karasowski wäre der Meister gegen Ende des Mahles und nach zahlreichen ihn als Künstler und Patrioten preisenden Toasten aufgestanden und hätte ungefähr Folgendes gesprochen: „Meine geliebten Landsleute! Die Beweise Eurer Anhänglichkeit und Liebe, welche Ihr mir soeben dargebracht, haben mich wahrhaft gerührt. Ich hätte Euch gern ebenfalls in Worten gedankt, doch ist mir leider das Talent versagt, auf diese Weise meinen Gefühlen den entsprechenden Ausdruck zu geben; ich lade Euch daher ein, mich in meine Wohnung zu begleiten, und meinen Dank dort am Clavier entgegen zu nehmen." Der Vorschlag wurde mit Begeisterung aufgenommen, und Chopin spielte seinen entzückten und unersättlichen Zuhörern bis zwei Uhr morgens vor. Es mag eine quetschende Enge gewesen sein, diese vierzig oder mehr Personen in Chopin's Zimmer! Dies indessen geht mich nichts an.[1]

Die diese Periode des Lebens Chopin's betreffenden Mittheilungen — Briefe und Zeitungsnachrichten — sind so zahlreich, dass der Gang der Ereignisse ohne irgend welche Zusätze und Erklärungen aus ihnen ersichtlich wird; wir können damit zufrieden sein, denn ein Körnchen Thatsache ist werthvoller als ein Scheffel Vermuthungen und Hörensagen.

Chopin an Gutmann; London, 48 Dover Street, Piccadilly, Sonnabend, 6. Mai 1848:

Theurer Freund, endlich bin ich in dem Londoner Strudel zur Ruhe gekommen. — Erst seit einigen Tagen habe ich angefangen zu athmen, denn die Sonne zeigt sich erst seit einigen Tagen. Ich habe Herrn D'Orsay gesehen, der mich trotz der verzögerten Abgabe meines Empfehlungsbriefes sehr freundlich aufnahm. Sei so gut, der Herzogin in meinem und in seinem Namen zu danken. Ich habe noch nicht alle meine Besuche gemacht, denn viele Personen, an die ich Empfehlungsbriefe habe, sind noch nicht hier. Erard war höchst liebenswürdig; er hat mir ein Clavier geschickt; dazu habe ich einen Broadwood und einen Pleyel, zusammen also drei, nur habe ich noch keine Zeit gefunden, auf ihnen zu spielen. Ich bekomme viel Besuch, und die Tage vergehen mir mit Blitzesschnelle — so habe ich noch nicht einmal einen freien Augenblick gefunden, um an Pleyel zu schreiben. Lasse mich von Dir hören. In welcher Geistesverfassung befindest Du Dich? Wie geht es den Deinen? — Den Meinen geht es nicht gut; von dieser Seite her fühle ich mich sehr beunruhigt. Trotzdem muss ich daran denken, mich öffentlich hören zu lassen; man hat mich aufgefordert, in der Philharmonie[2] zu spielen, aber ich habe wenig Lust dazu. Das Ende

---

[1] Hipkins sagte, als er Obiges las: „Ich denke mir dies Festmahl wie das, welches der Nachwelt überliefert werden wird, als von den in London lebenden Ungarn zu Ehren Liszt's veranstaltet [1886], welches aber thatsächlich ein Privat-Essen war, bei Frau Bretherton, für fünfzehn Personen, unter denen vier Kinder (die ihrigen und die meinigen), aber kein einziger Ungar."

[2] „Chopin" sagt die *Musical World* vom 27. Mai 1848 „ist, wie wir hören, eingeladen, in der Philharmonie zu spielen, hat es aber abgelehnt."

20*

wird wahrscheinlich sein, dass ich, nachdem ich bei der Königin gespielt habe, in einem Privathause eine Matinée für eine beschränkte Zahl von Personen geben werde. Ich wünschte, dass die Sache sich schliesslich so gestaltete — diese Pläne aber sind nichts weiter als Luftschlösser. Schreibe mir viel von Dir. Ganz der Deine

mein alter Gut.

Chopin.

P. S. Ich habe gestern Abend Fräulein Lind in der „Nachtwandlerin" gehört.[1] Es war sehr schön; ich habe ihre persönliche Bekanntschaft gemacht. Frau Viardot ist auch bei mir gewesen; sie wird auf dem Concurrenz-Theater [Covent Garden] ebenfalls als *Sonnambula* debütiren. Alle Pariser Pianisten sind hier. Prudent spielte sein Concert in der Philharmonie mit wenig Erfolg, denn es ist nöthig, hier classische Musik zu spielen. Thalberg ist an demselben Theater, wo die Lind auftritt [Her Majesty's, Haymarket], für zwölf Concerte engagirt. Hallé wird im Concurrenz-Theater Mendelssohn spielen.

Chopin an Grzymała; Donnerstag, 11. Mai 1848:

Ich komme gerade aus der Italienischen Oper, wo Jenny Lind heute zum ersten Mal in der „Nachtwandlerin" aufgetreten ist,[2] und die Königin sich nach längerer Zurückgezogenheit zum ersten Mal öffentlich zeigte. Beide interessirten mich lebhaft, besonders aber Wellington, der wie ein alter treuer Kettenhund in der Loge unter der seiner gekrönten Herrin sass. Ich habe Jenny Lind auch persönlich kennen gelernt: Als ich ihr einige Tage später einen Besuch machte, empfing sie mich aufs Liebenswürdigste und schickte mir einen vorzüglichen *stall* für die Vorstellung. Es war ein prächtiger Platz, wo ich ausgezeichnet hören konnte. Diese Schwedin ist wirklich ein Original von Kopf bis zu Fusse! Sie zeigt sich nicht in der gewöhnlichen Beleuchtung, sondern in den magischen Strahlen eines Nordlichts. Ihr Gesang ist von unfehlbarer Reinheit und Sicherheit; was ich aber am meisten bewunderte, war ihr *piano*, welches einen unbeschreiblichen Reiz hat. Dein

Friedrich.

---

[1] Jenny Lind erschien zum ersten Mal am 4. Mai 1848 in Her Majesty's Theatre als Amina in der *Sonnambula* vor dem Londoner Publikum. Die Königin war bei dieser Gelegenheit anwesend. Das erste Auftreten Pauline Garcia's (ebenfalls als Amina) fand am 9. Mai im Covent Garden-Theater statt.

[2] Chopin muss diesen Brief am 4. Mai begonnen und später datirt haben, denn am 11. Mai sang Jenny Lind in der „Regimentstochter", und die Anwesenheit der Königin bei dieser Vorstellung ist in den Zeitungsberichten nicht erwähnt. Vgl. die vorige Anmerkung.

Jenny Lind - Goldschmidt hatte noch bis in ihre letzten Lebensjahre eine ebenso angenehme wie lebhafte Erinnerung an Chopin's Besuch. Sie sang ihm Polskas vor,[1] die ihn sehr entzückten. Die Art, wie Frau Goldschmidt von Chopin sprach, bewies unzweideutig, dass er den denkbar besten Eindruck auf sie gemacht hatte, sowohl als Künstler wie als Mensch — sie war von seiner Herzensgüte überzeugt und vertrat mit Entschiedenheit die Meinung, dass er in der Angelegenheit mit George Sand (was den Bruch mit derselben betrifft) im Rechte gewesen sei. Sie besuchte ihn auch, als sie im folgenden Jahre 1849 nach Paris kam.

In seinem Brief an Gutmann spricht Chopin von seiner Absicht, eine Matinée in einem Privathause zu veranstalten; er ging aber noch über diese Absicht hinaus, denn er veranstaltete sogar zwei solcher Matinéen, die erste im Hause der Frau Sartoris (geb. Adelaide Kemble) und die zweite im Hause des Lord Falmouth. Bei dieser Gelegenheit erschienen folgende Ankündigungen in der *Times*.

15. Juni 1848:

Monsieur Chopin wird am Freitag, 23. Juni in Nr. 99 Eaton Place eine *Matinée musicale* veranstalten. Anfang 3 Uhr. Eine beschränkte Anzahl von Eintrittskarten zum Preise von einer Guinea sind bei Cramer, Beale & Co. 201 Regent Street zu haben, woselbst auch nähere Auskunft ertheilt wird.

3. und 4. Juli 1848:

Monsieur Chopin macht bekannt, dass seine zweite *Matinée musicale* am nächsten Freitag, 7. Juli, im Hause des Earl of Falmouth, St. James' Square Nr. 2 stattfinden wird. Anfang halb vier Uhr. Eine beschränkte Anzahl von Eintrittskarten zum Preise von einer Guinea sind bei Cramer, Beale & Co. 201 Regent Street zu haben, woselbst auch nähere Auskunft ertheilt wird.

Die *Musical World* vom 8. Juli 1848 sagt bezüglich dieser Matinéen:

Herr Chopin hat kürzlich zwei Vorträge seiner eigenen Clavier-Musik in der Wohnung der Frau Sartoris (Fräulein Adelaide Kemble)

---

[1] Polskas sind Tänze polnischen Ursprungs, welche zur Zeit der Vereinigung der Kronen Schwedens und Polens (1587) in Schweden eingeführt und dort bald populär wurden.

veranstaltet,[1]) wie es scheint, zur grossen Befriedigung seiner Zuhörer, unter denen Fräulein Lind, welche dem ersteren beiwohnte,
besonderen Enthusiasmus geäussert haben soll. Wir haben weder
der einen noch der anderen dieser Matinéen beigewohnt, und
können desshalb über sie nichts Näheres mittheilen.

Aus einem Berichte des *Athenaeum* über die erste Matinée
erfahren wir, dass Chopin Nocturnen, Etüden, Mazurken, zwei
Walzer und die Berceuse gespielt hat, dagegen nichts von seinen
grösseren Werken, Sonaten, Concerte, Scherzo's und Balladen.
Der Kritiker versucht des Meisters Vortrag zu beschreiben —
„eine Spielweise, in welcher Zartheit, Anschaulichkeit, Eleganz
und Humor der Art verschmolzen sind, dass jenes seltene Ergebniss, ein neues Entzücken, daraus hervorgeht" — indem er
auf den eigenthümlichen Fingersatz, die Behandlung der Tonleiter und des Trillers, das *tempo rubato* etc. hinweist. Wenn
er ferner die Compositionen nicht weniger würdigt, als das Spiel,
so beweist gleichwohl der Inhalt des Berichtes über die zweite
Matinée (15. Juli 1848), dass die erste Einiges zu wünschen
übrig gelassen: „Monsieur Chopin spielte in seiner zweiten Matinée besser als in seiner ersten, zwar nicht mit mehr Zartheit
(dies wäre kaum möglich), wohl aber mit mehr Kraft und *brio*."
Unter anderen seiner Compositionen spielte Chopin bei dieser
Gelegenheit sein B-moll-Scherzo und seine Cis-moll-Etüde. Einen
weiteren Reiz erhielt diese Matinée durch den Gesang der Frau
Viardot-Garcia „die neben ihren unvergleichlichen Vorträgen
mit Fräulein de Mendi und ihren seltsam-pikanten Mazurken[2])
das Rondo aus „Cenerentola" mit glänzenden Verzierungen, endlich auch noch ein Lied von Beethoven ‚ich denke Dein'
vortrug."

Herr Salaman sagte in einer Sitzung der Londoner „Musical Association" (5. April 1880) im Verlaufe einer Chopin betreffenden Discussion, er sei bei der Matinée im Hause der
Frau Sartoris anwesend gewesen und werde des Concertgebers
Spiel, namentlich seinen Vortrag des Walzers in Des, niemals

---

[1]) Wie die oben citirte Ankündigung beweist, hat sich der Berichterstatter
in diesem Punkt geirrt: es fand nur eine Matinée bei Frau Sartoris statt.

[2]) Zweifellos jene Chopin'schen Mazurken, die sie mit spanischem Text
versehen und für eine Singstimme mit Clavierbegleitung arrangirt hatte. Hiller
schrieb voller Begeisterung über diese Arrangements und ihren Vortrag derselben.

vergessen. „Ich erinnere mich jedes Taktes und auch seiner langen abgemagerten Finger;[1] er schien völlig erschöpft." Salaman war namentlich überrascht durch die Zartheit und Reinheit von Chopin's Anschlag sowie durch die Vornehmheit des Ausdruckes.

Für Chopin hatten diese halböffentlichen Vorträge, wie der Leser in dem an Franchomme gerichteten vom 6. und 11. August datirten Briefe sehen wird, nur das eine Versöhnungselement, dass sie seinem dringendgefühlten Geld-Bedürfniss abhalfen; im Uebrigen betrachtete er sie als eine grosse Plage. Hierüber kann man sich nicht wundern, wenn man der physischen Schwäche gedenkt, mit der er damals zu kämpfen hatte. Jedes Mal, wenn er vor diesen Matinéen zu Broadwood ging, um die für ihn bestimmten Claviere zu probiren, musste er die zum Clavierzimmer führende Treppe hinaufgetragen werden. Dies war auch bei dem Concert der Fall, welches sein Schüler Lindsay Sloper in *Hanover Square Rooms* veranstaltete. Nichts aber vermag seinen Zustand lebhafter zu schildern als seine eigenen Briefe.

Chopin an Grzymała; London, 18. Juli 1848:

Besten Dank für Deine gütigen Zeilen und für den Brief von den Meinigen, der sie begleitete. Dem Himmel sei Dank, sie sind alle wohl; warum aber sind sie meinetwegen besorgt? Ich kann nicht trübseliger werden, als ich schon bin; eine wirkliche Freude habe ich seit Langem nicht empfunden. Eigentlich fühle ich überhaupt gar nichts, ich vegetire nur und warte geduldig mein Ende ab. Nächste Woche gehe ich nach Schottland zu Lord Torphichen, dem Schwager meiner schottischen Freundinnen, der Fräuleins Stirling, die schon dort sind (in der Nähe von Edinburgh). Er schrieb mir und lud mich herzlich ein, ebenso Lady Murray, eine dort einflussreiche Dame von hohem Range, welche sich ausserordentlich für Musik interessirt — vieler anderer Einladungen, die ich aus verschiedenen Orten Englands erhalten habe, nicht zu gedenken. Indessen kann ich nicht wie ein wandernder Musikant von einem Ort zum andern reisen. Ein solches Vagabundenleben ist mir zuwider und meiner Gesundheit nachtheilig. Ich beabsichtige bis zum 29. August in Schottland zu bleiben und an diesem Tage nach Manchester zu reisen, wo ich engagirt bin, öffentlich zu spielen. Ich werde dort zwei Mal ohne Orchester spielen, und bekomme dafür £. 60. Die Alboni kommt auch, dies alles aber interessirt

---

[1] Ihre Magerkeit mag Ursache gewesen sein, dass sie dem Betreffenden lang vorkamen; thatsächlich waren sie es nicht. Vgl. Anhang II.

mich nicht — ich setze mich eben nur ans Clavier und fange an.
Ich werde während dieser Zeit bei reichen Industriellen wohnen,
bei denen auch Neukomm[1]) gewohnt hat.   Was ich dann thun
werde, weiss ich noch nicht.   Wenn mir nur Jemand voraussagen
könnte, ob ich hier im Laufe des Winters krank werde . . . Dein
                                                          Friedrich.

    Glaubte Chopin, als er Paris verliess, wirklich an die Mög-
lichkeit, sich in London niederzulassen?   Es ging damals ein
solches Gerücht um.   Das *Athenaeum* sagt in der bereits erwähnten Notiz (8. April 1848): „M. Chopin wird erwartet, wenn
er nicht schon hier ist — man fügt sogar hinzu, um in England
zu bleiben." Wenn er aber Anfangs diesen Gedanken auch erfasst hatte, so fing er doch bald an, ihn zurückzudrängen und
gab ihn später ganz und gar auf.   In seinem damaligen Gesundheitszustand musste ihm das Leben überall eine Last sein,
namentlich aber da, wo ihm seine gewohnte Umgebung mangelte.
Ueberdies verlangt das Leben in England, um sich seiner zu
erfreuen, eine gewisse Derbheit der Constitution, der geistigen
wie der physischen, deren sich der zart-besaitete Künstler auch
in seinen besten Tagen nicht rühmen konnte.   Uebrigens war
es nicht aus Mangel an Entgegenkommen seitens der Bewohner,
wenn London und Grossbritannien überhaupt wenig nach Chopin's
Geschmack waren; seine Briefe beweisen es deutlich, dass er
von allen Seiten mit Freundlichkeit überhäuft wurde.   Dabei
geben diese Briefe keineswegs ein vollständiges Verzeichniss
Derer, die sich ihm dienstfertig zeigten; der Name des Verlegers Frederick Beale z. B. findet sich dort nicht, und doch
sagt man von diesem, ich weiss nicht ob mit Recht, er habe
sich dem Tondichter freundschaftlich genähert.[2]) Die Aufmerksamkeit dagegen, welche die Clavierfabrikanten Chopin bewiesen,
wird von ihm gebührend anerkannt.   Bezüglich hierauf will ich

---

[1]) Karasowski schreibt „Narkomm" was natürlich entweder ein Versehen
oder ein Druckfehler ist, wahrscheinlich ersteres, da es sich in allen Ausgaben
seines Buches findet.

    [2]) Hipkins war dabei, als Chopin bei Broadwood seine Walzer in Des-dur
und Cis-moll (Op. 64 Nr. 1 und 2), die später bei Cramer, Beale & Co. erschienen, Beale vorspielte.   Warum aber druckte dann dieser Verleger nicht das
ganze Opus (drei Walzer statt zwei), welches bereits neun oder zehn Monate
zuvor in Frankreich und Deutschland erschienen war?   War seine Liebe zum
Componisten schwächer als die zu seinem Beutel?

nicht unerwähnt lassen, dass Henry Fowler Broadwood einen
grossen Concertflügel, den ersten in vollständigem Eisenrahmen,
express für Chopin bauen liess, der leider nicht lange genug
lebte, um ihn zu benutzen.[1]) Zu unserer Verwunderung vermissen wir in Chopin's Briefen den Namen seines norwegischen
Schülers Tellefsen, der von Paris nach London gekommen war
und sich seinem Meister ganz und gar gewidmet zu haben
scheint.[2]) Von seiner stets über ihn wachenden Freundin Fräulein Stirling und ihrer Familie werden wir in den folgenden
Briefen Ausführliches hören.

Chopin muss Anfang August 1848 nach Schottland aufgebrochen sein, denn am 6. August schreibt er an Franchomme,
dass er London einige Tage zuvor verlassen habe.

Chopin an Franchomme; Edinburgh, 6. August [1848].
Calder House, 11. August:

Sehr lieber Freund, — ich weiss nicht was ich sagen soll —
das Beste scheint mir, nicht ein Mal den Versuch zu machen, Dich
über den Verlust Deines Vaters. zu trösten. Ich verstehe Deinen
Kummer — selbst die Zeit vermag einen derartigen Schmerz kaum
zu lindern. — Ich habe London vor einigen Tagen verlassen und
die Fahrt nach Edinburgh (407 englische Meilen) in zwölf Stunden
gemacht. Nachdem ich mich einen Tag in Edinburgh ausgeruht,
bin ich in Calder House (zwölf englische Meilen von Edinburgh)
im Schlosse des Lord Torphichen, des Schwagers der Frau Erskine,
angekommen, wo ich bis Ende des Monats zu bleiben und von
meinen Londoner Thaten auszuruhen gedenke. Ich habe zwei
Matinéen gegeben, welche den Leuten, wie es scheint, Vergnügen
gemacht, mich aber darum nicht weniger ennuyirt haben. Ohne
sie wüsste ich indessen nicht, wie ich drei Monate im lieben London hätte zubringen können, mit einer grossen Wohnung, wie sie
mir durchaus nöthig ist, Wagen und Diener. Meine Gesundheit
ist nicht besonders schlecht, aber ich werde immer schwächer und
kann die hiesige Luft noch nicht vertragen. Fräulein Stirling
wollte Dir von London aus schreiben und bittet mich, sie bei Dir
zu entschuldigen — die Sache ist die, dass die Damen mancherlei

---

[1]) Näheres in Betreff der von Chopin in England und Schottland benutzten
Broadwood'schen Instrumente (andere hat er weder in seinen öffentlichen noch
in seinen Privat-Concerten gespielt) findet sich in der *List of John Broadwood &
Sons' Exhibits at the International Inventions Exhibition (1885)*, eine Broschüre
voll interessanter Mittheilungen, die Geschichte und den Bau des Claviers betreffend, welche A. J. Hipkins zum Verfasser hat.

[2]) Wie Hipkins sagt, ist Tellefsen fast immer um Chopin gewesen.

Vorbereitungen für ihre Reise nach Schottland, wo sie mehrere
Monate zu bleiben beabsichtigen, machen mussten. In Edinburgh
ist ein Schüler von Dir, wie ich glaube Namens Drechsler[1]), er
besuchte mich in London; wie mir schien ist er ein angenehmer
junger Mann, der Dich sehr liebt. Er musicirt mit einer vornehmen
hiesigen Dame, Lady Murray,[2]) eine meiner sechzig Jahre alten
Londoner Schülerinnen, der ich auch versprochen habe, sie in ihrem
schönen Schlosse zu besuchen. Ich weiss aber nicht, wie ich das
machen soll, denn ich habe versprochen, am 28. August in Manchester zu sein und für £ 60 in einem Concert zu spielen. Neukomm ist dort und, vorausgesetzt, dass er mich nicht am selben
Tage improvisirt [*et pourvu qu'il ne m'improvise pas le même
jour*], so rechne ich darauf, meine 60 Franken zu verdienen [er
meint natürlich „60 Pfund Sterling"].[3]) Was nachher aus mir wird,
weiss ich nicht. Ich wünsche mir sehr, dass man mir ein lebens-
längliches Jahrgehalt für mein Nicht-Componiren gäbe, dafür dass ich
nicht einmal eine Melodie *à la* Osborne oder Sowiński erfunden
habe (beide vortreffliche Freunde), der eine ein Irländer, der andere ein Landsmann von mir (auf den ich stolzer bin, als auf den
abtrünnigen Vertreter Antoine de Kontski — den Franzosen des
Nordens[4]) und Vieh des Südens).

Nach diesen Parenthesen muss ich Dir aufrichtig sagen, dass
ich weiss,[5]) was im Herbst aus mir werden wird. Auf alle Fälle
beklage Dich nicht über mich, wenn Du nichts von mir hörst, denn
ich denke oft daran, Dir zu schreiben. Siehst Du Fräulein de
Rozières oder Grzymała, so werden die eine oder der andere etwas
gehört haben, wenn nicht durch mich direct, so doch durch gemeinsame Freunde. Der Park hier ist sehr schön, der Besitzer des
Schlosses äusserst liebenswürdig, und ich befinde mich so wohl, als
es mir erlaubt ist. Von einem musikalischen Gedanken keine

---

[1]) Louis Drechsler (Sohn des Dessauer Violoncellisten Carl Drechsler und
Onkel des Edinburgher Violoncellisten und Dirigenten Carl Drechsler Hamilton)
kam im August 1841 nach Edinburgh und starb dort am 25. Juni 1860. Eine
nekrologische Notiz über ihn in einem dortigen Blatte sagt, dass er 1845 unter
Franchomme's Leitung studirt habe.

[2]) Die Gattin von Lord (Sir John Archibald) Murray, wie ich glaube.
Jedenfalls war die Dame sehr musikalisch und pflegte mit Louis Drechsler zu
musiciren.

[3]) In der Vermuthung, dass hier eine versteckte Anspielung vorliege,
wendete ich mich an Franchomme mit der Bitte um Aufklärung, und dieser
schrieb mir Folgendes: „Chopin trouvait que Neukomm était un musicien
ennuyeux, et il lui était désagréable de penser que Neukomm pourrait improviser
dans le concert dans lequel il devrait jouer."

[4]) „Franzosen des Nordens" hat man die Polen häufig genannt.

[5]) Hier ist wahrscheinlich „nicht" zu ergänzen.

Spur — ich bin aus meinem Geleise und komme mir vor wie ein Esel auf einem Maskenball oder wie eine E-Saite der Violine auf einem Contrabass — erstaunt, verblüfft, betäubt, als hörte ich einen *trait* [Melodie-Phrase] von Bodiot[1]) (vor dem 24. Februar),[2]) oder einen Bogenstrich von Herrn Cap[3]) (nach den Junitagen).[4]) Ich hoffe, sie befinden sich noch wohl, denn ich kann sie beim Schreiben nicht entbehren. Aber eine andere ernstgemeinte Frage ist die, ob Du, wie ich hoffe, bei allen diesen schrecklichen Ereignissen keinen Freundesverlust zu beklagen hast. Und das Befinden Deiner Gattin und der Kleinen? Schreibe mir eine Zeile nach London unter der Adresse des Herrn Broadwood, 33 Great Pulteney Street, Golden Square. Ich geniesse hier (materiell) völliger Ruhe und freue mich der hübschen schottischen Lieder — ich wollte ich könnte ein wenig componiren, wäre es auch nur, um diesen lieben Damen, Frau Erskine und Fräulein Stirling Vergnügen zu machen. Ich habe einen Broadwood in meinem Zimmer und den Pleyel des Fräulein Stirling im Salon; an Papier und Federn fehlt es mir auch nicht. Ich hoffe, Du wirst auch etwas componiren, und Gott möge geben, dass ich bald das Neugeborene höre. Ich habe Freunde in London, die mir rathen, den Winter dort zuzubringen; ich werde aber nur auf mein *je ne sais quoi* hören, oder richtiger, ich werde den zuletzt Sprechenden hören, was meist ebenso praktisch ist, als lange nachzudenken. Adieu, lieber und theurer Freund! Sage Madame Franchomme meine aufrichtigsten Wünsche für ihre Kinder. Ich hoffe, René amüsirt sich mit seinem Basse, Cécile arbeitet fleissig und ihre kleine Schwester liest stets in ihren Büchern. Grüsse, ich bitte Dich, Madame Lasserve von mir und corrigire meine Orthographie wie auch mein Französisch.

Am Rande des Briefes stehen folgende Worte:

Die Leute hier sind hässlich, aber wie es scheint gutmüthig; dafür giebt es prächtiges, wie es scheint aber bösartiges Rindvieh, tadellose Milch, Butter, Eier und was damit zusammenhängt, Käse und Hühner.

Um den Leser durch die Fülle der in Chopin's Briefen vorkommenden Namen wenig bekannter Personen und Gegenden nicht zu verwirren, will ich gleich hier Einiges über seine schot-

---

[1]) Gemeint ist Charles Nicolas Baudiot (1773—1849), Violoncellist und zeitweilig Lehrer am Pariser Conservatorium. Er hat eine Schule und viele Compositionen für sein Instrument veröffentlicht.

[2]) Die Revolution vom 24. Februar 1848.

[3]) Ein Dilettant auf dem Violoncell und andern Streichinstrumenten.

[4]) Der Aufstand der rothen Republikaner, 23—26. Juni 1848.

tischen Freunde mittheilen. Die Stirling's von Keir, die allgemein als die bedeutendste Familie des Namens gelten, sollen von
Walter de Striveline, Strivelyn oder Strivelyng abstammen, während Lucas von Strivelyng (1370—1449) der erste Besitzer von
Keir gewesen ist. Die Familie war etwa zwei Jahrhunderte hindurch an den Ost- und Westindischen Handelsunternehmungen betheiligt. Archibald Stirling, der Vater des verstorbenen Baronet,
ging, so erzählt William Fraser in *The Stirlings of Keir*, wie
frühere jüngere Söhne, nach Jamaica, wo er fast fünfundzwanzig
Jahre als Pflanzer lebte. Er folgte 1831 auf seinen Bruder
James, vergrösserte das Schloss beträchtlich und starb 1847.
Als Chopin Keir besuchte, war es im Besitz von William Stirling,
der 1865 Sir William Stirling-Maxwell wurde (seine Mutter war
eine Tochter des Sir John Maxwell) und durch seine literarischen
Arbeiten *Annals of the Artists of Spain (1848)*, *The Cloister
Life of the Emperor Charles V. (1852)*, *Velasquez (1855)* etc.
wohlbekannt ist. Er war der Onkel von Jane Stirling und Frau
Erskine, Töchter (jene die jüngste Tochter) John Stirling's von
Kippendavie und Kippenross, und Freundinnen Chopin's. W.
Hanna, der Herausgeber der *Lettres of Thomas Erskine of
Linlathen*, sagt, dass Jane Stirling eine Cousine und besondere
Freundin Thomas Erskine's gewesen sei. Dieser pflegte in rei-
ferem Alter sie und die Herzogin von Broglie als die bedeu-
tendsten Frauen zu bezeichnen, die ihm jemals begegnet seien:

In ihren späteren Jahren lebte sie viel in Paris und zählte
dort auch Ary Scheffer zu ihren Freunden. Auf seinem Bilde
„Christus Consolator" hat dieser grosse Künstler in einer der Figuren
sein Ideal weiblicher Schönheit dargestellt und war, als er zum
ersten Mal zu Fräulein Stirling kam, überrascht, in ihr die fast
vollständige Verkörperung jenes Ideals zu finden. Er hat sie später
noch auf mehreren seiner Bilder angebracht.

In einem Briefe an Frau Schwabe vom 14. Februar 1859
lesen wir über sie:

Sie war acht Wochen krank und litt sehr . . . . Ich weiss Sie
werden dies tief empfinden, denn Sie wussten die Reinheit und
Schönheit jenes, ihr ganzes Leben durchziehenden Stromes von
Liebe zu würdigen. Ich habe nie jemanden gekannt, der sein Ich
so ganz und gar aufzugeben schien, um sich einzig dem Wohle
Anderer zu widmen. Ich erinnere mich ihrer Geburt, als sei es

gestern gewesen, und ich habe nie etwas an ihr gefunden, was nicht vom Anfang bis zum Ende ihres Lebens liebenswerth gewesen wäre.

Lindsay Sloper, der von 1841 bis 1846 in Paris lebte, sagte mir, Fräulein Stirling, die ebenfalls dort gewesen sei, habe einige Zeit Unterricht bei ihm genommen. Da sie wünschte, Schülerin von Chopin zu werden, so sprach er mit diesem von ihr; Chopin aber, berichtet er weiter, war mit ihrem Spiel sehr zufrieden und fing bald an, auch an ihrem Wesen Gefallen zu finden.[1] Er widmete ihr seine im August 1844 erschienenen *Deux Nocturnes* Op. 55. Man glaubte, sie liebe Chopin und es ging das Gerücht, sie würden sich heirathen. Gutmann theilte mir mit, Chopin habe eines Tages, als er krank war, zu ihm gesagt: „Man hat mich mit Fräulein Stirling verheirathet; sie konnte ebenso gut den Tod heirathen." Von Fräulein Jane Stirling's älterer Schwester Katherine, die 1811 ihren Vetter James Erskine heirathete und 1816 Wittwe wurde, sagt Thomas Erskine: „Sie war eine bewunderungswürdige Frau, treu und eifrig in allen Pflichten, unermüdlich in ihrem Bestreben, denen zu helfen, die ihrer Hülfe bedurften." Lord Torphichen, in dessen Schlosse (Calder House, zwölf englische Meilen von Edinburgh) Chopin einen grossen Theil seines Aufenthaltes in Schottland zubrachte, war, wie wir aus den Briefen des Componisten erfahren, ein Schwager des Fräulein Stirling und der Frau Erskine. Johnstone Castle (zwölf englische Meilen von Glasgow), wo Chopin ebenfalls zu Gaste war, gehörte der Familie Houston, Freunden der Erskine's und Stirling's, aber, wie ich glaube, nicht mit ihnen verwandt. Der 1862 erfolgte Tod des Ludovic Houston, Esq. ist in einem der Briefe Thomas Erskine's erwähnt.

---

[1] Die obige Mittheilung ist mit einiger Vorsicht aufzunehmen; sie enthält zwei Irrthümer, welche beweisen, dass Lindsay Sloper's Gedächtniss nicht ganz zuverlässig war, die sogar die Möglichkeit offen lassen, dass sein Fräulein Stirling mit der Freundin Chopin's nicht identisch war. Diese Irrthümer sind: er nannte Frau Erskine, die mit Fräulein Stirling in Paris war, ihre Tante statt Schwester; ferner meinte er, Fräulein Stirling sei etwa achtzehn Jahre alt gewesen, als sie bei ihm Unterricht hatte. Aus meinen weiterhin zu gebenden Nachrichten scheint hervorzugehen, dass sie nicht jünger, sondern älter war als Chopin; auch Hipkins meint, sie sei 1848 den Fünfzigern näher als den Vierzigern gewesen.

Uebrigens weilte Chopin während seines Aufenthaltes in Schottland nicht immer in Herrensitzen und Schlössern; dann und wann war er auch in weniger aristokratischen, darum aber nicht weniger behaglichen, ja, vielleicht noch behaglicheren Häusern einquartirt. Eine solche bescheidenere Wohnung fand er in dem Hause (Warriston Crescent Nr. 10) des Dr. Lyschinski, ein polnischer Flüchtling, der in Edinburgh Medicin studirt hatte und dort als Arzt practicirte, bis er sich vor einigen Jahren in London niederliess. Seiner Gattin verdanke ich die folgenden Mittheilungen. Unter denen, die Chopin bei seiner Ankunft in Edinburgh am Bahnhof empfingen, befand sich Dr. Lyschinski, der ihn in polnischer Sprache bewillkommnete. Chopin ging dann in ein Hotel (wahrscheinlich das London-Hotel in St. Andrew's Square). Am folgenden Tage holte ihn Frau Lyschinski zu einer Ausfahrt ab, für welche eine Nachbarin, Fräulein Paterson, ihren Wagen zur Verfügung gestellt hatte. Das Hotel hatte Chopin bald satt; er fand es ganz unerträglich und sagte dem Doctor, den er alsbald lieb gewonnen hatte, er könne nicht ohne ihn fertig werden, worauf dieser erwiderte: „Gut, dann müssen Sie in mein Haus ziehen und zwar müssen Sie sich, da es ziemlich klein ist, mit der Kinderstube begnügen." Darauf wurden die Kinder zu einem Freunde geschickt und ihre Stube zum Schlafzimmer des berühmten Gastes gemacht, während dessen Diener Daniel, ein französischer Irländer, in einem anstossenden Schlafzimmer untergebracht wurde. Wenn Obiges sich nicht auf Chopin's Rückkehr nach Schottland im September, nach seinem Besuch in Manchester, bezieht, so ist Frau Lyschinski mit ihren Erinnerungen ein wenig in Unordnung gerathen, denn, wie der zuletzt citirte Brief beweist, hat sich Chopin nach seiner ersten Ankunft in Edinburgh nur einen Tag dort aufgehalten. Im Uebrigen sind die Thatsachen, wenn auch nicht ganz richtig gruppirt, doch ohne Zweifel genau wiedergegeben.

Chopin stand sehr spät auf und frühstückte in seinem Zimmer. Er liess sich täglich vom Diener frisiren, und seine Wäsche, Stiefel sowie andere Kleidungsstücke waren auf das Sauberste gehalten — er war thatsächlich ein *petit-maître*, in seiner Kleidung eitler als irgend ein Frauenzimmer. Die weiblichen Dienstboten waren von seinem Zimmer streng ausgeschlossen, wie

nöthig auch ihre Gegenwart daselbst im Interesse der Sauberkeit
und Ordnung sein mochte. Chopin war so schwach, dass Dr.
Lyschinski ihn jedesmal die Treppe hinauftragen musste. Nach
dem Mittagessen sass er in der Nähe des Kaminfeuers, häufig
vor Kälte zitternd; dann konnte er plötzlich durch das Zimmer
schreiten und sich ans Clavier setzen, um sich warm zu spielen.
Er konnte weder Vorschriften noch Widerspruch ertragen: Rieth
man ihm, sich in die Nähe des Feuers zu setzen, so pflegte er
auf die andere Seite des Zimmers zu gehen, wo das Clavier
stand. Er war entschieden herrschsüchtig. Als er ein Mal Frau
Lyschinski bat zu singen, und sie es verweigerte, war er erstaunt
und wurde wirklich ärgerlich. „Doctor" fragte er „würden Sie
es übel nehmen, wenn ich Ihre Gattin zwänge, es zu thun?"
Der Gedanke, eine Frau könne ihm irgend etwas verweigern,
schien ihm widersinnig. Frau Lyschinski sagt, Chopin sei gegen
alle Damen gleichmässig höflich gewesen, sie meine aber, er
habe kein Herz gehabt. Sie pflegte ihn mit Frauen zu necken,
bezeichnete z. B. Fräulein Stirling als seine specielle Freundin,
worauf er antwortete, er habe keine speciellen Freundinnen, sondern behandle alle Frauen mit der gleichen Aufmerksamkeit.
„So ist nicht einmal George Sand eine specielle Freundin von
Ihnen?" fragte sie. Die Antwort lautete: „Nicht einmal George
Sand." Wäre Frau Lyschinski von dem Stande der Dinge
zwischen Chopin und George Sand unterrichtet gewesen, so
würde sie jene Frage selbstverständlich nicht gestellt haben.
Uebrigens vermied er es durchaus nicht, von seiner treulosen
Geliebten zu sprechen; als eines Tages von seiner Magerkeit
die Rede war, bemerkte er, sie habe ihn manchmal *mon chèr
cadavre* genannt. Fräulein Stirling war viel um Chopin. Ich will
hier nicht unerwähnt lassen, dass mir Frau Lyschinski sagte,
Fräulein Stirling sei bedeutend älter als Chopin, und ihre Liebe
zu ihm, wenn auch leidenschaftlich, doch rein platonischer Art
gewesen. Die Fürstin Czartoryska kam einige Zeit nach Chopin
an und begleitete ihn, wie mir mitgetheilt wurde, wohin er ging;
indessen war, wie wir aus einem der Briefe Chopin's erfahren,
ihr Aufenthalt in Schottland nur von kurzer Dauer. Chopin
war stets in Bewegung; Dr. Lyschinski's Haus war für ihn kaum
mehr als ein *pied-à-terre*, er blieb nie lange und kam meist
unerwartet. Mehrere Häuser, wo er als Gast verkehrte, sind in

seinen Briefen genannt. Frau Lyschinski glaubt sich zu erinnern, dass er auch den Herzog von Hamilton besucht hat.

Ende August sowie Ende September und Anfang October wurde dies Faullenzerleben durch ernste Arbeit unterbrochen, und zwar durch eine Art der Arbeit, die zu keiner Zeit nach Chopin's Geschmacke, bei seinem damaligen Gesundheitszustand aber besonders lästig für ihn war.

Der *Manchester Guardian* vom 19. August 1848 enthält folgende Ankündigung:

> Concert Hall. — Das Directorium theilt den Abonnenten mit, dass am 28. August ein Gala-Concert stattfinden wird, unter Mitwirkung folgender Künstler: Signora Alboni, Signora Corbari, Signor Salvi und Mons. Chopin.

Aus einem, in demselben Blatte (30. August) erschienenen Bericht über dies Concert, welches der Verfasser als das glänzendste der ganzen Saison bezeichnet, erfahren wir, dass das Orchester unter Leitung Seymour's drei Ouvertüren spielte — Weber's „Beherrscher der Geister", Beethoven's „Prometheus" und Rossini's „Barbier von Sevilla" — und dass Chopin ein Andante und Scherzo sowie ein Nocturne, Etüden und die Berceuse seiner Composition vortrug. Bezüglich Chopin's sagt der Bericht:

> Für den mehr zur Instrumentalmusik neigenden Theil des Auditoriums war Mons. Chopin vielleicht von gleichem Interesse wie Frau Alboni, da ihm ein grosser Ruf vorangegangen war. Er scheint etwa dreissig Jahre alt zu sein.[1]) Er ist sehr schmächtig gebaut, und ein fast peinlicher Ausdruck von Schwäche ist in seiner Haltung und seinem Gange bemerkbar; dies aber verschwindet, sobald er sich ans Clavier setzt, in welchem er für die Zeit seines Vortrages gänzlich aufzugehen scheint. Chopin's Musik und sein Vortrag haben ein gemeinsames Merkmal: Mehr Feinheit als Kraft, mehr sorgfältige Ausarbeitung als einfache Klarheit in der Tongestaltung, mehr ein eleganter behender Anschlag als ein festes, nervichtes Angreifen des Instruments. Sowohl seine Compositionen wie sein Spiel schienen die Kammermusik in ihrer Vollendung darzustellen, würdig, von dem besten Instrumental-Quartett begleitet zu werden; um aber in einem grossen Raume zu wirken, ermangeln

---

[1]) Chopin hatte, wie Hipkins sagt, ein jugendliches, wenn auch sehr mattes Aussehen.

sie der Breite und des allgemein fasslichen Planes, endlich auch
der Kraft der Ausführung. Dieses sind unsre Eindrücke von Chopin's erstem Auftreten. Er wurde von vielen unserer besten Musik-
kenner warm applaudirt und musste seine letzte Nummer *da capo*
spielen, eine Auszeichnung, die jedem der vier in diesem Concerte
auftretenden Londoner Künstler zu Theil wurde.

Aus dem Berichte des *Manchester Courier and Lancashire
General Advertiser* (30. August 1848) führe ich Folgendes an:

Wir können mit voller Aufrichtigkeit sagen, dass er uns entzückt hat. Wenn wir auch die Kraft eines Thalberg an ihm nicht
entdecken konnten, so fanden wir doch bei ihm eine Keuschheit
und Reinheit des Stils, eine Correctheit, verbunden mit glänzendem
Anschlag und Zartheit des Ausdruckes, wie wir sie noch nie haben
übertreffen hören. Er spielte im zweiten Akt [Theil] . . . und
erzielte ein begeistertes *da capo;* er wiederholte indessen nichts,
und bot dagegen den Zuhörern ein Stück, welches uns als ein
Fragment von grosser Schönheit erschien.

Osborne sagt in einem in der Londoner *Musical Association*
gehaltenen Vortrag über Chopin:

Auf einer Concertreise mit der Alboni traf ich Chopin in Manchester, wo er in einem grossen Concert ohne [mit?] Orchester spielen
sollte. Er bat mich, nicht dabei zu sein. „Sie, mein lieber Osborne," sagte er „der mich so oft in Paris gehört hat, lassen Sie
sich an jenen Eindrücken genügen. Mein Spiel wird sich in einem
so grossen Raume verlieren, und meine Compositionen werden keine
Wirkung machen. Ihre Anwesenheit beim Concert würde für Sie
wie für mich peinlich sein."

Weiter theilte Osborne mit, dass er trotz der Abmahnung
Chopin's in einem entfernten Winkel des Saales dem Concert beigewohnt habe. Ich füge hinzu, dass, wenn er auch
in der Lage war, während Chopin's Spiel den Saal zu verlassen, er doch dem Concert nicht fern bleiben konnte, denn,
wie die Blätter sagen, hatte er die Clavierbegleitung übernommen. Der Eindruck, den Chopin's Spiel bei dieser Gelegenheit
auf seinen Freund machte, ist in den folgenden wehmüthigen
Worten wiedergegeben: „Sein Vortrag war zu zart, um Begeisterung hervorzurufen, und ich war wahrhaft besorgt
um ihn."

Bald nach dem Concert kehrte Chopin nach Schottland zurück. Wie viele Tage (zwischen dem 23. August und 7. September?) er in Manchester geblieben ist, weiss ich nicht, doch ist es wohlbekannt, dass er während seines dortigen Aufenthaltes bei Herrn und Frau Salis Schwabe gewohnt hat. An Frau Salis Schwabe, eine durch ihre Wohlthätigkeit bekannte Dame, richtete Thomas Erskine jenen Fräulein Jane Stirling betreffenden Brief, den ich oben theilweise citirte. Der Leser wird sich erinnern, dass Chopin in seinen Briefen an Franchomme (6. August 1848) und Grzymała (18. Juli 1848) das Concert in Manchester als bevorstehend erwähnt.

Ungefähr einen Monat nach dem Concert in Manchester gab Chopin ein eigenes in Glasgow. Der *Courier* vom 28. September und früheren Tagen sagt in Bezug darauf: .

> Monsieur Chopin beehrt sich anzuzeigen, dass seine *Matinée musicale* Mittwoch am 27. September in der Merchant Hall, Glasgow, stattfinden wird. Anfang halb drei Uhr. Eintrittskarten in beschränkter Zahl zum Preise von einer halben Guinee sind bei Muir Wood, 42 Buchanan Street, zu haben, woselbst auch nähere Auskunft ertheilt wird.

Der Netto-Ertrag dieses Concerts soll £ 60 betragen haben. Herr Muir Wood berichtet darüber:

> Ich war damals verhältnissmässig fremd in Glasgow, aber man sagte mir, noch nie seien bei einem Concerte so viele Equipagen zu sehen gewesen. Die Sache war die, dass viele Leute vom Lande gekommen waren nebst einer kleinen Elite der Glasgower Gesellschaft. Da es ein Nachmittagsconcert war, so mussten die meisten Musikfreunde der Stadt, ihrer Geschäfte wegen, fern bleiben; auch erschien Manchem der Preis zu hoch, namentlich für eine Familie.

Gewiss müssen den guten Glasgowern von damals das Spiel und die Compositionen Chopin's gemundet haben, wie „dem Volke der Caviar"; denn zu jener Zeit war Schottland, was den musikalischen Geschmack anlangt, aus dem Zustande primitiver Uncultur noch nicht emporgetaucht. Gleichwohl war Chopin's Matinée, wenn wir dem hochweisen Berichterstatter des Glasgower *Courier* glauben dürfen, gut besucht, und die Zuhörerschaft, in welcher „alle Schönheit und Eleganz, kurz die Elite

des Westendes vertreten war", genoss mit vollen Zügen das
Spiel des Concertgebers sowie den Gesang der mitwirkenden Frau Adelasio de Margueritte. Die folgende Probe der
besagten Kritik dürfte den Leser in mehr als einer Hinsicht
interessiren:

Die Leistung war im Punkte der musikalischen Vollendung
sowie der künstlerischen Fertigkeit jedenfalls ersten Ranges, und
hatte den Erfolg, dass jeder Anwesende für anderthalb Stunden
gefesselt und entzückt war. Da wir jetzt die bedeutendsten musikalischen Kräfte bei uns sehen, so muss es für jeden, der sich von
Neuem um unsere Theilnahme und unsern Beifall bewirbt, schwierig
sein, das dem Erfolg wesentlich nöthige Element, Originalität, in
hinreichendem Maasse zu bieten. Herr Chopin aber hat bewiesen,
dass es nicht leicht ist, die Grenzen der Leistungsfähigkeit des von
ihm mit soviel Anmuth und Geist behandelten Instrumentes zu
ziehen, oder den Grad der Geschicklichkeit und Kraft zu bestimmen,
die ihm jene zauberhaften, den erstaunten Zuhörer immer wieder
elektrisirenden und hinreissenden Klänge entlocken. Herrn Chopin's
Behandlung des Claviers ist durchaus ihm selbst eigenthümlich, und
sein Stil vereinigt in harmonischer Weise Eleganz, Anschaulichkeit
und Humor. Wir müssen es uns an dieser Stelle versagen, unsere
Behauptung durch Beispiele zu stützen, wir glauben aber die Empfindungen aller der gestern Anwesenden auszusprechen, wenn wir
sagen, dass der Künstler ohne besondere Anstrengung nicht nur
angenehme sondern auch neue Eindrücke bei uns hinterlassen hat.
Madame Adelasio hat eine herrliche Stimme, die sie mit grosser
Leichtigkeit und gelegentlich auch glanzvoll zu entfalten versteht.
Sie sang mehrere Arien mit viel Geschmack und erntete damit
reichen Beifall. Wir fügen noch hinzu, dass alle Nummern stürmisch applaudirt wurden, und das Publikum mit dem Ausdruck
höchster Befriedigung den Saal verliess.

Dem Verfasser dieses Berichtes hat es an richtigem Urtheil
augenscheinlich nicht gemangelt, wenn auch seine schriftstellerische Fähigkeit nicht eben hoch entwickelt erscheint. Dass es
in Glasgow wirkliche Chopin-Enthusiasten gab, beweist u. a. ein
von Lob und Bewunderung überströmender Artikel, welchen der
Redacteur des Blattes von einem Correspondenten erhielt und
am 30. September, zwei Tage nach dem Erscheinen der oben
citirten Kritik, abdruckte.

Am 4. October veranstaltete Chopin in Edinburgh ein Concert mit folgendem Programm:

21*

HOPETOUN ROOMS, QUEEN STREET.
MONSIEUR CHOPIN'S SOIRÉE MUSICALE.
Programm.
1. Andante et Impromptu.
2. Etudes.
3. Nocturne et Berceuse.
4. Grande Valse Brillante.
5. Andante précédé d'un Largo.
6. Préludes, Ballade, Mazurkas et Valses.

Anfang halb neun Uhr. Eintrittskarten in beschränkter
Zahl zu einer halben Guinee verkäuflich bei etc.

Frau Lyschinski sagte mir, dies Concert sei hauptsächlich
vom Adel besucht gewesen; noch nie zuvor habe man eine halbe
Guinee für ein Concertbillet bezahlt (dies dürfte doch wohl ein
Irrthum sein) und Chopin sei wenig bekannt gewesen. Fräulein
Stirling habe, aus Furcht, der Saal werde sich nicht füllen, für
fünfzig Pfund Sterling Billette gekauft. Das von Chopin benutzte
Clavier (ein von Broadwood gesandtes Instrument, welches er
sowohl in Glasgow als in Edinburgh spielte) sei später mit einem
Aufschlag von £ 30 verkauft worden — so wenigstens erzähle
man sich.

Im *Edinburgh Courant*, welcher am 30. September und
anderen Tagen eine der Glasgower Anzeige ähnliche enthielt
(mit Hinzufügung des Programmes, wo indessen nur die Nummern 1, 2, 3 und 6 des vorhin erwähnten figuriren), erschien
am 7. October 1848 ein Bericht über das Concert, dem ich
Folgendes entnehme:

Dieser hochbegabte Pianist erfreute seine Bewunderer durch
seine Vorträge am Mittwoch Abend in den Hopetoun Rooms, wo
sich ein gewähltes, höchst fashionables Publikum versammelt hatte, um
ihn bei seinem ersten Auftreten in Edinburgh zu bewillkommnen . . . .
Chopin's Compositionen bilden schon zu lange einen Bestandtheil
der Musik Europa's, und sind schon zu allgemein gewürdigt, um
einer weiteren Charakteristik zu bedürfen, als dass sie zu den vortrefflichsten Productionen auf dem Gebiete der classischen Claviermusik zählen.   Von seinem Spiel sagen wir nur, dass es das
vollendetste ist, welches wir je gehört haben.   Er hat weder die
Nachdrücklichkeit noch die Kraft eines Mendelssohn, eines Thalberg, eines Liszt, weshalb auch sein Spiel in einem grossen Raume

weniger wirksam sein würde; als Kammer-Pianist aber steht er unerreicht da. Trotz der Menge musikalischer Genüsse, welche dem Edinburgher Publikum im Laufe dieser Saison schon geboten worden sind, war der Saal mit einer Zuhörerschaft gefüllt, die durch verständnissvollen und rechtzeitig ausgedrückten Beifall kundgab, wie sehr sie die ausserordentlichen Fähigkeiten des Monsieur Chopin zu schätzen wusste.

Ein Edinburgher Mitarbeiter der *Musical World*, der sich „M." unterzeichnet, bestätigt (14. October 1848) das obige Urtheil. Von ihm erfahren wir, dass eine der vorgetragenen *Etudes* in F-moll war (wahrscheinlich die Nr. 2 des Op. 25, obwohl es noch zwei andere in dieser Tonart giebt. Nr. 9 des Op. 10 und Nr. 1 der *Trois Etudes* ohne Opuszahl). Das etwas problematische *Andante précédé d'un Largo* war ohne Zweifel eine Zusammenstellung zweier seiner kürzeren Compositionen, der man diesen Titel gegeben hatte, um Abwechselung in das Programm zu bringen. Von Hipkins hörte ich, dass Chopin zu jener Zeit häufig den langsamen Satz seines Op. 22, *Grande Polonaise précédée d'un Andante spianato*, gespielt hat.

Nun aber möge Chopin selbst wieder das Wort erhalten.

Chopin an Grzymała; Keir, Pertshire, Sonntag, 1. October 1848:

> Keine Post, keine Eisenbahn, auch kein Wagen (nicht einmal um auszufahren), kein Boot, kein Hund zu sehen — alles trostlos, trostlos!
>
> Mein liebster Freund, gerade im Moment, wo ich schon begonnen hatte, Dir auf einem anderen Bogen zu schreiben, wurden mir Dein und meiner Schwester Brief gebracht. Dem Himmel sei Dank, dass sie bis jetzt von der Cholera verschont geblieben sind. Aber warum schreibst Du nicht ein Wort von Dir selbst? Ist es doch für Dich viel leichter, zu correspondiren, als für mich; denn ich habe schon eine ganze Woche hindurch täglich an Dich geschrieben — namentlich seit meiner Rückkehr aus dem Norden Schottlands (Strachur)[1]) — ohne fertig zu werden. Ich weiss, dass Du in Versailles einen Patienten hast, denn Rozaria[2]) schrieb mir, Du habest ihr einen Besuch gemacht und seiest dann zu einem Patienten in Versailles gegangen. Ich hoffe, es ist nicht Dein Grossvater oder Dein Enkel oder einer Deiner lieben Nachbarn,

---

[1]) Städtchen in Argyleshire, acht englische Meilen südlich von Inverary.

[2]) Fräulein de Rozières.

die Rochański's. Hier hört man noch nichts von Cholera, in London aber soll sie schon da und dort aufgetreten sein.

Gleichzeitig mit Deinem Brief, den ich in Johnstone Castle
erhielt, und in welchem Du schreibst, dass Du mit Soli[1]) im Gym-
nase-Theater gewesen bist, kam einer aus Edinburgh vom Fürsten
Alexander Czartoryski, mit der Nachricht, dass er und seine Gattin
angekommen seien und sich freuen würden, mich zu sehen. Obwohl sehr matt, nahm ich doch den nächsten Eisenbahnzug und
fand sie noch in Edinburgh. Die Fürstin Marcelline war so liebenswürdig wie immer. Der Verkehr mit ihnen wirkte belebend auf
mich und gab mir die nöthige Kraft, in Glasgow zu spielen, wo
die ganze *haute volée* zu meinem Concert zusammengekommen war.
Das Wetter war prachtvoll, und die fürstliche Familie war sogar
von Edinburgh gekommen, mit dem kleinen Marcel, der hübsch
gewachsen ist und schon meine Compositionen singt, ja sogar
corrigirt, wenn er hört, dass Jemand einen Fehler macht. Es war
am Mittwoch Nachmittag um drei Uhr, und das fürstliche Paar
hatte die Güte, eine Einladung anzunehmen, nach dem Concert in
Gesellschaft mit mir in Johnstone Castle (beiläufig zwölf englische
Meilen von Glasgow) zu speisen; auf diese Weise brachte ich den
ganzen Tag mit ihnen zu. Lord und Lady Murray sowie der alte
Lord Torphichen (der an hundert englische Meilen weit gekommen
war) fuhren ebenfalls mit uns dorthin, und am folgenden Tage
waren Alle von der Liebenswürdigkeit der Fürstin Marcelline entzückt. Das fürstliche Paar kehrte nach Glasgow zurück, von wo
sie, nach einem Besuche des Loch Tamen,[2]) sofort nach London
und von da nach dem Continent zurückzukehren beabsichtigen. Der
Fürst sprach von Dir mit aufrichtiger Theilnahme. Ich kann mir
recht gut vorstellen, wie Deine edle Seele leiden muss, beim Anblick dessen, was jetzt in Paris vorgeht. Du kannst Dir nicht
denken, wie ich auflebte, wie ich an jenem Tage in der Gesellschaft so lieber Landsleute lebendig wurde; heute aber bin ich
wieder sehr herabgestimmt.

Oh dieser Nebel! Freilich habe ich von dem Fenster aus, an
welchem ich schreibe, die schönste Aussicht auf das Schloss Stirling — dasselbe, wie Du Dich erinnern wirst, welches Robert Bruce
so entzückte — auf Berge, Seen, einen reizenden Park, mit einem
Worte, die wegen ihrer Schönheit berühmteste Aussicht in Schottland; nur sehe ich leider nichts, ausgenommen wenn der Nebel
dann und wann der Sonne weicht. Der Eigenthümer dieses Herren-
sitzes, welcher Stirling heisst, ist der Onkel unserer schottischen
Damen und das Haupt der Familie. Ich machte seine Bekanntschaft

---

[1]) Wahrscheinlich Solange, Frau Clésinger, die Tochter George Sand's.

[2]) Ein Loch (See) dieses Namens existirt nicht. Kann der Loch Lomond
gemeint sein? Loch Leven halte ich für weniger wahrscheinlich.

in London; er ist ein reicher Junggeselle und hat eine sehr schöne Gemäldesammlung, welche sich namentlich durch Werke von Murillo und anderen spanischen Meistern auszeichnet. Er hat sogar vor Kurzem eine sehr interessante Arbeit über die spanische Malerschule veröffentlicht; er ist viel gereist (auch im Orient) und ein sehr gebildeter Mann. Alle bedeutenden Engländer, die nach Schottland kommen, besuchen ihn; er hat stets offenes Haus, so dass er jeden Tag durchschnittlich etwa dreissig Personen zu Tische hat. Auf diese Weise hat man Gelegenheit, die verschiedenartigsten Schönheiten Englands kennen zu lernen; so war z. B. eine Frau Boston für einige Tage hier, aber sie ist schon fort. Was die Herzöge, Grafen und Lords anlangt, so sieht man jetzt hier ihrer mehr denn je, weil sich die Königin in Schottland aufgehalten hat. Gestern passirte sie auf der Eisenbahn nahe bei uns vorbei, da sie zu einer gewissen Zeit in London sein musste, und auf der See ein solcher Nebel war, dass sie es vorzog, zu Lande, und nicht (wie sie gekommen war) zu Wasser von Aberdeen nach London zurückzukehren — zum grossen Bedauern der Marine, welche verschiedene Festlichkeiten für sie vorbereitet hatte. Man erzählt sich, dass ihr Gatte, Prinz Albert, damit sehr zufrieden gewesen sei, weil er stets an der Seekrankheit leidet, während die Königin, als echte Beherrscherin des Meeres, die See gut vertragen kann. Ich werde bald mein Polnisch vergessen haben; ich spreche Französisch wie ein Engländer und Englisch wie ein Schotte — kurz, ich mische, wie Jawurek, fünf Sprachen durcheinander.

Wenn ich Dir keine Jeremiade schreibe, so ist es nicht, weil Du unfähig wärest, mich zu trösten, sondern weil Du der Einzige bist, der Alles weiss; und wenn ich einmal anfange zu klagen, so ist das Ende nicht abzusehen, auch wird die Tonart immer dieselbe sein. Aber es ist ungenau, wenn ich sage: „Immer dieselbe Tonart", denn es geht mir jeden Tag schlechter. Ich fühle mich schwächer; ich bin unfähig, zu componiren, nicht weil es mir an Neigung mangelte, sondern aus physischen Gründen, und weil ich jede Woche an einem andern Platze bin. Was aber soll ich machen? Wenigstens werde ich mir etwas für den Winter ersparen. Einladungen erhalte ich in Menge und kann nicht einmal dahingehen, wohin ich möchte, z. B. zur Herzogin von Argyll und zur Lady Belhaven, da die Jahreszeit schon zu weit vorgerückt und für meine geschwächte Gesundheit zu gefährlich ist. Den ganzen Morgen bin ich unfähig, irgend etwas zu thun, und nachdem ich mich angekleidet habe, fühle ich mich so ermüdet, dass ich wieder der Ruhe bedarf. Nach dem Mittagsmahl muss ich zwei Stunden mit den Herren zusammensitzen, hören, was sie sich erzählen und sehen, wieviel sie trinken. Währenddem fühle ich mich tödlich gelangweilt. Ich bestrebe mich, an etwas ganz Anderes zu denken, und gehe dann in das Wohnzimmer, wo ich alle Mühe habe, wieder aufzu-

leben, denn Alle sind begierig mich zu hören. Später trägt mich
mein guter Daniel die Treppe zu meinem Schlafzimmer hinauf,
kleidet mich aus, legt mich ins Bett, lässt das Licht brennen, und
dann habe ich wieder die Freiheit, zu seufzen und bis zum Morgen
zu träumen, um den nächsten Tag genau wie den vorangegangenen
zu verbringen. Wenn ich mich einigermaassen häuslich niedergelassen habe, muss ich wieder weiter reisen, denn meine schottischen
Damen gestatten mir — gewiss in der besten Absicht von der
Welt — keine Ruhe. Sie holen mich ab, um mich ihren sämmtlichen Verwandten vorzustellen; sie werden mich schliesslich mit
ihrer Güte tödten, und ich muss aus reiner Liebenswürdigkeit alles
ertragen. Dein

Friedrich.

Chopin an Gutmann; Calder House, 16. October 1848 (zwölf
englische Meilen von Edinburgh):

Liebster Freund, was thust Du? Wie geht es den Deinen,
Deinem Vaterlande, Deiner Kunst? Du bist strenge mit mir, und
zwar ungerechterweise, da Du meine Schwäche im Briefschreiben
kennst. Ich habe viel an Dich gedacht, und als ich kürzlich las,
dass in Heidelberg Unruhen stattgefunden hätten, machte ich etwa
dreissig Entwürfe, um Dir eine Zeile zu schicken, die aber zuletzt
alle ins Feuer wanderten. Dieses Blatt wird Dich vielleicht erreichen und Dich glücklich in Gesellschaft Deiner guten Mutter
finden. Seit ich die letzten Nachrichten von Dir hatte, war ich in
Schottland, in dem schönen Lande Walter Scott's, mit seinen vielen
Erinnerungen an Maria Stuart, die beiden Carl etc. Ich schleppe
mich von einem Lord, von einem Herzog zum andern. Ich finde
überall, neben der grössten Freundlichkeit und einer unbegrenzten
Gastfreiheit, vortreffliche Claviere, schöne Gemälde und gewählte
Bibliotheken; es giebt auch Jagden, Pferde, Hunde, Mahlzeiten von
unendlicher Länge und Weinkeller, aus denen ich mir weniger
mache. Man hat kaum einen Begriff von der ausgesuchten Behaglichkeit, welche in englischen Schlössern herrscht. Da die Königin dieses Jahr einige Wochen in Schottland zugebracht hat, so
ist ganz England ihr gefolgt, theils aus Höflichkeit, theils wegen
der Unmöglichkeit, nach dem durch die Revolution beunruhigten
Continent zu reisen. Alles hier strahlte in verdoppeltem Glanze,
die Sonne ausgenommen, die nichts mehr leistete als gewöhnlich;
dazu kommt der Winter heran, und ich weiss noch nicht, was aus
mir werden wird. Ich schreibe Dir aus dem Hause des Lord
Torphichen. Hier über meinem Zimmer hat John Knox, der
schottische Reformator, zum ersten Mal das Abendmahl ausgetheilt.
Alles hier regt die Phantasie an — ein Park mit hundertjährigen
Bäumen, Abgründe, verfallene Burgmauern, Corridore ohne Ende

mit Ahnenbildern ohne Zahl; es giebt sogar eine gewisse Roth-
mütze, welche dort um Mitternacht umgeht. Ich gehe dort mit
meiner Ungewissheit um. [*Il y a même un certain bonnet rouge,
qui s'y promène à minuit. J'y promène mon incertitude.*]

Die Cholera kommt; in London ist Nebel und Spleen, in Paris
ist kein Präsident. Es ist einerlei, wo ich huste und ersticke, ich
werde Dich wie immer lieben. Sage Deiner Mutter meine Grüsse,
und meine besten Wünsche für Euer Aller Glück. Schreibe mir
eine Zeile unter der Adresse: Dr. Lishinsky,[1] 10 Warriston Crescent,
Edinburgh, Schottland. — Der Deine von ganzem Herzen

Chopin.

P. S. Ich habe in Edinburgh gespielt; der Adel der Nachbarschaft kam mich zu hören; die Leute sagen, dass es gut gegangen ist — ein wenig Erfolg und etwas Geld. Es waren dies
Jahr in Schottland: Die Lind, die Grisi, die Alboni, Mario, Salvi —
kurz Jedermann.

Aus Chopin's Briefen geht hervor, dass er Ende October
oder Anfang November wieder in London angekommen ist.

Chopin an Dr. Lyschinski; London, 3. November 1848:

Ich erhielt gestern Deine lieben Zeilen nebst dem Briefe aus
Heidelberg. Ich bin hier ebenso rathlos, wie ich bei Euch war,
und trage auch dieselbe Liebe für Euch in meinem Herzen. Meine
Grüsse an Deine Gattin und Deine Nachbarn. Möge Gott Dich
segnen!

Ich umarme Dich aufs Herzlichste. Ich habe die Fürstin
[Czartoryska] gesehen; man erkundigte sich aufs Freundlichste
nach Dir.

Meine jetzige Wohnung ist St. James's Place Nr. 4. Sollte
etwas für mich ankommen, so sende es mir freundlichst unter dieser
Adresse.

3. November 1848.

Bitte, sende das einliegende Briefchen an Fräulein Stirling, die
ohne Zweifel noch in Barnton ist.[2]

Der folgende Brief lässt erkennen, in welchem Geistes- und
Körperzustand Chopin sich damals befand.

Chopin an Grzymała; London, 17.—18. October [sollte November heissen] 1848:

---

[1] Der Brief, den ich demnächst mittheilen werde, ist von Chopin an
„Dr. Lishinski" adressirt. In *The Medical-Register* steht „Lyszynski".

[2] Ich will bei dieser Gelegenheit Chopin's Siegel nicht unerwähnt lassen:
drei C. in Form von Hörnern (mit Mundstücken und Schalltrichtern) ver-
schlungen.

Liebster Freund, während der letzten achtzehn Tage, d. h. seit
meiner Ankunft in London, bin ich krank gewesen und habe so
starken Schnupfen (mit Kopfschmerz, Athemnoth und allen meinen
schlimmen Symptomen), dass ich nicht aus dem Hause gekommen
bin. Der Arzt besucht mich täglich (ein Homöopath Namens
Mallan, derselbe, der meine schottischen Damen behandelt, der hier
einen grossen Ruf hat und mit einer Nichte der Lady Gainsborough
verheirathet ist). Es ist ihm gelungen, mich so weit herzustellen,
dass ich gestern imstande war, an dem polnischen Concert und
Ball theil zu nehmen; ich ging indessen sofort nach Hause, nachdem ich meine Arbeit gethan. Ich konnte die ganze Nacht nicht
schlafen, da ich, ausser Husten und Asthma, sehr heftige Kopf-
schmerzen hatte. Bisher ist der Nebel nicht besonders bösartig
gewesen, so dass ich, trotz der scharfen Kälte, die Fenster öffnen
kann, um ein wenig frische Luft zu athmen. Ich wohne in St.
James's Street Nr. 4, sehe fast täglich den vortrefflichen Szulczewski,[1]
Broadwood, Frau Erskine, die mir mit Herrn Stirling hierher gefolgt ist, namentlich auch den Fürsten Alexander [Czartoryski] und
seine Gattin. Adressire Deine Briefe gefälligst an Szulczewski. Ich
kann noch nicht nach Paris kommen, überlege aber beständig, wie
ich meine Rückkehr einrichten könnte. In meiner jetzigen Wohnung, die für einen Gesunden sehr passend wäre, kann ich nicht
bleiben, obwohl sie schön gelegen und nicht theuer ist (vierund-
einehalbe Guinee die Woche, *inclusive* Bett, Heizung etc.); sie liegt
nahe beim Hause Lord Stuart's,[2] der mich eben verlassen hat.
Dieser würdige Herr kam mich zu fragen, wie ich mich nach dem
Concert des gestrigen Abends befände. Wahrscheinlich werde ich
zu ihm ziehen, weil er viel grössere Räume hat, in denen ich freier
athmen kann. *En tout cas* — erkundige Dich gefälligst, ob nicht

---

[1] Carl Franz Szulczewski, Sohn des Carl Szulczewski, Generaleinnehmer
für den District Orlow, geb. 18. Januar 1814, wurde in der Militärschule zu
Kalisch erzogen, diente während des Krieges von 1831 in der Artillerie unter
General Bem, erhielt das Ehrenkreuz *(virtuti militari)* für seine Tapferkeit in
der Schlacht bei Ostrolenka, verbrachte die ersten Jahre seiner Verbannung in
Frankreich und nahm 1842 seinen Wohnsitz in London, wo er 1845 Secretär
der literarischen Gesellschaft der Freunde Polens wurde. Er wurde in Anerkennung seiner Verdienste zum Major der polnischen Legion befördert, welche
in der Türkei unter dem Befehl Ladislaus Zamoyski's gebildet war, und nach
dem Frieden von Paris (1856) erhielt er von Seiten der englischen Regierung
eine Anstellung im Kriegsministerium. Er starb am 18. October 1884, als
eifriger Patriot hochgeschätzt, nicht nur von seinen Landsleuten, sondern auch
von allen Anderen, mit denen er in Verkehr gestanden hatte, unter ihnen der
verstorbene Lord Dudley Stuart und der verstorbene Earl of Harrowby.

[2] Lord Dudley Coutts Stuart, ein treuer und grossmüthiger Freund
der Polen.

irgendwo auf dem Boulevard, in der Nähe der Rue de la Paix oder
Rue Royale Wohnungen in der ersten Etage nach Süden zu haben
sind; auch die Rue Mathurin wäre mir recht, nur nicht die Rue
Godot oder ähnliche düstere, enge Strassen; auf alle Fälle muss
ein Dienerzimmer dabei sein. Vielleicht ist Franck's frühere Wohnung frei, die über der meinigen lag, bei der vortrefflichen Madame
Etienne, im Square Nr. 9 (Cité d'Orléans); denn ich weiss aus
Erfahrung, dass ich meine bisherige Wohnung während des Winters
nicht benutzen kann. Wäre nur ein Dienerzimmer im selben Stockwerk, so würde ich wieder zu Madame Etienne ziehen, aber ich
möchte meinen Daniel nicht gehen lassen, weil er, falls ich jemals
wünschte oder fähig wäre, wieder nach England zu kommen, mit
Allem Bescheid wüsste.

Warum ich Dich mit alle Diesem plage, weiss ich selbst
nicht; ich muss aber an mich selbst denken, und deshalb bitte ich
Dich, mir in dieser Angelegenheit beizustehen. Ich habe niemals
Jemandem geflucht, jetzt aber bin ich so lebensmüde, dass ich
nahe daran bin, Lucrezia[1] zu verfluchen! Doch leidet sie auch,
und mehr als ich, weil sie in ihrer Bosheit täglich älter wird. Wie
sehr beklage ich das Schicksal Soli's![2] Ach, Alles geht verkehrt
in dieser Welt. Man denke nur, dass Arago mit dem Adler auf
der Brust jetzt Frankreich repräsentirt. Die Deputation der Nationalgarde trieb Caussidier im Hôtel de la Sablonnière (Leicester
Square) von der *table d'hôte* fort, mit dem Rufe: „Vous n'êtes pas
français!"

Solltest Du eine Wohnung finden, so lass es mich alsbald
wissen; gieb aber die frühere noch nicht auf. — Dein

Friedrich.

Der in diesem Briefe erwähnte polnische Ball nebst Concert
verdient unsere Aufmerksamkeit, denn bei dieser Gelegenheit hat
sich Chopin zum letzten Male öffentlich hören lassen, so dass
diese Leistung mit Recht sein Schwanengesang genannt werden
kann.

Folgende Ankündigung erschien in den *Daily News* vom
1. November 1848:

Ein grosser polnischer Ball nebst Concert unter dem Patronat
der königlichen Familie sowie des Adels, und mit ungewöhnlich
reicher Ausstattung, wird am Donnerstag den 16. November mit
Erlaubniss des Lord Mayor und des Vorstands der City of London

---

[1] George Sand. Diese Anspielung bedarf nach dem an früherer Stelle
über ihren Roman *Lucretia Floriani* Gesagten keiner weiteren Erklärung.

[2] Vermuthlich Solange, Frau Clésinger, die Tochter George Sand's.

in Guildhall stattfinden; Näheres wird demnächst veröffentlicht werden.

James R. Carr, Secretär.

Diese Mittheilung ist durch eine spätere Annonce (vom 15. November) vervollständigt:

Die prachtvolle Ausschmückung des Saales vom Lord Mayor's-Tage wir beibehalten werden. Im Concert werden die berühmtesten Gesangskräfte auftreten. Eintrittskarten (inclusive Erfrischungen) für eine Dame und einen Herrn zu 21 *sh.;* für einen Herrn zu 15 *sh.;* für eine Dame zu 10 *sh.* 6 *pence* sind zu haben bei etc.

Am 17. November brachte die *Times* selbstverständlich einen Bericht über das am Abend zuvor gefeierte Fest:

Die Patrone und Patroninnen dieser jährlichen, oder vielmehr perennirenden Demonstration zu Gunsten fremder Ansprüche auf heimische Wohlthätigkeit versammelten sich gestern Abend in Guildhall, wie im letzten Jahr und bei früheren Gelegenheiten, wenn auch nicht so zahlreich und in solcher Qualität, wie vor einigen Jahren. Der grosse Saal war erleuchtet und geschmückt, wie beim Lord Mayor's-Bankett; seine Physiognomie war glänzend, ohne besonders belebt zu sein.

Dann ist vom Tanz die Rede, von Adams' vortrefflichem Orchester, von den Erfrischungen, von einigen edlen Lord's, dem Lord Mayor, von verschiedenen der städtischen Notabilitäten (welche „unter die in der Mehrzahl befindlichen einfachen Herren und Damen Abwechselung brachten"), von den bunten Costümen einiger Hochländer und Spanier, von Lord Dudley (dem Löwen des Abends) — alles dieses ist erwähnt, Chopin aber mit keinem Worte. Vom Concert lesen wir nur, es sei „ungefähr dasselbe gewesen, wie bei früheren Festen und nach dem Schlusse desselben seien Viele nach Hause gegangen." Endlich erfahren wir noch, dass der Reingewinn geringer taxirt wurde, als bei früheren Gelegenheiten.

Das Concert, bei welchem Chopin, durch seinen Patriotismus getrieben und von seinen Freunden überredet, mitwirkte, war augenscheinlich ein untergeordneter und nur Wenige interessirender Theil der Veranstaltungen. Die Zeitungen sprechen entweder gar nicht davon, oder doch nur sehr kurz; in beiden Fällen wird der grosse Künstler ignorirt. In Folge dessen ist jetzt sehr wenig darüber herauszubekommen. Lindsay Sloper erinnerte sich, dass Chopin unter anderm seine Etüden in As-dur und F-moll (Op. 25 Nr. 1 und 2) gespielt habe. Die verhältnissmässig beste Auskunft über das Concert geben die von Hueffer in seinem Essay über Chopin *(Musical Studies)* mitgetheilten Bemerkungen eines Ohrenzeugen:

> Die Leute, welche vom Tanzen erhitzt in den Saal kamen, wo er spielte, waren nicht in der Stimmung, zuzuhören und ungeduldig, zu ihrem Vergnügen zurückzukehren. Er war im letzten Stadium der Erschöpfung, und das Ganze lief auf eine Enttäuschung hinaus. Sein Spielen bei einer solchen Veranlassung war ein wohlgemeinter Missgriff.

Welch ein trauriger Abschluss einer edlen Künstlerlaufbahn! Obwohl Chopin sich schon im November nach Paris gesehnt hatte, war er doch noch den folgenden Januar in London. Chopin an Grzymała; London, Dienstag, Januar 1849:

> Liebster Freund, heute liege ich wieder beinahe den ganzen Tag, Donnerstag aber werde ich das mir unerträgliche London verlassen. Die Nacht vom Donnerstag auf den Freitag werde ich in Boulogne bleiben und Freitag Abend hoffe ich mich in der Place d'Orléans schlafen zu legen. Zu meinen früheren Leiden hat sich jetzt die Neuralgie gesellt. Bitte, überzeuge Dich, ob die Betttücher und Kissen ganz trocken sind und lasse Feuerung kaufen. Madame Etienne soll nichts sparen, damit ich mich bei meiner Ankunft wärmen kann. Ich habe an Drożewski geschrieben, er möge Teppiche und Vorhänge besorgen. Den Tapezierer Perrichon werde ich sofort nach meiner Ankunft bezahlen. Sage Pleyel, er möge mir zu Donnerstag ein Clavier schicken; lass es verschliessen, und einen Veilchenstrauss kaufen, damit es im Salon angenehm dufte. Ich möchte ein wenig Poesie in meinen Räumen finden, auch in meinem Schlafzimmer, wo ich aller Wahrscheinlichkeit nach für lange Zeit liegen werde.
>
> Freitag Abend also gedenke ich in Paris zu sein; einen Tag länger hier, und ich werde verrückt oder ich sterbe! Meine schottischen Damen sind von Herzen gut, aber so langweilig, dass — Gott sei uns gnädig! Sie haben sich so an mich attachirt, dass ich sie nicht so leicht los werden kann; nur die Fürstin Marcelline (Czartoryska) nebst ihrer Familie und der vortreffliche Szulczewski erhalten mich noch am Leben. Lasse in allen Stuben Feuer machen und den Staub entfernen — vielleicht kann ich mich noch erholen. — Der Deine für immer

> Friedrich.

Herr Niedzwiecki[1]) sagte mir, er sei mit Chopin, der seinen
Diener bei sich gehabt, von London nach Paris gereist. Die
drei hatten ein Coupée für sich. Während der Reise litt der
Kranke sehr an wiederholten Anfällen von Athemnoth. Chopin
war entzückt, als er Boulogne erblickte. Wie ihm England und
die Engländer verhasst waren, beweist die folgende Anekdote.
Nachdem sie Boulogne verlassen hatten, und Chopin eine Weile
die Gegend betrachtet hatte, sagte er zu Niedzwiecki: „Sehen
Sie das Vieh dort auf der Wiese? *Ça a plus d'intelligence que
les Anglais*". Wir wollen aber deswegen dem armen Chopin
nicht böse sein: Er war damals durch sein Leiden irritirt, und
vom Kosmopoliten hat er niemals etwas an sich gehabt.

---

[1]) Leonhard Niedzwiecki, geb. 1807 im Königreich Polen, trat 1830 in das
Volksheer ein, zeichnete sich auf mehreren Schlachtfeldern aus, kam 1832 als
Flüchtling nach England, erwarb sich dort durch literarische Arbeiten seinen
Lebensunterhalt und fungirte zugleich als freiwilliger Bibliothekar der literarischen
Gesellschaft der Freunde Polens; 1845 siedelte er von London nach Paris über,
wo er bei dem General Grafen Ladislaus Zamoyski, und nach dem Tode des
Grafen bei dessen Wittwe als Privat-Secretär angestellt war. Niedzwiecki, der
zugleich Bibliothekar der polnischen Bibliothek in Paris ist, widmet gegenwärtig
seine ganze Zeit historischen und philologischen Forschungen.

Zweiunddreissigstes Capitel.

1849.

Verschlimmerung des Gesundheitszustandes. — Zwei Briefe. — Umzug vom Square d'Orléans nach der Rue Chaillot. — Pecuniäre Verhältnisse. — Eine curiose Geschichte. — Erinnerungen und Briefe, den Aufenthalt in der Rue Chaillot betreffend. — Umzug nach dem Vendôme-Platz Nr. 12. — Letzte Tage, Tod. — Begräbniss. — Letzte Ruhestätte. Grabmal und Erinnerungsfeier im Jahre 1850.

er Gesundheitszustand, in welchem wir Chopin im vorigen Capitel fanden, war nicht das Ergebniss einer neu hinzugetretenen Krankheit, sondern nur ein acuteres Auftreten des alten Leidens, von dem er schon die letzten zwölf Jahre mehr oder minder geplagt gewesen, und das er wahrscheinlich von seinem Vater geerbt hat, der, wie er, an einer Brust- und Herzkrankheit gestorben ist.[1] Lange bevor Chopin zur Wiederherstellung seiner Gesundheit nach Majorca ging, hatten sich schon verhängnissvolle Symptome gezeigt, und als er aus dem Süden zurückkehrte, war er nur theilweise wieder hergestellt, nicht curirt.

Meine Freundschaft [schreibt George Sand in ihrer *Histoire de ma vie*] konnte nur desshalb das Wunder bewirken, ihn ein wenig zu beruhigen und zu beglücken, weil Gott seinen Segen dazu

---

[1] Dies erfuhr ich von Dr. Lyschinski, der es seinerseits entweder von Chopin oder von dessen Mutter gehört haben muss. Dass Chopin's jüngste Schwester Emilie in jugendlichem Alter an der Schwindsucht gestorben ist, dürfte als eine bezeichnende Thatsache gelten.

gegeben hatte, indem er ihm ein bescheidenes Maass von Gesundheit erhielt. Gleichwohl nahm er sichtlich ab, und ich wusste
nicht mehr, welche Mittel ich anwenden sollte, um seine wachsende
Nervosität zu bekämpfen. Der Tod seines Freundes Dr. Matuszyński,
dann der seines Vaters waren für ihn zwei furchtbare Schläge. Das
katholische Dogma umgiebt den Tod mit entsetzlichen Schreck-
nissen. Chopin hatte, anstatt von einer besseren Welt für diese
reinen Seelen zu träumen, nur erschreckende Visionen, und ich
war genöthigt, manche Nacht in einem Zimmer neben dem seinigen
zuzubringen, stets bereit, mich hundertmal von meiner Arbeit zu
trennen, um die ihn im Schlaf wie in der Schlaflosigkeit verfolgen-
den Gespenster zu verscheuchen. Der Gedanke an seinen eigenen
Tod war für ihn von allen jenen abergläubischen Vorstellungen der
slavischen Poesie begleitet. Als Pole lebte er unter dem Alpdrucke
der Sage. Die Geister riefen ihn, packten ihn an, und anstatt
seinen Vater und seinen Freund zu erblicken, wie sie im Strahle
des Glaubens ihm freundlich zulächelten, stiess er ihr fleischloses
Antlitz von dem seinigen zurück und wand sich unter dem Griff
ihrer eisigen Hände.

Ein weit fürchterlicherer Schlag aber, als der Tod seines
Freundes und seines Vaters, war es für Chopin, dass er von
George Sand verlassen wurde, und wir können sicher sein, dass
dies seine Krankheit hundertfach steigerte; wir brauchen, um
uns davon zu überzeugen, nur des gegen Lucrezia gerichteten
Fluches zu gedenken (Vgl. den Brief an Grzymała vom 17. bis
18. November 1848, S. 331).

Jules Janin sagt von Chopin in einem Nekrolog: „er lebte
zehn Jahre, zehn Wunderjahre mit einem Athem, welcher bereit
war, davon zu fliegen" *(il a vécu dix ans, dix ans de miracle,
d'un souffle prêt à s'envoler).* Ein anderer Schriftsteller bemerkt:
„Wenn man ihn [Chopin] sah, so dürftig, schmächtig und bleich,
dann hielt man ihn längere Zeit für einen Todescandidaten, bis
man sich endlich an den Gedanken gewöhnt hatte, er könne
immer so leben." Stephen Heller sagte, als wir einmal von
Chopin plauderten, dasselbe mit anderen Worten: „Chopin wurde
häufig todtgesagt, so oft dass die Leute es nicht glauben wollten, als er wirklich gestorben war." Man konnte bei Chopin
Jahre lang, namentlich von 1837 an, ein beständiges Zu- und
Abströmen der Lebenskräfte beobachten. Eine andere Bemerkung Heller's lautete: „Heute war er krank, und morgen konnte
man ihn in einem leichten Rocke auf dem Boulevard treffen."

Eine verheirathete Schwester Gutmann's erinnert sich, dass Chopin schon im Winter 1843—44 die Treppe hinaufgetragen werden musste, als er ihre Mutter besuchte, die sich damals mit ihren Kindern in Paris aufhielt; die Treppen zu steigen würde ihm, selbst unter Beihilfe, unmöglich gewesen sein.

Seit langer Zeit [schreibt Charles Gavard[1])] bewegte sich Chopin nur mühsam fort und ging nur aus, um sich zu einigen getreuen Freunden hintragen zu lassen. Er besuchte sie keineswegs, damit sie an seinem Jammer sich betheiligten, er schien seine Kümmerniss im Gegentheil selbst zu vergessen, und beim Anblick des Familienlebens, mitten unter den Liebesbezeugungen, die er bei Jedermann hervorrief, fand er neuen Anlass und neue Mittel zu leben.

Edouard Wolff sagte mir, Chopin habe in seiner letzten Lebenszeit, so oft er in der Schlesinger'schen Musikalienhandlung etwas zu besorgen hatte, den Wagen nicht verlassen; es kam dann Jemand aus dem Laden, um mit dem Künstler, der sich eng in seinen blauen Mantel gewickelt hatte, das Nöthige zu besprechen. Für den folgenden Fall, wie auch für einige der früher berichteten, ist die Zeit nicht genau zu bestimmen: Stephen Heller begegnete Chopin kurz bevor dieser erkrankte; auf die Frage, wohin er gehe, antwortete Chopin, er wolle einen neuen Teppich kaufen, da der seinige abgenutzt sei, und dann beklagte er sich, dass seine Beine angeschwollen seien, wovon sich auch Stephen Heller durch den Augenschein überzeugte. G. Mathias schreibt mir über das Aussehen seines Lehrers im Jahre 1847: „Chopin's Erscheinung bot zu jener Zeit einen peinlichen Anblick; er war das Bild der Erschöpfung — der Rücken gekrümmt, der Kopf vorwärts gebeugt — aber immer war er liebenswürdig und von feinstem Benehmen." Dass Chopin nicht länger im Stande war zu componiren (nach dem October 1847 hat er nichts mehr veröffentlicht), dass das Oeffentlich-Spielen ihm eine Qual war und über seine Kräfte ging, haben wir bereits gesehen. Es kam aber noch Anderes hinzu, um sein Elend zu vergrössern: er war auch unfähig zu unterrichten, und damit war ihm seine letzte Einkommenquelle abgeschnitten. Von

---

[1]) In einem mir vorliegenden, die Erinnerungen an Chopin's letzte Monate enthaltenden Manuscript. Karasowski, dem der Autor dies Manuscript zur Verfügung gestellt hatte, hat es im zwölften Capitel seiner Chopin-Biographie buchstäblich seitenlang copirt, ohne es als Citat zu kennzeichnen.

Chopin's Schülerin, Frau Rubio, erfuhr ich, dass er ihr in der letzten Zeit, als er krank war und nur wenig Unterrichtsstunden geben konnte, mehrere seiner Schülerinnen zugeschickt habe, unter ihnen auch Fräulein Stirling, die dann, nicht wie früher, mehrere Male, sondern nur ein Mal die Woche zu ihm ging. Nach seiner Rückkehr von England aber war Chopin überhaupt nicht mehr fähig, zu unterrichten.[1] So sagte mir Franchomme, der namentlich in den letzten Jahren mit Chopin sehr intim und über seine finanziellen Verhältnisse (von denen wir gleich mehr erfahren werden) genau unterrichtet war.

Wie wir aus dem Briefe am Schlusse des vorigen Capitels gesehen haben, nahm Chopin seine Wohnung im Square d'Orléans No. 9, ohne freilich dort seine ausgesprochene Hoffnung auf Genesung verwirklicht zu sehen. Er wusste eben damals schon bestimmt, dass sein Spiel verloren sei; hin und wieder leuchtete ihm noch ein Hoffnungsstrahl, aber nur in sehr mattem, ungewissem Lichte. Der Ernst seiner Krankheit und die Tiefe seiner Niedergeschlagenheit sprechen aus den folgenden Briefen, in welchen er seinem liebsten Jugendfreunde mittheilt, dass es ihm nicht möglich sei, in Belgien mit ihm zusammenzutreffen.

Chopin an Titus Woyciechowski; Paris, 20. August 1849:

Square d'Orléans, Rue St. Lazare No. 9.

Liebster Freund, wäre ich nicht so krank, wie ich thatsächlich bin, so würde nichts mich hindern, Paris zu verlassen und eiligst in Ostende mit Dir zusammenzutreffen; ich hoffe indessen, Gott wird erlauben, dass Du zu mir kommst. Die Aerzte gestatten mir nicht zu reisen. Ich trinke Pyrenäisches Wasser in meinem Zimmer. Deine Gegenwart aber würde mir mehr nützen als jede Arznei. Der Deinige bis zum Tode

Friedrich.

Paris, 12. September 1849.

Lieber Titus, ich hatte zu wenig Zeit, wegen des Erlaubnissscheines für Dein Hierherkommen Schritte zu thun;[2] mich selbst

---

[1] „Wenn die Mattigkeit [son mal de langueur] ihn ergriff" erzählt Henri Blaze de Bury in seinen Etudes et Souvenirs „gab Chopin seine Lectionen auf dem Sopha ausgestreckt und bediente sich gelegentlich eines danebenstehenden Clavieres."

[2] Als russischer Unterthan bedurfte Woyciechowski, um nach Paris zu reisen, einer besonderen Erlaubniss der russischen Behörden, welche für die Polen nicht leicht zu erlangen war.

darnach umzusehen ist mir unmöglich, denn ich bringe die Hälfte des Tages im Bette zu; doch habe ich einen meiner Freunde gebeten, der sehr grossen Einfluss hat, statt meiner das Nöthige zu besorgen. Vor Sonnabend werde ich nichts Sicheres darüber hören. Ich wäre gern mit der Eisenbahn an die Grenze, bis nach Valenciennes gefahren, um Dich wiederzusehen, aber die Aerzte erlauben mir nicht, Paris zu verlassen, weil ich vor einigen Tagen nicht einmal bis nach Ville d'Avray bei Versailles kommen konnte, wo ich eine Pathin habe. Aus demselben Grunde schicken sie mich diesen Winter nicht in ein wärmeres Klima. Es ist also Krankheit, welche mich zurückhält; wäre ich nur einigermaassen wohl, so würde ich Dich gewiss in Belgien besucht haben.

Vielleicht wirst Du doch noch im Stande sein, hierher zu kommen. Ich bin nicht egoistisch genug, um zu verlangen, dass Du nur meinetwegen kämest; denn, da ich krank bin, würdest Du durch mich ermüdende Stunden und Täuschungen erleben, vielleicht aber auch Stunden der Behaglichkeit und schöner Erinnerungen an unsere Jugend; ich wünsche weiter nichts, als dass die Zeit unseres Zusammenseins eine glückliche sein möge. — Der Deine für immer
Friedrich.

Als Chopin den zweiten dieser Briefe schrieb, wohnte er in einer Gegend von Paris, welche für den Sommer geeigneter war als der Square d'Orléans, nämlich in der Rue Chaillot, wohin er Ende August übergesiedelt war.

Die Rue Chaillot [schreibt Charles Gavard] war damals eine sehr ruhige Strasse, wo man sich eher in die Provinz, als in die grosse Stadt versetzt wähnen konnte. Ein grosser öder Hof führte in die Wohnung Chopin's im ersten Stock mit der Aussicht auf Paris, welches man von der Höhe Chaillot's überblickt.

Die Freunde, welche diese Wohnung für den kranken Künstler ausfindig gemacht hatten, sagten ihm, die Miethe betrage nur 200 Franken; in Wirklichkeit aber waren es 400 Franken, von denen eine russische Dame, die Gräfin Obreskoff, die Hälfte bezahlte.[1] Als Chopin sich über den niedrigen Preis wunderte, sagte man ihm, im Sommer seien die Wohnungen billiger.

Bei dieser Gelegenheit möchte ich Einiges über Chopin's Geldverhältnisse sagen, und komme dabei auf eine andere Ge-

---

[1] Frau Rubio weicht, was diesen Punkt betrifft, in ihren Angaben von denen Franchomme's ab und sagt, Chopin habe 100 Franken und die Gräfin Obreskoff 200 Franken bezahlt.

schichte, die mehr romanhaft als wirklich klingt. Chopin verstand schlecht Haus zu halten, oder richtiger, er verstand garnicht Haus zu halten. Bei seinen Ausgaben niemals berechnend, sie seinen Einnahmen niemals anpassend, kam er wieder und wieder in die Lage, die Einnahmen den Ausgaben anzupassen. Daher die bei seinen Freunden gemachten Anleihen, das Feilschen mit den Verlegern, kurz, alle diese, eines so grossen Künstlers unwürdigen und mit seinem Charakter als *grand seigneur* unvereinbaren Kleinlichkeiten. Sein Einkommen war mehr als genügend, um ihm ein behagliches Leben zu gestatten; er gab indessen sein Geld aus wie ein leichtsinniges, capriciöses Frauenzimmer, und zu seinem Unglück fehlte ihm der gütige Vater oder Gatte, welcher für die so contrahirten Schulden eingetreten wäre. Da wir nun den unbefriedigenden Zustand seiner Finanzen in der Zeit, wo er durch Unterrichten und Componiren Geld verdiente, schon kennen, so können wir uns unschwer die bedrängte Lage vorstellen, in welche er mit dem Eintreten völliger Arbeitslosigkeit gerathen musste. Das wenige Geld, welches er aus England und Schottland mitgebracht, war unversehens verschwunden; er selbst war höchlich erstaunt, als er dies entdeckte. Was war jetzt zu thun? Franchomme, seine rechte Hand, und, in geschäftlichen sowie Geldangelegenheiten, sein Kopf — dies jetzt selbstverständlich mehr denn je — wusste nicht mehr Rath; er besprach die beunruhigende, drohende Frage mit einigen Freunden Chopin's, und durch einen derselben hörte Fräulein Stirling von der Bedrängniss des Künstlers. Sie löste den Gordischen Knoten, indem sie ihrem Meister 25 000 Franken sandte.[1] Die hochherzige Gabe kam indessen nicht in Chopin's Besitz. Als Franchomme, der von der Sache wusste, einige Tage darauf zu Chopin kam, klagte der Kranke, wie bei früheren Gelegenheiten, über seine Geldverlegenheit, und auf die Frage des Freundes behauptete er, zu dessen Erstaunen, dass er nichts erhalten habe. Die alsbald begonnenen Nachforschungen hatten das Ergebniss, dass der Briefumschlag mit dem kostbaren Inhalt unberührt in der Wanduhr der Pförtnerin gefunden wurde, die es mit oder ohne Absicht unterlassen hatte, ihn abzugeben. Die Geschichte wird

---

[1] Charles Gavard sagt 20 000 Franken.

auf verschiedene Arten erzählt, die obige Lesart ist das Knochengerüst anscheinend beglaubigter Thatsachen. Ich füge noch den bis jetzt unveröffentlicht gebliebenen Bericht der Frau Rubio hinzu, welche feierlich versicherte, er sei in jeder Einzelheit zutreffend. Franchomme's Version, die sich in Frau Audley's Buch über Chopin findet, weicht in verschiedenen Punkten von der der Frau Rubio ab: ich werde sie weiterhin in einer Anmerkung mittheilen.

Eines Tages im Jahre 1849 kam Franchomme zu Frau Rubio, und sagte, es müsse etwas gethan werden, um für Chopin Geld zu schaffen. Darauf begab sich Frau Rubio zu Fräulein Stirling, um sie mit dem Stand der Dinge bekannt zu machen. Als diese von Chopin's Geldmangel hörte, war sie aufs Höchste überrascht und theilte der Frau Rubio mit, sie habe vor Kurzem, ohne dass Jemand darum gewusst, an Chopin 25000 Franken geschickt, in einem Packet, welches sie. um den Absender nicht zu verrathen, in einem Laden hatte adressiren und versiegeln lassen. Die Damen forschten nach dem Verbleib des Geldes, aber ohne Erfolg. Ein schottischer Schriftsteller ¦Frau Rubio hatte den Namen vergessen, war aber überzeugt, er werde ihr einfallen, was auch wohl geschehen wäre, ohne ihren bald darauf, im Sommer 1880, erfolgten plötzlichen Tod} schlug vor, das Medium Alexandre zu consultiren.[1]) Letzterer beantwortete die Frage dahin, dass das Packet nebst einem Brief der Pförtnerin übergeben sei, die es in ihrem Besitz habe, dass er aber nichts weiter sagen könne, bevor er nicht etwas von ihrem Haare hätte. Eines Abends als die Hausmeisterin Chopin's Füsse wusch, sprach er — nachdem er inzwischen eingeweiht war — von ihrem Haar, und bat sie, ihr eine Locke abschneiden zu dürfen; sie erlaubte es, und so brachte Alexandre heraus, dass das Geld in der Wanduhr sei. Im Besitz dieser Mittheilung gingen sie zu der Frau und verlangten das Packet; diese wurde bleich, zog es aus der Uhr hervor und sagte, sie habe bei der Ankunft vergessen, es Chopin zu geben und später, als es ihr eingefallen, sich geschämt es zu thun. Das Packet mit den Banknoten war ungeöffnet. Frau Rubio vermuthete, dass die Pfört-

---

[1]) Frau Rubio nannte ihn stets so. Weiterhin wird man einen andern Namen finden.

nerin gedacht habe, Chopin werde bald sterben, und sie könne
dann den Inhalt des Packets behalten.[1] Chopin indessen weigerte sich, die ganze Summe anzunehmen. Nach Frau Rubio
behielt er nur 1000 Franken und sandte das Uebrige an Fräulein Stirling zurück, wogegen Franchomme behauptet, er habe
12000 Franken behalten.

Während Chopin's kurzem Aufenthalt in der Rue Chaillot
brachte Charles Gavard, damals noch ein sehr junger Mann,
viel Zeit bei dem Patienten zu. Er schreibt darüber:

Der Kranke mied Alles, was mich trübe stimmen konnte, und
um uns die Stunden zu kürzen, bat er mich dann gewöhnlich, ein

---

[1] Frau Audley erzählt, ein intimer Freund Chopin's habe mit Fräulein
Stirling von des Meisters misslichen Verhältnissen gesprochen, darauf von ihr
Banknoten im Betrag von 25 000 Franken erhalten und diese in einem Briefumschlag der Pförtnerin Chopin's mit der Bitte übergeben, das Packet sofort zu
bestellen, und fährt dann in ihrer Geschichte (die zu verificiren ich durch Franchomme's Tod verhindert wurde) folgendermaassen fort: „Damit erschien ein
Lichtblick an seinem dunkeln Horizonte, und seine Freunde konnten beruhigt
aufathmen. ‚Wie gross aber war mein Erstaunen‘ sagte Franchomme, der mir
das Begebniss mittheilte, ‚als ich kurz darauf Chopin aufs Neue klagen und in
den bittersten Ausdrücken von seinem Mangel sprechen hörte. Schliesslich wurde
ich ungeduldig, und da ich mich bezuglich des Vorgegangenen völlig im Unklaren fühlte, sagte ich zu ihm: ‚Aber lieber Freund, du hast doch keine Ursache, dich zu beunruhigen; du kannst deine Genesung abwarten, du hast jetzt
Geld!" — „Ich Geld?" rief Chopin aus „ich habe nichts." — „Wie? Und die
25 000 Franken, die man dir vor Kurzem geschickt hat?" — „25 000 Franken?
Wo sind sie? Wer hat sie mir geschickt? Ich habe nicht einen sou erhalten!" — „Nun, das ist in der That zu stark!" Grosse Aufregung unter den
Freunden. Das Geld war augenscheinlich der Pförtnerin übergeben worden,
aber nicht an seine Adresse gelangt; wie aber sollte man sich dessen verge-
wissern, und was war daraus geworden? Die Sache war seltsam genug; es
schien, als solle den Angelegenheiten Chopin's stets ein bischen Wunderbares
beigemischt sein. Zu jener Zeit gab es in Paris ein vielbegehrtes Medium, den
berühmten Alexis; ihn gedachte man zu consultiren. Um aber etwas heraus zu
bekommen, musste man ihn mit der beargwöhnten Person direct oder indirect
„in Rapport" bringen. Diese Person war natürlich die Pförtnerin; durch List
und Geschicklichkeit verschaffte man sich ein Tuch, welches sie um den Hals
zu tragen pflegte und gab es dem Medium in die Hand, worauf dieses ohne
Zögern erklärte, die 25 000 Franken seien hinter dem Spiegel in der loge des
Pförtners. Der Freund, der sie dort abgegeben, reclamirte sie alsbald, und
unsere sorgsame Portière, die sich jedenfalls vor den Folgen einer längeren Se-
questration fürchtete, nahm das Packet hinter der Uhr hervor und reichte es
ihm mit den Worten: ‚Eh bien, la v'là, vot' lettre!'"

Buch aus seiner Bibliothek zu nehmen und ihm daraus vorzulesen. Meistens wählte er einige Seiten aus Voltaire's *Dictionnaire Philosophique*. Ganz ungemein hoch schätzte er die vollendete Form jener so klaren und bündigen Sprache und jenes so sichere Urtheil über Fragen des Geschmackes. So erinnere ich mich, dass der Artikel über den Geschmack einer der letzten war, den ich ihm vorlas.

Was Gavard von den dahinschleichenden, schmerzerfüllten und häufig einsamen Stunden sagt, die Chopin in den geräumigen Zimmern seiner Wohnung in der Rue Chaillot verbrachte, erinnert mich an eine Stelle aus Hector Berlioz' vortrefflichem Artikel über seinen Freund im *Journal des Débats* vom 27. October 1849:

Seine Schwäche und seine Schmerzen waren so gross geworden, dass er weder Clavier spielen noch componiren konnte; selbst die leichteste Unterhaltung strengte ihn in einer seine Umgebung beunruhigenden Weise an. Er versuchte gewöhnlich, sich so gut als möglich durch Zeichen verständlich zu machen. Daher eine gewisse absichtliche Isolirung, in welcher er die letzten Monate seines Lebens zubrachte, eine Isolirung, welche Viele falsch gedeutet haben, indem die Einen sie als Hochmuth, die Andern als Launenhaftigkeit deuteten, beides Eigenschaften, die dem Charakter des liebenswürdigen und vortrefflichen Künstlers fremd waren.

Während seines Aufenthaltes in der Rue Chaillot schrieb Chopin folgende Briefe an Franchomme:

Lieber Freund, schicke mir ein wenig von Deinem Bordeaux. Ich muss heute etwas Wein trinken und habe keinen. Wie misstrauisch ich bin! Packe die Flasche ein und setze Dein Siegel darauf — denn diese Boten!! — Und ich weiss nicht, wer die Besorgung übernehmen wird. Ganz der Deine.

Sonntag nach Deiner Abreise, 17. September 1849.

Lieber Freund, ich bedaure sehr, dass Du Dich in Le Mans nicht wohl befunden hast. Jetzt indessen bist Du in der Touraine, deren Himmel Dir günstiger gewesen sein wird. Mir geht es eher schlechter als besser. Die Herren Cruveilé, Louis und Blache sind zur Consultation dagewesen, und haben beschlossen, dass ich nicht reisen, sondern nur eine Wohnung nach Süden nehmen und in Paris bleiben soll. Nach vielem Suchen hat sich eine, zwar sehr theure, aber allen Bedingungen entsprechende Wohnung, Place Vendôme No. 12, gefunden. Albrecht hat jetzt seine Bureaux dort.

Méara[1]) ist mir beim Suchen der Wohnung sehr behülflich gewesen.
Kurz, ich werde Euch Alle im nächsten Winter sehen — gut untergebracht.   Meine Schwester bleibt bei mir, es sei denn, dass sie
zu Hause dringend verlangt würde.   Ich liebe Dich, und das ist
alles, was ich Dir sagen kann, denn ich breche zusammen vor
Müdigkeit und Schwäche.   Meine Schwester freut sich, Madame
Franchomme wiederzusehen, und ich nicht minder.   Es gehe denn
wie Gott will.   Beste Grüsse an Herrn und Frau Forest — wie
gern wäre ich einige Tage mit Euch!   Ist Frau de Lauvergeat auch
an der See?   Vergiss nicht sie, wie auch Herrn Lauvergeat von
mir zu grüssen.   Umarme Deine Kleinen; schreibe mir ein Wort.
stets der Deine.
Meine Schwester umarmt Madame Franchomme.

Nach einem Aufenthalt von weniger als sechs Wochen zog
Chopin von der Rue Chaillot in die Wohnung Place Vendôme
No. 12, welche Albrecht und O'Meara für ihn ausfindig gemacht hatten.   Um diese Zeit kam Moscheles nach Paris und
unterliess selbstverständlich nicht, seinen leidenden Kunstbruder
zu besuchen.   Die Eindrücke dieses Besuches beschreibt er in
folgender Stelle seines Tagebuches: „Leider hörten wir von
Chopin's lebensgefährlichem Zustande, fragten selbst nach und
fanden alles Traurige bestätigt.   Seitdem er so darniederliegt,
ist seine Schwester bei ihm.   Jetzt sind die Tage des Armen
nur noch gezählt, sein Leiden gross.   Trauriges Loos!" In der
That war Chopin's Lage so hoffnungslos geworden, dass man
seine Verwandten hatte benachrichtigen müssen, und seine
Schwester, Louise Jędrzejewicz,[²]) war in Begleitung ihres Gatten
und einer Tochter unverzüglich von Polen nach Paris gekommen.
Für die Beruhigung, sie bei sich zu haben, war der Kranke
jedenfalls dankbar; dagegen vermisste er während seiner letzten
Krankheit schmerzlich seinen alten, bewährten Arzt, Dr. Molin,
der kurz nach Chopin's Rückkehr von England gestorben war.
Die Berichte über Chopin's letzte Tage erscheinen uns —
selbst wenn wir uns auf diejenigen der Augenzeugen beschränken — als ein Gemisch von Widersprüchen, welches gänzlich zu
entwirren unmöglich ist.   Ich werde mich redlich bemühen, dies zu

---

¹) Eine sehr häufig vorkommende französische Schreibweise für O'Meara.
²) Dieselbe Schwester, die ihn 1844 besucht und damals auch einige Zeit
in Nohant zugebracht hatte: sie ist später in einem Briefe Chopin's an Franchomme erwähnt.

thun und hoffe, wenigstens eine Vergrösserung der Verwirrung zu vermeiden.

In den ersten Tagen des October war Chopin bereits in einem Zustande, dass er ohne Stütze nicht aufrecht sitzen konnte. Seine Schwester verliess ihn nicht eine Minute; ebensowenig Gutmann, dessen Hand er fast beständig in der seinigen hielt. Um den 15. October hatte die Stimme des Patienten ihren Klang verloren. An diesem Tage fand die Episode statt, welche so oft und in verschiedener Weise beschrieben worden ist. Die Gräfin Delphine Potocka, welche mit Chopin eng befreundet war und sich damals gerade in Nizza befand, hatte nicht sobald von der verhängnissvollen Krankheit des Meisters gehört, als sie auch schon nach Paris eilte.

Als man Chopin [berichtet Gavard] das Erscheinen dieser treuen Freundin ankündigte, rief er aus: „Also desshalb hat Gott so lange gezögert, mich zu sich zu rufen; er wollte mir noch die Freude gewähren, Sie zu sehen." Kaum war sie vor ihn getreten, so drückte er auch schon den Wunsch aus, noch einmal die Stimme zu hören, die er so sehr liebte. Nachdem der Priester, der neben dem Bette betete, diesen letzten Wunsch des Sterbenden gewährt hatte, wurde das Piano aus dem nächsten Zimmer hereingeholt, und die unglückliche Gräfin musste es über sich gewinnen, ihren Schmerz und ihr Schluchzen zu unterdrücken, und vor dem Bette, wo ihr Freund sein Leben aushauchte, zu singen. Ich für mein Theil hörte nichts; ich weiss nicht, was sie sang. Diese Scene, dieser Gegensatz, dies Uebermaass von Schmerz hatten mein Empfindungsvermögen überwältigt; ich erinnere mich blos des Augenblicks, wo das Röcheln des mit dem Tode Ringenden die Gräfin inmitten des zweiten Stückes unterbrach. Man beeilte sich, das Instrument wegzutragen, und am Bette blieb nur der Priester, der die Gebete für Sterbende hersagte, die knieenden Freunde um ihn herum.

Das Ende war indessen noch nicht gekommen, erst nach zwei Tagen trat der Tod ein. Gavard thut klug daran, wenn er sagt, er habe nicht gehört, was die Gräfin Potocka gesungen, denn diejenigen, welche vorgeben es zu wissen, widersprechen einander in auffallender Weise. Liszt und Karasowski, der sich ihm anschliesst, behaupten, die Gräfin habe Stradella's Hymne an die Jungfrau und einen Psalm von Marcello gesungen; Gutmann dagegen behauptet auf das Entschiedenste, es sei ein Psalm von Marcello und eine Arie von Pergolesi gewesen;

Franchomme endlich bestand darauf, sie habe eine Arie aus Bellini's *Beatrice di Tenda* gesungen und weiter nichts. Da Liszt selbst nicht zugegen war und seinen Gewährsmann nicht nennt, so können wir seine Angabe, und mit ihr die Karasowski's, getrost beiseite lassen; die beiden andern Aussagen jedoch lassen uns, da sie von zwei Musikern und Ohrenzeugen herrühren, in völliger Ungewissheit bezüglich des Vorganges, denn zwischen ihnen können wir nicht wählen.

Chopin sah seinem Ende, wie Gavard berichtet, heiteren Gemüthes entgegen.

Wenige Tage nach dem Einzug des Kranken auf den Vendôme-platz geschah es, dass Chopin, aufrechtsitzend und auf den Arm eines Freundes gelehnt, lange schwieg und in tiefes Nachdenken verloren schien. Plötzlich unterbrach er die Stille mit den Worten: „Eben tritt der Tod mich an" [*Maintenant j'entre en agonie*]. Der Arzt, der ihm den Puls fühlte, wollte ihn mit einer alltäglich verbrauchten Hoffnung vertrösten. Da antwortete ihm Chopin mit einer Ueberlegenheit, die keine Entgegnung zuliess: „Eine seltene Gunst erweist Gott dem Menschen, wenn er ihm den Augenblick enthüllt, wo der Tod an ihn herantritt; diese Gnade erzeigt er mir. Stören sie mich nicht."

Gavard erzählt auch, dass Chopin am 16. October die in seiner Wohnung um ihn versammelten Freunde zweimal gerufen habe. „Für jeden hatte er ein rührendes Wort; ich meinestheils werde nie die letzte zärtliche Aeusserung vergessen, die er an mich richtete." Indem er die Fürstin Czartoryska und Fräulein Gavard[1]) zu sich rief, sagte er zu ihnen: „Sie werden zusammen musiciren, Sie werden meiner gedenken und ich werde Ihnen zuhören." Und auf Franchomme zeigend sagte er zur Fürstin: „Ich empfehle Ihnen Franchomme, Sie werden mir zum Ge-dächtniss Mozart spielen."[2])

Und George Sand? Ich habe schon erwähnt, dass Chopin zwei Tage vor seinem Tode gegen Franchomme äusserte: „Sie hatte mir gesagt, ich würde in keinen andern als in ihren Armen sterben." [*Elle m'avait dit que je ne mourrais que dans ses bras*].

---

[1]) Eine Schwester von Charles Gavard, Chopin's Schülerin, der er auch seine *Berceuse* gewidmet hat.

[2]) Wie man gewöhnlich annimmt, haben seine Worte gelautet „Vous ouerez du Mozart en mémoire de moi".

Nun, kam sie und hielt sie ihr Versprechen, oder hat sie wenigstens von ihrem langjährigen Freunde Abschied genommen? Auch hier stossen wir überall auf Widersprüche. Gavard schreibt:

> Unter den Personen, die nicht vorgelassen wurden, befand sich auch eine gewisse Frau M., die im Namen der Madame Sand, welche damals durch die bevorstehende Aufführung eines ihrer Dramen sehr in Anspruch genommen war, sich nach dem Befinden Chopin's erkundigte. Keiner von uns fand es passend, die letzten Gedanken des Meisters durch die Meldung dieser etwas verspäteten Erinnerung zu stören.

Gutmann dagegen berichtet, George Sand sei die Treppe hinaufgekommen und habe ihn gefragt, ob sie Chopin sehen könne, er aber habe entschieden abgerathen, da es den Kranken zu sehr aufregen würde. Gutmann's Erinnerungen bezüglich dieses Falles scheinen jedoch keineswegs zuverlässig zu sein, denn bei zwei Gelegenheiten sagte er mir, es sei Frau Clésinger gewesen, welche sich erkundigt habe, ob es passend sei, wenn ihre Mutter käme. Beiläufig bemerke ich, dass Frau Clésinger zu denen gehörte, welche Chopin liebevoll pflegten und, wie mir Franchomme sagte, mit ihm zugegen gewesen ist, als der Meister den letzten Athem aushauchte. Aus Obigem dürfen wir mindestens entnehmen, dass es sehr ungewiss ist, ob es ihre Herzlosigkeit oder die wohlgemeinte Absicht seiner Freunde gewesen, wenn Chopin's Wunsch, George Sand zu sehen, unerfüllt geblieben ist.

Während der letzten Krankheit Chopin's drängten sich eine grosse Zahl, ja eine zu grosse Zahl seiner Freunde und Bekannten hinzu, um sich nützlich zu machen und um etwas über ihn zu erfahren. Die Meisten derselben wurden, damit die Ruhe des Sterbenden möglichst wenig gestört würde, nicht vorgelassen.

Im hintersten Zimmer [schreibt Gavard] lag der arme Dulder, quälte sich mit Erstickungsanfällen und, nur im Bette zwischen den Armen eines Freundes aufrecht sitzend, konnte er seiner beklemmten Lunge Lebensluft zuführen. Herr Gutmann war es, der stärkste unter uns und der am Besten mit dem Kranken umzugehen wusste, der ihn so am Meisten aufrecht hielt. Zu Häupten an seinem Bette sass die Fürstin Marcelline Czartoryska, und verliess ihn nie, seine leisesten Wünsche errathend, ihn pflegend wie eine barmherzige Schwester, mit heiterer Stirn, die ihren tiefen Schmerz nicht verrieth. Andere Freunde reichten hülfreiche Hand oder lösten sie ab, jeder nach seinem Vermögen; die Meisten aber hielten sich in den beiden anstossenden Zimmern auf. Jeder hatte sich eine Rolle zugedacht; Jeder half, wie er konnte: der Eine eilte zu den Aerzten, zum Apotheker; der Andere führte die gerufenen Personen ein; ein Dritter schloss die Thür vor den Eindringlingen. Und allerdings kamen Viele, die nichts weniger als freien Eintritt hatten und die sich ganz natürlich melden liessen, um Abschied von ihm zu nehmen, als wäre er im Begriff eine Reise anzutreten. In diesem Vorzimmer des Sterbenden, wo Jeder von uns leider hoffnungslos wartete und wachte, ging es gleichsam zu wie in einer Hauptwache oder einem Feldlager.

Wahrscheinlich übertreibt Gavard die Dienstleistungen der Fürstin Czartoryska, jedenfalls aber vergisst er diejenigen der Schwester des Componisten. Liszt kommt ohne Zweifel der Wahrheit näher, wenn er sagt, dass unter denjenigen, die im Salon neben Chopin's Schlafzimmer versammelt waren und abwechselnd zu ihm kamen, um, nachdem er die Sprache verloren, den Sinn seiner Gebärden und Blicke zu errathen, die Fürstin Marcelline Czartoryska die Eifrigste war.

Sie brachte jeden Tag mehrere Stunden bei dem Sterbenden zu. Sie verliess ihn nur, nachdem sie lange Zeit an der Seite dessen gebetet, der eben zuvor diese Welt voll Täuschungen und Sorgen verlassen hatte . . . .

Nach einer schlechten Nacht fühlte sich Chopin am Morgen des 16. ein wenig besser. Von verschiedenen zuverlässigen Seiten erfahren wir, dass der Künstler an diesem Tage, einen Tag nach der Potocka-Episode, in Gegenwart vieler Freunde aus der Hand eines polnischen Geistlichen das Abendmahl empfangen habe. Gegen Abend wurde es wieder schlimmer. Während der Geistliche die Gebete für Sterbende las, lehnte Chopin schweigend und mit geschlossenen Augen auf Gutmann's Schulter; am Schlusse des Gebetes aber öffnete er die Augen weit und sagte mit lauter Stimme: „Amen".

Der erwähnte polnische Geistliche war der Abbé Alexander Jełowicki. Liszt erzählt, dass in Abwesenheit des polnischen Geistlichen, der früher Chopin's Beichtvater gewesen, der Abbé, nachdem er von seines Landsmannes Lage gehört, zu ihm gekommen sei, wiewohl er jahrelang nicht auf gutem Fusse mit ihm gestanden hatte. Dreimal war er von den Personen in Chopin's Umgebung fortgeschickt worden; nachdem es ihm aber gelungen war, Chopin von seinem Wunsche, ihn zu sehen, benachrichtigen zu lassen, empfing ihn dieser ohne Zögern. Von da an wurde der Abbé ein täglicher Besucher. Eines Tages sagte ihm Chopin, er habe lange Jahre nicht gebeichtet und wolle es jetzt thun. Als die Beichte vorüber und das letzte Wort der Absolution gesprochen war, umarmte Chopin seinen Beichtvater nach polnischer Weise mit beiden Armen und rief aus: „Dank! Dank! nun werde ich nicht sterben wie ein Schwein." Dies versichert Liszt, aus des Abbé Jełowicki eigenem Munde gehört zu haben. In dem Bericht des letzteren darüber, wie Chopin von ihm veranlasst worden, das Sakrament zu empfangen, wozu sich der Kranke erst nach langem Zögern entschlossen, lesen wir:

Dann empfand ich eine unaussprechliche Freude, vermischt mit unbeschreiblicher Angst. Wie sollte ich diese kostbare Seele derart empfangen, um sie Gott zu übergeben? Ich fiel auf die Knie und rief zu Gott mit aller Inbrunst meines Glaubens: „Du allein, o mein Gott, mögest sie in Empfang nehmen!" darauf reichte ich Chopin das Bild des gekreuzigten Heilands, und drückte es fest in seine zwei Hände, ohne ein Wort zu sagen. Grosse Thränen rollten über seine Wangen. „Glauben Sie?" fragte ich ihn. — „Ich glaube." — „Glauben Sie, wie Ihre Mutter es Sie gelehrt hat?" — „Wie meine Mutter es mich gelehrt hat." Und, seine Augen auf das Bild seines Heilandes gerichtet, beichtete er unter Strömen von Thränen. Dann empfing er das Viaticum und die letzte Oelung, nach der er selbst verlangt hatte. Einen Augenblick später sprach er den Wunsch aus, man möge dem Sacristan das zwanzigfache von dem geben, als er gewöhnlich erhielte. Als ich ihm sagte, dies sei viel zu viel, antwortete er: „Nein, nein, es ist nicht zu viel, denn was ich erhalten habe, ist unbezahlbar." Von diesem Moment an wurde er, durch die Gnade Gottes oder vielmehr unter Gottes Hand selbst, ein völlig Anderer, man könnte sagen, er wurde ein Heiliger. An demselben Tag begann der Todeskampf, welcher vier Tage und vier Nächte dauerte. Seine Geduld und Ergebung in den Willen Gottes haben ihn bis zur letzten Minute nicht verlassen . . . .

Als Chopin's letzte Augenblicke herannahten, wurde er von „nervösen Krämpfen" erfasst (so drückte sich Gutmann aus), und das Einzigste, was ihm Linderung verschaffte, war, dass Gutmann ihm Handgelenke und Knöchel fest drückte. Ganz kurz vor dem Ende wurde er durch Gutmann veranlasst, etwas Wein und Wasser zu trinken, wobei Letzterer ihn in seinen Armen hielt und das Glas an seine Lippen führte. Chopin trank, sank zurück mit den Worten „Cher ami!" und starb. Gutmann hat das Glas mit den Spuren von Chopin's Lippen bis zu seinem Lebensende aufbewahrt.[1]

Gavard beschreibt die letzten Stunden Chopin's folgendermaassen:

Der ganze Abend des 16. verstrich unter Wechselgebeten, wir gaben die Respons, Chopin aber blieb stumm. Nur an den Beklemmungen seiner Brust konnte man erkennen dass er noch lebte. An jenem langen Abende untersuchten ihn zwei Aerzte. Der Eine, Dr. Cruveillé, nahm ein Licht, und indem er es an Chopin's Gesicht hielt, welches von den letzten Erstickungsbeschwerden bereits schwarz geworden war, bemerkte er uns, dass die Sinne bereits ihren Dienst versagten; als er ihn jedoch fragte, ob er litte, hörten wir noch ganz deutlich die Antwort „nicht mehr" *(plus)* . . . . Es war das letzte Wort, welches ich von seinen Lippen hörte; er starb ohne Qual zwischen drei und vier Uhr früh. Als ich ihn einige Stunden später sah, hatte die Ruhe des Todes seinen Zügen ihren grossartigen Charakter wieder gegeben, so wie man ihn in der am selben Tage abgenommenen Todtenmaske wieder findet, und vielleicht mehr noch in der einfachen Bleistiftskizze, die von der Hand eines anwesenden Freundes, des Herrn Kwiatkowski, gezeichnet wurde. Dies Bildniss Chopin's ist mir das liebste unter allen.

Liszt berichtet ebenfalls, dass Chopin's Züge eine ungewohnte Jugendlichkeit, Reinheit und Ruhe wieder angenommen hätten, dass seine so lange durch Leiden verwischte jugendliche Schönheit wieder erschienen wäre. So gewöhnlich diese Erscheinung ist, so giebt es doch nichts Bedeutsameres, Ergreifenderes, Erschütternderes als dieses Abwerfen der Spuren von Sorge, Mühsal, Laster und Krankheit — die Verderbniss des

---

[1] In B. Stavenow's mehrfach erwähnter Skizze lesen wir, dass Chopin, nachdem er seine Lippen mit dem ihm von Gutmann gereichten Wasser benetzt, dessen Hand ergriffen und geküsst habe, worauf er mit den Worten „Cher ami!" in den Armen seines Schülers den letzten Athemzug ausgehaucht habe; Gutmann aber sei so bewegt gewesen, dass Graf Grzymała ihn habe aus dem Zimmer führen müssen. Liszt's Bericht weicht ein wenig von diesem ab. „Wer ist bei mir? fragte Chopin mit kaum hörbarer Stimme. Dann neigte er sein Haupt, um die Hand Gutmann's, der ihn in seinen Armen hielt, zu küssen, und hauchte mit diesem letzten Beweis der Freundschaft und Dankbarkeit seine Seele aus. Er starb, wie er gelebt hatte, von warmer Menschenliebe erfüllt."

Nach einer Lithographie von Kwiatkowski

(Im Besitze des Königlichen Kammervirtuosen Herrn Herrmann Scholtz in Dresden).

Erdenlebens — im Tode, als diese Rückkehr zur Unschuld,
Heiterkeit und Anmuth einer früheren und besseren Natur, als
dies Vorausleuchten einer höheren, vollkommeneren Existenz.
Chopin's Liebhaberei für Blumen wurde von denen, die ihn geliebt und bewundert hatten, nicht vergessen, nachdem seine Seele
den Körper verlassen. „Das Bett, in welchem er lag," berichtet
Liszt „das ganze Zimmer verschwand unter ihrer Farbenpracht;
er schien in einem Garten zu ruhen." Es war eine polnische,
noch jetzt nicht ganz vergessene Sitte, dass Sterbende selbst
den Anzug bestimmen, in welchem sie in den Sarg gelegt zu
werden werden wünschen (Manche liessen sogar schon lange
vor dem Herannahen ihres Endes den betreffenden Anzug anfer-
tigen), und die Frömmeren, namentlich vom weiblichen Geschlechte, wählten Klostergewänder, während die Männer im allgemeinen ihre amtliche Kleidung für diesen Zweck bestimmten.
Dass Chopin in diesem Falle seinen Gesellschaftsanzug wählte,
in welchem er im Concertsaal und Salon vor seinen Zuhörern
erschienen war, muss für ihn als Menschen charakteristisch genannt werden und ist vielleicht bezeichnender, als es auf den
ersten Blick erscheint — vorausgesetzt allerdings, dass Chopin
den Wunsch wirklich ausgesprochen hat, was Kwiatkowski, mit
dem ich davon sprach, in Abrede stellt.

In den folgenden Wochen, vom 18. October an, beschäftigte
sich die französische Presse viel mit dem verstorbenen Künstler.
Ich glaube, es gab in Paris kein einziges Blatt von Bedeutung,
welches nicht einen oder mehrere Artikel von grösserer oder
geringerer Ausführlichkeit gebracht hätte, mit der Beschreibung
seines Endes, der Klage über seinen Verlust, der Beurtheilung
des Menschen und des Künstlers; die von fast allen Verfassern
dieser Artikel offenbarte Unwissenheit, erfinderische Phantasie
und Kühnheit der Behauptungen sind geeignet, das Vertrauen
in den Journalismus vollständig und für immer zu zerstören.
Unter diesen Sündern waren Männer von grosser Berühmtheit,
obenan Théophile Gautier (*Feuilleton de la Presse* 5. November 1849) und Jules Janin (*Feuilleton du Journal des Débats*,
22. October 1849), welch' Letzterer geradezu Entsetzliches leistete.
Wie die französischen Journalisten an Grazie und Lebendigkeit der
Darstellung das Höchste erreicht haben, so stehen sie auch an
Gewissenlosigkeit unerreicht da. Einige ihrer Erfindungen wurden,

wie ich fürchte, später als Facta angenommen, in manchen Fällen
vielleicht gar von den Freunden des Verstorbenen mit ihren
eigenen Erlebnissen verschmolzen, und konnten schliesslich ihren
Weg in die „authentischen" Lebensberichte finden. Eine dieser
Mythen lautet, Chopin habe den Wunsch ausgesprochen, man
möge bei seinem Begräbniss Mozart's Requiem aufführen. Berlioz, einer der vielen Journalisten, die davon gesprochen haben,
fügt hinzu (Feuilleton des *Journal des Débats*, 27. October 1849)
„Sein [Chopin's] würdiger Schüler, Gutmann, hat diesen Wunsch
mit seinem letzten Athemzuge empfangen." Für Berlioz und
diese artige Geschichte muss ich es bedauern, dass Gutmann mir
sagte, Chopin habe einen derartigen Wunsch nicht ausgesprochen;
und dasselbe sagte mir Franchomme.[1]) Dieser bezeichnete auch
die Erzählung, Chopin habe gewünscht, neben Bellini beerdigt
zu werden, als eine Erfindung. Hier ist noch die Frage zu erledigen: was wurde aus Chopin's Manuscripten? Der Leser
wird gehört haben, dass der Meister alle seine Manuscripte habe
verbrennen lassen; dies aber ist unrichtig. Von Franchomme
erfuhr ich, was thatsächlich stattgefunden hat: Pleyel fragte
Chopin, was mit den Manuscripten geschehen solle, und dieser antwortete, man könne sie unter seine Freunde vertheilen, es dürfe
nichts davon veröffentlicht werden und die Fragmente wären zu
vernichten. Von der Clavierschule, welche Chopin zu schreiben
beabsichtigt haben soll, können, wenn überhaupt etwas davon
existirte, höchstens geringe Bruchstücke gefunden worden sein.

Gavard (Vater) übernahm die Veranstaltung der Begräbniss-
Feierlichkeit, welche in Folge der mannichfaltigen Vorbereitungen
erst am 30. October stattfinden konnte. Willigen Beistand leistete
ihm Daguerry, der Curat der Madeleine-Kirche, in welcher der
Trauergottesdienst abgehalten werden sollte, und durch seine
Vermittelung erhielt man auch die Erlaubniss, Sängerinnen bei
der Feier zu verwenden, ohne welche die Aufführung des Mozart'schen Requiem's unmöglich gewesen wäre.

Zahlreiche Equipagen [sagt Eugène Guinot im Feuilleton des
Siècle vom 4. November] füllten am letzten Dienstag die breiten

---

[1]) Ich darf hier übrigens nicht unerwähnt lassen, dass Gavard schreibt,
Chopin habe das Programm seiner Leichenfeier festgestellt und verlangt, dass
bei dieser Gelegenheit Mozart's Requiem aufgeführt werde.

zur Madeleine-Kirche führenden Strassen, und die Menge drängte sich zu den Thüren des Gotteshauses, in welches man nur nach Vorzeigung einer Einladungskarte eingelassen wurde. Die schwarze Drapirung deutete auf eine Leichenfeier, und beim Anblick dieser äusseren Pracht, der Masse von herrschaftlichen Wagen und Livréen, der Anordnung, dass nur Auserwählte die Kirche betreten durften, fragten sich die vor den Thüren postirten Neugierigen: „Wer mag doch der vornehme Herr [*grand seigneur*] sein, den man beerdigen will?" — als wenn es noch *grands seigneurs* gäbe! Im Inneren war die Versammlung eine glänzende; die Elite der Pariser Gesellschaft sowie alle hervorragenden, gegenwärtig in Paris weilenden Fremden waren dort zu sehen . . . .

Das exclusive Verhalten bei der Vertheilung von Eintrittskarten gab Anlass zu mancherlei Klagen. Guinot bemerkt in Bezug darauf:

Die Testaments-Executorinnen haben diese Feier aufs Prachtvollste veranstaltet; nur hatten sie es, sei es aus Absicht oder aus Vergesslichkeit, gänzlich unterlassen, die Mehrzahl der Vertreter der musikalischen Welt einzuladen. Mitglieder der Akademie, berühmte Künstler, Schriftsteller von Ruf versuchten vergebens, den Bann zu brechen und in die Kirche einzudringen, wo die Damen sich in grosser Majorität befanden. Einige darunter waren von London, Wien und Berlin gekommen.

Einen andern Bericht über die kirchliche Begräbniss-Feierlichkeit entnehme ich den *Daily News* vom 2. November 1849:

Der Sarg befand sich unter einem Katafalk in der Mitte der Kirche. Der halbkreisförmige Raum hinter den Stufen des Altars war durch eine Drapirung von schwarzem Tuche verdeckt, welche, in der Mitte geöffnet, den theilweisen Anblick des Chors und des Orchesters gestattete, die nicht, wie üblich, stufenweise aufsteigend, sondern zu ebener Erde aufgestellt waren . . .

Die Kirchenthüren wurden um elf Uhr geöffnet, und zur Mittagsstunde (wo der Gottesdienst beginnen sollte) war der weite Raum von nahezu dreitausend Personen gefüllt, von denen alle besondere Einladungen erhalten hatten, als durch ihren Rang, durch ihre Stellung in der musikalischen und literarischen Welt oder auf Grund ihrer Freundschaft für den Verstorbenen berechtigt, bei einem so feierlichen wie schmerzlichen Vorgange zugegen zu sein . . .

Eine zuverlässige Schilderung der ganzen Ceremonie und namentlich auch einen klaren und erschöpfenden Bericht über den musikalischen Theil derselben finden wir in einer Pariser

Correspondenz der *Musical World* vom 10. November 1849, aus welchem ich das Folgende citire:

Die Ceremonie, welche Dienstag (30. October) um Mittag in der Madeleinekirche stattfand, war eine der imposantesten, deren wir uns erinnern, beigewohnt zu haben. An der grossen Eingangsthür der Kirche waren schwarze Vorhänge angebracht, mit den Anfangsbuchstaben der Namen des Verstorbenen „F. C." und silbernen Verzierungen. Beim Eintreten fanden wir den weiten Raum des modernen Parthenon bis auf den letzten Platz gefüllt. Das Schiff, die Flügel, die Gallerien etc. wimmelten von menschlichen Wesen, die gekommen waren, um Friedrich Chopin die letzte Ehre zu erweisen. Viele von diesen hatten vielleicht niemals zuvor von ihm gehört . . . . In dem Raume, welcher das Schiff vom Chor trennt, war ein hoch aufstrebendes Mausoleum errichtet, mit schwarzen und silbergestickten Draperien behängt, auf dem Bahrtuche die Initialen „F. C.". Um Mittag begann die kirchliche Feier. Das Orchester und der Chor (beide vom Conservatorium und unter Leitung Girard's[1]) sowie die Vocal-Solisten (die Damen Viardot-Garcia und Castellan nebst den Herren Lablache und Alexis Dupont) waren am äussersten Ende der Kirche hinter einem schwarzen Vorhang aufgestellt, welcher beim Beginn des Gottesdienstes halb geöffnet wurde und den Anblick des männlichen Theiles der Mitwirkenden gestattete, während die Damen, da ihre Mitwirkung der Kirchen-Ordnung widersprach, unsichtbar blieben. Das Orchester begann mit einem feierlichen Marsch, währenddem der Sarg langsam in die Mitte des Schiffes getragen wurde . . . Sobald der Sarg im Mausoleum aufgestellt war, erklangen die ersten Töne von Mozart's Requiem . . . . Der vorhin erwähnte Marsch war von Chopin's Composition, ein Satz aus seiner ersten Claviersonate[2]) den Henri Reber instrumentirt hatte. Während der Ceremonie spielte der Organist der Madeleine, Lefébure-Wély zwei Präludien von Chopin[3]) auf der Orgel . . . . Nach dem Gottesdienst phantasirte derselbe noch über Chopin'sche Themen, worauf sich die Menge

---

[1]) Diese Angabe ist durch die *Gazette musicale* bestätigt, wo wir lesen, dass die Mitglieder der Conservatoriums-Concertgesellschaft „sich selbst zu Testaments-Executoren dieses Wunsches [nämlich der Aufführung des Mozartschen Requiem] gemacht haben". Frau Audley sagt — irre geführt, wie mir scheint, durch eine unklare Aeusserung Karasowski's, welcher eine durchaus nicht unklare Aeusserung Liszt's zu Grunde liegt — Meyerbeer habe dirigirt *(dirigeait l'ensemble)*. Liszt spricht von der Leitung des Leichenzuges.

[2]) Op. 35, die erste der damals erschienenen, eigentlich aber seine zweite, indem Op. 4 die erste ist. Meyerbeer hat später gegen Charles Gavard seine Verwunderung ausgesprochen, dass man ihn nicht aufgefordert habe, als Huldigung für den Genius des Verstorbenen den Marsch zu instrumentiren.

[3]) Die Nummern 4 und 6, in E und H-moll.

mit feierlichem Ernste zurückzog. Der Sarg wurde sodann aus der Kirche über die ganze Länge der Boulevards zum Friedhofe *Père-Lachaise* gefahren, ein Weg von mindestens drei englischen Meilen; Meyerbeer und die übrigen, die Zipfel des Bahrtuches haltenden Leidtragenden folgten zu Fusse, entblössten Hauptes.[1]) Eine enorme Anzahl von Wagen schlossen sich an[2]) . . . . Auf dem Friedhofe *Père-Lachaise*, an einer der wenigst zugänglichen Stellen, nahe den Gräbern von Habeneck und Marie Milanollo, wurde der Sarg in ein frisches Grab gesenkt. Die Freunde und Bewunderer des Meisters blickten ihm noch einmal nach, Damen in tiefer Trauer warfen Kränze und Blumen hinab, dann begann der Todtengräber sein Werk . . . . Alles dies vollzog sich in tiefster Stille.

Ein rührender Umstand ist der Aufmerksamkeit des übrigens so scharfen Beobachters entgangen, nämlich die Bestreuung des Sarges, nachdem man ihn hinabgesenkt, mit polnischer Erde, derselben, welche neunzehn Jahre zuvor liebende Freunde im Dorfe Wola bei Warschau, in ein kunstvoll gearbeitetes Silbergefäss eingeschlossen, dem jungen hoffnungsvollen Musiker überreicht hatten, als er sein Vaterland auf Nimmerwiedersehen verliess.

Chopin ruht auf dem *Père-Lachaise* in durchaus congenialer Umgebung; eine ganze Reihe musikalischer Notabilitäten bilden seine Nachbarschaft: in nächster Nähe Cherubini, Bellini, Grétry, Boieldieu, Bocquillon-Wilhem, Louis Duport und verschiedene Mitglieder der Familie Erard; etwas weiter entfernt Ignaz Pleyel, Rudolf Kreutzer, Pierre Galin, Auguste Panseron, Méhul und Paër. Einige von diesen jedoch hatten damals ihre Ruhe-

---

[1]) Liszt schreibt, Meyerbeer und der Fürst Adam Czartoryski seien die Führer des Leichenzuges gewesen, und der Fürst Alexander Czartoryski, Delacroix, Franchomme und Gutmann haben die Zipfel des Bahrtuches gehalten; Frau Audley dagegen nennt Meyerbeer an Stelle Gutmann's. Théophile Gautier endlich berichtet im Feuilleton der *Presse* vom 5. November 1849, Meyerbeer, Eugène Delacroix, Franchomme und Pleyel haben die Zipfel des Bahrtuches gehalten. Die *Gazette musicale* nennt Franchomme, Delacroix, Meyerbeer und Czartoryski.

[2]) „Un grand nombre de voitures de deuil et de voitures particulières" lesen wir in der *Gazette musicale* „ont suivi jusqu'au cimetière de l'Est, dit du Père-Lachaise, le pompeux corbillard qui portait le corps du défunt. L'élite des artistes de Paris lui a servi de cortège. Plusieurs dames, ses élèves, en grand deuil, ont suivi le convoi, à pied, jusqu'au champ de repos, où l'artiste éminent, convaincu, a eu pour oraisons funèbres des regrets muets, profondement sentis, qui valent mieux que des discours, dans lesquels perce toujours une vanité d'auteur ou d'orateur."

stätten dort noch nicht erhalten, und Bellini's sterbliche Reste sind inzwischen (15. September 1876) von seinen Landsleuten nach seiner Vaterstadt Catania in Sicilien hinübergeführt worden.

Aber nicht der ganze Körper Chopin's wurde auf dem *Père-Lachaise* beerdigt: sein Herz wurde in sein Heimathland zurückgebracht und wird in der Heiligen-Kreuzkirche zu Warschau bewahrt, woselbst ihm auch Ende 1879 oder Anfang 1880 ein Monument errichtet wurde, bestehend in seiner Marmorbüste von einer Marmornische umgeben. In Paris bildete sich bald nach Chopin's Tode ein Comité unter dem Vorsitz Delacroix', behufs Sammlung freiwilliger Beiträge zur Errichtung eines Denkmals, dessen Ausführung dem als Schwiegersohn George Sand's mehrfach genannten Bildhauer Clésinger übertragen wurde. Der von diesem zur Darstellung gebrachte Gedanke ist beifallswürdig — ein Piedestal mit Medaillon auf der Vorderseite, eine trauernde Muse tragend, die eine zerbrochene Lyra in der Hand hält[1] — die Ausführung desselben lässt jedoch viel zu wünschen. Die Enthüllung dieses Denkmals fand im October 1850 statt, am Jahrestage von Chopin's Tode. Die Freunde des Componisten, lesen wir in einem Berichte des *John Bull* vom 26. October 1850, versammelten sich in der kleinen Capelle des *Père-Lachaise* und begaben sich unter Führung eines Priesters, nach voraufgegangener Andacht, zum Grabe Chopin's. Dann wurde das Denkmal enthüllt, mit Blumen und Kränzen geschmückt und ein Gebet gesprochen; endlich versuchte der Deputirte Wolowski[2] noch eine Ansprache zu halten, war aber so bewegt, dass er nur wenige Worte sagen konnte.[3]

---

[1] Auf dem Piedestal des Denkmals sind noch die Worte zu lesen: „A Frédéric Chopin" über dem Medaillon, „Les amis" unter dem Medaillon, ferner der Name des Bildhauers und das Jahr der Entstehung (J. Clésinger, 1850); endlich die folgenden theilweise incorrecten biographischen Angaben: „Frédéric Chopin, né en Pologne à Zelazowa Wola près de Varsovie: Fils d'un émigré français, marié à Mlle. Krzyzanowska, fille d'un gentilhomme Polonais."

[2] Louis François Michel Raymond Wolowski, National-Oekonom, Mitglied der Akademie der moralischen Wissenschaften und der constituirenden Versammlung. Ein geborener Pole, hatte er sich 1834 in Frankreich naturalisiren lassen.

[3] In der *Gazette musicale* vom 20. October 1850 lesen wir: „Une messe commémorative a été dite jeudi dernier [d. h. am 17.] dans la chapelle du cimetière du Père-Lachaise à la mémoire de Frédéric Chopin et pour l'inauguration de son monument funèbre."

Der *Ménestrel* vom 3. November 1850 theilt seinen Lesern
mit, dass im Laufe der Woche (es war am 30. October um elf
Uhr) eine Todtenmesse zu Ehren Chopin's in der Madeleine gefeiert worden sei, und dass zwischen zwei- und dreihundert seiner
Freunde ihr beigewohnt haben; ferner, dass Franchomme auf
dem Violoncell und Lefébure-Wély auf der Orgel mehrere Präludien des verstorbenen Meisters vorgetragen haben, oder, um
buchstäblich zu citiren „ont redit aux assistants émus les préludes si pleins de mélancolie de l'illustre défunt."

SCHLUSSWORT.

Wir sind Chopin gefolgt, von seinem Geburtsort Żelazowa Wola nach Warschau, wo er seine Kinder- und Jünglingszeit verbrachte und sowohl seine musikalische wie allgemeine Erziehung erhielt; wir sind ihm auf seinen Ferien-Ausflügen in die Umgegend und auf seinen grösseren Reisen nach Reinerz, Wien und Berlin gefolgt; wir sind ihm gefolgt, als er sein Heimathland verliess und sich zu seiner weiteren Ausbildung zeitweilig in der Hauptstadt Oestreich's niederliess; dann sind wir ihm nach Paris gefolgt, welches von nun an seine zweite Heimath werden sollte, in seine verschiedenen Wohnungen, auf seinen von dort aus unternommenen Ausflügen und Reisen: Boulevard Poissonnière No. 27, Chaussée d'Antin No. 5 und No. 38, Aachen, Carlsbad, Leipzig, Heidelberg, Marienbad, London, Majorca, Nohant, Rue Tronchet No. 5, Rue Pigalle No. 16, Square d'Orléans No. 9, England und Schottland, noch einmal Square d'Orléans No. 9, Rue Chaillot, Place Vendôme No. 12 und schliesslich zum Friedhofe Père-Lachaise. Wir haben ihn betrachtet als Zögling des Warschauer Lyceums und als Musikstudirenden unter Leitung von Zywny und Elsner; sodann als Sohn und als Bruder, als Liebenden und als Freund, als Weltmann und als Geschäftsmann; endlich als Virtuosen, als Lehrer und als Componisten. Nach alle diesem bleibt mir nur noch

Eines übrig, nämlich, aus den tausenden der Details meiner Erzählung ein Gesammtbild dessen zu gewinnen, was der Künstler
seinem Zeitalter gewesen und was er dem unsrigen ist. Zuvor
aber müsste ich eine Frage beantworten, welche sich der Leser
vielleicht schon selbst gestellt hat: warum habe ich meine Meinung über die moralische Seite der Beziehungen Chopin's zu
George Sand nicht ausgesprochen? Darüber will ich mich kurz
erklären. Ich enthielt mich des Urtheils, weil mir das Beweis-
Material zu ungenügend erschien. Eine gründliche Kenntniss
aller Verhältnisse und Umstände halte ich für unumgänglich
nöthig, um gerecht zu urtheilen; eine sofortige, unbarmherzige
Anwendung der für einen bestimmten conventionellen Gesellschaftszustand gültigen Principien ist zur Erreichung dieses
Zweckes wenig geeignet. Nachdem ich die Pflicht erfüllt, die
beglaubigten Beweisstücke dem Leser mitzutheilen, überlasse ich
es seiner Einsicht und seiner Menschenliebe, die Entscheidung
zu treffen.

Henri Blaze de Bury beschreibt in seinen *Etudes et Sou-*
venirs das von Ary Scheffer gemalte Porträt Chopin's mit folgenden Worten:

Es stellt ihn in dieser Lebensperiode dar [als „weder physischer
noch geistiger Niedergang ihn hinderten, seinen Arbeiten sowie
seinen Vergnügungen in Freiheit nachzugehen"], schlank, in ungezwungener Haltung, *gentlemanlike* im höchsten Grade: die Stirn
stolz, die Hände von seltener Feinheit, kleine Augen, grosse Nase,
der Mund von besonderer Anmuth und sanft geschlossen, als wolle
er eine im Entfliehen begriffene Melodie zurückhalten.

Marmontel sagt beim Anblick „seines [Chopin's] bewunderungswürdigen Porträts" von Delacroix:

Es ist der Chopin der letzten Jahre, krank, unter dem Leiden
zusammengebrochen; die Züge bereits den Stempel des Todes tragend [*marqué du sceau suprême*], der Blick träumerisch, melancholisch, zwischen Himmel und Erde schwebend, halb im Traume,
halb in Todesahnung. Das länger gewordene Antlitz erscheint
scharf markirt; die Gesichtsfläche tritt stark hervor, aber die Umrisslinien sind in ihrer ursprünglichen Schönheit erhalten. Das Oval
des Gesichts nnd die edel gebogene Adlernase geben dieser kränk
lichen Physiognomie den Charakter poetischer Vornehmheit, welche
Chopin eigen war.

Poetische Vornehmheit, höchste Eleganz und edle Haltung, dies sind die charakteristischen Merkmale aller Porträts von Chopin,[1] Merkmale, die beim wirklichen Chopin noch mehr frappiren mussten, da sie durch die Anmuth seiner Bewegungen verstärkt wurden, durch jene Manieren, welche veranlassten, dass man ihn unwillkürlich wie einen Fürsten behandelte.[2] Jeder einzelne Theil des harmonischen Ganzen Chopin's aber war durchdrungen von Zartheit, dem Hauptfactor der Gestaltung, nicht nur seines äusseren Menschen, sondern auch seines Charakters, seines Lebens, seiner Kunstthätigkeit. Seine körperliche Zartheit brachte die seelische mit sich, eine Feinheit des Geschmackes, der Gewohnheiten und Manieren, welche im früh begonnenen, ununterbrochen fortgesetzten Verkehr mit der höchsten Aristokratie befestigt und ausgebildet wurde. Viele der liebenswürdigen Eigenschaften des Menschen wie des Künstlers entsprangen dieser Quelle; zugleich aber auch manche seiner menschlichen wie künstlerischen Mängel und Schwächen. Seine exclusive Art z. B. ist ohne Zweifel der übertriebenen Empfindlichkeit zuzuschreiben, welche vor Allem zurückschreckte, was seiner wählerischen, anspruchsvollen Natur nicht zu genügen vermochte und in dem Maasse krankhaft wurde, als seine zarte Constitution, durch welche sie bedingt war, von Krankheit unterminirt wurde. Dennoch hätte Chopin, trotz des Mangels einer robusten Natur und der damit verbundenen Vortheile, mässig glücklich werden, sich vielleicht auch länger einer leidlichen Gesundheit erfreuen können, wären bei ihm Körper und Geist mehr im Gleichgewicht, besser assortirt gewesen. Seine Gedanken waren zu gewaltig, seine Leidenschaft zu heftig für das zerbrechliche Gefäss, das sie umschloss, und sie wurden in dem Maasse gewaltiger und heftiger, als dies Gefäss zerbrechlicher wurde. Er konnte das von ihm Erstrebte nicht verwirklichen, sein Wünschen und Verlangen nicht umspannen, er konnte sich, so zu sagen, nicht selbst behaupten. Hier finden wir in der That das tragische Motiv in Chopin's Lebensdrama, den Schlüssel zu Vielem, was sonst räthselhaft, jedenfalls durch Zartheit der Constitution und Krankheit allein

---

[1] Vgl. Anhang III.

[2] Vgl. die auf die zuverlässigsten Aussagen begründete Beschreibung der äusseren Erscheinung Chopin's im Capitel XX.

nicht zu erklären wäre. Seine Salon-Bekanntschaften, welche nur die elegante Aussenseite des Menschen kannten, wussten von diesem inneren Zwiespalt nichts, und selbst die kleine Zahl seiner intimen Freunde, denen er die an seinem Herzen nagende Irritation nicht immer zu verbergen vermochte, ahnten kaum den wahren Sachverhalt. Wäre Chopin nicht Künstler gewesen, so würde die Geschichte seines innern Lebens für immer verschwiegen geblieben sein. In seiner Kunst aber, als Virtuos wie als Componist, hat er alle seine starken und schwachen Seiten, seine Vorzüge und Mängel, sein Streben und sein Misslingen, seine Erfolge und Enttäuschungen, seine geträumten und seine wirklichen Erlebnisse der Welt offenbart.

Chopin [schrieb Anton Schindler 1841[1])] ist der Fürst aller Clavierspieler, die wahre Poesie vor seinem Flügel . . . Er imponirt nicht durch die Kraft des Anschlags, noch durch Brillantfeuer, wodurch andere den Beifall der Menge erzwingen, denn Chopin's physischer Zustand verbietet ihm leider jede körperliche Anstrengung, und Geist und Körper sind bei ihm in stetem Missverständniss und gegenseitiger Aufregung. Die Haupttugend dieses grossen Meisters im Clavierspiel liegt in der vollkommenen Wahrheit des Ausdrucks jeden Gefühls, dessen er sich bemeistern darf, was schlechterdings unnachahmlich ist und zur Caricatur führen könnte, wollte man es nachahmen.

Chopin war kein Virtuose im gewöhnlichen Sinne des Wortes; seine Sphäre war die *réunion intime*, nicht die gemischte Menge des Concertsaales. Wenn wir indessen diesen Zeugnissen der Zeitgenossen nicht allen Werth absprechen wollen, so dürfen wir es als bewiesen annehmen, dass nie ein Pianist gelebt hat, dessen Spiel einen ähnlichen Reiz ausgeübt hätte. Freilich ist es, wie schon Liszt bemerkt hat, unmöglich, denen, welche ihn nicht gehört, einen Begriff von dem geheimnissvollen, unaussprechlich poetischen Reiz zu geben, der dies Spiel durchdrang. Wenn Worte ihn beschreiben könnten, so müssten wir uns an Ausdrücke halten wie „légèreté impalpable" „palais aériens de la Fata Morgana" „wundersam und märchenhaft" und andere ähnliche, von Männern benutzte, die man zweifellos als Autoritäten betrachten darf.

---

[1]) „Beethoven in Paris" S. 71.

Als Pianist war Chopin stark eingeschränkt durch den Mangel an physischer Kraft, der ihn häufig zwang, sich mit einem blossen Andeuten zu begnügen, und auf nicht Weniges, was er gern zum Ausdruck gebracht hätte, ganz und gar zu verzichten. Ungleich grösser war der Spielraum, den er als Componist hatte, denn dessen Grenzen waren diejenigen seines Geistes; dennoch aber zählt er nicht zu jenen grössten Geistern, die alle Errungenschaften ihrer Vorgänger und Zeitgenossen in sich aufnehmen, mit starker Hand zusammenfassen und zu einem neuen, glänzenden Ganzen verschmelzen — die denkbar höchste Leistung auf dem Gebiete der Kunst, und nur Dem möglich, welcher mit der Kraft des Umfassens eine stark ausgeprägte Eigenart vereint. Als ebenbürtiger Genosse eines Bach, Händel, Mozart, Beethoven darf Chopin mithin nicht gelten; wenn er aber nicht auf gleicher Höhe mit diesen Meistern steht, so reicht er doch nahe an sie heran, und wenn er, an Stärke des geistigen Grundstoffes unter ihnen stehend, verhindert war, gleich Grosses zu vollenden, wie sie, so befähigten ihn seine zarte Empfindsamkeit, seine romantische Einbildungskraft zu Leistungen, für welche wiederum Jenen die nöthigen Bedingungen fehlten. Von Universalität war bei ihm keine Spur, seine Individualität aber ist eine im höchsten Grade interessante. Chopin's kunsthistorische Bedeutung liegt darin, der Musik neue Elemente zugeführt, eigenartige Mittel zum Ausdruck und zur Darstellung von Stimmungen und Empfindungen sowie deren feinster Schattirungen gefunden zu haben, welche bis zu seiner Zeit dem Bereiche des Unausgesprochenen und Unaussprechbaren angehört hatten. Wie hoch auch Chopin geschätzt wird, so scheint mir doch seine Bedeutung für den Gesammtfortschritt der Kunst noch nicht nach Gebühr gewürdigt zu sein. Sein Einfluss auf die Claviercomponisten, sowohl hinsichts der Form wie des Inhalts, ist allgemein anerkannt, was bezüglich seines kaum weniger in die Augen springenden weiter reichenden Einflusses nicht behauptet werden kann; nur zu häufig übersieht man seinen Zusammenhang mit der musikgeschichtlichen Hauptströmung ganz und gar, betrachtet man ihn als ein blosses *hors d'oeuvre* in dem musikalischen *menu* des Universums. Meine Meinung ist vielmehr die, dass unter allen seit Chopin's Zeit aufgetretenen Componisten von Ruf nicht einer ist, der nicht mehr oder minder, bewusst oder unbewusst, mittelbar

oder ünmittelbar von diesem wahrhaft schöpferischen Genius gelernt hätte.

Um die Spuren seines Einflusses zu verfolgen, müssen wir
uns um fünfzig oder sechzig Jahre zurückversetzen, den damaligen
Zustand der Musik betrachten, namentlich auch untersuchen,
was die Componisten auszudrücken strebten und über welche
Mittel sie zu diesem Zwecke verfügten. Vieles, was uns heute
vertraut, ja zum Gemeinplatz geworden ist, war damals von
überraschender Neuheit. Chopin war eine so wunderbare, phä-
nomenale Erscheinung, dass sich Schumann davon geradezu
elektrisirt fühlte. „Kommen Sie" sagte Berlioz zu Legouvé anfangs der dreissiger Jahre „ich werde Ihnen etwas zeigen, was Sie
nie gesehen haben, und Jemanden, den Sie nie vergessen werden."
Dies Etwas und dieser Jemand aber war Chopin. Mendelssohn
suchte seine Begeisterung für eine der Chopin'schen Präludien
mit den Worten zu erklären: „Ich liebe es, ich kann nicht bestimmen, wie sehr oder warum; nur soviel kann ich sagen, dass
es etwas ist, was ich nie hätte schreiben können." Natürlich
war Chopin's Eigenart keineswegs allgemein willkommen oder
gewürdigt. Mendelssohn z. B. fühlte sich durch sie eher abgestossen als angezogen; mindestens finden sich in seinen Briefen
zahlreiche missbilligende Aeusserungen über Chopin's Musik,
welche ihm häufig „manierirt" vorkam (vgl. seinen Brief an Moscheles vom 7. Februar 1835). Aber selbst der Herz- und Hirn-
lose Kritiker der *Musical World*, von dessen Albernheiten ich
im Capitel XXXI. berichtet habe, giebt zu, dass Chopin von
den „classischen Musikern" allgemein geschätzt werde, und der
Bewunderer seiner Werke Legionen seien. Die frühzeitige Popularität der Chopin'schen Musik beweisen u. a. die vielen
Arrangements seiner Compositionen für andere Instrumente (die
Guitarre nicht ausgenommen) und sogar für Singstimmen (z. B.
*Oeuvres célèbres de Chopin, transcrites à une ou deux voix
égales par Luigi Bordèse*). Diese Popularität musste freilich,
in ihrem Umfange wie in ihrer Stärke, nothwendig eine be-
grenzte sein, denn populär im eigentlichen Sinne des Wortes
können Chopin's Compositionen niemals werden. Um sie völlig
zu verstehen, müssen wir etwas von dem Naturell des Autors,
etwas von seiner zarten Empfindsamkeit und seiner romantischen
Phantasie in uns haben; wir müssen überdies etwas von seinem

Leben und seinem Heimathlande wissen. Denn Chopin war, wie Balzac richtig bemerkt hat, weniger ein Musiker als *une âme qui se rend sensible*. Kurz, seine Compositionen sind „das himmlische Echo dessen, was er gefühlt, geliebt und gelitten hatte“; sie sind seine Memoiren, seine Selbstbiographie, und bestehen, wie die jedes echten Dichters, aus

„Wahrheit und Dichtung.“

Anhang I.

er folgende Brief von George Sand an die Mutter Chopin's ist desshalb bemerkenswerth, weil er das Verhältniss der Schreiberin zu der Familie ihres Freundes, und wie sie es aufgefasst zu sehen wünschte, deutlicher erkennen lässt.

Paris, le 29. Mai 1844.

Madame!

Je ne crois pas pouvoir offrir d'autre consolation à l'excellente mère de mon cher Frédéric, que l'assurance du courage et de la résignation de cet admirable enfant. Vous savez si la douleur est profonde et si son âme est accablée; mais grâce à Dieu, il n'est pas malade, et nous partons dans quelques heures pour la campagne, où il se reposera d'une si terrible crise.

Il ne pense qu'à vous, à ses sœurs, à tous les siens, qu'il chérit si ardemment, et dont l'affliction l'inquiète et le préoccupe autant que la sienne propre.

Du moins, ne soyez pas de votre côté inquiète de sa situation extérieure. Je ne peux pas lui ôter cette peine si profonde, si légitime et si durable; mais je puis du moins soigner sa santé et l'entourer d'autant d'affection et de précaution que vous le feriez vous même.

C'est un devoir bien doux que je me suis imposé avec bonheur et auquel je ne manquerai jamais.

Je vous le promets, Madame, et j'espère que vous avez confiance en mon dévouement pour lui. Je ne vous dis pas que votre malheur m'a frappé autant que si j'avais connu l'homme admirable que vous pleurez. Ma sympathie, quelque vraie qu'elle soit, ne peut adoucir ce coup terrible, mais en vous disant que je consacrerai mes jours à son fils, et que je le regarde comme le mien propre, je sais que je puis vous donner de ce côté-là quelque tranquillité d'esprit. C'est pourquoi j'ai pris la liberté de vous écrire, pour vous dire, que je vous suis profondément devouée, comme à la mère adorée de mon plus cher ami.

George Sand."

Aus dem Anfang eines Briefes George Sand's an Alexander Thies ersieht man, wie es mit der Gesundheit Chopin's um diese Zeit stand.

Paris, le 25. Mars 1845.

Monsieur!

Nous sommes bien coupable envers vous, moi surtout; car lui (Chopin) écrit si peu et il a tant d'excuses dans son état continuel de fatigue et de souffrance, que vous devez lui pardonner. J'esperais toujours l'amener à vous écrire, mais je n'ai eu que des résolutions et des promesses, et je prends le parti de commencer, sauf à ne pas obtenir, entre sa toux et ses leçons, un instant de repos et de calme.

C'est vous dire que sa santé est toujours aussi chancelante. Depuis les grands froids qu'il a fait ici, il a été surtout accablé; j'en suis presque toujours malade aussi, et aujourd'hui je vous écris avec un reste de fièvre.

Anhang II.

Frau Friederike Streicher's (geb. Müller) Erinnerungen an Chopin nach Auszügen aus einem sorgfältig geführten Tagebuche aus den Jahren 1839, 1840 und 1841.

Im März 1839 kam ich nach Paris, von einer gütigen Tante begleitet, welche eine höchst gebildete Musikkennerin war, beseelt von dem Wunsche, womöglich bei Chopin, dessen Compositionen mich begeisterten, Unterricht zu erhalten. Er war aber verreist und sehr krank, ja man fürchtete, er würde selbst im Winter nicht nach Paris zurückkehren. Endlich, endlich, im October 1839 kam er dennoch. Ich hatte diese lange Zeit benutzt, um die musikalische Welt in Paris kennen zu lernen. Aber je mehr ich hörte, ja auch bewunderte, um so mehr befestigte sich mein Vorsatz, auf Chopin's Rückkehr zu warten. Und ich hatte vollkommen Recht.

Am 30. October 1839 begaben wir uns, meine engelsgute Tante und ich, zu ihm. Rue Tronchet No. 5 wohnte er damals.

Bangen Herzens überreichte ich ihm meine Empfehlungsbriefe aus
Wien, und sprach meine Bitte aus, mich als Schülerin übernehmen
zu wollen. Sehr höflich aber sehr gemessen sprach er: „Sie haben
in einer Matinée bei der Gräfin Apponi, der Gemahlin des österreichischen Gesandten gespielt, und werden meines Unterrichtes
kaum mehr bedürfen." Mir wurde bange, denn so klug war ich
doch, um gleich zu verstehen, er habe gar keine Lust, mich als
Schülerin anzunehmen. Lebhaft betheuerte ich, sehr wohl zu wissen,
dass ich noch sehr, sehr viel zu lernen habe. Und, setzte ich
schüchtern hinzu, seine wunderschönen Compositionen möchte ich
gut spielen können. „Oh" rief er „das wäre traurig, wenn man
nicht im Stande wäre, sie ohne meinen Unterricht gut zu spielen!"
„Ich gewiss nicht" entgegnete ich ängstlich. „Nun so spielen Sie
mir etwas" rief er, und in dem Augenblicke war seine Zurückhaltung
verschwunden. Gütig und nachsichtsvoll half er mir meine Schüch-
ternheit überwinden, rückte das Piano, fragte, ob ich gut sitze, liess
mich so lange spielen, bis ich ruhig geworden, tadelte dann milde
mein steifes Handgelenk, lobte meine richtige Auffassung und nahm
mich als Schülerin an. Er setzte wöchentlich zwei Unterrichtsstunden fest, wandte sich dann in liebenswürdigster Weise an meine
Tante, sich in vorhinein entschuldigend, wenn er Tag und Stunde
der Lection, seiner Kränklichkeit halber, werde oft abändern müssen.
Sein Diener würde uns stes davon benachrichtigen.

Ach! Und er war sehr leidend; matt, bleich, hustete viel,
nahm oft Opiumtropfen in Zucker und Gummi-Wasser, rieb sich die
Stirn mit Kölner-Wasser, und dennoch unterrichtete er mit einer
Geduld, Ausdauer und einem Eifer, die bewundernswerth waren.
Immer währten seine Lectionen eine volle Stunde, gewöhnlich war
er so gütig, sie länger auszudehnen. Mikuli sagt: „Ein heiliger
Kunsteifer durchglühte ihn; jedes Wort von seinen Lippen war anregend und begeisternd. Oft dauerten einzelne Lectionen buchstäblich mehrere Stunden hintereinander, bis die Ermattung Meister
und Schüler überwältigte." Auch für mich gab es solch gesegnete
Lectionen. Manchen Sonntag begann ich um ein Uhr bei Chopin
zu spielen, und erst um vier oder fünf Uhr Nachmittags entliess er
uns. Da spielte auch er, und wie herrlich! Aber nicht nur seine
Compositionen, auch die anderer Meister, um den Schüler zu lehren,
wie sie vorgetragen werden müssen. Eines Morgens spielte er vierzehn Bach'sche Präludien und Fugen aus dem Gedächtniss, und als
ich meine freudige Bewunderung über diese unvergleichliche Leistung
aussprach, erwiederte er: „Cela ne s'oublie jamais" und melancholisch lächelnd fuhr er fort: „Depuis un an je n'ai pas étudié un
quart d'heure de suite, je n'ai pas de force, pas d'énergie, j'attends
toujours un peu de santé pour reprendre tout cela, mais . . . .
j'attends encore." Wir sprachen immer französisch zusammen, ungeachtet seiner grossen Vorliebe für deutsche Sprache und Dichtung.

Desshalb gebe ich seine Aeusserungen auch in französischer Sprache,
wie ich sie von ihm hörte. In Paris hatte man mir bange gemacht und erzählt, Chopin liesse Clementi, Hummel, Cramer, Moscheles, Beethoven und Bach studiren, seine Compositionen jedoch
nicht. Dem war nicht so. Allerdings musste ich die oben angeführten Meisterwerke bei ihm studiren, er verlangte aber auch, dass
ich die neuen und neuesten Compositionen von Hiller, Thalberg
und Liszt etc. ihm vorspiele. Jedoch schon in den ersten Unterrichtsstunden legte er mir seine wunderbar schönen Präludien und
Etüden vor. Ja, mit mancher Composition machte er mich bekannt, ehe sie noch im Druck erschienen war.

Wunderschön hörte ich ihn oft präludiren. Einmal versank
er so ganz in sein Spiel, war der Welt völlig entrückt — da kam
sein Diener leise herein und legte einen Brief auf das Notenpult.
Mit einem Aufschrei brach Chopin sein Spiel ab, sein Haar sträubte
sich in die Höhe; was ich bisher für unmöglich gehalten, sah ich
nun mit eigenen Augen; doch währte dies nur einen Augenblick.

Immer war sein Spiel edel und schön, immer sangen seine
Töne, ob in voller Kraft, ob im leisesten Piano. Unendliche Mühe
gab er sich, dem Schüler dieses gebundene, gesangreiche Spiel
beizubringen. „Il [elle] ne sait pas lier deux notes" war sein
schärfster Tadel. Ebenso verlangte er, im strengsten Rhythmus zu
bleiben, hasste alles Dehnen und Zerren, übelangebrachtes Rubato
sowie übertriebenes Ritardando. „Je vous prie de vous asseoir"
sagte er bei solchem Anlass mit leisem Hohne. Und gerade hierin
wird jetzt bei dem Vortrag seiner Werke entsetzlich gesündigt. Im
Gebrauche des Pedals hatte er ebenfalls die grösste Meisterschaft
erreicht, war gegen den Missbrauch desselben ungemein strenge und
sagte dem Schüler wiederholt: „die richtige Anwendung desselben
bleibt ein Studium für das Leben."

Als ich die erste seiner Etüden (C-dur, Liszt gewidmet) bei
ihm spielte, befahl er mir, sie des Morgens sehr langsam zu üben.
„Cette étude vous fera du bien" sprach er. „Si vous l'étudiez,
comme je l'entends, cela élargit la main, et cela vous donne des
gammes d'accords, comme les coups d'archet. Mais souvent malheureusement au lieu d'apprendre tout cela, elle fait désapprendre."
Wohl weiss ich, eine allgemein verbreitete Irrung ist es, auch heute
noch, dass man diese Etüde nur gut spielen könne, wenn man
eine sehr grosse Hand besitzt, dem ist aber nicht so; nur eine ge-
schmeidige Hand ist Bedingung.

Chopin erzählte, er habe im Mai 1834 mit Hiller und Mendelssohn einen Ausflug nach Aachen gemacht. „Daselbst sehr
freundlich bewillkommnet, fragte man mich, als ich vorgestellt
wurde: ,Gewiss ein Bruder des Pianisten?' Ich bejahte es, denn
es unterhielt mich, und beschrieb meinen Bruder den Pianisten: er
sei gross, stark, habe schwarzes Haar und eine sehr grosse Hand."

Wer den zart gebauten Chopin und seine Hand gesehen, für den muss der Scherz höchst ergötzlich gewesen sein.

Am 20. April 1840 gab Liszt, von längeren Kunstreisen nach Paris zurückgekehrt, eine geladene Matinée im Saale Erard. Er spielte, wie immer, sehr brillant, und ich musste am nächsten Morgen Chopin eingehend berichten, was und wie er gespielt. Er selbst war zu unwohl, um beiwohnen zu können. Als ich von Liszt's künstlerischer Selbstbeherrschung und Ruhe bei Ueberwindung der grössten technischen Schwierigkeiten sprach, rief er: „Ainsi il parait que mon avis est juste. La dernière chose c'est la simplicité. Après avoir épuisé toutes les difficultés, après avoir joué une immense quantité de notes, et de notes, c'est la simplicité qui sort avec tout son charme, comme le dernier sceau de l'art. Quiconque veut arriver de suite à cela n'y parviendra jamais, on ne peut commencer par la fin. Il faut avoir étudié beaucoup, même immensement pour atteindre ce but, ce n'est pas une chose facile. Il m'était impossible" fuhr er fort „d'assister à sa matinée. Avec ma santé on ne peut rien faire. Je suis toujours embrouillé avec mes affaires, de manière que je n'ai pas un moment libre. Que j'envie les gens forts qui sont d'une santé robuste et qui n'ont rien à faire! Je suis bien fâché, je n'ai pas le temps d'être malade."

Als ich sein Trio studirte, machte er mich auf einige Stellen aufmerksam, welche ihm jetzt missfielen, nun würde er sie anders schreiben. Das Trio war beendet, da sprach er: „Wie die Tage, wo ich es componirte, mir lebhaft in meiner Erinnerung auftauchen! Es war in Posen, in dem von mächtigen Waldungen umgebenen Schlosse des Fürsten Radziwill. Eine kleine aber sehr gewählte Gesellschaft fand sich dort zusammen. Des Morgens wurde gejagt, Abends Musik gemacht. Ach, und nun" fügte er hinzu „ist der Fürst, seine Gemahlin, sein Sohn, alles alles todt."

In einer Soirée (20. December 1840) liess er mich die Sonate mit dem Trauermarsch vor einer grossen Gesellschaft spielen. Am Morgen desselben Tages musste ich ihm die Sonate wiederholen, war aber sehr befangen. „Weshalb spielen Sie heute weniger gut?" fragte er. Ich erwiderte, dass ich Angst habe. „Warum? Ich finde, Sie spielen sie gut" entgegnete er sehr ernst, ja strenge. „Wenn Sie aber heute Abend spielen wollen, wie vor Ihnen niemand spielte, und nach Ihnen niemand spielen wird, ja dann!" . . . . Diese Worte gaben mir meine Ruhe wieder. Der Gedanke, dass ich ihm recht gespielt, beherrschte mich auch des Abends; ich hatte das Glück, Chopin's Zufriedenheit und der Anwesenden Beifall zu erwerben. Dann spielte er noch mit mir das Andante seines F-moll-Concerts, welches er auf dem zweiten Piano herrlich begleitete. Die ganze Gesellschaft bestürmte ihn mit der Bitte, doch noch einige seiner Compositionen vorzutragen, was er dann auch zum allgemeinen Entzücken that.

Durch achtzehn Monate (er verliess Paris diesen Sommer nicht) durfte ich mich seines Unterrichts erfreuen. Wie gern hätte ich meine Studien noch länger bei ihm fortgesetzt! Allein er selbst war der Ansicht, ich sollte jetzt in mein Vaterland zurückkehren, selbständig weiter studiren und viel öffentlich spielen. Beim Abschied schenkte er mir die beiden Manuscripte seiner Etüden in Cis-dur und E-dur (Liszt gewidmet) und versprach, während seines Landaufenthaltes ein Concertstück zu schreiben und mir zuzueignen.

Ende des Jahres 1844 kam ich nochmals nach Paris und fand Chopin etwas kräftiger aussehen. Damals hofften seine Freunde auf Herstellung seiner Gesundheit, oder wenigstens auf bedeutende Besserung seines Befindens.

Das versprochene Concertstück, Op. 46, war zu meiner unaussprechlichen Freude erschienen. Ich spielte es ihm vor, und er war damit zufrieden; freute sich meiner Erfolge in Wien, von welchen ihm berichtet worden war, bemühte sich mit der ihm eigenen Liebenswürdigkeit, mich in der Pariser Musikwelt noch mehr bekannt zu machen. So lernte ich Auber, Halévy, Franchomme, Alkan und Andere kennen. Aber im Februar 1845 musste ich nach Wien zurückkehren; ich hatte Schüler dort, die meiner warteten. Beim Abschied sprach er von der Möglichkeit, auf kurze Zeit dahin zu kommen, und ich hatte mir fest vorgenommen, in anderthalb Jahren wieder auf einen Besuch nach Paris zurückzukehren, um abermals seinen werthvollen Unterricht und Rath zu geniessen. Doch es sollte zu meinem grossen Bedauern nicht dazu kommen.

Madame Sand sah ich im Jahre 1841 in einer Loge und im Jahre 1845 abermals in einer Loge und konnte ihre Schönheit bewundern. Gesprochen habe ich sie nie.

Anhang III.

Porträts von Chopin.

Eine Biographie würde unvollständig sein, wenn sie nicht auch über die Porträts der betreffenden Persönlichkeit Auskunft gäbe. Mathias bezeichnet als das beste Porträt Chopin's eine Lithographie von Engelmann nach einer Zeichnung von Vigneron aus dem Jahre 1833, erschienen bei Maurice Schlesinger in Paris. Er schreibt mir: „Dies Porträt ist wunderbar, weil es einen absolut richtigen Begriff von Chopin giebt: von den graziös gesenkten Schultern, dem polnischen Wesen, dem Reiz des Mundes." Und weiter sagt er: „Ebenfalls sehr ähnlich, jedoch aus einer späteren Periode, zwischen der der Jugend und der seines körperlichen Verfalles, ist

Bovy's Medaillon, welches namentlich die Umrisslinien seines Haars und seiner Nase richtig wiedergiebt. Was ausser diesen an Porträts existirt, ist von erschreckender Nichtigkeit, so z. B. das in Karasowski's Buch, mit seiner stupiden Miene." Das hier zuletzt von Mathias erwähnte Porträt ist eine Lithographie nach einer Zeichnung von A. Duval. Durchschnittlich sind die von Chopin's Schülern und persönlichen Bekannten am höchsten geschätzten Porträts diejenigen von A. Bovy und T. Kwiatkowski. Frau Dubois, welche Bovy's Medaillon am liebsten hat, und demnächst die Kwiatkowski'schen Porträts, macht sich wenig aus dem Ary Scheffer'schen Porträt, welches sie in der Wohnung ihres Meisters häufig zu sehen Gelegenheit hatte. „Es hatte etwas Geisterhaftes [*quelque chose d'un ombre*] und war bleicher und abgezehrter als der wirkliche Chopin."[1]) Von einer Büste Clésinger's sagt Frau Dubois, dass sie Denjenigen, die Chopin gekannt haben, nicht genügen könne. Marmontel schreibt mir, dass das in seinem Besitz befindliche Porträt Chopin's von Delacroix, eine kraftvolle Oel-Skizze „den grossen Künstler in der letzten Periode seines Lebens darstelle, wo er bereits nahe daran gewesen, seinem Brustleiden zu unterliegen. Mein lieber Freund Félix Barrias wurde inspirirt, oder richtiger gesagt, er reproducirte dies schöne und poetische Antlitz auf seinem Bilde, den sterbenden Chopin darstellend, wie er die Gräfin Potocka bittet, ihm etwas zu singen." Gutmann besass zwei Porträts seines Meisters, beide Bleistiftzeichnungen, die eine von Franz Winterhalter, datirt 2. Mai 1847, die andere von Albert Graefle, datirt 19. October 1849. Das erstere dieser werthvollen Porträts zeigt Chopin als bereits Erkrankten, das letztere auf seinem Todtenbette. Beide scheinen sehr ähnlich; Graefle's Zeichnung erinnert stark an Bovy's Medaillon.[2]) Höchst interessant, wäre es auch nur der Urheberschaft wegen, ist eine Zeichnung von George Sand.[3]) Das Porträt von A. Regulski in Szulc' Buch kann nur als ein Pasquill auf Chopin gelten, und könnte ebenfalls als ein Pasquill auf den Maler

---

[1]) Das Ary Scheffer'sche Porträt findet sich, von Waldow lithographirt, in der deutschen Ausgabe der von Fontana herausgegebenen nachgelassenen Werke Chopin's.

[2]) Ein Holzschnitt nach der Graefle'schen Zeichnung erschien 1879 in der „Gartenlaube".

[3]) Frau Dubois schreibt mir, dass das der französischen Ausgabe der von Fontana herausgegebenen nachgelassenen Werke beigefügte Porträt Chopin's nach einer Zeichnung von George Sand ganz und gar nicht ähnlich sei. Herr Herrmann Scholtz in Dresden hat in seinem Besitz eine getreue, von einem in Warschau als Maler lebenden Neffen des Componisten gemachte, Copie der George Sand'schen Zeichnung, welche von Frau Barcińska, der Schwester Chopin's, als sehr ähnlich bezeichnet worden ist. Dieses Bild ist jedoch mit dem von Frau Dubois genannten nicht identisch.

aufgefasst werden. Verschiedene andere im Handel befindliche
Porträts sind eher Curiositäten als Hülfsmittel zur Verwirklichung
unserer Vorstellung von der äusseren Erscheinung Chopin's. Schlesinger (Berlin) veröffentlichte eine Lithographie nach einer Zeichnung
von Maurir, Schuberth (Hamburg) einen Stahlstich und Hofmeister
(Leipzig) eine Lithographie, nach welchen Vorlagen, ist mir nicht
bekannt. Noch andere Porträts sind nicht der Erwähnung werth,
da sie nicht nach der Natur genommen, sondern nur an eine oder
mehrere der authentischen Wiedergaben sich anlehnende Phan-
tasiebilder sind. Die dieser Biographie beigegebenen Porträts sind:
Das besprochene Bovy'sche Medaillon, eine Radirung nach einer
reizenden, in meinem Besitz befindlichen Bleistiftzeichnung von
Kwiatkowski, deren Reproducirung mir der Autor gütigst gestattet
hat, endlich ein zweites Kwiatkowski'sches Bild, Chopin auf dem
Todtenbette, nach einer Lithographie im Besitze des Herrn Herrmann Scholtz, der, wie früher durch eine sorgsam und mit Sachkenntniss ausgeführte (Textrevision, Fingersatz, Pedalbezeichnung
und Phrasirung berücksichtigende) Ausgabe der Werke, sich nun
auch durch Zur-Verfügungstellen seiner gesammelten Bilderschätze
um Chopin verdient gemacht hat. Kwiatkowski hat Chopin vielfach porträtirt, in verschiedenen Arten und unter verschiedenen
Umständen, den Lebenden wie den Todten. Die Musikalienhandlung Novello, Ewer & Co. besitzt ein hübsches Aquarell von
Kwiatkowski, Chopin auf dem Todtenbette darstellend. Ein mehr
ausgeführtes Bild desselben Künstlers stellt Chopin ebenfalls auf
dem Todtenbette dar, umgeben von seiner Schwester, der Fürstin
Marcelline Czartoryska, Grzymała, dem Abbé Jełowicki und dem
Maler. Auf Seite 350 dieses Bandes findet man Charles Gavard's
Urtheil über zwei Abbildungen Chopin's, die eine von Clésinger, die
andere von Kwiatkowski. Schliesslich sei dem Leser ins Gedächtniss zurückgerufen, was Band I. S. 64—65, 254; und Band II.
S. 148, 359—60 über Porträts sowie über die äussere Erscheinung
des Meisters und deren Wiedergabe durch Wort und Bild mitgetheilt
worden ist.

Vorbemerkung

zum

Verzeichniss der Werke Chopin's.

er Original-Ausgaben waren drei: die deutsche, die französische und die englische (S. 295). Um eine Anhäufung von Namen zu vermeiden, sind nur die der deutschen und französischen Original-Verleger im folgenden Verzeichniss genannt, mit zwei Ausnahmen, Op. 1 und 5 betreffend, welche in Polen (Warschau, Brzezina & Co.) erschienen sind, lange bevor sie anderswo veröffentlicht wurden.[1]) Einige Notizen in Bezug auf die Veröffentlichung der Werke in England sind in diese „Vorbemerkungen" mit aufgenommen.

Die Namen der Verleger stehen im Verzeichniss stets in derselben Reihenfolge: zuerst die deutschen, dann die französischen (in den beiden Ausnahmefällen Op. 1 und 5 sind sie die zweiten und dritten). Die Daten mit einem Sterr (*) und in Klammern bezeichnen den Zeitpunkt, in welchem ein Exemplar des betreffenden Werkes der Bibliothek des Pariser Conservatoriums der Musik abgeliefert worden ist, die Daten ohne Stern und in Klammern sind Ankündigen entnommen, die in französischen Musikzeitungen erschienen; die eckigen Klammern bezeichnen muthmaassliche und annähernd bestimmbare Daten sowie erklärende Zusätze. Die Daten ohne alle Zuthat endlich sind solche, die ich direct von den Nachfolgern der deutschen Original-Verleger erhalten habe, und die somit

---

[1]) Dies indessen bezieht sich nicht auf die Abtheilung IV.

genauer und zuverlässiger sind, als die übrigen. Die wenigen Fälle, wo das Verlagsrecht noch zu Lebzeiten des Componisten in andere Hände übergegangen ist, habe ich, zur Vermeidung etwaiger Zweifel, namhaft gemacht.

Die im Verzeichniss erwähnten Verleger-Firmen sind folgende: Maurice Schlesinger, Brandus & Co. (die Nachfolger von M. Schlesinger), Eugène Troupenas & Co., Joseph Meissonier fils, H. Lemoine, Ad. Cateline & Co. (Editeurs des Compositeurs réunis, Rue Grange Batelière No. 26), Pacini (Antonio Francesco Gaetano), Prilipp & Co. (Acquéreurs d'une partie du Fond d'Ign. Pleyel & Co.), S. Richault (d. h. Charles Simon Richault, dessen Nachfolger sein Sohn Guillaume Simon wurde, der wiederum seinen Sohn Léon zum Nachfolger hatte. — Jetzige Firma: Richault & Co. Successeurs) und Schonenberger, sämmtlich in Paris; — Breitkopf & Härtel, Probst-Kistner (seit 1836 Friedrich Kistner), Friedrich Hofmeister und C. F. Peters in Leipzig; — Ad. M. Schlesinger, Stern & Co. (von 1852 an J. Friedländer, später mit Peters in Leipzig vereint) und Bote & Bock in Berlin; — Tobias Haslinger, Carl Haslinger *quondam* Tobias und Pietro Mechetti (dessen Wittwe C. A. Spina als Nachfolger hatte) in Wien; — Schuberth & C. in Hamburg (jetzt Julius Schuberth & Co. in Leipzig); — B. Schott's Söhne in Mainz; — Andr. Brzezina & Co. und Gebethner & Wolff in Warschau; — J. Wildt und W. Chaberski in Krakau; — J. Leitgeber in Posen.

Von 1836 an lässt sich der Verlauf des Erscheinens der Werke Chopin's in England im Annoncentheil der *Musical World* verfolgen. Dort sind fast alle seine Werke bei Wessel erschienen. Am 8. März 1838 kündigten die Herren Wessel die Op. 1—32 an, mit Ausnahme der Op. 4, 11 und 29. Für letztere Zahl ist zweifellos 28 zu lesen, da die *Préludes* damals schwerlich unter der Presse sein konnten, und das *Impromptu* Op. 29 am 2o. October 1837 als Op. 28 angezeigt wird. Hinsichtlich des Op. 12 ist zu bemerken, dass es nicht die *Variations brillantes sur le Rondo favori „Je vends des Scapulaires"* enthält, sondern das *Grand Duo concertant* für Clavier und Violoncell, welches überall anderswo ohne Opuszahl erschienen ist. Die *Etudes* Op. 10 werden mit dem Zusatz empfohlen: „revised with additional fingering by his pupil I. [sic] Fontana." Am 18. November 1841 kündigen Wessel und Stapleton (welch letzterer 1839 als Theilhaber in das Geschäft getreten war) die Op. 33—43 an, und bald darauf auch die Op. 44—48. Am 22. Februar 1844 kündigen sie an, dass sie „das ausschliessliche Verlagsrecht der sämmtlichen Werke Chopin's" erworben haben. Am 15. Mai 1845 werden Op. 57 und 58 angekündigt; am 17. Januar 1846 Op. 59; am 26. September 1846 Op. 60, 61 und 62. Nachdem 1845 die Verbindung mit Stapleton gelöst war, hiess die Firma Wessel & Co. Von da an befassten sich auch andere englische Verleger mit Chopin's Compositionen.

Am 3. Juni 1848 kündigen Cramer, Beale & Co. Chopin's „New Valses and Mazurkas for the pianoforte" an, und auf den Titeln der französischen Ausgabe der Op. 63, 64 und 65 habe ich die Worte gefunden: „London, Jullien & Co." Aber auch schon vor dieser Zeit scheint Wessel Mitbewerber gehabt zu haben, denn auf dem Titel der französischen Ausgabe des Op. 22 liest man: „London, Mori et Lavenu", und am 20. September 1838 kündigt Robert Cocks „Five Mazurkas and three Nocturnes" an. Am 23. September 1848 indessen nennen sich Wessel & Co. die alleinigen Eigenthümer der Werke Chopin's, und am 24. November 1849 „Publishers of the complete works of Chopin." Die Mittheilungen, die ich von Herrn Ashdown erhielt, dem gegenwärtigen Besitzer des Geschäftes, einem der beiden Nachfolger (Parry zog sich 1882 zurück) von Christian Rudolph Wessel, der sich 1860 zurückzog und 1885 gestorben ist, werfen etwas mehr Licht auf den Fortgang der Veröffentlichung der Werke Chopin's in England. Es wurde bereits (S. 128) erwähnt, dass Wessel nach Veröffentlichung des Op. 62 die Geschäftsverbindung mit Chopin abbrach. „Cramer, Beale & Co." schreibt Herr Ashdown „veröffentlichten die Mazurkas Op. 63 und nur zwei der Walzer Op. 64; diese fügte Wessel, da sie in England nicht registrirt waren, seiner Ausgabe hinzu, nebst dem dritten Walzer des Op. 64. Der Name Jullien wurde wahrscheinlich auf die französische Ausgabe gesetzt, weil Verhandlungen wegen des englischen Verlagsrechtes eingeleitet waren, die indessen zu keinem Ergebniss führten." Mit Ausnahme der Op. 12 und 65 hat Wessel alle Werke von Chopin publicirt, die zu dessen Lebzeiten mit Opuszahlen gedruckt worden sind. Cramer, Addison & Beale verlegten die *Variations* Op. 12; Chappell die *Trois nouvelles Etudes;* R. Cocks die nachgelassene Sonate Op. 4 und die *Variations sur un air allemand* ohne Opuszahl; Stanley Lucas, Weber & Co. die *Seventeen Polish Songs* Op. 74. Die neueren, von den Nachfolgern Wessel's veranstalteten Ausgaben sind theils nach den Originalplatten gedruckt, theils (ungefähr zur Hälfte) nach den älteren Wessel'schen Exemplaren, mit einigen wenigen Correcturen, neugestochen.

Ein gleichzeitiges Erscheinen der Compositionen in den verschiedenen Ländern wurde, wie wir aus Chopin's Briefen ersehen, stets angestrebt aber, wie die Daten des Verzeichnisses beweisen, nur selten ermöglicht. Das Erscheinen in Frankreich scheint in den meisten Fällen dem in Deutschland vorangegangen zu sein; was die *Tarantelle* Op. 43 anlangt, so fand ich die englische Ausgabe zuerst angekündigt (28. October 1841). Im Allgemeinen fand das Erscheinen annähernd gleichzeitig statt.

Verzeichniss der veröffentlichten Werke

von

FRIEDRICH CHOPIN.

I. Werke, die mit Opuszahl zu Lebzeiten des Componisten erschienen sind.

Datum des Erscheinens.	Titel und Hinweis.	Deutsche und französische Original-Verleger.
1825.	Op. 1. *Premier Rondeau* [C-moll] *pour le piano. Dédié à Mme. de Linde.* — Bd. I. S. 54, **55—56**, 57, 115; Bd. II. S. 97.	Brzezina. A. M. Schlesinger. M. Schlesinger.
[1830, wahrscheinlich März.] (21.September 1834.)	Op. 2. *Là ci darem la mano* [B-dur] *varié pour le piano avec accompagnement d'orchestre. Dédié à Mr. Woyciechowski.* — Bd. I. S. 55, 63, 98, 100, 104, 115, **119—121**, 123, 167, 247, Bd. II. S. 97, 232.	T. Haslinger. M. Schlesinger.
[1833 im Druck.] (Juni 1835.*)	Op. 3. *Introduction et Polonaise brillante pour piano et violoncelle. Dédiée à Mr. Joseph Merk.* — Bd. I. S. 133, **206—207**; Bd. II. S. 97.	Mechetti. S. Richault.
	Op. 4. Da dies Werk als nachgelassenes erschienen ist, so musste es in der Abtheilung III. Platz finden. Indessen unterscheidet es sich von den Werken dieser Abtheilung durch den bemer-	

Datum des Erscheinens.	Titel und Hinweis.	Deutsche und französische Original-Verleger.
	kenswerthen Umstand, dass der Componist selbst es zur Veröffentlichung bestimmt und zu diesem Zwecke 1828 nach Wien geschickt hat.	
[1827?] Mai 1836.	Op. 5. *Rondeau à la Mazur* [F-dur] *pour le piano. Dédié à Mlle. la Comtesse Alexandrine de Moriolles.* — Bd. I. S. **56—58**, 115, 277, Bd. II. S. 97.	Brzezina. Hofmeister. Schonenberger.
Dec. 1832. (23.Nov.1834.)	Op. 6. *Quatre Mazurkas* [Fis-moll, Cis-moll, E-dur und Es-moll] *pour le piano. Dédiées à Mlle. la Comtesse Pauline Plater.* — Bd. I. S. 277; Bd. II. S. **252—253**, **255—261**.	Probst-Kistner. M. Schlesinger.
Dec. 1832. (23.Nov.1834.)	Op. 7. *Cinq Mazurkas* [B-dur, A-moll, F-moll, As-dur und C-dur] *pour le piano. Dédiées à Mr. Johns.* — Bd. I. S. 257, 286 (No 1); Bd. II. S. **252—253, 255—261**.	Probst-Kistner. M. Schlesinger.
März 1833. (23.Nov.1834.)	Op. 8. *Premier Trio* [G-moll] *pour piano, violon et violoncelle. Dédié à Mr. le Prince Antoine de Radziwill.* — Bd. I. S. 64, 91, 115, **116—118**, 277; Bd. II. S. 232, 369.	Probst-Kistner. M.' Schlesinger.
Januar 1833. (23.Nov.1833.)	Op. 9. *Trois Nocturnes* [B-moll, Es-dur und H-dur] *pour le piano. Dédiés à Mme. Camille Pleyel.* — Bd. I. S. 277; Bd. II. S. 97, **284—286**.	Probst-Kistner. M. Schlesinger.
August 1833. (6. Juli, 1833.)	Op. 10. *Douze Grandes Etudes* [C-dur, A-moll, E-dur, Cismoll, Ges-dur, Es-moll, C-dur, F-dur, F-moll, As-dur, Es-dur und C-moll] *pour le piano. Dédiées à Mr. Fr. Liszt.* — Bd. I. S. 206, 277; Bd. II. S. 60 (No. 5), **274—277**.	Probst-Kistner. M. Schlesinger [der sie später an Lemoine verkaufte].
Sept. 1833. (6. Juli 1833.)	Op. 11. *Grand Concerto* [E-moll] *pour le piano avec orchestre. Dédié à Mr. Fr. Kalkbrenner.* — Bd. I. S. 130, 148, 149, 151, 153, 155, 160, 194, 101, **208—213, 215** bis **217**, 239, 247, 277, 291; Bd. II. S. 17, 232.	Probst-Kistner. M. Schlesinger.
Nov. 1833. (26. Jan. 1834.)	Op. 12. *Variations brillantes* [B-dur] *pour le piano sur le Rondeau favori de „Ludovic" de Hérold: „Je vends des Scapulaires". Dédiées*	

Datum des Erscheinens.	Titel und Hinweis.	Deutsche und französische Original-Verleger.
	à Mlle. Emma Horsford. — Bd. I. S. 277; Bd. II. S. **242.**	
Mai 1834. (April 1834.*)	Op. 13. *Grande Fantaisie* [A-dur] *sur des airs polonais, pour le piano avec orchestre. Dédiée à Mr. J. P Pixis.* — Bd. I. S. 115, 119, **121—123,** 135, 155, 202, 277; Bd. II. S. 232.	Probst-Kisner. M. Schlesinger.
Juli 1834. (Juni 1834.*)	Op. 14. *Krakowiak, Grand Rondeau de Concert* [F-dur] *pour le piano avec orchestre. Dédié à Mme. la Princesse Adam Czartoryska.* — Bd. I. S. 91, 100, 101, 102, 104, 105, 115, 119, **121—123,** 137, 277; Bd. II. S. **255.**	Probst-Kistner. M. Schlesinger.
Jan. 1834. [Schon im Dec. 1833 wurden dem Componisten Exemplare gesandt]. (12. Jan. 1834.)	Op. 15. *Trois Nocturnes* [F-dur, Fis-dur und G-moll] *pour le piano. Dédiés à Mr. Ferd. Hiller.* — Bd. II. S. 97, **284, 286.**	Breitkopf & Härtel. M. Schlesinger.
März 1834.	Op. 16. *Rondeau* [Es-dur] *pour le piano. Dédié à Mlle. Caroline Hartmann.* — Bd. I. S. 277; Bd. II. S. **242.**	Breitkopf & Härtel. M. Schlesinger.
Mai 1834.	Op. 17. *Quatre Mazurkas* [B-dur, E-moll, As-dur und A-moll] *pour le piano. Dédiées à Mme. Lina Freppa.* — Bd. I. S. 277; Bd. II. S. **252—253, 255—261.**	Breitkopf & Härtel. M. Schlesinger.
Juli 1834. (Juni 1834.*)	Op. 18. *Grande Valse* [Es-dur] *pour le piano. Dédiée à Mlle. Laura Harsford.* [So steht in allen Ausgaben; wahrscheinlich soll es Horsford heissen, vgl. Op. 12.] — Bd. I. S. 277, 282; Bd. II. S. **271.**	Breitkopf & Härtel. M. Schlesinger [der ihn später an Lemoine verkaufte].
1834 [in Deutschland im October angezeigt]. (Oct. 1834.*)	Op. 19. *Boléro* [C-dur] *pour le piano. Dédié à Mlle la Comtesse E. de Flahault.* — Bd. II. S. 96, 97, **241.**	Peters. Prilipp et Cie.
März 1835. (Feb. 1835.*)	Op. 20. *Premier Scherzo* [H-moll] *pour le piano. Dédié à Mr. T. Albrecht.* — Bd. I. S. 305; Bd. II. S. 29, 97, **279—280.**	Breitkopf & Härtel. M. Schlesinger.

Datum des Erscheinens.	Titel und Hinweis.	Deutsche und französische Original-Verleger.
April 1836. (August 1836.)	Op. 21. *Second Concerto* [F-moll] *pour le piano avec orchestre. Dédié à Mme. la Comtesse Delphine Potocka.* — Bd. I. S. 131, 135—136, 137, 167, 205, **208—215, 217,** 247, 305; Bd. II. 232.	Breitkopf & Härtel. M. Schlesinger.
August 1836. (Juli 1836.*)	Op. 22. *Grande Polonaise brillante* [Es-dur] *précédée d'un Andante spianato, pour le piano avec orchestre. Dédiée à Mme. la Baronne d'Est.* — Bd. I. S. 207, 305; Bd. II. S. 261—265, **266.**	Breitkopf & Härtel. M. Schlesinger.
Juni 1836. (Juli 1836.*)	Op. 23. *Ballade* [G-moll] *pour le piano. Dédiée à Mr. le Baron de Stockhausen.* — Bd. I. S. 305—306; Bd. II. S. 97, **291—292.**	Breitkopf & Härtel. M. Schlesinger.
Nov. 1835. (Jan. 1836.*)	Op. 24. *Quatre Mazurkas* [G-moll, C-dur, As-dur und H-moll]. *Dédiées à Mr. le Comte de Perthuis.* — Bd. I. 305, 306; Bd. II. S. 239 (No. 2), **252—253, 255—261.**	Breitkopf & Härtel. M. Schlesinger.
October 1837. (22. Oct. 1837.)	Op. 25. *Douze Etudes* [As-dur, F-moll, F-dur, A-moll, E-moll, Gis-moll, Cis-moll, Des-dur, Ges-dur, H-moll, A-moll und C-moll] *pour le piano. Dédiées à Mme. la Comtesse d'Agoult.* — Bd. I. S. 286, 306, 322; Bd. II. S. 16, **274—277.**	Breitkopf & Härtel. M. Schlesinger [der das Verlagsrecht später an Lemoine verkaufte].
Juli 1836. (Juli 1836.*)	Op. 26. *Deux Polonaises* [Cis-moll und Es-moll] *pour le piano. Dédiées à Mr. J. Dessauer.* — Bd. I. S. 306; Bd. II. S. 261—265, **267—268.**	Breitkopf & Härtel. M. Schlesinger.
Mai 1836. (Juli 1836.*)	Op. 27. *Deux Nocturnes* [Cis-moll und Des-dur] *pour le piano. Dédiées à Mme. la Comtesse d'Appony.* — Bd. I. S. 305, 306; Bd. II. S. 97, **284, 286—287.**	Breitkopf & Härtel. M. Schlesinger.
Sept. 1839. (Sept. 1839.*)	Op. 28. *Vingt-quatre Préludes pour le piano. Dédiées à son ami Pleyel* [in der französischen und der englischen Ausgabe; in der deutschen *à Mr. J. C. Kessler.* Die französische Ausgabe erschien in zwei Heften und ohne Opuszahl]. — Bd. II. S. 21, 26,	Breitkopf & Härtel. Ad. Catelin et Cie.

Datum des Erscheinens.	Titel und Hinweis.	Deutsche und französische Original-Verleger.
	29, 30, 33, **46—49**, 54, 56, 79, 80, 85, **277—279**.	
Jan, 1838. (Dec. 1837.*)	Op. 29. *Impromptu* [As-dur] *pour le piano. Dédié à Mlle. la Comtesse de Lobau.* — Bd. II. S. 16, **282.**	Breitkopf & Härtel. M. Schlesinger.
Jan. 1838. (Dec. 1837.*)	Op. 30. *Quatre Masurkas* [C-moll, H-moll, Des-dur und Cis-moll] *pour le piano. Dédiées à Mme. la Princesse de Wurtemberg, née Princesse Czartoryska.* — Bd. II. S. 16, **252—253, 255—261.**	Breitkopf & Härtel. M. Schlesinger.
Feb. 1838. (Dec. 1827.*)	Op. 31. *Deuxième Scherzo* [B-moll] *pour le piano. Dédié à Mlle. la Comtesse Adèle de Fürstenstein.* — Bd. II. S. 16, 97, **279, 280.**	Breitkopf & Härtel. M. Schlesinger.
(Dec. 1837.*)	Op. 32. *Deux Nocturnes* [H-dur und As-dur] *pour le piano. Dédiés à Mme. la Baronne de Billing.* — Bd. II. S. 16, 97, **287.**	A. M. Schlesinger. M. Schlesinger.
Nov. 1838. (Nov. 1838.)	Op. 33. *Quatre Masurkas* [Gis-moll, D-dur, C-dur und H-moll] *pour le piano. Dédiées à Mlle. la Comtesse Moctowska.* — Bd. II. S. 16, **252—253, 255—261.**	Breitkopf & Härtel. M. Schlesinger.
Dec. 1838. (Jan. 1839.*)	Op. 34. *Trois Valses brillantes* [As-dur, A-moll und F-dur] *pour le piano. Dédiées* [No. 1] *à Mlle. de Thun-Hohenstein;* [No. 2] *à Mme. G. d'Ivri;* [No. 3] *à Mlle. A. d'Eichthal.* — Bd. I. S. 205 bis 206 (No. 1); Bd. II. S. 16, 32, 270, **271.**	Breitkopf & Härtel. M. Schlesinger.
Mai 1840. (Mai 1840.*)	Op. 35. *Sonate* [B-moll] *pour le piano.* — Bd. II. S. 49, 69, 80, 85, 104, **246—249.**	Breitkopf & Härtel. Troupenas et Cie.
Mai 1840. (Mai 1840.*)	Op. 36. *Deuxième Impromptu* [Fis-moll] *pour le piano.* — Bd. II. S. **282** bis **283.**	Breitkopf & Härtel. Troupenas et Cie.
Mai 1840. (Juni 1840.*)	Op. 37. *Deux Nocturnes* [G-moll und G-dur] *pour le piano.* — Bd. II. S. 49, 69, 97, 284, **287.**	Breitkopf & Härtel. Troupenas et Cie.
Sept. 1840. (Sept. 1840.*)	Op. 38. *Deuxième Ballade* [F-dur] *pour le piano. Dédiée à Mr. R. Schumann.* — Bd. II. S. 49, 56, 85, **291, 292.**	Breitkopf & Härtel. Troupenas et Cie.
Oct. 1840. (Dec. 1840.*)	Op. 39. *Troisième Scherzo* [Cis-moll] *pour le piano. Dédié à Mr.*	Breitkopf & Härtel. Troupenas et Cie.

Datum des Erscheinens.	Titel und Hinweis.	Deutsche und französische Original-Verleger.
	A. Gutmann. — Bd. II. S. 49, 58, 80, 85, **279**, **280**,	
Nov. 1840. (Dec. 1840.*)	Op. 40. *Deux Polonaises* [A-dur und C-moll] *pour le piano. Dédiées à Mr. J. Fontana.* — Bd. II. S. 49, 54, 55, 56, 85, 97, 104, 233 (No. 1), 261—267, **268**, **270**.	Breitkopf & Härtel. Troupenas et Cie.
Dec. 1840. (Dec. 1840.*)	Op. 41. *Quatre Mazurkas* [Cis-moll, E-moll, H-dur und As-dur] *pour le piano. Dédiées à Mr. E. Witwicki.* — Bd. II. S. 50 (No. 2), 69, 85, **252—253**, **255—261**.	Breitkopf & Härtel. Troupenas et Cie.
Juli 1840.	Op. 42. *Valse* [As-dur] *pour le piano.* — Bd. II. S. 85, 95, **270**, **271**.	Breitkopf & Härtel. Pacini.
[1841. Angezeigt in den „Monatsberichten" vom 1. Jan. 1842. Sendung des Honorars durch den Verleger am 7. Juli 1841.] (Oct. 1841.*)	Op. 43. *Tarantelle* [As-dur] *pour le piano.* — Bd. II. S. 85, **90—96**, **243**.	Schuberth & Co. Troupenas et Cie.
(28.Nov.1841.)	Op. 44. *Polonaise* [Fis-moll] *pour le piano. Dédiée à Mme. la Princesse Charles de Beauvau.* — Bd. II. S. 85, 88, 89, 95, 261 bis 267, **268**.	Mechetti. M. Schlesinger.
(28.Nov.1841.)	Op. 45. *Prélude* [Cis-moll] *pour le piano. Dédié à Mlle. la Princesse Elisabeth Czernicheff.* — Bd. II. S. 85, 88, 89, **278**.	Mechetti. M. Schlesinger.
Jan. 1842. (28.Nov.1241.)	Op. 46. *Allegro de Concert* [A-dur] *pour le piano. Dédié à Mlle. F. Müller.* Bd. I. S. 207; Bd. II. S. 85,95,97, 195,**244—246**,370.	Breitkopf & Härtel. M. Schlesinger.
Jan. 1842. (28.Nov.1841.)	Op. 47. *Troisième Ballade* [As-dur] *pour le piano. Dédiée à Mlle. P. de Noailles.* — Bd. II. S. 85, 96, 102, **291**, **293**.	Breitkopf & Härtel. M. Schlesinger.
Jan. 1842. (28.Nov.1841.)	Op. 48. *Deux Nocturnes* [C-moll und Fis-moll] *pour le piano. Dédiés à Mlle. L. Duperré.* — Bd. II. S. 85, 97, **284**, **288**.	Breitkopf & Härtel. M. Schlesinger.

Datum des Erscheinens.	Titel und Hinweis.	Deutsche und französische Original-Verleger.
Jan. 1842. (28.Nov.1841.)	Op. 49. *Fantaisie* [F-moll] *pour le piano. Dédiée à Mme. la Princesse E. de Sousso.* — Bd. II. S. 85, 96, **251—252.**	Breitkopf & Härtel. M. Schlesinger.
[Sept. 1842. In den „Monatsberichten" angekündigt.] (28. Nov. 1841 [bis 5. Juni 1842 nicht wieder angezeigt, obwohl dies bei den vorangehenden Nummern der Fall war.])	Op. 50. *Trois Mazurkas* [G-dur, As-dur und Cis-moll] *pour le piano. Dédiées à Mr. Léon Szmitkowski.* — Bd. II. S. 85, 252—253, **255—261.**	Mechetti. M. Schlesinger.
Feb. 1843. (9. Juli 1843.)	Op. 51. *Allegro vivace. Troisième Impromptu* [Ges-dur] *pour le piano. Dédié à Mme. la Comtesse Esterházy.* — Bd. II. S. 133, **283.**	Hofmeister. M. Schlesinger.
Feb. 1843. (24.Dec.1843.)	Op. 52. *Quatrième Ballade* [F-moll] *pour le piano. Dédiée à Mme. la Baronne C. de Rothschild.* — Bd. II. S. 85, 133, **291, 293.**	Breitkopf & Härtel. M. Schlesinger.
Dec. 1843. (24.Dec.1843.)	Op. 53. *Huitième Polonaise,* [As-dur] *pour le piano. Dédiée à Mr. A. Leo.* — Bd. II. S. 85, 104, 106, 133, 233, 261—267, **269.**	Breitkopf & Härtel. M. Schlesinger.
Dec. 1843. (24.Dec.1843.)	Op. 54. *Scherzo No. 4* [E-dur] *pour le piano. Dédié à Mlle. J. de Caraman.* — Bd. II. S. 133, 279, **281,**	Breitkopf & Härtel. M. Schlesinger.
Aug. 1844. (22.September 1844.)	Op. 55. *Deux Nocturnes* [F-moll und Es-dur] *pour le piano. Dédiés à Mlle. J. W. Stirling.* — Bd. II. S. 129, 133, **284, 288.**	Breitkopf & Härtel. M. Schlesinger.
Aug. 1844. (22.September 1844.)	Op. 56. *Trois Mazurkas* [H-dur, C-dur und C-moll] *pour le piano. Dédiées à Mlle. C. Maberly.* — Bd. II. S. 129, 133, 252—253, **255—261.**	Breitkopf & Härtel. M. Schlesinger.
Mai 1845. (Juni 1845.*)	Op. 57. *Berceuse* [Des-dur] *pour le piano. Dédiée à Mlle. Elise Gavard.* — Bd. II. S. 129, 133, **290—291.**	Breitkopf & Härtel. J. Meissonnier.
Juni 1845. (Juni 1845.*)	Op. 58. *Sonate* [H-moll] *pour le piano. Dédiée à Mlle. la Comtesse E. de*	Breitkopf & Härtel. J. Meissonnier.

Datum des Erscheinens.		Titel und Hinweis.	Deutsche und französische Original-Verleger.
		Perthuis. — Bd. II. S. 129, 133, **249—250.**	
[Jan. 1846, in den „Monats-berichten" angekündigt.] (April 1846.*)	Op. 59.	*Trois Mazurkas* [A-moll, As-dur und Fis-moll] *pour le piano.* — Bd. II. S. 133, **252—253, 255—261.**	Stern et Cie. Brandus et Cie.
Dec. 1846. (Sept. 1846.*)	Op. 60.	*Barcarolle* [Fis-dur] *pour le piano. Dédiée à Mme. la Baronne de Stockhausen.* — Bd. II. S. 133, **289—290.**	Breitkopf & Härtel. Brandus et Cie.
Dec. 1846. (Sept. 1846.*)	Op. 61.	*Polonaise-Fantaisie* [As-dur] *pour le piano. Dédiée à Mme. A. Veyret.* — Bd. II. S. 133, 261—267, **270.**	Breitkopf & Härtel. Brandus et Cie.
Dec. 1846. (Sept. 1846.*)	Op. 62.	*Deux Nocturnes* [H-dur und E-dur] *pour le piano. Dédiées à Mlle. R. de Könneritz.* — Bd. II. S. 133, 284, **288—289.**	Breitkopf & Härtel. Brandus et Cie.
Sept. 1847. (17.Oct. 1847.)	Op. 63.	*Trois Mazurkas* [H-dur, F-moll und Cis-moll] *pour le piano. Dédiées à Mme. la Comtesse L. Czosnowska.* — Bd. II. S. 133, 224, **252—253, 255—261.**	Breitkopf & Härtel. Brandus et Cie.
Sept. 1847. (17.Oct. 1847.)	Op. 64.	*Trois Valses* [Des-dur, Cis-moll und As-dur] *pour le piano. Dédiées* [No. 1] *à Mme. la Comtesse Potocka;* [No. 2] *à Mme. la Baronne de Rothschild;* [No. 3] *à Mme. la Baronne Bronicka.* — Bd. II. S. 105 (No. 1), 134, 155 (No. 1), 224, 270, **278,** 312 (No. 1 und No. 2).	Breitkopf & Härtel. Brandus et Cie.
Oct. 1847. (17.Oct. 1847.)	Op. 65.	*Sonate* [G-moll] *pour piano et violoncelle. Dédiée à Mr. A. Gutmann.* — Bd. II. S. 134, 224, 225, 227, 231, **250.**	Breitkopf & Härtel. Brandus et Cie.

II. Werke, die ohne Opuszahl zu Lebzeiten des Componisten erschienen sind.

Datum des Erscheinens.	Titel und Hinweis.	Deutsche und französische Original-Verleger.
[1833 im Druck.] (6. Juli 1833.)	*Grand Duo concertant* [E-moll] *pour piano et violoncelle sur des thèmes de Robert le Diable, par F. Chopin et A. Franchomme.* — Bd. II. S. **250—251**.	A. M. Schlesinger. M. Schlesinger.
Aug. oder Sept. 1840 [dies das Datum des Erscheinens der *Méthode*.]	*Trois Nouvelles Etudes* [F-moll, As-dur und Des-dur]. *Etudes de Perfection de la Méthode des Méthodes de Moscheles et Fétis.* — Bd. II. S. **274**.	A. M. Schlesinger. M. Schlesinger.
(25. Juli 1841.]	*Variation VI.* [*Largo*, E-dur, **C**] aus dem *Hexaméron*: *Morceau de Concert. Grandes Variations de bravoure sur la Marche des „Puritains" de Bellini, composées pour le Concert de Mme. la Princesse Belgiojoso au bénéfice des pauvres, par MM. Liszt, Thalberg, Pixis, H. Herz. Czerny et Chopin.* — Bd. II. S. **16**.	T. Haslinger. Troupenas et Cie.
[Feb. 1842, angekündigt in den „Monatsberichten".]	*Mazourka* [A-moll] *pour piano*, No. 2 von „*Notre Temps"*. — Bd. II. S. **258**.	B. Schott's Söhne.

III. Werke, die mit Opuszahl nach dem Tode des Componisten erschienen sind.

Datum des Erscheinens.	Titel und Hinweis.	Deutsche und französische Original-Verleger.
[Mai 1851.] (Mai 1851.*)	Op. 4. *Sonate* [C-moll] *pour le piano. Dédiée à Mr. Joseph Elsner.* [Dies Werk war schon 1828 in den Händen des Wiener Verlegers T. Haslinger.] — Bd. I. S. 63, 115, **116**; Bd. II. S. 70.	C. Haslinger. S. Richault.
1855.	Op. 66—74 sind die von Julius Fontana veröffentlichten nachgelassenen Werke mit Opuszahl, (*publiés sur manuscrits originaux avec autorisation de sa famille*). — Bd. II. S. **293—295**.	A. M. Schlesinger. J. Meissonnier fils.

Datum des Erscheinens.	Titel und Hinweis.	Deutsche und französische Original-Verleger.
	Op. 66. *Fantaisie-Impromptu* [Cis-moll]. Componirt um 1834. — Bd. II. S. **283—284**, 294.	
	Op- 67. *Quatre Mazurkas* [G-dur (1835), G-moll (1849), C-dur (1835) und A-moll (1846).] — Bd. II. S. 294.	
	Op. 68. *Quatre Mazurkas* [C-dur (1830), A-moll (1827), F-dur (1830) und F-moll (1849).] — Bd. I. S. 115 (No. 2), 125 (No. 2).	
	Op. 69. *Deux Valses* [F-moll (1836) und H-moll (1829).] — Bd. I. S. 115 (No. 2), 126 (No. 2).	
	Op. 70. *Trois Valses* [Ges-dur (1835), F-moll (1843) und Des-dur (1830).] — Bd. I. S. 131 (No. 3), 305 (No. 3).	
	Op. 71. *Trois Polonaises* [D-moll (1827), B-dur (1828) und F-moll (1829).] — Bd. I. S. 63 (No. 1 und 2), 115, 124 (No. 1, 2 und 3), 132 (No. 3).	
	Op. 72. *Nocturne* [E-moll (1827)]; *Marche funèbre* [C-moll (1829); *et Trois Ecossaises* [D-dur, G-dur und Des-dur (1830)]. — Bd. I. S. 63, 115, 125 (No. 1); 115, 126 (No. 2); 207 (No. 3).	
	Op. 73. *Rondeau* [C-dur] *pour deux pianos* (1828). — Bd. I. S. 63 bis 64, 115, **119**.	
	Op. 74. Siebzehn polnische Lieder von Witwicki, Mickiewicz, Zaleski u. a. für eine Singstimme mit Clavierbegleitung. Deutscher Text von Ferd. Gumbert. [Der englische Text der von Stanley Lucas, Weber & Co. veröffentlichten englischen Ausgabe ist von J. Troutbeck. — Bd. II. S. **294—295**.	

IV. Werke, die ohne Opuszahl nach dem Tode des Componisten erschienen sind.

Datum des Erscheinens.	Titel und Hinweis.	Deutsche und französische Original-Verleger.
[Mai 1851.]	*Variations* [E-dur] *pour le piano sur un air allemand.* (1824?) [Diese Composition war schon 1830 in den Händen T. Haslinger's, erschien aber erst 1857]. — Bd. I. S. **55,** 56, 57.	C. Haslinger. S. Richault.
	Mazurka [G-dur (1825)]. — Bd. I. S. **54;** Bd. II. S. 258.	J. Leitgeber. Gebethner & Wolff.
	Masurka [B-dur (1825)]. — Bd. I. S. **54;** Bd. II. S. 258.	J. Leitgeber. Gebethner & Wolff.
	Masurka [D-dur (1829—30)]. — Bd. I. S. **207—208**; Bd. II. S. 258.	J. Leitgeber. Gebethner & Wolff
	Masurka [D-dur (1832. Eine Umarbeitung der vorhergenannten)]. — Bd. I. S. **207—208**; Bd. II. S. 258.	J. Leitgeber. Gebethner & Wolff.
	Masurka [C-dur (1833)]. Bd. II. S. 258.	Gebethner & Wolff.
	Masurka [A-moll]. *Dédiée à son ami Emile Gaillard.* — Bd. II. S. 258.	Bote & Bock.
1868.	*Valse* [E-moll]. — Bd. II. S. 273.	B. Schott's Söhne. Gebethner & Wolff.
1864.	*Polonaise* [Gis-moll]. *Dédiée à Mme. Dupont.* — Bd. I. S. **54.**	B. Schott's Söhne. Gebethner & Wolff.
1872.	*Polonaise* [Ges-dur]. Nur auf Grund der eigenen Handschrift des Componisten vermöchte man an die Echtheit dieses Stückes zu glauben. Wohl finden sich hier und da Stellen in Chopin's Manier, sogar solche, die gleichsam in Fleisch und Blut aus anderen seiner Werke entlehnt scheinen. Anderes dagegen ist derart, dass man sich unmöglich vorstellen kann, es sei zu irgend einer Zeit aus seiner Feder gekommen — schon die ersten Takte könnten als Beispiel dafür angeführt werden.	B. Schott's Söhne.
	Polonaise [B-moll (1826)]. — Bd. I. S. **54—55.**	Gebethner & Wolff.
	Valse [E-dur (1829)]. — Bd. I. S. 115, **126.**	Gebethner & Wolff. W. Chaberski.
	Souvenir de Paganini [A-dur]. Dies Stück, welches mir unbekannt, ist im Verzeichniss der Werke Chopin's in der	

Datum des Erscheinens.	Titel und Hinweis.	Deutsche und französische Original-Verleger.
	polnischen Ausgabe von Karasowski's Biographie erwähnt. Es erschien in der Beilage zum Warschauer *Echo Musycsne*, wo auch die beiden vorhergenannten Stücke erschienen sind. Bezüglich einer von J. P. Gotthard in Wien unter Chopin's Namen publicirten Mazurka in Fis-dur vgl. Bd. II. S. 258, und der *Deux Valses mélancoliques* (F-moll und H-moll) *écrites sur l'Album de Mme. la Comtesse P.* 1844 vgl. Bd. II. S. 273. *La Reine des Songes*, welche im Pariser *Journal de Musique* No. 8, 1876 erschien, ist No. 1 der „Siebzehn polnischen Lieder" (nach B-dur transportirt) mit französischem Text von George Sand, dessen Anfang lautet: „Quand la lune se lève Dans un pâle rayon Elle vient comme un rêve, Comme une vision." Ausser diesem Liede war der aus George Sand's *Histoire de ma vie* entnommene literarische Theil von zwei Instrumentalstücken, Auszügen aus dem letzten Satz des E-moll-Concerts und dem Boléro (hier *Chanson de Zingara* genannt), begleitet.	

Register.

C. G. Röder, Leipzig.

Op. 25 Nr. 20 nebst Titel nach der im Besitze d.

414

(F. E. C. Leuckart in Leipzig) sehr opulent ausgestatteten Werkes liegen uns vor. Soweit es gestattet ist, aus diesen Theilen auf

Königlichen Kammervirtuosen Herrn Herrmann Scholtz befindlichen Original-Handschrift.

Friedrich Chopin
als Mensch und als Musiker
von
Friedrich Niecks.
Vom Verfasser vermehrt und aus dem Englischen übertragen
von
Dr. Wilhelm Langhans.
Zwei starke Bände gr. 8°. Mit mehreren Portraits u. facsimilirten Autographen.
Geheftet ℳ 15,— netto. In Originalleinwandband ℳ 18,— netto.

Verlag von **F. E. C. Leuckart** (Constantin Sander) in Leipzig.

Besprechungen während des lieferungsweisen Erscheinens der deutschen Ausgabe.

Eine neue Chopin-Biographie. So trivial es klingen mag und so verbraucht die Redensart ist: „eine neue Chopin-Biographie" würde thatsächlich einem vorhandenen Bedürfniss abhelfen; denn, so reichhaltig die Chopin-Literatur auch sein mag, — wir nennen nur die Namen George Sand, Liszt und Karasowski — so ist doch seither noch nichts auf diesem Gebiete irgend wie Erschöpfendes oder voll Befriedigendes veröffentlicht worden. Die Arbeit der George Sand ist werthlos, weil parteiisch, die Monographie Liszt's ein kritikloser Panegyrikus und die Arbeit des Dresdener Kammermusikers Karasowski bekundet einen so unbehülflichen schriftstellerischen Dilettantismus, dass es wirklich schade um die hübsche Ausstattung ist, welche dem Werke seinerzeit zu Theil geworden. Fast scheint es, als ob — immerhin überraschender Weise — eine wirklich erschöpfende und berechtigte Ansprüche befriedigende Chopin-Biographie uns von jenseits des Kanals kommen solle. Friedrich Niecks hat Ende 1888 eine zweibändige Monographie über Friedrich Chopin als Mensch und als Musiker veröffentlicht, welche von der englischen Presse, der musikalischen sowohl wie der wissenschaftlichen und politischen, einstimmig als ein den Gegenstand voll erschöpfendes Werk behandelt worden ist.

Wilhelm Langhans hat das Buch in's Deutsche übertragen und die ersten Lieferungen des von der Verlagshandlung (F. E. C. Leuckart in Leipzig) sehr opulent ausgestatteten Werkes liegen uns vor. Soweit es gestattet ist, aus diesen Theilen auf

das Ganze zu schliessen, besitzt der Verfasser, der sich seine
Aufgabe wahrlich nicht leicht gemacht hat, in der That jenen
historisch-kritischen Geist, der nun ein Mal von einem tüchtigen
Biographen unzertrennlich ist. Dementsprechend legt er in den
einleitenden Kapiteln den Schwerpunkt seiner Arbeit dahin, uns
zunächst den Boden kennen zu lernen, aus dem die zarte Poesie
Chopin's entspross... Aber — Friedrich Niecks entwickelt nicht nur
einen Bienenfleiss, sondern, was noch weit erfreulicher ist, einen
vornehmen Geschmack; er bietet in der That goldene Früchte in
silbernen Schalen und da nun auch Herr Langhans eine stilistisch
glatte und vornehme Uebersetzung geliefert hat, so glauben wir
das Werk der Theilnahme aller Musikfreunde angelegentlich
empfehlen zu können.

Berliner Neueste Nachrichten 1889 Nr. 620.

Selten hat eine Künstlerbiographie bei ihrem ersten Erscheinen so viel Aufsehen und wirkliche Theilnahme erregt, als
dies mit dem Werke von Fr. Niecks in England der Fall war.
Die englische Presse nahm keinen Anstand, diese neue Chopin-
Biographie neben Thayer's Beethoven, Jahn's Mozart, Spitta's
Bach zu stellen. Das muss begreiflicherweise die deutsche Lese-
welt auf ein mit solcher Auszeichnung behandeltes Buch in hohem
Grade gespannt machen und sie wird mit Interesse vernehmen,
dass die Verlagshandlung F. E. C. Leuckart in Leipzig bereits
eine Uebersetzung aus der Feder des bekannten Musikschriftstellers Wilhelm Langhans erscheinen lässt.

National-Zeitung 1889 Nr. 664.

Je weiter die zweibändige Chopin-Biographie von Friedrich
Niecks in der deutschen Lieferungs-Ausgabe von Dr. W. Langhans vorschreitet, desto mehr imponirt die Gründlichkeit, Ge-
wissenhaftigkeit und Sachkenntniss, mit welcher der Verfasser als
Historiker und Aesthetiker seine Aufgabe erfasst hat, um eine
erschöpfende und authentische Darstellung von Friedrich Chopin's
Leben und Wirken und damit einen hochwichtigen Beitrag zur
Geschichte der neueren Musik zu geben. Eine besondere Bedeutung gewinnt das Werk durch die auf Grund neuerschlossener
Quellen erfolgende Schilderung der interessantesten, bisher am
wenigsten bekannten Periode in Chopin's Leben, nämlich seines
Pariser Aufenthalts, in dessen romanhafte Dämmersphäre der
deutsch-englische Musikforscher mit dem scharfblickenden kritischen Auge des erfahrenen Historikers drängt, zum ersten Male
eine wirkliche zuverlässige Darstellung jenes musikalisch be-
deutungsvollen Zeitraums bietend. Der Einblick in die Pariser
Musikzustände der 30er und 40er Jahre ist ungemein fesselnd

und erscheint geeignet, so manche Legende über Chopin's per-
sönliches Wesen und seine Beziehungen zu den Zeitgenossen zu
zerstören.   *Dresdner Zeitung 1890 Nr. 106.*

Indem wir uns ein genaueres Eingehen auf diese Veröffent-
lichung für später vorbehalten, verfehlen wir nicht, alle Musik-
freunde auf diese Lebensbeschreibung als auf ein mit seltener
Gründlichkeit und Sachkenntniss verfasstes Werk hinzuweisen.
Der Name des Uebersetzers bürgt für eine flüssige und anregende
Ausdrucksweise.   *Kölnische Zeitung 1890 Nr. 3.*

Mit jedem neuen Hefte überzeugt man sich wieder von Neuem,
dass es sich hier um keine Dutzend- oder Fabrikwaare handelt,
woran es leider auf dem Gebiete der Musikerbiographien (von
Bach bis Mendelssohn) nicht fehlt, sondern dass wir mit diesem
Werke über Chopin zum Abschluss über eine der interessantesten, weitwirkendsten Künstlerindividualitäten
gelangen und eine höchst werthvolle Bereicherung dem Kataloge
jenes Literaturgebietes einzureihen haben.
                Magdeburgische Zeitung 1890 Nr. 271.

. . . . Selten noch ward es uns so leicht gemacht, in
das laute Lob Anderer rückhaltslos einzustimmen, wie gegenüber dem Nieks'schen Buche; und wir haben dem, was zu
Gunsten und Ehren des englischen Autors in der ausländischen
Presse bereits gesagt wurde, nur noch beizufügen, dass auch das
Bemühen des deutschen Uebersetzers mit vollständigem Gelingen
gekrönt erscheint. Wer es nicht wüsste, dass hier nur eine
Uebersetzung vorliegt, würde keinen Augenblick bezweifeln, ein
deutsches Originalwerk, und zwar ein gut und elegant geschriebenes in Händen zu haben. Aber das erste und grösste Verdienst muss freilich dem Biographen selbst zuerkannt werden.
Derselbe hat etwas zu Stande gebracht, woran sich nicht blos
die musikalische, sondern die gesammte gebildete Welt erfreuen
kann. Niecks schildert seinen Helden als Künstler wie als Menschen nicht nur mit der Gewissenhaftigkeit des strengen Historikers, sondern auch mit der Feinheit des Psychologen und —
was ganz besonders wohlthuend berührt — mit vollster Unparteilichkeit, Wahrheitsliebe und mit jenem humanen Sinn, in dem
sich echte Geistes- und Herzensbildung ausspricht. Natürlich
bezieht sich das Alles nicht bloss auf die Person Chopin's, sondern auch auf dessen äussere Lebensverhältnisse, auf seine Beziehungen zu anderen Personen, namentlich auf sein verhängniss-
volles Verhältniss zu George Sand. Und im Hintergrunde ent-
rollt sich das interessante Bild politischer, socialer, artistischer
Zustände jener Länder und Städte, welche für Chopin's Charakter-

und Kunstausbildung von Einfluss waren. Niecks huldigt übrigens nicht jener missverstandenen Objectivität, welche sich scheuen würde, über den Werth der einzelnen Compositionen Chopin's eine subjektive Meinung oder gar eine kritische Bemerkung zu äussern. Eine gediegene Biographie muss ebenso frei sein von Urtheilslosigkeit wie von Byzantinismus; wer über einen Künstler keines Urtheils fähig ist, darf auch nicht sein Biograph sein wollen. Er muss nicht nur eine eigene Ueberzeugung, sondern auch den Muth haben, sie auszusprechen; der Leser wird dann Meinungen und Thatsachen schon zu unterscheiden wissen. Mit einem Worte: Das Denkmal, welches Niecks seinem Chopin gesetzt hat, überragt nicht nur alle anderen Versuche dieser Art (z. B. das Buch Liszt's) durch inneren Werth, sondern es ist eines jener literarischen Kunstwerke vornehmster Art, von denen mit Recht gesagt wird, dass kaum eine Schrift so anmuthend, belehrend und interessant sei, wie eine von berufener Hand geschriebene Biographie.

Wiener Sonn- und Montags-Zeitung 1890 Nr. 15.

... Ich liebe Chopin. Die anmuthige Molancholie seiner Nocturnes, die reich gelaunte Lyrik seiner Dissonanzfrischen, wunderbar aufgelösten Melodien bezaubert mich. Seine Walzer sprudeln durch meine Seele, sein berühmter Trauermarsch rollt Wogen dunkler Empfindung über mein Gemüth. — Alles, was Künstlerbiographie heisst, geniesse ich gierig. Künstler sind die Kronjuwelen am Staatsgewande der Menschheit; in welchem Lichte sie auch leuchten, wir müssen sie bewundern, anstaunen und wenn wir diese schönen Diamanten schöpferischer Lebenskraft verstehen, wenn sie unserem wahren Wesen verwandt sind, müssen wir sie lieben. — Friedrich Niecks' Chopin-Biographie ist — soweit mein Eindruck nach den ersten mir vorliegenden Heften der deutschen Uebersetzung sich erstreckt — eine Künstlerlebensbeschreibung von wissenschaftlichem Werth und schönlitterarischer Bedeutung. Der Verfasser schafft gleich im Vorwort Klarheit über die von ihm angewandte Methode, Chopin zu schildern; seine Methode ist modern, ihre Mittel entsprechen dem Mechanismus der historischen Kritik. Niecks greift nach allen verfügbaren Faktoren, Genesis und Entwickelung des Begriffes Chopin deutlich und genau zu zeigen, er fasst in verständnissvoller Hand alle Fäden zusammen, um mit sorgfältigstem Einschlag das brillante Spitzengewebe zu weben. Polens politische, soziale, litterarische und musikalische Geschichte, der Chopin's Familiengeschichte, unseres Chopin Familienbeziehungen, häusliche Verhältnisse, Schulbildung, kurz: Klima, Athmosphäre, Bodenbeschaffenheit, Umgebungsflora, Wurzeln, Wachsthum, Witterungseinflüsse, das ganze Milieu — und mitten drin das Genie. Niecks schreibt voll milder Wärme, voll besonnener Liebe, geflissentlich bestrebt, nur die Wahrheit über seinen

„Helden" zu Tage zu fördern. Von der hitzigen, kunsthysterischen Schwärmerduselei, mit der gerade von musikschriftstellernden Genien die unglücklichen Tongenieopferthiere umrankt zu werden pflegen, findet sich bei ihm keine Spur. Im Gegentheil: eine zarte Nüance Ironie, ein liebenswürdiges Lippenkräuseln bei durchaus würdiger Haltung macht mir die Art dieses Biographen besonders sympathisch. . . . Wenn doch nur unsere biogräflichen Dämchen der „Musikzeitung" etwas von diesem lächelnden Pulsfühlen weg hätten! Dabei ist Niecks' Stil durchaus nicht ledern, nicht nüchtern; er ist maassvoll bilderschön. Wie fein, gerade in der Biographie eines Tondichters, muthet es an, wenn ihr Verfasser einmal von der „Symphonie seines Charakters" spricht, aus der — und zwar an einem brieflich niedergelegten Bekenntnisse — die Grundlinien der Sätze hervorklingen. (S. 149). . . . Ich komme nach Erscheinen der ferneren Lieferungen auf das hochinteressante Werk zurück. Schon jetzt aber empfehle ich es herzlich. **Karl Henckel.**
„Litterarische Korrespondenz" in Leipzig.

Den Gegenstand von Niecks' Forschungen bildet der ganze Lebenslauf ·Chopin's, sowie die ihn und seine Entwickelung beeinflussenden historischen, politischen, künstlerischen, socialen und persönlichen Verhältnisse. Im Besonderen waren diese Forschungen auf die am wenigsten bekannte und doch interessanteste Periode von Chopin's Leben gerichtet, auf die Zeit seines Aufenthalts in Frankreich und auf seine Reisen in Deutschland und Grossbritannien. Einen wesentlichen Charakterzug dieser neuen ChopinBiographie bilden die darin zum Abdruck gebrachten Briefe des gefeierten Musikers an Ferdinand Hiller, Liszt, Fontana und Franchomme. Mit vollem Recht ist ausserdem ein bedeutender Raum der Darstellung des berühmten, an romanhaften Zügen reichen Liebesverhältnisses Chopin's zu George Sand gewidmet. Die betreffenden Capitel gehören zu den glänzendsten Schilderungen, die jemals eine Künstler-Biographie geboten hat. Das Werk enthält ferner die ebenso sachlichen als warm empfundenen Analysen der Chopin'schen Compositionen, ihre Entstehungsgeschichte, ein vollständiges Verzeichniss und ausführliches Register derselben. *Hamburgische Musikztg. III. 13. (24./11. 89.)*

Obschon Niecks gerade auf Chopin's Wirken und Schaffen in Paris und seine Reisen in Deutschland und England sein Hauptaugenmerk gerichtet hat und hier am meisten Neues bringen soll, lässt sich heute schon ein Urtheil über das Buch fällen und diess lautet dahin, dass wir ein **Meisterwerk** vor uns haben, eine Monographie, die sich würdig den Arbeiten Jahn's über Mozart,

Chrysander's über Händel, Spitta's über Bach anreiht, d. h. ebenso erschöpfend wie formvollendet ist und die Persönlichkeit des Menschen und Künstlers Chopin klar und scharf umrissen gleich einem herrlichen Gemälde vor unser Auge treten lässt. Selbstverständlich ist der Hintergrund, von dem sich das Bild des Tondichters abhebt, breit behandelt. Wir werden vollständig vertraut gemacht mit dem Charakter der polnischen Nation, deren Grazie und geschichtlichen Schmerz Chopin auf so unvergleichliche Weise in Tönen verkörpert hat. Aber auch die Einflüsse des Elternhauses, der heimischen Freunde, der ersten Liebe zu der holden Sängerin Constantia Gladkowska u. s, w. verfolgt und erörtert der Biograph mit Sorgfalt und liebevollem Verständniss. — Indem wir uns vorbehalten, s. Z. ausführlicher auf die vollendete Arbeit zurückzukommen, fügen wir blos noch bei, dass die Uebersetzung, wie es übrigens bei dem als Stilist und Musikhistoriker gleich hervorragenden Dr. Langhans selbstverständlich erscheint, an Schärfe und Feinheit nichts zu wünschen übrig lässt, ja so krystallhell dahinfliesst, dass der Leser an eine Uebertragung aus fremdem Idiom nicht denkt.

Schweizerische Musikzeitung, Zürich 1890 Nr. 5.

Das Werk bestätigt die gehegten Hoffnungen in vollstem Maasse, es wird, wenn es vollendet, mit Recht den besten Biographien zur Seite gestellt werden können. Mit peinlichster Sorgfalt müht sich der Autor, ein volles, lebenswahres Bild des Künstlers, wie des Menschen zu zeichnen; Zeit und Umstände, innere und äussere Einflüsse, gesellschaftliche und künstlerische Umgebung — alles unterliegt seiner Prüfung, um aus den Thatsachen ein Resultat für sich zu gewinnen, oder den Leser zu befähigen, sich ein eigenes Urtheil zu bilden. Diese Art streng historischer Methode, die gelegentliche Umwege und peinliche Analysen kleiner, scheinbar gleichgiltiger Einzelheiten nicht scheut, mag manchem Leser unbequem erscheinen, dennoch ist sie die einzig richtige: nur so, losgelöst von aller subjektiven Parteilichkeit, der gefährlichen Klippe des Biographen, ersteht das klare, menschlich wahre Bild des Künstlers, wie er war und wie er geworden; wir folgen dem Werdeprozess des Genies und schauen in die geheime Werkstatt der Gedanken. Da der Autor sich dabei von aller Weitschweifigkeit, aller phrasenhaften Schönrednerei und Ueberschwenglichkeit fern hält, der Uebersetzer es aber verstanden hat, den Originaltext in einem schönen fliessenden Deutsch wiederzugeben, so erhalten wir ein Buch, das jeder Musiker und ernste Freund der Tonkunst mit Interesse und Dank studieren wird. *Der Klavier-Lehrer 1890 Nr. 7.*

Einige Urtheile der Englischen Presse über Fr. Niecks' Friedrich Chopin.

The Athenaeum 23. Februar 1889: . . . Es war Herrn Niecks vorbehalten, eine Monographie zu liefern, die ihres Gegenstandes vollkommen würdig und welche man kaum zu hoch schätzt, wenn man sie neben Jahn's Mozart, Spitta's Bach, oder Pohl's leider unvollendeten Haydn stellt . . . . Für die Aufgabe, welche er sich in dem gegenwärtigen Werke gestellt hat, besitzt er keine geringe Befähigung. Zuvörderst seine teutonische Gründlichkeit . . . Daneben ist er ein Mann von warmem Herzen und strenger Unparteilichkeit. Bei aller Verehrung für den Meister ist er doch nicht blind für seine Fehler als Mensch, oder seine schwachen Seiten als Componist. . . . Von besonderem Interesse sind die Kapitel, welche Chopin als Lehrer behandeln; ebenfalls werthvoll sind die Bemerkungen über das vielversprochene tempo rubato in Chopin's Musik . . .

The Musical World, 19. u. 26. Februar 1889: . . . Der Leser wird bald gewahr werden, dass Chopin in Herrn Niecks einen berufenen Biographen gefunden. Seine Betrachtungen zeugen von unermüdlichem Fleisse, scharfem kritischen Blick, gesundem Urtheil, tiefem Verständniss und umfassender wissenschaftlicher Bildung.
. . . Wir wollen nur seine Bemerkungen über die Concerte im I. Band und die Seiten über polnische Volksmusik und deren Einfluss auf Chopin im II. Bande anführen . . . Das Kapitel über Romantik und Musik und Musiker in Paris zur Zeit der Entwickelung ersterer, ist ein vortrefflicher Beleg, dass darin auch bedeutende ästhetische Fragen erörtert werden.

The Musical Standard, 9., 16., 23. Februar 1889: Herr Niecks ist tief in Chopin's Geist eingedrungen; er bewundert ebenso, wie er praktische Kritik übt. Das Resultat ist von bedeutendem Werthe . . . . Die poetische Analyse, welche Niecks uns von Chopin's originellen und charakteristischen Schöpfungen giebt, und die nützlichen Winke, die er darüber ertheilt, wie sie gespielt werden müssen, sind für Chopin-Spieler und die, welche seine Musik lieben, unentbehrlich und eine Quelle herrlicher Belehrung. Der Autor verdient nicht nur unseren Dank für seine mühevolle, gründliche, kritische Arbeit, sondern auch dafür, dass er uns erhöhte Freude beim Hören Chopin'scher Musik verschafft; denn er enthüllt uns die Geschichte ihrer Entstehung und das Verständniss für ihren innersten Gehalt.

VIII

The Daily News 9. Januar 1889: . . . Die beiden Bände
sind so reichhaltig in Betreff neuer Thatsachen über Chopin's
Leben, so werthvoll wegen ihrer interessanten und unparteiischen
Beurtheilung der Werke des Componisten, dass wir mit Recht
erwarten dürfen, das vorliegende Werk benutzt und verwerthet
zu sehen, wo nur immer vom „Ariel des Pianoforte" die Rede
sein wird. Der grossen Menge der Leser wird natürlich die wahre
Geschichte — durch viele Beweise und Stellen aus Briefen und
von Augenzeugen unterstützt — der romantischen Liebe des Componisten zu George Sand, von hauptsächlichem Interesse sein.
Dieselbe regt unsere menschliche Theilnahme auf's tiefste an und
eröffnet vor unseren Augen das Buch des Lebens und darin die
Herzen zweier hervorragender Genies . . . Sie ist so erfüllt von
Leidenschaft und romanhaften Vorfällen, erschliesst so ganz die
Tugenden und Thorheiten der menschlichen Natur und bietet so
viele Einzelheiten der ergreifenden Liebes-Tragödie, dass, wenn
nicht Held und Heldin historische Personen wären, man versucht
sein würde, das Ganze für die Erfindung eines Romanschriftstellers
zu halten . . .

Sunday Times 13. Januar 1889: Das Erscheinen von Niecks'
„Leben Chopin's" war entschieden ein Ereigniss. Das Werk muss
seinen Platz unter den klassischen Biographien grosser Musiker
erhalten — die erste vollständige und durchaus befriedigende
Lebensbeschreibung Chopin's, welche bisher geschrieben ist . . .

The World 16. Januar 1889: Fr. Niecks, einer der gelehr-
testen und unermüdlichsten Forscher auf dem Gebiete der Musik,
hat es unternommen, Chopin's Leben zu schreiben, wobei er mit
derselben Gewissenhaftigkeit verfahren ist, welche alle seine
Schriften auszeichnet, sei es ein Buch oder der kürzeste Artikel
für eine Zeitschrift . . . Die Mühe, die Herr Niecks sich gegeben,
zu studiren, zu untersuchen, zu vergleichen, irrthümliche Ansichten und Darstellungen nicht nur zu bekämpfen, sondern
auch seine eigenen irrigen Eindrücke zu ändern, welche sich
mehr und mehr klären, und in einigen Fällen — George Sand
zum Beispiel — sich ganz verschieden von denen gestalten, die
er anfangs gehegt; die Zahl der Bücher und Briefe und Mittheilungen, welche er zusammengebracht, um den Leser in den Stand
zu setzen, sich ein eigenes Urtheil zu bilden, da wo das des
Autors, wie er bescheiden zulässt, irrig sein möchte, ist einfach
staunenswerth.

C. G. Röder, Leipzig.

CPSIA information can be obtained
at www.ICGtesting.com
Printed in the USA
BVHW040952221019
561755BV00011B/341/P